Comentário Judiciário do Código de Processo Penal

Comentário Judiciário do Código de Processo Penal

TOMO IV – Artigos 311.º a 398.º

ANTÓNIO GAMA
ANTÓNIO LATAS
JOÃO CONDE CORREIA
JOSÉ MOURAZ LOPES
LUÍS LEMOS TRIUNFANTE
MARIA DO CARMO SILVA DIAS
PAULO DÁ MESQUITA
PEDRO SOARES DE ALBERGARIA
TIAGO CAIADO MILHEIRO

ALMEDINA

COMENTÁRIO JUDICIÁRIO
DO CÓDIGO DE PROCESSO PENAL

TOMO IV – Artigos 311.º a 398.º

AUTORES
António Gama
António Latas
João Conde Correia
José Mouraz Lopes
Luís Lemos Triunfante
Maria do Carmo Silva Dias
Paulo Dá Mesquita
Pedro Soares de Albergaria
Tiago Caiado Milheiro

EDITOR
EDIÇÕES ALMEDINA, S.A.
Avenida Emídio Navarro, 81, 3D
3000-151 Coimbra
Tel.: 239 851 904 · Fax: 239 851 901
www.almedina.net · editora@almedina.net

DESIGN
FBA.

PRÉ-IMPRESSÃO
EDIÇÕES ALMEDINA, S.A.

IMPRESSÃO E ACABAMENTO

Agosto, 2022

DEPÓSITO LEGAL

ALMEDINA | GRUPOALMEDINA

PORTUGAL. Leis, decretos, etc. Código de Processo Penal
COMENTÁRIO JUDICIÁRIO DO CÓDIGO DE PROCESSO PENAL
Tomo IV, Artigos 311.º a 398.º / António Gama… [et al.]
ISBN 978-989-40-0606-0
I – GAMA, António
CDU 343

APRESENTAÇÃO

O "Comentário Judiciário do Código de Processo Penal" é uma obra da autoria de nove magistrados, tendo por objeto a anotação e o comentário aos artigos do Código de Processo Penal, com a alusão e comentários a normas conexas publicadas em diplomas avulsos. O "Comentário" será editado em tomos, já tendo sido publicados os tomos I, II e III. Segue-se agora o tomo IV com a anotação dos artigos 311.º a 398.º Assumindo-se como uma obra coletiva, cada anotação corresponde, no entanto, à reflexão e posição pessoal do(s) autor(es) que a redigiram e que, por isso, apenas o(s) vincula. Nessa medida, poderão constatar-se divergências de opiniões sobre as mesmas questões jurídicas. A anotação a cada artigo comporta as menções da origem do texto, sumário da anotação e jurisprudência vinculante pertinente. Seguem-se os comentários, que se pretenderam claros, concisos e englobando a análise das questões essenciais que cada artigo suscita. Nos artigos do Código de Processo Penal não se indica a proveniência do diploma. A menção de artigos de outros diplomas é efetuada por referência à abreviatura convencionada. Excecionalmente poderão existir notas prévias aos comentários quando tal se revele necessário para a melhor compreensabilidade das anotações. As citações de doutrina e jurisprudência são referidas na medida do indispensável, utilizando-se no texto os sumários e trechos de acórdãos necessários à compreensão da questão. A menção da doutrina é feita por referência ao nome como o autor é conhecido, seguida do ano da publicação e da página. Se houver mais do que um escrito relativo a esse ano, acrescentar-se-á após o ano a letra a, b, c – e assim sucessivamente. Os acórdãos dos Tribunais da Relação e do Supremo Tribunal de Justiça são citados com referência às abreviaturas, seguidas da data e do nome do relator. No caso de acórdãos constantes da base de dados da DGSI ou ECLI não se fará qualquer outra menção. Nos demais menciona-se o repertório jurisprudencial pela abreviatura convencionada, seguida do número, ano e página. Os acórdãos do Tribunal Constitucional são citados apenas pelo seu número e ano. Os acórdãos do Tribunal Europeu dos Direitos Humanos e do Tribunal de Justiça da União Europeia são citados pelas abreviaturas convencionadas e pelos nomes das partes e, em regra, menciona-se a data.

ÍNDICE GERAL

LIVRO VII
Do julgamento

TÍTULO I
Dos atos preliminares

TÍTULO II
Da audiência

CAPÍTULO I
Disposições gerais

CAPÍTULO II
Dos atos introdutórios

CAPÍTULO III
Da produção da prova

CAPÍTULO IV
Da documentação da audiência

TÍTULO III
Da sentença

ÍNDICE DE AUTORES

António Gama:
Juiz conselheiro, licenciado em Direito pela Faculdade de Direito da Universidade de Coimbra. Tem vários artigos publicados em revistas ou obras coletivas em matéria de Processo Penal e Direito Penal. Membro da Coletânea de Jurisprudência. Interveio como conferencista em diversos eventos na área do direito e processo penal. Colaborou de 2006 a 2018 na docência universitária da FDUCP Porto, na área do Processo Penal. Neste comentário anotou os artigos 311.º-A, 312.º, 313.º, 314.º, 316.º, 317.º, 321.º, 329.º, 341.º, 342.º, 353.º e 354.º

António Latas:
Juiz desembargador, é licenciado pela Faculdade de Direito da Universidade de Lisboa. Foi docente da área penal do Centro de Estudos Judiciários e Presidente do Conselho de Fiscalização da Base de Dados de Perfis de ADN. Publicou uma monografia (em coautoria) e alguns artigos em revistas da especialidade. Interveio como conferencista em diversos eventos na área do direito e processo penal e da saúde mental. Neste comentário anotou os artigos 311.º, 351.º (em coautoria com Tiago Caiado Milheiro), 365.º, 366.º, 367.º, 368.º, 369.º, 370.º e 371.º

João Conde Correia:
Magistrado do Ministério Público. Licenciado, mestre e doutor em Direito pela Faculdade de Direito da Universidade de Coimbra. Publicou cinco monografias, coorganizou três obras coletivas e escreveu vários capítulos de livros e dezenas de artigos em revistas da especialidade, nacionais e internacionais. Interveio como conferencista em diversos eventos em Portugal e no estrangeiro e colaborou na docência universitária. É vogal do Conselho Consultivo da Procuradoria-Geral da República, membro da rede CARIN e da plataforma ARO. Neste comentário anotou os artigos 330.º, 331.º, 381.º a 389.º e 391.º-B.

José Mouraz Lopes:
Juiz conselheiro. Licenciado, Mestre e Doutor em Direito pela Faculdade de Direito da Universidade de Coimbra. Foi docente da área penal do Centro de Estudos Judiciários e Director Nacional Adjunto da Polícia Judiciária. Foi diretor das revistas Sub Júdice e «JULGAR». É investigador associado no Centro de Estudos Sociais da Universidade de Coimbra. Tem várias monografias publicadas, bem como artigos científicos em várias áreas do direito. Interveio como conferencista em seminários e conferências e tem colaborado na docência universitária de cursos de pós-graduação e mestrado. Neste comentário anotou os artigos 372.º a 380.º, 389.º-A e 391.º-F.

Luís Lemos Triunfante:
Juiz de direito. Licenciado e Mestre em Estudos Europeus pela Escola de Direito do Porto e Instituto de Estudos Políticos da Universidade Católica Portuguesa. Foi Perito Nacional Destacado no Gabinete Português da Eurojust. Membro da Coletânea de Jurisprudência da Casa do Juiz. Publicou duas monografias (tese de mestrado e um Manual) na área da cooperação judiciária internacional em matéria penal e diversos artigos científicos em várias áreas do direito. Interveio como conferencista em diversos seminários e conferências nacionais e internacionais e tem colaborado na docência universitária de cursos de pós-gradução e mestrado. Neste comentário anotou os artigos 325.º, 326.º, 327.º, 328.º, 335.º, 336.º, 337.º, 338.º e 339.º e 391.º-C.

Maria do Carmo Silva Dias:
Juíza conselheira, licenciada em Direito pela Faculdade de Direito da Universidade de Coimbra e mestre em Direito pela Faculdade de Direito do Porto da Universidade Católica. Foi docente do CEJ e publicou em autoria e coautoria monografias e vários artigos em revistas da especialidade. Interveio como conferencista em diversos eventos na área do direito. Neste comentário anotou os artigos 344.º, 360.º, 361.º, 362.º, 363.º, 364.º, 371.º-A, 390.º, 391.º, 391.º-D, 391.º-E e 391.º-G.

Paulo Dá Mesquita:
Juiz conselheiro, licenciado em Direito pela FDUL, mestre e doutor em Direito pela FDUCP, professor convidado na FDUCP e investigador integrado no CIDPCC da FDUL. Foi magistrado do MP, membro do Conselho Consultivo da PGR e docente do CEJ. Publicou quatro monografias, dezenas de artigos em revistas jurídicas ou obras coletivas, e teve várias intervenções em conferências e cursos, em Portugal e no estrangeiro. Neste comentário anotou os artigos anotou os artigos 340.º, 346.º, 347.º, 347.º-A, 348.º, 349.º, 350.º, 355.º, 356.º, 357.º e 391.º-A.

Pedro Soares de Albergaria:
Juiz desembargador, licenciado em Direito pela Faculdade de Direito da Universidade de Coimbra. Juiz presidente da comarca dos Açores. Publicou uma monografia e vários artigos em revistas da especialidade. Interveio como conferencista em diversos eventos na área do direito e processo penal. Neste comentário anotou os artigos 343.º, 345.º, 358.º, 359.º , 392.º a 398.º

Tiago Caiado Milheiro:
Juiz de direito licenciado em Direito pela Universidade Lusíada. Foi diretor-adjunto da Revista Julgar e assessor do STJ, secção criminal. Atualmente é juiz assessor no Tribunal Constitucional. Foi autor e coautor de diversos pareceres apresentados pela Associação Sindical dos Juízes Portugueses na área do direito penal e processo penal. Publicou em autoria e coautoria monografias e vários artigos em revistas da especialidade. Interveio como conferencista em diversos eventos na área do direito. Neste comentário anotou os artigos 311.º-B, 318.º, 319.º, 320.º 322.º, 323.º, 328.º-A, 332.º, 333.º, 334.º, 351.º (em coautoria com António Latas) e 352.º

ÍNDICE DAS ANOTAÇÕES DOS AUTORES POR ARTIGO

PARTE II

LIVRO VII
Do julgamento

TÍTULO I
Dos atos preliminares

TÍTULO II
Da audiência

CAPÍTULO I
Disposições gerais

CAPÍTULO IV
Da documentação da audiência

TÍTULO III
Da sentença

LIVRO VIII

Dos processos especiais

TÍTULO I

Do processo sumário

TÍTULO II

Do processo abreviado

TÍTULO III
Do processo sumaríssimo

ABREVIATURAS

AA.VV	Vários autores
AC	*Anatomia do Crime*
Ac.	Acórdão
Acs.	Acórdãos
Ac. STJ/FJ	Acórdão de Fixação de Jurisprudência do Supremo Tribunal de Justiça
AJ	Autoridade judiciária
ANSR	Autoridade Nacional de Segurança Rodoviária
APC	Autoridade de Polícia Criminal
Art.	Artigo
Arts.	Artigos
AR	Assembleia da República
ASAE	Autoridade de Segurança Alimentar e Económica
ASJP	Associação Sindical dos Juízes Portugueses
BDDC	*Boletim de Documentação e Direito Comparado*
BFDUC	*Boletim da Faculdade de Direito da Universidade de Coimbra*
BGH	Supremo Tribunal Federal Alemão
BGHZ	*Entscheidungen des Bundesgerichtshofes in Zivilsachen*
BMJ	*Boletim do Ministério da Justiça*
BOMJ	*Boletim Oficial do Ministério da Justiça*
BVerfG	Tribunal Constitucional Federal Alemão
BVerfGE	Entscheidungen des Bundesverfassungsgerichts
CAAS	Convenção de Aplicação do Acordo de Shengen
CAJMP	Convenção Relativa ao Auxílio Judiciário Mútuo em Matéria Penal entre os Estados Membros da União Europeia, assinada em Bruxelas em 29 de maio de 2000 aprovada para ratificação pela Resolução da Assembleia da República n.º 63/2001, de 16.10 e ratificada pelo Decreto do Presidente da República n.º 53/2001, de 16.10.
Cass. Sez. Un.	Cassazione sezioni unite
CAU	Código Aduaneiro da União (Regulamento (UE) n.º 952/2013 do Parlamento Europeu e do Conselho de 9 de outubro de 2013, que estabelece o Código Aduaneiro da União)
CC	Código Civil
CCom.	Código Comercial

CConst	Comissão Constitucional
CCEBDAPPC	Convenção do Conselho da Europa relativa ao Branqueamento, Deteção, Apreensão e Perda dos Produtos do Crime de 1990
CCEBDAPPCFT	Convenção do Conselho da Europa relativa ao Branqueamento, Deteção, Apreensão e Perda dos Produtos do Crime e ao Financiamento do Terrorismo de 2005
CCPGR	Conselho Consultivo da Procuradoria-Geral da República
CDADC	Código do Direito de Autor e dos Direitos Conexos (DL 63/85, de 14 de março)
CDC	Código de Direito Canónico
CDCria	Convenção dos Direitos da Criança, assinada em Nova Iorque em 26 de novembro de 1990
CDFUE	Carta de Direitos Fundamentais da União Europeia
CDOM	Código Deontológico da Ordem dos Médicos (Regulamento n.º 707/2016, aprovado pela Assembleia de Representantes da Ordem dos Médicos em 20 de maio de 2016 e publicado no Diário da República 2.ª série de 21 de julho de 2016, alterado pelo Regulamento n.º 498/2020, aprovado pela Assembleia de Representantes da Ordem dos Médicos em 9 de março de 2020 e publicado no Diário da República 2.ª série de 26 de maio de 2020 (na versão da Declaração de Retificação n.º 438/2020, publicada no Diário da República, 2.ª série de 12 de junho de 2020).
CDP	*Cadernos de Direito Privado*
CE	Código da Estrada
CEDH	Convenção Europeia dos Direitos Humanos
CEJ	Centro de Estudos Judiciários
CEP	Código de Execução das Penas e Medidas Privativas de Liberdade (L 115/2009, de 12 de outubro)
CERT	Convenção Europeia para a Repressão do Terrorismo (L 19/81, de 18 de agosto)
Cf.	Confira, confronte
CFSIRP	Conselho de Fiscalização do Sistema de Informações da República Portuguesa
CGT	Cofre Geral dos Tribunais
CIDPCC	Centro de Investigação em Direito Penal e Ciências Criminais
Cir./PGR	Circular da PGR
Cit.	Citado(a)
CJ	*Coletânea de Jurisprudência*
CJ on line	*Colectânea de Jurisprudência, on line*
CJCPP	Comentário Judiciário do Código de Processo Penal
CJM	Código de Justiça Militar

CJ-STJ	Coletânea de Jurisprudência – Acórdãos do Supremo Tribunal de Justiça
CLR	*Católica Law Review*
CMVM	Comissão do Mercado de Valores Mobiliários
CNot.	Código do Notariado (DL 207/95, de 15 de março)
CNPD	Comissão Nacional de Proteção de Dados
CNUCC	Convenção das Nações Unidas contra a corrupção, assinada em Mérida, no México, em 9 de dezembro de 2003 (aprovada em Portugal pela Resolução da AR n.º 47/2007, de 21 de setembro)
CNUCOT	Convenção das Nações Unidas Contra a Criminalidade Organizada Transnacional de 2000
CNUTIESP	Convenção das Nações Unidas Contra o Tráfico Ilícito de Estupefacientes e Substâncias Psicotrópicas de 1988
Cons.	Conselheiro
Conv.	Convenção
coord.	Coordenação
Corte Cost.	*Corte Costituzionale*
CP	Código Penal
CPA	Código de Procedimento Administrativo
CPC	Código de Processo Civil
CPCorr.	L 54/2008, de 4 de setembro (cria ao Conselho de Prevenção da Corrupção)
CPI	Código da Propriedade Industrial
CPP	Código de Processo Penal
CPP/29	Código de Processo Penal de 1929
CPP/87	Código de Processo Penal de 1987
CPPB	Código de Processo Penal Brasileiro
CPPIt	Código de Processo Penal Italiano
CPPT	Código de Procedimento e Processo Tributário
CRP	Constituição da República Portuguesa
CRegA	Código de Registo Automóvel
CRegC	Código de Registo Comercial
CRegP	Código de Registo Predial
CRIt.	Constituição da República Italiana
CRMP	*Cadernos do Ministério Público*
CRTCP	Crimes da Responsabilidade de Titulares de Cargos Políticos (L 34/87, de 16 de julho)
CSC	Código das Sociedades Comerciais
CSM	Conselho Superior da Magistratura
CTF	*Ciência e Técnica Fiscal*
CVM	Código dos Valores Mobiliários

CVRD	Convenção sobre Relações Diplomáticas, celebrada em Viena em 18 de Abril de 1961
DAC	Diário da Assembleia Constituinte
DAR	Diário da Assembleia da República
DCIAP	Departamento Central de Investigação e ação penal
DEI	Decisão Europeia de Investigação
DGAJ	Direção Geral da Administração da Justiça
DGRSP	Direção-Geral de Reinserção e Serviços Prisionais
dir.	direção
Dir./PGR	Diretiva da Procuradoria-Geral da República
Dir. (UE)	Diretiva do Parlamento Europeu e do Conselho
DOPOPC 17-19	Lei que define os objetivos, prioridades e orientações de política criminal para o biénio de 2017-2019 (L 96/2017, de 23 de agosto)
DOPOPC 20-22	Lei que define os objetivos, prioridades e orientações de política criminal para o biénio de 2017-2019 (L 55/2020, de 27 de agosto)
DL	Decreto-Lei
DR	Diário da República
DRiZ	*Deutsche Richterzeitung*
DSTAL	Direção de Serviços Técnicos, Análises e Laboratório
DUDH	Declaração Universal dos Direitos do Homem
DV	*Data Venia*
Ed./ed.	Edição/edição
EDAR	Estatuto dos deputados da Assembleia da República (L 7/93, de 1 de março)
EDFP	Estatuto Disciplinar dos Funcionários Públicos (DL 24/84, de 16 de janeiro de 1984)
EDPE	Estatuto dos Deputados ao Parlamento Europeu (L 144/85, de 31 de dezembro)
EFJ	Estatuto dos Funcionários de Justiça (DL 343/99, de 26 de agosto)
EFSE	Entidade Fiscalizadora do Segredo de Estado Entidade (Lei Orgânica n.º 3/2014, de 6 de agosto)
EJ	Estatuto do Jornalista (L 1/99, de 1 de janeiro)
EJMAMMP	Estatuto dos Juízes Militares e dos Assessores Militares do MP (L 101/2003, de 15 de novembro)
EJONGA	Estatuto das Organizações Não Governamentais do Ambiente (L 35/98, de 18 de julho)
EPARAA	Estatuto Político-Administrativo da Região Autónoma dos Açores (L 39/80, de 5 de agosto)
EPARAM	Estatuto Político-Administrativo da Região Autónoma da Madeira (L 13/91, de 5 de junho)
EM	Estado membro

EMFA	Estatuto dos Militares das Forças Armadas (DL 90/2015, de 29 de maio)
EMJ 1985	Estatuto dos Magistrados Judiciais (L 21/85, de 30 de julho)
EMJ	Estatuto dos Magistrados Judiciais (L 67/2019, de 27 de agosto)
EMP 1998	Estatuto do Ministério Público (L 47/86, de 15 de outubro)
EMP	Estatuto do Ministério Público (L 68/2019, de 27 de agosto)
EOA	Estatuto da Ordem dos Advogados (L 145/2015, de 9 de setembro)
EOE	Estatuto da Ordem dos Engenheiros (DL 119/92, de 30 de junho)
EOEnf.	Estatuto da Ordem dos Enfermeiros (DL 104/98, de 21 de abril)
EOM	Estatuto da Ordem dos Médicos (DL 282/77, de 5 de julho)
EOMV	Estatuto da Ordem dos Médicos Veterinários (DL 368/91, de 4 de outubro)
EOSAE	Estatuto da Ordem dos Solicitadores e Agentes de Execução (L 154/2015, de 14 de setembro)
EPPPJ	Estatuto profissional do pessoal da Polícia Judiciária (DL 138/2019, de 13 de setembro)
EPPFPPSP	Estatuto profissional do pessoal com funções policiais da Polícia de Segurança Pública (Decreto-Lei n.º 243/2015, de 19 de outubro)
ERTPI	Estatuto de Roma do Tribunal Penal Internacional
ETAF	Estatuto dos Tribunais Administrativos e Fiscais
FDUCP	Faculdade de Direito da Universidade Católica Portuguesa
FDUL	Faculdade de Direito da Universidade de Lisboa
Fed. R. Crim. Proc.	Federal Rules of Criminal Procedure
GA	*Goltdammer's Archiv für Strafrecht*
GAB	Gabinete de Administração de Bens
GDDC	Gabinete de Documentação e Direito Comparado
GC	*Giurisprudenza Costituzionale*
Gov.	Governo
GNR	Guarda Nacional Republicana
GP	*La Giustizia Penale*
GRA	Gabinete de Recuperação de Ativos
G-RED	*Galileu, Revista de Economia e Direito*
HLRev.	*Harvard Law Review*
IC3F	Investigação criminal, ciências criminais e forenses
I.e.	Isto é
IGFEJ	Instituto de Gestão Financeira e Equipamentos da Justiça
IGFSS	Instituto de Gestão Financeira da Segurança Social
INML	Instituto Nacional de Medicina Legal e Ciências Forenses, Instituto Público
INMLC, IP	Instituto Nacional de Medicina Legal e Ciências Forenses, Instituto Público

JI	Juiz de Instrução Criminal
JICsTR	Juízos de instrução criminal da sede dos tribunais da Relação
JP	Regula a competência, organização e funcionamento dos julgados de paz (L 78/2001, de 13 de julho)
JR	*Juristiche Rundschau*
JZ	*Juristenzeitung*
KritV/CritiQ/Rcrit	*Kritische Viertejahresschrift für Gesetzgebung und Rechtswissentchaft/Critical Quartterly for Legislation and Law/Revue Critique trimestrelle de jurisprudence et legislation*
L	Lei
LA	Lei antiga
LA91	Lei de amnistia n.º 23/91, de 4 de julho de 1991
LA94	Lei de amnistia n.º 15/94, de 11 de maio de 1994
LA99	Lei de amnistia n.º 29/99, de 12 de maio de 1999
LAC	Lei do apadrinhamento civil (L 103/2009, de 11 de setembro)
LADT	Lei de Acesso ao Direito e aos Tribunais (L 34/2004, de 29 de julho)
LADN	Lei sobre as Bases de Dados de Perfis de ADN para Fins de Investigação Civil e Criminal (L 5/2008, de 12 de fevereiro)
LAL	Lei da autorização legislativa em matéria de processo penal, que esteve na base do CPP (L 43/86, de 26 de setembro)
LAPR	Estabelece as condições e procedimentos de concessão de asilo ou protecção subsidiária e os estatutos de requerente de asilo, de refugiado e de protecção subsidiária, transpondo para a ordem jurídica interna as Directivas n.ºs 2004/83/CE, do Conselho, de 29 de abril, e 2005/85/CE, do Conselho, de 1 de dezembro
LBGC	Lei das Bases Gerais da Caça (L 173/99, de 21 de setembro)
LBPPC	Lei das Bases da Política e do Regime de Proteção e Valorização do Património Cultural (L 107/2001, de 8 de setembro)
LC	Lei do Cibercrime (L 109/2009, de 15 de setembro)
L CONST.	Lei Constitucional
LCDCE	Lei de conservação de dados gerados ou tratados no contexto da oferta de serviços de comunicações electrónicas publicamente disponíveis ou de redes públicas de comunicações (L 32/2008, de 23 de maio)
LCE	Lei das Comunicações Electrónicas (L 5/2004, de 10 de fevereiro)
LCCCEF	Lei de Combate à Corrupção e Criminalidade Económico-Financeira (L 36/94, de 29 de setembro)
LCCO	Lei do Combate à Criminalidade Organizada e Económico-Financeira (L 5/2002, de 11 de janeiro)
LCBT	Lei do Combate ao branqueamento de capitais e ao financiamento do terrorismo (L 83/2017, de 18 de agosto)

LCT Lei do Combate ao Terrorismo (L 52/2003, de 22 de agosto)

LCJ Lei de Cooperação Judiciária em Matéria Penal (L 144/99, de 31 de agosto)

LDC Lei de Defesa do Consumidor (L 24/96, de 31 de julho)

LDIRC Lei do direito a indemnização por infração ao direito da concorrência (L 23/2018, de 5 de junho)

LEAR Lei Eleitoral da Assembleia da República (L 14/79, de 16 de maio)

LECrim Ley de Enjuiciamiento Criminal

LEV Estatuto da Vítima (L 130/2015, de 4 de setembro)

LGRA Lei do Gabinete de Recuperação de Ativos – Lei n.º 45/2011, de 24 de junho

LGT Lei Geral Tributária (DL 398/98, de 17 de dezembro)

LGTFP Lei Geral do Trabalho em Funções Públicas (L 35/2014, de 20 de junho)

LI Lei de Imprensa (Lei 2/99, de 3 de janeiro)

LIC Lei da Identificação Criminal (L 37/2015, de 5 de maio)

LIJLF Lei que regula a identificação judiciária lofoscópica e fotográfica, adaptando a ordem jurídica interna às Decisões 2008/615/JAI e 2008/616/JAI do Conselho, de 23 de junho de 2008 (L 67/2017, de 9 de agosto)

LJ Lei do Jogo (DL 422/89, de 12 de dezembro)

LLR Lei da Liberdade Religiosa

LMPUF Lei que adota medidas de proteção das uniões de facto (L 7/2001, de 11 de maio)

LN Lei nova

LSP Lei dos Serviços Públicos (L 23/96, de 26 de julho)

Loc. Local, locução

LOASAE Lei Orgânica da Autoridade de Segurança Alimentar e Económica (DL 194/2012, de 23 de agosto)

LOFTJ Lei de Organização e Funcionamento dos tribunais Judiciais (L 3/1999, de 13 de janeiro)

LOGNR Lei Orgânica da GNR (L 63/2007, de 6 de novembro)

LOIC Lei de Organização de Investigação Criminal (L 49/2008, de 27 de agosto)

LOINML Lei Orgânica do Instituto Nacional de Medicina Legal e Ciências Forenses I.P. (DL 166/2012, de 31 de julho)

LOPJ Lei Orgânica da Polícia Judiciária (DL 275-A/2000, de 9 de novembro)

LOPSP Lei Orgânica da PSP (L 53/2007, de 31 de agosto)

LOPTC Lei de Organização e Processo do Tribunal de Contas

LOSJ Lei da Organização do Sistema Judiciário (L 62/2013, de 26 de agosto)

LPCJP	Lei de Proteção de Crianças e Jovens em Perigo (Lei n.º 147/99, de 01 de setembro)
LPDP	Lei de proteção das pessoas singulares no que diz respeito ao tratamento de dados pessoais e à livre circulação desses dados, assegurando a execução, na ordem jurídica nacional, do Regulamento (UE) 2016/679 do Parlamento e do Conselho, de 27 de abril de 2016, relativo à proteção das pessoas singulares no que diz respeito ao tratamento de dados pessoais e à livre circulação desses dados (L 58/2019, de 8 de agosto)
LPE	Lei da Procuradoria Europeia (L 112/2019, de 10 de setembro)
LPIC	Lei sobre o Porte de Documento de Identificação (L 5/95, de 21 de fevereiro)
LPIFD	Lei sobre a Publicação, Identificação e Formulário dos Diplomas (L 74/98, de 11 de novembro)
LPMVV	Lei de Proteção às Mulheres Vítimas de Violência (L 61/91, de 13 de agosto)
LPT	Lei de Proteção de Testemunhas (L 93/99, de 14 de julho)
LQPC	Lei Quadro da Política Criminal (L 17/2006, de 23 de maio)
L – RCC	*Lusíada – Revista de Ciência e Cultura*
LSM	Lei de Saúde Mental (L 36/98, de 24 de julho)
LTC	Lei da Organização, Funcionamento e Processo do Tribunal Constitucional (L 28/82, de 15 de novembro)
LTDPPP	Lei do Tratamento dos Dados Pessoais e Proteção da Privacidade no Setor das Comunicações Eletrónicas (L 41/2004, de 18 de agosto)
LTE	Lei Tutelar Educativa (L166/99, de 14 de setembro)
LTV	Lei da Televisão (L 27/2007, de 30 de julho)
MCBCFT	Medidas de combate ao branqueamento de capitais e ao financiamento do terrorismo (L83/2017, de 18 de agosto)
MDE	Mandado de Detenção Europeu
MMPDJP	Magistrados do Ministério Público do Distrito Judicial do Porto – Código de Processo Penal Comentários e Notas Práticas, Coimbra, Coimbra Editora (2009)
MP	Ministério Público
MPPMVD	Medidas preventivas e punitivas a adotar em caso de manifestação de violência associadas ao desporto (L 16/2004, de 11 de maio)
NEOPJ	Aprova a nova estrutura organizacional da Polícia Judiciária (DL 137/2019, de 13 de setembro)
NJECL	*New Journal of European Criminal Law*
NJW	*Neue Juristische Wochenschrift*
NRC	Novo Regime Jurídico da Concorrência (L 19/2012, de 8 de maio)
NStZ	*Neue Zeitschrift für Strafrecht*

OA	Ordem dos advogados
Ob.	Obra
ÖJZ	*Österreichusche juristenzeitung*
OLG	*Oberlansgericht*
OPC	Órgão(s) de Polícia Criminal
OPH	Obrigação de permanência na habitação
OPJ	Orgânica da Polícia Judiciária (L 37/2008, de 6 de agosto)
org.	organização
P./pp	Página/páginas
PADTISIS	Procedimento especial de acesso a dados de telecomunicações e Internet pelos oficiais de informações do Serviço de Informações de Segurança e do Serviço de Informações Estratégicas de Defesa (Lei Orgânica 4/2017, de 25 de agosto)
PAR	Presidente da Assembleia da República
Par./PGR	Parecer do Conselho Consultivo da Procuradoria Geral da República
PGR	Procuradoria-Geral da República
PGReg	Procuradoria-geral regional
PE	Procuradoria Europeia
PIDCP	Pacto Internacional sobre os Direitos Civis e Políticos
PIDESC	Pacto Internacional sobre os Direitos Económicos, Sociais e Culturais
PJ	Polícia Judiciária
PL	Proposta de Lei
PM	Primeiro-Ministro
Port.	Portaria
PR	Presidente da República
Prot./PGR	Protocolo da PGR
PSP	Polícia de Segurança Pública
q.b.	quanto baste
Qf	*Quaestio facti*
RAI	Requerimento de abertura de instrução
RAPM	*Revista de Administração Pública de Macau*
RBCC	*Revista Brasileira de Ciências Criminais*
RBDFJ	*Revista Brasileira de Direitos Fundamentais e Justiça*
RBDPP	*Revista Brasileira de Direito Processual Penal*
RBDSPP	DL n.º 299/99, de 04 de agosto que regulamenta a base de dados da Procuradoria-Geral da República sobre a suspensão provisória de processos crime, nos termos dos artigos 281.º e 282.º do Código de Processo Penal
RC	Tribunal da Relação de Coimbra
RCEJ	*Revista do Centro de Estudos Judiciários*

RCP	Regulamento das Custas Processuais (DL 34/2008, de 26 de fevereiro)
RCR	*Revista de Concorrência e Regulação*
RCUPJ	Regime que estabelece as competências das unidades da PJ (DL 42/2009, de 12 de fevereiro)
RDAVTV	Regime das Diretivas Antecipadas de Vontade e o Testamento Vital (L 25/2012, de 16 de julho)
RD	*Revista de Derecho*
RDE	*Revista de Direito e Economia*
RDES	*Revista de Direito e Estudos Sociais*
RDP	*Revista de Direito Penal*
RDSPM	Regulamento de Dispensa de Segredo Profissional Médico (Regulamento n.º 228/2019, de 6 de fevereiro de 2019, publicado no DR, 2.ª Série de 15 de março de 2019)
RE	Tribunal da Relação de Évora
REASP	Regime do exercício da atividade de segurança privada (L 34/2013, de 16 de maio)
RECPC	*Revista Electrónica de Ciencia Penal y Criminologia*
RESVER	Regime especial dos sistemas de vigilância eletrónica rodoviária (DL 207/2005, de 29 de novembro)
Rev.IDP	*Revue International de Droit Pénal*
RFCIASP	Regulamento de Fiscalização da Condução sob Influência do Álcool ou de Substâncias Psicotrópicas (L 18/2007, de 17 de maio)
RFDP	*Revista da Faculdade de Direito do Porto*
RFDCP	*Revista da Faculdade de Direito e Ciência Política da Universidade Lusófona do Porto*
RG	Tribunal da Relação de Guimarães
RGCO	Regime Geral das Contra-Ordenações (DL 433/82, de 23 de setembro)
RGEP	Regulamento Geral dos Estabelecimentos Prisionais (DL 51/2011, de 11 de abril)
RGIC	Regime Geral das Instituições de Crédito e Sociedade Financeiras (DL 298/92, de 31 de setembro)
RGIT	Regime Geral das Infracções Tributárias (L 15/2001, de 5 de junho)
RGPD	Regulamento (UE) 2016/679 do Parlamento e do Conselho, de 27 de abril de 2016, relativo à proteção das pessoas singulares no que diz respeito ao tratamento de dados pessoais e à livre circulação desses dados
RGPTC	Regime Geral do Processo Tutelar Cível (L 141/2015, de 8 de setembro)
RHC	*Revista de História Constitucional*

RHLC	Regulamento da Habilitação Legal para Conduzir (DL 138/2012, de 5 de julho)
RIASP	Regime das infrações antieconómicas e contra a saúde pública (DL 28/84, de 20 de janeiro)
RIC	DL 317/94, de 24 de dezembro (organiza o registo individual do condutor)
RIDP	*Rivista Italiana di Diritto Penale*
RIDPP	*Rivista Italiana di Diritto e Procedura Penale*
RIPE	Regulamento (UE) 2017/1939 do Conselho de 12 de outubro de 2017, que dá execução a uma cooperação reforçada para a instituição da Procuradoria Europeia.
Riv.DP	*Rivista Dirito Processuale*
RJ	Regime do Júri em Processo Penal (DL 387-A/87, de 29 de dezembro)
RJAE	Regime Jurídico das Ações Encobertas Para Fins de Prevenção (L 101/2001, de 25 de agosto)
RJAIADIE	Regime jurídico da atividade de inspeção da administração direta e indireta do Estado (DL 276/2007, de 31 de julho)
RJAM	Regime jurídico das armas e suas munições (L 5/2006, de 23 de fevereiro)
RJBA	Regime Jurídico da Avaliação, Utilização, Alienação e Indemnização de Bens Apreendidos pelos Órgãos de Política Criminal (DL 11/2007, de 19 de janeiro)
RJC	Regime Jurídico do Cheque (DL 454/91, de 28 de dezembro)
RJCOFAPP	Regime Jurídico de Criação, Organização e Funcionamento das Associações Públicas Profissionais (L 2/2013, de 10 de janeiro)
RJCTCP	Regime Jurídico dos Crimes dos Titulares de Cargos Políticos (L 34/87, de 16 de julho)
RJCVDIH	Regime Jurídico dos Crimes de Violação do Direito Internacional Humanitário (L 31/2004, de 22 de julho)
RJCVRXI	Regime jurídico do combate à violência, ao racismo, à xenofobia e à intolerância nos espetáculos desportivos, de forma a possibilitar a realização dos mesmos com segurança (L 39/2009, de 30 de julho)
RJDEI	Regime Jurídico da emissão, transmissão, reconhecimento e execução de decisões europeias de investigação em matéria penal, transpõe a Diretiva 2014/41/UE, do Parlamento Europeu e do Conselho, de 3 de abril de 2014, e revoga a Lei n.º 25/2009, de 5 de junho (L 88/2017, de 21 de agosto)
RJDEAD	Regime jurídico dos documentos eletrónicos e da assinatura digital (DL 290-D/99, de 2 de agosto)

RJDPPAP	Regime Jurídico do Direito de Participação Procedimental e de Ação Popular (L 83/95, de 31 de agosto)
RJEEDA	Regime Jurídico de Emissão e Execução de Decisões de Apreensão (L 25/2009, de 5 de julho)
RJEPSAE	Regime jurídico de entrada, permanência, saída e afastamento de estrangeiros do território nacional (L 23/2007, de 4 de julho)
RJERB	Regime jurídico dos sistemas de segurança privada dos estabelecimentos de restauração ou de bebidas (DL 135/2014, de 8 de setembro)
RJIFNA	Regime Jurídico das Infrações Fiscais Não Aduaneiras (DL 20-A/90, de 15 de janeiro)
RJLB	*Revista Jurídica Luso Brasileira*
RJMDE	Regime Jurídico do Mandado de Detenção Europeu (L 65/2003, de 23 de agosto)
RJPA	Regime Jurídico do Processo de Adoção (L 143/2015, de 8 de setembro)
RJPML	Regime Jurídico das Perícias Médico-Legais e Forenses (L 45/2004, de 19 de agosto)
RJTCE	Regime Jurídico do Tráfico e Consumo de Estupefacientes e Substâncias Psicotrópicas (DL 15/93, de 22 de janeiro)
RJTESP UE	Regime jurídico da transmissão e execução de sentenças em matéria penal que imponham penas de prisão ou outras medidas privativas da liberdade, para efeitos da execução dessas sentenças na União Europeia, bem como o regime jurídico da transmissão e execução de sentenças e de decisões relativas à liberdade condicional para efeitos da fiscalização das medidas de vigilância e das sanções alternativas, transpondo as Decisões-Quadro 2008/909/JAI, do Conselho, e 2008/947/JAI, do Conselho, ambas de 27 de novembro de 2008 (Lei 158/2015, de 17 de setembro)
RJTDSJ	Regime jurídico aplicável ao tratamento de dados do sistema judicial (Lei 34/2009, de 14 de julho)
RJUL	*Revista Jurídica da Universidade Lusófona*
RJUP	*Revista Jurídica da Universidade Portucalense*
RJVD	Regime Jurídico Aplicável à Prevenção da Violência Doméstica e à Assistência de Vítimas (L 112/2009, de 16 de setembro)
RJVT	Regime jurídico de instalação e utilização de sistemas de videovigilância em táxis (L 33/2007, de 13 de agosto)
RL	Tribunal da Relação de Lisboa
RLBGC	Regulamenta a Lei de Bases Gerais da Caça (DL 202/2004, de 18 de agosto)
RLJ	*Revista de Legislação e Jurisprudência*

RLOSJ	Regulamento da Lei da Organização do Sistema Judiciário (DL 49/2014, de 27 de março)
RLPT	Regulamento da Lei de Proteção de Testemunhas (DL 190/2003, de 22 de agosto)
RM	Regime da Mediação em Processo Penal (L 21/2007, de 12 de junho)
RMDAM	Lei em Matéria de Direitos das Associações de Mulheres (L 107/2015, de 25 de agosto)
RMP	*Revista do Ministério Publico*
RMPRS	*Revista do Ministério Público do Rio Grande do Sul*
RMRONU/UE	L 97/2017, 23.8 que regula a aplicação e a execução de medidas restritivas aprovadas pela organização das Nações Unidas ou pela União Europeia e estabelece o regime sancionatório aplicável à violação destas medidas.
RNPC	Registo Nacional de Pessoas Coletivas
ROA	*Revista da Ordem dos Advogados*
RP	Tribunal da Relação do Porto
RPCC	*Revista Portuguesa de Ciência Criminal*
RPCR	Registo das Pessoas Coletivas Religiosas
RPDC	*Revista Portuguesa do Dano Corporal*
RSCDPC	*Révue de Science Criminelle et Droit Pénal Comparé*
RRPCA	Regime de responsabilidade penal por comportamentos antidesportivos, contrários aos valores da verdade, da lealdade e da correção e suscetíveis de alterarem fraudulentamente os resultados da competição (L 50/2007, de 31 de agosto)
RSE	Regime do Segredo de Estado (Lei Orgânica n.º 2/2014, de 6 de agosto)
RSEPE	Regulamento de segurança dos estabelecimentos de fabrico e de armazenagem de produtos explosivos (DL 139/2002, de 17 de maio)
RUCVFSS	Regime sobre utilização de câmaras de vídeo pelas forças e serviços de segurança em locais públicos de utilização comum (L 1/2005, de 29 de julho)
RUERMDAP	Regulamento (UE) 2018/1805 do Parlamento Europeu e do Conselho de 14 de novembro de 2018 relativo ao reconhecimento mútuo das decisões de apreensão e de perda
RUMCD	Regime da Utilização de Meios Técnicos de Controlo à Distância (L 33/2010, de 2 de setembro)
RVEREPC	Regime de instalação e utilização de sistemas de vigilância eletrónica rodoviária e a criação e utilização de sistemas de informação de acidentes e incidentes pela EP – Estradas de Portugal, E. P. E., e pelas concessionárias rodoviárias (L 51/2006, de 29 de agosto)

RXG	*Revista Xuridica Gallega*
S./ss	Seguinte/seguintes
SDFCI	Sistema Nacional de Defesa da Floresta contra Incêndios (DL 124/2006, de 28 de junho)
SE	Segredo de Estado
SEF	Serviço de Estrangeiros e Fronteiras
SEN	Sistema de estatística nacional
SGMAI	Secretaria Geral do Ministério da Administração Interna
SI	*Scientia Iuridica*
SIED	Serviço de Informações Estratégicas de Defesa (L 9/2007, de 19 de fevereiro)
SinOA	Sistema de informação da Ordem dos Advogados
SIRP	Sistema de Informações da República Portuguesa (L 30/84, de 5 de setembro)
SIS	Serviço de Informações de Segurança (L 9/2007, de 19 de fevereiro)
SJ	*Sub judice*
SMMP	Sindicato dos Magistrados do Ministério Público
SNS	Serviço Nacional de Saúde
STA	Supremo Tribunal Administrativo
STC	Sentença(s) do Tribunal Constitucional Espanhol
StPO	Strafprozessordnung (Código de processo Penal Alemão)
STJ	Supremo Tribunal de Justiça
STS	Sentença(s) do Tribunal Supremo Espanhol
StV	*Strafverteidiger*
t.	tomo
TAF	Tribunais Administrativos e Fiscais
TC	Tribunal Constitucional
TCA	Tribunal Central Administrativo
TCIC	Tribunal Central de Investigação Criminal
T. Conf.	Tribunal de Conflitos
TdC	Tribunal de Contas
TEDH	Tribunal Europeu dos Direitos do Homem
TEP	Tribunal de Execução das Penas
TIR	Termo de identidade e residência
TICsDJ	Tribunais de instrução da sede dos distritos judiciais
TFUE	Tratado sobre o Funcionamento da União Europeia
TJUE	Tribunal de Justiça da União Europeia
TPI	Tribunal Penal Internacional
TR	Tribunal da Relação
UE	União Europeia
UC	Unidade de conta processual

UIF	Unidade de investigação financeira
U.S.	United States Reports
V.	Vide
VE	Vigilância eletrónica
V. g.	Por exemplo
Vol.	Volume
YEL	*Yearbook of European Law*
ZStW	*Zeitschrift für die gesamte Strafrechtswissenschaft*

PARTE II

LIVRO VII
Do julgamento

TÍTULO I
Dos atos preliminares

ARTIGO 311.º
Saneamento do processo

1 – Recebidos os autos no tribunal, o presidente pronuncia-se sobre as nulidades e outras questões prévias ou incidentais que obstem à apreciação do mérito da causa, de que possa desde logo conhecer.

2 – Se o processo tiver sido remetido para julgamento sem ter havido instrução, o presidente despacha no sentido:

a) De rejeitar a acusação, se a considerar manifestamente infundada;

b) De não aceitar a acusação do assistente ou do Ministério Público na parte em que ela representa uma alteração substancial dos factos, nos termos do n.º 1 do artigo 284.º e do n.º 4 do artigo 285.º, respetivamente.

3 – Para efeitos do disposto no número anterior, a acusação considera-se manifestamente infundada:

a) Quando não contenha a identificação do arguido;

b) Quando não contenha a narração dos factos;

c) Se não indicar as disposições legais aplicáveis ou as provas que a fundamentam; ou

d) Se os factos não constituírem crime.

Origem do texto: corresponde à redação originária aprovada pelo DL 78/87, com as alterações introduzidas pela L 59/98, de 25.08 e L 48/2007. A L 59/98, de 25.08:

– Alterou a redação do n.º 1 introduzindo-lhe a referência às nulidades que hoje consta da norma;

– Alterou a redação do n.º 2 al. b) para o seu teor atual, enquanto a redação originária se referia apenas à não aceitação da acusação do assistente na parte em que ela representa[sse] uma alteração substancial da acusação do Ministério Público, nos termos do artigo 284.º, n.º 1;

– Introduziu o n.º 3, que mantém a sua redação originária.

A L 48/2007 procedeu a mera atualização da remissão do n.º 2, al. b) para o art. 285.º, passando a mencionar o seu n.º 4 em vez da anterior menção ao n.º 3.

Jurisprudência vinculante: acs. STJ/FJ 2/95, 16.05.1995 (COSTA PEREIRA), STJ/FJ 1/2000, 16.12.1999 (JOÃO HENRIQUE MARTINS RAMIRES), STJ/FJ 7/2008 e 28.06.2008 (ANTÓNIO JORGE FERNANDES DE OLIVEIRA MENDES)

Sumário do comentário:

I – Considerações gerais

§ 1 O presente artigo define o conteúdo do despacho judicial de saneamento do processo, que constitui o primeiro dos *Atos preliminares,* com que se inaugura o livro VI dedicado à fase de julgamento. Na linha do art. 400.º CPP/29, o n.º 1 vem impor ao juiz presidente do tribunal de julgamento (coletivo, singular ou do júri), no pressuposto de que é este a preparar o processo para julgamento segundo as leis de organização judiciária, o dever de proceder ao saneamento dos autos, que LUÍS OSÓRIO (1933, p.11) caraterizava do seguinte modo, a propósito do aludido art. 400.º CPP/1929: «*Se nesta altura do processo existe qualquer motivo suficientemente provado que vá certamente impedir que se conhecesse do fundo da questão, se conheça da acusação, é de boa política não continuar o processo sem se arredar esse motivo, se for possível; ou pôr-se aqui termo ao processo se não for possível arredá-lo*». Cremos ser este ainda hoje o escopo do *saneamento do processo* a que se refere a epígrafe do preceito, visando-se impedir o seu prosseguimento para a audiência de julgamento por se verificar causa que possa obstar ao conhecimento de mérito e de que possa conhecer-se no estado em que se encontra o processo, evitando-se, assim, a prática de atos inúteis com prejuízo para a economia e celeridade processuais. São estes os pressupostos da intervenção do juiz a quem foi distribuído o processo (*o presidente*), a quem cabe decidir plenamente as diferentes questões abrangidas pelo poder/dever de saneamento do processo.

II – Conhecimento de nulidades e outras questões prévias ou incidentais que obstem ao julgamento do mérito da causa – n.º 1

a) Nulidades insanáveis e nulidades dependentes de arguição de que o presidente possa desde logo conhecer

§ 2 Desde logo, o juiz do processo deve pronunciar-se sobre as nulidades processuais que possam *obstar ao prosseguimento (total ou parcial) dos autos para julgamento*, desde que tenham sido tempestivamente deduzidas pelos interessados ou de que lhe cumpra conhecer oficiosamente, de acordo com o regime geral das nulidades.

§ 3 Nesta sede assumem particular interesse, tanto as *nulidades dependentes de arguição* de *insuficiência do inquérito ou da instrução* por não terem sido praticados atos legalmente obrigatórios, que – caso não tenha havido lugar a instrução — podem ser invocadas por algum dos interessados (máxime arguido ou assistente) no prazo de 5 dias após a notificação do despacho que tiver encerrado o inquérito, nas formas de processo comum [cf. art. 120.º/2/b) e n.º 3, als. c) e d)]. Se não forem tempestivamente invocadas, as *nulidades dependentes de arguição* ficam naturalmente *sanadas*, prosseguindo os autos para julgamento, mas se o forem cabe ao juiz presidente delas conhecer nos termos do n.º 1 que nos ocupa.

§ **4** O juiz do processo deve igualmente conhecer oficiosamente (nada obstando, porém, a que a questão seja suscitada por algum dos interessados a tempo de ser apreciada no despacho de saneamento) das *nulidades insanáveis* de *falta de promoção do processo pelo MP*, *falta de inquérito ou instrução, obrigatórios*, *violação das regras de competência do tribunal* e *emprego de forma especial fora dos casos previstos na lei,* nulidades estas previstas nos arts. 119.º/1/ b), d), e) e f).

§ **5** Estas nulidades relativas ao inquérito apenas se reportam a invalidades relativas ao objeto *concreto* da acusação deduzida (v.g. acusação deduzida contra o arguido sem ter havido lugar a inquérito ou arguido acusado sem ter sido ouvido) e não a factos diversos dos constantes da acusação, na medida em que tal implique um juízo de indiciação sobre factos *não descritos* na acusação, pois excetuados os poderes do juiz na fase de instrução, apenas ao MP é atribuída competência para apreciar a existência ou inexistência de indícios da prática de determinado crime no inquérito, como corolário da estrutura acusatória do processo – v. nestes termos, a propósito do art. 311.º, os acs. RE, 16.05.2017 (Gilberto Cunha) e 24.10.2017 (Maria Leonor Botelho).

§ **6** Isto não significa, porém, que seja vedado ao juiz, aquando do saneamento do processo, declarar nulidade com base na conjugação do teor da acusação com o teor de *ato processual* incontroversamente documentado no processo, nos mesmos termos em que pode conhecer de questão prévia ou incidental (*infra* §14).

§ 7 *Os efeitos da declaração de nulidade* são os estabelecidos no art. 122.º, para cujo comentário se remete, o que, sem prejuízo da regra de remessa do processo para o tribunal competente estabelecida no art. 33.º, implica que *o processo regresse aos serviços do Ministério Público para* que possa *ser suprido o vício*, no âmbito da total autonomia do MP na direção do inquérito, conforme exemplarmente decidido no ac. RG, 20.01.2014 (João lee ferreira), num caso de nulidade insanável do despacho de encerramento do inquérito por falta de promoção do MP por crime semipúblico em que este se limitou a aderir a acusação deduzida por assistente – v. ac, STJ/FJ 1/2000, segundo o qual, *"Integra a nulidade insanável da alínea b) do artigo 119.º do Código de Processo Penal a adesão posterior do Ministério Público à acusação deduzida pelo assistente relativa a crimes de natureza pública ou semipública e fora do caso previsto no artigo 284.º, n.º 1, do mesmo diploma legal."*

§ 8 Perante a relevância do princípio do contraditório no nosso processo penal e, em especial, na fase de julgamento (cf. art. 327.º), deve entender-se que no caso de arguição de nulidade *sanável* a *mesma pode ser indeferida mas não pode ser deferida sem prévia audiência da parte contrária, salvo caso de manifesta desnecessidade,* nos termos do art. 201.º CPC (*ex vi* art. 4.º), tal como entende genericamente JOÃO CONDE CORREIA em comentário ao art. 120.º (§ 57).

b) A nulidade da acusação e as causas de rejeição da acusação

§ 9 Tal como as nulidades previstas no art. 120.º antes referidas, a nulidade da acusação por preterição das formalidades impostas pelo art. 283.º/3 não se encontra entre as referidas no art. 119.º nem noutra disposição legal, pelo que encontramo-nos *perante nulidade dependente de arguição*, conforme estabelecido no art. 120.º/1 e 2. Assim, se não for tempestivamente invocada por algum dos interessados no prazo de 5 dias após a notificação do despacho que tiver encerrado o inquérito ou *na fase de instrução* – no RAI ou, posteriormente, até ao encerramento do debate instrutório) nos termos do art. 120.º/3/c – , os efeitos processuais da acusação inválida passariam de *precários a definitivos* por força do regime geral das nulidades, prosseguindo o processo os seus termos.

§ 10 Não é rigorosamente assim, porém, uma vez que apesar de não poder ser invocada *qua tale* a nulidade a que se refere o art. 283.º/3, os vícios formais da acusação por falta de algum dos elementos previstos nas alíneas a), b) e c) do n.º 3 do art. 283.º ou a falta de indicação de provas a que se reportam as alíneas d) a g) daquele mesmo n.º 3, na medida em que integrem as *causas* de *rejeição da acusação* a que se reportam as alíneas a), b) e c) do n.º 3 deste art. 311.º, devem ser conhecidas oficiosamente pelo presidente ao proferir o despacho de saneamento do processo (*infra* §§ 31 e ss).

c) Outras questões prévias ou incidentais que obstem ao julgamento do mérito da causa e de que o presidente possa desde logo conhecer

§ 11 Embora o preceito não enumere as *questões prévias ou incidentais* a que se reporta, cremos ser pacífico o entendimento na jurisprudência e doutrina desde o CPP/29 no sentido de incluir aí as exceções processuais e as exceções de natureza substantiva ou mista, cujo efeito se traduza em fazer terminar o processo (tomado no sentido de que a cada crime corresponde um processo) ou que simplesmente impeça o julgamento do processo no tribunal onde foi distribuído, pois a tanto se reconduz a fórmula legal *"...que obstem ao julgamento do mérito da causa."*

§ **12** Assim, incluem-se na categoria legal de *questões prévias ou incidentais que obstem ao julgamento do mérito da causa,* a falta de pressupostos processuais, como sejam a *jurisdição portuguesa*, a *personalidade jurídica* de pessoa coletiva, a *legitimidade* da entidade acusadora (MP e/ou Assistente), o *caso julgado* e a *litispendência,* bem como as *causas de extinção do procedimento criminal* a que se reportam os arts. 118.º a 121.º, 127.º e 128.º CP (*prescrição do procedimento criminal, morte, amnistia, extinção de pessoa coletiva*).

§ **13** Pressuposto comum, é que o presidente *possa conhecer* das nulidades, exceções ou questões prévias no despacho de saneamento, o que significa que só pode e deve fazê-lo com base no estado do processo tal como este se apresenta no início da fase de julgamento, em face da acusação ou do despacho de pronúncia proferidos e sem que tenha lugar o apuramento de quaisquer factos neste momento processual.

§ **14** Nada impede, porém, o recurso a atos processuais incontroversamente documentados nas fases preliminares do processo (por ação ou omissão), como sejam desistência de queixa do procedimento criminal em crime semipúblico ou a falta de constituição de assistente que tenha deduzido acusação em crime particular (nomeadamente por falta de despacho judicial sobre o requerimento respetivo), pois o nosso modelo processual assenta no livre acesso do tribunal de julgamento a todo o processo. Ponto é, repita-se, que o ato processual em causa se apresente incontroverso quanto à sua existência ou inexistência e quanto ao seu conteúdo, não implicando indagação factual, pois se assim for o processo deve prosseguir os seus termos, sem prejuízo de a questão vir a ser decidida no início da audiência, depois de cumprido o contraditório (art. 338.º), ou, em todo o caso, após a audiência ao iniciar a deliberação com vista à decisão da causa (368.º/1).

d) Irregularidade da notificação do arguido na fase de inquérito

§ **15** De igual modo, o presidente conhece no despacho de saneamento da irregularidade de falta de notificação da acusação ou de notificação viciada por erro que afete o respetivo valor, nos termos do art. 123.º, determinando a remessa dos autos ao MP para que este possa, querendo, promover a reparação da irregularidade através do respetivo ato de inquérito, para o qual o juiz de julgamento não tem competência, cabendo-lhe apenas pronunciar-se sobre as nulidades ou outras questões prévias que obstem ao julgamentio do mérito da causa, como se verifica naquelas hipóteses – v. sobre a questão, ac. RE, 5.05.2015 (ANA BARATA DE BRITO).

e) Diferente qualificação jurídica dos factos e decisão de questão jurídica *controversa*

§ 16 Questão que se tem colocado na jurisprudência é a de saber se no despacho de saneamento o juiz pode proceder a qualificação jurídica dos factos diferente da acusação ou da pronúncia, relativamente à qual entendemos dever *distinguir-se* consoante:

- A qualificação jurídica dos factos constitua pressuposto da decisão de nulidade ou questão prévia ou incidental (ou ainda em casos de atipicidade da conduta a que se reporta a al. d) do n.º 3 –v. *infra*), ou seja, os casos em que a qualificação jurídica dos factos é instrumental da decisão a proferir sobre nulidades ou questões prévias;
- As situações em que apesar de não se suscitar a decisão de nenhuma daquelas questões no despacho de saneamento, o juiz do processo possa ter entendimento diferente sobre a qualificação jurídica dos factos do adotado na acusação ou na pronúncia.

e.1) Quando a qualificação jurídica dos factos é pressuposto de decisão de saneamento

§ 17 No primeiro conjunto de hipóteses, afigura-se-nos que o perfil legal e a razão de ser do despacho de saneamento não justificam qualquer limitação ao poder/dever do juiz de julgamento decidir as questões a que se reporta o n. .º1 (tal como a al. d) do n. .º3 – *infra* § 69) de acordo com o seu entendimento jurídico sobre elas, não resultando da lei e dos princípios que no momento do despacho de saneamento o juiz se encontre afetado de *captio diminutio* que derrogue o princípio *iura novit curia*. No momento do saneamento do processo está em causa decisão própria sobre aquelas questões, sempre que o juiz esteja na posse de todos os elementos para conhecer delas nesse momento, traduzindo-se tal decisão na aplicação do direito aos factos fixados na acusação, a qual é potencialmente definitiva nos mesmos termos em que o é qualquer outra decisão judicial sujeita a recurso, sendo certo que a decisão de rejeição da acusação é tão recorrível como a decisão final, nos termos do art. 399.º

§ 18 Assim, sempre que a decisão a proferir sobre nulidade (v.g. incompetência do tribunal) ou questão prévia que obste ao julgamento do mérito da causa (v.g. prescrição do procedimento criminal ou amnistia) dependa da qualificação jurídica dos factos, o juiz do processo pode (e deve) qualificá-los diferentemente da acusação ou pronúncia, de acordo com o seu entendimento jurídico sobre a qualificação jurídico-penal dos factos, retirando dos efeitos processuais ou substantivos dessa qualificação as consequência que se lhe impõem em termos de saneamento do processo.

e.2) Quando a qualificação jurídica dos factos não é pressuposto de decisão de saneamento

§ 19 Diferentemente, não cabe ao juiz presidente proceder a diferente qualificação jurídica dos factos fora dos casos em que dessa qualificação dependa o juízo de verificação de nulidade, questão prévia ou incidental – ou ainda de rejeição da acusação nos termos do n.º 3 d) –, pois o legislador não lhe atribui o poder/dever de qualificar juridicamente os factos da acusação no despacho de saneamento e em nosso ver bem. Na verdade, a qualificação jurídica dos factos enquanto juízo subjacente à indicação das disposições legais aplicáveis na acusação é da responsabilidade da entidade acusadora (MP ou assistente), pelo que se o juiz nada tiver a decidir com base em diferente qualificação jurídica, deve o processo prosseguir para a audiência de julgamento com a qualificação jurídica da acusação, sem prejuízo do disposto nos arts. 339.º/4 e 358.º/3 e da situação particular referida infra §72. Por outro lado, a mera qualificação antecipada dos factos no despacho de saneamento poderia constituir fator multiplicador de incertezas no caso de ser outro o tribunal (singular ou coletivo) a realizar a audiência de julgamento. No sentido da liberdade de qualificação jurídica – indiferenciadamente –, pode ver-se desenvolvidamente o ac. RG, 14.09.2020 (ANTÓNIO TEIXEIRA) e NUNO BRANDÃO (2021).

e.3) O conhecimento de questões *controversas*

§ 20 Por outro lado, sendo inequívoca a opção legislativa de antecipar no despacho de saneamento a decisão das questões que obstem ao julgamento do mérito da causa, de que possa desde logo conhecer-se, não se vê como pode pretender-se que tal decisão deixe de ser tomada pelo presidente – naturalmente, de acordo com o seu entendimento jurídico – por serem conhecidos diferentes posições jurídicas sobre a questão, sem o estabelecimento e a definição clara dos pressupostos a tal limitação aos poderes do juiz em matéria de direito.

f) Caso julgado formal

§ 21 Cremos ser pacífico atualmente o entendimento de que apenas pode fazer caso julgado formal a decisão relativa a nulidades, exceções e questões prévias ou incidentais que o juiz tenha efetivamente apreciado, pelo que a pronúncia genérica sobre a respetiva inexistência aquando da prolação do despacho a que reporta o art. 311.º não obsta à prolação de decisão sobre a questão em momento posterior, tal como decidido a propósito da legitimidade do MP no ac. STJ/FJ 2/9, 16.05.1995 (COSTA PEREIRA): *"A decisão judicial genérica transitada e proferida ao abrigo do artigo 311.º, n.º 1, do Código de Processo Penal, sobre a legitimidade do Ministério Público, não tem o valor de caso julgado formal, podendo até à decisão final ser dela tomado conhecimento."* Em todo o caso, cremos que em face da configuração e teleologia do regime do despacho de saneamento, carece de relevância a prática judiciária de proferir despacho tabelar afirmando genericamente a competência do tribunal, a legitimidade do MP e a inexistência de nulidades, exceções ou questões prévias.

III – Especialidades do processo remetido para julgamento sem ter havido instrução – enquadramento do n.º 2

§ 22 Enquanto o n.º 1 estabelece os poderes/deveres do juiz do processo tanto nos casos em que tenha havido instrução como naqueles em que o processo foi remetido para distribuição logo após a dedução de acusação pública ou privada, *quando não tenha sido requerida a fase facultativa de instrução*, o n.º 2 impõe ao juiz, [al. a)] o dever de *rejeitar a acusação*, pública ou particular, *manifestamente infundada* e de [al.b)] *não aceitar* a acusação do assistente ou do MP, na parte em que representem alteração substancial dos factos narrados na acusação dominante.

§ 23 *Tendo havido instrução*, não só fica prejudicada a apreciação de eventual vício formal da acusação pública ou privada, funcionalmente substituída pelo despacho de pronúncia que sobre elas tenha recaído, como não pode o juiz de saneamento conhecer de irregularidade formal que eventualmente afete o despacho de pronúncia, pelo que eventual omissão dos elementos previstos no art. 283.°/3 – v.g. a falta de narração dos factos ou indicação das disposições legais aplicáveis –, (*ex vi* art. 308.°/2) que, apesar de geradora de nulidade, não tenha sido invocada perante o JI e eventualmente sanada (v. § 6 do comentário ao art. 307.°, Pedro Soares de Albergaria), acompanhará o processo para a audiência de julgamento.

§ 24 Só nessa altura poderá proceder-se ao suprimento das omissões verificadas de acordo com o princípio do aproveitamento dos atos (originariamente) inválidos (tal como sucederá no caso de acusação inválida mas não rejeitada), máxime com recurso às normas dos arts. 358.° e 359.°, conforme nos parece ser a interpretação a seguir em sentido contrário ao fixado no AFJ/STJ n.° 1/2015, cuja modificação se impõe, nos termos do art. 447.°, pelas razões que se deixaram expostas no ac. RE ,12.03.2019 (António João Latas).

§ 25 O n.° 2 prevê duas hipóteses distintas em cada uma das alíneas [*rejeição de* acusação manifestamente infundada, al. a), e *não aceitação* da acusação al. b)], dispensando-se o código de estatuir sobre os efeitos processuais da rejeição da acusação, dando lugar a dúvidas e a *duvidosas certezas* em matéria de grande relevância. Já quanto à não aceitação da acusação, os efeitos respetivos encontram-se suficientemente estatuídos naquela al. b) que limita expressamente *a não aceitação* da acusação à parte dela que represente alteração substancial dos factos.

IV – Não aceitação da acusação (al. b)

§ 26 Com efeito, a *não aceitação* de acusação reporta-se exclusivamente à acusação subordinada, quer nas situações em que o assistente deduza acusação por crime público ou semipúblico acompanhando a dedução da acusação dominante pelo MP nos termos do art. 284.°/1, quer nos casos em que é o MP, nos termos do art. 285.°/4, a deduzir acusação depois de proferida acusação particular pelo Assistente (por crime particular).

§ 27 Assim, a *não aceitação* opera relativamente à parte da acusação subordinada que represente alteração substancial dos factos narrados na acusação dominante, prosseguindo os autos para julgamento pelos factos da acusação subsidiária que respeitem os limites impostos pelos arts. 284.°/1 e 285.°/4, ou seja, na parte em que a acusação subordinada acuse *pelos factos da acusação dominante*, *por parte deles* ou *por outros que não importem alteração substancial daqueles*, incluindo as hipóteses em que o assistente apenas divirja da qualificação jurídica dos factos feita pelo MP – v. § 5 do comentário de JOÃO CONDE CORREIA ao art. 284.º (Tomo III). Caso todos os factos da acusação subordinada representem alteração substancial dos factos narrados na acusação dominante, será aquela integralmente não aceite.

§ 28 Por outro lado, dada a sua dependência da acusação dominante, a acusação subordinada apenas prosseguirá para julgamento se e na medida em que prossiga para julgamento a respetiva acusação dominante, pelo que o juiz apenas tem que pronunciar-se sobre acusação subordinada, nos termos do n.º 2/b, quando e se acusação reformulada prosseguir para julgamento.

§ 29 Nos casos de rejeição da acusação dominante por *razões substantivas* (implicando a extinção do procedimento criminal após trânsito em julgado da decisão, o que tem lugar apenas nas hipóteses previstas na al. d) do n.º 3 (infra §§ 65 a 68), a acusação subordinada não pode definitivamente prosseguir para julgamento, reconduzindo-se a situação processual verificada a falta de legitimidade do MP para a acusação subordinada na hipótese de crime particular e ao assistente relativamente a crime público ou semipúblico, ilegitimidade que obsta ao julgamento do mérito da causa quanto à matéria da acusação subordinada, a ser declarada nos termos do n.º 1.

§ 30 Na falta de disposição legal que o previsse, a acusação subordinada não pode completar a acusação dominante, suprindo eventuais omissões daquela, pois sendo ambas deduzidas por sujeitos processuais (MP e assistente), distintos e autónomos entre si e face ao tribunal, são aqueles os únicos responsáveis pela iniciativa e conteúdo das respetivas acusações dominantes e subordinadas, sendo certo que esta última só pode prosseguir para julgamento e ser aí conhecida na medida em que o seja igualmente a acusação dominante, como vimos.

V – Rejeição da acusação manifestamente infundada (al. a) – caraterização genérica

§ 31 Apesar de a al. a) do n.º 2 continuar a utilizar a locução, *"acusação manifestamente infundada"*, que a versão originária do CPP/87 acolhia como conceito aberto indeterminado, a L 59/98 veio alterar o seu sentido ao introduzir o atual n.º 3, com que veio densificar e delimitar o conceito de *acusação manifestamente infundada* nos termos que ainda hoje se mantêm, ou seja, fazendo-lhe corresponder taxativamente as situações previstas nas suas quatro alíneas, sem espaço para quaisquer outras que aí pudessem caber a partir da interpretação do conceito aberto e indeterminado acolhido na versão originária deste art. 311.º

§ **32** Ao enumerar o elenco taxativo das causas de rejeição da acusação, o novo n.º 3 veio eliminar dúvidas que se haviam suscitado sobre o poder/dever do juiz rejeitar a acusação por manifesta falta de indícios suficientes, tal como se verificava na vigência do CPP/29, acolhendo decididamente a solução imposta pelo princípio da acusação e pela autonomia da magistratura do MP, a quem cabe, exclusivamente, a direção do inquérito, fazendo caducar a jurisprudência fixada pelo *Assento* n.º 4/93, do STJ, segundo o qual *"a alínea a) do n.º 2 do artigo 311.º do Código de Processo Penal inclu[ía] a rejeição da acusação por manifesta insuficiência de prova indiciária."*

§ **33** Por outro lado, pode dizer-se com Germano Marques da Silva (2000, p. 207), que o aditamento do n.º 3 feito pela L 95/98 *recuperou as* ***causas*** *de nulidade da acusação para as incluir no conceito de acusação manifestamente infundada*(negrito agora acrescentado) e impôs ao juiz o seu conhecimento oficioso no despacho de saneamento do processo, diferença de monta em relação ao regime da nulidade da acusação prevista no n.º3 do art. 283.º que tem que ser arguida até 5 dias após a notificação do despacho de encerramento do inquérito se o não for em sede de instrução (art. 120.º/1 e 3/c), deixando de poder ser conhecida enquanto nulidade se não for arguida tempestivamente.

§ **34** O conhecimento oficioso das causas formais de rejeição da acusação, sob comentário, traduz a principal inovação da L 59/98 mas não significa a transformação da rejeição da acusação em nulidade de conhecimento oficioso por a tal obstar o princípio da tipicidade das nulidades em geral (art. 118.º) e das nulidades insanáveis em particular (art. 119.º), dada a falta de disposição legal que a consagrasse, pelo que não são aplicáveis à rejeição da acusação outros aspetos do regime das nulidades insanáveis, nomeadamente o seu conhecimento a todo o tempo.

§ **35** Assim, a rejeição oficiosa de acusação manifestamente infundada com algum dos fundamentos enunciados no n.º 3 constitui consequência específica, *sui generis,* dos vícios das als a), b) e c) [para além da inviabilidade substantiva prevista na al. d)], quando conhecidos no despacho de saneamento. Ultrapassado este momento do processo fica excluída a possibilidade de rejeição da acusação, sem prejuízo de em momento ulterior do processo virem a extrair-se as consequências de ordem processual ou substantiva que se mostrem adequadas, seja no sentido do aproveitamento da acusação imperfeita (v. arts. 340.º, 358.º, 359.º), seja concluindo pela absolvição do arguido em virtude de se verificar a final situação idêntica à prevista na al. d) do n.º 3 – v. mais desenvolvidamente o ac RE, 10.12.2009 (ANTÓNIO JOÃO LATAS).

a) Os fundamentos da rejeição – distinção entre razões estritamente formais e razões substantivas

§ 36 Da análise das causas de rejeição da acusação introduzidas pela L 59/98, resulta com meridiana clareza a diferente natureza das *causas* de rejeição estritamente formais previstas nas alíneas a), b) e c), por um lado, e da rejeição por *razões substantivas* prevista na al. d), por outro, e a consequente constatação que apesar de a referência originária ao conceito normativo de acusação *manifestamente infundada* na al. a) parecer, na sua literalidade, continuar a apelar à ideia unitária de (in)viabilidade processual ou substantiva da ação penal introduzida em juízo pela acusação, após a L 59/98 tal sentido é incongruente com o caráter estritamente formal dos vícios a que se reportam as alíneas a), b) e c) do n.º 3.

§ 37 Só na hipótese prevista na al. d) – "*Se os factos não constituírem crime*" –, pode falar-se com propriedade em *acusação manifestamente infundada,* com o sentido material que lhe era atribuído na versão originária, visto a rejeição assentar na apreciação antecipada do mérito da ação do ponto de vista jurídico-penal, levando à consequente extinção do procedimento criminal com arquivamento (total ou parcial) dos autos, por manifesta falta de viabilidade substantiva da acusação (*infra* §§ 67, 68).

§38 Assim, não obstante a letra da al. a) do n.º 2, as três primeiras alíneas do n.º 3, que preveem as causas formais de rejeição da acusação, reportam-se à aptidão ou adequação da acusação enquanto articulado processual, para desempenhar cabalmente, desde o início da fase de julgamento, a função, que lhe é própria, de sujeitar o caso a julgamento com plena satisfação dos *princípios da acusação, do contraditório e demais direitos de defesa,* para além de salvaguardar a *praticabilidade e melhor gestão de atos processuais subsequentes* ao despacho de saneamento.

b) Efeitos da rejeição da acusação – a reformulação da acusação imperfeita

§ 39 A consagração no preceito de causas estritamente formais, por um lado [als. a), b) e c)], e substantivas, por outro [al.d)], remete-nos para interpretação igualmente diferenciada quanto aos efeitos da rejeição da acusação, relativamente aos quais os arts. 311.º/2/a e 3 nada diz, pois limita-se a estatuir a rejeição da acusação nos casos concretizados no n.º 3.

§ **40** O silêncio da lei, que conviveu durante muito tempo com o entendimento consensual de que a rejeição da acusação implicava a extinção do respetivo procedimento criminal e o arquivamento do processo em todos os casos, obstando à reformulação da acusação – apesar de a lei de processo também não o afirmar – e que constitui ainda razão para que em doutrina atual se deixe de reputar como mais correta a interpretação que admite a reformulação da acusação rejeitada por falta dos requisitos referidos no n.º 3 deste art. 311.º, sob comentário.

§ **41** Na verdade, Inês Ferreira Leite (2016b, p. 575), depois de considerar que "...não seria contrária ao *ne bis in idem uma interpretação do art. 311.º n.º2 segundo a qual esta rejeição admitiria ainda a reformulação da acusação, quando lhe faltassem os requisitos referidos no n.º 3"*, acrescenta que *«Só não sustenta esta interpretação como a mais correta, porque entende que o legislador deveria ter sido inequívoco ao prever as consequências da rejeição, estabelecendo o regime da reformulação ...».*

§ **42** Não vemos, porém, razão para esta reserva, pois como refere a própria autora: *O art. 311.º não se pronuncia sobre os efeitos do saneamento se o processo não puder prosseguir para julgamento imediatamente. Por isso,* ***as consequências do saneamento terão de ser encontradas nos próprios fundamentos da decisão, face ao tipo de vício e de nulidade****» (bold* acrescentado*)* – ob. e loc. cit, n6202 –, sem que se veja motivo processualmente relevante para que tais consequências se reconduzissem à extinção do procedimento criminal e ao arquivamento do processo mesmo nos casos de rejeição por fundamento estritamente formal que, pela sua natureza intrínseca, pode ser reparável sem pôr em causa direito processualmente relevante do arguido, sendo certo que só quando princípios ou direitos conflituantes imponham o contrário, a sujeição do facto indiciado a julgamento não deve ser impedida por meros vícios de forma *ultrapassáveis*.

c) O *ne bis in idem*

§ **43** Ponto é ter-se por certo que o princípio *ne bis in idem,* que tem assento constitucional no art. 29.º/5 CRP e segundo o qual «*Ninguém pode ser julgado* *mais do que uma vez pela prática do mesmo crime*», não obsta à reformulação da acusação rejeitada por razões estritamente formais, entendimento este que se nos afigura corresponder à leitura fundamentada daquele princípio, tal como decidido no ac. TC 246/17 que apreciou *ex professo* a questão.

§ **44** Acórdão do tribunal constitucional, segundo o qual «...a tut*ela da posição do arguido... através da dimensão processual do princípio ne bis in idem, não reclama (...) que a pretensão punitiva do Estado se deva considerar consumida com o primeiro despacho de rejeição da acusação ...*» e concluiu decidindo "*não julgar inconstitucional a norma (...)na interpretação segundo a qual, tendo (...) a acusação sido liminarmente rejeitada por insuficiente descrição de um elemento típico, poder vir a ser validamente deduzida nova acusação pela prática, nas mesmas circunstâncias de tempo e lugar, do mesmo crime, suprindo a omissão da descrição do sobredito elemento típico...*".

§ **45** Sendo assim para a falta de narração dos factos [al. b)], que deu origem àquele recurso de inconstitucionalidade apesar de o acórdão recorrido ter invocado a al. d) – é-o igualmente para a rejeição da acusação com fundamento na verificação de qualquer dos outros vícios de forma a que o n.º 3 [alíneas a) e c)] se reporta, por igualdade ou mesmo maioria de razão, pelo que o princípio *ne bis in idem* não obsta no plano constitucional à reformulação da acusação.

§ **46** Na verdade, dificilmente pode compreender-se, como se diz no mesmo ac. TC 246/17, que «(...)*perante qualquer erro (designadamente, a insuficiente descrição de um elemento típico)* que *torne a acusação "não-apta" para conformar o objeto do julgamento, conduza sempre e inexoravelmente à falência do processo penal e à impossibilidade da perseguição criminal, sob pena de se frustrarem os objetivos do próprio sistema processual penal, sem com isso (só com isso) se salvaguardar qualquer interesse importante do arguido. No limite, a justiça penal poderia ficar, assim, por realizar em virtude de meras imprecisões e erros superáveis, desfecho que, certamente, o legislador ordinário não pretenderia e, acima de tudo, a Constituição não parece impor.*»

§ **47** A sanação do vício formal pela reformulação da acusação mediante indicação do nome do arguido, a indicação da prova ou disposições legais ou a *mera articulação* de factos omitidos, não contende com garantias ou direitos fundamentais dos arguidos ou com princípios estruturantes do processo penal. "(...) *[Nenhum] valor constitucional é garantido excluindo de reversão e de revisão os erros no processo. Tal exclusão torna-se um prémio arbitrário para* *o culpado, não um esquema estruturado de proteção do inocente. Seria o equivalente a dizer que um em cada três arguidos, aleatoriamente escolhido, ficará livre do processo sem uma boa razão para isso. O arguido não tem propriamente um direito a que os erros funcionem sempre a seu favor.»* *apud* ac. TC 246/17.

d) Interpretação dos n.ºs 2 a) e 3 – as consequências jurídicas da rejeição da acusação

§ **48** Desde logo, no silêncio da letra da lei quanto às consequências da rejeição, os efeitos processuais do despacho de rejeição da acusação hão de ser os que se coadunam com a natureza estritamente formal ou substantiva do fundamento da rejeição (*supra* §§ 36 a 38) e com a teleologia do despacho de saneamento, recorrendo-se à analogia como meio de integração da lacuna, *ex vi* do art. 4.º, na medida em que a definição de tais efeitos em toda a sua extensão o requeira.

§ **49** Por outro lado, no sentido da reformulação da acusação vale o princípio do aproveitamento dos atos imperfeitos expresso nos n.ºs 2 e 3 do art. 122.º, de acordo com o qual deve ordenar-se sempre que possível a repetição dos atos inválidos, aproveitando-se ainda todos os atos que possam ser salvos do efeito da nulidade, o que, para além do mais, é imposto nestes casos pelo interesse público na perseguição e sujeição a julgamento dos ilícitos penais indiciados.

§ **50** Num segundo momento, a interpretação/integração do n.º 2 a) e 3 radica na similitude entre a nulidade prevista no n.º 3 do art. 283.º e a rejeição da acusação nas situações a que se reportam as alíneas a), b) e c) do n.º 3 ora em comentário – cujas causas são praticamente *partilhadas* entre os dois preceitos – e na consideração que nada justifica diferença tão drástica entre os efeitos da nulidade cominada no art. 283.º/3 e a pretendida extinção do procedimento criminal e consequente arquivamento dos autos seguida pela posição tradicional nas hipóteses do art. 311.º

§ **51** Num terceiro momento, vale a verificação de igualdade de razões para os efeitos previstos no art. 122.º para a nulidade cominada no art. 283.º/3, quando conhecida na fase de Inquérito ou de Instrução [art. 120.º/3/c], e para os casos de rejeição da acusação por razões formais a que se reportam as três primeiras alíneas do n.º 3, o que conduz à aplicação analógica daquele art. 122.º à rejeição da acusação por razões formais, *ex vi* do art. 4.º

e) Regime da reformulação da acusação – integração de lacuna. Conclusões

§ 52 Assim, o efeito do despacho de *rejeição da acusação* com fundamento em alguma das três primeiras situações a que reporta o n.º 3, que consiste, no seu conteúdo mínimo, em bloquear a sujeição da lide a julgamento com base no ato processual imperfeito, traduz-se ainda na consequente remessa do processo ao MP *para que este possa* (*querendo*) proceder à reformulação da acusação e à sua apresentação para julgamento sem o vício formal que a afetava, após a repetição dos atos processuais posteriores à acusação afetados pela sua rejeição – *infra* § 55 e o ac. RE, 6.03.2012 (António João Latas). No sentido da reformulação da acusação rejeitada podem ver-se ainda os acs. RE, 5.07.2016 (Alberto Borges), RP, 7.02.2018 (Francisco Mota Ribeiro) e RE, 10.04.2018 (Gomes de Sousa). Na doutrina, claramente neste sentido João Conde Correia no comentário ao art. 283.º, máxime §§ 59 a 61.

§ 53 Entendimento este que, respeitando o princípio *ne bis in idem,* assegura o princípio da proporcionalidade e permite a melhor satisfação dos princípios do contraditório e demais direitos de defesa do arguido, ao assegurar que a *identificação do arguido*, *a narração dos factos*, a *indicação das disposições legais* que conformam e oneram a posição processual do arguido, bem como das *provas* que suportam a indiciação dos factos, constem integralmente da acusação antes de o processo prosseguir para julgamento, sem pôr em causa as finalidades do processo penal.

§ 54 Face ao princípio da acusação – de acordo com o qual *«a imparcialidade e a objetividade que, conjuntamente com a independência, são condições indispensáveis de uma autêntica decisão judicial, só estarão asseguradas quando a entidade julgadora não tenha funções de investigação preliminar e acusação das infrações...»* – Figueiredo Dias (1981, p. 136) – e à autonomia da magistratura do MP face à magistratura judicial, é hoje inquestionável que a reformulação da acusação rejeitada por razões formais apenas pode ser levada a cabo pelo MP, por mais simples que aquela reformulação se apresente, sem prejuízo de poder reconhecer-se ao tribunal de julgamento e, em nosso ver, por maioria de razão ao *presidente* (art.311.º), poderes de "correção" da acusação, nos estritos limites da correção da sentença (e de outros atos decisórios previstos no art. 97.º) nos termos do art. 380.º, como preconizado por Damião da Cunha (2009, p. 568), para quem «... *será legítimo ao tribunal corrigir qualquer erro, lapso, ambiguidade que não comporte qualquer modificação "essencial" da* *acusação*», sendo certo que os limites deste poder de correção hão de resultar, desde logo, do contraponto com as causas de rejeição da acusação previstas no n.º3 e aqui sob comentário.

§ **55** Rejeitada a acusação imperfeita por algum dos fundamentos previstos nas alíneas a), b) e c), do n.º 3, o processo será remetido ao MP (total ou parcialmente, após eventual separação de processos – art. 30.º), para que este possa, querendo, proceder à reformulação da acusação nos termos do art. 122.º, *ex vi* do art. 4.º, o que implica dever fazê-lo no prazo geral de 10 dias (art. 105.º/1) – o mesmo prazo que o art. 283.º/1 estabelece para dedução da acusação –, seguindo-se-lhe a prática dos atos a repetir, incluindo as notificações afetadas pela imperfeição da acusação rejeitada, nomeadamente a notificação do arguido e do assistente para que possam requerer a abertura de instrução ou deduzir acusação, face à acusação corrigida, repetindo-se a distribuição do processo para julgamento na sequência de remessa do MP para o efeito.

§ **56** A reformulação da acusação rejeitada visa apenas a reparação da acusação enquanto ato processual (e articulado) imperfeito, sendo certo que a natureza dos fundamentos da rejeição e o princípio *ne bis in idem* não permitirão a prática de novos atos de inquérito, nomeadamente nas hipóteses em que, porventura, «... *ao vício formal verificável pela mera leitura da acusação possa corresponder insuficiência ou incompletude material do inquérito. Isto é, em que a falta de descrição de facto resulte da respetiva falta de indícios, a falta de indicação das provas resulte de efetiva inexistência das mesmas e a falta de identificação do arguido resulte de não ter sido lograda a sua identificação no inquérito.*» – v. o citado ac. RE, 6.03.2012 (António João Latas).

§ **57** A devolução dos autos ao MP para reformulação da acusação não altera em nada a sujeição do processo aos princípios da identidade, da unidade ou indivisibilidade e da consunção do objeto do processo, associados à irrepetibilidade deste [Figueiredo Dias (1981, p. 145)].

§ **58** Deste modo, conforme se deixou exposto naquele mesmo ac. RE de 6.03.2012 (António João Latas), «... *se o MP vier a apresentar acusação reformulada depois de eventual reabertura do inquérito, para recolha de novos elementos, o juiz* [aquando da prolação do novo despacho de saneamento] *deve decidir da eventual violação de direitos do arguido que se pretendem salvaguardar com a proibição do non bis in idem, em conexão com o problema da extensão e alcance da definição do objeto do processo operada na acusação.*

Essa hipótese sempre será detetável pelo acesso à integralidade dos autos por parte da defesa e do tribunal de julgamento que carateriza o nosso processo penal, pelo que tal eventualidade não invalida de modo algum que a rejeição da acusação dê lugar à devolução dos autos ao MP para que possa – querendo e podendo – suprir a deficiência formal que sempre se apresenta como tal em face da acusação apresentada para julgamento.»

f) Regime da acusação particular rejeitada

§ **59** Embora no plano dos princípios nada obste (antes pelo contrário) a que o assistente possa reparar idêntico vício formal na sequência da rejeição de acusação particular com algum dos fundamentos previstos nas alíneas a) a c) do n.º 3, o prazo de 10 dias estabelecido no art. 285.º para a dedução de acusação particular pelo assistente torna impraticável aquela reparação [v. ac. RP, 21.09.2005 (Luís Gominho)], pelo que a remessa do processo para a fase de inquérito na sequência da sua rejeição é tendencialmente definitiva, diferença de tratamento que deriva essencialmente do caráter perentório dos prazos impostos aos demais sujeitos processuais face à natureza ordenadora dos prazos fixados para o MP (nomeadamente o prazo de 10 dias fixado no art. 283.º/1 para o MP deduzir acusação), situação que se verifica igualmente no art. 287.º, e que não obstante o estatuto do MP poder conformar constitucionalmente tal discrepância, a relevância crescente do papel do assistente no processo penal parece justificar intervenção legislativa que altere a situação verificada.

g) Consequências da rejeição *da acusação manifestamente infundada* – síntese

§ **60** Assim e em síntese, afigura-se-nos que a correta interpretação dos n.ºs 2 e 3 vai no sentido de que, prevendo o n.º 3 deste art. 311.º a rejeição de *acusação com fundamentos* de *natureza formal* [alíneas a), b) e c)], por um lado, e de *natureza substantiva* [al. d)], por outro, é da natureza destes fundamentos que lhes correspondam efeitos igualmente diferentes: assim, enquanto a rejeição da acusação em virtude de os factos não constituírem crime [al. d)] tem efeito preclusivo (v. *infra* §§ 65 a 68), conduzindo à extinção do procedimento criminal e ao arquivamento do processo, a rejeição da acusação com fundamento de natureza formal implica a remessa do processo ao MP para que este possa, querendo, sanar o vício, assegurar o cumprimento das formalidades subsequentes e fazer distribuir para julgamento a acusação reformulada.

VI – As diferentes causas de rejeição da acusação – n.º 3

a) Quando a acusação não contenha a identificação do arguido – al. a)

§ 61 Embora a al. a) do n.º 3 do art. 283.º se refira às *indicações tendentes à identificação do arguido* e a al. a) sob comentário à *identificação do arguido*, a exigência legal em causa tem igual alcance em ambas as hipóteses, pelo que nos casos em que não foi possível a identificação por documento ou através de declarações prestadas no processo ou outro meio, contendo os elementos relativos à identificação civil do arguido, são suficientes quaisquer *indicações* que permitam identificar o arguido – v. §18 do comentário de JOÃO CONDE CORREIA ao art. 283.º

§ 62 Já nos casos em que a acusação omita quaisquer elementos essenciais à identificação do arguido, sem explicar a omissão, ou que remeta integralmente para o conteúdo de escrito (ainda que constante do processo), há causa para a rejeição da acusação com fundamento *em falta de identificação*, enquanto requisito formal do ato processual do MP que introduz o feito em julgamento, sem prejuízo da reparação do vício e apresentação de nova acusação corrigida, conforme vimos, o que enquadra e justifica o aparente excesso de rigor e formalismo desta solução.

b) Quando não contenha a narração dos factos – al. b)

§ 63 A alusão à *narração dos factos* nesta al b) não pode deixar de ter-se por referida à narração dos factos exigida pela al. b) do n.º 3 do art. 283.º Os factos em causa são, pois, os factos de ordem objetiva e subjetiva que integram os elementos do tipo legal imputado ao arguido, com o detalhe possível em cada caso concreto, a que acrescem outros factos essenciais para a aplicação ao arguido de uma dada pena ou medida de segurança, como sejam os relativos ao preenchimento de causas de punibilidade ou procedibilidade, circunstância agravante comum (reincidência) ou outros de que dependa a responsabilidade penal do arguido e a consequente aplicação da reação criminal cabida no caso concreto, sem os quais faltará elemento essencial à delimitação do objeto do processo tal como este vem sendo positivamente entendido e, consequentemente, à sujeição dos factos a julgamento com a melhor satisfação dos direitos de defesa do arguido.

§ 64 Na falta de narração de algum destes factos a acusação não está formalmente em condições de suportar cabalmente a sujeição do arguido a julgamento. A *falta de narração dos factos* resulta da sua total omissão no texto da acusação ou o seu *confronto com as disposições legais* indicadas na acusação, máxime o tipo legal imputado ao arguido, de tal modo que sem os factos ausentes da narração não seria viável a aplicação da pena ou medida de segurança previstas nas disposições legais indicadas na acusação.

b.1) Distinção entre esta al. b) e a al. d)

§ 65 Aparentemente a previsão desta alínea acolheria na sua letra a causa de rejeição autonomamente estabelecida na al. d), na medida em que *os factos concretamente narrados na acusação não fossem suficientes para integrarem os elementos constitutivos de qualquer tipo legal.* No entanto, não só esta interpretação conduziria à inutilidade da previsão autónoma da al. d), ficando sem sentido que o art. 283.º acolhesse na al. d) hipótese que estaria necessariamente contida na al. b), como, sobretudo, tratar-se-iam unitariamente situações de diferente natureza [formal a al. b) e substantiva a al. d)], a que correspondem consequências jurídicas igualmente distintas.

§ 66 Com efeito, reportando-se a al. b) ao requisito formal da acusação imposto pelo art. 283.º/3/b), o que está em causa é a *mera* incompletude ou imperfeição da acusação por não conter, de forma mais ou menos extensa, os factos indispensáveis à condenação do arguido pelo crime que aí lhe é imputado, quer os factos em falta respeitem ao preenchimento do tipo, a causa de punibilidade ou outro fundamento essencial à punição do arguido em concreto, nada obstando à reformulação do vício formal verificável pelo mero confronto entre a factualidade descrita e os elementos do tipo legal, condições de punibilidade ou quaisquer outras legalmente exigidas para a aplicação ao arguido de pena ou medida de segurança pela prática do ilícito que lhe é imputado na acusação.

§ 67 Já na al. d) preveem-se os casos de inviabilidade substantiva da acusação, em virtude de os factos da acusação, relativamente aos quais não se verifica qualquer omissão na respetiva descrição, não integrarem a prática do crime indicado na acusação ou qualquer outro – v. o citado ac. RE, 6.03.2012 (António João Latas). No sentido do diferente tratamento processual da hipótese de *vício de narração* previsto na al. b), que pode ser corrigido mediante a renovação da acusação (art. 122.º/2), e de *error in judicando* objeto da al. d), conduzindo ao arquivamento definitivo do processo, v. JOÃO CONDE CORREIA, § 61 do comentário ao art. 283.º (Tomo III, 2.ª edição).

c) *Se os factos não constituírem crime* – al. d)

§ **68** Na verdade, a al. d) prevê apenas as hipóteses em que os factos não integram os elementos típicos de qualquer tipo penal, seja porque os factos deixaram de ser puníveis, seja porque os factos não integram a prática do tipo de crime indicado na acusação ou qualquer outro, sem que a *atipicidade* da factualidade descrita derive da mera insuficiência de articulação de factos reconhecível pelo simples confronto entre os factos descritos e o tipo penal indicado na acusação, como é próprio das hipóteses previstas na al. b).

c.1) Qualificação jurídica controversa

§ **69** Por outro lado, como aludido *supra* (§ 17), ao impor-se na a al. d) a rejeição da acusação quando os factos não constituam (qualquer) crime, a decisão não pode deixar de assentar em juízo do presidente do tribunal de julgamento que radique no seu entendimento jurídico de que os factos narrados não integram a prática do crime imputado ao arguido nem qualquer outro, independentemente do caráter *controverso* ou discutível da posição jurídica adotada, sendo certo que o despacho de rejeição com fundamento na al. d) constitui ato decisório que, após trânsito, põe termo ao processo e que é sempre fundamentado, nos termos do art. 97.º/1/b) e 5, tal como a sentença ou acórdão que conheça da questão a final.

§ **70** O que se pretende com a al. d) é evitar os inconvenientes da continuação inútil do processo para julgamento quando a acusação se revele substancialmente infundada por serem atípicos os factos, cumprindo-se assim finalidades próprias do despacho de saneamento a proferir no início da fase de julgamento pelo juiz presidente. A incerteza jurídica resultante de eventual controvérsia jurisprudencial ou doutrinária sobre a atipicidade dos factos pode colocar-se neste momento tal como pode colocar-se na decisão final e em qualquer das hipóteses a ausência de recurso ou a confirmação da decisão fazem transitar em julgado a decisão.

§ **71** À imagem do que vimos relativamente à procedência de nulidade, questão prévia ou incidental que obste à apreciação do mérito da causa, afigura-se-nos que o cabal respeito pelo princípio do contraditório impõe que os sujeitos processuais sejam ouvidos antes de o presidente do tribunal rejeitar a acusação e determinar o arquivamento dos autos com fundamento na atipicidade dos factos a que se refere esta al. d).

c.2) Diferente qualificação jurídica – outro tipo legal

§ **72** Caso o juiz entenda que os factos não integram a prática do tipo legal de crime indicado na acusação, *mas outro tipo legal*, não estamos perante hipótese de rejeição da acusação por falta de tipicidade, mas antes perante mera questão de qualificação jurídica, conforme se entendeu já no ac. RL, 21.11.2006 (José Adriano). Devendo o processo prosseguir para julgamento em virtude de a diferente qualificação jurídica não implicar outras consequências de ordem processual ou substantiva nos termos do n.º 1 (*supra* §§ 2 a 14), nada impede que o juiz explicite a qualificação jurídica que tem por adequada aos factos se entender dever fundamentar a não rejeição da acusação, sem prejuízo da qualificação jurídica a decidir pelo tribunal em momento subsequente do processo.

c) Se não indicar as disposições legais aplicáveis – al. c), 1.ª parte

§ **73** A al. c) prevê a rejeição da acusação quando falte a indicação das disposições legais aplicáveis, repetindo nesta parte a al. c) do n.º 3 do art. 283.º. Estão aqui indubitavelmente abrangidos os casos em que a acusação seja totalmente omissa a este respeito, mas também aqueles em que a acusação omita algumas das disposições legais relativas à incriminação pelos factos narrados, aqui incluindo não só as normas que preveem o tipo de crime mas também circunstâncias agravantes comuns ou a forma de participação do arguido ou a forma do crime – reincidência, cumplicidade, tentativa, crime continuado, etc.- (v. AFJ/STJ 7/2008, de 25.6.2008) –, para além das condições de punibilidade e ainda das normas que preveem a aplicação de penas principais e acessórias.

d) Se não indicar as provas que a fundamentam – al. c), 2.ª parte

§ **74** Afastado qualquer juízo do tribunal sobre a indiciação dos factos no início da fase de julgamento, a indicação das provas que fundamentam a decisão de acusar tomada pelo MP constitui um elemento importante para a legitimação formal daquela decisão, ao mesmo tempo que satisfaz o contraditório e outros direitos de defesa ao dar a conhecer ao arguido quais as provas que sustentam a acusação contra ele apresentada.

§75 Daí que a *falta de indicação das provas que fundamentam a acusação* abranja inequivocamente a omissão total de indicação das provas, mas também a mera remissão genérica para a *prova dos autos,* ou expressão equivalente, bem como a falta de indicação dos meios de prova ou de obtenção de prova que suportam a indiciação dos factos narrados com o sentido assumido na al. b) (*supra* § 63), na medida em que a omissão parcial verificada possa afetar o direito do arguido a tomar posição ou, em todo o caso, a preparar a sua defesa em função dos meios de prova que no nosso processo penal devem ser-lhe plenamente dados a conhecer pelo MP.

António Latas

Artigo 311.º-A
Despacho para apresentação de contestação

1 – Resolvidas as questões referidas no artigo anterior, o presidente ordena, por despacho, a notificação do arguido para contestar.

2 – O despacho contém, sob pena de nulidade:

a) A indicação dos factos e disposições legais aplicáveis, o que pode ser feito por remissão para a acusação ou para a pronúncia, se a houver;

b) Cópia da acusação ou da pronúncia;

c) A nomeação de defensor do arguido, se ainda não estiver constituído no processo; e

d) A data e a assinatura do presidente.

3 – O despacho é também notificado ao defensor.

4 – A notificação do arguido tem lugar nos termos das alíneas a) e b) do n.º 1 do artigo 113.º, exceto quando aquele tiver indicado a sua residência ou domicílio profissional à autoridade policial ou judiciária que elaborar o auto de notícia ou que o ouvir no inquérito ou na instrução e nunca tiver comunicado a alteração da mesma através de carta registada, caso em que a notificação é feita mediante via postal simples, nos termos da alínea c) do n.º 1 do artigo 113.º

5 – Do despacho a que se refere o n.º 1 não há recurso.

Origem do texto: aditado pelo art. 12.º L 94/2021, em vigor a partir de 21.03.2022.

Sumário do comentário:

I – Considerações gerais

§ 1 A norma foi introduzida pela L 94/2021, corresponde, no essencial, à norma constante na Proposta de Lei 90/XI, e foi a consequência da autonomização do despacho para notificar o arguido para contestar. O n.º 2/a/c/d, corresponde ao n.º 1/a/c/d, do art. 313.º, na redação anterior à L 94/2021, mas enquanto na norma pré-vigente (art. 313.º/1) as exigências se reportavam ao «despacho que designa dia para a audiência», as exigências da atual norma visam «o despacho para apresentação de contestação». O n.º 2 /b, da norma «o despacho contém, sob pena de nulidade, cópia da acusação ou da pronúncia» quer, muito prosaicamente, significar que a notificação do despacho deve ser *acompanhada* de cópia da acusação ou da pronúncia.

§ **2** A norma tem na base o entendimento que a data da audiência de julgamento só deve ser designada depois de apresentada a contestação ou decorrido o respetivo prazo.

§ **3** O saneamento do processo e a notificação para o arguido apresentar a contestação são momentos processuais distintos, mas que se encadeiam no *iter* processual. Assim, resolvidas as questões referidas no art. 311.º e prosseguindo o processo deve ser proferido em ato seguido despacho a ordenar a notificação do arguido para, querendo, apresentar a contestação e a prova. Ganha a celeridade.

II – Âmbito de previsão da norma

§ **4** A notificação do arguido para contestar (n.º 1) é, em rigor, uma notificação para *querendo* contestar e apresentar o rol de testemunhas e indicar outra prova. Não se trata de um dever do arguido, mas de um direito que ele usa ou não.

§ **5** O despacho que ordena a notificação do arguido para contestar deve conter, sob pena de nulidade, a indicação dos factos e disposições legais aplicáveis, em regra por remissão para a acusação ou a pronúncia, se a houver. A delimitação do objeto do processo ocorre no saneamento (art. 311.º/2), despacho que é notificado a todos os sujeitos processuais. Esta indicação no despacho para apresentação de contestação dos factos e disposições legais não é uma delimitação do objeto do processo só para o arguido, apenas a notificação do objeto do processo já delimitado. A delimitação do objeto do processo tem em vista, neste momento processual, o julgamento. O despacho que ordena a notificação do arguido para contestar deve conter ainda a nomeação de defensor do arguido, se ainda não estiver constituído no processo, o que em regra não ocorre porque é obrigatória a nomeação de defensor quando contra ele for deduzida acusação, devendo a identificação do defensor constar do despacho de encerramento do inquérito (art. 64.º/3); no caso de instrução subsequente a arquivamento, no despacho de abertura de instrução o JI nomeia defensor ao arguido que não tenha advogado constituído nem defensor nomeado (art. 287.º/4). Finalmente, o despacho contém, sob pena de nulidade, a data e a assinatura do presidente, como é regra nos despachos judiciais.

§ **6** O despacho que ordena a notificação é comunicado ao arguido e ao defensor com cópia da acusação ou da pronúncia. A notificação do arguido efetua-se mediante via postal simples, por meio de carta ou aviso, para a morada constante do TIR (n.º 4, art. 113.º/1/c, art. 196.º/2) a). Caso não tenha prestado TIR, por contacto pessoal com o notificando no lugar em que este for encontrado, ou por via postal registada, por meio de carta ou aviso registados (n.º 4 e art. 113.º 1/a/b). A notificação do advogado ou defensor nomeado, são feitas por via eletrónica (art. 113.º/11) ou, quando tal não for possível, nos termos do art. 113.º/1/a/b/c, ou por telecópia.

III – Inobservância do procedimento

§ **7** A desconformidade do despacho para apresentação de contestação com as exigências obrigatórias do n.º 2, constitui nulidade, dependente de arguição. A falta de notificação ao arguido do despacho para contestar (n.º 1) assim como a falta de notificação do despacho ao defensor (n.º 3) configura irregularidade (art. 123.º). O despacho, para apresentação de contestação, que não preencha as exigências de conteúdo do n.º 2 é nulo, nulidade dependente de arguição.

IV – Recurso

§ **8** A irrecorribilidade reporta-se apenas à parte do despacho que ordena a notificação do arguido para contestar (n.º 1). A redação final da norma abandonou a formulação constante da Proposta de Lei 90/XIV, que proponha no seu n.º 5 um genérico «Deste despacho não há recurso», o que englobava todo o despacho. Não fazia sentido a norma exigir que o despacho devia cumprir, sob pena de nulidade, as exigências de conteúdo descritas no n.º 2/a/b/c/d, e depois consagrar a irrecorribilidade. Assim, arguida a nulidade (n.º 2) o despacho que sobre ela recair é recorrível nos termos gerais.

ANTÓNIO GAMA

Artigo 311.º -B
Contestação e rol de testemunhas

1 – O arguido, em 20 dias a contar da notificação do despacho referido no artigo anterior, apresenta, querendo, a contestação, acompanhada do rol de testemunhas, sendo aplicável o disposto no n.º 14 do artigo 113.º

2 – A contestação não está sujeita a formalidades especiais.

3 – Juntamente com o rol de testemunhas, o arguido indica os peritos e consultores técnicos que devem ser notificados para a audiência, bem como qualquer outra prova que entenda adequada à sua defesa.

4 – Ao rol de testemunhas é aplicável o disposto na alínea e) do n.º 3 e nos n.ºs 7 e 8 do artigo 283.º.

Origem do texto: este artigo foi introduzido pela L 94/2021, de 21.12. Mas não é novo. Anteriormente correspondia ao art. 315.º, que foi revogado e transitou para este novo artigo. Corresponde à redação originária do art. 315.º aprovada pelo DL 78/87, com as alterações introduzidas pelo DL 317/95, de 28.11, L 59/98, de 25.08, DL 320-C/2000, de 15.12, L 48/2007, de 29.08, L 20/2013, de 21.02, L 27/2015, de 14.04, L 1/2018, de 29.01 e a L 94/2021, de 21.12. O DL 317/95 alterou o prazo para contestar de "sete" para "20" dias. A L 59/98 acrescentou na parte final do n.º 1 "É aplicável o disposto no artigo 113.º, n.º 10" e aditou um n.º 4 com o seguinte teor: "Ao rol de testemunhas é aplicável o disposto no artigo 283.º, n.º 3, alínea d)". O DL 320-C/2000, alterou o n.º 4 inserindo na parte final da norma "e n.º 7". A L 48/2007 eliminou na parte final do n.º 1 "n.º 10" (do artigo 113.º) e substituiu por "n.º 12 do artigo 113.º", que a L 20/2013, modificou para "n.º 13". A L 27/2015 alterou o n.º 4, substituindo "no artigo 283.º, n.º 3, alínea d)" para "na alínea d) do n.º 3 , e nos n.º os 7 e 8 do artigo 283.º". A L 1/2018, na parte final do n.º 1, alterou "n.º 13", para "n.º 14" (do artigo 113.º). Por fim, a L 94/2021 fez transitar a norma do art. 315.º para o 311.º-B. Alterou no n.º 1 "despacho que designa dia para a audiência" por "despacho referido no artigo anterior". Acrescentou à parte final do n.º 3, "bem como qualquer outra prova que entenda adequada à sua defesa". E eliminou o n.º 4. A L 13/2022, de 01.08 voltou a aditar o n.º 4 que tinha sido anteriormente eliminado.

Sumário do comentário:

I – Considerandos gerais (§§ 1 a 4)
II – Prazo (§§ 5 a 12)
III – A contestação (§§ 13 a 29)
IV – Requerimento probatório (§§ 30 a 46)
V – Objeto processual (§§ 47, 48)
VI – Outras contestações: civil, de perda ou de terceiro (§49)
VII – Incumprimento e consequências, preclusão, caso julgado (§§ 50 a 68)

I – Considerandos gerais

§ 1 A norma integra os denominados atos preliminares (título VI) da fase de julgamento, ou seja, os atos processuais que são realizados antes daquele (título II), de modo a permitir que aquando do início da audiência, não haja entraves à sua realização, salvaguardando a economia e celeridade processual. Na sistemática do código após a dedução da acusação pública, particular e/ou despacho de pronúncia, os autos são remetidos para julgamento. Segue-se um saneamento dos mesmos ao abrigo do art. 311.º. Antes da L 94/2021 a tramitação era distinta. A contestação correspondia ao art. 315.º (que foi revogado por aquela lei). Ou seja, após o agendamento da audiência de julgamento (art. 312.º), e a notificação deste despacho ao arguido, com indicação dos factos e disposições legais, mas sempre com junção da cópia da acusação ou da pronúncia [art. 313.º/1/a, redação anterior à L 94/2021], seguia-se a esta sequência processual, o *direito de contestar* através de peça processual tipificada neste artigo (e, anteriormente, no art. 315.º). A L 94/2021 alterou esta dinâmica e sequenciação processual, fazendo transitar a apresentação da contestação para um momento anterior ao despacho de agendamento e notificação da audiência de julgamento. Pelo que, na atual tramitação, após o saneamento do art. 311.º, o arguido é notificado para contestar, art. 311.º-A, sucedendo-se, depois, a possibilidade de apresentar contestação ao abrigo do presente art. 311.º-B. Este artigo surgiu na sequência de proposta do Governo PS (Proposta de Lei n.º 90/XIV), que sugeria a introdução de uma norma relativa a uma audiência prévia, com o "*o objetivo facilitar o agendamento dos atos de instrução e do debate instrutório ou da audiência de julgamento, cuja realização contínua, crê-se, sairá favorecida.*". Mais se exarando na exposição de motivos da referida proposta que "*De modo a que a audiência prévia facilite verdadeiramente o agendamento da audiência de julgamento, deve permitir-se que o tribunal conheça de antemão os meios de prova indicados por todos os sujeitos e intervenientes processuais. Assim, propõe-se inverter a regra presentemente estabelecida de fixar a data da audiência de julgamento antes da receção da contestação.*". Igual proposta teve o PSD (Projeto de lei n.º 876/XIV/2.ª), ali se explicitando na exposição de motivos: "*Altera-se ainda o momento da apresentação da contestação, rol de testemunhas e outras provas por parte do arguido, que passa a ter lugar antes da prolação do despacho que designa dia para a audiência de julgamento, permitindo-se, desta forma, que o tribunal perceba a dimensão global das provas a produzir em audiência e do tempo provável necessário para a sua integral realização e, assim, possa, de seguida, designar em conformidade as datas para julgamento.*". Veio depois a integrar o texto de substituição conjunto do PS/PSD (2021). Pretende-se, assim, que antes do processo ser concluso para agendamento, exista uma apreciação global de toda a prova indicada pela acusação e defesa, permitindo uma melhor gestão e programação das sessões de julgamento. Mas, também, permitir que antes de se designar a audiência seja produzida a prova requerida, admitida e que seja conveniente ser produzida antes de dar início ao julgamento (*v.g.* por conveniente para confrontar os declarantes, para o arguido melhor exercer o seu direito de defesa, ou assistente/vítima esteja mais apto a efetivar direito à prova), e/ou para evitar adiamentos ou suspensão ulteriores dos trabalhos (*v.g.* realização de prova pericial no decurso da audiência que seja previsível que não será remetida aos autos em tempo útil, ou seja, no decurso das sessões agendadas).

§ 2 A epígrafe alude a contestação e rol de testemunhas. A alusão a "rol de testemunhas" surge, apenas, por ser a prova habitualmente apresentada na contestação. Contudo, não permite, por si, qualquer limitação ao *direito à prova* do arguido, sob pena de afronta ao art. 32.º/1 CRP, processo equitativo e de igualdade armas com o MP. Naturalmente que, com a contestação, o arguido não está limitado a apresentar, apenas, testemunhas. Para além dos peritos e consultores técnicos a que se alude no n.º 3, arguido pode apresentar demais *meios de prova* admissíveis (prova documental, declarações de arguido, de coarguido, assistente, parte cível) ou requerer ao tribunal que as determine (prova pericial, exame ao local, etc.). Ou, então, indicá-las, mas solicitar a colaboração do tribunal para que consiga a produção de tal prova (*v.g.* testemunha em paradeiro desconhecido, rogatória no estrangeiro, cooperação internacional). Com a L 94/2021, o legislador entendeu consagrar expressamente este direito na parte final do n.º 3, firmando que o arguido pode indicar "qualquer outra prova que entenda adequada à sua defesa". Interpretação que já era de sustentar à luz da anterior redação pelo *supra* explanado, apesar de não existir uma referência expressa. Não obstante, o legislador perdeu a oportunidade de ajustar a epígrafe, cujo teor é muito redutor para a prova que pode ser apresentada na contestação.

§ 3 Melhor seria que o legislador, tal qual faz no processo civil, fizesse alusão a "requerimento probatório". Muito embora, também no CPC, por vezes, se aluda ao rol de testemunhas *e* ao requerimento probatório, consistindo este em "requerer outros meios de prova" (arts. 572.º/d e 598.º CPC) e, em outros momentos, mencione "requerimento probatório", englobando o referido rol de testemunhas (art. 572.º/d, parte final ou 598.º/1, ambos do CPC). De todo modo, o que importa salientar é que se afigura desnecessário a epígrafe do artigo aludir a "rol de testemunhas", não só porque este é apenas *parte* de um requerimento probatório (que pode ser mais amplo e abranger outra prova), como também este integra a contestação e é um elemento desta (art. 572.º/d CPC), muito embora possa ser apresentado autonomamente.

§ 4 Transcorridas as fases anteriores, nas quais foram prolatados acusação e/ou pronúncia, por se entender que a prova existente nos autos aponta no sentido de fortes indícios de que o arguido cometeu o crime de que é acusado ou foi pronunciado (ou seja, existe um juízo probabilístico de que existirá uma condenação a final), a fase de julgamento é crucial para o arguido refutar esse juízo prévio. Entra-se na fase decisiva, onde o contraditório impera na sua plenitude, na qual prova será examinada, analisada e/ou contraditada em audiência, sob égide dos princípios da publicidade, imediação, oralidade e continuidade. É, então, um momento-chave para o arguido exercer, na sua plenitude, o seu *direito de defesa* [que, conforme ensinam Jorge de Figueiredo Dias/Nuno Brandão, 2020, p. 27, *"constitui uma categoria aberta à qual devem ser imputados todos os concretos direitos, de que o arguido dispõe, de codeterminar a decisão final do processo, incidindo tanto sobre a questão de facto como sobre as questões de direito que no processo se discutem"*; mais concretamente, a contestação do art. 315.º – atualmente art. 311.º-B após a L 94/2021 – conforme assinalam na p. 34 é respaldo dos princípios do contraditório e audiência]. E, preliminarmente ao início da audiência, a contestação é a peça processual onde o arguido poderá exercer esse direito. A contestação é, assim, um corolário das garantias de defesa do arguido, direito ao contraditório, processo equitativo, acesso ao Direito e Tribunais, igualdade de armas (arts. 20.º/1 e 4, 32.º/1 CRP, 6.º CEDH, 47.º, 48.º CDFUE, 14.º PIDCP, 11.º DUDH). Conforme art. 6.º/3/b CEDH o acusado deve dispor do tempo e dos meios necessários para preparar a sua defesa, sendo que a a contestação configura justamente um desses meios ao dispor do arguido para exercitar o seu direito de defesa, não podendo ser objeto de restrições.

II – Prazo

§ 5 Os prazos são fulcrais para o regular andamento dos autos e, como tal, estão ao serviço do interesse público da celeridade e agilização processual. Consubstanciam uma peça essencial para que o processo prossiga o seu fim de ditar a justiça no caso concreto, que culminará com uma decisão de condenação ou absolvição (sobre as finalidades dos prazos v. anotação §§ 15, 16 ao art. 104.º, Tomo I). A contestação, apesar do seu papel primordial para exercício de defesa do arguido está, igualmente, sujeita a prazos preclusivos, perentórios, no sentido de que decorrido os mesmos, não mais poderá apresentar tal articulado (sobre a conformidade do princípio da preclusão com as normas constitucionais de garantia de defesa do arguido, contraditório e processo equitativo, v. §§ 51 a 57).

§ 6 No entanto, esta preclusão não tem o mesmo efeito que o processo civil. Ali, opera a revelia, considerando-se confessados os factos articulados pelo autor da ação (art. 567.º do CPC, sem prejuízo de algumas situações em que a revelia é inoperante, cf. art. 568.º CPC). Aqui, a ausência de contestação, ou a preclusão de apresentação de contestação por ter decorrido o prazo legal, não altera os "dados do jogo". É à acusação que cumpre provar a culpabilidade do arguido para além de qualquer dúvida razoável, presumindo-se este inocente (art. 32.º/2 CRP), sendo que, incumbe ao tribunal investigar autonomamente o objeto do processo e determinar a realização de prova que seja relevante (art. 340.º). E sempre poderá o arguido em julgamento prestar declarações, apresentar exposições, memoriais e requerimentos (art. 98.º), requerer a realização de prova ao tribunal (art. 340.º). Apesar disto, não se poderá dizer que a ausência de contestação é inócua. Para além do seu valor persuasivo e argumentativo, permite dar a conhecer a versão do arguido, o que habilita o tribunal a melhor investigar. Pelo que, quando essa defesa não é aduzida, ou da prova em audiência, não emerge tal factualidade favorável ao arguido, o tribunal não a irá investigar. Acresce ainda um fator de relevo. É que, enquanto na contestação a apresentação do rol de testemunhas é quase ilimitado, no julgamento a sua apresentação sempre ficará sujeita ao deferimento do tribunal (art. 340.º), o que não deixa de revelar o interesse processual de apresentação da contestação e sua importância. No entanto, diga-se, que a ausência de contestação poderá ser uma estratégia de defesa. Quando assim é, já a ausência da contestação não pode ser encarada como sendo prejudicial, mas sim incluído no exercício do direito de defesa.

§ 7 Dita o n.º 1 que o arguido, "apresenta, querendo", a contestação, em 20 dias a contar da notificação do despacho para contestar, art. 311.º-A, sendo "aplicável o disposto no n.º 14 do artigo 113.º", ou seja, havendo vários arguidos, "quando o prazo para a prática de atos subsequentes à notificação termine em dias diferentes, o ato pode ser praticado por todos ou por cada um deles até ao termo do prazo que começou a correr em último lugar." Regra esta de extensão de prazo que também vigora no processo civil (art. 569.º/2 CPC). Inexiste qualquer dever processual do tribunal informar oficiosamente a data da última notificação. Trata-se de uma diligência a cargo da defesa. A inclusão pela L 94/2021 no art. 113.º/10 da menção de contestação, visa ajustar essa norma ao art. 311.º-A e 311.º-B, reportando-se à notificação do despacho para apresentação de contestação ao arguido.

§ 8 Por ser um momento estrutural para o arguido exercer o seu direito de defesa, vertendo por escrito as suas discordâncias factuais e jurídicas em relação ao processo que lhe é movido e pelo qual é submetido a julgamento, a lei impõe, nos arts. 113.º/10 e 311.º- A, que seja prolatado despacho para apresentação de contestação, notificado ao arguido, e que, necessariamente, contém, ainda que por remissão, o sustentáculo fáctico e jurídico do motivo do julgamento do arguido, acompanhada de cópia da acusação, ou pronúncia. O que não dispensa a notificação do advogado ou defensor, para que, também este, possa exercer as suas funções de Defesa (para mais desenvolvimentos v. anotação ao art. 113.º, Tomo I e 311.º-A).

§ 9 Se o arguido tiver prestado TIR a notificação deverá ser realizada por via postal simples com prova de depósito para a morada que indicou para efeito de notificação (arts. 113.º/1/c e n.ºs 3, 4 e 10, 196.º/3/c e 5/c, 311.º-A/4, parte final), sendo irrelevante que, por vicissitudes diversas, se constate que não é possível realizar o depósito por inexistir recetáculo, o arguido já não reside no local indicado, não existe o número de habitação que declarou, etc. Salvo situações excecionais e/ou em que o arguido tenha cumprido o ónus processual de alteração de residência a notificação tem-se por regularmente realizada, sendo indiferente a alegação de que ali não morava. Aliás, mesmo existindo conhecimento nos autos de que a morada do arguido se alterou, isso não legitima processualmente a efetivação da notificação por contato pessoal (*v.g.* através de OPC). A lei é clara: a notificação é por via postal simples para a morada que o arguido indicou. E sobre este recai a omissão de cumprimento do seu dever de informar os autos sobre a alteração (sobre estes regimes, sua compatibilização com o direito de defesa, conjugação com outros interesses como seja a celeridade processual, e circunstâncias excecionais que admitem a sua derrogação v. anotação ao art. 196.º, Tomo I; igualmente v. anotação ao art. 311.º-A).

§ 10 Não tendo prestado TIR, a notificação do arguido pode ser por contacto pessoal ou envio de carta registada, conforme emerge do art. 311.º-A/4, na sua conjugação com o art. 113.º/1/a e b (para as pessoas coletivas ou entidades equiparadas a lei prevê a possibilidade de notificação por contacto pessoal, cf. art. 113.º/16). Não impõe, assim, a lei, a prestação de TIR e notificação para a morada indicada pelo arguido. A notificação também se logra através das modalidades de notificação por contato pessoal ou envio de carta registada. Sucede que, posteriormente, existirão consequências. É que, se é admissível a notificação nestes moldes o legislador já não foi ao ponto de admitir julgamentos na ausência que não sejam no estrito cumprimento dos ditames dos arts. 333.º e 334.º. Pelo que, excetuando os casos em que existe um consentimento do arguido de julgamento na ausência verificados os requisitos legais [art. 334.º; ou ao abrigo do mesmo artigo quando o processo sumaríssimo é reenviado para comum, mas, aqui, com diversas reticências, v., para maiores desenvolvimentos, a respetiva anotação], a audiência apenas se pode iniciar sem a presença do arguido se este tiver prestado TIR. Ou seja, a lei permite um julgamento em que o arguido é notificado por contato pessoal ou carta registada se este comparecer na audiência. Já a sua ausência apenas legitima a realização do julgamento observadas as formalidades atinentes à prestação de TIR (para outros desenvolvimentos v. anotação ao art. 333.º). O que se percebe, já que, é através deste que se informa o arguido que o julgamento pode ser realizado sem a sua presença. Pelo que, a inexistência de TIR aliado à ausência do arguido em audiência impõe um conjunto de diligências visando apurar do seu paradeiro, e concretizar a prestação de TIR, o que, em caso de insucesso, redundará na notificação por editais e declaração de contumácia (para mais desenvolvimentos v. anotação ao art. 335.º).

§ 11 O prazo de 20 dias conta-se a partir da data da notificação do despacho para apresentação de contestação (n.º 1). É, pois, crucial, definir a data de início da contagem do mesmo. Sobre a data em que se considera a notificação efetuada v. anotação ao art. 113.º, Tomo I. Preceitua a parte final do n.º 1 que é "aplicável o disposto no n.º 14 do artigo 113.º", ou seja, havendo vários arguidos, se a notificação terminar em dias diferentes, a contestação pode ser praticada por todos ou por cada um deles até ao termo do prazo que começou a correr em último lugar. Do mesmo modo, tratando-se o despacho para apresentação de contestação de ato que deve ser notificado ao arguido e ao seu advogado ou defensor nomeado, neste caso, o prazo para contestar conta-se a partir da data da notificação efetuada em último lugar (art. 113.º, n.º 10). Sobre outras regras relativas à notificação, v. respetiva anotação, Tomo I. Antes da entrada em vigor da L 94/2021 a lei utilizava como referencial o despacho que designa dia para audiência. A partir daí iniciava-se a contagem do prazo, e era irrelevante que as datas, entretanto, viessem ser alteradas. Ou que a audiência de julgamento viesse a ser adiada. Só desta forma é que se permitia alguma segurança e previsibilidade, bem como igualdade (v. § 51). Com a alteração da lei essa questão deixou de se colocar, já que a designação do dia de julgamento apenas poderá ocorrer depois de decorrido o prazo para contestar.

§ 12 Relativamente à normas que disciplinam a contagem dos prazos, renúncia ao decurso do prazo, possibilidade da prática fora de prazo, remete-se para as anotações aos arts. 103.º, 104.º, 107.º e 107.º-A, Tomo I. O art. 107.º/6 preceitua que quando o procedimento se revelar de excecional complexidade, nos termos da parte final do art. 215.º/3, o prazo para contestar é aumentado em 30 dias (ou seja, 50 dias; antes da entrada em vigor da L 94/2021, que alterou o art. 107.º/6, o aumento do prazo dependia sempre de uma decisão de um juiz; com a referida alteração o aumento do prazo é automático, *ope legis*), sendo que, quando a excecional complexidade o justifique, o juiz, a requerimento, pode fixar prazo superior. Visa-se acautelar o efetivo exercício do direito de defesa, processo equitativo e contraditório. Para mais desenvolvimentos v. anotação ao art. 107.º, Tomo I. Análise casuística, mas, com um crivo ainda mais apertado, serão os casos de uma *segunda* prorrogação, apenas sendo de admitir em situações excecionalíssimas. A este propósito, ac. RE, 01.10.2013 (Ana Barata Brito) que, depois de salientar que o art. 6.º/3/d CEDH assegura ao acusado a possibilidade de organizar a defesa de maneira adequada e sem restrições, e o "tempo necessário à preparação dessa defesa resulta da concreta natureza dos problemas e da complexidade do processo", concluiu, "Num processo em que o prazo-regra para contestar fora já prorrogado por 20 dias, a solicitação do arguido e pelo tempo que pedira, em que este beneficiara ainda de uma extensão informal do prazo por via da suspensão do decurso em férias de Natal, em que apresentara já no processo duas contestações e prova abundante, em que conhecia os factos, crimes e provas da acusação há mais de um ano, não viola as garantias de defesa e não põe em causa a tutela jurisdicional efetiva, o despacho que lhe indefere uma segunda prorrogação do prazo para contestar por mais 10 dias."

III – A contestação

§ 13 Dita o n.º 1 que o arguido "apresenta, querendo, a contestação, acompanhada do rol de testemunhas." A primeira nota prende-se como o carácter facultativo da contestação. Não se trata de um ato processual obrigatório. No âmbito da estratégia de defesa do arguido este pode, ou não, deduzir contestação. Significa isto que não existe qualquer espécie de irregularidade na omissão da apresentação de contestação. É respaldo do objeto indisponível do processo penal que impede a existência, ao contrário do que sucede no no processo civil (no que concerne aos direitos disponíveis), de admissão de factos desfavoráveis por via da ausência de contestação (a denominada revelia operante). Como bem se percebe, estando em causa um crime, a confissão é rodeada de especiais cautelas, e apenas pode ser lograda em audiência de julgamento, em obediência a determinadas formalidades legais (para maiores desenvolvimentos v. anotação ao art. 344.º). Pelo que, mesmo que na contestação o arguido confesse os factos de que foi acusado ou pronunciado, tal é totalmente irrelevante. A confissão legal está disciplinada expressamente. A admissão de culpabilidade na contestação não pode ser utilizada como indício. Nem sequer pode ser questionado o arguido pelo facto de não confessar no julgamento, apesar de ter confessado na peça processual de contestação. Aliás, na pureza dos princípios, nem isso pode ser mencionado. Se quisermos apelidar em termos processuais é como se fosse totalmente *inexistente*. A sua existência apenas será *relevante* com a *confirmação* da confissão em julgamento, *obedecendo* ao ritualismo que a lei impõe (também assinalando este aspeto José António Rodrigues da Cunha, 2017, pp. 52 e 53).

§ **14** O mesmo se diga quanto à ausência de contestação. Também é totalmente irrelevante em relação ao apuramento dos factos. Nenhum tipo de efeito processual negativo poderá daí derivar para o arguido. Não altera os dados do jogo. É ao MP e assistente que compete sustentar os factos incriminatórios, devendo o tribunal praticar todos as diligências para que se apure a verdade, ajustando o objeto processual ao desenvolvimento da lide (respeitando o estatuído nas normas relativas à alteração de factos – arts. 358.º e 359.º, para maiores desenvolvimentos v. respetivas anotações). E da falta de contestação não se pode, em nenhum momento, extrair qualquer efeito negativo para o arguido, quer seja a nível factual, jurídico ou probatório.

§ **15** Não obstante, já o assinalámos, a contestação pode ter um papel primordial no apuramento dos factos. É que, aduzindo-se a versão do arguido, necessariamente deve constar do elenco dos factos provados/não provados e vincula, desde logo, a uma investigação para melhor apuramento dos mesmos. A ausência de qualquer alegação poderá implicar que a prova produzida em audiência nunca chegue a produzir uma versão favorável ao arguido. E não sendo introduzidos esses factos, ou não surgindo no decurso do julgamento, o tribunal não os poderá investigar. Nessa medida, na prática, pode ser desvantajoso para o arguido [Germano Marques da Silva, 2015, p. 202, ressalta alguns inconvenientes que podem advir da não apresentação de contestação, como seja, a importância na disciplina da audiência para "que o tribunal entenda a razão de certas questões postas à testemunhas e essa razão encontra-a na contestação". Também Simas Santos/Leal-Henriques, 2004, p. 255, assinalam o interesse em apresentar uma contestação bem elaborada, alargando o objeto do processo, que até esse momento, apenas estava "demarcado pela acusação ou pronúncia"].

§ **16** Claro está que pode consubstanciar mera estratégia de defesa. Quer por se entender que a acusação e a prova se apresenta insuficiente. Ou aguarda-se a audiência para trazer à tona factos favoráveis ao arguido, ou apenas prova. Ou seja, tudo numa linha de defesa perfeitamente definida, gizada e pensada.

§ 17 Importa, contudo, acautelar, situações de desproteção do arguido. Casos em que, por via de elementos que existem nos autos, o tribunal se apercebe que não está a ser assegurada uma defesa efetiva ao arguido. A não contestação é o reflexo de uma postura de indiferença, desleixo, negligência do defensor. Sindicância do tribunal que deve reservar-se para casos ostensivos, e com muitas cautelas, para não interferir na relação advogado-cliente. É que, uma intervenção para ultrapassar uma aparente omissão de defesa pode colidir com os interesses do arguido e, nessa medida, ser contraproducente. Sob o manto dessa aparência pode estar uma estratégia de defesa (§ 16). É por isso imperioso apurar se, de facto, existe uma efetiva situação de indefesa, ou é mera aparência. Para outros desenvolvimentos v. anotação ao art. 64.º, Tomo I (sobre esta temática v., também, Jorge de Figueiredo Dias/Nuno Brandão, 2020, pp. 75/76).

§ 18 Apesar do n.º 1 aludir a "contestação, acompanhada do rol de testemunhas", tal não significa que, apresentada contestação, necessariamente, o arguido tenha que indicar testemunhas. É, apenas, uma faculdade. O que a lei pretende salientar, tal como também emerge do n.º 3 (que alude à indicação de peritos e consultores técnicos), é que com a contestação o arguido *pode* apresentar o seu requerimento probatório. E tem de fazê-lo no prazo da contestação (sem prejuízo do disposto no art. 340.º). Em suma, pode contestar sem apresentar requerimento probatório. Ou apenas apresentar requerimento probatório. Sempre no prazo de 20 dias (ou 50 dias, quando o procedimento se revelar de excecional complexidade, nos termos da parte final do art. 215.º/3, cf. art. 107.º/6).

§ 19 Não define o artigo o conceito de contestação. De todo modo, da norma é possível concluir que a peça processual da contestação se divide estruturalmente na contestação propriamente dita (na qual o arguido espraia as suas razões de concordância/discordância em relação à acusação/pronúncia; argumentação que pode ser de natureza factual, jurídica, incluindo juízos probatórios no sentido da insuficiência da prova, ou colocando em causa a legalidade desta) e um requerimento probatório. Uma espécie de contestação probatória, onde apresenta ou indica a prova que entende relevante para sustentar a sua defesa. Apesar deste requerimento probatório se poder inserir formalmente na peça processual da contestação (ou não, apresentando apenas uma peça processual de requerimento probatório), ficando sujeito ao prazo de 20 dias (ou

50 dias, cf. art. 107.º/6), autonomiza-se da contestação propriamente dita. O arguido pode nada alegar em relação à acusação/pronúncia, mas apresentar a sua prova. Sem prejuízo, no que se reporta à prova no qual é requerido o auxílio do tribunal, do ónus de alegar a sua relevância.

§ 20 Assim, reitera-se, pode existir contestação sem requerimento probatório, ou o contrário, ser apresentada prova sem uma alegação factual ou jurídica por parte do arguido. Como, e é o mais comum, existirem ambas, ou seja, o arguido *contesta* a acusação/pronúncia e indica prova para demonstrar sua versão factual/jurídica, inocência, ou suscitar a dúvida razoável.

§ 21 Conforme assinalado a lei não define contestação. Socorrendo-nos dos conceitos consagrados no processo civil, a contestação é a peça processual na qual o arguido apresenta a sua defesa. Dita o n.º 2 que a contestação não está sujeita a formalidades especiais. Não se impõe que seja articulada [também, assim, Germano Marques da Silva, 2015, p. 202, Maia Gonçalves, 2001, p. 612, Simas Santos/Leal-Henriques, 2004, p. 255; em sentido contrário, Paulo Pinto de Albuquerque, 2008, p. 807], uma determinada ordem, ou outras exigências à forma como é apresentada a defesa. Tratando-se da consagração das garantias de defesa do arguido, nos termos do art. 32.º/1 CRP, qualquer limitação formal poderia redundar numa limitação ao exercício do direito de defesa. Inexistência de imposição de formalidades que visa *não* limitar, por via de requisitos formais, o exercício de defesa do arguido, nomeadamente quando é este que apresenta a contestação. Exige-se, contudo, como qualquer ato processual, que seja redigido de forma a ser compreensível [a clareza da estruturação da contestação pode ser relevante para a defesa, Germano Marques da Silva, 2015, p. 202; igualmente, Paulo Pinto de Albuquerque, 2008, p. 807, ressalta a importância da contestação ter uma estrutura lógica, com a indicação de razões de facto e de direito, convocando, por analogia, o art. 287.º/2]. Diga-se, também, que esta alusão à ausência de formalidades especiais para apresentar à contestação, é distinta das exigências relativamente ao modo de apresentação da peça processual em juízo e sua apresentação (papel utilizado, forma de envio ao tribunal, etc).

§ 22 Existe uma aparente incongruência entre o n.º 2 do presente artigo quando refere que a contestação "não está sujeita a formalidades especiais" e o art. 374.º/1/d, aludindo que a sentença começa por um relatório, que contém, "indicação sumária das conclusões contidas na contestação, se tiver sido apresentada.". O que leva Autores, como Germano Marques da Silva, 2015, p. 202

e PAULO PINTO DE ALBUQUERQUE, 2008, p. 807, a defenderem que a contestação deve conter "conclusões". Entendemos, contudo, que terá de se fazer uma interpretação conjugada, sistémica e *cum grano salus*. Se a norma refere expressamente que não é exigida nenhuma formalidade, não se pode extrair de uma outra norma deslocada que é imposto exarar-se conclusões. Essa formalidade deveria constar da presente norma. Ou então excecionar-se a regra da não formalidade, com a exigência de conclusões. De todo modo, deveria fazer-se referência expressa, já que exigir conclusões é uma formalidade. Pelo que, a única harmonização possível, parece-nos, não será no sentido de impor conclusões. Mas sim, que a alusão a conclusões, implica que no relatório, por súmula, se indique as razões da contestação [neste sentido, JOSÉ MOURAZ LOPES, anotação ao art. 374.º, § 7; com a mesma posição ac. RP, 27.01.2010 (ANTÓNIO GAMA), salientando que a contestação não tem de obrigatoriamente conter conclusões, competindo ao juiz na elaboração da sentença, "fazer uma resenha sumária do alegado pelo arguido na contestação e extrair desta as conclusões", cuja omissão "constitui mera irregularidade da sentença a ser suscitada no prazo de dez dias (Artigos 380.º/1 al.a) e 105.º/1 do CPP)"].

§ 23 Relativamente à contestação o arguido pode apenas oferecer o merecimento dos autos (tradição que por vezes ainda se mantém e tem origem no CPP/29 quando a apresentação da contestação era obrigatória, cf. dá conta GERMANO MARQUES DA SILVA, 2015, p. 202). Como negar os factos de que é acusado/ou pronunciado (impugnação simples) e/ou apresentar a sua versão factual (impugnação motivada). Ou aceitar os factos que lhe são imputados, ou apenas parte deles. E no caso de confissão, centrar-se na alegação factual para beneficiar de uma escolha e medida de pena que o favoreça ou, até, acordos da sentença (se a lei o vier a reconhecer), bem como, factos atinentes ao "direito premial", com o fito de lograr uma exclusão de punição, dispensa de pena ou atenuação especial. Estamos no domínio de uma contestação factual. Sendo que esta, nem sempre, se prenderá com os factos narrados na acusação/pronúncia. Ao arguido pode relevar trazer à tona facticidade para tentar demonstrar uma invalidade ou proibição de prova. O que releva, é a narração de factos que favoreçam a posição processual do arguido. Não podendo, estes, confundir-se com meios de prova ou meios de obtenção de prova.

§ 24 A par de uma contestação factual, o arguido pode, simultaneamente, apresentar contestação jurídica. Não implica, necessariamente, que refute os factos. Pode focar a sua defesa apenas no Direito, sindicando a acusação/pronúncia, sob este prisma. Por exemplo, alegando que os factos não constituem crime. Ou que a prova no qual assenta a acusação/pronúncia é, total ou parcialmente, proibida. Ou invalidades do processado de natureza absoluta. Ou, sustentando que juridicamente aqueles factos apenas podem conduzir a uma determinada consequência (uma pena mais favorável). Ou, até, cingir a sua argumentação escrita na insuficiência da prova dos autos para sustentar uma condenação.

§ 25 Claro está, e é o mais usual, que exista uma contestação factual e jurídica. A par da apresentação da sua versão dos acontecimentos, o arguido chama à colação todas as questões de direito que o possam beneficiar. Não só para decidir da responsabilidade criminal, mas, também, atinente às consequências do crime.

§ 26 Num paralelismo com o processo civil, o arguido pode defender-se por exceção. Ou seja, suscitando um conjunto de questões impeditivas do julgamento naquele tribunal, ou que obstem ao conhecimento do mérito da causa. Um conjunto de pressupostos, condições, prévias ao início do julgamento, e que condicionam o seu início. Essencialmente, estão em causa as situações referida no art. 311.º/1: "nulidades e outras questões prévias ou incidentais que obstem à apreciação do mérito da causa, de que possa desde logo conhecer", ou de rejeição ou não aceitação da acusação prevista no n.º 2 daquela norma. De que o tribunal, aquando do saneamento, não se apercebeu, e que o arguido traz à colação na contestação. Estão aqui abarcadas nulidades, irregularidades, inexistências, incompetência, ilegitimidade, acusação manifestamente infundada (porque não contém a identificação do arguido, a narração dos factos, não indica as disposições legais aplicáveis ou as provas que a fundamentam; ou os factos não constituem crime), ou acusação do assistente ou do Ministério Público na parte em que ela representa uma alteração substancial dos factos, nos termos do n.º 1 do artigo 284.º e do n.º 4 do artigo 285.º, respetivamente (n.º 3 do art. 311.º), *ne bis in idem*, caso julgado, litispendência, violação do princípio da especialidade no âmbito da cooperação internacional, imunidades, separação de processos, contumácia, vícios da notificação, necessidade de transferência do local de julgamento, etc. [por exemplo, e a propósito, no Código de Processo Penal Brasileiro fala-se no art. 95.º- Das exceções – Poderão ser opostas as exceções de: I – suspeição; II – incompetência de juízo; III – litispendência; IV – ilegitimidade de parte; V – coisa julgada].

§ 27 Questões essas que o arguido não se vê precludido de apresentar na audiência de julgamento, e que, regra geral, deverão ser decididas antes do início do mesmo por serem *prévias* (art. 338.º, para maiores desenvolvimentos v. respetiva anotação), ou relegadas para decisão final, quando dependam da prova a produzir e análise, aquando da motivação da matéria de facto (*v.g.* uma nulidade absoluta relativa ao uma formalidade probatória).

§ 28 A contestação, em regra, é subscrita pelo advogado ou defensor do arguido. Sendo certo que, necessariamente, nesta fase, o mesmo, obrigatoriamente, já deve estar constituído (art. 64.º/3, para maiores desenvolvimentos v. respetiva anotação). Contudo, para a pratica deste concreto ato processual – contestação – não se impõe a obrigatoriedade de advogado (não consta do elenco do art. 64.º/1; com esta posição PAULO PINTO DE ALBUQUERQUE, 2008, p. 808), pelo que, pode ser apresentado pelo próprio arguido. Quando assim é torna-se conveniente informar o advogado/defensor, nomeadamente para aferir se o mesmo ratifica essa peça processual. O que não pode suceder é serem apresentadas duas contestações. Apesar de advogado e arguido serem notificados da possibilidade contestar, processualmente apenas se admite uma só contestação. Em princípio, a apresentação de uma contestação válida por advogado, ou arguido, preclude a apresentação de uma segunda contestação (v. §51). Exceto, por exemplo, se o arguido retirar efeito à contestação apresentada, primeiramente, pelo seu advogado ao abrigo do art. 63.º/2 (até ao despacho sobre a admissibilidade da contestação). Não obstante, se for *patente* que a contestação do advogado acautela melhor o exercício de defesa, poderá dar-se prevalência a esta, sendo que a "contestação" do arguido poderá ser perspetivada como exposição, memorial, requerimento, ao abrigo do art. 98.º, assim acautelando todas as garantias de defesa. De todo modo, melhor será aferir se essa é a *vontade* do arguido.

§ 29 A contestação praticada por advogado deve ser transmitida ao processo através do sistema Citius (art. 1.º/2 Portaria 280/2013, de 26.08). No entanto, se porventura for utilizado outro meio de transmissão (*v.g.* correio eletrónico), não se deverá, desde logo, indeferir a contestação. Neste caso, seria dada demasiada primazia a razões formais, condicionando desproporcionalmente o direito de defesa. Antes de mais, deve o advogado/defensor ser convidado a enviar a peça processual por Citius (v. anotação § 12 ao art. 94.º, Tomo I). Naturalmente que este dever processual não impende sobre o arguido, sob pena de uma limitação desproporcionada do direito de defesa, já que não pode enviar peças processuais através de Citius.

IV – Requerimento probatório

§ 30 Conforme já assinalámos o arguido pode apresentar um requerimento probatório, embora tal não seja obrigatório, nem imperioso, nem precluda a possibilidade de o fazer posteriormente, requerendo-o ao tribunal ao abrigo do art. 340.º Como também evidenciámos, poderá na prática surtir alguns efeitos negativos. Na verdade, pelo menos relativamente à prova que o arguido indica e apresenta (*v.g.* testemunhas), em regra, será de admitir, sem questionar a sua pertinência (exceto se os autos fornecerem elementos ostensivos no sentido da sua irrelevância). Do mesmo modo não existe obrigatoriedade de indicação dos factos que com os mesmos se pretenda provar, embora seja aconselhável, para uma melhor compreensão por parte do tribunal (nomeadamente de documentos, *destarte,* quando forem em elevado número). Já, um requerimento para produção de prova ao abrigo do art. 340.º sempre dependerá da verificação dos requisitos deste preceito, devendo mencionar-se, nomeadamente, a relevância da prova e factos que, com a mesma, se pretende provar (para outros desenvolvimentos v. respetiva anotação).

§ 31 O requerimento probatório mais não é do que o exercício do direito à prova do arguido, que para além de uma manifestação do acesso ao direito e processo equitativo, é fulcral no exercício das garantias de defesa (art. 32.º/1 CRP). Não obstante o arguido se presumir inocente, e a alegação da sua versão dever ser indagada pelo tribunal oficiosamente, a prova por si indicada poderá ser crucial para equilibrar os pratos da balança. Uma emanação, nessa medida, do princípio da igualdade de armas, perante a entidade acusadora que já teve oportunidade de indicar a prova que, na sua óptica, aponta probabilisticamente para uma condenação a final.

§ 32 Igualmente, tivemos oportunidade de referir que, mesmo antes da entrada em vigor da L 94/2021, apesar do artigo no n.º 1 (do anterior art. 315.º) apenas aludisse a testemunhas e, o n.º 3, apenas mencionasse peritos e consultores técnicos, não significava que não pudessem ser indicados outros meios de prova, ou meios de obtenção de prova. Tratava-se, apenas, de um enunciado exemplificativo. Posição diversa seria uma ostensiva limitação ao direito de prova do arguido. Interpretação restringindo esta amplitude do requerimento probatório padeceria de inconstitucionalidade por violação das garantias de defesa do arguido, art. 32.º/1 CRP (e também processo equitativo, igualdade de armas, acesso ao direito e aos tribunais). Aliás, o direito de apresentar provas como corolário do direito de defesa também é extraível do art. 6.º/1, parte final, da Dir. (UE) 2016/343 (do Parlamento Europeu e do Conselho, de 9 de março de 2016, relativa ao reforço de certos aspetos da presunção de inocência e do direito de comparecer em julgamento em processo penal) (bem como arts. 6.º CEDH, 14.º PIDCP e 47.º, 48.º CDFUE). Entretanto, com a L 94/2021, o legislador consagrou expressamente na parte final do n.º 3 o direito do arguido indicar "qualquer outra prova que entenda adequada à sua defesa".

§ 33 O requerimento probatório deve ser apresentado juntamente com a contestação no prazo de 20 dias, ou 50 dias, nos casos do art. 107.º/6, 1.ª parte [deverá, contudo, atentar-se na norma especial prevista no art. 43.º L 34/87, de 16.07, CRTCP, que sob a epígrafe "Liberdade de alteração do rol das testemunhas", estabelece que "Nos processos relativos ao julgamento de crimes de responsabilidade de titulares de cargos políticos cometidos no exercício das suas funções são lícitas a alteração dos róis de testemunhas e a junção de novos documentos até três dias antes do designado para o início do julgamento, sendo irrelevante, para este efeito, o adiamento desse início"]. Resulta do n.º 1 e 3 que o arguido deve indicar as testemunhas, peritos e consultores técnicos que serão notificados para a audiência. Não se almeja com esta norma significar que a indicação é somente daqueles que se pretende que sejam notificados (excluindo, por exemplo, os que se compromete a apresentar). Mas sim, a regra de que os indicados são notificados pelo tribunal, colaborando com o arguido para tentar lograr a comparência das pessoas mencionadas no seu requerimento probatório e que considera relevantes para a sua defesa.

§ 34 A "indicação" pressupõe que sejam enunciados os elementos identificativos, nomeadamente, nome e morada. Sem prejuízo de pedir a colaboração do tribunal para tentar localizar o paradeiro, ou descobrir a identificação do depoente, o que sempre implica que seja previsível a possibilidade de obtenção de tais elementos. Por exemplo, médico que trabalha em determinado hospital, segurança de empresa X que assistiu ao evento, ou outra pessoa que seja possível lograr elementos identificativos através da indicação pelo arguido de dados que o permitam. No entanto, poderão existir outros direitos a sopesar. Será o caso de uma testemunha que teme pela sua integridade física. Nestes casos, tomando conhecimento desta vulnerabilidade do depoente deverão adotar-se as medidas ajustadas a zelar pela segurança daquela. Caso contrário prevalece o direito à segurança sobre o dever de testemunhar (v. anotação ao art. 139.º, Tomo I). Isso, também, pode implicar que possam existir cautelas nas notificações, por exemplo, remetendo as notificações para o domícilio ou outro local à escolha da testemunha (aliás, a ocultação de morada ao arguido é um direito da vítima, v. art. 20.º/5 RJVD).

§ 35 A identificação das testemunhas não tem que ser cabal e "quando ignorados alguns dos elementos (nome, profissão ou morada), bastará a indicação de «outras circunstâncias necessárias para as identificar»" [ac. STJ, 25.01.2007 (Carmona da Mota)]. Quando existe a possibilidade de arrolar uma testemunha, com elementos bastantes para que, através do auxílio do tribunal, seja possível a sua identificação e localização, então esta prova não pode ser considerada nova para efeito de recurso de revisão (para maiores desenvolvimentos v. § 64 e anotação ao art. 449.º, Tomo V).

§ 36 O requerimento probatório, nomeadamente, o rol de testemunhas, pode ser apresentado pelo próprio arguido, nos mesmos termos e com as mesmas observações que se aduziram a propósito da contestação em § 28. Sendo certo que, por serem autonomizáveis, a contestação pode ser apresentada pelo advogado/defensor do arguido e o requerimento probatório por este. Ou vice-versa. Se for evidente que a não apresentação atempada do rol de testemunhas se deveu a falta de assistência pelo defensor, de modo a acautelar o direito de defesa, o tribunal deverá diligenciar pelo produção de prova apesentada pelo arguido. Situação similar foi apreciada no ac. RP, 15.11.2000 (Pinto Monteiro), tendo-se considerado que apesar da contestação e rol de testemunhas apresentado pelo arguido ter sido para além do prazo, a sua defensora já não se encontrava inscrita na Ordem dos Advogados, facto de que deu conhecimento ao tribunal, pedindo que lhe fosse nomeado outro advogado, pelo que, deveriam ter sido ouvidas em audiência, não obstante, as testemunhas por si indicadas, como requereu o novo defensor entretanto nomeado, o que não sucedeu, pelo que, foi cometida a nulidade da omissão de diligências essenciais à descoberta da verdade. Para outros desenvolvimentos sobre o direito a uma assistência/defesa efetiva v. anotação ao art. 64.º, Tomo I e, também, Jorge de Figueiredo Dias/Nuno Brandão, 2020, pp. 75/76.

§ 37 Em relação à prova testemunhal, nomeadamente, objeto do depoimento, factos sobre os quais podem depor, número de testemunhas sobre a personalidade, deveres das testemunhas, remete-se para as anotações aos arts. 128.º e ss (desenvolvidamente, anotações ao Tomo I). Em regra, a indicação das testemunhas é totalmente livre pelo arguido (a única limitação é do número de testemunhas; também o facto de residirem fora da comarca ou no estrangeiro não consubstancia qualquer impedimento, ou condicionamento, no seu arrolamento; para maiores desenvolvimentos v. anotação ao art. 318.º; a ordem que se indicam as testemunhas não é inócuo, atento o art. 348.º/2, tratando-se de fator a sopesar na estratégia de defesa). Ou seja, não existe qualquer obrigação do arguido circunscrever os factos sobre os quais vão depor. Isso significa que, por princípio, num espírito de confiança e lealdade processual, se considera que as testemunhas indicadas relevam para a defesa. Quer porque têm conhecimento direto dos factos, quer porque irão depor sobre a personalidade do arguido, e, como tal, sendo importantes para a decisão em relação à escolha e medida da pena. Este direito de indicar as testemunhas, inserindo-se no direito da prova, será abusivo, se for utilizado para servir outros fins (ilegais, ilegítimos, ou afrontadores de uma ética processual). Por exemplo, arrolar uma testemunha apenas enquanto ato de retaliação, ou para lhe causar incómodos, ou com escopo de a perturbar (*v.g.* não tem conhecimento de qualquer facto e arrola-se apenas para ser notificada, se deslocar a tribunal, para depois dela se prescindir), é um ato ilícito. Nestes casos, se a referida testemunha der conta deste uso abusivo poderá ser motivo para o tribunal a excluir do rol.

§ 38 Na redação anterior à L 94/2021, como já referimos, a norma atinente à contestação era o art. 315.º. Esse artigo tinha um n.º 4, preceituando que ao "rol de testemunhas é aplicável o disposto na alínea d) do n.º 3 e nos n.os 7 e 8 do artigo 283.º". De forma inexplicável, se atendermos ao percurso legislativo, esse número não transitou para o art. 311.º-B, na redação da L 94/2021. Aparentava ter sido esquecimento legislativo. Para isso bastava atentar no seguinte. A "transição" da contestação do art. 315.º para o 311.º-B, surgiu na proposta do Governo [proposta de L n.º 90/XIV/2.ª (GOV)] e do PSD (Projeto Lei n.º 876/XIV/2.ª), mas em nenhum momento se propôs que se eliminasse o referido n.º 4. Ambas as propostas, como se referiu *supra*, pretendiam que a contestação fosse apresentada anteriormente ao despacho que designa a audiência de julgamento permitindo ao Tribunal um melhor agendamento, conhecendo toda a prova produzida. E daí que a mudança proposta seria apenas de localização do preceito, recuando para um artigo anterior àquele que disciplinava sobre o agendamento da audiência. Pelo que se propôs o aditamento do art. 311.º-B exactamente com a mesma redação do anterior art. 315.º, apenas alterando no n.º 4 a menção à al. e) do n.º 3 do art. 283.º, que se prendeu com um ajustamento face à renumeração daquele art. 283.º (a proposta do Governo continha, ainda, a sugestão de um n.º 5, relativa à limitação de testemunhas). Seguiu-se um texto de substituição conjunto do PS/PSD em que desapareceu o proposto n.º 4 do art. 311.º-B (coincidente com o anterior n.º 4 do art. 315.º). Ora, os preceitos para os quais remetia o n.º 4 prendiam-se com o ónus e modo de identificação, limite máximo de testemunhas e regulamentação dos casos em que se poderia exceder o mesmo. Desse modo, criou-se, ainda que inadvertidamente, uma lacuna. Lacuna essa, que durante o período de vigência da redação conferida pela L 94/2021, deveria continuar a ser preenchida pela al. e) do n.º 3 e 7 e 8 do artigo 283.º Primeiro: porque resulta que se tratou de um lapso legislativo. Segundo: apelando ao princípio da igualdade de armas. Terceiro: porque a harmonia do sistema, como seja o regime das notificações, história normativa (a contestação sempre teve limite de testemunhas e o ónus de identificação e limite de testemunhas da contestação foi acompanhando o art. 283.º; e, note-se, que a proposta do Governo sugeria a inserção de um n.º 5 ainda mais limitativo no número de testemunhas), sistémica (nas contestações do pedido civil também existem esses limites de testemunhas, e o art. 316.º/1 continua a mencionar um "limite legal" de testemunhas para o arguido, referindo que "o arguido" pode "alterar o rol de testemunhas, inclusivamente requerendo a inquirição para além do limite legal, nos casos previstos nos n.os 7 e 8 do artigo 283.º"), impõe que se continue a convocar al. e) do n.º 3 e 7 e 8 do artigo 283.º . Solução preferível a convocar-se normas do CPC em relação ao ónus de identificação e limites de testemunha. Posteriormente, o legislador reconheceu expressamente o lapso na exposição de motivos da Proposta de Lei n.º 3/XV ("aproveita-se a oportunidade para corrigir um lapso cometido aquando da fixação da redação final do novo artigo 311.º-B do CPP, do qual ficou omisso o necessário n.º 4, em contraponto com o anteriormente previsto no artigo 315.º do mesmo Código"), e, através da L 13/2022 aditou novamente o n.º 4 anteriormente eliminado. Posto isto, cabe salientar que a contestação (por remissão para os referidos preceitos do art. 283.º) "contém, sob pena de nulidade" o "rol com o máximo de 20 testemunhas, com a respetiva identificação, discriminando-se as que só devam depor sobre os aspetos referidos no n.º 2 do artigo 128.º, as quais não podem exceder o número de cinco". Firmam-se três regras processuais: a) Número máximo de testemunhas (20); b) Obrigação de as identificar; c) Dever de discriminar quem apenas irá depôr sobre a personalidade, o carácter, condições pessoais e conduta anterior do arguido; d) Máximo de testemunhas admissíveis para depor sobre os aspetos referidos em c). Não se trata de uma nulidade que contamina toda a contestação, mas se circunscreve apenas ao segmento em que se verifica tal vicío. Por exemplo, se indicar 21 testemunha a 21.ª não será admitida. Não se considera a testemunha que não for identificada. A sexta testemunha que depõe sobre a personalidade também não é admissível. Sendo certo que, até onde for possível sanar, deverá ser admitido, de modo a não prejudicar desmuseradamente o direito de defesa. Por exemplo, admitir que o arguido venha a identificar testemunha que anteriormente não o tenha feito. Para outros desenvolvimentos v. § 66.

§ 39 Pelo referido em § 38, será de convocar os n.ºs 7 e 8 do artigo 283.º. Ou seja, o limite de 20 testemunhas que o arguido pode indicar, por regra, na contestação. O limite do número de testemunhas previsto na alínea e) do n.º 3 apenas "pode ser ultrapassado desde que tal se afigure necessário para a descoberta da verdade material, designadamente quando tiver sido praticado algum dos crimes referidos no n.º 2 do artigo 215.º ou se o processo se revelar de excecional complexidade, devido ao número de arguidos ou ofendidos ou ao caráter altamente organizado do crime". Trata-se de uma exceção. Ou seja, o legislador, por apelo aos princípios da celeridade processual, apenas admite um máximo de 20 testemunhas. Mas, para salvaguardar situações em que tal consistiria numa restrição desproporcional do direito à prova, permite a indicação de mais testemunhas. Contudo, apenas será admissível havendo um requerimento fundamentado nesse sentido. Ou seja, a partir da 20.ª testemunha terá que se requerer ao tribunal a audição de outras testemunhas, narrando a factualidade que permita ao tribunal aferir se no caso se verificam as circunstâncias que possibilitam essa extensão. De todo modo, atento o n.º 8 do art. 283.º, aplicável cf. § 38, este requerimento para ampliar o número de testemunhas "é indeferido caso se verifiquem as circunstâncias previstas nas alíneas b), c) e d) do n.º 4 do artigo 340.º", ou seja, as provas requeridas são irrelevantes ou supérfluas; o meio de prova é inadequado, de obtenção impossível ou muito duvidosa; ou o requerimento tem finalidade meramente dilatória. Trata-se, aliás, de uma regra de admissão de prova que deve ser extensível às demais testemunhas, ou relativamente a outra prova indicada ou requerida (para outros desenvolvimentos v. anotações ao art. 283.º, Tomo III).

§ 40 Atento o n.º 3 o arguido indica juntamente com o rol de testemunhas os peritos e consultores técnicos que devem ser notificados para a audiência. A par da prova testemunhal a menção de peritos e consultores técnicos que se pretende que deponham em audiência foi expressamente autonomizada pela lei. Não se confunde com a realização de uma perícia. Estamos perante declarações de perito, ou consultor técnico, que participaram na perícia já produzida anteriormente no processo. Ou que não o fizeram, mas pretende o arguido que expressem a sua posição técnica/científica em audiência de julgamento. Tanto pode ser pretensão do arguido reforçar o resultado de perícia anterior, descredibilizá-la ou que o perito preste declarações sobre algum facto que tenha conhecimento em virtude das suas funções e sustentem a tese da defesa (*v.g.* inimputabilidade) ou qualquer pretensão que lhe seja favorável (*v.g.* para conseguir uma pena substitutiva da pena de prisão). Note-se, contudo, que vigora o sistema da perícia oficial, pelo que, existindo esta, ou se colocam em causa os factos que conduziram ao juízo conclusivo técnico/científico (inexistem, são diferentes ou são abalados por vícios na cadeia de custódia – sobre isto v. anotações § 10 ao art. 151.º, § 24 ao art. 163.º Tomo II, sobre outros considerandos sobre a cadeia de custódia v. anotação § 10 ao art. 184.º e § 20 ao art. 188.º, mais desenvolvidamente sobre esta temática Manuel Monteiro Guedes, 2021, concretamente analisando a quebra da cadeia de custódia por ingerência/acesso indevido – quebra de lacre – com a consequência de impossibilidade de utilização probatória; demonstrativo da relevância v. a existência de vários artigos do código processo penal brasileiro sobre esta questão, arts. 158.º-A a 158.º-F), ou, apenas o tribunal se pode afastar desta de forma fundamentada (para maiores desenvolvimentos v. anotação ao art. 163.º, Tomo II). É neste segmento que a prova referida poderá ter pertinência. Ou seja, para tentar demonstrar a falta de base científica, a utilização de ciência ultrapassada ou *junk science*, ou de procedimentos técnicos/científicos incorretos.

§ 41 Apesar da norma aludir a que os peritos e consultores técnicos são indicados para serem notificados, apenas significa que existe um ónus do tribunal colaborar para que os mesmos estejam presentes em audiência. Contribuindo para o exercício efetivo do direito de defesa. No entanto, não obsta que o arguido, querendo, manifeste intenção de os apresentar em audiência (neste caso fica o tribunal dispensado da sua notificação). De igual modo, não significa que tenham de estar presentes no tribunal da causa, podendo, por exemplo, depor por teleconferência (o que será a regra nos casos do art. 318.º). O ónus de identificação também impera, devendo indicar-se o nome e local para efeito de notificação, que poderá ser local de trabalho (sem prejuízo de pedido de colaboração do tribunal quando existem razões sérias aduzidas para o desconhecimento do paradeiro). Sendo patente o uso abusivo desta indicação (almeja-se outros fins que não os de defesa, v. § 37), ou a prova revela-se irrelevante, supérflua, impossível ou de difícil obtenibilidade (*v.g.* indica perito estrangeiro que desconhece localização) e tal emanar dos autos, tal como na prova testemunhal, não será de admitir.

§ 42 Para além de testemunhas, peritos e consultores técnicos, o arguido pode apresentar toda a prova admissível legalmente, que seja relevante, necessária e possível de obter, para sustentar a sua defesa, nas suas diversas variantes (quer para refutar os factos incriminatórios, quer para sustentar a reação punitiva que considera mais ajustada). Trata-se de um direito à prova que emana diretamente do art. 32.º/1 CRP, e que resulta dos princípios gerais do exercício do contraditório e, após a L 94/2021, encontra-se expressamente consagrado na parte final do n.º 3.

§ **43** Pode, pois, indicar na sua contestação como meios de prova: a) declarações de arguido ou coarguido (sempre dependentes da vontade em prestarem declarações); b) declarações de assistente, de parte cível, vítimas, ofendidos, testemunhas (dependerá, contudo, da sua vontade em prestar declarações nos casos do art. 134.º, que, apenas, poderá ser manifestado em audiência, ou de qualquer causa que impeça o depoimento em audiência: testemunha sob proteção, com reserva de identidade, etc., cujo depoimento será prestado com tais limitações, ou em que tenha existido declarações para memória futura, cujas declarações em audiência dependerão da relevância e não ser colocada em causa a saúde do depoente); c) prova documental (juntando os documentos que o arguido considere relevantes, na aceção do art. 167.º, podendo abarcar filmagens, fotografias, gravações de videovigilância, etc, cabendo ao tribunal decidir da admissibilidade da prova, concretamente, se existe alguma proibição impeditiva da junção aos autos, que poderá fazer em despacho sobre a admissibilidade da contestação, ou relegar a sua apreciação para final, por entender que dependerá de mais prova a produzir, ou porque necessita de um juízo de proporcionalidade que é prematuro fazer); d) igualmente no âmbito da prova documental, destaca-se a possibilidade de junção da transcrição das escutas que o arguido considere relevantes (sem prejuízo de, posteriormente, requerer ao tribunal a junção de mais escutas ou reproduções de segmentos em audiência); e) prova pericial (indicando peritos ou consultores técnicos, ou juntando relatório de um perito privado, mas que não é reconhecido com a força de perícia prevista no CPP; para este efeito tem de requerer uma perícia oficial, se esta ainda não foi realizada, ou existindo motivos para uma 2.ª perícia); f) acareações; g) reconhecimento; h) reconstituições.

§ **44** Do mesmo modo, pode o arguido requerer meios de obtenção de prova admissíveis, que relevem para a defesa, como seja, buscas, apreensões, exames.

§ **45** A intervenção do tribunal terá uma papel primordial para a efetivação do direito à prova, necessário para uma defesa efetiva. Note-se que, após uma investigação por parte de uma entidade com poderes coercivos e uma estrutura organizada vocacionada para o efeito, o arguido que pretenda aduzir prova que lhe seja relevante, também necessita de investigar. E embora não seja vedada a investigação privada (procura de prova a favor do arguido; seria conveniente regular a atividade privada de investigação probatória, nomeadamente através de um regime legal de investigadores privados, uma vez que a investigação privada por Defensor pode ser fonte de conflitos e incompreensão, conforme palavras de Germano Marques da Silva, 2000, I, p. 324, secundado por Maria do Carmo Silva Dias, anotação ao art. 63.º,Tomo I, § 25; a propósito das investigações internas nas empresas no âmbito de programas de *compliance* e utilização das provas obtidas no processo penal, também para a defesa da imputação do crimes, Maria João Antunes, 2018, alertando para a necessidade de disciplinar legalmente tais investigações e salientando que nunca podem ser valoradas se atentarem contra direitos fundamentais; igualmente ressaltando este último ponto Anabela Miranda Rodrigues/Susana Aires de Sousa, 2021, p. 213, com principal enfoque na prova digital obtida por via da monitorização inteligente da atividade empresarial; sobre a questão da utilização da inteligência artificial no âmbito da prova digital e do perigo que pode representar para alguns direitos fundamentais, Sónia Fidalgo, 2020, pp. 129 a 156), ela é sempre limitada. Não só porque, naturalmente, deverá ser de acordo com a lei, mas porque muitos meios de prova e sua obtenção estão pensados para uma fase de inquérito. E depois, porque, existem muitos fatores impeditivos ou condicionantes que apenas podem ser removidos por força do poder coercivo. E daí que será, essencialmente, através de requerimento de realização de diligências probatórias ao tribunal na contestação (ou na audiência ao abrigo do art. 340.º) que o arguido, para além da prova que consegue por si juntar, logrará investigar, apurar e recolher prova que lhe seja favorável. Se quisermos, será a única maneira de materializar uma igualdade de armas, por via da intervenção do tribunal (e, deste modo, também acautelar o direito de defesa, nomeadamente naqueles casos em que exista mais dificuldade em contrariar prova, pela sua opacidade, complexidade, tecnicidade, como é o caso da prova digital; sobre isto v. Sónia Fidalgo, 2020, pp. 129 a 156; igualmente assinalando o perigo de uma "presunção de fidedignidade cega" na prova digital, nomeadamente pela possibilidade de adulteração, e necessidade da existência de relatório detalhado em linguagem o mais clara possível, para um efetivo contraditório, desenvolvidamente, David Silva Ramalho, 2017, pp. 258 a 261).

§ 46 Mas, apesar deste papel do tribunal, enquanto garante da descoberta da verdade material, do direito de defesa e de prova do arguido, processo equitativo e efetivo contraditório, não significa que tenha que admitir toda a prova. Por outro lado, também lhe incumbe dirigir ativamente a fase de julgamento, de molde a se lograr o seu fim, respeitando os ditames da celeridade processual. Rege, aqui, o mesmo princípio vertido no art. 340.º para a admissibilidade de prova. Em síntese, deve ser pertinente, adequada, relevante, necessária, idónea, legal e obtenível em tempo razoável (a razoabilidade depende da dimensão do processo, gravidade das penas que podem ser aplicadas, natureza dos crimes, tempo que durou a investigação, complexidade da prova). Isso implica que o arguido narre a pertinência da prova e o tribunal, sopesando essa factualidade, atento o objeto do processo, e outros elementos que emergem dos autos, decida da sua admissibilidade, em despacho fundamentado. Note-se que ao tribunal não cabe aferir, desde logo, do valor probatório da prova (juízo relegado para final), mas sim dos requisitos de admissão da junção ou produção de tal prova em julgamento. Sendo certo que, quando se vier a produzir prova, deve zelar pela observância do seu ritualismo processual (para outros desenvolvimentos v. anotação ao art. 340.º).

V – Objeto processual

§ 47 A narração de factos na contestação atinentes à defesa do arguido releva, desde logo, para a delimitação do objeto do processo (e que não se confunde com indicação de meios de prova, *v.g.* reprodução na contestação de declarações de arguido, testemunhas, escutas, etc.). Tal facticidade deve, necessariamente, ser objeto de discussão em julgamento, sobre a mesma incidir prova, mesmo que por impulso oficioso do Tribunal (art. 340.º) e deverá existir uma pronúncia expressa sobre os factos na decisão final, julgando-os provados ou não provados, sob pena de nulidade da sentença (para maiores desenvolvimentos v. § 63 e anotações ao arts. 374.º e 379.º). No entanto, tudo isto depende que se tratem de *factos* e que se relacionem com pressupostos da responsabilidade criminal, consequência processual do crime (ou relativos à responsabilidade civil, perda de bens, ou outras questões sobre as quais, a final, recairá uma decisão). Já os factos conclusivos, irrelevantes, inócuos, de direito, não exigem esta pronúncia [como se escreve no ac. RE, 8.10.2019 (João Amaro), o tribunal de julgamento apenas deve emitir pronúncia (considerando como provados ou como não provados), os factos alegados na contestação que "revistam interesse para a decisão da causa", devendo "abster-se de emitir pronúncia probatória sobre alegações factuais, que, sem mais de relevante, constituam a pura negativa dos factos constantes da acusação (ou do despacho de pronúncia) ou do pedido de indemnização civil", também não tendo de se pronunciar "sobre factos, invocados na contestação, com interesse exclusivamente instrumental para a demonstração de outros, estes com relevo direto para a decisão"]. Disso deverá fazer menção o tribunal. De uma forma genérica, emergindo dos demais factos elencados aqueles que considerou não reunirem os requisitos de facticidade. Ou elencando expressamente aqueles que considera não serem factos. Claro que, por vezes, existem contestações em que se fundem factos, conclusões, questões jurídicas, matéria irrelevante. Não revestindo a contestação formalidades especiais, e não se exigindo como no processo civil, uma estrutura e indentificação na contestação de defesa por exceção, impugnação e questões jurídicas, compete ao tribunal essa tarefa de seleção. Não estando, igualmente, vinculado à ordem que ali consta, podendo transmutar para a sentença a organização factual que for mais lógica e permita uma decisão mais inteligivel e percetível. Note-se, contudo, que se nesta triagem "afasta" factos relevantes, acaba por inquinar a sentença. Para maiores desenvolvimentos v. § 63 e anotações ao arts. 374.º e 379.º.

§ **48** Igual relevo terá a contestação no regime da alteração não substancial de factos. Na verdade, se este factos forem pelo arguido invocados, ou sobre os mesmo existir concordância, não necessitam de ser comunicados (art. 358.º, n.º 1/2, para maiores desenvolvimentos v. respetiva anotação). E o mesmo se diga quando o diverso enquadramento jurídico é da sua iniciativa (art. 358.º/3, para maiores desenvolvimentos v. respetiva anotação). Um pouco à semelhança do que acontece no processo civil com os factos complementares e concretizadores. Já quanto a factos que consistam em alteração substancial, também relevará a posição concordante do arguido, acordo esse que terá de ser expressamente firmado por aquele (para maiores desenvolvimentos v. respetiva anotação ao art. 359.º). Aqui, a semelhança no processo civil será com os factos essenciais, e com uma alteração de causa de pedir que sempre pressupõe um acordo.

VI – Outras contestações

§ **49** A contestação disciplinada nesta norma é a atinente à acusação criminal. Aqui se incluirá todas as questões conexas relativas à mesma, como seja escolha e medida da pena, perda de bens, destino a dar a estes. Também existe contestação ao pedido civil, que é autónoma da contestação à parte criminal (mas nada impedindo que sejam deduzidas formalmente na mesma peça processual, "desde que os prazos para a contestação da acusação e do pedido civil coincidam, como geralmente sucede", Germano Marques da Silva, 2015, pp. 204 e 205) e está disciplinada nos arts. 78.º e 79.º, remetendo-se maiores desenvolvimentos para as respetivas anotações, Tomo I. Sendo de notar, contudo, alguma desarmonia sistemática, já que, ao invés desta, exige-se a articulação dos factos (Paulo Pinto de Albuquerque, 2008, p. 807), o que será ainda mais acentuado quando sejam apresentadas ambas as contestações (criminal e civil) na mesma peça processual. Solução poderia ser nestes casos exigir que *toda* a contestação deveria ser articulada, por interpretação extensiva o art. 78.º/2

(Paulo Pinto de Albuquerque, 2008, p. 807). No entanto, a lei é clara ao preceituar que não é exigida *nenhuma* formalidade, de molde a não condicionar, de nenhum modo, o exercício do direito de defesa, pelo que, propendemos para considerar que, mesmo a vir a ser apresentada com contestação civil, não se impõe a articulação da contestação criminal (com esta posição, Germano Marques da Silva, 2015, p. 205). Até porque, não distinguindo a lei no n.º 2 não cabe ao intérpete distinguir *ubi lex non distinguit nec nos distinguere debemus*. Outras contestações autónomas são as relativas ao incidente de liquidação do montante apurado como devendo ser perdido a favor do Estado. Em regra esta liquidação consta da acusação (art. 8.º/1 LCCO) e, apesar da lei (art. 8.º/4 LCCO), firmar que é imediatamente notificada ao arguido e defensor, não disciplina a forma de contestar, devendo apelar-se à contestação do pedido cível, por analogia (art. 4.º). Pelo que, exactamente nos mesmos termos, pode vir a ser deduzida formalmente na contestação à parte criminal, coincidindo os prazos de contestação, o que poderá ocorrer, nomeadamente, quando o incidente de liquidação apenas é deduzido posteriormente à dedução da acusação (mas sempre antes até ao 30.º dia anterior à data designada para a realização da primeira audiência de discussão e julgamento, cf. art. 8.º/2 LCCO). Já quanto à contestação de terceiro afetado pelo pedido de perda de bens, a mesma também é autónoma, devendo convocar-se as normas da contestação do pedido civil por analogia (neste sentido, mais desenvolvidamente, João Cura Mariano, 2018, pp. 172 a 178 e José Manuel Saporiti Machado da Cruz Bucho, 2018, pp. 230 a 238; v., ainda, anotação ao art. 347.º-A).

VII – Incumprimento e consequências, preclusão, caso julgado

§ 50 A contestação deve ser apresentada no prazo de 20 dias, ou 50 dias, quando o procedimento se revelar de excecional complexidade, nos termos da parte final do n.º 3 do artigo 215.º (cf. art. 107.º/6), sob pena de preclusão (v. anotações §§ 5 a 11 e para outros desenvolvimentos anotações ao regime dos prazos – arts. 103.º a 107.º-A, Tomo I). Trata-se de um ato que se insere na fase prévia ao julgamento. Este não deve ter início antes do decurso do prazo daquele, exceto se o arguido renunciar. Se, porventura, o julgamento se tiver iniciado o arguido poderá arguir a irregularidade e apresentar a sua contestação.

§ 51 O despacho de agendamento da audiência de julgamento apenas pode ser prolatado após decorrer o prazo para contestar (art. 312.º/1), sob pena de irregularidade. O art. 313.º/1 determina que a notificação seja efetuada 20 dias antes do início da audiência. Sendo certo que, inclusive, deve ser dado suficiente espaço temporal para que seja possível a notificação dos declarantes indicados. O que não afasta a possibilidade de adiamento nos casos em que seja deferida a produção de prova que não se compadece com a data de julgamento inicialmente agendada. Ou que implica um notório período temporal mais extenso (*v.g.* audição de testemunhas que residem no estrangeiro). De todo modo, a "desatenção, no despacho que designa dia para julgamento, do prazo conferido para organização da defesa" consubstancia uma irregularidade [ac. STJ, 17.03.2004 (Soreto Barros)]. Mas, se perante o desrespeito por esse prazo, o arguido apresenta na própria audiência contestação e rol, esta deve considerar-se tempestiva, sendo que a rejeição, apenas pelo facto da audiência de julgamento se ter iniciado não é admissível, e implicará a repetição do julgamento e prolação de nova sentença por violação das garantias de defesa, art. 32.º/1 CRP, e princípio do contraditório [ac. RE, 22.09.2015 (Felisberto Proença da Costa)].

§ 52 A contagem do prazo de contestação tem o seu termo inicial a partir da notificação do *despacho* para apresentação de contestação (sendo certo que tendo de ser notificado defensor e arguido se conta da última notificação; o mesmo sucede quando há vários arguidos; cf. art. 113.º/10 e 14, este último conjugado com art. 311.º-B/1). O prazo pode ser prorrogado em algumas circunstâncias (v. §12 e anotações ao art. 107.º, Tomo I). Uma contestação apresentada para além do prazo extingue o direito praticar esse ato processual (exceto nos casos de pagamento de multa ou justo impedimento, ou prorrogações, v. anotações aos arts. 107.º e 107.º-A, Tomo I, mas tal não equivale ao suprimento do direito ao contraditório, que pode ser exercido através de outras formas e momentos processuais, v. §§ 6, 27 e 30). Apresentada uma contestação a mesma é adquirida processualmente (princípio da aquisição processual, autoresponsabilidade e segurança jurídica), pelo que, não é admissível a apresentação de uma outra [ac. RG, 09.06.2020 (Pedro Cunha Lopes), mas, para casos em que uma contestação é apresentada por arguido e outra por Defensor v. § 28], mesmo em caso de anulação de julgamento, ou reenvio. A contestação prevista processualmente é prévia ao início do julgamento, esgota-se numa só, e no prazo concedido legalmente para o efeito, e é considerada bastante para que nesta fase preliminar (sopesando as outras possibilidades de defesa atribuídas ao arguido cf. § 6), se acautele o direito ao contraditório. É que, a par da tutela do contraditório, existem outros valores a defender, nomeadamente, o interesse público de celeridade processual, que pressupõe um encadeamento de atos a serem praticados no tempo e pela forma prevista no CPP. Justamente todos estes aspetos são assinalados no ac. TC 584/2016, que decidiu "Não julgar inconstitucionais as normas conjugadas dos artigos 315.º e 426.º, n.º 1, do CPP, interpretadas no sentido de não ser de conceder prazo de defesa ao arguido, para apresentação de contestação e rol de testemunhas, no âmbito da decisão de reenvio para novo julgamento por tribunal superior;"

§ 53 Esse ac. TC 584/2016 ressalta a necessidade de compatibilizar o exercício do direito do contraditório, e garantias de defesa do arguido, com a celeridade processual, que "encontra justificação, não apenas na necessidade de garantir proteção rápida e eficaz aos bens jurídicos tutelados pelo direito penal (artigo 40.º do Código Penal), como no próprio princípio da presunção de inocência do arguido (artigo 32.º, n.º 2, primeira parte, da Constituição), que é naturalmente incompatível com o atraso ou prolongamento indefinido de um processo que visa determinar a sua responsabilidade criminal em face da acusação formal da prática de um ou mais crimes".

§ 54 O ritualismo processual e o encadeamento de atos processuais, pressupõe uma *evolução* processual. Um andamento do processo, estipulando um conjunto de prazos e de atos que podem ser praticados nessa esfera temporal. O *ritmo processual.* E, por isso, esse mesmo ac. TC 584/2016, realça que é necessário compatibilizar a necessidade de reagir prontamente à violação de bens jurídicos e as garantias de defesa do arguido, apenas se justificando a "paragem do processo desencadeado com vista ao exercício do poder punitivo do Estado onde se mostra necessário assegurar o exercício do direito fundamental de defesa do arguido." Realça, assim, que o "conceito de preclusão, que traduz a perda de um direito subjetivo processual ou de uma faculdade pelo não exercício no tempo e prazo devidos" também opera no processo penal, e é uma exigência processual "imposta a todos os sujeitos processuais que nele intervêm, incluindo o arguido, a de agir no processo no tempo e pela forma legalmente previstos, sob pena de não mais o poderem fazer." Frisa que "Só assim se compatibiliza o interesse público de defesa dos bens jurídicos tutelados pelo direito penal e o interesse individual ou subjetivo dos que nele intervêm: as garantias de defesa que a Constituição expressamente assegura ao arguido em processo penal". Mas, é contudente, quando afirma que "o estatuto legal que lhe assiste no processo, não o isentam do ónus de agir no tempo e pelo modo previstos na lei nem o excluem das consequências negativas decorrentes da sua inobservância."

§ 55 E, concretamente, em relação à contestação, salienta o dito ac. TC 584/2016 que é "um instrumento fundamental de defesa do arguido", mas, "também ela está sujeita a prazos processuais perentórios, isto é, prazos cujo decurso extingue o direito de praticar o ato", pelo que, se "o arguido, notificado para o efeito", não contesta nem junta rol de testemunhas, no prazo previsto, "perde o direito processual de o fazer."

§ 56 E acrescenta que "pelas mesmas razões preclusivas, não pode o arguido que contestou apresentar nova contestação, esgotando-se o correspondente direito processual com o seu exercício efetivo." Ou seja, apenas é possível apresentar uma peça processual de contestação. E, sobre a situação em apreciação nesse acórdão, ou seja, possibilidade de apresentar contestação após reenvio pelo Tribunal Superior, ressalta que a necessidade de apreciação no «mais curto prazo» (artigo 32.º, n.º 2), valores que a justificam, "estruturação faseada e progressiva do processo penal" , "não se vê como sustentar, no plano constitucional, a reivindicação, por parte do recorrente, de um novo prazo de defesa, para apresentação de contestação e rol de testemunhas, quando já lhe foi reconhecido, no processo, o direito processual de contestar os factos imputados na acusação e carrear prova que demonstre a sua inocência, e há muito que decorreu o prazo legal previsto para o efeito."

§ 57 Ainda acolhendo os ensinamentos do ac. TC 584/2016, os princípios constitucionais do processo equitativo e do contraditório (arts. 20.º/4 e 32.º/5 CRP) impõem que ao arguido em processo penal seja dada a "possibilidade efetiva de intervir ativamente no processo e influir positivamente no julgamento"; "o arguido, antes da audiência de julgamento e prolação da sentença, deve poder expor as suas razões de facto e de direito, oferecer provas e contraditar as razões e provas apresentadas pela acusação." E o "Código de Processo Penal, precisamente em cumprimento dessa imposição constitucional, reconhece ao arguido o direito de ser pessoalmente notificado da acusação" (...) "antes da data da realização da audiência de julgamento", "e de apresentar contestação, acompanhada do rol de testemunhas, no prazo de 20 dias a contar da notificação". Pelo que se opta por *não* apresentar contestação preclude-se esse direito de expor a sua argumentação e indicar prova antes do julgamento (mas, admitindo a lei, que ainda o possa fazer na audiência). E se juntar contestação e rol de testemunhas, por força da aquisição processual, não poderá apresentar uma nova contestação, pelo menos nos casos em que se mantém imutável o objeto do processo.

§ 58 Foi, precisamente, sobre uma destas situações que o ac. TC 584/2016 se debruçou, entendendo que não fere a CRP a interpretação que sustenta que a a decisão de reenvio do processo para novo julgamento, proferida pelo tribunal superior nos termos do art. 426.° não implica o reconhecimento ao arguido de novo prazo para apresentar a contestação e o rol de testemunhas. Ali se argumenta que a "decisão de reenvio do processo para novo julgamento é determinada por vícios intrínsecos e lógicos quanto ao conteúdo da decisão da matéria de facto, tipificados nas diversas alíneas do n.° 2 do artigo 410.° do CPP, que o tribunal de recurso não pode suprir (artigo 426.°, n.° 1, do CPP)", "a anulação do julgamento, por quaisquer dos vícios tipificados no citado artigo 410.°, n.° 2, do CPP, não importa qualquer modificação do objeto do processo, que se mantém essencialmente uno e idêntico em todas as fases do processo penal, sendo exatamente igual a matéria sobre a qual o arguido teve a possibilidade de se pronunciar e produzir prova e aquela sobre que recairá, por força da decisão de reenvio, o novo julgamento", pelo que, "mantendo-se a instância estável, também do ponto de vista do objeto do processo, não pode o arguido, a pretexto da decisão anulatória do tribunal superior, que não atinge as fases processuais anteriores à audiência de discussão e julgamento (artigos 321.° a 380.° do CPP), pretender fazer o que não fez em tempo oportuno, contestar e arrolar testemunhas.". Por fim, salienta que "considerando a natureza e gravidade dos vícios previstos no n.° 2 do artigo 410.° do CPP, entendeu o legislador ser de afastar a intervenção no novo julgamento dos juízes que participaram no anterior, em ordem a assegurar a independência e imparcialidade do tribunal (artigo 426.°-A do CPP).". Concluiu que não há "qualquer razão constitucional para censurar a solução que, no âmbito da decisão de reenvio para novo julgamento, não confere ao arguido, que já teve a possibilidade de se defender da acusação, novo prazo para o efeito. Uma tal exigência, além de não encontrar fundamento nas garantias de defesa do arguido, pelas razões antes aduzidas, implicaria, por regressiva, com o modelo constitucional de um processo penal célere e eficaz."

§ 59 Para que exista uma cabal e efetiva possibilidade de exercer o direito de contestar e apresentar prova numa fase anterior ao julgamento é indispensável que o arguido tenha conhecimento da matéria factual, jurídica e sustentáculo probatório, que justificam a sua ida a julgamento, a possibilidade de esgrimir os seus argumentos e indicar a sua sua prova e tempo suficiente para se defender. Para tal é absolutamente necessário que seja notificado. Pelo que a regularidade da notificação é essencial. Relativamente aos vícios e consequências remete-se para as anotações ao arts. 113.°, tomo I, 196.°, Tomo III e 311.°- A. No que concerne à questão da qualificação das invalidades de notificação como meras irregularidades, e se tal contende com as garantias de defesa do arguido, foi apreciada no ac. TC 143/2006, que decidiu "Não julgar inconstitucional a norma do artigo 113.º, n.ᵒˢ 1, alínea c), e 3, do CPP, interpretado no sentido de que a omissão, no verso do sobrescrito contendo a carta de notificação do despacho de designação de dia para julgamento, depositado no receptáculo postal do arguido, da declaração da data desse depósito pelo distribuidor do serviço postal, constitui mera irregularidade, que se considera sanada se o arguido pôde vir a apresentar atempadamente a sua contestação e a comparecer na audiência de julgamento". Note-se, que o TC não parece arredar que, em certas circunstâncias mais gravosas e atentadoras do direito de defesa, a irregularidade possa ser invalidade *insuficiente*. No caso concreto, não o foi. Como se escreveu, "Neste contexto – em que o recorrente tinha pleno conhecimento da pendência do processo (tendo sido regularmente notificado da acusação, na sequência do que consultou pessoalmente os autos), a sua defensora fora notificada por carta registada do despacho ora em causa, e a carta dirigida ao arguido foi efetivamente depositada no recetáculo postal da sua morada, constante do termo de identidade e residência por ele prestado –, o critério normativo seguido pelas instâncias, no sentido de que a irregularidade consistente na falta de aposição, no verso do sobrescrito de notificação de despacho de designação de data para julgamento, de declaração do distribuidor postal com menção da data da efetivação do depósito, se considera "sanada" com a efetiva apresentação de contestação e rol de testemunhas – que foram considerados tempestivos – e com a comparência pessoal do arguido na audiência, não se mostra intoleravelmente diminuidora das garantias de defesa constitucionalmente asseguradas, dado que ao recorrente foi concedida a possibilidade de exercer os seus direitos processuais sem grande onerosidade."

§ 60 Deverá existir um despacho que aprecie a admissibilidade da contestação e do requerimento probatório, sob pena de irregularidade (art. 123.º), sendo recorrível pelo arguido, em caso de indeferimento total ou parcial (art. 399.º), subindo o recurso nos próprios autos, com o que vier a ser interposto da decisão que puser termo à causa (art. 407.º/3). O despacho que se ponuncie expressamente sobre questões suscitadas na contestação forma caso julgado formal. A propósito da listispendência, assim decidiu o ac. RP, 27.09.2017 (Donas Botto), "Se no despacho proferido depois da apresentação da contestação, se decidiu, sem impugnação, julgar improcedente a ali invocada, exceção do caso julgado ou da litispendência e se ordenou o prosseguimento dos ulteriores e regulares termos do processo, sob pena de violação do caso julgado, não se pode depois na sentença voltar a apreciar a mesma matéria e, muito menos decidir em sentido contrário e julgar verificada a exceção da litispendência e declarar extinto o procedimento criminal."

§ 61 Se a contestação for enviada pelo Defensor por correio eletrónico ao invés de Citius é um ato irregular, que antes de determinar a rejeição, impõe um convite para que seja transmitida aos autos na forma legalmente instituída [para outros desenvolvimentos v. anotação § 12 ao art. 94.º, Tomo I; eventualmente poderá ficar nos autos sobre as "vestes" de exposição, memorial e requerimento, e ser apreciada a admissibilidade sob esse prisma, caso se sustente a posição vertida no ac. STJ, 06.07.2021 (EDUARDO ALMEIDA LOUREIRO)].

§ 62 Por vezes os autos prosseguem para julgamento sem notificação pessoal do arguido, por se desconhecer o paradeiro. Ou, posteriormente à remessa do processo para julgamento, deteta-se uma invalidade da notificação que obriga à sua repetição. Nestes casos, o arguido tem direito a requerer a abertura de instrução ou contestar. No entanto, são opções alternativas, que dependem da posição do arguido. Mas, optando pelo exercício de um dos direitos, o ato fica adquirido processualmente, precludindo um deles. Como se escreve no ac. RL, 24.02.2021 (ALFREDO COSTA), "As opções facultativas atribuídas aos arguidos/recorrentes, conforme notificação efetuada pelo tribunal de julgamento, de apresentarem o requerimento de abertura de instrução ou de manterem-se na fase de julgamento, são situações alternativas (e não cumulativas, nem sucessivas). Do facto de os arguidos/recorrentes, em momento processual antecedente ao requerimento de abertura de instrução, terem juntado contestação e rol de testemunhas aos autos de julgamento, a única leitura a extrair é de querem manterem-se na fase de julgamento e prescindirem da apresentação do competente RAI no Tribunal de Instrução Criminal."

§ 63 A omissão no relatório da indicação sumária das conclusões contidas na contestação, ou não pronúncia de factos alegados implica nulidade da sentença [mas por conclusões deverá entender-se como a súmula das razões da contestação cf. § 22]. Mas, não será o caso da "falta de menção no relatório do acórdão" "ao teor da resposta do Juiz visado pela recusa", "porque o pronunciamento do Juiz visado pela recusa, nos termos da citada norma do n.º 3 do art. 43.º do CPP, não integra a peça processual a que se refere o art. 315.º do CPP e que é a visada pela menção feita na al. d) do n.º 1 do art. 374.º do mesmo diploma legal. Antes, e como o próprio nome indica, trata-se de uma simples resposta." [ac. STJ, 14.02.2019 (ISABEL SÃO MARCOS)]. Para maiores desenvolvimentos v. anotação aos arts. 374.º e 379.º

§ 64 A narração de *factos* na contestação, relativos ao objeto da causa, e que consubstanciem a defesa do arguido, nomeadamente factualidade que exclui a responsabilidade criminal, ou todos aqueles que têm o condão de conduzir a uma posição mais favorável daquele, por determinar um crime menos gravoso, uma punição menos severa, ou uma modalidade de execução da pena mais benéfica, devem ser abarcados por decisão expressa do tribunal. Os factos devem ser enumerados na sentença, o que implica a sua descrição [sobre a necessidade de uma enumeração expressa ac. RL, 07.12.2016 (Filipa Costa Lourenço)]. Como referimos, não são só os factos relativos aos pressupostos da responsabilidade criminal que devem ser alvo de uma decisão. Também os atinentes à consequência jurídica do crime, sendo que, se "o tribunal omite a apreciação e decisão sobre um facto alegado pela acusação ou pela defesa ou de que possa e deva conhecer e se esse facto for relevante para a decisão sobre a determinação da sanção, deixando de o considerar provado ou não provado, fica a sentença afetada de vício de insuficiência para a decisão da matéria de facto previsto no art. 410.º, n.º 2, al. a), do CPP" [ac. RG, 02.11.2015 (João Lee Ferreira)]. Naturalmente, que não será o facto de se darem como provados os factos constantes da acusação, que torna irrelevante uma pronúncia relativamente aos que constam da contestação, já que se foram narrados no exercício do direito de defesa, e relevando para o objeto do processo, devem ser descritos na sentença, decidindo o Tribunal dá-los como provados ou não provados, sob pena de nulidade da sentença [ac. RE, 12.03.2019 (Laura Maurício)]. Os factos alegados na contestação, que consistam numa versão diversa daquela que consta da acusação, sob pena de nulidade da sentença prevista no art. 379.º/1/a e c), não devem ser ignorados pelo tribunal, devendo emitir pronúncia sobre os mesmos, fazendo uma exame crítico das provas de "tal ordem que não fiquem quaisquer dúvidas sobre as razões objetivas pelas quais foram valorizadas ou desvalorizadas provas e sobre o percurso racional seguido pelo juiz até à decisão" [ac. RG, 09.12.2020 (Teresa Coimbra)]. Para outros desenvolvimentos v. anotação ao art. 379.º.

§ 65 O requerimento probatório releva para efeito de admissibilidade do recurso de revisão. É que, nos termos do art. 453.º/2, não é permitido "indicar testemunhas que não tiverem sido ouvidas no processo, a não ser justificando que ignorava a sua existência ao tempo da decisão ou que estiveram impossibilitadas de depor". Sendo que a impossibilidade de depor não se confunde com o desconhecimento do paradeiro. Tendo conhecimento da sua existência deve ser indicada a testemunha, solicitando ao tribunal diligências para a localizar. Pelo que, o desconhecimento do paradeiro da testemunha não equivale a impossibilidade de depor que permite ouvir a testemunha ao abrigo do art. 453.º/2 [ac. STJ, 08.01.2015 (Manuel Braz)]. Também não se considera existir impossibilidade de arrolar como testemunha, quando se ignore alguns elementos de identificação, já que basta a indicação de «outras circunstâncias necessárias para as identificar» [ac. STJ, 25.01.2007 (Carmona da Mota)] (para outros desenvolvimentos v. anotações aos art 449.º, Tomo V).

§ **66** A contestação não tem de revestir qualquer formalidade e poderá ser subscrita pelo próprio arguido (c§ 28), pelo que afrontará o direito ao contraditório e garantias de defesa o despacho judicial que não admita a contestação com fundamento nessas razões. Irregularidade que pode ser invocada para ser, desde logo, sanada. Ou, interposto recurso para efeito de revogar o referido despacho.

§ **67** A omissão de elementos de identificação ou outros vícios no requerimento probatório trata-se de irregularidades, que podem ser sanadas a convite do tribunal. Já o excesso do número de testemunhas implica que apenas serão aceites até ao que for legalmente admissível (v. § 38).

§ **68** Se surgirem novos factos ou prova posterior à contestação o arguido tem direito ao exercício do contraditório, num requerimento autónomo. Trata-se de uma contestação superveniente por via de um motivo ulterior que impõe a possibilidade de conceder ao arguido a palavra para discorrer sobre as suas razões. Assim, apresentadas provas depois de decorrido o prazo para contestar deve ser dada a oportunidade ao arguido para exercer o contraditório [ac. STJ, 15.06.2005 (Silva Flor)]. Relativamente às provas da acusação, o arguido tem o dever de contestar, querendo, as que ali são indicadas (art. 311.º-B). Já não existirá este ónus quando essa menção é omissa. Pelo que, a serem utilizadas outras (produzidas no inquérito, mas não indicadas na acusação), deve ser dado o prévio contraditório, sob pena de compressão intolerável dos direitos de defesa.

Tiago Caiado Milheiro

Artigo 312.º
Data da audiência

1 – Findo o prazo previsto no artigo anterior, o presidente despacha designando dia, hora e local para a audiência, que será fixada para a data mais próxima possível, de modo que entre ela e o dia em que os autos forem recebidos não decorram mais de dois meses.

2 – No despacho a que se refere o número anterior é, desde logo, igualmente designada data para a realização da audiência em caso de adiamento nos termos do artigo 333.º, n.º 1, ou para audição do arguido a requerimento do seu advogado ou defensor nomeado ao abrigo do artigo 333.º, n.º 3.

3 – Sempre que o arguido se encontrar em prisão preventiva ou com obrigação de permanência na habitação, a data da audiência é fixada com precedência sobre qualquer outro julgamento.

4 – O tribunal marca a data da audiência de modo a que não ocorra sobreposição com outros atos judiciais a que os advogados ou defensores tenham a obrigação de comparecer, aplicando-se o disposto no artigo 151.º do Código de Processo Civil.

Origem do texto: corresponde à redação originária aprovada pelo DL 78/87, com a alteração introduzida pela L 59/98, introduziu o n.º 2, designação de data para realização da audiência em caso de adiamento nos termos do artigo 333.º/1; pelo DL 320-C/2000, que introduziu no n.º 4 o dever de diligenciar pela concertação da data para audiência e acrescentou no n.º 2, como finalidade da segunda data a audição do arguido, a requerimento do seu advogado ou defensor nomeado, ao abrigo do artigo 333.º/3; a L 48/2007, deu nova redação ao n.º 4 «O tribunal deve marcar a data da audiência de modo a evitar a sobreposição com outros actos judiciais a que os advogados ou defensores tenham a obrigação de comparecer, aplicando-se o disposto no artigo 155.º do Código de Processo Civil». A L 94/2021, introduziu alterações aos n.ºs1 e 4. A L 13/2022, corrigiu a remissão para o art. 151.º do Código de Processo Civil.

Sumário do comentário:

I – Considerações gerais (§§ 1, 2)
II – Datas da audiência (§§ 3 a 10)
III – Inobservância do procedimento (§§ 11 a 13)
IV – Recurso (§ 14)

I – Considerações gerais

§ 1 A alteração introduzida pela L 59/98, consistiu na introduziu do n.º 2, designação de data para realização da audiência em caso de adiamento nos termos do artigo 333.º/1, tendo o primitivo n.º 2 passado a n.º 3. O DL 320-C/2000, acrescentou no n.º 2, como finalidade da segunda data da audiência de julgamento, a audição do arguido a requerimento do seu advogado ou defensor nomeado ao abrigo do artigo 333.º/3; introduziu no n.º 4 o dever de diligenciar pela concertação da data para audiência. A L 48/2007, deu nova redação ao n.º 4 que passou a dizer «O tribunal deve marcar a data da audiência de modo a evitar a sobreposição com outros actos judiciais a que os advogados ou defensores tenham a obrigação de comparecer, aplicando-se o disposto no artigo 155.º do Código de Processo Civil», adequando a norma à interpretação fixada pelo TC (ac. 602/2004), ao abrigo do n.º 3 do artigo 80.º da Lei do Tribunal Constitucional, segundo a qual «a concertação da data para a audiência deve ocorrer quer quando existe advogado constituído, quer quando existe defensor oficioso». Entretanto, o artigo 155.º do Código de Processo Civil, passou a art. 151.º (Lei n.º 41/2013, de 26 de junho), não tendo sido atualizada esta remissão do n.º 4, da norma em comentário. A L 94/2021, introduziu alterações aos n.ºs1 e 4 e pese embora o seu desiderato «de corrigir alguns lapsos relacionados com a remissão para outras normas incorretamente», deixou incólume este lapso (§ 8) o que veio a ser corrigido pela L 13/2022.

§ 2 O início pontual da audiência na data designada é um fator muito relevante na perceção do funcionamento da justiça. Qualquer obstáculo ao início pontual da diligência, deve ser prontamente comunicado aos sujeitos processuais, mandatários e demais intervenientes. O incumprimento injustificado dos horários estabelecidos para a realização de atos públicos pode constituir infração disciplinar grave ou leve, nos termos previstos nos artigos 83.º-H, alínea e) e 83.º-I, alínea c), ambos do EMJ.

II – Datas da audiência

§ 3 A norma disciplina a designação de data da audiência, *rectius* de datas para a audiência.

§ 4 O prazo pré-vigente de dois meses era contado desde o recebimento dos autos em juízo para o saneamento do processo (art. 311.º) e marcação da data da audiência (312.º), o que, em regra, era feito num único despacho apesar de a sua disciplina, então, se estender pelos artigos 311.º, 312.º e 313.º. Com a autonomização do despacho para apresentar a contestação pode resultar que esse prazo dificilmente possa ser respeitado, apesar de o prazo para notificação (ao Ministério Público, arguido e seu defensor, assistente, partes civis e aos seus representantes) do despacho que designa dia para a audiência, ter diminuído de 30 para 20 dias antes da data fixada para a audiência (art. 313.º/1).

§ 5 Pese embora a epigrafe da norma «data da audiência» o correto é datas da audiência, pois são pelo menos duas, a fixada nos termos do n.º 1, e a data para a realização da audiência em caso de adiamento nos termos do artigo 333.º/1 (falta do arguido regularmente notificado e não for possível obter a sua comparência: a audiência é adiada se o tribunal considerar que a presença do arguido é absolutamente indispensável para a descoberta da verdade material desde o início da audiência), ou para audição do arguido, ao abrigo do artigo 333.º/3 (se o tribunal considerar que a audiência pode começar sem a presença do arguido, a audiência não é adiada e o advogado constituído ou o defensor nomeado ao arguido podem requerer a sua audição na segunda data designada).

§ 6 A autonomização da notificação para contestar e a marcação posterior da datada audiência teve o propósito de permitir «que o tribunal perceba a dimensão global das provas a produzir em audiência e do tempo provável necessário para a sua integral realização e, assim, possa, de seguida, designar em conformidade as datas para julgamento» (Exposição de Motivos do Projeto de Lei n.º 876/XIV/2.ª, apresentado pelo PSD). A alteração faz sentido em relação a processos cuja audiência de julgamento *previsivelmente* se vai prolongar por várias sessões. Essa não é a regra, mas a exceção. Ao fazer da exceção a regra o resultado da alteração pode contrariar o desiderato da celeridade e o mandamento constitucional do julgamento no mais curto prazo compatível com as garantias de defesa (art. 32.º/2, CRP). A norma devia ter uma referência expressa quanto a essas datas subsequentes no n.º 2. Tal não impede obviamente que possam ser fixadas.

§ 7 Se o arguido se encontrar em prisão preventiva ou OPH, a data da audiência é fixada com *precedência* sobre qualquer outro julgamento (n.º 3, afloramento de um princípio geral com várias manifestações, v.g. arts 103.º/2/a e 106.º/2).

§ 8 O tribunal marca a data da audiência de modo a que não ocorra sobreposição com outros atos judiciais a que os advogados ou defensores tenham a obrigação de comparecer (n.º 4). O procedimento a adotar é o referido no art. 151.º do Código de Processo Civil.

§ 9 Os contactos prévios necessários a fim de prevenir o risco de sobreposição de datas de diligências são realizados pela secretária depois de o juiz fornecer as datas disponíveis. Não sendo possível o encontro de datas, devem os mandatários impedidos, em consequência de outro serviço judicial já marcado, comunicar o facto ao tribunal e identificar a diligência e o processo a que respeita, no prazo de cinco dias, propondo datas alternativas, após contacto com os restantes mandatários interessados (art. 151.º/2, CPC). O juiz, ponderadas as razões aduzidas, altera as datas inicialmente fixadas de modo a acolher as datas consensuais (art. 151.º/3, CPC) sem perder de vista o prazo referido no n.º 1 da norma em comentário, prazo que pelas razões já referidas poderá ser de difícil ou mesmo impossível observância.

§ 10 Designada a data, caso se verifique que a diligência, por motivo imprevisto, não pode realizar-se no dia e na hora designados, deve o tribunal dar imediato conhecimento do facto aos intervenientes processuais, providenciando por que as pessoas convocadas sejam prontamente notificadas do adiamento (art. 151.º/4, CPC). Os mandatários judiciais devem também comunicar prontamente ao tribunal quaisquer circunstâncias impeditivas da sua presença (art. 151.º/5, CPC). Se na data designada ocorrerem justificados obstáculos ao início pontual das diligências, deve o juiz comunicá-los aos advogados e a secretaria aos sujeitos processuais, dentro dos trinta minutos subsequentes à hora designada para o seu início (art. 151.º/6, CPC); a falta desta comunicação implica a dispensa automática dos intervenientes processuais a quem não foi comunicado o atraso no início da diligência (art. 151.º/7, CPC).

III – Inobservância do procedimento

§ 11 A inobservância do prazo de dois meses constitui mera irregularidade [ac. STJ 29.05.2013 (Pires da Graça)]. O mesmo ocorre com a não observância da concertação prévia.

§ 12 Para dar conteúdo efetivo ao direito do arguido de prestar declarações até ao encerramento da audiência, há que notificá-lo da data designada para a continuação da audiência de julgamento, desde que esta não se conclua nas datas para que tinha sido notificado. Se o julgamento apenas se pode realizar na ausência do arguido estando ele notificado para comparecer e se a presença do arguido em julgamento é obrigatória, o desrespeito por tal procedimento de que resulte a ausência do arguido por falta da sua notificação, constitui nulidade insanável (art. 119.º/c) [ac. RL, 03.05.2016, CJ *on line* (Ref. 7984/2016) Jorge Gonçalves].

§ 13 Tendo o arguido sido regularmente notificado do dia designado para a audiência do cúmulo, com uma dilação temporal suscetível de permitir o tempo suficiente para comparecer à audiência e considerando que, perante o indeferimento do requerimento para designação de nova data, o advogado do arguido compareceu à audiência no dia designado, forçoso é considerar que não ocorre qualquer nulidade, por alegada violação do seu direito de defesa [ac. STJ, 14.09.2016 (Santos Cabral)].

IV – Recurso

§ 14 A irrecorribilidade – do despacho que designa dia para a audiência não há recurso – consagrada pela norma reporta-se apenas ao segmento do despacho que designa dia para a audiência e não é inconstitucional (ac. TC 31/87). E designa data para a audiência o despacho que marca o dia, como aquele que, não a adiando, mantém a data inicial [ac. STJ 04.02.2021 (António Gama)].

António Gama

Artigo 313.º
Notificação do despacho que designa dia para a audiência

1 – O despacho que designa dia para a audiência é notificado ao Ministério Público, ao arguido e seu defensor, ao assistente, partes civis, seus advogados e representantes, pelo menos 20 dias antes da data fixada para a audiência.

2 – O número anterior é correspondentemente aplicável à pessoa coletiva ou entidade equiparada arguida na morada indicada nos termos da alínea c) do n.º 5 do artigo 196.º

3 – (Revogado.)

4 – Do despacho que designa dia para a audiência não há recurso.

Origem do texto: corresponde à redação originária aprovada pelo DL 78/87, com as alterações introduzidas pelo DL 317/95, que aumentou o prazo de notificação do despacho que designa dia para a audiência, de pelo menos catorze para trinta dias antes da data fixada para a audiência; pela L 59/98, alargou o dever de notificação do despacho ao defensor; pelo DL 320-C/2000, introduziu nova redação ao n.º 3 e o anterior n.º 3 passou a n.º 4 e L 94/2021, alterou a epígrafe do artigo que passou a dizer «Notificação do despacho que designa dia para a audiência», fundiu os n.ºs 1 e 2 num minimalista n.º 1, diminuindo o anterior prazo de 30 dias para 20 dias; o novo n.º 2 passou a disciplinar a notificação de pessoa coletiva ou equiparada; o n.º 3 foi revogado.

Sumário do comentário:

I – Considerações gerais

§ 1 A norma com as alterações da L 94/21 tornou-se minimalista, deixou de disciplinar os requisitos do despacho que designa dia para julgamento e passou a tratar apenas da notificação do despacho que designa dia para a audiência, mudança logo indiciada pela alteração da própria epígrafe que passou de «Despacho que designa dia para a audiência» para «Notificação do despacho que designa dia para a audiência».

II – Âmbito de previsão da norma

§ 2 A norma identifica quem é notificado do despacho que designa dia para a audiência – Ministério Público, arguido e seu defensor, assistente, partes civis, seus advogados e representantes – e com que antecedência deve ser feita a notificação, pelo menos 20 dias antes da data fixada para a audiência. Esta regra é correspondentemente aplicável à pessoa coletiva ou entidade equiparada arguida na morada indicada nos termos do artigo 196.º/5/c.

III – Inobservância do procedimento

§ 3 A falta de notificação pode constituir nulidade. Se essa falta ocorre em relação ao arguido ou defensor e a audiência se realiza sem a sua presença há nulidade insanável (art. 119.º/c); se a falta ocorre em relação ao assistente ou partes civis e a audiência se realiza sem a sua presença há nulidade dependente de arguição (art. 120.º/2/b). O encurtamento do prazo de notificação, que deve ser de «pelo menos 20 dias antes da data fixada para a audiência» constitui irregularidade (art. 123.º) o que significa que deve ser arguida pelos interessados sob pena de ficar sanada (art. 123.º/1) [acs. STJ de 29.05.2013 (Pires da Graça) e de 14.09.2016 (Santos Cabral)].

IV – Recurso

§ 4 A irrecorribilidade – do despacho que designa dia para a audiência não há recurso – reporta-se apenas ao segmento da norma que designa dia para audiência e não é inconstitucional (ac. TC 31/87). E designa data para a audiência o despacho que marca o dia, como aquele que, não a adiando, mantém a data inicial [ac. STJ, 04.02.2021 (António Gama)].

António Gama

Artigo 314.º
Comunicação aos restantes juízes

1 – O despacho que designa dia para a audiência é imediatamente comunicado, por cópia, aos juízes que fazem parte do tribunal.

2 – Conjuntamente, ou logo que possível, são-lhes remetidas cópias da acusação ou arquivamento, da acusação do assistente, da decisão instrutória, da contestação do arguido, dos articulados das partes civis e de qualquer despacho relativo a medidas de coacção ou de garantia patrimonial.

3 – Sempre que se mostrar necessário, nomeadamente em razão da especial complexidade da causa ou de qualquer questão prévia ou incidental que nele se suscite, o presidente pode, oficiosamente ou a solicitação de qualquer dos restantes juízes, ordenar que o processo lhes vá com vista por prazo não superior a oito dias. Nesse caso, não é feita remessa dos documentos referidos no número anterior.

Origem do texto: a redação originária aprovada pelo DL 78/87, foi alterada pela L 59/98.

Sumário do comentário:

I – Considerações gerais (§ 1)
II – Comunicação aos restantes juízes (§§ 2 a 4)
III – Inobservância do procedimento (§ 5)

I – Considerações gerais

§ 1 A alteração introduzida pela L 59/98, consistiu no alargamento do prazo de vista dos juízes adjuntos de cinco para (até) oito dias. O CPP/29 não tinha norma equivalente, mas era prática corrente, nos processos de querela, o «visto» dos adjuntos.

II – Comunicação aos restantes juízes

§ 2 O despacho que designa dia para a audiência é comunicado imediatamente por cópia (não necessariamente em papel, pode ser suporte digital ou disponibilização de acesso no *citius*) aos juízes adjuntos. Conjuntamente com essa comunicação são-lhes remetidas cópias da acusação do MP ou arquivamento, da acusação do assistente, da decisão instrutória, da contestação do arguido, dos articulados das partes civis, peças processuais relevantes que delimitam o objeto da prova dos factos relevantes e o objeto do processo, no processo penal de estrutura acusatória (arts. 124.º, 339.º/4 e 368.º). É igualmente comunicado o despacho relativo a medidas de coacção ou de garantia patrimonial.

§ 3 Há outras peças processuais que, pese embora o silêncio da norma, importa comunicar. É o caso da liquidação do património incongruente levada a cabo pelo MP após a acusação, ou a alteração da liquidação efetuada na acusação, (art. 8.º/2/3 L 5/2002), assim como a eventual resposta apresentada, a decisão de recursos anteriormente interpostos nos autos relevantes para a decisão da causa.

§ 4 Nos casos de complexidade normal, em regra, não se realizam os vistos aos juízes adjuntos, o que potencia a celeridade. O presidente, oficiosamente ou a solicitação de qualquer dos juízes adjuntos, pode ordenar que o processo vá com vista aos adjuntos por um prazo máximo de oito dias, caso em que não são remetidas as peças processuais referidas no n.º 2. Este é um poder dever nomeadamente em razão da especial complexidade da causa ou de questão prévia ou incidental, que exija especial ponderação. O melhor procedimento é o presidente ordenar a vista, sendo o prazo contabilizado após a abertura de conclusão ao adjunto. Apondo o adjunto o visto antes de findo o prazo de oito dias, segue-se a vista ao segundo adjunto, aposto o visto, o processo regressa ao presidente.

III – Inobservância do procedimento

§ 5 A norma detalha o procedimento de comunicação entre os juízes, membros do tribunal coletivo, em momento prévio à audiência de julgamento. A falta de comunicação do despacho (n.º 1) e/ou a falta de remessa das cópias (n.º 2), assim como o desrespeito do prazo de vista, não cominando a lei outra sanção, contitui mera irregularidade (art. 118.º/1/2). Irregularidade peculiar que não se descortina que os demais sujeitos processuais tenham legitimidade para arguir.

António Gama

Artigo 316.º
Adicionamento ou alteração do rol de testemunhas

1 – O Ministério Público, o assistente, o arguido ou as partes civis podem alterar o rol de testemunhas, inclusivamente requerendo a inquirição para além do limite legal, nos casos previstos nos n.os 7 e 8 do artigo 283.º, contanto que o adicionamento ou a alteração requeridos possam ser comunicados aos outros até três dias antes da data fixada para a audiência.

2 – Depois de apresentado o rol não podem oferecer-se novas testemunhas de fora da comarca, salvo se quem as oferecer se prontificar a apresentá-las na audiência.

3 – O disposto nos números anteriores é correspondentemente aplicável à indicação de peritos e consultores técnicos.

Origem do texto: a redação originária aprovada pelo DL 78/87, foi alterada pelo DL 320-C/2000 e pela L 27/2015.

Sumário do comentário:

I – Considerações gerais

§ 1 A alteração introduzida pelo DL 320-C/2000, consistiu na restrição da possibilidade de adicionamento do rol de testemunhas, para além do limite legal, aos casos previstos no n.º 7 do artigo 283.º, isto é, «desde que tal se afigure necessário para a descoberta da verdade material, designadamente quando tiver sido praticado algum dos crimes referidos no n.º 2 do artigo 215.º ou se o processo se revelar de excecional complexidade, devido ao número de arguidos ou ofendidos ou ao caráter altamente organizado do crime». Os crimes referidos no art. 215.º/2, são os relativos a casos de terrorismo (art. 1.º/1/i), criminalidade violenta (art. 1.º/1/j) ou altamente organizada (art. 1.º/1/m), ou quando se proceder por crime punível com pena de prisão de máximo superior a 8 anos, ou por crime previsto no artigo 299.º, no n.º 1 do artigo 318.º, nos artigos 319.º, 326.º, 331.º ou no n.º 1 do artigo 333.º do Código Penal e nos artigos 30.º, 79.º e 80.º do Código de Justiça Militar, aprovado pela Lei n.º 100/2003, de 15 de Novembro; de furto de veículos ou de falsificação de documentos a eles respeitantes ou de elementos identificadores de veículos; de falsificação de moeda, títulos de crédito, valores selados, selos e equipamentos ou da respetiva passagem, e de contrafação de cartões ou outros dispositivos de pagamento e uso de cartões ou outros dispositivos de pagamento contrafeitos, previstos nos artigos 3.º-A e 3.º-B da Lei n.º 109/2009, de 15 de setembro; de burla, insolvência dolosa, administração danosa do sector público ou cooperativo, falsificação, corrupção, peculato ou de participação económica em negócio; de branqueamento de vantagens de proveniência ilícita; de fraude na obtenção ou desvio de subsídio, subvenção ou crédito; abrangido por convenção sobre segurança da navegação aérea ou marítima.

§ 2 A alteração introduzida pela L 27/2015, condicionou o adicionamento ou a alteração do rol testemunhas, para além do limite legal, também ao art. 283.º/8, pelo que o adicionamento ou alteração do rol de testemunhas, passou a poder ser indeferido verificando-se as circunstâncias previstas nas alíneas b), c) e d) do artigo 340.º/4. Esta norma dispunha que «os requerimentos de prova são ainda indeferidos se for notório que: (...) b) as provas requeridas são irrelevantes ou supérfluas; c) o meio de prova é inadequado, de obtenção impossível ou muito duvidosa; ou d) o requerimento tem finalidade meramente dilatória, mas foi revogada pelo artigo 14.º da L 94/2021, pelo que a remissão do art. 283.º/8, para «as circunstâncias previstas nas alíneas b), c) e d) do n.º 4 do artigo 340.º» é *letra morta.* Assim, «o limite do número de testemunhas previsto na alínea e) do n.º 3 [do art. 283.º] *apenas* pode ser ultrapassado desde que tal se afigure necessário para a descoberta da verdade material, designadamente quando tiver sido praticado algum dos crimes referidos no n.º 2 do artigo 215.º ou se o processo se revelar de excecional complexidade, devido ao número de arguidos ou ofendidos ou ao carácter caráter altamente organizado do crime».

§ 3 O caso previsto no n.º 8 do artigo 283.º, (n.º 1, da norma em comentário) não era de adicionamento ou alteração do rol de testemunhas, mas de possível indeferimento da pretensão a que o art. 283.º/7, abriu a porta, «caso se verifiquem as circunstâncias previstas nas alíneas b), c) e d) do n.º 4 do artigo 340.º». Revogado o n.º 4 do art. 340.º pelo artigo 14.º da L 94/2021, a remissão do art. 283.º/8, para «as circunstâncias previstas nas alíneas b), c) e d) do n.º 4 do artigo 340.º» deixou de ter destino. Legislar através de técnica remissiva tem estes resultados quando nas alterações subsequentes não se poderam todas as variáveis. Não sabemos se há lapso do legislador ou o resultado foi previsto e a solução querida.

§ 4 Numa primeira análise, a alteração legislativa, ao revogar pelo jogo das remissões o destino último da remissão, art. 340.º/4/b/c/d, onde constavam fundamentos de indeferimento de adicionamento e alteração do rol de testemunhas, para além do limite legal, conduziu a que a norma agora vigente alarga a possibilidade de adicionamento ou alteração do rol de testemunhas nesses casos.

§ 5 Análise mais detalhada leva a concluir que não será assim e que a nova solução legislativa, querida ou não, acaba por ser até mais harmonioza que a anterior. O adicionamento ou alteração para além do limite legal dentro do condicionalismo da norma é um direito de todos os sujeitos processuais, mas sujeito à verificação dos requisitos enunciados pelo legislador. Não se percebia muito bem como é que o adicionamento ou alteração ficava ainda dependente do regime excecional do art. 340.º. Bem vistas as coisas a exigência do n.º 7 do art. 283.º (o limite do número de testemunhas apenas pode ser ultrapassado desde que tal se afigure *necessário para a descoberta da verdade material*) é simétrica com a possibilidade de indeferimento se as *provas forem irrelevantes ou supérfluas, inadequadas* etc. (art. 340.º/4/b/c/d). Ao cabo e ao resto o que tínhamos era a condição de admissibilidade formulada pela positiva e a de indeferimento pela negativa. Resultado: a norma ganhou em clareza.

§ 6 O jogo das remissões foi ainda afetado pela circunstância de a L 94/2021, ter revogado o art. 315.º norma onde constava, por remissão para o art. 283.º/3/e, o *limite legal* de testemunhas do arguido. Na curta vigência desta alteração da norma entendemos o seguinte: uma de dua: ou é lapso ou a solução legislativa, a deixar sem limite o número de testemunhas do arguido, merece reprovação. São conhecidas as razões que motivaram o legislador no DL 320-C/2000, a consagrar um limite ao número de testemunhas da defesa, permitindo que tal limite seja ultrapassado, em casos devidamente fundamentados: a eficácia do direito penal e o direito do arguido «ser julgado no mais curto prazo compatível com as garantias de defesa», art. 32.º/2 CRP (cf. respetivo Preâmbulo). Um sistema acusatório, que visa realizar, na medida do possível, a reclamada *igualdade de armas* entre a acusação e a defesa (cf. n.º 6 do Preâmbulo do CPP) reclama o restabelecimento do prazo antes fixado. A L 13/2022, veio repor o equilíbrio introduzindo no art. 311.º-B, o n.º 4 do seguinte teor «ao rol de testemunhas é aplicável o disposto na alínea e) do n.º 3 e nos n.ºs 7 e 8 do artigo 283.º».

§ 7 O número de testemunhas no pedido de indemnização civil consta do art. 79.º/2. Ao pedido de indemnização civil formulado em processo penal, não é aplicável o regime do processo civil de substituição de testemunhas, mas a norma em comentário [ac. RP, 24.01.94 (Fonseca Guimarães) (Ref. 9327/1994) CJ *on line*].

II – Âmbito de previsão da norma

§ **8** O Ministério Público, o assistente, o arguido ou as partes civis podem alterar o rol de testemunhas contanto que o adicionamento ou a alteração possam ser comunicados aos outros até três dias antes da data fixada para a audiência. Podem requerer a inquirição de testemunhas para além do limite legal, no caso previsto no n.º 7 do artigo 283.º, contanto que a alteração requerida possa ser comunicada aos outros até três dias antes da data fixada para a audiência. Enquanto a alteração, sem ultrapassar o limite legal, depende apenas de poder ser comunicada aos outros até três dias antes da data fixada para a audiência, a inquirição de testemunhas para além do limite legal, está dependente da verificação de um requisito específico, *o caso previsto no n.º 7 do artigo 283.º*, – tal se afigure necessário para a descoberta da verdade material, designadamente quando tiver sido praticado algum dos crimes referidos no n.º 2 do artigo 215.º ou se o processo se revelar de excecional complexidade, devido ao número de arguidos ou ofendidos ou ao caráter altamente organizado do crime – que acresce ao requisito geral de o adicionamento poder ser comunicado aos outros até três dias antes da data fixada para a audiência.

§ **9** A norma é orientada por um espírito de lealdade e correção processual na atuação dos sujeitos processuais pretendendo evitar actuações surpresa (MMPDJP). O pedido de adicionamento ou alteração do rol não está sujeito a formalidades especiais, podendo ser apresentado pelo arguido.

§ **10** O Ministério Público, o assistente, o arguido ou as partes civis podem alterar o rol de testemunhas. A possibilidade de adicionamento ou alteração do rol de testemunhas pressupõe que o rol exista, isto é, tenha sido apresentado *em tempo*, pois, não se pode adicionar ou alterar rol que não exista nos autos [ac. RC, 05.12.2000 (Santos Geraldes), proferido em matéria cível, mas aqui plenamente aplicável]. E cada sujeito processual, obviamente, só pode adicionar ou alterar o seu rol. Ao rol apresentado podem ser adicionadas testemunhas até ao máximo legal (20 testemunhas, art. 283.º/3/e), e inclusivamente requerendo a inquirição para além do limite legal, no caso previsto no n.º 7 do artigo 283.º, contanto que o adicionamento ou a alteração requeridos possam ser comunicados aos outros até três dias antes da data fixada para a audiência.

§ **11** A redação escolhida pelo legislador ao referir *comunicados* e data *fixada para a audiência,* não ocorreu por acaso, querendo vicar as diferenças com o regime prévigente. Assim os arts. 361.º (quanto à acusação) e 384.º (quanto à defesa), do CPP/29, possibilitavam a alteração ou o adicionamento do rol até ao momento em que pudesse ser *notificado* três dias antes daquele em que se *realizar a audiência*. Com a nova redação quis o legislador deixar claro que o adicionamento ou a alteração do rol de testemunhas não precisa de ser notificada, apenas *comunicada*, até três dias antes da data *fixada* para a audiência e a data fixada para a audiência reporta-se apenas à 1.ª data fixada e não à data designada para o caso de adiamento (art. 312.º/2, Maia Gonçalves, 1979, p. 474; Oliveira Mendes, 2021, p. 1012). Diversamente, sustentando que o prazo de três dias tanto pode referir-se à data da primeira marcação para julgamento, como à data de uma marcação posterior ac. RP, 04.05.94 [António Augusto de Moura Pereira (Ref. 3607/1994), CJ *on line*].

§ 12 No caso de reenvio do processo para novo julgamento é admissível a alteração ou o adicionamento do rol de testemunhas, desde que esse adicionamento ou alteração possam ser comunicados aos demais sujeitos processuais até 3 dias antes da data marcada para a nova audiência e, se as testemunhas indicadas de novo residirem fora da comarca, o requerente se prontifique a apresentá-las [ac. RP 17.06.1998, (Milheiro de Oliveira) (Ref. 4193/1998) CJ *on line*].

§ 13 Solução equivalente à do CPP/29 vigora ainda no âmbito dos processos por crimes de responsabilidade dos titulares de cargos políticos, onde o art. 43.º diz expressamente que são lícitas a alteração dos róis de testemunhas e a junção de novos documentos até três dias antes do designado para o início do julgamento, sendo irrelevante, para este efeito, o adiamento desse início.

§ 14 Depois de apresentado o rol não podem oferecer-se novas testemunhas de fora da comarca, salvo se quem as oferecer se prontificar a apresentá-las na audiência (n.º 2). A norma é também aplicável à inquirição para além do limite legal. Os n.ºs 1 e 2 aplicam-se com as devidas adaptações à indicação de peritos e consultores técnicos (n.º 3).

§ 15 A "substituição" da prova testemunhal, em julgamento, por prova documental, não consubstancia adicionamento ou alteração ao rol, mas uma espécie de declaração documentada, que não é admissível por contrariar os princípios da imediação e oralidade e restringir intoleravelmente o contraditório [ac. RE, 05.05.15 (Ana Brito)].

III – Inobservância do procedimento

§ **16** O adicionamento ou alteração do rol de testemunhas em desconformidade com a norma, v.g. a inquirição para além do limite legal fora do caso previsto no n.º 7 do artigo 283.º, a falta de comunicação do adicionamento ou alteração aos outros sujeitos processuais ou só a alguns deles, ou comunicação menos de três dias antes da data fixada para a audiência constitui mera irregularidade [ac. STJ, 07.01.1999 (SOUSA GUEDES)].

IV – Recurso

§ **17** A decisão que admite ou indefere o adicionamento ou alteração ao rol é recorrível (art. 399.º). O recurso tem subida diferida, pois a sua retenção não o torna absolutamente inútil (art. 407.º/1), sobe e é julgado conjuntamente com o recurso interposto da decisão que tiver posto termo à causa (art. 407.º/3

ANTÓNIO GAMA

Artigo 317.º
Notificação e compensação de testemunhas, peritos e consultores técnicos

1 – As testemunhas, os peritos e os consultores técnicos indicados por quem se não tiver comprometido a apresentá-los na audiência são notificados para comparência, excepto os peritos dos estabelecimentos, laboratórios ou serviços oficiais apropriados, os quais são ouvidos por teleconferência a partir do seu local de trabalho, sempre que tal seja tecnicamente possível, sendo tão-só necessária a notificação do dia e da hora a que se procederá à sua audição.

2 – Quando as pessoas referidas no número anterior tiverem a qualidade de órgão de polícia criminal ou de trabalhador da Administração Pública e forem convocadas em razão do exercício das suas funções, o juiz arbitra, sem dependência de requerimento, uma quantia correspondente à dos montantes das ajudas de custo e dos subsídios de viagem e de marcha que no caso forem devidos, que reverte, como receita própria, para o serviço onde aquelas prestam serviço.

3 – Para os efeitos do disposto no número anterior, os serviços em causa devem remeter ao tribunal as informações necessárias, até cinco dias após a realização da audiência.

4 – Quando não houver lugar à aplicação do disposto no n.º 2, o juiz pode, a requerimento dos convocados que se apresentarem à audiência, arbitrar-lhes uma quantia, calculada em função de tabelas aprovadas pelo Ministério da Justiça, a título de compensação das despesas realizadas.

5 – Da decisão sobre o arbitramento das quantias referidas nos números anteriores e sobre o seu montante não há recurso.

6 – As quantias arbitradas valem como custas do processo.

7 – A secretaria, oficiosamente ou sob a direcção do presidente, procede a todas as diligências necessárias à localização e notificação das pessoas referidas no n.º 1, podendo, sempre que for indispensável, solicitar a colaboração de outras entidades.

Origem do texto: a redação originária aprovada pelo DL 78/87, foi alterada pelo DL 343/93, L 59/98 e DL 320-C/2000.

Sumário do comentário:

I – Considerações gerais

§ 1 Na redação inicial da norma as despesas de deslocação dos órgãos de polícia criminal e de trabalhadores da Administração Pública convocados para comparecer em audiência de julgamento, em razão do exercício das suas funções, eram asseguradas pelos serviços a que estavam adstritos, serviços que não eram compensados pelo acréscimo de encargos. As alterações introduzidas na norma pelo DL 343/93, visaram consagrar que fossem *as partes* a suportar tais encargos, passando a ser considerados custas do processo. A Lei 59/98 introduziu o atual n.º 7. O DL 320-C/2000, permitiu que os peritos dos estabelecimentos, laboratórios ou serviços oficiais fossem ouvidos por teleconferência a partir do seu local de trabalho, sempre que tal seja tecnicamente possível, sendo apenas necessária a notificação do dia e da hora a que se procede à sua audição.

II – Notificação de testemunhas, peritos e consultores técnicos

§ 2 A regra é a notificação das testemunhas, peritos e consultores técnicos indicados para comparecerem na audiência de julgamento, a não ser que o sujeito processual que os indicou se tiver comprometido a apresentá-los na audiência, bastando para tal a mera informação nesse sentido «a apresentar» aquando da junção aos autos do rol de testemunhas. O compromisso da apresentação tem a vantagem para os *indicados*, caso faltem, de não serem condenados em multa e alivia o trabalho da secretaria nas notificações, mas tem a desvantagem, para o sujeito processual que se comprometeu a apresentá-las, caso não compareçam se entender que prescinde da sua audição (cf. art. 116.º falta injustificada de comparecimento; art. 117.º justificação da falta de comparecimento).

§ 3 Quanto aos peritos dos estabelecimentos, laboratórios ou serviços oficiais, caso intervenham nos autos nessa veste, são ouvidos por teleconferência a partir do seu local de trabalho, sempre que tal seja tecnicamente possível, o que hoje é regra, sendo apenas necessária a notificação do dia e da hora a que se procederá à sua audição.

§ 4 Outras exceções à notificação para comparência em audiência estão contempladas no art. 318.º, em relação à tomada de declarações ao assistente, às partes civis, às testemunhas, a peritos ou a consultores técnicos residentes fora do município onde decorra a audiência e não houver razões para crer que a sua presença na audiência é essencial à descoberta da verdade e forem previsíveis graves dificuldades ou inconvenientes, funcionais ou pessoais, na sua deslocação (art. 318.º/1/a/b/c). Sem prejuízo do disposto em instrumentos internacionais ou europeus, também o assistente, partes civis ou testemunhas residentes no estrangeiro podem ser inquiridos através de equipamento tecnológico que permita a comunicação, por meio visual e sonoro, em tempo real, sempre que no local da sua residência existam os meios tecnológicos necessários (art. 318.º/8). Finalmente, em situações muito especiais, caso esses intervenientes se encontrem impossibilitados de comparecer na audiência (*fundadas razões* cf. comentário ao art. 319.º) podem ser tomadas declarações no *domicílio* ao assistente, parte civil, testemunha, perito ou consultor técnico. Neste caso, a tomada de declarações segue o figurino da audiência, aí se deslocando o tribunal, sujeitos processuais, mandatários, mas a audiência decorre com restrição de publicidade por razões óbvias (art. 319.º/3, e 321.º).

§ 5 Apresentado o rol a secretaria, oficiosamente ou sob a direcção do presidente, procede às diligências necessárias à localização e notificação das pessoas aí indicadas (cf. art. 113.º), salvo se forem *a apresentar*, podendo a secretaria, sempre que for indispensável, solicitar a colaboração de outras entidades. Assim, devolvida a carta para notificação com a indicação de que aí não reside a pessoa a notificar, a secretaria tem o poder de iniciativa de pedir informação de paradeiro às entidades policiais, etc.

III – Compensação de testemunhas, peritos e consultores técnicos

§ 6 Às testemunhas, peritos e consultores técnicos indicados para serem ouvidos em audiência que tiverem a qualidade de órgão de polícia criminal ou de trabalhador da Administração Pública e forem convocadas em razão do exercício das suas funções, o juiz arbitra, sem dependência de requerimento, uma quantia correspondente à dos montantes das ajudas de custo e dos subsídios de viagem e de marcha que no caso forem devidos, que reverte, como receita própria, para o serviço onde aquelas prestam serviço (n.º 2). Para o efeito os serviços em causa devem remeter ao tribunal as informações necessárias ao cálculo da compensação, até cinco dias após a realização da audiência (n.º 3). A norma foi introduzida pelo DL 343/93, pois anteriormente acontecia que as despesas de deslocação dos órgãos de polícia criminal e de trabalhadores da Administração Pública convocados para comparecer em audiência de julgamento em processo penal, em razão do exercício das suas funções, eram asseguradas pelos serviços onde prestavam serviço, os quais não eram compensados de tais encargos. A partir dessa alteração tais encargos passaram a ser suportados pelas *partes*.

§ 7 Relativamente às pessoas notificadas para comparência, mas que não tiverem a qualidade de órgão de polícia criminal ou de trabalhador da Administração Pública (n.º 2), comparecendo à audiência podem requerer ao juiz que lhes arbitre uma quantia, calculada em função de tabelas aprovadas pelo Ministério da Justiça (art. 17.º Regulamento das Custas Processuais e Tabela IV), a título de compensação das despesas realizadas (n.º 4). O art. 14.º da

Lei 130/2015, alargou a possibilidade de compensação das despesas da *vítima* resultante da sua participação no processo penal.

§ 8 A *compensação* de peritos, tradutores, intérpretes e consultores técnicos, não se confunde com a sua *remuneração* por serviços prestados (art. 17.º Regulamento das Custas Processuais e Tabela IV, TC 656/2014 e 33/2017).

§ 9 As quantias arbitradas a título de ajudas de custo, subsídios de viagem e de marcha (n.º 2) assim como as quantias atribuídas a título de compensação das despesas realizadas valem como custas do processo (n.º 6).

III – Recurso

§ 10 Da decisão sobre o arbitramento e respetivo montante das quantias atribuídas a título de ajudas de custo, subsídios de viagem e de marcha (n.º 2) assim como das quantias atribuídas a título de compensação das despesas realizadas não há recurso (n.º 5).

ANTÓNIO GAMA

Artigo 318.º
Residentes fora do município

1 – Excecionalmente, a tomada de declarações ao assistente, às partes civis, às testemunhas, a peritos ou a consultores técnicos pode, oficiosamente ou a requerimento, não ser prestada presencialmente, podendo ser solicitada ao juiz de outro tribunal ou juízo, por meio adequado de comunicação, nos termos do artigo 111.º, se:

a) Aquelas pessoas residirem fora do município onde se situa o tribunal ou juízo da causa;

b) Não houver razões para crer que a sua presença na audiência é essencial à descoberta da verdade; e

c) Forem previsíveis graves dificuldades ou inconvenientes, funcionais ou pessoais, na sua deslocação.

2 – A solicitação é de imediato comunicada ao Ministério Público, bem como aos representantes do arguido, do assistente e das partes civis.

3 – Quem tiver requerido a tomada de declarações informa, no mesmo ato, quais os factos ou as circunstâncias sobre que aquelas devem versar.

4 – A tomada de declarações processa-se com observância das formalidades estabelecidas para a audiência.

5 – A tomada de declarações realiza-se em simultâneo com a audiência de julgamento, com recurso a equipamento tecnológico que permita a comunicação, por meio visual e sonoro, em tempo real.

6 – Nos casos previstos no número anterior, observam-se as disposições aplicáveis à tomada de declarações em audiência de julgamento. No dia da inquirição, a pessoa identifica-se perante o funcionário judicial do tribunal ou juízo onde o depoimento é prestado, mas a partir desse momento a inquirição é efetuada perante o juiz da causa e os mandatários das partes, através de equipamento tecnológico que permita a comunicação, por meio visual e sonoro, em tempo real, sem necessidade de intervenção do juiz do local onde o depoimento é prestado.

7 – Fora dos casos previstos no n.º 5, o conteúdo das declarações é reduzido a auto, sendo aquelas reproduzidas integralmente ou por súmula, conforme o juiz determinar, tendo em atenção os meios disponíveis de registo e transcrição, nos termos do artigo 101.º

8 – Sem prejuízo do disposto em instrumentos internacionais ou europeus, o assistente, partes civis ou testemunhas residentes no estrangeiro são inquiridos através de equipamento tecnológico que permita a comunicação, por meio visual e sonoro, em tempo real, sempre que no local da sua residência existam os meios tecnológicos necessários.

Origem do texto: corresponde à redação originária aprovada pelo DL 78/87, com as alterações introduzidas pela L 59/98, de 25.08, DL 320-C/2000, de 15.12, L 52/2008, de 28.08 e L 40-A/2016, de 22.12. Na redação originária era composto por cinco números e correspondia, essencialmente, aos atuais n.ºs 1, 2, 3, 4 e 7 (a partir de "o conteúdo"). A L 59/98 deslocou o então n.º 5, para o atual n.º 7, acrescendo ao seu início "Fora dos casos previstos no n.º 5". E inseriu dois novos normativos, o n.º 5 e 6, com a seguinte redação: "5 – Sempre que estiverem disponíveis os indispensáveis recursos técnicos, a tomada de declarações realiza-se em simultâneo com a audiência de julgamento, com recurso a meios de telecomunicação em tempo real. 6 – No caso previsto no número anterior, observam-se as disposições aplicáveis à tomada de declarações em audiência de julgamento. Compete, porém, ao juiz da comarca a quem a diligência foi solicitada praticar os actos referidos nos artigos 323.°, alíneas b), primeira parte, d) e e), e 348.°, n.° 3." O DL 320-C/2000, acrescentou no n.° 1 a alusão a "não ser prestada presencialmente", e no mais fez alguns ajustamentos gramaticais a este acrescento. A L 52/2008 substituiu na al. a) do n.° 1 "do círculo judicial" por "da comarca". Por fim, a L 40-A/2016, no n.° 1, alterou "Excepcionalmente" para "Excecionalmente", eliminou "pelo presidente" e substituiu "outra comarca" por "outro tribunal ou juízo", e na al. a) substituiu "da comarca" por "do município onde se situa o tribunal ou juízo da causa". No n.° 5 substituiu "meios de telecomunicação" por "equipamento tecnológico que permita a comunicação, por meio visual e sonoro". Substituiu no início do n.° 6 "No caso previsto" por "Nos casos previstos", eliminou "Compete, porém, ao juiz da comarca a quem a diligência foi solicitada praticar os actos referidos nos artigos 323.°, alíneas b), primeira parte, d) e e), e 348.°, n.° 3" e acrescentou "No dia da inquirição, a pessoa identifica-se perante o funcionário judicial do tribunal ou juízo onde o depoimento é prestado, mas a partir desse momento a inquirição é efetuada perante o juiz da causa e os mandatários das partes, através de equipamento tecnológico que permita a comunicação, por meio visual e sonoro, em tempo real, sem necessidade de intervenção do juiz do local onde o depoimento é prestado". Por fim, acrescentou o atual n.° 8.

Sumário do comentário:

I – Considerandos gerais

§ 1 A norma incide sobre as *declarações* de assistente, partes civis, testemunhas (numa aceção ampla, não só enquanto meio de prova autónomo, mas também insertas em outros meios de prova, como seja a acareação ou reconhecimento, v. §38), peritos ou a consultores técnicos, estabelecendo um regime excecional quanto ao local e meio pelo qual prestam o seu depoimento. A regra é a prestação de declarações presencialmente no tribunal onde se desenrola o julgamento (cf. art. 317.º/1, para outros desenvolvimentos v. respetiva anotação). Entende-se que se trata da melhor forma de zelar pelo contacto direto com a produção de prova, reflexo da imediação, bem como, acautelar um contraditório efetivo, ou permitir, de modo mais fluído, o desenrolar célere de todas as vicissitudes inerentes ao depoimento (*v.g.* chamada do depoente, início das declarações, exibição de documentos, pedido de reconhecimento, acareação). Assim, como princípio geral, os depoentes deverão deslocar-se ao tribunal de julgamento para ali prestar o depoimento. A exceção, como o n.º 1 expressamente refere, é a possibilidade de que tal ocorra num outro tribunal (normalmente por meios de comunicação à distância e em simultâneo com a audiência cf. n.º 5), ou seja, sem a presença física do declarante perante juízes, MP, advogados, arguido e demais sujeitos processuais e público (nos casos de audiência pública).

§ **2** A referência a peritos terá de ser interpretado, em regra, como *outros* que não aqueles que são mencionados no art. 317.º/1. Preceitua essa norma que os peritos dos estabelecimentos, laboratórios ou serviços oficiais apropriados são ouvidos por teleconferência a partir do seu local de trabalho, sempre que tal seja tecnicamente possível, sendo tão-só necessária a notificação do dia e da hora a que se procederá à sua audição. Ou seja, em relação a esses peritos de serviços oficiais a regra é da audição por teleconferência no local de trabalho, só o sendo presencialmente no tribunal onde se desenrola o julgamento quando tal não seja tecnicamente possível (pretende-se evitar constrangimentos no funcionamento de serviços públicos; para maiores desenvolvimentos v. respetiva anotação). Em suma, o n.º 1 do artigo em anotação reporta-se, em regra, a peritos que não pertençam a tais serviços oficiais. Note-se, contudo, que se porventura em relação aos peritos dos estabelecimentos, laboratórios ou serviços oficiais, não existirem meios técnicos para serem ouvidos no local de trabalho, poderão prestar declarações ao abrigo deste normativo, por teleconferência, no tribunal mais próximo.

II – Pressupostos

§ **3** Erigindo a tomada de declarações ao assistente, às partes civis, às testemunhas, a peritos ou a consultores técnicos em local diverso do tribunal da causa como uma situação excecional, a lei elenca o conjunto de requisitos para que se considere admissível esta limitação às regras normais de produção de prova em audiência, sopesando interesses pessoais dos declarantes, nomeadamente, os transtornos para a vida privada ou profissional, tornando desproporcional impor uma deslocação física.

§ 4 Esses pressupostos estão contemplados nas als. a), b) e c) do n.º 1. Assim, as declarações do assistente, partes civis, testemunhas, peritos ou consultores técnicos, apenas podem ser prestadas não presencialmente verificando-se, cumulativamente, as seguintes condições: 1) residirem fora do município onde se situa o tribunal ou juízo da causa; 2) não houver razões para crer que a sua presença na audiência é essencial à descoberta da verdade; e c) forem previsíveis graves dificuldades ou inconvenientes, funcionais ou pessoais, na sua deslocação.

a) Residência fora do município

§ 5 A primeira condição – residência fora do município onde se situa o tribunal ou juízo da causa – é o fulcro e a génese da norma como resulta da epígrafe. À contrario, se residir no município não pode depor num outro tribunal (o que até poderia ser equacionável em cidades de maiores dimensões onde a deslocação para o tribunal da causa seja equivalente em outros pontos do país a deslocações a tribunal que se situa num outro município). Nestes casos, sopesando os interesses de uma declaração presencial, entendeu o legislador que os incómodos advenientes da deslocação serão proporcionais, considerando, ainda, o direito à compensação (at. 317.º), bem como, a possibilidade de faltar em casos justificados (art. 117.º). Não obstante, ficam sempre salvaguardadas as regras de proteção de testemunhas que permitem a prestação de declarações em local distinto da sala onde se realiza a audiência de julgamento, independentemente de a mesma residir, ou não, naquele município (arts. 5.º e 29.º/b LPT; para as vitimas especialmente vulneráveis art. 23.º LEV; e para a violência doméstica art. 32.º RJVD). Aqui o que se almeja é proteção de uma pessoa e, também, o interesse público da descoberta da verdade material.

§ 6 *Residência* relevante para efeito da presente norma é aquela na qual o declarante tem o seu centro de vida, onde dorme, toma refeições, recebe familiares e amigos, etc. É esta que se atende para efeito de avaliação dos incómodos advenientes de uma deslocação a um tribunal sito em município distinto.

§ 7 Se, porventura, tiver residência alternada, apenas será justificável à luz da *ratio*, a aplicação da presente norma excecional, quando nas datas de audiência de julgamento esteja na residência fora do município do tribunal da causa.

§ 8 São equacionáveis situações em que, apesar de residir fora do município, o depoente trabalha no município onde se situa o tribunal da causa, e ali se tem de deslocar por força da relação laboral. Nestes casos, dificilmente se vislumbrará o preenchimento do vertido na al. a) do n.º 1. Os incómodos que justificam a teleconferência não se verificam quando a pessoa tem de se deslocar àquele município no dia de prestação de declarações por *outras* razões. Poderá prejudicar, sim, o trabalho do declarante. Mas trata-se de um esforço que se exige para servir o interesse público da administração da justiça.

§ 9 Note-se, mesmo que uma pessoa preste declarações em representação de uma pessoa coletiva, a declaração será sempre *individual*, e é a sua residência pessoal, e não a sede da pessoa coletiva, que se deverá atender para efeito do preenchimento da al. a).

§ 10 Por fim, saliente-se, que não se contempla uma distância mínima. O critério utilizado é a residência em município diferente daquele onde se situa o tribunal da causa. Independentemente da residência se situar a quatro quilómetros ou a quarenta. A lei não estabelece qualquer limite em relação ao local da residência do depoente. A *única* condição imposta e que "abre" a possibilidade de serem tomadas de declarações em lugar distinto do tribunal da causa é a residência fora do município, quer seja em município distinto do continente, nas ilhas, ou no estrangeiro.

b) Presença física não essencial para a descoberta da verdade

§ 11 A segunda condição é que não haja razões para crer que a presença na audiência de assistente, partes civis, testemunhas, peritos ou consultores técnicos é essencial à descoberta da verdade. A lei não elenca quais são esses razões. É um conceito aberto que deverá ser densificado consoante o circunstancialismo em concreto. No entanto, da parte final da norma resulta que essas razões devem ser sérias, fortes, intensas, no sentido de que a não presença do declarante na sala de audiência é prejudicial para a descoberta da verdade.

§ 12 Como refere a norma, a presença física tem de ser *essencial*. Não bastam as razões que o legislador já sopesou ao prever esta exceção. Ou seja, apelando aos princípios da imediação, oralidade, contraditório, celeridade. O facto de não ser exatamente idêntico a presença ou ausência no tribunal da causa no momento de julgamento já foi considerado aquando da redação normativa. [como se salienta no ac. RC, 16.10.2013 (Orlando Gonçalves) existe "violação das regras da interpretação da lei quando, verificando-se a situação excecional prevista na norma para a tomada de declarações fora do Tribunal da Comarca do julgamento, se indefere o requerimento porque existe uma norma que, como regra geral, impõe que as declarações sejam prestadas presencialmente na audiência de julgamento a realizar no Tribunal da Comarca onde este vai decorrer"]. E daí estabelecerem-se três condições cumulativas nas als. a), b) e c) do n.º 1, de molde a equilibrar os interesses em jogo.

§ 13 As declarações à distância, pelo menos aquelas que se desenrolam em tempo real com a audiência de julgamento, não excluem a imediação (§§ 29 a 31), embora a "perspetivem" de um modo distinto (sendo certo que, por força da evolução tecnológica, cada vez mais existirá uma "aproximação" a uma presença física, inclusive, no futuro, com a eventual utilização de hologramas). Tem de ser apresentada uma razão plausível no sentido de que é absolutamente essencial a presença física da testemunha no tribunal da causa para descoberta da verdade. *V.g.* uma acareação ou reconhecimento (embora sendo concebível que se possam ser realizadas por teleconferência, cf. § 38, pelo que, devem ser aduzidos motivos pelos quais não é conveniente a realização destas diligências por este meio), confrontação com documentos que não seja possível exibir através da teleconferência, ou análise de documentação cuja consulta tem de ser presencial.

§ 14 A imposição do n.º 3, no sentido de o requerente da tomada de declarações informar o tribunal de "quais os factos ou as circunstâncias sobre que aquelas devem versar" releva, designadamente, para o juiz melhor ponderar da verificação do requisito vertido na al. b) do n.º 1, nomeadamente, complexidade da prova (SIMAS SANTOS/LEAL-HENRIQUES, 2004, p. 263). No entanto, trata-se de omissão que apenas consubstancia uma *irregularidade* (art. 123.º, § 73).

c) Graves dificuldades ou inconvenientes

§ 15 Por fim, firma-se como condição de admissibilidade da tomada de declarações não presencial no tribunal da causa a previsibilidade de graves dificuldades ou inconvenientes, funcionais ou pessoais, na deslocação do depoente. Trata-se, pois, também, de um conceito aberto.

§ 16 Relativamente à *previsibilidade* prende-se com um juízo de prognose. Desde logo, considerando a deslocação que é de exigir ao cidadão que se pretende ouvir. Sopesando a distância, dificuldades de transporte, trânsito, demoras, atrasos.

§ **17** Impõe-se que as dificuldades ou inconvenientes sejam *graves*, ou seja, que acarretem transtornos, incómodos, problemas, funcionais ou pessoais, etc., caso se obrigue o depoente a deslocar-se ao tribunal da causa.

§ **18** Abrange uma enorme panóplia de situações, de natureza pessoal, ou funcional. Quer relativas a funções exercidas pelo depoente (atinentes ao exercício laboral ou atividades), quer concernentes à sua vida pessoal ou à própria pessoa (dificuldades de deslocação, impossibilidade de transporte, exercício de responsabilidades parentais, etc.). Circunstâncias a ponderar serão, por exemplo, o estado de saúde, vida profissional, idade, condições profissionais, local da residência, local do tribunal da causa (Simas Santos/Leal-Henriques, 2004, p. 263). Como, também, a este propósito, refere Sandra Oliveira e Silva, 2011, pp. 285/332, "os «graves inconvenientes» associados à prestação presencial de declarações" (...) "podem ser de natureza objetiva ou funcional (p. ex., resultantes da inexistência ou impraticabilidade dos meios — as de transporte), bem como respeitar a circunstâncias subjetivas ou pessoais do declarante (estado de saúde precário, idade avançada, etc.)".

§ **19** Por princípio, uma deslocação a município distinto, por si, implica *maiores* incómodos (transporte, trânsito, perda de tempo, etc). O que assenta nas regras da experiência. Pelo que, muitos despachos, são tabelares nesta pronúncia. Dir-se-á que essa presunção apenas será de infirmar quando existem elementos nos autos que atestem que nenhum inconveniente, dificuldade ou incómodo resulte para o cidadão. Eventualmente, quando existe requerimento de um sujeito processual no sentido de um depoimento presencial do declarante, será necessário perscrutar de forma mais densa as causas de dificuldades e inconvenientes, para aferir sobre a proporcionalidade da exigência da deslocação.

§ **20** Equiparável a este pressuposto deverão ser situações em que o depoente está proibido de sair do município (em virtude de medida de coação, regras de confinamento, medidas de tutela de personalidade de uma vítima; embora, nestes casos, a deslocação a tribunal para prestar depoimento se possa configurar, em certas situações, como dever excludente de qualquer ilicitude, pode ser mais conveniente não permitir essa saída do município). Note-se, ainda, existem casos em que o depoente não pode sair do domicílio, prevendo a lei a possibilidade de ali serem tomadas declarações (v. anotação ao art. 319.º).

d) Estrangeiro

§ 21 Quando o depoente reside no estrangeiro deverá atentar-se, ainda, às regras de cooperação internacional. Para além dos requisitos elencados nas als. a), b) e c) do n.º 1 exige-se "o respeito das normas vigentes no regime português em matéria de cooperação judiciária em matéria penal", atento o princípio da "primazia das fontes normativas convencionais", *destarte* "a Convenção Europeia de Auxílio Judiciário Mútuo" "e, ainda, o Protocolo adicional á mesma Convenção" e, em "segunda linha, deve atender-se ao regime instituído pela Lei n.º 144/99 de 31 de Agosto de 1999", e, "por fim, em tudo o que não está ali regulado, importa atender ao Livro V, do Código de Processo Penal, artigos 229.º a 240.º", sendo que o "princípio geral de todas as modalidades de auxílio judiciário é (...) o princípio da necessidade" e, especificamente, para a carta rogatória, o art.152.º, n.º 7 da Lei n.º 144/99, e 230.º/2 "estabelece como requisito, para a sua emissão, que ela seja necessária para a prova de algum facto essencial para a acusação e para a defesa", não violando "o espírito da lei fazer-se uma interpretação extensiva" (...) "de modo a caber na letra da lei também a emissão de carta rogatória quando necessária para a prova de algum facto essencial para o pedido de indemnização civil" [ac. RC, 16.10.2013 (ORLANDO GONÇALVES), num caso em que se entendeu deferir o recurso, permitindo a inquirição de testemunha na Suíça, uma vez que o requerente demandante alegou factos "adequados ao preenchimento dos três requisitos a que alude o art.318.º, n.º1 do Código de Processo Penal, a que acrescentou ainda a essencialidade deste depoimento para a descoberta da verdade"].

§ 22 Em relação ao auxílio judiciário em matéria penal, nesta matéria, importa atentar, entre outros, no art.145.º/2/d e 3 LCJ, que preceitua, "2 – O auxílio compreende, nomeadamente: (...) d) A notificação e audição de suspeitos, arguidos, testemunhas ou peritos; (...) 3 – Quando as circunstâncias do caso o aconselharem, mediante acordo entre Portugal e o Estado estrangeiro ou entidade judiciária internacional, a audição prevista na alínea d) do n.º 2 pode efetuar-se com recurso a meios de telecomunicação em tempo real, nos termos da legislação processual penal portuguesa. A Convenção elaborada pelo Conselho em conformidade com o artigo 34° do Tratado da União Europeia, relativa ao auxílio judiciário mútuo em matéria penal entre os Estados-Membros da União Europeia (Jornal Oficial n.º 197, de 12.07.2000, p. 0003 – 0023), prevê no art. 10.º a audição na qualidade de testemunha ou perito de pessoa que se encontre no território de um Estado-Membro e deva ser ouvida, se não for oportuna ou possível a comparência física no seu território da pessoa a ouvir, estabelecendo as regras de audição no seu n.º 5 [cf. ac. RE, 07.03.2017 (Gomes de Sousa), acrescenta-se "ao critério de necessidade da audição por vídeo-conferência um requisito assente em dois novos conceitos, o de "inoportunidade" e o de "impossibilidade", sendo que nos termos do "Relatório explicativo" "os conceitos de "não oportuno" e "possível" surgem como restritivos: «A noção de «não oportuno» poderia, por exemplo, aplicar-se aos casos em que a testemunha seja particularmente jovem ou idosa, ou tenha saúde precária; «impossível» poderia abranger os casos em que a testemunha corresse grave perigo pelo facto de se apresentar no Estado-Membro requerente.»", concluindo o citado acórdão que existe uma preferência por um depoimento presencial."]. Também o RJDEI contempla, enquanto auxílio no âmbito de países da UE, no art. 35.º, a audição por videoconferência ou por outros meios de transmissão audiovisual, "caso uma pessoa se encontre no território do Estado de execução e deva ser ouvida como testemunha ou perito pelas autoridades competentes do Estado de emissão" (n.º 1); pode ser emitida uma DEI para a sua audição por videoconferência ou por outros meios de transmissão audiovisual, estabelecendo as regras no art. 36.º (não se exige os *supra* referidos critérios de inoportunidade ou impossibilidade, o que leva a crer numa clara vontade de ampliar a possibilidade de utilização de videoconferências no âmbito da UE).

III – Teleconferência: regra, definição e imediação

§ 23 Já notámos que a regra é da tomada de declarações, presencialmente, no tribunal da causa. É perspetivado como o "ponto ótimo" do princípio da imediação. Mas a lei, sopesando outros interesses (*destarte* celeridade, interesse punitivo estadual ou de investigação), admite que a tomada de declarações seja prestada em outro local, conforme n.º 1. Em relação à forma de tomada de declarações é dada primazia àquele que se realiza em tempo real e simultaneamente com a audiência de julgamento (teleconferência). Mas não afasta outras formas de prestação de depoimento, que serão subsidiárias em relação à teleconferência. Assim, admite-se, quando não seja possível a teleconferência, que a tomada de declarações seja realizada por outro juiz. Aqui, primacialmente, deve ser registado som e imagem. Se não for possível, então, deverá ficar gravado o som. E apenas sendo inviável é que será admissível a redução a escrito, por súmula. Trata-se de um escalonamento que decorre do próprio princípio da imediação, oralidade e contraditório, já que deve dar-se preferência aqueles meios que menos os comprimam. Sendo certo que, o n.º 7 é perentório na preferência pela utilização de equipamento tecnológico que permita a transmissão de imagem e som simultaneamente com a audiência de julgamento, como resulta do início dessa norma, ao aludir a "Fora dos casos previstos no n.º 5". E o n.º 5, por sua vez, é *imperativo* (e não facultativo) ao utilizar os dizeres "realiza-se", significando que a tomada de declarações *deve* ser em simultâneo com a audiência de julgamento, por equipamentos que permitam transmissão de imagem e som, pelo que, apenas pode ser afastada esta *imposição*, em casos devidamente justificados (também no sentido de que a lei determina uma preferência pela teleconferência, Paulo Pinto de Albuquerque, 2008, p. 812).

§ **24** O artigo não contém a definição de teleconferência, nem a sua interligação com o princípio da imediação. No que se reporta à sua noção podemos atentar naquela que consta da LPT, que define teleconferência no seu art. 2.º/c como "depoimentos ou declarações tomadas sem a presença física da testemunha e com a intervenção de meios técnicos de transmissão à distância, em tempo real, tanto do som como de imagens animadas".

§ **25** Note-se que, para sermos mais precisos, o artigo não menciona "teleconferência", mas sim "equipamento tecnológico que permita a comunicação, por meio visual e sonoro, em tempo real". Na Proposta de Lei 30/XIII/2, que esteve na génese da introdução de tal conceito, através da L 40-A/2016 (substituiu no n.º 5 "meios de telecomunicação" por "equipamento tecnológico que permita a comunicação, por meio visual e sonoro"), explicou-se na exposição de motivos "a utilização da expressão «equipamento tecnológico que permita a interação, por meio visual e sonoro, em tempo real» ao invés de «teleconferência» por se tratar de uma expressão mais abrangente, que possibilita a utilização de tecnologias já existentes e cujas características técnicas não são reconduzíveis ao vocábulo «teleconferência»".

§ **26** De todo modo, para além de "teleconferência" (ou videoconferência) se tratar de um conceito já bem sedimentado na terminologia dos tribunais, também é a palavra utilizada na LPT, com suficiente amplitude para abranger todo o equipamento tecnológico que permita a comunicação por imagem e som.

§ **27** Assim, por uma questão de harmonização sistemática, e pela aceção jurídica do conceito, entendemos que se pode subsumir teleconferência, normativamente, no n.º 5, quando alude a "equipamento tecnológico que permita a comunicação, por meio visual e sonoro, em tempo real."

§ **28** Definição que permite abarcar todos os meios de transmissão à distância, ajustando-se às evoluções tecnológicas que, cada vez mais, permitirão mais e melhor qualidade de som e imagem, e maior "realismo", equiparável a situações de presença física (*v.g.* filmagens com tal amplitude e nitidez que permitem melhor perceção de elementos normalmente associados à imediação: tique nervoso, hesitação, rubor; aliás, com a evolução das tecnologias poderão vir a existir programas que detetem esses elementos associando expressões ou colocação de voz à probabilidade de depoimentos verídicos ou falseados). Num futuro próximo, inclusive, poderá existir o recurso a hologramas.

§ **29** Na sua interligação com o princípio da imediação também o artigo nada diz. No entanto, pelo menos nos casos de tomada de declarações realizada em simultâneo com a audiência de julgamento, existe uma *equiparação* aos depoimentos prestados no tribunal da causa. Vale aqui, pelas mesmas razões, a norma consagrada no art. 15.º LPT, que sob a epígrafe "Imediação" preceitua que os depoimentos e declarações prestados por teleconferência consideram-se, para todos os efeitos, como tendo tido lugar na presença do juiz ou do tribunal. Existe um conceito, digamos, amplo de imediação. Considerando-se que este princípio é respeitado quando o contacto do tribunal com o depoente é através de meios de comunicação à distância. Não afetando o valor probatório. Ainda nos socorrendo da LPT, apenas no art. 19.º/2 se estabelece como limitação que nenhuma "decisão condenatória poderá fundar-se, exclusivamente, ou de modo decisivo, no depoimento ou nas declarações produzidas por uma ou mais testemunhas cuja identidade não foi revelada." É a reserva da identidade e não a teleconferência, que justificam a corroboração de prova (corroboração, aliás, que pode resultar de um depoimento por teleconferência).

§ **30** Também este artigo não faz qualquer alusão a uma diminuição da força probatória de um depoimento prestado por teleconferência. Ou seja, opera na sua plenitude o disposto no art. 127.º O que não impede, naturalmente, que se sopesem eventuais limitações que se tenham constatado na produção de prova por meios de comunicação à distância. De todo modo, o que se quer significar é que o depoimento por teleconferência pode sustentar a decisão condenatória (para outros desenvolvimentos v. anotação § 75 ao art. 139.º, Tomo II).

§ **31** SANDRA OLIVEIRA E SILVA (2011, pp. 285 – 332), a propósito do uso da teleconferência no âmbito da LPT, ressalta que ao permitir "a transmissão «à distância» dos depoimentos prestados sem prejudicar a contextual visibilidade do declarante e o reconhecimento da sua fisionomia por todos os que intervêm ou assistem ao ato processual" (...), não se encontra "ferido de um insuperável juízo de censura do ponto de vista constitucional". Mais sustenta que não há "violação do princípio da imediação em sentido formal (formelle Unmittelbarkeit)", que se exprime segundo prevista no art. 355.º/1, "já que, em si, apenas impede uma relação de proximidade física com o tribunal, os sujeitos processuais e o público», mas não a experiência e a impressão pessoal da prova que o artigo 355.º do Código quis tutelar." Realça que à "semelhança da presença física, a transmissão do testemunho à distância consente a perceção pessoal do comportamento do examinado, suas reações mímicas, os movimentos corporais, as hesitações e pausas no discurso, a loquacidade —, permitindo ao tribunal firmar as suas conclusões próprias sobre a credibilidade da fonte de prova. Daí que o legislador tenha equiparado os depoimentos e declarações prestados por videoconferência à audição presencial das pessoas na sala de audiência (art. 15.º)." Luís Filipe Pires de Sousa, 2021, pp. 21 a 26, refere que a presença física do depoente perante o Tribunal não é "assim tão essencial para efeitos de valoração dessa prova", já que a formação da convicção sobre "a fidedignidade do depoimento funda-se, em primeira linha, a partir do canal verbal da comunicação, assumindo o canal não verbal uma relevância residual e pouco segura", mas alerta que o juiz não poderá ter "preconceitos" em relação à teleconferência, e, de todo modo, existem cuidados a ter, para que a teleconferência permita uma correcta valoração da prova (fatores tais como "iluminação, som, a colocação das câmaras e monitores, a qualidade da imagem, a qualidade da ligação", são fulcrais para a qualidade da mensagem e interações remotas; mas, por outro lado, é importante que a "imagem do tribunal e do juiz, que o participante remoto vê, sejam o mais realistas possíveis e próximas do que veria um participante presencial, para que interiorize a seriedade do ato, o respeito pelo Tribunal e intervenientes, a "inclusão no processo legal" para efeito de legitimação do sistema legal, a manutenção da ordem, sendo, para isso, necessário que os intervenientes "telepresentes" tenham "uma visão completa da sala", possam "observar todos os participantes da audiência", devendo existir cuidados com o "ângulo da câmara", "iluminação", "tipo de ecrã utilizado").

§ 32 Por outro lado, a teleconferência também não fere o contraditório, já que os sujeitos processuais mantêm integralmente a possibilidade de fazerem as perguntas que entenderem ao depoente, só que através de meios de comunicação à distância, e continuam a poder sindicar, através da forma como se expressa ou fala, sobre a sua credibilidade. Concordamos, assim, com Sandra Oliveira e Silva (2011, pp. 285 – 332), quando refere que é "inquestionável a compatibilidade das medidas de separação espacial com o princípio do contraditório, na sua vertente subjetiva de direito à prova, ou seja, enquanto «faculdade que têm os sujeitos processuais de participar ativamente na produção da prova, quer requerendo a sua admissão no processo, quer participando na sua produção»". E, como assinala essa Autora, o "«direito a interrogar ou fazer interrogar as testemunhas de acusação e obter a convocação e interrogatório das testemunhas de defesa nas mesmas condições que as testemunhas de acusação» (art. 6.º, n.º 3, al. d), da CEDH) não impõe como nota essencial o confronto face-a-face entre o arguido e a testemunha", rejeitando a jurisprudência do Tribunal Europeu "uma construção formalista para enunciar, como núcleo irrenunciável do contraditório, a possibilidade adequada e suficiente, dada ao arguido, de pôr em dúvida a credibilidade dos depoimentos prestados pelas testemunhas de acusação". Posição essa, como refere a mesma Autora, que também o Supreme Federal Court do EUA considerou conforme à Constituição, no *Caso Maryland v. Craig* (1990) [a transmissão à distância, via closed-circuit television, do testemunho de um menor que havia sido vítima de abuso sexual (child abuse)], salientando que a jurisprudência americana prevalente sustenta que "mais do que a exigência de uma physical confrontation entre as partes e os meios de prova, a Confrontation Clause traduz a possibilidade concreta, atribuída ao arguido, de exercer os seus direitos em contraditório com a acusação através do método da cross examination. Desde que assegurado o direito de contra-interrogar as testemunhas, a presença física do declarante pode ser dispensada, sem que se incorra em ilegitimidade constitucional, quando o determinem interesses superiores." Mencionando, igualmente, enquanto argumento no sentido de que o contraditório não exige um confronto presencial com o depoente, a Recomendação do Comité de Ministros R (97) quando afirma que «os preceitos da Convenção Europeia dos Direitos do Homem e a case-law dos seus órgãos (...) reconhecem os direitos da defesa a interrogar a testemunha e discutir a credibilidade do seu depoimento mas não exigem um confronto face-a-face entre o declarante e o presumível agressor».

§ 33 Ainda a respeito da conformidade com a CEDH, Ireneu Cabral Barreto, 2015, p. 224, refere que a videoconferência "desde que respeite o direito nacional e os instrumentos internacionais pertinentes, está em harmonia com a *Convenção*", chamando à colação o ac. TEDH *Marcelo Viola*, de 5.10.2006, R06-XI p. 119, § 66. Ainda sobre a admissibilidade da videoconferência v. acs. TEDH *Sakhnovskiy v. Russia*, de 2.11.2010, *Bivolaru v. Romenia*, de 2.10.2018, *Gorbunov anda Gorbachev v. Russia*, de 01.03.2016.

§ 34 Aliás, a admissibilidade da teleconferência é tanto mais evidente quando a lei prevê outras formas que não permitem um contacto direto com a prova, e um contraditório mais esbatido (e apenas sobre a prova). *V.g.* tomada de declarações por outro juiz, ou por escrito, no âmbito de uma rogatória (não estando vedado a possibilidade de estar presente advogado de arguido para contrainterrogatório). Mas o crivo de deferimento de tais diligências probatórias terá de ser, por esse motivo, mais "apertado" (sobre a compatibilização da leitura/reprodução de depoimentos em audiência e o direito ao contraditório, v. anotação ao art. 356.º).

§ 35 A teleconferência também é considerada uma medida de proteção (para outros desenvolvimentos v. anotação ao art. 139.º, Tomo II). Como nota Sandra Oliveira e Silva (2011, pp. 285 – 332), "o fundamento político-criminal de tutela das testemunhas se sobrepõe (ou, pelo menos, se equipara, em valor e dignidade, à consideração dos inconvenientes associados à deslocação da testemunha residente em círculo judicial diferente."

IV – Outras formas de tomada de declarações

§ 36 Verificados os pressupostos para a tomada de declarações fora do tribunal da causa já referimos que a preferência legal é a realização de teleconferência em tempo real com a audiência (§ 23). Ou seja, registo de imagem e som do depoente em simultâneo com a realização do julgamento. Se não for possível [impossibilidade que pode ser, por exemplo, derivada de falta de meios materiais, problemas técnicos, ou desfasamento horário no caso de tomada de declarações no estrangeiro; a este propósito ac. RE, 23.02.2011 (Ana Bacelar Cruz), no qual se salientou: "Efetivamente, tudo indica que a tomada de declarações às testemunhas residentes na Austrália, Brasil e Reino Unido, com os procedimentos prévios indispensáveis, não se concretizaria no mencionado prazo. Ao que acresce, desde logo, diferença horária significativa, no caso da Austrália [+ 10 horas], que torna impossível o estabelecimento de comunicação em tempo real compatível com o horário de funcionamento dos nossos Tribunais e conduzirá à necessidade de expedição de carta rogatória"], pode solicitar-se a outro tribunal para que sejam tomadas declarações ao depoente. A inquirição ficará a cargo de um juiz que determinará o modo de registo do depoimento. De todo modo, sendo viável, deverá dar-se preferência ao registo de imagem e som. Se não for possível deverá fazer-se uma gravação sonora e, em último caso, ficará no auto as declarações por escrito. Também pode suceder que a teleconferência, por algum motivo, apenas seja possível através de som. Entendemos, nestes casos que, pelo menos em relação à tomada de declarações num outro tribunal apenas com gravação sonora, ou por escrito, deverá prevalecer. Note-se que a inquirição por telefone está prevista nos instrumentos de cooperação internacional a que Portugal se vinculou, *v.g.*, LCJ, Convenção elaborada pelo Conselho em conformidade com o artigo 34° do Tratado da União Europeia, relativa ao auxílio judiciário mútuo em matéria penal entre os Estados-Membros da União Europeia, RJDEI. Poderá chamar-se à colação o art. 520.º CPC *ex vi* art. 4.º, que preceitua no n.º 1 que quando "ocorra impossibilidade ou grave dificuldade de atempada comparência de quem deva depor na audiência, pode o juiz determinar, com o acordo das partes, que sejam prestados, através da utilização de telefone ou outro meio de comunicação direta do tribunal com o depoente, quaisquer esclarecimentos indispensáveis à boa decisão da causa, desde que a natureza dos factos a averiguar ou esclarecer se mostre compatível com a diligência", sendo que, ao abrigo do n.º 2, o "tribunal deve assegurar-se, pelos meios possíveis, da autenticidade e plena liberdade da prestação do depoimento, designadamente determinando que o depoente seja acompanhado por oficial de justiça durante a prestação daquele e devendo ficar a constar da ata o seu teor e as circunstâncias em que foi colhido."

V – Âmbito subjetivo e espacial

§ 37 A norma admite a tomada de declarações não presenciais ao assistente, às partes civis, às testemunhas, a peritos ou a consultores técnicos. Exclui-se, apenas, o arguido. A presença física é um direito, não sendo, contudo, de rejeitar em absoluto, a possibilidade de o mesmo prestar declarações por teleconferência, se for esta a sua vontade, e não existir prejuízo para a descoberta da verdade material. Os parâmetros orientadores dessa decisão podem ser os enunciados no n.º 1. Aliás, a DEI, e outros instrumentos de cooperação internacional, admitem essas declarações por videoconferência. E o mesmo sucede(u) na legislação COVID. Ou se, por exemplo, está no EP (verificadas determinadas premissas). Para maiores desenvolvimentos v. anotação ao art. 332.º

§ 38 Ainda cabe no âmbito do normativo as declarações prestadas insertas numa acareação ou reconhecimento, efetivada por teleconferência, ou solicitada a sua realização a um outro tribunal. Para outros desenvolvimentos v. respetivas anotações, Tomo II. Na jurisprudência, entre outros, ac. STJ, 23.11.2011 (Arménio Sottomayor), exarando que tem "valor probatório idêntico à identificação presencial do arguido, a identificação deste através da utilização dos meios técnicos de videoconferência, nomeadamente quando por esse meio o depoimento seja prestado ou as testemunhas se mostrem intimidadas se o seu depoimento vier a ocorrer na presença do arguido." Na doutrina, Paulo Pinto

DE ALBUQUERQUE, 2008, p. 812, também entende que a "acareação e o reconhecimento podem ser realizadas por deprecada ou, havendo-a, por videoconferência.". Mas, ressalta que há "uma restrição legal explícita no que respeita à acareação e ao reconhecimento em que participe o arguido: esta só é admissível por videoconferência com o arguido presente na audiência de julgamento no tribunal onde corre o processo, embora as pessoas com quem ele seja acareado ou que o devam reconhecer possam estar num outro tribunal."

§ 39 Não estabelece a lei qualquer limitação relativamente ao local da tomada de declarações. Pode ser num outro tribunal distinto do tribunal da causa, em Portugal, ou no estrangeiro. Não tem de ser necessariamente no tribunal, embora o deva ser preferencialmente, podendo ocorrer em locais sob a égide de uma autoridade pública – embaixadas, consulados, postos policiais, etc. (o art. 502.º CPC alude, a este propósito, "instalação do município ou da freguesia, quando protocolado, ou de outro edifício público da área da sua residência), também se admitindo que o possa ser em outros lugares cf. n.º 8. Em relação à tomada de declarações no estrangeiro, conforme se assinala no ac. RE, 06.01.2015 (RENATO BARROSO), *"o art. 315.º/1, não firma qualquer tipo de impedimento no arrolamento, pelo que, se não for impertinente, dilatório, ilegal ou ofensivo das normas processuais, tiverem sido indicados os factos e circunstâncias do depoimento ao abrigo do art. 318.º/3, e for essencial para a acusação ou para a defesa, nos termos do art. 230.º/2, não existem motivos para não autorizar, sendo que, as maiores delongas, ou o facto de não se tratar de criminalidade grave não constituem qualquer base legal para a rejeição."*

VI – Formalidades

§ 40 A tomada de declarações fora do tribunal da causa pode ser a requerimento ou ser determinado oficiosamente pelo tribunal (n.º 1). O requerimento pode ser por parte da pessoa que pretenda prestar depoimento no tribunal da sua residência. Ou pelo sujeito processual que indicou essas declarações como meio probatório, sendo que, neste caso, deverá informar quais os factos ou as circunstâncias sobre que aquelas devem versar (n.º 3). Ausência de indicação que consubstancia uma irregularidade [ac. RE, 23.02.2011 (ANA BACELAR CRUZ); conforme ali se escreve, "A inobservância da indicação da matéria sobre a qual as testemunhas devem depor não pode nem deve levar à rejeição da pretensão formulada – inquirição das testemunhas residentes no estrangeiro por carta rogatória ou videoconferência –, por falta de normativo legal expresso nesse sentido, devendo, antes, o juiz convidar o requerente a especificar a matéria a que pretende que as testemunhas sejam ouvidas. (...) Admite-se que tal convite possa ser feito com a advertência para eventual indeferimento, em caso de nada se dizer, ignorando-se o convite, e com vista a obviar delongas processuais. Dito numa outra formulação, o Juiz não deve, como princípio rejeitar um meio de prova que qualquer dos sujeitos processuais repute indispensável para a descoberta da verdade, a não ser que o requerido seja ilegal e ofensivo das normas processuais, ou manifestamente infundado, impertinente ou dilatório, sob pena de cercear a apreciação do mérito da pretensão deduzida [de acusação ou de defesa] com base na verdade material.(...)"]. Já mais difícil será o requerimento ser impulsionado por quem não arrolou o depoente por falta de interesse em agir.

§ 41 O requerimento, em regra, deve ser feito na acusação e contestação, ou posteriormente, quando existe a possibilidade de apresentar outros requerimentos probatórios que envolvam a tomada de declarações de pessoas residentes fora do município do tribunal da causa, de modo a se evitar a prática de atos inúteis, *destarte* notificações para comparecimento no tribunal da causa. Mas, nada impede que, excecionalmente seja feito num outro momento processual, quando as razões fundantes apenas ocorram após a apresentação do rol, até porque pode ser oficiosamente decidido pelo tribunal (GERMANO MARQUES DA SILVA, 2015, p. 204).

§ 42 A requerimento, ou oficiosamente, é prolatado despacho, que deve ser devidamente fundamentado (art. 97.º/5), sob pena de irregularidade, onde se analisará a (in)verificação dos pressupostos vertidos no n.º 1. Despacho esse que poderá ser de indeferimento ou deferimento. Decisão esta que é recorrível (PAULO PINTO DE ALBUQUERQUE, 2008, p. 812).

§ 43 Em caso de indeferimento o depoimento deve ser prestado presencialmente no tribunal da causa. Sem prejuízo de uma reanálise apresentados novos factos que justifiquem o depoimento no tribunal da residência. E da possibilidade de depoimento por meios de comunicação à distância ser admitido à luz de outros normativos (*v.g.* LPT).

§ 44 Se deferir a tomada de declarações pode "ser solicitada ao juiz de outro tribunal ou juízo, por meio adequado de comunicação, nos termos do artigo 111.º", ou seja, por carta precatória (quando a prática do ato em causa se contiver dentro dos limites do território nacional), ou rogatória (havendo que concretizar-se no estrangeiro), ofício, aviso, carta, telegrama, telex, telecópia, comunicação telefónica (implicando neste caso sempre uma confirmação por escrito), correio eletrónico ou qualquer outro meio de telecomunicação (art. 111.º/3/b/c e 4; para maiores desenvolvimentos v. respetiva anotação).

§ 45 A solicitação "é de imediato comunicada ao Ministério Público, bem como aos representantes do arguido, do assistente e das partes civis" (n.º 2). Ou seja, essa comunicação basta-se ao mandatário, defensor, patrono. E não é apenas a solicitação que deve ser comunicada. Também o despacho de deferimento. E, igualmente, deve ser informado o requerente, caso não seja nenhum desses sujeitos processuais (por exemplo é o depoente).

§ 46 Na prática, prolatado despacho de deferimento a secção de processos remete informaticamente o pedido para agendamento de data e hora da prestação do depoimento ao tribunal do local da residência onde serão tomadas declarações. Uma vez que a regra é a prestação por equipamento tecnológico não é necessária qualquer intervenção de um juiz. Os funcionários judiciais analisarão da possibilidade da realização da teleconferência, ou seja, se existe disponibilidade, e comunicarão ao tribunal da causa a confirmação do agendamento ou a indisponibilidade. Neste último caso o tribunal da causa terá de indicar outras datas.

§ 47 Os n.ºs 4 a 5 disciplinam sobre como se processa e realiza a tomada de declarações. A tomada de declarações à distância integra a audiência de julgamento e está submetida às mesmas regras processuais. Como assinala o n.º 4 a "tomada de declarações processa-se com observância das formalidades estabelecidas para a audiência". Ou seja, todas as normas que disciplinam a prestação do depoimento em audiência do depoente em causa, não sofrem quaisquer alterações (ordem da prestação do depoimento, perguntas em relação aos costumes, regras de inquirição, advertência, publicidade, etc). A única destrinça é o facto do declarante se deslocar a um tribunal do local da sua residência, aí se identificar perante um funcionário, e prestar o depoimento por um meio de comunicação à distância.

§ 48 Em suma, após ser notificado, o declarante tem a obrigação de comparecer no tribunal que é identificado na notificação (do local da sua residência). Aí, é chamado por um funcionário judicial que o identifica (n.º 6) e na hora agendada para o depoimento o coloca numa sala onde existem os meios de comunicação à distância. Feita a ligação com o tribunal da causa (procedimento que é efetivado pelos funcionários judiciais) tudo se passa como se estivesse a prestar o seu depoimento presencialmente na sala de audiências do tribunal da causa. Observam-se as disposições aplicáveis à tomada de declarações em audiência de julgamento (n.º 6, 1.ª parte), com as perguntas iniciais relativas à identificação, costumes, advertência para depor com verdade, juramento se necessário, informação da possibilidade de não depor se for o caso, seguindo-se a inquirição "efetuada perante o juiz da causa e os mandatários das partes, através de equipamento tecnológico que permita a comunicação, por meio visual e sonoro, em tempo real, sem necessidade de intervenção do juiz do local onde o depoimento é prestado."

§ **49** O juiz do tribunal onde o depoimento é prestado não tem qualquer intervenção, nem sequer na identificação, e não tem de acompanhar a inquirição (ao contrário, por exemplo, do que sucede, ao abrigo do art. 10.º LPT). A única intervenção do tribunal do local onde o depoimento é prestado é a chamada do depoente, identificação por um funcionário e disponibilização de meios para se fazer a ligação com o tribunal da causa. Este funcionário também deverá manter-se disponível aquando da realização da ligação, tendo em vista prestar algum auxílio pedido pelo tribunal da causa, ou tentar resolver problemas de ligação que surjam. Não obstante, também deve atestar em auto a chamada, identificação e início da diligência, que enviará ao tribunal da causa. E onde consignará qualquer vicissitude (atrasos, apresentação de justificação, impossibilidade de realização devido a problemas técnicos).

§ **50** A tomada de declarações realiza-se em simultâneo com a audiência de julgamento, com recurso a equipamento tecnológico que permita a comunicação, por meio visual e sonoro, em tempo real (n.º 5 e 6, parte final), "ficando documentada por gravação no tribunal onde o processo corre (artigo 364.º, n.º 1)" (PAULO PINTO DE ALBUQUERQUE, 2008, p. 812). Como já aludimos esta norma não delimita qual o equipamento tecnológico. Terá de ser um que permita um contacto visual com o declarante e comunicação sonora simultaneamente ao decurso do julgamento no tribunal da causa. Permite, assim, a adaptação à evolução tecnológica. Também esta norma visa, embora através de intervenção de um meio tecnológico, o contacto mais real possível com a fonte da prova, considerando o legislador que, deste modo, ainda se garante a imediação contemplada no art. 355.º/1. Sendo que, nos casos em que a presença é essencial para a descoberta da verdade, o declarante será chamado ao tribunal da causa, de molde a salvaguardar, nomeadamente, situações residuais em que os meios tecnológicos não permitem, ou não garantem, um cabal contraditório.

§ 51 Nos casos de impossibilidade de recurso a tal meio tecnológico o n.º 7 disciplina que "o conteúdo das declarações é reduzido a auto, sendo aquelas reproduzidas integralmente ou por súmula, conforme o juiz determinar, tendo em atenção os meios disponíveis de registo e transcrição, nos termos do artigo 101.º". Convém escalpelizar um pouco mais o alcance desta norma. A mesma tem o seu âmbito delimitado pela primeira parte do n.º 7 que dita "Fora dos casos previstos no n.º 5". Os "casos" do n.º 5 são a tomada de declarações que se realizam "em simultâneo com a audiência de julgamento, com recurso a equipamento tecnológico que permita a comunicação, por meio visual e sonoro, em tempo real." Encontra-se aqui firmado o princípio de que a tomada de declarações fora do tribunal da causa deve ser por teleconferência. Apenas em casos devidamente justificados, em que seja impossível o recurso àquela, é que a lei admite outra *forma* de tomada de declarações. Nestas situações, as declarações podem/devem ser lidas ou reproduzidas em audiência de julgamento [cf. art. 356.º/1/a, para maiores desenvolvimentos v. respetiva anotação]. O contraditório, no julgamento, irá incidir sobre a prova produzida, sendo esta que será examinada (art. 355.º/1). Uma vez que se trata de situações em que o depoente não será confrontado presencialmente, ou por teleconferência, na própria audiência de julgamento, o tribunal terá de ter especial cuidado na fundamentação no que concerne aos pressupostos vertidos no n.º 1, *destarte*, a al. b). Aliás, a informação da impossibilidade técnica de realização de teleconferência não significa, necessariamente, que o tribunal mantenha a decisão de tomada de declarações fora do tribunal da causa. Pode implicar uma *reavaliação dos pressupostos.* Sem prejuízo do recurso, existindo acordo, a outros meios de comunicação direta (cf. § 36).

§ 52 Se tiver sido expressamente solicitada a teleconferência, em caso de impossibilidade, implica a devolução da deprecada ou rogatória, ou informação dessa inviabilidade pelos meios previstos no art. 111.º

§ 53 Se a solicitação não manifestar que o único meio de tomada de declarações que pretende é a teleconferência, caberá ao tribunal deprecado, ou rogado, decidir se são reproduzidas integralmente ou por súmula, tendo em atenção os meios disponíveis de registo e transcrição, nos termos do artigo 101.º. Não se trata de uma decisão facultativa. Deve proceder-se à gravação áudio ou audiovisual da tomada de declarações (art. 101.º/1). Só se for inviável é que será admissível a reprodução por escrito [PAULO PINTO DE ALBUQUERQUE, 2008, p. 812, atento o art. 364.º/1 o registo por súmula fica prejudicado, apenas sendo de admitir a gravação].

§ **54** A tomada de declarações processa-se com as formalidades estabelecidas para a audiência de julgamento, "nomeadamente no que se refere ao contraditório" (GERMANO MARQUES DA SILVA, 2015, p. 206), poderes de direção, regras de disciplina, etc. O juiz deprecado "não aprecia e valora a prova, limitando-se a recolhê-la", valoração que será feita na audiência de julgamento onde podem ser lidas ao abrigo do art. 356.º/1/a (SIMAS SANTOS/ LEAL-HENRIQUES, 2004, p. 264). Na síntese de PAULO PINTO DE ALBUQUERQUE, 2008, p. 813, o "juiz do tribunal deprecado tem os seguintes poderes: "a. Ordenar a comparência das pessoas, sancionar a sua falta e determinar os meios necessários para as fazer comparecer b. Receber ojuramento e o compromisso c. Decidir sobre a disciplina do ato processual e a direção dos trabalhos, incluindo as medidas preventivas, disciplinares e coativas necessárias e adequadas ao regular funcionamento da diligência d. Decidir sobre os deveres de conduta das pessoas que assistem à audiência e a conduta dos advogados e defensores e. Decidir sobre o respeito pela contraditoriedade na produção da prova, a continuidade da diligência e a ordem de produção da prova f. Impor o cumprimento das regras relativas à tomada de declarações do assistente, das partes civis, de peritos e consultores técnicos e à inquirição das testemunhas e, designadamente, das testemunhas menores de dezasseis anos g. Decidir sobre a leitura permitida e proibida de autos e declarações durante a diligência deprecada h. Conhecer de nulidades, irregularidades e proibições de prova arguidas em relação a atos ou omissões ocorridos durante a diligência i. Proceder à transcrição do depoimento com gravação magnetofónica e controlar a fidedignidade da mesma j. Dispensar as testemunhas e os outros declarantes da diligência k. Receber ou não o recurso interposto dos despachos proferidos pelo tribunal deprecado". E não tem os seguintes poderes, "que pertencem exclusivamente ao tribunal deprecante: a. Decidir sobre a publicidade da diligência deprecada b. Decidir sobre se a pessoa ouvida por deprecada deve prestar juramento ou compromisso c. Admitir novos meios de prova d. Comunicar alterações substanciais ou não substanciais da acusação ou da pronúncia ou alterações da qualificação jurídica dos factos.". E como salienta o mesmo Autor (ob. citada, p. 813), o "juiz do tribunal deprecado não pode recusar o cumprimento da deprecada, nem as concretas solicitações do tribunal deprecante, fora dos casos do artigo 184.º, n.º 1, do CPC, aplicável por força do artigo 4 do CPP", sendo que a recusa injustificada pode dar azo a responsabilidade disciplinar por falta para com os seus deveres funcionais", pelo que "a dispensa das testemunhas e dos outros declarantes da diligência só deve ter lugar depois de satisfeita a solicitação do tribunal deprecante."

§ 55 Quando o depoente resida no estrangeiro, a tomada de declarações nos termos acima assinalados, deverá ser através dos instrumentos de cooperação internacional (v. § 22). Como seja, a nível da UE, o art. 10.° da Convenção relativa ao Auxílio Judiciário Mútuo em Matéria Penal entre os Estados-Membros da União Europeia, de 29 de maio de 2000, art. 9.°/1/a da Diretiva 2004/80/CE do Conselho, de 29 de abril de 2004, relativa à indemnização das vítimas da criminalidade ou art. 24.° DEI [Diretiva (UE) 2014/41, de 3 de abril de 2014, relativa à decisão europeia de investigação em matéria penal, que estabelece no n.° 1 do referido artigo que pode ser emitida DEI para ouvir a testemunha ou perito por videoconferência ou outros meios de transmissão audiovisual, habilitando nos termos do n.° 3 a autoridade de execução a notificar a testemunha ou o perito em causa, indicando a data e o local da audição e a assegurar que seja identificada a pessoa a ouvir, devendo obedecer-se, ao abrigo do n.° 5 às seguintes regras a) Durante a audição está presente a autoridade competente do Estado de execução, se necessário assistida por um intérprete, a qual é igualmente responsável por assegurar a identificação da pessoa a ouvir e o respeito pelos princípios fundamentais da lei do Estado de execução. Se a autoridade de execução considerar que os princípios fundamentais da lei do Estado de execução são violados durante a audição, toma imediatamente as medidas necessárias para assegurar que a audição prossiga de acordo com os referidos princípios; b) Se necessário, são acordadas entre as autoridades competentes do Estado de emissão e do Estado de execução medidas de proteção da pessoa a ouvir; c) A audição é conduzida diretamente pela autoridade competente do Estado de emissão ou sob a sua direção, em conformidade com o seu direito; d) O Estado de execução assegura que a pessoa a ouvir seja assistida por um intérprete, se necessário, caso o Estado de emissão ou a pessoa a ouvir o requeira; e) (...) As testemunhas e os peritos podem invocar o direito de se recusarem a depor que eventualmente lhes seja conferido pela lei do Estado de execução ou do Estado de emissão, e são informados deste seu direito antes da audição]. Com extrema relevância prática consulte-se o guia sobre videoconferência em ações judiciais transfronteiriças [versa sobre a utilização de equipamento de videoconferência em ações judiciais transfronteiriças na União Europeia, abordando os aspetos organizacionais, técnicos e jurídicos da utilização desta tecnologia, passando em revista a utilização de equipamento em salas de audiências e salas de testemunhas, bem como, de equipamento portátil. As orientações aplicam-se a casos em que a videoconferência é utilizada para qualquer parte das ações judiciais, em especial para obter provas em locais à distância situados noutros Estados-Membros da União Europeia. Mas muitas das considerações também são aplicáveis no âmbito nacional; pode ser acedido em www.consilium.europa.

eu/media/30607/qc3012963ptc.pdf]. Para além dos instrumentos de cooperação internacional, o artigo em anotação tem número especifico (n.º 8) sobre a tomada de declarações no estrangeiro (v. §§ 56 a 70).

VII – Meios de comunicação à distância

a) Residência no estrangeiro

§ 56 O n.º 8 prevê uma norma especial para o assistente, partes civis ou testemunhas residentes no estrangeiro. Firma-se que, salvaguardando o que estiver disposto em instrumentos internacionais ou europeus, a inquirição é feita através de equipamento tecnológico que permita a comunicação, por meio visual e sonoro, em tempo real, sempre que no local da sua residência existam os meios tecnológicos necessários. Trata-se de norma idêntica há existente no art. 502.º/5 CPC.

§ 57 Importa assinalar que apesar da norma aludir a "inquirição é feita", não significa que, obrigatoriamente, no caso de assistente, partes civis, ou residentes no estrangeiro, a inquirição seja feita pelos meios de comunicação à distância nos termos consagrados no n.º 8.

§ 58 Há que conjugar o n.º 1 com o n.º 8. A regra é do depoimento presencial no tribunal da causa, mesmo no caso de declarantes que residem no estrangeiro. Excecionalmente, admite-se a tomada de declarações fora do tribunal da causa. Em todas essas situações, onde se inclui os casos do n.º 8, dever-se-á verificar os requisitos descritos no n.º 1. Requerida e deferida, ou decidida oficiosamente, a tomada de declarações no estrangeiro, o tribunal, de forma fundamentada, ou solicita por rogatória a prestação de declarações no tribunal da sua residência ou, então, opta por fazer uso da possibilidade conferida pelo n.º 8.

§ 59 A alusão a instrumentos de cooperação internacional na 1.ª parte do n.º 8 não deve ser interpretado no sentido de que o tribunal deva, primeiramente, optar por rogar a tomada de declarações ao abrigo daqueles. Significa, sim, que a inquirição direta do assistente, partes cíveis ou testemunhas, através de equipamento tecnológico que permita a comunicação, por meio visual e sonoro, em tempo real, não pode colidir com normas convencionais a que o Estado Português esteja vinculado (concretamente, existindo norma convencional que proíba uma inquirição nos termos propugnados pelo n.º 8). Conforme se salienta no ac. RL, 08.10.2019 (Agostinho Torres), que retrata uma situação em que o tribunal autorizou a audição de uma testemunha, cidadão chinês, via Skype, "A expressão usada no art.º 318.º n.º8 do CPP "Sem prejuízo do disposto em instrumentos internacionais ou europeus..." deve ser entendida apenas como devendo não haver prejuízo desses instrumentos internacionais se houver pedido de auxílio por via dos mesmos, já que tal não impõe que o seu uso seja obrigatório."

§ **60** Não existindo nenhum impedimento compete ao Tribunal decidir, de forma fundamentada (art. 97.º/5), se roga a tomada de declarações ou se determina a inquirição por meios de comunicação à distância, ao abrigo do n.º 8. Razões de vária índole podem ser sopesadas, nomeadamente celeridade processual, as elencadas nas alíneas do n.º 1 (mas desta feita para decidir da forma de declaração mais conveniente no caso em concreto), nacionalidade do depoente, se fala português, da possibilidade de conseguir tradução em audiência, circunstâncias que demonstrem a impossibilidade, previsibilidade ou grave probabilidade, de não ter sucesso a rogatória, desconhecimento de morada do depoente, apenas se conhecendo o contacto informático que permite a comunicação por meios de comunicação à distância, urgência na produção de prova, etc.

§ **61** Num outro tópico, em relação à forma de transmissão das declarações, preceitua-se que pode ser através de equipamento tecnológico que permita a comunicação, por meio visual e sonoro, em tempo real. Ciente da evolução tecnológica, não se tipifica que equipamento e comunicação pode ser utilizada. O único requisito é que deve ser adequado a permitir uma transmissão em tempo real de imagem e som. A utilização da cumulação "visual" e "sonoro" parece afastar que, por exemplo, a inquirição apenas seja por meio "sonoro" (*v.g.* contacto telefónico), sem visualizar o declarante. Somente será de admitir em casos residuais, ponderando os diversos interesses que se visam salvaguardar e existindo acordo das partes (por identidade de razões com o exarado em § 36, parte final). No sentido inverso, com o desenvolvimento da tecnologia nada impede comunicações cada vez mais realistas, como seja, por holograma. Em suma, pode ser utilizado i-pad, tablet, televisão, telemóvel, relógios digitais, computadores. Independentemente do sistema informático, plataforma, rede social usada (google mais, Facebook, zoom, teams, WhatsApp, etc.).

§ **62** Menciona-se, ainda, a seguinte condição: "sempre que no local da sua residência existam os meios tecnológicos necessários.". É uma manifestação do princípio da obtenibilidade. Inexistindo esses meios tecnológicos não é possível utilizar esta forma menos solene de transmissão. Os meios tecnológicos são os que permitam a transmissão de imagem e som. A menção a residência aponta que a regra serão as declarações prestadas a partir da residência do declarante. Residência entendida como centro de vida. Pretende-se permitir o maior recato e solenidade, dentro do possível, que permita o normal andamento dos trabalhos. Não pode, assim, em regra, o declarante encontrar-se fora da residência, nomeadamente, locais que propiciem maior desleixo/desconsideração/falta de respeito ou interiorização da solenidade do ato (cafés, parques, centros comerciais). Sendo que disso deve estar o declarante ciente aquando da notificação, de modo que cumpra esse dever.

§ 63 A *ratio* da alusão a "local da sua residência", relaciona-se, não só, com menores inconvenientes para o declarante ou, como referimos, a maior serenidade que, em princípio, proporciona o facto de se encontrar em domicílio. Bem como, agilização e celeridade processual. Ponderando as razões subjacentes nada parecer obstar a que o depoimento seja em outro local. Por exemplo, na casa de um familiar, se ali se encontrarem os meios tecnológicos que permitem a comunicação [parece ser esta a posição do ac. RL, 08.10.2019 (Agostinho Torres), ao admitir que o depoimento de cidadão chinês via Skype "pudesse sê-lo em domicílio ou equivalente"].

§ 64 De todo modo, esta possibilidade de tomada de declarações no estrangeiro deve ser articulada com as modalidades de notificação. Assim, a própria convocação do declarante ou notificação para ter conhecimento dos deveres que sobre si recaem, local, dia e hora de depoimento, pode implicar a utilização de mecanismos internacionais, podendo tais notificações partirem do tribunal português, se a tal não se opuser tais instrumentos. Nada parecendo obstar, sopesando que se trata de norma vocacionada para uma maior agilização e celeridade processual por via do uso de meios tecnológicos, que a comunicação com o depoente seja agilizada e simplificada, por exemplo, através do uso de e-mail.

§ 66 A norma em análise admite a prestação de depoimento no estrangeiro, inclusive na residência do declarante, independentemente da nacionalidade deste. Ou seja, a única exigência é que se trata de um declarante que reside no estrangeiro, mas não restringindo a sua aplicabilidade a cidadãos portugueses, podendo, assim, prestar declarações, cidadão estrangeiro, se a tal não se opuser a lei daquele país, ou instrumentos de cooperação internacional. Nesses casos, naturalmente, deverá ser acautelado um intérprete que pode estar no tribunal português (ou então, por via da cooperação internacional, solicitar a comparência no local onde presta depoimento no estrangeiro).

§ **67** A norma não tipifica, nem delimita, o meio de comunicação, o que se revela acertado, atenta a constante evolução tecnológica. O que dita, apenas, é que a inquirição é feita "através de equipamento tecnológico que permita a comunicação, por meio visual e sonoro, em tempo real". Ou seja, qualquer equipamento e forma de comunicação através do qual seja possível a concretização da inquirição com imagem e som. Naturalmente que a escolha também se prende com os meios tecnológicos que o depoente pode utilizar, mas sempre terão de ser os suficientes para permitir encetar a dita comunicação de imagem e som com o tribunal da causa. Reciprocamente. Os intervenientes que estão no tribunal da causa têm de ver e ouvir o depoente. E vice-versa. O preceito indica ainda um requisito. A comunicação tem de ser em tempo real. Embora não o referindo expressamente o que se almeja é a prestação de declarações simultaneamente com a realização da audiência de julgamento, exatamente nos mesmos termos de uma teleconferência realizada num tribunal, e nos termos, aliás, a que alude o n.º 5 e 6, com inteira aplicabilidade ao n.º 8.

§ **68** Também não estatui a lei qualquer limitação em relação à força probatória. Ou seja, vale na sua plenitude o que se referiu em § 30, ficando a tomada de declarações sujeita ao art. 127.º, podendo sopesar-se, evidentemente, alguma menor credibilidade ou fidedignidade que tenha sido detetada por via do depoente prestar declarações a partir da sua residência (ou outro local) por meios de comunicação à distância. Ou seja, o legislador considera que esta forma de prestação de declarações ainda garante o princípio da imediação, ao permitir ver e ouvir o depoente em tempo real, por meio de comunicação à distância. Não será uma imediação na sua plenitude. Ou, se quisermos, igual a um depoimento com presença física no tribunal da causa. Mas, ainda, uma tomada de declarações que, atendendo a outros interesses, como seja a celeridade processual, direito à prova, descoberta da verdade material, obtenibilidade de prova, consiste numa compressão admissível da imediação. Naturalmente que, caso se revele absolutamente necessário, e seja possível em tempo útil lograr a comparência no tribunal da causa, será de equacionar o depoimento presencial. Mas, é o próprio legislador ao utilizar o imperativo "inquirida" que aponta, como regra, que o depoente assistente, partes civis, testemunhas, peritos ou consultores técnicos, que residam no estrangeiro, aí prestem as suas declarações. Critérios de admissibilidade em relação ao depoimento numa residência que estão absolutamente densificados: meios que permitam ver e ouvir o depoente.

§ **69** Importa especial cautela na identificação do depoente de molde a que o depoimento na residência não redunde numa fraude ou falseamento de identidade. Assim, para além da advertência de que é obrigado a dizer a verdade quanto à sua identificação, sob pena de crime de falsificação, pode ser pedido que exiba documento de identificação para fazer um printscreen e, se não for perfeitamente visível, o seu envio digitalizado (tudo isto deverá constar da ata). Também poderá ser de equacionar que utilize documentos que certifiquem a sua identificação (certificados de assinatura). Dir-se-á, assim, que a lei disponibiliza suficientes meios para zelar pela veracidade da identificação, pois, só assim, se concebe a admissibilidade desta prova.

§ 70 Outro aspeto que pode ser mais problemático, e dar azo a menos garantias do que um depoimento na audiência, ou num local sob a égide de uma autoridade pública, prende-se com o lugar em que são prestadas as declarações. Num local menos solene, o depoente pode sentir-se mais confortável para mentir. Ou pode surtir menos efeito *a cross-examination*. Ou existirem condicionamentos (pressão no depoimento, violência doméstica, instrumentalização) ou outros factos que possam abalar a credibilidade e/ou força probatória (barulhos, distrações, respostas "ensaiadas", ou por indicação de pessoa que se encontra no local, ou após consulta de documentos sem o Tribunal se aperceber). Implicará redobrada atenção do tribunal. Deve zelar pela qualidade de imagem, que a filmagem permita percecionar se está a ler documentos, visibilidade do espaço que rodeia o depoente, para tentar perceber se está a ser instruído ou condicionado, ou ficar atento à cara e feições (por exemplo se, pelo olhar, ou linguagem perceciona-se que se encontra alguém junto ao depoente que está a dar indicações em relação à forma e conteúdo do depoimento). Relativamente a elementos de identificação, como seja cartão de identificação ou passaporte, quando são exibidos, podem ser digitalizados ou ser feito um printscreen, tudo se exarando em ata e juntando o documento aos autos.

b) Situações de urgência ou caso de força maior

§ 71 Apesar da lei apenas aludir a meios de comunicação à distância a partir da residência, quando o depoente residir no estrangeiro, as mesmas razões fundantes – impossibilidade ou grave inconveniente de deslocação a um tribunal ou local onde se realize teleconferência, celeridade, necessidade da descoberta da verdade material, sopesando as garantias de defesa – justificam que, em outros casos semelhantes ou casos de urgência ou de força maior, seja de admitir este meio de inquirição, mesmo que o depoente esteja em Portugal. Aliás, tal não é afastado na tomada de declarações no domicílio ou de urgência, contemplados, respetivamente, nos arts. 319.º e 320.º (v. respetivas anotações). E o mesmo sucedeu com a legislação específica em relação à pandemia Covid (§ 72).

c) Covid

§ 72 A legislação Covid veio ampliar a possibilidade de tomada de declarações por meios de comunicação à distância de índole privada. Ou seja, sem ser em tribunais, ou locais sob a égide de autoridade pública, e sem a presença de funcionários que estabeleciam essa ligação. Em suma, comunicações diretas entre o depoente e o tribunal. Inicialmente a L 1-A/2020, de 19.03.2020, firmava no art. 7.º/8 e 9 que "8 – Sempre que tecnicamente viável, é admitida a prática de quaisquer atos processuais e procedimentais através de meios de comunicação à distância adequados, designadamente por teleconferência ou videochamada." e "9 – No âmbito do presente artigo, realizam-se apenas presencialmente os atos e diligências urgentes em que estejam em causa direitos fundamentais, nomeadamente diligências processuais relativas a menores em risco ou a processos tutelares educativos de natureza urgente, diligências e julgamentos de arguidos presos, desde que a sua realização não implique a presença de um número de pessoas superior ao previsto pelas recomendações das autoridades de saúde e de acordo com as orientações fixadas pelos conselhos superiores competentes." O art. 2.º da L 4-A/2020, de 06.04.2020, que produziu efeitos a partir de 12.03.2020, procedeu a alterações nesta matéria, firmando que "5 – O disposto no n.º 1 não obsta: a) À tramitação dos processos e à prática de atos presenciais e não presenciais não urgentes quando todas as partes entendam ter condições para assegurar a sua prática através das plataformas informáticas que possibilitam a sua realização por via eletrónica ou através de meios de comunicação à distância adequados, designadamente teleconferência, videochamada ou outro equivalente; (...) 7 – Os processos urgentes continuam a ser tramitados, sem suspensão ou interrupção de prazos, atos ou diligências, observando-se quanto a estes o seguinte: a) Nas diligências que requeiram a presença física das partes, dos seus mandatários ou de outros intervenientes processuais, a prática de quaisquer atos processuais e procedimentais realiza-se através de meios de comunicação à distância adequados, designadamente teleconferência, videochamada ou outro equivalente; b) Quando não for possível a realização das diligências que requeiram a presença física das partes, dos seus mandatários ou de outros intervenientes processuais, nos termos da alínea anterior, e esteja em causa a vida, a integridade física, a saúde mental, a liberdade ou a subsistência imediata dos intervenientes, pode realizar-se presencialmente a diligência desde que a mesma não implique a presença de um número de pessoas superior ao previsto pelas recomendações das autoridades de saúde e de acordo com as orientações fixadas pelos conselhos superiores competentes; c) Caso não seja possível, nem adequado, assegurar a prática de atos ou a realização de diligências nos termos previstos nas alíneas anteriores, aplica-se também a esses processos o regime de suspensão referido no n.º 1." [a este propósito releva chamar à colação o ac. TC 738/2021, que decidiu "*não julgar inconstitucional a norma contida no artigo 7.º, n.º 7, da Lei n.º 1-A/2020, de 19 de março, com a redação que lhe foi conferida pela Lei n.º 4-A/2020, de 6 de abril, na interpretação segundo a qual é válida e regular a contrainquirição de testemunha ou declarante, numa sessão de audiência em processo judicial, através de sistema de comunicação à distância, quando a mesma tenha sido inquirida pela parte contrária presencialmente, em sessão realizada em data anterior*", assinalando que "*aceitar que a inquirição presencial não é, em termos formais absolutos, igual à inquirição por meios de comunicação à distância não implica aceitar que essa diferença afeta, necessariamente, a posição de uma parte em termos tão substanciais que permitam afirmar, sem mais, que ela deixa de estar numa posição paritária no processo*"; mais referindo "*que a inquirição à distância mantém a oralidade e, diminuindo algumas vantagens da imediação presencial, não a elimina por completo. Ou seja, pela sua natureza, e sem mais, a contrainquirição por meios de comunicação à distância não pode qualificar-se como "completa diminuição de garantias", face à prévia inquirição presencial pela contraparte, nem sequer como "diminuição de garantias", visto que não se pode afirmar, pelas razões atrás referidas, que tal meio comprometa, só por si, a certeza e segurança da isenção do depoimento.*"]. O art. 7.º veio a ser revogado pelo art. 8.º da L 16/2020, de 30.05.2020. Por seu turno, a L 16/2020, de 29.05.2020, aditou à L 1-A/2020, de 19.03 o art. 6.º-A: "Regime processual transitório e excecional", "1 – No decurso da situação excecional de prevenção, contenção, mitigação e tratamento da infeção epidemiológica por SARS-CoV-2 e da doença COVID-19, as diligências a realizar no âmbito dos processos e procedimentos que corram termos nos tribunais judiciais, tribunais administrativos e fiscais, Tribunal Constitucional, Tribunal de Contas e demais órgãos jurisdicionais, tribunais arbitrais, Ministério Público, julgados de paz, entidades de resolução alternativa de litígios e órgãos de execução fiscal regem-se pelo regime excecional e transitório previsto no presente artigo. 2 – As audiências de discussão e julgamento, bem como outras diligências que importem inquirição de testemunhas, realizam-se: a) Presencialmente e com a observância do limite máximo de pessoas e demais regras de segurança, de higiene e sanitárias definidas pela Direção-Geral da Saúde (DGS); ou b) Através de meios de comunicação à distância adequados, nomeadamente teleconferência, videochamada ou outro equivalente, quando não puderem ser feitas nos termos da alínea anterior e se for possível e adequado, designadamente se não causar prejuízo aos fins da realização da justiça, embora a prestação de declarações do arguido ou de depoimento das testemunhas ou de parte deva sempre ser feita num tribunal, salvo acordo das partes em sentido contrário ou verificando-se uma das situações referidas no n.º 4. (…) 4 – Em qualquer das diligências previstas nos n.º 2 e 3, as partes, os seus mandatários ou outros intervenientes processuais que, comprovadamente, sejam maiores de 70 anos, imunodeprimidos ou portadores de doença crónica que, de acordo com as orientações da autoridade de saúde, devam ser considerados de risco, não têm obrigatoriedade de se deslocar a um tribunal, devendo, em caso de efetivação do direito de não deslocação, a respetiva inquirição ou acompanhamento da diligência realizar-se através de meios de comunicação à distância adequados, designadamente teleconferência, videochamada ou outro equivalente, a partir do seu domicílio legal ou profissional. 5 – Sem prejuízo do disposto nos números anteriores, é garantida ao arguido a presença no debate instrutório e na sessão de julgamento quando tiver lugar a prestação de declarações do arguido ou coarguido e o depoimento de testemunhas." Essa norma foi revogada pelo art. 3.º L 4-B/2021, de 02.02.2021. Que, por sua vez, aditou o art. 6.º-E: "1 – No decurso da situação excecional de prevenção, contenção, mitigação e tratamento da infeção epidemiológica por SARS-CoV-2 e da doença COVID-19, as diligências a realizar no âmbito dos processos e procedimentos que corram termos nos tribunais judiciais, tribunais administrativos e fiscais, Tribunal Constitucional, Tribunal de Contas e demais órgãos jurisdicionais, tribunais arbitrais, Ministério Público, julgados de paz, entidades de resolução alternativa de litígios e órgãos de execução fiscal regem-se pelo regime excecional e transitório previsto no presente artigo. 2 – As audiências de discussão e julgamento, bem como outras diligências que importem inquirição de testemunhas, realizam-se: a) Presencialmente, nomeadamente nos termos do n.º 2 do artigo 82.º da Lei n.º 62/2013, de 26 de agosto, na sua redação atual; ou b) Sem prejuízo do disposto no n.º 5, através de meios de comunicação à distância adequados, nomeadamente teleconferência, videochamada ou outro equivalente, quando não puderem ser feitas nos termos da alínea anterior e a sua realização por essa forma não colocar em causa a apreciação e valoração judiciais da prova a produzir nessas diligências, exceto, em processo penal, a prestação de declarações do arguido, do assistente e das partes civis e o depoimento das testemunhas. (…) 5 – As partes, os seus mandatários ou outros intervenientes processuais que, comprovadamente, sejam maiores de 70 anos, imunodeprimidos ou portadores de doença crónica que, de acordo com as orientações da autoridade de saúde, devam ser considerados de risco, não têm obrigatoriedade de se deslocar a um tribunal, devendo, em caso de efetivação do direito de não deslocação, a respetiva inquirição ou acompanhamento da diligência realizar-se através de meios de comunicação à distância adequados, designadamente teleconferência, videochamada ou outro equivalente, a partir do seu domicílio legal ou profissional. 6 – Sem prejuízo do disposto nos números anteriores, é garantida ao arguido a presença no debate instrutório e na sessão de julgamento quando tiver lugar a prestação de declarações do arguido ou coarguido e o depoimento de testemunhas."

VIII – Incumprimento e consequências

§ 73 Caso não esteja prevista outra sanção (*v.g.* nulidade por falta de gravação), o desvio processual ao vertido neste artigo consubstancia uma irregularidade (art. 123.º). É o caso da solicitação da videoconferência por meios de comunicação distintos do art. 111.º, rejeição verificando-se as premissas do n.º 1 ou, pelo contrário, deferindo sem se verificarem, não comunicação imposta pelo n.º 2, falta de informação a que alude o n.º 3, desrespeito de formalidades estabelecidas para a audiência cf. impõe n.º 4, ausência de identificação ao abrigo do n.º 6, comunicação apenas por meio sonoro ou conversa telefónica, ou por redução a escrito pelo tribunal deprecado sem justificação para o efeito, sendo que, não obstante, nestes casos, poderá ainda influir na força probatória das declarações.

TIAGO CAIADO MILHEIRO

Artigo 319.º
Tomada de declarações no domicílio

1 – Se, por fundadas razões, o assistente, uma parte civil, uma testemunha, um perito ou um consultor técnico se encontrarem impossibilitados de comparecer na audiência, pode o presidente ordenar, oficiosamente ou a requerimento, que lhes sejam tomadas declarações no lugar em que se encontrarem, em dia e hora que lhes comunicará.

2 – É correspondentemente aplicável o disposto nos n.os 2, 3 e 7 do artigo anterior.

3 – A tomada de declarações processa-se com observância das formalidades estabelecidas para a audiência, salvo no que respeita à publicidade.

Origem do texto: corresponde à redação originária aprovada pelo DL 78/87, com as alterações introduzidas pela L 59/98, de 25.08, substituindo no n.º 2 "5" por "7".

Sumário do comentário:

I – Considerandos gerais (§§ 1 a 4)
II – Âmbito subjetivo e objetivo (§§ 5 a 20)
III – Pressupostos (§§ 21 a 28)
IV – Valoração (§ 29)
V – Formalidades e meios para a tomada de declarações (§§ 30 a 54)
VI – Incumprimento e consequências (§ 55)

I – Âmbito de previsão e aplicação da norma

§ 1 A norma encontra-se inserta, sistematicamente, nas fase prévias ao início da audiência de julgamento (embora, como veremos, também possa ser convocada no *decurso* daquela) e, tal como a norma posterior (art. 320.º), tem por escopo realizar atos necessários para aquisição ou conservação de prova, mas, neste caso, apenas atinentes a declarações de assistente, parte civil, testemunhas, peritos ou consultores técnicos.

§ 2 A realização das declarações no domicílio, como resulta do seu n.º 2, pode operar aquando do julgamento (inclusive através de equipamento tecnológico, v. anotação § 71 ao art. 318.º), ou antes do início da audiência de julgamento (sendo que, neste caso, serão uma espécie de declarações para memória futura). Apesar da sua localização sistemática, atos preliminares ao julgamento, o seu âmbito não se reduz à possibilidade de serem praticados previamente.

§ 3 Neste artigo e no subsequente (art. 320.º) emana uma preocupação legislativa de que seja carreado para os autos *toda* a prova relevante para a descoberta da verdade material. Ou seja, prova pertinente para o objeto da causa. Quer concernente à acusação ou pedido civil, ou todas as outras questões conexas, como seja, a perda de bens (perda clássica ou perda alargada), ou atinentes à defesa criminal, demanda civil ou, também (embora a norma não o refira expressamente), terceiro que se arroga titular de um direito. Relativamente ao arguido relevam as *tomadas de declarações* concernente a factos insertos no objeto do processo, e que tenham reflexos favoráveis, contemplando factos atinentes à responsabilidade criminal, validade de prova, escolha e medida da pena.

§ **4** Como notámos, este art. 319.º é mais restrito do que o art. 320.º. em relação à prova relativamente à qual pode ser usado. Se em ambos o escopo é conservar ou adquirir prova pertinente para a boa decisão da causa, o art. 319.º apenas incide sobre declarações, ao passo que o art. 320.º abarca *outra* prova.

II – Âmbito subjetivo e objetivo

§ **5** A norma tem natureza excecional. Ou seja, a regra é da tomada de declarações presencial no tribunal da causa. Pelo que, enquanto ato de cariz excecional, deve ser fundamentado o afastamento da regra geral, expondo os motivos factuais e de direito (art. 97.º/5), sob pena de irregularidade. E, não se pode aplicar a outra prova que não assente nas declarações das pessoas elencadas no normativo. Respaldo da excecionalidade do normativo.

§ **6** Incide sobre a prova nela elencada, ou seja, declarações de assistente, parte civil, testemunha, perito ou consultor técnico. Nela também se pode abarcar o conceito de terceiro no incidente de perda de bens a favor do Estado [em relação ao arguido, sobre a possibilidade de prestar declarações em lugar distinto do tribunal v. anotação ao art. 332.º]. E, tal como no artigo que precede, no âmbito normativo também se incluiu a prova em que as declarações sejam necessárias à sua efetivação, como seja a acareação e o reconhecimento (neste sentido, Paulo Pinto de Albuquerque, 2008, p. 814), não sendo de excluir a reconstituição caso se afigure viável (principalmente com recurso a novas tecnologias, *v.g.* utilização de realidade virtual, imagens ou sons do local do crime, que sejam aptas a permitir, conjugando com as declarações do depoente, uma reconstituição do facto que se pretende indagar).

§ **7** Relativamente ao âmbito objetivo a epígrafe não traduz a sua real abrangência. Nesta alude-se, apenas, a tomada de declarações no domícilio, quando no corpo da norma se menciona "lugar em que se encontrarem" os declarantes. Que pode ser o domícilio, mas um outro lugar, como seja, hospital, casa de um familiar, consulado, etc. Ou seja, "lugar onde se encontrarem" é bem mais abrangente [e que vai, inclusive, para além de um conceito amplo de domícilio como é defendido, por exemplo, por PAULO PINTO DE ALBUQUERQUE, 2008, p. 814, incluindo no mesmo "hospital ou a casa de repouso onde a pessoa esteja temporariamente internada]. Terá apenas de existir fundada razão para que o depoimento se realize no lugar onde se encontre o declarante. Apesar da norma, através da sua epígrafe, apontar, *prevalentemente*, para o domícilio, não exclui outros lugares (v. anotação anterior). Sendo certo, aliás, que não é imperioso a especificação do local.

§ **8** A condição despoletadora do uso deste artigo é a impossibilidade do assistente, parte civil, testemunha, perito ou consultor técnico, comparecerem presencialmente na audiência de julgamento e, como tal, estarem impedidos, de facto, de prestarem declarações (n.º 1). Dita ainda a norma que devem existir "fundadas razões". Dir-se-á que esta afirmação normativa tem uma certa dose de redundância. Naturalmente que motivos espúrios não permitem a subsunção normativa. De todo modo, é possível extrair um efeito útil nos termos que adiante assinalaremos.

§ **9** No que se reporta ao requisito de impossibilidade de comparência à audiência pretende abarcar-se as causas impeditivas da tomada de declarações presencial no tribunal da causa. Já nos debruçaremos um pouco mais sobre a definição. Mas, antes de mais, convém fazer a devida interligação com a norma que antecede (art. 318.º).

§ **10** Relativamente ao art. 318.º a causa que legitima a possibilidade do depoente não prestar declarações presencialmente no tribunal da causa é o facto de residir fora do munícipio onde se realiza o julgamento. Já este art. 319.º poderá ser aplicável a depoentes que residem no mesmo munícipio do tribunal da causa. Como, também, naturalmente, poderá ser convocado quando residem em munícipio diverso.

§ **11** No que concerne a este último aspeto convém uma melhor clarificação. Não existe qualquer espaço de sobreposição entre os arts. 318.º e 319.º. Embora em ambos exista uma preocupação de celeridade e agilização processual, e de produção de prova relevante para a boa decisão da causa (compatibilizando-os com o princípio do contraditório, imediação, e presença pessoal dos depoentes em audiência de julgamento), o art. 318.º apenas opera quando o depoente resida fora do município do tribunal da causa. Não se tratando de motivo impeditivo do funcionamento do art. 319.º, convém dizer que, também este, não afasta a possibilidade do local da residência do depoente ser razão fundada para legitimar a prestação de declarações não presencial, ou seja, fora do tribunal da causa. Por exemplo, pense-se numa situação em que o declarante reside na Austrália e o desfasamento horário não permite que preste declarações num tribunal australiano por rogatória. Ou, encontra-se num país em que as fronteiras foram fechadas, e não é possível em tempo útil rogar às autoridades, ou é previsível que nunca se venha a obter resposta daquele Estado. Ou ainda, um caso em que, por via de uma qualquer limitação de circulação, não se pode deslocar do local onde se encontra (*v.g.* queda de ponte de saída da localidade).

§ **12** Ou seja, o que se quer dizer é que não tipificando o n.º 1 um elenco fechado de razões que permitem a tomada de declarações fora do tribunal da causa, o local da residência poderá ser um deles, o que será relevante, quando por determinadas circunstâncias em concreto não seja possível ao tribunal socorrer-se do art. 318.º

§ **13** Também não se descortina qualquer tipo de subsidariedade entre os arts. 318.º e 319.º Aparentemente o art. 318.º seria menos exigente ao mencionar na al. c) do n.º 1 que terão de ser "previsíveis *graves dificuldades ou inconvenientes*, funcionais ou pessoais, na sua deslocação." Ao passo que este art. 319.º alude *a impossibilidade* de comparência. O que, pelo menos em teoria, implica um impedimento mais intenso. Uma impossibilidade. Ao passo que no art. 318.º "bastaria" a grave dificuldade ou inconveniente (por força da deslocação a outro município). No entanto, essa mesma grave dificuldade ou inconveniente, por força do local da residência, na prática, pode redundar numa impossibilidade de comparecer no tribunal da causa. E, nessa medida, existirem razões fundadas. Tudo dependerá do circunstancialismo em concreto.

§ **14** Onde já existirá uma maior aproximação entre os normativos é na concatenação entre o n.º 8 do art. 318.º e o art. 319.º. É que, ali, tal como aqui, permite-se o uso de meios de comunicação à distância, a partir da residência do depoente, ou outro local (v. anotação). É certo que, aparentemente, a não remissão para o n.º 8 do art. 318.º poder conduzir a uma interpretação de impossibilidade de uso, ao abrigo deste artigo, de um meio de comunicação à distância, quando o declarante está no estrangeiro, afigura-se-nos que a amplitude da letra da lei permite admitir que as "razões fundadas" assentem, justamente, na residência no estrangeiro. Razão fundante urgente conexionada com o distanciamento geográfico.

§ 15 A tomada de declarações no "lugar onde se encontrarem" o assistente, partes cíveis, testemunhas, peritos, consultores técnicos, é um conceito aberto de tal modo maleável que pretende abarcar uma multiplicidade de locais. Mas, o que se pode concluir, desde logo, é que o legislador não quis estabelecer quaisquer "amarras" relativamente ao local da tomada de declarações. E daí não ter estabelecido uma catálogo fechado de lugares onde poderiam ser tomadas as declarações.

§ 16 De todo modo, o que importa sempre relembrar é que se tratam de situações excecionais. A regra é da tomada de declarações presencial no tribunal da causa.Ao admitir que as mesmas ocorram em local distinto, a norma tem um cariz excecional. Pelo que, sempre deve ser fundamentada a necessidade da tomada de declarações num outro local, ao abrigo do art. 97.º/5.

§ 17 Em relação ao local da tomada de declarações a lei apenas menciona que estas serão no lugar onde se encontrem os depoentes. Não se exige, sequer, que se concretize de forma especifica onde as declarações serão prestadas. Ou seja, não é imperioso que se identifique o lugar da tomada de declarações. Por exemplo, assim pode ser necessário para proteger uma testemunha. Ou está em causa depoimento num país estrangeiro em que se desconhece o paradeiro do depoente, e apenas logrou obter e-mail e contacto do depoente que permita, por exemplo, uma ligação via Skype.

§ 18 O que a norma impõe, sim, é a concretização de dia e hora da tomada de declarações (sob pena de irregularidade e impossibilidade de firmamento de qualquer sanção ao declarante faltoso), mas não a identificação do local.

§ 19 É claro que não devemos ser indiferentes em relação à redação da epígrafe (§ 7). Desde logo, a alusão a domícilio indica-nos que a norma está pensada, primordialmente, para tomada de declarações *fora* das instalações do tribunal. Portanto, declarações não presenciais num local que não o tribunal. Da menção a domicílio poderão extrair-se outras duas conclusões: 1) trata-se de um dos exemplos de "lugar onde se encontrem" os declarantes; 2) tem em si inerente uma preocupação no sentido de que o local seja o mais "propício" para que não haja interferências nas declarações. Ou seja, que o lugar permita conferir a maior serenidade possível. O mais ajustado à solenidade dos atos e ao andamento dos trabalhos. Não obstante, não significa, como referimos, que apenas se possam tomar as declarações no domícilio. Somente que, o tribunal, existindo mais de que um local possível, deve determinar que sejam prestadas declarações naquele que permita dar mais garantias para lograr os fins atrás mencionados. Não existindo possibilidade de escolha, na direção dos trabalhos deverá zelar para que o depoimento decorra nas melhores condições possíveis, tentando superar os inconvenientes levantados pelo *lugar* da prestação de declarações.

§ **20** O artigo apenas alude que a tomada de declarações é no *lugar* onde se encontrem os depoentes. Conceito que não deixa de estar relacionado com os pressupostos das "fundadas razões" e "impossibilidade de comparência", já que, o que se irá equacionar, é da necessidade de serem prestadas declarações fora do tribunal da causa, no local onde se encontre o depoente. Também, conforme salientando, a noção é suficientemente ampla e maleável, para adaptação ao circunstalismo em concreto. Tanto pode ser um lugar no munícipio do tribunal da causa, como fora dele. Ou em território nacional ou no estrangeiro (neste caso, tal como o n.º 8 do art. anterior, articulando com os instrumentos de cooperação internacional, desde que estes não proíbam uma tomada de declarações nestes termos). Pode ser no domícilio do depoente (como alude a epígrafe; entendido como o centro de vida do depoente). Ou em *outros* locais, quer públicos, quer privados: hotel, casa de amigo, local de trabalho, hospitais, tribunais, instalações policiais, etc.

III – Pressupostos

§ **21** Os conceitos normativos são sufientes amplos, flexíveis e maleáveis, para permitir uma panóplia de situações fáctica da vida real. Tal como em outros normas, optou o legislador por não cristalizar os conceitos, usando terminologia que permita uma adaptação às vicisstudes da vida real.

§ **22** A lei alia dois requisitos: a) impossibilidade do depoente comparecer presencialmente na audiência de julgamentos; b) que as razões sejam fundadas – "fundadas razões". Ambos os pressupostos se complementam. E será o somatório dos dois que torna admissível, à luz dos diversos interesses que estão em jogo, a possibilidade de prestar depoimento fora do tribunal da causa e no lugar onde se encontrar o declarante.

§ **23** A impossibilidade de comparecer traz à tona uma perspetiva objetiva. Ou seja, aferir da existência de uma causa impeditiva da comparência presencial do depoente no tribunal da causa. A possibilidade de aquisição processual probatória implica, necessariamente, que a tomada de declarações seja prestada a partir do lugar em que se encontre o depoente. Note-se, por exemplo, que pode existir um espaço de interseção com o art. 318.º (que é apenas aparente, v. §§ 11 a 13). Assim, por exemplo, se o depoente não puder deslocar-se ao tribunal da causa, mas consegue depor por teleconferência no tribunal da residência, em princípio, existirá desnecessidade de tomar declarações num outro local que não o tribunal. Nestes casos, deve dar-se prevalência ao local que reveste maior solenidade para o ato. Pelo que, deverá existir uma circunstância fundada que torne inviável este hipótese.

§ 24 A impossibilidade de comparência, naturalmente, não pode ser meramente transitória. Para isso existe o regime da justificação de faltas (art. 116.º e 117.º). Estamos perante impossibilidades duradouras (similares àquelas que admitem a leitura ou reprodução de declarações nos termos do art. 356.º/4), que não se compadecem com o andamento dos trabalhos, que tornam inviável, ou de previsível inobtenibilidade ou, se quisermos, estimada previsibilidade de impossibilidade, as declarações de depoente no tribunal, em tempo útil.

§ 25 Poderão elencar-se um conjunto de situações de facto subsumíveis no conceito de impossibilidade de comparência: proteção de testemunhas, doenças, confinamento, impedimentos de saída de um determinado local, inviabilidade de deslocação, única forma de assegurar a prestação de declarações, razões de saúde pública.

§ 26 O RJJVD prevê no seu art. 34.º, com a epígrafe "Tomada de declarações" que "Se, por fundadas razões, a vítima se encontrar impossibilitada de comparecer na audiência, pode o tribunal ordenar, oficiosamente ou a requerimento, que lhe sejam tomadas declarações no lugar em que se encontre, em dia e hora que lhe comunicará, aplicando-se correspondentemente o disposto no artigo 319.º do Código de Processo Penal." Essa possibilidade já emergiria do art. 319.º, mas tem o condão de salientar o uso deste mecanismo como forma de proteção e tutela da vítima. Corolário do direito de proteção plasmado no art. 67.º-A e LEV.

§ 27 Note se que a norma especial para o Covid (v. §72 da anotação ao art. 318.º), no fundo, previa a possibilidade de tomada de declarações por meios de comunicação à distância em lugar distinto do tribunal da causa, não só de modo a permitir o cumprimento do dever de confinamento, mas, por razões de saúde pessoal e pública, de evitar propagação e disseminação do vírus. De todo modo, trata-se de uma situação que poderia ser enquadrável nesta norma, por se tratar de "razões fundadas" que tornam altamente não aconselhável a deslocação a tribunal. Ou seja, o que cumpre salientar, é que as normas da "legislação Covid" que admitiam as declarações por meios de comunicação à distância em locais que não os tribunais, não se podem considerar inovações do nosso ordenamento jurídico, uma vez que a presente norma já admitiria essa modalidade de tomada de declarações (interpretando, como o fazemos, que a mesma tem aplicabilidade no decurso da audiência de julgamento).

§ **28** Não basta que objetivamente exista impossibilidade de comparecer à audiência de julgamento. Deverão existir "razões fundadas". Ou seja, motivos plausíveis, sérios, convincentes, que justifiquem uma exceção à regra da comparência presencial em audiência de julgamento. Não se trata de pressuposto inócuo e que nada acrescenta à impossibilidade de comparência. Basta pensar, por absurdo, alguém alegar que não se pode deslocar para não perder um episódio de uma série de televisão (neste caso, aliás, nem sequer existiria impossibilidade objetiva; estávamos perante uma opinião subjetiva do depoente, que perspetiva determinado motivo como impeditivo de uma deslocação a tribunal). Ou quando o depoente provoca a sua impossibilidade. Ou invoca motivo espúrio.

IV – Valoração

§ **29** Não existe qualquer limitação à valoração probatória das declarações prestadas no lugar onde se encontrem os depoentes. Vigora, aqui, na sua plenitude, o princípio da livre valoração prevista no art. 127.º, não se impondo qualquer regra de corroboração. O que significa que podem as declarações prestadas sob a égide deste artigo sustentar uma condenação. Até porque a tomada de declarações é submetida ao contraditório, nos termos em que sucederia em audiência de julgamento, permitindo à defesa questionar atempadamente no momento da produção de prova. E podendo voltar a fazê-lo na audiência de julgamento, suscitando as vicissitudes que entender em relação à prova anteriormente produzida. Posição conforme à jurisprudência do TEDH que ao abrigo do art. 6 § 3 (d) aponta para a regra da prova ter de ser produzida presencialmente perante o acusado em audiência de julgamento, mas admitindo exceções, se ao acusado for facultada a possibilidade de confrontar o depoente quando este preste depoimento ou posteriormente, e desde que, numa visão global, seja salvaguardado o *fair process* [*Al-Khawaja and Tahery v. the United Kingdom [GC]*, § 118; *Schatschaschwili v. Germany* [GC]; *Hümmer v. Germany, § 38; Lucà v. Italy*, § 39]. A prova registada pode ser lida, ouvida, visualizada em audiência de julgamento (art. 355.º/2 e 356.º/1/a).

V – Formalidades e meios para a tomada de declarações

§ 30 Os procedimentos firmados para esta modalidade de tomada de declarações estão descritos nos n.ºs 2 e 3, sendo que no n.º 2 por remissão para os n.ºs 2, 3 e 7 do artigo anterior. Veremos, contudo, que uma interpretação conjugada implica que se convoquem *outros* números do artigo 318.º

§ 31 A incompletude da remissão que consta do n.º 2 é bem patente quando se denota que existem normas para as quais remete (n.ºs 2, 3 e 7 do art. 318.º) que, por sua vez, remetem para outros números. Referimo-nos, concretamente, aos n.ºs 2 e 7 do art. 318.º que, o n.º 2 do presente artigo, menciona ser "correspondentemente aplicável". É que a "solicitação" a que o n.º 2 do art. 318.º se refere é a que consta do n.º 1 do mesmo artigo Por seu turno, a alusão no início do n.º 7 do art. 318.º a "Fora dos casos previstos no n.º 5", implica que se atente no n.º 5. Ou seja, existe uma *cadeia de remissões*. Pelo que, considerando as normas para os quais remetem as normas mencionadas no n.º 2 do presente artigo resulta, também, uma remissão para os referidos n.ºs 1 e 5. Será da conjugação de todas estas normas, que, com as devidas adaptações – "correspondentemente aplicável" – se extrairá na sua completude o regime processual para esta forma de tomada de declarações.

§ 32 E esta "cadeia de remissões" para o art. 318.º demonstra que aquele artigo serve de base, matriz, eixo central, no que concerne aos procedimentos para efetivação da tomada de declarações prevista no art. 319.º Dir-se-á que a principal *nuance* se prende com os pressupostos. Ali a residência fora do município, não imprescindibilidade para a descoberta da verdade e graves inconvenientes funcionais ou pessoais. Aqui, impossibilidade de prestação de declarações presenciais no tribunal da causa assente em "razões fundadas". Mais lato este artigo no sentido de abranger outras razões que não apenas a residência em município distinto, poder ser aplicado ao depoente que reside no tribunal da causa e prescindir do pressuposto da não imprescindibilidade da sua presença para a descoberta da verdade (o que resulta do requisito da impossibilidade de comparência). Mais restrito ao exigir a impossibilidade de comparência, ao passo que o art. 318.º apenas alude a grave inconveniente. No entanto, as razões para essa impossibilidade podem ser mais latas, já que não são circunscritas a residência em município distinto.

§ 33 No fundo, este artigo diverge, essencialmente, nos pressupostos que elenca no seu n.º 1, diferentes dos vertidos no n.º 1 do art. 318.º Em relação aos procedimentos e forma de realização a remissão é para o art. 318.º A única menção é do n.º 3, cuja especificidade em relação ao art. 318.º se prende com a ressalva da ausência de publicidade (que, como veremos, tem uma causa justificante que não tem "razão de ser" em todas as situações abarcadas pelo art. 319.º).

§ 34 Atenta a interligação que resulta da aludida "cadeia de remissões" este artigo não se pode manter alheio à evolução do art. 318.º É que, a redação do art. 319.º e suas últimas alterações reportam-se a um momento temporal em que a redação do art. 318.º apenas admitia a deprecada para tomada de declarações num outro tribunal, com gravação de prova, ou, excecionalmente, reduzida a escrito. Sucede que o art. 318.º foi sofrendo alterações, adaptando-se à evolução tecnológica, "abrindo" o processo penal a novos meios de comunicação à distância, e que foram insertos com a intenção de uma maior agilidade, celeridade de prova e aquisição probatória. Pelo que, aquando da sua redação, este artigo apenas estava "pensado" para situações em que o tribunal se deslocava (fisicamente) ao lugar onde se encontrava o depoente. Mas, por força da evolução daquele art. 318.º, não pode ficar "preso" apenas a essa forma de tomada de declarações.

§ 35 Interpretação evolutiva, aliás, que também se pode extrair da referida "cadeia de remissões". Mas, o que importa salientar neste ponto, é que o âmbito deste artigo já não se cinge, apenas, à "ida" do tribunal ao lugar onde se encontra o depoente. Esta corresponde à forma clássica e a única que estava prevista aquando da redação do presente artigo. Mas, que foi ampliada, fruto da "abertura" do art. 318.º à novas tecnologias. E que se estende ao art. 319.º por via das remissões.

§ 36 Conforme já notámos a remissão para o n.º 2 do art. 318.º "arrasta" consigo o n.º 1 do mesmo artigo. É que a "solicitação" a que se alude no referido n.º 2 é aquela que se encontra mencionada no n.º 1 do mesmo artigo. Pelo que, interligando o n.º 2 com o n.º 1, e excluindo os pressupostos para a tomada de declarações (porque esses constam do n.º 1 do art. 319.º), resulta que, excecionalmente, a tomada de declarações ao assistente, às partes civis, às testemunhas, a peritos ou a consultores técnicos, no lugar onde se encontrem, "pode, oficiosamente ou a requerimento, não ser prestada presencialmente, podendo ser solicitada ao juiz de outro tribunal ou juízo, por meio adequado de comunicação, nos termos do artigo 111.º".

§ **37** Sobre o requisito da excecionalidade, já referimos, que tal resulta do facto da regra ser a tomada de declarações presencial no tribunal da causa.

§ **38** A solicitação ao juiz de outro tribunal ou juízo para a tomada de declarações no lugar onde se encontre o depoente pode ser através de deprecada ou rogatória (quando no estrangeiro, por via da utilização dos mecanismos de cooperação internacional). Em relação à forma de solicitação v. anotação ao art. 111.º e 318.º A solicitação é de imediato comunicada ao MP, bem como aos representantes do arguido, do assistente e das partes civis, conforme n.º 2 do art. 318.º *ex vi* n.º 2 do presente artigo. Para maiores desenvolvimentos v. anotação ao art. 318.º

§ **39** A solicitação pode ser para que um juiz se desloque ao lugar onde se encontre o depoente (domícilio, hospital, casa de acolhimento – vítima), mas nada parece impedir que possa ser, em determinadas circunstâncias, para que as declarações sejam tomadas no tribunal deprecado/rogado, por teleconferência. Note-se que não existe sobreposição com o âmbito do art. 318.º. É que as razões fundantes podem ser diversas (que não apenas a residência). E pode suceder que essas razões fundantes impossibilitem a deslocação presencial ao tribunal da causa, mas permitam a deslocação ao tribunal do lugar onde se encontre. Sendo que o conceito de tomada de declarações no lugar onde se encontre é suficientemente flexível para abranger a recolha de declarações nas instalações onde seja possível, e mais conveniente, como será certamente, e preferencialmente, um tribunal.

§ **40** O *requerimento* para a tomada de declarações no lugar onde se encontre o depoente deve ser fundamentada, aduzindo os pressupostos que permitam a subsunção no art. 319.º. Preferencialmente, aquando da junção do requerimento probatório, mas não impedindo requerimento ulterior, se as causas forem supervenientes (para maiores desenvolvimentos v. anotação ao art. 318.º). Quem tiver requerido a tomada de declarações informa, no mesmo ato, quais os factos ou as circunstâncias sobre que aquelas devem versar (n.º 3 do art. 318.º *ex vi* n.º 2). Estas tomadas de declarações também podem ser ordenadas oficiosamente (n.º 1, "oficiosamente ou a requerimento"). Para outros desenvolvimentos v. anotação ao art. 318.º

§ **41** O despacho deverá ser devidamente fundamentado (art. 97.º/5) e é recorrível (para outros desenvolvimentos v. anotação ao art. 318.º), devendo no mesmo exarar-se o lugar onde serão tomadas as declarações, dia e hora onde serão realizadas. Lugar, dia e hora que devem ser comunicadas ao depoente (n.º 1).

§ **42** Por força da 2.ª parte do n.º 7 do art. 318.º aplicável *ex vi* n.º 2 "o conteúdo das declarações é reduzido a auto, sendo aquelas reproduzidas integralmente ou por súmula, conforme o juiz determinar, tendo em atenção os meios disponíveis de registo e transcrição, nos termos do artigo 101.º". Está vocacionada a norma para o caso de recolha de declarações fora do tribunal da causa (em princípio previamente ao início da audiência de julgamento, mas nada impedindo que seja no decurso desta), através da deslocação do tribunal da causa, ou do tribunal a quem se deprecou ou rogou a diligência.

§ **43** Dita o n.º 3 que a "tomada de declarações processa-se com observância das formalidades estabelecidas para a audiência, salvo no que respeita à publicidade." Esta exceção tem a sua razão de ser conexa com a tutela de outros direitos fundamentais, como seja proteção do domicílio, reserva da vida privada, personalidade. Essencialmente está pensada para a tomada de declarações no domicílio, já que, seria considerado manifestamente desproporcional permitir que qualquer pessoa tivesse direito de ali entrar ao abrigo do direito da assistência da audiência. Mas, poderá continuar a ser pertinente a restrição em outros locais em que se imponha especial recato (*v.g.* hospital).

§ **44** Já se considera proporcional que possam comparecer os sujeitos processuais que têm direito a intervir na audiência no domícilio. Nestes casos sopesando o direito à inviolabilidade do domícilio e os interesses da administração da justiça, entendendo-se que a compressão será tolerável. No entanto, implica que esteja devidamente fundamentado a necessidade de tomada de declarações naquele local. E que a diligência seja, na medida do possível, o menos invasiva. O que implica especiais cautelas de direção pelo juiz para que a diligência não descambe em intrusão desmesurada.

§ **45** Juízes, procuradores, advogados, funcionários judiciais, deslocam-se ao local da tomada de declarações. Já não parece que o arguido tenha o direito de estar presente fisicamente no local. Não por via da restrição da publicidade, que está focada para a assistência ao ato pelo público, mas porque o direito à presença tem por reporte o tribunal da causa. Nestas situações, as declarações podem/devem ser lidas ou reproduzidas em audiência de julgamento [cf. art. 356.º/1/a, para maiores desenvolvimentos v. respetiva anotação]. O contraditório pessoal (sendo que o seu advogado/defensor já teve a possibilidade de contraditar), no julgamento, irá incidir sobre a prova produzida, sendo esta que será examinada (art. 355.º/1) (para outros desenvolvimentos v. anotação ao art. 318.º). E nessa audiência o arguido pode pronunciar-se sobre o teor das declarações, se assim o entender. Não obstante, caso o depoente consinta nessa presença e corresponder à vontade do arguido, não se vislumbram óbices a que compareça na diligência (exceto se existirem motivos para o não permitir, *v.g.* proteção de testemunha).

§ **46** Conforme resulta do n.º 7 do art. 318.º as declarações são gravadas por sistema audiovisual, ou audio, e, só em caso de impossibilidade são reduzidas a escrito (para outros desenvolvimentos v. anotação ao art. 318.º). E, como se referiu, podem ser reproduzidas/lidas, em audiência.

§ **47** Resulta do n.º 3 que na tomada de declarações seguem-se as formalidades previstas para a audiência, nomeadamente, perguntas sobre identificação e costumes, inquirição, exercício de contraditório, etc. No entanto, naturalmente, poderá existir a adaptação de determinadas formalidades atento o lugar onde se desenrola a inquirição. A diligência é apenas para a tomada de declarações, pelo que, outros eventuais requerimentos deverão reservar-se para a sala de audiências. Igualmente, ao abrigo dos poderes de direção o juiz deve zelar para que o grau de intrusão se circunscreva ao minímo indispensável. O que não só se prende com o número de pessoas e espaço fisíco, como quaisquer outros comportamentos. De todo modo, para todos os efeitos, apesar de local distinto, estamos numa diligência realizada perante um tribunal.

§ **48** A intensidade do grau de intrusão terá de ser sopesado. Pelo que declarações que sejam laterais, não relevantes, ou não cruciais, não justificam a entrada de várias pessoas num domícilio. Reflexo dos princípios da proporcionalidade, razoabilidade e não excesso (art. 18.º/2 CRP).

§ **49** Firma o n.º 3 que são observadas as regras da audiência com exclusão da publicidade. Esta norma está essencialmente pensada para declarações no domícilio, considerando que seria desproporcional a entrada de público. No entanto, como referimos, as declarações podem ser tomadas em outro lugar onde se encontre o depoente. Nestes casos, poderá não justificar-se a restrição de publicidade. Deverão sopesar-se os interesses em jogo. Por exemplo, num hospital para salvaguarda do recato poderá revelar-se impraticável a publicidade, ou conveniente a sua restrição. Ou quando são tomadas declarações em locais reservados ao público, em que se justifique, pela mesma razão de ser, a necessidade de evitar a publicidade. Já quando não existam interesses de recato a tutelar semelhantes ao domicílio, a tomada de declarações deverá ser pública. Exemplo paradigmático, é quando o lugar relevante para efeito de tomada de declarações, seja, por exemplo, um outro tribunal que não o do tribunal da causa, por razões justificadas (sobre esta interpretação do lugar onde se encontra o depoente v. § 39).

§ 50 Como notámos, a restrição da publicidade está conexa com a deslocação do tribunal a um lugar que não se compadece com a assistência de público. Contudo, este artigo é mais amplo, abarcando outras situações que permitem, não só, a recolha de declarações previamente ao início do julgamento, mas também no decurso desta, em locais em que não existem esses óbices à publicidade. Acresce, como veremos, que entendemos que o artigo é compatível com uma tomada de declarações no decurso da audiência (§§ 51 a 53). E, nesses casos, falecendo a razão de ser da restrição da publicidade, esta não pode ser afastada. Naturalmente que, aqui, pode existir assistência na sala de audiência onde se pode ver e ouvir o depoente por meios de comunicação à distância. E, obviamente, o arguido tem o direito a assistir para exercício do contraditório.

§ 51 Já referimos que este artigo não altera a sua redação desde 1998. Ou seja, na data da última alteração, ainda o art. 318.º não previa tomada de declarações por meios tecnológicos. O que ulteriomente veio a suceder. Implica que as remissões não se mantenham estáticas e acompanhem a evolução normativa do art. 318.º, interpretação atualista e exigível numa leitura harmoniosa. É que, a remissão para o n.º 7 do art. 318.º não exclui a sua 1.ª parte. E esta remete para o n.º 5, a que, por sua vez, é aplicado o n.º 6.

§ 52 Assim, a tomada de declarações pode realizar-se em simultâneo com a audiência de julgamento, com recurso a equipamento tecnológico que permita a comunicação, por meio visual e sonoro, em tempo real (n.º 5), observando-se as disposições aplicáveis à tomada de declarações em audiência de julgamento (n.º 6). Estas declarações podem ser no tribunal do lugar onde se encontre o depoente, cumprindo-se integralmente as formalidades do n.º 6. Mas nada obsta, considerando que o artigo permite que as declarações possam ser prestadas fora de um tribunal, que o depoimento seja prestado diretamente a partir desse local, nesse caso, naturalmente, sem intervenção do funcionário judicial.

§ 53 Nesta situação funciona, integralmente, o demais vertido no n.º 6 (que não pressupõe a intervenção do funcionário judicial no tribunal deprecado ou rogado): a inquirição é efetuada perante o juiz da causa e os mandatários das partes, através de equipamento tecnológico que permita a comunicação, por meio visual e sonoro, em tempo real, sem necessidade de intervenção do juiz do local onde o depoimento é prestado. Sendo que a identificação é aferida através das perguntas do tribunal e, exibição, se necessário, de prova documental (para maiores desenvolvimentos v. anotação § 47 a 55 ao art. 318.º).

§ 54 Esta norma também poderá ser convocada quando houver necessidade de tomada de declarações no estrangeiro, diretamente com o depoente, por meios de comunicação à distância conjugando com o art. 318.º/8. A norma apenas alude ao "lugar onde se encontrar", não limitando, em nenhuma parte, a operatividade normativa ao território nacional. Nem, numa interpretação harmoniosa, conjugada, e atualista, com o n.º 8 do art. 318.º, veda o uso de equipamento tecnológico, quando se revela imperioso para a prossecução das finalidades do processo penal. Deverá, contudo, atender-se à ressalva da 1.ª parte do n.º 8 do art. 318.º, "Sem prejuízo do disposto em instrumentos internacionais ou europeus". Aparentemente, neste sentido, ou seja, admitindo a inquirição por meios de comunicação à distância, nomeadamente em situações de urgência, por convocação do n.º 7 do art. 318.º (no caso tratava-se da inquirição de testemunha chinesa por Skype em território chinês), mas também convocando os arts. 319.º e 320.º [de onde resulta defender que tais normas também admitem a tomada de declarações por meios de comunicação à distância, ac. RL, 08.10.2019 (Agostinho Torres), referindo que da "conjugação de todas estas normas entre si resulta pois, sobretudo em casos urgentes, como foi o caso (e face à evidente desnecessidade de aplicação obrigatória do n.º 6 do art.º 318.º do CPP com intervenção de (...) funcionário judicial do tribunal ou juízo onde o depoimento é prestado(...)", dado ser processo de arguidos presos, com prazos de produção de prova e haver grave dificuldade de contacto com o ofendido, que a sua tomada de declarações pudesse sê-lo em domicílio ou equivalente, por critério discricionário do presidente do tribunal e sem recurso a carta rogatória, com os consabidos inconvenientes de demora e tradução de actos que isso implicaria"]. Para outros desenvolvimentos v. anotações §§ 56 a 70 ao art. 318.º

VI – Incumprimento e consequências

§ 55 Não sendo prevista outra sanção (*v.g.* nulidade), o desvio processual ao vertido neste artigo consubstancia uma irregularidade (art. 123.º). É o caso da solicitação da videoconferência por meios de comunicação distintos do art.

111.º, rejeição verificando-se as premissas do n.º 1 ou, pelo contrário, deferindo sem se verificarem, desrespeito de formalidades estabelecidas para a audiência cf. impõe n.º 4 do art. 318.º, ausência de identificação ao abrigo do n.º 6 do mesmo artigo, comunicação apenas por meio sonoro ou conversa telefónica, ou por redução a escrita pelo tribunal deprecado sem justificação para o efeito, sendo que, não obstante, nestes casos, poderá ainda influir na força probatória das declarações.

TIAGO CAIADO MILHEIRO

Artigo 320.º
Realização de atos urgentes

1 – O presidente, oficiosamente ou a requerimento, procede à realização dos atos urgentes ou cuja demora possa acarretar perigo para a aquisição ou a conservação da prova, ou para a descoberta da verdade, nomeadamente à tomada de declarações nos casos e às pessoas referidas nos artigos 271.º e 294.º

2 – É correspondentemente aplicável o disposto nos n.os 2, 3, 4 e 7 do artigo 318.º

Origem do texto: corresponde à redação originária aprovada pelo DL 78/87, com as alterações introduzidas pela L 59/98, de 25.08, através do qual se alterou no n.º 2 onde constava "5" para o atual "7".

Sumário do comentário:
I – Considerandos gerais (§§ 1 a 4)
II – Âmbito subjetivo e objetivo (§§ 5 a 17)
III – Pressupostos (§§ 18 a 20)
IV Valoração (§ 21)
V – Formalidades (§§ 22 a 40)
VI – Incumprimento e consequências (§ 41)

I – Considerandos gerais

§ 1 A norma encontra-se inserta sistematicamente nas fase prévias ao início da audiência de julgamento, mas nada impede que seja convocada no decurso do julgamento (como sucede com os arts. 318.º e 319.º). Embora a previsão do art. 320.º esteja mais vocacionada para um momento prévio ao início do julgamento, pode ser simultâneo a este. Tal como os artigos anteriores (arts. 318.º e 319.º), tem por escopo realizar atos necessários para aquisição ou conservação de prova, mas é mais amplo, já que não se circunscreve apenas à tomada de declarações de assistente, parte civil, testemunhas, peritos ou consultores técnicos.

§ 2 Tal como o art. 319.º, a *ratio* é que seja carreado para os autos prova relevante para a descoberta da verdade material. Ou seja, prova pertinente para o objeto da causa. Quer concernente à acusação ou pedido civil, ou todas as outras questões conexas, como seja, a perda de bens (perda clássica ou perda alargada), ou atinentes à defesa criminal, demanda civil ou, também (embora a norma não o refira expressamente), terceiro que se arroga titular de um direito. Relativamente ao arguido releva a prova concernente a factos insertos no objeto do processo, e que tenham reflexos favoráveis, contemplando factos atinentes à responsabilidade criminal, validade de prova, escolha e medida da pena (sobre os factos sobre os quais podem incidir as declarações v. também § 10).

§ **3** Como notámos, este art. 320.º é mais amplo do que o art. 319.º (e 318.º) em relação à prova relativamente à qual pode ser usado. Se em ambos o escopo é conservar ou adquirir prova pertinente para a boa decisão da causa, o art. 319.º (e 318.º) apenas incide sobre declarações, ao passo que o art. 320.º abarca *outra* prova. Também os pressupostos são distintos. No art. 318.º a causa fundante é a residência em outro município, no art. 319.º a impossibilidade de depor em audiência e neste art. 320.º a urgência para a aquisição, conservação e descoberta da verdade.

§ **4** Os atos urgentes praticados ao abrigo deste artigo podem ser realizados mesmo estando o processo criminal suspenso por via da declaração de contumácia (v. art. 335.º/; para maiores desenvolvimentos v. respetiva anotação).

II – Âmbito subjetivo e objetivo

§ **5** A norma tem natureza excecional. Ou seja, a regra é a produção de prova na audiência (art. 355.º), segundo o ritualismo e a ordem que se encontra vertida legalmente. Este artigo, fruto da urgência, tanto admite a produção de prova antes de início da audiência de julgamento, como também que seja alterada a ordem [aqui, também integrado no poder de direção do juiz, cf. art. 323.º/a], ou outros casos urgentes que se imponham no decurso do julgamento. Pelo que, tendo natureza excecional, deve ser fundamentado o afastamento da regra geral, expondo os motivos factuais e de direito (art. 97.º/5), sob pena de irregularidade.

§ **6** Não é apenas a tomada de declarações, embora seja indicada a título exemplificativo, que este artigo abarca. Mas outros atos ou prova que urja praticar ou produzir, por não se compadecerem com previsíveis demoras no início do julgamento, ou do momento processual em que irão ocorrer.

§ **7** Assim, no que concerne ao âmbito objetivo normativo, não existe uma delimitação de atos ou prova que podem ser praticados ao abrigo deste artigo. Como resulta da epígrafe a abrangência normativa é definida pela urgência. É certo que o legislador menciona a tomada de declarações, mas apenas o faz a título indicativo.

§ **8** A condição despoletadora do uso desta norma é a necessidade de realizar atos urgentes ou cuja demora possa acarretar perigo para a aquisição ou conservação da prova, ou descoberta da verdade. Como resulta da sua epígrafe estamos sempre perante atos de urgência. Ou seja, é a situação de urgência, que pode englobar uma mutiplicidade de situações da vida real (razão pelo qual o legislador usa conceitos abertos, não tipificando e circunscrevendo os casos) que está presente na teleologia deste normativo.

§ **9** Norma semelhante existe também para os OPC, a propósito das medidas cautelares, que tanto podem ocorrer antes da abertura do inquérito, como no seu decurso, e que se prende com a necessidade de acautelar prova relevante para a descoberta da verdade material (para outros desenvolvimentos v. anotações aos arts. 249.º e ss, Tomo III).

§ **10** Este artigo permite, como referimos, antecipar atos ou prova ou ordená-la, no decurso da audiência, sem aguardar pelo tempo que seria necessário à sua prática/produção. Ato urgente é todo aquele que não se compadece com mais delongas sob pena de perder a sua eficácia/relevância/interesse processual. Aquele que tem de ser imediatamente praticado para surtir os efeitos processuais desejados para prossecução dos fins do processo penal, e cujo normal desenvolvimento da lide, atento o circunstancialismo em concreto, colocaria em causa. Os atos cuja demora possa acarretar perigo para a aquisição ou a conservação da prova, ou para a descoberta da verdade, são os que não se praticando urgentemente implicam a inutilização, adulteração, ocultação, deturpação, condicionamento, da prova, ou quaisquer outras vicissitudes impeditivas, limitativas ou condicionadoras da obtenção de prova ou sua manutenção, ou descoberta da verdade.

§ **11** Atos que, como referimos em § 2, tanto podem "beneficiar" a acusação, como o arguido. E podem ter como fundamento inúmeras razões. Alguns exemplos. O reconhecimento tem de ser feito imediatamente porque existem notícias de que o arguido poderá ficar em paradeiro desconhecido. Impõe-se com urgência uma reconstituição ou exame ou local, porque se antevê que o local do crime poderá sofrer modificações impeditivas da diligência. A acareação não se compadece com o início do julgamento atento o estado avançado de doença de um acareado. Existe o risco de uma testemunha se ausentar para o estrangeiro para local desconhecido. A pesquisa informática requerida não pode aguardar mais sob pena de se perderem dados informáticos considerados relevantes. A recolha de ADN tem de ser imediata para que o resultado se logre o mais rapidamente possível e evite retardamento dos trabalhos. Inclusive, pode ser imperioso para a proteção da vítima.

§ 12 Como já notámos podem ser abarcados por este normativo uma multiplicidade de situações. Nomeadamente, como refere a norma, a "tomada de declarações nos casos e às pessoas referidas nos artigos 271.º e 294.º", ou seja, em caso de doença grave ou de deslocação para o estrangeiro de assistente, partes civis, peritos, consultores técnicos, testemunha, que previsivelmente a impeça de ser ouvida em julgamento" (art. 271.º/1/7 e 294.º), "vítima de crime de tráfico de órgãos humanos, tráfico de pessoas ou contra a liberdade e autodeterminação sexual" (art. 271.º/1), menor no caso de processo por crime contra a liberdade e autodeterminação sexual de menor (art. 271.º/2). A referência aos arts. 271.º e 294.º também abarca as acareações (art. 271.º/7; para maiores desenvolvimentos v. respetiva anotação, Tomo I).

§ 13 A menção aos arts. 271.º e 294.º, que disciplinam sobre as declarações para memória futura, aponta para a possibilidade de aplicação desta artigo para produção antecipada de prova num momento em que ainda não se iniciou o julgamento. Embora aquelas estejam vocacionadas para tomada de declarações nas fases prévias ao julgamento (inquérito e instrução) e podem influenciar a decisão de acusar, pronunciar/arquivar, não pronunciar/utilização de mecanismos de diversão, a tomada de declarações ao abrigo deste artigo está inserido na fase de julgamento, mas pode ocorrer antes do início da audiência. Nesta situação também é, na sua essência, uma declaração para memória futura. Ou seja, declarações que podem ser utilizadas (art. 356.º/1/a e 2/a) no decurso da audiência de julgamento, embora tenham sido prestadas num momento anterior ao início daquela. Com três destrinças. Naturalmente já não servirão para influenciar a decisão de acusar/pronunciar, o hiato temporal entre a tomada de declarações e utilização será bem menor, e já não se verificará a proximidade entre o evento criminoso e as declarações (motivo que, entre outros, justifica as declarações para memória futura em fases embrionárias do processo).

§ 14 Conforme assinala Paulo Dá Mesquita, anotação ao art. 271.º, § 3, Tomo III, "*Os fins das declarações para memória futura determinam que o regime estabelecido no art. 271.º para a fase de inquérito também seja aplicável, com as devidas adaptações, nas fases de (...) julgamento (nesta última para atos antecipados de produção de prova relativamente à audiência de julgamento), como se estabelece nos arts. 294.º e 320.º/1*". Estas declarações para memória futura (Paulo Dá Mesquita, anotação ao art. 271.º, §11, Tomo

III), "*constituem um meio de conservação da prova testemunhal nos casos de «doença grave ou deslocação para o estrangeiro» da fonte de prova, e representam um «direito que aos sujeitos processuais é conferido de garantir aquela prova» (assim DAMIÃO DA CUNHA, 1997, p. 408)*". Para além disso (PAULO DÁ MESQUITA, anotação ao art. 271.º, §12, Tomo III), também são um "*instrumento de proteção das próprias fontes de prova que beneficiam de especial proteção, as vítimas de crimes indicadas no art. 271.º/1 e as testemunhas particularmente vulneráveis (art. 28.º/2 LPT) casos em que existe um dever das autoridades judiciárias impulsionarem o incidente probatório. Via que resultou de uma evolução gradual das fontes prova protegidas: numa primeira fase vítimas de crimes sexuais, depois testemunhas particularmente vulneráveis (art. 28.º/ 2 LPT) depois, de uma forma geral, vítima de crime de tráfico de pessoas, visando na componente protetiva da pessoa (que se cumula à da salvaguarda probatória) salvaguardá-las do confronto e tensão da audiência de julgamento, preservá-las do reviver sucessivo de uma experiência traumática e/ou limitar os perigos de perseguição por criminosos. Na revisão de 2007 do CPP acentuou-se a dimensão prescritiva no caso de vítima menor de crime contra a liberdade e autodeterminação sexual ao impor como regra a sua audição em declarações para memória futura (art. 271.º/2). Processo de alargamento progressivo também expresso na revisão de 2008 da LPT, essencialmente determinada por obrigações internacionais do Estado português, através da ampliação do espectro de crimes, tornando-se ainda inequívoco que a diminuta ou avançada idade, o estado de saúde ou o facto de ter de depor ou prestar declarações contra pessoa da própria família ou de grupo social fechado em que esteja inserida numa condição de subordinação ou dependência são apenas exemplos padrão da especial vulnerabilidade da testemunha (art. 26.º LPT, a ênfase no carácter meramente exemplificativo desse tipo de razões foi alcançado através da introdução do advérbio «nomeadamente» na revisão de 2008 do art. 26.º/2). A previsão no art. 271.º/1 das vítimas de crime de tráfico de órgãos humanos foi introduzida pela L 102/2019 — sobre a evolução das políticas processuais nesta matéria em face da jurisprudência do TEDH, cf. DÁ MESQUITA, 2019, 1104-1119; 2020, pp. 2316-2332).*"

§ 15 Note-se, contudo, que esta tomada de declarações antecipada tem uma dimensão distinta ao abrigo deste artigo 320.º, com traços específicos. É que pode abranger outros casos e pessoas para além dos(as) indicados em 271.º e 294.º, apenas mencionados a título exemplificativo. O crucial é que se trate de uma situação de urgência nos termos definidos na norma. Por outro lado, pode estender-se a outros meios de prova: reconhecimentos, reconstituições, etc.

Acresce que, quanto à forma de tomada de declarações, o presente artigo estabelece os procedimentos, ainda que por remissão (n.º 2), apenas sendo necessário convocar as regras do art. 271.º para complementar eventuais espaços lacunosos.

§ 16 A norma não limita, em nenhuma parte da sua letra, a sua aplicabilidade a um momento processual prévio ao início da audiência de julgamento. Ou seja, não estão apenas em causa declarações para memória futura prestadas antes do início da audiência de julgamento. A sua razão de ser, a amplitude dos requisitos de admissibilidade, em suma, a sua estatuição, permitem que possa ser utilizada no decurso de julgamento. Por exemplo, inquirição imediata, ou tomada de declarações por meios de comunicação à distância, caso o circunstancialismo em concreto aponte para uma situação de urgência que implique o ajustamento procedimental para produzir o mais rapidamente possível a prova [um caso de aplicação da norma no decurso do julgamento foi decidida pelo ac. STJ, 04.06.1996 (Sousa Guedes): "*I – A realização dos atos urgentes de que fala o art. 320.º, n.º 1 do CPP, está dependente tão-sómente do prudente arbítrio e livre resolução do juiz presidente do tribunal, sem que esteja obrigado a ouvir as partes, antes de decidir. II – É ao presidente que compete a direção dos trabalhos de audiência de julgamento e, quanto a esta, as suas decisões só são precedidas de audição contraditória, se aquele entender que isso não põe em causa a eficácia das medidas a tomar*", neste caso inserida no poder de direção]. Também pode ser necessário convocar o artigo em caso de adiamento da audiência. Foi a situação apreciada pelo ac. STJ, 22.11.2006 (Pires Salpico): "*I – Não se verifica qualquer violação do princípio do contraditório, nem se mostra infringido o disposto no art. 32.º, n.º 1, da CRP, perante seguinte sequência processual: – a audiência de julgamento em 1.ª instância foi adiada, por falta do arguido, a requerimento do MP; – nessa ocasião, foi nomeado, como defensor oficioso do arguido, advogado que se encontrava presente e que aceitou o cargo; – na mesma ocasião, o MP requereu que, para memória futura, fossem colhidos os depoimentos de duas testemunhas, cidadãos espanhóis, o que foi deferido após serem ouvidos os defensores oficiosos que nada opuseram, havendo-se ordenado a colheita dos referidos depoimentos, com observância do disposto no art. 320.º do CPP, decisão devidamente notificada a todos os presentes; pois é de concluir, sem qualquer dúvida, que o defensor oficioso nomeado ao arguido esteve presente, quer no ato de adiamento do julgamento, quer por ocasião da colheita de depoimentos para memória futura, sendo certo que o conteúdo desses depoimentos foi lido em audiência de julgamento, onde, igualmente, poderia ter sido exercido o contraditório.*"

§ **17** Existe uma linha comum aos arts. 318.º, 319.º e 320.º: em todos eles subjaz uma preocupação de que sejam ultrapassados obstáculos impeditivos de produção de prova relevante para a decisão final. Os arts. 318.º e 319.º, contudo, focados na tomada de declarações das pessoas que ali referem. O art. 320.º bem mais amplo. Não existe sobreposição entre os normativos. As diversas ocorrências da vida real e os conceitos abertos utilizados permitem acolher uma multiplicidade de situações. Mas é, sem dúvida, um regime normativo que permite ao tribunal, equacionando os diversos interesses que se contrapõem no processo penal, remover barreiras que se coloquem, nomeadamente à angariação e conservação de prova.

III – Pressupostos

§ **18** A "realização dos atos urgentes ou cuja demora possa acarretar perigo para a aquisição ou a conservação da prova, ou para a descoberta da verdade" é um conceito aberto de tal modo maleável que permite abarcar uma multiplicidade de atos ou prova. Pode-se concluir, desde logo, que o legislador não quis estabelecer quaisquer "amarras" E daí não ter estabelecido uma catálogo fechado de tais atos ou prova.

§ **19** De todo modo, o que importa sempre relembrar é que se tratam de situações excecionais. A regra é da tomada de declarações presenciais no tribunal da causa, pela ordem e com as formalidades contempladas para aquela diligência. Ao admitir a antecipação de atos, um ritualismo processual mais célere e ágil, ou desvio à ordem de produção de prova, a norma tem um cariz excecional. Pelo que, deverá ser sempre fundamentada a sua necessidade, ao abrigo do art. 97.º/5.

§ **20** Não devemos ser indiferentes em relação à redação da epígrafe. A alusão a "urgência" implica que esta seja a bússola orientador. O critério para permitir, excecionalmente, a prática de atos e prova urgentemente, antecipando o momento processual em que, normalmente, o ato ou a prova seria produzida. É importante e crucial a densificação factual que permita concluir por uma situação de urgência. Só assim é possível aferir se a restrição de outros interesses processuais é proporcional, adequada, necessária, razoável e não excessiva. Para além de se tratar da *conditio sine quo non* que legitima o desvio à tramitação processual "normal". Para outros desenvolvimentos sobre o conceito de "atos urgentes ou cuja demora possa acarretar perigo para a aquisição ou a conservação da prova, ou para a descoberta da verdade" v. § 10.

IV – Valoração

§ 21 Não existe qualquer limitação à validade dos atos processuais e valoração probatória da prova, que foram praticados ou produzidos urgentemente. A sua natureza urgente não afeta em nenhum medida, o seu valor probatório. A mesma, quando se trate de prova que envolva declarações, pode ser lida, ouvida e visualizada em audiência (art. 355.º/2 e 356.º/1/a e n.º 8).

V – Formalidades

§ 22 As formalidades e meios para a tomada de declarações urgentes encontram-se descritos nos n.ºs 2, 3, 4 e 7 do art. 318.º, por remissão do n.º 2. Pelos motivos aduzidos em §§ 30 e ss da anotação ao artigo 319.º, uma interpretação conjugada implica que convoquem *outros* números do artigo 318.º

§ 23 Essa remissão abarca todas as tomadas de declarações urgentes, quer estejam assim autonomizadas – *v.g.* assistente, partes cíveis, testemunhas – quer insertas num meio de prova – acareação.

§ 24 A "cadeia de remissões" para o art. 318.º demonstra que aquele artigo serve de base, matriz, eixo central no que concerne aos procedimentos para efetivação da tomada de declarações prevista no art. 320.º Dir-se-á que a principal *nuance* se prende com os pressupostos. Ali a residência fora do município, não imprescindibilidade para a descoberta da verdade e graves inconvenientes funcionais ou pessoais. Aqui a urgência na prestação de declarações.

§ 25 No fundo, este artigo diverge, essencialmente, nos pressupostos que elenca no seu n.º 1, diferentes dos pressupostos vertidos no n.º 1 do art. 318.º Em relação aos procedimentos e forma de realização a remissão é para o art. 318.º.

§ 26 Atenta esta interligação entre os artigos que resulta da aludida "cadeia de remissões" esta norma não se pode manter alheia à evolução do art. 318.º É que, a redação deste artigo 320.º e suas últimas alterações reportam-se a um momento temporal em que a redação do art. 318.º apenas admitia a deprecada para tomada de declarações num outro tribunal, com gravação de prova, ou, excecionalmente, reduzida a escrito. Sucede que o art. 318.º foi sofrendo alterações, adaptando-se à evolução tecnológica, "abrindo" o processo penal a novos meios tecnológicos, e que foram insertos com a intenção de uma maior agilidade e celeridade de prova, e aquisição probatória. Intepretação evolutiva, aliás, que também se pode extrair da referida "cadeia de remissões".

§ 27 Conforme já notámos, a remissão para o n.º 2 do art. 318.º "arrasta" consigo o n.º 1 do mesmo artigo. É que a "solicitação" a que se alude no referido n.º 2 é aquela que se encontra mencionada no n.º 1 do mesmo artigo. Pelo que, interligando o n.º 2 com o n.º 1, e excluindo os pressupostos para a tomada de declarações, porque esses constam do n.º 1 do art. 318.º, resulta que, excecionalmente, a tomada de declarações ao assistente, às partes civis, às testemunhas, a peritos ou a consultores técnicos, no lugar onde se encontrem, "pode, oficiosamente ou a requerimento, não ser prestada presencialmente, podendo ser solicitada ao juiz de outro tribunal ou juízo, por meio adequado de comunicação, nos termos do artigo 111.º".

§ 28 Sobre o requisito da excecionalidade já o referimos, que tal resulta do facto da regra ser a tomada de declarações presencial no tribunal da causa, aquando da audiência de julgamento, no momento processual definido legalmente para o efeito.

§ 29 A solicitação ao juiz de outro tribunal ou juízo para a tomada de declarações urgente pode ser através de deprecada ou rogatória (quando no estrangeiro). Urgência que deve ser salientada aquando do pedido de deprecada ou rogatória. E que a pode inviabilizar, podendo socorrer-se o tribunal, também por questão de urgência, de meios de comunicação à distância (para outros desenvolvimentos v. anotação ao art. 319.º). Em relação à forma de solicitação v. anotação ao art. 111.º e 318.º A solicitação é de imediato comunicada ao Ministério Público, bem como aos representantes do arguido, do assistente e das partes civis, conforme n.º 2 do art. 318.º *ex vi* n.º 2 do presente artigo. Para maiores desenvolvimentos v. anotação ao art. 318.º

§ 30 O *requerimento* para a tomada de declarações urgente deve ser fundamentado, aduzindo os pressupostos que permitam a subsunção no art. 320.º Preferencialmente, aquando da junção do requerimento probatório, mas não impedindo requerimento ulterior, se as causas forem supervenientes (para maiores desenvolvimentos v. anotação ao art. 318.º). Quem tiver requerido a tomada de declarações urgente informa, no mesmo ato, quais os factos ou as circunstâncias sobre que aquelas devem versar (n.º 3 do art. 318.º *ex vi* n.º 2). Estas tomada de declarações urgente também podem ser ordenada oficiosamente (n.º 1, "oficiosamente ou a requerimento"). Para outros desenvolvimentos v. anotação ao art. 318.º

§ **31** O despacho deverá ser devidamente fundamentado (art. 97.º/5) e é recorrível (para outros desenvolvimentos v. anotação ao art. 318.º), devendo no mesmo exarar-se o lugar onde serão tomadas as declarações, dia e hora onde serão realizadas. Lugar, dia e hora que devem ser comunicadas ao depoente (n.º 1).

§ **32** Por força da 2.ª parte do n.º 7 do art. 318.º aplicável *ex vi* n.º 2 "o conteúdo das declarações é reduzido a auto, sendo aquelas reproduzidas integralmente ou por súmula, conforme o juiz determinar, tendo em atenção os meios disponíveis de registo e transcrição, nos termos do artigo 101.º". Está vocacionada a norma para o caso de recolha de declarações fora do tribunal da causa (em princípio previamente ao início da audiência de julgamento, mas nada impedindo que seja no decurso desta).

§ **33** Dita o n.º 4 do art. 318.º que a "tomada de declarações processa-se com observância das formalidades estabelecidas para a audiência". Já não se coloca qualquer entrave à publicidade como faz o art. 319.º, porque ali a razão de ser da restrição de público se prende com a tutela do domicílio ou outras situações conexas com a proteção da reserva, privacidade e intimidade do depoente.

§ **34** Conforme resulta do n.º 7 do art. 318.º as declarações são gravadas por sistema audiovisual, ou audio, e , só em caso de impossibilidade são reduzidas a escrito (para outros desenvolvimentos v. anotação ao art. 318.º). E, como se mencionou, podem ser reproduzidas/lidas, em audiência.

§ **35** Já referimos que este artigo não altera a sua redação desde 1998. Ou seja, na data da última alteração, ainda o art. 318.º não previa tomada de declarações por meios tecnológicos. O que ulteriomente veio a suceder. Implica que as remissões não se mantenham estáticas e acompanhem a evolução normativa do art. 318.º, interpretação atualista e exigível numa leitura harmoniosa. É que, a remissão para o n.º 7 do art. 318.º não exclui a sua 1.ª parte. E esta remete para o n.º 5 a que, por sua vez, é aplicado o n.º 6.

§ **36** Assim, a tomada de declarações urgente pode realizar-se em simultâneo com a audiência de julgamento, com recurso a equipamento tecnológico que permita a comunicação, por meio visual e sonoro, em tempo real (n.º 5 do art. 328.º), observando-se as disposições aplicáveis à tomada de declarações em audiência de julgamento (n.º 6 do art. 318.º). Estas declarações podem ser no tribunal do lugar onde se encontre o depoente, cumprindo-se integralmente as formalidades do n.º 6. Mas nada obsta, considerando que o artigo permite que as declarações possam ser prestadas fora de um tribunal, que o depoimento seja prestado diretamente a partir desse local, nesse caso, naturalmente, sem intervenção do funcionário judicial.

§ 37 Nesta situação funciona, integralmente, o demais vertido no n.º 6 do art. 318.º (que não pressupõe a intervenção do funcionário judicial no tribunal deprecado ou rogado): a inquirição é efetuada perante o juiz da causa e os mandatários das partes, através de equipamento tecnológico que permita a comunicação, por meio visual e sonoro, em tempo real, sem necessidade de intervenção do juiz do local onde o depoimento é prestado. Sendo que a identificação é aferida através das perguntas do tribunal e, exibição, se necessário, de prova documental (para maiores desenvolvimentos v. anotações § 47 a 55 ao art. 318.º).

§ 38 A tal não obsta o facto do depoente se encontrar no estrangeiro. Este artigo também poderá ser convocado quando houver necessidade de tomada de declarações no estrangeiro, por meios de comunicação à distância, conjugando com o art. 318.º/8. É justamente a urgência que impõe a utilização de tais meios tecnológicos [neste sentido, aparentemente, ac. RL, 08.10.2019 (Agostinho Torres); para outros desenvolvimentos v. anotação § 54 ao art. 319.º].

§ 39 A remissão do n.º 2 é apenas em relação à tomada de declarações. Pelo que, para outros atos e meios de prova terá de se acatar o procedimento legal previsto no CPP, não existindo nenhuma *nuance*, que não seja a urgência, que pode, inclusive, determinar que se atribuia natureza urgente ao processo (art. 103.º/2/c, para maiores desenvolvimentos v. respetiva anotação, Tomo I).

§ 40 Uma pequena nota para relembra que este artigo também é mencionado a propósito do recurso de revisão. No art. 459.º sob a epígrafe "Meios de prova e atos urgentes", firma o n.º 1 que "Baixado o processo, o juiz manda dar vista ao Ministério Público para indicar meios de prova e, para o mesmo fim, ordena a notificação do arguido e do assistente" e dita o n.º 2 que "Seguidamente, o juiz pratica os atos urgentes necessários, nos termos do artigo 320.º, e ordena a realização das diligências requeridas e as demais que considerar necessárias para o esclarecimento da causa."

VI – Incumprimento e consequências

§ 41 Não sendo prevista outra sanção (*v.g.* nulidade), o desvio processual ao vertido neste artigo consubstancia uma irregularidade (art. 123.º) (para outros desenvolvimentos v. anotação § 55 ao art. 319.º).

TIAGO CAIADO MILHEIRO

TÍTULO II
Da audiência

CAPÍTULO I
Disposições gerais

Artigo 321.º
Publicidade da audiência

1 – A audiência de julgamento é pública, sob pena de nulidade insanável, salvo nos casos em que o presidente decidir a exclusão ou a restrição da publicidade.

2 – É correspondentemente aplicável o disposto no artigo 87.º

3 – A decisão de exclusão ou de restrição da publicidade é, sempre que possível, precedida de audição contraditória dos sujeitos processuais interessados.

Origem do texto: mantém a redação originária aprovada pelo DL 78/87.

Sumário do comentário:
I – Considerações gerais (§§ 1 a 4)
II – Restrição da publicidade (§§ 5 a 11)
III – Inobservância do procedimento (§§ 12 a 14)
IV – Recurso (§ 15)

I – Considerações gerais

§ 1 A publicidade das audiências dos tribunais é uma exigência do Estado de direito democrático (art. 2.º CRP), sendo uma conquista do Estado constitucional em reação ao secretismo da justiça no Estado do «antigo regime». A função da publicidade das audiências está não apenas em reforçar as garantias de defesa dos cidadãos perante a justiça, mas também em proporcionar o *controlo popular* da justiça, robustecendo, por isso, a legitimidade dos tribunais (ac. TC 110/85, JJ Gomes Canotilho e Vital Moreira, 1993, p. 801). A publicidade da audiência coenvolve a publicidade das decisões subsequentes.

§ 2 A norma tem como antecedente, a nível do direito ordinário, o art. 407.º CPP/29. Consagra a regra da publicidade da audiência de julgamento salvo nos casos em que o presidente decidir a exclusão ou a restrição da publicidade, para salvaguarda da dignidade das pessoas e da moral pública ou para garantir o seu normal funcionamento, situações tipificadas na Constituição como exceção ao princípio da publicidade da audiência (art. 206.º, CRP). O direito a um julgamento público está consagrado no art. 47.º CDFUE, norma que liga a imparcialidade ao julgamento aberto ao público. Também a CEDH (art. 6.º) integra no direito a um processo equitativo o julgamento público [ac. STJ, 12.11.2009 (Maia Costa) SASTJ 2009]. Finalmente a DUDH (art. 10.º) consagra o direito a julgamento público em matéria penal.

§ **3** A audiência de julgamento é o campo de eleição do princípio da publicidade. A audiência de julgamento é pública, num duplo sentido: (*a*) qualquer cidadão tem o direito a assitir ao desenrolar da audiência de julgamento; (*b*) são admissíveis os relatos públicos da audiência. A dimensão do princípio da publicidade relacionada com os meios de informação é a mais problemática. Os processos criminais são hoje um filão explorado pelos meios de comunicação, desde a informação noticiosa até aos programas de entretenimento, onde abundam condenações sumárias sem julgamento, autênticos *pelourinhos mediáticos* em que o *trial by court,* o *due process of law,* com irremediável atropelo de princípios constitucionais e processuais (Jorge de Figueiredo Dias, 1974, p. 226). Importa estabelecer o equilíbrio possível entre o direito a informar, a realização da justiça e as garantias de defesa do arguido, sabendo-se que há limites inultrapassáveis.

§ **4** As audiências em recurso estão submetidas ao princípio da publicidade (art. 423.º/5), já as conferências realizam-se com exclusão de publicidade (art. 419.º/1, ac. TC 110/85).

II – Restrição da publicidade

§ **5** A exclusão ou restrição da publicidade é decidida oficiosamente ou a requerimento do Ministério Público, do arguido ou do assistente, por despacho devidamente fundamentado do juiz e deve fundar-se em factos ou circunstâncias concretas que façam presumir que a publicidade causaria grave dano à dignidade das pessoas, à moral pública ou ao normal decurso do ato e deve ser revogada logo que cessarem os motivos que lhe deram causa (cf. Comentário ao art. 87.º, Tomo I). A restrição da livre assistência do público pode abranger toda a audiência, ou parte dela. A circunstância de a norma constitucional (art. 206.º) atribuir essa competência ao *tribunal* não fere de inconstitucionalidade a norma ordinária, que a atribui ao *presidente*, porquanto o legislador usou a expressão no sentido mais abrangente de órgão de soberania com competência para a administração da justiça (Paulo Pinto de Albuquerque, 2008, p. 818). Diversamente, Adélio Pereira André (1987, p. 47), sustenta que a referência ao presidente ofende a Constituição que impõe o «tribunal». A decisão de exclusão ou de restrição da publicidade é, sempre que possível, precedida de audição contraditória dos sujeitos processuais interessados. Embora uma competência do presidente, em processo comum coletivo deve, se tomada no início da audiência ou no seu decurso, levar em linha de conta a posição dos adjuntos.

§ 6 A restrição de publicidade no julgamento quando está em causa a possibilidade de divulgação pública de documentos que constituem segredo de Estado, bem como a prestação de depoimentos que contendam com aquele foi afirmada pela RL no ac. de 20.02.2018 (Carlos Espírito Santo, CJ *on line* referência 3934/2018). Diversamente, JJ Gomes Canotilho e Vital Moreira (1993, p. 801-802), entendem que entre as razões que podem justificar as audiências não abertas ao público não se contam os chamados «interesses do Estado», nem sequer os relativos aos assuntos de «segredo de Estado». Na fase da audiência de julgamento o princípio da publicidade vale com o mínimo de limitações, como prescreve o art. 206.º CRP, e o certo é que o legislador não consagrou essa restrição (§ 13 do Comentário ao art. 137.º, Tomo I).

§ 7 A regra da publicidade passa a ser exceção, em audiência de julgamento de processo por crime de tráfico de órgãos humanos, tráfico de pessoas, ou contra a liberdade e autodeterminação sexual, casos em que a audiência de julgamento decorre, em regra, com exclusão da publicidade (art. 87.º/3, *ex vi*, n.º 2 da norma em comentário). Decorrendo a audiência com exclusão da publicidade, apenas podem assistir as pessoas que nele tiverem de intervir, bem como outras que o juiz admitir por razões atendíveis, nomeadamente de ordem profissional ou científica (art. 87.º/4, *ex vi*, n.º 2 da norma em comentário).

§ 8 Não implica restrição ou exclusão da publicidade da audiência a proibição, pelo juiz, da assistência de menor de 18 anos ou de quem, pelo seu comportamento, puser em causa a dignidade ou a disciplina do acto (art. 87.º/6, *ex vi*, n.º 2 da norma em comentário, arts. 322.º e 85.º).

§ 9 A exclusão ou restrição da publicidade da audiência de julgamento não obsta a que a leitura da sentença seja pública (art. 87.º/5, *ex vi*, n.º 2 da norma em comentário); a sentença é sempre lida publicamente (art. 372.º/3), equivalendo a leitura à sua notificação aos sujeitos processuais que devam considerar-se presentes nesse ato (art. 372.º/4). A falta de leitura pública da sentença constitui nulidade insanável [ac. RL, 09.09.2008 (Nuno Gomes da Silva)]. A leitura pública da sentença visa a publicitação da decisão não só aos sujeitos processuais, mas também ao público em geral, o que resulta evidenciado pela consagração constitucional da publicidade das audiências. A leitura pública da sentença, não visa assegurar uma mera preocupação formal ou acessória, mas algo de verdadeiramente estrutural e sistemático na economia do modelo processual vigente, a publicitação da decisão, não só aos sujeitos processuais envolvidos no processo, mas também ao público em geral. Dispensar a leitura da sentença em processo penal é o mesmo que excluir a publicidade inerente à própria audiência, [ac. RL, 10.07.2012 (Luís Gominho)]. Em consequência, ainda que a audiência de julgamento tenha decorrido sem a presença do arguido, a leitura pública da sentença não pode ser dispensada, sob pena de se incorrer em nulidade insanável [ac. RL, 06.01.2009 (Agostinho Torres) CJ *on line* (Ref. 2720/2009), ac. RL, 10.07.2012 (Luís Gominho)].

§ **10** A admoestação, traduzindo-se *numa solene censura oral feita ao agente, em audiência, pelo tribunal* (art. 60.º/4, CP), ocorre com publicidade, já que a audiência em processo penal é, em regra, pública, como estabelece a norma [ac. STJ, 08.11.2012 (Manuel Braz)].

§ **11** Já o acto de deliberação e votação decorre com exclusão de publicidade (art. 367.º, [Jorge de Figueiredo Dias, Anabela de Miranda Rodrigues, 1995, p. 513, ac. STJ, 13.02.2008 (Maia Costa)]. Com exclusão de publicidade decorre também a produção de prova suplementar, salvo se o presidente, por despacho, entender que da publicidade não pode resultar ofensa à dignidade do arguido (art. 371.º).

III – Inobservância do procedimento

§ **12** A norma consagra a regra da publicidade da audiência de julgamento, sob pena de nulidade insanável (n.º 1), pelo que a nulidade deve ser oficiosamente conhecida e declarada em qualquer fase do procedimento (art. 119.º) até ao trânsito em julgado. Nulidade insanável que afinal pode ser sanada pelo trânsito em julgado da decisão final, se não for oportunamente conhecida e declarada (§ 7 do Comentário ao art. 119.º, Tomo I). A jurisprudência vem sustentando que também a sentença tem de ter leitura pública, pelo que não pode ser dispensada, sob pena de se incorrer em nulidade insanável [ac. RL, 09.09.2008 (Nuno Gomes da Silva), ac. RL, 06.01.2009 (Agostinho Torres) CJ *on line* (Ref. 2720/2009), ac. RL, 10.07.2012 (Luís Gominho)].

§ **13** Segundo o ac. RC, 28.05.1995 (Renato Ferreira de Sousa, CJ *on line* (Ref. 10049/1997), a não transcrição na ata de audiência de julgamento do despacho que decretou que ela se realizasse com exclusão de publicidade – "à porta fechada" – constitui nulidade insanável, prevista no art. 321.º, que acarreta a nulidade da própria audiência e de todos os actos dela dependentes. Entendemos que importa distinguir entre a realização de audiência de julgamento "à porta fechada", sem qualquer despacho, caso em que é patente a violação da norma, e a não transcrição na ata da audiência de julgamento do despacho que decretou que ela se realizasse com exclusão de publicidade. Neste último caso, tendo sido proferido despacho pelo presidente a decretar a sua realização à porta fechada, mas que não ficou a constar da ata, a desconformidade processual perante a ausência de cominação expressa (art. 362.º) constitui mera *irregularidade na elaboração da ata* (Comentário, § 3 do art. 362.º). Como hoje em dia os julgamentos são gravados (art. 364.º), facilmente se apura se há falta de despacho (a gerar nulidade insanável) ou mera omissão na ata do despacho proferido (a gerar irregularidade).

§ **14** Não cumpre a exigência leitura pública a leitura de súmula ou apontamento de um projecto incompleto e inacabado, integrando a falta de leitura pública uma nulidade insanável [ac. RC, 04.12.2019 (Orlando Gonçalves), CJ *on line* (Ref. 9392/2019)]. O mesmo ocorre com a leitura de sentença mediante o sistema de videoconferência, em que o juiz não esteja, presencialmente, na sala de audiências. A realização desse ato, com preterição do princípio da publicidade da audiência, constitui nulidade insanável [ac. RE, 04.12.2018 (João Amaro) (Ref. 8635/2018) CJ *on line*]. A exigência da leitura em audiência pública mantém-se quando o tribunal de recurso anula a sentença, caso em que a nova sentença deve ser lida em audiência pública, sob pena de nulidade insanável [ac. RP, 05.02.2003 (Isabel Pais Martins) (Ref. 975/2003) CJ *on line*].

§ **15** A decisão de exclusão ou de restrição da publicidade sem ter sido precedida de audição contraditória dos sujeitos processuais interessados constitui irregularidade art. 118.º/1/2 e 123.º.

IV – Recurso

§ **16** O despacho que decida que um acto processual decorra com exclusão ou restrição de publicidade é suscetível de impugnação por via do recurso, e posto que não tenha efeito suspensivo, se o tribunal superior vier a decidir que tal exclusão ou restrição não se justificava, ocorrerá, tratando-se de audiência de julgamento, uma nulidade insanável [ac STJ, 30.10.1997, (Oliveira Guimarães)]. Merece por isso sérias reservas o entendimento do ac. RL, 29.10.1997

(ANTUNES GRANCHO), ao decidir que os arguidos carecem de legitimidade para recorrer do despacho que, deferindo requerimento formulado pelo assistente, determinou a exclusão de publicidade da audiência, por ser de presumir que causasse grave dano à dignidade do requerente.

ANTÓNIO GAMA

Artigo 322.º
Disciplina da audiência e direção dos trabalhos

1 – A disciplina da audiência e a direção dos trabalhos competem ao presidente. É correspondentemente aplicável o disposto no artigo 85.º

2 – As decisões relativas à disciplina da audiência e à direção dos trabalhos são tomadas sem formalidades, podem ser ditadas para a ata e precedidas de audição contraditória, se o presidente entender que isso não põe em causa a tempestividade e a eficácia das medidas a tomar.

Origem do texto: corresponde à redação originária aprovada pelo DL 78/87.

Sumário do comentário:

I – Considerandos gerais (§§ 1, 2)
II – Disciplina da audiência e a direção dos trabalhos (§§ 3 a 9)
III – Formalidades da decisão (§§ 10 a 13)
IV – Aplicação à audiência realizada no Tribunal Superior (§ 14)
V – Incumprimento e consequências (§ 15)

I – Considerandos gerais

§ 1 A presente norma encontra-se inserta no capítulo II – disposições gerais – do título II – da audiência. Trata-se de um conjunto de diretrizes gerais no que concerne ao desenrolar da audiência de julgamento, aplicável ao processo comum, e aos processos especiais onde se realize aquela.

§ 2 Estas disposições gerais disciplinam cinco tópicos essenciais da audiência de julgamento, ao longo dos arts. 321.º a 328.º, que se podem sintetizar e aglutinar no seguinte: a) publicidade (art. 321.º); disciplina e direção dos trabalhos (arts. 322.º e 323.º); deveres de conduta (arts. 324.º a 326.º); contraditório (art. 327.º), continuidade (art. 328.º) e plenitude da assistência dos juízes (art. 328.º-A).

II – Disciplina da audiência e a direção dos trabalhos

§ 3 Sobre a disciplina da audiência e direção dos trabalhos regem os arts. 322.º, 323.º, mas, também art. 85.º por remissão, que devem ser lidos conjugadamente. Deste enredo normativo emerge o procedimento processual *geral* nesta matéria: a) pessoa competente; b) poderes; c) atuação contra prevaricadores; d) forma de manter a ordem; e) formalidades da decisão. Existe, contudo, um conjunto de outras normas específicas que são reflexo deste poder/dever geral de disciplina e direção (*v.g.* 311.º/1, 312.º/1, 319.º/1, 320.º/1, 326.º/1, 329.º/3, 330.º/1, 331.º/2, 332.º/7, 335.º/3, 339.º/1/2/3, 342.º/1/2, 343.º/1/3/4, 344.º/1, 345.º/2, 348.º/3, 349.º, 350.º/2, 353.º/1, 358.º/1, 359.º/4, 360.º/1 ou 361.º/1/2). Ou seja, o elenco não é taxativo, outros casos se inserem no poder geral de disciplina e direção, desde que, tenham esse fito e não excedam os limites legais.

§ **4** O n.º 1 incide sobre a competência para disciplinar a audiência e dirigir os trabalhos. Estabelece uma norma de cariz genérico na primeira parte referindo que tal competência é do presidente, terminologia com especial relevância nos "coletivos", já que, no tribunal singular, quem preside à audiência é o juiz singular a quem foi distribuído o processo. Já nos "coletivos", existe um órgão colegial, composto pelo juiz do processo (a quem o processo foi distribuído e que assume a veste de presidente) e dois outros juízes do mesmo tribunal, que ocupam a posição de juízes adjuntos.

§ **5** Pelo que, este artigo, tem especial relevância quando está em causa o órgão colegial, pois, só aqui, se suscita a temática de apurar se uma questão pode ser decidida singularmente, pelo juiz presidente, ou colegialmente, por via de uma deliberação. Questão pertinente, já que as decisões singulares que deveriam ter sido prolatadas pelo órgão colegial poderão ser invalidadas por via da incompetência [ac. RP, 11.12.2013 (Maria do Carmo Silva Dias), numa situação em que se considerou cometida a nulidade insanável do art. 119.º/e pelo facto do juiz presidente ter se pronunciado sozinho sobre a desistência de queixa pelo ofendido em audiência de julgamento, sem ter havido deliberação prévia do coletivo].

§ **6** Este artigo é bem claro ao atribuir competência singular ao juiz presidente. Não significa que não possa deliberar o coletivo sobre a matéria a que se atém o artigo. Ou que o juiz presidente não ouça previamente os juízes adjuntos. Mas, o que a norma permite, é que as decisões em relação à disciplina e direção dos trabalhos possam ser tomadas através de decisão singular. Naturalmente subjacente a esta opção estão motivos de celeridade, agilização e eficiência processual. Propósito que é patente na dispensa de especiais formalidades vertida no n.º 2. E que serve melhor a continuidade e, também, contraditório e oralidade, ao potenciar uma audiência mais fluída.

§ **7** Decisões estas que, depois de prolatadas, assumem a natureza de despacho. Não se contempla, contudo, a possibilidade de reclamação para o coletivo. A reação será através de recurso, nos casos em que é admissível. Contudo, a intervenção do coletivo poderá ser despoletada através da arguição de invalidades. Aí, sim, terá de existir uma decisão colegial.

§ **8** Como já se referiu, a 1.ª parte do n.º 1 assinala a competência do juiz presidente para disciplinar a audiência e dirigir os trabalhos, conceito aberto que abrange uma panóplia de vicissitudes que podem surgir no decurso da audiência e que o presidente tem o dever de solucionar, através dos poderes que lhe são atribuídos. Poderes-deveres, como todos os outros atribuídos a um juiz. Que são atribuídos com o propósito de prosseguir os fins do processo penal. Proporcionando mecanismos para que seja levado a bom porto o julgamento, no mais curto espaço de tempo possível, respeitando os direitos dos intervenientes, procurando, muitas vezes, "desbravar" no meio de um conjunto de entraves a luz que guia o processo. Administrar a justiça penal, ditar uma decisão justa no caso concreto, respeitar os direitos do arguido e também da vítima, bem como, de todas as pessoas que participam no processo. É, pois, mais do que um poder, um dever.

§ **9** Já a segunda parte do n.º 1 densifica e elenca, por remissão para o art. 85.º, um conjunto de atos que o juiz presidente tem competência para praticar: a) regular os trabalhos e manter a ordem nos atos processuais a que preside ou dirige, tomando as providências necessárias contra quem perturbar o decurso dos atos respetivos; b) ordenar, se necessário, que o prevaricador seja detido até à altura da sua intervenção, ou durante o tempo em que a sua presença for indispensável.; c) levantar ou mandar levantar auto e, se for caso disso, deter ou manda deter o agente, para efeito de procedimento verificando-se, no decurso de um ato processual, a prática de qualquer infração; d) requisitar para manutenção da ordem nos atos processuais, sempre que necessário, o auxílio da força pública, a qual fica submetida, para o efeito, ao poder de direção da autoridade judiciária que presidir ao ato. Para maiores desenvolvimentos v. anotação ao art. 85.º, Tomo I.

III – Formalidades da decisão

§ **10** O n.º 2 incide sobre a forma de tais decisões. Guiando-se pelos fins da celeridade, agilização, fluidez processual, dita a lei que as decisões relativas à disciplina da audiência e à direção dos trabalhos são tomadas sem formalidades pelo juiz presidente. Significa, desde logo, que não tem de ser objeto de deliberação. Nem sequer é imperioso ouvir os juízes adjuntos, embora possa ser conveniente. E não tem de obedecer a qualquer estruturação específica, ou ritualismo processual tipificado. Não deixa de ser um despacho que quando reveste um cariz *decisório* deve ser fundamentado (art. 97.º/5).

§ 11 Nada impede que exista uma interrupção para prolatar um despacho escrito. Ou que o juiz presidente relegue a decisão, para melhor ponderação ou por uma questão de conveniência, para uma sessão seguinte. Sem prejuízo de, entretanto, prolatar despacho por escrito, notificado na audiência seguinte ou, anteriormente a esta, via Citius.

§ 12 O que importa ressaltar é que a lei não impõe que exista o exaramento de um despacho escrito pelo juiz presidente. A decisão pode ser oral, e ditada para a ata. E não tem de, necessariamente, ficar por escrito na ata, podendo ficar gravada (ordenando o juiz, assim o entendendo, uma transcrição ulterior, cf. art. 364.º; aliás, a regra deverá ser uma decisão oral, objeto de registo audio ou audiovisual). O prévio contraditório também não é um requisito indispensável. É o que resulta do n.º 2. Pode ser afastado se o presidente entender colocar em causa a tempestividade e a eficácia das medidas a tomar. Trata-se de uma decisão que deve ser fundamentada, cujos contornos dependem do caso em concreto.

§ 13 A norma admite, ainda, uma maior flexibilização. Nada impede que na direção dos trabalhos não seja adotada, formalmente, a prolação de um despacho "para a ata". Que os atos de direção e moderação dos trabalhos ocorram incrustados na audiência, com intervenções verbais do juiz presidente (que ficam registadas por via da gravação obrigatória). O que não é exigível é que se interrompa constantemente os trabalhos para prolação de despachos escritos "para a ata". Assim frustrando a flexibilização que se pretende com a norma. E é necessário distinguir decisões das orientações, recomendações, sugestões na moderação do debate. Equiparáveis a despachos de mero expediente. Que não têm de ser objeto de despacho "formalizado", prévio contraditório ou fundamentado [cf., entres outros, ac. STJ, 06.05.2021 (Helena Moniz), "o dever de fundamentação não se impõe irrestritamente a todos e a quaisquer atos judiciais (ou do MP), mas somente aos "atos decisórios""]. O que seria um entrave insustentável ao andamento dos trabalhos. Prolação de despacho motivado terá de haver se um dos intervenientes se insurgir contra essa direção e moderação, requerendo, por exemplo, uma invalidade, que carecerá de decisão.

IV – Aplicação à audiência realizada no Tribunal Superior

§ 14 Por força do art. 423.º/5 são aplicáveis às audiências realizadas no Tribunal Superior, quando atuam nas vestes de Tribunal de 1.ª instância, as normas relativas à disciplina da audiência e direção dos trabalhos, e aos poderes de disciplina e direção, *destarte* arts. 322.º e 323.º.

V – Incumprimento e consequências

§ 15 A prolação por deliberação de coletivo de decisões que poderiam ser objeto de decisão singular não enferma de qualquer vício, já que o escopo da norma é apenas conferir maior agilização [já o contrário, ou seja, decisão singular, quando a competência é do orgão colegial, enferma de incompetência, cf. § 5]. Quanto aos mais, na ausência da menção de outras consequências, os desvios ao ritualismo processual firmado por este artigo em conjugação com o art. 85.º apontam para uma irregularidade (art. 123.º), ou nulidade, se expressamente previsto, sem prejuízo de sanções disciplinares e/ou criminais, quando exista um uso abusivo dos poderes de coerção, o que implica, a subsunção em condutas tipicadas como crimes ou ilícitos disciplinares. Sendo que, as decisões de disciplina e direção que afrontem a lei poderão ser em, alguns casos, passíveis de recurso [Paulo Pinto de Albuquerque, 2008, pp. 819-820, dando como exemplos, as "*seguintes decisões judiciais: a. a decisão que ordena a leitura de documentos ou autos do inquérito ou da instrução quando a lei não a permite b. a decisão que indefere a leitura de documentos ou autos do inquérito ou da instrução quando a lei a permite c. a decisão que ordena ou dispensa a prestação de juramento ou compromisso contra a lei d. a decisão que ordena medidas preventivas, disciplinares ou coativas sem fundamento legal ou excessivas ou manifestamente desadequadas à reposição da ordem e segurança e. a decisão que ordena ou permite a formulação de perguntas que a lei não admite f. a decisão que indefere a formulação de perguntas que a lei admite g. a decisão que defere requerimentos ("expedientes") manifestamente impertinentes ou dilatórios h. adecisão que indefere requerimentos de diligências pertinentes*"], desde que não sejam de mero expediente ou ordenem atos dependentes da livre resolução do tribunal [que são irrecorríveis cf. art. 400.º/1/a e b; para alguns exemplos v. anotação ao art. 323.º], restando nestes casos como forma de tutela do visado a arguição da invalidade.

Tiago Caiado Milheiro

Artigo 323.º
Poderes de disciplina e de direção

1 – Para disciplina e direção dos trabalhos cabe ao presidente, sem prejuízo de outros poderes e deveres que por lei lhe forem atribuídos:

a) Proceder a interrogatórios, inquirições, exames e quaisquer outros atos de produção da prova, mesmo que com prejuízo da ordem legalmente fixada para eles, sempre que o entender necessário à descoberta da verdade;

b) Ordenar, pelos meios adequados, a comparência de quaisquer pessoas e a reprodução de quaisquer declarações legalmente admissíveis, sempre que o entender necessário à descoberta da verdade;

c) Ordenar a leitura de documentos, ou de autos de inquérito ou de instrução, nos casos em que aquela leitura seja legalmente admissível;

d) Receber os juramentos e os compromissos;

e) Tomar todas as medidas preventivas, disciplinares e coativas, legalmente admissíveis, que se mostrarem necessárias ou adequadas a fazer cessar os atos de perturbação da audiência e a garantir a segurança de todos os participantes processuais;

f) Garantir o contraditório e impedir a formulação de perguntas legalmente inadmissíveis;

g) Dirigir e moderar a discussão, proibindo, em especial, todos os expedientes manifestamente impertinentes ou dilatórios.

Origem do texto: corresponde à redação originária aprovada pelo DL 78/87.

Sumário do comentário:

I – Considerandos gerais (§§ 1 a 9)
II – Poderes de disciplina e direção (§§ 10 a 15)
III – Produção de prova (§§16 a 22)
IV – Comparência de pessoas (§ 23)
V – Juramentos e compromissos (§§ 24, 25)
VI – Contraditório e perguntas legalmente inadmissíveis (§§ 26 a 34)
VII – Disciplina e direção (§ 35)
a) Dirigir e moderar a discussão (§§ 36 a 52)
b) Impor disciplina (§§ 53 a 59)
VIII Incumprimento e consequências (§ 60)

I – Considerandos gerais

§ 1 Este artigo, juntamente com o anterior e o art. 85.º firmam o regime jurídico geral da disciplina e direção dos trabalhos da audiência de julgamento (existindo ainda outras normas que regem sobre esta temática de forma específica ou para outros atos e diligências; v. exemplos na anotação § 3 ao artigo 322.º e § 6). Enquanto o artigo que precede incide sobre a competência e formalidades, o presente artigo, como resulta literalmente da epígrafe, densifica quais os poderes de disciplina e direção.

§ **2** Como já se referiu na anotação anterior estamos perante um poder-dever. Dicotomia essa – "poderes e deveres" – que é ressaltada na própria norma. Trata-se de um poder que é atribuído finalisticamente com o intuito de prosseguir os fins do processo penal, *destarte* imprimir celeridade, agilidade, segurança e garantir todos os direitos dos sujeitos, participantes e intervenientes processuais no decurso da audiência, bem como, zelar pelo respeito. Tudo para que os trabalhos decorram com normalidade, fluidez e eficiência processual. Um juiz despido de poderes, transformaria a audiência num caos, numa desorganização. Como em qualquer organização humana, a direção e disciplina apresentam-se como instrumentos necessários ao firmamento de regras imperiosas para que se alcancem os fins da instituição. No caso, administração da justiça penal, descoberta da verdade material, tutela de arguido e vítima. Não estamos, pois, perante um direito do juiz, mas, sim, um poder-dever orientado finalisticamente e, somente, para os fins do processo penal em curso. Pelo que, qualquer atuação que ultrapasse estas linhas, será abusiva e, verificados os pressupostos legais, passível de sanção disciplinar e criminal.

§ **3** Algo distinto e mais difícil de depurar, por vezes, são o limites destes poderes de disciplina e direção, quando usados para lograr os fins para os quais estão contemplados na lei. Ou seja, definir o ponto a partir do qualquer se considera excessivo e, como tal irregular, o exercício do poder pelo juiz. Em traços gerais se dirá que muito dependerá da intensidade do incumprimento que despoletou o exercício daqueles poderes. Será o contexto que ditará a fronteira do exercício (i)legítimo de tais direitos. Aqui, o guião sempre será o disposto no art. 18.º/2 CRP: será admissível, e constitucionalmente conforme, quando se revelar adequado, necessário, proporcional, não excessivo e razoável, para a salvaguarda de outros interesses constitucionais, nomeadamente, administração da justiça penal, eficiência e celeridade desta, direitos de defesa, da vítima ou de participantes processuais, segurança, etc. Adiante retomaremos esta temática.

§ **4** A finalidade dos poderes, aliás, é salientada no início da norma: "Para disciplina e direção dos trabalhos". Define a lei o escopo da atribuição dos poderes: disciplinar e dirigir. Disciplina e direção que, têm em si subjacente, os interesses constitucionais acima assinalados.

§ 5 Na sequência do artigo anterior, que preceitua sobre a competência, os poderes são atribuídos ao presidente. Noção já depurada na anotação anterior. E que, relevará em caso de coletivo. Apenas ao presidente são atribuídos, em regra, os poderes, significando que os juízes adjuntos se os exercerem não têm respaldo legal. Será um ato inexistente. Quando pretendem, ou entendem, que devem ser exercidos devem solicitar ao presidente. Nada impedindo, contudo, que haja uma deliberação colegial sobre a matéria.

§ 6 O artigo desmultiplica-se na enunciação de um poder geral de disciplina e direção na primeira parte do n.º 1, e uma catalogação, não taxativa, de alguns poderes-deveres nas diversas alíneas. De todo modo, o exercício do poder coercivo terá de ter respaldo legal. Embora o elenco deste artigo não seja fechado, a admissibilidade do uso de poderes de disciplina e direção deverá ter suporte normativo – "sem prejuízo de outros poderes e deveres que por lei lhe forem atribuídos" (sem com isso significar que tenha de estar densificado o concreto ato de disciplina ou direção, já que, para além dos conceitos abertos previstos nas diversas alíneas, a lei pode usar uma definição mais generalista; a propósito Maria do Carmo Silva Dias, anotações § 6 e 22 ao art. 85.º, Tomo I). É o caso paradigmático do art. 85.º que, a propósito dos atos processuais, também rege sobre esta matéria. Outros há, como seja os arts. 116.º, 254.º, 325.º, 352.º, 328.º/5, 339.º/3, ou previstos no RJVD, LEV ou LPT.

§ 7 Poder de disciplina e direção dos trabalhos significa a legitimidade para emanar ordens, instruções, sugestões, que têm de ser acatadas pelos destinatários, para acautelar que sejam cumpridas as regras processuais no decurso da audiência de julgamento, seja respeitado o tribunal, haja serenidade no desenrolar da diligência, exista urbanidade, tranquilidade e cordialidade, necessário ao bom andamento dos trabalhos. Abarca todo o conjunto de imposições, atuações, decisões que removam obstáculos e entorpecimentos à celeridade, que visem zelar pela segurança, ou acautelar direitos dos intervenientes processuais. Emanadas no exercício legítimo destes poderes nasce na esfera jurídica dos abrangidos pela ordem de disciplina e direção o dever de a cumprir, sob pena de incorrerem num ilícito processual e ficarem sujeitos às sanções previstas na lei.

§ 8 Dentro do limites firmados na lei, embora sem a extensão do processo civil (nomeadamente em relação ao ajustamento de trâmites processuais), também aqui se pode surpreender um poder-dever de gestão processual. Nomeadamente, todas as decisões que visam adequar o processo às vicissitudes processuais, procurando acautelar a celeridade processual, através da agilização, conformação e ajustamentos, de molde a ultrapassar alguns obstáculos que vão surgindo.

§ 9 Atenta a multiplicidade de ocorrências que podem suceder no decurso da audiência de julgamento, umas mais previsíveis, outras que mais não são do que exercício de direitos, outras que excedem o normal uso destes e constituem chicana processual, outras, ainda, que não têm qualquer respaldo legal, são imprevisíveis, ou totalmente ilegais e, por vezes, consubstanciam ilícito disciplinar, civil, criminal, não existe uma fórmula mágica sobre como, quando e com que amplitude se deve exercer o poder de disciplina e direção. Como premissa basilar deve existir uma vicissitude que implique uma atuação disciplinadora ou de direção do juiz. O uso dos poderes tem de ser orientado para essa disciplina e direção e para prossecução dos fins do processo penal. Já quanto aos limites, à intensidade, firmeza, muito dependerá do caso concreto. Não pode resvalar para tirania. Mas, no contraponto, não pode demonstrar fraqueza. Tem de ser a suficiente, necessária, adequada à situação concreta. Como referimos, depende do comportamento dos intervenientes, do grau de violação dos deveres de conduta, da intensidade da perturbação e medida necessária para repor a ordem. Ou seja, numa avaliação global, de toda esta conjuntura, à luz de um observador médio, tem de ser um comportamento aceitável. Bom senso será o lema orientador.

II – Poderes de disciplina e direção

§ 10 É possível aglutinar os poderes previstos nas alíneas a) a g) nos seguintes tópicos. Poderes relacionados com a produção de prova [als. a), b), c) e d)], diligências para zelar pela serenidade dos trabalhos e acautelar a segurança dos participantes [al. e)], assegurar contraditório [al. f)], com o fito de direção e moderação da discussão [al. g)].

§ 11 As als. a) a c) tem em si um traço comum. O "poder" ali vertido tem de ser "necessário à descoberta da verdade". O que é referido expressamente nas als. a) e b), parte final. E está implícito, e é subjacente, ao vertido na al. c). Todos eles são respaldo da matriz do juiz de julgamento. Guiado pelo princípio do acusatório, mas não de forma absoluta. Mitigado pelo princípio da descoberta da verdade material, que impõe que o juiz de julgamento tenha o dever de diligenciar e carrear para os autos, por *motu* próprio, a prova que se afigure relevante para decidir sobre a factualidade que constitui o objeto do processo. É o que, dita, aliás, o art. 340.º. Não de uma forma ilimitada. O ponto de partida será sempre o princípio do acusatório. De modo que o julgamento não se transforme numa investigação que foi omitida na fase de inquérito. Esta postura ampla deturparia a essência do princípio do acusatório. Como refere Ana Barata Brito (2014, p. 121), "*O julgamento não se destina a completar o inquérito nem a suprir as suas deficiências*". Tem de haver sempre uma temperança. Bom senso. Equilíbrio. Harmonização dos interesses conflituantes.

§ 12 As als. a) a c) têm como fronteira o "legalmente admissível", o que é afirmado por outras normas com que têm de ser conjugadas, nomeadamente, arts. 340.º, 355.º, 356.º, 357.º, etc. As als. b) e c) vocacionadas para prova já indicada, ou existente, nos autos. A al. a) admitindo a produção de nova prova. Mas sempre com os limites do art. 340.º. E sem descurar os considerandos referidos em §11.

§ 13 Note-se que as referidas alíneas, inseridas nos poderes de direção e disciplina, reportam-se a atos por iniciativa oficiosa do juiz. Significando a lei que, verificados os requisitos de admissibilidade previstos na lei processual, não fica sujeito ao impulso dos intervenientes processuais. Trata-se do exercício de um poder-dever próprio. O que não afasta, naturalmente, a possibilidade de despoletamento de atuação do tribunal através de requerimento e respeitando o procedimento legal.

§ 14 Relativamente ao vertido nas als. a) a c), com os limites, já assinalados, apresentam uma linha comum (como já se referiu, §11): têm de ser necessários para a descoberta da verdade. É uma demonstração clara que o legislador mitiga o princípio do acusatório com o princípio da investigação material (embora este com carácter subordinado, não podendo ser interpretado de tal forma ampla que se sobreponha ao acusatório, transformando o julgamento numa fase de inquérito, cf. §11), utilizando terminologia imperativa para demonstrar que é dever do juiz praticar as diligências de prova que enuncia ("Proceder", "Ordenar"). A necessidade é um princípio geral de aquisição probatória pelo tribunal (art. 340.º/1) e corolário da proibição da prática de atos inúteis. Naturalmente que se a diligência for irrelevante, inócua, desnecessária, não existe legitimidade para a intervenção oficiosa do tribunal e a utilização de poderes coercivos e de disciplina atribuídos por lei [a este propósito, ac. STJ, 10.03.2016 (Nuno Gomes da Silva), enquadrando a decisão do tribunal na audiência de julgamento que não admite as declarações de testemunha, por entender que não tem respaldo legal, "nos poderes de direção dos trabalhos que ao presidente do tribunal são cometidos pelo art. 323.º"]. Para além de que seria, neste caso, o próprio tribunal a potenciar uma menor celeridade processual. Sobre o conceito de necessidade para a descoberta da verdade v. anotação ao art. 340.º

§ 15 Verificado o pressuposto de necessidade para a descoberta da verdade, tal não confere carta branca para o juiz decidir praticar tais atos sem limites. Como referem expessamente as als. b), e c), e implicitamente está contido na al. a), a diligência tem de ser "legalmente admissível". Respaldo do princípio da legalidade. Pelo que, sempre terão que se verificar os requisitos de admissibilidade vertidos na lei. Por exemplo, o juiz pode entender que é relevante ler as declarações de uma testemunha, porque no decurso da inquirição em audiência surgem factos que demonstram incongruências com as primeiras declarações perante a polícia. Mas, essa reprodução, sempre dependerá dos requisitos do art. 356.º

III – Produção de prova

§ 16 Verificados os demais pressupostos legais ao juiz presidente "cabe" (ou seja, poder-dever, com os limites já assinalados): a) Proceder a interrogatórios, inquirições, exames e quaisquer outros atos de produção da prova b) Ordenar a reprodução de quaisquer declarações; c) Ordenar a leitura de documentos, ou de autos de inquérito ou de instrução.

§ 17 Todos eles são competência do juiz presidente, decisão, portanto, singular, sem necessidade de prévia deliberação do coletivo, quando é este o tribunal que intervém (embora, também podendo emanar de deliberação colegial). Em relação aos atos referidos na al. a) os meios reportam-se a atos de produção de prova no decurso da audiência de julgamento. Já no que concerne às als. b) e c) tem por escopo a reprodução ou leitura de atos já praticados e existentes nos autos.

§ 18 Como referimos, pressuposto transversal é que seja necessário para a descoberta da verdade, e seja legalmente admissível, o que importa convocar as normas que regem sobre o meio de prova em causa, bem como, as atinentes à admissibilidade de reprodução e leitura.

§ 19 O poder do juiz presidente interrogar e inquirir atribui-lhe competência de entre os juízes do coletivo. Por exemplo, os juízes adjuntos (nos casos em que a lei não permite que façam inquirições diretas, para outros desenvolvimentos v. anotação ao art. 348.º), apenas podem sugerir ao juiz presidente perguntas. Mas, nada impedindo, que o juiz presidente possa autorizar que essas perguntas sejam feitas diretamente pelos juízes adjuntos (bem como, aliás, pelo MP e Mandatários, quando a lei determina expressamente que estejam a cargo do juiz presidente, e não havendo oposição dos intervenientes). Estes interrogatórios e inquirições abarcam todas as declarações processualmente admissíveis, ou seja, que podem ser tomadas na fase de julgamento, quer presencialmente, quer por meios tecnológicos, quer aquando da audiência, quer previamente a esta, como seja a tomada de declarações no domicílio ou urgente (arts. 319.º e 320.º). Portanto, está aqui em causa, declarações de arguido, assistente, partes civis, vítima, testemunha, terceiros titulares de instrumentos, produtos ou vantagens suscetíveis de ser declarados perdidos a favor do Estado e quaisquer outras pessoas que seja necessário interrogar, ou inquirir. Por último, esta norma não significa que o juiz presidente tem o poder exclusivo de interrogar ou inquirir. Mas, sim, que é uma competência deste. Ou seja, excetuando as normas que expressamente atribuem aquele a exclusividade de tal interrogatório ou inquirição, deverão seguir-se os trâmites previstos para a produção da referida prova [que variam consoante se trate das testemunhas arroladas tempestivamente, testemunho determinado ao abrigo do art. 340.º, testemunhas que são terceiros titulares de instrumentos, produtos ou vantagens suscetíveis de ser declarados perdidos a favor do Estado, testemunhas menores de 16 anos, peritos e consultores técnicos ou sujeitos processuais (arguidos, assistentes e partes civis); para esta destrinça e outros desenvolvimentos v. anotação ao art. 348.º].

§ 20 Dita ainda a al. a) que é competência do juiz presidente, podendo, pois, ser decidido por despacho singular, proceder a exame ou quaisquer outros atos de produção da prova, aqui abarcando não só os meios de prova, como meios de obtenção de prova. Tal como as inquirições ou interrogatórios terão de ser necessários para a descoberta da verdade, e legalmente admissíveis. Verificados estes pressupostos podem ser determinados pelo juiz presidente os atos de produção de prova. Não só o exame, mas quaisquer outros, verificados os requisitos legais. Desde logo os "tipificados". Acareações, reconhecimentos, reconstituições, perícia, junção de documentos, busca, revista, apreensões, pesquisas informáticas, etc. Como já referimos, esta norma terá de ser conjugada com aquelas que disciplinam tais atos de produção de prova.

§ 21 As diligências essenciais à descoberta da verdade podem ser requeridas ou ordenadas pelo juiz, em julgamento, nos termos dos arts. 323.º/1/a e 340.º/1 (mas com limitações, cf. §§ 11 e 14, para outros desenvolvimentos v.

anotação ao art. 340.º). "*Se o julgador não entender realizar diligências, ou suscitando-lhas o interessado nessa fase crucial do processo foi desatendido, só lhe resta interpor recurso, pois que tal omissão constituindo nulidade, está sujeita a arguição nos moldes enunciados no art. 120.º, n.º 2, al. d), parte final, do CPP*" [ac. STJ, 20.01.2010 (ARMINDO MONTEIRO)]. A este propósito, convocando o art. 323.º/a/b (e também art 340.º), ac. STJ, 24.03.1999 (MARIANO PEREIRA), decidindo verificar-se a nulidade do art. 120.º/2/d, que conheceu ao abrigo do art. 410.º/3, considerando que se iniciando "*o julgamento na segunda data designada, após um adiamento com base na falta de testemunha considerada imprescindível, que de novo faltou e sem que houvesse qualquer outra prova, podia e devia o tribunal, após interrogatório do arguido, com base nos poderes de investigação que lhe são conferidos pelos arts. 323.º, als. a) e b) e 340.º, ambos do CPP, ter feito diligências no sentido de a testemunha faltosa comparecer, interrompendo ou adiando a audiência, nos termos permitidos pelo art. 328.º do citado Código.*" Também cabe salientar, por relevante, o ac. TC 171/2005, que considerou não inconstitucional o poder de direção do juiz de, na fase de produção de prova, rejeitar diligências probatórias notoriamente irrelevantes, supérfluas, inadequadas ou meramente dilatórias, suscetível de reexame em via de recurso, assinalando que se trata "*apenas, da atribuição ao tribunal do poder de disciplinar a produção da prova, quer da acusação, quer do arguido, para evitar que aquela se eternize ou se perca o contacto com o thema decidendum, e essa função, de controlo, só pode caber ao juiz*". Sobre os requisitos para admitir/rejeitar prova pelo Tribunal, e sua compatibilização com o art. 6.º § 3 CEDH, a propósito da inquirição de testemunhas, v. ac. TEDH *Murtazaliyeva c. Russia* – queixa n.º 36658/05, de 18.12.2018 [GC].

§ 22 A "*ordem da produção de prova, não obstante a norma orientadora constante do art. 341.º do C.P.P., porque respeitante à disciplina e manutenção da ordem dos trabalhos impõe-se a quem preside como um poder/dever de direção, podendo contudo ser alterada sempre que tal se afigure necessário para evitar a interrupção ou adiamento da audiência ou se imponha como necessário à descoberta da verdade – art. 323.º al. a) do C.P.P.*", e tais "*atos sobre a disciplina da audiência são proferidos no uso legal de um poder discricionário, sendo dependentes da livre determinação do tribunal e não são suscetíveis de recurso*", pelo que, a "*decisão de alteração da ordem de produção de prova com vista a inquirir de imediato uma testemunha, fora do rol apresentado, não é recorrível*" [ac. RP, 21.10.2016 (EDUARDA LOBO)].

IV – Comparência de pessoas

§ **23** Firma ainda a al. a) que ao juiz presidente cabe ordenar, pelos meios adequados, a comparência de quaisquer pessoas. Trata-se de um poder coercivo para acautelar, nomeadamente, a produção de prova que envolva a presença daquelas. Mas, não só. Pode ser usado para assegurar a comparência de outras pessoas que devam intervir na audiência de julgamento (*v.g.* jurado). Trata-se de uma decisão que pode ser tomada singularmente pelo juiz presidente através de despacho. E que deve ser conjugada com as normas que disciplinam sobre os meios ao dispor para chamar uma pessoa a juízo, desde logo, as relativas às notificações, e atinentes às faltas injustificadas e poderes coercivos para zelar por essa comparência.

V – Juramentos e compromissos

§ **24** Outra das competências do juiz presidente, ao abrigo da al. d), é receber juramentos e compromissos. Ou seja, esse juramento e compromisso apenas pode ser prestada na fase de julgamento perante o juiz presidente, e não qualquer outra pessoa (juiz adjunto, funcionário judicial, OPC), admitindo-se, contudo, que possa ser ajuramentado perante outro juiz, no caso de rogatórias ou deprecadas. A prestação de juramento, naturalmente, só é obrigatória nos casos previstos na lei (*v.g.* testemunha, mas já não arguido, assistente ou partes cíveis), não admitindo esta alínea outras ajuramentações. Ou seja, tal como as anteriores, será nos casos legalmente admissíveis. Quando é obrigatório constitui um dever de o juiz presidente ajuramentar e do depoente submeter-se a ajuramentação. Omissão que no primeiro caso redunda em irregularidade (art. 123.º) e no segundo caso poder culminar numa desobediência.

§ **25** O que se referiu também é aplicável aos compromissos, contemplados para os caso em que não há imposição de ajuramentação, mas em que a lei exige um compromisso de honra perante o tribunal. É o caso dos peritos.

VI – Contraditório e perguntas legalmente inadmissiveis

§ **26** A alínea f) prevê dois poderes-deveres do juiz presidente. Cabe-lhe a) garantir o contraditório; b) impedir a formulação de perguntas legalmente inadmissíveis. Competência do juiz presidente, para que, obviamente, pode ser alertado pelos juízes adjuntos ou intervenientes processuais. Perfeitamente autonomizáveis e com espaços de aplicabilidade distinto. Basta pensar na inquirição como testemunha. A garantia do contraditório fica acautelada com a *cross examination*. A regularidade da inquirição fica assegurada zelando para que apenas sejam feitas perguntas legalmente admissíveis.

§ **27** A competência para garantir o contraditório não só significa que é uma incumbência do juiz presidente, mas é reflexo do princípio geral do contraditório. Sendo este estrutural no processo penal, especialmente na audiência de julgamento, onde as argumentações e prova dos intervenientes podem ser decisivas e influenciar a decisão final, a lei através desta alínea impõe uma ferramenta essencial para que, na prática, o referido princípio seja aplicado. O juiz *deve* garantir o contraditório. Tanto oficiosamente, como por impulso das partes. Quer no que concerne a requerimentos, articulados, alegações. Quer em relação à prova. Nas palavras de Ana Maria Barata Brito (2014, p.113), na direção cabe gerir o contraditório, deferir e indeferir pretensões, mas sempre dentro da legalidade, sendo "*rejeitáveis as situações de inação do juiz, as de colocação do juiz do lado da acusação contra o arguido e do lado do arguido contra a acusação*".

§ **28** A regulamentação desse contraditório está contemplado em inúmeras outras normas. Mesmo que não previsto expressamente, existe este dever geral de zelar pelo contraditório. Apenas passível de ser dispensado quando a lei assim o preveja, ou questões que pela sua natureza, escopo/fim, efeito, não se justifica um contraditório prévio [no ac. STJ, 04.06.1996 (Sousa Guedes), decidiu-se que a "*realização dos atos urgentes de que fala o art. 320.º, n.º 1 do CPP, está dependente tão-somente do prudente arbítrio e livre resolução do juiz presidente do tribunal, sem que esteja obrigado a ouvir as partes, antes de decidir*", já que é "*ao presidente que compete a direção dos trabalhos de audiência de julgamento e, quanto a esta, as suas decisões só são precedidas de audição contraditória, se aquele entender que isso não põe em causa a eficácia das medidas a tomar*"]. As consequências são as previstas na lei. Em regra, estamos perante uma irregularidade, exceto quando a lei estatuir como nulidade (arts. 358.º e 359.º, nulidade da sentença, etc), ou redundar na inquinação da prova (declarações de coarguido sem contraditório do outro defensor). Para outros desenvolvimentos v. anotação ao art. 327.º

§ **29** Cabe, igualmente, ao juiz presidente a competência para "*impedir a formulação de perguntas legalmente inadmissíveis*". Oficiosamente, ou a requerimento. Cuja omissão implica uma irregularidade [art. 123.º, tal como não admitir uma pergunta que, afinal, deveria ter sido considerada permitida, cf. ac. RE, 18.10.2018 (José Proença da Costa)]. As perguntas que não são admitidas estão previstas nos arts. 132.º/2, 138.º/2, 140.º/2, 145.º/3, 343.º/1, 345.º/1, 346.º, 347.º, 347.º-A, 248.º, 350.º, 361.º. Para maiores desenvolvimentos v. respetivas anotações. Tem por finalidade não só assegurar a fidedignidade da prova, mas, também, respeito e proteção do depoente, zelando pelos seus direitos. É, pois, um dever que tem esta dupla função. Para além de que, naturalmente, impedir perguntas inadmissíveis, também contribuiu para a serenidade dos trabalhos, igualmente se subsumindo no poder-dever de "Dirigir e moderar a discussão".

§ 30 Para o cabal exercício destas funções o juiz deve estar bem preparado e ser conhecedor dos contornos do objeto processual, sendo que, impedindo perguntas inadmissíveis logra-se ganhos na celeridade. Como ressalta Ana Maria Barata Brito (2014, p. 112), o juiz penal "*deve impedir a formulação de perguntas desinteressante e alheias ao tema da prova. Os desvios no tema da prova darão lugar a aberturas indevidas de frentes de contraditório e, muito facilmente, o processo se afastará do objeto*" e um processo "*que perde o objeto corre riscos de eternização, permite a abertura de frentes que trarão novas questões desinteressantes, fragilizarão formalmente cada vez mais o processo, repercutindo-se em atrasos injustificados socialmente incompreensíveis, contribuindo para a ideia de ineficiência do sistema de justiça.*"

§ 31 A insistência em fazerem-se perguntas "sugestivas, capciosas, impertinentes ou vexatórias" a uma testemunha, pode motivar o tribunal, ao abrigo do seu dever de direção de audiência e dos trabalhos, que ordene que as perguntas sejam feitas por seu intermédio, o que "*não contende com o exercício do contraditório na produção de prova pessoal, com as garantias de defesa do arguido ou com outros valores juridicamente protegidos, antes assegurando a tranquilidade da testemunha, a disciplina da audiência, permitindo a celeridade processual necessária à administração da justiça, configurando um exercício de autoridade por parte do juiz, para a qual o mesmo se encontra tecnicamente preparado*", tratando-se de "*decisão dependente da livre resolução do tribunal, sendo por isso irrecorrível, nos termos do disposto no art.º 400.º, n.º 1, al. b), do C. P. Penal*", já que a "*recorribilidade de tal decisão, para além, de não corresponder a qualquer valor digno de proteção jurídica, constituiria um grave entrave à disciplina da audiência, à celeridade processual e à autoridade do juiz necessária para assegurar a realização de ambos esses desideratos*" [ac. RL, 26.03.2015 (Orlando Nascimento)].

§ 32 A interligação entre o dever de proibir perguntas inadmissíveis e dirigir a audiência de julgamento também ressalta do ac. STJ, 23.11.2011 (SANTOS CABRAL), referindo que conforme "*se extrai do art. 346.º do CPP, compete ao Presidente do Tribunal, no exercício dos seus poderes de direção da audiência, a decisão, devidamente fundamentada, com contraditório prévio e sujeita a recurso, em relação a um meio de prova pré-existente, no caso testemunhal, designadamente quanto à questão de saber se é admissível a formulação de depoimento para além do objeto previamente determinado.*"

§ 33 Este poder dever tem especial relevância no caso das vítimas. A propósito da criminalidade sexual, conforme assinalam MOURAZ LOPES/TIAGO CAIADO MILHEIRO, 2021, p. 387, "*No exercício do seu depoimento de vítima, testemunha ou assistente, é dever do juiz presidente, garantir o exercício do contraditório, mas respeitando os direitos fundamentais da vítima, estando vedadas perguntas legalmente inadmissíveis ou uso de expressões injuriosas ou difamatórias, violentas ou agressivas, perguntas capciosas ou sugestivas, ou que sejam feitos comentários sobre assuntos alheios ao processos ou sejam incitados a fazer esses comentários ou explanações (arts. 323.º, al. f) e 326.º, al. c) ou d) do CPP). Estão vedadas perguntas sugestivas ou impertinentes ou quaisquer outras que possam prejudicar a espontaneidade e sinceridade das respostas (art. 138.º, n.º 2 do CPP), sendo que a violação destas regras consubstancia uma irregularidade que pode ser invocada pelo advogado da vítima no ato. A espontaneidade e sinceridade das respostas muito dependem da forma como as perguntas são feitas: o tom, a agressividade, a ironia, a colocação em causa da credibilidade da testemunha, o menosprezo, a ameaça velada. O depoente tem direito à correção, a ser tratado com educação, e em respeito da honra, consideração e direitos de personalidade, devendo o tribunal zelar pela observância deste direito. Nesta matéria, importa chamar à colação o art. 17.º, n.º 1 do estatuto da vítima, que evidencia o seu direito a ser ouvida em condições que previnam uma vitimização secundária, sem pressões.*"

§ 34 Ainda no domínio da criminalidade sexual importa chamar à colação o ac. TEDH, 4.ª S., *Pereira da Cruz e outros c. Portugal*, 26.06.2018, que, em relação à questão suscitada da impossibilidade do requerente de interrogar diretamente as vítimas durante a audiência de julgamento e a alegada violação do art. 6.º/1 e 3/d CEDH, decidiu que as perguntas dirigidas às vítimas/assistentes através da juiz presidente do coletivo, atenta a prática e lei nacional, não violava a CEDH, sopesando que se tratavam de vítimas de abusos sexuais que eram menores à data dos factos, e não vedou o contraditório, já que a pergunta foi feita, embora através do Tribunal, ao qual acresce que o mesmo procedimento foi adotado em relação a acusação e defesa. Igualmente, com relevo, ac. TC 90/2013 que não considerou inconstitucional "*a norma constante dos artigos 346.º, n.º 1, e 347.º do Código de Processo Penal, interpretados no sentido de que a tomada de declarações dos assistentes e dos demandantes cíveis é sempre realizada pelo Presidente, no caso de Tribunal Coletivo, e, quando o Ministério Público, o advogado do assistente, o advogado do demandante cível ou o defensor pretendam que seja formulada alguma questão ou pedido algum esclarecimento, deverão solicitar ao Presidente do Tribunal que formule tais questões ou pedidos de esclarecimentos aos assistentes e demandantes cíveis*".

VII – Disciplina e direção

§ 35 As als. e) e g) contêm, verdadeiramente, os poderes de disciplina e direção. Em relação aos poderes de direção dos trabalhos rege a al. g) determinando que o juiz presidente tem a competência para dirigir e moderar a discussão, proibindo, em especial, todos os expedientes manifestamente impertinentes ou dilatórios. Aos poderes de disciplina refere-se a al. e) ao acentuar que cabe ao juiz presidente tomar todas as medidas preventivas, disciplinares e coativas, legalmente admissíveis, que se mostrarem necessárias ou adequadas a fazer cessar os atos de perturbação da audiência e a garantir a segurança de todos os participantes processuais.

a) Dirigir e moderar a discussão

§ 36 Ao juiz presidente compete dirigir e moderar a discussão. Conceito aberto, como não poderia deixar de ser, suficiente maleável para acolher uma multiplicidade de situações que podem ocorrer na vida real. Tal a amplitude que nunca uma catalogação normativa seria suficiente para abarcar em que termos se concretizaria os atos de direção e moderação. Está aqui bem patente o papel crucial do juiz presidente para que os trabalhos se desenrolem de uma forma mais fluída e célere. Claro está que, por mais esforços que faça, deverá existir colaboração de todos os intervenientes, principalmente daqueles que têm especial responsabilidade por força dos seus estatutos (MP e advogados). Cumprindo-se todos os deveres estatutários e deveres de conduta para participação na audiência de julgamento, fica aberto caminho para um julgamento mais célere. Acatamento de deveres legais, estatutários, deontológicos, éticos, bom senso, correção e educação, são a chave para uma "comunidade de trabalho" mais funcional.

§ 37 O escopo de lograr uma maior celeridade com o poder de direção dos trabalhos é bem patente, quando impõe, em especial, o dever do juiz presidente proibir todos os expedientes manifestamente impertinentes ou dilatórios. Trata-se, como se escreveu, mais que um poder, um dever. Uma competência vinculada ao interesse de prolação de uma decisão o mais célere possível. Interesse público, valor constitucional e legal. Emerge desta norma que se tratam de atuações proibidas. O que resulta, desde logo, em relação a MP e advogados, também de deveres estatutários, como se referiu. Respaldo, igualmente, da proibição da prática de atos inúteis. Expediente manifestamente impertinente é aquele que nada releva, é inócuo, ou indiferente, à decisão da causa, porque não se insere no objeto do processo, se reporta a uma questão lateral/acessória, que em nada influi no julgamento final, é totalmente estranho ao que se discute ou serve-se das normas processuais para fins que lhe são alheios.

§ 38 O mesmo no que concerne a atos manifestamente dilatórios, em que existe um uso abusivo de mecanismos processuais, com o propósito, patente ou implícito, de protelar o andamento dos trabalhos. Adota-se comportamentos, ou omissões, do qual é possível depreender, à luz de um observador médio, que se pretende dilatar no tempo o findar do processo, nomeadamente, da audiência de julgamento. Para além do ato em si ter de ser objetivamente dilatório, ou seja, potenciar o alongar do término do processo sem justificação legal plausível, subjetivamente deve ser possível inferir do contexto factual que se almeja o alongamento processual, afrontando a celeridade, em concreto, que o julgamento se desenrole no prazo mais curto possível. Expedientes que podem ser de diversa índole. Através do uso formal de normas processuais para lograr efeito proibido, por manifestamente impertinente ou dilatório. Ou todas as outras ações ou omissões que têm essa aptidão. E que podem culminar com a condenação no incidente verificados os pressupostos legais.

§ 39 Este poder dever consagrado na lei aponta para um modelo de juiz ativo na audiência de julgamento. Atento, interventivo, atuante. O que pressupõe o prévio estudo do processo. Nas palavras de Ana Maria Barata Brito, 2014, pp. 111 a 117, "*O juiz da audiência de julgamento é um "juiz-ator*", o "*seu desempenho na direção e disciplina da audiência repercute-se no êxito do processo, no cumprimento das suas finalidades*", pretende-se uma "*boa gestão do tema e da prova, devendo o juiz de julgamento atuar numa lógica de adequação funcional*" e para isso "*tem de agir com exacta noção do tema da prova, ou seja, dos atos que interessa esclarecer e apurar, de acordo com um princípio de vinculação temática.*" "*O juiz do julgamento deve dominar o* *objeto do processo, conhecendo o compreendo os factos, ter "conhecimento e pré-compreensão" do direito aplicável ao caso*". O conhecimento de factos "*pode exigir, em concreto, conhecimentos especiais, sobre uma realidade que se julga, e em zonas de conhecimento não estritamente jurídicas (v.g. fraudes fiscais complexas).*" O juiz tem de "*adquirir competências mínimas necessárias à compreensão dos factos que julga*", "*auto-formação permanente e atualizada*", "*condição de imparcialidade*", por poder ficar "*refém" de "um sujeito processual mais bem preparado*". "*Para uma correta "gestão da atividade probatória desenvolvida na audiência", o juiz deve ter um prévio estudo do Direito atento o objeto do processo, deve estar ciente das problematáticas atinentes ao tipo, causa de exclusão, etc., não podendo relegar o estudo da questão de direito apenas para o momento da elaboração da sentença*". Pois "*só estando ciente de todas as soluções de direito possíveis é que consegue triar provas, factos, etc, pertinentes.*" E apesar de "*existir separaração entre facto e norma "não dispensa a pré-compreensão do direito aplicável" e uma "pré-compreensão inadequada do direito do caso pode condicionar a decisão (prévia) sobre a factualidade.*" Ou seja, "*o juiz tem de operar com a exacta noção do tema da prova, ou seja, dos factos que interessa provar, de acordo com um princípio de vinculação temática*".

§ 40 Este poder-dever de direção e moderação não implica a prolação de constantes despachos. Não estamos sempre na presença de "decisões" que atento o artigo anterior devem ser ditadas para a ata, e que pressupõe um dissídio a dirimir. Dirigir e moderar a audiência comporta um conjunto de "indicações" que vão sendo dadas verbalmente pelo juiz presidente aos intervenientes processuais que, naturalmente, devem ser admissíveis legalmente. Gravadas, considerando que a audiência é toda registada, permitindo a apreensão através da reprodução de todas as vicissitudes que ali ocorreram. Claro está que, quando existem insurgimentos em relação a tais recomendações, já será necessário *decidir*, prolatando despacho, da competência do juiz presidente. E o mesmo quando estejam em causa imposições que seja possível reagir processualmente.

§ 41 De todo modo, quanto mais forem cumpridas as regras estatutárias, deontológicas, de conduta, de educação, trato, cordialidade, mais calmo, fluído e célere será o desenrolar dos trabalhos. Uma intervenção mais incisiva e acutilante do juiz terá de existir quanto mais intenso for a afronta às regras de comportamento em audiência. Sendo que, não existe uma medida única em relação à forma dessa intervenção. Não há "um só modelo" em relação à argumentação, discurso, tom de voz, formas de "chamadas" de atenção (popularizado nos filmes, já que na Inglaterra ou Estados Unidos da América é habitual o uso de "martelo" para impor a "order"; no fundo o que resulta é o uso de um som mais audível que discipline à audiência, permitindo que a voz do juiz seja ouvida para regularizar a audiência). A proporcionalidade sempre dependerá do concreto contexto. Do grau de perturbação e alvoroço. Do necessário para retomar a acalmia dos trabalhos. Sempre, claro, numa dimensão que não implique comportamentos que atinjam os próprios deveres estatutários do juiz. Como última solução, deve ponderar-se a suspensão dos trabalhos, com a saída do tribunal da audiência. Para outros desenvolvimentos v. anotações aos arts. 85.º e 326.º.

§ **42** A liberdade de expressão e direito à crítica existem numa audiência, dentro de certos limites. Têm de ter respaldo legal e ser adequados, necessários e proporcionais, para que sejam cumpridos os propósitos de cada interveniente. O Tribunal almeja disciplinar e dirigir a audiência, para prolatar decisão final no mais curto espaço de tempo possível, o MP quer sustentar a acusação, o arguido pretende exercer a sua defesa, assistente e vítima procuram a tutela do direito ofendido e que seja punido o agente do crime, o demandante logra uma pretensão indemnizatória e demandado pretende que se ateste que aquela não é devida, etc. Ou seja, neste caldeirão de interesses contrapostos se dirá que os comportamentos ajustados são aqueles que não resvalam para condutas criminosas ou de índole disciplinar. O que muito depende do contexto.

§ **43** Algum recorte sobre a fronteira da linguagem que pode ser usada pelo juiz presidente para disciplinar e dirigir a audiência, emerge, por exemplo, do ac. STJ, 22.11.2006 (Armindo Monteiro), que considerou atípica e sem dignidade penal, a conduta do Presidente do coletivo "*que, decidindo questão respeitante a irregularidade processual, refere que o advogado "como já se tornou hábito, distorce, conscientemente, a realidade do que se passa na audiência"*", embora assinalando que a "*frase peca por excesso, desnecessário*", concluiu que "*não passa de um evitável comentário reduzido a escrito sem dignidade penal, inserto num esforço de dirigir, sem acidentes de percurso, o andamento dos autos, poder que cabe ao presidente do tribunal com a latitude prevista nos arts. 323.º e 326.º do CPP.*" No ac. STJ, 11.03.2020 (Conceição Gomes), num caso em que a Sra. Juíza que presidia à audiência de julgamento chamou à atenção de advogada, "*considerando que o modo como formulava as perguntas às testemunhas, era de uma forma "Rude e Mal Criada" e que motivava que as testemunhas respondessem também de uma forma indelicada, e daí que tivesse determinado que passaria a fazer as perguntas por seu intermédio da arguida, dentro dos seus poderes de direção da audiência (arts. 602.º, n.º 1 e n.º2, als.*

c) e d), e 516.º, n.º 3, do CPC)", entendeu-se que a conduta não visava "*ofender a honra e consideração da assistente, ou denegrir a sua imagem pessoal, em qualquer das modalidades de dolo definidas no art. 14.º, do CP*" e "*não têm, no contexto em que foram produzidas, relevância jurídico-penal*", tratando-se de qualificar a atuação "*enquanto mandatária no processo em causa, na audiência de julgamento, ao formular as inquirições/ instâncias às testemunhas, o fazia de uma forma "rude" e "mal criada", situação que a Mm.ª Juíza pôs termo no exercício das suas competências de direção da audiência.*"

§ 44 Em relação à linguagem que pode ser usada pelos advogados, depende, igualmente, do contexto, em princípio não excedendo os limites do direito à crítica quando, no circunstancialismo em concreto, se revela adequada, necessária e proporcional, para exercício de direitos, *destarte* direito de defesa do arguido. A lei portuguesa reconhece aos advogados as imunidades necessárias ao exercício do mandato (art. 208.º CRP), não podendo ser sancionados por atos conformes ao estatuto da profissão (art. 13.º/2/b LOSJ). Existe, como não poderia deixar de ser, uma ampla liberdade de expressão. Mas, cujos limites decorrem dos próprios deveres estatutários e deontológicos dos advogados. Ou seja, defesa dos interesses dos clientes, mas procedendo com correção e urbanidade (art. 95.º, 97.º, 110.º/1 EOA). Poderá concluir-se que o direito à crítica é legítimo quando se insere no objeto do processo, é necessário à defesa do interesse dos clientes, sem resvalar para o insulto pessoal. Sobre a sua conexão com a liberdade de expressão vertida no art. 10.º CEDH, desenvolvidamente Pedro Soares de Albergaria, 2022, com alusão a diversa jurisprudência do TEDH e sua análise, mas também referência a jurisprudência nacional que aborda a temática. Como refere o Autor, uma leitura harmónica do art. 152.º/2 CPC [que dispõe "[n]ão [ser] considerado ilícito o uso das expressões e imputações indispensáveis à defesa da causa"], com o art. 10.º CEDH e jurisprudência do TEDH, implica que "*talvez se deva substituir, na mente do julgador, o vocábulo "indispensáveis" pelo menos exigente vocábulo "necessárias"*".

§ 45 Ainda a propósito dos limites de atuação do Juiz ao abrigo do poder de direção da audiência, de modo a não resvalar para o abuso de poder, confronte-se a situação analisada no ac. STJ, 06.11.2008 (Rodrigues da Costa): "*Finda a leitura do acórdão, o ilustre mandatário do arguido pediu a palavra e o Sr. Juiz perguntou-lhe se pretendia usar da palavra para interpor recurso do acórdão proferido. O ilustre mandatário do arguido respondeu que não tinha nada que informar para que efeito pretendia usar da palavra e então o Sr. Juiz deu por encerrada a diligência». Ressaltou o acórdão, tendo terminado o julgamento e* *lido o acórdão, no exercício dos poderes de juiz presidente assistia-lhe o direito de saber qual era a intenção daquele com o pedido formulado. Perante a resposta que não tinha nada que informar para que efeito pretendia usar da palavra, o juiz presidente enquanto detentor do poder de disciplina da audiência ficou "sem a necessária informação para poder adotar a decisão mais adequada às circunstâncias*", e o advogado "*usou de comportamento desrespeitoso para com o tribunal, sendo o mesmo, por isso, subsumível na previsão do art.º 326.º, al. a), do C.P.P.*", não podendo "*alegar que lhe foi negado o direito ao protesto, previsto no art.º 75.º da Lei n.º 15/05, de 22 de Janeiro, pela óbvia razão de que o mesmo se recusou a dizer para que efeito pretendia fazer uso da palavra*".

§ **46** O "poder" de direção tem como contraponto o correspetivo dever dos intervenientes na audiência de acatarem as indicações, recomendações, decisões, tomadas pelo juiz presidente, que visem o bom andamento dos trabalhos. Naturalmente, sem prejuízo de sindicarem tais decisões através de mecanismos legais. O que não pode deixar de existir é um dever geral de acatamento do determinado pelo juiz presidente, como sucede, aliás, em outras organizações, sob pena de um caos processual. O que facilmente seria prefigurável caso a lei não atribuísse este poder para dirigir os trabalhos. Que, como referimos, é um dever. É o interesse público da administração da justiça que está em causa.

§ **47** Estes poderes de direção e disciplina entrecruzam-se, várias vezes, com o exercício de direitos, nomeadamente, o direito do arguido intervir em audiência de julgamento. Contudo, conforme ressalta o ac. STJ, 12.11.2008 (Armindo Monteiro), o arguido não tem o direito de "*interromper qualquer testemunha ao ser inquirida em julgamento, sobrepondo-se ao juiz nos seus poderes de direção e de disciplina que, em exclusivo, nos termos dos n.ºs 1 e 2 do art. 322.º do CPP, lhe são conferidos*", interrupção apenas admissível para o arguido usar a palavra se for essencial para a descoberta da verdade. Conformidade constitucional atestada pelo ac. TC 127/2009, na dimensão normativa segundo o qual "*ao arguido assistiria o direito a ser ouvido mas nunca a interromper uma qualquer testemunha e nem por isso o seu direito de contraditório fica prejudicado pois que, findo o depoimento, o juiz presidente constatada a utilidade da sua audição, se esta for manifestada por aquele ou mais e essencialmente pelo seu defensor, pode e deve confrontá-lo com tal versão*". Ali se salientou que a interpretação que foi feita dos arts. 322.º, 343.º/1 e 345.º "*não privou os recorrentes do direito ao contraditório*". Sucedeu "*apenas que, "compatibilizando o direito dos arguidos a serem ouvidos com a necessidade de assegurar a boa* *condução do julgamento e a continuidade do depoimento de uma testemunha, o Juiz-Presidente do Tribunal Criminal de 1.ª instância limitou -se a interpretar o n.º 1 do artigo 343.º do CPP, de modo a que os arguidos apenas pudessem usar da palavra findo o depoimento em curso de uma das testemunhas. Em suma, a interpretação normativa reputada de inconstitucional não priva os arguidos do seu direito fundamental ao contraditório (artigo 32.º, n.º 1 e 5, da CRP), pois aqueles podem pronunciar -se sobre o teor dos depoimentos prestados por testemunhas logo que findos esses mesmos depoimentos ou, em limite, no momento da prestação das últimas declarações pelos arguidos (artigo 361.º, do CPP)*". Mas, reconhecendo-se que o arguido não tem direito à interrupção que bem entenda, sob pena de prejuízo dos andamentos dos trabalhos, já a prestação de declarações pelo mesmo, para efeito de exercício do contraditório, é relativamente ampla, desde que se circunscreva ao objeto do processo, o que se insere na liberdade de expressão firmada no art. 10.º CEDH, que apesar de reconhecer limitações para efeito de exercício da administração da justiça, afirma que as limitações a essa liberdade, na sua feição de exercício do direito de defesa, deverão revestir um carácter excecional. Sobre a sua conexão com a liberdade de expressão vertida no art. 10.º CEDH, desenvolvidamente Pedro Soares de Albergaria, 2022, com alusão a diversa jurisprudência do TEDH e sua análise. V. ainda anotação do mesmo Autor aos arts. 343.º e 345.º

§ 48 Já referimos que as determinações legítimas devem ser acatadas. Trata-se de uma ordem com respaldo legal que prossegue um fim reconhecido legalmente. Naturalmente, como em qualquer organização, em caso de desrespeito, deverá existir coercibilidade. Sanções que podem revestir diversas modalidades, desde pecuniárias, comunicações às ordens profissionais, expulsão da sala de audiências, retirada da palavra, ilícito criminal. Igualmente, como auxiliar e elemento de coercibilidade na direção e moderação dos trabalhos existe a multa processual [a propósito da competência para o juiz presidente aplicar multa, ac. STJ, 12.01.1997 (Joaquim Dias): "*Não se verifica a nulidade prevista na al. a) do art.º 119 do CPP, quando o adiamento do julgamento, a designação de novo dia para a sua realização e a condenação em multa dos faltosos é feita pelo presidente e não pelo coletivo, por esse poder se inserir nos poderes de disciplina da audiência e direção dos trabalhos que competem ao presidente art.ºs 322 e 323*"]. Condenação em quantia monetária que visa sancionar o comportamento inadmissível, evitar que se repita na audiência e permitir retomar/normalizar os trabalhos. Mas que, deve ser utilizado, com parcimónia, de modo a não colidir com o exercício de direitos [sobre a impossibilidade de aplicação de multa aos advogados, ac. RP, 01.06.2016 (Maria Deolinda Dionísio), por não se verificar "*lacuna suscetível de suportar a aplicação aos mesmos das sanções previstas no art.° 150.°1 CPC*"; para a temática de violação de deveres de conduta que perturbam a audiência e procedimentos que se podem adotar v., desenvolvidamente, anotação ao art. 85.°, Tomo I]. Utilização criteriosa que é salientada no ac. RC, 05.05.2016 (Luís Coimbra), relativamente à taxa sancionatória especial contemplada no art. 521.°, onde se ressalta que a mesma será desnecessária quando a situação em concreto pode ser resolvida por poderes de direção. Conforme ali se escreve, "*No caso sob apreciação, estamos perante uma situação onde, como se disse, o mandatário da recorrente aproveitou o momento em que requeria a junção de determinados documentos ao processo para fazer uma espécie de mini alegações para a ata, evidenciando assim o propósito de praticar um ato processual que sabia não poder praticar, ou seja, com este deliberado mau cumprimento das regras processuais estorvou o normal andamento do processo. Porém, uma vez que o "estorvo processual" se limitou a uma mera declaração ditada para a ata com ocupação reduzida de tempo e ainda mais reduzida ocupação de meios do tribunal, e não esquecendo que tendo os factos ocorrido durante a audiência, sempre o tribunal poderia ter lançado mão dos poderes que lhe são atribuídos no art.° 322.°, temos de considerar que deve ser revogado o despacho recorrido*".

§ 49 Aliás, a proporcionalidade da sanção aplicada na sequência do poder de direção e disciplina do Tribunal, tem sido um dos testes recorrentemente analisados pelo TEDH para aferir da conformidade com limitações admissíveis à liberdade de expressão consagradas no art. 10.° CEDH, apontando para que, de entre os mecanismos previstos, se escolha o menos oneroso, adequado e suficiente, que pode passar por uma mera suspensão dos trabalhos para "arrefecer os ânimos", não podendo, em caso algum, a intensidade da sanção redundar numa inibição ou condicionamento no exercício de direitos, *destarte* de direitos de defesa, pelo receio de aplicação, reiteração e renovação das mesmas ("chilling effect"). Sobre a sua conexão com a liberdade de expressão vertida no art. 10.° CEDH, desenvolvidamente Pedro Soares de Albergaria, 2022, com alusão a diversa jurisprudência do TEDH e sua análise.

§ 50 Reiteramos. O poder de direção não deve ser confundido com autoritarismo. Nomeadamente, deve ter-se em conta que a audiência é onde tudo se joga. Em que existem momentos mais tensos. E, eventualmente, linguagem mais acintosa. Mas que, se ainda for aceitável no âmbito do exercício de direitos, não deve ser comprimida por via do "poder" de direção. Do mesmo modo, este "poder" deve tutelar a igualdade de armas, propiciando um tratamento igualitário dos sujeitos processuais. Não pode, por exemplo, considerar-se admissível uma pergunta ao MP e vedar essa mesma questão à Defesa por ser impertinente. E vice-versa. Será essencialmente o bom senso, o sentido de razoabilidade, proporcionalidade, adequação, que ditará o correto uso deste poder.

§ 51 Mas, naturalmente, embora não se possa resvalar para laivos de autoritarismo, não se pode cair no extremo oposto: o laxismo e indiferença. Como referimos o juiz tem que ter pulso na audiência. Não deve ter receio, nem temor de dirigir e moderar. E deverá ser tanto mais "musculada" a sua intervenção quanto maior o grau de perturbação ou potencial abalo dos trabalhos. Em suma, como em tudo na vida é necessário lograr o ajustado equilíbrio.

§ 52 Elucidativo de que o aumento de tensão em audiência pode implicar posições mais firmes do juiz presidente, para voltar a ter "pulso" na audiência, ac. STJ, 07.01.2021 (Helena Moniz)], no qual se exarou que no âmbito das "*funções de direção e disciplina da audiência, num ambiente marcado pela tensão normal existente entre os sujeitos processuais*" "*o presidente deve procurar manter um tratamento igualitário entre os diversos intervenientes, e atuar de modo a preservar uma certa tranquilidade no decurso da audiência, na medida em que seja possível*", não considerando colocar em causa a imparcialidade do Juiz Presidente, relativamente ao qual tinha sido suscitada a recusa, que revela "*um modo duro e intransigente do exercício dos poderes de disciplina e direção*", "*com uma preocupação constante para limitar cada intervenção ao objeto do processo, e para manter a disciplina de modo a que cada sujeito processual ou o seu mandatário apenas interviessem quando era o seu momento, e sem que permitisse que interrompessem o mandatário de outro sujeito processual, ou fizessem comentários ao modo como decorriam os trabalhos*". A dinâmica da audiência, o circunstancialismo em concreto e o contexto são elementos relevantes a ponderar. Como se ressalta no referido ac.: "*É certo que o Senhor Presidente refere expressamente que o mandatário dos assistentes deve ter o mínimo de educação (cf. transcrições supra), o que num outro contexto poderia parecer agressivo. Porém, estamos mais uma vez perante uma situação em que pretende manter a disciplina da audiência, ainda que as observações que lhe estejam a ser dirigidas o sejam numa tentativa de alertá-lo para um eventual debate sobre questão que não se integraria (segundo o mandatário dos assistentes) no âmbito do objeto do processo. Mas, disciplina e direção é "garantir o contraditório e impedir a formulação de perguntas legalmente inadmissíveis" [cf. art. 323.º, al. f), do CPP], sendo certo que para compreensão integral do* *objeto do processo e compreensão integral do circunstancialismo envolvente dos factos em julgamento se impõe a averiguação daquele contexto.*"

§ **53** De todo modo, as interrupções pelo Juiz Presidente terão de ser necessárias, adequadas, proporcionais para o seu fim: dirigir os trabalhos. Se assim não for podem afrontar o exercício legítimo de direitos. Em suma, terá de existir uma justificação plausível. Como escreve, a propósito das alegações e réplicas, Maria do Carmo Silva Dias (anotação ao art. 326.º), as mesmas, em geral, "*são ouvidas em silêncio, sem interrupções, exigindo-se respeito de todos os intervenientes e os que assistem à audiência. Ainda que incumba a quem preside ao julgamento, dirigir e moderar a discussão (art. 323.º/g), são excecionais as interrupções, as quais apenas poderão ocorrer por motivos justificados (por exemplo, para impor a disciplina na audiência, porque há público a fazer barulho).*"

b) Impor disciplina

§ **54** A coercibilidade revela-se de forma patente no poder de disciplina. O juiz presidente tem o "poder-dever" de disciplinar os trabalhos da audiência de julgamento e os intervenientes têm o dever de obedecer a ordens legítimas emanadas ao abrigo daquela. Disciplinar a audiência também abarca dirigir e moderar os trabalhos. Este poder tem um efeito disciplinador na audiência, no sentido que é estabelecida a ordem necessária para a prossecução da mesma. Mas poder disciplinar significa, igualmente, como referimos, a atribuição de ferramentas de coercibilidade ao juiz presidente. Sem as mesmas seria como que um "maestro sem batuta". Quando fosse necessário não teria como evitar o resvalamento da audiência para a desorganização, conflito generalizado, ou, em casos mais tensos, violência verbal e física. Em suma, seria o próprio interesse público na administração da justiça que seria atingido.

§ **55** Com esse intuito consagra a al. e) o poder do "juiz presidente" tomar todas as medidas preventivas, disciplinares e coativas, legalmente admissíveis, que se mostrarem necessárias ou adequadas a fazer cessar os atos de perturbação da audiência e a garantir a segurança de todos os participantes processuais. Trata-se de uma norma geral, complementada, muitas vezes, por outros dispositivos, que tem por escopo permitir que os trabalhos se desenvolvam com normalidade, respeito pelo tribunal e intervenientes, elevação e serenidade, o que permitirá uma diligência mais célere. Por outro lado, um poder-dever de proteção dos participantes processuais. O dever de proteger aqueles que intervêm e colaboram com a justiça. Por exemplo, não é exigível impor o dever de testemunhar quando não se assegura a segurança necessária para o fazer (v. anotação ao art. 139.º, Tomo II).

§ **56** Como requisito geral, presente nas demais alíneas (pois só assim as ordens serão legítimas), exige-se que as medidas para disciplinar a audiência terão de ser "legalmente admissíveis". Depois, respaldo do art. 18.º/2 CRP, terão de ser necessárias ou adequadas a a) cessar os atos de perturbação da audiência; b) garantir a segurança de todos os participantes processuais. Para além de orientadas finalisticamente a tal desiderato, não podendo, em caso algum, ter outros intuitos, deverão ser necessárias, ou seja, sem a intervenção disciplinar a perturbação não cessará. E adequadas, ou seja, dentro da panóplia de medidas deverá escolher-se a que menos comprimindo direitos dos visados permita retomar o bom andamento dos trabalhos. Não podendo, em caso algum, atingir a dignidade da pessoa humana [a este propósito, relativamente ao arguido, António Gama, anotação § 16 ao art. 140.º, Tomo II; v., também, entre outros, ac. TEDH, *Razvozzhayev – Russia/Russie and/et Ukraine and/et Udaltsov – Russia/Russie,* 19.11.2019, violação do art. 6.º § 3 (b) e (c) por causa de uma desnecessária e desproporcional restrição do direito a uma efetiva participação e assistência, por via do confinamento do acusado, no decurso da audiência no Moscow City Court, numa cabine de vidro].

§ **57** Também não define a lei (nem o deveria fazer de modo a permitir a adaptação, ajustamento e maleabilidade às diversas ocorrências que podem surgir), o que é um ato de perturbar a audiência ou quando é que se coloca em causa a segurança. Num primeiro tópico, quanto ao primeiro dos conceitos, se dirá que o exercício de direitos com acolhimento legal, naturalmente que não pode ser visto como perturbação da audiência. Perturbar a audiência consiste em qualquer ação (*v.g.* gritaria) ou omissão (*v.g.* recusa-se a abandonar o local onde estava a testemunhar), que afronta as regras legais, estatutárias, de conduta, e que abale os trabalhos, causando embaraços, demoras, incidentes desnecessários (para outros desenvolvimentos e exemplos v. anotação ao art. 85.º, Tomo I). Atos que atentem contra a segurança serão os expressos ou implícitos que coloquem em risco a vida, integridade física e moral, liberdade, do visado. Tal como na LPT e que pode implicar o recurso a mecanismo de proteção previstos naquela lei.

§ **58** Os poderes de impor disciplina, onde se inclui acautelar a segurança dos participantes, pode revelar-se crucial para que os depoimentos sejam prestados livre de qualquer coação, ou, pelo menos, remover eventuais condicionalismos aos depoimentos. No entanto, não se confunde com as proibições de prova.

O que está em causa quando os depoentes testemunham constrangidos é a avaliação da credibilidade do seu depoimento ao abrigo do art. 127.º Sobre esta temática é importante chamar à colação o ac. STJ, 18.04.2013 (Isabel Pais Martins), onde se faz, acertadamente, esta "separação de águas". Conforme ali se refere a "*invocação do "ambiente de temor" (passivamente suportado pelas instâncias) que subjugava certas testemunhas, e que inquinaria os seus depoimentos, de modo a que não devessem ter sido admitidos, é sugerido ao recorrente por determinadas afirmações feitas, pela 1.ª instância, ao longo da motivação da decisão de facto*", tendo suscitado a questão do "clima de temor" em que foram prestados alguns depoimentos na Relação, "*servindo-lhe apenas para censurar o tribunal por violação do art. 323.º, al. e), do CP*", sendo que, a mesma questão foi levada ao conhecimento do STJ "*para, num grau superior de crítica, convocar a nulidade da prova proibida.*" No entanto, conforme se assinala, do que se trata "*como a motivação da decisão de facto esclarece, foi de uma atitude subjetiva de certas testemunhas, de "reverência", "temor" ou "medo" perante a pessoa do arguido, evidenciada nos seus depoimentos, tanto na forma como foram prestados como nos acontecimentos sobre que prestaram os respectivos depoimentos. No entanto, a possível afetação das testemunhas pelos "sentimentos" demonstrados para com o arguido cabe, exclusivamente, no plano da livre valoração da prova (permitida), e, diga-se, não há poderes de disciplina e direção da audiência suscetíveis de "resolver" sentimentos difusos de constrangimento.*"

§ 59 A disciplina da audiência está estreitamente relacionada com os deveres de condutas previstos nos artigos subsequentes, que prevê medidas específicas para que os mesmos sejam acatados e a forma de sancionamento e reação processual. O que importa salientar, como anteriormente assinalado, é que a disciplina também deve ser um ato de bom senso, procurando compatibilizar-se com outros direitos na medida do possível. Sobre a sua conexão com a liberdade de expressão v. §§ 42 a 53. A propósito da compatibilização com o direito de manifestação religiosa previsto no art. 9.º CEDH, v. *Hamidović v. Bosnia and Herzegovina*, 57792/15, judgment 5.12.2017, relativo a uma situação de punição de uma testemunha "*for refusing to comply with court order to remove skullcap when giving evidence*".

VIII – Incumprimento e consequências

§ 60 V. anotação § 15 ao art. 322.º

Tiago Caiado Milheiro

Artigo 324.º
Deveres de conduta das pessoas que assistem à audiência

1 – As pessoas que assistem à audiência devem comportar-se de modo a não prejudicar a ordem e a regularidade dos trabalhos, a independência de critério e a liberdade de ação dos participantes processuais e a respeitar a dignidade do lugar.

2 – Cabe, em especial, às pessoas referidas no número anterior:

a) Acatar as determinações relativas à disciplina da audiência;

b) Comportar-se com compostura, mantendo-se em silêncio, de cabeça descoberta e sentadas;

c) Não transportar objetos perturbadores ou perigosos, nomeadamente armas, salvo, quanto a estas, tratando-se de entidades encarregadas da segurança do tribunal;

d) Não manifestar sentimentos ou opiniões, nomeadamente de aprovação ou de reprovação, a propósito do decurso da audiência.

Origem do texto: corresponde à redação originária aprovada pelo DL 78/87, com a alteração decorrente da L 48/2007, de 29 de agosto – 15.ª alteração ao Código de Processo Penal.

Sumário do comentário:

I – Interpretação da norma (§ 1)

II – Elemento histórico e *ratio legis* (§ 2)

III – Âmbito de aplicação (§§ 3 a 20)

I – Interpretação da norma

§ 1 A norma regula os deveres de conduta das pessoas que assistem à audiência e que deve ser conjugado com os arts. 86.º/6 e 87.º/1. Na prática e como refere Paulo Pinto de Albuquerque, 2011, p. 845 "a liberdade de acção dos participantes processuais (e não apenas dos sujeitos processuais) e a dignidade do "lugar" (a sala de audiências) são asseguradas por esta disposição legal." O n.º 1 estabelece deveres gerais e o n.º 2 deveres especiais. Em grande medida, foi também buscar inspiração ao CPC, o atual art. 150.º, que regula a manutenção da ordem nos atos processuais.

II – Elemento histórico e *ratio legis*

§ 2 A norma reproduz o art. 324.º do Proj. e corresponde aos arts. 305.º do Aproj. e 408.º do CPP/29, na redação introduzida pelo DL n.º 36387, de 1 de julho de 1947. Com a redação originária aprovada pelo DL 78/87, foi alterada com a L n.º 48/2007 de 29 de agosto – 15.ª alteração ao CPP. A razão pela qual estas normas (324.º, 325.º e 326.º), em termos sistemáticos, se inserem na fase de julgamento (livro VII), no título II relativo à audiência, *mostram apenas que apesar da mudança de paradigma introduzida pela L 48/2007, de 29.08, quando foi proclamada a regra geral da publicidade em processo penal, o certo é que nem tudo foi adaptado e, por isso, ainda se verificam desajustamentos e falta de conciliação entre algumas disposições legais do CPP.*

III – Âmbito de aplicação

§ 3 O n.º 1 estabelece deveres gerais e o n.º 2 deveres especiais. Quanto aos deveres gerais, a regra de comportamento definida é que as pessoas que assistem à audiência devem comportar-se de modo a não prejudicar: i) *trabalhos* – a ordem e a regularidade dos trabalhos, ii) *critério* – a independência de critério, iii) *liberdade de ação*- a liberdade de ação dos participantes processuais e iv*)* *lugar* – a respeitar a dignidade do lugar. Quanto aos deveres especiais, foram densificados quatro: i) *respeito* – acatar as determinações relativas à disciplina da audiência; ii) *comportamento* – comportar-se com compostura, mantendo-se em silêncio, de cabeça descoberta e sentadas; iii) *imposição negativa* – não transportar objetos perturbadores ou perigosos, nomeadamente armas, salvo, quanto a estas, tratando-se de entidades encarregadas da segurança do tribunal; iv) *imposição negativa* – não manifestar sentimentos ou opiniões, nomeadamente de aprovação ou de reprovação, a propósito do decurso da audiência.

§ 4 Esta norma está relacionada e deve ser articulada e conjugada com a publicidade da audiência (321.º), a disciplina da audiência e direção dos trabalhos (322.º) e com os poderes de disciplina e de direção (323.º).

§ 5 Os deveres de conduta das pessoas que assistem à audiência inserem-se no conjunto macro de gestão da audiência, que para além de constituir o "sítio" onde se desenrola todo o "drama judiciário", através da produção de prova que sustentará a decisão, assume um papel legitimador da atividade jurisdicional nomeadamente pelo seu caráter público, sendo na audiência que se efetua o controlo democrático da aplicação da justiça. A realização da audiência de julgamento é o ato processual que espelha a face da justiça. Alguns princípios de gestão, comuns a qualquer tipo de audiência de julgamento, independentemente da jurisdição, constituem-se como "núcleo essencial" que deve, em regra, respeitar-se. Trata-se dos princípios da liderança, informalidade, eficácia e concisão – Para maior desenvolvimento v. José Igreja Matos, José Mouraz Lopes, Luís Azevedo Mendes e Nuno Coelho, 2015, pp. 269 e ss.

§ 6 Os atos processuais, principalmente os julgamentos, devem decorrer de modo disciplinado e com as regras previstas no CPP, a isso estando vinculados todos os intervenientes processuais, sejam sujeitos processuais, magistrados do MP, intervenientes acidentais e todos os que assistem à audiência. Na eventualidade de ser perturbada a realização do julgamento, o juiz presidente dispõe de poderes, que deverá exercer em função da gravidade da infração, com serenidade e bom senso, para tomar as providências necessárias. Na prática, perante a violação de um dever geral ou especial, o juiz presidente, de modo próprio ou por impulso processual dos sujeitos processuais e por esta ordem: i) chama a atenção da pessoa com urbanidade, ii) adverte e comina a pessoa com a sanção legal, iii) sendo mantido o comportamento, expulsa o prevaricador da sala de audiências.

§ 7 Tratando-se de deveres para as pessoas que assistem à audiência, a mesma deverá ter como pressupostos: i) o direito a um julgamento público e equitativo, consagrado no art. 6.º/1 CEDH e no art. 47.º da CDFUE. Adicionalmente, podem ser encontradas no art. 6.º/2 e 3 CEDH e no art. 48.º da Carta garantias específicas para um julgamento equitativo em matéria penal. O direito a um julgamento público assegura o escrutínio do poder judicial e requer igualmente que uma pessoa tenha direito a estar presente e ouvir as testemunhas; ii) o acesso à justiça, o qual também inclui o direito a uma audição pública. Tal ajuda a promover confiança nos órgãos jurisdicionais ao tornar visível e transparente a administração da justiça – TEDH, *Pretto contra Itália*, n.º 7984/77, de 8 de dezembro de 1983, n.º 21. O art. 47.º CDFUE corresponde ao art. 6.º CEDH neste ponto; iii) uma audição pública e equitativa perante um tribunal independente e imparcial e outras instâncias, contudo, uma pessoa tem direito a uma audição oral perante o primeiro e único tribunal que examina o seu processo.

§ 8 Os deveres de conduta das pessoas que assistem a atos processuais considerados públicos por lei nos termos dos arts. 86.º/6 e 87.º/1 são os mesmos que estão previstos no art. 324.º, tal como os deveres de conduta do arguido são os previstos no art. 325.º e os advogados e defensores são os indicados no art. 326.º. Sobre o art. 87.º/6, sugere-se a leitura dos § 16, 17, 18, 19 e 20 da anotação ao art. 87.º, Tomo I Maria do Carmo Silva Dias – 2019, pp. 941 e ss.

§ 9 Para Paulo Pinto de Albuquerque, 2011, p. 845, a norma regula a liberdade de ação dos participantes processuais (e não apenas dos sujeitos processuais) e a dignidade do "lugar" (a sala de audiências) são asseguradas por esta disposição legal. Não sendo cumpridos os deveres impostos por esta disposição, o juiz presidente deve expulsar da sala as pessoas responsáveis (art. 87.º/6).

§ **10** O arguido está também obrigado a respeitar estes deveres, conforme determina o art. 325.º/3, sendo que a sanção pelo cumprimento é distinta (quanto às pessoas a sanção prevista é a expulsão da sala de audiências e quanto ao arguido é o recolher do mesmo a qualquer dependência do tribunal – 325.º/4).

§ **11** O advogado dos sujeitos processuais está obrigado a cumprir especiais deveres de conduta que são sancionados em termos distintos dos previstos nesta disposição (art. 326.º).

§ **12** A conduta do magistrado do MP na audiência não está regulada no CPP. Paulo Pinto de Albuquerque, 2011, p. 846, defende que a mesma não pode ser censurada pelo juiz. Esta posição terá de ser vista sob o prisma de inexistência de falta de sanção imediata a tal comportamento. Contudo, nada impede o Juiz Presidente de exercer os seus poderes de disciplina e direção, chamando a atenção para tal comportamento, advertindo-o urbanamente e se o mesmo persistir, retirar-lhe igualmente a palavra e registar em ata a concreta conduta que está a perturbar a ordem dos trabalhos e, sendo caso disso, dá-la a conhecer às entidades competentes para os efeitos tidos por convenientes (v. art. 150.º/1/4 do CPC, aplicável por via do art. 4.º). No mais, e à semelhança do que sucede com o Sr. Advogado ou com o Sr. Defensor Oficioso, o juiz poderá ordenar a saída do Magistrado do MP da sala de audiências, quando o mesmo persiste no seu comportamento perturbador do julgamento, apesar de já ter sido advertido e também lhe ter sido retirada a palavra. Se assim suceder, para que o julgamento possa prosseguir terá de ser substituído o magistrado do MP. De tudo deverá ser dado conhecimento circunstanciado à PGR para os efeitos tidos por convenientes, mormente efeitos disciplinares (para maior desenvolvimento sugere-se a leitura dos § 37 a 39 da anotação ao art. 85.º, Tomo I – Maria do Carmo Silva Dias, 2019, pp. 905 e 906).

§ **13** Se as pessoas que assistem à audiência não cumprirem os deveres que lhe são impostos nos ns. 1 (deveres gerais) e 2 (deveres especiais) poderá o Juiz Presidente expulsá-las (art. 87.º/6, *in fine*) e se tiverem cometido infração criminal ou disciplinar deverá o juiz presidente ordenar o levantamento de auto e proceder à detenção do agente, se for caso disso (art. 85.º/3) – Manuel Lopes Maia Gonçalves, 2002, p. 638. Sobre o art. 85.º/3, sugere-se a leitura dos § 56 a 66 da anotação ao art. 85.º, Tomo I – Maria do Carmo Silva Dias, 2019, pp. 910 e ss.

§ 14 Caso a pessoa em causa, depois de advertida, persistir no mesmo comportamento, deverá ser registada em ata a concreta conduta que está a perturbar a ordem dos trabalhos e, sendo caso disso, dá-la a conhecer às entidades competentes para os efeitos tidos por convenientes (no caso de Magistrado do MP, ao CSMP e do advogado à OA).

§ 15 Todos os profissionais do foro certamente já passaram por situações caricatas de pessoas que não sabem estar e/ou assistir às audiências. Para além dos deveres impostos pela norma, deverá imperar o bom senso, a serenidade e o sentido prático, tendo sempre presente que os profissionais do foro têm a obrigação de dar o exemplo às pessoas que vão a tribunal e que não tem conhecimento dos cânones de comportamento.

§ 16 O exercício dos poderes que impõe às pessoas que assistem à audiência o cumprimento dos deveres, quando são tomadas medidas mais gravosas (por exemplo a decisão que ordena medidas preventivas, disciplinares ou coativas), deverá respeitar o disposto no n.º 2 do art. 322.º e por essa via, devem ser fundamentadas e admitem recurso (v. Paulo Pinto de Albuquerque, 2011, p. 844).

§ 17 "*Somente em situações excecionais, em que a parte (sujeito processual) aja de forma patológica no desenrolar normal da instância, ao tentar contrariar ostensivamente a legalidade da sua marcha, ou a eficácia da decisão, praticando ato processual manifestamente improcedente, é que deve ser aplicada a taxa sancionatória – por isso chamada – excecional*". ac. STJ, 10.05.2017 (Pires da Graça).

§ 18 Não existindo qualquer manual ou livro de instruções, e não tendo as pessoas que, por regra, assistem às audiências, conhecimento destes deveres, faria sentido, elaborar um manual de procedimentos. Este, de forma simples, e a título meramente exemplificativo, podia sugerir aos oficiais de justiça que fazem a chamada e tem conhecimento das pessoas que pretendem assistir às diligências (no âmbito do art. 329.º), ou aos profissionais que fazem o controlo de entrada nos Tribunais (em alguns, nos já existentes balcão + espaço de atendimento integrado que permite ao cidadão tirar uma senha e ser informado sobre o seu processo assim como recorrer a um conjunto de outros serviços, sem necessidade de percorrer corredores e andares à procura da respetiva secretaria judicial), dar a conhecer e entregar a tais pessoas um folheto informativo desdobrável com o art. 325.º explicado numa linguagem mais simples e acessível e também colocar o mesmo à porta das salas de audiência, de forma visível. Nesta sede, podia ser aproveitado o programa UMA JUSTIÇA MAIS PRÓXIMA DO CIDADÃO – https://justicamaisproxima.justica.gov.pt/sobre-o-plano/ em que um dos pilares é colocar o cidadão no centro, simplificando e clarificando a linguagem e as informações prestadas, disponibilizando novos e variados serviços e garantindo uma presença multicanal, para concretizar tal propósito. Nesta sede, veja-se o exemplo de Espanha em que a Real Academia Española, o Consejo General del Poder Judicial, a Fiscalía e o Ministerio de Justicia assinaram um protocolo em 11.03.2021, prevendo a criação de uma comissão para a clareza e modernização da linguagem jurídica, de forma a fomentar um léxico jurídico moderno e acessível para os cidadãos.

§ 19 Um dos problemas invocados nesta sede prende-se com a não familiarização dos cidadãos em geral (e, particularmente, das testemunhas) com o tribunal. Com efeito, é consabido que os tribunais são ambientes desconhecidos da maioria dos cidadãos e, por isso, são propostas diversas iniciativas para colmatar tais falhas (a título exemplificativo, os projetos da ASJP "TRIBUNAL DE PORTA ABERTA", "JUIZ POR UM DIA" que possibilitam aos cidadãos, alunos de escolas visitarem os tribunais, conhecerem a realidade do foro ou ainda como defende JOANA FILIPA CERQUEIRA FERREIRA, 2014, que propõe incentivar os cidadãos e as testemunhas a realizarem visitas ao tribunal antes da audiência para se familiarizarem com o ambiente judicial. Tal como referem *Hunter, Nixon, Parr & Britain* (2004: 2), é essencial: i) fomentar a confiança dos indivíduos e da comunidade em geral na justiça e nos tribunais, ii) fornecer todos os apoios necessários às testemunhas para que todos possam estar motivados a colaborar com a justiça. Seria aconselhável que, nas escolas, se educasse as crianças para a importância de colaborar com a justiça e se mostrasse e explicasse, por exemplo, através de vídeos e imagens, o funcionamento dos tribunais e as tarefas que desempenham os seus profissionais. Assim, estas crianças tornar-se-iam adultos mais esclarecidos e familiarizados com os tribunais, o que podia facilitar eventuais envolvimentos com os mesmos, propondo ainda a final um folheto informativo desdobrável para as testemunhas.

§ 20 Não existindo um manual de procedimentos, já houve algumas tentativas e pedidos que se assemelham a tal, e que para pessoas não habituadas ao foro, ajudam ao esclarecimento (título exemplificativo): i) PEDRO CRUZ, –

"Manual de instruções para pessoas que vão a tribunal e não estão habituadas a ir" – https://sicnoticias.pt/opiniao/2020-10-20-Manual-de-instrucoes-para-pessoas-que-vao-a-tribunal-e-nao-estao-habituadas-a-ir; ii) ANA SANTOS GOMES "Gente que sabe estar (no tribunal)" – www.deco.proteste.pt – março/abril 2021 – D&D/tribunais.

LUÍS LEMOS TRIUNFANTE

Artigo 325.º
Situação e deveres de conduta do arguido

1 – O arguido, ainda que se encontre detido ou preso, assiste à audiência livre na sua pessoa, salvo se forem necessárias cautelas para prevenir o perigo de fuga ou atos de violência.

2 – O arguido detido ou preso é, sempre que possível, o último a entrar na sala de audiência e o primeiro a ser dela retirado.

3 – O arguido está obrigado aos mesmos deveres de conduta que, nos termos do artigo anterior, impendem sobre as pessoas que assistem à audiência.

4 – Se, no decurso da audiência, o arguido faltar ao respeito devido ao tribunal, é advertido e, se persistir no comportamento, é mandado recolher a qualquer dependência do tribunal, sem prejuízo da faculdade de comparecer ao último interrogatório e à leitura da sentença e do dever de regressar à sala sempre que o tribunal reputar a sua presença necessária.

5 – O arguido afastado da sala de audiência, nos termos do número anterior, considera-se presente e é representado pelo defensor.

6 – O afastamento do arguido vale só para a sessão durante a qual ele tiver sido ordenado.

7 – É correspondentemente aplicável o disposto no n.º 3 do artigo 85.º

Origem do texto: corresponde à redação originária aprovada pelo DL 78/87, com a alteração decorrente da L 48/2007 de 29 de agosto – 15.ª alteração ao Código de Processo Penal.

Sumário do comentário:

I – Interpretação da norma

§ 1 A norma regula a situação e deveres de conduta do arguido na audiência. O n.º 1 estipula o dever de assistência do arguido livre na sua pessoa, com as duas exceções apresentadas. O n.º 2 regula a entrada e saída do arguido na sala. O n.º 3 contém uma norma de remissão para o art. 324.º/2 (deveres especiais). O ns. 4, 5, 6 e 7 estipulam o que sucede no caso de o arguido faltar ao respeito devido ao tribunal, a sua representação pelo defensor na ausência, que tal afastamento só produz efeitos para a sessão de julgamento em causa e sendo verificada a prática de infração, qual o procedimento a adotar pelo juiz presidente.

II – Elemento histórico e *ratio legis*

§ 2 A norma reproduz o art. 325.º do Proj. e corresponde aos arts. 307.º do Aproj. e 413.º do CPP/29, na redação introduzida pelo DL n.º 377/77, de 6 de setembro, e ainda com a redação originária aprovada pelo DL 78/87 com a alteração decorrente da L n.º 48/2007 de 29 de agosto – 15.ª alteração ao CPP. A razão pela qual estas normas (arts. 324.º, 325.º e 326.º), em termos sistemáticos, se inserem na fase de julgamento (livro VII), no título II relativo à audiência, *mostram apenas que apesar da mudança de paradigma introduzida pela L 48/2007, de 29.08, quando foi proclamada a regra geral da publicidade em processo penal, o certo é que nem tudo foi adaptado e, por isso, ainda se verificam desajustamentos e falta de conciliação entre algumas disposições legais do CPP.*

III – Âmbito de aplicação

§ 3 A norma regula a situação e deveres de conduta do arguido na audiência. O n.º 1 estipula o dever de assistência do arguido livre na sua pessoa, com as duas exceções apresentadas. Tal como sucede no art. 140.º/1, o princípio consagrado pelo legislador é que quando o arguido assiste à audiência deve encontrar-se livre na sua pessoa, ainda que se encontre detido ou preso, acautelando-se apenas o perigo de fuga ou atos de violência. O facto de o arguido se encontrar livre na sua pessoa significa que o mesmo não deve estar algemado, não se tratando de uma mera formalidade, mas sim, procurar colocar o arguido em pé de igualdade com os outros sujeitos processuais, não se admitindo o que, sendo desnecessário ou desproporcionado, o possa menorizar ou desprezar. Maia Gonçalves, 2002, p. 639, chega a referir que a disposição do n.º 1 é um mero afloramento da disposição geral do art. 140.º/1, sendo por essa via, portanto até de algum modo dispensável. Sobre o art. 140.º/1 (mesmo que na perspetiva da prestação de declarações do arguido), sugere-se a leitura dos § 8, 9 e 10 da anotação ao art. 140.º, Tomo II, António Gama, pp. 278 e ss.

§ 4 O n.º 2 regula a entrada e saída do arguido na sala, e a razão pela qual o legislador optou que assim fosse prende-se com questões de segurança e de disciplina da audiência. Conforme é consabido, a sua entrada e saída da audiência (principalmente em julgamentos de arguido preso e em julgamentos por crimes contra as pessoas) pode provocar nas pessoas que possam estar a assistir à audiência sensações díspares e de forma a evitar/prevenir constrangimentos de maior, deverá, por regra, ser respeitada esta regra.

§ 6 O n.º 3 contém uma norma de remissão para o art. 324.º/2 (deveres especiais). Nessa medida, o arguido também está obrigado ao cumprimento dos deveres do art. 324.º/2. A falta de respeito ao tribunal inclui, entre outras condutas, a violação dos deveres especiais estabelecidos no art. 324.º/2, sem prejuízo do seu direito de se pronunciar sobre o objeto do processo em qualquer momento da audiência (art. 343.º/1). Concordo que o tribunal deva tolerar o uso de um tom de voz mais elevado pelo arguido quando ele se deva a um estado de compreensível excitação ou nervosismo (Paulo Pinto de Albuquerque, 2011, p. 846).

§ **7** O ns. 4, 5, 6 e 7 estipulam o que sucede no caso de o arguido faltar ao respeito devido ao tribunal, a sua representação pelo defensor na ausência, que tal afastamento só produz efeitos para a sessão de julgamento em causa e sendo verificada a prática de infração, qual o procedimento a adotar pelo juiz presidente. No caso de tribunal com composição plural, a decisão sobre as consequências do afastamento do arguido da audiência compete ao juiz presidente ou ao tribunal coletivo. Paulo Pinto de Albuquerque, 2011, p. 846 sustenta que se trata de competência concorrente. Em caso de desacordo devem prevalecer a vontade da maioria.

§ **8** A detenção não tem natureza punitiva, mas apenas preventiva, ou seja, só se verificar a persistência no comportamento por parte do arguido e visa evitar a continuação dessa atividade e perturbação do julgamento por mais tempo. A detenção está limitada à duração da sessão de audiência de julgamento em causa, naquele dia, e não pode ser mantida para as sessões seguintes. Por outro lado, a detenção deverá cessar assim que o juiz entender que já não há perigo de continuação da atividade desrespeitadora. Paulo Pinto de Albuquerque, 2011, p. 847, posição com a qual se concorda, sustenta que o despacho do juiz que ordena o afastamento do arguido da sessão e a sua detenção em dependência do tribunal deve ser fundamentado na verificação da referida reiteração da atividade desrespeitadora (art. 97.º/5) e é recorrível (arts. 399.º, 400.º *à contrario sensu* e os casos paralelos do TEDH *Harkmann v. Estónia e Nowicka v. Polónia*), tendo subida deferida, com o recurso que vier a ser interposto da decisão que puser termo à causa (arts. 406.º/1 e 407.º/3).

§ **9** A detenção ilegal pode gerar responsabilidade civil do Estado. Verificando-se tais pressupostos, o dever de indemnizar, por parte do Estado, o cidadão lesado por virtude de privação da liberdade contra o disposto no regime normativo estabelecido na CRP e na Lei, que decorre do artigo 27.º/5 CRP, consagra um dos princípios do Estado de direito democrático. Toda a privação de liberdade, quando efetuada pelo Estado, nomeadamente por um seu órgão, fora do restrito modo como é regulamentada na CRP e na lei, é passível de sustentar um direito a indemnização, verificados os demais requisitos. Sobre o art. 225.º sugere-se a leitura da anotação ao artigo –. José Mouraz Lopes, Tomo III, 2021, pp. 583 e ss. A detenção legal é imputável e descontada nos termos do art. 80.º/1 do CP ("detenção"), por se tratar de uma privação da liberdade sofrida no processo e por causa do processo.

§ **10** O arguido que é afastado da sala de audiência devido à reiteração da sua conduta desrespeitadora considera-se representado pelo defensor. Esta representação vale para toda a audiência, incluindo a leitura da sentença. De qualquer forma, o arguido tem a faculdade de regressar para prestar as últimas declarações (art. 361.º) e ouvir a sentença (art. 373.º), mas se ao regressar à sala ou em momento posterior persistir na conduta desrespeitadora, o tribunal pode afastá-lo novamente. Nesta sede o prazo para interposição do recurso começa a contar desde a notificação da sentença ao defensor (constituído ou nomeado) quando o arguido é afastado da audiência de julgamento por desrespeito ao tribunal (373.º/3), sendo válida, por identidade de razão, conforme sustenta Paulo Pinto de Albuquerque, 2011, p. 847, a jurisprudência do ac. TC 433/00, que versa sobre a constitucionalidade do art. 332.º/5. Esta será uma das situações de assistência obrigatória do arguido pelo defensor (art. 64.º/1/g) – v. § 37 e 38 da anotação ao art. 64.º, Tomo I – Tiago Caiado Milheiro, 2019, pp. 704 e ss., devendo ser nomeado defensor ao arguido que se tenha autorrepresentado. Existem, outrossim, direitos pessoalmente reservados ao arguido, que só podem ser exercidos depois de regressar à sala (art. 63.º/1) – Paulo Pinto de Albuquerque, 2011, p. 201 e § 9 a 19 da anotação ao art. 63.º – Tiago Caiado Milheiro, Tomo I, 2019, pp. 673 e ss.

§ **11** Regressando à sala de audiência, o arguido deverá ser informado "resumidamente" pelo juiz presidente do que se passou na sua ausência (art. 332.º/7). Este resumo deverá incluir apenas a menção dos meios de prova entretanto produzidos e dos incidentes verificados, mas não a leitura dos meios de prova, tanto mais que o julgamento é obrigatoriamente gravado e o arguido, na sua ausência, é representado pelo defensor. Quando é resumidamente instruído pelo juiz presidente, conforme nota Paulo Pinto de Albuquerque, 2011, p. 847 e 859, o juiz presidente deve coibir-se de, ao "resumir" o conteúdo da prova produzida, fazer uma valoração antecipada da prova, com prejuízo para a sua imparcialidade.

§ **12** A conduta processual do arguido, seja como atitude desrespeitadora, seja por exemplo a manifestação durante a audiência de uma "exaltação e nervosismo acima da média" ou de "indiferença quanto à possibilidade de condenação e ao juízo de censura nela ínsito", não deve ser valorada contra o arguido na determinação da espécie e da medida da sanção, em obediência ao princípio da presunção da inocência. A falta de respeito ao tribunal pode sê-lo (em parte concordante, ac. RP, 04.02.2004, in CJ, XXIX, 1, 207) – Paulo Pinto de Albuquerque, 2011, p. 847. Nesta sede, as situações em causa não se encontram previstas nos arts. 70.º a 74.º do CP, pelo que, a regra, é que estes comportamentos não devem ser valorados contra o arguido na determinação da espécie e da medida da sanção.

Luís Lemos Triunfante

Artigo 326.º
Situação e deveres de conduta do arguido

Se os advogados ou defensores, nas suas alegações ou requerimentos:

a) Se afastarem do respeito devido ao tribunal;

b) Procurarem, manifesta e abusivamente, protelar ou embaraçar o decurso normal dos trabalhos;

c) Usarem de expressões injuriosas ou difamatórias ou desnecessariamente violentas ou agressivas; ou

d) Fizerem, ou incitarem a que sejam feitos, comentários ou explanações sobre assuntos alheios ao processo e que de modo algum sirvam para esclarecê-lo;

são advertidos com urbanidade pelo presidente do tribunal; e se, depois de advertidos, continuarem, pode aquele retirar-lhes a palavra, sendo aplicável neste caso o disposto na lei do processo civil.

Origem do texto: corresponde à redação originária aprovada pelo DL 78/87, com a alteração decorrente da L 48/2007, de 29.08.

Sumário do comentário:

I – Interpretação da norma

§ 1 A norma regula a conduta dos advogados e defensores no âmbito dos julgamentos, estabelecendo regras comportamentais, as quais decorrem e vão buscar inspiração nos arts. 7.º (cooperação), 8.º (dever de boa-fé processual), 9.º (dever de recíproca correção), 150.º (manutenção dos atos processuais), 602.º/2/d) CPC e também no EOA, mormente o seu CAPÍTULO III, que define as regras das relações com os tribunais e em concreto os arts. 108.º (dever de lealdade), 109.º (relação com as testemunhas) e 110.º (dever de correção).

II – Elemento histórico e *ratio legis*

§ 2 A norma atual foi introduzida pelo DL 78/87 com a alteração decorrente da L 48/2007, de 29.08. A norma reproduz o art. 326.º do Proj. e corresponde aos arts. 306.º do Aproj. e 411.º, § 4 e 412.º do CPP de 1929. Se a falta cometida pelo advogado ou defensor constituir crime, o presidente mandará levantar o respetivo auto, nos termos do art. 85.º/3. No domínio do CPP/29 o caso das faltas constitutivas de crimes praticados pelos defensores durante as audiências provocou acesa controvérsia, que culminou na L n.º 2086, de 23 de maio de 1959. Essa controvérsia foi suscitada principalmente pelo facto de o próprio tribunal, perante o qual a falta era cometida e que podia ser o ofendido, poder julgar sumariamente o defensor, que assim passava à situação do réu perante o mesmo tribunal. A apontada L, que introduziu o § 4 do art. 411.º CPP/29, veio impedir tal prática. Nessa medida, não existe alteração sensível relativamente ao regime que vigorava à data da entrada em vigor do CPP/87. Se as condutas dos defensores integrarem infração criminal ou disciplinar, levantar-se-á auto para o efeito, que será remetido a quem de direito, podendo ser-lhes retirada a palavra, se o presidente entender que tal medida é necessária (Maia Gonçalves, 2002, p. 640).

III – Âmbito de aplicação

§ 3 Os atos processuais, principalmente os julgamentos, devem decorrer de modo disciplinado e com as regras previstas no CPP, a isso estando vinculados todos os intervenientes processuais, sejam sujeitos processuais, magistrados do MP, intervenientes acidentais e todos os que assistem à audiência. Na eventualidade de ser perturbada a realização do julgamento, o juiz presidente dispõe de poderes, que deverá exercer em função da gravidade da infração, com serenidade e bom senso, para tomar as providências necessárias. Em concreto, no caso de os advogados ou defensores se: i) faltarem ao respeito, ii) protelarem ou embaraçarem o decurso normal dos trabalhos, iii) injuriem, difamem, serem violentos ou agressivos, iv) comentarem ou incitarem sobre assuntos alheios ao processo e que de modo algum sirvam para esclarecê-lo, são advertidos com urbanidade pelo presidente do tribunal. Caso persistam no comportamento, o Presidente pode retirar-lhes a palavra.

§ 4 Caso tal perturbação ocorra, a lei impõe que sejam especificados em ata pelo Presidente os atos que determinaram a aplicação ou tomada de providências (v. art. 99.º), sendo que a norma indica, as medidas que o Presidente pode tomar: advertir com urbanidade o infrator, retirar-lhe a palavra quando se afaste do respeito devido ao tribunal ou às instituições vigentes, condená-lo em multa ou fazê-lo sair do local.

§ 5 A norma deve ser conjugada com os arts. 7.º (cooperação), 8.º (dever de boa-fé processual), 9.º (dever de recíproca correção), 150.º (manutenção dos atos processuais), 602.º/2/d, todos do CPC e também com o EOA, mormente o seu CAPÍTULO III, que define as regras das relações com os tribunais e em concreto os arts. 108.º (dever de lealdade), 109.º (relação com as testemunhas) e 110.º (dever de correção).

§ 6 A L 48/2007, de 29.08 remete para o art. 150.º do CPC que estabelece a manutenção da ordem nos atos processuais (v. n.º 1 – manutenção da ordem nos atos processuais, n.º 2 – a utilização de expressões e imputações indispensáveis à defesa da acusação, n.º 3 – consignação em ata dos atos que determinaram a providência, n.º 4 – participação circunstanciada à Ordem dos Advogados). As formas de reação, com exceção da aplicação da advertência, são previstas nos números 5, 6 e 7 do mesmo artigo.

§ 7 Se a falta cometida pelo advogado ou defensor constituir crime, o presidente mandará levantar o respetivo auto, nos termos do art. 85.º/3. Sobre o art. 85.º/3, sugere-se a leitura dos § 25 a 36 da anotação ao art. 85.º, Tomo I – Maria do Carmo Silva Dias, 2019, pp. 910 e ss.

§ 8 "*I. A advertência feita em audiência a advogado insere-se no poder--dever de direção da audiência conferido por lei ao juiz, e não é passível de recurso. II. Apesar de o CPP não reproduzir no normativo sobre decisões que não admitem recurso o texto do n.º 2 do art.º 646.º do CPP de 1929, a irrecorribilidade das decisões sobre disciplina da audiência continua a impor-se, pela natureza intrínseca dessas decisões, cabendo, obviamente, na previsão da alínea b) do n.º 1 do art.º 400.º do CPP, onde se veda o recurso de decisões que ordenam actos dependentes da livre resolução do tribunal. III. Se o protesto do advogado, transcrito em ata, não tiver fundamento fáctico nem legal, transforma-se num incidente na marcha do processo, sujeito a tributação*" [ac. RL, 20.11.1996 (Dinis Alves), BMJ, 461, 508].

§ 9 Somente em situações excecionais, em que a parte (sujeito processual) aja de forma patológica no desenrolar normal da instância, ao tentar contrariar ostensivamente a legalidade da sua marcha, ou a eficácia da decisão, praticando ato processual manifestamente improcedente, é que deve ser aplicada a taxa sancionatória – por isso chamada – excecional [ac. STJ, 10.05.2017 (Pires da Graça)].

§ 10 Em face da regulamentação específica, na audiência em processo criminal nos arts. 85.º, 322.º, 323.º e 326.º, dos atos e conduta dos advogados e defensores que não contempla a aplicação de multa aos advogados, não se verifica lacuna suscetível de suportar a aplicação aos mesmos das sanções previstas no art. 150.º/1 CPC [ac. RP, 01.06.2016 (Maria Deolinda Dionísio)].

§ **11** "*I. Embora o disposto no art. 326.º não ofenda o direito de livre expressão do pensamento consignado no art. 37.º/1 ou o de o arguido ser assistido por advogado da sua escolha em todos os atos do processo, consignado no art 32.º/3, ambos da CRP, o poder de censura e de disciplina aí consignado não tem natureza discricionária nem pode ser exercido infundadamente. II. As medidas consignadas no art.º 326 – retirada da palavra e substituição por defensor nomeado devem ser acompanhadas, em despacho fundamentado, da indicação do ato ou actos a que se aplicam e da extensão temporal a que estão sujeitas. III. Não sendo feita essa indicação, tem de entender-se que se limitou ao ato ou sessão da audiência em que se verificou a necessidade da sua aplicação*" [ac. STJ, 12.10.1994 (Sá Nogueira)].

§ **12** O advogado deve pautar as suas intervenções pela polidez, delicadeza e civilidade, mas sempre sem deixar de agir no melhor interesse dos seus constituintes. Há, no entanto, que definir limites, sob pena de, a pretexto da defesa dos constituintes, se legitimarem ataques, designadamente através da utilização de expressões ofensivas da honra e consideração de outras pessoas [ac. RP, 07.11.2017 (Maria Leonor Esteves)].

Luís Lemos Triunfante

Artigo 327.º
Contraditoriedade

1 – As questões incidentais sobrevindas no decurso da audiência são decididas pelo tribunal, ouvidos os sujeitos processuais que nelas forem interessados.

2 – Os meios de prova apresentados no decurso da audiência são submetidos ao princípio do contraditório, mesmo que tenham sido oficiosamente produzidos pelo tribunal.

Origem do texto: corresponde à redação originária aprovada pelo DL 78/87.

Sumário do comentário:
I – Interpretação da norma (§ 1)
II – Elemento histórico e *ratio legis* (§§ 2 a 5)
III – Âmbito de aplicação (§§ 6 a 20)

I – Interpretação da norma

§ 1 A norma consagra o princípio do contraditório, que tem assento constitucional, no art. 32.º/5 CRP. Na prática, estando a audiência de discussão e julgamento subordinada a este princípio, sendo um dos seus elementos basilares, os meios de prova apresentados no decurso da audiência hão-de ser produzidos ou discutidos em audiência, ficando vedada a possibilidade de condenação com base em elementos probatórios que não tenham sido discutidos em audiência, mesmo que constantes dos autos. Conforme refere Germano Marques da Silva, 2005, p. 360, em anotação ao art. 32.º/5 da CRP, o princípio do contraditório traduz-se na estruturação da audiência de julgamento e dos atos instrutórios que a lei determinar em termos de um debate ou discussão entre a acusação e a defesa. Acusação e defesa são chamadas a deduzir as suas razões de facto e de direito, a oferecer provas, a controlar as provas contra si oferecidas e a discretear sobre o valor e resultado probatórios de umas e outras. O princípio assim entendido tem carácter essencialmente formal, mas mesmo nesse sentido tem grande importância. Desde logo porque, estando a audiência de julgamento, subordinada a tal princípio, as provas terão de ser produzidas ou discutidas em audiência, ficando excluída a possibilidade de condenação com base em elementos probatórios que não tenham sido discutidos em audiência, mesmo que constantes dos autos.

II – Elemento histórico e ratio legis

§ 2 A norma atual foi introduzida pelo DL 78/87 e reproduz o art. 327.º do Proj. e corresponde aos arts. 309.º do Aproj. e 415.º CPP/29. A norma contém emanação do princípio do contraditório, que encontra consagração constitucional no art. 32.º/5 da CRP e não representa qualquer alteração do direito anterior. O sentido essencial do princípio do contraditório está em que nenhuma prova deve ser aceite em audiência, nem nenhuma decisão, mesmo que apenas interlocutória, deve aí ser tomada pelo juiz sem que previamente tenha sido dada ampla e efetiva possibilidade, ao sujeito processual, contra o qual é dirigida, de a discutir, a contestar e a valorar. Nesta sede vejam-se os Professores Eduardo Correia, RJJ, ano 110, p. 99, Figueiredo Dias, Direito Processual Penal (1981), p. 142, Costa Andrade, CJ, VI, tomo 1, pp. 5 e ss., e Germano Marques da Silva, Curso de Processo Penal, II, p. 115 e III, p. 229, citados por Maia Gonçalves, 2002, p. 641.

§ 3 Nas palavras felizes de Inês Fernandes Godinho (2017, p. 95), a diferença entre a acusação e a defesa pode ser encontrada na distinção entre justiça (*justice*) e "equidade" (*fairness*), na medida em que a vítima demanda justiça – ou seja, que o arguido seja punido – e o arguido demanda equidade, designadamente um julgamento equitativo, com as respetivas garantias processuais. O princípio do contraditório assegura a união destes dois vértices, na medida em que representa o direito que tanto a acusação como a defesa têm de oferecerem provas para sustentarem as suas teses processuais e se pronunciarem sobre as alegações ou iniciativas processuais ou os atos tanto de uma como de outra, e a diretriz de que tais contributos deverão integrar a ponderação do tribunal, num sistema de "charge e de charge". O princípio em causa corporiza a realização de uma ideia de igualdade no âmbito de um processo penal justo e equitativo, assumindo-se, deste modo, como corolário de um direito humano – o art. 6.º §1 CEDH.

§ 4 O princípio do contraditório opõe-se a uma estrutura puramente inquisitória do processo penal, em que o juiz pudesse proferir a decisão sem previamente ter confrontado o arguido com as provas que contra ele houvesse recolhido ou sem lhe ter dado, em geral, qualquer possibilidade de contestação da acusação contra ele formulada (Figueiredo Dias, 1974, p. 150). Este princípio não se apresenta apenas como uma regra programática de imposição constitucional, "*como também um conjunto de regras pragmáticas que se concretizam em direitos de intervenção processual e regimes específicos sobre a forma de decidir certas questões no processo*" (Frederico Lacerda Pinto, 1998, p. 232). O princípio do contraditório corresponde, portanto, a uma "certa forma de organizar a dialética judicial do processo penal e, em termos mais substanciais, a uma forma específica de construir a decisão final" (Frederico Lacerda Pinto, 1998, p. 227).

§ **5** O princípio do contraditório, para lá de funcionar como um princípio processual, pode ainda ser compreendido como um sistema lógico de conhecimento constituindo uma estrutura processual baseada neste critério epistemológico. Mas o seu fundamento axiológico poderá, antes, ser encontrado no postulado de um processo justo e equitativo, consagrado como direito humano, tanto na DUDH (art. 10.º), como na CEDH (art. 6.º §1) e ac. *Rowe and Davis v. The United Kingdom* (TEDH, 16.02.2000). De qualquer forma, o princípio do contraditório, não devendo ser confundido nem subsumido ao direito de defesa e ao princípio da verdade material, contribui, todavia, para a sua plena realização, possibilitando assim que o processo penal possa e continue a afirmar-se como o caminho para a justa decisão do caso concreto (INÊS FERNANDES GODINHO, 2017, p. 107).

III – Âmbito de aplicação

§ **6** A norma consagra a aplicação do princípio do contraditório em fase de julgamento. E como o processo penal tem de ser estruturalmente contraditório, existe também norma semelhante para a fase de instrução (art. 301.º/2). O princípio do contraditório integra ainda o estatuto processual do arguido (art. 61.º/1/a/b/g) e do assistente (art. 69.º/2/a).

§ 7 O processo penal tem de ser estruturalmente contraditório. Esta oferece uma dupla vertente: por um lado, a consagração e densificação deste princípio encontra eco no conhecimento das questões incidentais, nulidades e irregularidades sobrevindas no decurso da audiência, suscitadas pela acusação ou pela defesa, bem como para decisão sobre a admissibilidade dos meios de prova, incluindo as proibições de prova (sobre a relevância do princípio do contraditório em relação a questões processuais, v. ac. TEDH *Kamasinski v. Áustria*, de 19.12.1989); por outro lado, o princípio vale também para as questões incidentais, nulidades e irregularidades suscitadas oficiosamente pelo tribunal (matéria para a qual também tem relevância o ac. TEDH *Kamasinski v. Áustria*, de 19.12.1989). Nesta sede, o juiz deve ouvir os interessados antes de tomar uma decisão sobre aquelas questões e estes meios de prova. Com efeito, quando o tribunal determina a produção oficiosa de prova, os demais sujeitos processuais têm o direito de requerer a produção de prova contrária (veja-se a sentença das secções unidas da *Corte de Cassazione*, de 06.11.1992, com o argumento de que o direito ao contraditório vale também para esta prova oficiosa) (PAULO PINTO DE ALBUQUERQUE, 2011, p. 848 e 849).

§ **8** A decisão das questões incidentais sem audição contraditória prévia dos sujeitos interessados encontra-se ferida de irregularidade, nos termos do art. 123.º. Se tal ocorrer na fase de julgamento o vício é mais grave, à semelhança do que se prevê na instrução (art. 301.º/2). Assim, quer na fase de instrução, quer na fase de julgamento, trata-se de uma nulidade sanável (arts. 118.º/1 e 120.º). A mesma sanção se verifica para a omissão da faculdade do arguido ou do seu defensor se pronunciarem sobre a produção de prova em último lugar.

§ **9** O princípio do contraditório é ainda violado nos seguintes casos:

i) valoração no segundo julgamento do réu que tenha sido julgado à revelia das provas produzidas no primeiro julgamento (ac. TC 259/90).
ii) valoração contra o arguido de decisões judiciais sobre a matéria de facto, que o incriminam, proferidas noutro processo penal, em que o arguido não interveio nessa qualidade (ac. TC 172/92).
iii) julgamento do arguido na sua ausência apesar da justificação da falta e da inexistência de manifestação do arguido de conveniência pessoal na sua não comparência (acs. TC 212/93 e 339/97).
iv) omissão de audição do arguido antes de ser proferida decisão de revogação do perdão de pena de que beneficiara (ac. TC 298/2005).
v) participação do MP em deliberação do tribunal na sua capacidade consultiva (ac. TEDH *Borgers v. Bélgica* (plenário), de 30.10.1991).
vi) omissão de audição do arguido sobre observações do MP (ac. TEDH *Bulut v. Itália*, de 22.02.1996).
vi) omissão de ponderação de um *memorandum* da defesa (ac. TEDH *Quadrelli v. Itália*, de 11.01.2000) (Paulo Pinto de Albuquerque, 2011, p. 849).

§ **10** A arguição da violação do princípio do contraditório fica prejudicada se esta violação não se repercutiu na sentença. Por exemplo, se o depoimento de uma testemunha da acusação não foi submetido a contraditório, mas também não foi utilizado para fundamentar a condenação, aquela violação do princípio do contraditório não releva (Acs. TEDH *Kamasinski v. Áustria*, de 19.12.1989 e *Craxi v. Itália*, de 05.12.2002). Por outro lado, se um relatório policial suplementar acompanhado do resultado de uma perícia, foi junto aos autos, com o parecer do MP de que o relatório não era relevante para o destino da causa, há violação do princípio do contraditório, mesmo que o tribunal não tenha fundamentado a sua decisão no relatório (ac. TEDH *Kuopila V. Finlândia*, de 27.04.2000).

§ 11 Considerada a fase de julgamento a que a norma se reporta, o princípio do contraditório deve sempre ser respeitado no âmbito do princípio da investigação (ou princípio da verdade material), enquanto poder-dever do tribunal de investigar, independentemente das contribuições da acusação e da defesa, plasmado no art. 340.º/1. Com efeito, qualquer produção de prova necessária à descoberta da verdade e à boa decisão da causa terá de poder ser contraditada, maxime, pelo arguido, para que se possa considerar cumprido o imperativo constitucional ínsito no art. 32.º/5 CRP e reiterado no art. em análise.

§ 12 Após o encerramento da audiência, mas antes da leitura da sentença, sendo junta prova documental a requerimento de um dos sujeitos processuais, a mesma não poderá ser tida em conta na sentença, salvo se for dada oportunidade aos restantes sujeitos processuais de sobre a mesma se pronunciarem. Na verdade, "se as provas devem ser objecto de apreciação em contraditório na audiência, fica excluída a possibilidade de decisão com base em elementos de prova que nela não tenham sido apresentados e discutidos (arts. 327.º, 355.º, 348.º e 360.º) (Germano Marques da Silva, 2013, p. 87).

§ 13 Foi declarada a inconstitucionalidade, com força obrigatória geral, da norma constante do n.º 2 do art. 33.º do DL 437/75 de 16.08, na parte em que estabelece a ordem de intervenção do extraditando e do MP para alegações, por violação dos n.ºs. 1 e 5 do art. 32.º CRP (ac. TC 54/87).

§ 14 Julgou-se inconstitucional – por violação do princípio constante do art. 32.º/1 CRP – a disposição do art. 418.º/2 do Código de Justiça Militar, na parte em que permite ao Tribunal condenar por infração diversa daquela por que o arguido foi acusado (caso os factos que integram o respetivo tipo incriminador constem do libelo acusatório), quando a diferente qualificação jurídica-penal dos factos conduzir à condenação do arguido em pena mais grave, mas tão-só na medida em que não prevê que se previna o arguido da nova qualificação e se lhe dê, quanto a ela, oportunidade de defesa (ac. TC 173/92).

§ 15 "I – *O processo penal de um Estado de direito há-de cumprir dois objetivos fundamentais: assegurar ao Estado a possibilidade de realização do seu jus puniendi e oferecer aos cidadãos as garantias necessárias para os proteger contra os abusos que possam cometer-se no exercício do poder punitivo, designadamente contra a possibilidade de uma sentença injusta. II – Um tal processo há-de, por conseguinte, ser um processo equitativo (a due process, a fair process), que tenha por preocupação dominante a busca da verdade mate-*

rial, mas sempre com inteiro respeito pela pessoa do arguido, o que, entre o mais, exige que se assegurem a este todas as garantias de defesa e que não se admitam provas que não passem pelo crivo do contraditório e pela perceção direta e pessoal do juiz (princípios da oralidade e da imediação). III – O sentido essencial do princípio do contraditório está em que nenhuma prova deve ser aceite em audiência, nem nenhuma decisão (mesmo só interlocutória) deve aí ser tomada pelo juiz sem que previamente tenha sido dada ampla e efetiva possibilidade ao sujeito processual contra a qual é dirigida de a discutir, de a contestar e de a valorar" (ac. do TC 171/92 BMJ 427, p. 57).

§ **16** Para o Tribunal Constitucional o sentido essencial do principio do contraditório está em que "nenhuma prova deve ser aceite em audiência, nem nenhuma decisão (mesmo só interlocutória) deve aí ser tomada pelo juiz, sem que previamente tenha sido dado ampla e efetiva possibilidade ao sujeito processual contra a qual é dirigida, de a discutir, de a contestar e de a valorar (acórdão do TC n° 171/92 BMJ 427, p. 57; e Parecer n.° 18/81 da Comissão Constitucional, em Pareceres da Comissão Constitucional, vol. 16.°, p. 147). O direito ao contraditório traduz-se na estruturação da audiência e dos outros actos instrutórios que a lei determina como uma discussão entre a acusação e a defesa, "*em que se procura também realizar a igualdade de armas entre os sujeitos do processo, cada apresentando os seus argumentos e as suas provas, submetendo uns e outros ao controlo das razões e das provas apresentadas pelos outros sujeitos, assim participando ativamente na formação da decisão que vier a ser tomada pelo juiz*" (acórdão do TC de 4 de Novembro de 1987, BMJ 371 p. 160. e o indicado parecer 18/81 da Comissão Constitucional).

§ **17** "*I –O princípio do contraditório não é um princípio que respeite à decisão, mas ao itinerário que a ela conduz. II – É essencial no processo criminal a oportuna informação ao arguido dos factos que lhe são imputados, sem o que não se pode esperar que ele defina uma estratégia ajustada para exercer a sua defesa. III – Aquela informação pressupõe uma identificação cabal, através dos seus contornos mais importantes, que variam de caso para caso, mas que, de um modo geral, incluirão as circunstâncias de lugar e tempo em que tiveram lugar*" (ac. STJ, 20.11.1996, BMJ, 461, 321).

§ **18** O ac. TC 674/99 decidiu julgar inconstitucionais as normas contidas nos arts. 358.° e 359.°, quando interpretadas no sentido de se não entender como alteração dos factos – substancial ou não substancial – a consideração, na sentença condenatória, de factos atinentes ao modo de execução do crime, que, embora constantes ou decorrentes dos meios de prova juntos aos autos, para os quais a acusação e a pronúncia expressamente remetiam, no entanto aí se não encontravam especificadamente enunciados, descritos ou discriminados por violação das garantias de defesa do arguido e dos princípios do acusatório e do contraditório, assegurados no art. 32.º/1/5 CRP.

§ **19** Julgou-se inconstitucional, por violação do art. 32.º/1/5 CRP, a norma constante do art. 359.º quando interpretada no sentido de, em situação em que o tribunal de julgamento comunica ao arguido estar-se perante uma alteração não substancial dos factos descritos na acusação, quando a situação é de alteração substancial da acusação, poder o silêncio do arguido ser havido como acordo com a continuação do julgamento (ac. TC 463/2004).

§ **20** O princípio do contraditório tem uma vocação instrumental da realização do direito de defesa e do princípio da igualdade de armas: numa perspectiva processual significa que não pode ser tomada qualquer decisão que afete o arguido sem que lhe seja dada a oportunidade para se pronunciar; no plano da igualdade de armas na administração das provas, significa que qualquer um dos sujeitos processuais interessados, nomeadamente o arguido, deve ter a possibilidade de convocar e interrogar as testemunhas nas mesmas condições que os outros sujeitos processuais (a parte adversa) [ac. STJ, 07.11.2007 (Henriques Gaspar)].

Luís Lemos Triunfante

Artigo 328.º
Continuidade da audiência

1 – A audiência é contínua, decorrendo sem qualquer interrupção ou adiamento até ao seu encerramento.

2 – São admissíveis, na mesma audiência, as interrupções estritamente necessárias, em especial para alimentação e repouso dos participantes. Se a audiência não puder ser concluída no dia em que se tiver iniciado, é interrompida, para continuar no dia útil imediatamente posterior.

3 – O adiamento da audiência só é admissível, sem prejuízo dos demais casos previstos neste Código, quando, não sendo a simples interrupção bastante para remover o obstáculo:

a) Faltar ou ficar impossibilitada de participar pessoa que não possa ser de imediato substituída e cuja presença seja indispensável por força da lei ou de despacho do tribunal, excepto se estiverem presentes outras pessoas, caso em que se procederá à sua inquirição ou audição, mesmo que tal implique a alteração da ordem de produção de prova referida no artigo 341.º;

b) For absolutamente necessário proceder à produção de qualquer meio de prova superveniente e indisponível no momento em que a audiência estiver a decorrer;

c) Surgir qualquer questão prejudicial, prévia ou incidental, cuja resolução seja essencial para a boa decisão da causa e que torne altamente inconveniente a continuação da audiência; ou

d) For necessário proceder à elaboração de relatório social ou de informação dos serviços de reinserção social, nos termos do n.º 1 do artigo 370.º

4 – Em caso de interrupção da audiência ou do seu adiamento, a audiência retoma-se a partir do último acto processual praticado na audiência interrompida ou adiada.

5 – A interrupção e o adiamento dependem sempre de despacho fundamentado do presidente que é notificado a todos os sujeitos processuais.

6 – O adiamento não pode exceder 30 dias. Se não for possível retomar a audiência neste prazo, por impedimento do tribunal ou por impedimento dos defensores constituídos em consequência de outro serviço judicial já marcado de natureza urgente e com prioridade sobre a audiência em curso, deve o respetivo motivo ficar consignado em ata, identificando-se expressamente a diligência e o processo a que respeita.

7 – Para efeitos da contagem do prazo referido no número anterior, não é considerado o período das férias judiciais, nem o período em que, por motivo estranho ao tribunal, os autos aguardem a realização de diligências de prova, a prolação de sentença ou que, em via de recurso, o julgamento seja anulado parcialmente, nomeadamente para repetição da prova ou produção de prova suplementar.

8 – O anúncio público em audiência do dia e da hora para continuação ou recomeço daquela vale como notificação das pessoas que devam considerar-se presentes.

Origem do texto: corresponde à redação originária aprovada pelo DL 78/87 com a alteração decorrente da L 27/2015, de 14.04.

Jurisprudência vinculante: AFJ/STJ n.º 11/2008, 11.12.2008 (Santos Cabral), AFJ/STJ n.º 1/2016, 05.01.2016 (Nuno de Melo Gomes da Silva), ac. TC 473/2007.

Sumário do comentário:
I – Interpretação da norma (§§ 1 e 2)
II – Elemento histórico e *ratio legis* (§ 3)
III – Âmbito de aplicação (§§ 4 a 43)

I – Interpretação da norma

§ **1** A norma consagra o princípio da continuidade ou da concentração da audiência como princípio da prossecução processual, na sua vertente temporal (Nuno Brandão, 2016, p. 107), ou seja, a regra é que a audiência é contínua (n.º 1), decorrendo sem qualquer interrupção ou adiamento até ao seu encerramento, sendo, contudo, admissíveis, as interrupções estritamente necessárias, previstas nos números seguintes. Com efeito, o normativo está pensado para obstar, até onde é razoável, as interrupções e os adiamentos das audiências, tendo como afloramento principal a aceleração processual (celeridade processual, na sua dupla vertente constitucional, na perspetiva do arguido, impondo que ele deva ser julgado no mais curto prazo compatível com as garantias de defesa – art. 32.º/2 da CRP; na perspetiva do cumprimento do dever estadual de realização da justiça (art. 2.º CRP). Por outro prisma, está gizado para ser um corolário da oralidade e da imediação da prova (Maia Gonçalves, 2002, p. 643). Nessa medida, a audiência de julgamento, por força desta norma, deve decorrer de forma contínua até ao seu encerramento, o que atende ao princípio da concentração temporal, tendo como corolários o princípio da oralidade e da imediação. No entanto, e de acordo com o art. 328.º/3, existem certos casos em que o adiamento da audiência de julgamento é possível, quando a mera interrupção da mesma não é suficiente para remover o obstáculo. O princípio da concentração transmite a ideia de continuidade das diligências, quer na fase anterior ao julgamento como também na fase de julgamento (Gil Moreira dos Santos, 2014, p.57).

§ **2** A concentração temporal dos atos de audiência de julgamento é ainda desejável em virtude do seu relevo para a apreciação da prova produzida e examinada em audiência que o tribunal deve realizar, em regra segundo o princípio da livre apreciação da prova (art. 127.º), de forma a decidir a matéria de facto (arts. 363.º/3, 368.º/2 e 374.º/2). Nesta perspetiva, o princípio da concentração temporal é indissociável de dois princípios fundamentais relativamente à forma e à prova, designadamente o princípio da imediação e o princípio da oralidade (Nuno Brandão, 2016, p. 109).

II – Elemento histórico e *ratio legis*

§ **3** A norma atual foi introduzida pelo DL 78/87 e reproduz o art. 328.º do Proj. e corresponde aos arts. 308.º do Aproj. e 414.º CPP/29, com as seguintes alterações: *i)* a alínea d) do n.º 3 foi aditada pela L 59/98, de 25.08; *ii)* o prazo de 8 dias, estabelecido no n.º 4, foi fixado pela L 59/98, de 25.08; *iii)* a exceção constante da 2.ª parte da alínea a) do n.º 3 foi introduzida pelo DL 320-C/2000, de 15.12; *iv)* a exceção constante do n.º 5 – salvo o caso previsto no n.º 3, alínea a) foi introduzida pelo DL 320-C/2000, de 15.12, em consonância com a alteração dessa alínea; *v)* o n.º 6 foi alterado pela L 27/2015, de 14.04. A disposição, como vimos, consagra o princípio da continuidade ou da concentração, tendo por inspiração o sistema alemão, § 229.º da StPO alemã. A *ratio* da lei é que a imediação e a descoberta da verdade são prejudicadas pela interrupção da produção de prova repetidas vezes ou por períodos longos, pois ela torna impossível a captação de uma imagem global dos meios de prova e a formulação de um juízo concatenado sobre toda a prova. Por isso, o prazo do n.º 6 não tem natureza meramente processual (Paulo Pinto de Albuquerque, 2011, p. 850). A estreita ligação que se estabelece entre o princípio da concentração, na sua dimensão temporal e a esfera probatória esteve na base do regime do art. 328.º até à sua revisão operada pela L 27/2015, de 14.04 (Nuno Brandão, 2016, p. 107 e ss., pontos 3 e 4).

III – Âmbito de aplicação

§ **4** A regra é que a audiência é contínua (n.º 1), decorrendo sem qualquer interrupção ou adiamento até ao seu encerramento, sendo, contudo, admissíveis, as interrupções estritamente necessárias, previstas nos números seguintes. O n.º 2 prevê a interrupção da audiência em dois casos: i) interrupção durante o dia da audiência por períodos estritamente necessários, designadamente para alimentação e repouso dos participantes, sendo aqui ainda admitidos outro tipo de situações, como a assistência médica a um participante processual, reposição da ordem pública, etc.; ii) interrupção para continuação da audiência no dia seguinte.

§ **5** O n.º 3 estabelece quais os casos, sem prejuízo dos demais previstos no CPP (arts. 93.º/2, 330.º/2, 331.º/3, 334.º/3, 351.º/4, 358.º/1, 359.º/4, 387.º/2 e 3, 422.º/1 e 430.º/4), estando em causa quatro situações: a) falta de ou impossibilidade de participação de pessoa que não possa ser substituída; b) produção de meio de prova superveniente e indisponível no momento em que a audiência decorre; c) resolução de uma questão prejudicial, prévia ou incidental; d) elaboração de relatório social ou de informação dos serviços de reinserção social.

§ **6** O n.º 4 estabelece que em caso de interrupção da audiência ou do seu adiamento, a audiência deve retomar-se a partir do último ato processual praticado na audiência interrompida ou adiada, o que faz sentido, por forma a não desperdiçar tempo com atos inúteis e respeitando a ordem de produção de prova, prevista no art. 341.º.

§ **7** O n.º 5 estabelece que a interrupção e o adiamento dependem sempre de despacho fundamentado do presidente que é notificado a todos os sujeitos processuais. Esta norma define que o ato de interrupção e/ou adiamento deve ser precedido de despacho do Juiz Presidente, exarado em ata e notificado aos participantes processuais presentes e outros que não estejam presentes, mas cuja comparência se revela necessária para a continuação. Tal decisão pode ser tomada sem especiais formalidades, devendo ser exaradas em ata e precedidas de audição contraditória (v. arts. 97.º/1/b, 99.º, 322.º e 323.º). Nesta sede, cabe ainda conjugar este número com o disposto no n.º 8 do mesmo artigo, o qual prevê que o anúncio público em audiência do dia e da hora para continuação ou recomeço daquela vale como notificação das pessoas que devam considerar-se presentes.

§ **8** Desde a entrada em vigor do CPP/87, que as audiências de julgamento decorreram com a presença de um espectro: dos 30 dias. Determinava o n.º 6 do art. 328.º que o adiamento da audiência não podia exceder 30 dias e ainda que se não fosse possível retomar a audiência nesse prazo, perdia eficácia a produção de prova já realizada (Nuno Brandão, 2016, p. 107). Dada a jurisprudência díspar, surgiu o ac. STJ/FJ 11/2008, fixando jurisprudência no sentido de que o adiamento da audiência de julgamento por prazo superior a 30 dias implica a perda de eficácia da prova produzida com sujeição ao princípio da imediação. Tal perda de eficácia ocorre independentemente da existência de documentação a que alude o art. 363.º do mesmo diploma (ac. STJ/FJ 11/2008). A interpretação que era dada a este artigo previa que caso a audiência de julgamento não possa ser retomada no prazo de trinta dias perde a eficácia da prova já produzida oralmente, com sujeição ao princípio da imediação. Tal perda de eficácia ocorre independentemente da existência da documentação a que alude o art. 363.º do mesmo diploma. Os meios adequados à gravação da audiência de julgamento entraram em vigor pelo DL 39/95, de 15.02. Este decreto implicava que os Tribunais dispusessem dos meios técnicos de gravação magnetofónica em ordem a assegurar a reprodução integral das declarações prestadas oralmente em audiência. No entanto, só em 2007 pela L 48/2007, de 29.08, é que se dá o culminar do processo encetado em meados dos anos 90, ou seja, passou a determinar-se que a documentação das declarações orais prestadas em audiência é sempre obrigatória, sob pena de nulidade. No entanto, o CPP continuava a prever a preclusão da mesma caso o adiamento da audiência ultrapassasse os trintas dias. O princípio da imediação chamado à colação no acórdão surge como meio justificativo para não permitir que a audiência exceda os 30 dias sem que a prova precluda, pois 30 dias, de acordo com o acórdão, são o limite máximo para manter viva as perceções retiradas do julgamento inerentes ao julgador.

§ **9** Sobre o tema da memória, mostrando os estudos sobre o processo de memorização, o porquê da memória humana ser falível e quais as teorias do esquecimento que melhor justificam o desvanecimento das informações codificadas, a área da Psicologia, uma vertente mais reflexiva, dando a conhecer como é que a memória influencia o juiz no momento em que faz atuar o princípio da livre apreciação da prova, assim como mostra que os trinta dias não se encaixam como um limite inultrapassável para manter as informações codificadas, e se visualizar/ ouvir a gravação da audiência de julgamento é mais benéfico para o julgador do que a preclusão da prova. A psicologia veio mostrar-nos que a memória humana está sujeita a inúmeros fatores que prejudicam a capacidade de recordar e que atuam desde a codificação da informação (para maior desenvolvimento, VÂNIA GOMES, 2016, ps. 12 e ss.).

§ **10** O art. 328.º sofreu uma alteração importante em 2015. Com efeito, com a entrada em vigor da vigésima segunda alteração ao CPP (L 27/2015, de 14.04), o art. 328.º sofreu alterações significativas, no sentido de impedir a sanção da preclusão da prova caso o adiamento da audiência de julgamento ultrapassasse os trinta dias. Conforme resulta do art. 363.º, é obrigatória a documentação da prova, sob pena de nulidade, por forma a assegurar a apreciação da matéria de facto no segundo grau de jurisdição, como também assegurar à primeira instância toda a prova produzida em julgamento, colmatando os naturais limites da memória humana. Na atualidade, com a evolução dos meios tecnológicos, a sanção legalmente prevista da perda da eficácia da prova pela ultrapassagem do prazo legal de trinta dias para a continuação da audiência de julgamento, era desajustada. Esta alteração não coloca em causa a manutenção plena dos princípios da concentração da audiência e da imediação. Era compreensível que houvesse a preclusão da prova, antes do apetrechamento dos tribunais com os meios tecnológicos adequados, uma vez que "compreende-se o espírito do legislador ao inviabilizar em sede de audiência a sua descontinuidade, impedindo que o tribunal ou algum dos seus membros perca a orientação da prova produzida em virtude do desgaste do tempo e das limitações naturais da memória dos homens" (para maior desenvolvimento, nos temas da continuidade, imediação, oralidade, celeridade, concentração temporal, adiamento das diligências e prazo entre sessões de julgamento NUNO BRANDÃO, 2016, p. 107 e ss.).

§ 11 O n.º 7 estabelece que para efeitos da contagem do prazo referido no número anterior, não são consideradas as seguintes exceções: i) o período das férias judiciais; ii) nem o período em que, por motivo estranho ao tribunal, os autos aguardem a realização de diligências de prova, iii) a prolação de sentença; iv) ou que, em via de recurso, o julgamento seja anulado parcialmente, nomeadamente para repetição da prova ou produção de prova suplementar.

§ 12 Atenta a nova redação da Lei, o período de trinta dias não é contabilizado entre o encerramento da discussão e a leitura de sentença ou entre o encerramento e uma eventual reabertura da audiência após o reenvio do processo à 1.ª instância para novo julgamento determinado pelo Tribunal de recurso, fundado em vicio processual da sentença ou da audiência (art. 426.º/1). De qualquer forma, em termos práticos, no que respeita ao hiato temporal decorrido até à leitura da sentença, acaba por ser relativamente indiferente considerar-se que não há um adiamento (como resultava do ac. STJ/FJ 11/2008 e até à alteração do art. 328.º por via da L 27/2015) ou que há um adiamento, sendo que esse lapso temporal não é contado como tempo de adiamento (NUNO BRANDÃO, 2016, p. 119 e ss.).

§ 13 Na contagem do limite de 30 dias fixado para o adiamento no n.º 6 não é considerado o período das férias judiciais. Cremos que não resulta desta alteração uma qualquer derrogação do n.º 2 do art. 103.º. Com efeito, as audiências de julgamento relativas aos processos abrangidos (de natureza urgente) podem realizar-se no período das férias judiciais. Aliás, não só podem, como devem realizar-se máxime se o processo contar com arguidos sujeitos a prisão preventiva, uma vez que, considerando o n.º 3 do art. em análise, as férias judiciais não constituem fundamento para adiamento, e além disso, por força do previsto no art. 104.º/2, correm em férias os prazos relativos a processos nos quais devam praticar-se os atos referidos nas alíneas a) a e) do n.º 2 do art. 103.º (NUNO BRANDÃO, 2016, p. 119 e ss).

§ 14 No que concerne ao período em que, por motivo estranho ao tribunal, os autos aguardem a realização de diligências de prova, considerando que o lapso temporal em causa se situa entre as exposições introdutórias (art. 339.º) e as alegações orais (art. 360.º) e se toda a audiência é dirigida à produção de prova, uma interpretação literal deste segmento pode frustrar a intencionalidade que subjaz à previsão do limite temporal estabelecido para o adiamento definido no n.º 6. É que a partir do momento em que se procede à identificação do arguido e até que finde a produção de prova, os autos estão permanentemente a aguardar diligências de prova. Nessa sequência, será de todo conveniente conjugar este fator de suspensão da contagem do prazo do adiamento com as circunstâncias previstas no n.º 3 do art. em análise. Na prática, a suspensão prevista no n.º 7 só será admissível se estiver em causa uma diligência de prova que, de acordo com o n.º 3, possa determinar o adiamento da audiência. Assim, só podem relevar os adiamentos por falta ou impossibilidade de participação de pessoas que devam ser inquiridas para efeitos probatórios e cuja presença seja indispensável por força da lei ou de decisão do tribunal (art. 328.º/3/1), e sem prejuízo do disposto no art. 331.º ou por o tribunal ter considerado ser absolutamente necessário proceder à produção de qualquer meio de prova superveniente (Nuno Brandão, 2016, p. 119 e ss.).

§ 15 Para efeitos do ponto 9 da tabela anexa à Portaria 1386/2004, de 10.11, em vigor por força do disposto no art. 25.º/1, da Portaria 10/2008, de 3.01, na redação dada pela Portaria 654/2010, de 11.08, o cômputo dos honorários para proteção jurídica terá por base o número de sessões diárias efetuadas para além de duas, considerando-se que o trabalho iniciado de manhã, interrompido para almoço e prosseguindo da parte da tarde do mesmo dia, constitui duas sessões autónomas para efeitos de compensação remuneratória. [ac. TC 2/2019, ac. STJ/FJ 2/2019, 17.05.2019 (Helena Moniz)].

§ 16 A realização da audiência de julgamento deve obedecer ao princípio da concentração temporal, tributário do princípio constitucional da celeridade processual (art. 32.º/2 CRP). O art. 328.º/6 constitui expressão desse princípio da concentração temporal, determinando que o adiamento da audiência de julgamento não pode exceder 30 dias. A ultrapassagem desse prazo deve ser justificada por motivo que deverá ficar consignado em ata (art. 328.º/6, *in fine*). De facto, o limite de 30 dias fixado pelo n.º 6 do art. 328.º foi inobservado, mas tal não implica que deva proceder a pretensão do arguido no sentido de que a prova produzida e examinada em audiência deixe de poder ser valorada na sentença. Desde 2015 que se não prevê nesse preceito a consequência da perda de eficácia da prova no caso de o espaçamento entre as sessões da audiência de julgamento exceder 30 dias. Trata-se agora de um prazo indicativo ou ordenador, cuja inobservância não tem qualquer repercussão sobre a prova produzida ou examinada em audiência, a qual pode ser validamente valorada na sentença.

§ **17** Verificando-se a "perda de eficácia da prova já realizada", o tribunal deve repetir essa prova cuja eficácia se perdeu. Ao repetir essa prova, o tribunal não pode confrontar os novos depoimentos das testemunhas e declarantes com os produzidos na anterior sessão, pois estes são ineficazes para todos os efeitos, incluindo os previstos nos arts. 356.° e 357.° (Paulo Pinto de Albuquerque, 2011, p. 853, anotação 12).

§ **18** O Tribunal tem a obrigação de repetir a produção de prova cuja eficácia se perdeu e essa repetição é uma diligência essencial para a descoberta da verdade legalmente obrigatória. Se o tribunal não repetir a prova, verifica-se uma nulidade prevista no art.° 120.°/2/d, tendo os requerentes da prova já produzida na audiência anterior ao adiamento e cuja eficácia se perdeu legitimidade para a arguir. A nulidade deve arguida quando o tribunal dá por finda a produção de prova pelos interessados que se encontrem presentes na audiência (art. 360.°/1) e pelos demais interessados na motivação do recurso da sentença (art. 379.°/2). A nulidade não é sanada pela circunstância de a prova cuja eficácia se perdeu não ter sido invocada na sentença, pois o requerente da prova pode ter interesse precisamente na prova cuja eficácia se perdeu (com entendimento distinto, ac. STJ, 03.06.1996, in CJ, acs. do STJ, IV, 2, 208) (Paulo Pinto de Albuquerque, 2011, p. 853, anotação 12).

§ **19** "*I – Com a entrada em vigor da Lei 27/2015, de 14 de abril, pese embora se tenha mantido inalterada a primeira parte do art.° 328.°/6 do CPP, a verdade é que desapareceu do texto da Lei a sanção da perda de eficácia da prova para as situações em que, entre cada uma das sessões, não foi possível assegurar o limite aí estabelecido de 30 dias. II – Mantendo-se, porém, as regras da continuidade da audiência contidas nesse artigo, seus n.°s 1 e 6, primeira parte, a eliminação da cominação da perda de eficácia da prova não significa a possibilidade de perpetuação indefinida da fase da audiência de discussão e julgamento. Nem a postergação do princípio da continuidade e concentração, balizados nos termos das restantes disposições do art.° 328.°. O próprio carácter excecional do excesso do prazo de trinta dias continua a ser acentuado pelo legislador, quer com a ressalva dos casos previstos no n.° 7, quer por efeito das exigências contidas na segunda parte do n.° 6, relativas à demonstração dos motivos de impedimento da observância do referido prazo de trinta dias, devidamente explicitados no processo, devendo ficar objetivados em ata, nos* *aludidos termos da parte final do n.º 6. O tribunal deverá continuar a disciplinar a sua atividade por forma a concentrar os trabalhos de produção de prova a produzir na audiência de discussão e julgamento, no período temporal mais curto possível, obrigando à justificação de qualquer adiamento por mais de 30 dias, mas deixando de estar cominada a inexorável perda de eficácia da prova nessas circunstâncias específica. Isto é, a regra continua a ser a da continuidade da audiência de discussão e julgamento que apenas poderá ser adiada por mais de 30 dias, nas circunstâncias previstas na 2.ª parte do n.º 6 conjugado com o n.º 7 do art.º 328.º*" [ac. RC, 06.05.2020 (Belmiro de Andrade)].

§ **20** "*I – A repetição dos depoimentos por deficiente registo áudio não constitui adiamento da audiência de julgamento (cfr. artigo 328.º/1, do CPP). II – Atualmente, após a reforma introduzida pela Lei n.º 27/2015, de 14 de abril, o adiamento da audiência superior a 30 dias não compromete a eficácia da prova produzida – artigo 328.º, n.º 6, do Código de Processo Penal*" [ac. RP, 03.06.2020 (João Pedro Nunes Maldonado)].

§ **21** "*I – A lei processual penal é de aplicação imediata, sem prejuízo da validade dos atos realizados na vigência da lei anterior. II – Porém, não se aplica aos processos iniciados anteriormente à sua vigência quando da sua aplicabilidade imediata possa resultar [a)] agravamento sensível e ainda evitável da situação processual do arguido, nomeadamente, uma limitação do seu direito de defesa, ou [b)] quebra de harmonia e unidade dos vários atos do processo. III – A alteração introduzida ao art.º 328.º/ 6 do CPP pela Lei 27/2015, de 14.04 – que visou a eliminação da sanção consistente na perda da eficácia da prova por ultrapassagem do prazo de 30 dias para a continuação da audiência interrompida – é de aplicação imediata, aos processos iniciados antes da sua entrada em vigor, pois que se trata de uma lei processual, destinada a regular os atos do processo*" [ac. RE, 13.07.2017 (Alberto Borges)].

§ **22** *Se a audiência de julgamento começou e atingiu o seu termo sem qualquer adiamento, tendo sido proferida sentença condenatória, e, posteriormente, porque a gravação de um dos meios de prova, oralmente produzido, não se mostrava audível, foi ordenada a repetição do julgamento e elaborada nova decisão final, a este caso não é aplicável o disposto no artigo 328.º/6, do CPP* (ac. RC, 08.10.2014 (Alcina da Costa Ribeiro).

§ **23** *Não julgar inconstitucional a norma do artigo 412.º/4, do CPP, interpretado no sentido de que não é obrigatório, para efeitos de interposição de* *recurso abrangendo também a decisão da matéria de facto, o fornecimento pelo tribunal ao arguido da transcrição da gravação da prova produzida em audiência de julgamento, bastando, para esse efeito, o fornecimento dos suportes magnéticos dessa gravação; e não julga inconstitucional a norma da segunda parte do n.º 6 do artigo 328.º do CPP, interpretado no sentido de ser inaplicável nos casos em que existe documentação da prova produzida em audiência* (ac. TC 473/2007).

§ 24 *I. A produção de prova não perde eficácia se a audiência se desenrolar ao longo de várias secções, separadas entre si por períodos temporais não superiores a 30 dias, ainda que entre a primeira e a última dessas sessões tenha decorrido um período de tempo mais dilatado* [ac. STJ, 14.03.2001, CJ (STJ), T1, p.245)].

§ 25 *A violação do disposto no art.º 328.º/6 do CPP, ainda que não venha expressamente indicada na lei como nulidade absoluta ou relativa, constitui nulidade nos termos do disposto no art.º 120.º/2/d, do CPP, na medida em que implica a violação do princípio da imediação das provas, o que pressupõe a continuidade da audiência. II. Tal nulidade envolve a invalidade do julgamento e, consequentemente, da própria sentença* [ac. RE, 11.10.1994, BMJ n.º 440, p.572)].

§ 26 *I. Não perde eficácia a prova produzida, quando o julgamento é adiado para 4 dias depois, para ser lido o Acórdão, nesse dia é adiado para 24 dias depois, para ser elaborado e junto relatório social de um arguido, nesse dia é dado conhecimento da junção do relatório, é dada a palavra ao MP e à defesa para alegações e é encerrada a discussão e é adiado para 6 dias depois para leitura do Acórdão. II. Isto, porque a reabertura da audiência nunca excedeu 30 dias após a suspensão e o relatório social não pode deixar de ser considerado como prova sujeita ao contraditório. III. Considerando que no dia em que foi junto o relatório social o tribunal deveria ter decidido se alguns dos actos já realizados deviam ser repetidos, a falta desta decisão ou constitui irregularidade que deveria ter sido arguida no próprio ato ou nulidade do artigo 120.º/2/d), que pode entender-se sanada pela natureza das provas antes produzidas, que não perdiam eficácia.* [ac. STJ, 7.02.1996 (Castro Ribeiro)].

§ 27 *A violação do disposto no n.º 6 do art.º 328.º do CPP constitui nulidade que, arguida nas alegações, envolve a invalidade do julgamento. Se a sentença for lida, decorridos mais de 30 dias sobre o encerramento da audiência,* *perde eficácia a produção da prova oral e, portanto, esta não poderá ser levada em conta na decisão da matéria de facto. A inobservância do prazo fixado no artigo 373.º do dito diploma é inócua; constitui mera irregularidade* [ac. STJ. 15.10.1997 (BRITO CÂMARA)].

§ 28 *I. A não aplicação da norma do artigo 328.º/6, do CPP aos casos de reforma do acórdão de 1.ª instância (proferido no prazo de 30 dias), pelos mesmos juízes, ordenada pelo Tribunal Superior por efeito de anulação daquele, não é suscetível de qualquer juízo de inconstitucionalidade, pois não subtrai nem restringe quaisquer garantias de defesa, nomeadamente a exigência constitucional de dever ser o arguido julgado no mais curto prazo compatível com as garantias de defesa (artigo 32.º, da CRP). II. De resto, não se tratando de novo julgamento, mas da reforma de uma decisão anulada (na expressão do artigo 731.º/2, do CPC), expurgada que seja dos vícios que a inquinam ou nova deliberação, mas tão somente que fundamentar a que já havia sido proferida, é completamente indiferente o tempo, entretanto decorrido desde o encerramento da discussão da causa até à prolação deste último acórdão* [ac. STJ, 14.10.1999].

§ 29 *I. A repetição/renovação da prova oralmente produzida há mais de 30 dias constitui remédio bastante para a sua eventual perda de eficácia. Contudo, não perde eficácia a prova anteriormente produzida em caso de adiamento da audiência de julgamento por prazo que exceda o previsto no n.º 6 do art. 328.º do CPP quando são documentadas na ata, por meio de gravação, as declarações nela prestadas oralmente. II. Não é nula por omissão de pronúncia a sentença que não apreciou um requerimento arguindo a violação do disposto no n.º 6 do citado art. 328.º, apresentado enquanto decorria a audiência de julgamento, pois não é a sentença o local próprio para se decidir sobre a eficácia ou ineficácia da prova produzida numa anterior sessão dessa audiência* [ac. RE, 21.06.2005 (RUI MAURÍCIO)].

§ 30 *O disposto no art. 328.º do CPP apenas se aplica à fase da «audiência» e já não à fase da «sentença», pelo que, sendo esta lida decorridos que sejam mais de 30 dias após a última secção, não se verifica qualquer nulidade mas apenas uma mera irregularidade* (ac. RL 13.11.2001, CJ, T5, pág. 131).

§ 31 *I. O prazo de 30 dias a que se reporta o n.º 6 do art. 328.º do Código de Processo Penal, não tendo natureza processual, e não lhe sendo, por conseguinte, aplicável o disposto no art. 104.º do mesmo diploma, corre em férias.*

II. O adiamento da audiência de julgamento por prazo superior ao de 30 dias fixado no n.º 6 do art. 328.º do CPP torna ineficaz a prova produzida. III. Neste caso, o tribunal a quo, ao não proceder à repetição da prova, entretanto volvida ineficaz por excessiva descontinuidade/desconcentração da audiência, omitiu diligências essenciais para a descoberta da verdade, consubstanciando tal omissão a nulidade prevista no art. 120.º/2/d do CPP, arguível por via de recurso, nos termos do disposto no art. 410.º, n.º 3, do mesmo diploma. [ac. RE, 12.09.2006 (Alberto Mira)].

§ **32** *I. Dispõe o art.º 328.º do CPP a propósito da continuidade da audiência, no seu n.º 6 que «O adiamento não pode exceder trinta dias. Se não for possível retomar a audiência neste prazo perde a eficácia a produção de prova realizada». II. Esta disposição é justificada pela oralidade e imediação da prova, que necessariamente tem de estar presente na memória dos julgadores. III. Por isso, a perda de eficácia da prova produzida, abrange apenas a prova oral realizada em audiência, e não os documentos juntos aos autos.* [ac. STJ, 6.02.2008 (Pires da Graça)].

§ **33** *I. É hoje pacífico o entendimento de que o n.º 6 do art.º 328.º, do CPP apenas se aplica à fase da audiência, e já não à fase da sentença, pelo que no caso de a sentença ser proferida decorridos que sejam mais de 30 dias após a última sessão, ocorre tão só uma mera irregularidade, insuscetível de afetar o valor da sentença. II. Tal asserção resulta não só da interpretação literal do art.º 328.º do CPP (fala-se em «retomar a audiência» pressupondo que esta se encontra pendente), mas também da circunstância de o prazo para a leitura da sentença se encontrar expressamente previsto no art.º 373.º, do CPP, e ainda da inserção sistemática destes preceitos em que o primeiro se insere no título relativo à audiência e o segundo no título relativo à sentença. III.Com a estatuição contida no n.º 6 do art.º 328.º, do CPP, o legislador quis preservar o princípio da oralidade e da imediação, inerentes à produção de prova, presumindo que com uma interrupção superior a 30 dias aqueles princípios ficam abalados. A perda de eficácia da prova está assim ligada a uma presunção legal implícita, segundo o qual o decurso de tal prazo apagará da memória do julgador os pormenores do julgamento, prejudicando a decisão sobre a matéria de facto. Esta possibilidade já não ocorre quando se aguarda a leitura da sentença, atendendo a que a prova já foi produzida e fixada, uma vez que deliberação é tomada logo a seguir ao encerramento da discussão (art.º 365.º, n.º 1, CPP).* [ac. RL, 15.04.2009. Nota: no mesmo sentido – ac. STJ, 15.10.1997, in CJ Ano V, Tomo III, 197 e ac. RL, 27.05.2009 (Fernando Estrela)].

§ **34** *I. O prazo de 30 dias do art.º 328.º/6 do CPP aplica-se à fase da audiência, mas não se aplica à leitura da sentença. II. A lei processual não comina qualquer sanção para a leitura da sentença para além do prazo de dez dias fixado no art.º 373.º do CPP, pelo que a inobservância desse prazo constitui mera irregularidade que, se não for arguida no próprio ato fica sanada.* [ac. RG, 18.05.2009, CJ, 2009, T3, p. 310].

§ **35** *Não se verifica a caducidade da prova a que se reporta o art.º 328.º/6 do CPP, se o adiamento ocorrer depois de fina a produção de prova e até à leitura da sentença. Neste intervalo rege o art.º 373.º do CPP* [ac. RL, 14.07.2010 (Rui Gonçalves)].

§ **36** *I. Apesar da verificação de conexão subjetiva entre os processos (art.º 25.º CPP), não deve ser ordenada a respetiva apensação quando, não ocorrendo as vantagens próprias da conexão objetiva, relacionadas com a facilitação da produção da aprova e descoberta da verdade material, um dos processos tenha natureza urgente, esteja pronto para julgamento, ao contrário do outro, resultando da apensação prejuízo para a celeridade processual daquele e para o interesse da ofendida. II. O art.º 328.º/6, CPP, ao determinar a perda de eficácia da prova, em caso de interrupção da audiência por período superior a trinta dias, consagra o princípio da continuidade ou da concentração da audiência, considerando o legislador que a imediação e a descoberta da verdade são prejudicadas pela interrupção da produção de prova por períodos longos, ao tornar impossível a captação de uma imagem global dos meios de prova e a formulação de um juízo concatenado sobre toda a prova. III. Em relação à audiência reaberta nos termos do art.º 371.º, CPP, deve respeitar-se o prazo daquele art.º 328.º/6, sob pena de perda de eficácia da prova já produzida, pois na deliberação final vai ser ponderada não só a prova suplementar, mas toda a prova produzida em julgamento. IV. Quanto à leitura da sentença mais de trinta dias após o fim da produção da prova e aos casos de sentença que subindo em recurso é anulada por falta de indicação dos factos provados e não provados ou falta de fundamentação e desce ao mesmo tribunal para suprir o dito vício, a jurisprudência vem entendendo que não ocorre nulidade, porque se presume que a deliberação tenha sido tomada logo após o encerramento da discussão (art. 365.º/1, CPP), quando a prova ainda estava fresca na mente do julgador. V. No caso, tendo o tribunal encerrado a discussão em 15Julho e designado para leitura da sentença o dia 25 Agosto, reabrindo nesta última data a audiência para produção de prova suplementar, não pode ter aplicação o entendimento referido em IV.º, uma vez que é de presumir que não houve* *deliberação imediata ou no mais curto prazo possível (art.º 365.º CPP), pois a ter ocorrido tal deliberação imediata, a necessidade de prova suplementar, considerando a complexidade do processo e o volume da prova produzida, teria sido manifestada, no máximo, alguns dias após o encerramento da discussão* [ac. RL, 22.03.2011 (Vieira Lamim)].

§ **37** *Em caso de reabertura da audiência de julgamento determinada em decisão proferida por tribunal de recurso não tem aplicação a norma do n.º 6 do art.º 328.º do CPP* [ac. RP, 9.11.2011 (Mouraz Lopes)].

§ **38** *I. O limite temporal de 30 dias previsto no n.º 6 do art.º 328.º do CPP para os adiamentos da audiência sem perda de eficácia da prova anteriormente realizada reporta-se apenas à audiência em sentido estrito, compreendendo os atos de produção de prova e discussão da causa e já não o momento da decisão e de elaboração e leitura da sentença ou acórdão* [ac. RP, 4.07.2012 (Eduarda Lobo)].

§ **39** *Se o prazo de 30 dias a que se reporta o art.º 328.º/6, do C.P.P., não é aplicável ao caso de uma sentença que sobe em recurso e no tribunal superior é anulada por falta de fundamentação, por exemplo, voltando depois ao tribunal recorrido para o suprimento do vício (a prova produzida anteriormente é válida independentemente do tempo que o tribunal levar para proferir nova sentença, mantendo-se intocado o juízo sobre os factos provados), então, também não é aplicável, e por maioria de razão, no caso em que um tribunal superior manda reenviar o processo para um novo julgamento. Nem sequer faz sentido invocar que houve aqui perda de eficácia da prova produzida, sendo que há caso julgado parcial relativamente às questões que o tribunal superior não colocou para resolução pelo tribunal inferior, por força do reenvio* (ac. RC, 3.07.2012 (Paulo Guerra)].

§ **40** *I. O art.º 328.º/6 CPP tem por objeto apenas a prevenção da dilação superior a 30 dias entre sessões de produção de prova em audiência de discussão e julgamento. II. A não declaração de perda de eficácia da prova por adiamento da audiência por prazo superior a 30 dias, tratando-se de falta de repetição de prova, constitui nulidade a arguir pelos interessados (art.º 120.º/1/d CPP) sob pena de ficar sanada* [ac. RP, 8.10.2014 (Castela Rio)].

§ **41** *Se a audiência de julgamento começou e atingiu o seu termo sem qualquer adiamento, tendo sido proferida sentença condenatória, e, posterior-*

mente, porque a gravação de um dos meios de prova, oralmente produzido, não se mostrava audível, foi ordenada a repetição do julgamento e elaborada nova decisão final, a este caso não é aplicável o disposto no artigo 328.º/6, do CPP [ac. RC, 8.10.2014 (Alcina da Costa Ribeiro)].

§ **42** *O prazo de 30 dias previsto no art 328.º/6 do CPP, na redação anterior a Lei n.º 27/2015, de 14 de abril, é inaplicável nas fases processuais em que, após a deliberação do tribunal sobre as questões da culpabilidade e da determinação da sanção, seguida ao encerramento da fase de discussão, seja verificada a necessidade de repetição de prova registada no decurso dessa anterior fase de discussão por haver deficiência no registo efetuado mantendo-se, portanto, a eficácia da prova* [ac. STJ 1/2016, 05.01].

§ **43** *Os sujeitos processuais podem recorrer do despacho judicial que designa data para continuação da audiência de julgamento em violação do prazo do art.º 328.º, uma vez que esse despacho é ilegal* [art. 399.º e ac. STJ, 03.07.1996, in CJ, Acs. do STJ, IV, 2, 208].

Luís Lemos Triunfante

Artigo 328.º-A
Princípio da plenitude da assistência dos juízes

1 – Só podem intervir na sentença os juízes que tenham assistido a todos os atos de instrução e discussão praticados na audiência de julgamento, salvo o disposto nos números seguintes.

2 – Se durante a discussão e julgamento por tribunal coletivo falecer ou ficar impossibilitado permanentemente um dos juízes adjuntos, não se repetem os atos já praticados, a menos que as circunstâncias aconselhem a repetição de algum ou alguns dos atos já praticados, o que é decidido, em despacho fundamentado, pelo juiz que deva presidir à continuação da audiência, ouvido o juiz substituto.

3 – Sendo temporária a impossibilidade, interrompe-se a audiência pelo tempo indispensável, a não ser que as circunstâncias aconselhem a substituição do juiz impossibilitado, o que é decidido, em despacho fundamentado, pelo juiz que deva presidir à continuação da audiência.

4 – O juiz substituto continua a intervir, não obstante o regresso ao serviço do juiz efetivo.

5 – O juiz que for transferido, promovido ou aposentado conclui o julgamento, exceto se a aposentação tiver por fundamento a incapacidade física, moral ou profissional para o exercício do cargo, ou se em qualquer dos casos as circunstâncias aconselharem a substituição do juiz transferido, promovido ou aposentado, o que é decidido, em despacho fundamentado, pelo juiz que deva presidir à continuação da audiência.

6 – O disposto no n.º 2 é correspondentemente aplicável às situações previstas nos n.ºs 3 e 5.

7 – Para o efeito de ser proferida a decisão prevista no n.º 2 devem ser ponderados, nomeadamente, o número de sessões já realizadas, o número de testemunhas já inquiridas, a possibilidade de repetição da prova já produzida, a data da prática dos factos e a natureza dos crimes em causa.

Origem do texto: corresponde à redação originária aprovada pela Lei n.º 27/2015, de 14.04, que aditou o artigo.

Sumário do comentário:

I – Origem e razão de ser (§§ 1 a 8)
II – Princípio da plenitude da assistência dos juízes (§§ 9 a 20)
III – Exceções
- **a)** Considerandos gerais (§§ 21 a 33)
- **b)** Falecimento ou impossibilidade permanente (§§ 34 a 60)
- **c)** Impossibilidade temporária (§§ 61 a 78)
- **d)** Transferência, promoção e aposentação (§§ 79 a 84)

IV – Incumprimento e consequências (§85)

I – Origem e razão de ser

§ 1 O art. foi introduzido pela L 27/2015, que teve origem numa proposta do Governo, onde se aduzem as razões para a sua consagração (Proposta de Lei n.º 263/XII). Conforme ali se escreve "*1. As alterações ao Código de Processo Penal previstas na presente proposta de lei incidem sobre cinco aspetos, a saber*" (…) "*a resolução das questões colocadas pelo falecimento ou pela impossibilidade superveniente de um magistrado, mormente por razões de doença, nas audiências em curso, realizadas em tribunal coletivo, no sentido do aproveitamento dos atos processuais anteriormente praticados no decurso da audiência;*" "*Relativamente ao terceiro aspeto, é pacífica a aplicação ao processo penal da norma do Código de Processo Civil relativa ao «princípio da plenitude de assistência dos juízes», por força do artigo 4.º do Código de Processo Penal. Porém, na reforma do Processo Civil operada pela Lei n.º 41/2013, de 26 de junho, o artigo 654.º do anterior Código foi substituído pelo atual artigo 605.º do novo Código, onde se passou a regular a situação sob a estrita perspetiva do juiz singular, em virtude de se ter eliminado a possibilidade de realização de julgamento em matéria civil por tribunal coletivo. Ora, a regra constante de ambos os normativos é precisamente a mesma, isto é, consiste na repetição dos atos que haviam sido praticados no processo antes do falecimento ou da impossibilidade superveniente do juiz. Em ordem a prever as questões relacionadas com os julgamentos em tribunal coletivo, entende-se que tal matéria deve estar também regulada no Código de Processo Penal, onde existem contudo razões ponderosas para um desvio à regra fixada no Código de Processo Civil. Na verdade, sucede amiúde em processo penal os julgamentos efetuados por tribunal coletivo envolverem dezenas de testemunhas, que prestam depoimentos extensos, atenta a complexidade das matérias em discussão, o que leva ao inerente e inevitável prolongamento das audiências, aumentando o risco de, no seu decurso, virem a ocorrer vicissitudes pessoais intransponíveis dos magistrados judiciais. Nestes casos, a inutilização de todos os atos processuais praticados até esse momento é um resultado dificilmente compreensível, atendendo ao funcionamento colegial do órgão decisor, bem como à atual obrigatoriedade de gravação das audiências, sendo também contrária aos interesses da agilidade na realização da justiça e da economia processual. Consagra-se, deste modo, como regra, a solução do aproveitamento dos atos processuais praticados até ao momento em que faleceu ou se impossibilitou um dos membros do tribunal coletivo, admitindo-se a possibilidade de ser decidida a repetição de tais atos se as circunstâncias o aconselharem.*"

§ **2** A redação inicial da proposta do Governo era mais "ousada", admitindo a continuação da audiência mesmo que o juiz presidente do Tribunal Coletivo ou Singular ficasse impossibilitado permanentemente de o terminar. Na audição que se seguiu de diversas entidades, atentas algumas sugestões, o artigo foi reformulado, de molde que ficasse claro que a substituição apenas fosse admissível no que concerne aos juízes adjuntos, integrados em órgão colegial.

§ **3** Ponderou-se, nomeadamente, os considerandos aduzidos no parecer ASJP, onde se alertou para inevitável inconstitucionalidade em relação à referida interpretação da redação inicial (§ 2), por violação das garantias de defesa do arguido, propondo em alternativa a solução de apenas se admitir a substituição de um juiz adjunto, única que poderia passar o crivo da CRP e, ainda assim, com muitas dúvidas (o parecer pode ser consultado em https://app.parlamento.pt).

§ **4** Mesmo nessa sugestão apresentada pela ASJP [não obstante manifestar muitas dúvidas em relação à (in) constitucionalidade], entendia-se que sempre se deveriam verificar alguns requisitos "mínimos". Um deles é que o juiz presidente nunca poderia ser substituído e deveria existir uma maioria de juízes que tivessem assistido à prova na redação final do acordão. Pelo que, quando por força do voto vencido, fosse o juiz adjunto que não presenciou todos os atos de instrução e dicussão, a lavrar o acórdão, não haveria como evitar o juízo de inconstitucionalidade (Parecer citado, pp. 15 e 16).

§ **5** A proposta governativa mereceu críticas e reparos de vários quadrantes, mas também alguns aplausos. O parecer do CSM criticou a diferenciação entre tribunal singular e coletivo, tanto mais que neste último, por estarem em causa crimes mais graves, é onde se revela mais necessário respeitar integralmente o princípio da plenitude da assistência de juízes, mais aduzindo que quando o julgamento está em fase muito avançada, a necessidade de o juiz substituto ter de se inteirar de toda a prova produzida pode ser motivo de maior atraso processual, frustrando os intentos da lei. No parecer do SMMP não deixa de se assinalar as dúvidas da conformidade constitucional da proposta, fruto da compressão dos princípios da imediação e oralidade, e a maior margem de erro em relação ao juiz substituto, o que será tanto mais acentuado quanto maior for a latitude da substituição. Já a PGR assinalou um justo equilíbrio nesta flexibilização do princípio da plenitude da assistência dos juízes, firmando que a realização da justiça e agilização processual também são valores a salvaguardar, que a prova fruto da gravação obrigatória é cada vez mais aproximada do que se passou em audiência, e que não existe restrição intolerável às garantias de defesa, já que, apesar da regra ser a continuação, não é absoluta, poderá existir repetição de atos relativamente aos quais se entende que não é suficiente a audição/visualização e em que é mais pertinente a investigação pelo juiz substituto. Realçando que apesar da regra ser da não repetição de atos, a lei permite que tal suceda se for aconselhável, o que acautela as garantias de defesa do arguido. A OA manifestou a sua discordância, por completo, em relação a tal alteração, referindo a sua afronta aos princípios da imediação, oralidade e defendendo a inconstitucionalidade, mais salientando que não se percebe em que medida a proposta aduz como uma das razões a uniformização com o processo civil, mas cria um quadro normativo díspar, já que no processo civil apenas há julgamento com tribunal singular, ao contrário do criminal, em que pode intervir o tribunal coletivo. Paulo Saragoça da Mata também foi totalmente contra, aduzindo que em caso algum a audição de gravações ou visualização de prova pelo juiz adjunto conseguiria superar os danos por não estar presente, não lhe permitindo percecionar toda a dinâmica, defendendo que a redação proposta viola o princípio da livre apreciação da prova, princípio da imediação, princípio da plenitude da assistência de juízes, princípio do juiz natural, princípio da acesso à justiça [todos estes pareceres podem ser consultados em https://app.parlamento.pt].

§ 6 Posteriormente ao processo legislativo, curiosamente, trata-se de matéria que tem vivido uma certa acalmia. Escasseiam acórdãos dos Tribunais Superiores a decidir sobre esta questão, o que significa que não têm existido muitos recursos em relação a esta temática. O que, também se compreende, por se tratarem de situações excecionais. E, em que por vezes, os próprios intervenientes podem dar anuência à não repetição, por considerarem desnecessário. Ou, se quisermos, as desvantagens superam as vantagens [Paulo Duarte Teixeira, 2017, pp. 175/176, dá-nos conta que a "*norma em causa foi aplicada no processo n.º 39/13.6GDGDM, que correu termos no Juízo Central Criminal do Porto. No decurso do julgamento, por impedimento devido a baixa médica de uma das senhoras juízas adjuntas, foi esta, depois de dois adiamentos, substituída na composição do colectivo, por despacho transitado, nos termos do art. 328.º-A, do CPP, tendo todos os intervenientes dispensado a renovação da prova produzida, que se limitava, porém, às declarações iniciais gravadas de dois dos arguidos*"]. Na doutrina mantêm-se alguma das críticas que já resultavam dos pareceres juntos aquando do processo legislativo. Paulo Duarte Teixeira (2017, pp. 173 a 176) refere que atenta a maior duração dos "megraprocessos" por vezes pode ser necessário a substituição de juízes, o que é solução frequente internacionalmente (dando como exemplo a regulamentação do código "tipo" das Nações Unidas para a ex-Jugoslávia, consagrada no

Código de Processo Penal da República do Kosovo, que admite, no art. 289.º, a possibilidade de serem designados juízes de reserva que assistem *ab initio* a todos os atos de produção de prova) ou no tribunal de júri. Mas reconhece que a solução proposta colide com os princípios da plenitude da assistência de juízes, imediação e oralidade, apesar de compreender as razões da alteração. Entende, contudo, que "*uma outra solução simples e que em nada faria perigar os princípios da imediação, continuidade e oralidade seria o instituto do reserved judge, amplamente usado nos tribunais internacionais*" [dando como exemplo na nota de rodapé 37 o estatuto do tribunal internacional penal para a antiga Jugoslávia, o estatuto do Tribunal Criminal Internacional do Ruanda (Resolução n.º 1431 (2002), de 14 Agosto 2002, e a regulamentação do código "tipo" das Nações Unidas para a ex-Jugoslávia consagrada no Código de Processo Penal do Kosovo, que prevê a possibilidade de serem designados juízes de reserva para assistirem a todo o julgamento, por forma a intervirem, se necessário, na deliberação, caso ocorra o impedimento de qualquer outro. Regulamenta expressamente que "*quando a composição do coletivo tiver sido alterada o julgamento começará desde o início, mas o coletivo, ouvidas as partes, poderá decidir não proceder à nova audição de testemunhas ou peritos e realizar de novo a inspeção judicial, mas proceder à leitura dos depoimentos prestados ou leitura da ata de inspecção previamente realizadas*"], e "*entre nós, na (...) lei do tribunal do júri. A intervenção destes juízes, é meramente subsidiária (na medida em que não intervêm em qualquer deliberação até à ocorrência do efetivo impedimento), mas plena e contínua na medida em que assistem a todos a produção de prova e estão aptos, pois, a deliberar sobre o objeto do processo com total conhecimento da produção de prova. É certo que tal medida, poderia pôr em causa a eficácia na gestão dos meios humanos disponíveis, mas salvaguardaria de forma mais efetiva as garantias de defesa do arguido e os princípios da oralidade, imediação e plenitude da assistência.*" (Paulo Duarte Teixeira, 2017, pp. 173 a 176).

§ 7 De todo modo, independentemente das críticas, a questão apenas se pode colocar em sede de (in) constitucionalidade. O TC ainda não foi chamado a pronunciar-se. É certo que no ac. TC 428/2013 se reconheceu o direito a ser julgado por Tribunal Coletivo em processo comum no caso de criminalidade mais grave. Cf. se exara nesse ac. "o julgamento através do tribunal singular oferece ao arguido menores garantias de defesa do que um julgamento em tribunal coletivo, desde logo porque aumenta a margem de erro na apreciação dos factos e a possibilidade de uma decisão menos justa (entre outros, os acórdãos n.ºs 393/89 e 326/90)", e "por razões inerentes à própria orgânica judiciária, o tribunal singular será normalmente constituído por um juiz em início de carreira com menor experiência profissional, o que poderá potenciar uma menor qualidade de decisão por confronto com aquelas outras situações em que haja lugar à intervenção de um órgão colegial presidido por um juiz de círculo". Mas não se debruçou sobre o princípio da plenitude da assistência dos juízes. E o TEDH tem admitido restrições a tal princípio (§§ 31 a 33). Será, pois, perante o circunstancialismo em concreto que se terá de se aferir da proporcionalidade da limitação. Sendo que, o legislador, não construiu uma norma fechada, mas conferiu maleabilidade para que a intensidade da restrição não ultrapasse o que for necessário, adequado e razoável, com a enunciação de conceitos abertos no n.º 7. Dependerá, pois, do caso em concreto.

§ 8 Este princípio da plenitude da assistência dos juízes já tinha consagração normativa no código de processo civil (atualmente art. 605.º CPC), pelo que, se procurou uma igualização, em situações que não mereciam tratamento diferenciado. De todo modo, quer por via do art. 4.º, quer porque se trata de reflexo de outros princípios do processo penal, mesmo antes desta "tipificação" legal, já era reconhecido que o mesmo derivava da imediação, mas também da oralidade [aludindo neste sentido, entre outros, ac. STJ, 15.03.2018 (Fernanda Isabel Pereira), Revista n.º 473/09.6TCGMR.G2.S1 – 7.ª Secção Cível: "Tal princípio constitui uma exigência do princípio da oralidade, sendo ambos instrumentais do princípio da imediação, também presente no nosso processo civil e de acordo com o qual os meios de prova são prestados perante o juiz que preside à audiência final (art. 604.º, n.º 3, do CPC), estabelecendo-se contacto pessoal entre o juiz e as diversas fontes de prova nela produzidas". Na doutrina, aludindo ao princípio da plenitude da assistência dos juízes como respaldo da oralidade e imediação Maria João Antunes, 2016, 179, e Germano Marques da Silva, 2015, p. 213]. Sendo certo que, também, o princípio da continuidade e concentração se interligam com este princípio (igualmente apelando ao princípio da livre apreciação da prova Paulo Saragoça da Mata, parecer mencionado em § 5). Não obstante, a inserção do artigo tem o condão de ressaltar a importância de tal princípio, autonomizando o mesmo.

II – Princípio da plenitude da assistência dos juízes

§ 9 O conteúdo do princípio retira-se não só da epígrafe e do *nomen juris* – plenitude da assistência dos juízes – como da primeira parte do art. 328.º-A/1. Dali resulta que um juiz só pode decidir a final de um julgamento sobre o objeto do processo se tiver assistido a todos os atos de instrução e discussão praticados na audiência. Mesmo que tenha de a interromper em virtude de impossibilidade temporária (n.º 3) ou seja transferido, promovido ou aposentado (n.º 5).

§ 10 Daí a alusão à *plenitude*. O juiz tem que se estar presente desde o início da audiência de julgamento até ao seu encerramento para poder proferir decisão que conhece a final sobre o objeto do processo. Trata-se, naturalmente, reflexo dos princípios da imediação, oralidade, mas também continuidade e contraditório. Um juiz que assiste a todos os atos de produção de prova no decurso da audiência, presencia a dinâmica, vicissitudes e contraditório, intervém no questionamento da prova, e nas demais deliberações do coletivo, está mais habilitado a julgar a matéria de facto e, consequentemente, a prolatar (ou deliberar) uma decisão de Direito mais justa.

§ 11 A referência a sentença no n.º 1 equivale à noção plasmada no art. 97.º/1/a enquanto ato decisório de juiz que conhece a final do objeto do processo, mas que, ao abrigo do n.º 2, toma a forma de acórdão quando for proferido por um tribunal colegial.

§ 12 Significa que o princípio é aplicável quer intervenha Tribunal Singular ou Coletivo. No primeiro caso só pode prolatar sentença o juiz singular que presidiu à audiência de julgamento e assistiu a todos os atos de instrução e discussão. No segundo caso apenas podem deliberar e intervir no acórdão final todos os três juízes – o presidente e os dois adjuntos – que assistiram na sua plenitude à realização da audiência de julgamento. A letra da lei utiliza a palavra juízes, terminologia que exclui os jurados, no caso de Tribunal de júri, que tem um regime próprio [cf. art. 17.º RJ].

§ 13 Não obstante o que se exara de §§ 23 a 27, o campo de eleição de aplicabilidade de tal princípio, como resulta da sua inserção sistemática – disposições gerais da audiência – é a fase de julgamento (quer seja nos tribunais de 1.ª instância ou tribunais superiores quando atuam nessas vestes). Almeja-se que a sentença/acórdão seja prolatado pelos juízes que tiveram contacto directo com a prova e que presenciaram a sua produção e vicissitudes com ela relacionadas, considerando-se que estarão mais aptos a prolatar (deliberar) a decisão final daquele processo. Ou, por outras palavras, que a intervenção nos atos de produção de prova e verificação *in loco* da discussão no decurso da audiência, confere garantias acrescidas no julgamento da matéria facto. Como princípio que é, não significa que seja uma regra absoluta e a vida real permitir concluir, em certos casos, que não se verificam concretamente as maleitas que pretendia afastar. Ou seja, um juiz proferindo uma decisão com sustento na prova gravada também pode sentenciar justamente. E quem presenciou não o fazer. Mas, em *princípio*, quem assiste a todos os atos de instrução e discussão estará mais apto a fazê-lo. Porque permite um conjunto de conhecimentos, nomeadamente relativos à credibilidade e valoração da prova, que apenas um contacto directo melhor proporciona. Mas não só, todo o dinamismo da audiência (assinalando este aspeto PAULO SARAGOÇA DA MATA, parecer mencionado em § 5) habilita a uma maior perceção do objeto do processo.

§ 14 Como referimos, é aquando do proferimento da decisão final que o princípio se afirma. Só pode prolatar sentença num tribunal singular o juiz que presidiu a toda a audiência de julgamento. E em relação aos acórdão do tribunal coletivo terão que intervir na deliberação final o juiz presidente e juízes adjuntos que assistiram a todos os atos de produção de prova.

§ 15 Pode colocar-se a questão se o mesmo princípio opera para a decisão em relação à arguição de nulidades da sentença/acórdão ou pedidos de reforma. Resposta afirmativa foi dada no ac. STJ, 26.05.2015 (SALRETA PEREIRA), no âmbito do processo civil que, a propósito da nulidade, firmou posição de que "*Sendo o suprimento de nulidade da sentença complemento e parte integrante desta (art. 617.º, n.º 2, do NCPC (2013)), deve ser o juiz que a proferiu a suprir a nulidade, por efeito da aplicação do princípio da plenitude da assistência do juiz (art. 605.º, n.ºs 1 e 3, do NCPC)*", pelo que, "*Não o tendo sido, foi praticado ato que a lei não admite, que cabe no conceito geral de nulidade – pode influir na decisão da causa (art. 195.º do NCPC) –, arguível no prazo de dez dias a partir da data da notificação, sob pena de se sanar*".

§ 16 No entanto, porque o fulcro do princípio se prende com o julgamento da matéria de facto, não terá de, necessariamente, intervir na decisão de conhecimento da nulidade ou reforma o juiz singular (despacho) ou o coletivo de juízes (deliberação) que assistiram na sua plenitude à audiência de julgamento. Apenas será obrigatório nos casos de complemento da sentença/acórdão em que se afigure que o princípio será colocado em crise, porque a decisão implica uma apreciação dos atos de instrução e discussão. Se, atento o teor do requerimento, é possível decidir, nomeadamente, tomando apenas em consideração o texto da sentença/acórdão, ou algum elemento que não implique a sindicância de matéria de facto por parte daqueles que assistiram na sua plenitude ao julgamento, não se vê óbice que seja outro juiz a prolatar a decisão.

§ **17** Ainda marcando fronteiras em relação à aplicabilidade do princípio, importa distinguir da reabertura da audiência ao abrigo dos arts. 371.º e 371.º-A. Na primeira situação opera o princípio da plenitude da assistência de juízes. Estamos perante uma reabertura que visa a continuação da audiência de julgamento anteriormente iniciada e ainda não terminada, para produzir prova perante o Tribunal que releva para a prolação da sentença/acórdão, nomeadamente para a escolha e medida da pena. No segundo caso, já foi encerrada a audiência que conduziu à prolação da sentença/acórdão condenatório, que se procura inverter, pugnando pela absolvição ou aplicação de pena menos gravosa, mediante aplicação de lei penal mais favorável retroativamente. Estamos perante uma audiência nova, totalmente independentente e autónoma da anterior, com o objetivo bem delimitado, circunscrito à verificação da existência de lei penal mais favorável e, em caso positivo, daí retirar as consequências (para outros desenvolvimentos v. anotação ao art. 371.º-A). Como se escreveu no ac. STJ, 12.06 2008 (Oliveira Mendes), enquanto "*a reabertura da audiência prevista no art. 371.º do CPP visa a produção suplementar de prova para determinação da espécie e da medida da sanção a aplicar, ou seja, trata-se de continuação da audiência tendo em vista o carreamento de prova para correta prolação da sentença, o que implica, necessariamente, que o tribunal e a sua composição sejam os mesmos, isto é, os juízes sejam os mesmos, face ao princípio da plenitude da assistência dos juízes*" "*a abertura da audiência prevista no art. 371.º-A do CPP visa a aplicação retroativa de lei penal mais favorável, pressupondo a existência de sentença condenatória já transitada em julgado, pelo que não se trata de uma continuação da audiência, antes de outra audiência, específica e de conteúdo bem limitado, razão pela qual não implica a presença dos mesmos juízes, posto que estes não irão retomar audiência em curso, antes intervir em nova audiência*", para além de que "*inexiste norma processual que imponha, no caso de audiência para aplicação retroativa de lei penal mais favorável, a participação dos juízes que intervieram na instrução, discussão e julgamento subjacentes à sentença condenatória que se pretende alterar, por via da aplicação do novo regime legal*" e, por outro lado, "*a intervenção dos mesmos juízes na audiência para aplicação retroativa de lei penal mais favorável seria inviável em muitos casos, sendo noutros de extrema inconveniência, consoante o maior ou menor período de tempo decorrido desde o trânsito em julgado da sentença condenatória, consabido que os juízes, como decorre do seu próprio estatuto, são transferidos, promovidos e aposentados*", pelo que "*a abertura da audiência para aplicação retroativa de lei penal mais favorável deve ter lugar no tribunal da condenação, constituído pelos juízes que então se encontrarem em exercício de funções*".

§ **18** A jurisprudência do TEDH não se refere expressamente a este princípio. Mas considera que emerge do princípio da imediação plasmado no art. 6.º CEDH.

§ **19** No ac. TEDH *Svanidze v. Georgia/Géorgie*, 25.7.2019, a propósito da condenação por juiz substituto baseado em transcrições, salienta-se que o princípio da imediação é um importante aspeto do *fair trial*, pois permite, através da observação da testemunha pelo juiz, que se afira da sua credibilidade (citando, a este propósito, os acs. TEDH, *Graviano v. Italy*, n.º. 10075/02, § 38, 10.02.2005, e *Cutean v. Romania*, n.º. 53150/12, § 60, 2.12.2014). Assinala que, de acordo com o princípio da imediação a decisão do tribunal criminal deve ser prolatada pelos juízes "who have been present throughout the proceedings and the evidence-gathering process". É, pois, à luz da imediação firmada do art. 6.º CEDH que dimana a regra de que os juízes devem estar presentes no decurso da produção de prova na audiência de julgamento. O que resulta de vários outros acs. TEDH, como seja, o referido *Cutean v. Romania*, 05.02.2014, *P.K. v. Finland*, 9.07.2002, *Mellors v. the United Kingdom*, 30.01.2003.

§ **20** Na nossa CRP também não existe um reconhecimento expresso do referido princípio. Mas o mesmo resulta como corolário de outros princípios: processo equitativo, imparcialidade do Tribunal, ou garantias de defesa do arguido (arts. 20.º/4 e 32.º/1).

III – Exceções

a) Considerandos gerais

§ **21** Conforme resulta da parte final do n.º 1 e dos números subsequentes não se trata de um princípio absoluto, admitindo exceções. Caso em que, apesar da compressão, principalmente, do princípio da imediação, a lei considera tolerável, sopesando outros interesses constitucionais, como seja a celeridade processual, administração e eficácia da justiça penal, lograr ditar a justiça do caso concreto, sem abalar o processo equitativo. Mais não é do que a aplicação do disposto no art. 18.º/2 CRP.

§ **22** Antes de avançar dois pequenos tópicos. Tratando-se de normas com carácter excecional deverá concluir-se que estamos perante um elenco taxativo e fechado. Pelo que, considerando a utilização de conceitos abertos, como veremos, neles se enquadrarão acontecimentos da vida real até aos limites que a interpretação da lei processual penal o admita (v. anotação ao art. 4.º)

§ **23** Segundo, apesar de só agora ser consagrado, e mesmo anteriormente ser um princípio imanente, não é uma novidade a possibilidade de julgar sem imediação. Como sucede nos Tribunais da Relação que julgam, tendencialmente, o recurso de facto sem assistirem presencialmente à produção de prova. Acentuando-se mais a compressão de tal princípio nos casos de reversão de absolvição em condenação. Trata-se de questão que se interliga com o direito do arguido em ser ouvido antes de prolação de decisão que o afeta e que suscita questõs de (in) constitucionalidade e (des) conformidade com o art. 6.º CEDH (extravasando o âmbito desta anotação, remete-se para os comentários ao regime dos recursos, Tomo V).

§ **24** De todo modo, cabe ressaltar que se trata de um princípio que está previsto na lei para a audiência de julgamento o que, naturalmente, para além de excluir a prova pré-constituída, ou seja, já existente no início do julgamento (mas que ali deve, ou possa, ser lida/reproduzida), abarca os Tribunais Superiores quando julgam nas vestes de Tribunal de 1.ª instância. Já, em fase de recurso, pelo menos naqueles casos em que nenhuma prova foi produzida, não impera este princípio. Pelo que, o Relator, Presidente da Secção, ou Juiz adjunto podem ser alterados, verificados os motivos legais (jubilação, doença, comissão de serviço), sem verificação de qualquer invalidade. Já quando é produzida prova, ou requerida a audiência no Tribunal de Recurso, será de convocar o princípio da plenitude da assistência dos juízes, cf. arts. 423.º/5, 426.º/2, 430.º/5 (para outros desenvolvimentos v. respetivas anotações, Tomo V).

§ **25** Em fase de recurso a alteração de juízes é colocada, essencialmente, a propósito da (des) conformidade com princípio do juiz natural, mas não se deixa, contudo, de apelar, por vezes, ao princípio da plenitude da assistência de juízes, em determinadas circunstâncias.

§ **26** Em relação à substituição de Juízes adjuntos no Tribunal Superior, no ac. STJ, 27.11.2019 (Vinício Ribeiro), decidiu-se que não tendo mudado o Tribunal, Secção ou Relator, a "*mudança de Adjunto por força de colocação de novos Conselheiros neste STJ*", em "*virtude da mudança de secção dos mesmos Conselheiros, não consubstancia qualquer violação dos princípios da imparcialidade ou do juiz natural.*"

§ **27** No que concerne à possibilidade de afastamento do Relator pronunciou-se o ac. STJ, 28.06.2017 (Oliveira Mendes), assinalando que de "*acordo com o disposto na segunda parte do n.º 1 do artigo 217.º do Código de Processo Civil, aplicável em processo penal ex vi artigo 4.º, do Código de Processo Penal, a situação resultante de impedimento do juiz relator ou decorrente do facto do mesmo deixar de pertencer ao tribunal a que respeita processo que lhe tenha sido atribuído* (...) *dá lugar a segunda distribuição*", mas não implica a "*repetição, em fase de recurso, de todo o processado, com regresso dos autos ao momento de apresentação da impugnação*", afirmando que o disposto no art. 365.º/2, aplicável à fase de recurso *ex vi* art. 424.º/2, apenas se reporta ao "*acórdão que decide o respectivo recurso (pressuposta, obviamente, a ocorrência de audiência)*". Mas, ressalta, que "*aquela regra não é absoluta, tendo de ser interpretada e aplicada em conjugação com o que dispõe o artigo 328.º-A, do Código de Processo Penal*", através do qual o "*legislador de 2015 veio a admitir a possibilidade de o coletivo de juízes ser alterado na sua composição, mesmo na fase de julgamento, sem necessidade de repetição dos atos já praticados, dessacralizando o princípio da plenitude da assistência dos juízes, tendo em vista, entre outros, os princípios da celeridade e da economia processual.*" Pelo que, uma vez que "*o acórdão que julgou e decidiu o recurso interposto pelo ora requerente foi subscrito pelo coletivo de juízes que esteve presente na audiência*" mostra-se "*desprovida de fundamento a pretensão*" "*no sentido dos autos regressarem ao momento da apresentação do recurso, sob pena de violação do princípio do juiz natural*", já que este, "*garantido pelo n.º 9 do artigo 32.º da Constituição da República não tem por desiderato assegurar a imutabilidade do juiz ou juízes, antes evitar a designação arbitrária ou a escolha discricionária de um juiz ou tribunal e proibir a criação de tribunais ad hoc.*"

§ **28** O TEDH já foi chamado a aferir da conformidade com o art. 6.º § 1 CEDH, à luz do princípio da imediação, de casos em que nos Tribunais Superiores existiu impedimento de um dos Juízes. Por exemplo, no ac. TEDH, *Iancu v. Romania/Roumanie*, 62915/17, Judgment/ Arrêt 23.2.2021, foi julgado não existir violação da CEDH, a assinatura da decisão pelo Presidente do Tribunal Superior, em representação de um juiz desse Tribunal que se retirou de funções, após a deliberação (tendo também sido assinada por quatro juízes da formação).

§ **29** Outra situação conexa com o princípio da plenitude da assistência de juízes, como consequência de recurso interposto, reporta-se à interligação com os casos de reenvio, determinado pelo Tribunal Superior, ao abrigo do disposto no art. 426.º-A, quando ocorra casos de impedimento de juízes. Sustentando que existindo reenvio, e ocorrendo impedimento de um dos juízes que integra o Tribunal que anteriormente conheceu do objeto do processo, mantém-se a competência do Tribunal, sem prejuízo da substituição do(s) juíze(s) que se achem impedidos, ac. RL, 13.01.2015 (Trigo Mesquita) (para outros desenvolvimentos v. anotações ao art. 426.º-A, Tomo V).

§ **30** Não obstante, conforme já ressaltámos, é um princípio cuja operatividade está vocacionado para o desenrolar da audiência de julgamento. Aliás, a lei apenas o refere expressamente neste art. 328.º-A (inserido sistematicamente nas disposições gerais da audiência na fase de julgamento). Não obstante, mesmo aqui, a lei prevê exceções nos n.ºs 2 a 7. Melhor seria fazer-se alusão no art. 355.º/2 às mesmas. Na verdade, tal como os arts. 356.º e 357.º são restrições ao princípio da imediação, também as exceções ao princípio da plenitude da assistência dos juízes o são. De todo modo, logra-se essa conclusão, através de uma interpretação sistémica, conjugada e interligada, pelo que estes n.ºs 2 a 7 também se devem considerar integradas naquele normativo.

§ **31** Igualmente, o TEDH tem afirmado que o princípio da imediação vertido no art. § 6.º CEDH não é absoluto, admitindo restrições. Nessa medida, não se poderá dizer que a consagração de restrições ao princípio da plenitude da assistência de juízes seja, por si só, violadora da CEDH. Depende da intensidade o que nos remete para o caso concreto. Conforme se assinala, entre outros, no ac. TEDH *Svanidze v. Georgia/Géorgie*, 25.7.2019, o respeito pelo art. § 6.º CEDH não significa a proibição de toda e qualquer alteração da composição do tribunal durante a audiência de julgamento (chamando à colação *P.K. v. Finland*). Nomeadamente, nos casos em que é impossível o juiz continuar a participar no julgamento. Sendo que, existem medidas que podem ser tomadas para que os juízes que continuam o julgamento tenham o apropriado entendimento da prova e argumentos produzidos, nomeadamente, existindo registos da prova, quando a credibilidade das testemunhas não seja colocada em causa, ou ouvindo novamente as testemunhas relevantes perante a nova composição do tribunal, devendo sopesar-se, ainda, a possibilidade do Tribunal Superior, em certas circunstâncias, poder reparar erros cometidos pelo Tribunal de 1.ª instância (v. ainda, ac. *Cutean*, e *De Cubber v. Belgium*, 26.10.1984, § 33).

§ **32** No caso em concreto analisado por esse ac. do TEDH, o juiz substituto não tinha assistido a nenhuma produção de prova durante a audiência de julgamento. Não ouviu nenhuma das 17 testemunhas, incluindo dois peritos, e a convicção baseou-se somente nas transcrições. Tratava-se de um caso de grande complexidade factual. De salientar, ainda, que, após a substituição do juiz, a defesa requereu o reexame da prova, bem como, a audição de duas testemunhas adicionais, o que foi indeferido. Note-se, igualmente, que se atentou no facto de se tratar de juiz singular. Sopesando que o juiz substituto não ouviu diretamente prova considerada essencial – *key evidence for the applicant's conviction* –, recusou a audição presencial de outras duas testemunhas, o processo era complexo, o juiz substituto analisou o caso *as a single judge*, o Tribunal superior decidiu sem ouvir diretamente qualquer prova (pelo que não se pode afirmar que a apreciação por *higher court* foi remédio suficiente), decidiu-se que o direito a um *fair trial* não foi respeitado, afrontando o princípio da imediação e atentando contra o art. 6.º/1 CEDH, não tendo sido tomadas medidas suficientes para compensar essa deficiência.

§ 33 Sobre esta temática v. ainda acs. TEDH *Cerovšek and Božičnik v. Slovenia*, 07.03.2017 (decisão proferida por juízes que não participaram na audiência de julgamento, com base nos documentos existentes nos autos – *written case files*), *Graviano c. Itália,* 10.02.2005 (num caso em que apenas estava em causa a substituição de um dos oito juízes da composição do Tribunal), *P.K. v. Finland*, 9.07.2002 (foi substituído o juiz presidente, sendo que o "court was composed of one professional presiding judge and three lay members"), *Cutean v. Romania*, 5.02.2014 (mudança de juízes durante o julgamento, que não assistiram a declarações do acusado e testemunhas relevantes para a condenação, considerando-se "that the availability of statement transcripts cannot compensate for the lack of immediacy in the proceedings").

b) Falecimento ou impossibilidade permanente

§ 34 Atento o n.º 2 se durante a discussão e julgamento por tribunal coletivo falecer, ou ficar impossibilitado permanentemente, um dos juízes adjuntos, não se repetem os atos já praticados, a menos que as circunstâncias aconselhem a repetição de algum ou alguns, o que é decidido, em despacho fundamentado, pelo juiz que deva presidir à continuação da audiência, ouvido o juiz substituto. Estamos perante situações irreversíveis: a morte ou qualquer circunstância, legal ou factual, que não permite ao juiz continuar a participar na audiência de julgamento.

§ 35 Primeira nota para assinalar que a norma apenas se aplica ao tribunal coletivo e não ao tribunal singular (significando que neste, em caso de falecimento ou impossibilidade permanente do juiz singular, sempre deverá ser repetida a audiência de julgamento presidida pelo juiz a quem for atribuído o processo). E no tribunal coletivo a substituição de juiz apenas é admissível em relação aos juízes adjuntos e não ao juiz presidente. Para além do elemento literal ser claro ao referir expressamente os juízes adjuntos e mencionar que a decisão de repetição de atos é do juiz presidente (o que pressupõe a sua continuidade na audiência), também o elemento histórico é irrefutável. Na verdade, esta redação final da proposta do Governo surgiu na sequência de parecer da ASJP (§§ 2 a 4) que assinalou que a única possibilidade de conformidade constitucional – e ainda assim manifestando dúvidas – seria apenas admitir a substituição dos juízes adjuntos, e nunca do juiz presidente (também, neste sentido, a propósito da impossibilidade temporária, Paulo Duarte Teixeira, 2017, p. 177).

§ 36 Apesar das diversas críticas que sofreu no processo legislativo, entendendo muito dos pareceres apresentados (v. § 5) que não faria sentido distinguir o juiz presidente do juiz adjunto, não cremos, contudo, que desempenhem papéis totalmente idênticos ao ponto de concluir que não se podem fazer destrinças no que se reporta à substituição. É a própria lei que distingue a intervenção dos juízes no coletivo. O juiz presidente não deixa de ter uma participação mais ativa, conferindo-lhe a lei diversos poderes de direção e disciplina. Sendo o mesmo a quem, por regra (exceto se ficar vencido), compete lavrar o acórdão e que dirige o ato de deliberação com os juízes adjunto e, no caso do tribunal de júri, também com os jurados. E na audiência de julgamento é aquele que inquire o arguido, assistente, partes civis, testemunhas menores de 16 anos, vítimas quando se justifica. Que regula os debates. Ou intervém para disciplinar as inquirições. Etc. O que implica uma potencial imersão no julgamento que tornaria intolerável uma substituição, conforme se assinalou nesse parecer da ASJP (§§ 2 a 4).

§ 37 Sendo essa teleologia que esteve subjacente no facto de apenas se prever a hipótese de substituição dos juízes adjuntos, então, como se refere no parecer da ASJP (§§ 2 a 4), sucedendo que, após a deliberação, se constata que o juiz presidente é vencido, e será o juiz adjunto a elaborar o acórdão, parece que volta a ressurgir a causa impeditiva que emana deste normativo.

§ 38 A norma aplica-se às situações em que os juízes adjuntos do tribunal coletivo ficam impossibilitados permanentemente de prosseguir os trabalhos da audiência de julgamento. O falecimento, que é indicado expressamente, é o caso paradigmático. Mas, para além da morte, refere a lei a impossibilidade permanente de continuar a exercer as funções de juiz adjunto. O que engloba toda e qualquer circunstância impeditiva. Doença, deficiência física ou mental, expulsão da magistratura, etc.

§ 39 A regra, assim, é que falecendo, ou ficando impossibilitado permanentemente de exercer as suas funções, o juiz adjunto será substituído, segundo as normas da substituição previstas no EMJ, por um outro juiz, prosseguindo a audiência de julgamento. Deverá, naturalmente, ser prolatado despacho fundamentado, onde se assinale os motivos da substituição e notificados os interessados. Despacho esse sindicável por via de recurso (art. 399.º), até porque, excetuando a morte, o conceito de impossibilidade permanente pode merecer interpretações diversas.

§ 40 Também a lei é expressa no sentido de apenas ser admissível a substituição de *um* dos juízes adjuntos ("Se durante a discussão e julgamento por tribunal coletivo falecer ou ficar impossibilitado permanentemente um dos juízes adjuntos"). Pelo que não se verificará esta exceção se a impossibilidade permanente se reportar aos dois juízes adjuntos do Coletivo. O que também resulta do elemento histórico do processo legislativo, já que a redação surge na sequência de parecer da ASJP (§§ 2 a 4) que faz tal referência (apenas considerando suportável constitucionalmente a substituição de um juiz adjunto). Já a lei não distingue, não cabendo ao intérprete distinguir – *ubi lex non distinguir nec nos distinguere debemus* –, no que concerne ao número de substituições, pelo que, será de admitir a substituição do juiz adjunto anteriormente substituído. Em suma: a) apenas um juiz adjunto pode ser substituído [neste sentido Paulo Duarte Teixeira, 2017, p. 177, referindo, com pertinência, que permitir um julgamento "*com dois vogais distintos dos iniciais, mantendo apenas a permanência do seu presidente, seria alterar de forma decisiva a composição do tribunal coletivo e transformá-lo, na prática, num tribunal singular, em que apenas o presidente teria a visão global e unitária do julgamento*"; a mesma posição já tinha manifestado a ASJP no seu parecer (§§ 2 a 4) ressaltando que a compressão ao princípio da plenitude da assistência dos juízes só será admissível constitucionalmente se a maioria dos juízes assistir à produção de toda a prova; aparentemente, interpretando a lei como admitindo a substituição dos dois juízes adjuntos Paulo Saragoça da Mata, parecer mencionado em § 5]; b) esse juiz pode ser novamente substituído (neste sentido Paulo Duarte Teixeira, 2017, p. 177).

§ 41 A regra é da substituição e não repetição de atos praticados. De todo modo deverá ser prolatado despacho fundamentado (cf. n.º 2), onde se exarem as razões pelo que não se repete qualquer ato, se repetem integralmente, ou parcialmente. Dever de fundamentação que já emergia da CRP (art. 205.º/1) e da lei (art. 97.º/5), mas que tem o condão de acentuar uma especial fundamentação, de molde a permitir aferir se os motivos indicados constituem uma compressão tolerável ao abrigo do art. 18.º/2 CRP. Necessidade de fundamentação que foi ressaltado pelo parecer da ASJP (§§ 2 a 4).

§ 42 Feita a sugestão no parecer da ASJP (§§ 2 a 4), foi eliminada a menção à irrecorribilidade da redação inicial da proposta do Governo (que esteve na génese do presente artigo), por violador da CRP, pelo que, atenta a regra geral do art. 399.º, é admissível o recurso de tal despacho, permitindo a sindicância pelo Tribunal Superior sobre a proporcionalidade, adequação, não excesso da limitação ao princípio da plenitude da assistência de juízes. A recorribilidade é crucial para conferir o equilíbrio à restrição do princípio da plenitude da assistência dos juízes. Recurso que sobe em separado, imediatamente e com efeito devolutivo (arts. 406.º/2, 407.º/2/k e 408.º, a *contrario*).

§ 43 É uma decisão que compete ao juiz presidente (acrescendo a outros poderes que lhe competem exclusivamente, *destarte* art. 323.º), a prolatar em despacho fundamentado (art. 97.º/5), o que não impede, e até aconselha, que conferencie com o outro juiz adjunto (não substituído; consulta dos juízes adjuntos que também se pode revelar conveniente em outras situações previstas na lei a que é atribuído poder decisório ao juiz presidente; para outros desenvolvimentos v. anotações aos arts. 322.º e 323.º). O que a lei não impõe é uma deliberação dos dois juízes, tratando-se de uma decisão singular da competência do juiz presidente (criticando esta opção de não obrigar a ouvir o juiz adjunto não substituído Paulo Saragoça da Mata, parecer mencionado em § 5).

§ 44 Formalidade que deve ser cumprida é a *audição* do juiz substituto. O próprio deve ter uma palavra a dizer sobre a conveniência de repetição de atos. E o juiz presidente tem de tentar aferir junto daquele até que ponto considera necessário inteirar-se da prova, em que medida e intensidade. Estas declarações do juiz substituto consubstanciam, no formalismo processual contemplado, uma diligência prévia à decisão do juiz presidente.

§ 45 Premissa incontornável é o facto do juiz substituto, relativamente aos atos não repetidos, ter de se inteirar da prova produzida. Dever legal, estatutário e ético. Sem esse conhecimento será menos capaz de acompanhar o que soçobrar dos trabalhos. Nem tampouco poderá deliberar. A lei pressupõe sempre que exista este estudo do juiz substituto. Sem o qual não seria tolerável a exceção ao princípio da plenitude dos juízes. E daí a relevância de ser ouvido, porque melhor do que ninguém poderá elucidar sobre a necessidade de repetir atos.

§ **46** Não dita a lei que tipo de formalismo processual deverá ser seguido nesta audição do juiz substituto. Não nos parece que seja necessária uma diligência pública. De todo modo, deve ser registado, pois só assim pode ser sindicado em via de recurso. Para além da transparência, publicidade e lealdade processual que o impõem. Paulo Duarte Teixeira, 2017, p. 178, defende que deve ser gravada em audiência. Não sendo imposto esse formalismo processual, e tratando-se de um ato processual, afigura-se-nos que nada obsta que seja firmada essa posição por escrito no processo. O que deverá ser notificado às partes juntamente com o despacho decisório do juiz presidente.

§ **47** O facto da decisão ser do juiz presidente significa, pois, que não fica vinculado à posição do juiz substituto. Tanto pode este entender que se tem de repetir toda a prova e o juiz presidente considerar que não é necessário para que aquele tome o conhecimento indispensável ao prosseguimento dos trabalhos. Como considerar que lhe basta ouvir os registos gravados da audiência, e o juiz presidente considerar imperioso que a imediação se revela crucial. No fundo terá de fazer uma espécie de formulação hipotética e indagar se qualquer juiz colocado na posição do juiz substituto sentiria, ou não, a necessidade de repetir determinados atos, e quais.

§ **48** Paulo Duarte Teixeira, 2017, p. 178, sustenta que, em caso de divergência, se devem aplicar as regras da deliberação e defende que deve ser gravada em audiência: "*Questão diversa se colocará quando ocorrer uma posição oposta entre o presidente do coletivo e o vogal substituto sobre a repetição da prova. Note-se que a audição e posição sobre a necessidade de repetição da prova são pessoais (cabem ao vogal substituto), mas a redação do despacho fundamentado que a determina cabe ao presidente. Numa hipotética situação de divergência, teremos de integrar a lacuna através do recurso, por analogia, ao regime da deliberação, aplicando, se necessário, as normas dos arts. 365.º e ss. do CPP, das quais resultará que a deliberação será efetuada mediante maioria de votos (art. 365.º, n.º 3, do CPP), sendo o despacho que ordena ou não a repetição da prova elaborado pelo "presidente ou, se este ficar vencido, o juiz mais antigo dos que fizerem vencimento" (que, nos termos da norma paralela do art. 372.º, n.º 1, do CPP, "elaboram a sentença de acordo com as posições que tiverem feito vencimento*". Parece-nos não existir lacuna. A lei determina que a decisão é singular do juiz presidente, ouvindo o juiz substituto. Em caso de recurso, sendo registado os seus argumentos, o Tribunal Superior estará apto a sindicá-los. Inexistindo recurso, cremos que, poderá aplicar-se por analogia as regras de conflito entre juízes, decidindo o Tribunal Superior.

§ 49 Fator que deve ser sopesado é a dimensão do processo. Como se assinalaram em alguns pareceres no processo legislativo (§ 5), em megaprocessos a necessidade do juiz substituto ter de se inteirar de prova já produzida, se a mesma for de volume considerável, ao invés de acelerar o processado, pode retardá-lo. E, quando assim é, essa mesmo celeridade impõe a repetição de tais atos.

§ 50 Ao abrigo do contraditório, antes de ser proferida decisão deverão ser ouvidos os interessados.

§ 51 Resulta do n.º 2 que a regra será a não repetição dos atos praticados. Ou seja, o aproveitamento da audiência até ao momento da substituição. Um princípio de aproveitamento que exceciona o princípio da plenitude de assistência de juízes no caso de impedimento permanente de um juiz adjunto. De todo modo, já o referimos, não fica o tribunal dispensado de fundamentar porque entende não ser de repetir atos já praticados. Não deixa de ser uma exceção ao princípio, que deve ser explicada aos destinatários, à comunidade, e passível de controle pelos Tribunais Superiores. Para essa fundamentação poderá socorrer-se de todas as circunstâncias atendíveis, nomeadamente, o mencionado no n.º 7.

§ 52 A decisão de repetição de atos pode reunir diversa extensão. Pode ser total. Ou parcial, identificando os atos a repetir. A dimensão pode variar. Abarcar a maior parte da audiência ou, apenas, alguns segmentos. Sendo certo que, quanto maior for o tempo decorrido da audiência e atos praticados, mais "exigente" deverá ser a fundamentação. E quanto mais extensa for a não repetição de atos, maior será a restrição ao princípio da plenitude da assistência de juízes. Nessa medida, maior cuidado deverá existir na explanação das razões que justificam, e sustentam, a adequação, necessidade e razoabilidade, nos termos do art. 18/2 CRP.

§ 53 Refere o n.º 2 que o juiz decidirá da repetição "de algum ou alguns dos atos já praticados", não significando, com isso, que não possa ordenar a repetição de todos, quando "as circunstâncias aconselhem". Conceito este aberto que contempla diversas situações que fazem pender o prato da balança para a necessidade da imediação, oralidade e continuidade. Casos em que o interesse da celeridade processual não é prevalente, porque o nível de restrição aos demais interesses, poderá colocar em causa o processo equitativo, e a prolação de uma decisão justa no caso em concreto. Em que a primazia pela celeridade processual se revelaria desproporcional e excessiva, atento o fator de compressão de direitos, *destarte* garantias de defesa do arguido.

§ **54** De todo modo, o legislador não se limitou a determinar que se atentasse nas circunstâncias que aconselhem a repetição de atos (n.º 2). Para além dessa orientação genérica, e da imposição de ouvir o juiz substituto, a lei firma no n.º 7 um conjunto de critérios auxiliares na decisão. A alusão no n.º 7 a "devem ser ponderados", significa que, necessariamente, na fundamentação da decisão deve-se sopesar tais circunstâncias, sob pena de irregularidade. Já a menção a "nomeadamente" permite extrair que não é taxativo o elenco, podendo outras circunstâncias serem ponderadas, como já resultaria do n.º 2 (que manda atender às "circunstâncias que aconselhem").

§ **55** Através dos critérios referidos no n.º 7 procura-se lograr decisões mais equilibradas. São elementos indicativos de determinados pontos chave que o legislador considera imperioso atentar para aferir se os pratos da balança devem pender a favor da imediação, oralidade e continuidade. Ou se, é justificável a sua compressão em prol da celeridade processual.

§ **56** Menciona o n.º 7 que, pelo menos, deve ser ponderado a) o número de sessões já realizadas, b) o número de testemunhas já inquiridas, c) a possibilidade de repetição da prova já produzida, d) a data da prática dos factos e e) a natureza dos crimes em causa.

§ **57** A análise será global. Individualmente podem ter "sentidos" diversos, mas a conclusão final dependerá da interligação de todos os critérios. Eventualmente quando maior o número de sessões realizadas e número de testemunhas inquiridas, mais pertinente pode ser a repetição de atos. E o inverso implica raciocínio oposto. Já a impossilidade de repetir prova (faleceu a testemunha) obsta à repetição, porque não seria possível. O mesmo se dirá quando a prova é pré-constituída ou irrepetível (reconhecimento), sem prejuízo de decidir da reprodução dessa prova em audiência. Relativamente à data da prática dos factos quanto mais antigos, maior premência existe na celeridade, e o mesmo sucede quanto mais grave for a criminalidade em causa, em que a resposta célere do sistema de justiça tem um acréscimo de responsabilidade perante a sociedade.

§ **58** O juízo, reitera-se, será global. E os critérios também são necessários para decidir da dimensão da repetição, e quais os atos que deverão ser novamente praticados.

§ **59** Já mencionámos que a decisão de não repetir atos deve ser fundamentada. E também aqui as razões que justificam a decisão são os mesmos. Deverão enunciar-se as circunstâncias que não aconselham a repetição (n.º 2), ponderando os critérios do n.º 7.

§ **60** Como referimos outros critérios podem ser usados para decidir da (não) repetição de atos. Paulo Duarte Teixeira, 2017, pp.181 a 183, enuncia os seguintes testes ou critérios para a decisão de repetir ou não a prova: a) Critério da imediação, segundo o qual "*todos os atos já praticados que não impliquem qualquer mediação ou uma mediação limitada não devem ser repetidos*" (dando como exemplos o caso dos esclarecimentos periciais, atos praticados por escrito, declarações para memória futura, "*depoimento através de um meio que garante a mesma ou menor imediação do que a já constante no processo através da gravação*", por exemplo, "*uma testemunha, entretanto ausente do país, cujo depoimento, a ser repetido, terá de ser prestado por carta rogatória, ou de outra que, beneficiando agora do regime de proteção de testemunhas, venha a depor com distorção de voz e imagem.*"); b) Critério da possibilidade, que decorre do n.º 7 e "*está já contido no princípio da economia processual*" e pressupõe que "*a repetição da prova seja possível material ou juridicamente ou adequada num juízo de proporcionalidade entre o resultado a alcançar e a atividade a desenvolver*" ("*caso de testemunhas de difícil localização ou deslocação e cujo depoimento já gravado permite concluir da sua pouca ou nenhuma utilidade para o juízo probatório*").; c) Critério da utilidade, que implica "*uma ponderação da qualidade da prova produzida*", por exemplo, poderá "*não se justificar a repetição de depoimentos testemunhais que nada ou pouco adiantam*"; d) Critério da necessidade, que consubstancia "*uma pré-valoração da prova, do seu conteúdo e do seu hipotético alcance para o juízo probatório, de tal modo que a mesma possa ser qualificada como relevante/irrelevante*", como são "*os casos de testemunhos que terão um conteúdo probatório, mas este será de escasso alcance, tendo em conta a valoração da prova (por exemplo, confirmação de autos, reconhecimentos, etc.)*"; e) Critério da verdade material, atento o qual no "*juízo da ponderação deverá ser preponderante o resultado material que se visa tutelar com a própria produção de prova, a obtenção da verdade material através dos meios processuais legítimos.*"; f) Critério da proteção dos direitos de defesa do arguido, considerando o seu direito à prova, "*parece que a atividade que este, após con-*

traditório prévio, repute importante e o seja objetivamente deve ser deferida."; f) Critério da celeridade, sendo que, nesta "*matéria, o n.º 7 do art. 328.º-A do CPP aponta alguns critérios. A data da prática do crime parece apontar para os riscos de prescrição, visando, por isso, uma adequação e proporcionalidade entre a actividade a desenvolver e o resultado a salvaguardar. A natureza do crime aponta para uma semelhante ideia de proporcionalidade.*"

d) Impossibilidade temporária

§ 61 Ao contrário do n.º 2 que rege sobre as situações de impossibilidade permanente de um juiz, o n.º 3 reporta-se a casos de impossibilidade temporária.

§ 62 Também a lei não define este conceito. É aberto e suficientemente maleável para abarcar uma multiplicidade de situações da vida real. Será toda aquela circunstância, legal ou factual, que não permite ao juiz prosseguir a audiência de julgamento de forma contínua por um determinado período temporal, que pode ser certo/previsível ou incerto/imprevisível, mais curto ou dilatado.

§ 63 De todo, contrapõe-se com o n.º 2, no sentido de que não se trata de um fator que não permite mais ao juiz a possibilidade de retomar a audiência de julgamento, quando a circunstância que o impossibilita cessar. Tendencialmente estamos perante uma circunstância reversível.

§ 64 Não obstante, uma impossibilidade temporária pode transformar-se em permanente, sendo de convocar, nessa altura, o n.º 2. Ou, a impossibilidade que aparentava ser permanente, afinal vem a revelar-se temporária. Sendo que, neste caso, na prática já muito dificilmente terá aplicabilidade o n.º 3, não beliscando, contudo, qualquer substituição que tenha sido feita, por ter sido realizada de acordo com a lei e num momento em que se prefigurava um impedimento definitivo para julgar.

§ 65 Os exemplos de impossibilidade temporária são diversos e provêm de vários quadrantes. Uma doença, cirurgia, suspensão temporária de funções, comissão de serviço impeditivo de julgar.

§ 66 A impossibilidade temporária pode causar dois efeitos processuais: a interrupção da audiência e/ou a substituição de um juiz, com os condicionalismos do n.º 2.

§ 67 No primeiro caso não estamos, propriamente, perante uma exceção ao princípio da plenitude da assistência de juízes. Pelo contrário, a regra imposta visa, justamente, prosseguir o objetivo daquele. Estará sim em causa uma limitação ao princípio da continuidade em virtude de uma impossibilidade temporária de um juiz.

§ 68 Perante uma impossibilidade temporária a audiência interrompe-se "pelo tempo indispensável". Ou seja, pelo mínimo período temporal que seja possível, mas o necessário para cessar a causa que impossibilita o juiz de julgar. Não há qualquer destrinça entre tribunal singular ou coletivo. Ou juiz presidente ou juízes adjuntos. Nem se limita, no caso de coletivo, a impossibilidade temporária apenas a um juiz. Em todas essas situações, comprovada a impossibilidade temporária de um juiz, a lei determina que se interrompa a audiência e se retomem os trabalhos com o regresso do juiz, ou dos juízes que estavam impossibilitados de o fazer.

§ 69 Embora a lei não defina o período de tempo até o qual se considera "temporária" a impossibilidade, tal terminologia aponta para períodos de tempo relativamente curtos, já que, se forem extremamente alongados a compressão da celeridade processual pode ser intolerável. De todo modo, o alongar do tempo será, justamente, circunstância a sopesar para efeito da decisão a que alude a 2.ª parte do n.º 3.

§ 70 O n.º 4 estabelece que em caso de interrupção da audiência ou do seu adiamento, a audiência deve retomar-se a partir do último ato processual praticado na audiência interrompida ou adiada, o que faz sentido, por forma a não desperdiçar tempo com atos inúteis e respeitando a ordem de produção de prova, prevista no art.º 341.º

§ 71 O despacho de interrupção deve aduzir os motivos, a causa fundante, a data previsível de retoma dos trabalhos, se previsível, e a condição de que depende o reinício da audiência (art. 97.º/5), decisão que é recorrível (art. 399.º).

§ 72 A 2.ª parte do n.º 3 contém a verdadeira exceção ao princípio da plenitude da assistência de juízes admitindo que, em casos de impossibilidade temporária, possa ser decidida a substituição do juiz impossibilitado, se as circunstâncias o aconselharem, "em despacho fundamentado, pelo juiz que deva presidir à continuação da audiência."

§ 73 Atento o circunstancialismo em concreto, existe uma equiparação aos casos de impossibilidade permanente. Sendo certo que também pode suceder que uma impossibilidade inicialmente temporária se transforme posteriormente em definitiva (§ 64).

§ 74 Fruto do n.º 6 é aplicável o n.º 2. Pelo que, em suma, não se admite a substituição de juiz em tribunal singular, apenas sendo de admitir a substituição de um juiz adjunto em tribunal coletivo (para maiores desenvolvimentos v. §§ 34 a 60). Não se verificando tais pressupostos, implica a repetição integral da audiência de julgamento.

§ 75 A decisão de substituição de juiz adjunto em caso de impossibilidade temporária compete ao juiz presidente do tribunal coletivo, em despacho devidamente fundamentado, podendo determinar a repetição de alguns atos, devendo ouvir o juiz substituto (n.º 2, *ex* vi n.º 6). Para outros desenvolvimentos v. §§ 34 a 60.

§ 76 Também não se densifica o que são as circunstâncias que "aconselhem a substituição do juiz impossibilitado". Deverão convocar-se os interesses em causa. Nomeadamente, imediação, oralidade e celeridade processual. Serão todos os factos que à luz de tais princípios tornam conveniente essa substituição. Pode suceder que, pelo decurso do tempo, a imediação e a oralidade já não permitem produzir o seu escopo, pelo facto da memória já se ter esvanecido ou já ser bem mais ténue. A este propósito, v. ac. STJ, 31.05.2012 (João Trindade), no qual se decidiu: "*I – A divergência entre o juiz do processo que, entretanto, foi nomeado para a Relação, e o que o substituiu na 1.ª instância, não é, tecnicamente, um conflito de competência, desde logo por não envolver qualquer conflito entre tribunais. II – O princípio da plenitude da assistência dos juízes não é absoluto. II – Ainda que, por regra, incumba ao juiz que iniciou o julgamento a sua conclusão, a repetição dos actos praticados pode tornar preferível a sua realização pelo atual juiz do processo, designadamente quando o princípio da imediação e da oralidade esvaziem o princípio referido em II. IV – Se a última audiência teve lugar há mais 5 anos e o conjunto da prova é composto por 41 quesitos, dos quais as testemunhas a reinquirir respondem a apenas 7, não se justifica a deslocação do magistrado que anteriormente interveio no processo, devendo a mesma ser repetida pelo actual juiz do processo.*"

§ 77 Ou suceder que a celeridade processual justifique restrições aos princípios da imediação e oralidade. Sendo que, para estas circunstâncias, poderão sopesar-se os fatores mencionados no n.º 7 *ex vi* n.º 2 *ex vi* n.º 6.

§ 78 Dita o n.º 4 que o "juiz substituto continua a intervir, não obstante o regresso ao serviço do juiz efetivo". Não acompanhamos a interpretação de PAULO SARAGOÇA DA MATA (parecer mencionado em § 5), no sentido de a norma ser incongruente, por determinar que o juiz substituído irá integrar a composição do tribunal que julga. Conforme nota PAULO DUARTE TEIXEIRA, 2017, o que pretende salientar a norma é precisamente ao contrário. Ou seja, apesar do regresso do juiz substituído, o juiz substituto continua a ser competente para julgar no processo onde ocorreu a substituição.

e) Transferência, promoção e aposentação

§ 79 A primeira parte do n.º 5 é uma afirmação do princípio da plenitude da assistência de juízes, exarando que "o juiz que for transferido, promovido ou aposentado conclui o julgamento". Ou seja, o juiz presidente do tribunal singular ou coletivo, ou os juízes adjuntos que o integrarem devem concluir o julgamento. Esta conclusão pressupõe que o julgamento se tenha iniciado. Não num plano plenamente formal, com a abertura da audiência. Mas conexo com os princípios da imediação e oralidade. Ou seja, se tiver sido dado início à produção de prova [no mesmo sentido ac. RP, 11.04.2019 (WILLIAM THEMUDO GILMAN)]. Caso contrário, não se justifica que o julgamento seja realizado por outro juiz que não o atual titular do processo. Já que, nestes casos, nenhuma afronta se vislumbraria no que concerne a tais princípios. O mesmo sucede quando o julgamento é anulado. Conforme se decidiu no ac. STJ, 30.10.2008 (SALVADOR DA COSTA), "*I – O impasse quanto à de realização do segundo julgamento entre dois juízes, na sequência de anulação do primeiro, deve ser resolvido como se conflito de competência se tratasse, mas no quadro do princípio da plenitude da assistência dos juízes. II – O referido princípio reporta-se às situações de continuação de julgamento, pelo que não abrange o segundo julgamento implicado pela anulação do primeiro. III – No caso de anulação total ou parcial de um julgamento realizado por um juiz que entretanto foi transferido, o princípio da plenitude da assistência dos juízes não é afetado pela realização do novo julgamento por outro juiz.*"

§ 80 A transferência é uma situação em que o juiz é movimentado para outro juízo, quer seja na mesma comarca, ou fora desta. Por exemplo, é movimentado de J1 para J4 do juízo central criminal de Lisboa. Ou do juízo local criminal do Porto para juízo central de família e menores. Ou do juízo central criminal de Faro para o juízo central criminal de Coimbra. Não é a distância ou a área de competência o critério. A regra mantém-se a mesma. Quem é transferido tem de concluir os julgamentos que iniciou.

§ 81 Mesma regra quando o juiz é promovido, entendendo-se como uma "subida" a um Tribunal Superior, ou seja, Tribunal da Relação ou Supremo Tribunal de Justiça. Já as "promoções" na 1.ª instância, como por exemplo, da local para a central cível, enquadram-se no conceito de tranferência, uma vez que integram todos o Tribunal de Comarca.

§ 82 Igualmente o juiz aposentado/jubilado deve concluir o julgamento que iniciou [o que também resulta do art. 70.º/2 EMJ]. Trata-se de uma norma que confere, excecionalmente, poder jurisdicional a quem o já tinha perdido em virtude da cessação das funções. Atribuiu-se, aqui, primazia ao princípio da plenitude da assistência de juízes e celeridade processual, estendendo a possibilidade de exercer funções jurisdicionais para além do término da carreira de juiz. No entanto, trata-se de norma excecional, pelo que, apenas será aplicável, conforme dita a lei, se for para o juiz aposentado/jubilado concluir julgamento que já tinha começado e estava em curso. O que supõe o que se referiu em § 79 (não basta a abertura formal da audiência, é necessário ter dado início à produção de prova, conforme também parece ser o sentido do art. 70.º/2 EMJ). E, implica, também, que em caso de anulação do julgamento, já não o possa realizar, por não ter poder jurisdicional para o efeito, pelo que, se o fizer, os seus atos são inexistentes. Como se escreve no ac. STJ, 06.05.2010 (ÁLVARO RODRIGUES): "*V – Tendo cessado funções por imperativo legal, não pode um juiz continuar a praticar atos de natureza jurisdicional, nem mesmo episodicamente, salvo se a lei expressamente o permitir, sob pena de tais decisões serem consideradas a non judice, e portanto juridicamente inexistentes, por falta do competente poder jurisdicional. VI – Assim, a lei permite expressamente, no n.º 3 do art. 654.º do CPC, que um juiz aposentado/jubilado possa exercer funções jurisdicionais, para concluir o julgamento por ele iniciado, em homenagem ao «princípio da plenitude da assistência dos juízes» ou, mais propriamente, de identidade do órgão julgador. VII – No entanto, já não é assim se a decisão tiver sido anulada ou mandada repetir, não podendo, em tal caso, continuar a intervir depois de ter cessado funções jurisdicionais, até porque não se trata da continuação de julgamento, no sentido literal da expressão, mas antes da repetição total ou parcial do mesmo, em que todos os elementos úteis ou já constam do processo ou serão produzidos em audiência a realizar*".

§ 83 Esta possibilidade atribuída ao juiz aposentado/jubilado de terminar ao julgamento não se aplica quando "a aposentação tiver por fundamento a incapacidade física, moral ou profissional". Ou seja, não reúne aptidões quer físicas, quer profissionais, para exercer as funções de juiz. Será, no primeiro caso, a situação de sofrer demência, surdez acentuada, problemas de saúde que não permitem estar na sala de audiências. No segundo caso quando foi aposentado compulsivamente, sanção disciplinar em virtude de violação gravosa dos seus deveres. Não se deixa de notar, como faz Paulo Saragoça da Mata (parecer mencionada em §5), que a referência a moral se encontra desfasada, já que o conceito de moralismo tem vindo a ser afastado das normas jurídicas. Terá pretendido o legislador fazer uma ponte com o EMJ, de modo a abarcar comportamentos impróprios por afrontarem um conjunto de deveres que se consideram essenciais para que não seja abalado o prestígio das funções de juiz.

§ 84 Na parte final do n.º 5 prevê-se, de todo modo, que o juiz transferido, promovido ou aposentado não conclua o julgamento iniciado, se "as circunstâncias aconselharem a substituição", o que é decidido, em despacho fundamentado, pelo juiz que deva presidir à continuação da audiência, aplicando o disposto no n.º 2 (cf. n.º 6). Para outros desenvolvimentos remete-se para o que já se escreveu de §§ 69 a 76.

IV – Incumprimento e consequências

§ 85 A violação das regras do presente artigo relativas às regras de composição e competência do tribunal consubstanciam uma nulidade insanável [art. 119.º/1/a)]. Será o caso de substituição do juiz presidente no decurso da audiência, da substituição de dois juízes adjuntos, ou substituição de um juiz adjunto quando a impossibilidade é meramente temporária (sendo que, por se tratar de nulidade insanável, não permite que seja "ultrapassada" mesmo com o consentimento dos sujeitos processuais; é, portanto, ineficaz o consentimento para que um juiz prolate decisão em que não assistiu ao julgamento, ou aceite a substituição de juiz presidente, ou permita a mudança de dois juízes substitutos). Ou, quando o juiz transferido realiza um julgamento do tribunal onde estava anteriormente colocado, quando aquele não tinha materialmente começado com a produção de prova [situação apreciada no ac. RP, 11.04.2019 (William Themudo Gilman), num caso em que formalmente se deu início à audiência, mas esta foi adiada sem se produzir prova]. Poderá, em alguns casos, verificar-se casos de inexistência, quando se admite o julgamento por juiz que já não tem poder jurisdicional para o efeito [jubilado ou aposentado, não se verificando a excepção prevista na lei (§ 82), ou que tiver sido suspenso de funções ou demitido]. No que se reporta ao desvio ao formalismo processual, que não estiver previsto como nulidade, consubstancia uma irregularidade. *V.g.* Inexistência de despacho a fundamentar os atos que devem ser repetidos, fundamentação insuficiente, ausência de audição do juiz substituto, etc.

TIAGO CAIADO MILHEIRO

CAPÍTULO II
Dos atos introdutórios

ARTIGO 329.º
Chamada e abertura da audiência

1 – Na hora a que deva realizar-se a audiência, o funcionário de justiça, de viva voz e publicamente, começa por identificar o processo e chama, em seguida, as pessoas que nele devam intervir.

2 – Se faltar alguma das pessoas que devam intervir na audiência, o funcionário de justiça faz nova chamada, após o que comunica verbalmente ao presidente o rol dos presentes e dos faltosos.

3 – Seguidamente, o tribunal entra na sala e o presidente declara aberta a audiência.

Origem do texto: corresponde à redação originária aprovada pelo DL 78/87.

Sumário do comentário:
I – Considerandos gerais (§§ 1)
II – Chamada dos intervenientes (§§ 2 e 3)
III – Abertura da audiência (§§ 4 a 8)
IV – Inobservância do procedimento (§ 9)

I – Considerandos gerais

§ 1 A norma mantém-se inalterada. Enquanto na vigência do CPP/29 (art. 417.º) a chamada dos representantes da acusação e da defesa, do arguido, do ofendido, das testemunhas, peritos e outras pessoas cuja comparência tivesse sido ordenada ocorria depois de aberta a audiência, o atual código disciplina que a chamada das pessoas que devam intervir no processo precede a abertura da audiência. Ainda na vigência do anterior código já era prática a chamada preceder a abertura da audiência.

II – Chamada dos intervenientes

§ 2 A chamada é efetuada pelo funcionário de justiça que de viva voz e publicamente, em regra no átrio junto à entrada da sala de audiência onde vai decorrer o julgamento, identifica o processo e chama, em seguida, as pessoas que nele devam intervir (n.º1).

§ 3 Se faltar alguma das pessoas que devam intervir na audiência, o funcionário de justiça repete a chamada, restringindo-a aos intervenientes que não responderam à chamada inicial. De seguida, o funcionário de justiça comunica verbalmente ao presidente o rol dos presentes e dos faltosos.

III – Abertura da audiência

§ **4** Segue-se a entrada do juiz ou tribunal na sala de audiência momento em que o presidente declara *aberta a audiência*. A abertura da audiência de julgamento tem relevância processual, nomeadamente quanto ao momento até quando pode ser deduzida e declarada a incompetência territorial do tribunal (art. 32.º/2/b), apresentado o requerimento de recusa e o pedido de escusa (art. 44.º), pois são admissíveis até ao início da audiência, o que se verifica no momento em que é declarada aberta pelo respetivo presidente. O início da audiência releva também para aferir da tempestividade do pedido de intervenção como assistente, que deve ser formulado até cinco dias antes do início da audiência de julgamento (art. 68.º/3/a). Já em processo sumário, as pessoas com legitimidade para tal, podem constituir-se assistentes ou intervir como partes civis se assim o solicitarem, mesmo que só verbalmente, *no início* da audiência (art. 388.º)

§ **5** Poderíamos ser tentados a fazer a distinção entre *abertura* e *início* da audiência, no sentido de que esta só se inicia com a produção da prova, a começar pelas declarações do arguido (art. 341.º/a), mas não é assim. A norma é clara ao definir o início da audiência como o momento até ao qual a incompetência territorial pode ser deduzida e declarada. E a audiência inicia-se com a declaração de abertura efetuada pelo presidente do tribunal (n.º 3) pelo que, aberta a audiência, já não pode ser deduzida a incompetência territorial do tribunal (art. 32.º/2/b) [Decisão Presidente de 3.º secção RL, 24.11.2008, (Cotrim Mendes), CJ *on line* (Ref. 8102/2008)]. E tendo sido deduzida antes, também deve ser declarada antes do início da audiência de julgamento, conforme diz a norma (art. 32.º/2/b), pois só assim se afasta a prática de atos inúteis, a deslocação desnecessária de advogados, testemunhas e outros intervenientes. O mesmo vale para o conhecimento oficioso, apenas pode ocorrer até ao início da audiência de julgamento.

§ **6** Questionando-se sobre a oportunidade de suscitar a competência territorial, num caso em que a audiência foi aberta e adiada, afirmou o STJ que a mesma se iniciou para efeito de excluir, a possibilidade de se excecionar a competência territorial, dado que a finalidade pretendida pelo legislador é evitar que, no momento em que a dinâmica processual penal conduz ao seu momento mais nobre da audiência de julgamento, pois estão reunidas as condições para tal, seja admissível que, pela emergência de questões que deveriam estar resolvidas a montante, se impossibilite a realização de tal audiência [ac. STJ, 09.05.2007 (Santos Cabral) CJ *on line* (Ref. 8224/2007)]. A partir do momento em que se declara aberta a audiência, e mesmo que a mesma seja adiada, fica cerceada a possibilidade de suscitar a questão da competência territorial.

§ 7 Também para o efeito do disposto no art. 44.º a audiência tem início a partir do momento em que é declarada aberta pelo presidente pelo que o requerimento de recusa e o pedido de escusa são admissíveis desde que apresentados antes desse momento [ac. RL. 09.12.2010 (Cristina Pego Branco) CJ *on line* (Ref. 7790/2010)], sem prejuízo, é claro, dos casos de ocorrência ou conhecimento superveniente, casos em que a norma possibilitada a apresentação do respetivo requerimento.

§ 8 A dispensa automática dos intervenientes processuais (art. 151.º/7, CPC), não é aplicável, por se não harmonizar com o processo penal [ac. RL, 24.05.2000 (Carlos Sousa)]. Após a chamada, se a audiência é declarada aberta cerca de três horas depois, sem que, em tempo oportuno, seja comunicada a razão do atraso da audiência, a falta dos intervenientes que, entretanto, se ausentaram não deve ser considerada injustificada [ac. RL 27.02.1996 (Paulo Gaspar Almeida) CJ, XXI, Tomo 1, p. 160]

IV – Inobservância do procedimento

§ 9 A chamada realizada por quem não é funcionário de justiça configura ato irregular (art. 118.º/2 e 123.º). Já a omissão da chamada de testemunhas à hora a que devia realizar-se a audiência e a falta de nova chamada constitui irregularidade que invalida o julgamento e a subsequente sentença [ac. RC, 06.06.1990, CJ XV, Tomo 3, p. 80]

António Gama

ARTIGO 330.º
Falta do Ministério Público, do defensor e do representante do assistente ou das partes civis

1 – Se, no início da audiência, não estiver presente o Ministério Público ou o defensor, o presidente procede, sob pena de nulidade insanável, à substituição do Ministério Público pelo substituto legal e do defensor por outro advogado ou advogado estagiário, aos quais pode conceder, se assim o requererem, algum tempo para examinarem o processo e prepararem a intervenção.

2 – Em caso de falta do representante do assistente ou das partes civis a audiência prossegue, sendo o faltoso admitido a intervir logo que comparecer. Tratando-se da falta de representante do assistente em procedimento dependente de acusação particular, a audiência é adiada por uma só vez; a falta não justificada ou a segunda falta valem como desistência da acusação, salvo se houver oposição do arguido.

Origem do texto: corresponde à redação originária, aprovada pelo DL 78/87, com as alterações introduzidas pela L n.º 59/98, de 25.08, que, em vez da substituição do defensor por pessoa idónea, determinou que ele seja substituído por outro advogado ou advogado estagiário.

Sumário do comentário:
I – Generalidades (§§ 1 a 7)
II –Falta do MP (§§ 8 a 13)
III –Falta do defensor (§§ 14 a 19)
IV – Falta do representante do assistente (§§ 20 a 23)
V – Falta das partes civis (§§ 24, 25)
VI –Processos especiais (§ 26)

I – Generalidades

§ 1 A audiência de discussão e julgamento está subordinada ao princípio do contraditório (*audiatur et altera pars* – art. 32.º/5 CRP), pressupondo a presença de todos os intervenientes processuais: se eles não estiverem todos presentes e não puderem contribuir para o resultado final, a sua própria fiabilidade será reduzida. Mesmo assim, a audiência não poderá eternizar-se, demorando mais do que aquilo que seja razoável: os sucessivos adiamentos da audiência podem comprometer a capacidade de bem julgar, prejudicando quer os direitos individuais, quer os interesses coletivos na administração da justiça num prazo côngruo (JOSÉ DE FARIA COSTA, 2002, p. 22; *supra,* § 7 e ss. da anotação ao art. 276.º). Sem prejuízo da desejável demonstração da verdade, o julgamento deverá ser concentrado, por forma a potenciar todas as vantagens da oralidade e da imediação (art. 328.º). Não admira, por isso mesmo, que, para além da falta de outras personagens processuais [os próprios juízes (arts. 119.º/*a* e 328.º-A), o arguido (arts. 119.º/*c* e 333.º), o assistente, as testemunhas, os peritos, os consultores técnicos ou as partes civis (arts. 120.º/2/*b* e *d* e 331.º)], na sequência do velho art. 417.º CPP/29, o legislador tenha, aqui, regulado a falta do MP, do defensor do arguido e do representante do assistente e das partes civis. Sem eles, insistimos, o julgamento, enquanto processo dialético, pode não ter as condições ideais para a tempestiva realização da justiça no caso concreto.

§ 2 Esta norma deverá, assim, ser interpretada em conjunto com os restantes dispositivos processuais relativos à falta das pessoas indispensáveis à obtenção de uma decisão justa, concretizada num prazo razoável (art. 328.º). Todos devem poder contribuir para a produção e exame em audiência das provas que podem ser valoradas (art. 355.º), de modo que, sem a sua presença (imediação), é a própria capacidade decisória que pode ficar, irremediavelmente, comprometida. Para além dos interesses individuais, *maxime* a possibilidade de influenciar a decisão, há aqui, portanto, um interesse público na garantia das condições ideais para a cabal «descoberta da verdade material» em tempo útil. A constante interrupção da produção de prova dificulta a aquisição de uma imagem global dos factos e da prova (Paulo Pinto de Albuquerque, 2007, p. 808; Nuno Brandão, 2016, p. 109/10). Daí a regulamentação pormenorizada das faltas e dos seus efeitos processuais e a consequente redução da margem de arbítrio judicial.

§ 3 Mesmo assim, o elenco dos faltosos não contempla, ainda, o eventual representante do terceiro titular dos instrumentos, produtos ou vantagens susceptíveis de ser declarados perdidos [art. 347.º-A ou, na lei penal avulsa, por exemplo, art. 36.º-A RJTCE; o mesmo acontece, como iremos ver, com o próprio terceiro, *infra,* § 2 da anotação ao art. seguinte; já o mero beneficiário (arts. 110.º/1/2 e 111.º/1 CP) foi, completamente, esquecido em termos processuais]. Com efeito, embora o legislador não o diga *expressis verbis* (José Manuel Saporiti Machado da Cruz Bucho, 2018, pp. 235 e ss.; João Cura Mariano, 2018, pp. 174 e ss.; Mário Ferreira Monte, 2022, pp. 447 e ss.), o terceiro poderá (art. 20.º/2 CRP e art. 132.º/4) ou, em certas situações deverá (*v.g.* recurso), fazer-se representar/acompanhar por advogado. Se for esse o caso, à semelhança das partes civis, de quem a figura processual do terceiro se aproxima, a falta do advogado não deverá dar lugar ao adiamento da audiência, sendo aquele admitido a intervir se e quando compareça.

§ 4 O elenco dos faltosos também não refere o juiz singular, os juízes do tribunal coletivo ou os jurados. De todo o modo, como é evidente, sem prejuízo da sua substituição (arts. 328.º-A/3 e 387.º/5, art. 86.º/4 LOSJ e arts. 1.º/3 e 4 e 17.º/2 RJ), o julgamento deverá, nesses casos, ser adiado: sem juiz ou sem juízes ou jurados em número suficiente, o julgamento não poderá realizar-se, sendo, quando, apesar de tudo isso, for realizado, inválido, podendo ser anulado a todo o tempo, até ao trânsito em julgado (art. 119.º/*a*) ou, nos casos mais graves, de usurpação do poder judicial, mesmo depois disso (inexistência): a presença do juiz ou de quem legalmente o substitua, é essencial a um processo equitativo. Fora do processo avultam, ainda, as consequências disciplinares que a ausência poderá, porventura, desencadear (arts. 10.º/5, 83.º-G/*f*, 83.º-H/*d*, 83.º-I/*a* EMJ).

§ 5 Para além das consequências processuais (*v.g.* adiamento da audiência, invalidade do julgamento), a falta do MP, do defensor do arguido, do representante do assistente ou do representante das partes civis poderá desencadear outras consequências. No caso do MP, a falta injustificada deverá ser comunicada ao superior hierárquico (art. 116.º/3); no caso do defensor do arguido ou do representante do assistente ou das partes civis, a falta injustificada deverá ser comunicada à OA (art. 116.º/3): pelos interesses em causa, compreende-se, aqui, que ao contrário do processo civil (art. 603.º), a falta seja oficiosamente comunicada; os advogados devem tratar com zelo as questões de que tenham sido incumbidos, não podendo cessar, sem um motivo justificado, o seu patrocínio (art. 100.º/1/*b*) e *e*) EOA). Desta forma, atento este regime especial, não se aplicam, neste caso, as regras gerais, relativas à condenação no pagamento de uma soma entre 2 UC e 10 UC (art. 116.º/1) ou à detenção do faltoso [art. 116.º/2: neste sentido, Paulo Pinto de Albuquerque, 2007, p. 302; José da Costa Pimenta, 1991, p. 369; Maia Gonçalves, 1990, p. 203; ac. RC, 24.11.1993 (José Augusto Maio Macário), CJ, 1993, 5, p. 60].

§ 6 O defensor do arguido e o representante do assistente e das partes civis, sem prejuízo de poderem subestabelecer o mandato forense nos termos da lei ou da escolha pessoal e livre do mandatário pelo mandante, podem, em caso de maternidade, paternidade ou de luto obter o adiamento da diligência (DL 131/2009, de 1.06). Havendo arguidos sujeitos à obrigação de permanência na habitação (art. 201.º) ou em prisão preventiva (art. 202.º) o adiamento por maternidade ou por luto não é possível [art. 2/*c*)]. Já nos restantes processos urgentes (art. 103.º/2), o adiamento é reduzido (art. 2.º/*b*). O direito de pessoa privada da sua liberdade a um julgamento célere (art. 32.º/2 CRP) e demais interesses subjacentes à urgência de determinados processos, sobrepõe-se àquele direito do advogado.

§ **7** Todo este regime processual penal só se aplica, obviamente, se os faltosos tiverem sido devidamente notificados da data designada para a audiência (Paulo Pinto de Albuquerque, 2007, p. 813). Quando isso não suceda, em bom rigor, não se poderá dizer que eles estão a faltar, sendo a ausência devida a erro do tribunal, que não determinou a sua notificação ou não a executou devidamente. Quem não foi, regulamente, notificado não tem obrigação ou, porventura, sequer, possibilidade de comparecer. Se não sabe quando é que vai ser a audiência, como poderá estar presente?

II – Falta do MP

§ **8** O MP é um órgão autónomo da administração da justiça penal (Jorge de Figueiredo Dias, 1974, p. 368; Damião da Cunha, 1993, p. 96; Maria João Antunes, 2016, p. 35), encarregado de exercer a ação penal (art. 219.º/1 CRP), deduzindo, se for o caso, acusação e sustentando-a, efetivamente, em julgamento (art. 53.º/2/*c*; Mmpdjp, 2009, p. 817). Será impossível realizar o princípio do acusatório (art. 32.º/5 CRP) se o MP não estiver presente (*supra,* § 32 da anotação ao art. 119.º) e, logo, estiver aí impedido de colaborar na descoberta da verdade na realização da justiça. A efetiva separação entre quem julga e quem acusa que ele pressupõe só se materializa se o MP estiver presente em julgamento.

§ **9** Daí que a falta do MP dará lugar ao adiamento da audiência, exceto nos casos em que seja possível substituí-lo (Paulo Pinto de Albuquerque, 2007, p. 812). A realização do julgamento na ausência do MP, mediante a usurpação dos seus poderes pelo juiz ou (como veremos *infra*) mesmo por outra pessoa, irregularmente nomeada para o substituir, determina a irremediável invalidade insanável da mesma [Robalo Cordeiro, 1991, p. 295; ac. STJ, 3.2.1993 (Ferreira Dias), CJASTJ, 1993, 1, p. 182; ac. RP, 25.10.1995 (Marques Salgueiro), CJ, 1995, 4, p. 238; ver, ainda, art. 119.º/*b*]. Um juiz demasiadamente ativo, que substitui o próprio MP e promove oficiosamente a ação penal não é um terceiro independente e imparcial (Niklas Luhmann, 1983, p. 134; Lina Caraceni, 2007, p. 18 e ss.; João Conde Correia, 2012, pp. 55 e ss.): *nemo iudex in causa propria.*

§ **10** Segundo o EMP 1988, na mesma comarca, os procuradores-adjuntos substituíam-se uns aos outros (65.º/1), podendo o procurador da República indicar outro procurador-adjunto do mesmo círculo (art. 65.º/2) ou mesmo uma pessoa idónea, de preferência habilitada com licenciatura em direito (art. 65.º/3). Sem prejuízo destas soluções, os procuradores-adjuntos eram substituídos nas suas faltas e impedimentos pelo notário do município da sede do tribunal (art. 65.º/4) ou, havendo mais do que um, por aquele que o procurador da República designasse (art. 65.º/5). Para além disso, em caso de urgência, quando a substituição não pudesse fazer-se nos termos legais, o juiz podia substituir o magistrado do MP faltoso por pessoa idónea, de preferência habilitada com licenciatura em Direito (art. 66.º). Embora fossem situações excecionais [para a última possibilidade ac. RP, 17.11.1999 (Marques Salgueiro)], estas soluções eram inadmissíveis, colocando em risco o exercício do *ius puniendi* estadual. Em última análise poderia estar em causa a autonomia externa do MP. Não admira, por isso mesmo, que o atual Estatuto consagre apenas um regime de substituição interna, preferencialmente por magistrado que exerça funções em idêntica área de especialização (art. 81.º/1EMP e art. 86.º/4 LOSJ): se essa substituição interna não for possível, o julgamento deverá ser adiado.

§ **11** A substituição do magistrado do MP faltoso por outro, à revelia do disposto no respetivo estatuto, determina, como já referimos, a invalidade: essa nomeação *ad hoc* não tem qualquer eficácia [ac. STJ, 3.2.1993 (Ferreira Dias), CJASTJ, 1993, 1, p. 182; ac. RP, 25.10.1995 (Marques Salgueiro), CJ, 1995, 4, p. 238; no direito anterior, ac. STJ, 31.01.1990 (Silvino Villa-Nova), BMJ, 1990, 393, p. 533; ac. RE, 8.10.2001 (Manuel Osório), CJ, 1991, 4, p. 321; defendendo que se trata de inexistência jurídica, Rodrigues Maximiano, 1990, p. 73 e ss.]. Para além do mais, estaria em causa, insistimos, uma violação da autonomia externa do MP (art. 219.º/2 CRP).

§ **12** O magistrado do MP substituto, que intervenha em lugar do magistrado do MP titular, poderá requerer tempo para examinar o processo e preparar a sua intervenção (n.º 1, parte final; na literatura jurídica; Oliveira Mendes, 2016, p. 1027): por mais simples que seja a acusação, aquele magistrado só a poderá sustentar efetivamente em julgamento (art. 53.º/2/c) se estiver minimamente preparado, conhecendo os detalhes do processo. Não admira, portanto, que a substituição seja muito problemática em processos de grande complexidade, onde os indícios, porventura indiretos, têm que ser conjugados e articulados, sendo difíceis de apreender. Se não for assim, se o MP puder ser privado do tempo razoavelmente necessário para preparar a sua intervenção, a comunidade, que ele representa, ficará prejudicada, impedida de sustentar em julgamento a imputação original.

§ **13** O juiz não pode substituir o magistrado do MP faltoso por exercício do direito à greve (art. 535.º CT e art. 4.º/1/*m* LTFP). Por um lado, porque não lhe compete proceder à substituição daquele magistrado: só a hierarquia o poderá fazer (art. 81.º/1 EMP; art. 86.º/4 LOSJ). Por outro lado, porque isso frustraria os objetivos da própria greve [ac. RP 15.01.1986 (António Teixeira do Carmo), RMP, 1985, p. 95]: sem prejuízo do cumprimento dos serviços mínimos (art. 397.º LTFP), os faltosos não podem ser substituídos por outros magistrados.

III –Falta do defensor

§ 14 A assistência de um defensor é um direito fundamental do arguido (art. 32.º/3 CRP), constituindo um dos requisitos fundamentais do processo equitativo [Poitrimol v. França, n.º 14032/88, § 34, de 23.11.1993; ver, todavia, Ibrahim e outros v. Reino Unido n.ºs 50541/08, 50571/08, 50573/08 e 40351/09, §§ 235, 250, 251, 257, 260, 263, 265 e 274, de 16.09.2998 e Beuze v. Bélgica (GC), n.º 71409/10, § 140, de 9.11.2018; para esta jurisprudência, cfr. Paulo Dá Mesquita, 2019, p. 1102]. «E nalgumas hipóteses essa assistência é, por imposição constitucional expressa, necessária ou obrigatória. E é-o porque ela é considerada essencial para a realização dos próprios fins do processo criminal: essencial, de facto, para servir os direitos do acusado e, assim, melhor contribuir para a realização da justiça e do direito. E tão essencial que, em tais casos, se o arguido não constituir advogado que o defenda, será o próprio juiz quem terá de suprir a sua passividade, nomeando-lhe um defensor oficioso (ac. TC 49/86). Por isso mesmo, a falta do defensor é outro motivo para questionar a validade do julgamento (art. 119.º/*c*): ele poderá ser sempre anulado até ao trânsito em julgado. A um jurista qualificado (MP) deverá opor-se outro jurista qualificado (defensor), de modo a garantir a igualdade de armas e um efetivo contraditório (Eduardo Maia Costa, 1992, p. 86; *supra*, § 34 e ss. da anotação ao art. 119.º), imprescindíveis à justiça do procedimento e à própria fiabilidade do resultado final.

§ 15 Mesmo assim, a falta do defensor constituído ou nomeado não implica necessariamente o adiamento da audiência, podendo aquele ser substituído, exceto «quando a substituição imediata não se revele possível ou seja inconveniente para o adequado exercício da defesa ou para o interesse do processo, admitindo a lei excecionalmente, nessas circunstâncias, a interrupção ou, quando se revele absolutamente necessário, o adiamento da audiência» [ac. RG, 11.05.2015 (Teresa Baltazar)]. Será o caso, por exemplo, de audiências sem qualquer produção de prova e, logo, sem grandes exigências ao nível do contraditório. Substituir o defensor dificilmente comprimirá, nestes casos, os inalienáveis direitos de defesa.

§ 16 A substituição do defensor por outro advogado ou por advogado estagiário pressupõe a concessão do tempo razoavelmente indispensável para a preparação da defesa (Daud v. Portugal. n.ºs11/1997 e 795/1997, § 39, de 21.4.1998; Bougumil v. Portugal, n.º 35228/03, §§ 47 e ss., de 7.10.2008). Sem conhecimento do processo, não há defesa: ela deverá ser efetiva, não se bastando com o mero poder formal de intervir em julgamento. Embora o juiz deva ser imparcial e o MP agir com objetividade, é necessário a presença de alguém que possa atuar exclusivamente em benefício do arguido, por forma a garantir que durante a audiência são esgotadas todas as possibilidades de produção e de valoração de prova, assim, procurando evitar, tanto quanto isso seja possível, a ocorrência de erros judiciários prejudiciais ao arguido (e, mesmo, à própria comunidade).

§ 17 O defensor faltoso só poderá ser substituído por outro advogado ou por advogado estagiário, sendo hoje inadmissível, ao contrário da versão inicial do Código, a sua substituição por uma pessoa idónea. Se nenhum daqueles puder assegurar a defesa, a audiência deverá ser adiada. A defesa do arguido é demasiado importante para que possa ser confiada a uma qualquer pessoa ainda que idónea e bem intencionada. Na fórmula de Jorge de Figueiredo Dias: essa solução «só serve para revestir de farisaica capa de juridicidade uma situação que pode surgir em concreto como enormemente injusta e lesiva dos mais elementares direitos de defesa do arguido». Tanto mais que o legislador nem sequer concretizou o conceito de idoneidade (moral, intelectual, social, jurídica) ou para quem deve o defensor nomeado ser idóneo: para o juiz, para o MP, para o arguido? (1974, p. 480).

§ 18 A realização da audiência com um defensor *ad hoc*, em vez do defensor constituído ou nomeado, que faltou por não ter sido devidamente notificado, constitui, igualmente, causa de invalidade insanável [art. 119.º/*c*; *supra,* § 42 da respetiva anotação; ac. RC, 6.11.2013 (Heitor Vasques Osório); em sentido contrário, defendendo que o ato só será nulo em caso de ausência absoluta de defensor, RL, 2.10.2007 (Emídio Santos)]. Se o defensor não foi notificado, em bom rigor, nem sequer se poderá falar em falta: não existe a obrigação de comparecer a um ato cuja realização é desconhecida.

§ 19 Tal como acontece hoje no processo civil [art. 603.º/3; ac. RE, 23.10.2003 (Gaito Das Neves)], o advogado, constituído ou nomeado faltoso, deverá justificar a sua falta. O regime consagrado no DL 330/91, 5.9 («a falta de advogado a um ato judicial não carece de ser justificada nem pode dar lugar à sua condenação em custas») nunca foi aqui aplicável [Vinício Ribeiro, 2011,

p. 923; ac. RC, 24.11.1993 (José Augusto Maio Macário), CJ, 1993, 5, p. 60]. No caso análogo do representante do assistente, o próprio Código refere as consequências da falta injustificada, em caso de procedimento dependente de acusação particular (n.º 2, segunda parte), impondo, assim, a necessidade de justificar a ausência. Se aquela solução fosse aqui aplicável, este mecanismo nunca funcionaria.

IV – Falta do representante do assistente

§ **20** A falta do representante do assistente não tem sempre as mesmas consequências: tratando-se de crime público ou semipúblico, a audiência prossegue, sendo o faltoso admitido a intervir logo que compareça (n.º 2, 1.ª parte); tratando-se de crime particular, a audiência é adiada uma só vez; a falta não justificada ou a segunda falta valem como desistência da acusação [RG, 8.05.2017 (Fátima Bernardes)], salvo se houver oposição do arguido. As razões destas diferenças radicam da posição processual do assistente. No primeiro caso, ele apenas é um mero colaborador do MP, subordinado à sua atuação (José Damião da Cunha, 1995, p. 155; *supra,* §§ 1 e ss. da anotação ao art. 284.º), sendo a sua presença, portanto, dispensável em benefício da celeridade processual (a sua intervenção não é essencial); no segundo caso, ele delimita o objeto do processo e promove-o para julgamento (§§ 1 e ss. da anotação ao art. 285.º), sendo a sua presença aí indispensável. Sem ele, o processo não pode prosseguir.

§ **21** O arquivamento (total ou parcial) do processo, por desistência da acusação (salvo se houver oposição do arguido) ainda que o assistente esteja presente, faltando apenas, sem justificação ou pela segunda vez, o seu representante, não viola o princípio do acesso ao direito e aos tribunais nem é inconstitucional [ac. RP, 4.07.2012 (Vasco Freitas); ac. RG, 8.05.2017 (Fátima Bernardes); em sentido contrário, Paulo Pinto de Albuquerque, 2007, p. 813]. O direito do assistente ao acesso ao direito e aos tribunais (art. 20.º/1 CRP) e a intervir no processo penal (art. 32.º/7) deverá ser compatibilizado com outros interesses, *maxime* com o direito a um processo célere (art. 32.º/2). Estando em causa uma falta injustificada ou uma segunda falta, podendo ser ainda invocado o justo impedimento [RC, 24.11.1999 (Barreto do Carmo)], esta solução processual não restringe de forma desproporcionada aquele direito. O representante do assistente também tem deveres, nomeadamente o de comparecer, podendo, quando devidamente notificado, a sua violação determinar consequências processuais nefastas.

§ 22 Embora a realização da audiência, em caso de crime particular, apesar da ausência do representante do assistente devesse, à semelhança de outros sujeitos processuais, determinar a invalidade insanável (art. 119.º/b/*c*), a verdade é que, por força do princípio da taxatividade das nulidades processuais penais (*supra*, §§ 7 e ss. da anotação ao art. 118.º), a anulação dos efeitos precários que tal ato eventualmente tenha produzido só poderá ser conseguida mediante o mecanismo processual penal da irregularidade (art. 123.º; para a falta do próprio assistente, *supra*, §§ 13 e ss. da anotação ao art. 120). Solução processual incoerente (e que deverá ser reconsiderada) na medida em que a usurpação dos poderes adjetivos do assistente não é menos grave do que a usurpação dos poderes dos restantes sujeitos processuais.

§ 23 Ainda que a falta do representante do assistente seja provocada por ausência ou por vício na notificação, a audiência será apenas irregular (art. 123). A nulidade prevista no art. 120.º/2/*b* (sobre ela, cfr. *supra*, §§ 13 e ss. da respetiva anotação) reporta-se só à falta do assistente, não incluindo (como acontece noutros casos: art. 119.º/*c*) a falta do seu representante e, atento o princípio da taxatividade das nulidades, não pode ser aqui aplicada por analogia (João Conde Correia, 1999, p. 152; Paulo Pinto de Albuquerque, 2007, p. 305 e p. 309; mesmo assim, defendendo a sua aplicabilidade, idem, p. 814). Daí que, não estando expressamente prevista na lei [uma coisa é a falta do assistente (art. 331.º/1) ou coisa é a falta do seu representante (art. 330.º/2)], o ato seja apenas irregular, devendo o vício ser arguido nos três dias seguintes à notificação para qualquer termo no processo ou à intervenção em ato nele praticado (art. 123.º/1).

V – Falta das partes civis

§ 24 A falta do representante das partes civis não dá origem ao adiamento da audiência, iniciando-se ou prosseguindo a mesma como previsto, sendo o faltoso admitido a intervir logo que compareça. Apesar do princípio da adesão (art. 71.º), o processo penal tem alguma prioridade, de tal forma que o tribunal oficiosamente ou a requerimento remete as partes para os tribunais civis, quando as questões suscitadas pelos PIC forem susceptíveis de gerar incidentes que retardem intoleravelmente o processo penal (art. 82.º/3). O representante das partes civis tem o dever processual de comparecer, não podendo exercer os seus poderes adjetivos se não o fizer.

§ 25 A realização da audiência, não obstante a falta do representante das partes civis por ausência ou por vício na notificação (*supra,* § 15 da anotação ao art. 120.º) constitui, igualmente, à semelhança da falta do representante do assistente (*supra,* § 23), uma mera irregularidade (contra, defendendo que se aplica o disposto no art. 120.º/2/*b,* PAULO PINTO DE ALBUQUERQUE, 2007, p. 814): o legislador apenas previu as consequências da falta das partes civis (arts. 120.º/2/*b* e 331.º/1), sendo a falta do respetivo representante (art. 330.º/2), ainda que motivada por falta ou vício na notificação, relegada para o domínio das meras irregularidades processuais (art. 123.º). De modo que o vício deverá ser arguido nos curtos prazos disponíveis para o efeito.

VI – Processos especiais

§ 26 Apesar das suas especificidades, estas regras aplicam-se ao processo sumário (arts. 381.º e ss.) e ao processo abreviado (arts. 391.º-A e ss.; no processo sumaríssimo, não há julgamento). Também aí será impensável um julgamento sem MP ou sem defensor, devendo o juiz, se possível, providenciar pela sua imediata substituição. Já a falta do representante do assistente ou das partes civis, eventualmente constituídas como tal, antes do início da audiência, apesar do disposto no art. 388.º (*infra,* § 7 da respetiva anotação), não dá lugar ao seu adiamento, prosseguindo a mesma, sem a intervenção daqueles. Por fim, uma vez que o processamento de crimes dependentes de acusação particular é pouco compatível com a celeridade do processos sumário (*infra,* § 18 da anotação ao art. 381.º e § 17 da anotação ao art. 389.º), dificilmente se poderá configurar ali uma situação de adiamento da audiência por falta do representante do assistente já devidamente constituído como tal: será necessário que tenha sido admitido a intervir como assistente e que tenha deduzido acusação particular, por factos em concurso com aqueles que determinaram a detenção, ainda antes da audiência de discussão e julgamento.

JOÃO CONDE CORREIA

Artigo 331.º
Falta do assistente, de testemunhas, peritos, consultores técnicos ou das partes civis

1 – Sem prejuízo do disposto no artigo 116.º, a falta do assistente, de testemunhas, peritos ou consultores técnicos ou das partes civis não dá lugar ao adiamento da audiência. O assistente e as partes civis são, nesse caso, representados para todos os efeitos legais pelos respetivos advogados constituídos.

2 – Se o presidente, oficiosamente ou a requerimento, decidir, por despacho, que a presença de alguma das pessoas mencionadas no número anterior é indispensável à boa decisão da causa e não for previsível a obtenção do seu comparecimento com a simples interrupção da audiência, são inquiridas as testemunhas e ouvidos o assistente, os peritos ou consultores técnicos ou as partes civis presentes, mesmo que tal implique a alteração da ordem de produção de prova referida no artigo 341.º

3 – Por falta das pessoas mencionadas no n.º 1 não pode haver mais de um adiamento.

Origem do texto: corresponde à redação originária, aprovada pelo DL 78/87, com as alterações introduzidas pelo DL n.º 320-C/2000, de 15.12 e pela Lei n.º 48/2007, de 29.08 (na versão da Ret. n.º 100-A/2007, de 26.10). O primeiro introduziu no n.º 2 a possibilidade de alterar a ordem da produção de prova mediante documentação dos depoimentos dos presentes e revogou, tacitamente, o n.º 4 (que foi, depois, retirado pela Declaração de Retificação n.º 100-A/2007); a segunda articulou o n.º 2 com a nova redação do art. 362.º, que determina a documentação das declarações prestadas em audiência.

Sumário do comentário:

I – Generalidades (§§ 1 a 9)
II – Falta do assistente (§§ 10 a 13)
III – Falta de testemunhas, peritos ou consultores técnicos (§§ 14 a 17)
IV – Falta das partes civis (§§ 18 a 22)
V – Processos especiais (§ 23)

I – Generalidades

§ 1 À semelhança do art. anterior, esta norma (inspirada nos arts. 420.º a 422.º CPP/29) integra um conjunto heterogéneo de regras processuais destinadas a garantir condições para a realização de um julgamento célere e suscetível de gerar uma decisão justa e fiável (Nuno Brandão, 2016, p. 108/9). O juiz não goza aqui de uma discricionariedade absoluta, regulando a lei os efeitos adjetivos da falta do assistente, das testemunhas, dos peritos ou dos consultores técnicos ou das partes civis. Em causa está a concordância prática entre a celeridade processual e o cabal esclarecimento dos factos submetidos a julgamento, que, geralmente, só a presença de todos permite. Na fórmula do STJ, «o juiz que preside à audiência tem de proceder a um duplo julgamento: determinar se, com os elementos já trazidos aos autos, se configura como indispensável para a boa decisão da causa a presença de alguma das pessoas indicadas oportunamente para serem ouvidas, e determinar se tal presença pode ou não ser conseguida dentro dos prazos previstos na lei para as interrupções da audiência» [ac. 21.04.1993 (Sá Nogueira), BMJ, 1993, 426, p. 230].

§ 2 O elenco dos faltosos não contempla o terceiro titular dos instrumentos, produtos ou vantagens suscetíveis de serem declarados perdidos (art. 347.º-A ou, na legislação extravagante, art. 36.º-A RJTCE; o mesmo acontece, como já vimos, com o seu representante e com o mero beneficiário, *supra,* § 3 da anotação ao art. precedente). As disposições materiais que permitem a perda de bens de terceiros (v.g. art. 111.º CP) não foram acompanhadas de um completo regime adjetivo: o legislador limitou-se a prever as suas declarações em audiência, mas não a consequência da sua falta, quando devidamente notificado, dessa forma, contrariando as obrigações internacionais. Na verdade, «uma regulamentação nacional que permite a declaração de perda, no âmbito de um processo penal, de um bem pertencente a uma pessoa diferente da que praticou a infração penal, sem que a primeira pessoa disponha de uma via de recurso efetiva» ou seja, de acesso direto à justiça, é incompatível com o direito da União [TJUE 13.01.2021, C-393/19 (Okrazhna prokuratura – Haskovo, Apelativna prokuratura – Plovdiv); no mesmo sentido, no TEDH, por exemplo, Silickienė c. Lituânia, n.º 20496/02, § 50, de 10.04.2012; Ünsped Paket Servisi SaN. Ve TiC. A. Ş. c. Bulgária, n.º 3503/08, § 38, de 13.10.2015 ou Telvis e Viziteu c. Roménia, n.º 47911/15, §§ 52 e ss., de 16.06.2018, na jurisprudência nacional, ac. RP, 11.04.2019 (Fernanda Almeida); para outras decisões, Ana Maria Maugeri, 2017, pp. 22 e ss. ou, Hélio Rigor Rodrigues, 2018, pp. 70 e ss.]. À possibilidade de prestar declarações em audiência de discussão e julgamento (art. 347.º-A), o legislador devia ter juntado as consequências processuais da sua falta injustificada: uma coisa pressupõe a outra (para a falta de um verdadeiro estatuto do terceiro, José Manuel Saporiti Machado da Cruz Bucho, 2018, pp. 235 e ss.; João Cura Mariano, 2018, pp. 174 e ss.; Mário Ferreira Monte, 2022, pp. 447 e ss.).

§ 3 A falta destes participantes processuais (assistente, testemunhas, peritos, consultores técnicos, partes civis) não é tão grave com a falta do MP, do defensor ou do representante do assistente ou das partes civis, regulada na norma anterior. Uma coisa será a falta do MP ou do defensor ou mesmo, em certos casos (crimes particulares), do próprio representante do assistente; outra coisa, bem diferente, a ausência do assistente, de testemunhas, de peritos ou de consultores técnicos ou das partes civis. Sem aqueles, a realização do julgamento é inconcebível; sem estes, ele pode realizar-se, sendo interrompido se as declarações daqueles forem consideradas indispensáveis para a boa decisão da causa. A falta do assistente, de testemunhas, peritos ou consultores técnicos ou das partes civis também não se confunde com a falta do próprio arguido, regulada nos arts. seguintes ou, mesmo, com a falta do próprio juiz (*supra,* § 4 da anotação ao art. 330.º).

§ **4** Por força do princípio da concentração e da continuidade da audiência (Mmpdjp, 2009, p. 819), corolários lógicos da oralidade e da imediação (Jorge de Figueiredo Dias, 1974, p. 184; Maria João Antunes, 2016, p. 182; Nuno Brandão, 2016, p. 109), a falta do assistente, de testemunhas, peritos ou consultores técnicos ou das partes civis não dá lugar ao adiamento da audiência. Ela deverá ser unitária, continuada e realizada no menor espaço de tempo que permita uma apreciação de todo o material probatório (João Castro e Sousa, 1985, p. 274; Costa Pimenta, 1989, pp. 194/5 no processo civil, Antunes Varela/J. Miguel Beleza/Sampaio e Novoa, 1985, p. 659). A mera ausência daqueles não justifica, portanto, o adiamento da audiência, que deverá realizar-se, ainda que isso implique a alteração da ordem de produção de prova.

§ **5** A alteração à ordem de produção de prova não poderá, todavia, colidir com os direitos de defesa do arguido, *maxime* do contraditório ou da presunção de inocência: embora a inquirição das testemunhas de defesa, antes de toda a prova da acusação, não constitua impedimento a que a defesa venha, depois, a produzir prova suplementar ou a renovar meios de prova [ac. RP, 11.04.2007 (Airisa Caldinho)], a verdade é que essas alterações não podem postergar completamente os direitos de defesa (neste sentido parece apontar: Mmpdjp, 2009, p. 821). Em casos extremos (falta toda a prova da acusação), a alteração da ordem de produção de prova poderá não ser viável.

§ **6** Apesar da letra da Lei (n.º 3), conjugando esta norma com o art. anterior, estando em causa diversos participantes processuais e sendo a sua ausência imputável a causas diversas (falta ou irregularidade na notificação, motivo justificado), a audiência poderá ser adiada, mais do que uma vez, a fim de, por exemplo, fazer comparecer uma testemunha faltosa, cujo depoimento reputa imprescindível para a descoberta da verdade [nestes termos, Paulo Pinto de Albuquerque, 2007, p. 815; Mmpdjp, 2009, p. 820; na jurisprudência ac STJ, 23.04.1999 (Mariano Pereira), CJASTJ, 1999, 1, p. 258; contra Oliveira Mendes, 2016, p. 1028]. O mesmo deverá valer para o assistente, os peritos, os consultores técnicos ou as partes civis. Como já vimos, a concentração da audiência deverá articular-se com a descoberta da verdade. A limitação do n.º 3 só preclude outros adiamentos provocados pela ausência das pessoas referidas neste art.: um adiamento provocado pela falta do MP ou do defensor não impede outro adiamento por falta do assistente, das testemunhas, dos peritos ou consultores técnicos ou das partes civis.

§ 7 O caráter indispensável do faltoso deverá ser (*ex oficio* ou a pedido) decidido pelo presidente tendo em conta a prova já produzida ou pré-constituída (*v.g.* documentos, declarações para memória futura, interceções telefónicas transcritas). Não está em causa uma simples avaliação abstrata, uma regra geral e uniforme válida para todos os processos, mas uma avaliação concreta, que tenha em conta aquilo que já foi produzido ou examinado e aquilo que hipoteticamente ainda falta produzir. O depoimento, assim avaliado, deverá ser indispensável: a mera utilidade (arts. 146.º/1; 353/2), necessidade (arts. 131.º/2; 147.º/1), conveniência (art. 145.º/1) ou o grande interesse do mesmo para a descoberta da verdade (art. 179.º/1/ são insuficientes. O legislador exige que sem aquela inquirição a boa decisão da causa seja impossível.

§ 8 Mais do que o caráter justificado ou injustificado da ausência, aquilo que determina a eventual interrupção (ou mesmo o adiamento) da audiência é, assim, o caráter indispensável do interveniente(s) faltoso(s). Daí que, se o seu testemunho não for indispensável para a boa decisão da causa (situação, porventura, cada vez mais frequente num mundo cada vez mais digital), a audiência poderá realizar-se, ainda que a falta seja justificada (Paulo Pinto de Albuquerque, 2007, p. 814; Oliveira Mendes, 2016, p. 1028) ou o ausente nem sequer tenha sido regularmente notificado. Se o depoimento é dispensável ou supérfluo, não há nanhuma razão para não concluir a audiência de discussão e julgamento e proferir logo a respetiva decisão.

§ 9 O poder de determinar oficiosamente o adiamento da audiência para inquirição de faltoso que se reputa indispensável à boa decisão da causa ainda reflete o poder do juiz investigar o facto sujeito a julgamento, independentemente dos contributos da acusação e da defesa, construindo autonomamente as bases da sua decisão (Jorge de Figueiredo Dias, 1988-9, pp. 129/30; Maria João Antunes, 2016, p. 164). Ainda que a defesa prescinda de determinado depoimento, o juiz conserva sempre o poder/dever de determinar a sua inquirição oficiosa por considerar que o seu conteúdo é imprescindível para a descoberta da verdade. O «*laissez faire probatorio*» não se pode transformar numa espécie de «*laissez passer corrosivo dei diritti dell'imputato*» (ROSITA DEL COCO, 2004, p. 224). O mesmo vale também para as provas arroladas pelo MP (art. 340.º/1). Em ambos os casos, no legítimo exercício dos seus poderes de direção do processo, a derradeira palavra deverá ser do juiz

II – Falta do assistente

§ 10 A falta do assistente (isto é: o titular dos interesses que a lei especialmente quis proteger com a incriminação ou a pessoa ou entidade a quem leis especiais conferiram esse direito – art. 68.º), devidamente notificado, não determina o adiamento da audiência, sendo ele representado, para todos os efeitos legais, pelo respetivo advogado constituído. Mesmo assim, tal como no caso das partes civis (*infra*, § 18), se as suas declarações forem julgadas indispensáveis à boa decisão da causa e não for possível obter a sua comparência em tempo útil, depois de inquiridos os presentes, ainda que isso implique a alteração da ordem de produção de prova, será designada uma nova data para a sua inquirição (art. 328.º/3/*a*). Ao contrário da generalidade dos atos processuais penais que o assistente deva praticar (*v.g.* deduzir acusação particular, interpor recurso), o seu depoimento (arts. 145.º e 346.º) é um ato pessoal que jamais poderá ser feito por intermédio do seu representante (art. 138.º/1 e 145.º/3).

§ 11 Segundo o elemento gramatical, o assistente faltoso será representado pelo advogado constituído, isto é, pelo advogado a quem aquele tenha conferido mandato judicial (art. 35.º CPC). De todo o modo, apesar da letra da lei, também os advogados nomeados ao abrigo do apoio judiciário (arts. 16.º/1/*b* e 44.º/2 LADT) devem representar o assistente faltoso no caso de estes estarem ausentes. Não há nenhuma razão para discriminar esta situação, tratando de forma desigual aquilo que é materialmente igual. A nomeação ao abrigo do apoio judiciário confere os mesmos poderes processuais. Tanto mais que, exceto nos atos de carater pessoal (*v.g.* art. 145.º), os assistentes são sempre representados por advogado (art. 70.º/1), não divergindo essa representação conforme o advogado tenha sido constituído ou nomeado.

§ 12 A realização da audiência, apesar da falta do assistente provocada por ausência ou por vicio na sua notificação (*supra*, § 15 da anotação ao art. 120.º), consubstancia uma causa de invalidade (art. 120.º/2/*b;* na doutrina, PAULO PINTO DE ALBUQUERQUE, 2007, p. 814). O assistente não pode ser responsabilizado por um lapso do tribunal, que o esqueceu ou que não o notificou regularmente. O caráter (in)dispensável do seu depoimento é aqui, de todo, irrelevante. Enquanto sujeito processual, ele tem o direito de estar presente. De todo o modo, o vício poderá ser sempre sanado, se, apesar da falta de notificação, aquele comparecer (salvo se o fizer para arguir a respetiva nulidade) ou se renunciar a comparecer ao ato (art. 121.º/2 e 3; *supra,* § 13 da anotação ao art. 120.º). Não há, assim, paralelismo entre as consequências adjetivas da falta do assistente e as consequências adjetivas da falta dos demais sujeitos processuais (*supra,* § 38 da anotação ao art. 119.º).

§ 13 Já se, apesar de estar devidamente notificado, o assistente faltar, a audiência só será adiada, para continuação em data posterior, se, insistimos (*supra,* § 10), o depoimento daquele for julgado imprescindível para a boa decisão da causa. Se for esse o caso, a sua conclusão, sem a inquirição do faltoso, integra uma causa de invalidade sanável (art. 120.º/2/*d*), por omissão de uma diligência essencial para a descoberta da verdade (*supra,* §§ 24 e ss. da anotação ao art. 120.º). A verdade material deverá prevalecer sobre outros valores [ac. RG, 31.01.2005 (António Eleutério)] *maxime* a celeridade processual.

III – Falta de testemunhas, peritos ou consultores técnicos

§ 14 As testemunhas (arts. 128 e ss.), os peritos (art. 153.º) e os consultores técnicos (art. 155.º) constituem, ainda hoje, geralmente, importantes meios de prova pessoal, cuja comparência física em julgamento pode ser (ou não) indispensável para a descoberta da verdade (arts. 348.º, 349.º e 350.º). Quando isso acontecer, à semelhança do processo civil (arts. 367.º/2; 508.º/2/3/*b*) depois de inquiridos ou ouvidos os presentes, ainda que para o efeito seja necessário alterar a ordem de produção de prova, será designada nova data da continuação da audiência. Dessa forma, conjugam-se os interesses da celeridade e concentração da audiência com a descoberta da verdade.

§ 15 A não inquirição das testemunhas, dos peritos ou dos consultores técnicos ausentes, imprescindíveis para a descoberta da verdade constitui causa de invalidade sanável (art. 120.º/2/*d*): a decisão poderá ser anulada por omissão de uma diligência essencial à descoberta da verdade [*supra,* §§ 24 e 25 da anotação ao art. 120.º; na jurisprudência, ac STJ, 23.04.1999 (Mariano Pereira), CJASTJ, 1999, 1, p. 258; ac. RG, 31.01.2005 (António Eleutério)]. Apesar da desejável celeridade e concentração da audiência, deverá ser feito tudo aquilo que seja indispensável para a boa decisão da causa, não podendo a justiça resignar apenas porque alguém faltou. A «celeridade processual não pode ser sinónimo de não fazer justiça» (Anabela Miranda Rodrigues, 1998, p. 242).

§ **16** O adiamento da audiência, apesar da previsível irrelevância do depoimento do faltoso, é, do ponto de vista processual, irrelevante. Ainda que essa provável irrelevância se venha depois a confirmar (aquilo que parece dispensável pode, afinal, vir a revelar-se decisivo e *vice-versa,* aquilo que parece indispensável, pode vir a revelar-se insignificante), as eventuais consequências serão, quando muito, de natureza disciplinar, não incidindo sobre a validade do processado. A celeridade (e, logo, a qualidade intrínseca da própria decisão) é prejudicada (a justiça não foi tão rápida quanto devia), mas a sua validade processual não é (insistimos) afetada.

§ **17** Se o sujeito processual que tiver indicado a testemunha, o perito ou o consultor técnico [arts. 283.º/3/*e* e *f*); 284.º/2; 285.º/3; 315.º/3] prescindir da sua inquirição e o tribunal não a considerar necessária para a descoberta da verdade (art. 340.º), o tribunal não deverá condená-la no pagamento de uma soma entre 2 UC e 10 UC (art. 116.º/1). À semelhança do processo civil (art. 603.º/3), constrangê-la a comparecer em julgamento seria um ato inútil e a sua condenação violaria o princípio da proporcionalidade (ac. TC 184/2006). Sendo o depoimento considerado desnecessário, a condenação não se justifica. A falta não provocou qualquer perturbação processual que deva ser sancionada.

IV – Falta das partes civis

§ **18** A falta das partes civis, devidamente notificadas, não determina o adiamento da audiência, sendo elas representadas, para todos os efeitos legais, pelos respetivos advogados constituídos. Ainda assim, à semelhança do que acontece com o assistente (*supra*, § 10), nos casos em que as suas declarações sejam julgadas indispensáveis à boa decisão da causa e não seja possível lograr a sua comparência tempestiva, depois de inquiridos os presentes, mesmo que isso implique a alteração da ordem de produção de prova, deverá ser designada uma nova data para a sua inquirição (art. 328.º/3/*a*). O seu depoimento é um ato pessoal que não poderá jamais, ainda que estes estejam presentes, ser feito por intermédio do seu representante (art. 138.º/1 e 145.º/3).

§ **19** À semelhança do assistente (*supra,* § 11) também as partes civis faltosas são representadas pelo seu mandatário, devidamente constituído ou nomeado. Não há aqui, igualmente, nenhuma razão legal para restringir essa representação processual aos casos de constituição de advogado, tendo ambos os mesmos poderes processuais. O apoio judiciário dá plenas garantias de acesso ao direito e aos tribunais (art. 20.º/1 CRP), não podendo ninguém ser prejudicado por mera insuficiência de meios económicos. Só não será assim, como é óbvio, nos casos em que a parte civil litigue sem advogado constituído ou nomeado (art. 76.º/1). Nessa situação, faltando a própria parte civil, não há ninguém que o possa representar processualmente, abrindo-se um vazio adjetivo.

§ 20 A realização da audiência, não obstante a falta das partes civis por ausência ou por vício na respetiva notificação (*supra,* § 15 da anotação ao art. 120.º) constitui causa de invalidade (Paulo Pinto de Albuquerque, 2007, p. 814), que poderá ser sanada se, ainda assim, aquele comparecer (exceto se o fizer para arguir a respetiva nulidade) ou renunciar a comparecer ao ato (arts. 120.º/2/*b* e 121.º/2 e 3; *supra,* § 13 da anotação ao art. 120.º). À semelhança do assistente, as partes civis não podem ser penalizadas por um simples erro da secretaria ou do próprio juiz, que as omitiu ou que não as notificou devidamente. Neste caso, está em causa o direito de comparecer (ainda uma manifestação paradigmática do próprio direito de acesso ao direito e aos tribunais – art. 20.º/1 CRP) e não um qualquer juízo sobre o caráter imprescindível do seu depoimento.

§ 21 Já se, apesar de estar devidamente notificada, a parte civil faltar, a audiência só será adiada, se o depoimento daquela for julgado imprescindível para a boa decisão da causa e, como tal, a realização do julgamento sem a inquirição da faltosa significar a omissão posterior de diligências essenciais à descoberta da verdade (art. 120.º/2/*d*). À semelhança das testesmunhas, dos peritos ou consultores técnicos ou do próprio assistente, tudo dependerá, assim, da utilidade probatória do respetivo depoimento. Ela é que deverá ditar, ou não, o adiamento da audiência de discussão e julgamento.

§ 22 A boa decisão da causa deve, todavia, restringir-se aqui à boa decisão da causa penal. O direito do arguido a ser julgado no mais curto prazo compatível com as suas garantias de defesa (art. 32.º/2 CRP) deverá prevalecer sobre a decisão do pedido de indemnização civil. Tanto mais que o tribunal sempre poderá remeter as partes para os tribunais civis, quando o pedido de indemnização civil gerar incidentes que retardem intoleravelmente o normal decurso do processo penal (art. 82.º/3).

V – Processos especiais

§ 23 O processo sumário (arts. 381.º e ss.), apesar de ser caraterizado essencialmente pela supressão das fases de inquérito e de instrução (*infra,* § 1, da anotação ao art. 381.º), contempla normas específicas relativas à falta de testemunhas (art. 387.º/3/4/7; *supra,* §§ 36 e ss. da respetiva anotação). A evidência probatória que, em regra, resulta do flagrante delito e a necessidade de celeridade processual justificam esta opção diversificada. O mesmo já não acontece no processo abreviado (arts. 391.º-A e ss.), cujo julgamento, salvo em matéria de alegações, se rege pelas disposições relativas ao julgamento em processo comum (art. 391.º-E/1), obedecendo, assim, a todas estas normas. No processo sumaríssimo (arts. 392.º e ss.) não há julgamento e, portanto, estas regras são inaplicáveis.

João Conde Correia

Artigo 332.º
Presença do arguido

1 – É obrigatória a presença do arguido na audiência, sem prejuízo do disposto nos n.os 1 e 2 do artigo 333.º e nos n.os 1 e 2 do artigo 334.º

2 – O arguido que deva responder perante determinado tribunal, segundo as normas gerais da competência, e estiver preso em comarca diferente pela prática de outro crime, é requisitado à entidade que o tiver à sua ordem.

3 – A requerimento fundamentado do arguido, cabe ao tribunal proporcionar àquele as condições para a sua deslocação.

4 – O arguido que tiver comparecido à audiência não pode afastar-se dela até ao seu termo. O presidente toma as medidas necessárias e adequadas para evitar o afastamento, incluída a detenção durante as interrupções da audiência, se isso parecer indispensável.

5 – Se, não obstante o disposto no número anterior, o arguido se afastar da sala de audiência, pode esta prosseguir até final se o arguido já tiver sido interrogado e o tribunal não considerar indispensável a sua presença, sendo para todos os efeitos representado pelo defensor.

6 – O disposto no número anterior vale correspondentemente para o caso em que o arguido, por dolo ou negligência, se tiver colocado numa situação de incapacidade para continuar a participar na audiência.

7 – Nos casos previstos nos n.os 5 e 6 deste artigo, bem como no n.º 4 do artigo 325.º, voltando o arguido à sala de audiência é, sob pena de nulidade, resumidamente instruído pelo presidente do que se tiver passado na sua ausência.

8 – É correspondentemente aplicável o disposto nos n.os 1 e 2 do artigo 116.º e no artigo 254.º

Origem do texto: corresponde à redação originária aprovada pelo DL 78/87, com as alterações introduzidas pela L 59/98, de 25.08 e DL 320-C/2000, de 15.12. A L 59/98 alterou o n.º 1. Na redação originária constava "É obrigatória a presença do arguido na audiência, sem prejuízo do disposto no artigo 334.º, n.os 1 e 2" . Modificou-se a parte final do n.º 1, onde se exarava "no artigo 334.º, n.os 1 e 2", passou para "nos artigos 333.º, n.º 2, e 334.º, n.os 1, 2 e 3". Para além disso acrescentou-se o n.º 8. Com o DL 320-C/2000 voltou a modificar-se o n.º 1. Passou a aludir-se aos "n.ºs 1 e 2 "do arts. 333.º e 334.º. Por outro lado, acrescentou-se o n.º 8.

Jurisprudência vinculante: ac. STJ/FJ 10/2009, 21.05.2009 (Armindo Monteiro).

Sumário do comentário:

I – Âmbito de previsão e aplicação da norma (§ 1)

II – Presença do arguido em audiência de julgamento. Direito *versus* dever. Regra e exceções (§§ 2 a 9)

III – A relevância da vontade em estar presente/não presente em audiência de julgamento. Casos em que o Tribunal deve diligenciar pela deslocação. As situações de arguido aprisionado (§§ 10 a 20)

IV – Dever de não afastamento da sala de audiências (§§ 21 a 34)

V – Instrumentos coercivos (§ 35)

VI – Menores, pessoas vulneráveis, sem capacidade processual e pessoas coletivas ou entidades equiparadas (§§ 36 a 38).

VII – Consequências do incumprimento (§ 39)

I – Âmbito de previsão e aplicação da norma

§ 1 Este artigo disciplina, cf. resulta da sua epígrafe, sobre a presença do arguido em audiência de julgamento. Está em causa, como emana da literalidade da norma e emerge do conteúdo normativo, uma presença física em audiência e não virtual. Ou seja, tudo que se reporte a situações em que o arguido não está fisicamente na sala de audiência é perspetivado como ausência. É da ausência física que se trata. Daí que declarações à distância por via de equipamento tecnológico apenas serão tolerados se for legítima essa ausência. Deverá ter respaldo legal. Ou, pelo menos, revelar-se a compressão do direito da presença física proporcional, adequada, necessária e não excessiva. Sem prejuízo de que, com a evolução tecnológica, em que existirá cada vez mais uma aproximação de uma presença física a uma presença tecnológica, que tornam cada vez mais realista tais formas de comunicação (hologramas, óculos de realidade virtual, transmissões dimensionais – 3 e 4 D e outras tecnologias neste domínio), não se deverá arredar, num futuro próximo uma equiparação. Aliás, vamos mais longe. Mais tarde ou mais cedo assim sucederá.

II – Presença do arguido em audiência de julgamento. Direito *versus* dever. Regra e exceções.

§ 2 O n.º 1 contém a regra geral nesta matéria. É obrigatória a presença do arguido na audiência de julgamento. Encerra, em si, um direito e um dever. Por um lado, estamos perante uma garantia de defesa do arguido, com respaldo no art. 32.º/1 CRP e, também, art. 20.º, enquanto direito de acesso à justiça e tribunais e salvaguarda do processo equitativo. A presença física é encarada como um ponto estrutural no exercício do contraditório do arguido. Não só para permitir prestar declarações *perante* o Tribunal, mas para ver, ouvir, sentir, percecionar, avaliar tudo que se passa em audiência (o que lhe permitirá o exercício efetivo dos seus direitos, ir retirando notas, conferenciar com o seu advogado, etc). Tratando-se do julgamento o capítulo essencial do processo, onde se decide da condenação e absolvição, é crucial que o arguido tenha o direito de assistir à produção de prova, argumentação, vicissitudes que ali se desenrolam, para que possa intervir sempre que o entenda necessário (pelo que, esta dimensão do direito à presença será colocado em causa se, por exemplo, as condições de acústica não permitem ao arguido perceber o que as testemunhas dizem; o mesmo sucede quando o arguido, por razões de segurança, é colocado em cabines de vidro, impeditivas da perceção do desenrolar do julgamento – para além das outras questões que se podem colocar sobre o uso destas cabines e que prendem com a tutela da dignidade do arguido). Como complemento deste direito de presença temos todo o manancial de direitos que permitem intervenções do arguido: exposições, memoriais, requerimentos, prestar declarações, etc. A presença física enquanto tutela do exercício efetivo do direito de defesa consiste, no fundo, na potencial aptidão de tal permitir uma melhor possibilidade de influenciar positivamente a posição processual do arguido, não apenas no que se reporta à condenação/absolvição, mas, também, no que concerne às consequências jurídicas, nomeadamente, carreando elementos, *pessoalmente*, para a escolha e medida da pena. Já o dissemos, contudo, que quanto mais realista for a intervenção do arguido à distância por meios tecnológicos, mais se abrirá a possibilidade de o direito à presença física em audiência ser equiparada a uma presença por meio de sistema informático.

§ 3 A presença do arguido em audiência enquanto corolário do seu direito de defesa encontra-se, aliás, expressamente plasmado no art. 61.º/1/a, segundo o qual o arguido goza, em especial, em qualquer fase do processo e salvas as exceções da lei, do direito de estar presente aos atos processuais que diretamente lhe disserem respeito. Direito à presença que melhor habilitará o exercício dos direitos referidos nas als. b) e g) do mesmo artigo, ou seja, ser ouvido pelo tribunal sempre que ele deva tomar qualquer decisão que pessoalmente o afete, oferecer provas e requerer as diligências que se lhe afigurarem necessárias. Para outros desenvolvimentos sobre o direito à audiência, v. Figueiredo Dias/Nuno Brandão, pp. 27 a 35, e anotação ao art. 61.º, Tomo I. O direito a estar presente em audiência de julgamento também emerge do direito a um processo equitativo plasmado no art. 6.º/1 CEDH [enquanto direito à participação efetiva no julgamento criminal, incluindo não apenas uma presença física, mas igualmente a possibilidade de acompanhar – ver e ouvir – o desenrolar da audiência, *Stanford v. the United Kingdom*, § 26; direito à presença que também emana do art. 6.º/3, als. c), d) e e) CEDH, já que se tratam de direitos que pressupõem uma comparência na audiência de julgamento], e está expressamente previsto no art. 14.º/3/d PIDCP e, também, no art. 8.º/1 Dir. (UE) 2016/343, de 9.03.2016 [relativa ao reforço de certos aspetos da presunção de inocência e do direito de comparecer em julgamento em processo penal].

§ **4** Sob outro prisma a obrigatoriedade de comparência corresponde a um dever processual. O arguido tem o dever de comparecer fisicamente na audiência de julgamento, sob pena de incorrer em sanções processuais – *v.g.* multa ao abrigo do art. 116.º – e ser compelido coercivamente a comparecer – *v.g.* com emissão de mandado de detenção cf. arts. 116.º e 254.º (aliás, refere-o expressamente o n.º 8 e decorre do art. 61.º/6/a). Esta imposição de comparência presencial – tal como sucede com outros intervenientes processuais – resulta do facto de se perspetivar a presença do arguido em audiência como essencial para lograr o desiderato do processo penal. Não só para tutela dos seus direitos fundamentais, nomeadamente, exercício do contraditório. Mas, também, porque é considerado importante para a descoberta da verdade material e ditar a justiça no caso concreto. Para esclarecer factos e apresentar a sua versão dos acontecimentos, indicar prova que, por algum motivo justificável, ainda não tenha sido produzida, ou referida, atempadamente. Como, igualmente, pode relevar ser sujeito a diligências probatórias. Sendo que, no primeiro caso a prestação de declarações sempre dependerá de não exercer o seu direito ao silêncio [sem prejuízo de, não obstante, se poder questionar se o seu comportamento não verbal em audiência por força do princípio da imediação, aquisição probatória, e descoberta da verdade, não poderá ainda relevar, cf. Manuel Soares, 2017, pp. 43 e 44, que indica como exemplo expressões, reações, gestos, sinais, postura do arguido aquando de produção de prova, ou atos de inutilização de prova, ou ações para inviabilizar a produção de uma prova, *v.g.* reconhecimento, referindo que o que está em causa não é "valorar a opção pelo silêncio, mas sim de interpretar declarações não verbais que o arguido voluntariamente fez"]. E a segunda situação deverá interligar-se com o princípio do *nemo tenetur se ipsum accusare*, temática essa desenvolvida no tomo II, nomeadamente no que concerne às declarações de arguido, reconstituições, reconhecimento, acareação, sujeição a exame e perícias (v. respetivas anotações).

§ **5** De todo modo, o que importa ressaltar, neste momento, é que, independentemente de se descortinar a obrigatoriedade da presença como uma premissa para assegurar o cabal exercício de direito do arguido em audiência, ou como um dever, para descoberta da verdade material, sempre estamos perante um interesse público na administração da justiça penal, portanto, não disponível, mas, sem com isso, significar que seja absoluto. Ou seja, não se trata de uma mera faculdade ao dispor do arguido decidir da sua comparência em audiência e, tanto assim é, que pode ser coercivamente conduzido à mesma. Mas, a lei não vai ao ponto de erigir a presença física como algo de absoluto, e intangível, sem o qual, em caso algum, se poderia realizar o julgamento, admitindo-se situações em que a audiência se pode desenrolar sem a sua presença física. Quer casos de absoluta ausência. Ou em que se admite a intervenção por meios de comunicação à distância.

§ 6 O legislador estatui duas exceções na parte final do n.º 1 para os artigos 333.º e 334.º [e também nas situações previstas nos n.ºs 4 e 5 do art. 325.º]. Situações em que, por via das vicissitudes ali descritas, se considera adequado, proporcional e não excessivo prosseguir com a audiência de julgamento na ausência presencial do arguido. Equilibrando os interesses da justiça, de prosseguimento do processo criminal, e decidir da existência/inexistência de crime, a celeridade processual, as garantias de defesa do arguido, mas, também, sopesando o direito da vítima a que seja punido o agente do crime ou, se quisermos, o direito a que se realize julgamento para aferir se o arguido acusado foi o agressor ou cometeu contra si facto passível de consequência jurídica.

§ 7 Sem prejuízo de melhor desenvolvimento nas anotações aos arts. 333.º e 334.º [v., igualmente, anotação ao art. 325.º], para o qual remetemos, em traços gerais o que importa salientar é o seguinte. A regra é a presença física do arguido no decurso da audiência. Essa presença por vezes é parcial quando, por exemplo, não assiste a partes da audiência, ou falta a determinadas sessões de julgamento. Mas, nessas situações, não se pode falar em julgamento na ausência que corresponde a uma audiência realizada *integralmente* sem a presença física do arguido.

§ 8 Podem aglutinar-se as exceções previstas na lei nas seguintes temáticas: a) o arguido prestou TIR e foi regularmente notificado; b) verificam-se situações impeditivas da presença do arguido em audiência; c) este consente pessoalmente no julgamento na sua ausência. Ao que acrescem todos os casos de desleixo, incúria e desinteresse, não tutelados pela ordem jurídica. Comportamentos que demonstram a pouca, ou nenhuma vontade, em estar presente na audiência. O arguido mostra-se indiferente, desinteressado, alheado, intencionalmente, ou de forma negligente. Ou quando abandona a audiência, adota comportamentos que implicam a sua saída da sala, ou coloca-se em situação que o impede de compreender o que se desenrola no decurso da audiência de julgamento. Casos em que prevalecem os interesses da celeridade processual, administração da justiça penal e interesse da vítima no prosseguimento do processo. Sem se vislumbrar qualquer desproporcionalidade, excesso ou colisão com o processo equitativo.

§ 9 Outros casos há em que, por via da lei, expressa ou implicitamente, se admite que o arguido assista ao julgamento e preste, querendo, declarações à distância [legislação COVID, prevendo, como regra, em consonância com o presente artigo, que as declarações de arguido têm de ser presenciais, cf. art. 6.º-E/2/b L 1-A/2020, de 19.03; no entanto, admite-se o uso de meios de comunicação à distância em caso de arguido maior de 70 anos, imunodeprimidos ou portadores de doença crónica que, de acordo com as orientações da autoridade de saúde, devam ser considerados de risco, cf. art. 6.º-E/5, L 1-A/2020, de 19.03, estatuindo-se que, nestes casos, "não têm obrigatoriedade de se deslocar a um tribunal", embora tenha o direito de comparecer, e deva ser garantida a sua comparência quando preste declarações ou em caso de declarações de coarguido, cf. art. 6-E/8, L 1-A/2020, de 19.03 (de todo modo, o que decorre da L é que sendo salvaguardado o seu direito, naqueles casos o arguido não tem o dever de se deslocar a um tribunal, sendo direito seu intervir pelos referidos meios de comunicação à distância; mas, se pretender deslocar-se o Tribunal tem o dever de garantir essa deslocação, quer providenciando meios de transporte seguros se necessário – *v.g.* arguido que em virtude de pobreza apenas se pode deslocar de transportes públicos, com maiores riscos de contágio –, quer assegurando a segurança no Tribunal, nomeadamente audiência – distanciamento, uso de máscara, desinfecção de mãos, etc); o revogado art. 7.º/7/a L 1-A/2020 era ainda mais amplo sobre a possibilidade de audição de arguido por meios de comunicação à distância – v. no sentido da admissibilidade de videoconferência de arguido a partir do EP, durante a pandemia Covid, à luz deste normativo, ac. STJ, 10.02.2021 (Nuno Gonçalves), mas sempre dependendo de consentimento do arguido, e garantindo sempre a comunicação com o Defensor, ac. STJ, 11.11.2021 (Helena Moniz); quando estiver em EP, existir motivo atendível, for a vontade do arguido e não seja absolutamente indispensável para a descoberta da verdade – v. §§ 18 e 19 – ou por via de mecanismos de cooperação internacional (v.g. arts.145.º/2/d e 3.º LCJ, 10.º Convenção elaborada pelo Conselho em conformidade com o artigo 34° do Tratado da União Europeia, relativa ao auxílio judiciário mútuo em matéria penal entre os Estados-Membros da União Europeia – Jornal Oficial n.º 197, de 12.07.2000, p. 0003 – 0023 –, que prevê a audição de pessoa que se encontre no território de um Estado-Membro e deva ser ouvida, se não for oportuna ou possível a comparência física no seu território, estabelecendo as regras de audição no seu n.º 5, art. 35.º RJDEI], ou em que apenas preste declarações, por exemplo, por videoconferência por motivos atendíveis (*v.g.* está no estrangeiro, para proteção do arguido nos termos da LPT, verificam-se os pressupostos para prestar depoimento no domicílio ou outro lugar onde se encontre, ao abrigo do art. 319.º) ou as mesmas sejam tomadas anteriormente para serem valoradas posteriormente, *destarte* por impossibilidade de o arguido comparecer na audiência (rogatórias, declarações urgentes, no domicílio, cf. arts. 319.º e 320.º). Sobre a valoração de depoimentos por videoconferência, v. LUÍS FILIPE PIRES DE SOUSA, 2021, pp. 21 a 31. Conforme também assinala este Autor (2021, p. 28), o TEDH tem admitido a participação de arguido em julgamento criminal por videoconferência, desde que sirva um interesse legítimo, e não afronte o processo equitativo, o que determina que o arguido tenha possibilidade de acompanhar o julgamento, ser ouvido sem impedimentos técnicos e possa comunicar de forma efetiva e confidencial com o advogado (acs. *Marcelo Viola v. Italy*, de 5.10.2006, *Sakhnovskiy v. Russia*, de 2.11.2010, *Bivolaru v. Romenia*, de 2.10.2018, *Gorbunov and Gorbachev v. Russia*, de 01.03.2016).

III – A relevância da vontade em estar presente/não presente em audiência de julgamento. Casos em que o Tribunal deve diligenciar pela deslocação. As situações de arguido aprisionado.

§ 10 Importa, assim, novamente, ressaltar que a presença física do arguido não é um pressuposto irrenunciável para a validade de um julgamento. O processo equitativo não o impõe como condição insuperável. Caso não seja imprescindível para a descoberta da verdade, a *vontade* do arguido em não estar presente é atendível. Quer o faça expressamente, requerendo a audiência na sua ausência, quer falte à audiência, justifique essa não presença, mas não pretenda, ou esteja impossibilitado de estar presente. Quer o faça implicitamente, quando regularmente notificado, falta e não justifica a sua falta. Ou, simplesmente, não revele qualquer interesse em estar presente, ou tal seja inferido do facto de estar regularmente notificado e não comparecer, não cumprindo as obrigações advenientes do TIR, ou adotando condutas impeditivas da execução da notificação por via daquela medida de coação (aliás, geraria uma desigualdade injustificável premiar o arguido desleixado, indiferente, desobediente, que procura expedientes de fuga à justiça, permitindo que não fosse julgado e condenado, e aquele outro cumpridor, que se apresenta em julgamento, e que é punido; para outros desenvolvimentos v. anotação ao art. 196.º, Tomo III). Ou quando existem factos impeditivos ou condicionadores da possibilidade de estar presente. Como seja doença, ou residência no estrangeiro, sendo que, nesses casos, com a sua anuência, existem mecanismos para acautelar as suas declarações: tomada de declarações no domicílio, rogatórias (v. art. 145.º/3 LCJ), mecanismos de cooperação internacional (*v.g.* DEI na UE), *destarte* declarações por videoconferência.

§ 11 Cabe notar, que a *vontade* do arguido em estar presente fisicamente também é relevante quando não obstante, existem causas que impedem, dificultam ou obstacularizam essa movimentação para o tribunal de julgamento. Ou seja, a regra é de que o arguido tem o direito/dever de estar presente fisicamente em audiência. E que, para tal, deverá diligenciar pelo meio que o permita estar na hora e data agendada para início de julgamento. Nada impedindo que possa participar na audiência, mesmo que chegue depois do seu início, no decurso dos trabalhos, devendo tal vicissitude ser comunicada ao juiz presidente. Sem prejuízo de ter de apresentar motivo justificável para não ser condenado em multa. Ou que apenas venha a comparecer em posteriores sessões de julgamento, ou apenas alguma delas.

§ 12 Mas, podem existir razões atendíveis que condicionem a concretização da vontade do arguido em estar presente em audiência [*v.g.* "impossibilidade de meios financeiros para custear a deslocação ou desproporcionada onerosidade da mesma" ou motivos de segurança, José António Barreiros, 2014, p. 83]. E, se assim for, o tribunal não pode ficar indiferente. A lei impõe no n.º 3 que, a requerimento fundamentado do arguido, cabe ao tribunal proporcionar àquele as condições para a sua deslocação [não densifica a lei o que são essas condições; serão todas aquelas aptas a acautelar a deslocação e presença do arguido em tribunal, *v.g.* o "adiantamento de verba para a deslocação", "o fornecimento de transporte", "as adequadas a garantir a segurança de quem pretende comparecer e encontra risco na materialização dessa intenção", José António Barreiros, 2014, p. 83). A fundamentação do requerimento significa que se deve aduzir os concretos factos que impossibilitem a deslocação. Mas, também, demonstra que se trata da exceção, já que, apenas, em casos residuais caberá ao tribunal o ónus de diligenciar por aquela ida do arguido a tribunal. Sobre esse requerimento recairá um despacho, também devidamente fundamentado (art. 97.º/5), passível de recurso. Apesar da norma mencionar o requerimento do arguido nada obsta a que o tribunal, conhecendo a situação que impossibilite a deslocação, e a vontade do arguido em estar presente, oficiosamente, proporcione as condições para a deslocação. Aliás, deve fazê-lo, por apelo ao processo equitativo e defesa efetiva do arguido, que seria colocado em crise quando este quer estar presente e, por motivos que não lhe são imputáveis, não pode ou não consegue. Facultar as condições serão todas as diligências que permitam concretizar essa deslocação (v.g. situação de pobreza, pedindo às forças policiais o transporte). E, também, não será de afastar que o referido requerimento possa partir de outros sujeitos processuais quanto revelem interesse em agir. Por exemplo, vislumbre-se a situação em que o assistente considera crucial um reconhecimento e revela em tribunal factos que atestam que o arguido apenas não está presente porque não tem condições para ali se deslocar.

§ 13 Já em relação à vontade do arguido em não estar presente, já o exarámos, pode ser expressa ou implícita, ou resultar de circunstâncias que demonstrem que negligencia e é indiferente ao curso do processo criminal. E essa vontade não é completamente livre, já que, coercivamente pode ser compelido a comparecer, se for indispensável para a descoberta da verdade e/ou sancionado com a multa por não se deslocar ao tribunal sem apresentar qualquer justificação.

§ 14 O n.º 2 contém uma norma especial em relação ao arguido preso. Neste conceito deve integrar-se todas as situações em que o arguido está privado da liberdade, encontrando-se à "ordem" de uma entidade: estabelecimento prisional, instalações policiais ou outras que legalmente permitam o aprisionamento. Abrange, pois, os casos de prisão, prisão preventiva e detenção.

§ 15 Pretende-se acautelar que o aprisionamento não seja impeditivo da presença do arguido em tribunal. Esta situação de maior vulnerabilidade deve ser "compensada" com uma maior diligência por parte do tribunal para acautelar essa comparência. Literalmente a norma apenas seria aplicável aos casos em que o arguido estiver "preso em comarca diferente pela prática de outro crime". Mas a mesma *ratio* é convocável quando está preso na mesma comarca e/ou pelo crime pelo qual está a ser julgado. O que, aliás, está em consonância com o art. 114.º/1 (José António Barreiros, 2014, p. 82). Em todas estas situações o tribunal de julgamento deve requisitar a presença do arguido à entidade que o tiver à sua ordem.

§ 16 Nestes casos, aliás, se já tiver preso aquando da notificação para julgamento esta é realizada pessoalmente através da entidade no qual se encontra aprisionado (art. 113.º), não bastando carta simples com prova de depósito por via do TIR. Quer assim seja, ou quando é preso posteriormente, deve a entidade diligenciar pela deslocação após requisição nesse sentido.

§ 17 A norma está perspetivada para uma realidade nacional. Aprisionamento em outros países não é aplicável, sem prejuízo dos mecanismos de cooperação internacional, tendo por fito a entrega em Portugal para ser presente a julgamento.

§ 18 Visa-se tutelar a posição processual do arguido, nomeadamente, direitos de defesa, mas não parece impedir que seja respeitada a sua vontade de não comparecer, apresentando justificação plausível para o efeito. Ou, não sendo indispensável a sua presença física, que manifeste vontade em prestar declarações por videoconferência a partir do EP [existindo vontade do arguido nesse sentido, apresentando motivos razoáveis, e não sendo essencial a sua presença física em audiência, não se vê razão impeditiva; aliás, hipótese que é contemplada nos mecanismos de cooperação internacional, porventura justificando-se ainda mais quando preso no estrangeiro]. Cremos que é neste sentido que deve ser interpretado o art. 82.º-B LOSJ que prevê no n.º 1 a possibilidade de recluso prestar depoimento no estabelecimento prisional em que se encontra, através de equipamento tecnológico que permita a comunicação, por meio visual e sonoro, em tempo real, mas exceciona no n.º 2/a "o recluso" que "assuma no processo em causa a qualidade jurídico-processual de arguido". Entendemos que a intenção legislativa foi ressaltar que continua a ser um direito do arguido em prestar declarações presencialmente no tribunal. Mas, se sabendo desse direito, renuncia ao mesmo, inequivocamente, verificando-se as situações referidas *supra* e em § 19, será de admitir essas declarações por meios de comunicação à distância. Aliás, note-se que aquela norma apenas rege sobre as *declarações*, mas não a propósito da *assistência* ao julgamento através de equipamento tecnológico.

§ 19 Em suma, se a) a presença física não for essencial para a descoberta da verdade; b) o arguido plenamente informado que tem o direito a estar presente e que o tribunal diligenciará por esse transporte, manifesta vontade em prestar declarações à distância desde o EP; c) existe anuência dos intervenientes processuais; não se vislumbra porque não respeitar essa vontade do arguido. Nomeadamente, em situações em que seja prejudicial para os andamentos dos trabalhos (*v.g.* greve impeditiva do transporte). Ou que acarreta mais compressão a outros direitos do arguido (este é transportado contra a sua vontade, a distância percorrida é grande, o arguido sente-se transtornado, agrava problemas de saúde). E, também, quando especiais circunstâncias assim o justificam (*v.g.* alguma patologia que justifique a conveniência de ser ouvido a partir do EP, o que também pode ser através do recurso do mecanismo de tomada de declarações no domicílio – art. 319.º –, que deve abarcar instalações onde está detido, ou o art. 117.º/6 com deslocação do tribunal onde está o arguido doente). E, eventualmente, até se ajuste a mecanismos de proteção da vítima, nomeadamente quando esta presta declarações. Ou até para a própria proteção do arguido, designadamente ao abrigo da LPT (*v.g.* crimes graves em que existem pactos de silêncio). Na concatenação com a CEDH, conforme salienta Ireneu Cabral Barreto, 2015, p. 175, e decorre do ac. TEDH *Marcello Viola v. Italy*, 5.10.2006, a presença de arguido em julgamento através de videoconferência não é, por si só, afrontadora da CEDH. Deverá atentar-se se é admitida pela lei interna, prossegue interesses legítimos (proteção de declarantes, segurança, combate ao crime, ordem pública, celeridade) e se, em concreto, conjugando esses motivos e a forma como decorreu a transmissão (*v.g.* qualidade da mesma), permite sustentar a afirmação de um processo equitativo. É crucial que não existam problemas técnicos impeditivos do arguido ouvir, que a videoconferência permita o acompanhamento do desenrolar da audiência, bem como, que seja assegurada a possibilidade de comunicar confidencialmente com o advogado [o citado ac. TEDH *Marcello Viola v. Italy*, bem como, *Asciutto v. Italy*, §§ 62-73; *Sakhnovskiy v. Russia* [GC], § 98]. Ou seja, sempre deverão existir meios técnicos que permitam que o arguido através do EP possa acompanhar todo o julgamento, e não apenas prestar declarações, e, querendo, pemitir que comunique com o seu advogado, ainda que por meios de comunicação à distância, desde que estes garantam a natureza privada da conversação e não causem qualquer constrangimento ao que o arguido pretende transmitir ao Defensor, e vice-versa.

§ 20 Esta preocupação, legítima, do legislador zelar pela comparência presencial do arguido, deveria estender-se, em determinadas circunstâncias à própria vítima. A audiência de julgamento continua a centrar-se na pessoa do arguido. É este, em regra, que o tribunal "vê" durante todo o julgamento e que acaba por ocupar o papel principal. Secundarizando-se, muitas vezes, a pessoa da vítima. Daí que a sua presença em audiência, com as devidas cautelas de proteção, deveria ser mais incentivada. Por exemplo, perante expressões de arrependimento do arguido, poderia o tribunal confrontar-se logo in *loco* com a cara de sofrimento da vítima. A presença e imediação enquanto aptidão influenciadora do juízo final deveria ser mais equilibrada. Pelo que, também, quando não tem condições para deslocar, a requerimento fundamentado, deveria garantir-se um *direito de presença da vítima* na audiência.

IV Dever de não afastamento da sala de audiência

§ 21 Se o n.º 1, início, rege sobre o dever de comparecer, a parte final do n.º 1, por remissão para os arts. ali mencionados, disciplina a propósito da possibilidade de o julgamento se realizar na ausência física do arguido na sala de audiências, os n.ºs 4 e 5 consagram os deveres do arguido que comparece em audiência, mais precisamente, o dever geral de não se afastar, e os casos em que o pode fazer.

§ **22** A primeira parte do n.º 4 firma a regra geral do arguido que comparece à audiência. Apresentando-se este em juízo, não pode afastar-se dela até ao seu termo. Ou seja, terá de manter-se na sala até ao encerramento da audiência de julgamento. O que, visto sobre outro prisma, também constitui um direito seu. Se quisermos, tem o direito em não ser afastado da audiência de julgamento.

§ **23** Não se trata, contudo, de uma regra absoluta. A lei prevê várias situações em que se permite esse afastamento. Por motivos disciplinares, quando o arguido adota um comportamento que não é compatível com a sua presença na audiência de julgamento, nos casos em que é necessário proteger a vítima, ou a espontaneidade das declarações, quando a presença de perito coloque em causa a sua integridade, se existir um motivo atendível que justifique esse afastamento (*v.g.* consulta médica inadiável). Devendo ter-se ainda em conta as situações de afastamento que motivam a interrupção da audiência. Assim, na pureza dos princípios, a regra de não afastamento vale para os casos em que a lei não admite essa possibilidade. De todo modo, enquanto a exceção da parte final do n.º 1 se reporta a ausência integral do julgamento, que nos remete para o conceito de "julgamento na ausência", as ausências parciais do arguido a sessões de julgamento, por vontade própria ou ordem do tribunal, com sustento em facto previsto na lei, não configura, um julgamento de ausentes.

§ **24** De entre as "medidas necessárias e adequadas para evitar o afastamento", o n.º 4 indica, exemplificadamente, a "detenção durante as interrupções da audiência". A detenção, como vimos, já seria uma das medidas abarcadas na primeira parte do número em causa, enquanto meio para impedir o afastamento do arguido da sala de audiência. Pretendeu o legislador ressaltar que também é admissível a detenção durante as interrupções desta, e não apenas quando está em curso. Dita a lei que apenas existe essa possibilidade se "parecer indispensável." Requisito que já emergiria do art. 18.º/2 CRP, a que acrescem os requisitos da proporcionalidade, adequação e não excesso. E cuja conformidade constitucional assenta no art. 27.º/3/f CRP, decorrendo do n.º 4 que o tribunal deve informar o arguido das razões da detenção. Em suma, apenas será admissível a detenção se a presença física em audiência for indispensável, e existir sério receio, assente em factos concretos, de que no decurso da interrupção o arguido se afastará e não regressará à sala de audiência. O conceito de interrupção, por força do princípio da legalidade, terá de ser lido à luz do art. 328.º/2. Ou seja, interrupção no mesmo dia estritamente necessária, em especial para alimentação e repouso dos participantes, ou para prosseguimento da audiência no dia útil imediatamente posterior. Pelo que, conforme nota Paulo Pinto de Albuquerque, 2008, p. 833, a lei não prevê a detenção nos casos de adiamento de audiência (ou seja, manter o arguido detido até à nova data designada distanciada no tempo; sem prejuízo de aplicação de prisão preventiva, verificando-se os requisitos legais, nomeadamente perigo de fuga, ou, caso não compareça na data da continuação, emitir mandados de detenção, se for necessário, para acautelar a presença do arguido). Esta detenção pode ser determinada oficiosamente ou a requerimento [devendo ser devidamente fundamentado os motivos da detenção (art. 97.º/5 e 27.º/4 CRP)], apenas se manter pelo período máximo da interrupção, podendo, nos casos em que seja ilegal, ser objeto de *habeas corpus* e indemnização por privação ilegal da liberdade, sem prejuízo do recurso sobre o referido despacho (art. 399.º, para maiores desenvolvimentos v. respetivas anotações, Tomo III).

§ **25** O n.º 5 demonstra que o não afastamento não é absoluto, do qual emana que nas situações em que a vontade do arguido é ausentar-se, apenas é legítima a imposição coerciva da manutenção em audiência se tal for "indispensável". Nomeadamente, casos em que é essencial para a descoberta da verdade (critério convocável por "paridade de razão" com o art. 333.º/1, José António Barreiros, 2014, p. 84). Por exemplo, se for imperiosa a presença física do arguido para realizar uma acareação, reconhecimento, reconstituição, perícia, ou outras diligências de prova. Apenas e quando for indispensável essa presença é que a lei considera proporcional, adequado, necessário e não excessivo o tribunal socorrer-se de medidas coercivas para o não afastamento. O que passa, nomeadamente, pela advertência do tribunal que não se pode afastar, sob pena de pagamento em multa, ou, cometimento de crime de desobediência e, eventualmente, detenção do mesmo, no caso de insucesso das primeiras. Sendo que, quaisquer medidas coercivas devem ser necessárias e adequadas, mas também proporcionais e não excessivas. Análise que deverá ser à luz do grau de indispensabilidade da presença do arguido em audiência. De entre as medidas coercivas deverá ser usada a menos lesiva dos direitos do arguido. Revelando-se a detenção, correspondendo a uma privação da liberdade do arguido movimentar-se, obrigando a manter-se na sala de audiência, uma medida de ultima *ratio*. Apenas passível de ser empregue quando as outras medidas coercivas não se revelem eficazes, se o grau de indispensabilidade justifique a privação da liberdade, devendo respeitar-se a vontade do arguido em afastar-se logo que deixe de revelar-se indispensável a sua presença (*v.g.* fez-se o reconhecimento que se almejava).

§ **26** A imposição da presença não é absoluta. Se o arguido revelar vontade em não estar presente, tal não impede realização da audiência de julgamento, sendo este representado por Defensor. O seu afastamento apenas condicionará os trabalhos quando a presença se revelar indispensável. Nestes casos o tribunal deve ser proativo e adotar as diligências para assegurar o não afastamento. E mesmo aqui apenas durante o tempo que se revelar indispensável a sua presença. E, não obstante, existirão situações em que a audiência deverá prosseguir, quando as medidas coercivas admissíveis não sejam suficientes para manter o arguido em audiência.

§ **27** Como dita o n.º 5, "Se, não obstante o disposto no número anterior, o arguido se afastar da sala de audiência, pode esta prosseguir até final se o arguido já tiver sido interrogado e o tribunal não considerar indispensável a sua presença, sendo para todos os efeitos representado pelo defensor." [trata-se de uma das situações em que a lei dispensa a presença do arguido, cf. art. 32.º/6 CRP]. Ou, seja, preceitua-se a possibilidade de prosseguimento da audiência de julgamento até ao seu término, quando o arguido se afasta voluntariamente da sala de audiência, e não se verificam os pressupostos do n.º 4 para impor medidas coercivas bastantes para acautelar essa presença, nomeadamente a detenção. Nesses casos de abandono/desinteresse, vontade em não continuar a assistir à audiência, a lei dita que esta deve prosseguir. Apesar de aludir a "pode", não existindo motivos para interromper a audiência, esta terá de prosseguir. E bem se compreende. Se assim não fosse estava obtida a fórmula para o arguido por comportamento que lhe é imputável, e violando os seus deveres, entorpecesse os bons andamentos dos trabalhos, administração da justiça penal, celeridade processual, princípios da continuidade e concentração temporal da audiência e interesses de outros sujeitos processuais no normal desenrolar da lide processual.

§ **28** Nestes casos considera-se proporcional, equitativo, necessário e adequado que os trabalhos prossigam sem a presença do arguido, sopesando outros interesses *supra* mencionados e atendendo a que será representado pelo Defensor, que exercerá, de acordo com os seus deveres deontológicos, o direito de defesa. Aliás, o n.º 5 acaba por plasmar um princípio geral: quando voluntariamente o arguido não quer estar presente em audiência, e não é essencial a sua presença, o mesmo é representado "para todos os efeitos" pelo Defensor. Excluem-se os direitos cujo exercício esteja reservado pessoalmente ao arguido (*v.g.* confissão), cf. art. 63.º/1 (para maiores desenvolvimentos v. respetiva anotação, Tomo I). A este propósito, foi considerado que a interpretação deste n.º 5 no sentido de que nos casos em que o arguido se afasta da sala de audiência (e pelo facto de a lei referir que a audiência prossegue até final e passará a considerar-se representado para todos os efeitos pelo Defensor), o prazo de interposição de recurso se conta deste a notificação ao Mandatário, não é inconstitucional, pois não "briga com a oportunidade da interposição de tal recurso, não saindo beliscado o direito ao recurso, como garantia de defesa do arguido, à luz do artigo 32.º, n.ºs 1 e 6, da Constituição" (ac. TC 53/00). De todo modo, nos casos de não presença do arguido em virtude do disposto nos n.ºs 5 e 6, tem aplicabilidade o art. 373.º/3 ["O arguido que não estiver presente considera-se notificado da sentença depois de esta ter sido lida perante o defensor nomeado ou constituído"]. Como se escreve no ac. STJ, 16.02.2017 (Nuno Gomes da Silva), o art. 373.º/3 não se aplica em todas as situações em que o arguido não está presente na leitura da sentença/acórdão. Aquela norma deve ser interpretada restritivamente "só sendo aplicável àquelas situações em que o arguido muito embora ausente no ato de leitura da sentença está perante a lei considerado como se estivesse presente ou representado pelo defensor para todos os efeitos legais concluindo que essas situações são as previstas nos n.ºs 4 e 5 do art. 325.º, n.ºs 5 e 6 do art. 332.º e nos n.ºs 2 e 4 do art. 334.º".

§ **29** Este prosseguimento da audiência até final sem a presença do arguido é condicionado pela lei (n.º 5) a dois requisitos cumulativos: a) o arguido já tiver sido interrogado; b) o tribunal não considerar indispensável a sua presença. O primeiro deve ser lido *cum grano salus*. Se ao arguido já tiver sido perguntado se pretende prestar declarações e este exerceu o direito ao silêncio, naturalmente que não será impeditivo da continuação da audiência. Se assim não fosse, como referimos *supra*, facilmente estaria descoberto o expediente para paralisar os trabalhos. Por outro lado, conjugando com o art. 333.º, só se vislumbra a possibilidade de não terminar o julgamento quando o arguido se afasta (e não regressa), no caso de este manifestar a vontade de prestar declarações na 2.ª data. Nas demais situações, não existem motivos para o julgamento não terminar (para outros desenvolvimentos v. anotação ao art. 333.º). Exige ainda a lei que o tribunal apenas não pode prosseguir a audiência se considerar indispensável a presença do arguido. Já referimos que se tratam se situações em que é imprescindível para a descoberta da verdade que o arguido esteja na sala de audiência (§§ 4 a 10, para outros desenvolvimentos v. anotações ao artigo subsequente). De todo modo, conforme salienta PAULO PINTO DE ALBUQUERQUE, 2008, p. 833, verificando-se os casos que impedem o prosseguimento da audiência em virtude do afastamento do arguido "o juiz presidente deve interromper e, se necessário, adiar a audiência de julgamento para fazer comparecer o arguido. Frustrando-se esta diligência, a audiência deve prosseguir o seu curso normal (...), sem prejuízo de o arguido comparecer em qualquer momento."

§ 30 Atento o n.º 6 a audiência também pode prosseguir até final, sendo representado por Defensor, caso o arguido se afaste da sala de audiência no caso daquele, "*por dolo ou negligência, se tiver colocado numa situação de incapacidade para continuar a participar na audiência.*" Este normativo remete-nos para um conceito de incapacidade processual, que não se encontra densificado no processo penal, tal como está no processo civil, mas que, socorrendo-nos do conceito ali utilizado, consiste na impossibilidade de o arguido estar, por si só, em juízo. Ou seja, o mesmo revela-se incapaz de exercer pessoalmente os direitos que lhe assistem. Nas palavras de PEDRO SOARES DE ALBERGARIA, 2020, p. 32, incapacidade processual é a "incapacidade para providenciar pela própria defesa" (capacidade processual será precisamente o inverso, ou seja, "aptidão do arguido para exercer pessoalmente a sua defesa", PEDRO SOARES DE ALBERGARIA, 2020, p. 33). A norma disciplina sobre situações em que incide um juízo de censura sobre o arguido. Ou seja, por culpa sua, que pode revestir a modalidade mais intensa de dolo (abarcando as três modalidades, direto, eventual e necessário), ou meramente por negligência, despoleta a impossibilidade, ausência de condições – físicas e/ou mentais – para exercício do direito de defesa. Nestes casos, atento os deveres que o arguido tem, e comportamento que lhe é imposto na sala de audiência, ao violá-los, torna proporcional que o julgamento prossiga. Estamos aqui perante casos em que o arguido se apresenta alcoolizado, por exemplo.

§ 31 Contudo, não parece afastar a lei a possibilidade de não prosseguir ou, pelo menos, não terminar a audiência, tratando-se de incapacidade transitória, e considerando essencial a presença do arguido. O que deverá ficar devidamente fundamentado em despacho (oficiosamente ou na sequência de requerimento nesse sentido). Sendo certo, que, de todo modo, neste juízo decisório, também se deve sopesar o grau de culpabilidade do arguido na adoção do comportamento que despoletou a incapacidade.

§ 32 Não regula, contudo, este artigo, os casos em que a incapacidade não é meramente transitória e/ou, não se deve a nenhum comportamento censurável do arguido. Quando o arguido é surdo, um deficiente auditivo ou um mudo, deverá apelar-se ao art. 93.º Nestes casos, aliás, não se trata de uma incapacidade impeditiva da presença em tribunal. Apenas de dificuldades comunicacionais, que são ultrapassadas pela obrigatoriedade de assistência de intérprete. No que se reporta aos arguidos de 16 anos, ou mais, e menores de 18 anos, os mesmos têm capacidade para, por si, estar juízo, e exercer pessoalmente todos os direitos que lhe são reconhecidos em processo penal (Pedro Soares de Albergaria, 2007, p. 174). Outra situação são os casos de anomalia psíquica, ou doença, existente na data dos factos ou que ocorre posteriormente (ponto crucial é que exista aquando do julgamento), que impeça o arguido de estar por si em juízo e participar efetivamente na sua defesa (o que pode implicar a realização de perícia, mas não necessariamente, já que não está abrangido pela obrigatoriedade do art. 351.º; para outros desenvolvimentos v. respetiva anotação). Serão aquelas situações em que o arguido está presente em corpo, mas não com a mente. Ou seja, padece de uma incapacidade processual que se reporta ao momento de intervenção no processo, impeditiva de intervir no mesmo e providenciar "por uma defesa inteligente e inteligível", de "providenciar pela sua autodefesa" (Pedro Soares de Albergaria, 2020, p. 33). Dúvidas não existem que se tratando de anomalia psiquica anterior ou contemporânea do facto, consubstanciadora de inimputabilidade do arguido, o processo deve prosseguir para eventual aplicação de uma medida de segurança (Pedro Soares de Albergaria, 2007, p. 181, referindo este Autor que corresponde ao que se passa em Itália ou na Alemanha; mesmo Autor, 2020, p. 51, embora de forma mais hesitante, mantém a mesma posição, referindo que em plena coerência com a capacidade processual, talvez devesse implicar uma "diversão para o plano tutelar-administrativo"). Já nos casos em que a anomalia psíquica é anterior ou contemporânea do facto, mas apenas reveladora de inimputabilidade diminuída (art. 20.º/2 CP), em que seja possível a aplicação de pena, ou quando se trata de facto posterior, reveladora de incapacidade processual para estar em juízo, defende Pedro Soares de Albergaria, 2007, pp. 178, 179, 181 e 2020, que se deve suspender os termos do processo. Significa que implicaria a sustação da realização de audiência de julgamento. Questão complexa, que suscita muitas dúvidas, e que implica a concatenação da nossa realidade processual e a melhor harmonização possível dos diversos interesses que estão em jogo.

§ 33 Em síntese, o que se poderá afirmar, numa temática tão complexa, são os seguintes tópicos: a) o CPP não regulamente expressamente a questão da (in)capacidade processual do arguido; b) uma anomalia psíquica não implica necessariamente uma incapacidade processual [ac. RE, 22.03.2022 (Beatriz

Marques Borges)]; c) aliás, o regime dos maiores acompanhados pode excluir a necessidade de representação para estar em juízo pessoalmente arguido que padece de anomalia psíquica; d) tal como ocorre nas declarações do assistente, vítima, testemunhas, compete ao juiz aferir se o arguido tem capacidade para, por si, estar em juízo, não existindo nenhuma prova tarifada a este propósito; e) existindo dúvidas fundadas, oficiosamente ou a requerimento, pode ordenar-se perícia, mas o recurso obrigatório por analogia ao art. 351.º apenas seria equacionável para quem entenda que a anomalia psíquica causadora de uma incapacidade processual determina a suspensão ou arquivamento do processo (v. respetiva anotação); f) num plano geral pode afirmar-se, com alguma certeza, que no processo penal não existe nenhuma norma que impeça o seu desenrolar pelo facto do arguido padecer de uma incapacidade processual; g) e é assumido, ainda que implicitamente, que essa representação incumbe ao Defensor, cf. decorre do art. 64.º/1/d, devendo considerar-se que a menção que ali se faz a inimputabilidade ou imputabilidade diminuída está conexa com a (in)capacidade para exercer de forma efetiva a sua defesa; h) a obrigatoriedade de nomeação de Defensor aquele que padece de anomalia psíquica, consiste numa admissão pelo legislador que apesar da vulnerabibilidade deste e que, porventura mesmo sendo incapaz de estar por si só em juízo, tal não é impeditivo da tramitação dos autos, sopesando outros interesses que seriam comprimidos caso tal não sucedesse (interesse punitivo estadual, administração da justiça, pacificação social, expectativas comunitárias, direito da vítima); i) na fase de julgamento a norma de confissão reconhece que arguido incapaz processualmente pode estar em juízo e, inclusive, prestar declarações, que podem vir a ser valoradas (art. 344.º/3/c, sendo que a terminologia "imputabilidade plena" tem que ser lida como capacidade para emitir em consciência uma declaração confessória); j) o CPP prevê também a figura do intérprete para ultrapassar dificuldades comunicacionais do arguido, *v.g.* por ser surdo-mudo, permitindo superar um estado que sem aquele o impediria de estar por si só em juízo; k) por analogia pode convocar-se essa norma para nomeação de interpretes "atípicos", ou seja, pessoas que atenta as condições do arguido tenham capacidade para permitir a comunicação entre tribunal-arguido; l) a representação de arguido que padece de incapacidade processual é uma solução que é equiparável aquela outra em que o Defensor representa o ausente; em ambas as situações existe uma ausência, embora nos primeiros casos possa apenas ser mental – corpo presente; m) o processo civil convive bem com a incapacidade processual, sendo suprida por representação; n) seria pouco compreensível que um processo penal em que o arguido padecesse de incapacidade processual estaria inviabilizado de prosseguir os seus termos, pelo menos para conhecimento do pedido de indemnização civil, ou declaração de perda de bens (que, inclusive, deve ser conhecido mesmo que o paradeiro seja desconhecido ou tenha falecido o arguido); o) integrando o processo penal o segmento adjetivo do direito das medidas da segurança, onde poderá amiúde surgir pessoas em que existe uma incapacidade processual absoluta, ou sensivelmente diminuída, e não existindo normas específicas desde o inquérito (*destarte* declarações de arguido, medidas de coação, notificações) até ao julgamento, demonstra que o legislador admite, ainda que com as necessárias adaptações, a possibilidade de iniciar-se e desenrolar-se um processo penal, no qual é arguido incapaz processualmente (até porque, estão previstas normas de execução de medidas privativas de liberdade para arguidos que padecem de anomalia psíquica); p) se assim não fosse nem sequer seria constituído arguido ou seria impossível prestar TIR; k) aliás, a propósito das medidas de coação atente-se no internamento em estabelecimento adequado para quem padece de anomalia psíquica, cf. 202.º/2, não excluindo os que padecem de incapacidade processual, bem como, a referência expressa na lei da vigilância eletrónica – art.º 4.º/7 RUMCD – à possibilidade de dispensa de consentimento quando o arguido não possui o discernimento necessário para avaliar o sentido e o alcance do consentimento (num plano generalista não existe nenhum impedimento de aplicabilidade de medidas de coação a arguidos portadores de anomalia psíquica); r) a alusão no art. 332.º à incapacidade processual para os arguidos que por dolo e negligência se coloquem nessa posição não permite extrair que a incapacidade por facto que não lhes é imputável impeça a realização de julgamento; aquele normativo incide sobre situações em que o arguido comparece e é determinado o seu afastamento; a incapacidade a que ali se alude não é inteiramente coincidente com a incapacidade processual; o arguido com incapacidade processual tem direito a estar presente em julgamento, mas pode revelar-se incapaz de ali se manter, *v.g.* por ter ingerido bebidas alcoólicas e começar aos gritos; s) a representação por Defensor não ultrapassa a questão da prática de atos pessoais do arguido; t) a CEDH não parecer vedar o julgamento de pessoas com incapacidade processual, mas tem evidenciado para efeito de processo equitativo a necessidade de proteção de pessoas especialmente vulneráveis; u) a própria Dir.(UE) 2016/343, de 09.03.2016, relativa ao reforço de certos aspetos da presunção de inocência e do direito de comparecer em julgamento em processo penal, reconhece que podem julgados arguidos que padecem de incapacidade processual, quando refere no considerando 42: "Os Estados-Membros deverão assegurar que na aplicação da presente diretiva, em especial, relativamente ao direito de comparecer em julgamento e ao direito a um novo julgamento são tidas em conta as necessidades específicas das pessoas vulneráveis. De acordo com a Recomendação da Comissão, de 27 de novembro de 2013, sobre as garantias processuais das pessoas vulneráveis suspeitas ou arguidas em processo penal, deverá entender-se por «suspeitos ou arguidos vulneráveis» todos aqueles que são incapazes de compreender e de participar efetivamente num processo penal devido à sua idade, condições físicas ou mentais ou deficiência"; v) tudo dependerá do caso concreto, mas por vezes os atos poderão ser assumidos pelo representante, que pode já estar determinado em sentença de maiores acompanhados, ou vir a ser nomeado por tribunal, apelando à figura do curador, nomeadamente familiar que permita melhor exercício do direito de defesa (*v.g.* permitindo que se expresse, quando apenas aquele o compreende); x) enquanto regra, o que se extrai de tudo o exposto, é que quer o nosso direito nacional, quer o direito europeu admitem – sopesando todos os interesses em jogo – a representação por Defensor, aliada à eventual nomeação de representante de arguido, enquanto pressupostos para assegurar o processo equitativo. Até porque, a nível da pena a aplicar deverá ponderar-se a situação de anomalia psíquica superveniente (arts. 105.° e 106.° CP), que pode culminar, inclusive, pela desnecessidade de pena; w) crucial é que, conforme considerando 42 da Dir.(UE) 2016/343, de 09.03.2016, se tenha em consideração as necessidades específicas das pessoas vulneráveis "incapazes de compreender e de participar efetivamente num processo penal", nomeadamente através de nomeação de Defensor e especial atenção pelo Tribunal de que este encontra-se a assegurar à pessoa vulnerável uma defesa efetiva (no pedido de nomeação, e indicação pela OA, deveria equacionar-se uma lista de Defensores especialmente aptos para assegurar a defesa de pessoas vulneráveis), bem como, permitir o acompanhamento de pessoa de confiança no decurso do julgamento ou, até mesmo, nomeação de um representação ou curador; em suma, deverão seguir-se as diretrizes estabelecidas na Recomendação da Comissão 27 de novembro de 2013 sobre as garantias processuais das pessoas vulneráveis suspeitas ou arguidas em processo penal (2013/C 378/02), nomeadamente, identificação rápida da situação de vulnerabilidade, apoio e assistência por "representante" que "representa os interesses e supervisiona os assuntos jurídicos de uma pessoa vulnerável, como, por exemplo, um tutor nomeado por um tribunal para a representar" ou um "adulto habilitado", ou seja, "um familiar ou pessoa com uma relação social com a pessoa vulnerável que possa interagir com as autoridades, possibilitando assim à pessoa vulnerável exercer os respetivos direitos processuais"; y) de todo modo é matéria que deveria estar regulamentada, que muito depende do caso concreto, do grau de afetação, do nível da capacidade de expressão, dos crimes em causa, etc, de modo a salvaguardar processo equitativo.

§ **34** Do n.º 7 e sua alusão ao art. 325.º/4 resulta, de forma clara, que existem outros preceitos que permitem o prosseguimento da audiência em casos em que o arguido dela se afasta. É a situação de comportamentos do arguido que atentam contra a disciplina da audiência. Nestes casos, bem como, os previstos nos n.ºs 5 e 6, se o arguido voltar à sala de audiência "é, sob pena de nulidade, resumidamente instruído pelo presidente do que se tiver passado na sua ausência.". Primeiro requisito é que regressa à sala de audiência. Se decide não mais voltar não existe qualquer obrigação do tribunal interromper a audiência para lograr a sua comparência, com vista a dar-lhe conhecimento do que se passou. O mesmo sucede quando ordenado o regresso à sala de audiência, recusa-se a fazê-lo, inviabilizando a comunicação [ac. RP, 16.02.2022 (Amélia Catarino), numa situação em que o arguido foi expulso da sala, por mau comportamento, e rejeitou sair da cela impedindo que o tribunal o informasse do que ocorreu na sua ausência]. Relativamente à informação que deve ser prestada terá que ser pelo presidente, em caso de coletivo, e não consiste numa reprodução integral do que se passou. É sim um resumo, uma síntese, uma súmula do que ocorreu de relevante na ausência do arguido. Note-se que o escopo das normas é para situações em que a) o arguido compareceu; b) ausentou-se da sala de audiência; c) após regressou à mesma. Pelo que, não se pode extrair do quadro normativo qualquer obrigação do Tribunal elucidar o arguido do que se passou em audiência, relativamente a sessões de julgamento que não compareceu. Ainda sobre o teor, extensão e forma da informação resumida, a que alude este n.º 7, conforme assinala Paulo Pinto de Albuquerque, 2008, p. 834, a "informação inclui apenas a menção dos meios de prova entretanto produzidos e dos incidentes verificados, mas não a leitura dos meios de prova. O juiz presidente deve coibir-se de, ao "resumir" o conteúdo da prova produzida, fazer uma valoração antecipada da prova, com prejuízo para a sua imparcialidade."

V – Instrumentos coercivos

§ **35** Refere o n.º 8 que "É correspondentemente aplicável o disposto nos n.ºs 1 e 2 do artigo 116.º e no artigo 254.º". Reporta-se à admissibilidade legal de utilização de instrumentos coercivos (multa e detenção) nos segmentos normativos do artigo em que seja necessário. Por exemplo, diligências para fazer comparecer o arguido no início da audiência, para evitar afastamento da sala de audiência ou, pelo contrário, afastá-lo quando não está em condições para estar em audiência, nomeadamente, quando o comportamento perturba o desenrolar dos trabalhos. Também aqui tem aplicação o art. 18.º/2 CRP. Deverá utilizar-se o meio que permita prosseguir as finalidades da norma, e que seja menos lesivo para os direitos fundamentais do arguido. Em termos de escalonamento temos a advertência, multa e, como *ultima ratio*, a detenção (para outros desenvolvimentos v. § 24, e anotações ao arts. 322.º, 323.º e 333.º). Sendo que, a admissibilidade da privação de liberdade com este escopo encontra-se prevista no art. 27.º/3/f CRP, segundo o qual é admitida detenção "por decisão judicial em virtude de desobediência a decisão tomada por um tribunal ou para assegurar a comparência perante autoridade judiciária competente". Conforme se assinala no ac. STJ/FJ 10/2009, 21.05.2009 (ARMINDO MONTEIRO), quer a multa, quer a detenção, não está conexo com o crime, não serve finalidades de prevenção, sendo que, nestes casos, o que se pretende do arguido, tal como qualquer faltoso, é a colaboração com o Tribunal em prol da boa administrição da justiça. Estas medidas, nomeadamente a detenção, tem que ser absolutamente necessário e por menor tempo possível, e é um efeito prático da "desobediência, da rebeldia de" (...) "acatar ordem judicial" (...) "contra o imperativo constitucional enunciado no artigo 205.º, n.º 2, da CRP" [ac. STJ/FJ 10/2009, 21.05.2009 (ARMINDO MONTEIRO)]. É uma "medida puramente compulsória, coerciva, destinada a assegurar a presença para a prática de ato processual, a regular o andamento do processo e a remover obstáculos que se não adeqúem à sua finalidade" (...) "da competência do juiz" "a vincar o dever de cooperação com os tribunais a todos imposto" [ac. STJ/FJ 10/2009, 21.05.2009 (ARMINDO MONTEIRO)]. A detenção, com este fito, "mostra -se, ainda, em conformidade com o artigo 5.º, n.º 1, da Convenção Europeia dos Direitos do Homem e a ela deve estar ligada, segundo a jurisprudência do Tribunal Europeu dos Direitos do Homem, uma específica e concreta obrigação onde tenha havido intencionalidade no seu incumprimento ou, pelo menos, negligência. Assim nos casos Engels e outros (série A, n.º 22, p. 22, § 69), Guzzardi (§101); Acórdão de 22 de Fevereiro de 1989, Ciula/Itália (série A, n.º 148, p. 16, § 36), Perks, Reino Unido (1999), 30/33, chamando a atenção para o dever de previamente ser dada a possibilidade de o notificado comparecer livremente ou advertido das consequências dessa falta" [ac. STJ/FJ 10/2009, 21.05.2009 (ARMINDO MONTEIRO)]. Atenta a sua génese e escopo, o ac. STJ/FJ 10/2009, 21.05.2009 (ARMINDO MONTEIRO)], fixou jurisprudência obrigatória no sentido de que "Nos termos do artigo 80.º, n.º 1, do Código Penal, não é de descontar o período de detenção a que o arguido foi submetido, ao abrigo dos artigos 116.º, n.º 2, e 332.º, n.º 8, do Código de Processo Penal, por ter faltado à audiência de julgamento, para a qual havia sido regularmente notificado, e a que, injustificadamente, faltou." Justamente porque não se trata de detenção análoga ao da pena que integra o objeto do processo e a detenção para efeito de desconto tem de estar conexa com os factos que integram aquele, então não poderá existir essa equiparação. Cf. ac. STJ/FJ 10/2009, 21.05.2009 (Armindo Monteiro), "os factos determinantes da condenação ou detenção, por incumprimento do dever de cooperação, em que assenta a condenação na soma indicada no artigo 116.º, n.º 1, ou em imposição de custódia pelo tempo preciso à realização da diligência bem como no pagamento das despesas a que a falta deu causa, ao abrigo do n.º 2 do mesmo preceito do CPP, qualquer que seja a qualidade do faltoso, não respeitam ao núcleo fundamental do processo, mas ao incumprimento do dever de colaboração com a autoridade judiciária, Ministério Público ou juiz".

VI – Menores, pessoas vulneráveis, sem capacidade processual e pessoas coletivas ou entidades equiparadas

§ 36 No caso dos menores, em virtude da sua vulnerabilidade, não se basta a lei com lei com o seu direito à comparência. Os menores têm o direito a comparecer *acompanhados*. Assim, ao abrigo do art. 61.º/1/i), o menor, durante a audiência de julgamento, tem direito a ser acompanhado "pelos titulares das responsabilidades parentais, pelo representante legal ou por pessoa que tiver a sua guarda de facto ou, na impossibilidade de contactar estas pessoas, ou quando circunstâncias especiais fundadas no seu interesse ou as necessidades do processo o imponham, e apenas enquanto essas circunstâncias persistirem, por outra pessoa idónea por si indicada e aceite pela autoridade judiciária competente".

§ 37 Este direito ao acompanhamento existe em outros casos de vulnerabilidade, nomeadamente as situações que tornam o arguido incapaz de, por si, exercitar os seus direitos de defesa. Nestes casos tem o direito a ser acompanhado no julgamento por representante nomeado pelo Tribunal ou pessoa idónea (v. §§ 32 e 33).

§ 38 Também a pessoa coletiva ou equiparada tem o direito a estar presente na audiência de julgamento (art. 61.º/1/a e 332.º/1), nomeadamente para poder ali exercer o direitos previstos no art. 61.º/1, através do seu representantes (art. 61.º/7). A representação da pessoa coletiva ou entidade equiparada encontra-se disciplinada no art. 57.º/4 a 9 (remete-se outros desenvolvimentos para a respetiva anotação, Tomo I).

V – Consequências do incumprimento

§ 39 A realização de audiência de julgamento sem a presença do arguido, quando não se verificam os motivos que permitem que a mesma se inicie ou desenrole sem aquele comparecer [para os casos em que é admissível v. anotações *supra*], consubstanciam uma nulidade insanável, nos termos do art. 119.°/c, que deve "ser declarada oficiosamente nos termos do art. 122.°, do CPP" [ac. STJ, 31.01.2019 (Helena Moniz)]. A nulidade insanável abarca, igualmente, a falta de notificação [ac. STJ, 09.04.2015 (Francisco Caetano)], ou a não notificação regular do arguido para a audiência de julgamento [ac. STJ, 07.04.2010 (Raúl Borges)]. Ou seja, situações em que foi omitida a notificação devida, ou não foi efetivada nos moldes que permitem o início da audiência sem a presença do arguido. Igualmente se verifica a nulidade insanável, por afronta ao n.° 2, no caso de arguido preso, cuja notificação no EP, e requisição a este para assegurar o transporte e presença em julgamento não tiver sido realizada. Do mesmo modo, se ao abrigo do n.° 3, a ausência se deveu ao facto do tribunal não ter proporcionado as condições para a deslocação verifica-se a referida nulidade insanável. E também nos casos em que o arguido comparece em tribunal, e é afastado indevidamente da sala de audiência, não se verificando os pressupostos legais para o efeito, essa ausência é imputável ao Tribunal, verificado-se a dita nulidade insanável. Já quando se afasta sem motivo justificável, apenas estaremos perante um vício de irregularidade (art. 123.°), nos casos em que o tribunal deveria ter diligenciado pela comparência, mas não o fez, sem prejuízo de nulidade relativa, caso a presença fosse necessária para a descoberta da verdade (art. 120.°/2/d), exceto existindo nos autos elementos que demonstrem que seria impossível lograr efetivar aquela comparência. A ausência de comunicação a que alude o n.° 7 consubstancia uma nulidade relativa, que se não for arguida no ato se sana (art. 120.°/3/a). Se a comunicação for feita, mas não for resumida, estaremos perante uma irregularidade (art. 123.°). Não existirá, contudo, qualquer invalidade, quando o arguido decide não voltar à sala de audiência ou recusa fazê-lo (§ 34). Por fim, nos casos em que é afrontado o direito do arguido estar acompanhado estamos perante uma irregularidade, exceto se colidir com o processo equitativo, caso em que, por analogia com o art. 120.°, se deve considerar uma nulidade insanável (sobre a possibilidade da violação de direitos fundamentais ou processo equitativo poder despoletar a nulidade, apesar de não expressamente "tipificada", João Conde Correia, anotação § 8 ao art. 118.°, Tomo I).

Tiago Caiado Milheiro

Artigo 333.º

Falta e julgamento na ausência do arguido notificado para a audiência

1 – Se o arguido regularmente notificado não estiver presente na hora designada para o início da audiência, o presidente toma as medidas necessárias e legalmente admissíveis para obter a sua comparência, e a audiência só é adiada se o tribunal considerar que é absolutamente indispensável para a descoberta da verdade material a sua presença desde o início da audiência.

2 – Se o tribunal considerar que a audiência pode começar sem a presença do arguido, ou se a falta de arguido tiver como causa os impedimentos enunciados nos n.os 2 a 4 do artigo 117.º, a audiência não é adiada, sendo inquiridas ou ouvidas as pessoas presentes pela ordem referida nas alíneas b) e c) do artigo 341.º, sem prejuízo da alteração que seja necessária efetuar no rol apresentado, e as suas declarações documentadas, aplicando-se sempre que necessário o disposto no n.º 6 do artigo 117.º

3 – No caso referido no número anterior, o arguido mantém o direito de prestar declarações até ao encerramento da audiência, e se ocorrer na primeira data marcada, o advogado constituído ou o defensor nomeado ao arguido pode requerer que este seja ouvido na segunda data designada pelo juiz ao abrigo do artigo 312.º, n.º 2.

4 – O disposto nos números anteriores não prejudica que a audiência tenha lugar na ausência do arguido com o seu consentimento, nos termos do artigo 334.º, n.º 2.

5 – No caso previsto nos n.os 2 e 3, havendo lugar a audiência na ausência do arguido, a sentença é notificada ao arguido logo que seja detido ou se apresente voluntariamente. O prazo para a interposição de recurso pelo arguido conta-se a partir da notificação da sentença.

6 – Na notificação prevista no número anterior o arguido é expressamente informado do direito a recorrer da sentença e do respetivo prazo.

7 – É correspondentemente aplicável o disposto nos artigos 116.º, n.os 1 e 2, e 254.º e nos n.os 4 e 5 do artigo seguinte.

Origem do texto: corresponde à redação originária aprovada pelo DL 78/87, com as alterações introduzidas pela L 59/98, de 25.08, DL 320-C/2000, de 15.12 e L 26/2010, de 30.08. A redação originária sob a epígrafe "Falta do arguido", apenas tinha dois números com a seguinte redação: "1 – Se o arguido faltar à audiência, esta é interrompida após a declaração de abertura, sempre que o presidente tiver razões para crer que o comparecimento poderá verificar-se no prazo de cinco dias; de outro modo a audiência é adiada, cabendo ao presidente tomar as medidas necessárias e legalmente admissíveis para obter o comparecimento. 2 – É correspondentemente aplicável o disposto no artigo 116.º, n.os 1 e 2." A L 59/98 alterou a epígrafe para "Falta e julgamento na ausência do arguido notificado para a audiência", introduziu alterações nos .ºs 1 e 2 e acrescentou os n.ºs 3 a 5, ficando o preceito com a seguinte redação: "1 – Se o arguido não estiver presente na hora designada para o início da audiência e não for possível obter a sua comparência imediata, a audiência é adiada, cabendo ao presidente tomar as medidas necessárias e legalmente admissíveis para obter o comparecimento. 2 – Se o arguido sujeito a termo de identidade e residência não estiver presente na nova data designada e não for possível obter a sua comparência imediata, a audiência é de novo adiada e o presidente notifica-o, nos termos do artigo 313.º, n.º 2, do novo dia designado para a audiência com a cominação de que, faltando novamente, esta terá lugar na sua ausência. 3 – O disposto no número anterior não prejudica que a audiência tenha lugar na ausência do arguido com o seu consentimento, nos termos do artigo 334.º, n.º 2. 4 – No caso previsto no n.º 2, havendo lugar a audiência na ausência, a sentença é notificada ao arguido logo que seja detido ou se apresente voluntariamente. O prazo para a interposição de recurso pelo arguido conta-se a partir da notificação da sentença. 5 – É correspondentemente aplicável o disposto nos artigos 116.º, n.ºs 1 e 2, 117.º, n.º 6, e 254.º e nos n.ºs 6 e 7 do artigo seguinte." O DL 320-C/2000 também fez diversas modificações à norma, passando a ter a seguinte redação: "1 – Se o arguido regularmente notificado não estiver presente na hora designada para o início da audiência, o presidente toma as medidas necessárias e legalmente admissíveis para obter a sua comparência e a audiência só é adiada se o tribunal considerar que é absolutamente indispensável para a descoberta da verdade material a sua presença desde o início da audiência. 2 – Se o tribunal considerar que a audiência pode começar sem a presença do arguido, ou se a falta de arguido tiver como causa os impedimentos enunciados nos n.ºs 2 a 4 do artigo 117.º, a audiência não é adiada, sendo inquiridas ou ouvidas as pessoas presentes pela ordem referida nas alíneas b) e c) do artigo 341.º, sem prejuízo da alteração que seja necessária efectuar no rol apresentado, e as suas declarações documentadas, aplicando-se sempre que necessário o disposto no n.º 6 do artigo 117.º 3 – No caso referido no número anterior, o arguido mantém o direito de prestar declarações até ao encerramento da audiência e, se ocorrer na primeira data marcada, o advogado constituído ou o defensor nomeado ao arguido pode requerer que este seja ouvido na segunda data designada pelo juiz ao abrigo do n.º 2 do artigo 312.º 4 – O disposto nos números anteriores não prejudica que a audiência tenha lugar na ausência do arguido com o seu consentimento, nos termos do n.º 2 do artigo 334.º 5 – No caso previsto nos n.ºs 2 e 3, havendo lugar a audiência na ausência do arguido, a sentença é notificada ao arguido logo que seja detido ou se apresente voluntariamente. O prazo para a interposição de recurso pelo arguido conta-se a partir da notificação da sentença. 6 – É correspondentemente aplicável o disposto nos n.ºs 1 e 2 do artigo 116.º, no artigo 254.º e nos n.ºs 4 e 5 do artigo seguinte." Por fim, a L 26/2010, inseriu o atual n.º 6 e acrescentou um n.º 7 que correspondia ao anterior n.º 6.

Jurisprudência vinculante: ac. STJ/FJ 9/2012, 08.03.2012 (Eduardo Maia Costa).

Sumário do comentário:

I – Âmbito de previsão e aplicação da norma. Considerandos gerais (§§ 1 a 6)

II – Julgamento na ausência do arguido

- **a)** Pressupostos (§ 7)
- **b)** Regularidade da notificação e ausência/não presença do arguido (§§ 8 a 18)
- **c)** O início da audiência na ausência do arguido ou adiamento (§§ 19 a 24)
- **d)** Adiamento do início da audiência (§§ 25 a 33)
- **e)** Início da audiência sem a presença do arguido (§§ 34 a 40)

III – Direito de arguido ausente prestar declarações (§§ 41 a 44)

IV – Julgamento de arguido ausente por via do seu consentimento (§ 45)

V – Garantias especiais do arguido julgado na ausência. A notificação por contacto pessoal do arguido julgado na ausência. O dever de informação do direito ao recurso. Contagem de prazo (§§ 46 a 55)

VI – Instrumentos coercivos, representação por Defensor e conexão de processos (§ 56)

VII – Menores, pessoas vulneráveis, sem capacidade processual e pessoas coletivas ou entidades equiparadas (§§ 57 a 59)

VIII – Consequências do incumprimento (§§ 60 a 71)

I – Âmbito de previsão e aplicação da norma

§ 1 O artigo que antecede rege sobre a presença do arguido em audiência de julgamento, na sua vertente dupla de direito e dever, mais disciplinando sobre o dever do arguido não se afastar quando comparece na audiência de julgamento. Já esta norma, como resulta da própria epígrafe, incide nas situações em que o arguido falta à audiência de julgamento, firmando os pressupostos para que aquele prossiga na sua ausência. Estabelece o regime de admissibilidade do julgamento na ausência.

§ 2 Conforme notámos no comentário ao artigo anterior não se deve confundir o julgamento na ausência com outras situações em que o arguido comparece e se afasta da sala de audiência, ou apenas comparece a algumas sessões de julgamento, ou parte delas. O julgamento na ausência é aquele em que o arguido não se apresenta em qualquer ato. Não equiparável a casos em que esteve presente, ainda que parcialmente, na audiência de julgamento. Se no primeiro caso a lei firma garantias adicionais para que exerça o direito de defesa, não prescindindo de uma notificação por contacto pessoal da sentença (cf. n.º 5), nos demais, se o arguido não comparecer à leitura da sentença/acórdão basta, em princípio, a notificação na pessoa do Defensor. A presença, ainda que parcial, permite indiciar que o arguido acompanhou o processo e nele interveio, e apenas deixou de estar presente por opção pessoal, abdicando de um direito seu, não merecendo essa postura, por desleixo, incúria, desinteresse ou qualquer outro motivo, tutela. Ou que, pelo menos, sabe que está em curso um julgamento, sendo que, poderia diligenciar, querendo, para o acompanhar presencialmente. E que, querendo, sempre pode contactar com o Defensor para obter informações.

§ 3 O julgamento na ausência contemplado neste artigo é, justamente, uma das exceções expressamente previstas no art. 332.º, que admite a realização da audiência de julgamento sem a presença física do arguido (ou, por meios de comunicação à distância, v. § 9 da anotação ao art. 332.º). Admissibilidade de julgamento na ausência que se prende com a compatibilização das garantias de defesa do arguido e outros interesses constitucionalmente protegidos, como seja, a celeridade processual, eficiência da justiça criminal, boa administração da justiça, interesse punitivo estadual, direito da vítima a que seja proferida decisão final. O que ficaria irremediavelmente comprometido caso se impusesse como *conditio sine quo non* a presença física do arguido na sala de audiência como pressuposto incontornável para prosseguir o julgamento. Ficaria o andamento regular dos trabalhos sempre dependente da vontade do arguido, mesmo quando a não presença fosse intencional, negligente ou por mero alheamento dos autos.

§ **4** Aliás, o propósito do legislador está bem patente no preâmbulo do DL 320-C/2000, de 15.12: "*Pretende ajustar-se o Código de Processo Penal, aprovado pelo Decreto-Lei n.º 78/87, de 17 de Fevereiro, alterado pelos Decretos-Leis n.os 387-E/87, de 29 de Dezembro, 212/89, de 30 de Junho, e 317/95, de 28 de Novembro, e pela Lei n.º 59/98, de 25 de Agosto, a uma das prioridades da política de justiça, a saber, o combate à morosidade processual. A aplicação das normas do Código de Processo Penal revela que ainda persistem algumas causas de morosidade processual que comprometem a eficácia do direito penal e o direito do arguido «ser julgado no mais curto prazo compatível com as garantias de defesa», nos termos do n.º 2 do artigo 32.º da Constituição da República Portuguesa, tornando-se assim imperioso efetuar algumas alterações no processo penal de forma a alcançar tais objetivos. Para a consecução de tais desígnios, introduz-se uma nova modalidade de notificação do arguido, do assistente e das partes civis, permitindo-se que estes sejam notificados mediante via postal simples sempre que indicarem, à autoridade policial ou judiciária que elaborar o auto de notícia ou que os ouvir no inquérito ou na instrução, a sua residência, local de trabalho ou outro domicílio à sua escolha e não tenham comunicado a mudança da morada indicada através da entrega de requerimento ou da sua remessa por via postal registada à secretaria onde os autos se encontram a correr nesse momento. No caso de notificação postal simples, o funcionário toma cota no processo com indicação da data da expedição e do domicílio para a qual foi enviada e o distribuidor do serviço postal depositará o expediente na caixa de correio do notificando, lavrará uma declaração indicando a data e confirmando o local exacto desse depósito, e enviá-la-á de imediato ao serviço ou ao tribunal remetente, considerando-se a notificação efectuada no 5.º dia posterior à data indicada na declaração lavrada pelo distribuidor do serviço postal, cominação esta que deverá constar do acto de notificação. Se for impossível proceder ao depósito da carta na caixa de correio, o distribuidor do serviço postal lavra nota do incidente, apõe-lhe a data e envia-a de imediato ao serviço ou ao tribunal remetente. Nestas situações não se justifica a notificação do arguido mediante contacto pessoal ou via postal registada, já que, por um lado, todo aquele que for constituído arguido é* *sujeito a termo de identidade e residência (artigo 196.º, n.º 1), devendo indicar a sua residência, local de trabalho ou outro domicílio à sua escolha. Assim sendo, como a constituição de arguido implica a sujeição a esta medida de coação, justifica-se que as posteriores notificações sejam feitas de forma menos solene, já que qualquer mudança relativa a essa informação deve ser comunicada aos autos, através de requerimento entregue ou remetido por via postal registada à secretaria onde os autos se encontrarem a correr nesse momento. Deste modo, assegura-se a veracidade das informações prestadas à autoridade judiciária ou policial pelo arguido, regime que deve ser aplicável ao assistente e às partes civis, porque estes têm todo o interesse em desburocratizar as suas próprias notificações.*" (...) "*Atendendo ao facto de uma das principais causas de morosidade processual residir nos sucessivos adiamentos das audiências de julgamento por falta de comparência do arguido, limitam-se os casos de adiamento da audiência em virtude dessa falta, nomeadamente quando aquele foi regularmente notificado. Com efeito, a posição do arguido no processo penal é protegida pelo princípio da presunção de inocência, prevista no n.º 2 do artigo 32.º da Constituição, que surge articulado com o tradicional princípio in dubio pro reo, o qual implica a absolvição do arguido no caso de o juiz não ter certeza sobre a prática dos factos que subjazem à acusação. Se o arguido já beneficia deste regime processual especial, não pode permitir-se a sua total desresponsabilização em relação ao andamento do processo ou ao seu julgamento, razão que possibilita, por um lado, a introdução da modalidade de notificação por via postal simples, nos termos acima expostos, e, por outro, permite que o tribunal pondere a necessidade da presença do arguido na audiência, só a podendo adiar nos casos em que aquele tenha sido regularmente notificado da mesma e a sua presença desde o início da audiência se afigurar absolutamente indispensável para a descoberta da verdade material.*"

§ 5 Contudo, para considerar admissível o julgamento na ausência, sem com isso afrontar as garantias de defesa do arguido, o direito de acesso ao Direito e aos Tribunais e processo equitativo, o legislador erigiu como requisito uma notificação regular. Uma notificação nos termos da lei processual penal que permite concluir que o arguido sabia que a audiência podia ser realizada sem a sua presença, mas optou por estar ausente. Intencionalmente ou por desleixo, indiferença, negligência, ou seja, por motivo que lhe é imputável. O que é uma compressão do direito à presença. Mas justificável (conformidade constitucional que, aliás, resulta do art. 32.º/6 CRP, segundo o qual a "lei define os casos em que, assegurados os direitos de defesa, pode ser dispensada a presença do arguido ou acusado em atos processuais, incluindo a audiência de julgamento"), uma vez que resulta do comportamento do arguido que não pretende exercitar esse direito [previsto nos arts. 61.º/1/a/b, 32.º/1/5 CRP, 6.º CEDH e 8.º/2 Dir. (UE) 2016/343]. Renúncia expressa, ou tácita, por ser concludente o seu comportamento nesse sentido, ao não comparecer na audiência. Acresce, ainda, a necessidade de notificação por contacto pessoal da sentença final, bem como, a obrigatoriedade de representação por Defensor. Ingredientes que permitem concluir pela disponibilização de suficientes garantias para que o arguido tenha conhecimento que vai ser julgado, qual a decisão final, e possibilidade de reagir à mesma. Para além de eventuais invalidades processuais que ainda possa suscitar, ou apresentação de requerimentos, exposições e memoriais ao abrigo do art. 98.º (para outros desenvolvimentos v. respetiva anotação, Tomo I). Tudo contribuindo para um equilíbrio dos diversos interesses que se procuram acautelar (v.§§ 3, 4, 7), e que no seu conjunto asseguram o *fair trial* (sem prejuízo de salvaguarda de situações excecionais em que a notificação *regular* não é bastante para concluir que o arguido podia e devia ter conhecimento da data de realização da audiência de julgamento; ou seja, por razão que não lhe é imputável, ou censurável, não chegou à sua esfera de conhecimento a referida notificação; para outros desenvolvimentos v. anotação ao art. 196.º, Tomo II; a jurisprudência do TJUE também tem assinalado que a notificação do documento oficial em que se informa o arguido da possibilidade de realização de julgamento na ausência, das consequências deste, da data e hora de julgamento, é feita de acordo com o direito nacional, sem prejuízo de aferir se existe colisão com o processo equitativo – v. ac. TJUE, Relator Constantinos Lycourgos, 19.05.2022, Proc. C-569/2020, ECLI: EU:C:2022:401).

§ 6 A não presença é física. Mas não afasta situações em que é admissível prestar declarações e assistir ao julgamento à distância (v. anotação § 9 ao art. 332.º). Nestes casos não se pode concluir pelo conceito de julgamento na ausência, que pressupõe uma total não intervenção e assistência do julgamento. Isto sem prejuízo de, nos casos em que o Tribunal entenda que é essencial à descoberta da verdade, se tal for possível, e não colidir com outros interesses a salvaguardar (direito à saúde, proteção, incómodos e transtornos desproporcionais), se diligencie pela presença física na audiência.

II – Julgamento na ausência do arguido. Pressupostos.

a) Pressupostos

§ 7 Os pressupostos para uma audiência realizada na ausência do arguido estão vertidos nos n.ºs 1 a 3 (ou para sermos mais precisos, conforme letra da lei, para dar início a uma audiência na ausência do arguido), sendo que a melhor interpretação emerge de uma leitura conjugada de tais preceitos, interligado com os interesses constitucionais que conflituam e já acima assinalados (§§ 3, 4): garantias de defesa do arguido, processo equitativo, direito de acesso aos Tribunais e ao Direito, eficiência da justiça criminal, celeridade, direito das vítimas e outros interessados no sentido que o julgamento se realize no mais curto espaço de tempo possível.

b) Regularidade da notificação e ausência/não presença do arguido

§ 8 Conforme resulta do n.º 1 (e da própria epígrafe que alude a "julgamento na ausência do arguido *notificado* para a audiência") premissa para a realização de um julgamento na ausência ao abrigo desta norma é que o arguido tenha sido regularmente notificado. A notificação *regular* permite presumir que foram utilizados os meios de comunicação previstos na lei, considerados bastantes para que chegue à esfera de conhecimento do arguido dia, hora e local da realização da audiência. E este, tendo este conhecimento não quis estar presente ou falta por sua culpa. Ou seja, podia e deveria ter tido conhecimento por via da notificação *regular*, mas, em virtude do seu desmazelo, desinteresse, incúria, pouco zelo ou cuidado, tal não ocorre. A notificação *regular*, conforme resulta dos arts. 113.º e 196.º pressupõe, à luz do nosso ordenamento jurídico, uma notificação por via postal simples (ou outra, desde que revista mais garantias, v. anotação ao art. 196.º, Tomo III) para a morada constante do TIR. Esta notificação por via postal simples compatibiliza-se com as garantias de defesa do arguido [não impondo a CRP uma notificação por contacto pessoal, cf. ac. TC 17/2010; e também a Dir. (UE) 2016/343 não o exige, já que as modalidades de notificação serão as previstas no direito nacional, desde que não seja afrontado o processo equitativo, cf. ac. TJUE, Relator Constantinos Lycourgos, 19.05.2022, Proc. C-569/2020, ECLI: EU:C:2022:401, já que este para prestar TIR teve um contacto pessoal com a entidade perante a qual o prestou, ficou ciente de todos os deveres, e a referida notificação é apta a chegar à sua esfera de conhecimento [ac. STJ, 31.01.2008 (Rodrigues da Costa)]. O julgamento na ausência, estando o arguido notificado desta forma, é compatível com os direitos de defesa, considerando as exigências legais impostas pelos n.ºs 1, 2 e 3 do art. 333.º, a obrigatoriedade de representação por defensor, a obrigatoriedade de notificação da sentença por contacto pessoal e informação sobre o direito ao recurso [ac. STJ, 31.01.2008 (Rodrigues da Costa), acs. TC 465/2004, 76/2005 e 206/2006].

§ **9** É certo que existem outras formas de notificação contempladas no art. 113.º, tais como as notificações por contacto pessoal, carta registada com aviso de receção, ou carta registada. Mas, a notificação que admite o julgamento na ausência do arguido à luz deste normativo é a que advém do arts. 113.º/1/c e 3 e 196.º/2, 3/c/d, 4 e 5/c/e, ou seja, envio de carta para a morada constante do TIR. A "regular" para efeito de um julgamento na ausência. É a leitura que harmoniza os referidos dispositivos. Apesar do art. 113.º contemplar diversas modalidades de notificação, a única que permite o julgamento na ausência, realizada sem a comparência do arguido, é aquela em que a informação sobre a data da realização da audiência é enviada para a morada que indicou para esse efeito aquando da prestação do TIR (ou outra comunicada posteriormente). Notificação *regular* no âmbito deste artigo é a que permite o julgamento na ausência. Ou seja, a enviada para a dita morada. Por via postal simples, ou, por maioria de razão, através de notificações por contacto pessoal, ou carta registada com aviso de receção. Desde que a notificação seja efetivada na morada que o arguido declarou como aquela para a qual deveria ser notificado. E, relativamente à qual, foi advertido que seria possível o julgamento na ausência (para outros desenvolvimentos v. anotação ao art. 196.º, Tomo III). Não obstante, mesmo não tendo prestado TIR, será de admitir o julgamento sem o arguido comparecer, quando este é notificado por contacto pessoal e expressamente advertido que o julgamento será realizado na sua ausência, sendo representado por Defensor. Sendo estes os predicados para considerar legítimo o julgamento na ausência, quando a notificação é feita por via postal simples, não se vislumbra porque não possa, nestes casos, a notificação ser considerada regular para o referido efeito. Por outro lado, qualquer notificação prevista no art. 113.º, mesmo para uma morada diversa daquela que que consta no TIR ou, até mesmo, quando o arguido não o prestou, poderão permitir o julgamento na ausência se este expressamente consentir nos termos do art. 334.º, renunciando à sua presença.

§ **10** Outro dos pressupostos para que se possa falar em julgamento na ausência é que o arguido não esteja presente no decurso de *toda* a audiência [1.ª data e sessões de continuação, ac. STJ, 01.08.2017 (Rosa Tching)]. Se a) o arguido comparece, mesmo que não esteja presente no início; b) assiste a segmentos do julgamento; c) está presente, ainda que parcialmente, em todas ou algumas sessões de julgamento; d) assiste e presta declarações à distância, quando admissível; e) presta declarações em outro local, por impossibilidade de comparência física na audiência (cooperação internacional, LPT ou 117.º/4); não é necessário chamar à colação este artigo. Nomeadamente, não se impõe notificação por contacto pessoal conforme preceitua o n.º 5, que pressupõe uma audiência realizada integralmente sem a presença do arguido. Ou seja, sem este ter assistido e/ou ter a possibilidade de intervir no seu decurso.

§ 11 Se quisermos, o que está em causa é uma não presença física, quando não se verifiquem nenhuma das exceções que admitem que o arguido não compareça em audiência de julgamento.

§ 12 E no confronto com o n.º 2 não é aplicável o número 1 se estiverem em causa faltas justificadas do arguido à audiência de julgamento. O que resulta literalmente e, aliás, é patente na exposição de motivos da Proposta de Lei n.º 41/VIII, quando é utilizada a alternativa "ou": "*Se o tribunal considerar que a presença do arguido desde o início da audiência não é absolutamente indispensável para a descoberta da verdade material, ou se a falta do arguido tiver como causa os impedimentos enunciados nos n.os 2 a 4 do art. 117.º, a audiência não é adiada, podendo o tribunal inverter a ordem de produção de prova prevista no artigo 341.º, sendo inquiridas ou ouvidas as pessoas presentes e as suas declarações documentadas, semprejuízo da possibilidade de aplicação do disposto no n.º 6 do arigo 117.º...*". Não obstante, por uma questão de igualdade entre o arguido que falta sem justificar e o que tem justificação para o efeito, deverá convocar-se o n.º 1 por analogia (§ 40).

§ 13 E o mesmo se diga quando apesar do arguido não ter sido notificado "por via de TIR", tiver sido notificado através de outra das modalidades previstas na lei, e comparece no julgamento (*v.g.* arguido não prestou TIR, é notificado por contacto pessoal do dia da audiência e apresenta-se na mesma; ou apesar de ter prestado TIR, é notificado por carta registada com aviso de receção para outra morada que constava dos autos, e no dia do julgamento está presente). Sem prejuízo de pode arguir invalidades que advenham de anteriores omissões de notificação atinentes aos factos que lhe são acusados, a sua presença torna desnecessária a notificação "regular". Se esta pretende firmar os critérios de admissibilidade de um julgamento na ausência, comparecendo o arguido na audiência, exercendo o seu direito à presença, seria um absurdo não admitir que esta não se realizasse. Presente este, fica sanado qualquer vício relativamente a anteriores notificações (no que se reporta ao escopo do exercício do direito de presença). Não estamos perante um julgamento na ausência. Sendo imperioso que, nestes casos, se porventura não tiver sido prestado TIR ou este apresente irregularidade, se sane a situação. Sob pena de ser impeditivo do normal desenrolar do processo. Por exemplo, se é marcada data de continuação do julgamento, e o arguido (já) não comparece, não se verifica o pressuposto da regularidade da notificação que admite que prossiga na sua ausência (exceto se quando comparece em julgamento, é advertido que na data de continuação, a audiência se realizará não estando presente, considerando-se representado pelo Defensor; v. § 9). E o mesmo no que se reporta à notificação da sentença, que teria de ser por contacto pessoal. Em suma, se o arguido não regularmente notificado comparece na audiência é de absoluta conveniência que preste TIR, ou se sanem irregularidades que este contenha.

§ 14 Nem sempre, contudo, a notificação para a morada que consta do TIR é válida. Ou, se quisermos, nem sempre se pode concluir que se trata de notificação *regular.* Se, entretanto, o arguido está aprisionado, a notificação para a audiência deverá ser direcionada para a entidade no qual está preso. É, aliás, obrigação do tribunal requisitar a presença do arguido (v. anotações §§ 14 a 16 ao art. 332.º). São normas especiais que impõem cautelas adicionais para que o tribunal zele pela presença do arguido na audiência de julgamento. Sem prejuízo de, caso seja vontade do arguido, admitir que este assista e preste declarações no estabelecimento onde está aprisionado por meios de comunicação à distância (v. anotações §§ 18 e 19 ao art. 332.º). O mesmo ónus de diligência se exige ao tribunal quando o arguido, de forma fundamentada, alega que não tem condições de deslocação. Também aqui não basta a notificação regular. Caso o tribunal não providencie pelas garantias da deslocação a que alude o art. 332.º não é admissível o julgamento na ausência (v. anotação § 12 ao art. 332.º)

§ 15 De todo modo, e em regra, excetuando os casos de arguidos aprisionados em que a notificação é no estabelecimento em que se encontra, ou outras formas de notificação previstas no CPP através do qual o arguido comparece, o nosso ordenamento jurídico assentou o julgamento na ausência (sem prejuízo das situações especiais do art. 334.º) na necessidade de prestar um TIR e existência de uma notificação nos termos previstos no art. 113.º e 196.º. Que, inclusive, reiteramos, pode ser por meios mais garantistas do que o depósito por via postal simples. E mesmo que arguido esteja no estrangeiro. Desde que seja na morada indicada no TIR para efeito de notificação (para maiores desenvolvimentos v. anotação ao art. 196.º, Tomo III).

§ 16 O que resulta da leitura conjugada dos n.ºs 1 e 2 é que o arguido que está regularmente notificado, e não comparece na audiência, nada dizendo, ou justificando a sua falta, não é impeditivo de que seja julgado.

§ 17 A possibilidade de julgar uma pessoa que não está presente, como referimos, visa compatibilizar um conjunto de interesses conflituantes, tentando harmonizá-los. A implementação do TIR foi assumida pelo legislador como imperioso para a celeridade processual. Criou-se um mecanismo em que o arguido devidamente informado de como será posteriormente notificado nos autos, dos direitos e deveres que tem (estamos perante uma medida de coação) e de que pode ser julgado na ausência, sendo representado pelo seu Defensor, opta, independentemente dos motivos, por não comparecer. Alheamento, negligência, desinteresse que não merece tutela. Sem prejuízo de acrescidas garantias para efetivar o direito ao recurso por via da exigência de notificação por contacto pessoal (cf. n.º 5). Nestes casos, afigura-se-nos que, regra geral, não existe colisão com a Dir. (UE) 2016/343 (relativa ao reforço de certos aspetos da presunção de inocência e do direito de comparecer em julgamento em processo penal), arts. 47.º CDFUE ou 6.º CEDH (para outros desenvolvimentos v. anotação ao art. 196.º, Tomo III). Exceto casos residuais (para outros desenvolvimentos v. anotação ao art. 196.º, Tomo III), em que numa análise global o julgamento colide com o processo equitativo, porque não seria exigível ao arguido manter-se ciente dos seus deveres [a Dir. (UE) 2016/343 permite que as modalidades de notificação sejam as previstas no direito nacional, desde que não seja afrontado o processo equitativo, cf. ac. TJUE, Relator Constantinos Lycourgos, 19.05.2022, Proc. C-569/2020, ECLI: EU:C:2022:401]. Poderá ser, justamente, um dos casos em que o tribunal, à luz do n.º 1, considere que é necessário diligenciar pela sua presença.

§ 18 A notificação é regular mesmo que o arguido entretanto tenha mudado de residência sem comunicar aos autos, ou ser atestado por entidade policial que ali já não reside, ou desconhecer-se paradeiro, desde que tenha prestado TIR e tenham sido cumpridas as formalidades [para outros desenvolvimentos v. anotação ao art. 196.º, Tomo III; também o TJUE e TEDH têm considerado que o comportamento do arguido pode legitimar o julgamento na ausência, sem direito a novo julgamento, quando atua deliberadamente de modo a evitar receber oficialmente as informações relativas à data e ao local do julgamento, por exemplo comunicando um endereço errado às autoridades, ou mudando de endereço e não comunicando (v., acs. TJUE, Relator Constantinos Lycourgos, 19.05.2022, Proc. C-569/2020, ECLI: EU:C:2022:401, TEDH, *Sejdovic c. Itália*, 01.03.2006 e *Kounov c. Bulgária*, 23.05.2006)].

c) O início da audiência na ausência do arguido ou adiamento

§ 19 Uma nota que importa reter, e que resulta literalmente dos n.ºs 1 e 2, é que os mesmos se reportam à não comparência do arguido no *início* da audiência de julgamento. A solução normativa, vista mais ao filigrama, disciplina sobre a possibilidade de se dar início à audiência de julgamento ou se, pelo contrário, a mesma tem de ser adiada.

§ 20 Pelo que, sendo admissível dar início à audiência de julgamento sem a presença do arguido, e sem prejuízo dos casos em que é possível a este prestar declarações numa outra data, toda ela se pode desenrolar na ausência daquele. Quer se inicie e termine na mesma data. Ou apenas finde em outros sessões de julgamento, quando este tem de continuar. Ponto crucial é que para todas as sessões de julgamento o arguido deve estar regularmente notificado. Nos casos em que todas as sessões de julgamento são agendadas no despacho prolatado ao abrigo do art. 312.°. Ou quando a data de continuação é firmada em audiência. Significa, assim, que estando ausente deverá, em regra, ser notificado para a morada que consta do TIR [exceto se o seu comportamento demonstra renúncia ao direito de estar presente, caso em que, se no decurso do julgamento, forem agendadas novas sessões, que não constavam do despacho inicial de programação, não é imperioso a notificação, estando representado para todos os efeitos pelo Defensor, que poderá requerer, a sua audição; sem prejuízo do arguido, voluntariamente, se apresentar em juízo, v. §10]. Nestes casos, apenas quando o arguido *nunca* se apresenta em audiência é que estaremos perante um julgamento na ausência (§ 10). Se, entretanto, comparece já assim não é, o que tem reflexos, nomeadamente, na não aplicabilidade do n.° 5 (notificação por contacto pessoal da sentença/acórdão).

§ 21 De todo modo, embora esteja previsto apenas para o início da audiência de julgamento, por similitude das razões, se começando aquela, o tribunal a determinado momento, antes do encerramento (quer na data de início, quer outras posteriores), constata que é imperioso a presença do arguido, deverá convocar-se este normativo, no sentido de que não pode encerrar a audiência sem diligenciar pela comparência.

§ 22 Primeiro pressuposto é a regularidade da notificação como referimos, pelo que, aferindo o tribunal oficiosamente, ou a requerimento, que o arguido não está regularmente notificado, tem de adiar a audiência, por despacho prévio, ou em ata, diligenciando pela regularização da notificação, nomeadamente, tentando localizar paradeiro para prestar TIR, sendo que, se não o lograr, tal culminará com a declaração de contumácia e separação de processos (se houverem coarguidos). Em suma, inexistindo uma notificação regular para efeito de julgamento na ausência do arguido, e excetuando os casos previstos no art.

334.º, a não comparência deste implicará uma notificação edital e, eventualmente, a declaração de contumácia (para outros desenvolvimentos v. anotação ao art. 335.º).

§ 23 Segundo pressuposto é o arguido não estar "presente na hora designada para o início da audiência". Naturalmente, pressupõe que a notificação contenha o dia e hora do começo da audiência. Omissão essa que, aliás, redundaria na falência do primeiro pressuposto: notificação regular. Sobre o conceito de (não) presença v. § 6. A teleologia do n.º 1, por confronto com o n.º 2, leva a concluir que o normativo tem por objeto a situação de ausência não justificada do arguido. Ou seja, este não comparece sem comunicar ao tribunal o motivo, ou sem razão que admita a justificação da falta.

§ 24 Verificados estes requisitos prévios (notificação regular e não presença do arguido), o tribunal estará apto a decidir se o início da audiência deve ser adiada, ou, pelo contrário, se pode começar.

d) Adiamento do início da audiência

§ 25 O n.º 1 disciplina sobre os pressupostos que legitimam o adiamento do início da audiência, para além daqueles outros atinentes à regularidade da notificação e ausência do arguido.

§ 26 Primeiro tópico a extrair da lei é que estando o arguido regularmente notificado, mesmo que não esteja presente, só em situações excecionais é que será de adiar o início da audiência. É o que resulta da alusão a "a audiência só é adiada se o tribunal considerar que é absolutamente indispensável para a descoberta da verdade material a sua presença desde o início da audiência". Está latente a preocupação pela celeridade processual, e outros interesses que já mencionámos (§ 3), que legitimam um julgamento de arguido ausente, quando em relação ao mesmo foram utilizados os procedimentos legais para que este tivesse conhecimento da realização da audiência, mas, por motivos de diversa índole, não comparece.

§ 27 O tribunal apenas pode adiar o início da audiência se considerar que é absolutamente indispensável para a descoberta da verdade material a presença do arguido desde o início da audiência. Duas notas é possível extrair, desde logo, da literalidade da norma. Primeiro, o preceito refere-se ao início da audiência, reportando-se o juízo decisório a este momento, não cabendo indagar se no decurso da audiência será necessária essa presença (o que, na prática, será um juízo de prognose difícil ou impossível de realizar, já que dependerá das vicissitudes da audiência). Segundo, a lei não se basta com a necessidade da presença desde o início da audiência para a descoberta da verdade. É mais exigente. De tal modo que não apela apenas à indispensabilidade, mas também ao "absolutamente". Ou seja, absolutamente indispensável aponta para situações residuais, casos em que o início da audiência sem a presença do arguido impedirá de forma inexorável a descoberta da verdade, comprometerá absolutamente este fim do processo penal, ou tornará praticamente impossível que o mesmo seja atingido. Descoberta da verdade factual por referência ao objeto do processo, abarcando quer os factos favoráveis, ou desfavoráveis, para o arguido. Por exemplo, vislumbre-se a situação em que da acusação apenas constam elementos "tendentes" à identificação do arguido, afigurando-se essencial a presença do mesmo para aferir se corresponde à descrição feita.

§ 28 Só no caso em que o tribunal considera absolutamente indispensável a presença do arguido desde o início da audiência de julgamento é que está obrigado a tomar "as medidas necessárias e legalmente admissíveis para obter a sua comparência" e que passam pela eventual aplicação de uma multa e emissão de mandados de detenção para assegurar a sua presença no início da audiência (art. 116.º e n.º 7).

§ 29 Ou seja, da interpretação do normativo emerge que concluindo o tribunal pela *não* absoluta essencialidade da presença do arguido desde o início da audiência, não tem o dever de diligenciar pela comparência do arguido, podendo/devendo dar início aquela [cf. n.º 2 e ac. STJ/FJ 9/2012, 08.03.2012 (Eduardo Maia Costa)].

§ 30 As medidas deverão ser necessárias e legais. Medidas legais – "legalmente admissíveis" – serão a multa e emissão de mandados de detenção. Se existirem elementos nos autos que demonstrem que basta a aplicação de uma multa para lograr a comparência então a detenção é desnecessária. Caso contrário pode "avançar-se", desde logo, para a emissão de mandados de detenção. A necessidade de tais medidas coercivas pode ser colocada em causa se existir algum facto, entretanto chegado ao conhecimento do tribunal, que indicie com suficiente certeza que o arguido, desta feita, irá apresentar-se voluntariamente. As medidas são ordenadas para lograr a comparência no início da audiência, que pode ser para a segunda data já designada, uma outra a determinar pelo tribunal, ou para começar a audiência ainda na primeira data, mas sem ser à hora agendada, adiamento que se cingirá, nesse caso, ao tempo indispensável para que o arguido coercivamente compareça (*v.g.* OPC sabe o paradeiro do arguido e são emitidos imediatamente mandados de detenção para comparecer nesse dia a outra hora; ou depois da aplicação da multa, Defensor comunica com arguido, que menciona que irá deslocar-se de imediato ao tribunal, de modo a evitar detenção; ou são emitidos mandados de detenção porque o tribunal sabe concretamente onde se encontra o arguido, e é perfeitamente previsível que em poucas horas consiga ser detido para acautelar comparência) [para outros desenvolvimentos v. anotações §§ 24, 25 e 35 ao art. 332.º].

§ 31 Se as medidas não lograrem o seu fim, ou seja, a comparência do arguido no início da audiência, a mesma deverá ser iniciada, considerando-se o arguido representado pelo seu Defensor (como, aliás, o arguido é informado no TIR que presta). Na verdade, importa relembrar, que, na interligação de todo este enredo normativo (arts. 113.º, 196.º, 332.º, 333.º, bem como art. 32.º/6 CRP), resulta inequivocamente que o legislador pretendeu evitar adiamentos de julgamento com fundamento na ausência de o arguido, criando um regime assente na prestação de um TIR e um feixe de deveres que legitimam a audiência na ausência daquele. Daí que, o primeiro pressuposto do n.º 1 seja a regularidade da notificação. O que o n.º 1 admite, excecionalmente, é que, somente nas situações de absoluta indispensabilidade para a descoberta da verdade material, se adie o início da audiência. Sendo que a lei, justamente por preocupações de celeridade processual, e ciente que a regularidade da notificação pressupõe, em regra, a prestação de TIR através do qual o arguido sabe que faltando à audiência, o julgamento inicia-se, desenrola-se e finaliza na sua ausência, e que será representado por Defensor, apenas admite o adiamento em casos muito residuais *supra* mencionados. Adiamento que tem por escopo permitir a realização das diligências necessárias e legalmente admissíveis para obter a comparência do arguido. Mas que, frustrando-se, não são impeditivas da realização da audiência de julgamento. O que a lei impõe é que o tribunal deve *tentar* que o arguido compareça. Utilizando os meios possíveis e não conseguindo a comparência do arguido, então já não existem motivos para paralisar o julgamento. Sobre a *ratio* do art. 333.º v. § 6.

§ 32 Aliás, estas medidas devem ser excecionais, sopesando a vontade do arguido. Na verdade, este sabe através do TIR que presta, que será dado início à audiência, não comparecendo, e que na mesma será representado por advogado (constituído ou nomeado pelo Estado). Pelo que, estamos perante, em princípio, a uma renúncia do seu direito de presença (não se arredando a possibilidade de virem a ser carreados para os autos elementos que atestam que a omissão do arguido não consiste em desleixo, incúria, negligência e, nessa medida, afastar-se aquela conclusão, v. § 17 e, para maiores desenvolvimentos, anotação ao art. 196.°, Tomo III). Assim, igualmente por este prisma, apenas será tolerável a coerção para comparecer quando é absolutamente indispensável para a descoberta da verdade.

§ 33 Mas, tal como em outras diligências desenvolvidas pelo tribunal para descobrir a verdade material, também aqui a lei não impõe [o que seria um contrassenso com a admissibilidade de julgamentos na ausência, cf. art. 32.°/6 CRP], que a audiência *apenas* se inicie quando se conseguir a comparência do arguido (§ 31). Somente exige que se realizem as diligências necessárias e legalmente admissíveis. Se tais saírem frustradas, não se conseguindo a comparência do arguido, deve considerar-se cumprido o desiderato contemplado no n.º 1, podendo/devendo o tribunal iniciar e findar o julgamento sem a presença daquele. Aliás, seria incompreensível que à luz do n.º 2 o arguido ciente dos seus deveres comunica a falta e a lei admita o início do julgamento. E o mesmo não sucedesse com arguido que não justifica a ausência e que, apesar das diligências encetadas, não se consegue que compareça, ainda que coercivamente. Isto sem prejuízo de, posteriormente, o arguido se apresentar na audiência, ou se apure o paradeiro, e conseguir-se, mesmo que através de instrumentos coercivos, lograr a condução daquele à sala de audiência, se ainda se revelar absolutamente indispensável para a descoberta da verdade.

e) Início da audiência sem a presença do arguido

§ 34 O n.º 2 reporta-se aos casos em que a audiência deve começar sem a presença do arguido (não obstante a possibilidade de tal suceder, ao abrigo do n.º 1, quando as diligências para lograr a comparência do arguido se revelem infrutíferas, cf. §§ 31 e 33). Embora não o refira expressamente, na concatenação com o n.º 1, o julgamento na ausência pressupõe que "o arguido regularmente notificado não estiver presente na hora designada para o início da audiência" (sobre estes conceitos v. §§ 19 a 24). Na verdade, e servindo-nos da letra do n.º 2, o tribunal apenas pode realizar a audiência sem a presença do arguido se este, regularmente notificado, não comparecer. Os vícios da notificação, ou atinentes à prestação de TIR, apresentam uma conexão umbilical com a (im) possibilidade de efetivar um julgamento na ausência do arguido. Previamente devem ser sanados esses vícios. A regularidade da notificação é essencial para concluir que foi comunicado com suficientes garantias ao arguido a realização da audiência, mas este renunciou, implicitamente, à presença.

§ **35** Da regularidade da notificação depende o *início* da audiência, impondo a lei a notificação das duas datas previstas (1.º e 2.ª data) (ou de outras datas se forem designadas mais).

§ **36** O que dita o n.º 2, no confronto com o n.º 1, é que o tribunal pode começar a audiência do arguido (diriamos mais, deve) não se verificando o preceituado no n.º 1. Ou seja, quando o arguido não comparece no início da audiência, não justificando a ausência, e não se afigura absolutamente indispensável para a descoberta da verdade a sua presença, deve o tribunal dar início à mesma, considerando-se aquele representado em audiência pelo seu Defensor [arts. 196.º, e 334.º/4 *ex vi* n.º 7; ac. TC 465/04 que julgou não "*inconstitucional a norma que se retira do artigo 333.º, n.º 3, do Código de Processo Penal, na medida em que tal norma permite a realização de audiência sem a presença do arguido, se a sua presença não foi considerada indispensável*", "*exprime apenas a exigência de um juízo de ponderação de necessidade do julgamento na ausência do arguido e esta ponderação, que não pode ser obviamente arbitrária e não justificada, não está, por isso, em colisão com o artigo 32.º, n.º 6, da Constituição.*" "*Colocando o recorrente em causa, exclusivamente, a ponderação pelo julgador da necessidade do julgamento na ausência do arguido, o Tribunal Constitucional considera que tal critério, que apela, ele mesmo, à proporcionalidade e necessidade (a indispensabilidade) com o limite inultrapassável da necessidade da presença do arguido para a descoberta da verdade material, não colide com qualquer princípio constitucional. Conclusão que é reforçada com o facto de o despacho que concretiza tal ponderação ser recorrível.*"]. Isto, sem prejuízo de, posteriormente, este venha a comparecer, ou sejam feitas diligências no decurso da audiência, mesmo nas sessões de julgamento de continuação, para lograr a sua comparência, quando se revela (supervenientemente), absolutamente indispensável para a descoberta da verdade a sua presença.

§ **37** Outra das situações em que a lei expressamente refere que a audiência não é adiada, devendo ser dado início à mesma, admitindo-se o julgamento na ausência, são aquelas em que o arguido falta de forma justificada à audiência. Como resulta do n.º 2 "*se a falta de arguido tiver como causa os impedimentos enunciados nos n.ºs 2 a 4 do artigo 117.º, a audiência não é adiada*". Os n.ºs 2 a 4 reportam-se à justificação da falta de comparecimento no caso de impossibilidade de estar presente em audiência, quer seja previsível, ou imprevisível, disciplinando a situação específica da alegação de doença no n.º 4 do art. 117.º (para maiores desenvolvimentos v. anotação ao art. 117.º, Tomo I).

§ **38** Dita a lei que, nesses casos, a audiência deve começar, produzindo-se a demais prova, *destarte* "sendo inquiridas ou ouvidas as pessoas presentes pela ordem referida nas alíneas b) e c) do artigo 341.º, sem prejuízo da alteração que seja necessária efetuar no rol apresentado, e as suas declarações documentadas". Uma vez que a gravação da audiência é obrigatória, o sentido útil a extrair do normativo é que a lei pretende que a audiência se desenrole normalmente, com a produção de prova que foi indicada pelos intervenientes processuais, e aquela que o tribunal entenda ordenar, não existindo qualquer impedimento pelo facto de o arguido estar ausente, podendo, inclusive, terminar a audiência, sem prejuízo do que dispõe o n.º 3. A alusão a "sem prejuízo da alteração que seja necessária a efetuar no rol apresentado" revela que, para além da mudança ao disposto no art. 341.º, não começando a prova pelas declarações do arguido (podendo este prestá-las se, entretanto, comparecer), a sua ausência poderá justificar uma alteração atendível na sequência dos depoimentos testemunhais. Suponha-se uma testemunha indicada pelo MP que se pretende que visualize o arguido. Neste caso pode requerer alteração para que apenas seja ouvido na data em que seja previsível que arguido compareça, ou requerendo comparência coerciva deste na 2.ª data ou a agendar, para realizar essa diligência.

§ **39** Atenta a parte final do n.º 2 aplica-se "sempre que necessário o disposto no n.º 6 do artigo 117.º", segundo o qual havendo "impossibilidade de comparecimento, mas não de prestação de declarações ou de depoimento, esta realizar-se-á no dia, hora e local que a autoridade judiciária designar, ouvido o médico assistente, se necessário." Ou seja, nos casos em que o arguido está apto a prestar declarações, mas apenas não o consegue fazer no tribunal, admite-se, excecionalmente, que as preste em outro local, deslocando-se o tribunal para o ouvir presencialmente. Sendo sua vontade e existindo anuência dos intervenientes processuais, nada parece obstar que assista à audiência e preste declarações por meios de comunicação à distância, ao invés do tribunal se deslocar ao local onde se encontra. Pense-se, por exemplo, numa situação em que o arguido se sente afrontado com a invasão do quarto onde está acamado. Aliás, se nos casos do art. 334.º/2 pode consentir o julgamento na ausência, por maioria de razão, será de admitir que, em casos justificados, preste declarações por meios de comunicação à distância (v. §6, v. anotação § 9 ao art. 332.º e §20 ao art. 334.º).

§ **40** Embora, como referimos, a lei aponte no sentido de que a audiência não deve ser adiada quando o arguido justifica a sua falta, o certo é que, não existe diferença atendível para admitir um adiamento nos termos do n.º 1, quando o arguido falta injustificadamente, e já não o permitir quando falte justificadamente. A razão apontada – absoluta necessidade de presença do arguido no início da audiência – é indiferente ao facto do arguido ter justificado, ou não, a falta. Daí que, por analogia, deve convocar-se para os casos em que o arguido falta de forma justificada. Também aqui o tribunal pode adiar a audiência se considerar absolutamente indispensável a presença do arguido desde o seu início. Mas apenas para situações em que o motivo impeditivo é transitório e não implica um protelamento desmesurado, desproporcional do término do julgamento, por excessivamente afrontador da celeridade processual. E, igualmente, nos casos de falta justificada, mesmo que dê início ao julgamento, revelando-se absolutamente indispensável a presença do arguido, poderá o tribunal diligenciar pela sua presença, se o motivo impeditivo não se mantiver.

III – Direito de arguido ausente prestar declarações

§ **41** O n.º 3 firma uma regra que já dimana de outras normas (art. 61.º/1/a) e é um corolário das garantias de defesa do arguido (art. 32.º/1 CRP), ditando que mesmo que não esteja presente no início da audiência, o começo desta sem a sua presença nos casos legalmente admissíveis, não preclude, de maneira nenhuma, o direito de prestar declarações. No entanto, não é um direito absoluto. Sopesando os outros interesses em jogo, nomeadamente, celeridade processual, direito da vítima em ser prolatada decisão final, eficiência da justiça penal, são firmados *timings* para o arguido que não esteve presente no início da audiência, ainda o possa fazer.

§ **42** O n.º 3 está prefigurado para as situações em que estão agendadas duas datas, estabelecendo duas modalidades. Prestações de declarações por apresentação voluntária até ao encerramento da audiência. Ou a requerimento de advogado constituído ou defensor nomeado.

§ **43** Iniciando-se e terminando a audiência na primeira data o arguido, comparecendo antes do encerramento da audiência, pode prestar declarações. Significa que, no limite, aparecendo (por vontade própria ou diligência do seu advogado, familiares ou outras pessoas), depois das alegações, poderá, ainda, prestar declarações. Se o julgamento prosseguir na segunda data tem o direito a prestar declarações até ao encerramento. Não obstante a norma pressuponha duas datas, abarca, naturalmente, as situações em que existem mais datas, ou são designadas novas sessões de julgamento. Independentemente do número de sessões, até ser encerrada a audiência, o arguido tem direito a prestar declarações. Tal não se confunde com a situação do tribunal diligenciar pela sua comparência, que apenas se justifica nas continuações, se for absolutamente necessário para a descoberta da verdade.

§ **44** A prestação de declarações também pode ser a requerimento de advogado constituído ou defensor nomeado. Nada impedindo, por apelo ao art. 98.º, que através de qualquer meio o arguido também o requeira. Mas a lei estabelece um limite. Tem de ser até ao encerramento da audiência. A norma está pensada para situação em que a audiência iniciada na ausência do arguido na 1.ª data irá terminar nesse mesmo dia. Existe um ónus. Se não for feito esse requerimento a audiência é encerrada, precludindo-se o direito de prestar declarações. Como resulta literalmente da norma é *antes* do encerramento que "o advogado constituído ou o defensor nomeado ao arguido pode requerer que este seja ouvido na segunda data designada pelo juiz ao abrigo do artigo 312.º, n.º 2". Mais uma vez, como já frisámos, a lei utiliza como modelo dois agendamentos (demasiado otimista nos processos mais complexos e com elevado número de testemunhas). O que não quer dizer que, existindo mais sessões de julgamento agendadas, não se possa fazer requerimento nesse sentido, antes do encerramento. Exemplo. Estão agendadas 12 sessões. No entanto, na 11.ª sessão está produzida toda a prova e avança-se para alegações. Pode requerer-se a audição do arguido na 12.ª sessão. O mesmo ocorre quando apenas estavam agendadas duas, mas existe a necessidade de uma terceira. E situações similares. Como também podem ocorrer que apenas existe uma sessão agendada. Nesse caso o arguido tem direito a requerer que preste declarações numa 2.ª sessão a agendar. Na verdade, o não agendamento de uma 2.ª data é uma irregularidade que deve ser sanada, de modo a não coartar um direito de defesa.

IV – Julgamento de arguido ausente por via do seu consentimento

§ **45** O n.º 4 alude a outra modalidade de julgamento na ausência. Conjugando os n.ºs 1 a 4 resultam as seguintes possibilidades de julgamento na ausência: 1) o arguido não comparece sem indicar qualquer motivo, o tribunal diligencia pela sua presença por considerar absolutamente indispensável para a descoberta da verdade, mas não consegue; 2) o arguido não comparece sem indicar qualquer motivo, e o tribunal não considera absolutamente indispensável para a descoberta da verdade a sua presença; 3) o arguido justifica a sua falta; 4) o arguido consente no julgamento na ausência. Com uma pequena destrinça, os n.ºs 1 a 3 disciplinam sobre o *início* da audiência sem a presença do arguido (assim se referem literalmente os preceitos). Este n.º 4 refere-se à audiência. De todo modo, na interligação normativa a alusão a que o "disposto nos números anteriores não prejudica que a audiência tenha lugar na ausência do arguido com o seu consentimento" pretende significar que o consentimento nos termos do art. 334.º/2 é outra das possibilidades em que a lei permite que a audiência se inicie sem a presença do arguido. Nestes casos não cabe aferir se é absolutamente imprescindível a presença do arguido desde o início da audiência, não podendo existir adiamento por esse motivo, nem sendo necessário sopesar, fundamentar e analisar esse requisito para dar início à audiência. Nem tampouco aferir se foi apresentada justificação de falta e se esta se verifica. A lei pretende evidenciar que o consentimento nos termos do art. 334.º/2, é causa autónoma, suficiente e bastante, para, por si, iniciar, realizar e terminar a audiência de julgamento.

V – Garantias especiais do arguido julgado na ausência. A notificação por contacto pessoal do arguido julgado na ausência. O dever de informação do direito ao recurso. Contagem de prazo.

§ 46 Já referimos que, para não ferir o processo equitativo, não comprimir desproporcionalmente o direito de defesa do arguido, nomeadamente, o exercício efetivo do direito ao recurso, a lei estabelece determinadas garantias no que concerne ao arguido que é julgado na ausência. Notificação regular da data da audiência que permite, segundo a lei, julgar na ausência. Dever de o tribunal adiar a audiência quando é absolutamente indispensável a presença do arguido desde o seu início. Direito a prestar declarações e pedir que seja ouvido em 2.ª data ou outra agendada ou a agendar [isto sem prejuízo de o arguido renunciar expressamente através de declaração de consentimento de julgamento na sua ausência]. Mas, também, estabelece garantias em relação à comunicação da sentença e informação sobre o recurso.

§ 47 Primeira nota relevante é que o disposto nos n.ºs 5 e 6 aplica-se "no caso previsto nos n.ºs 2 e 3", ou seja, quando a audiência se inicia sem a presença do arguido. Deverá considerar-se abrangido, embora não o refira expressamente, o caso em que apesar do tribunal considerar absolutamente indispensável a presença do arguido, não consegue, depois, através das diligências encetadas, lograr a sua comparência, iniciando-se a audiência sem o mesmo. De todo modo, ao acentuar que para operar as especiais cautelas quanto à notificação e informação de recorrer a audiência terá que se ter iniciado sem a presença do arguido, significa, à *contrario*, que quando este está presente no início, mas depois, em determinado momento, ausenta-se, a sentença pode ser notificada nos termos gerais [apenas exigindo a lei que seja notificada ao Defensor que comparece à leitura da sentença, cf. arts. 332.º/5 e 373.º/3, v. anotação § 28 ao art. 332.º].

§ **48** Por outro lado, a lei não se basta com o início da audiência sem a presença do arguido, referindo expressamente que, para chamar à colação a notificação do n.º 5 deve ter havido "lugar a audiência na ausência do arguido" [toda a audiência, ac. STJ, 01.08.2017 (Rosa Tching)]. Ou seja, se apesar de não estar no início da audiência, entretanto, comparece, a lei já não exige estes formalismos adicionais em relação à notificação. Igualmente neste caso é de convocar o art. 373.º/3 que permite que faltando à leitura da sentença, o arguido se considerado representado e notificado na pessoa do Defensor.

§ **49** Em suma, a lei é muito clara quando à aplicabilidade das garantias especiais de notificação e de informação do direito de recurso: "No caso previsto nos n.os 2 e 3, havendo lugar a audiência na ausência do arguido". São dois requisitos distintos. Os n.ºs 2 e 3 por reporte a uma ausência no início da audiência. O segundo exigindo, não obstante, uma audiência na ausência do arguido. No fundo, a lei apenas considera justificável este formalismo no "julgamento de ausentes", entendido como aqueles casos em que o arguido não está presente em nenhuma sessão de julgamento, nem tampouco na leitura [também neste sentido, assim interpretando o art. 333.º/5, ac. STJ, 01.08.2017 (Rosa Tching), "situações em que o arguido está física e processualmente ausente, e por isso, o legislador não prescindiu da notificação da sentença ou acórdão ao arguido seja através de contacto pessoal"; ac. RE, 22.06.2021 (Fátima Bernardes)]. E daí que a jurisprudência dos Tribunais Superiores e Constitucional, convirjam no sentido de que, nos casos em que o arguido comparece a uma audiência, ou parte dela, já não se torna necessário as especiais cautelas impostas por estas normas (n.ºs 5 e 6) e aplica-se o art. 373.º/3, permitindo que faltando à leitura da sentença o arguido se considere representado e notificado na pessoa do Defensor [ac. RE, 22.06.2021 (Fátima Bernardes); o mesmo se diga quando o arguido se afasta da sala de audiência ou é determinado o seu afastamento por impossibilidade de estar em juízo ou motivos disciplinares (art. 332.º/4/5/6) ou quando o arguido consente na realização do julgamento na sua ausência (arts. 333.º/4 e 334.º/2), situações em que o arguido é representado na audiência pelo seu defensor e considera-se notificado da sentença depois desta ser lida perante este]. Os n.ºs 5 e 6 são normas pensadas para os casos em que o arguido se mantém totalmente alheado, abstraído, indiferente ao desenvolvimento do julgamento, sem qualquer presença (física, ou por meios de comunicação à distância, quando admissível), no mesmo. Já não quando comparece parcialmente, uma vez que, nestes casos, as demais "ausências" demonstram, em regra, a renúncia à presença.

§ 50 Escalpelizando um pouco mais as duas garantias impostas por lei atentemos primeiro ao modo/forma de notificação nestes casos de julgamento na ausência. Primeiro, para dizer que esta norma surge deslocalizada e exarceba a epígrafe. Na verdade, enquanto atinente ao modo de notificação deveria estar inserta no art. 113.º E, se atentarmos na epígrafe, em nenhum momento se alude ao modo da notificação de arguido julgado na ausência. Mas, prosseguindo, dita o n.º 5 que a "a sentença é notificada ao arguido logo que seja detido ou se apresente voluntariamente. O prazo para a interposição de recurso pelo arguido conta-se a partir da notificação da sentença." O que daí resulta é a necessidade de notificação por contacto pessoal [acs. RE, 22.06.2021 (Fátima Bernardes), RL, 09.11.2020 (Filipa Costa Lourenço), RG, 08.02.2021 (Armando Azevedo] e acs. TC 274/03 e 278/03]. Efetivada quando o arguido se apresenta voluntariamente em juízo. Ou é localizado fruto de diligências do tribunal, sendo notificado pessoalmente, normalmente por OPC. Em Portugal, ou no estrangeiro, através de mecanismos de cooperação internacional, ou pedindo colaboração de embaixadas ou consulados. Por via do n.º 7 resulta que pode ser utilizado como mecanismo de coerção a multa. Poderá conceber-se uma situação em que se notifique o arguido para se apresentar em juízo para ser notificado sob pena de multa. Ou interpelado pessoalmente, recusa-se a ser notificado. Aliás, a detenção apenas se pode conceber em casos mais extremos de resistência. Por regra, a notificação por contacto pessoal, sem qualquer detenção bastará. Apenas nos casos em que localizado o paradeiro, o arguido procura fugir, inviabilizar a notificação ou de qualquer modo tenta evitá-la, poderá ser detido pelo tempo estritamente necessário para ser notificado (n.ºs 5 e 7). Se a resistência for ao ponto de não permitir executar a notificação e este não querer assinar, este comportamento não poderá redundar em favor do infrator, sendo que, nesses casos, assiste-se a um comportamento que impede o cumprimento do n.º 5 e consiste numa renúncia ao mesmo. Bastará a notificação do Defensor em sua representação [ou, quanto muito, acompanhada de notificação por via postal simples para morada que indicou no TIR]. No fundo, assiste-se a uma renúncia do arguido à garantia conferida pelo n.º 5.

§ 51 Da compatibilização entre os arts. 113.º/10 196.º/3/c, 325.º/5/6, 332.º/5/6, 333.º/5, 334.º/2/6 e 373.º/3, resultam os seguintes tópicos: 1) a lei estabelece uma norma especial para a leitura de sentença: é lida publicamente perante arguido e seu Defensor [não sendo de afastar que, em determinadas situações, o arguido assista à leitura por meios de comunicação à distância, v. §6, § 39, v. anotação § 9 ao art. 332.º e §20 ao art. 334.º]; 2) para a diligência de leitura da sentença existe o dever de notificar o arguido (que pode ser por via postal simples para a morada que consta do TIR), exceto se for patente uma renúncia do arguido (§20); 3) se notificado para estar presente o arguido não o faz, a lei determina que se considere o mesmo representado por Defensor e notificado da sentença, nos termos do art. 373.º/3; 4) o art. 373.º/3 dispensa que se notifique o arguido, mesmo que por via postal simples para a morada do TIR; 5) na compatibilização com o art. 113.º/10, que alude a que a sentença também deve ser notificada ao arguido deverá entender-se o seguinte: a) permite-se a notificação ao arguido *na pessoa do Defensor*; b) o arguido é notificado para a leitura da sentença; ao não comparecer e sabendo da leitura da sentença, igualmente conhecendo, pela prestação do TIR, que se encontra representado por Defensor, está ciente que não se deslocando para ouvir a decisão isso não impede que seja lida, pelo que, terá de entrar em contacto com aquele, ou consultar o processo, e pedir que se lhe facultada cópia da sentença/acórdão se for sua *vontade* conhecer o teor da decisão (na verdade, pode manter uma postura de desinteresse); 6) em situações extremas que se entenda afrontar o processo equitativo poderá, para maior salvaguarda do arguido, concomitantemente com a notificação do Defensor, ser notificado por via postal simples com prova por depósito para a morada indicada no TIR (arts. 113.º/10 e 196.º); 7) o art. 373.º/3 deve ter uma leitura restritiva; como se escreve no ac. STJ, 16.02.2017 (Nuno Gomes da Silva), o art. 373.º/3 não se aplica em todas as situações em que o arguido não está presente na leitura da sentença/acórdão, mas apenas "àquelas situações em que o arguido muito embora ausente no ato de leitura da sentença está perante a lei considerado como se estivesse presente ou representado pelo defensor para todos os efeitos legais"; 8) para além dos casos previstos nos arts. 325.º/5/6, 332.º/5/6, 334.º/2/6, não se tratando de julgamento de ausente, tem aplicação o art. 373.º/3, bastando a notificação na pessoa de Defensor; 9) não existe julgamento de ausente se o arguido comparecer a uma sessão da audiência de julgamento ou à leitura da sentença; ausência significa alheamento absoluto no decurso da audiência e ato da leitura e não se equipara a ausência parcial ou, se quisermos, sob outro prisma, presença parcial; 10) a garantia adicional conferida por este art. 333.º/5 de exigir uma notificação da sentença por contacto pessoal é para as situações de julgamento na ausência, ou seja, em que o arguido nunca compareceu na audiência de julgamento, nem tampouco na leitura da sentença.

§ 52 Alude ainda o n.º 6 que na notificação prevista no número anterior o arguido é expressamente informado do direito a recorrer da sentença e do respetivo prazo. Trata-se, igualmente, de uma tutela adicional ao arguido julgado na ausência para que, na notificação por contacto pessoal, fique plenamente consciente que a sentença prolatada na sua ausência poderá ser sindicada por via de recurso. A notificação regular de sentença/acórdão de arguido julgado na ausência não se basta com a notificação por contacto pessoal, exigindo ainda o imposto no n.º 6, caso contrário ficará inquinada. Salienta o ac. STJ, 17.12.2014 (João Miguel) que como "o n.º 6 do art. 333.º do CPP não impõe formalidade especial quanto ao modo como deve ser cumprida a informação sobre "o direito a recorrer da sentença e do respectivo prazo", esta exigência mostra-se cumprida se o arguido "foi informado quer da sentença que o condenou, da qual recebeu cópia, quer da possibilidade de dela interpor recurso dentro do prazo de 30 dias, a contar da notificação."

§ 53 Em relação à contagem do prazo de recurso, tratando-se de julgamento na ausência, o mesmo apenas se inicia com a notificação da sentença/acórdão por contacto pessoal do arguido, sob pena de afronta às garantias de defesa de arguido e direito efetivo ao recurso [ac. STJ, 5.12.2019 (Margarida Blasco), acs. TC 274/03 e 278/03]. Pelo que, não pode, enquanto não se efetivar essa notificação por contacto pessoal, em caso algum, considerar-se a decisão transitada em julgado [impossibilitando, o recurso de revisão, que pressupõe esse trânsito, cf. assinala ac. STJ, 03.04.2008 (Simas Santos)], exceto se for absolutória [art. 467.º/2], mas, também aqui, apenas no caso de MP, assistente [ou parte civil, no segmento civilístico], não interporem recurso para agravamento de sanção (no caso de demandante cível da indemnização) ou reversão da absolvição, pois, se assim for, a contagem do prazo de resposta do arguido sempre dependerá da sua notificação por contacto pessoal [art. 411.º/7, ac. RL, 09.11.2020 (Filipa Costa Lourenço)].

§ 54 Se, antes da notificação por contacto pessoal do arguido, for interposto recurso pelo Defensor nomeado ou constituído, ou este deduzir resposta, a "admissão do recurso e a apreciação do mesmo, nessas circunstâncias, são prematuras, ocorrendo circunstância que obsta ao conhecimento do mesmo, no tribunal de recurso, qual seja a de o arguido julgado na ausência não se mostrar notificado da sentença em causa contra si proferida" [acs. STJ, 5.12.2019 (Margarida Blasco), RL, 09.11.2020 (Filipa Costa Lourenço)]. É prematuro, porque o despacho de admissão do art. 414.º pressupõe a notificação regular do arguido nos termos assinalados. Se, não obstante, for admitido, o Tribunal Superior, ao abrigo do art. 420.º/1/b, deverá declarar a impossibilidade de conhecer do recurso, e determinar a baixa à 1.ª instância para diligenciar pela notificação por contacto pessoal [ac. RL, 09.11.2020 (Filipa Costa Lourenço)]. Se não o fizer, nunca se poderá concluir pelo trânsito em julgado, pelo que, se for ordenado o cumprimento de pena de prisão existe motivo para libertação através de *habeas corpus*.

§ 55 Em suma, se o defensor constituído ou nomeado apresentar recurso ou resposta, antes da notificação por contacto pessoal do arguido, como se referiu, deverá aguardar-se pela concretização desta antes do Tribunal se pronunciar sobre a admissibilidade do recurso. O que não pode é, desde logo, rejeitar um recurso ou resposta, apelando à extemporaneidade, com fundamento que foi apresentado antes da notificação por contacto pessoal. Sob pena de compressão intolerável do direito de defesa e de recurso (art. 32.º/1 CRP), o referido ato processual é válido, mas a sua eficácia fica dependente da notificação por contacto pessoal, devendo-se aguardar pela sua efetivação "aproveitando-se o ato praticado pelo seu defensor, a não ser que o arguido lhe retire a eficácia nos termos previstos no art. 63.º, n.º 2, do CPP ou apresente novo requerimento de interposição de recurso" [ac. RG, 25.05.2020 (Jorge Bispo)]. Considerar-se o mesmo inadmissível e de nenhum efeito, porque foi apresentado antes da notificação do arguido, e sem este lhe retirar eficácia, seria compressor das suas garantias de defesa, colidiria com o princípio do aproveitamento da prática de atos processuais, colidiria com o processo equitativo, negando o recurso por questões de formalidade, consubstanciando uma restrição desproporcional, sem justificação plausível, uma vez que a apresentação de recurso não implica, por si, um incidente que retarde o andamento dos autos [pelo contrário, poderá vir a permitir maior celeridade, se o arguido notificado pessoalmente vier firmar nos autos que prescinde do prazo e adere ao recurso entretanto apresentado. Num plano oposto, a declaração do defensor nomeado ou constituído a prescindir de recurso não tem nenhum efeito até o arguido ser notificado por contacto pessoal. Como assinala, Paulo Pinto de Albuquerque, 2008, p. 838, "a sentença não transita ainda, porquanto o arguido pode retirar eficácia ao ato do defensor (artigo 63.º, n.º 2), razão pela qual ele deve ser notificado da sentença e da declaraçãodo defensor."].

VI – Instrumentos coercivos, representação por Defensor e conexão de processos.

§ 56 Refere o n.º 7 que "É correspondentemente aplicável o disposto nos artigos 116.º, n.ºs 1 e 2, e 254.º e nos n.ºs 4 e 5 do artigo seguinte." A primeira parte reporta-se à admissibilidade legal de utilização de instrumentos coercivos (multa e detenção) nos segmentos normativos do artigo em que seja necessário. Por exemplo diligências para fazer comparecer o arguido no início da audiência. Quando falta injustificamente. Ou diligências para notificação. Para outros desenvolvimentos v. anotações §§ 28 a 33, anotação § 35 ao art. 332.º, e anotações aos arts. 116.º (Tomo I) e 254.º (Tomo II). Quanto à 2.ª parte da norma, da remissão resulta que quando a audiência tiver lugar na ausência do arguido, este é sempre representado, para todos os efeitos possíveis, pelo Defensor (art. 334.º/4) e em caso de conexão de processos, os arguidos presentes e ausentes são julgados conjuntamente, salvo se o tribunal tiver como mais conveniente a separação de processos (art. 334.º/5).

VII – Menores, pessoas vulneráveis, sem capacidade processual e pessoas coletivas ou entidades equiparadas

§ 57 No caso dos menores, em virtude da sua vulnerabilidade, não se basta a lei com lei com o seu direito à comparência. Os menores têm o direito a comparecer *acompanhados*. Assim, ao abrigo do art. 61.º/1/i), o menor, durante a audiência de julgamento, tem direito a ser acompanhado "pelos titulares das responsabilidades parentais, pelo representante legal ou por pessoa que tiver a sua guarda de facto ou, na impossibilidade de contactar estas pessoas, ou quando circunstâncias especiais fundadas no seu interesse ou as necessidades do processo o imponham, e apenas enquanto essas circunstâncias persistirem, por outra pessoa idónea por si indicada e aceite pela autoridade judiciária competente". Note-se que este direito ao acompanhamento é distinto do direito à presença do menor. Visa apenas garantir melhor a defesa do menor, quando confrontado com o sistema de justiça, pela sua maior imaturidade, fragilidade e vulnerabilidade. Assim, se comparecer o representante, mas não o menor, estamos perante julgamento na ausência. No mais, aplicam-se sem desvios, os normativos deste art. 333.º, sem prejuízo de maior atenção do Tribunal para situações de desproteção por via da menoridade.

§ 58 Este direito ao acompanhamento existe em outros casos de vulnerabilidade, nomeadamente as situações que tornam o arguido incapaz de, por si, exercitar os seus direitos de defesa. Nestes casos tem o direito a ser acompanhado no julgamento por representante nomeado pelo Tribunal ou pessoa idónea (para outros desenvolvimentos v. anotações ao art. 332.º).

§ 59 Também a pessoa coletiva ou equiparada tem o direito a estar presente na audiência de julgamento (art. 61.º/1/a e 332.º/1), nomeadamente para poder ali exercer o direitos previstos no art. 61.º/1, através do seu representantes (art. 61.º/7). A representação da pessoa coletiva ou entidade equiparada encontra-se disciplinada no art. 57.º/5 a 8 (remete-se outros desenvolvimentos para a respetiva anotação, Tomo I). Pelo que, aquela considera-se ausente quando o seu representante não comparece. No mais, aplicam-se sem desvios, os normativos deste art. 333.º, sem prejuízo das necessárias adaptações que se imponham. Conforme decorre do art. 12.º/2 CRP as "pessoas coletivas gozam dos direitos e estão sujeitas aos deveres compatíveis com a sua natureza".

VIII – Consequências do incumprimento

§ **60** A realização de audiência de julgamento sem a presença do arguido, quando não se verificam os motivos que permitem que a mesma se inicie ou desenrole sem aquele comparecer [para os casos em que é admissível v. anotações *supra* e ao art. 332.º], consubstanciam uma nulidade insanável, cf. art. 119.º/c , que deve "ser declarada oficiosamente nos termos do art. 122.º, do CPP" [ac. STJ, 31.01.2019 (Helena Moniz)]. A nulidade insanável abarca, igualmente, a falta de notificação [ac. STJ, 09.04.2015 (Francisco Caetano)], ou a não notificação regular do arguido para a audiência de julgamento [ac. STJ, 07.04.2010 (Raúl Borges), num caso em que o arguido foi notificado das sessões de julgamento para uma morada de um pretérito TIR, sem atentar na alteração de residência devidamente comunicada, "Como não chegou a tomar conhecimento dos despachos que designaram as várias sessões do julgamento, o arguido não compareceu, sendo que tal situação não resultou da sua inércia ou desresponsabilização, mas antes da omissão de ato processual da notificação na morada por ele indicada."]. Ou seja, situações em que foi omitida a notificação devida, ou não foi efetivada nos moldes que permitem o início da audiência sem a presença do arguido. Sobre o conceito de notificação regular v. §§ 8 a 18. Igualmente se verifica a nulidade insanável, por afronta ao n.º 2, no caso de arguido preso, cuja notificação no EP, e requisição a este para assegurar o transporte e presença em julgamento não tiver sido realizada.

§ **61** Assim, sob pena de incorrer em nulidade insanável, o primeiro passo do Tribunal será verificar da regularidade da notificação de arguido pessoa singular ou pessoa coletiva ou equiparada. Se não tiver regularmente notificado deverá diligenciar para que a notificação seja efetivada nos termos legais. A notificação *regular* é aquela que habilita a um julgamento na ausência do arguido, pelo que, este pode ter sido notificado através de uma das modalidades previstas na lei (*v.g.* por contacto pessoal), mas se não tiver prestado TIR e não comparecer, não pode dar-se início à audiência, sob pena de nulidade insanável. Exceto se, no caso de notificação por contacto pessoal, lhe tiver sido feita a advertência da possibilidade de julgamento na ausência e sua representação por Defensor (sobre as questões da regularidade da notificação v. § 8 a 18). Em suma, o início do julgamento sem a presença do arguido sem uma notificação regular é fulminada com uma nulidade insanável. Naturalmente que se, não obstante, o arguido comparecer, não existirá nulidade, já que falta a premissa: ausência do arguido.

§ **62** Após verificar da regularidade da notificação o Tribunal tem de fazer um segundo juízo. Pode dar início à audiência? Dita a lei que essa possibilidade impõe que se conclua no seguinte sentido: a presença do arguido desde o início da audiência não é absolutamente indispensável para a descoberta da verdade. Pelo que, se não se verificar esse pressuposto, também estaremos perante uma nulidade insanável. No pólo oposto, se o Tribunal adia o início da audiência, quando poderia iniciá-la, estamos perante uma irregularidade (art. 123.º).

§ **63** Note-se, como se referiu *supra*, que ao Tribunal apenas é exigivel diligenciar pela presença, pelos mecanismos de apuramento de paradeiro e instrumentos coercivos que estejam ao seu dispor. Assim, não sendo possível localizar o arguido, está evidenciado nos autos que é impossível lograr assegurar a comparência, ou quando os mecanismos coercivos não são suficientes para quebrar uma vontade firme em não se deslocar à audiência [*v.g.* mesmo no caso mandados de detenção pode equacionar-se da (des) proporcionalidade do uso de força quando o arguido resiste], então o julgamento pode realizar-se na sua ausência, já que, a esfera normativa da nulidade insanável não abarca as situações em que, por comportamento imputável ao arguido, é impossível na prática conseguir que compareça em audiência.

§ **64** Nulidade insanável também serão os casos em que o arguido comparece no início, ou no decurso da audiência e, sem motivo atendível, o tribunal o *impede* de assistir ao julgamento e ali prestar declarações.

§ **65** De nulidade insanável se trata, igualmente, quando o tribunal não permite que o arguido preste declarações na segunda data, se tal for requerido. Se não tiver sido requerido, a audiência poderá ser encerrada, não existindo qualquer impedimento legal nesse sentido.

§ 66 O julgamento na ausência do arguido pressupõe que ele esteja regularmente notificado para todas as datas agendadas ou a agendar. Apenas será de admitir o julgamento na ausência, quando não é notificado para segunda data ou sessões de continuação, se os autos revelam que se trataria de ato inútil ou o seu comportamento demonstra um completo desinteresse em estar presente [ac. STJ, 30.01.2020 (Margarida Blasco), negando a existência de nulidade, quando o arguido notificado para as duas primeiras sessões de julgamento, não comparece, a Defensora está presente e não requereu a prestação de declarações, sendo que nessas sessões de julgamento em que estava ausente designaram-se mais duas outras sessões de continuação e leitura de sentença, de que não foi notificado, argumentando-se que se "*não fosse o desinteresse manifestado pelo arguido aquando da realização das primeira e segunda datas designadas para julgamento, com a sua ausência, o mesmo estaria ciente que o julgamento continuava com mais duas sessões e uma última sessão para leitura do acórdão.*"; conclui-se que "*inexiste qualquer interpretação dos preceitos legais ou constitucionais que imponham a notificação ao arguido de todas as datas de continuação de julgamento, quando o arguido nas primeiras datas de julgamento não esteve presente e nada requereu ao processo ou manifestou qualquer interesse na sua audição, sendo que em todas as sessões de julgamento esteve representado pelo sua Defensora oficiosa. As garantias de defesa do arguido a que alude o art. 32.º, da CRP, foram asseguradas com a notificação pessoal do arguido das duas datas designadas para julgamento, nos termos do disposto nos arts. 312.º e 313.º, que se realizaram efectivamente e com a presença da Defensora oficiosa nomeada em todas as sessões de julgamento*". No mesmo sentido, ac. RC, 08.05.2018 (Maria Pilar de Oliveira), assinalando que a nulidade (insanável) prevista na al. c) do art. 119.º "*supõe, necessariamente, que não tenha sido o próprio arguido a inutilizar o seu direito a estar presente na audiência de julgamento, através do incumprimento das obrigações decorrentes do TIR e, mormente, do ónus de comunicar a mudança de residência, de molde a permitir a efectivação da notificação*", pelo que "*Documentado nos autos, como no caso apreciado, que o arguido se encontra em local desconhecido e que não é possível dar-lhe conhecimento efetivo das datas da audiência de julgamento, seria destituído de qualquer sentido considerar obrigatório, sob pena de nulidade, expedir aviso postal para morada que já não é a do destinatário.*", "*Com efeito, a conjugação das disposições legais vertidas nos artigos 196.º, n.º 3, al. d), e 333.º, do CPP, determina a asserção de que, a notificação (por meio de aviso postal simples para a morada indicada) é indispensável ao início da audiência, não o sendo, contudo, para a sua continuação, sempre que ocorra incumprimento das obrigações decorrentes do TIR.*"; também o

TJUE e TEDH têm considerado legítimo o julgamento na ausência, sem direito a *retrial*, quando o arguido atua deliberadamente de modo a evitar receber oficialmente as informações relativas à data e ao local do julgamento, v. § 18 para outros desenvolvimentos v. anotação ao art. 196.º, Tomo III].

§ 67 Nos casos em que o arguido tem direito a estar acompanhado, e não está, estamos perante uma irregularidade, exceto se afrontar o processo equitativo, caso em que, por analogia com o art. 120.º, se deve considerar uma nulidade insanável (sobre a possibilidade de a violação de direitos fundamentais ou processo equitativo poder despoletar a nulidade, apesar de não expressamente prevista, João Conde Correia, anotação § 8 ao art. 118.º, Tomo I).

§ 68 Em relação à notificação da sentença/acórdão, se o arguido compareceu a alguma sessão de julgamento, mesmo que parcialmente, e estando notificado para a diligência de leitura [será de admitir a inexistência de notificação ao arguido se os autos revelam que se trataria de ato inútil ou o seu comportamento demonstra um completamente desinteresse em estar presente, cf. ac. STJ, 30.01.2020 (Margarida Blasco)], é admissível a notificação na pessoa do Defensor, ao abrigo do art. 373.º/3 [ac. STJ, 01.08.2017 (Rosa Tching), salientando que é situação distinta da disciplinada no art. 333.º/5, que se reporta a casos em que "toda a audiência de julgamento decorre na ausência do arguido nos termos do n.º 2 deste mesmo artigo" (...) "situações em que o arguido está física e processualmente ausente, e por isso, o legislador não prescindiu da notificação da sentença ou acórdão ao arguido seja através de contacto pessoal", v., também, ac. TC 378/2003].

§ 69 A jurisprudência do TC, nomeadamente através da correlação entre as garantias de defesa do arguido e direito de recurso, previsto no art. 32.º/1 CRP, e o art. 373.º/3, tem afirmado que é conforme à CRP considerar-se o arguido notificado da sentença condenatória, na diligência de leitura que não compareceu, na pessoa do seu defensor nomeado ou constituído, nas seguintes situações: a) o arguido, tendo estado presente na audiência de produção de prova, na qual foi marcada a data para a leitura da sentença, não compareceu na audiência em que se procedeu a essa leitura, à qual assistiu defensor indicado pelo seu anterior defensor para o substituir (ac. TC 429/2003); b) arguido, que estivera presente na audiência de julgamento e fora notificado da data da leitura da sentença, mas faltara a esta sessão de leitura, considera-se notificado com a leitura da sentença feita perante o primitivo defensor nomeado ou perante advogado constituído (ac. TC 378/2003); c) com o depósito da sentença na secretaria do tribunal, o arguido que, justificadamente, não esteve presente na audiência em, que se procedeu à leitura pública da mesma, deve considerar-se notificado do seu teor, para o efeito de, a partir desse momento, se contar o prazo para recorrer da sentença, se, nessa audiência, esteve presente o seu mandatário (ac. TC 109/99); d) o arguido apenas não assistiu ao ato de leitura da sentença; esteve presente na audiência de produção de prova, na qual foi marcada a data da leitura da sentença, na qual não esteve presente, apenas defensor oficioso que acompanhou a audiência de julgamento; a sentença foi depositada no mesmo dia (ac. TC 545/2003); e) os arguidos e um defensor nomeado estão presentes à leitura da sentença, mas o advogado constituído falta e é posteriormente notificado dela, o prazo de interposição de recurso conta-se a partir do depósito da sentença na secretaria (ac. TC 36/04); f) arguido requereu para ser dispensado de comparecer na audiência e sentença foi notificada ao defensor, que esteve presente na audiência de julgamento e na diligência para leitura da sentença (ac. TC 111/2007); g) a arguida esteve presente na primeira audiência de julgamento, mas já não na segunda. Nesta, em que foi designada a data de leitura da sentença, esteve representada pela primitiva defensora oficiosa. Quer a arguida, quer esta defensora, não compareceram à audiência de leitura da sentença, produzida perante defensor oficioso nomeado para o ato. Ou seja, a data da leitura da sentença foi notificada apenas à primitiva defensora e a sentença lida perante um outro defensor, constituído no ato (ac. TC 489/2008); h) arguido apenas ausente na audiência em que se procedeu à leitura da sentença, representado por primitivo defensor do arguido. O defensor que assistiu à leitura e notificado da sentença foi o mesmo que participou na audiência de julgamento e acompanhou integralmente a produção da prova. [ac. TC 483/2010]. Em todos estes casos afasta-se a aplicabilidade do art. 333.º/5 (que exige uma notificação por contacto pessoal do arguido), que se reporta a casos em que "toda a audiência de julgamento decorre na ausência do arguido" [ac. STJ, 01.08.2017 (Rosa Tching)].

§ 70 A jurisprudência do TC não é cristalina, tem algumas flutuações, sendo certo que muito depende do caso em concreto. Como ponto comum se dirá que o TC atenta, desde logo, no comportamento do arguido. Ou seja, aferir se um arguido "medianamente diligente, colocado numa situação como aquela" que "se verificou", teria conhecimento" de que foi proferida a "sentença condenatória, sentença que lhe era facilmente acessível em tempo útil" (ac. TC 429/2003). Se o mesmo terá de ser notificado do dia da leitura da sentença, não é uniforme a jurisprudência do TC. Conforme resulta *supra* os acs. 378/2003, 429/2003, 483/2010 e 484/2010 assinalam para o seu juízo de conformidade com a CRP a presença nos atos de produção de prova, onde o arguido foi notificado da leitura da sentença. No entanto, não é erigido como condição indispensável. Por exemplo, nos acs. TC 545/2003 e 489/2008, o arguido não esteve presente na sessão em que foi designada leitura. Já a presença do defensor constituído ou nomeado no ato da leitura é um requisito imprescindível para o juízo de não inconstitucionalidade. O facto de o arguido se considerar notificado na pessoa do defensor, aliado ao depósito da decisão tem sido considerado como bastante para garantir que o arguido efetivamente se pode defender. Assinala-se que o recurso não deixa de ser uma juízo técnico do defensor, ou seja, "a decisão sobre a eventual utilidade ou conveniência de interpor recurso, em regra, depende mais do conselho do defensor do que, propriamente, de uma ponderação pessoal do arguido" (ac. TC 109/99) e o arguido "tem o ónus, que não se afigura excessivo – de entrar em contacto com o mandatário constituído, por forma a este vir a conhecer a decisão, a repensar, reflectir, ponderar e decidir sobre a conveniência de interpor recurso da mesma" (ac. TC 36/04). Nestes casos não se pode concluir por "um encurtamento inadmissível das possibilidades de defesa do arguido" (ac. TC 61/88). E tem concluído a jurisprudência do TC que a garantia ao recurso, contemplado no art. 32.º/1 CRP, não tutela situações de negligência grosseira, desinteresse no desfecho do julgamento, ou seja, no fundo importa questionar se um arguido diligente teria tido oportunidade de conhecer a decisão, o que implica um dever de acompanhamento e interesse no desenrolar processual, contactar com o defensor para se informar do teor do decidido, ou obter essa informação junto do tribunal (o que implica, naturalmente, o depósito) (acs. 378/2003, 489/2008 e 483/2010).

§ 71 Questão intrinsecamente relacionada com a notificação é o da contagem do prazo. Tem sido afirmado pela jurisprudência constitucional que o depósito da sentença condenatória é condição essencial para início (acs. TC 109/99 e 186/04), mesmo se "o advogado constituído falta e é posteriormente notificado dela" (ac. TC 36/04). Não bastando o depósito quando o julgamento é na ausência, já que nesses casos a contagem do prazo de recurso é deste a notificação pessoal (ac. TC 312/2005). Nem quando se impugne a matéria de facto, devendo contar-se o prazo de recurso desde a disponibilização das gravações, tempestivamente requeridas (ac. TC 545/06, para outros desenvolvimentos sobre esta matéria v. anotação ao art. 101.º, Tomo I). Nem se pode contar ininterruptamente desde o depósito "no caso de recusa de interposição do recurso por parte do defensor oficioso nomeado, cuja substituição foi requerida, o que foi deferido por o tribunal a *quo* considerar existir justa causa para essa substituição" (ac. TC 159/04). Tratando-se de julgamento na ausência o início da contagem do prazo de recurso implica a notificação por contacto pessoal do arguido, dela dependendo o trânsito em julgado. Sob pena de afronta às garantias de defesa e direito efetivo ao recurso, em caso algum se poderá atentar ao depósito, cf. art. 333.º/5 "a decisão é notificada pessoalmente ao arguido" e o prazo para a interposição do recurso conta-se "a partir dessa notificação, não se distinguindo entre ausência justificada ou injustificada nem exigindo o apuramento dos motivos da ausência" (ac. TC 312/05). Para outros desenvolvimentos v. §§ 46 a 55.

TIAGO CAIADO MILHEIRO

Artigo 334.º

Audiência na ausência do arguido em casos especiais e de notificação edital

1 – Se ao caso couber processo sumaríssimo mas o procedimento tiver sido reenviado para a forma comum e se o arguido não puder ser notificado do despacho que designa dia para a audiência ou faltar a esta injustificadamente, o tribunal pode determinar que a audiência tenha lugar na ausência do arguido.

2 – Sempre que o arguido se encontrar praticamente impossibilitado de comparecer à audiência, nomeadamente por idade, doença grave ou residência no estrangeiro, pode requerer ou consentir que a audiência tenha lugar na sua ausência.

3 – Nos casos previstos nos n.ºs 1 e 2, se o tribunal vier a considerar absolutamente indispensável a presença do arguido, ordena-a, interrompendo ou adiando a audiência, se isso for necessário.

4 – Sempre que a audiência tiver lugar na ausência do arguido, este é representado, para todos os efeitos possíveis, pelo defensor.

5 – Em caso de conexão de processos, os arguidos presentes e ausentes são julgados conjuntamente, salvo se o tribunal tiver como mais conveniente a separação de processos.

6 – Fora dos casos previstos nos n.ºs 1 e 2, a sentença é notificada ao arguido que foi julgado como ausente logo que seja detido ou se apresente voluntariamente. O prazo para a interposição do recurso pelo arguido conta-se a partir da notificação da sentença.

7 – Na notificação prevista no número anterior o arguido é expressamente informado do direito a recorrer da sentença e do respetivo prazo.

8 – É correspondentemente aplicável o disposto nos artigos 116.º, n.ºs 1 e 2, e 254.º

Origem do texto: corresponde à redação originária aprovada pelo DL 78/87, com as alterações introduzidas pela L 59/98, de 25.08, DL 320-C/2000, de 15.12 e L 26/2010, de 30.08. A L 59/98 procedeu a diversas alterações. Manteve o n.º 1 na redação originária que, aliás, se mantém até à data. No n.º 2 acrescentou o "nomeadamente". Já os n.ºs 3 e 4 da redação originária tinham o seguinte teor: "3 – Sempre que a audiência tiver lugar na ausência do arguido, este é representado, para todos os efeitos possíveis, pelo defensor. 4 – Se o tribunal vier a considerar absolutamente indispensável a comparência do arguido, ordena-a, interrompendo ou adiando a audiência, se isso for necessário." A L 59/98 transitou o n.º 3 para o n.º 6. Em relação ao n.º 4 introduziu no início da norma os seguintes dizeres: "Nos casos previstos nos n.ºs 1 e 2" e substituiu "comparência" por "presença.". O n.º 3 passou a ter a seguinte redação: "Se não for possível notificar o arguido sujeito a termo de identidade e residência do despacho que designa dia para a audiência, previsto nos artigos 313.º e 333.º, n.º 2, o arguido é notificado daquela data por editais, com a cominação de que será julgado na ausência caso não esteja presente. É correspondentemente aplicável o disposto no artigo 335.º, n.º 2". Para além do referido n.º 6 acrescentaram-se os números 5, 7, 8 e 9, com os seguintes teores: "5 – No caso previsto no n.º 3, havendo lugar a audiência na ausência do arguido, se o processo for da competência do tribunal colectivo ou do júri, o julgamento é realizado em tribunal singular, pelo juiz que devesse presidir ao tribunal colectivo ou do júri. 7 – Em caso de conexão de processos, os arguidos presentes e ausentes são julgados conjuntamente, salvo se o tribunal tiver como mais conveniente a separação de processos. 8 – Fora dos casos previstos nos n.ºs 1 e 2, a sentença é notificada ao arguido que foi julgado como ausente logo que seja detido ou se apresente voluntariamente. O prazo previsto no artigo 380.º-A, n.º 1, conta-se a partir da notificação da sentença. 9 – É correspondentemente aplicável o disposto nos artigos 116.º, n.os 1 e 2, e 254.º" O DL 320-C/2000 eliminou os n.ºs 3, 5 e parte final do n.º 8 – "O prazo previsto no artigo 380.º-A, n.º 1, conta-se a partir da notificação da sentença." Procedeu à renumeração, sendo que os anteriores n.ºs 6, 7, 8 e 9 passaram a ser os 4, 5, 6 e 7. Por fim a L 26/2010 acrescentou ao n.º 6 ("Fora dos casos previstos nos n.os 1 e 2, a sentença é notificada ao arguido que foi julgado como ausente logo que seja detido ou se apresente voluntariamente"), "O prazo para a interposição do recurso pelo arguido conta-se a partir da notificação da sentença." e aditou o atual n.º 7, renumerando o anterior n.º 7, que passou a ser o n.º 8.

Sumário do comentário:

I – Âmbito de previsão e aplicação da norma

§ 1 Este artigo disciplina sobre outras situações que admitem o julgamento na ausência do arguido para além daquelas regulamentadas no artigo precedente (para maiores desenvolvimentos remete-se anotações para o comentário anterior).

§ 2 Como primeira nota importa assinalar que a epígrafe diz mais do que a atual redação o permite. Atenta a mesma, a norma regeria sobre a "Audiência na ausência do arguido em casos especiais e de notificação edital". Esses casos especiais estão previstos nos n.ºs 1 e 2. Já a audiência na ausência do arguido em caso de notificação edital não está contemplada no artigo. Efetivamente, na redação da L 59/98, firmava o n.º 3 que "*Se não for possível notificar o arguido sujeito a termo de identidade e residência do despacho que designa dia para a audiência, previsto nos artigos 313.º e 333.º, n.º 2, o arguido é notificado daquela data por editais, com a cominação de que será julgado na ausência caso não esteja presente. É correspondentemente aplicável o disposto no artigo 335.º, n.º 2*". Esse n.º 3 foi eliminado pelo DL 320-C/2000. Na verdade, encontra-se agora plasmado no art. 333.º a possibilidade do arguido que prestou TIR ser julgado na ausência. A notificação edital fica reservada para outros casos em que se desconhece o paradeiro do arguido e forma de tentar chamá-lo a juízo, antes da implementação de medidas mais severas como a declaração de contumácia (v. anotação ao art. 335.º). Pelo que, a epígrafe para refletir atualisticamente o verdadeiro conteúdo da norma deveria somente referir "Audiência na ausência do arguido em casos especiais".

§ **3** Ainda no plano da comparação com a epígrafe do artigo que a precede (art. 333.º que menciona "Falta e julgamento na ausência do arguido notificado para a audiência"), prescinde-se da menção dos dizeres "notificado para a audiência". Isto porque, ao contrário do art. 333.º que impõe a regularidade da notificação (entendida como aquela que admite o julgamento na ausência, v. comentário ao art. 333.º), o art. 334.º permite julgamentos na ausência sem aquela, como melhor veremos.

II – Audiência na ausência do arguido em casos especiais

§ **4** A audiência na ausência do arguido em casos especiais a que se refere a epígrafe são aquelas a que se reporta os n.ºs 1 e 2. Em síntese, configuram as seguintes situações: a) reenvio de processo sumaríssimo para a forma comum *e* o arguido não puder ser notificado do despacho que designa dia para a audiência ou faltar a esta injustificadamente; b) casos em que o arguido se encontra praticamente impossibilitado de comparecer à audiência.

III – Processo sumaríssimo reenviado para a forma comum

§ **5** No que se reporta à interpretação dos dizeres "Se ao caso couber processo sumaríssimo", a melhor interpretação é a propugnada por Maia Gonçalves, 2001, p. 642, no sentido de que o *"disposto no n.º 1 deve ser interpretado conjuntamente com o que se dispõe nos arts. 396.º a 398.º sobre processo sumaríssimo, e ainda levando-se em conta a orientação do Código de que nos casos das chamadas bagatelas penais, não puníveis em regra com pena de prisão, pode ser lícita a realização da audiência sem a presença do arguido. Assim, a disposição deste n.º 1 só se aplica nos casos em que, em regra, seria aplicável processo sumaríssimo, isto é, naqueles casos em que só se não usa esse processo porque o arguido não aceitou as sanções propostas pelo MP ou não compareceu nem se fez representar. Se o juiz rejeitou o requerimento do MP para aplicação da pena em processo sumaríssimo por outro fundamento, não se aplica o n.º 1 deste art. 334.º, e será exigida ou não a presença do arguido na audiência a realizar em processo comum, conforme as regras gerais."*. Ou seja, a aplicabilidade do n.º 1 reporta-se às situações em que o juiz admitiu que se verificam os pressupostos do processo sumaríssimo (é esta a interpretação do segmento "Se ao caso couber processo sumaríssimo"), mas o mesmo foi reenviado, o que ocorre quando o arguido deduz oposição (art. 398.º, para outros desenvolvimentos v. respetiva anotação). Nas demais situações de reenvio (art. 395.º), segue-se o regime geral do art. 333.º Aliás, só assim se perceberia a alusão a casos "especiais" que admitem um julgamento na ausência mais amplo (do que o art. 333.º). Na verdade, apenas nestas situações o arguido teve conhecimento de que foi formulada uma acusação contra si, que tinha possibilidade de se opor, mais sendo informado da atribuição de Defensor. Tudo através de contacto pessoal (art. 396.º/2), mesmo que previamente não tenha prestado TIR (o que pode ocorrer, já que o arguido pode não ter sido ouvido anteriormente, v. anotação ao regime do processo sumaríssimo, ou ter sido ouvido, e, por um qualquer motivo, não o ter prestado). Pelo que, na posse desta informação, o seu grau de diligência, previsivelmente, terá de ser maior. Ou seja, se quisermos, aquele que sabe que foi movido um processo contra si, ainda que sumaríssimo, terá a preocupação de acompanhar os ulteriores termos, face à sua oposição. Por iniciativa própria. Ou contactando com o Defensor.

§ **6** Enunciam-se duas hipóteses de julgamento na ausência no caso de reenvio do processo sumaríssimo para a forma comum em caso de oposição: 1) se o arguido não puder ser notificado do despacho que designa dia para a audiência; 2) faltar a esta injustificadamente.

§ 7 Dita o n.º 1 que o tribunal pode determinar que a audiência tenha lugar na ausência do arguido, no caso de reenvio do processo sumaríssimo para a forma comum nos termos assinalados, se o arguido não puder ser notificado do despacho que designa dia para a audiência. Uma norma aparentemente simples suscita várias questões. Começamos, desde logo, pela interpretação do segmento "o arguido não puder ser notificado do despacho que designa dia para a audiência". Ora, essa impossibilidade de notificação apenas se afigura concebível, na prática, se o arguido não prestou TIR (deve entender-se *não puder ser notificado* como equivalente a *não puder* ser *regularmente notificado*). Na verdade, se porventura o prestou no âmbito do processo sumaríssimo, sempre será possível efetivar a notificação por via postal simples. Pelo que, nestes casos, deverá atentar-se ao regime geral do art. 333.º. Não tendo prestado TIR, e reenviado os autos para processo comum, ainda podemos prefigurar outras vicissitudes. Já dissemos que a notificação regular será por TIR. Mas se forem usadas outras modalidades (carta registada, contacto pessoal) e o arguido comparece à audiência, já não é necessário recurso a este artigo (que pressupõe a *ausência*). Apenas o será eventualmente em sessões de continuação a que não compareça e caso, entretanto, não preste TIR. Pelo que, em suma, será quando não prestar TIR que esta norma terá maior aplicabilidade, pois, nesses casos, é que se revelará, em regra, a impossibilidade de efetivar notificações regulares.

§ 8 Quando assim é pode ainda o tribunal, como referimos, tentar a prestação de TIR, ou a notificação por contacto pessoal ou carta registada. Mas se, não obstante, tal se revelar infrutífero e o arguido não comparecer em audiência, caímos precisamente na previsão legal. Não existe uma notificação válida para julgamento, revelando-se impossível. Nestes casos a lei permite, mas não impõe, que o Tribunal decida que a audiência se realize na ausência, afastando o regime geral da contumácia (cf. primeira parte do art. 335.º/1). Ou seja, a verdadeira especialidade do n.º 1 (e 2) é admitir um julgamento sem existir uma notificação regular do arguido por TIR para a audiência de julgamento, sem necessidade de notificação edital e declaração contumácia.

§ 9 Sem dúvida um regime mais célere, mas que pode suscitar questões de (in) constitucionalidade. Mesmo com a interpretação restritiva referida em § 5 no sentido de que apenas tem aplicabilidade em caso de oposição do arguido (sendo que, quanto aos demais casos de rejeição do processo sumaríssimo e reenvio para o processo comum, serão aplicáveis as regras gerais). Na verdade, afigura-se-nos que, nestes casos, para ficar a salvo de uma inconstitucionalidade, aquando da notificação por contacto pessoal no âmbito do processo sumaríssimo, e caso não tenha prestado TIR, o arguido deveria ser informado claramente da possibilidade de julgamento na ausência nos termos do art. 334.º e que se considerava representado por Defensor. Nestes casos seria de censurar o alheamento do destino dos autos. Inexistindo essa informação, e na falta de TIR (que informa claramente sobre a possibilidade de julgamento na ausência), existirão mais reticências em relação à conformidade com a CRP. Desde logo, a informação insuficiente não casa bem com as garantias de defesa do arguido tuteladas no art. 32.º/1 CRP. Não estando este ciente que a oposição pode determinar o julgamento na sua ausência nos casos em que não presta TIR ficaria numa situação mais desprotegida que o arguido que presta TIR. Acresce que a suportabilidade de se prescindir de uma notificação regular e a realização de um julgamento na ausência, apenas porque está em causa um *processo sumaríssimo*, que orientou este número 1, já nem sequer se pode dizer que seja um juízo atualístico do legislador. É que, ao contrário deste n.º que se tem mantido imutável, o processo sumaríssimo tem vindo a aumentar gradualmente a gravidade das penas (dos 6 meses da redação originária para os 3 anos de 98 e os 5 anos de 2007). Pelo que, nem sequer a gravidade da pena aplicável se revela, em regra, proporcional a uma restrição de tal monta às garantias de defesa. Acresce que a lei não prevê o direito a um *retrial*, o que se revelaria um importante fator para que o n.º 1 não colidisse com o processo equitativo [não obstante, esse direito a um novo julgamento é imposto pelos arts. 8.º/4 e 9.º Dir. UE 2016/343, de 9 de março (reforço de certos aspetos da presunção de inocência e do direito de comparecer em julgamento em processo penal), normas precisas e incondicionais com efeito direto na nossa ordem jurídica, cf. ressalta o ac. TJUE 19.05.2022, proc. C-569/2020, Rel. Constantinos Lycourgos, ECLI: EU:C:2022:401)].

§ **10** Talvez por isso, ao contrário do regime imperativo de julgamento na ausência do art. 333.º, o art. 334.º/1 refere que o tribunal *pode* determinar que a audiência tenha lugar na ausência do arguido. Faculdade que terá por escopo o ajustamento ao caso concreto e sopesar os interesses conflituantes. Uma válvula de segurança. Assim, entendemos que este despacho, necessariamente fundamentado ao abrigo do art. 97.º/5, prolatado oficiosamente ou a requerimento, apenas deverá admitir o julgamento na ausência em conformidade com o n.º 1 nos casos de um grau de desinteresse/negligência/alheamento intenso ou comportamento doloso do arguido para evitar o julgamento. Por exemplo, recusa-se a prestar TIR, caso em que a representação por Defensor do n.º 5 será o suficiente para acautelar as garantias de defesa [note-se que a jurisprudência do TJUE tem enquadrado no art. 8.º/2 Dir. UE 2016/343 – que admite julgamento do arguido na ausência, e a exequibilidade da decisão condenatória, sem direito a novo julgamento – quando "por atos deliberados e com a intenção de se subtrair à ação da justiça," impede as autoridades de o informarem "oficialmente e atempadamente da realização" do "julgamento", e/ou existem"indícios precisos e objetivos que a pessoa em causa, embora tenha sido informada oficialmente de que é acusada de ter cometido uma infração penal e, sabendo assim que seria realizado um julgamento contra ela, atua deliberadamente de modo a evitar receber oficialmente as informações relativas à data e ao local do julgamento", por exemplo, "comunicou voluntariamente um endereço errado às autoridades nacionais competentes em matéria penal ou já não esteja no endereço que comunicou" (ac. TJUE 19.05.2022, proc. C-569/2020, Rel. Constantinos Lycourgos, ECLI: EU:C:2022:401)].

§ **11** Se o juiz decidir não julgar na ausência ao abrigo do art. 334.º, e na falta de prestação de TIR (já que existindo, como referimos, é de seguir o regime geral do art. 333.º), deverá convocar-se a tramitação do art. 335.º, com notificação edital e eventual subsequente declaração de contumácia.

§ **12** Naturalmente que nestes casos não existe motivo para afastar a possibilidade permitida pelo art. 333.º do arguido prestar declarações se, entretanto, comparecer em audiência, ou requerer que seja ouvido em 2.ª data ou outra sessão que estava agendada.

§ **13** No que concerne à parte final do n.º 1 ("faltar a esta injustificadamente") diria-se que, *prima facie*, se revelaria, atualmente, uma excrescência, uma vez que ao abrigo do art. 333.º a falta injustificada do arguido regularmente notificado admite o julgamento na ausência. De todo modo, sendo o processo sumaríssimo remetido para processo comum, por via de oposição do arguido, estando este regularmente notificado, a falta injustificada e o julgamento na ausência, ao abrigo deste normativo, oferece em termos de letra de lei algumas *nuances*, cf. veremos adiante.

IV – Julgamento na ausência por consentimento do arguido

§ **14** Se o n.º 1 terá uma aplicabilidade muito residual, por aquilo que já referimos, o n.º 2 tem, sem dúvida, um alcance prático muito maior.

§ **15** Outro dos casos especiais previsto no n.º 2 é a realização de julgamento na ausência com o consentimento do arguido, conforme resulta da parte final daquele. Consentimento que pode ser por impulso do arguido a requerimento ("pode requerer") ou na sequência de uma interpelação do Tribunal nesse sentido ["pode" (...) "consentir"]. Despoletado oficiosamente, ou a requerimento de um dos sujeitos processuais.

§ **16** A declaração de consentimento que pode ser expressa ou tácita (se for concludente) (mas, em caso algum, se poderá atribuir ao silêncio do arguido o valor de consentimento), a requerimento, ou na sequência de resposta ao Tribunal, é um ato pessoal do arguido, excedendo os poderes de representação do Defensor. É uma decisão pessoal, e a lei pretende que exista uma manifestação do próprio nesse sentido. O que não afasta, parece-nos, que essa declaração seja prestada por terceiro, desde que por via de procuração que atribua poderes especiais para o efeito. Se for apresentado por Defensor sem poderes especiais para o efeito, será de se aplicar na medida do possível o art. 40.º CPC, devendo existir declaração pessoal de ratificação ou atribuição de poderes especiais para o efeito. No que concerne à formalidade é omissa a lei, pelo que vigora a liberdade de declaração. Poderá ser entregue pessoalmente no Tribunal, por correio, e-mail, meios de comunicação à distância, etc. Não tem de ser articulada. Mas deve fundamentar-se. A motivação bastante para que o Tribunal verifique se estamos perante uma situação que admite julgamento na ausência. Nada impedindo que o Tribunal convide a suprir insuficiências da declaração de consentimento. O consentimento deve ser livre e esclarecido, pelo que existindo razões para o Tribunal duvidar da espontaneidade da declaração, ou da existência de (in)capacidade para emitir tal declaração ou qualquer vício na vontade (coação, erro, declaração não séria), não se verifica um consentimento válido para um julgamento na ausência ao abrigo deste artigo. Se necessário o Tribunal pode realizar diligências para melhor apuramento desta temática, enquanto questão prévia e/ou incidental que necessita ser dilucidada. A declaração de consentimento deverá ser assinada, manualmente ou assinatura eletrónica (não sabendo ou não podendo assinar deverá convocar-se o art. 373.º CC, que prevê a possibilidade de assinatura a rogo). Ou transmitida de forma tal que torne inequívoco que advém do arguido e é sua vontade. Existindo dúvidas sobre a assinatura, ou se a mesma provém efetivamente do arguido o Tribunal pode realizar diligências para ter essa certeza (*v.g.* pedido para ser autenticado por notário, junção de documentos oficiais para comparar assinatura, chamada de familiares, etc). Prestado o consentimento o julgamento pode ser realizado na ausência ao abrigo deste art. 334.º Sem prejuízo do arguido se apresentar na audiência, a revogação do consentimento não tem o condão de invalidar o julgamento na ausência. Exceto quando se descortine que o mesmo não foi prestado de forma válida ou está inquinado de algum vício. No entanto, será de afastar a possibilidade de anulação de atos quando se apura que a prestação de consentimento foi um estrategema para vir a pedir à *posteriori* a anulação do julgamento e/ou decisão. A fraude à lei não merece tutela. É o que ocorre quando se firmam declarações fictícias com a intenção de pedir uma anulação, invocando fundamentos que alegadamente impediriam o julgamento na ausência e que contrariam a declaração (*ab initio*) de consentimento.

§ 17 A razão fundante para a lei admitir, ao abrigo do n.º 2, que a audiência tenha lugar na ausência do arguido é este "se encontrar praticamente impossibilitado de comparecer". Não se exige uma impossibilidade absoluta [que, por maioria de razão, e conseguindo o arguido dar o seu consentimento, naturalmente que se incluirá no preceito], mas sim uma "quase impossibilidade". Ou seja, facto(s) que permita(m) concluir pela irrazoabilidade da comparência em audiência, face aos especiais transtornos que acarreta para o arguido.

§ 18 A lei enuncia expressamente três motivos: 1) idade; 2) doença grave; ou 3) residência no estrangeiro. As primeiras duas referentes a impossibilidades que se prendem com a avançada idade ou uma doença que torna desrazoável a presença do arguido. A terceira atinente à distância e transtornos na deslocação, ou inviabilidade por impossibilidade profissional, ou outra, para estar em tempo na audiência.

§ 19 O elenco não é taxativo, conforme resulta da L 59/98, que introduziu o "nomeadamente" [cujo escopo foi alargar as possibilidades de julgamento na ausência, conforme consta da Exposição de Motivos da Proposta de Lei n.º 157/VII: "*O alargamento dos casos em que é possível a audiência na ausência do arguido verifica -se, por um lado, porque se abandonou o caráter taxativo dos motivos que fundamentam o requerimento ou o consentimento para a audiência ocorrer sem a presença daquele (artigo 334.º, n.º 2)* (...)"]. Pelo que, todas as outras ocorrências da vida real equivalentes e reveladoras de impossibilidade prática serão aqui subsumíveis. Por exemplo, não reside no estrangeiro, mas está em serviço de voluntariado num país distante; encontra-se em trabalho em alto mar; está retido numa ilha. Já não se enquadra neste normativo o caso "em que, por incúria do tribunal, o arguido, preso preventivamente, não compareceu no dia da leitura do acórdão, tendo nesse dia sido contactado directamente para o EP para fazer uma declaração em que afirmava prescindir de estar presente" [ac. STJ, 16.02.2017 (NUNO GOMES DA SILVA)].

§ 20 Por maioria de razão entendemos que se o arguido pode consentir na realização de audiência na sua ausência, também poderá consentir para assistir e prestar declarações por meios de comunicação à distância, pelo menos nas situações elencadas na norma. Sobre esta questão v. anotação § 9 ao art. 332.º. Igualmente pugnando pela admissibilidade de uma presença por teleconferência, "mormente nos casos de comprovada impossibilidade de comparência", BÁRBARA CHURRO, 2020, p. 38.

§ 21 O consentimento pressupõe que o arguido tenha discernimento para o efeito. Em caso de anomalia psíquica impeditiva da prática deste ato apenas será de conceber a sua aplicabilidade quando a doença não permita a deslocação e o representante legal assim o requeira. O mesmo se diga no que se reporta a menor de idade, em que deverá existir um anuimento dos pais ou representantes legais.

§ 22 A declaração de consentimento em caso de pessoa coletiva ou equiparada arguida tem de ser através do seu representante (art. 61.º/7). A representação da pessoa coletiva ou entidade equiparada encontra-se disciplinada no art. 57.º/5 a 8 (remete-se outros desenvolvimentos para a respetiva anotação, Tomo I). Aquela considera-se ausente quando o seu representante não comparece.

§ 23 Quando o arguido preste TIR o consentimento apenas tem relevância prática em alguns *tópicos*. Na verdade, existindo consentimento, não terá aplicabilidade o n.º 1 do art. 333.º, muito embora possa adiar-se ou interromper-se a audiência, caso seja necessário, se o tribunal considerar absolutamente indispensável a presença do arguido (n.º 3). E também não cabe propriamente no n.º 2 do art. 333.º, já que não se tem de aferir da justificação de falta. O consentimento é uma causa autónoma de julgamento na ausência. Outra destrinça é que a lei não exige (n.º 6, 1.ª parte) que a notificação da sentença/acórdão seja por contacto pessoal.

§ **24** Por outro lado, tendo o arguido prestado TIR, a impossibilidade de estar presente em audiência, legitima a realização desta na sua ausência, mesmo que sem o seu consentimento, ao abrigo do disposto no art. 333.º, verificados os seus requisitos (para maiores desenvolvimentos v. respetiva anotação).

§ **25** Já se não tiver prestado TIR o consentimento tem efeitos práticos mais profundos. Na verdade, afigura-se-nos que, tal como o n.º 1, se for impossível notificar da data de audiência (*v.g.* não tem TIR e encontra-se em país desconhecido ou em que é difícil a comunicação), o consentimento "ultrapassa" essas questões. Não se exige a "regularidade" da notificação (entendida como aquela que permite um julgamento na ausência ao abrigo do art. 333.º; para outros desenvolvimentos v. respetiva anotação), conforme resulta do confronto com o art. 335.º (preceituando no n.º 1 "Fora dos casos previstos nos n.ºs 1 e 2 do artigo anterior", ou seja, o art. 334.º), que afasta a possibilidade de notificação edital e regime de contumácia, bem como, art. 333.º/4, que refere expressamente que o disposto no art. 333.º/1 a 3 "não prejudica que a audiência tenha lugar na ausência do arguido com o seu consentimento, nos termos do artigo 334.º, n.º 2" [e é compatível com o art. 6.º CEDH, 47.º CDFUE ou art. 8.º/2 Di. (UE) 2016/343 do Parlamento Europeu e do Conselho, de 9 de março de 2016, relativa ao reforço de certos aspetos da presunção de inocência e do direito de comparecer em julgamento em processo penal, já que a declaração de consentimento nos termos do art. 334.º consubstancia uma renúncia inequívoca de que não pretende estar presente] [em sentido diverso, aparentemente, considerando que a aplicabilidade do n.º 2 do art. 334.º implica a existência de uma notificação regular, ac. RE, 2.05.2018 (Gomes de Sousa); não obstante, concorda-se com este acórdão, quando ressalta que se a contumácia tiver sido declarada o consentimento não tem o condão de a fazer cessar; o art. 336.º/1 é claro no sentido de que a "declaração de contumácia caduca logo que o arguido se apresentar ou for detido"; pelo que, só após a caducidade é que torna possível decidir do julgamento da ausência por via de requerimento de consentimento]. Nestes casos, a primeira parte do n.º 6, admite que a notificação se faça apenas na pessoa do Defensor [para outros desenvolvimentos v. § 31].

§ 26 Este regime não preclude que o arguido compareça e preste declarações ou seja feito requerimento para o efeito. Mas a audiência iniciada e realizada até aquele momento é válida (§ 16). Seguir-se-á depois o ritualismo processual do julgamento com arguido presente.

V – Necessidade do arguido comparecer em audiência

§ 27 À semelhança do que sucede com o art. 333.º, o n.º 3 permite que nos casos dos n.ºs 1 e 2, apesar de se verificarem os pressupostos normativos para realizar o julgamento na ausência o tribunal, oficiosamente, ou a requerimento, e por despacho fundamentado (art. 97.º/5), decida que que o arguido deve comparecer. De cariz excecional como resulta do facto da lei exigir que é "absolutamente indispensável a presença do arguido". Para este conceito e exemplos v. anotação ao art. 333.º Dita a lei, na parte final do n.º 3 que nesses casos o tribunal ordena a comparência, interrompendo ou adiando a audiência, se isso for necessário. Ora, ressalvados os casos em que o tribunal por *motu* próprio ou informação dos sujeitos processuais sabe onde está o arguido, e este está de tal modo próximo, que basta uma interrupção, para ser notificado para comparecer, ou comunicada essa necessidade (*v.g.* telefonicamente), ou lograr uma presença coerciva em tempo relativamente curto, muito provavelmente será necessário um adiamento. Já dissemos que voluntariamente o arguido pode comparecer, prestar declarações até ao encerramento, ou requerer que seja ouvido na 2.ª data ou outras sessões subsequentes. Mas este n.º 3 reporta-se a casos em que a iniciativa parte do Tribunal. Não obstante, é necessário que seja "exequível" a comparência. Para isso o tribunal tem de conhecer o paradeiro, ou ter meios de o obter. E nos casos em que existe uma impossibilidade prática nos termos do n.º 2 muito dificilmente se concebe que seja exigível essa comparência. E sempre terá que se aferir se é possível em tempo útil. Sopesando outras modalidades de inquirição de molde a conjugar os interesses conflituantes. Deslocação do tribunal ao local onde se encontra o arguido, tomada de declarações ao abrigo do art. 320.º, declarações por meios de comunicação à distância. De todo modo, o que importa reter é que não sendo possível lograr a comparência em audiência nada impedirá a realização do julgamento na ausência.

VI – Representação do arguido ausente

§ 28 O n.º 4 estabelece que a representação do arguido ausente cabe ao Defensor. Obrigatoriedade que emerge também do art. 64.º Especial acuidade deverá ter nos casos de arguido ausente. Mas atento o seu estatuto, e deveres deontológicos, considerou a lei que a presença de um profissional do foro, técnico qualificado, na audiência, nestes casos, será garantia suficiente dos direitos de defesa do arguido. Note-se que a lei estrutura o Defensor como o representante do arguido não só quando não está presente fisicamente, mas também quando está ausente "mentalmente", em casos de incapacidade processual por anomalia psíquica, mesmo que nestes casos com recurso a pessoa especialmente habilitada para permitir uma ponte de comunicação com o tribunal (para outros desenvolvimentos v. anotações §§ 32 e 33 ao art. 332.º). Salvaguarda a lei que a representação é "para todos os efeitos possíveis". Ou seja, a ausência não habilita o Defensor a praticar atos pessoais reservados ao arguido: confissão, concordância com alteração substancial de factos, e a própria declaração de consentimento de julgamento na ausência.

VII – Conexão e separação de processos

§ 29 O n.º 5 firma uma norma especial atinente à conexão e separação de processos. A regra, em caso de conexão, é que a ausência de um, ou alguns arguidos, não é impeditivo de um julgamento conjunto. Na verdade, assim ocorre porque no normal dos acontecimentos será vantajoso um julgamento conjunto, uma apreciação global de todos os factos, permitindo, até, um tratamento igualitário de todos os arguidos. Assim, conforme dita a norma em "caso de conexão de processos, os arguidos presentes e ausentes são julgados conjuntamente", sendo que os casos de conexão estão previstos nos arts. 24.º e 25.º (para mais desenvolvimentos v. respetiva anotação, Tomo I). Atenta a parte final do preceito o tribunal pode ordenar a separação se o tiver como mais conveniente. Aliás, o que também consta do art. 30.º/1/e. Trata-se de uma exceção, devendo existir um despacho fundamentado (art. 97.º/5) das razões para essa separação, nomeadamente casos da vida real que demonstram a afronta a garantias de defesa, celeridade processual, proteção da vítima, etc.

VIII – Notificação

§ 30 No que concerne ao n.º 6, 2.ª parte, reporta-se a uma notificação da sentença por contacto pessoal, à semelhança do que sucede no art. 333.º no caso de julgamento na ausência. No entanto, já não tem qualquer âmbito de aplicabilidade. Na verdade, a norma é expressa no sentido de excluir os julgamentos na ausência previstos nos n.ºs 1 e 2, que correspondem a *todas* as situações do normativo. Na verdade, só teria sentido útil caso se mantivesse anterior n.º 3: "Se não for possível notificar o arguido sujeito a termo de identidade e residência do despacho que designa dia para a audiência, previsto nos artigos 313.º e 333.º, n.º

2, o arguido é notificado daquela data por editais, com a cominação de que será julgado na ausência caso não esteja presente. É correspondentemente aplicável o disposto no artigo 335.º, n.º 2". Mas, apesar de se manter na epígrafe, o artigo já não contempla nenhuma possibilidade de julgamento na ausência por via de notificação por editais.

§ **31** Excluindo os n.ºs 1 e 2 da notificação por contacto pessoal, o julgamento na ausência ao abrigo do art. 334.º, ao contrário do art. 333.º, remete para as regras gerais de notificação. Nos casos de julgamento na ausência em virtude do consentimento esta abarcará a representação na notificação da sentença. Tem aplicabilidade o art. 373.º/3 ["O arguido que não estiver presente considera-se notificado da sentença depois de esta ter sido lida perante o defensor nomeado ou constituído"]. Como se escreve no ac. STJ, 16.02.2017 (Nuno Gomes da Silva), o art. 373.º/3 não se aplica em todas as situações em que o arguido não está presente na leitura da sentença/acórdão. Aquela norma deve ser interpretada restritivamente "só sendo aplicável àquelas situações em que o arguido muito embora ausente no acto de leitura da sentença está perante a lei considerado como se estivesse presente ou representado pelo defensor para todos os efeitos legais concluindo que essas situações são as previstas nos n.ºs 4 e 5 do art. 325.º, n.ºs 5 e 6 do art. 332.º e nos n.ºs 2 e 4 do art. 334.º"". No mesmo sentido, ac. STJ, 01.08.2017 (Rosa Tching), sustentando que o art. 373.º/3, abrange "situações em que a audiência de julgamento decorre na ausência do arguido, mas com o seu consentimento, nos termos do art. 334.º, n.ºs 2 e 4, do CPP" "na medida em que, em todos estes casos, pode considerar-se que o arguido está processualmente presente (embora fisicamente ausente), desde que representado pelo seu defensor nomeado ou constituído, sendo, por isso, suficiente a leitura da sentença perante estes." Também o ac. TC 111/2007 considerou que em caso de julgamento na ausência com consentimento do arguido não é de exigir a notificação da sentença por contacto pessoal [no fundo considera-se que o arguido que consente no julgamento na ausência está ciente de que o mesma se irá realizar, pelo que deve acompanhar o seu desenvolvimento e contactar com o Defensor que, por seu turno, tem um conjunto de deveres deontológicos; perante a notificação da sentença é de antever que diligenciará pela efetiva defesa do arguido, contactando este – se for possível –, estudando a decisão e ponderando sobre o recurso).

§ **32** Literalmente, a notificação da sentença de julgamento na ausência por via do n.º 1, também se bastaria com a notificação na pessoa do Defensor ao abrigo do art. 373.º/3. No entanto, trata-se de situação ainda mais gravosa da prevista no art. 333.º/5, já que o arguido não tem conhecimento do dia de julgamento, nem da possibilidade de realização da audiência na sua ausência e representado por Defensor. Pelo que (e sem prejuízo da inconstitucionalidade, v. §9), a tutela das garantias de defesa impõem uma notificação por contacto pessoal, nos casos residuais em que seja de admitir esta modalidade de julgamento na ausência.

IX – Dever de informação do direito ao recurso

§ 33 Pelos mesmos motivos o n.º 7 surge como um algo de incompreensível. É que, remetendo para a notificação do número anterior, que exclui os n.ºs 1 e 2, então não tem âmbito de aplicabilidade. No entanto, não obstante, literalmente ser de excluir os casos do n.º 1, as mesmas razões subjacentes ao art. 333.º/6, para tutela das garantias de defesa, têm aqui aplicabilidade. Pelos mesmos motivos referidos em § 32, para as situações vertidas no n.º 1 (e sem prejuízo da inconstitucionalidade, v. §9), será de convocar este dever de informação, nos casos residuais em que seja de admitir esta modalidade de julgamento na ausência.

X – Multa e mandado de detenção

§ 34 O n.º 8 alude a instrumentos coercivos de que o Tribunal se pode socorrer, ou seja, multa e detenção (é correspondentemente aplicável o disposto nos artigos 116.º, n.ºs 1 e 2, e 254.º). Tais mecanismos coercivos poderão revelar-se necessários para lograr a comparência do arguido quando se considere necessário. Ou, quando admissível, para lograr uma notificação da sentença por contacto pessoal. Para outros desenvolvimentos v. anotações §§ 28 a 33, anotação § 35 ao art. 332.º, e anotações aos arts. 116.º (Tomo I) e 254.º (Tomo II).

XI – Consequências do incumprimento

§ 35 A realização de audiência de julgamento sem a presença do arguido, quando não se verificam os motivos que permitem que a mesma se inicie ou desenrole sem aquele comparecer, consubstanciam uma nulidade insanável, nos termos do art. 119.º/c , que deve "ser declarada oficiosamente nos termos do art. 122.º, do CPP" [ac. STJ, 31.01.2019 (Helena Moniz)]. Ou seja, não se verificando as situações descritas nos n.ºs 1 e 2, o julgamento na ausência acarreta a nulidade. Sobre os pressupostos de verificação de tais preceitos v. anotações *supra*.

Tiago Caiado Milheiro

Artigo 335.º
Declaração de contumácia

1 – Fora dos casos previstos nos n.os 1 e 2 do artigo anterior, se, depois de realizadas as diligências necessárias à notificação a que se refere o n.º 1 e primeira parte do n.º 4 do artigo 311.º-A, ou à notificação a que se refere o n.º 1 do artigo 313.º, não for possível notificar o arguido do despacho para apresentação de contestação ou do despacho que designa a data da audiência, ou executar a detenção ou a prisão preventiva referidas no n.º 2 do artigo 116.º e no artigo 254.º, ou consequentes a uma evasão, o arguido é notificado por editais para apresentar contestação ou apresentar-se em juízo, num prazo até 30 dias, sob pena de ser declarado contumaz.

2 – Os editais contêm as indicações tendentes à identificação do arguido, do crime que lhe é imputado e das disposições legais que o punem e a comunicação de que, não se apresentando no prazo assinado, será declarado contumaz.

3 – A declaração de contumácia é da competência do presidente e implica a suspensão dos termos ulteriores do processo até à apresentação ou à detenção do arguido, sem prejuízo do disposto no n.º 4 e da realização de atos urgentes nos termos do artigo 320.º

4 – Em caso de conexão de processos, a declaração de contumácia implica a separação daqueles em que tiver sido proferida.

5 – A declaração de contumácia não impede o prosseguimento do processo para efeitos da declaração da perda de instrumentos, produtos e vantagens a favor do Estado.

6 – Os números anteriores são correspondentemente aplicáveis à pessoa coletiva ou entidade equiparada arguida, sendo a notificação edital feita nos termos do n.º 17 do artigo 113.º

Origem do texto: corresponde à redação originária aprovada pelo DL 78/87 com a alteração decorrente da L 30/2017 de 30.05. O art. foi ainda: i) alterado pelo art. 11.º da L 94/2021 – Diário da República 245/2021, Série I de 2021-12-21, em vigor a partir de 2022-03-21, ii) alterado pelo art. 15.º da L 30/2017 – Diário da República n.º 104/2017, Série I de 2017-05-30, em vigor a partir de 2017-05-31, iii) retificado pelo/a Declaração de Retificação 100-A/2007 – Diário da República n.º 207/2007, 1.º Suplemento, Série I de 2007-10-26, iv) alterado pelo art. 1.º do DL 320-C/2000 – Diário da República n.º 288/2000, 2.º Suplemento, Série I-A de 2000-12-15, em vigor a partir de 2001-01-01 e v) alterado pelo art. 1.º da L 59/98 – Diário da República n.º 195/1998, Série I-A de 1998-08-25, em vigor a partir de 1998-09-15.

Sumário do comentário:

I – Interpretação da norma (§ 1)
II – Elemento histórico e *ratio legis* (§ 2 a 5)
III – Âmbito de aplicação (§§ 6 a 23)

I – Interpretação da norma

§ 1 A norma transpõe para o processo penal o instituto da contumácia, introduzido pelo CPP de 1987. A contumácia, significa, em traços gerais, a situação jurídica do arguido que resulta de uma declaração – declaração de contumácia – para a qual a competência pertence ao juiz e que implica a suspensão dos termos ulteriores do processo quando não se sabe (desconhecido) do paradeiro do arguido. Assim, o processo é suspenso até à apresentação ou à detenção do arguido, sem prejuízo, contudo, da realização dos atos urgentes. Esta declaração caduca logo que o arguido se apresentar ou for detido, sendo sujeito a termo de identidade e residência (art. 196.º).

II – Elemento histórico e *ratio legis*

§ **2** Anteriormente ao regime legal introduzido pelo CPP/87, existia o processo de ausentes que estava regulado no CPP/29, o qual desde há muito era contestado, sendo até mesmo considerado inconstitucional e de beneficiar os arguidos mais afortunados ou mais expeditos na fuga à ação da justiça. Nessa medida, o CPP/87 optou por fugir aos inconvenientes do processo de ausentes e perfilhou uma perspetiva de desincentivação da ausência, privilegiando um conjunto articulado de medidas drásticas de compressão da capacidade patrimonial e negocial do contumaz que então se afiguraram eficazes e suficientes (Maia Gonçalves, 2002, p. 659 e 660).

§ **3** O instituto da contumácia é dos elementos principais do CPP/87. Conforme refere Paulo Pinto de Albuquerque, 2011, p. 867, numa fase inicial (entre 1987 e 1998) a sua enorme potencialidade foi prejudicada pelo âmbito diminuto da publicidade dada à notificação edital e à declaração de contumácia, resultante *ab initio* do uso de meios arcaicos de comunicação (v. art. 113.º/12). Para maior desenvolvimento dos meios de comunicação dos atos processuais, v. anotação ao art. 113.º, Luís Lemos Triunfante, Tomo I, 2019, p. 1181 e ss. O regime inicial, desde o seu início, sofreu fortes críticas e revelou-se de algum modo fonte de morosidade no andamento dos processos, que em grande número se iam avolumando nos tribunais. Todos os participantes processuais, juízes, procuradores, advogados tinham inúmeros processos de contumazes, que por regra, se encontravam parados e eram tramitados de tempos a tempos (três em três ou seis em seis meses) para se realizarem as pesquisas habituais de paradeiro. Por outro lado, favorecia até por vezes injustificadamente arguidos que se furtavam à comparência em juízo, bem sabendo que tinham processos pendentes e com audiência marcada.

§ **4** O instituto veio a tornar-se obsoleto e até mesmo inútil com a reforma do CPP de 1998 (v. L 59/98, de 25/08). Com a reforma do CPP de 2000 (DL

320-C/2000, de 15/12) voltou a assumir a utilidade que tinha antes da reforma de 1998. Esta utilidade permaneceu nas alterações seguintes, mormente até à alteração decorrente da L 30/2017 de 30.05. A natureza residual do instituto resulta quer da circunstância de ele só abranger aquelas pessoas que não estão notificadas da pendência de processo contra elas, por não terem prestado TIR nos autos e o processo ter prosseguido nos termos do art. 283.º/5, parte final, quer da circunstância de ele só poder ser utilizado uma vez relativamente a cada arguido, pois, quando este se apresenta ou é detido ou preso, é sujeito a TIR, ficando o procedimento ulterior dos autos submetido ao disposto no art. 333.º. Por outro lado, a notificação edital e a contumácia podem ser evitadas se o arguido, depois de notificado, requerer a realização de julgamento na sua ausência, por exemplo por residir no estrangeiro (ac. TC 129/98). Só após a revisão constitucional de 1997 foi possível ao legislador dar mais maleabilidade ao regime da audiência sem a presença do arguido, tornando o regime da contumácia meramente residual, recolocando o instituto no seu lugar natural, constituir a exceção e não a regra.

§ **5** Esta controvérsia levou o STJ a proferir um assento, Assento de 19 de outubro de 2000, Processo n.º 87/2000 — 3.ª Secção, segundo o qual: "*No domínio da vigência do Código Penal de 1982 e do Código de Processo Penal de 1987 a declaração de contumácia constituía causa de suspensão da prescrição do procedimento criminal.*"

III – Âmbito de aplicação

§ **6** O n.º 1 foi alterado pela L 94/2021, de 21 de dezembro de 2021, diploma que aprova medidas previstas na Estratégia Nacional Anticorrupção, alterando o CP, o CPP e leis conexas, a qual entra em vigor em 21 de março de 2022. O mesmo estabelece agora que depois de realizadas as diligências necessárias à notificação a que se refere o n.º 1 e primeira parte do n.º 4 do artigo 311.º-A, ou à notificação a que se refere o n.º 1 do artigo 313.º, não for possível notificar o arguido do despacho para apresentação de contestação (tendo esta sido acrescentada) ou do despacho que designa a data da audiência, ou executar a detenção ou a prisão preventiva referidas no n.º 2 do artigo 116.º e no artigo 254.º, ou consequentes a uma evasão, o arguido é notificado por editais para apresentar contestação ou apresentar-se em juízo, num prazo até 30 dias, sob pena de ser declarado contumaz.

§ **7** Nessa medida, existem 3 etapas para a declaração de contumácia: 1) realização das diligências necessárias à notificação a que se refere o n.º 1 e primeira parte do n.º 4 do artigo 311.º-A, ou à notificação a que se refere o n.º 1 do artigo 313.º; 2) não sendo possível notificar o arguido do despacho que designa o dia para a audiência, ou executar a detenção ou a prisão preventiva referidas no n.º 2 do artigo 116.º e no artigo 254.º, ou consequentes a uma evasão, o arguido é notificado por editais para se apresentar em juízo, num prazo até 30 dias, sob pena de ser declarado contumaz; 3) não se apresentando em juízo, num prazo até 30 dias, é declarado contumaz.

§ 8 O prazo de trinta dias não é flexível, ou seja, o tribunal não tem qualquer margem de discricionariedade na fixação do prazo, sendo que o arguido pode apresentar-se em qualquer momento dentro desse prazo. Trata-se, portanto, de um prazo máximo para a apresentação do arguido, sendo um prazo fixo para o tribunal.

§ 9 O n.º 2 do art.º estabelece os elementos que os editais devem ter para serem válidos, ou seja, devem conter: i) as indicações tendentes à identificação do arguido, ii) do crime que lhe é imputado e das disposições legais que o punem e iii) a comunicação de que, não se apresentando no prazo assinado, será declarado contumaz.

§ 10 A exigência de afixação de edital à porta da residência do arguido, é apenas para os casos desta se situar em território nacional e não quando se localiza em país estrangeiro (Ac. TRE de 29.11.2016, Proc. n.º 233/10.1IDFAR-D.E1, [ac. RE, 29.11.2016 (Gilberto Cunha)].

§ 11 *I – Não podem ser retiradas quaisquer consequências jurídicas do facto de nos editais a que se refere o art. 335.º/1, do CPP se indicar uma data de cometimento do crime imputado ao arguido diferente daquela que consta da acusação. II – Não tendo esse dado que ser mencionado nos editais, um erro na indicação aí da data da prática do crime não constitui sequer uma irregularidade processual* [ac. RP, 21.03.2012 (Augusto Lourenço)].

§ 12 O n.º 3 estabelece a regra da competência para proferir a declaração e as consequências da contumácia. Com efeito, a declaração de contumácia é da competência do presidente e implica a suspensão dos termos ulteriores do processo até à apresentação ou à detenção do arguido, sem prejuízo da realização de atos urgentes nos termos do art. 320.º. A decisão de declaração de contumácia não deverá ser mais ou menos ponderada consoante haja ou não decretação simultânea da referida proibição e do arresto, ao que acresce que o juiz presidente pode, a título cautelar, ordenar o arresto, em qualquer momento do processo contra arguido presente, pelo que também o pode fazer contra o arguido contumaz. A decisão de declaração de contumácia só pode ter lugar depois da junção aos autos dos éditos devidamente certificados e, sendo caso disso, de cópia dos anúncios (Paulo Pinto de Albuquerque, 2011, p. 868).

§ 13 O despacho que declarar a contumácia é igualmente anunciado por editais, sendo notificado também ao defensor e a parente ou pessoa de confiança do arguido.

§ 14 O n.º 4 estabelece a regra para os processos que se encontram em conexão. Em caso de conexão de processos (v. art. 24.º), a declaração de contumácia implica a separação daqueles em que tiver sido proferida.

§ 15 O n.º 5 estabelece que a declaração de contumácia não impede o prosseguimento do processo para efeitos da declaração da perda de instrumentos, produtos e vantagens a favor do Estado, salvaguardando, e bem, no nosso entender, o regime previsto nos arts. 109.º a 112.º do CP.

§ 16 A contumácia do arguido depende da verificação de determinados pressupostos, que são os previstos nos n.ºs 1 e 2 do art. 335.º, tem de ser declarada judicialmente e, uma vez declarada, dá origem à suspensão da tramitação do processo, com exceção dos actos urgentes, e impõe a separação de processos, quando haja conexão deles. O despacho declarador da contumácia do arguido não é de mero expediente, nem corresponde ao exercício de um poder discricionário pelo Tribunal, mas antes integra uma decisão de mérito interlocutória, que está sujeita aos princípios gerais do esgotamento do poder jurisdicional e do trânsito em julgado. Uma vez transitada em julgado, a decisão impõe-se ao Tribunal que a proferiu, não podendo alterá-la, mesmo com fundamento em deficiências do processado que a antecedeu [ac. RE, 23.06.2020 (Sérgio Corvacho)].

§ 17 Com exceção dos atos urgentes, só após a caducidade da declaração de contumácia se poderá jurisdicionalmente conhecer de diversos outros requerimentos/questões. No mesmo sentido: *I –Só após a caducidade da declaração de contumácia se poderá jurisdicionalmente apreciar e decidir sobre um requerimento apresentado por um arguido declarado contumaz, através do qual se requer, a declaração da prescrição do procedimento criminal relativo ao crime que a acusação lhe imputa, pelo que, proferido tal despacho. II –Os efeitos* *da declaração de contumácia estão enunciados no n.º 3 do art. 335.º do CPP, e implicam a suspensão dos termos ulteriores do processo até à apresentação ou detenção do arguido, sem prejuízo da realização de actos urgentes nos termos do art. 320.º do mesmo diploma legal, quer isto dizer que, verificados os pressupostos que justifiquem a declaração de contumácia, uma vez aplicada ao arguido, já não poderá ele praticar mais quaisquer actos no processo enquanto não for detido ou enquanto se não apresentar. III –De facto a declaração de contumácia tem como intuito desincentivar a ausência, do arguido, privilegiando um conjunto articulado de medidas drásticas de compressão da capacidade patrimonial e negocial do contumaz, como claramente se extrai das normas relativas a tal instituto e constantes do CPP, pois, de outra forma, estar-se-ia claramente a descaracterizar e a desvirtuar o instituto de contumácia e a transtornar o seu regime-base, concedendo-se uma prerrogativa ao arguido que a unidade do nosso sistema jurídico, entenda-se não quererá propiciar. IV – Nestes termos, não é assim admissível a interposição de recurso do despacho que impugna a decisão que desatendeu a pretensão do arguido contumaz de ver ser declarada a prescrição do procedimento criminal, enquanto o processo estiver suspenso, em virtude da declaração de contumácia, e, ao rejeitar-se o recurso interposto que incide sobre tal decisão, não se está a impedir total e definitivamente o exercício dos direitos de defesa processual e de capacidade civil do arguido, pois está inteiramente na livre disponibilidade deste, fazer caducar a declaração de contumácia e, assim, poder praticar os actos processuais que entender, nomeadamente interpor recursos, bastando para tal apresentar-se em juízo* [ac. RL, 28.09.2017 (Filipa Costa Lourenço)].

§ 18 A declaração de contumácia também se aplica a quem pretende eximir ao cumprimento da pena de prisão principal ou pretende eximir ao cumprimento da prisão subsidiária aplicada em substituição da pena de multa não paga. No mesmo sentido: *I – A declaração de contumácia destina-se a fazer respeitar as decisões judiciais quando o arguido se pretende eximir ao cumprimento de uma pena que lhe foi imposto pelo tribunal. II – Tal como deve ser declarada quando o arguido se pretende eximir ao cumprimento da pena de prisão principal também o deve ser quando se pretende eximir ao cumprimento da prisão subsidiária aplicada em substituição da pena de multa não paga. III – Tal declaração cabe no âmbito do art.º 97.º/2 CEPMPL* [ac. RP, 04.05.2016 (Cravo Rocho)].

§ 19 *I – A pena de substituição da execução da pena, fruto da sua autonomia face à pena de prisão, prescreve no prazo de quatro anos, fixado na alínea d) do n.º 1 do art.º 122.º do CP. II – A prescrição da pena principal só se coloca* *após o trânsito em julgado do despacho revogatório da pena de substituição referida, pois só a partir daí assume exequibilidade. III – Até aquele momento, a prescrição a considerar é a da pena em execução, ou seja, a prevista nos artigos 50.º a 54.º do CP. IV – A declaração de contumácia, figura prevista no revogado artigo 476.º do CPP e, atualmente, no art.º 97.º do CEPMPL, reporta-se apenas à pena de prisão e à medida de internamento, e não também às penas de substituição. V – Deste modo, a contumácia, não podendo ser declarada com fundamento na mera não notificação do arguido do despacho de revogação da suspensão da execução da pena de prisão, não tem a virtualidade de suspender ou interromper, ao abrigo do disposto nos artigos 125.º/1/b), e 126.º/1/b), o prazo de prescrição dessa pena* [ac. RC, 18.03.2020 (Ana Carolina Cardoso)].

§ 20 O n.º 6 foi acrescentado pela L 94/2021, de 21 de dezembro de 2021, diploma que aprova medidas previstas na Estratégia Nacional Anticorrupção, alterando o CP, o CPP e leis conexas, a qual entra em vigor em 21 de março de 2022. Na prática, determina a aplicação dos números anteriores à pessoa coletiva ou entidade equiparada arguida, admitindo a contumácia da pessoa coletiva ou entidade equiparada arguida, sendo a notificação edital feita nos termos do n.º 17 do artigo 113.º.

§ 21 Perde assim relevância, por se mostrar agora consagrada na lei, a discussão teórica que existia sobre a contumácia das pessoas coletivas. De qualquer forma, cabe ponderar sobre os efeitos e consequências da declaração de contumácia da pessoa singular agente do crime, sobretudo sobre a sua comunicação à pessoa coletiva. Conforme sustenta Jorge dos Reis Bravo, entendimento que se segue, atendendo ao elemento material de imputação, declarada a contumácia da pessoa singular agente do crime, os efeitos para a pessoa coletiva deverão ser induzidos dos efeitos para a pessoa singular, portanto, conjunta e conexamente processados, embora as pessoas coletivas não sejam destinatárias diretas do instituto processual. Portanto, uma adesão contranatura da pessoa coletiva à declaração de contumácia da pessoa singular agente do crime. Outra hipótese é de somente alguns dos arguidos individuais serem declarados contumazes, prosseguindo o processo contra os demais, sustenta o mesmo autor que deve o processo prosseguir também contra a pessoa coletiva, até porque, ao abrigo do disposto nos arts. 20.º/4, e 32.º/2, da CRP, o julgamento deve ser efetivado num prazo razoável, por forma a ser equitativo. Atenta a insuscetibilidade da declaração de contumácia das pessoas coletivas, Mário Pedro Meireles (2008, pág. 137) menciona que se revela facilitada a prescrição do procedimento criminal, porquanto não ocorrem quanto às pessoas coletivas causas de suspensão da prescrição. Com efeito, no seu entendimento, esta situação demanda a criação de regras próprias que permitam a aplicação do instituto da contumácia às pessoas coletivas. Nesta sede, JORGE DOS REIS BRAVO considera que, aderindo a pessoa coletiva à situação de contumácia da pessoa singular, ser-lhe-á também aplicável a suspensão ou interrupção da prescrição do procedimento criminal (para maior desenvolvimento, v. ANA SOFIA MAGALHÃES, 2018, p. 102 e ss.).

§ **22** Quanto à declaração de contumácia das pessoas coletivas, existia o entendimento que uma pessoa coletiva não podia ser declarada contumaz, mesmo que não tenha tido sucesso a tentativa de notificação da acusação e do despacho de saneamento processual dos autos, não sendo admissível a sua aplicação analógica a pessoas coletivas (PAULO PINTO DE ALBUQUERQUE, 2011, p. 868 e JORGE DOS REIS BRAVO, 2008, p. 347), ainda que na hipótese de impossibilidade de notificação do legal representante a quem incumbe a representação processual, bem como dos representantes sucessores, também declarados contumazes.

§ **23** Por sua vez, CARLOS ADÉRITO TEIXEIRA (2008, pág. 99-166), conclui que, sob pena de ficar sem representação, deve a pessoa coletiva ser também declarada contumaz, ainda que por arrastamento. Em sentido negativo, que o instituto processual da contumácia foi concebido pelo legislador apenas para as pessoas singulares, consagrando normas jurídicas cujos pressupostos são inaplicáveis às pessoas coletivas (JORGE DOS REIS BRAVO, 2008, p. 347). Dando como facto assente a presente insusceptibilidade da declaração de contumácia das pessoas coletivas, o DL 381/98, de 27.11, respeitante à identificação criminal e de contumazes, requeria a inclusão de elementos de identificação criminal meramente aplicáveis às pessoas singulares, descurando o registo criminal das pessoas coletivas e entidades equiparadas. Não obstante, o diploma foi, entretanto, revogado pelo DL 171/2015, de 25.08, referente ao regime jurídico da identificação criminal, o qual exige presentemente o registo de dados de identificação referentes às pessoas coletivas.

LUÍS LEMOS TRIUNFANTE

Artigo 336.º
Caducidade da declaração de contumácia

1 – A declaração de contumácia caduca logo que o arguido se apresentar ou for detido, sem prejuízo do disposto no n.º 4 do artigo anterior.

2 – Logo que se apresente ou for detido, o arguido é sujeito a termo de identidade e residência, sem prejuízo de outras medidas de coação, observando-se o disposto nos n.ºs 2, 4 e 5 do artigo 58.º

3 – Se o processo tiver prosseguido nos termos da parte final do n.º 5 do artigo 283.º, o arguido é notificado da acusação, podendo requerer abertura de instrução no prazo a que se refere o artigo 287.º, seguindo-se os demais termos previstos para o processo comum.

Origem do texto: corresponde à redação originária aprovada pelo DL 78/87 com a alteração decorrente da L 59/98, de 25.08.

Sumário do comentário:
I – Interpretação da norma (§ 1)
II – Elemento histórico e *ratio legis* (§ 2)
III – Âmbito de aplicação (§§ 3 a 13)

I – Interpretação da norma

§ 1 A norma regula a forma como cessa a declaração de contumácia, pela via da caducidade da sua declaração (perde eficácia, fica caduca), assim que o arguido se apresente ou seja detido, sem prejuízo no n.º 4 do art. anterior (conexão de processos), ou seja, a caducidade da declaração de contumácia não implica que fique sem efeito a separação de processos que continuarão, em regra, separados.

II – Elemento histórico e *ratio legis*

§ 2 O texto do art. em análise foi introduzido pela L 59/98, de 25 de agosto. O n.º 1 reproduz o n.º 3 da versão originária do Código, aprovada pelo DL 78/87. Os n.ºs 2 e 3 foram introduzidos pela L mencionada em virtude da restruturação do julgamento na ausência do arguido, nos termos preceituados no art. 332.º. A norma surge na sequência da introdução do instituto da contumácia no CPP.

III – Âmbito de aplicação

§ 3 O n.º 1 do preceito define como se processa a caducidade da declaração de contumácia: i) logo que o arguido se apresentar; ii) ou for detido, sem prejuízo do disposto no n.º 4 do artigo anterior (conexão e processos). Contudo, a caducidade da declaração de contumácia não implica que fique sem efeito a separação de processos que continuarão, em regra, separados.

§ **4** Só mediante a apresentação do arguido ou da sua detenção, o juiz pode declara cessada a contumácia. O mero conhecimento do paradeiro do arguido contumaz não é bastante para justificar a cessação da contumácia, cabendo apenas proceder a diligências com vista a fazer cessar a contumácia (ac. RL, 26.04.2001, in CJ, XXVI, 2, p. 137).

§ **5** O n.º 2 estabelece qual é a medida de coação imediatamente aplicada ao arguido que se apresente ou seja detido, a sujeição a termo de identidade e residência (art. 196.º). De qualquer forma, poderão ser aplicadas outras medidas de coação (v. arts. 197.º e ss., seguindo-se o procedimento previsto nas disposições gerais dos arts. 191.º a 195.º), observando-se o disposto nos n.ºs 2, 4 e 5 do artigo 58.º.

§ **6** O n.º 3 define o caso de o processo ter seguido os seus ulteriores termos sem notificação da acusação ao arguido (parte final do n.º 5 do artigo 283.º), sendo que nesse caso o arguido é notificado da acusação, podendo requerer abertura de instrução no prazo a que se refere o artigo 287.º, seguindo-se os demais termos previstos para o processo comum.

§ **7** A declaração de cessação de contumácia não tem efeito constitutivo, mas meramente declarativo, reportando-se à data em que o arguido se tenha apresentado ou tenha sido detido ou preso. Nessa medida, se o processo do arguido contumaz tiver sido separado, ele permanece separado após a cessação da contumácia (Paulo Pinto de Albuquerque, 2011, p. 869).

§ **8** Tratando-se de vários arguidos, todos presos preventivamente, estando designada a data para julgamento, se um deles vier requerer tempestivamente a instrução, nos termos do art. 336.º/3, deve o juiz ordenar a separação de processos quanto a esse arguido e o prosseguimento de processos quanto aos restantes (ac. RP, 03.07.2002, in CJ, XXVII, 4, 201).

§ **9** A situação do arguido notificado da acusação não se altera com o art. 336.º/3. Se num processo houver um arguido declarado contumaz, o arguido não contumaz e notificado da acusação não pode beneficiar do prazo estabelecido no n.º 3 do art. 336.º para efeito de requerer a abertura de instrução já fora de prazo (acs. RL, 21.02.2001, CJ, XXVI, 1, 154, RL, 24.10.2011, CJ, XXVI, 4, 153 e RE, 29.10.2003, CJ, XXVIII, 4, 259).

§ **10** A declaração de contumácia, regulada no artigo 335.º/1, perdeu importância, tornando-se praticamente residual, com a L 59/98, de 25.08 e sobretudo com o DL 320-C/2000, de 15.12, sendo agora só aplicável nos casos excecionais em que os arguidos não tenham prestado TIR, nem tenha sido possível proceder à sua detenção ou prisão preventiva, se admissível, para proceder à sua notificação da data da audiência. Não tendo o arguido prestado TIR nos autos, remetido o processo para julgamento e designada a respetiva data para a audiência, não sendo possível notificar o arguido desta data, que foi considerada sem efeito, tendo o tribunal realizado todas as diligências possíveis para apurar o paradeiro do arguido, de uma morada ou domicílio onde o mesmo pudesse legalmente ser notificado da nova data para julgamento, verificam-se os pressupostos legais para a sua notificação por éditos e consequente declaração de contumácia. Resultando dos autos que o arguido tem conhecimento da pendência do processo, o qual chegou a informar telefonicamente a autoridade policial da sua não residência na morada que do mesmo consta mas não indicando outra onde pudesse efetivamente ser notificado, tendo constituído mandatário que apresentou contestação e juntou rol de testemunhas, agindo em atitude de pura fuga à notificação, não deve ser declarada cessada a contumácia a seu pedido com o fundamento de que não foram realizadas todas as diligências para o notificar, quando o mesmo pode pôr termo, a qualquer momento, à situação de contumácia com a sua apresentação em juízo e prestar o respetivo TIR [ac. RC, 04.12.2019 (Luís Teixeira)].

§ **11** Mesmo que o crime por que o arguido está acusado não admita prisão preventiva é legal e admissível a emissão de mandados de detenção contra ele a fim de o fazer comparecer em juízo para ser notificado do despacho que recebeu a acusação contra si deduzida, se o mesmo havia sido antes declarado contumaz. Note-se que esta norma deverá ser conjugada com o n.º 1 do art. 337.º (neste sentido ac. RP, 20.11.1996, CJ, XXI, 5, 259 e em sentido diverso, ac. RP, 11.12.1996, CJXXI, 5, 241).

§ **12** O efeito de emissão imediata de mandado de detenção para notificar o arguido da acusação e sujeitá-lo a TIR e, eventualmente, outra medida de coação foi introduzido pela L59/98, de 25.08. Visou assim o legislador resolver a querela jurisprudencial anterior sobre a admissibilidade da emissão de mandados de detenção para este efeito (a favor, ac. RP, 20.11.1996, CJ, XXI, 5, 259 e contra, ac. RP, 11.12.1996, CJ, XXI, 5, 241). Os mandados de detenção são ordenados quando não for decretada a prisão preventiva.

§ **13** Verificados os pressupostos que justifiquem a declaração de contumácia, uma vez aplicada ao arguido já não poderá ele praticar mais quaisquer atos no processo enquanto não for detido ou enquanto se não apresentar. Com efeito, a suspensão do processo só excecionalmente finda quando atos urgentes consignados no art. 320.º do CPP exijam que, apesar da contumácia decretada, mesmo assim se não pode diferir para ulterior momento a sua especificada tramitação. Atos urgentes são, genericamente, aqueles que contendem com a privação da liberdade das pessoas ou que se possam considerar indispensáveis à garantia da liberdade do vulgar cidadão. Nesse contexto não está incluído o despacho que vá apreciar prescrição do procedimento criminal referente ao crime que é imputado ao arguido na acusação. Assim, só após a caducidade da declaração de contumácia se pode jurisdicionalmente apreciar e decidir sobre a prescrição do procedimento criminal relativo ao crime que a acusação imputa ao arguido (v. decisão de 18.03.2005 do vice-presidente do Tribunal da Relação de Guimarães na reclamação n.º 633-05-1, Processo Comum Singular n.º 1086/95. 3TBBRG / 3.º Juízo Criminal do T. J. da comarca de Braga, Relator António Gonçalves).

Luís Lemos Triunfante

ARTIGO 337.º
Efeitos e notificação da contumácia

1 – A declaração de contumácia implica para o arguido a passagem imediata de mandado de detenção para efeitos do disposto no n.º 2 do artigo anterior ou para aplicação da medida de prisão preventiva, se for caso disso, e a anulabilidade dos negócios jurídicos de natureza patrimonial celebrados após a declaração.

2 – A anulabilidade é deduzida perante o tribunal competente pelo Ministério Público até à cessação da contumácia.

3 – Quando a medida se mostrar necessária para desmotivar a situação de contumácia, o tribunal pode decretar a proibição de obter determinados documentos, certidões ou registos junto de autoridades públicas, bem como o arresto, na totalidade ou em parte, dos bens do arguido.

4 – Ao arresto é correspondentemente aplicável o disposto no artigo 228.º, n.os 2, 3, 4 e 5.

5 – O despacho que declarar a contumácia é anunciado nos termos do artigo 113.º, n.º 9, parte final, e notificado, com indicação dos efeitos previstos no n.º 1, ao defensor e a parente ou a pessoa da confiança do arguido.

6 – O despacho que declarar a contumácia, com especificação dos respectivos efeitos, e aquele que declarar a sua cessação são publicados no Diário da República.

Origem do texto: corresponde à redação originária aprovada pelo DL 78/87 com a alteração decorrente da L 59/98, de 25.08.

Sumário do comentário:

I – Interpretação da norma (§ 1)
II – Elemento histórico e *ratio legis* (§ 2 e 3)
III – Âmbito de aplicação (§§ 4 a 17)

I – Interpretação da norma

§ 1 A norma define os efeitos (obrigatórios – n.º 1 – e facultativos – n.º 3 -) que a declaração de contumácia implica para o arguido e o modo como a mesma é comunicada (ns. 5 e 6) e densifica o instituto da contumácia, introduzido pelo CPP /87.

II – Elemento histórico e ratio legis

§ 2 O texto dos ns. 1 e 5 foi introduzido pela L 59/98, de 25.08, que procedeu à atualização da versão originária decorrente do DL 78/87, de 17.02. Com referência à versão originária do CPP, as inovações são: "*à passagem imediata de mandados de detenção e para efeitos do disposto no n.º 2 do artigo anterior ou para aplicação da medida de prisão preventiva, se for caso disso*". Os ns. 2,

4 e 5 reproduzem as disposições do Proj. com igual numeração. A redação originária dos ns. 1 e 3 foi introduzida no final dos trabalhos preparatórios, pelo facto de o Tribunal Constitucional ter considerado feridas de inconstitucionalidade a alínea b) do n.º 1 do Proj. na medida em que a proibição de obter documentos, aí prevista, decorria automaticamente da declaração de contumácia, mas apenas na parte em que essa alínea era aplicável a documentos, certidões ou registos necessários ao exercício de direitos civis, profissionais ou políticos, por violação do n.º 4 do art. 30.º da CRP (Parecer de 9 de janeiro de 1987, Proc. 302/86 publicado no Suplemento ao DR de 9 de fevereiro de 1987, ac. TC 7/87) (Maia Gonçalves, 2002, p. 662).

§ 3 Mesmo mostrando-se ultrapassada a questão, no domínio da vigência do CP de 1982 e CPP de 1987, a declaração de contumácia constituía causa de suspensão da prescrição do procedimento criminal nos termos do art. 119.º/1 do CP (ac. do pleno das secções criminais do STJ de 19.10.2000 e acs. TC 449/2002 e 603/2005). Contudo, é inconstitucional a equiparação da declaração de contumácia, como causa de interrupção da prescrição do procedimento criminal, à marcação de dia para julgamento em processo de ausentes (ac. TC 412/2003, que incidiu sobre os arts. 335.º e 337.º CPP/87, conjugados com o art. 120.º/1/d do CP de 1982).

III – Âmbito de aplicação

§ 4 O n.º 1 estabelece as implicações imediatas para o arguido declarado contumaz, designadamente a emissão imediata de mandado de detenção para prestação de termo de identidade e residência, sem prejuízo de outras medidas de coação, nos termos do n.º 2 do art. 336.º e a anulabilidade dos negócios jurídicos de natureza patrimonial celebrados após a declaração.

§ 5 O efeito de emissão imediata de mandado de detenção para notificar o arguido da acusação e sujeitá-lo a TIR e, eventualmente, outra medida de coação foi introduzido pela L59/98, de 25.08. Visou assim o legislador resolver a querela jurisprudencial anterior sobre a admissibilidade da emissão de mandados de detenção para este efeito (a favor, acs. RP, 20.11.1996, CJ, XXI, 5, 259 e contra, RP, 11.12.1996, CJ, XXI, 5, 241). Os mandados de detenção são ordenados quando não for decretada a prisão preventiva.

§ 6 Por sua vez, a determinação da prisão preventiva deve ser decretada quando o arguido contumaz se encontre em fuga no país ou no estrangeiro. A prisão preventiva deve ser decretada, observados os requisitos dos arts. 191.º a 195.º, 202.º e 204.º, mormente quando estão em causa fortes indícios de fuga propositada à ação da justiça, o mesmo se passando quando novos crimes possam ser cometidos durante a ausência do arguido ou a manutenção da liberdade do arguido possa ser prejudicial para a aquisição e conservação da prova.

§ 7 Sendo decretada a prisão preventiva, pode também ser emitido o mandado de detenção europeu com vista ao cumprimento da dita prisão preventiva (ac. RC, 21.11.2007, in CJ, XXXII, 5, 41).

§ 8 O pedido de anulabilidade é proposto pelo MP perante o tribunal competente até à cessação da contumácia. Consideramos que o tribunal competente é o juízo cível (central ou local, consoante o valor da ação) territorialmente competente (arts. 117.º e 130.º LOFTJ e 80.º CPC).

§ 9 Paulo Pinto de Albuquerque (2011, p. 871), com o qual concordamos, sustenta que o efeito da anulabilidade dos negócios jurídicos celebrados após a declaração de contumácia é manifestamente insuficiente para desmotivar a contumácia. Esta insuficiência é ainda agravada pela circunstância de a anulabilidade só poder ser deduzida até à cessação da contumácia. Com efeito e tal como refere o mesmo autor, também desconhecemos que este mecanismo já tenha sido efetivamente usado. O que em boa razão se compreende, pois, a grande maioria dos arguidos que são declarados contumazes saem para o estrangeiro, e pelo facto de não poderem renovar documentos de identificação, não celebram negócios. Os negócios celebrados são, provavelmente a maioria deles, sem quaisquer formalidades ou até mesmo ilícitos. Por todas estas razões, tais negócios anuláveis não chegam ao conhecimento do MP.

§ 10 Como modos mais efetivos de desmotivar a declaração de contumácia, a proibição de obtenção de documentos, certidões ou registos junto das autoridades públicas e o arresto de bens devem ser, em regra, sempre determinadas na declaração de contumácia, sendo, adequadas e necessárias para alcançar tal desiderato. Só no caso em que não sejam conhecidos bens ao arguido se não justifica a decretação do arresto de bens. A proibição de obtenção de documentos, certidões ou registos justifica-se em qualquer caso.

§ 11 O n.º 3 estabelece um efeito facultativo da declaração de contumácia: decretar a proibição de obter determinados documentos, certidões ou registos junto de autoridades públicas, bem como o arresto, na totalidade ou em parte, dos bens do arguido, sendo que ao arresto é correspondentemente aplicável o disposto no art. 228.º/2/3/4/5.

§ 12 O n.ºs. 5 e 6 definem a forma de comunicação da declaração de contumácia: anúncio nos termos do art. 113.º/9, parte final, e notificação com indicação dos efeitos previstos no n.º 1, ao defensor e a parente ou a pessoa da confiança do arguido. Acresce a publicação da declaração e da sua cessação no Diário da República.

§ 13 O despacho de declaração de contumácia deverá conter os seguintes elementos:

i) Ao abrigo dos arts. 336.º e 337.º e por ser desconhecido o paradeiro do arguido, o qual não se apresentou em juízo dentro do prazo fixado nas notificações editais regularmente efetuadas nos termos do art. 335.º, declara-se o referido arguido contumaz, com as seguintes consequências: a) suspensão imediata dos termos ulteriores do processo, até apresentação ou detenção do arguido (art. 335.º/3); b) anulabilidade dos negócios jurídicos de natureza patrimonial celebrados pelo arguido, após a presente declaração de contumácia (art. 337.º/1); c) proibição daquele arguido obter a renovação do respetivo cartão de cidadão, certificado de registo criminal, passaporte, certidão de assento de nascimento, carta de condução, bem como de obter certidões, efetuar registos ou praticar quaisquer outros atos junto de autoridades públicas, nomeadamente, Serviços de Finanças, Cartórios Notariais, Conservatórias dos Registos Civil, Predial, Comercial e de Automóveis, A.N.S.R., I.M.T.T., Câmaras Municipais e Juntas de Freguesia (art. 337.º/3). O despacho deverá ainda ser notificado e publicado nos termos do art. 337.º/5/6, respetivamente e serem enviados os boletins à D.S.I.C. (Direção Serviços de identificação criminal). Finalmente, deverá ser passado mandado de detenção do arguido, a fim de o mesmo ser sujeito a termo de identidade e residência, remetendo-se um dos exemplares ao DIRD (Departamento de Identificação, Registo e Difusão) do SEF para cumprimento (isto sem prejuízo da L 89/2021, de 16.12 que prorroga o prazo de entrada em vigor da L 73/2021, de 12.11, que aprova a reestruturação do sistema português de controlo de fronteiras, procedendo à reformulação do regime das forças e serviços que exercem a atividade de segurança interna e fixando outras regras de reafetação de competências e recursos do Serviço de Estrangeiros e Fronteiras). Deverá ser ficado prazo para o mandado. O despacho de declaração de contumácia deverá ter o conteúdo a que alude Paulo Pinto de Albuquerque (alíneas a. a m. na anotação 1. ao art.º 337.º, 2011, p. 870 e 871).

§ 14 O despacho de declaração de contumácia é fundamentado, nos termos do n.º 5 do art. 97.º e deverá conter a indicação das diligências para localização, notificação e detenção ou prisão do arguido e, sendo caso disso, da verificação dos pressupostos da prisão preventiva e da "necessidade" das medidas de proibição de obtenção de documentos e de arresto de bens. A falta de fundamentação do despacho gera a sua irregularidade, que deve ser arguida diante do juiz presidente.

§ 15 O despacho de declaração de contumácia é recorrível, nos termos dos arts. 399.º e 400.º *"a contrario sensu"*. O regime de subida dependerá do objeto do despacho: se tiver sido decretada a prisão preventiva ou o arresto de bens, o recurso deverá subir em separado, de imediato e com efeito meramente devolutivo, nos termos dos arts. 406.º/2, 407.º/2/c) e 408.º/3, *a contrario*. Nos restantes casos, o recurso sobe também em separado e de imediato, mas com efeito suspensivo da decisão, nos termos dos arts. 406.º/2, 407.º/1, 408.º/3 *in fine*.

§ 16 O ac. TC 7/87 julgou inconstitucional o efeito automático da proibição de obtenção de documentos necessários ao exercício de direitos civis, profissionais e políticos, sendo essa a razão pela qual a versão final do CPP fez depender fez depender esta proibição de um juízo de "necessidade" do juiz presidente. Nesta sede, o ac. TC 188/91 julgou que as restrições à capacidade civil e ao direito de propriedade previstas no art. 337.º/1/3 não eram desproporcionais.

§ 17 O ac. TC, de 07.05.1991, BMJ, 407, 50 clarificou que as normas dos n.º 1 e 3 do art. 337.º que regulam o instituto da contumácia não violam o direito à capacidade civil consagrado no art. 26.º/1 CRP, pois apenas traduzem restrições a essa capacidade consentidas pelo subsequente n.º 3, já que se mostram ajustadas, adequadas e proporcionadas, pois com elas visa-se pressionar os arguidos a comparecerem em juízo, a fim de aí serem julgados pelos crimes que lhes são imputados, com integral respeito pelo princípio do contraditório. E as mesmas normas também não violam o direito de propriedade consagrado no art. 62.º/1 CRP, pois as restrições que estabelecem nada têm de despropositado ou desadequado.

Luís Lemos Triunfante

Artigo 338.º
Questões prévias ou incidentais

1 – O tribunal conhece e decide das nulidades e de quaisquer outras questões prévias ou incidentais susceptíveis de obstar à apreciação do mérito da causa acerca das quais não tenha ainda havido decisão e que possa desde logo apreciar.

2 – A discussão das questões referidas no número anterior deve conter-se nos limites de tempo estritamente necessários, não ultrapassando, em regra, uma hora. A decisão pode ser proferida oralmente, com transcrição na ata.

Origem do texto: corresponde à redação originária aprovada pelo DL 78/87 com a alteração decorrente da L 59/98, de 25.08.

Sumário do comentário:
I – Interpretação da norma (§ 1)
II – Elemento histórico e *ratio legis* (§ 2)
III – Âmbito de aplicação (§§ 3 a 13)

I – Interpretação da norma

§ 1 A norma estabelece uma cláusula de salvaguarda quanto a nulidades, questões prévias ou incidentais que possam subsistir antes da apreciação do mérito da causa, em que não tenha havido decisão e que possa desde logo ser apreciada.

II – Elemento histórico e *ratio legis*

§ 2 A norma atual reproduz o art. 338.º do Proj. e corresponde aos arts. 320.º do Aproj. e 424.º do CPP/29. O trecho referente às nulidades foi introduzido pela L 59/98, de 25.08, sendo que tal matéria não alterou o regime da versão originária do Código, por traduzir um afloramento do regime geral estabelecido quanto a nulidades nos arts. 119.º e 120.º (Maia Gonçalves, 2002, p. 662).

III – Âmbito de aplicação

§ 3 O n.º 1 estabelece uma regra que o tribunal conhece e decide das nulidades e de quaisquer outras questões prévias ou incidentais suscetíveis de obstar à apreciação do mérito da causa acerca das quais não tenha ainda havido decisão e que possa desde logo apreciar. Este conhecimento pode ser por requerimento de um sujeito processual ou conhecido oficiosamente.

§ 4 O n.º 2 define as regras de tramitação, ou seja, a discussão de tais questões deve conter-se nos limites de tempo estritamente necessários, não ultrapassando, em regra, uma hora. A decisão pode ser proferida oralmente, com transcrição na acta, visando-se assim um regime ágil e expedito de resolução.

§ 5 As questões abrangidas pela norma são todas as que, além de incidentais, ou seja, das que surgem no decurso da audiência, podem obstar ao conhecimento do mérito. Podem ter natureza substantiva (óbito do arguido, amnistia, prescrição) ou adjetiva (incompetência do tribunal, ilegitimidade do acusador, conexão ou separação processual, contumácia, impedimentos, recusas e escusas de peritos, interpretes e funcionários de justiça, assistência por defensor, substituição de defensor, representação judiciária dos assistentes, remessa das partes civis para os tribunais civis, produção de meios de prova oficiosamente ou a requerimento na audiência de julgamento e das proibições de prova, etc.). Concorda-se com Maia Gonçalves, 2002, p. 663, quando refere que a apreciação das questões prévias de natureza adjetiva deve preceder a apreciação das de natureza substantiva, e dentre aquelas deve ser apreciada prioritariamente a questão da competência, considerando que se o tribunal se declarar incompetente deve cessar a sua intervenção, para que o tribunal competente venha a apreciar as demais questões.

§ 6 As nulidades, questões prévias ou incidentais devem ser apreciadas tão cedo quanto possível, sendo que existem pelo menos três momentos para o efeito: *i)* saneamento processual (v. art. 311.º/1); *ii)* em sede prévia ao julgamento (art. em análise) e *iii)* sentença (v. art. 368.º/1). Na prática, o legislador impõe que o julgador se pronuncie sobre tais questões assim que processualmente lhe for possível.

§ 7 Considerando os diferentes momentos, o tribunal apenas pode, no início do julgamento, conhecer nulidades, questões prévias ou incidentais que ainda não tenham sido conhecidas anteriormente, pois quanto a essas já se pode ter verificado caso julgado formal, objeto de uma anterior decisão especifica transitada em julgado, que não podem ser novamente discutidas. Por outro lado, as decisões proferidas quanto a tais questões nesta sede podem fazer caso julgado formal ou material consoante a natureza das decisões conhecidas.

§ 8 O tribunal não pode conhecer nesta sede sobre a alteração da qualificação jurídica dos factos imputados ao arguido na acusação e, em consequência, apreciar em concreto a questão da competência do tribunal (v. ac. RP, 20.11.1996,

BMJ, 461, 524, e no sentido oposto ac. RC, 08.06.1994, CJ, XIX, 3, 55) ou a questão da legitimidade do MP (ac. RE, 15.12.1994, CJ, XIX, 5, 297).

§ **9** O tribunal não pode conhecer nesta sede sobre o mérito da causa quanto às questões relacionadas com a matéria de facto, por exemplo, considerando que não estão indiciados suficientemente certos factos atinentes à especial censurabilidade e convertendo, por isso, a imputação de um crime de ofensa à integridade física qualificada num crime de ofensa à integridade física simples (ac. STJ, 20.11.1997, BMJ, 471, 156, ac. RC, 15.02.1995, CJ, XX, 1, 62 e ac. RP, 06.07.2005, CJ, XXX, 4, 223).

§ **10** A competência cabe ao tribunal, isto é, ao conjunto dos juízes togados nos tribunais de composição plural (ac. RL, 18.03.2004, CJ, XXIX, 2, 135, o qual ainda assim decidiu que existe uma nulidade insanável devido a uma "alteração da composição do tribunal" no caso de conhecimento ulterior de uma nulidade arguida na audiência por um juiz que não pertence ao coletivo, mas pertence ao tribunal. Contudo, o juiz presidente também tem competência para conhecer certas questões prévias ou incidentais, bem como as causas de incapacidade e incompatibilidade e impedimentos, escusa ou recusa dos jurados e cada um dos juízes togados tem competência para decidir do seu próprio impedimento e escusa e do requerimento do seu impedimento e recusa.

§ **11** Depois de recebida a acusação ou proferido despacho de pronúncia, com a prolação do despacho respetivo a designar dia para a audiência, e antes de ser proferida sentença, atividade a levar a cabo só após ter sido realizada a audiência de discussão e julgamento, não se pode conhecer do mérito da ação. Somente é permitido o conhecimento de questões prévias ou incidentais que sejam suscetíveis de obstar à apreciação do mérito da causa. Assim, é ilegal o acórdão proferido no início da audiência, em que o tribunal coletivo, para chegar à conclusão expendida no mesmo, teve de fazer uma apreciação de fundo, ou seja, apreciação do mérito da causa quanto às questões relacionadas com a matéria de facto contida na pronúncia e com a incriminação aí imputada aos arguidos, sem previamente realizar a audiência (ac. STJ, 20.11.1997, BMJ, 471, 156).

§ **12** "*1. Não se encontrando prevista no art. 119.º do CPP, a nulidade de acusação é sanável, pelo que se não for deduzida por algum dos interessados no prazo legalmente estabelecido, perante a autoridade judiciária competente, não pode ser conhecida enquanto tal em momento posterior, nomeadamente* *ao abrigo do disposto no art. 311.º/1 ou no art. 338.º, ambos do CPP. 2. Por seu lado, a rejeição da acusação com algum dos fundamentos enunciados no n.º 3 daquele mesmo art. 311.º, é decidida oficiosamente pelo juiz a quem o processo é distribuído, apenas no caso de o processo ser remetido para julgamento sem ter havido Instrução, constituindo aquela rejeição consequência específica, sui generis, dos vícios das als. a), b) e c) do n.º 3 do art. 283.º do CPP quando conhecidos no despacho de saneamento e recebimento dos autos. 3. Ultrapassado o momento legalmente definido para a rejeição da acusação (art. 311.º do CPP), fica precludida tal possibilidade, o que, aliás, é conforme com o estabelecimento legal de fases e momentos próprios para o saneamento do processado, a partir dos quais fica precludida a possibilidade de invocar a infração cometida e os efeitos produzidos pelo ato processual imperfeito sofrem uma modificação, passando de precários a definitivos. 4. No caso vertente, a acusação tornou-se definitivamente apta para suportar a ação penal em julgamento e os vícios previstos no n.º 3 do art. 311.º (incluindo a al. d)), apenas relevarão na apreciação do mérito da causa (e já não enquanto vício formal lesivo da validade da acusação), de acordo com o regime processual aplicável em audiência e o direito substantivo igualmente aplicável. 5. Não pode, pois, afirmar-se, que a decisão de rejeição proferida em momento anterior à abertura de audiência (como se verificou no caso sub judice) ou mesmo no início desta ao abrigo do disposto no art. 338.º/1 do CPP, se limita a antecipar a decisão que infalivelmente virá a ser proferida após a audiência de julgamento, com os consequentes ganhos de economia e celeridade, processuais. Contrariamente ao que pode parecer numa primeira abordagem da questão, o vício formal verificado (seja ele a falta de narração de factos, ou a falta de indicação de provas ou dos preceitos legais aplicáveis) não inutiliza a funcionalidade do ato viciado (in casu a acusação), pois aquela pode cumprir ainda a sua função, nomeadamente no que respeita à satisfação dos interesses de índole material inerentes ao processo penal, como seja a condenação dos culpados, com respeito pelas garantias de defesa do arguido. Na verdade, o nosso processo penal, que não é indiferente ao princípio da conservação dos atos imperfeitos, contempla soluções de exceção em momento tardio do processo, como sejam as previstas nos artigos 358.º e 359.º, do CPP, que, conjugados com aquele princípio, tornam razoável a sua aplicação em casos de acusação imperfeita, nomeadamente nas situações de omissão parcial de narração de factos, como sucede no caso presente, tanto mais que o art. 339.º/4 do CPP expressamente inclui no objeto da discussão da causa os factos que resultarem da prova produzida em audiência, bem como todas as soluções jurídicas pertinentes, sem prejuízo do regime aplicável à alteração dos factos* [ac. RE, 10.12.2009 (ANTÓNIO LATAS)].

§ 13 O TC já se pronunciou sobre o n.º 1 do art. em análise, decidindo no ac. 520/2011 não julgar inconstitucional a norma constante do artigo 338.º/1, do CPP, em conjugação com o disposto nos artigos 286.º, 288.º, 308.º, 310.º, n.º 1, 311.º e 313.º/ 4, do mesmo Código, quanto interpretadas tais disposições legais no sentido de que, tendo sido proferido despacho de pronúncia, na sequência de instrução, seguido de despacho emitido ao abrigo do artigo 311.º do CPP, está vedado ao Tribunal Coletivo, na fase introdutória da audiência de julgamento, declarar extinto o procedimento criminal e, em consequência, determinar o arquivamento dos autos, por falta de relevância criminal dos factos imputados aos arguidos.

Luís Lemos Triunfante

Artigo 339.º
Exposições introdutórias

1 – Realizados os actos introdutórios referidos nos artigos anteriores, o presidente ordena a retirada da sala das pessoas que devam testemunhar, podendo proceder de igual modo relativamente a outras pessoas que devam ser ouvidas, e faz uma exposição sucinta sobre o objecto do processo.

2 – Em seguida o presidente dá a palavra, pela ordem indicada, ao Ministério Público, aos advogados do assistente, do lesado e do responsável civil e ao defensor, para que cada um deles indique, se assim o desejar, sumariamente e no prazo de dez minutos, os factos que se propõe provar.

3 – O presidente regula activamente as exposições referidas no número anterior, com vista a evitar divagações, repetições ou interrupções, bem como a que elas se transformem em alegações preliminares.

4 – Sem prejuízo do regime aplicável à alteração dos factos, a discussão da causa tem por objeto os factos alegados pela acusação e pela defesa e os que resultarem da prova produzida em audiência, bem como todas as soluções jurídicas pertinentes, independentemente da qualificação jurídica dos factos resultante da acusação ou da pronúncia, tendo em vista as finalidades a que se referem os artigos 368.º e 369.º.

Origem do texto: corresponde à redação originária aprovada pelo DL 78/87 com a alteração decorrente da L 59/98, de 25.08.

Sumário do comentário:

I – Interpretação da norma

§ 1 A norma regula sobre as exposições introdutórias, ou seja, o juiz presidente concede, pela ordem indicada, ao MP, aos advogados do assistente, do lesado e do responsável civil e ao defensor, para que cada um deles indique, se assim o desejar, sumariamente e no prazo de dez minutos, os factos que se propõe provar.

II – Elemento histórico e *ratio legis*

§ 2 A norma atual foi introduzida pela redação originária aprovada pelo DL 78/87 com a alteração decorrente da L 59/98, de 25.08 (aditado o n.º 4). Reproduz o art. 339.º do Proj., sendo que não existiam disposições expressas correspondentes no direito anterior.

III – Âmbito de aplicação

§ **3** O n.º 1 estabelece que realizados os atos introdutórios referidos nos artigos anteriores (329.º a 338.º), o juiz presidente ordena a retirada da sala das pessoas que devam testemunhar, podendo proceder de igual modo relativamente a outras pessoas que devam ser ouvidas, e faz uma exposição sucinta sobre o objeto do processo. Conforme é consabido, a parte sobre a exposição sucinta sobre o objeto do processo caiu um pouco em desuso, limitando-se à circunstância de ler, mais à frente, a acusação que pende contra o arguido.

§ **4** Caso o juiz presidente opte por fazer a exposição sucinta sobre o objeto do processo, deverá ter o cuidado nessa formulação, de modo a evitar quaisquer juízos de valor sobre o objeto do processo. Nessa medida, deverá apenas referir sumariamente os factos da acusação pública, da acusação particular, do pedido de indemnização civil e das contestações (Paulo Pinto de Albuquerque, 2011, p. 874).

§ **5** A omissão da retirada de pessoas que devam testemunhar ou de outras que devam ser ouvidas produz o efeito de estas pessoas que permanecerem indevidamente na sala durante a produção da prova ficarem impedidas de prestar depoimento. Em consequência, o tribunal não pode produzir nem valorar a prova resultante do depoimento de pessoa que permanece indevidamente na sala e assiste à produção de prova, constituindo a violação da disposição legal uma proibição de prova (Paulo Pinto de Albuquerque, 2011, p. 874).

§ **6** A omissão da exposição sucinta sobre o objeto do processo constitui irregularidade, nos termos do art. 123.º

§ **7** A primeira parte do disposto no n.º 1 não representa qualquer inovação relativamente ao direito anterior. A segunda parte do n.º 1 traduziu inovação relativamente ao direito comum (semelhante ao direito penal militar) e destina-se a esclarecer as partes, particularmente o arguido, sobre o objeto do processo. A omissão da exposição, não sendo cominada com nulidade, constitui mera irregularidade, submetida ao art. 123.º. Os sujeitos processuais, através das peças processuais anteriormente entregues, já tiveram oportunidade de conhecer o objeto do processo (Maia Gonçalves, 2002, p. 604).

§ **8** O n.º 2 estabelece que o juiz presidente dá a palavra, pela ordem indicada, ao MP, aos advogados do assistente, do lesado e do responsável civil e ao defensor, para que cada um deles indique, se assim o desejar, sumariamente e no prazo de dez minutos, os factos que se propõe provar. Conforme é consabido, sendo uma faculdade, as exposições introdutórias tem caído um pouco em desuso, de qualquer forma, sendo usada, deverá sê-lo respeitando os dois requisitos: i) sumário; ii) máximo de dez minutos.

§ **9** O n.º 2 também não constitui inovação relativamente ao direito anterior. No que diz respeito ao MP e ao assistente, embora a indicação não seja necessária nesta fase processual, terão que provar todos os factos constitutivos do crime. Caso não se seja cumprido o n.º 2, verificar-se-á uma irregularidade, submetida ao regime do art. 123.º, pois a omissão não é cominada com nulidade. Trata-se de uma faculdade e não uma obrigação dos sujeitos processuais usarem da palavra (Maia Gonçalves, 2002, p. 664).

§ **10** De forma a regular a forma como se processam tais exposições introdutórias, o n.º 3 define que o juiz presidente tem o poder dever de regular ativamente as exposições referidas no número anterior, com vista a evitar divagações, repetições ou interrupções, bem como a que elas se transformem em alegações preliminares, por não serem esses os propósitos da norma. Trata-se de um afloramento de comandos gerais do juiz presidente (322.º e 323.º) e sobre proibições de atos inúteis.

§ **11** O n.º 4 foi aditado pela L 59/98, de 25.08, visando clarificar o objeto da discussão da causa, mormente os factos alegados pela acusação e pela defesa e os que resultarem da prova produzida em audiência, bem como todas as soluções jurídicas pertinentes, independentemente da qualificação jurídica dos factos resultante da acusação ou da pronúncia, tendo em vista as finalidades a que se referem os artigos 368.º e 369.º. Na prática, densifica novamente que o objeto do processo é o objeto da acusação, no sentido de que é esta que fixa os limites da actividade cognitiva e decisória do tribunal, ou, noutros termos, o *thema probandum* e o *thema decidendum* – arts. 303.º, 309.º, 358.º e 359.º, entre outros, do CPP [v. ac. STJ, 13.10.2011 (Rodrigues da Costa)].

§ **12** O n.º 4 visou ainda rejeitar as teses herdeiras da teoria do *fait qualifié* que vinculam o objeto do processo à incriminação da acusação ou da pronúncia. O objeto do processo não é constituído pela incriminação imputada ao arguido, mas antes pelos factos que lhe são imputados. A investigação e a decisão abrangem o facto descrito na acusação e as pessoas imputadas pela acusação. Dentro destes limites estão os tribunais autorizados e obrigados a uma atividade autónoma e, em especial, eles não estão vinculados na aplicação da lei penal aos requerimentos feitos. O tribunal está apenas vinculado tematicamente pelo "facto histórico unitário", descrito na acusação, não pela qualificação jurídica dada ao facto na acusação. Em consequência, o MP, o arguido e o assistente têm o direito de discutir a qualificação jurídica dos factos sem quaisquer restrições durante a audiência e o juiz tem o dever de suscitar essa discussão, caso pondere como plausível uma qualificação jurídica dos factos distinta da que consta da acusação ou da pronúncia (Paulo Pinto de Albuquerque, 2011, p. 875).

§ **13** A circunstância de o tribunal não ter dado a palavra aos representantes da acusação e da defesa para indicarem sumariamente os factos que se propunham provar constitui simples irregularidade, a ser regida nos termos do art.123.º/1. Não tendo sido atempadamente arguida, essa irregularidade não afeta o ato a que se refere, nem os atos posteriores [ac. STJ, 12.07.1989, AJ, n.º 1, 9].

§ **14** A omissão, no todo ou em parte, e a omissão de descrição em ata da concessão da palavra à acusação e à defesa para que indiquem, se o desejarem, os factos que se propõem provar (art. 339.º/1 do CPP) constitui uma irregularidade a arguir pelos interessados na própria audiência [ac. STJ, 05.06.1991, BMJ, 408, 406).

Luís Lemos Triunfante

CAPÍTULO III
Da produção da prova

ARTIGO 340.º
Princípios gerais

1 – O tribunal ordena, oficiosamente ou a requerimento, a produção de todos os meios de prova cujo conhecimento se lhe afigure necessário à descoberta da verdade e à boa decisão da causa.

2 – Se o tribunal considerar necessária a produção de meios de prova não constantes da acusação, da pronúncia ou da contestação, dá disso conhecimento, com a antecedência possível, aos sujeitos processuais e fá-lo constar da ata.

3 – Sem prejuízo do disposto no n.º 3 do artigo 328.º, os requerimentos de prova são indeferidos por despacho quando a prova ou o respetivo meio forem legalmente inadmissíveis.

4 – Os requerimentos de prova são ainda indeferidos se for notório que:

a) [Revogada];

b) As provas requeridas são irrelevantes ou supérfluas;

c) O meio de prova é inadequado, de obtenção impossível ou muito duvidosa; ou

d) O requerimento tem finalidade meramente dilatória.

Origem do texto: corresponde à redação originária aprovada pelo DL 78/87 depois de alterações introduzidas pela L 20/2013 e pela L 94/2021. A L 20/2013 alterou o n.º 4 introduzindo-lhe uma nova alínea *a)* e renumerando as outras tês alíneas. O art. 14.º/*c)* da L 94/2021 declarou a revogação da alínea *a)* introduzida pela L 20/2013 («as provas requeridas já podiam ter sido juntas ou arroladas com a acusação ou a contestação, exceto se o tribunal entender que são indispensáveis à descoberta da verdade e boa decisão da causa»), sem proceder à renumeração das outras três alíneas.

Sumário do comentário:

I – Considerações gerais (§§ 1 a 16)

II – Acusatório, objeto do julgamento e inquisitório em matéria de prova ou princípio da investigação (§§ 17 a 19)

III – Articulação do inquisitório em matéria de prova com os princípios do contraditório e da lealdade processual (§§ 20 a 39)

IV –Princípio da relevância, ónus dos sujeitos da dialética e poderes do tribunal (§§ 40 a 55)

V – As decisões do tribunal sobre iniciativas probatórias dos sujeitos da dialética que invocam o princípio da investigação: sanções legais dos eventuais vícios, indeferimentos e mecanismos de reação (§§ 56 a 67)

VI – Implicações do princípio de investigação na ação do tribunal no julgamento de facto e possibilidade de reabertura de audiência (§ 68)

I – Considerações gerais

§ 1 As normas do preceito comentado reportam-se a decisões sobre iniciativas probatórias ocorridas na fase de julgamento em momento superveniente aos articulados, e, no caso das provas pessoais quando as provas arroladas já não podem ser admitidas ao abrigo do art. 316.º. Dimensões normativas que afastam o que poderia considerar-se sugerido pela letra da epígrafe conjugada com a respetiva inserção sistemática (capítulo III do título II do livro VII), o preceito, ao contrário do anúncio, não tem como objeto «princípios gerais da produção de prova na audiência de julgamento». O âmbito da norma abrange, assim, toda a fase de julgamento, incluindo a audiência e etapas que a precedem (*infra* § 22 23 e 28), e ao seu abrigo podem, ainda, ser proferidas decisões oficiosas do tribunal no momento deliberativo do julgamento as quais determinarão a reabertura da audiência (*infra* § 68).

§ 2 Tendo o legislador nacional, no essencial, copiado a sistemática do *progetto preliminare* italiano de 1978, o preceito comentado foi fruto de uma opção de política legislativa própria sobre aquisição de prova, embora incorretamente enxertada no capítulo sobre produção de prova na audiência de julgamento, antes da norma que no original italiano, de forma mais congruente, inicia a regulação legal da produção de prova na audiência de julgamento (o art. 496.º CPPI correspondente ao art. 341.º).

§ 3 O CPP apresenta neste segmento uma peculiariedade, em termos de sistemática formal, que também se revela por confronto com o CPC, o qual mantendo a tradição processualista nacional de um título dedicado à instrução do processo judicial inicia esse título com um capítulo de disposições gerais — no qual ao preceito sobre o objeto da instrução ou da prova (art. 410.º CPC) se segue coerentemente a norma dedicada ao princípio do inquisitório (art. 411.º CPC).

§ 4 No CPPI as normas que tratam dos impulsos probatórios das partes fora dos articulados estão no capítulo precedente, no art. 493.º/2 CPPI (antecedido de norma equivalente ao art. 339.º/2 do código português) e no art. 495.º CPPI. O art. 493.º CPPI tem por epígrafe *Pedidos de provas*, sendo a admissão dessas provas condicionada à demonstração da impossibilidade de terem sido apresentadas tempestivamente (estando esse preceito inserido no mesmo capítulo do relativo às iniciativas judiciais sobre a prova).

§ 5 O art. 340.º/1, tal como o art. 323.º/*a)* e *b)*, na parte da oficiosidade judicial compreende uma regulação próxima do § 244, II da StPO e distante da restritiva fórmula da lei italiana, No CPPI prescreve-se que a iniciativa judicial só pode ocorrer depois de «terminada a aquisição da prova» e se «a assunção de novos meios de prova» se afigurar «absolutamente necessária» (art. 507.º CPPI), ideia de «absoluta necessidade» claramente enfatizada no art. 523.º/6 CPPI, em coerência com o princípio geral do direito à prova aí consagrado: (1) as provas, por regra, são admitidas a pedido das partes, (2) os casos em que as provas são admitidas oficiosamente têm de ser expressa e especificamente estabelecidos pela lei (art. 190.º/1 e 2 CPPI, norma que não foi transposta para o código português) – cf. DÁ MESQUITA, 2011, p. 250.

§ **6** O artigo 340.º compreende a principal expressão normativa do princípio da investigação judicial sobre a prova na fase de julgamento. Princípio da investigação que corresponde ao princípio do inquisitório estabelecido pelo artigo 411.º do CPC: «incumbe ao juiz realizar ou ordenar, mesmo oficiosamente, todas as diligências necessárias ao apuramento da verdade e à justa composição do litígio, quanto aos factos de que lhe é lícito conhecer».

§ **7** A interpretação das normas que integram o preceito comentado deve ter como pano de fundo as três dimensões do Direito Probatório indicadas de seguida, em que a segunda se reparte em dois momentos.

(1) *Admissibilidade* da prova.
(2) *Aquisição* da prova com duas etapas:
  (2.1) A *admissão* que compreende variantes entre o regime e os tempos das provas constituendas (o rol, a chamada, agendamento) e de integração de provas pré-constituídas (junção, recolha, meios de obtenção);
  (2.2) A *assunção*, quanto à qual no caso das provas constituendas se apresenta central a produção da prova, enquanto nas provas pré-constituídas se opera através do exame e/ou da reprodução.
(3) *Valoração* da prova.

§ **8** As normas em apreciação reportam-se exclusivamente à aquisição da prova, operação que tem de integrar os princípios e regras sobre admissibilidade da prova e, no que se reporta ao juízo de necessidade ou relevância das eventuais provas a obter ou produzir, pode exigir prognoses futuras sobre a superveniente valoração da prova — conjugando as proposições factuais em causa (a materialidade) com o potencial valor probatório dos novos meios, cf. *infra* §§ 11-16 e 40 a 47. Relativamente ao procedimento de aquisição da prova, a norma do art. 340.º/1, apesar do erróneo enquadramento sistemático (*supra* §§ 1-6), regula apenas matérias de admissão de provas que não foram indicadas pelos sujeitos da dialética no prazo dos seus articulados (arts. 79.º/1 e 2, 165.º/1, 283.º/*e)* a *g)*, 284.º/2, 285.º/3, 308.º/2, 311.º-B/1) ou por via da alteração ou aditamentos aos róis ao abrigo do art. 316.º.

§ 9 As normas do preceito comentado incidem na admissão da prova e são aplicáveis a provas constituendas e préconstituídas, existindo algumas variantes nos incidentes e desenvolvimentos processuais em face da natureza das provas. O art. 340.º/1 não se aplica às declarações de arguido, atendendo ao forte poder dispositivo da fonte de prova quanto às suas próprias declarações e às regras legais no sentido de que o impulso de declarações é gerido pelo próprio (cf. arts. 341.º/*a)*, 343.º/1, 344.º/1, 345.º/1 e 361.º/1, este último preceito restringe o contraditório com potencial impacto na valoração dessas declarações em que a fonte de prova impediu a colocação de questões pelos sujeitos da dialética).

§ 10 A admissão das iniciativas probatórias reguladas no art. 340.º depende, na fórmula da lei, de decisões do tribunal sobre a respetiva *necessidade para a descoberta da verdade e boa decisão da causa*, um juízo valorativo positivo que, por regra, não se impõe na etapa da admissão mas apenas na da aquisição (*supra* § 7) quanto às provas requeridas nos articulados ou quanto às provas que ainda podem ser arroladas ao abrigo do art. 316.º (embora esse seja um requisito cujo prenchimento é imposto para a generalidade dos meios de obtenção de prova e, mesmo no caso da prova pessoal, seja exigível em certas circunstâncias também para as tempestivamente arroladas, cf. arts. 283.º/7 e 8 e 316.º/1).

§ 11 As normas com previsões reportadas a *necessidade* probatória integram o princípio da *relevância* enquanto valor basilar no Direito Probatório com uma relação particularmente próxima com princípios processuais como os da celeridade e da proibição de atos inúteis e, no plano das normas sobre prova, com as regras sobre o *objeto da prova* (na fórmula do art. 124.º tal como sucedia no art. 513.º CPC de 1961, tendo no art. 410.º CPC de 2013 a formulação anterior sido substituída pelo termo *objeto da instrução*).

§ 12 A relevância da prova compreende a materialidade e o valor probatório (*infra* §§ 40 a 47) e envolve, em todos os sistemas jurídicos, componentes jurídicas relativas à regulação preventiva das atividades dos sujeitos processuais com impacto na iniciativa, admissão e produção de provas. No art. 340.º/1 o juízo sobre relevância e necessidade opera num cenário de dupla incerteza, sobre os factos objeto da prova e os meios de prova (a admitir e/ou produzir), exigindo, atenta a etapa do procedimento probatório em causa (*supra* § 7), conjugação de encadeamentos inferenciais lógico-jurídicos e específicos juízos probabilísticos e hipotéticos sobre elementos de provas juntas, produzidas ou arroladas.

§ **13** A raiz conformadora do princípio da relevância é o valor da *verdade material* (sobre este no Processo Penal português, cf. DA MESQUITA, 2011, pp. 237-263) e tal implica uma dimensão positiva e outra negativa em matéria de instrução probatória: (1) Os sujeitos processuais da dialética (as *partes*) devem poder apresentar todas as provas que suportam juízos sobre factos relevantes para as questões jurídicas objeto do processo e, consequentemente, se não houver um motivo fundado para recusar um meio de prova o mesmo deve ser admitido; (2) Em contraponto, se o meio que se pretende introduzir carece de valor probatório em face do objeto do processo ou se na produção de meio de prova se promovem ações sem valia para o objeto da prova, as iniciativas devem ser recusadas.

§ **14** Exige-se, ainda, num cenário de incerteza uma margem para o balanceamento judicial (tanto mais ampla quanto se reporta a iniciativas *intempestivas* das *partes*, quando a informação de que dispunham no momento dos articulados não se alterou de forma relevante para o momento do novo requerimento, ou quando não chegou a haver qualquer impulso das *partes*). Relevância que se apresenta, assim, conexa com o direito à prova o qual compreende ónus, nomeadamente de atuação tempestiva os quais também têm suporte axiológico nos valores do contraditório e da *fairness* ou lealdade processual (*infra* §§ 20 a 40), para além do princípio da celeridade processual (constituindo responsabilidade do tribunal efetivar a sua defesa).

§ **15** A conformação da responsabilidade probatória do juiz pelos princípios da investigação e da relevância reflete-se na interpretação sistemático-teleológica de outras normas como o preceito específico sobre o procedimento de assunção do depoimento indireto art. 129.º/1 (ver §§ 54 a 71 do comentário ao art. 348.º).

§ **16** O n.º 1 regula a articulação dos princípios da investigação e da relevância na fase de julgamento relativamente à admissão de meios de prova que não foram indicados nos requerimentos probatórios formulados no prazo dos articulados ou ao abrigo da modificação dos róis regulada no art. 316.º (cf. §§ 1-8, 14, 15, 24, 27, 29, 45-47). Em termos de dinâmica procedimental, o n.º 1 compreende um regime geral sobre iniciativas probatórias supervenientes aos articulados e tempos normais dos aditamentos aos róis aplicável à admissão de provas por iniciativa oficiosa do tribunal e por impulso das partes. O art. 291.º/1, segunda parte, reporta-se aos mesmos princípios na fase de instrução, revelando que nessa fase o poder judicial de controlo da relevância das iniciativas probatórias das partes se apresenta mais forte no plano preventivo, pois compreende a possibilidade de rejeição de provas constituendas ainda que tempestivamente indicadas nos requerimentos probatórios (o JI *indefere os atos requeridos que entenda não interessarem à instrução ou servirem apenas para protelar o andamento do processo e pratica ou ordena oficiosamente aqueles que considerar úteis*). O n.º 2 do preceito comentado tem como epicentro a aplicação oficiosa do princípio pelo tribunal e os n.os 3 e 4 regulam a provocação pelas *partes* da *investigação* judicial.

II – Acusatório, objeto do julgamento e inquisitório em matéria de prova ou princípio da investigação

§ 17 O texto da comissão responsável pelo anteprojeto do CPP compreendeu o anúncio de um elemento nuclear do modelo processual sobre a prova mantido na exposição de motivos do diploma de 1987: a *integração* da «estrutura basicamente acusatória» «por um princípio de investigação» dirigido à descoberta da verdade dos factos objeto do processo, em «sintonia com a nossa tradição jurídico-processual penal» — Ponto III.7.a da Exposição de Motivos do CPP. Fórmula *estrutura acusatória integrada pelo princípio da investigação*, sustentada na perspetiva de que o art. 32.º/5 CRP, ao consagrar a «estrutura acusatória» merece ser classificado como «o texto constitucional mais significativo em matéria de processo penal», perspetiva de Jorge Figueiredo Dias transportada para a lei ordinária, na qual presidiu à Comissão Revisora na base do CPP (Figueiredo Dias, 1976, p. 105; Germano Marques da Silva, 1990, p. 61).

§ 18 O sistema probatório penal de 1987 revela confiança no juiz (capacidade de ação no sentido da descoberta da verdade e atomização analítica, além de imunidade às influências do conhecimento dos autos no momento da decisão), nomeadamente, com dois corolários conexos: plenitude do acesso aos autos (mesmo das fases preliminares) e princípio da investigação nos limites do objeto do processo.

§ 19 O acusatório compreende o ónus para a acusação de fixação do objeto processual que delimita negativamente o inquisitório ou investigação judicial em sede de julgamento (que se expressa fundamentalmente no conceito de *alteração substancial de factos* e no regime estabelecido nos arts. 358.º e 359.º) de forma mais draconiana do que no regime processual civil e mesmo em alguns sistemas processuais penais de matriz adversarial. Dentro dos limites do objeto do processo, os poderes inquisitórios do tribunal na admissão de meios de prova que não foram indicados nos requerimentos probatórios tempestivamente formulados pelas partes (com ou no prazo dos articulados, ou ainda ao abrigo do art. 316.º) são bastante amplos, quer quanto ao suporte informativo em que se estriba quer ainda nos tempos em que pode ser empreendido (*infra* §§ 23, 28 e 68).

III – Articulação do inquisitório em matéria de prova com os princípios do contraditório e da lealdade processual

§ 20 O elemento nuclear das operações hermenêuticas mais sensíveis e de algumas especificações normativas quanto ao inquisitório em matéria de prova reportam-se à articulação desse valor com os inerentes aos princípios do contraditório e da lealdade processual. Tal poderá ter estado subjacente ao pensamento dos autores das intervenções legislativas de 2013 e de 2021 mas estas não afetaram o essencial do equilíbrio de valores sobre um julgamento contraditório estabelecidos no texto originário do CPP (*supra* origem do texto e *infra* §§ 16, 25 e 26-29).

§ 21 A regulação do inquisitório em matéria de prova compreende duas vertentes que sendo conexas envolvem dimensões axiológicas e procedimentais distintas: a ação oficiosa do tribunal e os direitos de provocação dessa atividade pelos sujeitos processuais da dialética ou partes do julgamento.

§ 22 Os arts. 323.º/*b)* e *c)* e 340.º/1 e 2 permitem ao tribunal, sempre que exista uma específica necessidade, proferir uma decisão, ainda que oficiosa, antes ou durante a audiência (ao invés do que sucede com a *correspondente* norma do código italiano, o art. 507.º/1 CPPI, que determina que a iniciativa oficiosa apenas pode ocorrer, em princípio, depois de «terminada a aquisição das provas»). Por outro lado, as previsões dos arts. 320.º/1 e 323.º/*a)*, em nome da «descoberta da verdade», permitem a própria realização dos atos probatórios em caso de necessidade antes da audiência, valendo a prova pessoal como produzida na audiência (art. 356.º/ 1/*a)*).

§ 23 A ação oficiosa do tribunal apresenta-se diretamente conformada pelo princípio da investigação, o qual pode determinar a necessidade de decisões operativas do tribunal próprias e autónomas sobre a relevância de novas provas antes da audiência, durante a audiência (no decurso da produção de prova indicada pelas *partes* ou após a mesma estar concluída e antes de se iniciarem as alegações) ou, ainda, por via de um juízo do tribunal sobre a sua necessidade na fase de valoração da prova pelos julgador(es) depois das alegações finais dos sujeitos da dialética. Decisão no momento da deliberação sobre a produção ou obtenção de novos meios de prova que implica a reabertura da audiência permitindo o contraditório, nomeadamente, na produção de provas constituendas e na apreciação *sobre* todas as provas (cf. §§ 1-8, 19, 28 e 68). Questão distinta, é a que se reporta a provas posteriores à decisão que tem sido sobretudo discutida quanto ao art. 165.º/1 (*v.g.* Acs. TC 392/2003, 397/2006, 90/2013 e 289/2020).

§ 24 O preceito comentado trata fundamentalmente da decisão do tribunal quanto à junção ou produção de provas não indicadas tempestivamente pelos outros sujeitos processuais e não regula de forma direta a intervenção do tribunal na produção das provas constituendas tempestivamente arroladas (na fase de julgamento o regime geral sobre os meios de prova carece de ser complementado pelas normas especiais sobre produção das tipologias de provas constituendas em audiência, *v.g.* arts. 343.º a 354.º, cf. *supra* §§ 1-8 do presente comentário).

§ 25 Relativamente às provas constituendas produzidas por decisão proferida pelo tribunal deve entender-se que, independentemente de a respetiva inquirição ter sido eventualmente promovida por alguma das *partes*, são fontes de prova cuja audição foi determinada pelo tribunal ao abrigo do princípio da investigação ou inquisitório. Pelo que, para efeitos de dinâmica da inquirição devem ser consideradas fontes de prova indicadas pelo tribunal (de acordo com um juízo próprio e expresso em ato processual do julgamento sobre a sua relevância para a descoberta da verdade), incumbindo ao tribunal proceder à respetiva inquirição e podendo as *partes* solicitar que sejam colocadas outras questões (sem prejuízo de o tribunal, ao abrigo dos seus poderes próprios de gestão processual, poder determinar, por decisão irrecorrível, que as questões podem ser inicialmente sugeridas pela *parte* que fez o requerimento para a inquirição, o que não corresponde, sublinhe-se a qualquer direito desse sujeito processual, mas apenas a uma expressão dos poderes de direção do juiz que preside ao julgamento).

§ 26 Consequentemente, no caso de testemunhas inquiridas ao abrigo do art. 340.º não se aplica o art. 348.º/4 (cf., ainda, §§ 1, 34 a 35 do comentário ao art. 348.º), podendo o tribunal proceder à sua inquirição quer no caso de testemunhas cuja inquirição foi decidida oficiosamente quer naqueles casos em que foi requerida por uma *parte*, incluindo os casos em que se trate de testemunha inicialmente arrolada por uma *parte* que veio a renunciar à respetiva audição tendo a mesma sido posteriormente determinada pelo tribunal com fundamento no art. 340.º [sobre esta última variante, v. no mesmo sentido o ac. RP, 11.04.2007 (Airisa Caldinho)].

§ 27 A iniciativa da prova pelo tribunal deve apresentar uma natureza subsidiária em face da primazia em matéria de impulso sobre provas dos sujeitos processuais que assumem as posições antitéticas na dialética do julgamento. As provas impulsionadas oficiosamente pelo tribunal estão por natureza sujeitas ao filtro prévio do controlo judicial da relevância, no sentido de estarem dependentes no momento da admissão de um juízo positivo do tribunal sobre a necessidade da iniciativa probatória judicial. No caso das impulsionadas pelas *partes*, o controlo judicial da relevância pode variar em termos de etapa do procedimento probatório, mas sempre que sejam admitidas ao abrigo do art. 340.º deve haver lugar à fiscalização judicial prévia da relevância das provas requeridas (*supra* §§ 7 e 16).

§ 28 O inquisitório judicial impulsionado pelos outros sujeitos processuais pode ter lugar em qualquer momento dessa fase processual anterior ao encerramento das alegações (apenas podendo operar em momento posterior se o tribunal decidir a respetiva reabertura, cf. §§ 1-8, 22, 23 e 68).

§ 29 A valoração judicial da relevância integra-se num processo decisório judicial que exige uma concretização sobre a necessidade e um balanceamento que está para além dos estritos elementos da relevância (cf. §§ 11-16, 40-47 e 49) e tem de integrar os valores do contraditório, lealdade e celeridade como limites à investigação judicial probatória intempestivamente requerida. Momento decisório no quadro de um incidente contraditório (com a respetiva dinâmica triangular, cf. §§ 50-65) com ónus probatórios para os requerentes, impostos pela interpretação sistemático-teleológica do art. 340.º/1 e 4 articulada com as normas sobre os tempos das iniciativas probatórias dos sujeitos da dialética (*v.g.* arts. 165.º, 283.º/3, 284.º/2 b), 285.º/3, 287.º/2, 288.º/4, 289.º/1, 292.º/1, 311.º-B/1, 316.º, 320.º/1, 323.º/a), b), c), 327.º/2, 328.º/3 b), 340.º/1, 2 e 4), que, em termos axiológicos, são expressão do modelo de contraditório (cf. §§ 1-8, 14-16, 20, 22, 23, 32-38, 53-57, 61-63 e 68) constitucionalmente imposto (arts. 20.º/4 e 32.º/5 CRP).

§ **30** O TC já considerou o princípio da investigação como merecendo tutela constitucional, em dois arestos proferidos no mesmo processo [Acs. 584/96 (Assunção Esteves) e 137/02 (José de Sousa Brito), com importantes declarações de voto que revelam as profundas debilidades do primeiro aresto, em particular as apreciações de Messias Bento], nos quais se afirmou ser o art. 340.º/1 «o lugar de afirmação paradigmática do princípio da investigação ou da verdade material». Esses arestos foram proferidos no quadro de um caso muito particular de fiscalização concreta de constitucionalidade (tendo a demora da decisão do TC significativo impacto no tempo do específico processo judicial) no sentido de o contraditório constitucional não impor uma proibição em termos absolutos da junção de provas que as partes podiam ter apresentado anteriormente (mas em momento algum o TC disse o inverso, antes pelo contrário, ou seja o princípio da investigação constitucionalmente tutelado não compreende obrigatórias restrições ao contraditório, nem as legitima).

§ **31** Com mais importância para a interpretação do art. 340.º e os equilíbrios impostos pelo contraditório apresenta-se a jurisprudência do Ac. TC 171/2005 (Paulo Mota Pinto). No Ac. TC 171/2005 conclui-se que o art. 340.º/4 não viola as garantias de defesa do arguido ao conferir ao juiz poderes de disciplina da produção de prova expressos no indeferimento da junção ou arrolamento de prova com base no «seu carácter irrelevante ou supérfluo, inadequado, de obtenção impossível ou muito duvidosa, ou, ainda, da sua finalidade meramente dilatória».

§ **32** Como também se refere no Ac. TC 171/2005, com a imposição de ónus aos requerentes de provas intempestivamente requeridas ou arroladas sobre o conhecimento superveniente desses meios e a sua relevância, «trata-se, apenas, da atribuição ao tribunal do poder de disciplinar a produção da prova, quer da acusação, quer do arguido, para evitar que aquela se eternize ou se perca o contacto com o *thema decidendum*, e essa função, de controlo, só pode caber ao juiz».

§ **33** O Ac. TC 171/2005 nos considerandos sobre o caso particular também compreende importantes subsídios para a metódica judicial em sede de investigação judicial na fase de julgamento, em particular de indeferimento de requerimentos com efeitos dilatórios. Em particular, as seguintes apreciações: «não se vê que a invocação de um alegado "prejuízo", decorrente da decisão "antecipada" (embora não se veja como é que o indeferimento de diligências probatórias pudesse deixar de ser "antecipado", pois, se se esperasse pelo seu desfecho não se poderiam indeferir), seja adequada ao caso, uma vez que o fundamento do indeferimento foi o de que já "consta suficientemente documentado nos autos quais as prestações relativas a contribuições de trabalhadores e gerentes da sociedade arguida entretanto pagas à segurança social" — ou seja, foi por já se ter provado o que havia a provar que se indeferiu o requerido».

§ 34 A opção legislativa do art. 340.º/4/*a)* na redação introduzida pela L 20/2013 e afastada pela L 94/2021 (sendo mais uma ilustração do duvidoso procedimento que culminou na aprovação desse diploma, cf. § 48) não altera o que decorre da interpretação mais adequada, desde a versão originária do CPP, sobre a articulação do princípio da investigação judicial com os valores da lealdade e contraditório — com mais desenvolvimento, Dá Mesquita, 2011, pp. 250-260, 345-353, 611 612, 647-660 (sobre versão originária e que vale para a atual) e Dá Mesquita, 2015, pp. 121-123 (sobre a versão da L 20/2013).

§ 35 Em matéria de iniciativa probatória, a lealdade releva numa tripla dimensão: inibidor dos excessos de atuação tática e estratégica das partes, corolário da parificação das partes e elemento de responsabilização perante o *outro* e o tribunal. Um princípio com corolários processuais diretos e em que o ponto de equilíbrio exigido pela «mistura de modelos» não pode dispensar a perda de direitos por via de ações e omissões pretéritas e controlo da boa fé processual dos sujeitos processuais pelo tribunal, em que, além da relevância e necessidade das provas supervenientes, se impõe a exigência de *fair play*, que não sendo o fim do processo é um fator essencial para o contraditório, sendo exigíveis mecanismos, preventivos e repressivos contra os abusos das partes. A responsabilização dos sujeitos da dialética que também se impõe no modelo de acusatório integrado pela investigação, marcados na sua sedimentação pelo reforço da ideia de subsidiariedade da iniciativa probatória judicial, expressa, por exemplo, nas várias alíneas do art. 340.º/4 (cf., ainda, *supra* §§ 31-34).

§ 36 Restrição dos impulsos probatórios intempestivos dos sujeitos da dialética processual que não constitui um limite ao poder judicial, mas deriva da salvaguarda do tribunal na posição de garante da verdade e dos direitos das *partes*, com amplos poderes de decisão sobre a relevância e a necessidade das provas. Ou seja, os ónus processuais dos requerentes de provas ao abrigo do art. 340.º/1 visam obstar aos riscos de instrumentalização do tribunal pelo sujeito processual com má fé processual, preservando, no mesmo passo, a efetividade do contraditório.

§ **37** Finda a produção de prova impulsionada pelos sujeitos da dialética, o tribunal, embora com carácter residual, deve poder desenvolver diligências que se lhe afigurem essenciais à descoberta da verdade em nome da retidão decisória (cf. ainda §§ 11, 16, 11, 23, 28 e 68). Como conclui Frederico Valdez Pereira: «Ao julgador não cabe substituir as funções das partes no processo, a diligência probatória de oficio deve realizar-se sem alguma intenção de beneficiar qualquer dos interessados, mas assentando-se tão somente na busca de superar situação de incerteza decorrente da incompletude do material probatório, buscando evitar que factos relevantes para a prestação jurisdicional permaneçam incertos, com vista ao resguardo dos interesses públicos indisponíveis inseridos no processo penal» (2014, p. 184).

§ **38** Num sistema de julgamento conforme um paradigma contraditório, além do dever procedimental de escrutínio e controlo judicial, ressaltam os deveres de lealdade das partes e campos de autovinculação, em que a proibição como instrumento profilático sobre a formação da prova visa o sancionamento das condutas impróprias das partes e não tanto as falhas técnicas da direção processual do juiz com que as partes se conformam.

§ **39** Concretizar as operações valorativas inerentes ao princípio da investigação judicial quanto à prova revela aspetos nucleares da responsabilidade do tribunal de julgamento e a opção sistémica no sentido de que deve aceder a informação nuclear no exercício dos seus poderes de instrução, em particular os autos das fases preliminares (cf. § 6 do comentário ao art. 275.º), designadamente para decidir, ao abrigo do art. 340.º/1 e 4, da relevância, necessidade ou indispensabilidade, de determinadas iniciativas probatórias. Refira-se que parte dos dados informativos das provas produzidas nas fases preliminares não poderão ser valorados no julgamento da matéria de facto [cf. comentários ao art. 355.º (§§ 5 a 25, 39 a 47, 58 a 70) e 356.º (1, 2, 6, 7, 14 a 57)], embora possam ter sido decisivos para a admissão de um meio de prova — por exemplo, ponderar para a decisão de ouvir em julgamento uma testemunha que não consta de nenhum dos róis a razão de ciência invocada por essa testemunha sobre facto essencial quando prestou declarações no inquérito.

IV – Princípio da relevância, ónus dos sujeitos da dialética e poderes do tribunal

§ **40** Como se referiu acima (§§ 11-16), a relevância da prova compreende dois elementos a materialidade e o valor probatório. A materialidade tem como núcleo a relação entre a prova e os factos juridicamente relevantes para o concreto processo, reportando-se à relação entre as proposições que aquele meio pretende provar e as questões que integram os enunciados factuais relevantes para o processo. A materialidade relaciona-se com o objeto da prova em primeira linha estabelecido pelo direito substantivo (art. 124.º/1). Contudo, tanto no direito probatório civil como no penal, a *materialidade* não se limita aos factos essenciais para as questões jurídicas a decidir, mas envolve outros fatores que servem para integrar a narrativa e lhe conferem «interesse, cor e realismo» e factos probatórios como as atividades de recolha de prova que contextualizam as fontes e elementos de prova obtidos. Por outro lado, mapas, diagramas, esquemas e vídeos podem ser materiais quando ajudam a compreender a outra prova material e os sujeitos processuais podem questionar a credibilidade de fontes (nomeadamente testemunhas) e meios de prova (por exemplo da prova pericial por força de problemas com a cadeia ou procedimento de custódia).

§ **41** O segundo elemento da relevância é o valor probatório reportando-se à aptidão da prova para estabelecer a proposição que se pretende provar ou colocá-la em causa. O artigo 401 das *Federal Rules of Evidence* dos EUA apresenta uma fórmula impressiva neste domínio que podemos tentar adaptar, *prova relevante significa prova que apresenta alguma aptidão para um juízo sobre a existência de um facto relevante para o processo ser mais provável ou menos provável do que seria sem a existência dessa prova*. Existe um elemento nuclear das decisões judiciais sobre a *necessidade* de iniciativas de prova não regulado juridicamente, pois o direito não concretiza regras sobre a relevância relativa de meios de prova para fins probatórios relativos a determinadas preposições.

§ **42** A margem de apreciação judicial da relevância que quanto ao valor probatório apresenta alguma autonomia em relação ao jurídico, «o direito não fornece nenhum critério de relevância» (JAMES BRADLEY THAYER). O jurídico, contudo, afeta a relevância em várias componentes, sendo, designadamente, fundamental para: a concretização da materialidade; critérios de relevância mais exigentes para meios de prova intrusivos (e mesmo normativos abstratos como listas taxativas de ilícitos); a conformação do valor probatório de certos meios de prova (*v.g.* testemunho anónimo) ou determinadas proposições (sobre anomalia psíquica); regras procedimentais sobre certos meios de prova (exemplo da transição entre etapas do procedimento vinculado relativo à prova por reconhecimento); estabelecer contrapesos, em especial, ao determinar procedimentos e provas inadmissíveis. Existe um conjunto de normas sobre a relevância, desde logo ao estabelecer-se o objeto da prova (art. 124.º) e o objeto de certos meios de prova, em particular da prova testemunhal (arts. 128.º/1 e 138.º/3), e também sobre a instrução probatória de outras fases processuais (cf. art. 291.º/1, segunda parte).

§ **43** A relevância da prova compreende especificidades relativamente a determinadas proposições associadas a normas jurídicas — por exemplo, se existem vias vinculadas para efeitos de prova da anomalia psíquica enquanto elemento integrante do conceito jurídico de inimputabilidade — como sobre determinados meios de prova — v.g., a prova por reconhecimento é uma via imposta ou inviável em face de critérios de relevância atentos determinados parâmetros factuais —, mas constitui, ainda, uma categoria central na especificidade do Direito Probatório, inclusive, na sua articulação com proposições carecidas de prova e vias de prova.

§ **44** Por regra, o sistema de prova livre tem subjacente a não fixação jurídica de vias vinculadas ou taxativas para enunciados factuais, as quais sendo estabelecidas limitar-se-ão a regras especiais sobre determinadas proposições factuais. A relevância impõe-se, ainda, como pressuposto metodológico central na abordagem de problemas de prova, nomeadamente, sobre a suscetibilidade de decomposição de proposições suscetíveis e insuscetíveis de prova por via de determinado elemento de prova.

§ **45** O teste da relevância varia com a marcha do processo e ultrapassados os tempos normais de junção, requerimento e impulso de provas por MP, arguido, assistente e partes civis (arts. 79.º/1 e 2, 165.º/1, 283.º/*e)* a *g)*, 284.º/2, 285.º/3, 308.º/2, 311.º-B/1 e 316.º/1 a 3) acentua-se o escrutínio da relevância e de uma variante reforçada expressa no controlo judicial da *necessidade*, em certos casos, a *essencialidade* probatória (art. 340.º/1 e 2 e *infra* §§ 56-63).

§ **46** Ilustrando com o caso das provas pessoais constituendas, relativamente às fontes tempestivamente arroladas dentro dos limites quantitativos abstratos não há controlo judicial das iniciativas dos sujeitos da dialética (arts. 79.º/2, 283.º/3/*e)*, 284.º/2, 285.º/3, 311.º-B/1, 316.º/1), nem ónus de demonstração prévia da relevância – o controlo da relevância dos elementos de prova é diferido para a produção de prova. Apenas existe um ónus de discriminação quanto a testemunhas exclusivamente relevantes para o termo da personalidade e caráter do arguido (283.º/3/*e)*, última parte). O ónus de prévia fundamentação da relevância de algumas fontes pessoais de prova verifica-se quando existe ultrapassagem do limite em certos crimes ou processos de *especial complexidade* desde que «necessário para a descoberta da verdade material» (arts. 283.º/7 e 8, 284.º/2 e 316.º/1) tendo de demonstrar que tal se afigura «necessário para a descoberta da verdade material» (ónus da iniciativa probatória que implica um dever judicial de valorar a referida necessidade, cfr. ainda 849).

§ 47 Depois dos articulados são possíveis alterações dos róis sem reforço dos ónus de demonstração da relevância desde que «possam ser comunicados aos outros até três dias antes da data fixada para a audiência» (art. 316.º/1 CPP). Isto é, existe uma conexão entre a margem ampla de discricionariedade das partes alterarem os seus róis (até 3 dias antes da audiência) e os limites legais a supervenientes iniciativas probatórias ao abrigo do disposto no art. 340.º/1, 3 e 4, em que na apreciação das iniciativas existe uma margem de decisão judicial significativa.

§ 48 A L 94/2021 compreendeu vários cortes e recortes sem motivação no âmbito de um procedimento opaco que o plenário do parlamento se limitou a chancelar *a posteriori* e sem verdadeiro debate quanto aos *arranjos* operados por restritos comités longe dos olhares públicos, tudo numa fase de encerramento de uma sessão legislativa cuja morte tinha sido pré-anunciada após a qual se procedeu a aprovação massiva de múltipla e relevante legislação. Para além das reservas e fundadas críticas sobre a qualidade da técnica empregue, o procedimento sigiloso de formulação de textos novos para aprovação num mar de legislação, apesar da aparente anomia com que certas patologias parecem por vezes ser encaradas, suscita dúvidas em termos de legitimação democrático-constitucional dessa forma de exercício do poder.

§ 49 Entre as intervenções imotivadas de 2021 compreendeu-se a eliminação do trecho final do art. 283.º/7 (introduzido pela L 27/2015) que compreendia a menção legal especificada no sentido de que, na ampliação do rol de testemunhas para além do legal (de 20), MP, arguido, assistente e partes civis tinham de enunciar «no respetivo requerimento os factos sobre os quais as testemunhas irão depor e o motivo pelo qual têm conhecimento direto dos mesmos» (*supra* 846). Sem embargo, este constitui o dever básico de quem está sujeito à alegação da necessidade para a descoberta da verdade material, e consequentemente da relevância de determinados impulsos de prova, isto é da materialidade e valor probatório da prova requerida. Pelo que, a menção constante do art. 283.º/7 (que tinha sido introduzida pela L 27/2015) continha apenas um elemento clarificador das implicações básicas do controlo judicial prévio da relevância probatória, devendo-se considerar que esse requisito subsiste como um elemento mínimo que o requerimento deve compreender (de outra forma não pode efetivar-se o obrigatório controlo judicial sobre a *necessidade para a descoberta da verdade material*).

§ 50 No caso dos impulsos processuais para que o tribunal pratique ato de aquisição ou produção de prova ao abrigo do art. 340.º/1, as *partes* em sentido formal têm o ónus de, pelo menos, identificar a necessidade que essa iniciativa visa prover, sob pena de indeferimento da pretensão. Ónus de concretização da relevância que impõe a obrigatória identificação do objeto da prova e do respetivo valor probatório (o qual, ainda que hipotético, tem de ser fundamentado com indicação de elementos sobre o seu potencial probatório).

§ 51 Os sujeitos da dialética devem alegar e provar, nos casos em que tal não se apresente manifesto, o motivo para o impulso intempestivo (fora da acusação, contestação ou alterações ao rol previstas no art. 316.º) e, eventualmente, de que as novas provas não «são irrelevantes ou supérfluas» (art. 340.º/4/*b)*) e não se apresentam de «obtenção impossível ou muito duvidosa» (art. 340.º/4/*c)*). Ónus específico de fundamentação e persuasão, que implica um poder amplo do tribunal escrutinar previamente a relevância e a necessidade das provas pré-constituídas cuja junção se requer e das fontes de prova pessoal e objeto dos depoimentos cuja produção foi promovida.

§ 52 O incidente probatório sobre a *necessidade para a descoberta da verdade material* de determinada iniciativa probatória em virtude de requerimento de uma *parte* exige a apreciação judicial do respetivo suporte, a qual pode compreender um convite ao aperfeiçoamento ou especificação. Nessa medida, para além do mínimo exigível quanto à fundamentação da materialidade e eventual valor probatório (objeto da informação da prova e conhecimento transmitido), o requerente pode ser convidado, em face da prova junta, arrolada e/ou produzida, a especificar a *aptidão* probatória acrescida ou complementar do novo meio. Em função dos casos concretos, a *parte* pode ainda ser obrigada a alegar aspetos adicionais quanto ao valor probatório, em particular na demonstração da mais valia probatória do meio de prova adicional em face dos outros meios de prova juntos, arrolados e/ou produzidos.

§ 53 Independentemente do momento da fase de julgamento em que sejam suscitados, os requerimentos para o tribunal determinar uma iniciativa probatória ao abrigo do art. 340.º/1 geram um incidente com natureza contraditória (art. 327.º/1 e 2), o que compreende o direito dos outros sujeitos se pronunciarem antes da decisão do tribunal como, ainda, prerrogativas de preparação e reação às novas provas, a estabelecer judicialmente de acordo com ponderações casuística e axiologicamente fundamentadas.

§ 54 Nos incidentes probatórios suscitados pelos sujeitos da dialética, o tribunal deve atender aos limites fixados no art. 340.º/3 e 4 e, tendo presente o princípio da adequação, determinar a clarificação e fundamentação dos requerimentos formulados, nomeadamente, quanto à fundamentação da intempestividade. Nos casos de complemento superveniente do requerimento, o contraditório impõe que as outras partes em sentido formal tenham oportunidade de se pronunciar antes da decisão final do tribunal sobre o incidente.

§ 55 Relativamente ao poder / dever de o tribunal determinar oficiosamente, em função de factos do seu conhecimento, iniciativas probatórias, os outros sujeitos têm o direito de, pelo menos, se pronunciarem sobre a prova pré-constituída e no caso das provas constituendas têm de ser respeitados os direitos de participação no ato de produção de prova (arts. 327.º/1 e 2, 328.º/3/*b)*, 340.º/2 e 360.º/1 e 4).

V – As decisões do tribunal sobre iniciativas probatórias dos sujeitos da dialética que invocam o princípio da investigação: sanções legais dos eventuais vícios, indeferimentos e mecanismos de reação

§ 56 Os incidentes processuais gerados por iniciativas dos sujeitos da dialética ou *partes* (ainda que em sentido formal) ao abrigo do art. 340.º/1 e 4 têm de obedecer a uma dinâmica contraditória, estando as partes vinculadas a padrões de lealdade processual impostos pelo *fair trial*. Os requerentes têm o ónus de fundamentação da relevância, na modalidade de necessidade ou essencialidade, da prova objeto da sua iniciativa probatória. Sendo obrigatório conceder o contraditório às outras *partes* sobre o objeto do incidente probatório previamente recortado pelo requerente.

§ 57 A decisão judicial deve compreender o balanceamento de um conjunto de valores relativos ao princípio da investigação e relevância, em especial necessidade da prova, lealdade, contraditório, celeridade, existindo uma margem de apreciação judicial. As decisões judiciais sobre esses incidentes podem ser afetadas por algum vício de violação de lei, o que, em face do princípio da legalidade, implica que o sancionamento desses atos processuais se encontre regulado no título V do livro II da parte primeira do CPP (arts. 120.º a 123.º). Regime sobre invalidade que constitui expressão de soluções legais sobre a repartição de responsabilidades entre sujeitos processuais, nomeadamente, as implicações da não reação tempestiva, procedimentalmente transparente e contraditoriamente assumida relativamente a decisões desfavoráveis (cf. § 38).

§ 58 No caso das decisões de indeferimento relativas a iniciativas de prova das *partes* com abrigo no art. 340.º, por regra, os potenciais vícios podem ir do mais grave, nulidade sanável prevista na parte final do art. 120.º/2/*d)*, à mera irregularidade (art. 118.º/2), já que a possibilidade de sancionamentos como proibições de prova, por regra, afeta meios de prova concretos e não hipotéticos — mesmo no caso da proibição de valoração de prova prevista na segunda parte do art. 129.º/1 a sanção incide sobre a valoração como prova de depoimento indireto sem cumprimento das condições procedimentais legalmente impostas para esse efeito (DÁ MESQUITA, 2011, pp. 520-552 e §§ 54 a 71 do comentário ao art. 348.º).

§ 59 Um ato judicial de indeferimento de impulso de prova de uma *parte* ao abrigo do art. 340.º/1 pode, em certos casos particularmente graves, ser qualificado como nulidade sanável se for subsumível à parte final do art. 120.º/2/*d)* («omissão posterior de diligências que pudessem reputar-se essenciais para a descoberta da verdade»).

§ 60 «Essencial» corresponde a um grau mais exigente do que a mera «relevância» ou «necessidade» e carece, naturalmente, de ser concretizada quanto aos dois elementos nucleares (materialidade e valor probatório, *supra* §§ 44-47) devendo, ainda, ser demonstrada a superior importância, a *essencialidade* ou *indispensabilidade*, para a descoberta da verdade da obtenção ou produção do concreto meio de prova associado a determinadas e concretizadas proposições factuais que integrem o objeto da prova.

§ 61 Um sujeito processual confrontado com um indeferimento judicial de impulso probatório que aquele requerente qualifica «essencial» «para a descoberta da verdade» tem de invocar a nulidade perante o tribunal (arts. 120.º/1/3/*a)* e 121.º/1). Invocação do vício de nulidade taxado pela parte final do art. 120.º/2/*d)* que tem de ser concretizada e fundamentada pelo requerente no incidente de nulidade. Esta é uma implicação de a nulidade não ser qualificada como insanável (solução legal fundamentada no equilíbrio de responsabilidades dos sujeitos processuais).

§ 62 Os outros sujeitos processuais vão exercer o contraditório e o tribunal profere a decisão apenas sobre a fundamentação do vício constante do requerimento que fixa o objeto do incidente de nulidade (sanável). Os únicos motivos que fundamentam a essencialidade suscetíveis de apreciação pelo tribunal de primeira instância no incidente de nulidade são os que foram expressamente invocados pelo requerente e que puderam ser objeto de contraditório pelos outros sujeitos processuais. Como se explica de forma lapidar no ac. RC 07.10.2015 (Maria José Nogueira): «A falta de assertividade na alegação, os aspetos genéricos sobre os quais iria incidir o depoimento, a incerteza revelada quanto ao real alcance do mesmo, malgrado os *epítetos* que surgem a 'qualificar' um tal contributo, jamais levaria a concluir estar em causa diligência essencial para a descoberta da verdade, donde, na nossa perspetiva, a sua suposta omissão — não ocorre qualquer omissão, antes, em consequência da falta de concretização, o indeferimento da pretensão — nunca poderia conduzir à invocada nulidade».

§ 63 No incidente de nulidade invocada ao abrigo da parte final do art. 120.º/2/*d)*, depois da pronúncia das outras *partes*, apenas podem ser apreciados pelos tribunais de primeira instância (ou de segunda na fase de recurso) os fundamentos invocados no requerimento originário sobre a suposta essencialidade. Concluindo-se que os mesmos são insuficientes para fundamentar um juízo positivo sobre a essencialidade, o requerimento de nulidade deve ser indeferido. O meio de reação que os sujeitos processuais têm para reagir à decisão judicial desfavorável sobre a nulidade é o recurso (*infra* § 65).

§ 64 As decisões que indeferem impulsos sobre provas ao abrigo do art. 340.º/1 não sendo nulas podem ser irregulares (art. 118.º/2). Com efeito, a violação ou a inobservância das disposições da lei do processo penal quando a nulidade do ato não estiver expressamente cominada na lei determina a mera irregularidade, a qual se apresenta como a menos grave das sanções processuais (art. 123.º). Verificada a irregularidade do ato de indeferimento a mesma tem de ser invocada numa dinâmica semelhante ao incidente de nulidade, sendo o respetivo objeto delimitado pelo requerimento em que é arguida a irregularidade.

§ 65 Os sujeitos processuais podem reagir através de interposição de recurso ao indeferimento dos seus impulsos nos incidentes de nulidade ou irregularidade acima analisados, não o fazendo têm de se conformar com o trânsito em julgado do despacho. Os requerentes têm ónus próprios relativos à relevância, pelo que, se o indeferimento for determinado por incumprimento desse ónus (falta de alegação e demonstração da essencialidade ou necessidade, consoante os casos, §§ 32 ou 33), o recurso enquanto remédio jurídico visará apenas apreciar os requisitos do requerimento ao nível do (in)cumprimento do ónus sobre a relevância, em face do material e informação com base no qual o tribunal de primeira instância decidiu (e independentemente da evolução do processo).

§ 66 A efetividade do controlo das iniciativas probatórias do tribunal (requeridas ou oficiosas) é necessariamente mitigado pelo regime próprio dos recursos sobre atos interlocutórios. Nos casos em que a decisão é no sentido de se realizar um ato que não sendo imediato pode colidir com valores como a celeridade processual, por via de efeitos colaterais decorrentes do desenvolvimento do específico ato (a demora previsível da concreta diligência), deve o recurso contra a realização do ato subir de imediato e em separado para poder salvaguardar o seu efeito útil (arts. 406.º/2 e 407.º/1).

§ 67 Já os recursos que visam contrariar decisão que recusou determinado requerimento probatório ao abrigo do art. 340.º/1, 3 e 4 e indeferiu a invocada nulidade ou irregularidade do indeferimento, por regra, apenas devem subir a final. Recursos que podem ter perdido o seu potencial efeito útil em face do decidido posteriormente pelo tribunal sobre a concreta proposição de facto que o requerente queria provar ou que se julgasse não provada (se resultado probatório pretendido pelo requerente tiver sido alcançado em face do enunciado factual da sentença) ou até por via do concreto desenvolvimento da produção e exame da prova (por exemplo quando se impulsionou a inquirição de uma testemunha em segunda mão para efeitos de identificação de fonte originária e se constata que o depoente direto foi ouvido ou quando a prova documental cuja obtenção foi requerida foi junta por outra via).

VI – Implicações do princípio de investigação na ação do tribunal no julgamento de facto e possibilidade de reabertura de audiência

§ 68 O princípio da investigação conforma toda a atividade do tribunal sobre a prova podendo determinar a reabertura de audiência quando no quadro do respetivo processo deliberativo, posterior ao encerramento da discussão, se constata a *necessidade* ou *indispensabilidade* para a descoberta da verdade material da admissão de um meio de prova que não tinha sido produzido ou junto ou, mesmo que não tinha sido devidamente produzido ou transmitido a todos os sujeitos processuais em termos que tornem necessários (ainda que por via da jurisprudência das cautelas) a prática de novos atos em audiência para garantir de forma plena o *contraditório para a prova* e/ou o *contraditório sobre* *a prova* (*supra* §§ 1, 22, 23 e 28, v., ainda, § 58 a 70 do comentário ao art. 355.º; MARIA DO CARMO SILVA DIAS §§ 14 e 15 do comentário ao art. 361.º, e, com desenvolvimento a que se adere na sua integralidade e para onde se remete, ANTÓNIO LATAS §§ 27 a 29 do comentário ao art. 365.º).

PAULO DÁ MESQUITA

Artigo 341.º
Ordem de produção da prova

A produção da prova deve respeitar a ordem seguinte:

a) Declarações do arguido;

b) Apresentação dos meios de prova indicados pelo Ministério Público, pelo assistente e pelo lesado;

c) Apresentação dos meios de prova indicados pelo arguido e pelo responsável civil.

Origem do texto: corresponde à redação originária aprovada pelo DL 78/87.

Sumário do comentário:

I – Considerandos gerais (§§ 1 e 2)
II – Ordem da produção da prova (§§ 3 a 6)
III – Inobservância do procedimento (§ 7)
IV – Recurso (§ 8)

I – Considerandos gerais

§ **1** A norma disciplina a ordem de produção da prova em termos diversos do art. 433.º do CPP/29. Enquanto no código pré-vigente a prova era produzida pela ordem fixada pelo tribunal, sendo normalmente inquiridas em último lugar as testemunhas do réu, o texto atual estabelece a ordem a que deve obedecer a produção de prova. A ordem estabelecida pelo atual código – declarações do arguido; apresentação dos meios de prova indicados pelo Ministério Público, pelo assistente e pelo lesado e apresentação dos meios de prova indicados pelo arguido e pelo responsável civil – é a ordem natural no processo acusatório e como tal deve ser a seguida com respeito escrupuloso do contraditório. Tratando-se da produção de outros meios de prova admitidos nos termos do art. 340.º/2, seguir-se à a ordem por que foram admitidos (Maia Gonçalves, 2002, p. 668), ou que for determinada pelo juiz ou presidente.

§ **2** Não sendo imperativa, a ordem pode ser alterada sendo essa uma competência do juiz ou do juiz presidente verificados determinados requisitos, sempre que o entender necessário à descoberta da verdade, o que não invalida que a decisão deve ser precedida da audição dos sujeitos processuais (art. 327.º/1) e fundamentada (art. 97.º/5). A alteração da ordem de produção da prova ocorre v.g. nos casos de falta do assistente, de testemunhas, peritos ou consultores técnicos ou partes civis, que não originem adiamento da audiência. Nesses casos, são inquiridas as testemunhas e ouvidos o assistente, os peritos ou consultores técnicos ou as partes civis presentes, mesmo que tal implique a alteração da ordem de produção de prova (art. 323.º/a, 331.º/2). A mera alteração da ordem de produção da prova não colide com os direitos de defesa do arguido [ac. RP 11.04.2007 (AIRISA CALDINHO)].

II – Ordem da produção da prova

§ **3** Prestar, ou não, declarações é um direito do arguido que tem o direito ao silêncio (art. 343.º/1, 61.º/1/d). Ao dar prioridade às declarações do arguido o legislador dá um sinal da sua relevância no processo penal democrático. Mas há também razões pragmáticas, dado que as suas declarações podem constituir confissão dos factos imputados na acusação ou pronúncia com as conhecidas implicações na subsequente produção da prova (art. 344.º/2/3/4).

§ **4** Prestando declarações, ou prevalecendo-se o arguido do seu direito ao silêncio (art. 343.º e 61.º/1/d) segue-se a apresentação dos meios de prova indicados pelo Ministério Público, pelo assistente (na acusação ou as provas constantes do despacho de pronúncia) e pelo lesado, por esta ordem. Deve ser respeitada a ordem pela qual cada sujeito processual elencou os seus meios de prova.

§ **5** No caso da prova testemunhal, as testemunhas são inquiridas, uma após outra, pela ordem por que foram indicadas, salvo se o presidente, por fundado motivo, dispuser de outra maneira. Será o caso das testemunhas *comuns,* isto é, que tenham sido indicadas pelo MP e arguido ou assistente, lesado e pelo arguido, salvo motivo fundado em contrário. Devem ser inquiridas por quem as indicou, sendo depois sujeitas a contrainterrogatório. Aquando do contrainterrogatório, e por razões de economia o sujeito processual que também a indicou, deve fazer o seu interrogatório à testemunha em ato seguido ao contrainterrogatório, seguindo-se novo contrainterrogatório restrito ao anterior interrogatório, respeitando-se o modelo da audiência cruzada, modelo crismado por ROXIN (JORGE DE FIGUEIREDO DIAS, RPCC, 2008, p. 377).

§ **6** Segundo o TC (ac. 738/2021), tendo em vista o processo civil, não viola os princípios da igualdade das partes, do contraditório e do processo equitativo, não sendo inconstitucional, a norma contida no art. 7.º/7, Lei 1-A/2020, de 19.03, com a redação que lhe foi conferida pela Lei 4-A/2020, de 6.04, na interpretação segundo a qual é válido e regular o contrainterrogatório de testemunha ou declarante, numa sessão de audiência processo judicial, através de sistema de comunicação à distância, quando a mesma tenha sido inquirida pela parte contrária presencialmente, em sessão realizada em data anterior. E acrescenta: aceitar que a inquirição presencial não é, em termos formais absolutos, igual à inquirição por meios de comunicação à distância, não implica aceitar que essa diferença afeta, necessariamente, a posição de uma parte em termos tão substanciais que permitam afirmar, sem mais, que ela deixa de estar numa posição paritária no processo.

III – Inobservância do procedimento

§ 7 Fora dos casos em que pode ser alterada a ordem de produção de prova e o juiz ou o juiz presidente determine essa alteração (§ 1), a produção de prova em desrespeito da ordem fixada na norma, configura irregularidade a arguir pelos interessados (art. 123.º).

IV – Recurso

§ 8 O despacho que altera a ordem da produção de prova é recorrível dado o princípio geral de que é permitido recorrer dos despachos cuja irrecorribilidade não estiver prevista na lei (art. 399.º), com subida diferida – com o recurso interposto da decisão que tiver posto fim à causa (art. 407.º/3) –, e nos próprios autos (art. 406.º/1).

António Gama

Artigo 342.º
Identificação do arguido

1 – O presidente começa por perguntar ao arguido pelo seu nome, filiação, freguesia e concelho de naturalidade, data de nascimento, estado civil, profissão, local de trabalho e residência e, se necessário, pede-lhe a exibição de documento oficial bastante de identificação.

2 – O presidente adverte o arguido de que a falta de resposta às perguntas feitas ou a falsidade da mesma o pode fazer incorrer em responsabilidade penal.

3 – No caso de pessoa coletiva ou entidade equiparada arguida, o presidente pergunta ao seu representante pela sua identificação social e sede ou local de funcionamento normal da administração, bem como, no tocante ao representante, pelo seu nome, filiação, freguesia e concelho de naturalidade, data de nascimento, estado civil, profissão, local de trabalho e residência e, se necessário, pede-lhe a exibição de documento oficial bastante de identificação.

4 – No caso da pessoa coletiva ou entidade equiparada arguida, o presidente adverte o seu representante de que a falta de resposta às perguntas feitas ou a falsidade da mesma o pode fazer incorrer em responsabilidade penal, em relação aos elementos de identificação a si referentes, e pode fazer incorrer a sua representada em responsabilidade penal, em relação aos elementos de identificação a ela referentes.

Origem do texto: corresponde à redação originária aprovada pelo DL 78/87, de 17.02, com as alterações introduzidas pelo DL 317/95, pela L 59/98, pela L 48/2007, L 20/2013 e L 94/2021.

Sumário do comentário:

I – Considerandos gerais (§§ 1 a 3)
II – Âmbito de previsão da norma (§§ 4 a 6)
III – Responsabilidade penal (§ 7)
IV – Inobservância do procedimento (§ 8)

I – Considerandos gerais

§ 1 A alteração introduzida pelo DL 317/95, consistiu na supressão do primitivo n.º 2, que dispunha «em seguida, o presidente pergunta ao arguido pelos seus antecedentes criminais e por qualquer outro processo penal que contra ele nesse momento corra, lendo-lhe ou fazendo com que lhe seja lido, se necessário, o certificado do registo criminal», passando o primitivo n.º 3 a n.º 2. A L 59/98 acrescentou às perguntas constantes do n.º 1 o «local de trabalho». A L 48/2007 repôs no n.º 1 a pergunta sobre «sobre a existência de processos pendentes», acrescento que foi retirado pela L 20/2013. A Lei 94/2021, adequou a norma à intervenção da pessoa coletiva ou entidade equiparada arguida e do seu representante (n.ºs 3 e 4).

§ 2 Pese embora a «advertência» do presidente constar do n.º 2 da norma, depois da «identificação do arguido», a advertência ao arguido de que a falta de resposta às perguntas sobre a sua identificação ou a falsidade da resposta o pode fazer incorrer em responsabilidade penal tem obviamente de preceder a «identificação do arguido». Assim, antes de identificar o arguido, o juiz deve fazer a advertência constante do n.º 2. É procedimento incorreto começar pela identificação do arguido e só após advertir o arguido de que era seu dever responder e com verdade às perguntas acabadas de fazer.

§ 3 A norma regula agora também a identificação da pessoa coletiva arguida e respetivo representante (n.ºs 3 e 4), caso em que temos uma dupla identificação, a da pessoa coletiva e a do seu representante legal.

II – Âmbito de previsão da norma

§ 4 A norma tem em vista a identificação do arguido imediatamente antes da produção de prova em audiência de julgamento. É uma manifestação do princípio geral de que o arguido deve responder com verdade às perguntas feitas por entidade competente sobre a sua identidade (art. 61.º/3/b). A identificação do arguido deve fazer-se com o nome, filiação, freguesia e concelho de naturalidade, data de nascimento, estado civil, profissão, local de trabalho e residência (n.º 1 e art. 141.º/3). É um procedimento errado e que deve ser banido fazer constar da identificação do arguido constante do relatório da sentença (art. 374.º/1/a) a alcunha. Não fazendo a «alcunha» parte dos elementos de identificação do arguido, encontrando-se ele exaustivamente identificado através de todos os elementos legais de identificação, deve a expressão também conhecido por (…) ser eliminada das decisões judiciais no local onde se procede à identificação do arguido [ac. STJ 21.04.2021 (Ana Brito), CJ STJ, XXIX, tomo II]. Se a alcunha é relevante (o arguido pode ser conhecido e tratado por alcunha) deve constar do local próprio que é a matéria provada «A também conhecido por…» [ac. STJ 11.11.2021 (António Gama)].

§ 5 As perguntas para a identificação devem ser feitas em linguagem corrente e de fácil compreensão para o arguido. Perguntar o nome da mãe e do pai em vez da «filiação», onde nasceu em vez de «naturalidade» é de mais fácil compreensão e resposta. O arguido não deve ser obrigado a responder precipitadamente às perguntas, que lhe devem ser repetidas e esclarecidas sempre que pareça que as não compreendeu. Não se pode perder de vista que em regra o arguido está debaixo de grande pressão.

§ 6 No caso de pessoa coletiva ou entidade equiparada arguida, o presidente adverte o representante de que a falta de resposta às perguntas feitas ou a falsidade da mesma o pode fazer incorrer em responsabilidade penal, em relação aos elementos de identificação a si referentes, e pode fazer incorrer a sua representada em responsabilidade penal, em relação aos elementos de identificação a ela referentes (n.º 4). No caso de pessoa coletiva ou entidade equiparada arguida, o presidente pergunta ao seu representante pela sua identificação social e sede ou local de funcionamento normal da administração, bem como, no tocante ao representante, pelo seu nome, filiação, freguesia e concelho de naturalidade, data de nascimento, estado civil, profissão, local de trabalho e residência e, se necessário, pede-lhe a exibição de documento oficial bastante de identificação (n.º 3).

III – Responsabilidade penal

§ 7 A consequência da recusa de resposta por parte do arguido às perguntas feitas sobre os elementos relativos à sua identificação é poder incorrer na prática de um crime de desobediência (art. 348.º, CP, Maia Gonçalves, 2002, p. 669, Paulo Pinto Albuquerque, 2008, p. 859); a falsidade da resposta do arguido quanto aos elementos de identificação é punível como crime de falsas declarações (art. 359.º, CP). Já o representante de pessoa coletiva ou entidade equiparada arguida, na falta de resposta às perguntas feitas ou a falsidade da mesma o pode fazer incorrer em responsabilidade penal, em relação aos elementos de identificação a si referentes, e pode fazer incorrer a sua representada em responsabilidade penal, em relação aos elementos de identificação a ela referentes (n.º 4).

IV – Inobservância do procedimento

§ 8 A omissão de identificação (n.º 1), o que ocorre com alguma frequência em relação às pessoas coletivas arguidas, quer a omissão da advertência legal (n.º 2), configura irregularidade, a arguir pelos interessados (arts. 123.º/1, 118.º/1/2). A prova resultante de pergunta ao arguido sobre os seus antecedentes criminais ou processos pendentes é prova proibida como resulta da história das alterações legislativas da norma em conjugação com o acórdão do TC 695/95. De fora ficam as declarações espontâneas do arguido sobre essa matéria que não devem ser taxadas como prova proibida (Oliveira Mendes, 2021, p. 1067). Algumas dessas informações são do interesse do arguido, v.g. o trânsito em julgado de uma anterior condenação agilizando a realização oportuna de cúmulo jurídico, a absolvição em recurso, etc. Nem toda a informação relativa a processos pendentes contende com o princípio constitucional das garantias de defesa, da presunção de inocência ou da dignidade do arguido, cujo respeito incumbe ao tribunal garantir (art. 371.º/5).

António Gama

Artigo 343.º
Declarações do arguido

1 – O presidente informa o arguido de que tem o direito de prestar declarações em qualquer momento da audiência, desde que elas se refiram ao objeto do processo, sem que no entanto a tal seja obrigado e sem que o seu silêncio possa desfavorecê-lo.

2 – Se o arguido se dispuser a prestar declarações, o tribunal ouve-o em tudo quanto disser, nos limites assinalados no número anterior, sem manifestar qualquer opinião ou tecer quaisquer comentários donde possa inferir-se um juízo sobre a culpabilidade.

3 – Se, no decurso das declarações, o arguido se afastar do objeto do processo, reportando-se a matéria irrelevante para a boa decisão da causa, o presidente adverte-o e, se aquele persistir, retira-lhe a palavra.

4 –Respondendo vários coarguidos, o presidente determina se devem ser ouvidos na presença uns dos outros; em caso de audição separada, o presidente, uma vez todos os arguidos ouvidos e regressados à audiência, dá-lhes resumidamente conhecimento, sob pena de nulidade, do que se tiver passado na sua ausência.

5 – Ao Ministério Público, ao defensor e aos representantes do assistente e das partes civis não são permitidas interferências nas declarações do arguido, nomeadamente sugestões quanto ao modo de declarar. Ressalva-se, todavia, relativamente ao defensor, o disposto na segunda parte do n.º 1 do artigo 345.º.

Origem do texto: corresponde à redação originária aprovada pelo DL 78/87.

Sumário do comentário:

I – Direito a prestar declarações. Considerações gerais (§§ 1 a 4)

II – Dimensão positiva do direito a declarar (§§ 5 a 11)

- **a)** Conteúdo e amplitude (§§ 5, 6)
- **b)** Limites ao direito de prestar declarações na dimensão positiva (§§ 7 a 11)
  - **i)** (Im)pertinência ao objeto do processo (§§ 7,8)
  - **ii)** Disciplina da audiência (§ 9)
  - **iii)** Violação de direitos de terceiros (§§ 10, 11)

III – Dimensão negativa do direito a declarar. O direito ao silêncio (§§ 12 a 29)

- **a)** O direito ao silêncio como defesa negativa contra o Estado (§§12 a 25)
  - **i)** Fundamento constitucional (§§ 12 a 16)
  - **ii)** Conteúdo do direito a guardar silêncio (§ 17)
  - **iii)** A proibição de valoração do silêncio em desfavor do arguido (§§ 18 a 23)
  - **iv)** (De)limitação do direito de guardar silêncio. O dever de identificação (§§ 24, 25)
- **b)** O direito ao silêncio como pretensão positiva diante do Estado. O dever de informação (§§ 26 a 29)

IV Outros aspetos (§§ 30 a 33)

I – Direito a prestar declarações. Considerações gerais

§ 1 Consagra-se elementar direito do arguido que se resolve em, de acordo com o que for melhor à sua defesa, gizada por si e na relação e com a assistência do defensor, prestar ou não prestar declarações. Todavia, trata-se de ato de estrutura complexa, pois a mais de (e prevalentemente) *meio de defesa*, as declarações poderão servir de *meio de prova* [cf., entre outros, DE FIGUEIREDO DIAS, 1974, 442 e s.; ROXIN, 2000, p. 210; DÁ MESQUITA, 2011, p. 555; ISABEL ONETO, 2013, p. 167; JOANA BOAVENTURA MARTINS, 2014, p. 34; SANDRA OLIVEIRA E SILVA, 2018, p. 351; SÉRGIO PENA, 2018, p. 84; na jurisprudência, p. ex., STJ 12.3.2008 (SANTOS CABRAL) e TC 429/95 e 770/2020], sem que disto se possa extrair simetria entre a funcionalidade delas naquele e neste figurino: ambas as dimensões do direito a declarar, positiva ou negativa, servem a defesa do arguido, mas só a primeira pode relevar em termos probatórios, diante da proibição de extrair do silêncio inferências desfavoráveis (n.º 1). Cabe-lhe decidir *pessoalmente*, ainda que sob conselho do defensor (cf. n.º 5 e 345.º/1), se declara, introduzindo as suas declarações como meio de prova, expondo-as à livre apreciação do tribunal (art. 127.º); ou se não declara, vedando ao tribunal equacionar o silêncio naquela apreciação, do mesmo modo expondo-se aos riscos *fácticos* inerentes ao silêncio (*infra*, § 19 ss.).

§ 2 Por essa razão mesma, preocupação central do legislador é a de que a *decisão* de declarar ou de não declarar, e no primeiro caso da forma como melhor lhe aprouver, seja *expressão da genuína autonomia do arguido*, o que não pode deixar de se ligar, sendo disso verdadeiro subproduto, ao seu *estatuto* em um processo de estrutura acusatória (art. 32.º/5 CRP): *sujeito* e não objeto processual. No sentido de assegurar a máxima liberdade no "se", "quando" e "como" declarar, a norma onera desde logo o juiz presidente com um *dever positivo de esclarecimento* sobre o direito a prestar declarações e sobre o caráter não obrigatório do exercício dele, sem que consequências negativas daí possam ser extraídas (n.º 1); *veda ao tribunal manifestar qualquer opinião ou tecer quaisquer comentários* sobre as declarações do arguido, dos quais se possa inferir um juízo de culpabilidade (n.º 2); enfim, veda ao MP, ao defensor (este com os limites previstos no n.º 1 do art. 345.º) e aos representantes do assistente e das partes civis *interferências nas declarações do arguido*, nomeadamente sugestões quanto ao modo de declarar (n.º 5). Podemos ainda recensear a faculdade de o presidente determinar, em caso de coarguição, a audição dos arguidos em separado (n.º 4); a circunstância de a formulação direta de perguntas só ser consentida aos juízes ou jurados (art. 345.º/1); a obrigatoriedade de assistência por defensor (art. 64.º/1/c) e 330.º/1); as limitações temporais à inquirição do arguido (art. 103.º/4/5); a circunstância de o arguido não prestar, em caso algum, juramento (art. 140.º/3); a proibição de o público manifestar sentimentos ou opiniões no decurso da audiência [art.

324.º/2/d)]; enfim, a regra de que o arguido deve declarar livre na sua pessoa (arts. 140.º/1 e 325.º/1). Estas disposições também se destinam a, ou em maior ou menor medida podem ser recrutadas para, garantir a espontaneidade das declarações do arguido.

§ 3 O direito a declarar refere-se à *comunicação acústica*. No entanto, isto tem de ser temperado com a possibilidade de o depoente ser surdo, deficiente auditivo ou mudo. Neste caso, na medida em que a referência não é a mediatização acústica do intérprete, mas o tipo de linguagem mesma, gestual ou escrita, do surdo, deficiente auditivo ou mudo (art. 93.º/1/a)/b)/3), a asserção não tem inteira valia. Mesmo a respeito da dimensão negativa do direito a declarar – o direito ao silêncio ou "a não falar" – que a doutrina mais nitidamente confina à dimensão acústica para o delimitar do mais amplo privilégio contra a autoincriminação (cf. Stefan Trechsel, 2005, p. 342), o que em termos gerais se nos afigura acertado, não deverá ser outro o tratamento: não nos parece que seja necessário, ou razoável, para tutela do arguido surdo, deficiente auditivo ou mudo, desbordar do nuclear direito ao silêncio, e recrutar o manto protetor do mais amplo privilégio contra a autoincriminação. Breve, declarar por linguagem gestual ou por escrito, no caso de pessoas que só assim se podem exprimir e fazer entender, é declarar para efeitos do n.º 1; e, ainda, tutelar o direito a não ser obrigado a declarar, por referência a essas mesmas pessoas, não reclama trazer à colação a mais ampla prerrogativa contra a autoincriminação, bem se bastando com um são entendimento do mais nuclear direito ao silêncio enquanto limite à intervenção do Estado no plano comunicativo.

§ 4 O direito a declarar, em ambas as suas dimensões, foi delineado tendo por referência a pessoa natural. Todavia, estendendo o direito o seu braço punitivo às *pessoas jurídicas* (*v. g.*, art. 11.º/2 CP) manda a coerência implicada na mútua referência entre direito e processo penal que faculdades, direitos e garantias previstas para aquela sejam reconhecidos, pelo menos em alguma e essencial amplitude, a estas. Entre nós, tem sido entendido que o direito a declarar em audiência, e bem assim o seu reverso, o direito a não o fazer, mediados por quem for designado para representá-la, e em efetiva atualização da vontade dela, assistem à pessoa jurídica (cf. Luís Nuno Castro, 2005, p. 81 e s.; Reis Bravo, 2008, p. 319 e s.; F. Lacerda da Costa Pinto, 2009, p. 97 e s.; Marques da Silva, 2009, p. 800 e s.; Jónatas Machado/Vera Lúcia Raposo, 2009, p. 38 e s.; Tiago Magalhães, 2016, pp. 108 ss. e 111 ss.; Rodrigues Nunes, 2020, p. 476; Maria João Antunes, 2019, p. 28 e s.; Idem, 2021, p. 63 ss.). O direito a declarar, e a guardar silêncio, por meio do seu representante é hoje inequívoco à luz do art. 61.º/1/b)/d)/7 na redação da L94/2021, de 21.12. Mais desenvolvimentos, *infra* §§ 14 a 16.

II – Dimensão positiva do direito a declarar

a) Conteúdo e amplitude

§ 5 Atendendo às mais amplas garantias de defesa que a CRP (art. 32.º/1) reconhece ao arguido, o CPP concede-lhe um *virtualmente irrestrito direito de pessoalmente declarar em audiência de julgamento*, momento referencial da sua defesa no processo penal, em ordem a pronunciar-se sobre, e a infirmar as, imputações que lhe são feitas. A amplitude do declarar, que a lei longânime lhe reconhece, deduz-se não apenas do lato período temporal a isso reservado ("em qualquer momento da audiência", nos termos do n.º 1), mas também a respeito da substância do que o tribunal está obrigado a escutar ("o tribunal ouve-o em tudo quanto disser", de acordo com o n.º 2). Sendo naturalmente através da expressão do pensamento que uma pessoa atualiza no processo o seu papel e inerentes direitos ou faculdades, contradita imputações e terça argumentos, é compreensível que o TEDH venha articulando a liberdade de expressão e os direitos de defesa, em alguns casos concluindo pela violação daquela (art. 10.º CEDH) mesmo onde a ingerência estatal não monte à (autónoma) violação dos últimos (art. 6.º CEDH) [p. ex., *Miljević c. Croácia*, de 20.6.2020; ainda, Pedro Soares de Albergaria, 2022, p. 187 ss.].

§ 6 A respeito do seu *conteúdo*, as declarações do arguido não têm de ser, por força, defensivas. A própria lei, no art. 345.º/4 postula que podem assumir natureza incriminatória de terceiros, sendo neste caso valoradas com os limites que ali se prescrevem [sobre o possível duplo conteúdo das declarações do arguido, cf. M. G. Coppetta, 2020, p. 2444, nm 7; acs. STJ 31.10.2007 (Souto de Moura), 12.3.2008 (Santos Cabral), 18.6.2008 (Armindo Monteiro); RP 12.9.2.2018 (José Carreto)]; e por outro lado, e sem que isso por força se resolva num direito à mentira, sendo muito discutido o ponto, o arguido não está vinculado a um dever de declarar a verdade sobre os factos que lhe são imputados [entre outros, Figueiredo Dias, 1974, p. 449 ss.; Figueiredo Dias/Brandão, 2022, 4.º, § 18, III, 2; Costa Andrade, 1992, p. 121; Sandra oliveira e Silva, 2018, p. 354; STJ 12.3.2008 (Santos Cabral)], de modo que, sem prejuízo da eventual necessidade de tutela de direitos de terceiros (cf., *infra*, §§ 10 e 11), a censura jurídico-penal dele, por falsas declarações, terá de recuar, ao contrário do que vale para testemunhas [art. 132.º/1/d)], assistente e partes civis (art. 145.º/2). Sobre estes, não sobre aquele, recai um dever de *servitus iustitiae*.

b) Limites ao direito a prestar declarações na sua dimensão positiva

i) (Im)pertinência ao objeto do processo

§ 7 Limite explícito ao direito a declarar é a pertinência das declarações ao *objeto do processo* (n.ºs 1 e 3). Objeto do processo há de entender-se, aqui, com a amplitude de factos juridicamente relevantes cuja prova seja suscetível de afetar a posição jurídica do arguido, respeitem eles à matéria da infração, à reação criminal ou à pretensão cível e em geral às hipóteses previstas no art. 124.º, para cujo comentário se remete. O tribunal deve, prudencialmente, condescender em alguma deriva sempre que, e enquanto, não for manifesto que as declarações perderam referência ao que está em discussão. Um tal modo de ver é que é compatível com a circunstância de caber ao arguido, com assistência do defensor, gizar a estratégia defensiva que não raras vezes não é linearmente estruturada por referência precisa aos enunciados factuais constantes das peças que delimitam o objeto do processo. Noutro sentido não aponta a letra da lei, ao requerer a intervenção disciplinadora do tribunal apenas quando as declarações se mostrem verdadeiramente "irrelevante[s]" para a boa decisão da causa (n.º 3).

§ 8 O n.º 3 estipula um procedimento para lidar com a irrelevância das declarações. Diz a lei que o presidente *adverte* o arguido de que se deve cingir, no que declara, ao objeto do processo e, se o último se revelar insistente, *retira-lhe a palavra* (n.º 3). Todavia, isto poderá não ser suficiente a sanar derivas deletérias do arguido. Imagine-se, pois, que após lhe ser retirada persiste ele no uso dela. Sendo o silenciamento *qua tale* praticamente incoercível, e montando uma tal conduta a falta do respeito devido ao tribunal, será determinado o *afastamento* do arguido da sala de audiências, sem prejuízo de ser representado pelo defensor (art. 325.º/4/5/6; cf., ainda, M.G. Coppetta, 2020, p. 2445, nm 4). Evidentemente, trata-se de um poder a exercer nos termos precisamente previstos, quer dizer gradativamente, pois o legislador, ao estabelecê-lo nesse figurino mais não faz do que trazer ao plano do direito ordinário exigências de proporcionalidade na dimensão de necessidade (art. 18.º/2 CRP), ciente de que o que se trata é de restringir um direito processual fundamental que é o de o arguido intervir, declarando, no processo (art. 32.º/1/5 CRP). A decisão que retira a palavra ao arguido, tal como naturalmente a que determina o seu afastamento da sala, devendo ser fundamentada (art. 97.º/5) e consignada em ata [art. 362.º/1/f)], é recorrível nos termos gerais, dos arts. 399.º e 407.º/3.

ii) Disciplina da audiência

§ 9 Mesmo cingindo-se ao objeto do processo e não obstante a nota decorrente do inciso "em qualquer momento da audiência", constante do n.º 1, não podia ser, pela ordem e serenidade que devem inerir a um ato como uma audiência de julgamento, que tal direito fosse exercido sem peias e sem se mostrar praticamente concordante, nomeadamente, com os depoimentos ou declarações de terceiros. Cabe ao presidente dirigir e moderar os trabalhos (art. 322.º), obstando a que o direito de declarar se exerça em termos abusivos, de modo a interromper os depoimentos de testemunhas ou declarações do assistente ou de partes civis (arts. 346.º, 347.º e 348.º) ou as alegações orais que se seguem à produção de prova (art. 360.º) (cf. Pinto de Albuquerque, 2007, p. 845 e s.; M. G. Coppetta, 2020, p. 2444, nm 4), sem que daí decorra qualquer menoscabo do direito ao contraditório (cf. TC 127/2009). Não acatando as injunções do presidente, nomeadamente persistindo, após advertência, na interrupção de depoentes ou declarantes, porventura com apartes opinativos, aprovadores ou reprovadores, do que é dito ou feito na audiência, cabe ao primeiro tomar as medidas disciplinares necessárias e adequadas a fazer cessar os atos de perturbação, que *no limite* podem implicar o afastamento do arguido da sala, que será representado pelo defensor (arts. 323.º/e), 324.º/2/d) e 325.º/3/4/5). Quanto ao recurso de uma tal medida, cf. o § que antecede.

iii) Violação de direitos de terceiros

§ 10 Desbordando do objeto do processo ou ainda se mantendo em conexão com ele, pode suceder que ao prestar as suas declarações o arguido formule juízos ou impute a terceiros factos suscetíveis de serem levados à conta de ilícitos civis ou criminais, implicando neste caso, *v. g.*, difamação, denúncia caluniosa. Em se tratando da primeira hipótese – *desbordando claramente as declarações do objeto do processo* – a questão mostra-se mais linear: tais declarações já se mostrariam indevidas precisamente por não se relacionarem com o que se discute (*supra*, §§ 7 e 8), pelo que quanto a elas caberá ao juiz apenas exercer, sem mais, os seus poderes de ordenação e disciplina dos atos em termos que no caso se revelem adequados e necessários (arts. 85.º, 322.º e 323.º), nada impedindo, em tal hipótese, que o arguido venha a ser autonomamente responsabilizado pela prática desses ilícitos (assim, Sandra Oliveira e Silva, 2018, p. 446;

Figueiredo Dias/Brandão, 2022, 4.º, § 18, III, 2) sem que se possa dizer que, com isso, ficou menoscabado o seu direito a declarar amplamente em abono da sua defesa.

§ 11 Mas, como se depreenderá, as coisas nem sempre se apresentam evidentes. Pode suceder que a afirmação de factos, ou algum juízo de valor, em que se consubstancie declaração do arguido, não obstante a sua potencialidade lesiva, esteja *funcionalizada à sua defesa.* Aqui, uma vez que do que se trata é verificar se as expressões usadas se postam fora da área de tutela do que é declarar em defesa própria, haverá que ser prudente na avaliação, pois excessos são candidatos óbvios a criar "efeito inibidor" no exercício de direitos de defesa. Tópico pelo qual o intérprete há de passar é o disposto no art. 150.º/2 CPC, de acordo com o qual "[n]ão é considerado ilícito o uso das expressões e imputações indispensáveis à defesa da causa" (quedando duvidoso que o vocábulo "indispensáveis" não deva ser lido como "necessárias", por mais proclive a fazer jus à lata liberdade de que aqui o arguido deve desfrutar), tópico, dizia-se, essencial ao juízo sobre a ilicitude da conduta à luz do art. 31.º/2/b) CP. No resultado, esta é também a lição que se pode retirar da jurisprudência do TEDH, embora ligando estreitamente a liberdade de expressão com o direito de defesa pessoal, tachando de violadora do art. 10.º da CEDH a condenação de um arguido por difamação de um terceiro a quem, *para sua defesa*, num julgamento anterior, imputara factos ofensivos da respetiva honra (cf. *Miljević c. Croácia*, de 20.6.2020).

III – Dimensão negativa do direito a declarar. O direito ao silêncio

a) O direito a não declarar como defesa negativa contra o Estado

i) Fundamento constitucional

§ 12 Tendo consagração expressa no CPP (arts. 61.º/1/d)/7, 132.º/2, 141.º/4/a)/b), 343.º/1 e 345.º/1), o *nemo tenetur*, e por decorrência a sua dimensão de direito a guardar silêncio, não vem desse jeito (expresso) reconhecido na CRP, sendo, todavia, unânime a doutrina (cf., *inter alia*, Manuel da Costa Andrade, 1992, p. 125; Figueiredo Dias/ Costa Andrade, 2009, p. 38 ss.; Augusto Silva Dias/Vânia Costa Ramos, 2009, p. 14 ss., esp. p. 19; Paulo Dá Mesquita, 2011, p. 555 e n. 205; minuciosamente, Sandra Oliveira e Silva, 2018, p. 153 ss.) e a jurisprudência constitucional (entre outros, acs. TC 695/95, 542/97, 304/04, 181/05, 228/07) no sentido de que é *princípio constitucional implícito.* A situação não é outra a respeito da CEDH, também silente a esse respeito, sem que fique beliscada a vigência do princípio como integrando, e integrando em termos nodais, o direito a um processo equitativo, consignado no art. 6.° CEDH. A jurisprudência do TEDH, direta (art. 46.°/1 CEDH) ou indiretamente (por obrigação geral de os Estados contratantes respeitarem aquelas orientações jurisprudenciais) impositiva para os órgãos jurisdicionais domésticos, assim o tem, *una voce*, considerado (cf. referências em Stefan Trechsel, 2005, p. 340 ss.; Joana Costa, 2011, p. 117 ss.; Bartole/De Sena/Zagrebelsky, 2012, p. 199 ss.; Jacobs/White/Ovey, 2017, p. 312 ss.; William A. Schabas, 2017, p. 319 ss.).

§ 13 Além de considerar o *nemo tenetur*, e seus corolários, implícito no texto constitucional, a doutrina tem-no reconduzido, em termos *diretos ou imediatos*, não a um *direito material de liberdade*, sustentado na necessidade de tutela da dignidade humana (art. 1.° CRP), do direito à integridade pessoal (art. 25.° CRP) ou do direito ao livre desenvolvimento da personalidade, reserva da intimidade da vida privada, bom nome ou reputação (art. 26.°/1 CRP), mas a uma *garantia processual fundamental*, assente no direito a um processo equitativo (art. 20.°/4, parte final, CRP), na plenitude das garantias de defesa (art. 32.°/1 CRP), na presunção de inocência (art. 32.°/2 CRP), na proteção da integridade moral da pessoa no processo penal (art. 32.°/8 CRP), ou na estrutura acusatória deste (art. 32.°/5 CRP). Sem podermos particularizar as matizadas posições dos autores (detidamente, Sandra Oliveira e Silva, 2018, p. 198 ss.), como se referindo a um ou plúrimos dos mencionados fundamentos, podemos com segurança afirmar a prática uniformidade deles (entre outros, Pinto de Albuquerque, 2007, p. 49; Figueiredo Dias/ Costa Andrade, 2009, p. 40 ss., esp. 42; F. Lacerda da Costa Pinto, 2009, p. 99; Augusto Silva Dias/Vânia Costa Ramos, 2009, p. 15; Paulo Dá Mesquita, 2011, p. 555 e s., n. 205; Pedro Freitas, 2016, p. 316; Maria João Antunes, 2021, p. 63 e s.) e da jurisprudência constitucional (esta arrimando-se ao art. 32.°/1 CRP – cf. acs. TC 695/95, 304/2004, 155/2007 e 181/2005) a respeito da fundamentação *processualista* do *nemo tenetur*. Neste modo de fundamentação, e como nota Paulo Dá Mesquita, 2011, p. 555 e s., n. 205, a doutrina e jurisprudência nacionais estão em linha com a orientação do TEDH que, como se viu (*supra*, § 12), o integra na conceção global sobre o processo equitativo, consignada no art. 6.° CEDH.

§ 14 A questão cobra transcendente relevo prático a respeito da extensão do *nemo tenetur* às *pessoas jurídicas* (*supra*, § 4), uma vez que a natureza delas é incompatível com os sustentos *materiais* que vêm sendo avançados e atrás referidos (*supra*, § 13), com proeminência para a dignidade da pessoa humana. Um obstáculo que não releva, ao menos de jeito cortante, onde a correspondência essencial de estatutos jurídico-*processuais* penais entre o arguido pessoa natural e o arguido pessoa coletiva se for *diretamente* colher não na personalidade jurídica à última reconhecida mas antes na "garantia de um processo penal com determinada estruturação" ao qual está associado um amplo feixe de princípios e direitos preordenados à defesa, entre eles o de o arguido, incluindo o arguido pessoa colectiva, não se autoincriminar e o de simplesmente guardar silêncio a respeito de perguntas feitas sobre os factos que lhe forem imputados e sobre o conteúdo das declarações que acerca deles prestar. Breve, a equivalência de estatutos jurídico-processuais reside não natureza das pessoas em causa (natural e jurídica), bem distinta, mas naquilo que as pode unificar: a condição de arguido num processo com a feição que resulta da Constituição Processual Penal (cf., para desenvolvimentos, Maria João Antunes, 2019, p. 27 e ss.; Idem, 2021, p. 62 e ss., de onde se extraiu a citação; e Tiago Magalhães, 2016, p. 106 ss.).

§ 15 Uma vez que o reconhecimento do direito ao silêncio à pessoa jurídica terá, pela própria *natureza* dela (e, desde a L 94/2021, de 21.12., por força de *lei*: art. 61/1/d)/7), de ser mediatizado pela pessoa natural designada para sua representação, questão que vinha sendo debatida era da saber se a outras pessoas naturais em posição de liderança na pessoa jurídica, capazes de a representarem do ponto de vista orgânico-funcional e chamadas a deporem *como testemunhas* em processo em que aquela fosse arguida, se a essas outras pessoas, questionava-se, assistia o *direito de guardarem silêncio* a respeito de perguntas de cuja resposta resultasse a incriminação da pessoa coletiva (portanto perguntas atinentes aos chamados "factos de referência" – aqueles factos ilícitos típicos praticados por pessoa singular e suscetíveis de serem imputados ao ente coletivo, nos termos do art. 11.º/1 CP – e aos denominados "factos internos do ente coletivo" – aqueles que relevam para a afirmação da responsabilidade do ente coletivo, descritos nas als. a) e b) do n.º 2 do art. 11.º CP; sobre esses conceitos, cf. Maria João Antunes, 2021, p. 69 ss., e Teresa Quintela de Brito, 2021, p. 504 s.). No fundo curava-se de delimitar o *âmbito subjetivo* dos que, de algum modo capazes de falarem pela pessoa coletiva, se podiam prevalecer daquele direito: apenas quem a representasse no processo; ou, mais amplamente, quem tivesse as condições orgânico-funcionais para representá-la, sendo, todavia, chamado a testemunhar?

§ 16 Ao menos um autor inclinava-se para tese restritiva (Tiago Magalhães, 2016, p. 113 ss.), sendo dominante a tese, por assim dizer, ampla (cf. Inês Godinho, 2008, p. 60; Costa Andrade, 2009, p. 103 s.; Marques da Silva,

2009, p. 801 Pinto de Albuquerque, 2011, pp. 373 e 376; Maria João Antunes, 2019, p. 29; Idem, 2021, pp. 66 e 71; Teresa Quintela de Brito, 2021, p. 504, ainda que com restrições). Certo é que a tese restritiva, por atender apenas à *formal* ligação entre a pessoa coletiva e quem a representa no específico processo em causa, acabava por desconsiderar as *substanciais* razões que podiam (deviam) ser convocadas a fundamentar o direito a guardar silêncio na esfera de todos quantos possam em geral representá-la do ponto de vista orgânico-funcional (razões que para alguma doutrina também passam pela preservação dos deveres de lealdade, segredo e confidencialidade para com o ente coletivo; cf., assim, Manuel da Costa Andrade, 2009, p. 103 s., e Maria João Antunes, 2019, p. 29; Idem, 2021, p. 66). Desconsiderar esta perspetiva podia, no fim de contas, esvaziar de sentido útil o reconhecer do direito a guardar silêncio como integrando a esfera jurídica da pessoa coletiva. O art. 134.º/1/e), com a redação (pouco clara e aparentemente muito lata) da L 94/2021, de 21.12, reconhecendo ao membro do órgão da pessoa coletiva que não a representa no processo em que ela é arguida o direito de se recusar a, nele, depor como testemunha, vem precisamente dar voz à doutrina dominante e atrás referida.

ii) Conteúdo do direito a guardar silêncio

§ 17 Na sua vertente negativa o direito a declarar resolve-se em poder o arguido guardar silêncio, total (art. 343.º/1) ou parcial (art. 345.º/1), a respeito de perguntas feitas sobre os factos que lhe forem imputados e sobre o conteúdo das declarações que acerca deles prestar [art. 61.º/1/d)], direito que constitui uma dimensão nuclear do privilégio contra a autoincriminação, que tutela outras hipóteses não verbais, como a entrega de documentos (cf. Stefan Trechsel, 2005, p. 342; Augusto Silva Dias/Vânia Costa Ramos, 2009, p. 21; Pinto de Albuquerque, 2011, p. 892; Dá Mesquita, comentário constante do § 9, art. 61.º). Porém, na medida em que o direito ao silêncio não se cinge à faculdade de o arguido não responder a perguntas autoincriminadoras, mas antes montando àqueloutra, cortante, de *simplesmente nada revelar*, *falando, sobre a matéria da imputação*, surge, nesse sentido, com uma área de tutela mais ampla do que a do privilégio contra a autoincriminação assegurado a testemunhas, assistentes e partes civis: enquanto aquele se pode recusar a responder a quaisquer perguntas, incluindo as pertinentes a factos que lhe sejam favoráveis ou respeitantes à conduta de conjurados na matéria da imputação, os últimos só se podem escusar a responder alegando que a resposta pode para eles implicar (e enquanto implicar) responsabilidade criminal (arts. 132.º/2 e 145.º/3) (cf. Stefan Trechsel, 2005, p. 342; Sandra Oliveira e Silva, 2018, pp. 145 e ss. e 350).

iii) A proibição de valoração do silêncio em desfavor do arguido

§ 18 De pouco serviria à defesa do arguido o direito a guardar silêncio se fosse colocado na posição constrangedora de não declarando poder extrair-se dessa atitude prejuízo em termos de estabelecimento da culpa ou do agravamento da pena (é pacífico que a "proibição de desfavorecimento", prevista no n.º 1, abarca quer o estabelecimento da culpa quer a medida da pena; cf. COSTA ANDRADE, 1992, p. 121; MARIA JOÃO ANTUNES, 1992, p. 26; FIGUEIREDO DIAS/ COSTA ANDRADE, 2009, p. 43; FIGUEIREDO DIAS/BRANDÃO, 2022, 4.º, § 18, III, 2; SANDRA OLIVEIRA E SILVA, 2018, pp. 357, 419, 420-453; hesitando, apenas, MANUEL SOARES, 2017, p. 42). É para assegurar que o direito se exerce de forma livre, para obstar a que redunde, no fim de contas, em constrangimento a declarar, que o legislador dispõe, de modo terminante, que o silêncio, seja total (art. 343.º/1), seja parcial (art. 345.º/1), não pode ser valorado *em desfavor* do arguido. Uma *proibição de valoração* que *independe* de qualquer antecedente violação de regra de produção de prova e que se resolve numa "*garantia processual secundária*" no sentido em que visa assegurar que o arguido decida se declara ou não em inteira liberdade (cf. SANDRA OLIVEIRA E SILVA, 2018, pp. 415 e 422). Com a consequência prática de que o juiz não pode integrar, entre os motivos da sua decisão, como desfavorável ao arguido, o silêncio deste: a proibição de valoração em causa delimita, pois, negativamente, a livre apreciação do julgador (art. 127.º).

§ 19 Para ser retamente entendida a proibição em causa deve ser enquadrada por duas considerações: por um lado, a teleologia dela apenas veda a apreciação do silêncio *em desfavor* do arguido, não precludindo, *tout court*, a valoração dele (assim, SANDRA OLIVEIRA E SILVA, 2018, p. 420); por outro, dirige-se, e como se disse, a assegurar que a *escolha* do arguido, a respeito de prestar ou não declarações, se resolva numa escolha livre de coação, mas já não a garantir que a *estratégia* de defesa que escolheu não o possa prejudicar. A circunstância de o arguido não poder ser *juridicamente* prejudicado, nisso assentando juízo sobre a culpa ou sobre o agravamento da sua pena, por ter escolhido guardar silêncio diante das imputações e/ou das perguntas, não equivale a dizer que não possa suceder – e sucede amiúde – ser ele *facticamente* prejudicado por guardar silêncio sobre factos a respeito dos quais detenha monopólio cognitivo, reconduzam-se eles a uns que, a serem demonstrados, descredibilizem meios de prova incriminatórios, sustentem causas de justificação ou exculpação ou apenas amenizem, em concreto, a sanção aplicável [trata-se de advertência comum da doutrina – cf. FIGUEIREDO DIAS, 1974, p. 449; exaustivamente, SAN-

DRA OLIVEIRA E SILVA, 2018, p. 420 ss. – e que perpassa a jurisprudência – cf. acs. RC, 16.11.2005 (JOÃO TRINDADE); RC, 13.1.2010 (JORGE JACOB); RP, 22.9.2010 (EDUARDA LOBO); RE, 2.2.2016 (FERNANDO RIBEIRO CARDOSO); RE, 12.7.2018 (ANA BARATA BRITO); RG, 16.9.2019 (CÂNDIDA MARTINHO)].

§ **20** O que se vem de dizer, por seu turno, reclama ulterior cautela. Para que a proibição de valorar o silêncio em desfavor do arguido não redunde em mera proclamação de princípio, todavia negada na concretude da atuação judicial, a possibilidade, antes referida, de ser ele prejudicado por ter escolhido a *estratégia* defensiva de se manter silente não autoriza que, diante de indícios que objetivamente *concorram* para sustentar um juízo de culpa, se extraia do seu silêncio o *quid* probatório em falta para assentar aquela. Isto, que vem sendo sancionado pelo TEDH, especialmente diante das particularidades do direito inglês, não é legítimo à luz do direito português [todavia, RODRIGUES NUNES, 2020, p. 476; corretamente, na jurisprudência, ac. RP 21.6.2017 (MANUEL SOARES), na doutrina, por todos, FIGUEIREDO DIAS/NUNO BRANDÃO, 2020, p. 42]: necessário é, para sustentar o juízo de culpa, que os indícios probatórios colhidos sejam *por si mesmos*, sem apelo ao silêncio como corroboração ou complemento probatório, *suficientes* para ultrapassar o umbral de toda a dúvida razoável [cf. SANDRA OLIVEIRA E SILVA, 2018, p. 424 e s.; ainda COSTA ANDRADE, 1992, p. 129; nuns casos mais claro do que noutros, acs. RC, 16.11.2005 (JOÃO TRINDADE); RC, 13.1.2010 (JORGE JACOB); RP, 22.9.2010 (EDUARDA LOBO); RE, 2.2.2016 (FERNANDO RIBEIRO CARDOSO); RE, 12.7.2018 (ANA BARATA BRITO); RG, 16.9.2019 (CÂNDIDA MARTINHO)]. Motivar a decisão condenatória com apoio, expresso ou velado, no silêncio do arguido, seja a respeito de factos pertinentes ao estabelecimento do juízo de culpa, seja a respeito de factos relevantes para agravamento da sanção, viola a proibição de desfavorecê-lo prescrita no n.º 1.

§ **21** Com relevo jurisprudencial em redor do que antecede é o recorrente tema da *ausência de arrependimento* do arguido silente. É fora de dúvida que a "falta de arrependimento" não se pode extrair do silêncio *qua tale*, logo pela razão, *epistemológica*, de que não há maneira de comprovar que quem se cala não está arrependido (da mesma forma que nem sempre quem confessa o está). E por outra banda, ainda que da ausência de arrependimento se pudesse, sem mais, extrair um agravamento da pena, fazer decorrer aquele facto directamente do silêncio violaria, precisamente, o *direito* a guardá-lo (art. 343.º/1). Por isso, independentemente das fórmulas linguísticas usadas, as considerações recorrentemente expendidas pelos tribunais a respeito da indemonstração (e não propriamente ausência) de arrependimento do arguido silente não se dirigem a sustentar um agravamento da pena, mas apenas *a justificar a não amenização dela* [v., p. ex., STJ 20.12.2007 (Arménio Sottomayor); RE 28.2.2012 (Sérgio Corvacho) 25.2.2014 (Ana Barata Brito)]. Porém, uma vez que desfavorecimento e (mero) não favorecimento são até certo ponto realidades em relação, tornando-se isso evidente especialmente quando se trata de medir penas relativamente a coarguidos, importa que o tribunal seja muito cuidadoso nas apontadas distinções para que não ocorra, sob o *nomen* de não favorecimento, efetivo ou aparente *desfavorecimento* do arguido silente (é de resto duvidoso que esteja o tribunal obrigado a – ou que releve de boa técnica – justificar uma *não* atenuação da pena pela *indemonstração* de um facto que, a comprovar-se, legitimaria a dita atenuação; tal lógica, trazida às suas últimas consequências, levaria a que tivesse que justificar a não atenuação da pena com a indemonstração das mais variegadas hipóteses de facto que, a demonstrarem-se, legitimariam a atenuação).

§ 22 A lógica acima apontada, no § 20, vale nos casos em que o arguido se remete ao silêncio durante a produção de prova, dispondo-se a declarar *in extremis*, porventura na fase destinada ao exercício do direito à última palavra (art. 361.º/1), e quer, uma vez mais, o silêncio antecedente seja valorado na questão da culpa ou na dosimetria da pena [esta última hipótese é abordada no ac. RE, 22.6.2021 (Moreira das Neves)]. Também neste caso de *silêncio temporário inicial*, o respeito pela injunção prescrita no n.º 1 veda ao tribunal levar à balança da apreciação dos factos, nos termos do art. 127.º, o ter-se arguido remetido ao silêncio na fase inicial da audiência, quer como circunstância probatoriamente válida para fundamentar, ou mesmo tão só para co-fundamentar, o juízo de culpa, quer para desfavorecer o arguido em sede de medida da pena. Dizer isto não equivale, bem visto, a pugnar por uma espécie de presunção de credibilidade do que o arguido declara tardiamente, mas apenas que umas tais declarações valem (e na medida em que forem atendíveis) por si mesmas e lidas à luz de outros elementos probatórios (*que não o silêncio anterior)*, sendo nestes termos e limites que devem ser livremente apreciadas. Apreciadas, no dizer de Sandra Oliveira e Silva, 2018, p. 433, "como se" o silêncio anterior não tivesse existido ou fosse imputável a "razões alheias à (...) vontade" do arguido. Mais uma vez aqui há ampla margem para menoscabo mais ou menos velado, de difícil escrutínio, do direito ao silêncio. A respeito do *silêncio parcial*, remete-se para comentário ao art. 345.º

§ 23 Outra "cautela" a respeito do alcance do que acima se disse (§ 19) sobre a distinção entre (proibido) prejuízo normativo decorrente da escolha do silêncio e o (possível) prejuízo fáctico decorrente da estratégia defensiva que elegeu, respeita ao modo como se deva lidar, diante do silêncio do arguido, com *causas de justificação ou de exculpação*. Em termos enxutos, a correção da afirmação de que ao guardar silêncio o arguido pode prejudicar-se ao não trazer à cognição do tribunal circunstâncias justificativas dos factos ou dirimentes da culpa que só ele estaria em condições de invocar, não pode montar a um dever de, nessas hipóteses, (ainda que "meramente") "alegar" tais factos com a consequência de, não o fazendo, poder ser, *sem mais*, prejudicado. Logo porque a imposição de um tal dever correria contra a estrutura do processo penal português, que não é adversarial, e logo regulada por um princípio dispositivo, mas antes acusatória temperada por um *princípio de investigação*. Portanto, onde o arguido se remeta ao silêncio o tribunal não fica desonerado, *havendo elementos probatórios que o orientem nesse sentido*, de averiguar *oficiosamente* factos integrantes de uma plausível causa de justificação ou desculpa, conforme comando geral ínsito no art. 340.º/1, aliás sob cominação de não o fazendo dar azo à nulidade prevista no art. 120.º/2/d). Só não havendo elementos que o orientem no falado sentido, ou havendo-os as indagações, as razoáveis e possíveis diante dos contornos do caso concreto, não se mostrarem suficientes ao estabelecimento dos factos justificadores ou dirimentes da culpa, sem menoscabo do *in dubio pro reo*, estará o tribunal legitimado a dar por (implicitamente) indemonstradas circunstâncias justificativas da ilicitude ou dirimentes da culpa (cf., sobre o ponto, SANDRA OLIVEIRA E SILVA, 2018, p. 422 e s.).

iv) (De)limitação do direito ao silêncio. O dever de identificação

§ 24 O direito ao silêncio apresenta-se, no ordenamento jurídico português, como absoluto no sentido de que, verificados os pressupostos do seu exercício, a valia dele não fica contingente de um balanceamento ou ponderação com outros direitos ou interesses. Surge, pois, como verdadeiro e incondicionado limite deontológico à ação do Estado na sua relação comunicativa com o cidadão arguido. Poder-se-ia ser tentado a dizer que a obrigação de identificação imposta no preceito anterior (art. 342.º/1/3), para mais sob cominação de responsabilização penal no caso de recusa de (ou falsidade na) resposta às perguntas sobre ela (art. 342.º/2/4), constituiria *limite* imposto ao exercício do direito a não falar. Todavia, a circunstância de o legislador *literal* e *sistematicamente* prescrever a obrigação de declarar com verdade em momento prévio àquele em que o presidente deve esclarecer o arguido sobre o seu direito a guardar silêncio (n.º 1, art. 343.º), corre no sentido de que o que se trata, na relação entre a obrigação prevista no art. 342.º/1/3 e o direito previsto no art. 343.º/1, é de verdadeira *delimitação* da área de tutela do direito ao silêncio. E isto é tanto mais assim quanto não se perder de vista que a obrigação de identificação está *teleologicamente* orientada, apenas, à garantia de que a pessoa identificada nos autos como arguido, acusada ou pronunciada, é aquela que se posta diante do tribunal (detidamente, SANDRA OLIVEIRA E SILVA, 2018, p. 633 ss.).

§ 25 Porém, pode suceder que elementos de identificação os quais o arguido está obrigado a revelar, e em especial o lugar de trabalho ou a profissão, seja pelos contornos fácticos da peça de imputação, seja pelo alibi desenhado na contestação, se desvelados pela voz do arguido consintam o estabelecimento de uma conexão que vai para além daquela postulada pela teologia da obrigação de identificação (§ antecedente, parte final), concretamente permitindo estabelecer *conexão entre o crime imputado e a pessoa daquele*. Assim, ficaria atingido o direito a aguardar silêncio que se algum alcance tem é o de não impor ao arguido a obrigação de, falando, estabelecer ou contribuir para estabelecer, ele mesmo, a sua relação com o crime que lhe é imputado. Numa tal hipótese, lá onde (porventura raramente) se verifique, o que se trata é de retificar a área de tutela do direito a não falar ou responder, reponderando a delimitação entre o mesmo e a obrigação de identificação: a obrigação recua, e com ela a cominação penal; e inversamente avança o direito do arguido a não responder a perguntas jurídico-penalmente comprometedoras (cf., SANDRA OLIVEIRA E SILVA, 2018, p. 639 ss., com exemplos; ROXIN, 2000, p. 210 e s., que todavia coloca a questão no plano da "inexigibilidade de comportamento conforme a norma").

b) O direito ao silêncio como pretensão positiva diante do Estado. O dever de informação

§ 26 Conforme resulta do n.º 1, o regime jurídico do direito ao silêncio não se esgota numa dimensão negativa de defesa contra o Estado, fazendo radicar no arguido a decisão do se, quando e como comunica, dimensão que seria insuficiente aos fins visados com a tutela da autodeterminação dele se não fosse acompanhada da imposição ao próprio Estado, aqui na figura do presidente do tribunal, de um *dever positivo* de esclarecimento sobre a titularidade do direito e seu alcance. Uma efetiva consciencialização do arguido a respeito do direito a guardar silêncio e da proibição de desfavorecimento normativamente inerente ao exercício dele é pressuposto do caráter livre da escolha a respeito do declarar ou não em audiência. Dever de informação e esclarecimento a cargo do Estado que corresponde assim a um "direito subjetivo à informação prévia" na esfera do arguido (DÁ MESQUITA, 2011, p. 558) que não recua diante da circunstância de em anteriores intervenções processuais já ele ter sido informado em tais termos e antes se atualiza em todos os momentos suscetíveis de, comunicando, comprometer a sua posição jurídica.

§ 27 O reconhecimento do direito ao silêncio com o transcendente sentido que se lhe assinala, bem no coração das garantias de defesa e do direito ao devido processo, seria inconsequente se, inobservado, pudessem as declarações do arguido ser valoradas. Para assegurar a sua vigência prática *não podem ser valoradas* as declarações prestadas após o momento em que a informação devida é omitida [cf., no âmbito do estatuto jurídico geral do arguido, arts. 58.º/2/5, 61.º/1/d)/7], ficando nessa medida negativamente delimitada a liberdade de apreciação da prova (art. 127.º). Enquanto a proibição de extração de consequências adversas do silêncio para o arguido (n.º 1) *independe* de antecedente violação de regra de produção de prova (*supra*, § 18), a proibição agora em foco *depende* precisamente do não cumprimento do dever de informação por banda do Estado *e pressupõe* a prestação de declarações sequentes à omissão. Este duplo requisito coloca a questão de se saber se, para operar, a proibição requer um demonstrado nexo de imputação entre a omissão de informação e a prestação de declarações, em termos tais que se não fosse aquela o arguido não se disporia a estas; ou, talvez melhor, a questão de saber se a proibição não atua se se apurar que o arguido declarou, não obstante a omissão, por estar ciente do seu direito a guardar silêncio.

§ 28 A resposta está intimamente associada às razões suscetíveis de serem trazidas à fundamentação das singulares proibições de prova (detidamente, Jenia Iontcheva Turner/Thomas Weigend, 2019, p. 255 ss.). Se do que se trata é apenas da preservação da liberdade do arguido a respeito do declarar parece não fazer sentido afirmar a proibição quando se comprova que ele declarou porque quis ciente de que podia ter feito o contrário, sem consequências adversas – daí que, partindo dessa fundamentação Costa Andrade, 1992, p. 86 ss., esp. 89, pugne pela quebra do citado nexo causal em razão dos concretos conhecimentos do arguido. Mas se a razão de ser da proibição vai para lá da tutela da liberdade declarativa do arguido, montando à preservação da integridade do sistema judicial e/ou do efeito dissuasor da proibição, já não parece que a mencionada quebra do nexo causal seja decisiva no sentido da não atualização daquela. Posição que é assumida por Sandra Oliveira e Silva, 2018, p. 364 e s., dando pertinente nota, em abono dela, de que a lei não condiciona o dever de informação à ignorância dos direitos processuais pelo arguido – e, acrescentaríamos, impondo ao Estado o dever de reiterar o esclarecimento em todos os momentos processualmente pertinentes ao longo do arco processual (arts. 61.º/1/a)/7, 141.º/4/a)/b), 143.º/2, 144.º/1/2, 343.º/1). Naturalmente, isto não afeta a possibilidade de, declarando o arguido após o momento em que devia ter sido informado sobre o direito de guardar silêncio, e por decorrência não podendo as declarações serem valoradas, porventura numa fase adiantada da audiência, sendo advertido da mencionada proibição, dela ficando ciente, reafirmar ainda assim o teor do que antes declarou.

§ **29** Se a proibição de valoração decorrente da omissão do cumprimento do dever de informação (ou, o que é o mesmo, da violação do direito subjetivo à informação prévia) não se justifica apenas em razão da tutela da liberdade do arguido a respeito da decisão de declarar, mas ainda em razões outras que transcendem esse desiderato, como a preservação da integridade do sistema judicial e/ou do efeito dissuasor da proibição, então *parece que a eficácia de uma tal proibição aproveitará a terceiros*, nomeadamente coarguidos, exceto na medida em que as declarações maculadas os favoreçam (pugnando pela redução teleológica da norma constante do art. 58.º/5, cf. Sandra Oliveira e Silva, 2018, p. 359 e s.).

IV – Outros aspetos

§ **30** A prescrição constante do n.º 2 nos termos da qual o tribunal ouve o arguido *sem manifestar qualquer opinião ou tecer quaisquer comentários donde possa inferir-se um juízo sobre a culpabilidade*, manifestamente ligada ao princípio da presunção de inocência (art. 32.º/2 CRP), que veda a antecipação de juízo de culpa, ou tão só a aparência dele, em relação à decisão final, e ao princípio da imparcialidade do juiz (art. 32.º/5 CRP e 6.º CEDH), cujo menoscabo pode justificar incidente de recusa dele (art. 43.º/1), surge aqui funcionalizada à garantia da espontaneidade, genuinidade, enfim, da plena *liberdade* de declaração do arguido (*supra*, § 2). Interferências impróprias, sugestivas da culpabilidade do último, pela posição institucional do tribunal, precisamente o decisor da "causa", trazem um evidente efeito constritor da autonomia do arguido a respeito do não declarar ou do como e quando declarar. No ac. RL, 7.1.2009 (Carlos Almeida) a questão suscitou-se a respeito do procedimento de juíza presidente de tribunal coletivo que, antes da identificação dos arguidos, os exortou a um dever de verdade e, na sequência de os mesmos se terem mantidos silentes, efetuou considerações sobre uma tal estratégia e sobre a adequação dela aos interesses da maioria deles. O TRL, censurando a prática, todavia entendeu tratar-se de mera irregularidade (não formalmente arguida), não se projetando o procedimento da presidente do tribunal na decisão recorrida.

§ 31 A possibilidade de o presidente determinar, em caso de coarguição, que os *arguidos sejam ouvidos em separado* (n.º 4), configura uma "derrogação ao direito de presença do arguido na audiência de julgamento" que se posta ao serviço do "apuramento da verdade material" (ac. TC 429/95), destinando-se a evitar que as declarações de um arguido "contaminem" as que outro venha a prestar ou sejam "contaminadas" pelo que outro declare – ou, podendo-se dar o caso, até pelo constrangimento que a presença de um possa causar noutro no momento de prestar declarações (*supra*, § 2; cf., ainda, MEDINA DE SEIÇA, 1999, p. 154). A lei não aponta critério para a decisão do presidente (n.º 4 e art. 323.º/1), parecendo remetê-la para o plano da livre resolução dele, como tal insindicável pela via recursiva [art. 400.º/1/b)] (assim, PINTO DE ALBUQUERQUE, 2007, p. 846, n. 5). Caberá ao presidente, com base nos elementos processuais acessíveis à sua cognição, formular um juízo de oportunidade sobre a separação dos arguidos para os efeitos previstos na norma. A previsão legal não afasta a possibilidade de só alguns dos arguidos serem ouvidos separadamente em relação a outros, tudo dependendo da concreta configuração dos factos na acusação ou pronúncia e na eventual contestação (pode suceder que entre alguns arguidos a coarguição seja meramente formal, em razão da aplicação das regras de conexão; ou apenas entre uns, mas não entre outros, se patenteie uma relação de dominância/subordinação, etc.).

§ 32 Na medida em que a determinação em causa constitui uma "derrogação ao direito de presença do arguido na audiência de julgamento" (*supra*, § 31), parece que a sua insindicabilidade de princípio ("de princípio", pois poderá impor-se o recurso se "as margens da livre resolução do tribunal [forem] ultrapassadas"; cf., JOSÉ MANUEL VILALONGA, 2004, p. 371, e PINTO DE ALBUQUERQUE, 2007, p. 1002, n. 3; interpolado adicionado) só não soçobra diante do art. 32.º/1/7 CRP, uma vez que: *a)* se trata de uma ausência bem *circunscrita e limitada* (só enquanto os coarguidos declaram); *b)* o ausente está obrigatoriamente *assistido por defensor* (arts. 61.º/1/f)/7, 64.º/1/c)/5 e 330.º/1); *c)* as condições do exercício do *contraditório* são estabelecidas pela obrigação de, no regresso à sala, o arguido ter de ser informado pelo presidente do que se tiver passado na sua ausência (n.º 4; e art. 32.º/5 CRP). Esta informação, sendo resumida, naturalmente não pode ir ao ponto de omitir aspetos que se prefigurem essenciais à defesa do ausente, caso em que a comunicação dela se afiguraria mero ato formal; e por outro lado, deve ser essencialmente factual, evitando juízos de valor suscetíveis de comprometerem a presunção de inocência e a imparcialidade do tribunal. A falta de comunicação (a que podemos juntar a manifesta insuficiência dela) prevista no n.º 4 dá azo a nulidade sanável a arguir até ao termo da audiência [art. 120.º/1/3/a)], qualificação que o TC reputou conforme o art. 32.º/1/5 CRP (ac. TC 429/95).

§ **33** Como acima se referiu (§ 2), de modo a garantir ao arguido inteira liberdade em momento crucial do exercício pessoal do direito de defesa, a lei *proíbe que MP, representantes do assistente e das partes civis e o próprio defensor interfiram nas declarações que o arguido* se disponha a prestar, nomeadamente sugerindo o modo como o deva fazer (n.º 5). Todavia, como uma defesa integral não se pode afirmar sem o concurso da prestação do defensor, pode este aconselhar aquele, conforme entender favorável à estratégia defensiva, a não responder a qualquer pergunta ou a tão só a responder, seletivamente, às que lhe forem formuladas pelos juízes ou jurados ou pelo presidente a solicitação do MP, do advogado do assistente ou de advogado de coarguido (n.º 5 e art. 345.º/1/2). Interferências indevidas poderão, no limite, dar azo às medidas previstas no art. 326.º, onde couberem.

PEDRO SOARES DE ALBERGARIA

Artigo 344.º
Confissão

1. O arguido pode declarar, em qualquer momento da audiência, que pretende confessar os factos que lhe são imputados, devendo o presidente, sob pena de nulidade, perguntar-lhe se o faz de livre vontade e fora de qualquer coação, bem como se se propõe fazer uma confissão integral e sem reservas.

2 – A confissão integral e sem reservas implica:

a) Renúncia à produção da prova relativa aos factos imputados e consequente consideração destes como provados;

b) Passagem de imediato às alegações orais e, se o arguido não dever ser absolvido por outros motivos, à determinação da sanção aplicável; e

c) Redução da taxa de justiça em metade.

3 – Excetuam-se do disposto no número anterior os casos em que:

a) Houver co-arguidos e não se verificar a confissão integral, sem reservas e coerente de todos eles;

b) O tribunal, em sua convicção, suspeitar do caráter livre da confissão, nomeadamente por dúvidas sobre a imputabilidade plena do arguido ou da veracidade dos factos confessados; ou

c) O crime for punível com pena de prisão superior a 5 anos.

4 – Verificando-se a confissão integral e sem reservas nos casos do número anterior ou a confissão parcial ou com reservas, o tribunal decide, em sua livre convicção, se deve ter lugar e em que medida, quanto aos factos confessados, a produção da prova.

5 – O disposto nos números anteriores é correspondentemente aplicável no processo contra pessoa coletiva ou entidade equiparada, podendo o seu representante fazer uma confissão dos factos que são imputados à representada, contanto que a confissão caiba nos seus poderes de representação.

Origem do texto: o preceito manteve a redação originária do DL 78/87, de 17.02, quanto aos n.ºs 2, 3, als. a) e b), tendo sido alterada a alínea c), com a L 59/98, de 25.08 (prevendo-se na versão originária que o crime fosse "punível com pena de prisão superior a três anos.") e n.º 4; por sua vez, a atual versão do n.º 1 resulta da alteração introduzida pela L 94/2021, de 21.12 (que entrou em vigor 90 dias após a sua publicação), a qual também aditou o n.º 5.

Sumário do comentário:

I – Considerações gerais

§ 1 Em audiência de julgamento o arguido é livre de prestar ou não declarações e, no caso de as querer prestar, fica na sua disponibilidade, confessar total ou parcialmente os factos que lhe são imputados na acusação (pública e/ou particular) ou na pronúncia.

§ 2 A liberdade de decisão do arguido depende de estar devidamente informado das consequências do seu ato, caso queira prestar declarações em audiência. Com efeito, só tendo conhecimento das implicações do seu ato e estando bem ciente e informado sobre o seu alcance é que pode tomar uma decisão (de prestar ou não declarações em audiência de julgamento) livre, autónoma e consciente.

§ 3 E, desde logo porque vivemos num Estado de direito, em que o processo penal assegura todos os direitos fundamentais, é que o legislador também se preocupa em garantir ao arguido os seus direitos, uma vez que as suas declarações em audiência de julgamento, ainda que possam servir como meio de defesa, também podem ser usadas como meio de prova (dos factos que lhe são imputados).

§ 4 Compreende-se, pois, que o legislador tenha imposto ao juiz que dirige a audiência de julgamento, a obrigação de esclarecer o arguido, por um lado, informando-o sobre o seu direito de prestar declarações nos termos do art. 343.º/1 e, por outro lado, sobre as circunstâncias (caráter livre e fora de qualquer coação) em que, prestando declarações, se assim o pretender, procede à confissão (art. 344.º/1), o que igualmente contribui para se aferir da espontaneidade, genuinidade e sinceridade das mesmas e sobre a sua extensão (total ou parcial) em relação aos factos que lhe são imputados.

§ 5 As advertências apontadas, feitas pelo juiz que preside à audiência de julgamento (arts. 343.º/1 e 344.º/1), que é quem em primeiro lugar interroga o arguido (sem prejuízo do disposto no art. 345.º), funcionam como uma garantia para assegurar a liberdade e a autonomia de decisão do arguido, quando depois opta/escolhe por prestar declarações e, além disso, confessa, total ou parcialmente, os factos que lhe são imputados.

§ 6 A importância das circunstâncias em que é prestada a confissão (seja total ou parcial) do arguido em audiência, é essencial para o tribunal aferir, nomeadamente, do seu caráter livre, como da sua veracidade, tanto mais que consistindo na prestação de declarações, podem ser sujeitas *v.g.* a qualquer tipo de pressão ou ser motivadas pela vontade de proteger alguém do círculo existencial do arguido (como, por vezes, sucede quando se tratam de crimes, nomeadamente de tráfico de estupefacientes, cometidos por vários membros da mesma família, em que um deles acaba por assumir a sua prática sozinho para evitar a responsabilização dos demais, propósito que, em geral, é favorecido pela falta de prova bastante recolhida em sede de inquérito para incriminar todos os elementos do mesmo agregado).

§ **7** E, na medida em que até a própria confissão do arguido pode não ser verosímil, compreende-se que as declarações em geral que o arguido presta, no que agora nos interessa em particular na audiência de julgamento, estejam sujeitas à livre apreciação da prova (art. 127.º) e, por isso, submetidas a uma sindicância, controlo por parte do tribunal.

§ **8** De todo o modo, quando o arguido, enquanto sujeito processual, pode funcionar como meio de prova contra si mesmo, como acaba por acontecer quando confessa livremente e fora de qualquer coação os factos que lhe são imputados (ainda que esta confissão possa ser admitida dentro de determinados limites, mas estando, nesse caso, as declarações do arguido sujeitas à livre apreciação nos termos do art. 127.º), importa ter presente que, de todo o modo, nos Estados de direito democráticos, as provas não podem ser obtidas a todo o custo.

§ **9** Além disso, também não se pode esquecer, como recorda Maria do Carmo Silva Dias, 2005, p. 171, que "O Estado, como titular do *ius puniendi*, quer que «os culpados de actos criminosos sejam punidos», mas também «está interessado em garantir aos indivíduos a sua liberdade contra o perigo de injustiças" (ac. TC 578/98).

§ **10** De resto, como com toda a pertinência esclarece Susana Aires de Sousa, 2003, p. 1212, «a protecção dos direitos fundamentais manifestada no regime das proibições de prova, não tutela apenas o seu titular mas a própria credibilidade, reputação e imagem do Estado de Direito».

§ **11** Portanto, num Estado de direito que se afirma por uma confiança e credibilidade merecidas, exige-se que o arguido seja tratado como um verdadeiro sujeito processual – tal como é reconhecido no CPP, com um estatuto próprio, com direitos e deveres, ainda que com ressalvas, nomeadamente quanto à efetivação de diligências probatórias, mas que têm de salvaguardar o privilégio contra a autoincriminação (*nemo tenetur se ipsum accusare*) – dotado, como escreve Susana Aires de Sousa, 2003, p. 1213, "de uma vontade livremente formada e esclarecida, expressão da própria personalidade."

§ **12** Assim, a confissão, enquanto traduza um ato livre e esclarecido do arguido, funciona como uma autolimitação admissível (porque voluntária, consciente, livre, fora de qualquer coação) do seu privilégio de não se autoincriminar e, dessa forma, é ele próprio que decide contribuir para a sua condenação.

§ **13** E, se o arguido quiser, complementar essa sua confissão, com a entrega voluntária de outra(s) prova(s) (*v.g.* documental) autoincriminatórias, para conferir maior credibilidade às suas declarações, também é livre de o fazer, ficando na disponibilidade do Tribunal decidir se deve ou não aceitar essa prova oferecida pelo arguido (por se lhe afigurar verosímil e por ter ou não interesse para a descoberta da verdade, nos termos do art. 340.º), sem prejuízo de conceder previamente o contraditório aos demais sujeitos processuais interessados.

§ **14** Diferente já é a situação em que, por exemplo, a prova documental foi apresentada pelo arguido (mesmo antes da confissão parcial que efetua em julgamento), no âmbito dos deveres de cooperação com a administração tributária e, em que se verifica, nomeadamente, que alguns dos documentos são mais incriminatórios do que a confissão efetuada (que foi parcial). Aí até se colocam outras questões (sobre esta matéria, Manuel da Costa Andrade, 2014, pp.138 a 142), nomeadamente, a de saber se, neste âmbito do direito tributário, o arguido foi ou não coagido a entregar aquela documentação pela AT (autoridade tributária), se há ou não uma «violação "não desprezível" ao princípio *nemo tenetur*», se por estar em causa a entrega de documentos o arguido não goza do maior benefício da confissão e mesmo se a entrega daqueles documentos pelo arguido ocorreu por a AT ter atuado de forma enganosa ou fazendo uma "investigação encoberta" (neste último caso, tratando-se de prova proibida, nos termos do art. 126.º/2/*a,* apurando-se que a entidade fiscalizadora desencadeou ou prolongou "deliberadamente a fase inspetiva, com a finalidade de recolher meios de prova para o processo penal a instaurar, abusando do dever de colaboração do contribuinte").

§ **15** De todo o modo, como diz Manuel da Costa Andrade, 2014, p. 150, "O intérprete e aplicador do direito tem de se mover no espaço deixado em aberto pela redução da complexidade já operada e devida, em primeira linha, à própria Constituição. Em que avulta o reconhecimento do *nemo tenetur* como instituição irrenunciável do Estado de direito e como projecção directa da intangível *dignidade humana*. E, como tal, também ele pertinente à *área nuclear e inviolável* da condução da vida. Estando, por isso, *subtraído à balança da ponderação, não comportando relativização* em nome da salvaguarda ou promoção de valores ou interesses comunitários, qualquer que seja a sua relevância e eminência." (embora, abrindo a porta à relativização do *nemo tenetur* e retirando-lhe o caráter absoluto da tutela devida ao mesmo princípio, o ac. TC 340/2013, comentado pelo referido Autor, *ob. cit.*, p. 156).

II – Pressupostos da confissão, seu regime e exceções

§ **16** A todo o tempo, durante a audiência de julgamento, o arguido pode declarar que pretende confessar os factos que lhe são imputados, seja na acusação pública (deduzida pelo MP), seja na acusação particular (deduzida pelo assistente) ou na pronúncia.

§ **17** Mesmo que o arguido tenha exercido anteriormente o direito ao silêncio pode, em qualquer momento, mas sempre antes do encerramento da audiência, declarar que pretende confessar os factos que lhe são imputados.

§ **18** E, ainda que, anteriormente, em audiência tenha confessado parcialmente os factos que lhe são imputados, pode sempre antes do encerramento da audiência declarar que pretende confessar os (demais) factos que lhe são imputados, o que pode ir fazendo consoante o desenrolar da prova e as conveniências da defesa (mas, não podendo esquecer, que o tribunal também vai valorando livremente as declarações que o arguido vai prestando, de forma articulada com a demais prova que vai sendo produzida e aquela que eventualmente já conste dos autos – *v.g.* documental e pericial – e possa ser valorada).

§ **19** O *encerramento da audiência ocorre*, em princípio, após ser dada a palavras ao arguido para, querendo, prestar as últimas declarações (art. 361.º/2), sem prejuízo do disposto no artigo 371.º (reabertura da audiência para a determinação da sanção). Isto significa que o arguido pode declarar que pretende confessar os factos que lhe são imputados quando lhe for dada a palavra para as últimas declarações (art. 361.º/1) e, mesmo em caso de reabertura da audiência para a determinação da sanção (assim, também PAULO PINTO DE ALBUQUERQUE, 2011, p. 888). Se a confissão ocorrer nesses momentos (art. 361.º/2 ou mesmo art. 371.º) então o arguido terá de ser ouvido normalmente, ser dada a palavra à acusação e à defesa, produzir-se provas se for o caso, haver novas alegações e dar de novo a última palavra ao arguido, para depois poder ser declarada encerrada a discussão, sem prejuízo do disposto no art. 371.º, e o tribunal retirar-se para deliberar (ou seja, nesse caso, o processo volta a retroceder à fase anterior às alegações).

§ **20** A alteração introduzida pela L 94/2021 ao n.º 1 deste art. 344.º teve a vantagem de eliminar eventuais dúvidas que se suscitassem, perante algumas posições que defendiam que a confissão, para ter todos os efeitos previstos no n.º 2, teria de ser feita no início da audiência [neste sentido, entre outros, Maia Gonçalves, 1987, p. 412, argumentando que "o arguido terá de aproveitar, para o efeito, as primeiras declarações que presta. Foi isto o que se estabeleceu na Lei de Autorização legislativa (...). A declaração prestada em momento posterior pode não ter qualquer interesse processual e resultar até da evidência da prova já produzida. Não poupa actividade processual e não justificaria o relevante benefício de ordem fiscal concedido pela al. c) do n.º 2, que tem como razões subjacentes não só criar incentivos à confissão mas também a constatação de uma menor actividade processual nos casos de confissão inicial."].

§ **21** Eventual confissão que tiver efetuado anteriormente no processo, não vale como tal, se não for "confirmada" em sede de audiência de julgamento. No caso de o arguido exercer o direito ao silêncio na audiência de julgamento, são livremente apreciadas (art. 127.º) as declarações que prestou em sede de 1.º interrogatório judicial de arguido detido, com observância do disposto no art. 141.º/4/*b* – *v.g.* a confissão total ou parcial que ali tiver efetuado – desde que essas mesmas declarações sejam reproduzidas ou lidas em audiência (art. 357.º/1/*b*/2).

§ **22** Também confissão que seja feita na contestação ou em requerimento autónomo relativo à ação penal, não vale como tal porque para produzir efeitos terá de ser efetuada em audiência de julgamento, sujeita aos princípios da imediação (art. 357.º) e da oralidade (v. Paulo Pinto de Albuquerque, 2011, p.888, ressalvando a situação da confissão feita pelo arguido em declarações para memória futura, no caso de quando a confissão foi efetuada o objeto do processo já estar definido, "isto é, se já tinha sido proferida pronúncia ou, pelo menos, deduzida acusação. Só neste caso se pode considerar que o arguido estava em condições de fazer uma confissão integral dos factos.").

§ **23** Tratando-se, porém, do pedido cível, será de admitir a confissão feita na contestação ou em articulado autónomo, por aplicação das regras do processo cível? A regra é a de, na área cível, em termos de direitos substantivo, ser regulada pela lei civil e, em termos processuais, ser regulada pela lei processual penal. Assim, a confissão no pedido cível pode seguir a mesma forma, em termos processuais, do que na ação penal, da qual depende e é conexa, podendo ser produzida oralmente em audiência, devendo ficar documentada em ata e, ainda, no caso de haver transação, desistência ou confissão sendo igualmente admissível que seja feita por escrito, em requerimento autónomo, incluindo na contestação ou em ata, por aplicação subsidiária, nos termos do art. 4.º, das regras do processo civil.

§ **24** De qualquer modo, em matéria de pedido cível enxertado na ação penal, a falta de contestação não implica a confissão dos factos (art. 78.º/3), à semelhança do que sucede com a falta de contestação da ação penal.

§ **25** Nesse sentido, sustenta PAULO PINTO DE ALBUQUERQUE, 2011, p. 888, que "É irrelevante a confissão de factos feita pelo mandatário nos articulados, não sendo aplicável no processo penal o disposto nos artigos 37.º e 38.º do CPC [hoje correspondentes aos artigos 45.º e 46.º CPC] relativamente a matéria criminal. Contudo, esta confissão pode ser atendida para efeitos civis, se o mandatário tiver poderes especiais expressos para o efeito (artigo 37.º, n.º 2, do CPC) ou, não os tendo, se o mandante se não opuser à sentença homologatória, notificada pessoalmente nos termos do artigo 301.º, n.º 3, do CPC [hoje correspondente ao artigo 291.º, n.º 3, do CPC]. Esta confissão feita nos articulados vincula a parte, salvo se for rectificada ou retirada enquanto a parte contrária a não tiver aceitado especificamente (artigo 38.º CPC)."

§ **26** Será apenas o arguido imputável que, por si, tendo condições de prestar declarações (por qualquer dos meios legalmente admissíveis), pode confessar os factos que lhe são imputados, na audiência, enquanto a mesma não for encerrada. Não pode passar procuração com poderes especiais para confessar os factos relativos à ação penal, embora possa fazê-lo a nível dos factos relativos à matéria cível (por aí já ser aplicável o disposto no art. 45.º, tanto mais que o enxerto cível no processo penal ocorre essencialmente por razões de economia processual).

§ **27** A participação de arguido surdo, deficiente auditivo ou mudo é feita nos moldes indicados no art. 93.º, pelo que será através da respetiva linguagem "alternativa" que pode produzir/exprimir a confissão pretendida em audiência.

§ **28** A partir do momento em que o arguido comunica a sua pretensão de confessar os factos que lhe são imputados, o juiz que preside ao julgamento tem o dever, sob pena de nulidade, de lhe perguntar se o faz de livre vontade e fora de qualquer coação, bem como se se propõe fazer uma confissão integral e sem reservas.

§ **29** Esse dever que recai sobre o juiz que preside ao julgamento, exige que o mesmo Magistrado faça determinadas perguntas ao arguido, que se relacionam por um lado com a liberdade de decisão do próprio arguido e com o respeito pelo seu estatuto como sujeito do processo e, por isso, é preciso ter a certeza que não está a atuar, nem a contribuir para a sua condenação, de forma coagida e, por outro lado, tem a ver com a importância que seja esclarecido com clareza (o que também é uma exigência do próprio Estado de direito), ficando ciente das consequências do seu ato (quando reconhece a prática dos factos que lhe são imputados) para se poder exprimir e, querendo, confessar, mas em total liberdade, só assim sendo aceitável o seu contributo para a sua própria condenação.

§ **30** Também, essas perguntas e esclarecimento que o juiz faz ao arguido, perante a declaração deste de pretender confessar os factos que lhe são imputados, servem ainda para o tribunal aferir da sua genuinidade e espontaneidade, bem como da própria extensão da mesma confissão. O Tribunal não se pode satisfazer com respostas lacónicas do arguido às questões colocadas nos termos do art. 344.º/1, sob pena de se ter de questionar sobre o caráter livre da confissão.

§ **31** Importa aferir em que condições é feita essa confissão uma vez que, como já acima se referiu, o tribunal vai ter de avaliar a credibilidade e veracidade da mesma, pois pode suceder que o arguido pretenda, por exemplo, encobrir o verdadeiro autor do crime (até a troco de determinado montante em dinheiro ou da prestação de um favor para alguém pertencente ao seu círculo existencial).

§ **32** A confissão será integral quando abrange todos os factos imputados, será parcial, quando abrange apenas parte desses factos, mas pode ainda suceder que qualquer uma delas seja acompanhada de outros factos novos, os quais podem ou não condicionar a respetiva confissão.

§ **33** Considera-se que a confissão é sem reservas quando não está condicionada ao acréscimo de novos factos que alterem a imputação que foi feita ao arguido ou mesmo quando as reservas colocadas não sejam relevantes (por exemplo é feita a confissão de que A deu uma bofetada no B, acrescentando este que tal sucedeu porque o B lhe disse que estava com um boné, o que até era verdade; como é claro, a atitude de B não pode desencadear a conduta do A, nem de qualquer modo a atenuar).

§ **34** A confissão é com reservas se o arguido confessando no todo ou em parte os factos que lhe são imputados, acrescenta outros que podem eventualmente justificar um tratamento diferenciado, como por exemplo, alegar factos que excluem a ilicitude ou a sua culpa. Claro que, nesse caso, nunca poderia ser consagrada a confissão integral dos factos imputados.

§ **35** A confissão parcial de factos imputados que é irrelevante e que não envolva, por exemplo, a manifestação do arrependimento do arguido (que nem sequer é por ele verbalizado, nem é por outro meio de prova demonstrado) não o irá favorecer, em caso de condenação, funcionando, como assinala Sandra Oliveira e Silva, 2019, p. 860, "como uma desvantagem fáctica da estratégia de defesa escolhida (e não como uma consequência jurídica que *ex professo* se lhe associa)".

§ **36** A importância do cumprimento dos pressupostos da confissão em audiência é que as provas tidas em conta para fundamentar a decisão de condenação hão-de ser legalmente admissíveis e válidas.

§ **37** Por isso, também, a confissão em audiência que é sempre controlada pelo juiz que preside ao julgamento (seja por juiz singular, seja após deliberação do coletivo), para aferir desde logo da sua veracidade e de que a mesma é prestada de forma livre e voluntária, fora de qualquer coação, tem as implicações a que se refere o art. 344.º/2, salvo no caso do seu n.º 3, onde se preveem situações mais complexas e de exceção.

§ **38** O problema da veracidade da confissão terá de ser resolvido através de perguntas que o tribunal vai colocando ao arguido, tendo em atenção por um lado todos os elementos de prova que possui no processo e, por outro lado, a versão por aquele apresentada, não deixando de ter em conta as regras da experiência comum e da lógica.

§ **39** Todos sabemos que sobre o arguido não recai qualquer "dever de verdade" (assim, Manuel da Costa Andrade, 1992, p. 121) e que, também, em nome do respeito pelo princípio *nemo tenetur* e da própria dignidade humana, à luz do nosso direito processual penal, contra a vontade do arguido e sem a sua colaboração, não se poderá recorrer ao auxílio das neurociências, nomeadamente a exames como o scanner cerebral fMRI e ao exame neurológico P 300, para testar se são ou não verdadeiras aquelas suas declarações prestadas em audiência.

§ **40** A dúvida a colocar é se, no caso de confissão com reservas em audiência (por exemplo, homicídio alegado na acusação ou na pronúncia, que é confessado com reservas em audiência, porque foi invocado ter sido cometido em legítima defesa, de uma forma verosímil), havendo consentimento do arguido, poderá haver recurso a esses exames neurológicos para testar a veracidade dessa confissão, desde que sejam úteis e possam contribuir para a descoberta da verdade? Sobre a temática relativa à utilização dos métodos neuro-científicos no processo penal e, sobre a questão da possibilidade de, no futuro, se poder ler o pensamento do arguido e o que isso representa em termos de acabar com os princípios mais elementares, como o direito ao silêncio e do *nemo tenetur se ipsum accusare*, v. Hugo Luz Santos, 2022, pp. 129-149; ainda sobre a mesma matéria Sandra Oliveira e Silva, 2019, pp. 795-814; aqui particularmente com interesse, quanto ao contributo da evolução das neurociências para a admissibilidade de novas provas em processo penal, Helena Moniz, 2015, pp. 923-926.

§ **41** Havendo confissão integral e sem reservas, livre e voluntária, fora de qualquer coação, o juiz que preside à audiência (seja o juiz singular, seja após deliberação do coletivo), ouvindo previamente o MP, o assistente se houver e o advogado ou defensor do arguido, analisa se ocorrem ou não as situações de exceção previstas no art. 344.º/3 e, concluindo negativamente, profere despacho sobre a validade da confissão.

§ **42** De seguida, havendo confissão integral e sem reservas dos factos imputados (o que tem por consequência que, na sentença, os mesmos factos venham a ser dados como provados, nos termos do art. 344.º/2), isso implica renúncia à produção de prova da acusação pública ou da acusação particular ou da pronúncia.

§ **43** Caso o arguido não deva ser absolvido por outros motivos (art. 344.º/2/*b*), poderá, todavia, ser produzida prova para determinação da sanção (art. 369.º), designadamente, relativa às condições pessoais, profissionais, sociais, de vida do arguido, sobre a sua situação económica e eventual reparação de danos causados.

§ **44** Não havendo outra ou mais prova a produzir, verificando-se confissão integral e sem reservas dos factos imputados, nos termos do art. 344.º/2/b, o juiz que preside à audiência determina a passagem de imediato às alegações orais.

§ **45** Posteriormente, mesmo depois de encerrada a audiência nos termos do art. 361.º/2, tal como salvaguardado no art. 344.º/2/*b*, poderá vir a ser reaberta a audiência para a determinação da sanção nos termos do art. 371.º

§ **46** Quanto às exceções previstas no art. 344.º/3, o legislador teve a preocupação de excluir dos benefícios concedidos no seu n.º 2, as situações em que: a) houvesse coarguidos e em que não se verificasse uma confissão integral, sem reservas e coerente entre todos eles; b) o tribunal, em sua convicção, supeitasse do caráter livre da confissão, nomeadamente por dúvidas sobre a imputabilidade plena do arguido ou da veracidade dos factos confessados; c) o crime for punível em abstrato com pena de prisão superior a 5 anos.

§ **47** Relativamente à exceção quanto aos coarguidos, compreende-se a salvaguarda dado que um coarguido, através das declarações que presta em audiência, poder tentar incriminar outro co-arguido, sendo concordante em geral a doutrina (assim, entre outros, Tereza Beleza, 1998, p. 39 e ss., Alberto Medina de Seiça, 1999, p. 228; contra Rodrigo Santiago, 1994, p. 27 e ss.; e, com mais pormenor, v. o comentário ao art. 345.º) que essas declarações até poderão concorrer para a condenação se forem corroboradas por outros elementos de prova, interpretação essa que não é inconstitucional (entre outros, ac. TC 133/2010).

§ **48** É compreensível, igualmente, a exceção relativa à suspeita do tribunal quanto ao caráter livre da confissão, por estar em causa, a própria autodeterminação do arguido e o seu reconhecimento como sujeito do processo, num Estado de direito, o que exige que se esteja atento às condições daquela pessoa submetida a julgamento (constando da norma, apenas duas indicações, a título exemplificativo – nomeadamente por dúvidas sobre a imputabilidade plena do arguido ou da veracidade dos factos confessados – de situações que podem fazer suspeitar do caráter livre da confissão).

§ **49** Como bem escreve Paulo Pinto de Albuquerque, 2011, p. 889, "o tribunal só deve proferir decisão com base no fundamento da falta de discernimento ou voluntariedade quando tiver sido feita perícia que tenha concluído no sentido da total falta da capacidade de discernimento nos termos do artigo 351.º, n.º 1, ou quando tiver sido feita perícia que tenha concluído no sentido da capacidade plena de discernimento do arguido (da sua "plena imputabilidade", no dizer do n.º 3, al. b), mas o tribunal se lhe oponha fundamentadamente (artigo 163.º, n.º 2). O tribunal deve ainda proferir decisão com base no fundamento da falta de voluntariedade no acto da confissão quando haja factos reveladores de coacção sobre o arguido, devendo por isso os elementos probatórios indiciários ser elencados pelo tribunal e dados a conhecer ao MP para os efeitos tidos por convenientes. Havendo dúvida sobre os factos relevantes para o apuramento do discernimento e da voluntariedade no acto da confissão, deve presumir-se que o acto não é livre por falta de discernimento ou de voluntariedade. Isto por força da presunção de inocência cujo âmbito de aplicação se estende à dúvida sobre os actos processuais dos sujeitos processuais."

§ 50 A circunstância objetiva do crime ser punível em abstrato com pena de prisão superior a 5 anos (art. 344.º/3/*c*), aponta para a criminalidade acima de média gravidade, o que só por si justificará a exclusão dos benefícios concedidos pelo n.º 2.

§ 51 Se forem imputados ao arguido vários crimes em concurso, sendo uns puníveis em abstrato com pena de prisão superior a 5 anos e outros puníveis com pena de prisão até 5 anos, parece que a confissão só poderá ser admitida nos termos do art. 344.º/2, ressalvadas as exceções do seu n.º 3.

§ 52 Questão delicada é a de saber se a confissão integral dos factos que lhe são imputados abrange também a aceitação pelo arguido da qualificação jurídico-penal constante da peça acusatória. Em princípio inclinamo-nos para a resposta negativa uma vez que o que está em causa na confissão são os factos imputados e não o enquadramento jurídico-penal, feito na sentença, portanto posteriormente, não dependendo da confissão do arguido, ainda que, ao mesmo tempo, nos termos do art. 358.º/3, a defesa tenha o direito de conhecer de alteração relevante da qualificação jurídico-penal, para não haver surpresas e dela se poder defender.

III – Procedimentos havendo confissão

§ 53 A confissão integral e sem reservas implica: a) a Renúncia à produção da prova relativa aos factos imputados e consequente consideração destes como provados (art. 344.º/2/*a*); b) Passagem de imediato às alegações orais e, se o arguido não dever ser absolvido por outros motivos, à determinação da sanção aplicável (art. 344.º/2/*b*); e, c) Redução da taxa de justiça em metade (art. 344.º/2/*c*).

§ 54 S o crime for punível com pena de prisão até 5 anos, sendo a confissão parcial, deverá a entidade acusadora (porque em melhores condições para o efeito) indicar a parte das provas oferecidas que renuncia, precisamente aquelas que se destinavam a demonstrar a matéria que veio a ser confessada, admitidas pelo arguido, sendo nessa parte os respetivos factos considerados provados na sentença.

§ 55 Aliás, para não haver dúvidas quanto ao alcance ou extensão da confissão, quando é parcial, há Magistrados que fazem constar da ata a sua concreta delimitação (nomeadamente, quando as acusações estão divididas em artigos, indicando os que são abrangidos pela mesma), assim depois também facilitando os ulteriores termos, nomeadamente, quanto à produção de prova que ainda seja necessária produzir.

§ 56 Apesar de ter sido a acusação (pública ou particular) que ofereceu a prova relativa aos factos imputados (mesmo na pronúncia) ao arguido quanto à ação penal, no caso de crime punível com pena de prisão até 5 anos, havendo confissão integral e sem reservas, após o despacho do juiz a considerar válida essa confissão, a renúncia à produção da prova relativa aos factos imputados é uma renúncia legal, automática, que não depende da vontade da entidade acusadora (seja do MP ou/e do assistente).

§ 57 Se a confissão abranger o pedido cível, o arguido bem que pode lavrar acordo/transação, que fica a constar da ata, proferindo o tribunal, depois de ouvir os respetivos intervenientes, o respetivo despacho homologatório (art. 291.º CPC).

§ 58 A confissão significa que o arguido reconhece o desvalor da sua conduta e, como tal, pode envolver já de si algum arrependimento, que poderá ser mais relevante e até envolver uma eventual atenuação especial, quando existirem circunstâncias anteriores ou posteriores ao crime ou contemporâneas dele, que diminuam por forma acentuada a necessidade da pena, o que pode acontecer se for acompanhado de outros atos, nomeadamente, reparação, até onde for possível ao agente do crime, dos danos causados (art. 72.º/2/*c* CP).

§ 59 A confissão em audiência tem repercussão a nível da determinação da medida concreta da pena, podendo implicar uma atenuação da pena, em termos gerais, como em termos especiais, podendo variar o seu grau também em função da sua relevância para a descoberta da verdade.

§ 60 Com efeito, a forma como o arguido se posiciona perante os factos que lhe são imputados e que vai descrevendo em audiência, quando confessa os factos total ou parcialmente, com reservas ou sem reservas, revelam a sua atitude pessoal perante os mesmos e, eventualmente refletem facetas do seu carater e personalidade, o que pode ser complementado (dependendo de cada caso) com outras provas relativas, designadamente, às suas condições pessoais, familiares e sociais.

§ 61 Quando no art. 344.º/2/*c* se refere à redução da taxa de justiça a metade, a mesma tem lugar por referência ao que se fixa na sentença e, portanto, a apontada redução está dependente do montante que for fixado pelo juiz (sendo certo que, consoante o tipo de processo – comum ou especial – há uma variação entre um limite mínimo e um limite máximo).

§ 62 Verificando-se a confissão integral e sem reservas nos casos de exceção previstos no art. 344.º/3 ou mesmo a confissão parcial ou com reservas, o legislador ainda assim é tolerante, quando admite no art. 344.º/4, que o tribunal decida, em sua livre convicção, se deve ter lugar e, em que medida, quanto a factos confessados, a produção de prova, o que significa, que o arguido pode beneficiar se, nesses casos de exceção, vier a confessar, assim economizando os custos da continuação do processo, poupando o desgaste das vítimas e tornando mais célere o julgamento.

§ 63 Portanto, há um incentivo à admissão/confissão dos factos integral ou parcial, sem reservas ou com reservas, mesmo nos casos de exceção, o que aponta para uma compensação para o arguido, na medida em que se o julgamento for mais célere (sem necessidade de produção de toda ou parte da prova da acusação ou da pronúncia) isso revela que a confissão foi relevante para a descoberta da verdade e, nessa medida, terá repercussões a nível da atenuação da pena.

IV – Caso de arguido "pessoa coletiva ou entidade equiparada"

§ 64 A L 94/2021 veio aditar o n.º 5 a este dispositivo legal, em consonância com a preocupação de regular um regime particular e autónomo para o caso de o arguido ser "pessoa coletiva ou entidade equiparada".

§ 65 A novidade foi estabelecer, em letra de lei, que "o disposto nos números anteriores é correspondentemente aplicável no processo contra pessoa coletiva ou entidade equiparada, podendo o seu representante fazer uma confissão dos factos que são imputados à representada, contanto que a confissão caiba nos seus poderes de representação."

§ 66 Regulamentada a possibilidade de confissão quando o arguido for "pessoa coletiva ou entidade equiparada", faz-se depender a validade da confissão em nome da representada do facto da confissão caber nos poderes de representação.

§ 67 No caso de o arguido ser "pessoa coletiva ou entidade equiparada" é aplicado o disposto nos n.º 1 a 4 do art. 344.º, com as devidas adaptações, o que significa que o legislador quis aplicar o mesmo regime que o da pessoa individual.

§ 68 Como diz Germano Marques da Silva, 2021, p. 472, "A pessoa coletiva tem todos os direitos do arguido pessoa física e desde logo o de prestar declarações no processo na fase de inquérito, na instrução e no julgamento, fá-lo através do seu representante constituído no processo. E, se o representante legal transmite a vontade e a voz da pessoa coletiva, pode também remeter-se ao silêncio ou confessar os factos, nos mesmos termos que o pode fazer o arguido pessoa física."

§ 69 O que está em sintonia com Augusto Silva Dias e Vânia Costa Ramos, 2009, p. 42, quando interrogando-se sobre a aplicabilidade do *nemo tenetur* às pessoas coletivas, referem que "é razoável que lhes sejam atribuídos os direitos que assistem ao arguido, nomeadamente o direito à não auto-incriminação", adiantando mais à frente, que "Tendo em conta a elevada complexidade dos mercados, uma actividade supervisora só é possível por meio da instituição de deveres de cooperação a cumprir pelos agentes económicos. Muitos desses deveres têm por objecto a apresentação de documentos através dos quais a entidade supervisora verifica se a empresa se organizou e procede ou não de acordo com as «regras do jogo». Essa obrigação geral de conservação e de apresentação de documentos de diversa ordem perante as entidades reguladoras faz com que a actividade económica e empresarial seja um campo fértil de tensões do *nemo tenetur*."

V – Incumprimento e consequências

§ 70 A falta de advertência prévia à confissão, sobre o direito ao silêncio, sobre o direito a não prestar declarações, implica uma proibição de valoração da prova, mesmo que a confissão efetuada pelo arguido seja voluntária. É que o arguido, antes de prestar declarações, tem de estar bem ciente dos seus direitos, para se poder afirmar que aquela confissão é uma manifestação livre da sua vontade.

§ **71** Por isso, SANDRA OLIVEIRA E SILVA, 2019, p. 364, sustenta que "A doutrina portuguesa nunca teve dúvidas sobre a essencialidade do dever de esclarecimento na salvaguarda do direito ao silêncio e do princípio *nemo tenetur*, sublinhando, sem hesitações, que a eficácia deste dever «é contrafacticamente assegurada através da drástica sanção da proibição de valoração»."

§ **72** E, para tanto, apoia-se em MANUEL DA COSTA ANDRADE, 1992, p. 126, quando escreve que "o Código de Processo Penal garante ao arguido um total e absoluto *direito ao silêncio* (art. 61.º, n.º 1, al. c)). Um direito em relação ao qual o legislador quis deliberadamente prevenir a possibilidade de se converter num indesejável e perverso *privilegium odiosum*, proibindo a sua valoração contra o arguido. E tanto em se tratando de silêncio total (art. 343.º, n.º 1) como em se tratando de silêncio parcial (art. 345.º, n.º 1). Para garantir a eficácia e reforçar a consistência do conteúdo material do princípio *nemo tenetur*, a lei portuguesa impõe, já o vimos, às autoridades judiciárias ou órgãos de polícia criminal, perante os quais o arguido é chamado a prestar declarações, o dever de *esclarecimento ou advertência* sobre os direitos decorrentes daquele princípio (cfr., v.g., arts. 58.º, n.º 2; 61.º, n.º 1, al. g); 141.º, n.º 4; 343.º, n.º 1). Normas cuja eficácia é, por seu turno, contrafacticamente assegurada através da drástica sanção da proibição de valoração (art. 58.º, n.º 3)."

§ **73** A nulidade por omissão das perguntas a que se refere o art. 344.º/1, segundo PAULO PINTO DE ALBUQUERQUE, 2011, p. 889, é sanável, devendo ser arguida durante a audiência. Nessa perspetiva, parece que se não for arguida durante a audiência, ficaria sanada.

§ **74** No entanto, como se defende no ac. do RG, 17.12.2009 (FERNANDO MONTERROSO), CJ 2009, V, 270, não sendo observado o formalismo previsto no art. 344.º/1, então ocorre uma nulidade que afeta a audiência, devendo ser repetido o julgamento, para cumprimento do formalismo em falta. A propósito das perguntas indicadas no art. 344.º/1, ali se escreve, que "Não é um mero ritual processual, mas destina-se a garantir que o arguido tem plena consciência que a condenação é inevitável, embora beneficie abundantemente da postura perante o tribunal." Por isso, concluiu-se que a omissão daquelas perguntas constitui uma nulidade (cominada no próprio art. 344.º/1) "que afeta a audiência e o modo como o mesmo decorreu, pelo que tem de ser ordenada a repetição do julgamento."

§ **75** A inobservância da exceção prevista no art. 344.º/3, isto é, se for admitida pelo juiz que preside ao julgamento a confissão nos casos de exceção previstos no citado n.º 3, a consequência será a prevista no seu n.º 4, ou seja, quer se verifique a confissão integral e sem reservas, quer a confissão parcial ou com reservas, o tribunal decide, em sua livre convicção, se deve ter lugar e em que medida, quanto aos factos confessados, a produção de prova.

§ **76** Diferente já é se, a confissão for efetuada sob coação, caso em que, então, a autoincriminação efetuada pelo arguido em audiência, não pode valer como prova contra si próprio, desde logo por força do disposto no art. 126.º/1.

§ **77** Por sua vez a inobservância do estatuído no art. 344.º/2/*a*/*b* consubstancia uma simples irregularidade que terá de ser arguida em audiência até ao seu encerramento, sob pena de ficar sanada.

§ **78** Sendo consignada em ata de audiência de julgamento despacho a admitir a confissão integral e sem reservas dos factos constantes da acusação feita pelo arguido, não pode depois na sentença dar-se como não provados parte dos factos concretos que daquela peça acusatória constavam, sob pena de haver uma contradição insanável [ac. do RE, 20.06.2006 (ALBERTO BORGES)].

§ **79** O recurso do despacho que negou eficácia à pretendida confissão integral do arguido, sobe a final, nos próprios autos, com o que for interposto da sentença (arts.406.º/1 e 407.º/3).

§ **80** No caso de arguido pessoa coletiva ou entidade equiparada, se o seu representante confessar sem ter poderes de representação para o efeito, há proibição de valoração dessa prova (ou seja, não pode ser valorada essa confissão feita em nome de arguido pessoa coletiva ou entidade equiparada por quem não tem poderes para o efeito). Neste sentido já se pronunciava, antes da reforma da L 94/2021, PAULO PINTO DE ALBUQUERQUE, 2011, p. 892.

MARIA DO CARMO SILVA DIAS

ARTIGO 345.º
Declarações do arguido

1 – Se o arguido se dispuser a prestar declarações, cada um dos juízes e dos jurados pode fazer-lhe perguntas sobre os factos que lhe sejam imputados e solicitar-lhe esclarecimentos sobre as declarações prestadas. O arguido pode, espontaneamente ou a recomendação do defensor, recusar a resposta a algumas ou a todas as perguntas, sem que isso o possa desfavorecer.

2 – O Ministério Público, o advogado do assistente e o defensor podem solicitar ao presidente que formule ao arguido perguntas, nos termos do número anterior.

3 – Podem ser mostrados ao arguido quaisquer pessoas, documentos ou objetos relacionados com o tema da prova, bem como peças anteriores do processo, sem prejuízo do disposto nos artigos 356.º e 357.º

4 – Não podem valer como meio de prova as declarações de um coarguido em prejuízo de outro coarguido quando o declarante recusar a responder às perguntas formuladas nos termos dos n.ºs 1 e 2.

Origem do texto: os n.ºs 1, 2 e 3 correspondem à redação originária aprovada pelo DL 78/87, enquanto o n.º 4 foi introduzido pela L 48/2007, de 29.8.

Sumário do comentário:

I – Regime das perguntas formuladas, e esclarecimentos solicitados, ao arguido (§ 1)
II – O silêncio parcial do arguido (§§ 2,3)
III – As declarações do coarguido
  a) O contraditório como condição da admissibilidade das declarações do arguido como meio de prova contra terceiro (§§ 4 a 8)
  b) Valoração das declarações do coarguido. A questão da corroboração (§§ 9 a 17)
IV – Outros aspetos (§ 18)

I – Regime das perguntas formuladas, e esclarecimentos solicitados, ao arguido

§ 1 A norma pressupõe que, diante da informação prestada pelo presidente nos termos do n.º 1 do art. 343.º (sobre o sentido do dever de informação e sobre as consequências da sua falta, cf. §§ 26-29, art. 343.º), o arguido se "disp[ôs] a prestar declarações" (n.º 1). Os cuidados do legislador com a preservação da autonomia do arguido (cf. § 2, art. 343.º) desvelam-se na circunstância de apenas o tribunal lhe poder diretamente formular perguntas ou solicitar-lhe esclarecimentos sobre as declarações prestadas, só podendo fazê-lo o MP, advogado do assistente e defensor, aqui naturalmente cabendo o defensor de coarguido (cf. MEDINA DE SEIÇA, 1999, p. 159; PINTO DE ALBUQUERQUE, 2011, p. 894; DÁ MESQUITA, 2011, p. 591, n. 253), através do presidente (n.º 2). Se este condescender na formulação de perguntas ou na solicitação de esclarecimentos diretamente pelas pessoas referidas no n.º 2, tal configura, cremos, uma irregularidade a seguir o regime previsto no art. 123.º A recusa do presidente em formular perguntas, ou a solicitar esclarecimentos sobre as declarações prestadas, umas e/ou outros solicitados pelas pessoas previstas no n.º 2, é impugnável, subindo o recurso nos autos com o que venha a ser interposto da decisão que puser termo ao processo (arts. 399.º e 407.º/3).

II – O silêncio parcial do arguido

§ 2 Declarando e sendo ouvido, nos termos do art. 343.º, pode o arguido recusar-se a responder a todas ou parte das perguntas que lhe forem dirigidas, conforme entender adequado à sua defesa. Esse direito a guardar silêncio independe da qualidade de quem pergunta, seja direta (juízes, jurados) seja indiretamente (MP, advogado do assistente e defensor), e bem assim do conteúdo das perguntas (de sentido incriminatório ou não). Depois, a recusa pode resultar tanto de decisão espontânea do arguido como de decisão dele sob recomendação do defensor, não sendo naturalmente, essa, uma interferência indevida nas declarações, mas antes atualização de uma defesa plena e integral (cf. art. 343.º/5 e respetivo comentário, constante do § 33). Por fim, embora literalmente a lei se refira à proibição de desfavorecimento por recusa de resposta às perguntas (ou a algumas delas), mas já não por recusa de prestação de esclarecimentos (ou alguns deles) sobre as declarações prestadas, é evidente que o direito ao silêncio abrange indistintamente ambas as hipóteses, conforme livre alvedrio do arguido (sobre a amplitude de tal direito, cf. comentário constante do § 17, art. 343.º).

§ 3 Sendo mais subtil o manejo da proibição de valorar o silêncio em desfavor do arguido nas situações em que ele o guarda seletivamente do que naquelas em que ele simplesmente se recusa a prestar qualquer declaração (cf. art. 343.º, esp. §§ 18-23) nem por isso a lei abre mão da proibição de valoração destinada a assegurar que o direito a declarar se exerce em plena liberdade: do que o arguido cala não se pode extrair efeito que lhe seja desfavorável. Assim, não acompanhamos a afirmação de que "se o arguido responde a umas perguntas e não responde a outras, podem ser feitas inferências *in malem partem*" (Pinto de Albuquerque, 2011, p. 885), ao menos se se entender que tais "inferências" decorrem do silêncio que guardou em relação a algumas das perguntas. Salvar o conteúdo útil da proibição de valoração (n.º 1, parte final) implica limitar o perímetro normativo dela ao *silêncio* (parcial), mas já não às *declarações* (parciais), nada obstando, antes se impondo, a apreciação e escrutínio *destas* à luz do modo concreto como se apresentem, em termos de coerência interna, forma, grau de completude, precisão, etc (desenvolvimentos em SANDRA OLIVEIRA E SILVA, 2018, p. 425 ss.). Ou seja, respeitar a proibição de valoração desfavorável do *silêncio* parcial não se traduz numa espécie de presunção de fiabilidade das *declarações* parciais, ou num dever de tomá-las pelo seu valor facial, o que afrontaria o princípio da livre apreciação de prova (art. 127.º). Certo é que a ténue linha divisória entre as (proibidas) inferências desfavoráveis do silêncio parcial e a (possível) valoração desfavorável das declarações parciais implica que a motivação de facto, para se mostrar persuasiva e aberta a escrutínio, deve ser desenhada com particular cuidado.

III – As declarações do coarguido

a) O contraditório como condição da admissibilidade das declarações do coarguido como meio de prova contra terceiro

§ 4 Já antes da redação do n.º 4, aportada pela L 48/2007, de 29.8, esta com óbvia inspiração no ac. TC 534/97, se extraía de várias normas (cf., a análise detida de MEDINA DE SEIÇA, 1999, p. 151 ss.), e em especial do princípio da liberdade das formas aquisitivas (art. 125.º), a possibilidade de valorar o conhecimento probatório do coarguido, possibilidade esta que desde 2007 se extrai sem dificuldades da norma consagrada no citado n.º 4. Breve, não há hoje dúvida sobre a valia probatória-incriminatória das declarações do coarguido. Todavia, o legislador não afirma a admissibilidade de tal meio de prova pela positiva, antes a pressupõe ao orientar o intérprete para a hipótese de inadmissibilidade: quando se verifique a condição de o arguido, incriminando coarguido, se recusar a sujeitar as suas declarações ao teste do contraditório. Uma técnica legislativa que, analisada à luz do art. 125.º, cerceia argumentação que ensaie protestar contra a admissibilidade probatória das declarações do coarguido (cf., PEDRO FREITAS, 2016, p. 314). O disposto no n.º 4 posta-se, se bem vemos, no patamar da *admissibilidade* da prova (art. 125.º), sendo desenhado numa lógica condicional: as declarações do coarguido são admissíveis (e valoráveis) sob *condição sine qua non* de ele não as furtar ao contraditório.

§ 5 De certo modo podemos dizer que a norma se prefigura como pleonástica: os depoimentos ou declarações prestados em audiência, para que lhes seja reconhecido valor probatório, por princípio deverão passar pelo crivo do contraditório, sendo dificilmente cogitável que possam ser valorados em prejuízo do arguido no caso de lhe não ter sido facultada uma razoável *possibilidade* de, querendo, contraditá-los (Pinto de Albuquerque, 2011, p. 895, defende, de resto, que o princípio constante do n.º 4 se aplica à hipótese da testemunha que depõe perante um arguido mas nega-se a responder perante outro, não podendo aquele depoimento prejudicar o último). O contraditório é uma garantia de estalão constitucional (art. 32.º/5 CRP), com várias refrações na lei ordinária e o tribunal, através do seu presidente, está obrigado a garantir a observância dele durante toda a audiência [art. 323.º/f)]. De modo que é provável que a prescrição constante do n.º 4 se explique numa lógica prudencial, como enfática advertência sobre a necessidade de particular cuidado diante de uma fonte de prova (o coarguido) que, a mais de congenitamente "suspeita" (assim a apoda, frequentemente, a jurisprudência espanhola, cf. STC 68/2001, STC 17/2004 e STS 2737/2020, de 21.7), tem a faculdade de por simples ato de vontade normativamente respaldado (no direito ao silêncio) se fechar ao escrutínio do contraditório.

§ 6 Notar-se-á que o legislador apenas ergueu obstáculo às declarações do coarguido quando, sendo feitas *em prejuízo* de outro coarguido, ele se recuse a sobre elas responder ou a prestar esclarecimentos solicitados pelo tribunal ou, através deste, pelos demais participantes processuais. Já não tacha de inadmissíveis as declarações do coarguido *em benefício* (porventura verdadeiramente liberatórias) de outro coarguido quando aquele se recuse a sobre elas responder ou a prestar esclarecimentos solicitados pelo tribunal ou, através deste, pelos demais participantes processuais, especialmente MP e assistente (apenas mencionando o problema, Dá Mesquita, 2011, p. 592, n. 254). Se a omissão se deveu a pura colagem ao teor do aresto do TC que está iniludivelmente na base do preceito (cf., novamente, TC 534/97) ou se de caso pensado se entendeu ser suscetível de maior compressão o contraditório quando orientado ao interesse da perseguição criminal, é coisa que não sabemos. Certo é que tudo indica que em tal caso não é no patamar da *validade* (art. 125.º), mas exclusivamente no da livre apreciação (art. 127.º), que as declarações exculpatórias de um coarguido relativamente a outro coarguido serão verificadas (v. *infra* § 17).

§ 7 Não fere a proibição constante do n.º 4 a hipótese em que o *coarguido incriminado* se remete ao *silêncio*, enjeitando pronunciar-se sobre as declarações de coarguido que o afetam (ac. TC 133/2010), e nem aqueloutra em que o mesmo é julgado como *ausente*, não podendo contraditar pessoalmente as imputações [acs. STJ, 12.3.2008 (Santos Cabral); RG, 9.2.2009 (Estelita de Mendonça); RP, 12.2.2020 (Paula Natércia Rocha)]. Ali, pois a circunstância de um arguido exercer o seu direito ao silêncio não pode ser obstáculo a que possa ser produzida, contra si, prova, outra prova que não naturalmente uma que se extraia do silêncio mesmo; aqui, pois pressuposta a legitimidade do julgamento *in absentia*, sempre o contraditório que é condição *sine qua non* da admissibilidade e valoração da prova pode ser exercido através do defensor, caso em que se pode dizer que se trata ainda de prova que se forma *mediante* contraditório. O mesmo se dirá dos casos em que um arguido declara *em inquérito* em prejuízo de outro todavia representado na emergência pelo seu defensor, circunstância em que as declarações podem ser (logo) *ali* contraditadas e depois valoradas mesmo que o autor delas não se apresente em audiência ou nela se remeta ao silêncio [arts. 141.º/4/b) e 357.º/1/b)]. "Podem" ser contraditadas, dissemos, já que o citério de *validade* das declarações incriminatórias do coarguido não é o exercício efetivo do contraditório, mas antes a *efetiva possibilidade* de contraditar (cf. ALCÁCER GUIRAO, 2012, p. 9). Naturalmente, se o arguido ou o defensor ou ambos, presentes, renunciam a exercer o contraditório, mantendo-se inertes, só da sua estratégia se poderão queixar.

§ **8** Sempre diante do n.º 4, já *não* podem ser valoradas contra um arguido, salvo expresso consentimento dele (assim, SANDRA OLIVEIRA E SILVA, 2018, p. 443 e s.), declarações *em seu prejuízo efetuadas em inquérito por outro arguido*, quando o primeiro não esteja ali representado por defensor em termos de através deste poder contraditá-las e o último se remeta ao silêncio em audiência ou nela não compareça. Noutro sentido, decidiu a RC, 18.11.2015 (INÁCIO MONTEIRO) e a RP nos acs. de 12.10.2016 (NETO DE MOURA) e de 12.9.2018 (JOSÉ CARRETO) sob condição de as declarações prestadas em inquérito terem sido "obtidas com a observância das formalidades" previstas no art. 141.º/4/b) e de o coarguido a quem foram feitas as imputações "te[r] acesso a tais declarações" (citações do segundo aresto). Todavia, parece evidente que não é essa a teleologia do art. 345.º/4, que pretende assegurar um contraditório na *formação* na prova e não um mero contraditório *sobre* a mesma, de modo que a mais de menoscabar aquela norma uma tal visão faz dela uma interpretação refratária ao princípio ínsito no art. 32.º/2, parte final, CRP [no bom sentido, cf. acs. RE, 17.3.2015 (ANA BARATA DE BRITO), RG, 6.11.2017 (FERNANDO PINA) e RL, 19.7.2016 (JORGE GONÇALVES), 8.10.2019 (AGOSTINHO TORRES) e 22.10.2019 (ARTUR VARGUES), arestos cujo objeto não era todavia o de equacionar a hipótese de o coarguido a quem foram imputados os factos tê-los podido contraditar em inquérito; cf., ainda, MARQUES DA SILVA, 2020, p. 87 ss. em comentário ao segundo aresto da RP] e certamente alheia à orientação do TEDH diante do art. 6.º/1/3/d) CEDH nos termos da qual ocorre um inadmissível encurtamento dos direitos de defesa quando uma condenação se funda exclusivamente ou de modo determinante em declarações feitas por quem o arguido não pôde interrogar nem nas fases preliminares do processo nem na audiência (entre muitos outros, *Luca c. Itália*, 27.2.2001, *Craxi v. Itália*, 5.12.2002 e, especialmente, *Kaste e Mathiesen c. Noruega*, de 9.11.2006).

b) Valoração das declarações do coarguido. A questão da corroboração

§ 9 Ultrapassado o patamar da *validade* das declarações incriminatórias, por o coarguido que declarou em prejuízo de terceiro, remetendo-se ao silêncio, não as ter subtraído ao contraditório (arts. 125.º e 345.º/4), segue-se o do escrutínio da *suficiência* delas. Sendo evidente que o critério desta é o prescrito no art. 127.º – as "regras da experiência" e a "livre convicção" do juiz – tem sido entre nós discutido se as declarações incriminatórias de coarguido podem, *desacompanhadas de qualquer outro elemento probatório*, sustentar uma condenação, ou se para esta se legitimar têm aquelas declarações de ser, de algum modo, *corroboradas*. Entre outros, podem ver-se, no primeiro sentido, Oliveira Mendes *in:* Henriques Gaspar *et al.*, 2014, p. 1101; Tiago Caiado Milheiro, 2012, p. 36; Mouraz Lopes/Tiago Caiado Milheiro, 2021, p. 482; acs. STJ, 12.3.2008 (Santos Cabral); RG, 16.5.2011 (Paulo Fernandes da Silva); RP, 12.6.2013 (Maria Manuela Paupério); RE, 14.7.2015 (Maria Leonor Esteves); e RP, 12.2.2020 (Paula Natércia Rocha); e no segundo, cf. Teresa Pizarro Beleza, 1998, p. 39 ss.; Marques da Silva II, 2002, p. 192; Medina de Seiça, 1999, p. 205 ss.; Manuel da Costa Andrade, 2010, p. 247 ss., Pinto de Albuquerque, 2011, p. 895, n. 10; aparentemente, ainda, Dá Mesquita, 2011, p. 590 s., n. 253, e Sandra Oliveira e Silva, 2018, p. 428, n. 935; acs. RP, 24.9.2008 (Maria do Carmo Silva Dias); RC, 16.11.2011 (Alberto Mira); e RG, 3.12.2018 (Maria José Matos).

§ 10 A posição que enjeita a necessidade de corroboração das declarações incriminatórias do coarguido não raro argumenta que tal exigência – ao contrário do que sucede noutras latitudes (cf. o art. 192.º/3/4 CPPIt.) – não está prevista na lei, de modo que o julgador, ao postulá-la, estaria verdadeiramente a criar uma norma "abstrata" e, para mais, com sabor a "prova tarifada" [assim, STJ 12.3.2008 (Santos Cabral)]. Não acompanhamos tal entendimento. Desde logo, porque acaso o legislador tivesse seguido o exemplo italiano nem por isso se poderia com propriedade afirmar que a limitação da livre convicção do julgador, mediante uma regra de prova legal *negativa*, consentiria a conclusão de que um tal mecanismo seria próprio de um sistema de "prova tarifada": nunca o julgador ficaria impedido de absolver verificada a corroboração, mas apenas impedido de condenar na falta dela (cf. Medina de Seiça, 1999, p. 218; Alcácer Guirao, 2012, p. 4; Tonini, 2018, p. 323); breve, uma tal regra só indicaria o caminho a *não* trilhar. Os sistemas de prova livre como o nosso estão de resto recheados de condicionantes da apreciação da prova que nunca suscitaram protestos (cf. Medina de Seiça, 1999, p. 196 ss.) – isto para além da evidência, mais geral, de *historicamente* nunca terem existido modelos *puros* de prova legal ou de livre apreciação (cf. Ramírez Ortiz, 2020, p. 205) ou ao menos nunca atuaram como tal (cf. Mirjan Damaška, 2020, *passim*).

§ 11 Depois, em sistemas jurídicos próximos não menos respeitadores da legalidade, como é o caso do espanhol, que igualmente não preveniu expressa regra *legal* como a transalpina (*supra* § 10), nem por isso deixa de ser *una voce* exigida pela respetiva jurisprudência uma "corroboração mínima" das declarações incriminatórias do coarguido. É assim quer na jurisprudência constitucional (ainda que nem sempre com uniformidade a respeito do conteúdo dessa "corroboração mínima"; v., entre outros, acs. STC 153/1997, 49/1998, 115/1998, 68/2001, 72/2001, 182/2001, 2/2002, 47/2002, 68/2002, 70/2002, 125/2002, 155/2002, 207/2002, 233/2002, 190/2003, 17/2004, 118/2004, 55/2005, 165/2005, 34/2006, 198/2006, 230/2007, 91/2008, 102/2008 e 134/2009), quer na jurisprudência suprema (p. ex., acs. STS 2241/2018 e 2737/2020). Quer dizer, a circunstância de o legislador ter consagrado um sistema de livre apreciação de prova (art. 127.º), nada diz dos "critérios de fiscalização e verificação dos diversos meios de prova" (Medina de Seiça, 1999, p. 198), das regras de "boa apreciação probatória" [ac. RE 28.5.2013 (João Gomes de Sousa)], enfim, digamos assim, das "leis da arte" cuja observância é *condição da correta atuação* do critério *legal* da livre apreciação da prova. Certo é que um sistema de valoração mediante livre convicção não se equivale a um de "convicção libérrima" (Gascón Abellán, 2005, p. 128 s.), mas um que se guie por regras de racionalidade.

§ 12 Tarefa esta última cuja conformação que não está de ordinário consignada ao legislador mas à depuração doutrinal e jurisprudencial, não sendo por acaso que não estando naturalmente aquele impedido de condicionar o critério de valoração da prova, como por vezes faz, alguns autores, referindo-se à concreta solução legal italiana (*supra*, § 8), reputam a exigência de "riscontri" "pleonástica" ou "óbvia", por não consistir propriamente num limite à livre apreciação mas numa "simples especificação" desta (doutrina citada em M. L. Busetto, 2020, p. 794; v. ainda F. Cordero, 2012, p. 1020; entre nós, Medina de Seiça, 1999, p. 201, referindo que as técnicas de verificação "traduzem concretizações das regras da experiência, sem as quais todo o acto judicativo se torna impossível"; apenas problematizando, ac. TC 133/2020, ponto 4). De resto, nenhum defensor da tese da dispensabilidade de corroboração (que visa emprestar *fiabilidade* à declaração incriminatória), por decorrência repousando apenas nas técnicas destinadas a verificar a *credibilidade* da pessoa do declarante (considerando o seu caráter, temperamento, relações com o coarguido, génese e motivos das declarações incriminatórias, mas igualmente critérios tão inseguros como a sua gestualidade, nervosismo ou aparência física) e da declaração mesma (coerência interna, verosimilhança, completude, precisão, espontaneidade, entre outras), objeta que também esses critérios de fiscalização e verificação da prova *não* vêm, *qua tale*, *legalmente* referidos a respeito das declarações incriminatórias do coarguido.

§ **13** Breve, sendo que um sistema que erige como critério de apreciação da prova a liberdade do julgador (art. 127.º) por força não pode fazer corresponder essa liberdade à ausência de "regras" que o orientem no sentido da correta atuação do critério legal, essas regras serão sempre as *necessárias* a credenciar a atividade judicativa perante os seus destinatários como *racionalmente fundada* e (por isso) *lealmente aberta ao escrutínio*, não se fechando em fórmulas que, por assentarem apenas no plano do "credível" (e, assim, essencialmente, no patamar do "subjetivo"), arriscam, elas sim, a fazer deslizar o julgador do critério legal da "livre apreciação" para a ultrapassada pauta da "íntima convicção". Ora, ao contrário do ordinário testemunho, ao qual se reconhece fiabilidade de princípio, as declarações heteroincriminatórias do conjurado no crime convocam uma geral desconfiança (assim, O. Dominioni, 1986, p. 755; ainda, Alcácer Guirao, 2012, p. 5), sendo as razões óbvias. Assim, parece-nos ficar aquém do requerido para ilisão da presunção da inocência (art. 32.º/2) recolher (apenas) na fonte (e meio) de prova cuja fiabilidade se pretende apurar os elementos informativos necessários a, precisamente, afirmar a fiabilidade dessa fonte (e meio) de prova (neste sentido, vai toda a jurisprudência espanhola acima referida no § 11). Lapidarmente: "não é razoável não ter dúvida razoável acerca da culpa quando a única prova é a manifestação incriminatória de um coarguido" (Sánchez Yllera, 2006, p 18).

§ **14** Sair da circularidade implicada no § que antecede, requer aceitar a insuficiência da *credibilidade* intrínseca das declarações que, sobre credíveis, devem ser reforçadas por elementos *externos* às mesmas. Este *teste de fiabilidade* logra-se mediante a técnica da *corroboração* que mais não é do que um contributo probatório proveniente de fonte que não o coarguido que declara em termos heteroincriminatórios e que, não versando diretamente o *thema probandum*, refere-se todavia a circunstância que com ele guarda relação e que, constatando-se, reforça a veracidade daquelas declarações (P. ANDRÉS IBÁÑEZ, 2020, p. 92 ss.). Não se trata, por um lado, de exigir uma (outra) prova incindindo direta e de modo independente sobre o *thema probandum*, concorrendo com a declaração incriminatória do coarguido (cf. MEDINA DE SEIÇA, 1999, p. 199 s. e 219 e s.), nem menos uma prova autossuficiente dos factos, pois isso tornaria supérflua aquela declaração (TONINI, 2018, p. 323, n. 93; ROBERTA CASIRAGHI, 2021, p. 3); nem se constitui, no outro extremo, pela verificação de factos ou circunstâncias notórias cognoscíveis com independência da perceção do facto-crime objeto do processo (cf., ROBERTA CASIRAGHI, 2012, p. 3, com conhecido exemplo da jurisprudência italiana, nos termos do qual se Tizio afirma que Caio matou Semprónio junto da Torre de Pisa, não se pode constatar a existência da referida torre como corroboração das declarações de Tizio).

§ 15 Com o limite de não terem sido adquiridos *contra ius* (ROBERTA CASIRAGHI, 2012, p. 4), como elementos de corroboração tanto podem valer *provas de natureza real* como de *natureza declarativa* (cf. TONINI, 2018, p. 324; M. L. BUSETTO, 2020, p. 803, nm 1), se bem que quanto às últimas se discuta a suficiência da corroboração das declarações de um coarguido pelas de outro coarguido (*corroboração cruzada*). A questão reside em que se a exigência de corroboração emerge da suspeição inerente às declarações de um coarguido comparticipante no facto ela não se dissolve quando essa corroboração provém, precisamente, de outro coarguido comparticipante no facto. De outro jeito: se o ponto é validar as declarações de um coarguido com elementos extrínsecos às mesmas, estranho é que tal validação seja estabelecida sobre declarações a requererem, elas mesmas, o teste da fiabilidade (sobre este "círculo vicioso", F. CORDERO, 2012, p. 1019; M. L. BUSETTO, 2020, p. 807, nm 2; MEDINA DE SEIÇA, 1999, p. 225). Não obstante, parece não ser de afastar a valia de "corroboração cruzada" sob condição de se demonstrar terem os contributos probatórios "origem autónoma", em especial não serem fruto de "recíproca influência" entre os vários coarguidos que declaram em termos heteroincriminadores (TONINI, 2018, p. 324; M. L. BUSETTO, 2020, p. 807, nm 4, de onde se extraíram as citações; entre nós, MEDINA DE SEIÇA, 1999, p. 225). Haverá que ressalvar, todavia, que a valia da "mutual corroboration" ficará ainda assim contingente de as declarações corroborantes não se fecharem ao teste do contraditório (n.º 4).

§ 16 A respeito do *âmbito* da corroboração, quer dizer no que tange a saber se ela há de estender-se a todos os concretos factos desvelados pela declaração (incriminatória) corroboranda (conceção, digamos, *atomística*) ou se no extremo oposto o valor da corroboração de declaração incriminatória respeitante a um arguido se transmite aos demais (conceção, digamos, *holística*), cremos que aquela pede em excesso e esta peca por defeito. Há uma relativa estabilidade doutrinal a respeito de solução intermédia em termos de exigir que a corroboração abranja todos os singulares arguidos e singulares episódios criminosos imputados àqueles (a chamada conceção *individualizante*; cf. assim, Tonini, 2018, p. 324; M. L. Busetto, 2020, p. 806, nm 2; entre nós, Medina de Seiça, 1999, p. 222; pelo menos afastando-se da conceção atomizante, cf. Dá Mesquita, 2011, p. 590, n. 251). Efetivamente, se exigir a corroboração de cada concreto facto que integra episódio criminoso narrado pelo arguido declarante montaria a colocar a exigência de "contraste" em que se analisa a corroboração no plano do quimérico, também aceitar que a corroboração das declarações incriminatórias de um arguido estende os seus efeitos aos coarguidos comparticipantes no facto equivaleria, na prática, dispensar quanto a estes a corroboração mesma.

§ 17 Como vimos acima (§ 6), a nossa lei (n.º 4) não considera inadmissíveis, por o declarante se ter furtado ao contraditório a respeito delas, as declarações de arguido em *benefício* de coarguido. Todavia, se a exigência de corroboração é imperativo de prudência (e de racionalidade) implicado na valoração das declarações de alguém com interesse direto no desfecho da causa, alguém que não está onerado com um dever de verdade e nem declara mediante prévio juramento, não parece que aquela deva ser dispensada nos casos em que as declarações, ao invés de incriminatórias, se mostram favoráveis a coarguido (casos em que tal sucede de modo suspeito ou infundamentado não são raros em certos e graves fenómenos criminais). Dizer isto não equivale, naturalmente, à conclusão de que não se mostrando corroboradas as declarações elas hão de desfavorecer o arguido a que respeitam. O que sucede é que sempre ficará a dúvida sobre a veracidade das declarações suscetíveis de colocarem em crise a hipótese acusatória, dúvida essa que não podendo ser arredada implicará, por força do princípio *in dubio pro reo*, favorecimento do arguido a quem as declarações aproveitam (entre nós, Medina de Seiça, 1999, p. 226 s.; Roberta Casiraghi, 2012, p. 2, n. 8).

IV – Outros aspetos

§ 18 A lei prevê a possibilidade de serem mostradas ao arguido quaisquer pessoas, documentos ou objetos relacionados com a prova, bem como peças anteriores do processo. Não dá a mesma lei critério de atuação da previsão legal, de modo que este será o da *conveniência* para a descoberta da verdade e boa decisão da causa (assim, PINTO DE ALBUQUERQUE, 2011, p. 895, n. 6). A decisão de proceder conforme a norma será recorrível apenas na hipótese de implicar o contornar das regras pertinentes ao reconhecimento de pessoas e de objetos (arts. 147.º e 148.º) ou a violação das que conformam os desvios admissíveis ao princípio da imediação (arts. 356.º e 357.º) (novamente, PINTO DE ALBUQUERQUE, 2011, p. 895, n. 6).

PEDRO SOARES DE ALBERGARIA

ARTIGO 346.º
Declarações do assistente

1 – Podem ser tomadas declarações ao assistente, mediante perguntas formuladas por qualquer dos juízes e dos jurados ou pelo presidente, a solicitação do Ministério Público, do defensor ou dos advogados das partes civis ou do assistente.

2 – É correspondentemente aplicável o disposto nos n.os 2 e 4 do artigo 145.º e no n.º 3 do artigo anterior.

Origem do texto: a redação originária aprovada pelo DL 78/87.

Sumário do comentário:
I – Considerandos gerais (§ 1)
II – Prova declarativa de assistente e partes civis *versus* prova testemunhal em sentido estrito (§§ 2 a 9)

I – Considerandos gerais

§ 1 Os arts. 346.º/1 e 347.º/1 regulam em termos idênticos o regime especial de inquirição de assistente e partes civis na audiência de julgamento, constituindo regras especiais relativamente ao estabelecido no art. 145.º/3, o qual prescreve que à inquirição desses sujeitos enquanto fontes pessoais de prova declarativa, como regra geral (que vale para as fases de inquérito e instrução), se aplica o regime da prova testemunhal em sentido estrito (quando a «lei não dispuser diferentemente»). Os arts. 346.º/2 e 347.º/2 são despiciendos na parte em que remetem para a regra geral sobre estas fontes pessoais de prova, art. 145.º/2 a 4, e mesmo na parte em que remetem para o art. 345.º/3 explicitam o que resultaria da articulação entre os arts. 145.º/3 e 348.º/7 (embora este apenas tenha sido introduzido pela L 59/98).

II – Prova declarativa de assistente e partes civis *versus* prova testemunhal em sentido estrito

§ 2 A crítica de BENTHAM à amplitude das incapacidades para testemunhar determinadas pela presunção dos riscos para a verdade e a respetiva desconstrução em que discriminou três grandes categorias de causas normativas (interesse, infância ou incapacidade em razão da idade e insanidade) estiveram na base de um curso progressivo de diminuição das incapacidades para testemunhar (1827, L. IX, P. III, C. 1). Tendência para limitar discriminações derivadas de simplismos epistemológicos sobre as fontes de prova que tendo sido aprofundada ao longo dos séculos XIX e XX pareceu determinar o programa base do CPP/87 de «abolição de diferença estatutária entre testemunhas e declarantes» prescrita no art. 2.º/2/23 LAL. Esse comando não podia visar o fim de uma inexistente diferença de valoração dos depoimentos mas a forma de produção de prova, em particular a inquirição judicial, pois no CPP/29 não se discriminava, ao nível de valoração, os depoimentos de testemunhas e declarantes, sendo um princípio assente que «a apreciação da prova é que terá em linha de conta a maior ou menor credibilidade das várias declarações» (Cavaleiro de Ferreira, 1955/58, v. 2: 327, cf. ainda Luís Osório, 1932/33, v. 3, pp. 318, 326; Eduardo Correia, 1956, p. 164; 1967: 39; Cavaleiro de Ferreira, 1986, v. 1, p. 224; Figueiredo Dias, 1974, p. 207; Maia Gonçalves, 1988, p. 197). Na vigência do CPP/29, a doutrina preconizava um princípio genérico no sentido de que as regras relativas às testemunhas deviam «também aplicar-se às quasi-testemunhas e a outros declarantes» (Luís Osório, 1932/33, v. 5, 166), quando não se encontrassem razões distintivas, e mesmo um autor, como Eduardo Correia, que parece reconhecer algum relevo probatório à destrinça («a prova por declarações não tem a mesma dignidade probatória de que se encontra revestida a testemunhal», 1956, p. 164), concluía que tal não afeta a livre convicção de MP e juiz (1956, pp. 164-165). A força da distinção entre testemunhas e declarantes ancorada na ambição lógico-conceptual da normatividade das *provas legais* de pré-definição da capacidade probatória das diferentes categorias de pessoas foi pressionada num contexto normativo dominado pela renúncia à regulação abstrata em função da fonte de prova. As pessoas com incapacidade para serem testemunhas integravam-se numa das três categorias da divisão tríplice de Bentham (art. 216.º CPP/29), o que determinava como principal destrinça em relação às testemunhas o serem sujeitas à inquirição judicial, podendo ser pedidos esclarecimentos e aditamentos pelas partes, enquanto as testemunhas eram sujeitas à inquirição cruzada (arts. 429.º e 435.º CPP/29).

§ 3 O programa anunciado no art. 2.º/2/23 LAL (*supra* § 1) não obstou a que no CPP se prescrevessem os impedimentos de assistentes e partes civis deporem como testemunhas, discriminação dessas fontes pessoais de prova cujo motivo parece ser um interesse na causa que não se centra na relação com os factos mas com o processo, já que o impedimento deriva, exclusivamente, de uma precedente iniciativa processual (art. 133.º/1/*b)* e *c)*). Entre os impedidos de serem testemunhas contam-se declarantes que se presumem sem interesse (cf. peritos), outros com interesse mas sem direito ao silêncio (assistente e partes civis), além de arguido e coarguido que têm interesse e direito ao silêncio. O recuo relativamente à diretriz da LAL de *abolição da diferença estatutária*, não é explicitado no preâmbulo do código. Faltam razões materiais nesta matéria para um hipotético paralelo com a *ratio* da figura de parte no processo civil, conformada pelo regime específico de as declarações das partes poderem, satisfeitos determinados requisitos, «constituir confissões não testemunhos» (Vaz Serra, 1962, p. 525), situação que, entretanto, sofreu alguma evolução ou clarificação na legislação processual civil sobre declarações de parte provocadas pelo próprio, o tribunal e contrapartes — de qualquer forma, em tudo o que compreende a produção de prova com interesse para o julgamento penal, incluindo depoimentos de partes civis, prevalecem as regras processuais penais.

§ **4** Assistentes e partes civis podem ser ouvidos por iniciativa de qualquer dos sujeitos processuais por via da conjugação do art. 145.º/1 e 3 com os arts. 79.º/2, 80.º, 283.º/*e)*, 284.º/2, 285.º/3, 308.º/2, 315.º/1 e 4 e 316.º/1 e 2. Não estão isentos do dever de verdade nem de responsabilização penal pela falsidade (*vd.* art. 145.º/2 e 3 e art. 359.º/2 CP). A única diferença estatutária geral encontra-se na isenção do dever de juramento (art. 145.º/4), e quanto à aplicação supletiva do regime da prova testemunhal apenas se ressalva o «que lhe for manifestamente inaplicável e no que a lei dispuser diferentemente» (art. 145.º/3). Os depoimentos de assistentes e partes civis têm de ser valorados à luz do princípio da livre apreciação e não existe nenhuma discriminação normativa sobre o valor dos depoimentos destas categorias de declarantes e das testemunhas. A causa do impedimento de depor como testemunha decorre apenas da iniciativa de constituição como assistente ou de dedução de pedido cível, sem que tal afete o seu valor como fonte de prova (podendo, aliás, ser posterior ao arrolamento como testemunha, o que em nada atinge o rol, apenas devendo ser tido em atenção no momento da prestação de declarações em julgamento).

§ **5** Em termos de princípios da forma na inquirição de assistentes e partes civis também valem as exigências de imediação e oralidade, aplicando-se-lhes como regra o regime de prestação da prova testemunhal (art. 145.º/3).

§ **6** Ao nível da produção de prova em audiência de julgamento revela-se a principal diferença entre testemunhas, por um lado, e assistente e partes civis, por outro, na substituição da inquirição cruzada pela inquirição judicial. Regime que não constitui decorrência lógica do impedimento de deporem como testemunhas, mas das regras específicas da produção de prova na audiência (arts. 346.º/1 e 347.º/1), sendo certo que mesmo relativamente a categorias especificadas de testemunhas se pode determinar um método diferenciado de inquirição em julgamento (cf. arts. 347.º-A e 349.º). O afastamento do sistema de inquirição cruzada relativamente a assistentes e partes civis revela a composição do moderado adversarialismo do julgamento penal. O impedimento de assistentes e partes civis serem ouvidos como testemunhas articulado com a opção de os isentar da inquirição cruzada na audiência de julgamento, que partilham com outros inquiridos na audiência, constitui a principal implicação no sistema probatório de um tratamento especial dessas fontes de prova pessoal, o qual se afigura revelador do lastro do anterior regime indagatório do juiz (art. 216.º/5 CPP/29), ou então do modelo processual civil que também terá influenciado o regime italiano, onde existe incompatibilidade com a função de testemunha do *responsável civil e da pessoa civilmente obrigada pela pena pecuniária* (art. 197.º/1/*c)* CPPI). Regime italiano que prevê em sede de produção de prova um sistema de inquirição próprio e comum para todas as *partes privadas*, no art. 503.º CPPI, estabelecendo que a inquirição é levada a cabo pelo juiz presidente tendo lugar depois das testemunhas e pela seguinte ordem: *parte civil, responsável civil, pessoa civilmente obrigada pela pena pecuniária* e *arguido*.

§ 7 Relativamente à responsabilidade judicial quanto a questões formuladas por MP, defensor e advogados das partes civis ou do assistente, os arts. 346.º/1 e 347.º/1 determinam que, tal como sucede com o arguido (art. 345.º/2), o presidente deve servir de mediador (cabendo-lhe decidir o objeto e o modo de formulação da questão, interagindo diretamente com a fonte de prova). Já quanto aos outros juízes e jurados, não sendo sujeitos da dialética, a lei faculta-lhes a possibilidade de colocarem diretamente as suas questões, no respeito dos poderes de direção da audiência titulados pelo juiz presidente que disciplina também essas inquirições. Modelo de inquirição que reforça a proteção destas fontes de prova contra o risco de perguntas *sugestivas* ou *impertinentes*, suscetíveis de *prejudicar* a *espontaneidade e a sinceridade das respostas* e constatar um meio ???? contra os potenciais efeitos negativos, ao nível do seu bem estar, de inquirições cruzadas agressivas (embora essa proteção não se alargue, por exemplo, às vítimas que não se constituem assistentes nem formulam pedido civil). Sistema de prestação de delarações similar ao vigente na lei processual civil para as declarações e depoimento de parte e que também corresponde a um mecanismo que visará a fiabilidade da produção de prova, obstando a um encadeamento de questões previamente preparado. A obrigatória mediação do presidente na colocação das questões propostas pelos sujeitos da dialética a assistente e partes civis não colide com nenhum imperativo constitucional, pois salvaguarda o contraditório sobre a prova constituindo uma opção legal que, sendo discutível, se integra na margem de decisão do legislador ordinário — no sentido de que neste segmento as normas dos arts. 346.º/1 e 347.º/1 não são inconstitucionais também se pronunciou o TC no Ac. 90/2013 (João Cura Mariano). Caso o tribunal conceda aos representantes das partes a faculdade de formularem as questões diretamente à fonte de prova verifica-se uma irregularidade que não sendo suscitada no ato por algum dos sujeitos processuais se sanará de imediato (arts. 118.º/1 e 2 e 123.º). Tratando-se de um modelo legal de inquirição que também compreende um elemento de proteção da fonte de prova afigura-se legítimo que o atingido por inquirição direta do MP, defensor ou advogados das partes civis ou do assistente exerça um direito de resistência a inquirição processada em termos ilegais escusando-se a responder ao respetivo interrogatório, caso em que o presidente deve assumir a responsabilidade pela mediação das questões colocadas por aqueles sujeitos processuais, desde que as considere relevantes, cumprimento do estipulado legalmente que determina a subsequente obrigação da fonte de prova responder às questões (sem prejuízo do seu direito de acompanhamento por advogado e respetiva consulta quando invoque, de forma fundamentada, a necessidade de informação sobre potenciais implicações jurídicas da resposta a determinada questão).

§ 8 A operatividade dos princípios da relevância e da investigação na produção em julgamento da prova declarativa de assistente e partes civis obedece aos princípios e regras que conformam a produção de prova testemunhal em julgamento (cf. comentário ao art. 348.º), inclusive quanto ao exercício dos poderes do tribunal nesse domínio e reação dos sujeitos da dialética às suas decisões, adaptando-se a análise aí empreendida apenas às variantes decorrentes das diferentes formas de inquirição com impacto na dinâmica de interação entre sujeitos processuais.

§ 9 O regime de assunção (cf. § 4 do comentário ao art. 340.º) em julgamento de prova declarativa de assistente e partes civis compreende a necessidade de articulação das normas dos arts. 346.º/1 e 347.º/1 sobre a produção dos seus depoimentos em audiência com a regulação dos limites à utilização em julgamento de anteriores declarações processuais, os quais se encontram estabelecidos, em termos similares ao que sucede com a prova testemunhal em sentido estrito, nos arts. 355.º/2 e 356.º/1 a 9 — cf. comentários aos arts. 355.º e 356.º.

Paulo Dá Mesquita

Artigo 347.º
Declarações das partes civis

1 – Ao responsável civil e ao lesado podem ser tomadas declarações, mediante perguntas formuladas por qualquer dos juízes ou dos jurados ou pelo presidente, a solicitação do Ministério Público, do defensor ou dos advogados do assistente ou das partes civis.

2 – É correspondentemente aplicável o disposto nos n.ºs 2 e 4 do artigo 145.º e no n.º 3 do artigo 345.º.

Origem do texto: a redação originária aprovada pelo DL 78/87.

Sumário do comentário:
I – Remissão (§ 1)

I – Remissão

§ 1 A identidade de regime e pressupostos normativos sobre as declarações de assistente e partes civis determina uma apreciação em comum dos arts. 346.º e 347.º, pelo que se remete para os §§ 1 a 9 do comentário ao art. 346.º.

Paulo Dá Mesquita

ARTIGO 347.º-A
Declarações do terceiro titular dos instrumentos, produtos ou vantagens suscetíveis de ser declarados perdidos a favor do Estado

1 – Ao terceiro ao qual pertençam instrumentos, produtos ou vantagens suscetíveis de ser declarados perdidos a favor do Estado, é garantido o exercício do direito de contraditório e a prestação de declarações, mediante perguntas formuladas por qualquer dos juízes ou dos jurados ou pelo presidente, a solicitação do próprio terceiro, do Ministério Público, do defensor ou dos advogados do assistente ou das partes civis.

2 – É correspondentemente aplicável o disposto nos n.os 2 e 4 do artigo 145.º e no n.º 3 do artigo 345.º.

Origem do texto: preceito introduzido pela L 30/2017, de 30.05.

Sumário do comentário:

I – Considerações gerais (§ 1)

II – Âmbito do preceito (§§ 2 e 3)

III – Regime especial da testemunha que não sendo sujeito da ação penal ou civil enxertada naquela é *titular de instrumentos, produtos ou vantagens suscetíveis de ser declarados perdidos a favor do Estado* (§§ 4 a 10)

I – Considerações gerais

§ 1 O presente preceito resultou de uma introdução avulsa no CPP operada pela L 30/2017 que empreendeu a *transposição* para a ordem jurídica interna da Diretiva n.º 2014/42/UE, do Parlamento Europeu e do Conselho, de 3.04.2014, sobre o congelamento e a perda dos instrumentos e produtos do crime na União Europeia. Diploma que teve origem na Proposta de Lei n.º 51/XIII que, como tem sido frequente em operações legislativas de transposição de normas do Direito da UE para o regime jurídico português, em matéria de Processo Penal revela ausência de pensamento crítico em termos de enquadramento dos institutos atingidos e mesmo equívocos sobre o regime intervencionado e outras normas afetadas.

II – Âmbito do preceito

§ 2 A delimitação positiva do âmbito subjetivo do preceito reporta-se à *titularidade* (na fórmula da epígrafe) ou *pertença* (nos termos do n.º 1) *de instrumentos, produtos ou vantagens suscetíveis de ser declarados perdidos a favor do Estado*. Reporta-se, assim, a direitos relativos a instrumentos, produtos ou vantagens suscetíveis de ser declarados perdidos a favor do Estado pela decisão judicial que vai ser proferida no processo. O regime jurídico substantivo é conformado em termos nucleares pelo disposto nos arts. 109.º a 111.º CP e 7.º da LCCO, mas compreende um recorte nessa sede por menção da fórmula de *terceiro*, enquanto *outra pessoa*, relativamente a algo. No regime substantivo, a menção a *terceiro* reporta-se à dimensão substantiva de reponsabilidade criminal subjetiva quanto ao crime base suscetível de determinar a perda (cf. arts. 111.º/2 CP, 7.º/2 LCCO, 3.º/2, 18.º/2/*l)* LGRA e 22.º/8/*f)* RJTDSJ), ou seja uma pessoa que não é acusada como comparticipante do crime. Contudo, o *terceiro* para efeitos do direito substantivo pode ser sujeito processual o que exige uma subsequente delimitação negativa de cariz processual (*infra* § 4).

§ 3 O preceito refere questões analiticamente autónomas num quadro sistematicamente inadequado. Os temas mencionados nos dois números do art. 347.º-A são os seguintes: (a) direito *ao exercício do contraditório* de uma categoria de pessoas que não sendo sujeitos processuais (terceiros) são titulares de direitos (*aos quais pertençam*) relativos a instrumentos, produtos ou vantagens suscetíveis de ser declarados perdidos a favor do Estado pela decisão judicial que vai ser proferida no processo; (b) menções supérfluas sobre decorrências do estatuto de testemunhas; (c) direito a ser fonte pessoal de prova (a *prestação de declarações a solicitação do próprio terceiro*); (d) prerrogativas especiais de uma categoria de testemunhas com específico interesse subjetivo (as respetivas declarações não são precedidas de juramento, art. 145.º/4 *ex vi* art.347.º-A/2); (e) regras especiais sobre a produção de prova no julgamento dessas testemunhas. Relativamente aos temas indicados como alíneas (a) e (b) não existem verdadeiramente elementos normativos, por falta de estatuições com relevo jurídico. O direito *ao exercício do contraditório* não tem como fonte nuclear o art. 347.º-A, mas a dimensão contraditória do direito constitucional à tutela jurisdicional efetiva estabelecida no art. 20.º/1 e 4 CRP. Plano em que a L 30/2017 apresenta um défice de regulação de corolários processuais do direito ao contraditório quanto a tempos e forma de chamada à intervenção processual, bem como concretização de prerrogativas e ónus, designadamente temporais, da mesma, mencionando-se apenas o direito a solicitar a prestação de declarações na audiência de julgamento (sem indicações sobre os termos e prazos da sua formulação).

III – Regime especial da testemunha que não sendo sujeito da ação penal ou civil enxertada naquela é *titular de instrumentos, produtos ou vantagens suscetíveis de ser declarados perdidos a favor do Estado*

§ 4 Como se referiu no § 2, a delimitação negativa do âmbito subjetivo do norma infere-se da menção a *terceiro* na epígrafe e no n.º 1 do preceito, mas exige uma subsequente delimitação negativa de cariz processual. Em termos processuais impõem-se ainda duas outras delimitações negativas de titulares de direitos relativos a *instrumentos, produtos ou vantagens suscetíveis de ser declarados perdidos a favor do Estado* que, embora sendo terceiros relativamente à imputação subjetiva quanto ao crime determinante da suscetibilidade de perda, são sujeitos processuais no concreto processo em que a mesma pode ser judicialmente. Se o *terceiro* relativamente à imputação subjetiva quanto ao crime determinante da suscetibilidade de perda for coarguido ou assistente (situação menos provável, mas em abstrato possível) nesse processo não se lhe aplica o preceito, pois a sua intervenção processual na audiência de julgamento é conformada pelo seu estatuto relativamente à ação penal (ainda que por via de crimes conexos). Por outro lado, se a pessoa *a quem pertence instrumento, produto ou vantagem suscetível de ser declarado perdido a favor do Estado* for *demandado ou interveniente* (provocado) em pedido de indemnização civil deduzido no processo penal tem, por força do art. 74.º/3, o estatuto de parte civil. O estatuto de parte civil passiva compreende uma regulação completa do direito ao contraditório, quanto à alegação (factual e jurídica) do pedido civil, bem como quanto à prova, e ainda um regime especial dessas *partes processuais* enquanto fontes pessoais de prova (arts. 145.º e 347.º), não se lhes aplicando o art. 347.º-A que se reporta a intervenientes processuais que são *terceiros* relativamente às ações penal e civil enxertada no processo penal. Pelo que, o âmbito subjetivo das normas constantes do art. 347.º-A sobre *declarações* em julgamento de *terceiros titulares dos instrumentos, produtos ou vantagens suscetíveis de ser declarados perdidos a favor do Estado* reporta-se apenas aos casos em que não são coarguidos nem foram demandados (originários ou intervenientes provocados) em pedido de indemnização civil. Em síntese, o preenchimento do âmbito subjetivo da previsão do art. 347.º-A ocorre quando os referidos *terceiros* não sendo assistentes ou coarguidos no processo nem tendo sido demandados quanto ao pedido de indemnização civil (ainda que como interveniente provocado) são titulares de bens abrangidos por promoção do MP de perda de bens deduzida ao abrigo do art. 8.º da LCCO.

§ 5 O enquadramento sistemático e a epígrafe do preceito revelam o elemento nuclear das normas que o integram: regulação da intervenção como fontes pessoais de prova na audiência de julgamento penal de uma categoria de pessoas: quem não sendo sujeito das ações penal e civil enxertada naquela é *titular de direitos sobre instrumentos, produtos ou vantagens suscetíveis de ser declarados perdidos a favor do Estado*. Empreendida a delimitação, o segundo ponto sobre a qualidade processual dessa categoria de pessoas no quadro da produção de prova pessoal no julgamento da pessoa é o de que as mesmas têm o estatuto de testemunhas, apesar da errónea técnica legislativa adotada. Com efeito, a norma não derroga os arts. 131.º e 133.º, consequentemente, as pessoas que integram o âmbito subjetivo do art. 347.º-A não sendo o arguido, coarguido, assistente ou parte civil são testemunhas, estando sujeitos, salvo regra em sentido contrário, ao respetivo estatuto e regime de produção de prova (*v.g.*, prerrogativas ao silêncio previstas nos arts. 132.º/2, 133.º/2, 134.º/2 e 135.º/1).

§ **6** Independentemente da consciência dos redatores da prosa legislativa sobre esta circunstância, o preceito reporta-se às declarações da testemunha *titular de instrumentos, produtos ou vantagens suscetíveis de ser declarados perdidos a favor do Estado*. A aparente confusão dos redatores do preceito sobre o estatuto processual das fontes pessoais de prova, como testemunhas, reflete-se em vários passos e inocuidades do texto legislativo. Desde logo na sua localização sistemática, pois reportando-se a regras especiais sobre uma subcategoria de testemunhas devia seguir-se à norma sobre declarações de testemunhas no julgamento (art. 348.º), como sucede com as testemunhas menores de 16 anos (art. 349.º), e não preceder a norma base sobre testemunhas.

§ **7** Passando ao conteúdo normativo do preceito, o art. 347.º-A compreende apenas três estatuições normativas sobre as testemunhas *titulares de instrumentos, produtos ou vantagens suscetíveis de ser declarados perdidos a favor do Estado*: (a) o direito de requererem ao tribunal a prestação de declarações na audiência de julgamento; (b) a forma da sua inquirição; (c) a circunstância de não prestarem juramento.

§ **8** O direito das testemunhas *titulares de instrumentos, produtos ou vantagens suscetíveis de ser declarados perdidos a favor do Estado* requererem ao tribunal a prestação de declarações na audiência de julgamento devia ser integrado numa regulação legal sobre o exercício do contraditório. Existe desta forma um reenvio normativo para a determinação judicial casuística, a qual, contudo, deve ter em atenção os lugares paralelos, nomeadamente, o disposto nos arts. 78.º/1, 79.º/1 e 316.º/1, normas que impõem uma interpretação sistemático-teleológica do regime segundo a qual o reconhecimento o direito ao contraditório do terceiro *titular de instrumentos, produtos ou vantagens suscetíveis de ser declarados perdidos a favor do Estado* não pode compreender direitos processuais equivalentes com redução ónus por comparação com os do demandado civil (nomeadamente quanto a prazos para exercício da faculdade de afetação da marcha processual).

§ **9** As regras especiais sobre declarações das testemunhas *titulares de instrumentos, produtos ou vantagens suscetíveis de ser declarados perdidos a favor do Estado* reportam-se a dois vetores: prerrogativa de não serem ajuramentados (n.º 2); modelo de inquirição (n.º 1).

§ **10** O rigor técnico na elaboração do preceito revela-se nas remissões inúteis, sucessivas e circulares. O art. 347.º-A/2 remete para preceitos sobre declarações de sujeitos processuais impedidos de depor como testemunhas na parte em que esses preceitos remetem para elementos básicos do estatuto de testemunhas. O caminho ínvio da remissão para uma remissão que remete para outras normas compreende dois truísmos reveladores sobre a qualidade da produção legislativa: (1) a testemunha objeto do art. 347.º-A está «sujeita ao regime da prova testemunhal, salvo no que lhe for manifestamente inaplicável e no que a lei dispuser diferentemente»; (2) como se não bastasse, adita-se que a testemunha objeto do art. 347.º-A está sujeita, como qualquer outra testemunha, a depor com verdade.

Paulo Dá Mesquita

Artigo 348.º
Inquirição das testemunhas

1 – À produção da prova testemunhal na audiência são correspondentemente aplicáveis as disposições gerais sobre aquele meio de prova, em tudo o que não for contrariado pelo disposto neste capítulo.

2 – As testemunhas são inquiridas, uma após outra, pela ordem por que foram indicadas, salvo se o presidente, por fundado motivo, dispuser de outra maneira.

3 – O presidente pergunta à testemunha pela sua identificação, pelas suas relações pessoais, familiares e profissionais com os participantes e pelo seu interesse na causa, de tudo se fazendo menção na ata.

4 – Seguidamente a testemunha é inquirida por quem a indicou, sendo depois sujeita a contrainterrogatório. Quando neste forem suscitadas questões não levantadas no interrogatório direto, quem tiver indicado a testemunha pode reinquiri-la sobre aquelas questões, podendo seguir-se novo contrainterrogatório com o mesmo âmbito.

5 – Os juízes e os jurados podem, a qualquer momento, formular à testemunha as perguntas que entenderem necessárias para esclarecimento do depoimento prestado e para boa decisão da causa.

6 – Mediante autorização do presidente, podem as testemunhas indicadas por um coarguido ser inquiridas pelo defensor de outro coarguido.

7 – É correspondentemente aplicável o disposto no n.º 3 do artigo 345.º.

Origem do texto: corresponde à redação originária aprovada pelo DL 78/87, com a alteração introduzida pela L 59/98, de 25.08. A L 59/98 aditou o n.º 7.

Sumário do comentário:

I – Considerações gerais (§§ 1 a 10)

II – Testemunhas em sentido restrito, outras fontes pessoais de provas declarativas e a valoração dos meios de prova (§§ 11 a 31)

III – Produção de prova testemunhal em audiência: a regulação legal e o contraditório *para a* prova (§§ 32 a 53)

IV – Testemunho e investigação judicial: os casos dos depoimentos indiretos, rumores e acareações (§§ 54 a 73)

V – Inquirição como testemunhas de incapazes e de pessoas impedidas de depor como testemunhas (§§ 74 a 84)

VI – Prova testemunhal e identificação de pessoas e coisas em julgamento (§§ 85 a 105)

VII – Testemunhos e assunção de prova testemunhal produzida fora da concreta audiência de julgamento (§§ 106 a 110)

I – Considerações gerais

§ 1 O art. 348.º compreende as regras especiais sobre produção de prova testemunhal em audiência de julgamento. A prova testemunhal enquanto meio de prova tipificado está regulada em termos gerais no capítulo I do título II do livro III da parte I do CPP (arts. 128.º a 139.º). Os regimes especiais sobre produção de prova pessoal em audiência, além das testemunhas em sentido restrito a que se reporta o art. 348.º, compreendem normas sobre declarações de arguidos (arts. 343.º a 345.º e 361.º/1), assistentes (art. 346.º), partes civis (art. 347.º), peritos e consultores técnicos (art. 350.º). Por outro lado, existem regras especiais relativamente ao regime do art. 348.º quanto à produção de prova em audiência de julgamento de duas categorias de fontes de prova que devem ser classificadas como testemunhas em sentido restrito (por se lhes aplicar diretamente o disposto nos arts. 128.º a 139.º): os terceiros titulares *de instrumentos, produtos ou vantagens suscetíveis de ser declarados perdidos a favor do Estado* (art. 347.º-A) e as testemunhas menores de 16 anos (art. 349.º). Quando a testemunha (em sentido restrito) é admitida pelo tribunal ao abrigo do poder de investigação previsto no art. 340.º/1 o regime de inquirição é diferente do estabelecido no art. 348.º (*infra* §§ 34 e 35).

§ **2** A prova testemunhal no direito português é primariamente caracterizada pelo respetivo objeto e a forma de comunicação ao processo, *narração de um facto pertencente à experiência*. O objeto da prova testemunhal integra uma perspetiva abrangente de experiências sensoriais humanas, não estando limitado o recurso à prova testemunhal pelos resultados cognoscitivos ou pelo facto de existirem outros procedimentos alternativos a esse meio de prova (cf. *infra* §§ 85 a 105, em especial §§ 99-102). A regulação do atual direito probatório penal português tem como eixo o depoimento e os deveres da inquirição, prevendo-se como objeto da prova testemunhal as perceções passadas das fontes pessoais de prova.

§ **3** As fontes de prova testemunhal são necessariamente pessoas físicas e as normas sobre a formação desse meio de prova (independentemente da fase processual) têm de se conformar com esse imperativo epistemológico-jurídico. A prova testemunhal convoca perceções *sobre factos de que a* testemunha *possua conhecimento direto* tendo como única limitação os *factos relativos à personalidade e ao carácter do arguido, bem como às suas condições pessoais e à sua conduta anterior.*

§ **4** As pessoas jurídicas ou coletivas não têm vida biológica nem sentidos, pelo que a *narração de um facto pertencente à experiência* realizada por membros dos órgãos sociais, funcionários ou outros representantes dessas pessoas jurídicas se não for um falso testemunho (em que a fonte de prova apresenta como própria uma perceção de terceiro) terá sempre de se reportar à *experiência* das pessoas singulares depoentes que são as únicas fontes de prova testemunhal (mesmo no caso do depoimento indireto, *infra* §§ 54 a 71, a testemunha comunica a perceção sobre o que ouviu).

§ 5 Imputar o testemunho de uma pessoa singular a uma pessoa coletiva constitui uma ficção, um erro no plano epistemológico-jurídico e uma falsidade sobre a *experiência* testemunhada que colide com o que deve ser considerado, na linha do ensino de BENTHAM, a base axiológica do Direito Probatório: a noção de *retidão decisória* como fim do processo jurisdicional, i.e., a ideia de obtenção de justiça sob o direito através da aplicação de normas legais válidas a factos verdadeiros.

§ 6 As regras jurídicas sobre a pessoalidade do testemunho e em particular a insusceptibilidade do depoimento por representante (art. 138.º/1) constituem um corolário dos pressupostos epistemológico-jurídicos sobre o objeto da prova testemunhal e o seu enquadramento no Direito Probatório enquanto estrito meio de prova que também vale para todas as outras declarações de fontes pessoais (*supra* § 1) na sua funcionalidade enquanto meio de prova.

§ 7 Como se refere no § 11 do comentário ao art. 58.º, relativamente às intervenções do arguido / pessoa coletiva em diferentes momentos processuais importa ter presente a destrinça conceptual entre *admissões processuais* e *admissões probatórias* (DÁ MESQUITA, 2011, p. 418 578n) pois a prestação de declarações pelo arguido, como sublinhava CAVALEIRO DE FERREIRA, além de um «meio de prova» «é também um *meio de defesa*» (1955, p. 150).

§ 8 A funcionalidade de «meio de defesa», enquanto analiticamente distinta da de «meio de prova», impõe o reconhecimento de um espaço para as pessoas coletivas poderem exercer a respetiva defesa através de representante que não se confunde com o arguido, o que não implica antropomorfização do ente jurídico tornando-o capaz de produzir *testemunho* em sentido material, nem a ampliação *praeter legem* de meios de provas pessoais (as testemunhas em sentido amplo têm de ser sempre pessoas físicas, humanas ou naturais) nem a derrogação de regras legais como a proibição do testemunho por procurador ou representante (art. 138.º/1).

§ 9 A prova testemunhal, além de compreender regras gerais aplicáveis em qualquer fase do processo e regras especiais para a produção de prova testemunhal na fase de julgamento (*supra* § 1), envolve regras particulares sobre antecipação de produção de prova testemunhal visando a utilizabilidade no julgamento (abrangendo tanto declarações produzidas nas fases preliminares, arts. 271.º e 294.º, como na fase de julgamento, mas fora da audiência, arts. 318.º a 320.º conjugados com o art. 356.º/1/*a)*/2/*a)*/*c)*).

§ **10** A regra geral segundo a qual a prova testemunhal se deve produzir no julgamento (art. 356.º/1/*b)*) deve ceder perante regras especiais que compreendem (a) regras sobre prova testemunhal antecipadamente produzida para valer no julgamento (art. 356.º/1/*a)*/ 2/*a)*/*c)*); (b) outras regras especiais que permitem a assunção como prova no julgamento de testemunhos produzidos nas fases preliminares ao abrigo do regime geral da prova testemunhal e sem que esses depoimentos estivessem originariamente dirigidos à finalidade específica de valer como prova em julgamento (art. 356.º/2/*b)*/3/4/5, *infra* comentário ao art. 356.º, v. ainda *infra* §§ 106 a 110 do presente comentário).

II – Testemunhas em sentido restrito, outras fontes pessoais de provas declarativas e a valoração dos meios de prova

§ **11** A regulação da prova testemunhal tem como eixo o depoimento e os deveres da inquirição, prevendo-se como objeto da prova testemunhal as perceções passadas das testemunhas em sentido amplo (em linha com o entendimento pacífico no anterior código, cf. Eduardo Correia, 1967, p. 47) as quais são necessariamente pessoas físicas, naturais ou humanas (*supra* §§ 3-8).

§ **12** Nos processos continentais, com a superação das gramáticas do direito romano-canónico, as normas prescritivas de Direito Probatório passaram a centrar-se nas fontes dos meios de prova, sendo no caso da prova testemunhal primacial definir *quem pode ser testemunha*.

§ **13** A crítica e a desconstrução de Bentham sobre as incapacidades (em sentido amplo) para testemunhar compreendeu a discriminação de três grandes categorias de causas normativas: interesse, infância ou incapacidade em razão da idade e insanidade. Reflexão de Bentham na base de um curso progressivo de diminuição das incapacidades para testemunhar (Bentham, 1827, Livro IX, Parte III, Capítulo 1, sobre a tendência desde o século XIX, cf. Dá Mesquita, 2011, pp. 177-180, 186-197, 467-476).

§ **14** A tendência de restrição de discriminações legais derivadas de simplismos epistemológicos sobre as fontes de prova pareceu influenciar o programa base do código de 1987 de «abolição de diferença estatutária entre testemunhas e declarantes». Contudo, no CPP subsistiram impedimentos de depor como testemunhas de potenciais fontes de prova pessoal, além do arguido e coarguidos (a quem o legislador nacional nunca pretendeu atribuir estatuto de testemunhas), os assistentes e as partes civis.

§ **15** Como matriz comum dos impedimentos originários do código parece ressaltar um interesse na causa que não se centra na relação com os factos mas com o processo, evidente no caso de assistentes e partes civis, cujo impedimento deriva, exclusivamente, de uma precedente iniciativa processual. De qualquer modo, todos os sujeitos processuais podem continuar a depor como fontes pessoais de prova.

§ **16** Assistentes e partes civis podem ser ouvidos por iniciativa de qualquer dos sujeitos processuais, não estando isentos do dever de verdade nem da responsabilização penal pela falsidade. Os depoimentos de assistentes e partes civis têm de ser valorados à luz do princípio da livre apreciação, não existindo nenhuma discriminação normativa relativamente aos depoimentos das testemunhas em sentido restrito, sendo as diferenças nucleares reservadas para a produção de prova (cf. arts. 145.º/4, 346.º/1 e 347.º/1).

§ **17** Relativamente à posição do arguido como fonte de prova, além de direitos próprios decorrentes do estatuto de arguido, suspeito e/ou imputado, consagrou-se o impedimento de *o arguido e os coarguidos no mesmo processo ou em processos conexos, enquanto mantiverem aquela qualidade* deporem como testemunhas. Impedimento que constitui expressão do estatuto jurídico-político dos depoentes naquele julgamento (daí o conceito de coarguido em sentido formal excluindo os arguidos dos processos separados) e não de outros interesses (a proteção dos outros arguidos ou a descoberta da verdade) ficando na disponibilidade do próprio prestar declarações como arguido, as qual ocorrendo valerão como meio de prova (arts. 141.º a 144.º, 343.º a 345.º, 357.º e 361.º/1). Em termos teóricos nada obstava a que os arguidos pudessem depor com o estatuto de testemunhas desde que se lhes reconhecessem os direitos próprios decorrentes da sua posição antitética com o Estado, nomeadamente, a prerrogativa contra a autoincriminação e o direito ao silêncio.

§ **18** As discriminações entre as testemunhas e os impedidos de depor como testemunhas na estrutura do código não têm qualquer raiz gnoseológica ou prescrições derivadas de pressupostos generalistas sobre uma relação entre o interesse e a verdade, mas resultam de uma estrita regulação jurídico-processual centrada na destrinça entre a posição de sujeitos processuais e testemunhas.

§ **19** O legislador de 1987, seguindo ensinamentos do Direito Comparado e em particular do sistema italiano, preservou uma coerente prudência em evitar cartografias gnoseológicas sobre o interesse e a incapacidade para depor como testemunha para obstar às armadilhas das generalizações baseadas em simplismos epistemológicos sobre a *capacidade de avaliação* em virtude da relação com os factos ou com os sujeitos processuais.

§ **20** O sistema de impedimentos de 1987 era, assim, determinado por políticas processuais intrínsecas, tendo sido consagrado um conjunto de prerrogativas de silêncio de algumas testemunhas fundamentalmente conformadas por razões de política extrínseca que, em certos casos previstos na lei, derrogam (com maior ou menor amplitude) corolários do dever geral de responder como testemunha (cf. § 24).

§ **21** O alargamento, pela L 48/2007, aos peritos do impedimento de depor como testemunhas *em relação às perícias que tiverem realizado* (art. 133.º/1/*d)*) não afastou a possibilidades de essas fontes pessoais de prova serem sujeitos a prestar declarações sobre as perícias (art. 350.º), nem de deporem como testemunhas sobre outros factos da sua *experiência* que integrem o objeto da prova (cf. *infra* §§ 79-83).

§ **22** No quadro de um procedimento de *arranjos* opacos sem lastro em trabalhos preparatórios transparentes (cf. § 48 do comentário ao art. 340.º), a L 94/2021 introduziu um novo impedimento que constituiu uma rotura no sistema probatório ao impedir o depoimento como testemunha do designado *representante da pessoa coletiva ou entidade equiparada no processo em que aquela for arguida* (art. 133.º/1/*e)*). Trata-se de um produto legislativo criticável a vários níveis, nomeadamente, por contrariar elementos centrais do sistema probatório sem um balanceamento axiológico ou suporte em uma política criminal fundada nos valores da ordem jurídica, colidindo, ainda, com a técnica legislativa do CPP em termos de mecanismos de tutela de eventuais interesses subjetivos de pessoas singulares sujeitas a depor como testemunhas e/ou relações com arguidos. Trata-se de uma solução que suscita problemas de constitucionalidade, na medida em que pode impedir em termos absolutos contributos probatórios de potenciais fontes de prova pessoal (que, sublinhe-se, não são arguidos), com a agravante de, por via do sistema sobre designação de representante, em certos casos colocar na própria disponibilidade dos arguidos (com os seus interesses subjetivos próprios) a gestão do impedimento de terceiros com conhecimento de factos relevantes poderem ser fontes de prova declarativa (cf. regimes sobre designação de representantes constantes do art. 57.º/4 a 9). Quando o designado representante de pessoa coletiva arguida não é arguido enquanto pessoa singular e constitui uma potencial fonte pessoal de prova cuja inquirição se afigura necessária para a descoberta da verdade material deveria o mesmo poder ser convocado como testemunha, apesar do disposto no art. 133.º/1/*e)*, pois impedir em termos absolutos a sua prestação de declarações colide com proibição do excesso e o direito à prova tutelados nos arts. 18.º/2 e 20.º/4 CRP (cf. *infra* §§ 74 e 84). Tal possibilidade de a pessoa singular ser convocada como testemunha (substituindo-se o representante da pessoa coletiva) não deveria colidir com a suscetibilidade de a fonte de prova invocar eventual prerrogativa pessoal para não responder a perguntas decorrente de proteção pessoal que eventualmente lhe seja conferida pela ordem jurídica (cf. *infra* § 28). Por via da existência de um representante não se verificou uma antropomorfização da pessoa coletiva e os equívocos que conformaram a alteração pela L 94/2021 do art. 57.º foram apenas parcialmente corrigidos em 2022 com a revogação do art. 57.º/9, quando também devia ter sido revogada a mais grave e errónea, no plano epistemológico-jurídico e político-criminal, criação de um impedimento pelo art. 133.º/1/*e)*, em especial se o mesmo tivesse subjacente um eventual equívoco sobre a suscetibilidade de uma pessoa coletiva declarante como meio de prova através do respetivo representante (cf. §§ 2 a 8). De qualquer modo, a não correção do erro pelo legislador revisor (através da L/2022) de parte da L 94/2021 não afasta a questão nuclear da inconstitucionalidade da criação de uma incapacidade de determinadas pessoas humanas deporem sobre factos relativamente aos quais têm conhecimentos probatoriamente relevantes (que, para além dos problemas de constitucionalidade, foi uma *inovação* contrária ao lastro histórico do Direito Probatório em matéria de incapacidades, cf. §§ 13 e 14).

§ 23 A integração da prova testemunhal num esquema processual em que a testemunha é perspetivada no plano epistemológico-jurídico como uma fonte de elementos de prova valorados de acordo com o princípio da livre apreciação pela autoridade judiciária que profere decisões sobre enunciados de facto tem de integrar uma componente central, de raiz jurídico-política, relativa ao estatuto da testemunha como sujeito com direitos e deveres. Um complexo normativo que compreende deveres de colaboração com o Estado, direitos individuais das fontes pessoais de prova oponíveis ao interesse de descoberta da verdade e deveres oficiosos de proteção ativa pelo Estado das fontes pessoais de prova.

§ **24** As testemunhas estão obrigadas a comparecer e responder às questões que lhes sejam colocadas, devendo previamente prestar juramento (arts. 132.º/1 e 91.º/1 e 4), podendo incorrer em responsabilidade penal pela recusa de depoimento e prestação de falsas declarações (art. 360.º/2 e 3 CP), tendo direito a fazer-se acompanhar de advogado, que não seja defensor de arguido no processo, o qual a pode informar, *quando entender necessário, dos direitos que lhe assistem, sem intervir na inquirição* (art. 132.º/3 e 4).

§ **25** Os deveres ativos do Estado constam, em particular, da LPT que, por seu turno, compreende regimes particulares como o relativo às testemunhas particularmente vulneráveis, o qual, além de possibilidade de específicas proteções administrativas, envolve variantes com diferentes implicações processuais e probatórias, com especial incidência ao nível do contraditório (arts. 26.º a 31.º LPT). Proteções de testemunhas conformadas pela interseção de políticas extrínsecas (em particular sobre direitos subjetivos das fontes de prova) e intrínsecas (com incidência muito relevante ao nível do contraditório), refletidas em regras especiais na aquisição de prova e mesmo na sua valoração (incluiu limites ao princípio da livre apreciação e aquisição processual, cf. art. 19.º/2 LPT). As testemunhas que são vítimas e respetivos familiares têm, designadamente, o direito tutelado pelo art. 15.º/2 LEV a que o seu «contacto» com arguidos *em todos os locais que impliquem a presença de uns e de outros no âmbito da realização de diligências processuais, nomeadamente nos edifícios dos tribunais, deva ser evitado*, sem prejuízo, naturalmente, do disposto no art. 352.º. Essa é uma norma cuja aplicação muitas vezes é esquecida no âmbito das audiências de julgamento, bem como a sua teleologia que deveria determinar a própria salvaguarda, em termos de espaços físicos em que essas testemunhas aguardam a intervenção na audiência salvaguardando-as da proximidade com testemunhas, amigos e familiares dos arguidos.

§ **26** Os deveres ativos do Estado também se reportam a componentes das funções do juiz presidente relativas ao ato processual. Não sendo impostas na lei processual penal algumas advertências estatuídas pela lei processual civil no art. 459.º/1, CPC, sobre o dever de fazer «sentir ao depoente a importância moral do juramento que vai prestar e o dever de ser fiel à verdade» e em particular a informação sobre as *sanções aplicáveis às falsas declarações* (art. 360.º/1 e 3 CP), as mesmas também podem ser adotadas no exercício do poder judicial de direção do julgamento penal como ato prudencial, juiz presidente que também pode, a todo o tempo e de acordo com a sua gestão da audiência, mencionar outros deveres estabelecidos no art. 132.º/1. Por outro lado, a lei pode impor em alguns casos especiais a advertência quanto a determinados direitos da testemunha, valendo para as omissões as regras sobre invalidades processuais, pelo que não existindo sanção especialmente prevista aplica-se o regime das irregularidades (cf. no caso específico do art. 134.º/2, está expressamente previsto o sancionamento como nulidade sanável, vd. *infra* §§ 46 a 49).

§ 27 Em sede de produção de prova em audiência, em particular nas inquirições e contrainquirições das *partes*, é nuclear o controlo pelo presidente da relevância das questões (cf. §§ 7, 11-13, 40-55 do comentário ao art. 340.º). Essa função também envolve uma obrigação de proteger as testemunhas que não devem ser sujeitas a responder a matérias irrelevantes para o objeto da prova, para além do dever judicial de efetivar a proibição de perguntas sugestivas ou impertinentes (art. 138.º/2).

§ 28 A testemunha também é um sujeito ativo para o exercício dos seus próprios direitos, os quais podem determinar (verificados determinados pressupostos) a recusa de colaboração, nomeadamente, na resposta a determinadas perguntas (em especial, nos termos do art. 132.º/2, 134.º/1 e 135.º/1, possibilidade que, em alguns casos, se relaciona com deveres jurídicos de sigilo). Enquanto pessoa titular de direitos na interação com os poderes do Estado, a testemunha tem o direito instrumental de acompanhamento por advogado (*supra* § 24). Compete ao presidente decidir sobre a pertinência e adequação de eventuais pedidos da testemunha para conferenciar com o seu advogado, a qual pode visar informação jurídica sobre implicações de respostas e o eventual direito de recusa de resposta (cf. art. 132.º/2) ou mesmo deveres de sigilo que obstem a responder sobre determinadas questões ou matérias (arts. 135.º/1, 136.º/1 e 137.º/1).

§ 29 Em sede de valoração da prova testemunhal, o princípio da livre apreciação integra a conjugação de critérios epistémicos gerais com os específicos elementos de prova do caso concreto (proximidade temporal, teste do contraditório, congruência intrínseca e extrínseca, etc), sem que existam imposições legais diretas sobre os múltiplos fatores suscetíveis de serem ponderados quanto à concreta fonte de prova (*v.g.* contaminação, reflexão, influência, interesse). Não existem proibições relativas às fontes sem expressa prescrição legal, mas o tribunal nos seus processos inferenciais pode concluir que o resultado probatório de determinado testemunho é nulo. As perguntas *sugestivas* não eliminam o potencial valor probatório das respostas da fonte de prova, apenas exigem que se pondere essa circunstância na apreciação do elemento de prova, sendo certo que muitas das vezes a pergunta sugestiva pode ter efeito antagónico do pretendido por quem formula a questão (cf. *infra* §§ 31, 35, 37, 44-51).

§ **30** A pessoalidade do testemunho implica que na complementaridade entre perguntas e respostas, a única fonte pessoal de prova seja o inquirido e os únicos elementos de prova narrativa *o que ele diz* (*infra* §§ 41, 50, 51 e 110).

III – Produção de prova testemunhal em audiência: a regulação legal e o contraditório *para a prova*

§ **31** As dimensões dialéticas na interação dos sujeitos processuais durante os atos de produção de prova em audiência de julgamento implicam responsabilidade de todos esses atores quanto às suas ações e omissões em sede de produção de prova, as quais estão para além dos esquemas de inquirição. As regras do jogo sobre o *dever ser* encontram-se estabelecidas nas normas sobre produção de prova complementadas pelas regras legais sobre invalidades processuais (cf. §§ 26, 47 a 49, 83 e 110).

§ **32** O regime português sobre a prova testemunhal em sentido amplo identifica a produção do testemunho da fonte no julgamento como um momento do procedimento probatório, a assunção da prova que deve ser integrada nas várias dimensões do Direito Probatório indicadas no § 7 do comentário ao art. 340.º.

§ **33** As partes têm uma ampla margem de ação quanto à seleção das fontes de prova pessoal (arts. 283.º/3/*e)*/*f)*, 284.º/2, 285.º/3, 311.º-B/1 e 316.º/1 e 2), não tendo no momento da admissão (§ 7 do comentário ao art. 340.º) das testemunhas que são tempestivamente arroladas qualquer ónus de demonstração da relevância. O limite legal padrão de 20 (arts. 283.º/3/*e)* 284.º/2, 285.º/3, 308.º/2, 311.º-B/4 e 316.º/1 e 2), para o rol de testemunhas abrange as testemunhas em sentido amplo (testemunhas, assistente e partes civis, atento o art. 145.º/3 e o caráter testemunhal da prova que tem como fontes essas partes), mas não compreende peritos e consultores técnicos, os quais, por força da natureza complementar das suas declarações relativamente aos relatórios periciais, devem ser discriminados nos róis mencionando o seu estatuto próprio (arts. 283.º/3/*f)*, 284.º/2, 285.º/3, 308.º/2, 311.º-B/3 e 316.º/3). Apenas quanto às testemunhas que ultrapassam o limite legal de 20 se estabelecem ónus sobre a demonstração do respetivo valor probatório cf. §§ 10-16, 29, 40-49 do comentário ao art. 340.º.

§ **34** Relativamente à produção de prova pessoal em audiência de julgamento, o preceito comentado reporta-se apenas a um de vários sistemas de inquirição estabelecidos na lei, os quais variam consoante as categorias de fontes pessoais de prova.

(a) Generalidade das testemunhas quando tempestivamente arroladas pelos sujeitos da dialética (*supra* §§ 1 e 32): inquirição cruzada pelas *partes*, com possibilidade de questões pelos membros do tribunal (objeto do preceito comentado);
(b) Testemunhas cuja admissão foi determinada oficiosamente ou a requerimento pelo tribunal ao abrigo do poder de investigação regulado no art. 340.º e testemunhas que são terceiros titulares *de instrumentos, produtos ou vantagens suscetíveis de ser declarados perdidos a favor do Estado*: inquirição pelo presidente que complementarmente deve apreciar as questões propostas pelas *partes* e colocar às fontes de prova as que entenda pertinentes (cf. § 13 do comentário ao art. 348.º e art. 347.º-A);
(c) Testemunhas menores de 16 anos, peritos e consultores técnicos: inquirição exclusivamente realizada pelo presidente podendo ser solicitada a colocação de questões suplementares pelos sujeitos processuais e pelos outros membros do tribunal (arts. 349.º e 350.º);
(d) Sujeitos processuais (arguidos, assistentes e partes civis): inquirição pelo presidente que complementarmente deve apreciar as questões propostas pelas *partes* e colocar às fontes de prova as que entenda pertinentes, podendo os outros membros do tribunal formular perguntas diretamente (arts. 345.º/1 e 2, 346.º/1 e 347.º/1).

§ **35** Independentemente da fonte de prova e da forma de admissão, a relevância é um fator central na dimensão contraditória do depoimento em julgamento que envolve a interação das *partes* durante a produção de prova e os poderes de direção do juiz presidente, designadamente de obstar a quaisquer questões que não satisfaçam o critério da relevância (cf. *infra* §§ 44-51 do presente comentário e, ainda, §§ 11-16, 26 e 40-46 do comentário ao art. 340.º).

§ **36** A prestação de declarações em audiência pelas testemunhas que foram tempestivamente arroladas pelos sujeitos da dialética, por regra, obedece a um modelo de inquirição cruzada com intervenção judicial. A inquirição cruzada corresponde a uma forma de aquisição do testemunho em julgamento que tem por referência perspetivas sobre a via politicamente mais adequada, em que se integram perspetivas epistemológicas e, fundamentalmente, uma ideia sobre as políticas intrínsecas relativas à formação da prova, centradas nas diferentes responsabilidades dos sujeitos processuais, com particular ênfase nos direitos das *partes* ao contrainterrogatório (cf. Dá Mesquita, 2011, pp. 491-508).

§ **37** Relativamente às testemunhas introduzidas pelo exercício do princípio da investigação, a restrição do contraditório na primeira etapa da aquisição da prova (por não constarem dos róis originais ou oportunamente alterados) e a obrigatória responsabilização judicial na decisão prévia sobre a relevância implicam que constituam testemunhas do tribunal que deve inquiri-las à luz do juízo sobre e relevância que determinou a respetiva admissão, sem prejuízo da faculdade das partes solicitarem questões complementares ou esclarecimentos (existindo uma ampla margem de direção do ato por parte do tribunal, cf. § 13 do comentário ao art. 340.º). O mesmo sucede no caso de chamada a depor da testemunha cuja inquirição foi determinada por ter sido identificado em depoimento indireto (*infra* § 70) e dose convocados para acareação (*infra* § 73).

§ **38** Existem regimes especiais sobre testemunhos produzidos antecipadamente para o julgamento cuja especialidade determina o reforço da responsabilidade judicial pela inquirição, por exemplo, incidente de declarações *para memória futura* (arts. 271.º e 294.º). Nesses incidentes probatórios a direção judicial do ato de recolha de prova confere a pretendida imparcialidade à diligência e a participação obrigatória do MP e defesa traduz a antecipação do contraditório, embora moderado por comparação com a dinâmica da inquirição cruzada do julgamento (§§ 14 a 18 do comentário ao art. 271.º).

§ **39** O regime legal sobre formação da prova declarativa compreende uma necessária cisão analítica entre as várias declarações de uma mesma fonte de prova, nomeadamente, as declarações produzidas em diferentes fases processuais.

§ **40** A unidade da fonte não afasta a pluralidade dos meios de prova quando existam várias declarações no processo, existindo regras diferenciadas sobre a admissão e valoração dos vários meios de prova, em particular, regras flutuantes sobre a sua assunção com vista a decisões sobre matéria de facto em diferentes fases processuais (*infra* §§ 106 a 110).

§ **41** Em sede de prova testemunhal, as perguntas não podem servir *como prova do facto declarado* pelo inquiridor. Já as respostas prestadas valem como elemento de prova e na sua valoração deve atender-se a outras respostas da fonte de prova no âmbito do referido depoimento, e/ou outros meios de prova julgados relevantes para o concreto ponto de facto. O contexto da inquirição e a articulação do discurso da fonte de prova com os estímulos externos são suscetíveis de valoração, mas o que o inquiridor disse nunca constitui um elemento de prova, pelo que as perguntas apenas podem servir para contextualização compreensiva das respostas.

§ **42** A aquisição como elementos de prova do julgamento de anteriores declarações da testemunha que depõe em julgamento não está na disponibilidade discricionária do inquiridor ou contrainquiridor, mas encontra-se regulada no artigo 356.º (*infra* §§ 106 a 110).

§ **43** O elemento de prova que se extrai do testemunho é a narração realizada pela fonte sobre os factos de que possui conhecimento direto e que constituem objeto da prova (artigo 128.º/1). Nessa medida, o depoimento pode integrar declarações sobre (supostas) mudanças ou alterações da memória do depoente relativamente ao evento ou à respetiva perceção.

§ **44** O sistema de inquirição cruzada pelos sujeitos da dialética centra no juiz presidente a responsabilidade judicial de controlo das inquirições, tendo presente as perguntas proibidas estabelecidas no art. 138.º/2 e, ainda, o princípio da relevância (*supra* § 35), domínios em que o tribunal tem a responsabilidade de controlar de forma efetiva excessos das *partes*, nomeadamente, o objeto e a forma das questões que sendo desnecessários para a descoberta da verdade podem lesar direitos da fonte de prova ou mesmo de terceiros (nomeadamente a sua dignidade pessoal ou intimidade, ainda que essas derivas não afetem o potencial valor de elementos de prova do depoimento).

§ **45** Os poderes de disciplina da audiência titulados pelo juiz presidente (arts. 85.º, 322.º e 323.º) são particularmente importantes na produção de prova testemunhal, devendo ser exercidos com a autoridade própria do órgão de soberania, sendo as decisões sobre a inquirição e em particular sobre as questões propostas pelas partes tomadas sem formalidades (art. 322.º/2).

§ **46** As questões formuladas pelos sujeitos da dialética podem gerar intervenções oficiosas ou a pedido de outros sujeitos (protesto) do juiz presidente, o qual pode proibir ou determinar a reformulação de questões.

§ **47** O regime sobre invalidades é nuclear para a dinâmica das inquirições de testemunhas (e, de uma forma geral, de todas as fonte pessoais de prova que prestam declarações em julgamento) numa audiência contraditória, pelo que sempre que algum dos sujeitos da dialética entende que o tribunal praticou um ato ou omissão em violação da lei deve suscitar de forma leal o suposto vício, pelo que caso se trate de nulidade dependente de arguição ou irregularidade o vício tem de ser invocado antes que o ato esteja terminado, sob pena de o eventual vício se sanar, não podendo ser invocado, nem conhecido em fase de recurso (arts. 118.º/1 e 2, 120.º/1 e 3/*a)* e 123.º).

§ **48** Caso as partes entendam que o decidido pelo presidente não se apresenta conforme a lei devem suscitar de forma fundamentada a irregularidade (ou nulidade caso seja esse o caso), sob pena de não o fazendo a eventual nulidade sanável ou irregularidade ficarem imediatamente sanadas (arts. 120.º/3/*a)* e 123.º/1). O mesmo vale para os atos preliminares à inquirição, incluindo a omissão de atos obrigatórios quer os mesmos sejam sancionados como mera irregularidade (art. 118.º/2) ou como nulidade sanável (art. 120.º/1), especialmente prevista como no caso da omissão da advertência sobre a prerrogativa de não depor prevista no art. 134.º/2.

§ **49** Suscitada irregularidade da proibição de determinada questão ou da admissão de uma pergunta, a mesma deve ser decidida de imediato pelo presidente, que, em face dos argumentos apresentados pode rever o decidido, ainda que parcialmente (por exemplo reformulando a questão).

§ **50** A proibição das perguntas *sugestivas* (art. 138.º/2) não interrompe o depoimento por *contaminação,* apenas pode determinar que o tribunal decida que a testemunha não responda àquela questão ou que o sujeito processual a reformule.

§ **51** A carga eventualmente *sugestiva* (por exemplo, através da invocação de anteriores declarações de outras fontes de prova que não possam ser assumidas no julgamento) de uma pergunta pode ter efeitos probatórios mediatos, nomeadamente, a dois níveis: (1) Constituindo uma violação do disposto no artigo 138.º/2 deve ser impedida pelo tribunal e qualquer um dos outros sujeitos processuais pode invocar a irregularidade em causa, visando obstar a que exista uma resposta àquela concreta pergunta e que o tribunal conhecendo a irregularidade determine a reformulação da pergunta; (2) Não tendo sido tempestivamente arguida a irregularidade de uma pergunta *sugestiva,* o vício fica sanado sem prejuízo de os termos da questão poderem servir para contextualização compreensiva das respostas em sede de valoração do depoimento, nomeadamente, quanto à sua espontaneidade, ao abrigo do princípio da livre apreciação (artigo 127.º).

§ **52** No esquema de imediação jurídico-processual em vigor no sistema legal português, o contacto com a fonte de prova integra, além da relação presencial de partilha do espaço, a comunicação à distância através da teleconferência. No processo penal positivo esse mecanismo não se generalizou para as testemunhas residentes fora da comarca, mas é um mecanismo possível (*v.g.* ao abrigo do art. 318.º/1, 5 a 8) prestação de depoimentos por teleconferência que vale «para todos os efeitos» como presencial.

§ **53** As testemunhas estando num outro Estado da UE podem ser inquiridas ao abrigo dos arts. 35.º/1, 4 e 6, 36.º/1 e 37.º/1 RJDEI. Quanto a auxílio judiciário mútuo v., ainda, os arts. 10.º e 11.º CAJMP. No quadro da cooperação judiciária penal internacional releva o que possa ser determinado pelo direito convencional aplicável e o disposto no art. 145.º/2/*d)* e 3 LCJ. Importa, ainda, atender à previsão para residentes em outro Estado constante do art. 19.º/3/*b)* LEV e sobre vítima particularmente vulnerável o art. 23.º/1 LEV.

IV – Testemunho e investigação judicial: os casos dos depoimentos indiretos, rumores e acareações

§ **54** A problemática do depoimento indireto ou testemunho de *ouvir dizer* tem em comum com o instituto sobre o instituto anglo-americano do *hearsay* a raiz do ato comunicacional e o programa jurídico-probatório centrado na prioridade da inquirição da fonte pessoal de prova originária (art. 129.º/1).

§ **55** Relativamente ao depoimento indireto são necessárias decomposições analíticas para recorte da regulação probatória (tendo por objeto *o que se disse*) entre dois eventos e potenciais factos probandos: (a) o facto de terem sido ditas aquelas palavras por aquela pessoa determinada; (b) o(s) facto(s) passado(s) a que se reportam o conteúdo das suas palavras.

§ **56** Tendo por referência a destrinça entre a prova da emissão da mensagem e a mensagem como prova do que se *disse*, o problema específico das declarações de *ouvir dizer* incide apenas na utilização probatória do que se disse para *a prova dos factos relatados*.

§ **57** No art. 129.º/1, por via da cópia do regime do normativo do *progetto preliminare* italiano de 1978, introduziu-se um sistema de aquisição condicionada *ex post* do depoimento indireto. Solução italiana que preserva o princípio de admissão do depoimento indireto sancionando o desrespeito da condição procedimental (chamar a depor a fonte original) através de proibição de valoração do prova.

§ **58** O regime do art. 129.º/1 não tem norma equivalente no CPP/29. O regime processual anterior era conformado por um princípio de inclusão probatória apenas condicionante ao nível dos deveres procedimentais de indagação da razão de ciência das fontes de prova, sem que a inércia instrutória gerasse qualquer proibição de prova.

§ **59** Textos doutrinários nacionais de membros da comissão revisora anteriores ao novo regime pareciam apontar genericamente para a «proibição do testemunho de ouvir dizer», em particular as reflexões de Costa Andrade (1981, pp. 5-9) e Figueiredo Dias (1983, pp. 207-209; 219), tal como, de forma aparentemente mais moderada, o ponto 23 da lei de autorização legislativa para aprovação do novo código (L 43/86) que referia a «proibição, em princípio, do testemunho que não verse sobre factos concretos e de conhecimento direto, em particular do testemunho de "ouvir dizer"». Sem embargo, independentemente de eventuais valorações prévias de participantes no processo legislativo, o texto replicado do art. 186.º do *progetto preliminare* de 1978 não corresponde à «proibição preventiva» de que falava Costa Andrade, mas à admissão condicionada que foi pensada em Itália (cf. Dá Mesquita, 2011, pp. 467-476). Em lugar da pretensão preventiva contra influências indevidas, permite-se a produção de prova incidindo as proibições no resultado probatório (e apenas em determinados casos) sendo as regras procedimentais instrumentos ao serviço das condições de valoração probatória do conteúdo da asserção transmitida pelo depoimento indireto. Regime geral que não exclui a utilização do que não foi apreendido em primeira mão pelo depoente, antes define as regras de verificação do que foi dito e o sancionamento da violação do procedimento devido. Princípio de aquisição condicionada em vez de uma regra geral de inadmissibilidade *a priori* da *rule against hearsay evidence* (sobre essa regra, cf. Dá Mesquita, 2011, pp. 387-396, relativamente aos seus antecedentes históricos, *idem*, pp. 167-181, 373-387).

§ **60** A similitude dos regimes gerais italiano e português é evidenciada na comparação do art. 129.º/1 com o art. 195.º/1 a 3 CPPI, por seu turno, equivalente ao art. 186.º/1 do *progetto preliminare* italiano, a inserção sistemática também é idêntica (o segundo artigo do cap. II do título II do livro III, com a mesma epígrafe e, em ambos os casos, subsequente ao artigo sobre «objeto e limites do depoimento»). Consagrou-se, assim, uma solução de equilíbrio, de proibição apenas limitada, na medida que admite a valoração, e livre apreciação, de depoimentos de *ouvir dizer* dentro de certas premissas (Dá Mesquita, 2011, pp. 520-552).

§ **61** Regime de aquisição condicionada cuja conformidade constitucional já foi sufragada pelo TC nos Acs. 213/94 e 440/99, «tornando-se impossível interrogar as pessoas que as testemunhas de outiva indicaram como fonte, tem de considerar-se razoável e proporcionada a limitação introduzida à proibição do depoimento indireto. Tanto mais que este depoimento é apreciado pelo tribunal, segundo as regras da experiência e o princípio da livre convicção (cf. art. 127.º)».

§ **62** No regime de aquisição condicionada do art. 29.º/1, a falta de verificação das condições de audição da fonte derivada ou de dispensa da mesma gera uma proibição de valoração da prova relativa ao segmento de depoimento indireto. Trata-se de um sistema de proibição incidente no resultado probatório associado a uma implícita confiança na capacidade do julgador de controlo do processo inferencial desatendendo à parte em que o depoimento constitui prova proibida.

§ **63** No regime procedimental sobre a aquisição do depoimento de *ouvir dizer* ressalta um primeiro dever sobre a inquirição: deve ser identificado aquele a quem se *ouviu dizer*. Em função do resultado dessa indagação define-se uma proibição irrestrita de valoração de prova: Se aquele a quem se *ouviu dizer* não for *pessoa determinada* o depoimento não pode ser valorado. O dever procedimental está implícito no primeiro segmento do art. 129.º/1 CPP (e do art. 195.º/1 CPPI) ao referir que a fonte do ouvir dizer deve ser «determinada». A proibição de prova resulta do art. 129.º/3, do CPP (equivalente ao art. 195.º/7 CPPI), no caso de o depoente se «recusar ou não estar em condições de indicar a pessoa ou a fonte através das quais tomou conhecimento dos factos». Preceito que, ao prescrever que «não pode, em caso algum, servir como meio de prova» se reporta, apenas, ao depoimento indireto como prova da asserção.

§ **64** O esquema de integração da estrutura acusatória pelo princípio de investigação adotado no CPP português compreendeu, no regime de depoimento indireto estatuído no art. 129.º/1, a atribuição expressa ao juiz do poder de chamar a fonte originária a depor, deixando intocada a solução que constava do art. 186.º/2 do *progetto preliminare* italiano de 1978 sem referência aos outros sujeitos processuais. Conjugando-se os arts. 129.º/1 e 340.º/1 apresenta-se inequívoco que as *partes* também podem requerer ao juiz a convocação para depor da pessoa determinada a quem se ouviu dizer.

§ **64** O art. 130.º/1 ao determinar que «não é admissível como depoimento a reprodução de vozes ou rumores públicos» prescreve uma proibição de assunção ou produção de prova. Trata-se de uma norma com reduzido relevo prescritivo e que constitui a marca de um lastro histórico particular do direito italiano (art. 194.º/3 do CPPI), já que no anterior código *Rocco* existia uma previsão equivalente sobre *vozes públicas* (arts. 349.º/4, sobre o depoimento testemunhal e ainda o art. 464.º sobre a leitura de autos que reproduzissem os rumores).

§ **65** A proibição relativa de «vozes ou rumores públicos foi complementada pela proibição do *ouvir dizer* de fonte indeterminada para obstar às anteriores interpretações restritivas que não incluíam as fontes indeterminadas nas *vozes públicas* (Di Paolo, 2002, pp. 225-231).

§ **66** A solução legal portuguesa que veda a aquisição de rumores ou vozes públicas implica que, na dialética do julgamento, perguntas dirigidas a tal reprodução possam ser impedidas, oficiosa ou a requerimento, obstando-se sequer à resposta (embora a pergunta dirigida a uma resposta sobre o que foi dito por pessoa indeterminada também deva ser barrada, a não ser que o inquiridor demonstre a pretensão de extrair elementos para a determinação de uma fonte de prova relevante). De qualquer modo, mesmo nos casos de produção indevida de uma menção dos rumores (que pode, aliás, ser espontânea) o sistema satisfaz-se com o sancionamento da proibição de valoração sem exigir a anulação do julgamento ou do depoimento.

§ **67** Como segunda indicação procedimental prescreve-se: Quando aquele a *quem se ouviu dizer* é uma pessoa determinada o juiz deve chamá-lo a depor, o que constitui um corolário expresso do princípio da investigação (*supra* § 64).

§ **68** Dever procedimental de chamar a depor a fonte de prova derivada que está na base da segunda proibição de prova: Caso a *pessoa determinada* a quem se *ouviu dizer* não seja chamada a depor o depoimento de *ouvir dizer* não pode ser valorado. Solução expressa na primeira parte do segundo período do art. 129.º/1, se o juiz não chamar a «pessoa determinada» a quem se ouviu dizer, «o depoimento não pode, naquela parte, servir como meio de prova».

§ 69 No regime italiano, prescreve-se que «o juiz a pedido de uma parte determina que aquela seja chamada a depor» (art. 195.º/1 CPPI), o desrespeito desse dever determina a «inutilizabilidade das declarações relativas aos factos de que a testemunha teve conhecimento de outra pessoa» (art. 195.º/3 CPPI). A solução normativa do direito português relativamente à oficiosidade judicial no chamamento a depor da testemunha de referência corresponde à do *progetto preliminare* de 1978, alterada na redação definitiva do código italiano que consagrou a prioridade da iniciativa das partes, sendo a proibição (art. 195.º/3 CPPI) decorrente apenas do desrespeito judicial do impulso das partes, entendendo a maioria da jurisprudência e da doutrina, embora com controvérsia, que não havendo requerimento das partes para chamar a depor e não optando o juiz por exercer o poder subsidiário previsto no art. 195.º/2 CPPI esta omissão não é sancionada e pode o depoimento ser valorado (para uma panorâmica Di Paolo, 2002, pp. 233-234n; 2004, pp. 1692, 1701).

§ 70 Caso a fonte determinada originária mencionada no depoimento indireto não estivesse arrolada se for determinada a sua inquirição (oficiosamente ou a requerimento) pelo tribunal a mesma será ouvida ao abrigo do princípio da investigação enquanto testemunha do tribunal (cf. *supra* §§ 1, 34 e 37).

§ 71 A proibição de valoração do depoimento indireto quando não foi chamada a fonte originária é objeto de um conjunto de exceções que permitem valorar como prova a asserção do depoimento indireto quando não for possível ouvir a *pessoa determinada* a quem se *ouviu dizer* «por morte, anomalia psíquica superveniente ou impossibilidade de ser encontrada» (última parte do segundo período do art. 129.º/1).

§ 72 A acareação (art. 146.º/1) constitui um subtipo da prova testemunhal, pelo que partilha a função narrativa sendo suplementar em termos funcionais e operativos, daí que o respetivo pressuposto seja «a existência de declarações anteriores contraditórias das pessoas chamadas a acarear-se» (Marques da Silva, 2012, v. 2: § 151.i).

§ 73 A acareação também é o resultado de um juízo de necessidade probatória do tribunal (art. 146.º/1) que deve assumir em plenitude a direção das inquirições (art. 146.º/4), sem prejuízo da possibilidade de as *partes* sugerirem questões suplementares (cf. *supra* §§ 1, 34, 37 e 70)

V – Capacidade para testemunhar e depoimentos de pessoas impedidas de depor como testemunhas

§ **74** O TC tem considerado inconstitucional a norma do art. 131.º/1 na parte em que determina a incapacidade para deporem como testemunhas de pessoas que foram arroladas mas padecem de anomalia psíquica reconhecida em sentença judicial (em particular decisões que decretaram a respetiva interdição, o que valerá em termos similares para o atual regime do *maior acompanhado*), nomeadamente, por violação do *fair trial* e direito à prova tutelados no art. 20.º/4 CRP e proibição do excesso estabelecida no art. 18.º/2 CRP, numa linha constante de arestos que, contudo, apresentam variantes na fundamentação — Acs. 359/2011 (João Cura Mariano), 396/2017 (Gonçalo de Almeida Ribeiro), 589/2017 (Fernando Ventura) e 669/2019 (Lino Rodrigues Ribeiro).

§ **75** Relativamente ao estatuto do menor como testemunha, as questões controvertidas não se reportam à capacidade para depor mas à axiologia constitucional que obsta a que os menores sejam tratados pelo Estado, em qualquer circunstância, como sujeitos com menos direitos de defesa em relação ao Estado do que os adultos. A Constituição reconhece que «os pais e as mães têm direito à proteção da sociedade e do Estado na realização da sua insubstituível ação em relação aos filhos», na fórmula do artigo 68.º/1 CRP, o que abrange direitos individuais, nomeadamente de autonomia política, que precedem os amplos direitos sociais reconhecidos na Constituição portuguesa neste domínio como o direito à colaboração do Estado na educação dos filhos (art. 67.º/2/*b)* CRP).

§ **76** O direito das crianças «contra o exercício abusivo da autoridade na família e nas demais instituições» (art. 69.º/1 CRP) abrange, nomeadamente, o Estado enquanto instituição, relativamente ao qual os direitos dos menores sem capacidade jurídica são exercidos pelos respetivos representantes legais. Na falta de normas processuais penais específicas aplicam-se subsidiariamente as normas do processo civil (*ex vi* art. 4.º): A notificação destinada a chamar alguém a juízo (art. 219.º/ 2 CPC) quando relativa a convocados menores, deve ser feita na pessoa dos seus legais representantes (artigo 223.º/1 CPC) e quando a representação pertença a mais de uma pessoa basta que seja notificada uma delas (artigo 223.º/2 CPC), já na Lei Tutelar Educativa prevê-se especificamente um sistema de convocação que, além do representante, se dirige ao próprio menor, uma dupla convocação que não impede a suscetibilidade de responsabilidade única do representante pela falta de importância (art. 67.º da LTE).

§ **77** A inquirição em julgamento penal como testemunha sujeita a um dever de colaboração não afasta o facto de a fonte de prova ser também um sujeito de direitos entre os quais ressalta, no caso de menor não emancipado (arts. 122.º, 129.º, 130.º, 132,.º e 133.º CC), a combinação da capacidade para ser testemunha (art. 131.º) com o direito ao acompanhamento do seu representante legal (cf. arts. 123.º e 124.º CC), o que implica, designadamente, o direito a conferenciar com os pais atentos os limites à sua capacidade jurídica e a responsabilização dos pais pelo exercício dos seus direitos, numa interação livre e sem a mediação estadual.

§ **78** Uma pessoa que «no processo, tiver sido ouvido ou dever sê-lo como testemunha» está impedida de ser nomeada como perito (art. 39.º/1/*d) ex vi* art. 47.º/1), devendo esse impedimento ser suscitado e declarado perante o tribunal ou o JI competente em função da fase em que o processo se encontrar, sendo *apreciado e imediata e definitivamente decidido* pelo órgão judicial competente, sem submissão a formalismo especial (art. 47.º/2).

§ **79** Questão distinta da relativa à nomeação como perito é a de saber se uma pessoa que interveio como perito (e no momento em que foi designado para essa função não se sabia que deveria vir a ser ouvido como testemunha) fica impedido de ser ouvido como testemunha. Existem três fatores relevantes para a resposta a essa questão: (a) a intervenção originária como perito não padeceu de nenhum vício; (b) os peritos só estão impedidos de prestar declarações como testemunhas «em relação às perícias que tiverem realizado» (art. 133.º/1/*d)*); (c) o mecanismo previsto no art. 39.º/2 (se o juiz tiver sido oferecido como testemunha, declara, sob compromisso de honra, por despacho nos autos, se tem conhecimento de factos que possam influir na decisão da causa, verificando-se, em caso afirmativo o impedimento para intervir como juiz e, apenas em caso negativo deixa de ser testemunha) não é aplicável aos peritos que já intervieram como peritos antes de serem oferecidos como testemunhas. Tendo presente as aludidas coordenadas legais impõe-se concluir que: (1) não existe um impedimento de pessoas que intervieram como peritos serem indicados como testemunhas; (2) como testemunhas só não podem prestar declarações no processo «em relação às perícias que tiverem realizado» (art. 133.º/1/*d)*).

§ **80** O reconhecimento da possibilidade de as pessoas nomeadas como peritos deporem como testemunhas sobre factos objeto da prova que não sejam relativos à perícia que tiverem realizado, além de ser a única resposta conforme o direito ordinário constitui, ainda, solução conforme os imperativos constitucionais sobre a proibição do excesso e o direito à prova tendo por referência o disposto nos arts. 18.º/2 e 20.º/4 CRP.

§ 81 O aspecto que terá de ser controlado pelo presidente na inquirição de pontos como testemunhas, desde logo no momento da prática do ato previsto no art. 348.º/3, é que não devem ser no quadro da prova testemunhal colocadas questões relativas «às perícias que tiverem realizado». Sendo alegado pela *parte* que indicou a testemunha que pretende inquiri-la sobre *factos da sua experiência* que não têm relação com a perícia que realizou, no exercício do poder de direção da audiência o presidente pode solicitar a esse sujeito processual que indique os factos e a razão de ciência da testemunha, para além de dever realizar um controlo cuidado da relevância e legalidade das questões colocadas. Com efeito, os sujeitos processuais que os arrolem podem, legitimamente, pretender que deponham sobre factos «de que possuam «conhecimento direto e sejam objeto da prova» (art. 127.º/1) e que não sejam factos *relativos às perícias que tiverem realizado*.

§ 82 Quanto aos factos *relativos às perícias que tiverem realizado*, o eventual depoimento do perito deve obedecer ao regime especial estabelecido no art. 350.º, por força do impedimento constante do art. 133.º/1/*d)*.

§ 83 Independentemente de os róis que indicam para prestar declarações assistente, partes civis, peritos ou consultores técnicos destacarem o respetivo estatuto processual, o juiz presidente deve assegurar que a respetiva prestação de declarações obedece ao regime especial aplicável e, caso o juiz presidente não o determine oficiosamente, qualquer um dos sujeitos processuais pode exigi-lo ao tribunal, apresentar protesto e arguir a irregularidade do ato de produção que não obedeça ao estabelecido no art. 346.º, 347.º ou 350.º, consoante o que seja concretamente aplicável. O mesmo vale para a prestação por testemunhas que sejam terceiros titulares *de instrumentos, produtos ou vantagens suscetíveis de ser declarados perdidos a favor do Estado* (art. 347.º-A) ou menores de 16 anos (art. 349.º). Se a irregularidade da forma de prestação de declarações, tal como no caso em que se não adote o disposto no art. 348.º/4 a 6 quando aplicável, não for tempestivamente arguida será sanada (*supra* §§ 46 a 48 e 51).

§ 84 O arguido e o coarguido no concreto processo não podem ser ouvidos como testemunhas e o desrespeito desse limite é sancionado como proibição de prova, nos termos do art. 57.º/5. Relativamente ao designado representante de pessoa coletiva arguido que não seja arguido enquanto pessoa singular, mas constitua potencial fonte pessoal de prova cuja inquirição se afigure necessária para a descoberta da verdade material, o disposto no art. 133.º/1/*e)* não deve obstaculizar em termos absolutos à sua prestação de declarações como testemunha por colidir com a proibição do excesso e o direito à prova tutelados nos arts. 18.º/2 e 20.º/4 CRP (cf. *supra* §§ 22 e 74).

VI – Prova testemunhal e identificação de pessoas e coisas em julgamento

§ 85 A prova por reconhecimento (art. 147.º) tem em comum com a prova testemunhal ser produzida para os fins do processo a partir de fontes pessoais tendo como objeto perceções.

§ 86 Em face de um conceito de provas pessoais que compreende a pessoa como fonte de comunicação de dados cognoscitivos originados pela sua mente gerando elementos de prova em que a pessoa fornece contributos gnoseológicos que estão para além das suas características individuais e/ou do que transporta no seu corpo. Tal abrange a pessoa como fonte de declarações processuais, mas é suscetível de compreender outros contributos informativos voluntários da fonte pessoal de prova (ainda que derivados da imposição de um concreto dever colaborativo por via de um ato de autoridade) não subsumíveis ao conceito de *declarações processuais*. Existem, assim, provas processuais que devem ser consideradas provas pessoais, mas não integram as categorias de prova testemunhal ou declarações do arguido, por via de uma regulação específica, como é o caso da prova por reconhecimento. Trata-se de uma prova produzida no processo com um procedimento autónomo da prova testemunhal subsumível à categoria de prova performativa, sem perder o carácter pessoal na medida em que se reporta a informação prestada por uma pessoa (o identificador) sobre as suas perceções passadas. O resultado probatório deriva de um contributo de uma pessoa concreta fonte de determinada informação, comparando a perceção visual passada com a perceção visual que ocorre no decurso da experiência processual (cf. §§ 1 a 6 do comentário ao art. 147.º).

§ 87 Na prova por reconhecimento, por contraponto às *grelhas sintáticas* do testemunho, ocorre uma experiência do reconhecimento centrada na «operação recognitiva» em que uma pessoa é orientada a proceder a uma perceção de alguma coisa e a refletir sobre o que havia percecionado anteriormente num outro contexto. Tal visa a comparação das duas experiências de perceção visual sendo-lhe de seguida perguntado se têm o mesmo objeto de visão.

§ 88 É possível num único processo a mesma pessoa ser fonte de prova quanto aos dois meios de prova autónomos, por reconhecimento e testemunhal, os quais devem ser analisados como dois meios de prova distintos com a mesma fonte pessoal.

§ 89 Existe uma potencial margem de sobreposição dos regimes da prova testemunhal e da prova por reconhecimento, afigurando-se nuclear a respetiva distinção num sistema em que são tipificados como meios de prova autónomos. Compreensão que tem de integrar os fundamentos da autonomização da prova por reconhecimento relativamente à prova testemunhal (§§ 1 a 4, 7 a 9 do comentário ao art. 147.º), o procedimento diacrónico de produção da prova por reconhecimento (§§ 11 a 24 do comentário ao art. 147.º) e, no caso do reconhecimento de pessoas, os direitos e deveres do identificando na produção da prova por reconhecimento (§§ 30 a 40 do comentário ao art. 147.º).

§ 90 No plano epistemológico-jurídico, as vias probatórias da prova testemunhal e da prova por reconhecimento para identificação de pessoas ou coisas relativas a factos probandos não apresentam uma especificidade recortada pelo tipo de perceção nem pela integração do elemento de prova no processo inferencial do julgamento. O fator distintivo, com lastro histórico no direito português, reporta-se às vias comunicacionais para fazer chegar ao processo as perceções subjetivas sobre características especificadoras da identidade de pessoa ou coisa percecionada no passado. Problema com uma dimensão normativa e outra epistemológica, a segunda relativa à análise da influência dos processos linguísticos nos aspetos fenomenológicos da experiência percetiva.

§ 91 Isoladamente considerado, o dito *reconhecimento por descrição* (art. 147.º/1) deve ser qualificado como relativo a declarações processuais sujeitas ao regime da prova testemunhal. Sendo um ato com conteúdo narrativo que constitui uma etapa preliminar do procedimento próprio da prova por reconhecimento (art. 147.º/1) apenas integra esse meio de prova autónomo da prova testemunhal quando ocorre a etapa com dimensão performativa relativa à comparação de experiências (passada e processual), i.e., quando à descrição narrativa se seguem as confrontações visuais dirigidas aos fins probatórios do processo nos termos do artigo 147.º/2 (cf. §§ 3, 8, 10, 12, 21 a 23, 41 a 49 do comentário ao art. 147.º).

§ 92 A confrontação da fonte pessoal de prova com fotografias juntas ao processo ou apresentadas pela fonte está expressamente prevista como um ato possível no âmbito da inquirição de testemunhas (artigos 138.º/4 e 5 e, ainda, 346.º/2, 347.º/2 e 348.º/7 conjugados com o artigo 345.º/3).

§ 93 O artigo 147.º/5 não proíbe, em termos gerais e abstratos, que no quadro da prova testemunhal se confronte a testemunha com a reprodução de imagens de pessoas. A estatuição do art. 147.º/5 apenas estabelece que para o ato processual de confronto com imagem de pessoas poder valer como meio de prova transmissível das fases preliminares à fase do julgamento (ao abrigo do artigo 356.º/1/*b)*) o mesmo carece de ser seguido da experiência de confronto visual com a pessoa em causa de acordo com o procedimento regulado no artigo 147.º/2 (cf. §§ 26 e 27 do comentário ao art. 147.º).

§ 94 O confronto visual com imagens, ainda que gerando uma identificação positiva, pode no quadro da prova testemunhal não ser seguido do procedimento de reconhecimento previsto no artigo 147.º/2, por não ser possível localizar o identificando para esse efeito (que pode ser por exemplo uma vítima falecida ou um terceiro que não é sujeito processual), ou por não se afigurar relevante no caso concreto (*v.g.* em face de outros meios de prova obtidos ou a obter). Nesses casos, a prova testemunhal em que ocorre um confronto com imagens não vai constituir um meio de prova autónomo nem vai integrar uma prova por reconhecimento complexa. A previsão de uma submodalidade de reconhecimento como meio de prova autónomo no artigo 147.º/5 reporta-se, apenas, a um meio de prova processual que não colide com a latitude da prova testemunhal (essencialmente conformada, na fase de julgamento, pelo contraditório da inquirição cruzada), não limita o recurso a meios de investigação (os quais não constituem meios de prova da acusação ou da contestação), nem colide com a possibilidade de eventos relativos a confrontos visuais com imagens por parte de fontes de prova pessoais serem suscetíveis de constituir factos probandos (nomeadamente como factos probatórios relacionados com determinados meios de prova, como a prova testemunhal). Por outro lado, se o declarante afirma que a pessoa que viu foi X porque o conhece da televisão enquanto *figura pública* não estamos perante o reconhecimento por fotografia, filme ou gravação já que no processo a comunicação é de raiz verbal, no fundo, integra o referido ato narrativo em que a fonte de prova deve ser, nomeadamente, inquirida sobre «se já tinha visto antes» a pessoa cuja identificação se pretende, «e em que condições» (artigo 147.º/1).

§ 95 A condicionante estabelecida no art. 147.º/5 para utilização do confronto com imagem como meio de prova autónomo é apenas reportada ao ato subsequente necessário para esse efeito (o confronto nos termos do artigo 147.º/2), a lei não regula, nem podia regular, de forma genérica a ponderação conformada pelo princípio da relevância sobre o recurso a esse tipo de confronto no quadro da prova testemunhal.

§ 96 Em matéria de contraditório, o programa processual compreende regras específicas e mais exigentes sobre a produção da prova testemunhal em julgamento do que as estabelecidas para a prova por reconhecimento que em termos de produção subsiste conformada por um esquema essencialmente inquisitório (cf. §§ 28, 29, 42 a 48 do comentário ao art. 147.º).

§ 97 A prova testemunhal é uma prova constituenda em que os problemas do contraditório (responsabilizante dos sujeitos processuais, cf. o complexo das disposições conjugadas dos artigos 138.º/2, 118.º/2 e 123.º/1, cf. *supra* §§ 27, 29, 46 a 48, 50 e 51 e *infra* § 104) e os ónus de demonstração da relevância e respetivo escrutínio operam no momento da produção e não da admissão, daí a inadmissibilidade de introdução de prova testemunhal como suposta prova por reconhecimento (cf. §§ 49 a 51 do comentário ao art. 147.º).

§ 98 Segundo o princípio da não taxatividade dos meios de prova, a prova por reconhecimento não será obrigatória, nem exclusiva para o resultado probatório de identificação de pessoas ou coisas, podendo recorrer-se para o efeito a outros meios de prova [*v.g.* prova testemunhal em sentido amplo (incluindo acareações), exames, prova documental (nomeadamente registos de imagens), perícias comparativas de dados dactiloscópicos e / ou perfis de ADN, reconstituição do facto, informações sobre localização por GPS, etc.]. O resultado probatório identificação de pessoas ou coisas deriva na maioria dos casos da assunção e valoração de elementos transmitidos por uma pluralidade de meios de prova, ainda que alguns compreendendo uma cadeia de inferências indiretas (cf. §§ 1, 52 e 60 do comentário ao art. 147.º).

§ 99 As identificações de pessoas e objetos enquanto recuperação de anteriores perceções sensoriais no quadro da inquirição como testemunha (ou declarante) integram-se no objeto possível da prova testemunhal e não existe um regime particular e tipificado exclusivo da prova testemunhal em matéria de perceções de imagens fixas de pessoas e coisas.

§ 100 A tese doutrinária que defende que a prova por reconhecimento é o *meio probatório típico idóneo a produzir o resultado cognoscitivo relativo* *à identificação de pessoa e coisas* (MEDINA DE SEIÇA, 2002) a ser aceite teria uma especial implicação no instituto da prova testemunhal, ao determinar uma proibição de prova excludente do depoimento testemunhal sobre determinado objeto (transmissão por palavras de elementos relativos à identidade de uma pessoa ou coisa quando a mesma constitui facto probando por associação a uma concreta pessoa ou coisa real). Essa proibição para ser acolhida enquanto produto doutrinário ou jurisprudencial carecia de suporte num imperativo com força supralegal que legitimasse a restrição do âmbito da prova testemunhal estabelecido na lei, no caso português no art. 128.º (*supra* § 2), imposição axiológica que não existe na ordem jurídica portuguesa. A delimitação do objeto e vias de produção da prova testemunhal inerentes à aludida tese doutrinária restritiva do objeto da prova testemunhal, na nossa perspetiva, colide com as determinantes histórico teleológicas da prova testemunhal e do modelo normativo estabelecido no CPP, um regime particularmente contido na conformação dos processos inferenciais (cf. com mais desenvolvimento PAULO DÁ MESQUITA, 2011, pp. 481-538, e §§ 53 a 56 do comentário ao art. 147.º).

§ 101 A tese restritiva da prova testemunhal sobre a identidade pessoas e coisas confronta-se, ainda, com obstáculos pragmáticos nos casos em que a fonte de prova associa de imediato a pessoa que perceciona a alguém que supostamente conhece (e os graus de conhecimento são variáveis e os motivos dos juízos de associações entre pessoas percecionadas muito diversos). A tese restritiva da prova testemunhal sobre a identidade pessoas e coisas, além da falta suporte normativo para a restrição, não apresenta um critério pragmaticamente sustentável para os casos em que se exceciona a proibição da prova da identidade de coisas ou objetos através da prova testemunhal.

§ 102 Em contraponto à configuração da prova por reconhecimento como via obrigatória para a identificação de pessoas através de fontes de provas pessoais, a ênfase nos inegáveis perigos gnoseológicos da prova testemunhal não pode determinar uma artificial proibição abstrata promotora da sobrevalorização (e mesmo obrigatoriedade) da prova por reconhecimento, que verificadas determinadas variáveis é potenciadora do erro da fonte de prova (ainda que de boa-fé). No caso da prova por reconhecimento isoladamente considerada, o problema é agravado pela força impressiva do reconhecimento e pela inquisitoriedade do procedimento. Alguns estudos empíricos têm destacado os fatores indutores do erro determinados por específicas características da testemunha, do alegado agente do crime e/ou condições do ambiente do evento que não podem ser manipuladas ou conformadas pelos agentes do

Estado, e, no plano epistemológico é pacífico que em muitos casos, apesar de o reconhecimento ser abstratamente possível, não deve ser adotado como meio de prova por não apresentar uma concreta mais valia probatória.

§ **102** O problema das identificações em sede de prova testemunhal não incide na possibilidade de inquirição sobre factos relativos à caracterização de pessoas e objetos anteriormente percecionados, mas nas formas admissíveis da inquirição e da prestação de depoimento. O recurso a perceções atuais, em especial no momento do julgamento, não é proibido de forma genérica e, por vezes, é expressamente admitido, ressaltando, nesse plano, os arts. 138.º/4, 345.º/ 3 e 348.º/7 que são normas com lastro histórico na legislação portuguesa. O art. 138.º/4 tem como referente imediato o art. 232.º CPP/29 (previsto com o fim do «melhor esclarecimento dos factos», Luís Osório, 1933, III, p. 387, sem equivalente nas *Reformas*). No art. 425.º CPP/29 determinava-se que, «o presidente do tribunal poderá [...] fazer ao réu quaisquer perguntas sobre qualquer facto ou circunstância que interesse à descoberta da verdade, ou confrontá-lo com as testemunhas, com os outros ou com o ofendido» enquanto no art. 426.º CPP/29 se prescrevia que «na ocasião do interrogatório poderão ser mostrados ao réu os documentos juntos ao processo e os papeis, instrumentos ou quaisquer outros objetos aprendidos que se relacionem com a infração». O art. 426.º CPP/29 — preceito que tinha base no artigo 1069.º da *Novíssima,* a única diferença era que em vez de «poderão ser» prescrevia-se «serão», norma que estando prevista para a instrução também se aplicava ao julgamento por força do art. 1140.º (cf. Luís Osório, 1920, p. 92). Na LPT admite-se expressamente a possibilidade do confronto visual no quadro de depoimentos à distância para «reconhecimento de pessoas, documentos ou objetos», sendo para o efeito «facultada à testemunha a respetiva visualização» (art. 12.º LPT, que se manteve inalterado nas revisões desse diploma).

§ **103** As soluções legais dos arts. 138.º/4, 345.º/ 3 e 348.º/7 são, assim, marcadas pela *tradição* que confirma um sistema compatível com a latitude da inquirição probatoriamente fundada na relevância, num modelo de formação da prova testemunhal em que assume centralidade o contraditório. A questão reconduz-se, no essencial, a definir a medida admissível para se efetuar na inquirição referências à perceção visual atual da fonte de prova tendo por objeto outras pessoas ou coisas. Numa audiência de julgamento adversarial o problema no quadro da inquirição cruzada não ganha específica autonomia na dialética do julgamento, daí que o centro das questões nos processos penais inglês e norte-americano sejam os reconhecimentos feitos na polícia e a sua utilizabilidade e não a avaliação visual no julgamento por parte da testemunha de reprodução de imagens, pessoas ou coisas (e a específica responsabilidade do juiz como filtro de provas *sugestivas* que não devem ser transmitidas ao júri cujo julgamento de facto é imotivado e insuscetível de controlo direto sobre as inferências realizadas, diferentemente do que sucede no regime português sobre recurso em matéria de facto).

§ **104** Em sede de produção de prova testemunhal na audiência, as questões colocadas (pelas partes ou pelo tribunal) que envolvem confronto visual com fotografias ou pessoas presentes na audiência têm de se integradas na dimensão contraditória do ato de produção de prova em que o presidente deve avaliar (oficiosamente ou por via de oposição dos sujeitos da dialética) o caráter *sugestivo* ou *impertinente* das questões formuladas (art. 138.º/2). Matéria que não é relativa ao objeto (perceções visuais) mas à comunicação processual, pelo que as soluções mais exigentes não estão funcionalizadas a mitigar a ilusão visual quanto ao facto probando, mas reportam-se ao ato processual, à luz de um mecanismo dialético responsabilizante na invocação em audiência de eventuais vícios de irregularidade (*supra* §§ 27, 29, 46 a 48, 50, 51 e 97).

§ **105** O TC nos Acs. 425/2005 e 378/2007 revelou uma grande flexibilidade na integração da prova testemunhal em julgamento no confronto com pessoas ou objetos, sem indiciar discriminações analíticas relativamente à interação comunicativa do tribunal com a testemunha.

VII – Testemunhos e assunção de prova testemunhal produzida fora da concreta audiência de julgamento

§ **106** O regime de assunção (cf. § 7 do comentário ao art. 340.º) em julgamento de prova testemunhal compreende a necessidade de articulação das normas do art. 348.º/3 a 7 com a regulação dos limites à utilização em julgamento de anteriores declarações processuais estabelecidos nos arts. 355.º/2 e 356.º/1 a 9 — cf. comentários aos arts. 355.º e 356.º.

§ **107** Desta forma, a validade da prova testemunhal produzida nas fases preliminares não obsta a que esses meios de prova sejam sujeitos a um filtro na fase de julgamento para decidir se podem ser (e em que medida) assumidos como meios de prova do julgamento.

§ **108** Existindo pluralidade de declarações da mesma fonte, antes de empreender a respetiva valoração, tem de se identificar as que podem ser adquiridas como prova. Havendo mais do que uma declaração da mesma fonte de prova testemunhal admitida como meio de prova, serão valoradas na sua complexidade, sem embargo da autonomia dos dois meios de prova (que poderia ter determinado a admissão de um e a não admissão de outro).

§ **109** Os limites legais para a assunção e valoração do meio de prova declarativa anterior não afetam a validade da declaração prestada no julgamento quando não exista nenhuma nulidade ou proibição que atinja a nova declaração.

§ **110** A *contaminação* da testemunha que depõe em julgamento por conhecimento da sua anterior declaração (algo que é aliás pressuposto na medida em que interveio na mesma), caso não exista nenhuma específica invalidade suscetível de ser conhecida e que obste à valoração da resposta da fonte de prova (*supra* §§ 27, 29, 46 a 48, 50, 51, 97 e 104), apenas pode ser ponderada em sede de valoração dos elementos de prova constituídos pelas declarações da testemunha.

Paulo Dá Mesquita

Artigo 349.º
Testemunhas menores de 16 anos

A inquirição de testemunhas menores de 16 anos é levada a cabo apenas pelo presidente. Finda ela, os outros juízes, os jurados, o Ministério Público, o defensor e os advogados do assistente e das partes civis podem pedir ao presidente que formule à testemunha perguntas adicionais.

Origem do texto: corresponde à redação originária aprovada pelo DL 78/87.

Sumário do comentário:
I – Considerações gerais (§§ 1 e 2)

I – Considerações gerais

§ 1 Os menores de 16 anos podem ser testemunhas, mas a produção de prova em audiência de julgamento compreende um regime especial estabelecido no preceito comentado: atribuição ao presidente da competência exclusiva para lhes colocar questões, devendo atender às circunstâncias específicas da concreta testemunha e necessidades de descoberta da verdade na direção do ato processual ao apreciar a colocação de perguntas adicionais sugeridas pelos sujeitos da dialética ou pelos outros membros do tribunal nesta sede, o poder de direção do presidente (arts. 322.º e 323.º) não cede quanto à decisão das questões a colocar ao menor de 16 anos perante valorações distintas de outros membros do tribunal (em sentido contrário, Oliveira Mendes in Henriques Gaspar *et al.*, 2016, pp. 1065-1066). Modelo de inquirição com suporte em razões de política extrínseca relativas à obrigação estadual de proteção das crianças (nomeadamente, contra efeitos nefastos para o desenvolvimento da personalidade da tensão da inquirição cruzada), embora também possam ser invocados fundamentos epistemológicos no sentido de compreender melhores garantias (por confronto com a inquirição cruzada das *partes*) para a fiabilidade das respostas, atenta, designadamente, a tendencialmente mais reduzida maturidade dos menores de 16 anos. As responsabilidades do presidente incluem efetivar várias ponderações casuística concretizadoras do valor constitucional relativo à proteção da infância (art. 69.º/1 CRP), designadamente, a obrigação de, oficiosamente ou a requerimento, apreciar a eventual existência *de razões para crer que a audição* da testemunha de 16 anos na *presença do arguido poderia prejudicá-la gravemente*, devendo, na afirmativa, determinar *o afastamento do arguido da sala de audiência* durante o depoimento (art. 352.º/1/*b)*). As decisões do presidente sobre a inquirição e em particular sobre as questões propostas pelas partes são tomadas sem formalidades (art. 322.º/2), e, se as partes as pretenderem impugnar, têm de previamente suscitar de forma fundamentada a norma legal violada e a eventual irregularidade, sob pena de a mesma ser sanada e insuscetível de ser impugnada em recurso (arts. 118.º/1 e 2 e 123.º). Suscitada irregularidade do decidido pelo presidente, este deve decidir a mesma por despacho, que pode ser ditado para a ata, podendo manter o inicialmente decidido ou proceder à sua reparação — cf. § 47 a 49 do comentário ao art. 348.º.

§ **2** Os menores de 16 não prestam juramento (art. 91.º/6/*b)*), aplicando-se-lhes, ainda, todas as medidas adequadas para as testemunhas menores não emancipadas (cf. §§ 75 a 77 do comentário ao art. 348.º). Na inquirição de menores de 16 anos deve ser tida em atenção a sua inimputabilidade penal (art. 19.º CP), sem prejuízo da sujeição ao dever de verdade e, nos casos dos que tenham entre 12 e 16 anos de idade, da suscetibilidade de a prática de facto qualificado pela lei como crime poder dar lugar à aplicação de medida tutelar educativa (art. 1.º LTE). Deve, ainda, atender-se aos específicos direitos das crianças vítimas de crimes, também em sede de prestação de declarações como testemunha (art. 22.º LEV), bem como ao regime das testemunhas particularmente vulneráveis (sejam ou não vítimas), em que a idade da fonte de prova pessoal constitui um fator com especial relevo nos termos do art. 1.º/3 LPT — cf., ainda § 25 a 28 do comentário ao art. 348.º.

Paulo Dá Mesquita

Artigo 350.º
Declarações de peritos e consultores técnicos

1 – As declarações de peritos e consultores técnicos são tomadas pelo presidente, a quem os outros juízes, os jurados, o Ministério Público, o defensor e os advogados do assistente e das partes civis podem sugerir quaisquer pedidos de esclarecimento ou perguntas úteis para a boa decisão da causa.

2 – Durante a prestação de declarações, os peritos e consultores podem, com autorização do presidente, consultar notas, documentos ou elementos bibliográficos, bem como servir-se dos instrumentos técnicos de que careçam, sendo-lhes ainda correspondentemente aplicável o disposto no n.º 3 do artigo 345.º.

3 – Os peritos dos estabelecimentos, laboratórios ou serviços oficiais são ouvidos por teleconferência a partir do seu local de trabalho, sempre que tal seja tecnicamente possível, sendo tão-só necessária a notificação do dia e da hora a que se procederá à sua audição.

Origem do texto: corresponde à redação originária aprovada pelo DL 78/87, com as alterações introduzidas pela L 59/98, de 25.08 e DL 320-C/2000, de 15.12. A L 59/98 acrescentou na parte final do n.º 2 "sendo-lhes ainda correspondentemente aplicável o disposto no n.º 3 do artigo 345.º". O DL 320-C/2000, introduziu o n.º 3.

Sumário do comentário:
I – Considerações gerais (§§ 1 a 7)
II – Produção de depoimento em julgamento e assunção probatória das anteriores declarações processuais de peritos e consultores técnicos (§§ 8 a 10)

I – Considerações gerais

§ 1 O preceito comentado compreende normas reguladoras da prestação de declarações de peritos (art. 152.º/1) e consultores técnicos (art. 155.º/1), enquanto fontes de prova cujos depoimentos se reportam à prova pericial (art. 151.º), meio de prova regulado, em função do distintos objetos, de forma estruturalmente distinta da prova testemunhal (art. 128.º/1). O regime especial sobre as declarações em audiência de julgamento dos peritos *relativas às perícias que tiverem realizado* apresenta diferenças significativas também no plano epistemológico-jurídico relativamente à inquirição das testemunhas, ao invés do que sucede com a prova declarativa que tem como fontes arguido (art. 140.º/2), assistente e partes civis (art. 145.º/3). Em termos de róis, o limite legal padrão de 20 (arts. 283.º/3/*e)* 284.º/2, 285.º/3, 308.º/2, 315.º/1 e 316.º/1 e 2), relativo às testemunhas em sentido amplo (testemunhas, assistente e partes civis), não abrange peritos e consultores técnicos, os quais, por força da natureza complementar das suas declarações relativamente aos relatórios periciais, devem ser discriminados nos róis mencionando o seu estatuto próprio (arts. 283.º/3/*f)*, 284.º/2, 285.º/3, 308.º/2, 315.º/3 e 316.º/3).

§ **2** Os peritos não podem prestar declarações como testemunhas «em relação às perícias que tiverem realizado» (art. 133.º/1/*d)*), o que não implica a ilegalidade do rol que indica como testemunha uma pessoa que realizou perícia pois os sujeitos processuais que os arrolem podem, legitimamente, pretender que deponham sobre factos «de que possuam «conhecimento direto e sejam objeto da prova» (art. 127.º/1) e que não sejam factos *relativos às perícias que tiverem realizado* (cf. §§ .... do comentário ao art. 348.º). Relativamente aos factos *relativos às perícias que tiverem realizado*, o eventual depoimento do perito deve realizar-se no quadro do regime especial estabelecido no art. 350.º, por força do impedimento estabelecido no art. 133.º/1/*d)*, devendo ser previamente indicado por uma parte ou pelo tribunal (ao abrigo do art. 340.º) para ser ouvido em audiência na qualidade de perito. As decisões do presidente sobre a inquirição e em particular sobre as questões propostas pelas partes são tomadas sem formalidades (art. 322.º/2), e, se as partes as pretenderem impugnar, têm de previamente suscitar de forma fundamentada a norma legal violada e a eventual irregularidade, sob pena de a mesma ser sanada e insuscetível de ser impugnada em recurso (arts. 118.º/1 e 2 e 123.º). Suscitada irregularidade do decidido pelo presidente, este deve decidir a mesma por despacho, que pode ser ditado para a ata, podendo manter o inicialmente decidido ou proceder à sua reparação — cf. § 47 a 49 do comentário ao art. 348.º.

§ **3** A inquirição pelo presidente dos *declarantes* e *peritos* tem lastro no regime anterior pois mesmo depois da introdução da inquirição cruzada quanto às testemunhas (em 1959) àqueles as perguntas continuaram a dever ser «sempre feitas pelo presidente do tribunal» e as partes apenas podiam propor perguntas de esclarecimento ou complementares (arts. 419.º e 440.º do CPP/29). Solução relacionada com um estatuto especial dos peritos distinto do de assistentes e partes civis atenta a pressuposta imparcialidade daqueles, «verdadeiros elementos "auxiliares" ou "colaboradores" do tribunal» (assim Marques da Silva, 2012, v. 2: § 153), passando no CPP/87 o seu regime próprio de depoimento em audiência a abranger também os consultores técnicos (uma figura sem base de referência no anterior direito nacional) que intervêm como pessoas da *confiança* da parte que os indica (art. 155.º/1). Regime com a peculiaridade de não facultar aos outros membros do tribunal a possibilidade de colocarem questões diretamente às fontes de prova, tal como sucede com os menores de 16 anos, mas ao invés do que se verifica com as declarações em julgamento de assistente e partes civis (cf. arts. 346.º/1 e 347.º/1 e § 34 do comentário ao art. 348.º).

§ 4 A prestação de depoimento por peritos e consultores técnicos, atenta a natureza, objeto e teleologia da prova pericial, envolve uma contraditoriedade específica que visa essencialmente: (1) certificação da base técnico-científica e relevo dos conhecimentos especiais para o enunciado de facto e/ou (2) escrutínio dos procedimentos.

§ 5 O que o perito disse pode constituir prova em diferentes segmentos desde a valoração factual à simples *leitura* de elementos de meios de prova adquiridos que não sejam percecionáveis pelos sentidos ou se apresentem insuscetíveis de permitir inferências relevantes e adequadas através das formas de cognição comuns. No caso específico dos peritos poderá considerar-se que o programa sobre o contraditório na produção de prova é moderado, na medida em que as suas declarações podem ser produzidas através de relatório sem ser imposto o contraditório *para a prova* e não estando as suas declarações sujeitas à proibição genérica de reprodução de declarações processuais (artigo 356.º/1/*b)* CPP, vd. ainda *infra* §§ 8-10). Para além do contraditório sobre a prova, nomeadamente em sede de alegações (art. 360.º/1), existe um direito dos sujeitos processuais à produção em audiência contraditória de declarações dessas fontes pessoais de prova (arts. 283.º/3/*f)*, 284.º/2, 285.º/3, 315.º/3 e 316.º/3), inclusive antecipando o contraditório (artigo 271.º/7 CPP).

§ 6 Na jurisprudência do TEDH, embora se preconize um direito de contraditório relativamente ao teor das declarações dos peritos, na produção desse meio de prova as exigências são diferentes das impostas para a inquirição das *testemunhas* — Ac. *Klimentyev c. Rússia*, 26-11-2006, § 97, cf., ainda, Ac. *Matytsina c. Rússia*, n.º 58428/10, 27-3-2014, §§ 166-206. O TEDH, embora exclua de forma expressa os peritos do conceito de testemunhas previsto no art. 6.º/3/*d)* CEDH, já considerou tutelada, ao abrigo do art. 6.º/1 CEDH, a pretensão da defesa inquirir os peritos cujas declarações realizadas no processo sejam probatoriamente relevantes para o julgamento, cf. Ac. *Balsyté-Lideikiené c. Lituânia*, n.º 72596/01, 4-11-2008, §§ 63 e 66. Independente da problemática dos peritos, mas em alguns aspetos conexa, é a delimitação entre testemunhas materiais e testemunhas que atestam atos de investigação (por exemplo buscas realizadas), não compreendendo estas na plenitude do direito de confrontação protegido pela alínea *d)* do n.º 3 do artigo 6.º — *Murtazaliyeva c. Rússia* [GC], n.º 36658/05, 18-12-2018, §§136-137, vd., ainda, Ac. *Shumeyev e outros. c. Rússia* (dec.), n.º 29474/07, 23-9-2015.

§ 7 A inquirição dos peritos dos estabelecimentos, laboratórios ou serviços oficiais deve realizar-se através de teleconferência (arts. 158.º/2, 317.º/1 e 350.º/3), opção legal que parece fundamentalmente determinada pela especial tutela conferida a essas fontes de prova visando mitigar os efeitos negativos para a sua atividade precípua das presenças físicas em tribunal (embora também pareça persistir uma perspetiva sobre a sua imparcialidade e credibilidade congénitas que poderá determinar uma desvalorização do relevo dos sinais do rosto, corpo e voz). Os peritos (incluindo aqueles que não integram estabelecimentos, laboratórios ou serviços oficiais) e os consultores técnicos também podem prestar declarações em julgamento fora do espaço físico onde decorre a audiência ao abrigo dos arts. 318.º/1, 5 a 8 e 319.º/1 e 3, e, estando num outro Estado da UE, com fundamento nos arts. 35.º/1, 4 e 6, 36.º/1 e 37.º/1 RJDEI (cf., ainda, os arts. 10.º e 11.º CAJMP). No quadro da cooperação judiciária penal internacional releva o disposto no art. 145.º/2/*d)* e 3 LCJ e o que possa ser determinado pelo direito convencional aplicável.

II – Produção em julgamento e assunção probatória das anteriores declarações processuais dos peritos

§ 8 O regime de assunção (cf. § 4 do comentário ao art. 340.º) em julgamento de prova declarativa de peritos e consultores técnicos compreende a necessidade de articulação das normas do art. 350.º/1 e 2, sobre a produção dos seus depoimentos em audiência, com o regime relativo à utilização probatória em julgamento do que disseram nas fases preliminares, distinto do estabelecido para declarações processuais de testemunhas em sentido amplo em face do disposto no art. 356.º/1/*b)* — cf. §§ 14 a 19 do comentário ao art. 356.º —, o que se reflete na primeira parte do art. 350.º/2 e, ainda, na suscetibilidade de produção em julgamento de prova pericial sobre o estado psíquico do arguido assegurando-se, apenas, o contraditório *sobre a prova* sem que o ato de produção de prova integre uma forma contraditória de transmissão do juízo pericial (art. 351.º/3 e 4).

§ 9 Regime particular de assunção das declarações (em julgamento e pretéritas) dos peritos e consultores técnicos como prova do julgamento que se articula com a especialidade da prova pericial na etapa da valoração (sobre as dimensões do procedimento probatório, cf. § 4 do comentário ao art. 340.º), estabelecida pelo art. 163.º/2. O problema do suporte procedimental e epistémico da eventual *divergência* judicial relativamente ao *juízo dos peritos* suscita a questão do escrutínio judicial e das partes quanto ao âmbito do juízo, tecnicidade e cientificidade dos conhecimentos empregues nas *perícias*, incluindo problemas como a distinção entre prova pericial e «o que podemos designar como *mera* atividade técnica desenvolvida no processo penal» (A.J. Latas, 2006, p. 112, sobre o tema, cf. ainda, Dá Mesquita, 2011, pp. 370-372).

§ **10** O quadro jurídico revela que as declarações processuais reguladas no art. 350.º constituem uma prova que visa a articulação com uma prova processual pré-constituída, não sendo condição de valoração desta. Desta forma, a valoração dos relatórios e juízos escritos periciais (alguns dos quais produzidos monologicamente pelo seu autor) não depende da produção de depoimento oral em julgamento e o sujeito processual que pretenda invocar a prova pericial e o respetivo exame pelo tribunal não se encontra sujeito ao ónus da iniciativa de inquirição de peritos e consultores técnicos, pois o exame pelo tribunal do relatório (art. 355.º/1) não depende da produção de declarações em julgamento pelo respetivo autor. Por outro lado, todos os sujeitos processuais têm acesso aos autos das fases preliminares e consequentemente aos elementos necessários para, querendo, poderem identificar e arrolar os peritos (como instrumento de um contraditório diferido).

Paulo Dá Mesquita

Artigo 351.º
Perícia sobre o estado psíquico do arguido

1 – Quando na audiência se suscitar fundadamente a questão da inimputabilidade do arguido, o presidente, oficiosamente ou a requerimento, ordena a comparência de um perito para se pronunciar sobre o estado psíquico daquele.

2 – O tribunal pode também ordenar a comparência do perito quando na audiência se suscitar fundadamente a questão da imputabilidade diminuída do arguido.

3 – Em casos justificados, pode o tribunal requisitar a perícia a estabelecimento especializado.

4 – Se o perito não tiver ainda examinado o arguido ou a perícia for requisitada a estabelecimento especializado, o tribunal, para o efeito, interrompe a audiência ou, se for absolutamente indispensável, adia-a.

Origem do texto: corresponde à redação originária aprovada pelo DL 78/87.

Sumário do comentário:

I – Considerações gerais: a inimputabilidade e a declaração de inimputabilidade por imputabilidade diminuída (§ 1)

II – Obrigatoriedade legal da perícia psiquiátrica naqueles casos (art. 20.º/1 e 2 CP) (§ 2)

III – Momentos de realização da perícia (§§ 3, 4)

IV – Pressupostos e âmbito de aplicação do n.º 1: inimputabilidade e declaração de inimputabilidade por imputabilidade diminuída

a) Inimputabilidade e declaração de inimputabilidade por imputabilidade diminuída (§ 5)

b) Obrigatoriedade da perícia (§ 6)

c) Questão suscitada fundadamente (§§ 7, 8)

V – Caracterização da perícia simplificada a realizar pelo perito convocado (§§ 9, 10)

VI – Perícia de verificação residual (§ 11)

VII – Ato instrumental de *expertise* (§§ 12, 13)

VIII – O perito a convocar (§ 14)

IX – Procedimento aplicável à intervenção de perito convocado (§§ 15 a 18)

X – Aproveitamento da perícia sobre o estado psíquico do arguido para efeitos dos arts. 104.º, 105.º e 106.º CP (§§ 19, 20)

XI – Aplicação analógica do art. 351.º a outras situações previstas nos arts. 104.º, 105.º e 106.º CP (§§ 21 a 23)

XII – A perícia em caso de imputabilidade diminuída em sentido estrito (n.º 2)

a) Âmbito (§ 24)

b) Carácter facultativo desta perícia e momento da sua realização (§§ 25, 26)

XIII – Requisição de perícia psiquiátrica a estabelecimento (§§ 27, 28)

XIV – Interrupção ou adiamento da audiência (§ 29)

XV – A questão da recorribilidade do indeferimento de perícia requerida, do seu deferimento e da sua realização oficiosa (§ 30)

XVI – A omissão de perícia requerida e a omissão do dever oficioso de ordenar a realização de perícia psiquiátrica (§§ 31, 32)

I – Considerações gerais: a inimputabilidade e a declaração de inimputabilidade por imputabilidade diminuída

§ 1 Nos termos do art. 20.° CP, que tem por epígrafe por *Inimputabilidade por anomalia psíquica,* tanto a inimputabilidade em sentido estrito a que se refere o seu n.° 1, como a chamada imputabilidade diminuída que, de acordo com o seu n.° 2, pode levar à declaração de inimputabilidade do arguido, reportam-se necessariamente ao momento da prática do facto concreto que lhe é imputado, devendo ser apuradas e decididas no próprio processo em que se discute e decide o ilícito típico, pois no modelo do CP/82 a declaração de inimputabilidade em sentido amplo, abrangendo ambas as situações, não pode ter lugar de forma geral e abstrata, nomeadamente através de incidente que pudesse dispensar o prosseguimento dos autos para apuramento do facto como se verificou durante grande parte da vigência do art. 125.° CPP/29.

II – Obrigatoriedade legal da perícia psiquiátrica naqueles casos (art. 20.°/1 e 2 CP)

§ 2 Por sua vez, a perícia psiquiátrica destinada a apurar se o arguido sofria de anomalia psíquica no momento da prática do facto que possa ter determinado a sua inimputabilidade art. 20.°/1 CP), ou a declaração de inimputabilidade por imputabilidade diminuída (art. 20.°/2 CP), é obrigatória quando se suscite fundadamente tal questão no processo, constituindo-se assim em prova legal vinculada em ambas as hipóteses. É assim, em face do fundamento biológico comum ao conceito legal de inimputabilidade, em sentido estrito, art. 20.°/1 CP, e à declaração de inimputabilidade com fundamento em imputabilidade diminuída, relativamente à qual o n.° 2 exige mesmo a verificação, no momento da prática do facto, de *anomalia psíquica grave, não acidental e cujos efeitos não domina,* o qual implica a apreciação de factos que exigem especiais conhecimentos técnicos ou científicos. Daí que o tribunal não possa considerar o arguido inimputável por anomalia psíquica ou declará-lo inimputável por inimputabilidade diminuída, tal como não pode afastar qualquer desssas hipóteses, *quando a questão se suscitar fundadamente no processo*, sem a realização de perícia relativa a questões psiquiátricas que permita sustentar a sua decisão – v. arts 151.° e 340.° e §§ 6 e 7 do comentário ao art. 151.° e §§ 33 a 36 e 34 do comentário ao art. 159.°, Tomo II.

III – Momentos de realização da perícia

§ 3 Por outro lado, a realização da perícia tem lugar na fase de *Inquérito*, na generalidade dos casos, de modo a instruir a decisão do MP no termo daquela fase quando a questão da inimputabilidade em sentido amplo (abrangendo, pois, a inimputabilidade em sentido estrito e a declaração de inimputabilidade por imputabilidade diminuída) aí se coloque, ou durante a fase de *Instrução* de modo a habilitar o JI a proferir decisão instrutória que deva apreciar a questão da inimputabilidade do arguido. Em ambos os casos a perícia relativa à inimputabilidade realizada nas fases preliminares do processo constitui meio de prova transmissível à fase de julgamento, podendo/devendo o tribunal de julgamento ouvir os peritos que a realizaram para prestarem esclarecimentos complementares ou ordenar a realização de nova perícia ou a renovação da perícia anterior, nos termos dos arts. 158.º e 350.º, sempre que o entenda necessário.

§ 4 No entanto, caso não tenha havido lugar a perícia nas fases preliminares, o tribunal tem o poder/dever de ordenar a realização de perícia psiquiátrica pela primeira vez quando *a questão da inimputabilidade,* em sentido amplo, *se suscite fundadamente* na fase de julgamento, quer oficiosamente, quer por iniciativa dos sujeitos processuais ou de alguma das pessoas a que se reporta o n.º 7 do art. 159.º (v. § 38 do comentário ao art. 159.º, Tomo I), independentemente das razões que possam ter levado os titulares das anteriores fases processuais a não ordenar a realização de perícia, dadas as especiais responsabilidades em matéria de instrução da causa que o princípio da investigação faz recair sobre o tribunal de julgamento (art. 340.º).

IV – Pressupostos e âmbito de aplicação do n.º 1: inimputabilidade e declaração de inimputabilidade por imputabilidade diminuída

a) Inimputabilidade e declaração de inimputabilidade por imputabilidade diminuída

§ 5 Na medida em que a questão da inimputabilidade em razão de anomalia psíquica de que trata o art. 20.º CP contempla as hipóteses de declaração de inimputabilidade por imputabilidade diminuída, assentando ambas as figuras na afetação de anomalia psíquica pelo arguido no momento da prática do facto, que naquele último caso deve mesmo constatar-se ser *grave, não acidental e cujos efeitos não domina* (art. 20.º/2 CP), como vimos, não se descortina razão para regular ambas as situações de modo diferente no art. 351.º, pelo que afigura-se-nos não poder deixar de entender-se que o n.º 1 abrange ambas as situações previstas nos n.ºs 1 e 2 do art. 20.º CP ao referir-se à *questão da inimputabilidade do arguido.*

b) Obrigatoriedade da perícia

§ 6 O confronto da letra do n.º 1 com a letra do n.º 2 sugere que a perícia é obrigatória nas hipóteses previstas no n.º 1 e assim é, na verdade, mas não é o art. 351.º sob comentário que cria tal obrigatoriedade, *antes a pressupõe*, na medida em que o dever de realização de perícia psiquiátrica na fase de julgamento para apreciação da existência, no momento da prática do facto, de eventual anomalia psíquica geradora de inimptutabilidade do arguido, em sentido amplo (expressão com que se pretende abarcar a inimputabilidade em sentido estrito ou próprio do n.º 1 do art. 20.º CP e a declaração de inimputabilidade por imputabilidade diminuída do n.º 2 do mesmo art.), resulta, essencialmente, do disposto nos arts. 151.º, 159.º e 340.º, conforme referido.

c) Questão suscitada fundadamente

§ 7 A questão da inimputabilidade e da imputabilidade diminuída que possa dar origem a declaração de inimputabilidade, tem-se por suscitada fundadamente na audiência de julgamento quando, não tendo sido realizada perícia nas fases preliminares, se verifiquem atitudes ou declarações do arguido, testemunhas, elementos clínicos ou outros juntos aos autos, que, conjugados entre e si, com os demais meios de prova e a factualidade imputada ao arguido, indiciem seriamente que o arguido se encontrava afetado por um determinado quadro psicopatológico no momento da prática dos factos, que pode tê-lo tornado incapaz de avaliar a ilicitude da sua conduta ou de se determinar de acordo com essa avaliação ou, ainda, que possa ter diminuído sensivelmente essas capacidades, nos termos do art. 20.º/1/2 CP (v. §§ 34 e 36 do comentário ao art. 159.º, Tomo II).

§ 8 Na jurisprudência, entendeu-se que a questão da inimputabilidade ou da imputabilidade diminuída se suscitava fundadamente na audiência, entre outras, nas seguintes situações:

- No ac. STJ, 22.01.2020 (Conceição Gomes), considerou-se que as "declarações do arguido prestadas em audiência, conjugados com o documento médico constante dos autos, relativo ao seu internamento no serviço psiquiátrico, o relatório da DGRSP, que conclui que seria importante a sujeição do arguido, a uma avaliação e eventualmente, acompanhamento terapêutico na área da saúde mental" impunha "ao Tribunal ordenar a realização de perícia psiquiátrica, nos termos do art. 351.º, do CPP, a fim de se averiguar se o arguido sofre de alguma anomalia psíquica que possa justificar o juízo de inimputabilidade (art. 20.º, n.ºs 1 e 2, do CP) ou de imputabilidade diminuída.";

- O ac. STJ, 21.09.2006 (Costa Mortágua), entendeu que constando "de relatório médico-psiquiátrico, junto pelo arguido, a existência de patologias psiquiátricas e o seu carácter crónico, resultando, igualmente, a possibilidade de tais patologias poderem provocar alterações no estado de consciência e na capacidade de avaliação cognitiva, tornava-se absolutamente essencial que o Tribunal o submetesse a perícia (art. 351.º do CPP), para atribuição da capacidade ou incapacidade de culpa, para aferir da capacidade individual de motivação de acordo com a norma e de se deixar influenciar pela pena ou constatação de uma menor culpa, paralisando, em parte, a reação criminal nos termos do art. 20.º do CP";
- Para o ac. STJ, 13.07.2005 (Armindo Monteiro), constando "dos factos provados que o recorrente, antes da data dos factos, esteve internado no Hospital Miguel Bombarda, durante um mês, que, após esse período, iniciou acompanhamento psiquiátrico no Hospital Júlio de Matos, abandonando as consultas em 2001, que se encontra preso desde 21-01-05, tendo em 29-01-05 sido internado no Serviço de Psiquiatria do Hospital Prisional de Caxias "por apresentar sintomatologia psicótica, que determina a necessidade de acompanhamento médico persistente e continuado", afirmação vertida no relatório social para determinação da sanção, o coletivo estava em mais que justificadas e imperativas condições para desencadear, oficiosamente, o mecanismo previsto no art. 351.º, n.ºs 1 e 2, do CPP, ou seja, em vista do apuramento da inimputabilidade ou até imputabilidade diminuída do arguido, ordenar a comparência de perito para pronúncia sobre o estado psíquico daquele, medida com eventuais reflexos na pena de prisão efetiva imposta ao arguido.".

Inversamente, o ac. RC, 21.02.2018 (Maria José Nogueira), considerou que a questão da inimputabilidade não foi suscitada fundadamente, "porquanto no relatório social, elaborado para determinação da sanção, fundado em entrevista do arguido, donde emerge a pretensão de realização de perícia psiquiátrica, os invocados distúrbios e internamentos ocorreram há vinte anos, e, quanto à propalada apresentação de um estado de ansiedade e instabilidade emocional e psicológico, determinante da ingestão de ansiolíticos, existe uma adequada ligação com a condição de reclusão do arguido".

V – Caraterização da perícia simplificada a realizar pelo perito convocado

§ 9 Como aludido, é para as hipóteses em que não foi realizada perícia nas fases preliminares que o artigo sob comentário prevê, *em especial*, perícia célere e simplificada a realizar por um só perito na audiência de julgamento, que possa sustentar em termos técnico-científicos a decisão do tribunal sobre a questão da inimputabilidade por anomalia psíquica (em sentido amplo) suscitada na audiência de julgamento, procurando minorar as consequências da demora inerente à realização de perícia em fase adiantada do processo, uma vez que, como vimos, na falta desta disposição legal sempre a perícia teria que ser ordenada e realizada nos termos gerais do art. 159.º, demais normas do CPP e disposições do RGPML aprovado pela L 45/2004, de 19.08 e recentemente alterado pelo DL 53/2021, de 16.07, disposições que mantêm a sua aplicabilidade quando, antes ou depois da convocação de perito, o tribunal considere indispensável a realização de perícia na fase de julgamento (v. §6).

§ 10 Por não haver razão para distinguir, o n.º 1 tanto abrange os casos em que a pertinência da questão da inimputabilidade (em sentido amplo) resultava já do teor da acusação ou do despacho de pronúncia e dos elementos de prova que os acompanhem ou de requerimento da defesa apresentado com a contestação ou isoladamente ou de requerimento apresentado antes da audiência por alguma das pessoas mencionadas no art. 159.º/7, como as hipóteses em que a questão se sucite pela primeira vez na audiência de julgamento, nomeadamente aquando da prestação de declarações pelo arguido ou da produção de outras provas, de natureza pessoal ou documental.

VI – Perícia de verificação residual

§ 11 Porém, estamos em crer que serão residuais os casos em que se mostre suficiente a realização da perícia sobre a inimputabilidade (em sentido amplo) através da intervenção simplificada de perito convocado para se pronunciar sobre o estado psíquico do arguido. A apreciação do estado psíquico do arguido à data dos factos e do seu impacto sobre a capacidade de avaliação da ilictude do facto sob julgamento ou de se determinar de acordo com essa avaliação, é crescentemente complexa e assume cada vez mais natureza multidisciplinar, assentando sobretudo na intervenção de psicólogos forenses ao lado de médicos psiquiatras, que recorrem crescentemente a exames complementares de avaliação, nomeadamente para esclarecer a existência de um determinado quadro psicopatológico, sobretudo em situações limite (v. § 37 do comentário ao art.

159.º/6 Tomo II), pelo que na generalidade dos casos em que se confirme a consistência da *suspeita* de que no momento da prática dos factos o arguido padecia de anomalia psíquica que possa ter determinado a sua inimputabilidade ou imputabilidade diminuída que possa levar a declaração de inimputabilidade, cremos que se revelará ser necessária a realização de perícia por *estabelecimento especializado*, conforme refere o n.º 3 (v. *infra*).

VII – Ato instrumental de *expertise*

§ 12 Sendo assim, como supomos ser, a convocação e a intervenção de perito a que se reporta o n.º 1 tendará a constituir, na generalidade dos casos, *ato instrumental de expertise* sobre o estado psíquico do arguido que, tomando por objeto a avaliação perfuntória de atitudes ou declarações do arguido, testemunhas, elementos clínicos ou outros juntos aos autos, contribua para a subsequente decisão do tribunal de julgamento, quer no sentido da realização de perícia psiquiátrica pelo INMLC,IP (n.º 3), quer no sentido de indeferir a sua realização por considerar não serem consistentes os indícios ou suspeitas de inimputabilidade do arguido, apesar de o tribunal ter considerado, em momento anterior à convocação do perito, ser fundada a questão de inimputabilidade (em sentido amplo) que a justificou.

§ 13 O caráter tendencialmente residual desta perícia simplificada não significa que ao tribunal esteja vedado considerar-se suficientemente habilitado a decidir sobre a questão da inimputabilidade (em sentido amplo) na sequência da convocação de perito, sem recorrer, pois, à realização de perícia pelo INMLC, IP nos termos gerais, quando a relevância dos elementos disponíveis no caso concreto, como sejam eventuais declarações do arguido e outras pessoas, nomeadamente médicos, e o parecer do perito convocado, se revelem suficientes para o tribunal proferir decisão sobre a questão da inimputabilidade (máxime em sentido negativo), uma vez que o art. 351.º prevê expressa e literalmente essa possibilidade.

VIII – O perito a convocar

§ 14 Na medida em que o caráter fundado das dúvidas sobre a inimputabilidade do arguido (em sentido amplo) a que se reporta o n.º 1 é compatível com graus diferentes dessa mesma fundamentação, tanto do ponto de vista quantitativo como qualitativo, o tribunal deve convocar perito cuja especialidade seja adequada a pronunciar-se sobre os aspetos do estado psíquico do arguido mais relevantes na situação concreta (v. art. 151.º). Assim, e tendo presente que nada impede que esta perícia simplificada possa assumir, deliberadamente, caráter perfuntório e vestibular relativamente a decisão a tomar sobre eventual realização de perícia psiquiátrica pelo INMLC, IP, (§ 12), o tribunal tanto pode convocar médico psiquiatra como psicólogo forense que possa avaliar o perfil psicológico do arguido, nomeadamente tendo em vista despistar eventual hipótese de simulação de anomalia psíquica.

IX – Procedimento aplicável à intervenção de perito convocado

§ 15 Suscitada oficiosamente a questão da inimputabilidade do arguido (em sentido amplo) ou apresentado requerimento nesse sentido, o tribunal assegurará o contraditório em audiência, nos termos do art. 327.º/2 e do art. 340.º/2 e, em seguida, conforme considere ou não suscitar-se fundadamente a questão da inimputabilidade, defere ou indefere o requerimento ou, em alternativa, solicita, desde logo, a realização de perícia ao INMLC,IP (n.º 3).

§ 16 Quando o tribunal considere que se suscita fundadamente a questão da inimputabilidade do arguido (em sentido amplo) e que não é caso de solicitar imediatamente a realização de perícia ao INMLC,IP, o presidente ordena a *comparência* e procederá à audição do perito convocado nos termos do art. 350.º – a realizar por teleconferência quando o perito for requisitado a estabelecimento ou serviço oficial, como sucederá em regra –, seguindo-se-lhe a emissão de parecer simplificado pelo perito, a que se aplicará por igualdade de razões o essencial do art. 157.º (relatório pericial), nomeadamente no que respeita à possibilidade de o relatório ser ditado para a ata logo após a realização da perícia.

§ 17 Após, ter-se-á por findo o incidente, sendo em sede de decisão sobre a matéria de facto que o tribunal procederá à valoração do parecer pericial, em articulação com os demais meios de prova, sem prejuízo de o presidente dar cumprimento ao disposto no art. 358.º caso se considere suficientemente indiciada alteração não substancial dos factos face àquele parecer e demais prova produzida.

§ 18 Cabe ainda na letra e teleologia do preceito a sua aplicação à instrução e decisão de requerimento apresentado na fase de julgamento em momento anterior ao início da audiência, cumprindo-se o contraditório em audiência (na medida em que não tenha sido ainda cumprido) e decidindo o tribunal com a amplitude antes referida, ou seja, deferindo a convocação de perito, optando antes por solicitar, desde logo, a realização de perícia ao INMLC,IP ou indeferindo a realização da perícia ao estado psíquico do arguido sob qualquer daquelas formas, devendo a decisão a proferir ter em conta o estabelecido nos n.ºs 3 e 4 do art. 340.º.

X – Aproveitamento da perícia sobre o estado psíquico do arguido (n.º 1 ou n.º 2) para efeitos dos arts. 104.º, 105.º e 106.º CP

§ 19 Aquando da realização da perícia simplificada sobre o estado psíquico do arguido prevista no n.º 1 – de que não resulte declaração de inimputabilidade do arguido em sentido amplo – ou aquando de perícia para determinação da sanção, nos termos do n.º 2 (v. infra § 24), pode colocar-se a questão de saber se à data do julgamento o arguido sofre de anomalia psíquica com os efeitos ou consequências a que se referem os arts. 104.º, 105.º e 106.º CP, hipótese em que nada obsta a que o perito convocado se pronuncie então sobre tal questão.

§ 20 Com efeito, independentemente de a anomalia psíquica ser contemporânea do facto ou posterior a ele, quando a mesma se mostre atual aquando da realização da audiência, pode ser necessário que o tribunal de julgamento decida a questão de saber se o arguido imputável deve ser internado (arts. 104.º e 105.º) ou a prisão ser suspensa na sua execução (art. 106.º), sendo o processo para internamento posteriormente instruído no TEP com certidão da *sentença condenatória que determine o internamento de arguido imputável em estabelecimento destinado a inimputáveis pelo tempo correspondente à duração da pena* (art. 156.º/1/b CEP). Diferentemente, quando a anomalia psíquica se manifeste apenas durante a execução da prisão, cabe ao TEP decidir do internamento ou da suspensão da execução da pena de prisão, conforme dispõem os arts. 138.º/4/o) e 164.º/1/a) CEP.

XI – Aplicação analógica do art. 351.º a outras situações previstas nos arts. 104.º, 105.º e 106.º CP

§ 21 Do mesmo modo, nada obsta à aplicação analógica do regime previsto no art. 351.º, *ex vi* art. 4.º, quando na audiência se suscitar a questão do internamento ou suspensão da pena de prisão em virtude de anomalia psíquica que se manifeste nessa ocasião, mesmo que não se tenha colocado a hipótese de inimputabilidade do arguido (em sentido amplo) ou de *mera* imputabilidade diminuída (v. infra § 24), pois, como vimos, cabe ao tribunal de julgamento instruir e proferir decisão quando a questão da anomalia psíquica e suas consequências relevantes para efeitos dos arts. 104.º, 105.º e 106.º CP, for suscitada ainda durante o julgamento do facto.

§ **22** Com efeito, sendo necessária a realização de perícia para os fins dos arts 104.º, 105.º e 106.º CP, parece não ser questionável a aplicação analógica do regime previsto neste art. 351.º àquelas mesmas situações, suprindo-se assim a lacuna verificada – cf. art. 4.º e §§16 a 20 do comentário respetivo, Tomo I. Aplicação analógica que se justifica ainda em casos de dúvida sobre a *imputabilidade plena* do arguido que ponha em causa a relevância de confissão, nos termos do art. 344.º/3/b, quando o tribunal entender que a convocação de perito é necessária para ultrapassar essas mesmas dúvidas.

§ **23** Para quem entenda dever decidir-se incidentalmente da eventual incapacidade de arguido afetado de anomalia psíquica que o torne incapaz de estar por si em juízo e participar efetivamente na sua defesa (v. Pedro Soares de Albergaria, 2020, 31 sgs.), parece não oferecer dúvidas a aplicação analógica do art. 351.º *ex vi* do art. 4.º nesses casos, dada a especial adequação do regime estabelecido para instrução e subsequente decisão de tal incidente, quando se entenda ser necessária a intervenção de perito.

XII – A perícia em caso de imputabilidade diminuída em sentido estrito (n.º 2)

a) Âmbito

§ **24** Na medida em que, como referido, o n.º 1 abrange as hipóteses de declaração de inimputabilidade por imputabilidade diminuída, cabe interpretar restritivamente a referência do n.º 2 a *imputabilidade diminuída,* considerando-se dele excluídos os casos em que, à partida, se suscite fundadamente a hipótese de declaração de inimputabilidade nos termos do art. 20.º/2 CP. Assim, o n.º 2 reporta-se apenas às situações em que os elementos a considerar sustentem fundadamente a hipótese de eventual imputabilidade diminuída do arguido no momento da prática do facto ter reflexos na *determinação da sanção* (art. 369.º), quer por poder estar em causa *uma agravação da* sua culpa *e um eventual aumento da pena*, quer, pelo contrário, *uma atenuação da culpa* e consequente *diminuição da pena* (Figueiredo Dias, 2007a, pp 584-5).

b) Carácter facultativo desta perícia e momento da sua realização

§ **25** Compreende-se assim a referência do n.º 2 à *possibilidade* de o tribunal ordenar a comparência do perito nestes casos, em contraponto com *o dever de* o fazer pressuposto na letra do n.º 1, pois tratando-se de meio de prova relativo à determinação da sanção o código limita ao mínimo os casos de prova vinculada, deixando ao tribunal amplos poderes na definição dos meios de prova a produzir em toda esta matéria.

§ **26** A apreciação e decisão sobre a necessidade de ordenar a realização de perícia sobre o estado psíquico do arguido por se suscitar fundadamente a questão da imputabilidade diminuída do arguido com vista à determinação da sanção, de que trata o n.º 2, terá lugar, em regra, no âmbito da deliberação do tribunal sobre a necessidade de prova suplementar com aquela finalidade, após deliberada a aplicação de uma pena ao arguido, nos termos dos arts. 369.º e 371.º

XIII – Requisição de perícia psiquiátrica a estabelecimento

§ **27** Em interpretação essencialmente objetiva, não dependente, pois, do que, subjetivamente, possa ter pretendido dizer o legislador originário do CPP, a menção do n.º 3 à requisição de perícia por *estabelecimento especializado*, em casos justificados, parece-nos não poder deixar de reportar-se ao poder/dever do tribunal ordenar a realização de perícia pelo INMLC,IP, dado que o art. 159.º confere competência exclusiva àquela entidade para a realização de perícias médico-legais que se insiram nas suas atribuições, como é o caso da perícia relativa *a questões psiquiátricas*. Nesse caso, aplicar-se-á plenamente o regime geral da prova pericial, nomeadamente no que concerne à possibilidade de realização de perícia colegial ou interdisciplinar (art. 152.º) ou da exigência de que o resultado da perícia seja expresso através de relatório pericial (art. 157.º), aplicando-se-lhe igualmente o disposto no art. 163.º, por não se justificar solução processual que se satisfizesse com a realização de perícia psiquiátrica na fase de julgamento radicalmente menos exigente que perícia com o mesmo objeto realizada nas fases preliminares.

§ **28** E será assim, tanto nos casos em que o tribunal considere insuficiente a realização de perícia simplificada após a comparência do perito convocado como, antes disso, quando na sequência da análise dos autos ou de requerimento apresentado por sujeito processual ou outras pessoas (art. 159.º/7), antes ou após abertura da audiência, logo resulte ser indispensável proceder à perícia em estabelecimento nos termos gerais, evitando-se a diligência inútil em que se traduziria a convocação de perito quando o tribunal estiver já seguro do *bem fundado* da questão da inimputabilidade (em sentido amplo) e da indispensabilidade de a perícia ser realizada pelo INMLC,IP.

XIV – Interrupção ou adiamento da audiência

§ **29** Se o perito não tiver ainda examinado o arguido ou se a perícia for requisitada a estabelecimento especializado nos termos do n.º 3, o tribunal interrompe a audiência ou, em alternativa, adia-a, se existirem razões para que a audiência não possa prosseguir, nomeadamente em virtude de a produção de outras provas poder estar condicionada pelo resultado da perícia, conferindo a lei prioridade à mera interrupção quando esta se mostrar suficiente, por compreensíveis razões de celeridade processual.

XV – A questão da recorribilidade do indeferimento de perícia requerida, do seu deferimento e da sua realização oficiosa

§ **30** Face ao princípio geral da recorribilidade das decisões judiciais cuja irrecorribilidade não se encontre legalmente prevista (art. 399.º), o despacho que *indefira* a realização de perícia é recorrível, tanto nos casos em que requerimento e ou decisão invoquem o art. 351.º como nas hipóteses em que se estribem apenas nas disposições de caráter geral reguladoras da prova pericial. Já a *decisão que determine a realização de perícia,* oficiosamente ou a requerimento, afigura-se-nos não ser suscetível de recurso por não estar em causa o direito à prova dos sujeitos processuais, mas antes ato dependente da livre resolução do tribunal [art. 400.º/1/b)] com vista ao cumprimento dos deveres que lhe são impostos em matéria de descoberta da verdade e boa decisão da causa, pelo art. 340.º – no sentido da conclusão, MAIA GONÇALVES, 1998, p. 701.

XVI – A omissão de perícia requerida e a omissão do dever oficioso de ordenar a realização de perícia psiquiátrica

§ **31** A omissão de decisão do tribunal sobre *perícia requerida* na audiência constitui nulidade enquadrável no art. 120.º/2/d), parte final, que se sanará nos termos do seu n .º 3, sem prejuízo de o tribunal sempre poder ordená-la no âmbito dos seus poderes oficiosos.

§ 32 Por seu lado, a omissão do dever de ordenar oficiosamente a realização de perícia, nos termos do art. 340.º, afigura-se-nos não ser abrangida pelo regime geral das nulidades, desde logo por não se adequar à dependência de arguição e eventual sanação; constituirá, antes, violação das normas de direito substantivo e processual de que emerge a obrigatoriedade de realizar perícia para prova de determinados factos, pelo que a omissão daquele dever fundamentará antes a impugnação da decisão final nos termos dos arts 410.º/2/a) e 412.º/3/4 e consequente reenvio do processo para novo julgamento (arts. 426.º e 426.º-A) – v. §§ 10 a 12 do comentário ao art. 151.º e acs. STJ, 13.07.2005 (Armindo Monteiro) e 21.09.2006 (Costa Mortágua). O ac. STJ, 22.01.2020 (Conceição Gomes) considerou ainda que a omissão da realização do exame previsto no art. 351.º quando o Tribunal "podia e devia indagar a questão da inimputabilidade ao abrigo do disposto no art. 351.º, n.º 3 e 340.º, do CPP", *determina a nulidade do acórdão recorrido prevista na al. c), do n.º 1, do art. 379.º, do CPP, por omissão de pronúncia sobre questões que o Tribunal devia apreciar.*

António Latas/Tiago Caiado Milheiro

Artigo 352.º
Afastamento do arguido durante a prestação de declarações

1 – O tribunal ordena o afastamento do arguido da sala de audiência, durante a prestação de declarações, se:

a) Houver razões para crer que a presença do arguido inibiria o declarante de dizer a verdade;

b) O declarante for menor de 16 anos e houver razões para crer que a sua audição na presença do arguido poderia prejudicá-lo gravemente; ou

c) Dever ser ouvido um perito e houver razão para crer que a sua audição na presença do arguido poderia prejudicar gravemente a integridade física ou psíquica deste.

2 – Salvo na hipótese da alínea c) do número anterior, é correspondentemente aplicável o disposto no n.º 7 do artigo 332.º

Origem do texto: corresponde à redação originária aprovada pelo DL 78/87.

Sumário do comentário:

I – Âmbito de previsão e aplicação da norma (§§ 1 a 14)

II – Causas de afastamento

a) Inibir o declarante de dizer a verdade (§§ 15 a 17)

b) Declarante menor de 16 anos e prejuízo grave para si (§ 18)

c) Audição de perito e prejuízo grave para a integridade física ou psíquica do arguido (§§ 19 a 24)

III – Comunicação ao arguido do que se passou na sua ausência (§§ 25 a 28)

IV – Incumprimento e consequências (§§ 29 a 31)

I – Âmbito de previsão e aplicação da norma

§ 1 Inserta no capítulo da produção da prova o artigo não tem propriamente esse escopo. Ou seja, não contempla qualquer procedimento enxertado na audiência de julgamento visando a angariação de prova. A sua *ratio* assenta na preservação de prova ou, se quisermos, espontaneidade, veracidade, fidedignidade, das declarações prestadas em julgamento e na proteção da integridade física e psíquica do declarante. Sendo que, por vezes, estes fins interligam-se. A proteção do depoente para permitir declarações isentas de pressão pode tutelar o seu bem-estar. Como o contrário. A defesa da integridade pode acautelar declarações livres de quaisquer coações. De todo modo, importa ressaltar, que são situações em que o legislador considerou proporcional a restrição do direito à presença do arguido em audiência. Reveste, assim, um caracter excecional, apenas sendo possível nos casos tipificados na lei.

§ **2** A medida processual prevista neste artigo, como emerge da própria epígrafe, é o afastamento do arguido durante a prestação de declarações. Não delimita a lei qual o declarante, pelo que, pode ser todo e qualquer um que tenha que prestar declarações em audiência de julgamento: coarguido, assistente, partes cíveis, vítima, testemunha, perito, consultor técnico, etc. Posição diversa tem Paulo Pinto de Albuquerque, 2008, p. 883, em relação aos coarguidos, apelando que essa situação é regida pelo art. 343.°/4. Cremos, contudo, que tal não obsta à aplicação deste normativo. Desde logo, apenas se alude a declarante, sem qualquer ressalva. E onde a lei não distingue não cabe ao intérprete distinguir – *ubi lex non distinguir nec nos distinguere debemus*. Depois, permite uma harmonização com a própria LPT, que também abarca a proteção de coarguido. Por último, é possível conjugar os dois normativos, funcionando este como norma especial, a convocar quando se verifiquem as situações nele descritas. Ou seja, as normas não se autoexcluem. Podem conviver entre si e serem interligadas.

§ **3** Embora apenas se aluda no singular – afastamento do arguido – o artigo também poderá ser aplicado para afastamento de mais do que um arguido. Se forem mais do que um podem ser afastados todos, ou apenas alguns deles. Imperioso é que se verifiquem as premissas de afastamento em relação a cada um (sem prejuízo de que o número de arguidos também pode ser facto de relevo para afastamento, pelo maior temor que podem causar junto do declarante). E pode suceder que, em casos de coautoria, sejam afastados todos os coarguidos, com exceção de um. Por exemplo, quando este pretende incriminar os demais e se sinta inibido de o fazer na presença daqueles (questão distinta é a valoração probatória dessas declarações).

§ **4** Também não disciplina a lei o modo como se realiza, efetiva e executa o afastamento do arguido. Alude a lei a afastamento do arguido da sala de audiência. Ou seja, deve ser retirado da mesma, e ser colocado num local distinto, que não permita o contacto visual com o declarante.

§ **5** Trata-se de uma medida para o qual tem competência o "tribunal", o que significa que em caso de coletivo, tem que ser precedido de uma deliberação nesse sentido.

§ **6** Dada a ordem por decisão que fica registada em ata, através de gravação, a mesma tem de conter claramente a obrigação que o arguido tem de cumprir. Ou seja, a ordem de sair da sala de audiência, devendo o arguido ficar perfeitamente ciente que ali não se pode manter. E, convenientemente, o local onde deverá ficar durante a prestação de declarações. Se estiver a ser ouvido em liberdade, normalmente será aconselhável o funcionário de justiça conduzir e/ou indicar o espaço onde deve esperar e que ali deve aguardar até ser chamado para regressar à sala de audiência. Se estiver privado da liberdade, será conduzido pelos OPC, ou guardas prisionais, ficando sob custódia destes. E, note-se, que ao abrigo da LPT, RJVD, LEV deverão evitar-se cruzamentos com assistente, testemunhas, nomeadamente vítimas, e de entre estas, com especial cuidado no que concerne às especialmente vulneráveis.

§ 7 Se o arguido não acatar a ordem deverão ser tomadas medidas coercivas (arts. 85.º, 322.º, 323.º). Poderá ser cominado com crime de desobediência se mantiver uma postura de não acatamento da decisão de afastamento. E mantendo-se a recusa poderá fazer-se uso de força na medida do indispensável. Que pode, inclusive, passar pela detenção, pelo menor período de tempo possível, apenas durante a prestação de declarações, mas sempre implicando a libertação no fim de cada sessão de julgamento, caso aquela se prolongue para o dia seguinte (PAULO PINTO DE ALBUQUERQUE, 2008, p. 883; no entanto nunca poderá ultrapassar os limites da necessidade, adequação e proporcionalidade; deverá existir sempre uma conexão com o fim da medida; almeja-se a concretização do afastamento, pelo que, quando o arguido voluntariamente altera o seu comportamento, e aceita a ordem de manter-se ausente da sala, enquanto não for chamado, deve cessar a detenção). Ou, eventualmente, se a resistência for muita, decidir-se a interrupção da audiência até se criarem as condições para que esta retome sem a presença daquele (para maiores desenvolvimentos v. anotação ao art. 85.º, Tomo I).

§ 8 Diz a lei que o tribunal "ordena" o afastamento. Ou seja, verificados os requisitos legais o tribunal tem o *dever* de a determinar. Não só porque é essencial para zelar pela produção de prova, e, nessa medida, insere-se no dever de assegurar a descoberta da verdade e boa decisão da causa. Mas, por outro lado, porque o tribunal tem o ónus de acautelar a integridade física e psíquica dos declarantes. Obrigação essa que emerge de outras leis, LPT, LEV, RJVD, e arts. 67.º e 139.º, sendo que, como escrevemos na anotação a este último artigo (Tomo II), não é exigível impor o dever de prestar declarações quando a integridade do declarante não é assegurada.

§ 9 Apesar de apenas se referir "tribunal" (pretendendo ressaltar que, oficiosamente, verificadas as premissas legais, poderá ordenar-se essa medida de afastamento, sem qualquer impulso), tal não impede que existia requerimento nesse sentido, por parte do interessado. Sendo que, antes da decisão, deve ser dado o contraditório, já que se trata de uma compressão do direito à presença em julgamento.

§ **10** Dita a lei que o afastamento ocorre no decurso das declarações em audiência. Não necessariamente presenciais. Por vezes, o declarante pode sentir-se inibido mesmo que preste declarações em audiência por teleconferência, sabendo que o arguido está presente em audiência. É certo que a prestação de declarações à distância em si, pode ser suficiente. E é uma medida protetiva e que visa, por si, assegurar a espontaneidade das declarações. Mas, poderá existir circunstancialismo fáctico que aponte para a conveniência de um afastamento. Pelo facto de a presença do arguido na sala de audiências ser o suficiente para inibir o declarante. Nomeadamente, se no decurso das declarações intervém. Pelo que não distinguindo a lei não cabe ao intérprete distinguir. Não se escamoteando que, nesses casos, o dever de fundamentação será mais exigente (art. 97.º/5).

§ **11** Apesar de se referir que o afastamento é no decurso das declarações tal poderá abarcar momentos prévios ao início da mesma, ou posteriores. Na verdade, para tomar uma decisão neste incidente já poderá existir prova bastante para o tribunal decidir afastar o arguido mesmo *antes* de se proceder à identificação, costumes, juramento (quando é imposto), dos declarantes. Ou, nomeadamente, considerando a criminalidade em causa, afastar o arguido para indagar junto dos declarantes sobre os constrangimentos que sentem com a sua presença. Ou, sendo necessário mais prova, abrir incidente probatório para o efeito, necessariamente breve, sintético e sem formalidades. O bastante para formar a decisão quanto à conveniência do afastamento. Pode suceder, e assim é a prática geral, que o afastamento ocorra após a identificação, costumes, eventual juramento, auscultando o estado de espírito do declarante. Ou quando no decurso das declarações existem comportamentos do arguido, altercações, gritaria, ameaças, gestos, postura, olhares, que fazem temer pela espontaneidade das declarações. Em suma, entendemos que a menção a "durante a prestação das declarações" abrange todo o período espaço-temporal em que o declarante está na sala de audiência na presença do arguido.

§ **12** As causas fundantes descritas nas alíneas a) a c) podem sintetizar-se em três fins: 1) preservação da prova; 2) proteção da integridade física ou psíquica do declarante; 3) tutela da integridade física ou psíquica do arguido. Estas coincidem, respetivamente, com as alíneas a) a c) do n.º 1. Mas dir-se-á, que em relação às duas primeiras, poderão interligar-se. Assim, por exemplo, tanto o afastamento por verificação do disposto na al. a) do n.º 1 pode, reflexamente, proteger a integridade física do declarante, como também no caso da al. b), acautelar a espontaneidade das declarações. Claro está que as alíneas podem ser aplicadas isoladamente ou conjugadamente. Por exemplo, e por regra, concluindo-se pela verificação do dispostos na al. b) do n.º 1, poderá entender-se também existir a causa fundante da al. a) e apelar à mesma.

§ **13** Este artigo não abarca *todas* as situações de afastamento de arguido da sala de audiência e, nessa medida, não é taxativa. O artigo está conexo com a finalidades referidas em §§ 1, 12. Pelo que, por exemplo, o afastamento se pode dever a questões disciplinares (v. arts. 325.º/4). Ou ao abrigo do art. 343.º/4 em caso de declarações de coarguidos (para maiores desenvolvimentos v. respetiva anotação). Devendo atentar-se, ainda, nos diplomas que visam proteger declarantes. Assim, o art. 26.º/1 LPT refere que quando "*num determinado ato processual deva participar testemunha especialmente vulnerável, a autoridade judiciária competente providenciará para que, independentemente da aplicação de outras medidas previstas neste diploma, tal ato decorra nas melhores condições possíveis, com vista a garantir a espontaneidade e a sinceridade das respostas.*" E no art. 29.º/a refere que o "*juiz que presida a ato processual público ou sujeito ao contraditório, com vista à obtenção de respostas livres, espontâneas e verdadeiras, pode: a) Dirigir os trabalhos de modo que a testemunha especialmente vulnerável nunca se encontre com certos intervenientes no mesmo ato, designadamente com o arguido*". Por seu turno, o art. 21.º/2/c LEV dispõe que uma das medidas especiais de proteção da vítima especialmente vulnerável é evitar o contacto visual entre a(s) vítimas e o(s) arguido(s), nomeadamente, durante a prestação de depoimento, através do recurso a meios tecnológicos adequados. E no art. 23.º menciona-se que os depoimentos e declarações das vítimas especialmente vulneráveis, quando impliquem a presença do arguido, são prestados através de videoconferência ou de teleconferência, por determinação do tribunal, oficiosamente ou a requerimento do Ministério Público ou da vítima, durante a fase de julgamento, se tal se revelar necessário para garantir a prestação de declarações ou de depoimento sem constrangimentos.

§ **14** O arguido afastado da audiência é representado obrigatoriamente por um Defensor (art. 64.º/1/c) e considera-se presente e é representado por este (art. 325.º/5, por identidade de razão, cf. assinala Paulo Pinto de Albuquerque, 2008, p. 883).

II – Causas de afastamento

a) Inibir o declarante de dizer a verdade

§ 15 Atento a al. a) do n.º 1 o tribunal ordena o afastamento do arguido da sala de audiência, durante a prestação de declarações, se houver razões para crer que a presença do arguido inibiria o declarante de dizer a verdade. As "razões para crer" são *factos* que emergem dos autos, ou de prova entretanto produzida que, atento o circunstancialismo em concreto, o crime em causa, as características do declarante (idade, vulnerabilidade, razões de dependência), a postura do arguido, etc., suscitam uma fundada convicção de que a presença daquele é fator impeditivo, condicionador ou limitativo, de declarações livres, espontâneas e fidedignas. Esses factos podem emergir da comunicação do mandatário do declarante, que, aliado a outros fatores, permitem a subsunção no normativo. Como se decidiu no ac. RE, 06.02.2018 (Ana Barata Brito), "*Tendo a assistente transmitido ao tribunal, através da sua mandatária, que a presença do arguido a poderia condicionar no seu depoimento, condicionamento que encontra uma justificação implícita no contexto geral dos factos probandos sobre os quais a declarante iria prestar declaração (respeitantes a agressão corporal infligida pelo arguido na sua pessoa), essa comunicação constitui base factual bastante da decisão do afastamento.*"

§ 16 Esta alínea tem especial pertinência nos casos em que o declarante prestou anteriormente declarações para memória futura e se considera conveniente a inquirição em julgamento. Na verdade, a manter-se a situação que despoletou a necessidade de declarações para memória futura é muito provável que essas mesmas razões justifiquem o afastamento para não inibir o declarante e zelar pela espontaneidade, veracidade e sinceridade do seu depoimento. Tanto mais, se esse afastamento foi determinado aquando das declarações para memória futura (ao abrigo do art. 271.º/6, para outros desenvolvimentos v. respetiva anotação, Tomo III). Uma dessas situações foi analisada no ac. RP, 12.09.2018 (Maria Prazeres Silva), num processo de violência doméstica, no qual a ofendida, que tinha anteriormente prestado declarações para memória futura, após a sua identificação, foi questionada se sentia inibição em prestar declarações na presença da arguida, ao que respondeu afirmativamente, "*procedimento justificado face à imputação criminal vertida na acusação e atenta a idade da testemunha*", sendo que, perante "*a resposta dada pela ofendida à interpelação que lhe foi dirigida o tribunal a quo, beneficiando da imediação, obteve a perceção de que efetivamente a presença da arguida era suscetível de interferir com a liberdade da depoente responder com* *verdade às perguntas sobre os factos descritos na acusação.*" Concluiu-se que "*tendo em conta que a acusação se reporta a factos que consubstanciam a imputação à arguida de crimes de violência doméstica, na pessoa da ofendida, durante a sua menoridade, mostra-se justificada objetivamente a inibição da testemunha de livremente responder sobre perguntas atinentes a essa matéria na presença da arguida, tanto mais atendendo à idade da ofendida aquando da inquirição.*"

§ 17 Alguma das razões para crer que poderão inibir o declarante de dizer a verdade encontram-se na LPT. Em situações de *intimidação*, conceito definido naquele diploma no art. 2.º/b como toda a pressão ou ameaça, direta, indireta ou potencial, que alguém exerça sobre a testemunha com o objetivo de condicionar o seu depoimento ou declarações. Ou especial vulnerabilidade descrito no art. 26.º/2: "*diminuta ou avançada idade, do seu estado de saúde ou do facto de ter de depor ou prestar declarações contra pessoa da própria família ou de grupo social fechado em que esteja inserida numa condição de subordinação ou dependência*".

b) Declarante menor de 16 anos e prejuízo grave para si

§ 18 Já a al. b) dita que o tribunal ordena o afastamento do arguido da sala de audiência, durante a prestação de declarações, se o declarante for menor de 16 anos e houver razões para crer que a sua audição na presença do arguido poderia prejudicá-lo gravemente. O primeiro requisito é de ordem objetivo. O declarante ser menor de 16 anos. É uma norma de proteção direcionada para crianças e jovens. Não significa, como referimos, que se tiver16 anos ou mais não se possa afastar o arguido ao abrigo da alínea a). Ou que sendo menor de 16 também se apele à alínea a). No entanto, entendeu o legislador firmar os 16 anos como a idade até o qual existe uma maior vulnerabilidade na prestação de declarações na presença do arguido. O segundo requisito é a existência de "*razão para crer que a sua audição na presença do arguido poderia prejudicar gravemente a integridade física ou psíquica deste.*" A "razão para crer" significa que na fundamentação o tribunal tem de aludir a factos concretos que, na sua ótica, justificam o afastamento, porque colocam em risco, de forma séria, o bem-estar físico ou psíquico do declarante.

c) Audição de perito e prejuízo grave para a integridade física ou psíquica do arguido

§ 19 Por fim, segundo a al. c) do n.º 1 o tribunal ordena o afastamento do arguido da sala de audiência, durante a prestação de declarações, se tiver de ser ouvido um perito e houver razão para crer que a sua audição na presença do arguido poderia prejudicar gravemente a integridade física ou psíquica deste.

§ **20** O primeiro requisito é que um perito deva ser ouvido em audiência na presença do arguido. Para a definição de perito v. comentários ao regime das perícias, Tomo II. Neste conceito de perito deverá incluir-se o consultor técnico, por estarem em causa as mesmas razões, acompanhando-se a posição de Paulo Pinto de Albuquerque, 2008, p. 883.

§ **21** Apesar de se aludir à *presença* do arguido não significa que seja apenas física. A causa fundante não se prende com o arguido ter de visualizar o perito, mas ser confrontado com aquilo que vai dizer. Pelo que, será aplicável mesmo que o perito deponha por teleconferência.

§ **22** Uma das situações de aplicabilidade desta norma poderão ser as situações descritas no art. 351.º, quando é necessário ouvir o perito para decidir da inimputabilidade ou imputabilidade diminuída do arguido.

§ **23** Dita ainda a norma que deve existir "razão para crer que a sua audição na presença do arguido poderia prejudicar gravemente a integridade física ou psíquica deste". Trata-se da *ratio* que legitima a restrição ao direito do arguido a estar presente na audiência. Deve ser lido ao abrigo do art. 18.º/2 CRP. Tem de ser proporcional, adequado, necessário e não excessivo. Daí que a lei não se baste com a afetação da integridade física ou psíquica do arguido. Tem de ser uma afronta *grave*. De tal forma que possa causar um grave dano físico (*v.g.* ataque cardíaco, automutilação, suicídio) ou psíquico (*v.g.* depressão profunda, transtornos de personalidade, alterações acentuadas de comportamento). Conclusão essa que deve assentar em factos concretos que derivem de prova existente nos autos, ou abrindo incidente probatório para o efeito, que pode envolver uma perícia, ou assentar em esclarecimentos do próprio perito que vai ser ouvido.

§ **24** De todo modo, estamos perante uma norma que visa tutelar o arguido. Proteger a sua integridade física e psíquica em detrimento do seu direito a estar presente em audiência. Restrição a este direito ainda mais acentuada quando no n.º 2 se preceitua que o que se passou na sua ausência não lhe é transmitido. Daí que, antes do afastamento com fundamento nesta alínea, é conveniente auscultar o arguido, caso este tenha condições para expressar a sua vontade ou, não sendo possível, o representante. E em todo o caso o seu Defensor. Elucidado de que vai ser ouvido Perito e sobre o que vai depor, o arguido pode entender que pretende estar presente. Tal não obsta a uma decisão de afastamento se estiverem em causa direitos indisponíveis como a vida. Já se a afetação for em relação à integridade, pode revelar-se desproporcional impor um afastamento quando o arguido manifesta firmeza em estar presente. Dependerá do caso concreto, sopesando a vontade do arguido, a intensidade da afetação, de modo a aferir se a restrição do direito à presença é adequada, proporcional e não excessiva.

§ 25 Para a densificação do conceito de grave prejuízo à integridade física ou psíquica podemos socorrer-nos do art.144.º CP, segundo o qual se trata de uma "*ofensa ao o corpo ou a saúde de outra pessoa de forma a: a) Privá-lo de importante órgão ou membro, ou a desfigurá-lo grave e permanentemente; b) Tirar-lhe ou afetar-lhe, de maneira grave, a capacidade de trabalho, as capacidades intelectuais, de procriação ou de fruição sexual, ou a possibilidade de utilizar o corpo, os sentidos ou a linguagem; c) Provocar-lhe doença particularmente dolorosa ou permanente, ou anomalia psíquica grave ou incurável; ou d) Provocar-lhe perigo para a vida;*"

III – Comunicação ao arguido do que se passou na sua ausência

§ 26 Nos termos do n.º 2, na hipótese das als. a) e b) do n.º 1 [a) Houver razões para crer que a presença do arguido inibiria o declarante de dizer a verdade; b) O declarante for menor de 16 anos e houver razões para crer que a sua audição na presença do arguido poderia prejudicá-lo gravemente;], é correspondentemente aplicável o disposto no n.º 7 do art. 332.º, ou seja, voltando o arguido à sala de audiência é, sob pena de nulidade, resumidamente instruído pelo presidente do que se tiver passado na sua ausência. Tal, como sucede, em outras normas em que se admite o afastamento (arts. 325.º/4, 343.º/4). Visa assegurar o direito pessoal ao contraditório do arguido à *posteriori*. Para maiores desenvolvimentos sobre a sua *ratio*, modo de efetivação e conteúdo v. anotações aos arts. 325.º/4, 332.º/7 e 343.º/4.

§ 27 O n.º 2 excetua deste dever de comunicação os casos em que o afastamento se funda na al. c) do n.º 1, ou seja, quando o arguido é afastado para ser ouvido um perito, existindo "razão para crer que a sua audição na presença do arguido poderia prejudicar gravemente a integridade física ou psíquica deste." Se a intenção da lei é proteger a integridade física ou psíquica do próprio arguido, que seria colocada em perigo ou afetada, com as declarações do Perito, então, não poderá ser feita posteriormente a comunicação do que aquele disse.

Se assim fosse, não seria necessário o afastamento. Ou seja, tal como o afastamento, a não comunicação do que se passou tem como fito proteger o arguido.

§ 28 Como já referimos *supra*, apesar de representado por Defensor e, eventualmente, em caso de anomalia psíquica geradora de incapacidade para estar em juízo, por um acompanhante, a não comunicação do que se passou em audiência, suprimindo o direito de contraditório pessoal à *posteriori*, implica que passe pelo crivo do art. 18.º/2 CRP (v. §§ 23, 24). Por exemplo, se, por algum motivo, o arguido vem a ter conhecimento total ou parcial do que disse o Perito, e demais vicissitudes que se passaram no decurso da sua ausência, já não se justifica que não possa exercer o seu contraditório, prestando declarações sobre esses factos.

IV – Incumprimento e consequências

§ 29 Verificadas as premissas legais, a requerimento, ou oficiosamente, o tribunal *deve* providenciar pelo afastamento. Se não o fizer estamos perante uma irregularidade (art. 123.º), que arguida tempestivamente, determina que se ordene a saída do arguido da sala da audiência.

§ 30 Quando o tribunal decide o afastamento deve fundamentar (art. 97.º/5) os factos concretos em que assenta a sua posição. Esse despacho pode ser sindicado por via de recurso. Como refere Paulo Pinto de Albuquerque, 2008, p. 883, "*O despacho do juiz deve ser fundamentado na verificação desse perigo (artigo 97.º, n.º 5) e é recorrível (artigo 399.º e os casos paralelos do TEDH Harkmann v Estónia eNowickav. Polónia), subindo orecurso com o que vier a ser interposto da decisão que puser termo à causa (artigos 406.º, n.º 1, e 407.º, n.º 3)*".

§ 31 O desrespeito pelo n.º 2 gera nulidade relativa. Para maiores desenvolvimentos v. anotações aos arts. 325.º/4, 332.º/7 e 343.º/4. Igual vício existirá se, no caso em concreto, for desproporcional, desnecessário, desadequado, excessivo, não fazer a comunicação ao arguido, ou não deixar este exercer pessoalmente o contraditório, em relação ao que disse o Perito, no caso da al. c) do n.º 1.

Tiago Caiado Milheiro

Artigo 353.º
Dispensa de testemunhas e outros declarantes

1 – As testemunhas, os peritos, o assistente e as partes civis só podem abandonar o local da audiência por ordem ou com autorização do presidente.

2 – A autorização é denegada sempre que houver razões para crer que a presença pode ser útil à descoberta da verdade.

3 – O Ministério Público, o defensor e os advogados do assistente e das partes civis são ouvidos sobre a ordem ou a autorização.

Origem do texto: corresponde à redação originária aprovada pelo DL 78/87.

Sumário do comentário:
I – Considerandos gerais (§ 1)
II – Âmbito de previsão da norma (§§ 2 a 7)
III – Inobservância do procedimento (§ 8)
IV – Recurso (§ 9)

I – Considerandos gerais

§ 1 Tem como precedente o art. 441.º CPP/29. Pressupõe um dever de permanência das testemunhas, peritos, assistente e partes civis no local da audiência, que pode não ser a sala da audiência (art. 354.º), mesmo depois de prestarem depoimento e até terminar a produção de prova. O dever pressuposto na norma, no que às testemunhas respeita, está consagrado no art. 132.º/1/a, ao dispor que incumbem à testemunha os deveres de se apresentar, no tempo e no lugar devidos, à autoridade por quem tiver sido legitimamente convocada ou notificada, mantendo-se à sua disposição até ser por ela desobrigada. A norma disciplina ainda o modo como se processa a dispensa do dever de permanência e em que casos as testemunhas, os peritos, o assistente e as partes civis podem ser autorizados a abandonar o local da audiência.

II – Âmbito de previsão da norma

§ 2 A dispensa de testemunhas e outros declarantes pode ser prévia ou posterior ao momento em que prestam declarações. Será naturalmente prévia quando ocorre transação, renúncia ou desistência quanto ao direito de indemnização civil; nesses casos, as testemunhas e outros declarantes arrolados como prova, devem ser dispensados. Caso tenham sido indicados como prova da acusação ou da defesa, mantém-se o dever de permanência. Também não há obstáculo a que os sujeitos processuais – MP, assistente e arguido – prescindam do depoimento de testemunhas e outros declarantes que arrolaram como prova. Acontece que essa iniciativa só surte o efeito de os dispensar do dever de permanência no local da audiência, se o presidente do tribunal autorizar, o que só deve ocorrer quando não houver razões para crer que a presença pode ser útil à descoberta da verdade.

§ **3** A avaliação da existência de razões para crer que a presença do depoente pode ser útil à descoberta da verdade deve ser levada a cabo quer nos casos em que já foi prestado depoimento, quer nos casos em que o depoente é prescindido sem ter prestado depoimento. A ressalva constante do n.º 2 – a autorização é denegada sempre que houver razões para crer que a presença pode ser útil à descoberta da verdade – pretende preservar o poder de investigação oficiosa dentro do objeto de processo, atribuído ao tribunal tendo em vista a descoberta da verdade e a boa decisão da causa (art. 340.º, para cujo Comentário se remete).

§ **4** No caso de o depoente ter sido prescindido pelo sujeito processual que o indicou antes de prestar depoimento pode outro sujeito processual requerer a sua audição nos termos gerais (art. 340.º/1). Por outro lado, pode resultar dos autos que a pessoa em causa tem conhecimento de factos relevantes para a descoberta da verdade, quer para o sucesso da acusação ou da defesa, pelo que também o tribunal pode ordenar oficiosamente que preste depoimento. O dever de permanência subsiste até ser dada autorização para abandonar o local da audiência. No caso de as testemunhas e outros declarantes terem prestado depoimento, a manutenção do dever de permanência prende-se, como se notou na RLJ (35.º Ano, p. 482 «Observações sobre a proposta do Código de Processo Penal, apresentada à Camara dos Deputados na sessão de 6 de Março de 1899»), com a eventualidade de posteriores depoimentos discrepantes aconselharem à acareação das testemunhas ou com os arguidos. Assim, justifica-se a sua permanência até ao fim da produção de prova, mas já será desnecessário o dever de permanecerem durante as alegações.

§ **5** Como os intervenientes acidentais em audiências de julgamento devem ser poupados a transtornos desnecessários, uma boa prática é autorizar o abandono do local da audiência para retomar a vida normal, de trabalho e emprego, com a advertência e compromisso do depoente de estar contactável para a eventual necessidade de prestar esclarecimentos ou à sua acareação, desde que em concreto não existam motivos que desaconselhem essa dispensa.

§ 6 A avaliação da existência de razões para crer que a presença do depoente pode ser útil à descoberta da verdade compete ao presidente ouvidos o Ministério Público, o defensor e os advogados do assistente e das partes civis e, obviamente, os membros do tribunal quando o julgamento decorre em coletivo ou com intervenção do júri (arts. 14.º e 13.º).

§ 7 O sujeito processual que indicou como prova testemunhas e peritos comprometendo-se a apresenta-los em audiência, se os não apresenta deve entender-se que prescinde da sua audição (art. 317.º/1). Neste caso, como não chegam ao lugar da audiência, não é aplicável a norma... A sua inquirição, por iniciativa do tribunal ou a requerimento, pode ocorrer nos termos gerais (art. 331.º/2).

III – Inobservância do procedimento

§ 8 A violação do contraditório consagrado na norma (n.º 3) configura irregularidade (art. 118.º/2) a arguir pelos interessados nos termos do art. 123.º

IV – Recurso

§ 9 A decisão de autorização de dispensa de depoente contra a vontade manifestada pelo sujeito processual que pretendia a sua inquirição, acareação, ou esclarecimentos é suscetível de recurso dado o princípio geral, aqui não excecionado, de recorribilidade dos despachos (art. 399.º). O recurso, porque não deve subir imediatamente (art. 407.º/1/2), sobe nos próprios autos e é julgado conjuntamente com o recurso interposto da decisão que tiver posto termo à causa (art. 407.º/3).

António Gama

ARTIGO 354.º
Exame no local

O tribunal pode, quando o considerar necessário à boa decisão da causa, deslocar-se ao local onde tiver ocorrido qualquer facto cuja prova se mostre essencial e convocar para o efeito os participantes processuais cuja presença entender conveniente.

Origem do texto: corresponde à redação originária aprovada pelo DL 78/87.

Sumário do comentário:
I – Considerandos gerais (§§ 1 e 2)
II – Pressupostos (§§ 3 a 6)
III – Inobservância do procedimento (§ 7)
IV – Recurso (§ 8)

I – Considerandos gerais

§ 1 A norma não tem precedente no CPP/29, mas na vigência desse código era «prática» a ida ao local (M. SIMAS SANTOS, M. LEAL-HENRIQUES, 2000, p. 385), o que terá pesado na sua consagração legal. O exame no local é uma manifestação do princípio geral de que o tribunal ordena, oficiosamente ou a requerimento, a produção de prova necessária à descoberta da verdade e à boa decisão da causa (art. 340.º, para cujo Comentário se remete). É uma prova da iniciativa do tribunal, mas que pode ser também requerida pelos sujeitos processuais. Este exame no local não visa primariamente a inspeção de vestígios, mas uma inspeção judicial ao local, similar à do direito processual civil (arts. 490.º a 494.º, CPC), com a finalidade de conhecer o palco da ação ou omissão, em ordem a possibilitar a boa decisão da causa.

§ 2 O exame no local decorre com a presença necessária dos sujeitos processuais e eventual dos participantes que o tribunal entender conveniente. Será o caso de testemunhas e peritos. O tribunal deve dar conhecimento aos sujeitos processuais do exame no local com a antecedência possível, atendendo a que há questões logísticas de transporte, etc. que importa prevenir. É proibido como meio de prova o «exame no local» levado a cabo pelo juiz ou tribunal, antes, durante ou depois do julgamento, por sua iniciativa, mas desacompanhado dos sujeitos processuais, se vier a ser fonte probatória de factos relevantes, pois, constituindo conhecimento privado do juiz ou do tribunal, adquirido sem respeito pelo contraditório (art. 327.º/2) não pode ser utilizado como prova (art. 355.º). Sempre que o juiz ou o tribunal conclua pela necessidade de exame no local deve levar a cabo o ato processual acompanhado dos sujeitos processuais.

II – Pressupostos

§ 3 Os pressupostos cumulativos de que depende o exame no local são a) aí ter ocorrido qualquer facto cuja prova se mostre *essencial* e b) o tribunal considerar o exame *necessário* para a boa decisão da causa. O Código de Processo Penal é prolixo no estabelecimento de critérios de admissibilidade da prova, usando expressões como essencial, indispensável, absolutamente indispensável, necessário, previsivelmente necessário, absolutamente necessário, útil (arts. 328.º/1/b, 360.º/4, 328.º/3/b, 334.º/3, 354.º, 356.º/3/a, 370.º/1, 387.º/2/b, 353.º/2 e 295.º). O exame no local não será necessário se for inadequado a provar o facto alegado ou se tal foi requerido com uma finalidade dilatória. A decisão sobre a deslocação ao local deve ficar a constar da ata, se proferida durante a audiência de julgamento, como também pode constar de mero despacho quando tomada fora da audiência de julgamento; poderá constar logo do despacho que designa dia para a audiência (art. 313.º/1/b), porque, v.g., foi deferido ou indeferido o pedido de um dos sujeitos processuais. Em qualquer caso a decisão deve ser fundamentada (art. 97.º/5).

§ 4 Deslocando-se o tribunal ao local onde, v.g., ocorreu um acidente de viação o conhecimento dessa realidade torna mais simples questionar o arguido, as testemunhas e peritos, quanto à sua dinâmica dado que todos os sujeitos processuais ficam inteirados das características da estrada, do cruzamento, tipo de piso, configuração da curva, etc. Excecionalmente podem ainda restar vestígios de rastos de travagem, do embate em paredes, rail de proteção, de saídas de estrada. O palco da ação ou omissão pode fornecer elementos para um melhor apreciação e juízo crítico da prova. Não raro o exame no local leva a concluir que no local onde estava a testemunha não permitia ver para o local dos factos, ou que o acidente ocorreu *nas suas costas*, ou que não podia ter ouvido o que diz ter ouvido. O exame no local pode ser fundamental para concluir que afinal o arguido podia ter-se deslocado do local A para o local B a pé, num pequeno lapso de tempo, porque existia um atalho.

§ 5 Como regra o exame no local basta-se com a respetiva inspeção pelo tribunal e sujeitos processuais. Podem ser pedidos esclarecimentos ao arguido que mantém obviamente o seu direito ao silêncio (art. 343.º/1), a testemunhas, peritos e outros intervenientes. O julgamento pode também decorrer, parcial ou totalmente, no local do exame desde que assegurado o normal desenrolar do ato nomeadamente a documentação das declarações orais (arts. 363.º e 364.º) e a garantia de publicidade da audiência, se for o caso (art. 321.º/1).

§ **6** A ata relativa ao exame deve fazer menção e registar as perceções reputadas relevantes pelo tribunal, nomeadamente medições, v.g., que do local A não é possível ver a casa X; que o ruido derivado do funcionamento da máquina B não permite a audição de conversas a mais de Y metros etc., sem prejuízo da audição dos sujeitos processuais, dado que se trata de típicas questões de facto (art. 327.º/2).

III – Inobservância do procedimento

§ **7** A prova derivada de «exame no local» levado a cabo pelo juiz ou tribunal, desacompanhado dos sujeitos processuais, se essa vier a ser a fonte probatória de factos relevantes é prova proibida (§ 2, art. 355.º). A falta de exame no local quando se reputar essencial para a descoberta da verdade constitui nulidade (art. 120.º/2/d, 2.ª parte) a arguir pelo interessado com legitimidade (assim, MMPDJP, 2009, p. 887, diversamente, sustentando não constituir nulidade José da Costa Pimenta, 1991, p. 718). Já a omissão na ata ou auto de exame no local de elementos relevantes, na falta de sanção expressamente cominada constitui irregularidade (art. 118.º/2) a arguir pelos interessados nos termos do art. 123.º. Sanada a irregularidade, independentemente do modo de sanação, nada impede a consideração desses factos mesmo que não constem do auto.

IV – Recurso

§ **8** A decisão sobre o exame no local é suscetível de recurso (assim Oliveira Mendes, 2021, p. 1088, Paulo Pinto de Albuquerque, 2008, p. 886; nega a possibilidade de recurso José da Costa Pimenta,1991, p. 718). A circunstância de a norma outorgar ao tribunal o poder de decidir deslocar-se ou não ao local onde tiver ocorrido o facto, não se pode confundir com a irrecorribilidade dessa decisão, quando o princípio geral, aqui não excecionado, é a recorribilidade dos despachos (art. 399.º). O recurso, porque não deve subir imediatamente (art. 407.º/1/2), sobe nos próprios autos e é julgado conjuntamente com o recurso interposto da decisão que tiver posto termo à causa (art. 407.º/3).

António Gama

Artigo 355.º
Proibição de valoração de provas

1 – Não valem em julgamento, nomeadamente para o efeito de formação da convicção do tribunal, quaisquer provas que não tiverem sido produzidas ou examinadas em audiência.

2 – Ressalvam-se do disposto no número anterior as provas contidas em atos processuais cuja leitura, visualização ou audição em audiência sejam permitidas, nos termos dos artigos seguintes.

Origem do texto: corresponde à redação originária aprovada pelo DL 78/87 com alterações introduzidas pela L 48/2007. O n.º 1 mantem o texto da redação originária. A L 48/2007 alterou a redação do n.º 2, mas sem qualquer incidência de relevo (na redação original referia-se apenas «leitura» onde passou a constar «leitura, visualização ou audição», por força das modificações sobre a pluralidade de meios de elaboração de autos)

Jurisprudência vinculante: Ac. STJ/FJ 8/2017, 11.10.2017 (Manuel Pereira Augusto de Matos).

Sumário do comentário:
I – Considerações gerais (§§ 1 a 5)
II – Imediação e proibição de valoração de provas pré-constituídas que deviam ter sido produzidas em audiência (§ 6 a 25)
III – Investigação judicial e exame como forma alternativa de imediação com os meios de prova e condição de valoração (§§ 26 a 57)
IV – Exame de provas, contraditório *sobre a prova* e poderes judiciais de investigação, direção processual e reabertura de audiência (§§ 58 a 70)

I – Considerações gerais

§ 1 O art. 355.º integra o capítulo III do título II do livro VII, pelo que, segundo a sistemática-formal do CPP, enquadra-se no regime sobre a produção de prova na audiência de julgamento. Os dois números do preceito comentado não estabelecem regulações diretas sobre produção de prova, mas reportam-se ao sancionamento (com a proibição de valoração de prova) de omissões graves de procedimentos devidos (falta de *produção* ou *exame* de concretas *provas*).

§ 2 O legislador nacional, no essencial, adotou a sistemática do *progetto preliminare* italiano de 1978 que também compreende um capítulo III do título II do livro VII relativo à produção de prova. Em coerência com o objeto do capítulo, no CPPI as normas reportam-se à formação da prova que se tem de operar na audiência de julgamento. O primeiro preceito desse capítulo do CPPI é dedicado à ordem de produção de prova, o art. 496.º do CPPI correspondente ao art. 341.º CPP, sendo seguido por normas sobre produção ou reprodução de provas que, segundo a lei italiana, terão de ocorrer na audiência de julgamento.

§ 3 A convocação argumentativa de soluções expressas em regras do CPPI para questões hermenêuticas próprias do direito português relativas ao exame de provas quando obnubila (ou omite) diferenças axiológicas de base dos dois regimes refletidas em regras distintas pode envolver transplantes oportunistas ou construtivistas que devem ser rejeitados. A integral desconstrução de algumas manifestações dessa deriva exigiria um desenvolvimento sistemático-teleológico incompatível com a economia do presente comentário a preceitos legais, impondo-se, apenas, sublinhar as diferenças centrais do CPP relativamente ao CPPI em termos de transmissibilidade de autos entre fases processuais, refletidas em regimes distintos sobre repartição de funções e ónus entre sujeitos processuais, esquemas de exame e reaproveitamento de provas, bem como de regulação de sancionamentos. O capítulo III do título II do livro VII do CPP compreende algumas normas que extravasam a produção e reprodução de prova em audiência. O preceito sobre o princípio da investigação (art. 340.º) abrange matérias que vão muito além da produção de prova em audiência, como a regulação global do princípio na fase de julgamento (§§ 1-5 do comentário ao art. 340.º), tal como os preceitos sobre alteração de factos e qualificação jurídica (arts. 357.º e 358.º) e as alegações orais dos sujeitos da dialética (art. 360.º) não se reportam em termos nucleares à produção de prova. Em contraponto, no CPPI, para além das diferenças quanto ao regime sobre aquisição de prova na fase de julgamento (cf. §§ 2, 4, 5 e 22 do comentário ao art. 340.º), as normas sobre alteração de factos e qualificação jurídica em julgamento integram o capítulo IV do título II do livro VII (arts. 516.º a 522.º CPPI), o preceito sobre alegações em audiência (art. 523.º CPPI) é o primeiro artigo do capítulo V do título II do livro VII intitulado *Discussão final*, o qual compreende apenas um outro preceito sobre o encerramento da audiência (art. 524.º).

§ 4 A interpretação das normas do preceito comentado não se pode dissociar do enquadramento das dimensões do Direito Probatório indicadas no § 7 do comentário ao art. 340.º e da conexão entre políticas processuais distintas em função dos meios de prova com reflexo em opções prescritivas estabelecidas em normas gerais sobre Direito Probatório penal complementadas por normas especiais sobre a prova em julgamento.

§ 5 Do art. 355.º/1 decorre que a *produção* ou o *exame* são condições alternativas de valoração de meios de prova para efeitos do julgamento da matéria de facto. Os dois principais desafios hermenêuticos diretamente suscitados pelo art. 355.º/1 são o de saber quais as provas que têm de ser produzidas no julgamento para poderem ser valoradas e as implicações na estatuição da regra do n.º 1 e na exceção do n.º 2 (§§ 6 a 25), o qual se encontra sintetizado no § 23, e, por outro lado, qual a forma de realização do exame sob pena de proibição de valoração (§§ 26 a 57), matéria objeto de complexo normativo analisado de forma conclusiva no § 56. O regime é conformado pelo princípio da imediação (§§ 12 a 20, 28 a 35, 48 a 57), mas tem de se articular com questões vizinhas relativas ao contraditório *sobre a* prova (§§ 58 a 70).

II – Imediação e proibição de valoração de provas pré-constituídas que deviam ter sido produzidas em audiência

§ 6 Os dois números do art. 355.º não compreendem regulações diretas sobre a formação da prova. O elemento mais claro do art. 355.º é a estatuição constante do n.º 1 devidamente anunciada na epígrafe do preceito: proibição de valoração de provas «que não tiverem sido produzidas ou examinadas em audiência». O art. 355.º/2 reporta-se a uma exceção («ressalvam-se do disposto no número anterior») relativamente àquela estatuição.

§ 7 Na previsão do art. 355.º/1 indicam-se duas vias alternativas (produção ou exame) sobre o comportamento devido para o tribunal aceder a provas suscetíveis de valoração. A indicação normativa compreende uma componente de obscuridade: não se discriminam as provas que têm de ser produzidas e as que podem ser examinadas, nem se identifica qualquer critério para distinguir umas e outras. O art. 355.º/1 é precedido de regras sobre produção de alguns meios de prova em audiência, mas não se encontra nos artigos 340.º a 354.º regulação do exame de provas pré-constituídas (provas produzidas em momento anterior à audiência). O resto do capítulo III do título II do livro VII do CPP não compreende quaisquer regras sobre prova documental pré-constituída extraprocessual (prova produzida em momento anterior à audiência autonomamente do processo e da sua funcionalidade) junta em fases preliminares e a aquisição de provas extraprocessuais determinada pelo tribunal ao abrigo do princípio da investigação prevista no art. 340.º relativo à admissão de prova, preceito sem normas sobre a sua assunção (cf. §§ 1 a 8 do comentário ao art. 340.º).

§ **8** A abrangência do texto do art. 355.º/1 não exclui as provas pré-constituídas extraprocessuais (cf. § 7) que, por natureza, não podem ser produzidas no processo (foram adquiridas já produzidas), não sendo objeto de nenhuma das normas dos arts. 356.º e 357.º que apenas regulam provas constantes de autos processuais e a transmissão à audiência de julgamento de atos de produção ou obtenção de prova processuais.

§ **9** No capítulo III do título II do livro VII do CPP não existe nenhuma derrogação das regras gerais sobre aquisição de provas extraprocessuais, designadamente, as constantes nas regras gerais sobre prova documental constantes dos arts. 164.º a 170.º.

§ **10** A interpretação das normas do art. 355.º se se basear apenas no elemento literal complementado pelo elemento sistemático-formal confronta-se com dificuldades significativas agravadas por se tratar de um preceito sem referente direto e imediato no *progetto preliminare* de 1978, pois o CPP ao enxertar alguns artigos derivados de específicas opções sem paralelo imediato na fonte italiana nem sempre preservou a coerência sistemática que conformou o original — como já se destacou a propósito do preceito que inicia o capítulo III do título II do livro VII no diploma português, cf. §§ 1 a 4 do comentário ao art. 340.º e ainda *supra* nos §§ 1 a 3 do presente comentário.

§ **11** As dificuldades hermenêuticas geradas pela técnica legislativa empregue em algumas normas do CPP introduzidas pelo legislador nacional sem referente imediato no original italiano acentuam-se pela circunstância de o Direito Probatório português apresentar por confronto com o italiano muito menor lastro de debate doutrinário. Ao que acresce a significativa diferença dos trabalhos preparatórios e disponíveis para o intérprete que precederam os partos legislativos nos dois países, vastos e públicos no caso italiano enquanto os registos que sobreviveram relativos ao código português praticamente se limitam à discussão parlamentar da lei de autorização legislativa e à exposição de motivos do próprio CPP que tem ínsita uma natureza monológica.

§ **12** Os particularismos da técnica e processo legislativo na base do art. 355.º/1 determinam que constitua vetor nuclear para a sua interpretação o elemento histórico-teleológico, em particular as discussões sobre questões processuais que precederam o código assinadas pelo que veio a ser presidente da Comissão Revisora do CPP (Figueiredo Dias). Plano em que emerge a importância de um evento para captar a *ratio* da norma: o Par./CConst 18/1981

(Figueiredo Dias) que fundamentou a declaração de inconstitucionalidade pela Resolução n.º 146-A/81 do Conselho da Revolução do art. 439.º CPP/29, que permitia a leitura em audiência de julgamento de depoimentos escritos nos autos de testemunhas que não tivessem comparecido naquela audiência.

§ 13 O Par./CConst 18/1981 foi conformado por uma visão moderada do imperativo constitucional do contraditório no julgamento criminal tendo sido considerado, por unanimidade, que o mesmo não se aplicava à questão suscitada pela consulta: a constitucionalidade do art. 439.º CPP/29. Perspetiva complementada pela ideia de que o problema objeto da consulta devia ser resolvido pelo «princípio da imediação [que] determina que o juiz deverá tomar contacto imediato com os elementos de prova». Imediação perspetivada pelo Par./CConst 18/1981 como princípio *jurídico-constitucional* «não em si» mas «nos seus reflexos» sobre as garantias constitucionais de defesa, tendo-se então concluído que o imperativo constitucional decorria do art. 32.º/1 CRP e não do art. 32.º/5 CRP.

§ 14 O Par./CConst 18/1981 recusou expressamente que a inquirição das testemunhas em audiência constituísse um corolário do contraditório para, de seguida, sustentar o juízo de inconstitucionalidade do art. 439.º CPP/29 na violação do art. 32.º/1 CRP, numa visão própria do relator em linha com a de Eduardo Correia que também destacava «as exigências do princípio da imediação» (1977, p. 211). Tendo o Par./CConst 18/1981 considerado que o princípio era posto em causa pela plena utilizabilidade das declarações prestadas pelas testemunhas de acusação que não comparecem na audiência de julgamento. Linha argumentativa que pareceu marcada pela razão pragmática de deixar aberta a porta à utilizabilidade excecional, que se vem a expressar no art. 356.º/2 a 5, de algumas provas declarativas das fases preliminares, «não se trata pois, a esta luz, de considerar por inteiro e irremissivelmente inconstitucional o art. 439.º CPP, ao contrário do que sucederia, *v. g.*, se nele se visse uma violação do princípio do contraditório» — cf. Dá Mesquita, 2011, pp. 53n78, 160n336, 322, 340, 479-480, 494n82, 600-601.

§ 15 Passando à norma do art. 355.º/2 que remete para os arts. 356.º e 357.º, sendo interpretada à luz dos elementos literal e sistemático-formal apresenta-se ambígua:

(a) Parece integrar na previsão «provas contidas em atos processuais cuja leitura, visualização ou audição em audiência sejam permitidas» pelos arts. 356.º e 357.º estatuindo quanto a essas provas uma exceção ou uma regra especial («ressalvam-se do disposto no número anterior») relativa à estatuição da norma do art. 355.º/1, ou seja, a «proibição de valoração de provas» que não foram «produzidas ou examinadas»;

(b) Gera um problema de congruência, «provas contidas em atos processuais cuja leitura, visualização ou audição em audiência sejam permitidas» são excecionadas da aplicação da norma do art. 355.º/1 que estabelece uma proibição de valoração de provas que não foram produzidas nem examinadas, quando a leitura, visualização ou audição em audiência, em termos empíricos, se apresenta como uma forma de exame pelo tribunal.

§ 16 A exceção ou ressalva constante do art. 355.º/2 pode ser melhor compreendida se interpretada em face do lastro do Par./Cconst 18/81, enquanto uma moderação relativamente ao que podia inferir-se em termos imediatos da conclusão daquele parecer (sobre a obrigação de produção em audiência de julgamento de toda a prova declarativa testemunhal).

§ 17 O art. 355.º/2 articula-se com as exceções à regra geral de obrigatoriedade de produção em audiência de prova declarativa testemunhal, aspeto evidenciado pela fundamentação do Par./CConst 18/1981 e pelas declarações de voto aí apostas. Joaquim Costa Aroso sublinhou a sua reserva ao que se podia extrair dos termos empregues na conclusão «nos casos em que tais depoimentos ou declarações não possam ser repetidos no julgamento por falecimento ou outras causas absolutas de impossibilidade», pronunciando-se no sentido de que então essas declarações poderiam ser «valoradas por forma idêntica à de documentos particulares». Na mesma linha, J. M. Cardoso da Costa defendeu que «devia ressalvar-se a hipótese de impossibilidade de audição oral da testemunha de acusação, por morte, doença mental ou outra semelhante que torne inevitável a sua não comparência à audiência de julgamento, mesmo quando as suas declarações hajam sido prestadas sem que o arguido tenha tido possibilidade de interrogá-la». Linha moderada que, apesar de não se revelar no segmento conclusivo do Par./Cconst 18/81, também resultava da sua fundamentação, onde, depois de se desenvolver os argumento de recusa da inconstitucionalidade por violação do contraditório (com fundamento na tese de que o princípio não exige a inquirição cruzada), se defende que tal princípio também seria «inconveniente no plano dos efeitos práticos daí resultantes", na medida que em "em certos casos excecionais [reconhece-se que] um fundado interesse público pode justificar a leitura dos depoimentos, *v. g.* tomados *in articulo mortis* ou quando a testemunha morreu ou se incapacitou irreversivelmente».

§ **18** O Par./Cconst 18/81 considerou que os princípios da imediação e da oralidade «em si mesmos considerados não eram princípios jurídico-constitucionais do processo penal, mas que o podiam ser "nos seus reflexos sobre outros princípios constitucionalmente impostos"», o que determinou que o art. 439.º CPP/29 não fosse considerado «irremissivelmente inconstitucional» «ao contrário do que sucederia se nele se visse uma violação do princípio do contraditório». No alvor do 25 de Abril de 1974, essa construção era defendida por Figueiredo Dias para quem o contraditório consistia na «oportunidade conferida a todo o participante processual de influir, através da sua audição pelo tribunal, no decurso do processo» (1974, p. 153). No Par./Cconst 18/1981 concretiza-se que «nenhuma prova pode ser aceite em audiência, nem nenhuma decisão (mesmo só interlocutória) pode aí ser tomada pelo juiz, sem que previamente tenha sido dada *ampla e efetiva possibilidade* ao sujeito processual contra a qual ela é dirigida, *de a discutir, de a contestar e de a valorar*», matérias que serão apreciadas enquanto relativas ao contraditório *sobre a prova.*

§ **19** A referência constante do art. 355.º/1 à proibição de valoração de provas que não foram produzidas na audiência compreende-se à luz do entendimento do Par./CConst 1881 segundo o qual o princípio da imediação com sustentação no art. 32.º/1 CRP proíbe «a leitura em audiência de julgamento de depoimentos de testemunhas de acusação que não compareçam naquela audiência». Valor da imediação judicial transportado para outros preceitos legais, em particular o art. 328.º-A/1 relativo à regra geral segundo a qual todos os juízes e jurados que vão julgar a causa devem, nomeadamente, assistir a todos os atos de produção de prova praticados na audiência de julgamento, sendo essa regra geral seguida de regras especiais que preveem casos em que alguns juízes em detrimento da assistência em direto à produção de alguns atos de prova podem proceder ao respetivo exame *a posteriori.*

§ **20** A interpretação histórico-teleológica permite captar o sentido normativo da prescrição legislativa do art. 355.º/1:

a) Certas provas declarativas processuais (§ 21) devem ser produzidas na audiência por tal ser a forma de imediação padrão quanto a esses meios de prova (a imediação enquanto princípio conformador, cf. *infra* §§ 28 a 35);

b) A violação dessa regra geral por exame de meio de prova que tinha de ser produzido na audiência é sancionada com a proibição da valoração do meio de prova.

§ **21** A identificação das provas que devem obrigatoriamente ser produzidas em audiência opera-se através da conjugação da norma do art. 355.º/1 com as normas sobre os diferentes meios de prova (arts. 125.º e 128.º a 170.º) e mesmo de obtenção de prova (arts. 171.º a 190.º), bem como as regras especiais sobre produção (arts. 319.º a 321.º, 341.º a 351.º) e reprodução (arts. 355.º/2, 356.º e 357.º) de provas em julgamento. A regra geral sobre as provas que estão sujeitas à produção em audiência consta do preceito seguinte, no art. 356.º/1/*b)*: «declarações do arguido, do assistente, das *partes* civis ou de testemunhas» em «instrução ou de inquérito».

§ **22** Passando ao art. 355.º/2, a incongruência da sua letra pode ser superada pela interpretação histórico-teleológico, e, em particular, pela intenção normativa revelada pelo Par./Cconst 18/1981 que esclarece a articulação do sentido do art. 355.º/2 com três blocos de normas: (a) art. 356.º/1/*b)*; (b) art. 355.º/1; (c) arts. 356.º/1/*a)*, 356.º/2, 3, 4 e 5 e 357.º/1.

§ **23** A a interpretação sistemático-teleológica permite clarificar o sentido de um complexo normativo sobre imediação e provas cuja produção por regra deve ocorrer em audiência de julgamento:

a) Regra geral:

a.1. As declarações do arguido, do assistente, das *partes* civis ou de testemunhas (art. 356.º/1) devem ser produzidas na audiência de julgamento por tal ser a forma de imediação padrão quanto a esses meios de prova;

a.2. A imediação implica a assistência por todos os membros do tribunal do julgamento aos atos de produção de prova que têm de ser obrigatoriamente produzidos na audiência (art. 328.º-A/1).

b) A violação dessa regra geral é sancionada pelo art. 355.º/1 com a proibição da valoração de declarações do arguido, do assistente, das *partes* civis ou de testemunhas prestadas fora da audiência de julgamento.

c) Regras especiais:

c.1. Os arts. 356.º/1/*a)*, 2, 3, 4 e 5 e 357.º/1 consagram regras especiais relativamente à regra geral referida na alínea *a.1*, compreendendo normas com requisitos cujo preenchimento permite a derrogação daquela regra geral quanto a declarações processuais produzidas fora da audiência de julgamento (i.e., casos em que declarações do arguido, do assistente, das *partes* civis ou de testemunhas que não foram produzidas na audiência de julgamento podem ser assumidas como prova do julgamento);

c.2. O art. 328.º-A/2 a 7 compreende exceções à exigência de imediação relativamente à presença de todos os membros do tribunal em todos os atos de produção de provas declarativas.

d) O art. 355.º/2 limita-se a ressalvar que preenchida uma das normas especiais referidas na al. *c)*, o concreto meio de prova pode ser apenas examinado não se lhe aplicando a proibição do art. 355.º/1 quanto à falta de produção de prova declarativa, podendo o tribunal valorar a prova declarativa em causa através de exame (*c.1*), solução normativa que também foi consagrada na parte final do art. 328.º-A/1 quando um membro do tribunal não esteve presente num determinado ato de produção de prova, permitindo-se que proceda ao respetivo exame ao abrigo de uma das normas do art. 328.º-A/2 a 7 (*c.2*).

§ 24 A oralidade (tal como a imediação) é um princípio da forma e apresenta algumas expressões quanto às provas pessoais: 1) Em todas as fases do processo o art. 96.º/1 compreende duas coordenadas centrais sobre âmbito das provas pessoais, «a prestação de quaisquer declarações», por regra, processa-se de forma oral, não sendo autorizada a leitura de documentos escritos previamente elaborados para aquele efeito». 2) Na fase de julgamento, as *declarações processuais*, por regra, só podem servir para formar a convicção do tribunal se forem produzidas oralmente na audiência (arts. 343.º a 350.º, 355.º/1 e 356.º/1/*b)*), mas existem exceções sobretudo estabelecidas nos arts. 356.º e 357.º (§§ 31 a 57 do comentário ao art. 356.º e §§ 1 a 13 do comentário ao art. 357.º). Em conexão com essas duas vertentes apresenta-se a ideia segundo a qual, no julgamento como complexo, a oralidade reporta-se a uma forma de atingir a decisão, no quadro de uma audiência de discussão oral da matéria a considerar (arts. 321.º/1, e 355.º/1), sendo a decisão obrigatoriamente precedida de alegações orais (art. 360.º).

§ 25 Clarificado o regime quanto a provas que, por regra, devem ser produzidas em audiência de julgamento, importa interpretar o regime sobre exame de provas pelo tribunal constante do art. 355.º/1. O art. 355.º/2 apenas derroga a estatuição do art. 355.º/1 quanto à *parte* da obrigação de produção de prova declarativa em audiência, mas preserva o imperativo de exame das provas que não têm de ser produzidas em audiência pelo tribunal. Pelo exposto, o exame constitui condição de valoração de todas as provas pré-constituídas (extraprocessuais ou processuais). O sentido da exigência de exame das provas que não têm de ser produzidas (incluindo as declarativas processuais que excecionalmente podem ser transmitidas) é indissociável do conceito ou princípio da imediação que conformou todo o art. 355.º (§§ 28 a 35 e 48 a 57).

III – O exame dos meios de prova como forma alternativa de imediação e condição de valoração

§ 26 Como se referiu acima, no que concerne à componente prescritiva o art. 355.º/1 estatui duas obrigações alternativas (produção ou exame) para o tribunal em sede de formação da prova e sanciona o incumprimento de qualquer delas com a proibição de valoração de prova.

§ 27 Os preceitos do capítulo III do título II do livro VII do CPP, com exceção dos arts. 340.º e 355.º (qualquer um deles sem lastro, mesmo em termos de objeto, no *progetto preliminare*), de uma forma geral, não compreendem quaisquer regras sobre o exame de um vasto conjunto de provas: as provas pré-constituídas extraprocessuais (§§ 7 e 8). Em particular, as normas das disposições dos arts. 356.º e 357.º (referidas no art. 355.º/2) apenas regulam provas constantes de autos processuais ou a transmissão ao julgamento de atos de produção ou obtenção de prova não abrangendo a prova pré-constituída extraprocessual (designadamente regulada enquanto prova documental) a qual, por natureza, não pode ser produzida no processo (foi adquirida já produzida).

§ 28 A destrinça analítica de James Goldschmidt entre a imediação em sentido subjetivo, reportada à relação do juiz com os meios de prova, e em sentido objetivo, consistente no dever de prevalência e procura das provas mais imediatas relativamente a factos probandos é essencial para compreender a doutrina nacional sobre o princípio da imediação. Com efeito, o princípio acolhido pela doutrina processual nacional enquanto parâmetro estruturante sobre a formação de prova reporta-se exclusivamente à imediação em sentido subjetivo (cf. Pessoa Vaz, 1946, p. 162; Alberto dos Reis, 1948/53, v. 4, p. 566; Cavaleiro de Ferreira, 1955/58, v. 2, p. 318: Eduardo Correia, 1956, pp. 192-193; Castro Mendes, 1961, pp. 167-170; Figueiredo Dias, 1974, pp. 232-234; Marques da Silva, 2012, v. 2: § 146.1.I).

§ **29** Princípio da imediação que, além de partilhado com o regime processual civil, foi herdado do anterior sistema processual penal. No CPP/29, apesar de se manter a ampla transmissibilidade da prova da fase instrutória, os princípios da oralidade e da imediação em sentido formal constituíam com a investigação judicial da prova referências estruturantes do julgamento judicial do facto.

§ **30** A imediação com as fontes de prova não é confundível com a imediação com os factos, por natureza inviável e até proibida nos sistemas acusatórios. Embora no processo penal não se tenham verificado alterações importantes ao longo do século XX sobre a produção de prova, no civil a imediação e oralidade na produção da prova testemunhal constituem um produto das reformas desenvolvidas na segunda metade da década de vinte e anos trinta do século passado, de reforço da proeminência e responsabilidade do tribunal no que veio a constituir um elemento perene do Direito Probatório português (resultado de um confronto entre as posições de ALBERTO DOS REIS, 1929 e BARBOSA DE MAGALHÃES, 1940).

§ **31** Desde o segundo quartel do século XX, no direito português a imediação constitui um postulado conformador de uma relação bipolar entre o julgador e as provas, analiticamente autónoma da dimensão dialética da participação das *partes* na produção da prova, centrada no contraditório, embora certas *experiências* de *imediação* possam compreender *dialética*. No esquema de imediação jurídico-processual em vigor no sistema legal português, o contacto com a fonte de prova integra, além da relação presencial de partilha do espaço, a comunicação à distância através da teleconferência. No processo penal positivo esse mecanismo não se generalizou, mas o princípio da concentração é também um instrumento da contraditoriedade e a previsão de depoimentos por teleconferência vale, quando realizada, «para todos os efeitos» como presencial.

§ **32** O princípio da imediação, embora com contiguidades com o contraditório e o direito à confrontação, em regra sobreviveu à confusão com aquele. Existe uma autonomia entre imediação, centrada na relação entre o julgador decisor e as fontes de prova, e o princípio do contraditório que se reporta à interação dinâmica dos atores de um triângulo constituído pelas *partes* contrapostas e o julgador (tribunal singular ou coletivo ou júri) tendo como objeto todos os temas do julgamento [quanto à matéria factual (incluindo as provas) e quanto às questões jurídicas relevantes para o caso].

§ 33 Desde o código de 1929 que o princípio da imediação se articula com a investigação judicial permitindo ao tribunal a indagação direta junto das fontes de prova, conexão ideológica que não colide com a autonomização conceptual, inclusive quanto às provas produzidas em julgamento já que o contacto imediato não implica interação comunicativa. No plano analítico distingue-se entre imediação e inquirição judiciais, nesta o tribunal além de observador direto pode agir como provocador ou estimulador das reações do objeto da perceção (*v.g.* colocando as questões judicialmente consideradas determinantes), ao contrário da inquirição por outrem, em que atua como simples observador (em particular na inquirição cruzada pelas *partes*). A imediação circunscreve-se à relação sensorial do tribunal com as provas.

§ 34 A assistência em direto à produção de provas em julgamento e o exame pelo tribunal de outras provas pré-constituídas (relativamente à audiência) são duas formas de imediação legitimadas pelo art. 355.º/1. O complexo normativo dos arts. 356.º/1 a 5 e 357.º/1 impõe que determinados meios de prova devam ser produzidos em audiência. Quanto às provas pré-constituídas suscetíveis de aquisição para o julgamento a assunção deve realizar-se através do respetivo exame como condição de imediação (exceto no caso da prova pericial em que as valorações dos peritos de determinadas fontes probatórias podem ser integradas no julgamento do tribunal sem necessidade de exame direto dos elementos em que aqueles se basearam).

§ 35 A imediação sendo um princípio *da forma* na relação do tribunal com os meios de prova, no caso das provas documentais, e, fundamentalmente, com as fontes de prova, no caso das testemunhas, convoca a *experiência da imediação*, das *impressões pessoais* do tribunal, enquanto instrumento jurídico-processual — a referência a essas impressões é, nomeadamente, convocada por Figueiredo Dias (1974, pp. 233-234) e Roxin (1998, § 15.B). O princípio da imediação, além de expressar uma perspetiva epistemológica, desde o segundo quartel do século XX foi desenvolvido em Portugal sob a força da cultura jurídico-processual germânica, onde a imediação, *die Unmittelbarkeit*, impregna o dever judicial de acesso às provas e a estrutura de legitimação da livre apreciação — o princípio está consagrado no § 250 da StPO, sendo geralmente associado ao princípio da livre apreciação (§ 261 da StPO), *v. g.* Geppert, 1979, pp. 119, 144-146, 287; Roxin, 1998, § 15.B; Stamp, 1998, pp. 86-88; Schlüchter, 2000, p. 13.

§ 36 Em termos de componentes diretamente prescritivas, o preceito comentado relaciona-se com o princípio da imediação na aceção jurídica mais corrente em Portugal centrada numa dimensão relacional do julgador do facto com a prova (como referido no § 28), designado como imediação em sentido subjetivo ou formal, «princípio de contacto direto do juiz com a prova» (EDUARDO CORREIA, 1956, p. 192; 1967, p. 15). Base axiológica fundamental também quanto às provas que têm de ser obrigatoriamente examinadas sendo exigido um *contacto direto do juiz com a prova* enquanto condição de valoração das provas pré-constituídas processuais (referidas em algumas das normas dos arts. 356.º e 357.º) e das extraprocessuais (§§ 7 e 8).

§ 37 Relativamente à supervisão da prova dos autos, a iniciativa judicial não é sujeita a quaisquer freios, podendo o tribunal empreender todos os exames legalmente admissíveis, sendo o dever de estudo e seleção da prova acentuado em diversos passos (cf. arts. 165.º/1, 188.º/10, 323.º/*c)*, 327.º/ 2, 340.º/1 e 2, 355.º, 356.º/1, 360.º/4). Princípio da investigação revelado na junção de documentos (art. 165.º) e na ampla margem de iniciativa judicial para juntar mais documentos e ler os documentos juntos aos autos, independentemente do pedido das *partes* (arts. 323.º/*c)* e 340.º/1).

§ 38 Significativamente, o regime não compreende uma regulação procedimental no sentido de a acusação e defesa indicarem de forma discriminada quais as provas documentais processuais e extraprocessuais que consideram relevantes (arts. 283.º/3, 284.º/2/*b)*, 285.º/3, 311.º-B/1 e 4).

§ 39 O complexo normativo constituído pelos arts. 275.º, 355.º, 356.º e 357.º associa-se à pretendida transformação na formação da prova pessoal relativamente ao regime do CPP/29 através de uma regra geral de intransmissibilidade probatória das declarações processuais de arguido, assistente, *partes* civis e testemunhas, preservando-se, por outro lado, uma linha de continuidade na transmissibilidade burocrático-processual integral dos autos do inquérito e da instrução para a fase de julgamento (DÁ MESQUITA, 2011, pp. 615 e ss).

§ 40 A transmissibilidade dos autos das fases preliminares para a fase de julgamento é plena de significado atenta a amplitude da cognição permitida ao tribunal. A importância dessa transmissibilidade recrudesce se a mesma for integrada com os deveres inerentes ao princípio da investigação, em que os autos constituem um arsenal de informação a que o tribunal em termos globais e em particular o juiz presidente deve aceder para o exercício do seu dever de investigação norteado pelo farol da *descoberta da verdade* e *boa decisão da causa*. A proibição de utilização da prova constante do art. 355.º/1 cinge-se ao *efeito* *de formação da convicção* em sede de julgamento do facto, uma proibição de valoração de prova que não compreende um limite cognitivo à informação aí disponibilizada para a instrução do julgamento na *procura constante da verdade*. Nesta matéria ressalta, além da responsabilidade judicial nas inquirições, o dever específico do juiz presidente de *ordenar* a «reprodução de quaisquer declarações legalmente admissíveis sempre que o entender necessário à descoberta da verdade» e «o dever de ordenar a leitura de documentos ou de autos de inquérito ou instrução» (art. 323.º/*b)*). A opção expressa no art. 275.º/3 pela transmissão da totalidade dos autos do inquérito ao julgamento (apenas com ressalvas marginais, cf. art. 86.º/7) é especialmente significativa, também na medida em que se distingue da solução italiana em que apenas acompanham a acusação os elementos transmissíveis em termos probatórios para o julgamento do facto (arts. 431.º e 433.º do CPPI).

§ 41 A transmissão da documentação das fases preliminares compreende informações preciosas da totalidade da investigação e integra provas que devem ser supervisionadas pelo tribunal. As comunicações processuais que «não contenham declarações do arguido, do assistente, das *partes* civis, ou de testemunhas» podem ser reproduzidas na audiência de julgamento e valer *para o efeito de formação da convicção do tribunal*, devendo o tribunal selecionar a prova objeto de exame (não estando apenas vinculado à indicada pelas *partes*). As *partes* devem juntar a prova ao processo (ou requerer a sua junção) e será face ao estudo deste que o tribunal deverá selecionar as provas merecedoras de reprodução ou exame em audiência (sem prejuízo, obviamente, de as *partes* poderem requerer durante a audiência que alguma prova seja reproduzida ou examinada devendo, aliás, adotar essa iniciativa em face do valor do contraditório, *infra* §§ 46, 63 e 64).

§ 42 O legislador português assumiu uma opção significativa ao determinar um amplo conjunto de *comunicações processuais* que podem constituir prova para o julgamento do facto, incluindo todos os *autos de instrução ou de inquérito que não contenham declarações de arguido, assistente, partes civis ou testemunhas* (art. 356.º/1/*b)*).

§ 43 O recorte funcional do conceito de declarações processuais sujeitas à proibição geral de transmissibilidade probatória compreende a prova testemunhal em sentido amplo enquanto narração de factos probandos percecionados pela fonte pessoal de prova. Destrinça conexa com a formação da prova testemunhal recentrada na dimensão declarativa, única cuja transmissibilidade probatória é proibida enquanto regra geral, pelo que todo o restante arsenal cognitivo a que o juiz acede pode servir para *formar a convicção* do tribunal.

§ **44** Opção legislativa que não pode ser cindida de uma dimensão matricial sobre o direito da prova nos sistemas continentais, a tradição reguladora da atividade investigatória pré-acusatória, sujeita a formalismos legais, um conjunto de obstáculos legais à admissão de provas nas fases preliminares do processo cujo desrespeito é sancionado de acordo com as regras sobre invalidades.

§ **45** O regime legal pretende que o tribunal desatenda a informação existente e disponibilizada ao juiz, o que implica que não se tutelem preventivamente hipotéticos riscos de contaminação.

§ **46** O tribunal deverá selecionar as provas merecedoras de um juízo de relevância para o julgamento do facto com base em primeira linha no material carreado pelas *partes*. Relativamente aos documentos processuais e extraprocessuais os ónus das *partes* centram-se na iniciativa de admissão, juntar a prova ao processo (ou requerer a sua junção), sendo face ao estudo desse material que o tribunal deve desenvolver o seu juízo, sem necessidade processual de as *partes* apresentarem guião ou impulso especificado para a sua assunção, sendo óbvio que as *partes* apesar de não terem o ónus de o fazerem, beneficiam da faculdade de tentar argumentar de forma persuasiva sobre o valor das provas pré-constituídas (o que, aliás, corresponde a um dever de colaboração leal com o tribunal, cujo incumprimento neste domínio não é especificamente sancionado) e de requererem durante a audiência que alguma prova seja reproduzida ou examinada ao abrigo do art. 340.º/1 ou lida ou reproduzida ao abrigo dos arts. 356.º e 357.º.

§ **47** No procedimento probatório previsto para a prova documental sobressai a responsabilidade judicial de identificar, analisar e valorar as provas pertinentes constantes do processo, as quais preferencialmente devem ser juntas no decurso do inquérito e da instrução, daí que se conclua que o «julgamento implica as obrigações de examinar e atender, em harmonia com a lei, a todas essas provas existentes no processo» (Simas Santos / Leal-Henriques, 1999, v. 1, p. 850).

§ **48** As provas que não têm de ser produzidas em julgamento devem ser obrigatoriamente examinadas, o que convoca a apreciação da(s) forma(s) do exame para poder haver lugar à assunção das provas, problema nuclear da interpretação sistemático-teleológica do art. 355.º/1. A questão maior que tem sido suscitada é a de saber se o exame das provas pré-constituídas suscetíveis de valoração tem de se realizar durante a audiência pública e perante as *partes*.

§ 49 O entendimento claramente maioritário da jurisprudência nacional tem sido no sentido de que o exame imposto pelo art. 355.º/1 como corolário da imediação quando se reporte a provas pré-constituídas extraprocessuais não tem de decorrer perante as *partes* e durante a audiência pública — *v.g.* acs. STJ, 19.01.1997 (Martins Ramires); RP, 19.04.2006 (Paulo Valério). Ou seja, não tem de haver lugar à leitura em audiência de toda a prova documental produzida fora do processo. A rejeição jurisprudencial de um ritual de leitura de todos os documentos foi sufragada, no plano da constitucionalidade, pelo TC no Ac. 87/1999 (Vitor Nunes Almeida) onde se conclui de forma perentória que nada impõe esse ato de reprodução quando o arguido teve oportunamente acesso a toda a prova documental. Dizendo-se que «a leitura em audiência de dezenas de documentos nada acrescentaria às oportunidades de defesa do arguido». Para concluir que seria «"um verdadeiro "simulacro" de "constituição" no decurso daquele ato processual de uma prova que, afinal, já existia, de modo anterior e autónomo relativamente ao processo penal em questão"». Acresce que o exame de prova pré-constituída extraprocessual integra uma componente empírica incompatível com a dinâmica da audiência pública, como seja a leitura pelos membros do tribunal de vastos documentos escritos. O conhecimento pelas *partes* das provas pré-constituídas não é assegurado por teatros de ilusões em audiência, mas pelo efetivo conhecimento e acesso aos documentos em termos que permitam o livre exercício do contraditório (matéria apreciada *infra* nos §§ 58 a 70).

§ 50 Relativamente às provas suscetíveis de aquisição ao abrigo de uma das normas dos arts. 356.º/1 a 5 e 357.º/1 todas elas referem uma forma procedimental «leitura» em audiência (combinada em termos literais em alguns dos casos com a alternativa mais abrangente de «reprodução»). Sendo objeto de discussão especificada se a proibição de valoração estatuída no art. 355.º/1 sanciona a falta de reprodução em audiência pública de autos cuja aquisição é admissível ao abrigo de uma das normas dos arts. 356.º/1 a 5 e 357.º/1. Na jurisprudência rapidamente se formou uma clara maioria no sentido de que o exame de autos processuais cuja reprodução é admissível pode ser validamente realizado fora da audiência e apenas pelo tribunal. Plano em que se pode referir como particularmente assertivo o Ac. STJ, 17.09.2009 (Rodrigues da Costa): «ora, este problema há muito que tem solução estabilizada na jurisprudência deste Supremo Tribunal, [...], para imediatamente se encontrarem esclarecimentos a propósito da confusão que se tem gerado com a interpretação do referido art. 355.º, na exigência absurda de que todas as provas, incluindo as provas documentais constantes do processo, têm de ser reproduzidas na respetiva audiência de julgamento». Na mesma linha, o Ac. STJ, 31.05.2006 (Sousa Fonte) pronuncia-se quanto a uma outra variante de documentos processuais pré-constituídos relativamente à audiência de julgamento (e a toda a fase processual em que a mesma decorre) que são o resultado de um meio de obtenção de prova, no caso a transcrição de escutas telefónicas, concluindo: «constitui prova documental sujeita a livre apreciação pelo tribunal, nos termos do art. 127.º do CPP, mesmo que não lida nem examinada em audiência, porquanto se trata de prova contida em ato processual cuja leitura em audiência é permitida». Já quanto ao meio de prova por reconhecimento, cuja transmissibilidade das fases preliminares para o julgamento se apreciou no comentário ao art. 147.º, o Ac. RP, 13.03.2013 (Maria do Carmo Silva Dias) sublinha a diferença entre a obrigatoriedade do exame (que não tem decorrer na audiência) e a faculdade de se proceder à leitura do auto, sublinhando o ónus da *parte*, a qual «se pretendia examinar de outra forma os referidos autos de reconhecimento assim o devia ter requerido em audiência, o que não fez». Para concluir: «tendo sido assegurados todos os direitos de defesa (art. 32.º, n.º 1, n.º 2, n.º 5 e n.º 8 da CRP), não há qualquer violação do disposto nos arts. 340.º e 355.º do CPP, nem dos princípios da verdade material, da imediação e do contraditório por a prova por reconhecimento pessoal não ter sido examinada, de forma particular, em audiência e nada ficar a constar da respetiva ata».

§ **51** A questão quanto a autos com declarações suscetíveis de serem reproduzidas em audiência foi apreciada e decidida pelo Ac. STJ/FJ 8/2017, 11.10.2017 (Manuel Augusto Matos). O Ac. STJ/FJ 8/2017 reportou-se a casos de declarações para memória futura, tendo-se concluído que o exame imposto pelo art. 355.º/1 não tem de ser empreendido pelo tribunal na audiência de julgamento e aquela norma não se reporta à falta de leitura ou reprodução em audiência de autos com declarações admitidas como prova ao abrigo do art. 356.º/2/*a)*. Nesse aresto, apreciando a exceção relativa às declarações para memória futura prestadas no inquérito e cuja valoração é admissível ao abrigo do art. 356.º/2/*a)*, fixou-se a jurisprudência no sentido de que «não têm de ser obrigatoriamente lidas em audiência de julgamento para que possam ser tomadas em conta e constituir prova validamente utilizável para a formação da convicção do tribunal, nos termos das disposições conjugadas dos artigos 355.º e 356.º/ 2/*a)*». O Ac. STJ/FJ 8/2017 sufragou o entendimento que antes da fixação de jurisprudência tinha acolhimento maioritário — cf. ac. STJ, 07.11.2007 (Henriques Gaspar).

§ **52** O Ac. STJ/FJ 8/2017 concluiu pela admissibilidade de valoração de declarações para memória futura produzidas no inquérito não reproduzidas em audiência. Contra a solução aprovada por maioria clara foram expressas críticas em quatro declarações de voto que correspondem a três posições distintas e soluções diversificadas: (a) na primeira defendeu-se que «a valoração da prova que não tenha sido produzida ou examinada na audiência ou que nela não pudesse ser lida, visualizada ou ouvida consubstancia uma autêntica proibição de prova» e numa outra, embora a partir de um trilho distinto, também se conclui que «só se explica a possibilidade de quebrar a regra do n.º 1 do art. 355.º, nos casos em que é possível a leitura, visualização ou audição das provas, no pressuposto de que tem lugar essa leitura, visualização ou audição»; (b) numa outra preconizou-se que «o auto de declarações, contendo um meio de prova, deve ser apresentado em audiência e a produção da prova nele contida, mediante leitura do depoimento, só pode ter lugar se for permitida por decisão do tribunal nos termos do artigo 356.º/9», mas acrescentando que «nada obsta a que [...] o juiz (tribunal, presidente) em vez de ordenar a leitura, possa facultar a leitura aos sujeitos processuais e substituir a leitura pela indicação de que tal meio de prova será utilizado para a decisão»; (c) um outro voto dissidente defende uma tese alternativa e muito distinta das anteriormente referidas segundo a qual, «as declarações para memória futura, prestadas nos termos do art. 271.º, têm de ser obrigatoriamente lidas em audiência de julgamento para que possam ser tomadas em conta e constituir prova validamente utilizável para a formação da convicção do tribunal, embora apenas quando o arguido não tiver estado presente durante o decurso de tais declarações, designadamente nos termos do n.º 6 do referido art. 271.º e do art.. 352.º».

§ **53** Relativamente à interpretação do art. 355.º/1, a solução do Ac. STJ/FJ 8/2017 afigura-se sistematicamente mais coerente do que a dos seus críticos. O Ac. STJ/FJ 8/2017 é congruente com o complexo normativo em causa não confundindo o exame com a leitura em audiência, tratando todos os exames (quer de provas pré-constituídas extraprocessuais, quer de provas processuais admissíveis) nos mesmos termos, atendendo a que a norma do art. 355.º/1 não distingue entre provas pré-constituídas. Refira-se, ainda, que a «leitura» mencionada no art. 356.º abrange tanto regras especiais sobre provas declarativas produzidas antes e fora da audiência ao abrigo dos arts. 356.º/2/4 e 357.º/1 (que derrogam a regra geral de intransmissibilidade fixada no art. 356.º/1/*b)*), como regras gerais que abrangem declarações produzidas contraditoriamente na fase de julgamento (art. 356.º/1/*a)*), provas processuais não declarativas (art. 356.º/1/*b)*) e, ainda, os relatórios periciais que não são sujeitos à regra de intransmissibilidade de prova declarativa de outras fontes pessoais de prova (art. 356.º/1/*b)*). Acrescente-se que existe uma sanção autónoma sobre a violação do procedimento próprio de reprodução de autos em julgamento cujo desrespeito gera nulidade sanável (art. 356.º/9), mecanismo conforme valores de autodeterminação das *partes* e respetivos ónus quanto a invocação tempestiva do vício. Sobre estes pontos, v., ainda, quanto a prova testemunhal em sentido amplo, a jurisprudência do TC *infra* § 67 e quanto ao arguido os §§ 9-11 do comentário ao art. 357.º)

§ 54 A destrinça entre leitura / reprodução como ato associado à ação dos sujeitos processuais e o exame do tribunal como condição necessária absoluta também se revela no art. 370.º/4 quanto aos relatórios sociais que têm de ser objeto de exame pelo tribunal, mas podem não ser lidos em audiência, como explica António Latas nos §§ 18 a 20 do comentário ao art. 370.º. Tendo por referência o marco diacrónico e funcional constituído pela audiência de julgamento, o relatório social constitui um documento processual e uma prova constituenda não produzida na audiência (tal como a perícia requisitada a estabelecimento especializado prevista no art. 351.º/3), pelo que, a assunção dessa prova tem de se operar através do exame, enquanto via para o tribunal retirar conteúdo informativo que será integrado no processo inferencial do julgamento. A possibilidade de na sequência de requerimento de uma *parte* se determinar a leitura em audiência do relatório social (art. 370.º/4) não coloca em causa o exame pelo tribunal e fora da audiência como sistema padrão de assunção dos elementos de prova contidos no relatório, em sintonia com o regime geral do art. 355.º/1 (cf. art. 370.º/5).

§ 55 A reprodução em audiência das declarações processuais pré-constituídas apenas constitui condição de valoração quando se apresenta indissociável do pressuposto da admissão e assunção estabelecido na específica regra especial. Tal verifica-se quando a admissão é indissociável do ato de produção de prova de declarações em audiência de julgamento pela mesma fonte pessoal ao abrigo da regra especial do art. 356.º/3/*a)*: reprodução da «parte necessária ao avivamento da memória» do depoente que declara «na audiência que já não recorda certos factos».

§ 56 Quanto aos autos suscetíveis de valoração probatória em julgamento o regime sobre imediação estabelece:

a) A admissibilidade da utilização probatória por conexão com a possibilidade da sua leitura em audiência (arts 356.º/1 a 5 e 357.º/1);

b) A leitura dos autos não é uma forma vinculativa de assunção da prova, podendo o tribunal proceder ao exame do auto sem leitura ou reprodução em audiência (art. 355.º/1 conjugado com a norma do art. 355.º/2);

c) Promovida por um sujeito processual a reprodução de uma prova pré-constituída processual a mesma está sujeita a um procedimento próprio cuja violação é sancionada como nulidade sanável (art. 356.º/8 e 9).

§ 57 Questão analiticamente distinta do exame como expressão do princípio da imediação reporta-se às implicações da tutela pelo art. 32.º/5 CRP do contraditório *sobre a prova* em termos de *admissão* das provas pré-constituídas. Princípio do contraditório *sobre a prova* que vale em termos similares para provas processuais e extraprocessuais (analisado nos §§ 58 a 70, e ainda nos §§ 42 a 44 e 58 a 61 do comentário ao art. 356.º e § 11 do comentário ao art. 357.º).

IV – Exame de provas, contraditório *sobre a prova* e poderes judiciais de investigação, direção processual e reabertura de audiência

§ 58 O contraditório *sobre* a prova é o princípio constitucional que se impõe quanto a todos os meios de prova, ainda que adquiridos por iniciativa oficiosa do tribunal ao abrigo dos arts. 327.º/2 e 340.º/1 e 2. Plano em que «nenhuma prova pode ser aceite em audiência, nem nenhuma decisão (mesmo só interlocutória) pode aí ser tomada pelo juiz, sem que previamente tenha sido dada *ampla e efetiva possibilidade* ao sujeito processual contra a qual ela é dirigida, *de a discutir, de a contestar e de a valorar*» (Par./Cconst 18/1981).

§ 59 A imediação do tribunal com a prova (enquanto relação bipolar entre o julgador e as provas) pode conviver com a ausência de contraditório na sua produção, contudo a produção de provas em audiência de julgamento é uma forma de imediação que se associa ao contraditório *sobre a prova*: as *partes* tiveram a possibilidade de assistir (e eventualmente participar) e podem utilizar as suas impressões da prova para na fase de discussão tentarem influir no processamento mental do(s) julgador(es) de facto de extração dos seus resultados valorativos das impressões iniciais do tribunal. Contraditório relativo a um espaço de autonomia dos sujeitos processuais sem paternalismo judicial que se reporta a um campo de autorresponsabilidade das *partes*, expressa em várias outras áreas (*v.g.*, a conformação do objeto processual, ónus de impulso processual em sede de invalidades sanáveis e o direito ao recurso com a respetiva delimitação).

§ 60 Certas *experiências* de *imediação* podem compreender *dialética* e envolver um contraditório *para a prova* que não é genericamente imposto para todas as provas e nem sequer para todas as provas declarativas. Relativamente às provas produzidas na audiência de julgamento a satisfação do contraditório *sobre a prova* decorre de forma imediata das garantias estabelecidas para a participação das *partes* no contexto de produção, a audiência de julgamento, independentemente das variações de grau em termos de contraditório *para a prova* (maximizado na inquirição cruzada que constitui o sistema padrão de produção de prova testemunhal em julgamento, embora com várias exceções cf. §§ 34 a 38 do comentário ao art. 348.º).

§ 61 A articulação da imediação com o contraditório e as exigências específicas decorrentes deste variam em função das provas e do conhecimento que as *partes* têm sobre os meios de prova e dos consequentes elementos de prova que podem vir a ser valorados pelo tribunal. Os problemas relativos ao contraditório *sobre a prova* suscitam-se fundamentalmente quanto às provas que são *apenas* examinadas pelo tribunal do julgamento não sendo produzidas em audiência (analisadas nos §§ 62-70). Contudo, o legislador também empreende balanceamentos axiológicos sobre a forma de produção de algumas provas declarativas, em particular quando existem motivos que exigem medidas especiais de proteção das fontes de prova. Por exemplo, o procedimento excecional de proteção da identidade da testemunha constitui uma via moderada de salvaguarda apenas de um núcleo do contraditório *sobre a prova*, mitigação legal legitimada pela proteção de outros valores tutelados constitucionalmente que impõem ao Estado padrões de conduta que estão para além do simplismo que conforma algumas compreensões sobre o contraditório.

§ 62 Cingindo a análise às provas pré-constituídas suscetíveis de exame, o problema maior decorre de algum défice de regulação procedimental por via de deficiências ou incompletudes legislativas que foram marcantes nos subsistemas processuais do CPP conformados por opções distintas das adotadas no original (o *progetto preliminare* de 1978) que esteve na base do texto legislativo português. Défice de regulação sobre obrigações procedimentais subjetivas decorrentes da repartição de responsabilidades dos sujeitos processuais que obriga intérpretes e aplicadores, em particular os tribunais, a estabelecerem os procedimentos mínimos devidos em face dos princípios constitucionais. Sem embargo, a apreciação dos imperativos constitucionais não se pode confundir com valorações diferenciadas sobre as melhores práticas, a divergência quanto a determinadas práticas por se defender alternativa como a melhor prática não implica que aquela seja tingida pelo vício da ilegalidade, nem, muito menos, da inconstitucionalidade. Isto é, o défice de regulação legislativa convoca o aplicador para uma tarefa mais exigente, mas não o converte em legislador, aspeto muito importante para os tribunais superiores que em sede de recursos sobre procedimentos adotados pela primeira instância apenas devem apreciar a conformidade com o sistema legal e constitucional de um determinado procedimento sindicado, não podendo derivar para um julgamento sobre se o decidido corresponde à melhor das práticas que o julgador em segunda instância gostaria que fosse seguida —a atenção cuidada a esse padrão metodológico conformou de forma correta a fundamentação e a decisão do Ac. STJ/FJ 8/2017.

§ 63 Existem ações das *partes* no quadro da dialética do processo que asseguram a satisfação plena do contraditório *sobre a prova* imposto constitucionalmente e dispensam o tribunal de completar as garantias das *contrapartes* relativas a esse valor. Em particular, o contraditório *sobre a prova* é devidamente satisfeito nos casos em que as *partes* identificam de forma expressa (sem necessidade de fundamentação sobre a relevância) as provas pré-constituídas (processuais ou extraprocessuais) na acusação, contestação ou em requerimento transmitido às *contrapartes*, não sendo necessário ao tribunal anunciar nada mais (a não ser que se trate de um requerimento em fase de julgamento ao abrigo do art. 340.º que então carecerá de admissão expressa do tribunal). Comunicação pelas *partes* de provas suscetíveis de valoração pelo tribunal pode ser empreendida de várias formas, no próprio texto das narrativas factuais, em listagem inserida nessa peça processual ou avulsa mas entregue às outras *partes*, bem como em requerimento em que se indica a prova (ou, simplesmente, se argumenta com base nessa prova estando a mesma junta aos autos), ou, ainda, através da entrega (por exemplo, em suporte digital) à(s) *contraparte*(s) das provas pré-constituídas em causa (designadamente quando tal acompanha a acusação ou a contestação, embora, para efeitos do contraditório em julgamento nada obste a que essa entrega seja superveniente àquelas peças processuais). A invocação de provas pré-constituídas (a que a *contraparte* tem acesso) na discussão oral também satisfaz o contraditório *sobre a prova*. Por outro lado, a autoresponsabilidade das *partes* em sede de contraditório e a lealdade processual implicam que, por regra, a *parte* que discutiu uma determinada prova assuma dessa forma que tem o conhecimento essencial sobre a mesma e considera satisfeito o elemento nuclear para poder exercer o contraditório *sobre a prova* (de outra forma estaria a legitimar-se um *venire contra factum proprium*). Responsabilidade e lealdade que também impõem que sobre uma prova que se encontra no processo à qual todos os sujeitos processuais têm acesso e que foi analisada ou invocada por outra *parte* ou pelo tribunal, em regra, se deva considerar que o contraditório *sobre a prova* foi garantido, exceto se a *parte* invocar perante o tribunal e antes das alegações dificuldades que a afetam para um efetivo e adequado acesso ao concreto meio de prova e as mesmas não sejam fruto da sua falta de diligência (devendo, em face do pedido, o tribunal apreciar as dificuldades invocadas, a sua justificação e as eventuais medidas para o respetivo suprimento).

§ 64 O tribunal está dispensado de diligenciar complementarmente para assegurar o contraditório *sobre a prova* quando esse direito foi garantido por atividade das *partes* nas suas interações comunicativas (nomeadamente as referidas no § 63). Dimensão subsidiária da responsabilidade ativa do tribunal que nomeadamente afasta a responsabilidade de, para além do estrito cumprimento dos ritos legais, promover o contraditório quanto a documento processual ou extraprocessual sempre que «se conclua que o arguido o conhece ou tem a obrigação de o conhecer» (OLIVEIRA MENDES, in ANTÓNIO HENRIQUES GASPAR *et al.*, 2016, p. 1071) Relativamente às provas cuja junção foi admitida ao abrigo do art. 340.º/1, a decisão de admissão tem de ser comunicada às *partes* e assegurado o direito de pleno acesso ao meio de prova sob pena de não poderem ser valorados os respetivos elementos de prova por força do imperativo de contraditório (art. 32.º/5 CRP). Procedimento que também vale para provas cuja junção seja apenas decidida em sede deliberativa e após as alegações reguladas no art. 360.º, o que impõe a reabertura da audiência, assim como nos casos em que o tribunal decide examinar e valorar elemento de prova relativo a meio de prova quanto ao qual não tinham sido asseguradas garantias mínimas do contraditório (cf. § 68 do comentário ao art. 340.º). Se, antes da audiência ou durante o seu decurso, o tribunal entende que existe uma determinada prova pré-constituída suscetível de vir a ser relevante para o julgamento e se constata que não foram anteriormente asseguradas as garantias do contraditório *sobre a* prova o tribunal deve determinar as comunicações que considere pertinentes para garantir o contraditório (o que pode envolver uma mera advertência sobre a suscetibilidade de determinadas provas virem a ser examinadas, sem qualquer comprometimento quanto à respetiva valoração), via que o tribunal também pode optar por seguir apenas por ponderação derivada da jurisprudência das cautelas.

§ 65 Existem variantes sobre potencial conhecimento das *partes* de meios de prova que podem vir a ser valorados pelo tribunal que suscitam mais dúvidas sobre o limiar do imperativo. Na jurisprudência do TC encontram-se contributos sobre o nível de anúncio pela *contraparte* e/ou tribunal relativo a prova suscetível de exame no julgamento do facto — em particular o *leading case* constituído pelo Ac. 110/2011 (Vitor Gomes).

§ **66** Desde a entrada em vigor do CPP que se sedimentou uma jurisprudência no sentido de que o exame pelo tribunal das provas pré-constituídas extraprocessuais não tem de ser empreendido na audiência perante os outros sujeitos processuais. Esse entendimento foi questionado em termos de constitucionalidade, tendo o TC no Ac. 87/1999 (Vitor Nunes Almeida) firmado uma orientação que até à data tem sido mantida por essa instância no sentido da conformidade constitucional do entendimento de que «os documentos constantes do processo se consideram produzidos em audiência independentemente de nesta ser feita a respetiva leitura, desde que se trate de caso em que esta leitura não seja proibida». Sublinhando-se que «tal não obsta a que, devendo as *partes* estar presentes na audiência, aí participem na produção da prova, contribuindo para iluminar todos os aspetos relevantes para descoberta da verdade material, mas tratando-se de documentos que foram juntos com a acusação e depois se mantiveram durante a instrução e acompanharam a pronúncia do arguido, teve este todas as possibilidades de os questionar, podendo ainda, na própria audiência, provocar a sua reapreciação individualizada para esclarecer qualquer ponto da sua defesa relativamente à qual entendesse que isso seria necessário e, assim, pedir a leitura de qualquer desses documentos».

§ **67** O TC no Ac. 110/2011 (Vitor Gomes) julgou que o tribunal podia valorar o auto com o consentimento do arguido para a recolha de sangue com vista ao exame pericial sobre o grau de alcoolemia, desde que o mesmo estivesse junto ao processo, ainda que não tivesse sido especificamente indicado na acusação, nem reproduzido na audiência pelo tribunal (tendo procedido a uma fundamentada apreciação do conhecimento suscetível de ser inferido nesse caso concreto). TC que num outro julgamento de fiscalização concreta, Ac. 367/2014 (José da Cunha Barbosa), concluiu que as declarações para memória futura do ofendido também podem ser valoradas sem colisão com o contraditório ou qualquer outro princípio constitucional ainda que não tenham sido reproduzidas em audiência — no mesmo sentido também se pronunciou o Ac. do TC 399/2015 (Maria Lúcia Amaral). Importando, ainda, ter presente qual o perímetro e implicações operativas da tutela do contraditório *sobre a* prova relativamente a documentos que constam dos autos é suficientemente salvaguardado «com a possibilidade de consulta dos autos sem necessidade de notificação prévia e pessoal dos documentos que serviram de prova aos factos da decisão» [Ac. TC 62/2017 (José Teles Pereira)].

§ 68 O contraditório *sobre* a prova tem como momento central as alegações orais e o direito de as *partes* se pronunciarem sobre todas as provas atendíveis pelo tribunal, tanto as produzidas no processo como as extraprocessuais. A menção no art. 360.º/1 a «prova produzida» corresponde a um défice terminológico, pois o direito de pronúncia abrange também prova que não tendo sido produzida em audiência seja suscetível de ser valorada pelo tribunal, falha do elemento literal em continuidade com o erro de inserção sistemática desse preceito (*supra* § 3).

§ 69 No julgamento, o tribunal deve atender às exigências de *contraditório sobre a prova* e aos deveres judiciais inerentes ao princípio da investigação (cf. art. 340.º). Pelo que, se o tribunal depois de realizadas as alegações orais constatar que existem provas relativamente às quais não foi satisfeito o contraditório (por omissão da ação devida) ou novas provas que devem ser juntas para exame, o juiz presidente deve reabrir a audiência permitindo, nomeadamente, novas alegações orais para as *partes* poderem integrar esses elementos nas suas conclusões de facto e de direito (*supra* §§ 64 e 68).

§ 70 Se o tribunal de recurso constatar que em primeira instância ocorreu valoração de provas relativamente às quais não foi assegurado a todos os sujeitos processuais o direito ao *contraditório sobre a prova*, deve ser determinado o reenvio do processo para reabertura da audiência de julgamento, designadamente, com novas alegações orais em que se faculta às *partes* o direito de pronúncia sobre todas as potenciais provas.

Paulo Dá Mesquita

Artigo 356.º
Reprodução ou leitura permitidas de autos e declarações

1 – Só é permitida a leitura em audiência de autos:

a) Relativos a atos processuais levados a cabo nos termos dos artigos 318.º, 319.º e 320.º; ou

b) De instrução ou de inquérito que não contenham declarações do arguido, do assistente, das partes civis ou de testemunhas.

2 – A leitura de declarações do assistente, das partes civis e de testemunhas só é permitida tendo sido prestadas perante o juiz nos casos seguintes:

a) Se as declarações tiverem sido tomadas nos termos dos artigos 271.º e 294.º;

b) Se o Ministério Público, o arguido e o assistente estiverem de acordo na sua leitura;

c) Tratando-se de declarações obtidas mediante rogatórias ou precatórias legalmente permitidas.

3 – É também permitida a reprodução ou leitura de declarações anteriormente prestadas perante autoridade judiciária:

a) Na parte necessária ao avivamento da memória de quem declarar na audiência que já não recorda certos factos; ou

b) Quando houver, entre elas e as feitas em audiência, contradições ou discrepâncias.

4 – É permitida a reprodução ou leitura de declarações prestadas perante a autoridade judiciária se os declarantes não tiverem podido comparecer por falecimento, anomalia psíquica superveniente ou impossibilidade duradoira, designadamente se, esgotadas as diligências para apurar o seu paradeiro, não tiver sido possível a sua notificação para comparecimento.

5 – Verificando-se o disposto na alínea b) do n.º 2, a leitura pode ter lugar mesmo que se trate de declarações prestadas perante o Ministério Público ou perante órgãos de polícia criminal.

6 – É proibida, em qualquer caso, a leitura do depoimento prestado em inquérito ou instrução por testemunha que, em audiência, se tenha validamente recusado a depor.

7 – Os órgãos de polícia criminal que tiverem recebido declarações cuja leitura não for permitida, bem como quaisquer pessoas que, a qualquer título, tiverem participado na sua recolha, não podem ser inquiridos como testemunhas sobre o conteúdo daquelas.

8 – A visualização ou a audição de gravações de atos processuais só é permitida quando o for a leitura do respetivo auto nos termos dos números anteriores.

9 – A permissão de uma leitura, visualização ou audição e a sua justificação legal ficam a constar da ata, sob pena de nulidade.

Origem do texto: corresponde à redação originária aprovada pelo DL 78/87 com alterações introduzidas pelas L 48/2007 e 20/2013. A L 48/2007: alterou as alíneas *c)* do n.º 2 (o original dispunha "tratando-se de declarações obtidas mediante precatórias legalmente permitidas") e *b)* do n.º 3 (a primeira versão estabelecia "quando houver, entre elas e as feitas em audiência, contradições ou discrepâncias sensíveis que não possam ser esclarecidas de outro modo"); introduziu um novo número (o atual n.º 8); modificou o texto do atual n.º 9 (a norma correspondente na redação originária constava do n.º 8 e tinha o seguinte teor: "A permissão de uma leitura e a sua justificação legal ficam a constar da ata, sob pena de nulidade"). A L 20/2013 alterou a epígrafe (a original era "Leitura permitida de autos e declarações") modificou a redação do corpo do n.º 3 (o qual tinha o seguinte teor "é também permitida a leitura de declarações anteriormente prestadas perante o juiz") e o n.º 4 (a anterior versão prescrevia "é permitida a leitura de declarações prestadas perante o juiz ou o Ministério Público se os declarantes não tiverem podido comparecer por falecimento, anomalia psíquica superveniente ou impossibilidade duradoira").

Jurisprudência vinculante: Ac. STJ/FJ 8/2017, 11.10.2017 (Manuel Pereira Augusto de Matos).

Sumário do comentário:

I – Considerações gerais (§§ 1 a 13)

II – Regra geral sobre aquisição como prova para o julgamento de elementos de atos processuais produzidos fora da audiência que não compreendam declarações de arguido, assistente, partes civis ou testemunhas e um regime especial sobre peritos e consultores técnicos (§§ 14 a 19)

III – Regra geral sobre aquisição como prova em julgamento de declarações processuais de arguido, assistente, partes civis ou testemunhas produzidas fora da audiência de julgamento (§§ 20 a 30)

IV – Regras especiais sobre aquisição como prova em julgamento de declarações processuais de assistente, partes civis ou testemunhas produzidas fora da audiência de julgamento (§§ 31 a 51)

V – A proibição de produção de depoimento indireto sobre declarações processuais que não podem ser adquiridas como prova do julgamento (§§ 52 a 57)

VI – Procedimentos de reprodução de autos relativos a atos processuais prévios à audiência de julgamento e sancionamentos da violação de regras legais (§§ 58 a 61)

I – Considerandos gerais

§ 1 O art. 356.º compreende normas de Direito Probatório fruto de políticas legislativas sobre formação de prova processual e condições de valoração de meios de prova para efeitos do julgamento da matéria de facto. A interpretação das normas deve ter presente esse enquadramento e a associação das opções prescritivas a específicas teleologias.

§ 2 As normas constantes do preceito comentado correspondem na sua maior parte a respostas legislativas a tensões antinómicas entre políticas processuais intrínsecas (*v.g.* princípios do contraditório, imediação e concentração, repartição de competências judiciárias), mas também integram ponderações conexas ou mediatamente conformadas por políticas extrínsecas (n.º 6) e algumas pré-compreensões epistémicas, indissociáveis do peculiar caldo cultural dos produtores legislativos do código — em particular nos anos 80 do século passado, período em que foi desenvolvido em Portugal o trabalho de tradução e adaptação do *progetto preliminare* italiano de 1978 que culminou no CPP.

§ 3 O art. 356.º compreende um conjunto de regras gerais e respetivas exceções cuja clareza normativa é prejudicada pela relação direta com o disposto no art. 355.º/2 e, por essa via, com o art. 355.º/1, refletindo problemas identificados no comentário ao art. 355.º agravados por uma sistematização formal dos preceitos dos arts. 356.º e 357.º que obscurece algumas conexões entre regras.

§ 4 A maior parte das normas do preceito comentado reportam-se a documentos, de acordo com o conceito do art. 164.º/1 os quais são pré-constituídos tendo por referência o marco diacrónico da marcha processual representado pela audiência de julgamento. Complexo normativo que regula a aquisição de prova documental formada no concreto processo penal antes da audiência de julgamento. As normas do art. 356.º estabelecem regras especiais sobre condições de admissão desses documentos como provas para o julgamento do facto e o art. 356.º/7 compreende uma regra especial sobre prova testemunhal que visa garantir a efetividade do programa legal sobre aquisição probatória de elementos que integram atos processuais em sentido funcional (*infra* §§ 13, 25, 26 e 52 a 57).

§ 5 A interpretação das normas do preceito comentado é indissociável do enquadramento das dimensões do Direito Probatório indicadas no § 7 do comentário ao art. 340.º. Reportando-se a atos processuais produzidos no processo antes da audiência de julgamento, o epicentro não se reporta à admissão de meios de prova, mas às condições que legitimam a assunção de elementos de prova constantes de autos processuais através do exame, enquanto via para o tribunal integrar esses elementos no processo inferencial do julgamento. A reprodução dos autos vinculada a um procedimento específico estabelecido e sancionado no art. 356.º/8 e 9 constitui apenas uma via possível de assunção das provas, mas não coloca em causa o exame pelo tribunal fora da audiência como sistema legalmente admissível de assunção dos elementos de prova contidos nos autos em sintonia com o regime geral do art. 355.º/1 (cf. §§ 26 a 68 do comentário ao art. 355.º).

§ 6 A interpretação sistemático-teleológica dos regimes estabelecidos no art. 356.º e 357.º apenas pode ser lograda se enquadrada pelo sistema procedimental de transmissão dos autos das fases preliminares para a fase de julgamento. Transmissão de autos que permite ao tribunal uma ampla cognição do que se produziu processualmente nas fases preliminares, cujo relevo recrudesce em face dos deveres judiciais inerentes ao princípio da investigação, em que aquela documentação constitui um arsenal de informação a que o juiz presidente deve aceder para o exercício do seu dever de investigação norteado pelo farol da *descoberta da verdade* e *boa decisão da causa*. A proibição de utilização da prova do art. 355.º/1 cinge-se ao *efeito de formação da convicção* em sede de julgamento do facto, uma proibição de valoração de prova que não compreende um limite cognitivo à informação aí disponibilizada para a instrução do julgamento na *procura constante da verdade*. Nesta matéria ressalta, além da responsabilidade judicial nas inquirições, o dever específico de *ordenar* a «reprodução de quaisquer declarações legalmente admissíveis sempre que o entender necessário à descoberta da verdade» e «o dever de ordenar a leitura de documentos ou de autos de inquérito ou instrução» (art. 323.º/*b)*), a qual está legalmente condicionada pelas regras dos arts. 356.º e 357.º. A opção expressa no art. 275.º/3 pela transmissão da totalidade dos autos do inquérito ao julgamento (apenas com ressalvas marginais, cf. art. 86.º/7) é especialmente significativa, também na medida em que se distingue da solução italiana em que a acusação é apenas acompanhada dos elementos transmissíveis em termos probatórios para o julgamento do facto (arts. 431.º e 433.º do CPPI).

§ 7 A aquisição das provas documentais extraprocessuais, mesmo para efeitos do julgamento do facto, está globalmente estabelecida no capítulo VII do Livro III do Título II. As normas do preceito comentado não regulam provas documentais cuja produção e funcionalidade sejam independentes do concreto processo. A aquisição de provas documentais produzidas em outros processos, por regra, também se encontra regulada no capítulo VII do Livro III do Título II, embora existam regras especiais como as relativas à transmissão de provas documentais sobre comunicações objeto de escutas telefónicas (art. 187.º/7 e 8). Sem embargo, a interpretação sistemático-teleológica de específicas políticas de formação da prova pode determinar que regra especial sobre prova processual pré-constituída, por interpretação extensiva ou aplicação analógica que carece de fundamentação própria, se aplique a algumas provas produzidas em outros processos (sendo assim tratadas como provas equivalentes às processuais e sujeitas *mutatis mutandis* a regra constante do art. 356.º). A valoração sobre determinadas políticas (sejam intrínsecas ao processo ou extrínsecas) e a análise de específicas provas extraprocessuais (sejam autónomas de qualquer processo judiciário ou relativas a um processo judiciário distinto do concreto processo penal em que se coloca a questão) pode determinar problematizações sobre eventuais motivos para obstar à aquisição de determinada prova pré-constituída ou condicionar a mesma, mas tal depende de ponderações axiológicas sobre o balanceamento de valores, ao invés de um frágil arrimo em categorias sem base legal e de servir de base de a esquemas axiomático-dedutivos — como um regime *praeter legem* relativo a *provas emprestadas* ou afins, sem específico suporte jurídico-normativo, nem mais valia compreensiva. Ilustrando, a junção a processo de uma declaração escrita confessória da prática do crime objeto daquele processo penal que tenha sido extraída num procedimento disciplinar por via de espancamento físico reporta-se a uma prova proibida por força do disposto no artigo 126.º/1 (sendo irrelevante o enquadramento procedimental em que o evento se verificou). A junção a um procedimento disciplinar laboral de um escrito anteriormente elaborado por trabalhador investigado nesse procedimento, em que produziu declarações de ciência e contabilísticas (cuja falsidade se controverte com finalidades inferenciais indiretas) no quadro do exercício do seu cargo, e a junção pela entidade patronal desse documento em processo relativo ao despedimento, não afetam a possibilidade de o tribunal em processo crime decidir ordenar a junção daquele documento ao abrigo dos arts. 340.º/1 e 164.º/1. As questões relativas aos efeitos de políticas extrínsecas sobre segredos (cf. art 135.º/1, e quanto a normas de outros quadros processuais como os arts. 417.º/3, 434.º, 446.º/2 e 497.º/3 CPC) ou prerrogativa contra autoincriminação também se reportam a tutelas específicas, as quais, aliás se repercutem em regulações de outros regimes processuais (*v.g.* art. 452.º/2 CPC) e do próprio processo penal (cf. art. 132.º/2). Problemas hermenêuticos que não devem de ser abordados por via de simplificações generalistas sobre permissões e/ou proibições de *empréstimos* de provas.

§ **8** A dimensão funcional dos atos processuais impõe que o foco hermenêutico se centre na identificação das políticas intrínsecas sobre formação da prova e o valor nuclear da proibição de fraude à lei (independentemente do sujeito processual que se socorre da mesma e em detrimento de categorias artificiais geradoras de novos subtipos de regimes e variantes). Questão da fraude à lei que não se reporta a uma restrição ilegítima do conceito de prova documental para efeitos do art. 164.º/1, mas gera limites a atuações estratégicas que visem contornar o programa normativo sobre a formação da prova declarativa no julgamento (que não obsta, sublinhe-se, à introdução de documentos com declarações que não tenham sido produzidos funcionalmente para servir de prova testemunhal em sentido amplo).

§ **9** As normas do art. 356.º não abrangem a prova documental e processual constituída durante a audiência de julgamento estando excluídas das respetivas previsões a perícia requisitada a estabelecimento especializado nos termos do art. 351.º/3 e o relatório social regulado no art. 370.º, que constituem documentos processuais produzidos por decisões proferidas na audiência (cf. § 54 do comentário ao art. 355.º).

§ **10** O núcleo do regime sediado no preceito comentado encontra-se: (1) no art. 356.º/1 que compreende regras gerais sobre pressupostos de aquisição como prova do julgamento de elementos constantes de atos processuais que não foram produzidos na concreta audiência de julgamento; (2) no art. 356.º/2 a 4 com regras especiais sobre a mesma temática.

§ **11** A redução da complexidade pode ser promovida pela tentativa de mapear o objeto das várias normas do preceito tendo por referência as suas previsões:

a) O art. 356.º/1/*a)*: regras sobre aquisição como prova do julgamento de atos processuais produzidos na fase de julgamento antes da audiência;

b) O art. 356.º/1/*b)*:

  b.1) Regra geral sobre aquisição como prova do julgamento de elementos de autos processuais das fases preliminares com relevância probatória e que não devam ser classificados como declarações de arguido, assistente, partes civis ou testemunhas;

  b.2) Regra geral sobre aquisição como prova do julgamento de declarações de arguido, assistente, partes civis ou testemunhas produzidas nas fases preliminares;

c) O art. 356.º/2 a 7: regras especiais relativamente à regra geral referida em *b.2* sobre aquisição como prova do julgamento de declarações de assistente, partes civis ou testemunhas;

d) O art. 357.º/1: regras especiais relativamente à regra geral referida em *b.2* sobre aquisição como prova do julgamento de declarações de arguido.

e) O art. 356.º/8 e 9: regras formais sobre reprodução dos autos processuais na audiência de julgamento quando a mesma seja admissível ao abrigo de uma das regras referidas nas alíneas *a)* a *d)*.

§ **12** A grande divisão em termos de provas pré-constituídas processuais respeita à repartição entre, por um lado, declarações processuais de arguido, assistente, partes civis ou testemunhas e, por outro, provas processuais pré-constituídas que não compreendam declarações daqueles sujeitos (*infra* §§ 14-26). Pelo que no comentário vai adotar-se um mapeamento funcional como instrumento auxiliar da interpretação sistemático-teleológica do regime:

a) Regra geral sobre aquisição como prova do julgamento de elementos probatórios que integram atos processuais produzidos antes da audiência e que não se reportam a declarações de arguido, assistente, partes civis ou testemunhas (§§ 14 a 19);

b) Regra geral sobre aquisição como prova do julgamento de declarações de arguido, assistente, partes civis ou testemunhas que integram atos processuais produzidos antes da audiência (§§ 20 a 30);

c) Regras especiais relativamente à regra geral referida em *b)* sobre aquisição como prova do julgamento de declarações de assistente, partes civis ou testemunhas (§§ 31 a 48);

d) Regra especial relativamente às regras especiais mencionadas em *c)*, cujo preenchimento obsta à aquisição de prova pré-constituída processual (§§ 49 a 51);

e) Regras especiais relativamente à regra geral referida em *b)* sobre aquisição como prova do julgamento de declarações de arguido (§§ 1 a 13 do comentário ao art. 357.º);

f) Sancionamentos da violação de regras sobre admissibilidade de exame de provas pré-constituídas (§§ 6 a 57 do comentário ao art. 355.º e §§ 52 a 57 e 59 do presente comentário);

g) Regras formais sobre reprodução dos autos processuais na audiência de julgamento quando a mesma seja admissível ao abrigo de uma das regras referidas nas alíneas *a)* a *c)* e alínea *e)* (§§ 58 a 61).

§ 13 O art. 356.º/7 constitui uma regra especial sobre prova testemunhal que visa obstar à fraude à lei relativamente ao programa sobre formação da prova declarativa estabelecido na regra geral referida *supra* na alínea *b)* do § 12 (cf. *infra* §§ 25, 26 e 52 a 57).

II – Regra geral sobre aquisição como prova para o julgamento de elementos de atos processuais produzidos fora da audiência que não compreendam declarações de arguido, assistente, partes civis ou testemunhas e um regime especial sobre peritos e consultores técnicos

§ 14 As previsões das duas alíneas do art. 356.º/1 poderiam induzir a ideia de que as regras sobre a transmissão de elementos de prova ao julgamento constantes de atos processuais anteriores à audiência de julgamento teriam por referência base as fases processuais em que os atos fossem determinados e praticados [art. 356.º/1/*a)* quanto a atos da fase de julgamento e o art. 356.º/1/*b)* quanto a atos das fases preliminares (inquérito e instrução)]. Contudo, as duas normas interpretadas com atenção aos elementos teleológico e sistemático revelam uma matriz comum sobre dois fatores determinantes que estão para além das fases preliminares: (a) caráter pretérito dos atos relativamente à audiência e (b) destrinça entre provas declarativas de arguido, assistente, partes civis ou testemunhas e outras provas. Com efeito, o art. 356.º/1/*a)* compreende apenas três casos de transmissão ao julgamento de atos de produção de prova realizados na fase de julgamento antes da audiência, enquanto o 356.º/1/*b)* compreende duas regras mais abrangentes sobre declarações de arguido, assistente, partes civis ou testemunhas e, por outro lado, todas as outras provas que podem constar de atos processuais das fases preliminares (por natureza também anteriores à audiência). As coordenadas gerais estabelecidas no art. 356.º/1/*b)* também valem para atos processuais praticados na fase de julgamento em momento anterior à audiência e o art. 356.º/1/*a)* compreende apenas menções especiais, não exaustivas, relativamente à regra geral sobre intransmissibilidade para o julgamento de provas declarativas produzidas na fase de julgamento antes da audiência (a qual decorre das regras constantes do capítulo sobre produção de prova em audiência).

§ 15 O art. 356.º/1/*b)* estabelece duas regras gerais distintas sobre aquisição de elementos constantes de autos processuais das fases preliminares como prova para o julgamento do facto. A primeira dessas regras (sobre a segunda, cf. §§ 20-26) prescreve que as informações com relevância probatória constantes de autos das fases preliminares e que não sejam classificadas como declarações de arguido, assistente, partes civis ou testemunhas podem ser assumidas como prova documental no julgamento do facto (sobre o exame pelo tribunal como imperativo legal, a possibilidade de reprodução em audiência e o contraditório *sobre a prova*, cf. §§ 1 a 5 e 26 a 70 do comentário ao art. 355.º). A última etapa de aquisição das provas pré-constituídas relativamente à audiência é, assim, a assunção pelo tribunal através de exame, seguindo-se a valoração dos respetivos elementos no processo inferencial do julgamento do facto.

§ 16 Os elementos probatórios que não compreendem declarações de arguido, assistente, partes civis ou testemunhas e integrem atos processuais produzidos por força de decisões do tribunal na fase de julgamento, nomeadamente no quadro de meios de obtenção de prova, podem ser assumidos como prova pré-constituída nos termos aplicáveis aos mesmos atos produzidos nas fases preliminares (cf. § 15). O art. 356.º/1/*a)* reporta-se exclusivamente a casos de declarações processuais produzidas na fase de julgamento antes da audiência, não tratando da aquisição de provas pré-constituídas por decisão do tribunal (oficiosa ou a requerimento das partes). A conclusão de que a regra geral indicada no § 15 abrange também atos da fase de julgamento decorre, além da inexistência de norma em sentido contrário, do princípio da investigação (ao abrigo do art. 340.º/1) e do direito das *partes* à prova, o qual é constitucionalmente tutelado e legitima requerimentos probatórios tempestivamente formulados (com a acusação e a contestação) visando a aquisição de provas pré-constituídas.

§ 17 A regra geral de intransmissibilidade probatória das declarações processuais das fases preliminares como prova do julgamento não abrange peritos nem consultores técnicos, para os quais vale um princípio de transmissibilidade probatória. Transmissibilidade probatória das declarações de peritos e consultores técnicos articulada com um contraditório reforçado (dirigido à superveniente e futura valoração dos juízos periciais) quando, sob impulso das *partes* ou do próprio tribunal, se potencia a dimensão dialético-argumentativa através da indicação dessas fontes de prova pessoal para prestarem declarações na audiência (arts. 283.º/3/*f)*, 284.º/2, 285.º/3, 308.º/2, 311.º-B/3, 316.º/3, 317.º/1 e 3, 340.º/1 e 350.º/1).

§ 18 A principal variante da fase de julgamento relativamente às fases preliminares quanto à regra geral de assunção de prova produzida antes da audiência que não compreenda declarações de arguido, assistente, partes civis ou testemunhas, reporta-se, assim, às declarações de peritos e consultores técnicos. Na fase de julgamento, os atos produzidos por decisões do tribunal ao abrigo do princípio da investigação, nomeadamente quanto a meios de obtenção de prova, podem ser assumidos como prova pré-constituída nos termos aplicáveis aos mesmos atos decididos nas fases preliminares. Relativamente à formação das provas declarativas de peritos e consultores técnicos na fase de julgamento, os arts. 350.º e 351.º estabelecem os respetivos termos operativos na audiência de julgamento, quadro em que o art. 351.º/3 conjugado com o art. 157.º constitui uma exceção (*em casos justificados, pode o tribunal requisitar a perícia sobre o estado psíquico do arguido a estabelecimento especializado*) à regra geral segundo a qual a produção de prova pericial na fase julgamento deve ter lugar na audiência (arts. 350.º/1 a 3, 351.º/1 e 2, 355.º/1 e 356.º/1/*a)*).

§ 19 Em resumo, podem destacar-se duas ideias centrais sobre transmissão para o jugamento do facto de elementos de prova que integram atos processuais anteriores à audiência e não compreendem declarações de arguido, assistente, partes civis ou testemunhas:

a) Regra geral: pode haver lugar a aquisição probatória para o julgamento do conteúdo desses atos processuais, devendo a aquisição ser realizada através de exame dos respetivos autos, os quais podem ser reproduzidos na audiência por impulso de qualquer um dos sujeitos processuais, devendo ser sempre assegurada a possibilidade de contraditório *sobre a prova* (cf., ainda, §§ 26 a 70 do comentário ao art. 355.º);

b) Regra especial: na fase de julgamento, sem prejuízo da utilização probatória das declarações de peritos e consultores produzidas nas fases preliminares a produção de declarações dessas fontes de prova deve, em princípio, ser produzida em audiência nos termos de regras próprias dessa fase processual (cf., ainda, §§ 1 a 10 do comentário ao art. 350.º e §§ 26 a 70 do comentário ao art. 355.º §§ 6 a 25 do comentário ao art. 355.º).

III – Regra geral sobre aquisição como prova em julgamento de declarações processuais de arguido, assistente, partes civis ou testemunhas produzidas fora da audiência de julgamento

§ 20 Como se referiu acima, o art. 356.º/1/*b)* compreende duas regras gerais distintas sobre aquisição como prova para o julgamento de elementos constantes de autos processuais das fases preliminares (*supra* § 15 a 19, onde também se indica a primeira dessas regras e a sua aplicação às fases preliminares e de julgamento). A segunda das regras gerais é a seguinte: as declarações de arguido, assistente, partes civis ou testemunhas constantes de autos das fases preliminares não podem, salvo norma em contrário, ser assumidas (examinadas) como prova documental para efeitos do julgamento do facto.

§ 21 A proibição de assunção probatória de declarações processuais pré-constituídas de arguido, assistente, partes civis ou testemunhas, tal como sucede com a primeira das regras constantes do art. 356.º/1/*b)*, também se aplica às produzidas na fase de julgamento antes da concreta audiência.

§ 22 O alargamento a todas as fases processuais da regra geral referida no § 21 decorre, em primeira linha, da compreensão histórico-teleológica do regime de 1987 sobre formação da prova declarativa com fontes pessoais (cf. §§ 1 a 25 do comentário ao art. 355.º e §§ 13, 14 e 23 a 25 do presente comentário).

§ 23 Os elementos de prova derivados de fontes pessoais são, fundamentalmente, objeto de regulação determinada pela política sobre a formação da prova pessoal enquanto prova constituenda, base que se repercute nas regras de produção e admissão de declarações processuais pré-constituídas. A regra nuclear relativa à aquisição de prova processual declarativa de arguido, assistente, partes civis ou testemunhas na fase de julgamento é a de que a deve ser produzida na audiência de julgamento (arts. 316.º/1 a 3, 317.º/, 323.º, 327.º/2, 328.º/3, 332.º/5, 333.º/3, 339.º/4, 341.º, 343.º, 344.º/4, 345.º/1 a 3, 346.º, 347.º, 347.º-A, 348.º, 349.º, 350.º, 351.º/1 e 2, 352.º, 354.º, 355.º/1, 356.º/1/*a)*, 360.º e 361.º), ainda que certos atos de produção de prova possam decorrer em sessão da audiência realizada fora das instalações do tribunal (cf. art. 354.º).

§ **24** O alargamento a atos processuais da fase de julgamento da regra referida no § 20 decorre, ainda, da interpretação sistemático-teleológica das duas alíneas do art. 356.º/1 (§§ 14 e 16), pois a menção do art. 356.º/1/*a)* apenas logra sentido em face da regra implícita de que, fora dos casos especialmente previstos na lei, declarações processuais de arguido, assistente, partes civis ou testemunhas produzidas na fase de julgamento antes da audiência não podem ser assumidas como prova do julgamento. Acresce que na mesma linha, existem regras especiais relativamente ao art. 357.º/1/*b)* que se reportam a atos da fase de julgamento (cf. art. 357.º/2/*c)*).

§ **25** A política processual intrínseca sobre a formação da prova pessoal constituenda é imposta independentemente do mediador (documental ou humano). O centro do princípio são as declarações processuais como atos de comunicação, tendo-se fixado expressamente que a proibição do seu emprego se alastra à inquirição dos OPC como testemunhas sobre o respetivo conteúdo, bem como das pessoas que participaram na recolha das declarações cuja reprodução é proíbia. A interpretação sistemático-teleológica das duas regras gerais de Direito Probatório (*supra* §§ 14, 15, 16, 20 e 21) impõe que o fator decisivo para o preenchimento do conceito de declarações se reporte a conteúdos e não à unidade ou classificação formal do auto. Contexto compreensivo que tem dois importantes corolários:

a) A necessidade de delimitação do conceito de declarações de arguido, assistente, partes civis ou testemunhas tendo por referência a *ratio* relativa ao Direito probatório;
b) A exigência de discriminações analíticas de conteúdos dos autos para efeitos de potencial subsunção de partes de autos à previsão de cada uma das duas normas.

§ 26 Perspetiva funcional sobre o que deve ser classificado como declaração processual indissociável da dimensão narrativa própria da prova testemunhal em sentido amplo (cf. §§ 2 a 10 do comentário ao art. 348.º) a qual determina que alguns atos de fala ocorridos em atos processuais não sejam enquadráveis como declarações para efeitos de intransmissibilidade. A importância da independência das dimensões performativa e perlocutória dos atos de fala enquanto distintas da dimensão narrativa (testemunhal) suscita-se, nomeadamente, quanto a atos de comunicação processual relativos a consentimentos e acordos (por exemplo autorização de busca), atos ocorridos no quadro de provas performativas (prova por reconhecimento, reconstituição do facto) e mesmo atos que podem apresentar uma dupla vertente comunicacional, no caso das informações prestadas no quadro de medidas cautelares e de polícia. Isto é, a intransmissibilidade não atinge comunicação verbal concretizada num ato ilocutório de uma fonte de prova pessoal apenas relevante no âmbito de uma prova performativa tipificada dirigida por AJ ou OPC, sem dimensão narrativa autónoma fora da experiência processual em que é produzido (como as respostas às pergunta sobre o reconhecimento no âmbito da fase performativa desse meio de prova, art. 147.º/2 parte final) ou na narração realizada por OPC ou AJ sobre perceções próprias no âmbito de ato de recolha de prova (medidas cautelares e de polícia, meios de obtenção de prova). O conceito de declarações processuais sujeitas à proibição de reprodução por quem as recebeu tem de ser objeto de uma interpretação sistemático-teleológica do contexto funcional específico da atividade de recolha (articulada com os fins do procedimento) e do respetivo relevo jurídico-criminal (matéria analisada com mais desenvolvimento, nomeadamente, em Dá Mesquita, 2011, pp. 538-545, 563-589, 596-609). Importa, em particular, ter presente a específica política preventiva que afasta certas declarações como elementos de prova atendíveis para o julgamento do facto e que constitui a base do critério funcional. O critério funcional deve obstar não só à *fraude de etiquetas* como à discriminação formalista centrada, por exemplo na perspetiva do funcionário sobre o que deve ser reduzido a auto, ainda que autónoma de quaisquer táticas ou estratégias manipuladoras (criticando a perspetiva burocrática desligada da necessária interpretação teleológica «de institutos probatórios» a crítica de quem pretende desclassificar como processuais declarações pela mera circunstância de, alegadamente, não existir um dever de funcionário de redução a auto de declarações, cf. Dá Mesquita, 2011, pp. 571-572 n229). Sem atingir a economia do comentário, impõe-se sublinhar a importância de ter presente que as proibições incidem apenas nas declarações como elementos de prova dos factos relatados e não enquanto factos (as declarações) suscetíveis de conhecimento judicial em julgamentos penais.

§ 27 A efetividade do princípio da imediação na parte em que determina que as declarações processuais de arguido, assistente, partes civis ou testemunhas, salvo norma em contrário, apenas valem para *o efeito da formação da convicção do tribunal* se tiverem sido produzidas pessoalmente em audiência é tutelada através da proibição de valoração de prova estatuída no art. 355.º/1 (cf. §§ 1 a 25 do comentário ao art. 355.º).

§ 28 A intransmissibilidade de declarações processuais tem como único objeto a utilização das anteriores declarações (da prova testemunhal produzida) como meio de prova. Proíbe-se, assim, que as declarações anteriores sejam oferecidas *como prova do facto declarado*, retomando categorias tradicionais da doutrina portuguesa existe uma estrita proibição de valoração (art. 355.º/1).

§ 29 Neste sistema está pressuposta uma cisão analítica entre a declaração anterior e a nova declaração, a declaração anterior não é na sua génese uma prova proibida, é apenas uma prova que não pode ser assumida para o julgamento do facto (art. 356.º/1/*b)*) e tendo sido indevidamente reproduzida, por inadmissível não pode ser valorada (sentido das disposições conjugadas do art. 355.º/1 e 2).

§ 30 Decomposição analítica entre declaração prestada antes do julgamento e declaração prestada em audiência que implica a autonomia dos dois meios de prova. A inadmissibilidade de assunção e valoração do meio de prova declaração anterior não afeta, em nada, a validade da declaração prestada no julgamento quando não exista nenhuma nulidade ou proibição que afete a referida declaração. A eventual *contaminação* da testemunha que depõe em julgamento por conhecimento da sua anterior declaração (algo que é aliás pressuposto na medida em que interveio na mesma), como de uma forma geral sucede com a violação dos deveres de inquirição, quando não existir nenhuma específica invalidade suscetível de ser conhecida (que, por exemplo, obste à valoração da resposta da fonte de prova), apenas pode ser ponderada em sede de valoração do meio de prova constituído pela declaração em julgamento.

IV – Regras especiais sobre aquisição como prova em julgamento de declarações processuais de assistente, partes civis ou testemunhas produzidas fora da audiência de julgamento

§ 31 Em termos de (in)transmissibilidade de provas processuais declarativas pré-constituídas podem distinguir-se duas políticas processuais independentes: quando a fonte é o arguido e quando as fontes são outros intervenientes processuais, o que se reflete nas regras especiais, incluindo a sua sede normativa, no caso do arguido o art. 357.º/1, no caso de assistente, partes civis ou testemunhas, o art. 356.º.

§ **32** A regra geral de que a produção de prova declarativa de arguido, assistente, partes civis ou testemunhas na fase de julgamento deve ter lugar na audiência é derrogada por um conjunto de regras especiais (arts. 318.º/1, 319.º/1, 320.º/1, 351.º/3, 356.º/1/*a)* e 356.º/2/*c)*). O art. 356.º/1/*a)* na referência a casos de produção de prova em fase de julgamento que podem ter lugar fora da audiência não tem valor normativo, pois as normas constam dos preceitos para onde se remete. Sobre declarações produzidas no quadro de auxílio judiciário ao abrigo do Direito da UE e de cooperação judiciária mediante cartas rogatórias v. Tiago Caiado Milheiro §§ 21 e 22 do comentário ao art. 318.º. A menção constante do art. 356.º/2/*c)* a cartas rogatórias também não é exaustiva podendo existir outros atos de cooperação judiciária internacional previstos por ex. em convenções, cf. art. 229.º.

§ **33** Relativamente a declarações prestadas em anterior audiência de julgamento anulada quando as mesmas foram documentadas através de gravação magnetofónica ou audiovisual ou de outros meios técnicos idóneos à reprodução integral, nos casos em que o ato em causa não foi prejudicado por nenhum vício específico, deve haver lugar à utilização probatória nos mesmos termos em que é possível a mesma ser empreendida quanto a atos das fases preliminares sem as mesmas garantias na produção (cf. arts. 356.º/3 e 356.º/4), em especial se, esgotadas as diligências para apurar o paradeiro da testemunha, não tiver sido possível a sua notificação para comparecimento (art. 356.º/4).

§ **34** O programa sobre intransmissibilidade das declarações processuais de assistente, partes civis ou testemunhas produzidas nas fases preliminares permite dividir as regras especiais do art. 356.º/2 a 5 nas seguintes categorias:

- *a)* Atos singulares e bem determinados de antecipação da prova (art. 356.º/2/*a)*);
- *b)* Derrogações relativas a declarações cuja produção originária não visava a antecipação de prova dependendo de factos supervenientes à produção de prova, as quais podem ser subdivididas em três variantes:
  - *b.1)* Válido independentemente da eventual inquirição da fonte de prova em audiência (art. 356.º/2/*b)*);

b.2) A audição da fonte de prova na audiência de julgamento constitui pressuposto da assunção da prova pré-constituída (art. 356.º/3);
b.3) A fonte não prestar depoimento em audiência é condição processual da assunção probatória das declarações anteriores à audiência (art. 356.º/4).

§ 35 O esquema matricial identificado no § precedente subsiste em vigor desde a redação originária do CPP e as alterações apenas têm influenciado a amplitude das várias categorias de exceções que permitem a admissibilidade de reprodução de prova testemunhal produzida nas fases preliminares do processo, em particular:

a) As ampliações sobre casos admissíveis de declarações para memória futura (cf. comentário ao art. 271.º: origem do texto e §§ 11 e 12).
b) As alterações operadas pela L 20/2013 relativas:
  b.1) À redação do corpo do art. 356.º/3 que passou a abranger, além de declarações perante juiz também depoimento presididos pelo MP;
  b.2) O aditamento à redação do art. 356.º/4, «designadamente se, esgotadas as diligências para apurar o seu paradeiro, não tiver sido possível a sua notificação para comparecimento».

O incidente judicial de declarações para memória futura reporta-se à antecipação de produção de prova pessoal declarativa atendível no julgamento, constituindo um incidente probatório relativo a produção durante as fases preliminares de prova pessoal declarativa visando a respetiva utilização no julgamento (atento o disposto nas disposições conjugadas dos arts 355.º/1 e 2 e 356.º/2/*a)*, quando o incidente é produzido na fase de julgamento e antes da audiência encontra-se regulado no art. 356.º/2/*a)*). Incidente probatório que pressupõe uma derrogação dos princípios da concentração e imediação (este último princípio pode não ser derrogado quando o incidente ocorre na fase de julgamento ao abrigo do art. 320.º/1) relativamente à produção de prova pessoal atendível no julgamento. A regulação legal visa, por regra, a antecipação da contraditoriedade na produção de prova pessoal narrativa suscetível de valoração no julgamento, embora nem sempre possa ser efetivamente assegurada no ato de produção de prova a efetiva intervenção de todos os sujeitos processuais (cf. comentário ao art. 271.º), casos em que sendo as declarações utilizadas na fase de julgamento sem nova audição da fonte apenas estará salvaguardado o contraditório *sobre* a prova. No plano teleológico, o incidente é conformado por fins concorrentes com os que conformam a formação da prova pessoal do julgamento (contraditório, imediação e concentração), relativos a razões epistemológicas (preservação de provas) e/ou de políticas extrínsecas ao processo (proteção de fontes de prova).

§ **36** A norma do art. 356.°/2/*a)* reporta-se às declarações para memória futura produzidas nas fases preliminares que, para além do estrito objetivo de conservação da prova, desde o final dos anos noventa do século passado, passaram também a poder constituir um instrumento de proteção de fontes de prova que beneficiam de especial proteção, as vítimas de crimes indicadas no art. 271.°/1 e as testemunhas particularmente vulneráveis (art. 28.°/2 LPT). As declarações para memória futura enquanto atos singulares de antecipação da prova do julgamento podem ser assumidas como prova do julgamento do facto independentemente da inquirição da fonte de prova em audiência.

§ **37** As declarações para memória futura são indissociáveis de um programa legislativo dirigido à suscetibilidade da respetiva reprodução e subsequente valoração no julgamento, ao abrigo das disposições conjugadas dos arts. 355.°/2 e 356.°/2/*a)*.

§ **38** Os fundamentos das declarações para memória futura devem ser objeto de uma destrinça entre os relativos à realização do incidente probatório, centrados na fonte de prova pessoal e juízo de prognose sobre o relevo dos eventuais elementos de prova a produzir (cf. comentário ao art. 271.°), e os respeitantes ao exame da prova no julgamento. Relativamente ao julgamento, o art. 356.°/2/*a)* ao regular a aquisição da prova pré-constituída parece indicar que tendo sido produzida em conformidade com o regime legal os respetivos elementos de prova podem e devem, em qualquer caso, ser utilizados no julgamento do facto.

§ **39** O art. 271.°/8 confirma a autonomia das regras sobre legalidade de produção de declarações para memória futura e dispensa da fonte de prova, competindo o juízo sobre a necessidade da audição da fonte de prova ao tribunal de julgamento. Consequentemente, a ausência de contraditório na fase de inquérito não legitima a rejeição de declarações para memória futura quando estejam preenchidos os requisitos para o incidente judicial (art. 271.°/1 e 2), pois não prejudica a eventual valoração judicial sobre a necessidade de prestação de declarações complementares pela fonte de prova em audiência de julgamento.

§ **40** O art. 271.°/8 (apesar da inserção sistemática) é uma norma relativa à fase de julgamento que convoca o tribunal para um balanceamento axiológico nos casos em que a fonte de prova se apresenta disponível (se se verificar uma situação enquadrável no art. 356.º/4 obviamente que o problema não se coloca). Ponderação que, sublinhe-se, não se reporta à aquisição probatória das declarações para memória futura produzidas nos termos legais, relaivamente às quais a lei se apresenta imperativa: o tribunal deve proceder ao exame da prova pré-constituída e a integrar os respetivos elementos no procedimento inferencial do julgamento do facto tendo apenas margem de apreciação, ao abrigo do art. 127.º, quanto à valoração da prova pré-constituída como, aliás, da produzida na audiência. Relativamente à produção de novo depoimento em audiência de julgamento, em particular quando exista requerimento de uma das *partes* solicitando esse ato de prova, o tribunal deve na operação judicial de concordância prática ponderar a política processual extrínseca legítima («a saúde física ou psíquica» do declarante), a política processual intrínseca relativa aos direitos de defesa (sobretudo nos casos em que o arguido não estava constituído à data da produção das declarações, não estando representado no ato processual) e o juízo epistemológico do decisor sobre o grau de necessidade ou relevância de novo depoimento (cf. comentário ao art. 340.º). Se para a efetividade do valor de salvaguarda da fonte de prova for judicialmente considerado necessário, proporcional e adequado em face da especial vulnerabilidade da pessoa não o sujeitou à intervenção na audiência, o tribunal deve determinar que não haja lugar a novo depoimento em sede de audiência, ao abrigo do art. 271.º/8. Decisão que, excecionalmente, deve ser proferida mesmo em casos em que não foi possível intervenção das *partes* no incidente de produção de declarações para memória futura — sendo importante atender nesta sede também à superação da anterior jurisprudência do TEDH sobre *relevo decisivo* da prova pessoal não sujeita a contraditório quanto à respetiva formação (*infra* § 48).

§ 41 O regime sobre declarações para memória futura deve ser articulado com os princípios e normas relativas à indisponibilidade da fonte no momento do julgamento (art. 356.º/4) ou, pelo menos, à renúncia das partes ao contraditório na produção dessa prova (art. 356.º/2/*b)*), sem prejuízo de mesmo em casos em que não existe renúncia e a fonte de prova não se apresenta indisponível ser legítima a respetiva salvaguarda quando a mesma seja judicialmente considerada necessária, proporcional e adequada em face da especial vulnerabilidade da fonte de prova.

§ 42 O contraditório envolve dimensões de autonomia estratégia das partes, inclusive quanto à prova que, em regra, deve ser produzida ou reproduzida na audiência de julgamento, o que compreende o direito potestativo e sem controlo judicial sobre o (não) exercício dos respetivos direitos subjetivos.

§ **43** A renúncia pelas partes ao contraditório na produção de prova compreende duas expressões fundamentais:

a) No exercício estritamente subjetivo e sem intervenção do tribunal de, consoante os casos, não formular quaisquer questões no âmbito da inquirição cruzada ou não pedir de perguntas complementares no caso de inquirição judicial;

b) Pode, ainda, operar relativamente a declarações produzidas antes da audiência (art. 356.º/2/*b)*), quando as *partes* acordarem na reprodução de declarações produzidas antes da audiência em que, atenta a dimensão subjetiva do contraditório, se exige, apenas, a aquiescência dos sujeitos da dialética, independentemente da entidade que presidiu à inquirição original (art. 356.º/5).

§ **44** A prevalência do contraditório nos acordos entre as *partes* sobre aquisição de provas declarativas pré-constituídas (art. 356.º/2/*b)*) determina que seja o único caso em que se admite a assunção de declarações prestadas perante OPC (art. 356.º/5) e em que o tribunal e julgamento não é convocado para qualquer filtro de natureza formal ou probatória, além da verificação do consenso de todos os sujeitos processuais com poder dispositivo na matéria (MP, arguido e assistente). Norma que constitui uma impressiva homenagem à, noutros passos abjurada por parte significativa da doutrina nacional *autoresponsabilidade probatória das partes*, no que o art. 356.º/2/*b)* rejeita a pretensão de que a verdade processual fosse «subtraída à influência, que através do seu comportamento processual, a acusação e a defesa queiram exercer sobre ela» (rejeição da tese proibitiva de autorresponsabilidade probatória das *partes* com vários outros desmentidos normativos).

§ **45** A reprodução em audiência das declarações processuais pré-constituídas apenas constitui condição de valoração quando se apresenta indissociável do pressuposto da admissão e assunção estabelecida na específica regra especial. Tal verifica-se quando a admissão é indissociável do ato de produção de prova de declarações em audiência de julgamento pela mesma fonte pessoal ao abrigo da regra especial do art. 356.º/3/*a)*: reprodução da «parte necessária ao avivamento da memória» do depoente que declara «na audiência que já não recorda certos factos». Desta forma, estando presente a fonte de prova e podendo ser sujeita a inquirição cruzada, mesmo que não se recorde de *certos factos* o direito à confrontação é assegurado por via da sua disponibilidade na audiência (com mais desenvolvimento e crítica da solução anterior à revisão de 2013 do art. 356.º/2, cf. Dá Mesquita, 2011, pp. 602-606). Utilização como meio de prova das declarações produzidas por alguém que «já não recorda certos factos» que não se confunde com a ampla margem de na inquirição cruzada o sujeito processual, ao formular questões, indicar elementos que possam auxiliar a recuperação da memória pela fonte de prova, com os limites derivados das regras legais sobre inquirição em particular sobre questões *sugestivas* ou *impertinentes*.

§ **46** A importância da reprodução de declarações anteriores previstas nas duas alíneas do art. 356.º/3, em particular quando existir entre elas e as feitas na audiência discrepâncias ou contradições, decorre, fundamentalmente, de por essa via as próprias declarações anteriores valerem como meio de prova, abertas as disposições conjugadas dos arts. 355.º/1 e 356.º/3/*b)*.

§ **47** As assunções probatórias estabelecidas no art. 356.º/3, independentemente do «consentimento dos arguidos», foram julgadas conforme a Constituição pelo Ac. TC 24/2016 (Pedro Machete), cuja abordagem e tratamento do problema foi reiterado como jurisprudência do TC no Ac. 356/2017 (José Teles Pereira).

§ **48** A regra especial sobre aquisição de declarações processuais pré-constituídas potencialmente mais problemática é a que, desde a redação originária, consta do art. 356.º/4, na medida em que a fonte de prova nunca chega a produzir declarações perante juiz em diligência realizada com vista à (ainda que eventual) utilização probatória do julgamento e a defesa não chega a ter oportunidade de questionar ou sugerir perguntas. Tendo presentes os motivos legalmente tipificados no art. 356.º/4 e a rotura do Ac. do TEDH *Al-Khawaja e Tahery c. Reino Unido* [GC] 15-12-2011, com a linhagem da anterior jurisprudência de Estrasburgo do Ac. *Doorson c. Holanda*, de 26-3-1995, e respetiva descendência (que admitiam a utilização probatória mas com uma referência a que não devesse ser *decisivo*), um potencial nódulo problemático do regime estabelecido no artigo 356.º/4 foi ultrapassado. Com efeito, em face da atual jurisprudência do TEDH, a aplicação da regra do art. 356.º/4 sobre assunção da prova pelo tribunal e as orientações gerais do sistema jurídico sobre valoração da prova (nomeadamente, a presunção de inocência) asseguram, sem necessidade de recorrer a outros cânones relativos ao relevo da prova na condenação, a conformidade das normas do regime probatório português são com a *overall fairness* imposta pelos arts. 6.º/1 e 3 CEDH e os artigos 20.º/4 e 32.º/5 CRP (cf. com mais desenvolvimento, Dá Mesquita, 2019 e 2020). O filtro do *modo* *decisivo* atualmente apenas é imposto no caso de depoimentos de testemunhas anónimas por força do art. 19.º/2 LPT.

§ 49 O art. 356.º/6 compreende uma regra especial relativamente às várias regras especiais que permitem a utilização probatória de declarações processuais pré-constituídas produzidas nas fases de inquérito ou instrução, ao prescrever a proibição de exame e valoração do depoimento prestado quando, depois da advertência, a testemunha em audiência se tenha escusado a depor. Regra especial que determina o «apagamento» para efeitos de inferências probatórias a partir da narrativa de declarações anteriores apenas nos casos das declarações pré-constituídas prestadas em fases preliminares, mas já não proíbe a valoração das que tinham sido prestadas em fase de julgamento (ainda que antes da audiência, ao abrigo, nomeadamente, dos arts. 318.º, 319.º, 320.º ou 356.º/2/*c)*).

§ 50 O art. 356.º/6 constitui uma expressão procedimental da tutela dos direitos de um conjunto variado de fontes de prova com prerrogativas de não depor determinadas por diferentes e inconfundíveis razões políticas. O facto de a lei portuguesa ter consagrado um poder pleno dos titulares desse direito subjetivo a não depor, incluindo o poder de impedir a utilização das suas anteriores declarações processuais, por via de superveniente retratação, constitui expressão ainda do referido direito subjetivo (art. 356.º/6) e não da tutela de um interesse do arguido, daí que a proibição se limite ao caso em que a fonte «validamente se tenha recusado a depor», não abrangendo os casos em que o declarante «não tiver podido comparecer por falecimento, anomalia psíquica superveniente ou impossibilidade duradoira» (art. 356.º/4).

§ 51 A previsão do art. 356.º/6 (recusa a depor válida) permite clarificar que no caso de recusa a depor ilegítima, e consequentemente ilícita, se estará perante uma situação de impossibilidade duradoira que integra a previsão do art. 356.º/4, podendo, consequentemente, o anterior depoimento ser assumido como prova. No caso de recusa válida de resposta a perguntas determinadas ao abrigo do art. 132.º/2, a situação já não se integra na ausência de depoimento mas incide na prestação de depoimento por parte da fonte de prova. Em termos globais, a opção legal subjacente ao art. 356.º/6, afigura-se controversa, desde logo, no plano da diversidade de casos e interesses abrangidos, merecedores de ponderações que deviam ter como base axiológica distinta da mera similitude de mecanismos procedimentais.

V – A proibição de produção de depoimento indireto sobre declarações processuais que não podem ser adquiridas como prova do julgamento

§ 52 Em termos de procedimento probatório, a prova documental tem especificidades jurídico-normativas no plano do contraditório *para a prova* reveladoras da importância estruturante da destrinça relativamente à *prova testemunhal em sentido amplo* ou *prova por depoimentos*.

§ 53 O regime geral do depoimento indireto estabelecido no art. 129.º/1 tem uma previsão abrangente, apenas compreendendo prescrições diretas sobre a testemunha de referência e a sua indisponibilidade, enquanto fator legitimador para que o depoimento indireto *sirva como meio de prova* sem que aquela tenha de ser *chamada a depor* (cf. §§ 54 a 73 do comentário ao art. 348.º).

§ 54 O programa sobre formação da prova declarativa processual (*supra* §§ 22, 23 e 26) determina um regime especial de depoimento indireto sobre declarações processuais expresso através do específico limite à mediação por via de OPC *do que se disse* e da proibição de produção de depoimento estatuída no art. 356.º/7. Base funcional que permite a distinção do âmbito de regimes, entre o geral, sobre o depoimento indireto, e o especial, relativo a *declarações processuais*. Como ponto de partida, o núcleo da regulação do depoimento dos OPC sobre o que ouviram está na ideia de *atividade processual*, plano em que a cisão se torna mais complexa no caso dos OPC, dada a amplitude do espectro de ação *das entidades e agentes policiais a quem cabe levar a cabo atos ordenados por uma autoridade judiciária ou pelo CPP* (art. 1.º/*a)*).

§ 55 Sendo a transmissão e valoração do depoimento indireto relativo a *declarações processuais* mais restritivo do que o geral, ao fixar-se um cânone para a destrinça heurística, este tem de se relacionar com a teleologia da ampliação da exclusão de prova. Critério funcional que afasta uma via sugerida pela interpretação literal do regime especial, a *redução a auto*, exigindo uma ponderação sobre a perspetiva funcional do Estado orientada para uma prognose póstuma sobre a natureza da comunicação e a sua correlação com os fins do processo e/ou outros fins. O controlo *a posteriori* da atuação policial deverá integrar uma prognose póstuma e uma avaliação dos juízos realizados pelo agente policial (cf. Dá Mesquita, 2011, pp. 538-544, 574-576, 598-599).

§ 56 A referência ao mediador no art. 356.º/7 aponta no sentido de a compreensão funcional dever integrar o sujeito passivo da comunicação passada e não apenas o sujeito ativo, marcando quanto àquele uma intervenção na comunicação passada em função dos interesses indagatórios relativos à repressão criminal estadual. Centrando-se o regime especial na intervenção inquiridora do sujeito passivo da comunicação que pergunta (ainda que de forma subtil) e recebe a informação, não existe, à partida, motivo para isentar da proibição o JI nem o MP face à *ratio* do art. 356.º/7, que visa evitar a fraude à proibição de leitura. O silêncio da lei parece essencialmente conformado por um pressuposto factual, de que os membros do MP e o JI que intervieram nas fases anteriores do processo não poderão ser ouvidos no julgamento (que não se nos afigura absoluto, embora a análise mais aprofundada não se compadeça com a economia e motivo do presente comentário). Neste ponto importa, apenas destacar que na hipótese de ser admitida a inquirição como testemunhas desses magistrados eles não podem ser inquiridos sobre o teor de declarações recebidas nos casos em que esteja proibida a respetiva reprodução.

§ 57 A proibição constante dos artigos 356.º/7 e 357.º/2 não atinge as declarações dos OPC sobre factos e circunstâncias de que tenham obtido conhecimento por meios diferentes das declarações do arguido ou de outro interveniente processual incluindo atos de fala que não se integrem no conceito de declarações processuais (cf. §§ 24 e 25).

VI – Procedimentos de reprodução de autos relativos a atos processuais prévios à audiência de julgamento e sancionamentos da violação de regras legais

§ 58 Na interpretação sistemático-teleológica do complexo normativo dos arts. 355.º a 357.º é importante a destrinça analítica entre pressupostos de aquisição como prova do julgamento de elementos que integram atos processuais que não foram produzidos na concreta audiência de julgamento (§§ 14 a 57 do presente comentário e §§ 1 a 10 do comentário ao art. 357.º) e a forma de assunção pelo tribunal de julgamento desses elementos de prova quando os mesmos possam ser adquiridos para o julgamento do facto.

§ 59 Relativamente à aquisição da prova, a jurisprudência desenvolveu uma importante destrinça analítica entre a obrigatória imediação por via de exame do tribunal das provas pré-constituídas que podem ser adquiridas e os procedimentos de reprodução em audiência dos autos de atos processuais anteriores à audiência que contenham elementos de prova que podem ser adquiridos para o julgamento do facto (cf. §§ 26 a 70 do comentário ao art. 355.º). Distinção que se apresentou fundamental na fixação de jurisprudência do Ac. STJ/FJ 8/2017, 11.10.2017 (Manuel Augusto Matos), mas que também já foi acolhida pelo TC, designadamente, nos Acs. 110/2011 (Vítor Gomes), 367/2014 (José da Cunha Barbosa) e 399/2015 (Maria Lúcia Amaral).

§ 60 Uma das alterações operadas pela revisão da L 48/2007 derivou da adaptação às novas regras então introduzidas sobre registo de autos, em particular sobre gravações áudio e audiovisual. A interpretação sistemático-teleológica das normas do art. 356.º exige que as menções flutuantes constantes dos trechos da versão original e da L 20/2013 em que se refere, respetivamente, apenas a «leitura» (art. 356.º/1, 2 e 5) ou a «reprodução e leitura» (art. 356.º/3 e 4) se devam considerar como reportadas a um regime unitário em matéria de reprodução de autos que abrange a leitura, a audição e a visualização dos atos processuais em função da forma de registo originário dos mesmos (art. 356.º/8). Isto é, a admissibilidade e inadmissibilidade da reprodução de autos não se apresenta condicionada pela forma adotada de registo que respeite as regras estabelecidas nos arts. 99.º a 101.º, mas pelas regras legais estabelecidas nos vários números do art. 356.º, e, quando admissível, a concreta modalidade de reprodução deriva apenas da forma de registo que tiver sido empregue: leitura, audição e audição com visualização consoante o auto tenha sido escrito ou objeto de gravações áudio ou audiovisual — sobre registo áudio e audiovisual de declarações prestadas na fase de inquérito cf. §§ 1 a 5 do comentário ao art. 275.º.

§ 61 Sendo a reprodução em audiência de declarações processuais pré-constituídas um incidente que, embora funcionalmente conexo com a admissibilidade da assunção dessas provas como prova do julgamento do facto, se apresenta analiticamente autónomo (art. 356.º/8), os regimes de sancionamento da violação do dever ser são também independentes (arts. 355.º/1 e 356.º/9). Concretizando, se declarações que não podiam ser assumidas como prova do julgamento do facto forem examinadas e valoradas pelo tribunal tal procedimento é sancionado com proibição de prova nos termos do art. 355.º/1, por outro lado, se forem violadas regras sobre a forma e registo dos atos de reprodução de autos processuais pré-constituídos relativamente à audiência, independentemente do conteúdo dos autos e da fase processual em que foram produzidos, verifica-se um vício sancionado com nulidade sanável pelo art. 356.º/9. Enquadramento que, como se destacou no ac. RE, 02.02. 2016 (Antó-

NIO LATAS), implica que a nulidade careça «de ser arguida antes de o ato estar terminado, por força do estabelecido na al. a) do n.º 3 do art. 120.º do CPP, sob pena de não poder ser arguida em momento posterior».

PAULO DÁ MESQUITA

Artigo 357.º
Reprodução ou leitura permitidas de declarações do arguido

1 – A reprodução ou leitura de declarações anteriormente feitas pelo arguido no processo só é permitida:

a) A sua própria solicitação e, neste caso, seja qual for a entidade perante a qual tiverem sido prestadas; ou

b) Quando tenham sido feitas perante autoridade judiciária com assistência de defensor e o arguido tenha sido informado nos termos e para os efeitos do disposto na alínea b) do n.º 4 do artigo 141.º

2 – As declarações anteriormente prestadas pelo arguido reproduzidas ou lidas em audiência não valem como confissão nos termos e para os efeitos do artigo 344.º.

3 – É correspondentemente aplicável o disposto nos n.ºs 7 a 9 do artigo anterior.

Origem do texto: corresponde à redação originária aprovada pelo DL 78/87 com as alterações introduzidas pelas L 48/2007, de 29.08 e L 20/2013, de 21.02. A L 48/207 eliminou inciso que constava da parte final da versão originária da al. *b)* do n.º 1 ("que não possam ser esclarecidas de outro modo") e adaptou a redação do atual n.º 3 (anterior n.º 2) à deslocação da norma do anterior n.º 8 do art. 356.º para o respetivo n.º 9. A L 20/2013 modificou a epígrafe (a original era "Leitura permitida de autos e declarações do arguido"); alterou a al. *b)* do n.º 1 (que anteriormente dispunha "quando, tendo sido feitas perante o juiz, houver contradições ou discrepâncias entre elas e as feitas em audiência") e introduziu um novo número (o atual n.º 2) o que determinou a renumeração do anterior n.º 2 que passou a n.º 3.

Sumário do comentário:

I – Considerações gerais (§§ 1 a 5)

II – Regras especiais sobre admissão, assunção e valoração como prova em julgamento de declarações processuais do arguido que não foram produzidas na audiência de julgamento do concreto processo penal (§§ 6 a 13).

I – Considerações gerais

§ 1 Encontra-se estabelecida no art. 356.º/1/*b)* a regra geral sobre a intransmissibilidade probatória para o julgamento das declarações processuais pré-constituídas (relativamente à audiência) do arguido e essa estatuição vale tanto para declarações prestadas nas fases preliminares como na fase de julgamento antes da audiência de julgamento (§§ 24 a 30 do comentário ao art. 356.º). A identidade de mecanismos e de fontes reguladoras imediatas não ilide a autonomia das razões de política intrínseca que conformam a proibição de utilização probatória de declarações pré-constituídas do arguido e de outras fontes (cf. § 31 do comentário ao art. 356.º), baseado num programa normativo que estabelece uma distinção entre o próprio arguido como fonte de prova e as fontes de prova testemunhal em sentido amplo, também presente na política de formação contraditória da prova anglo-americana e da jurisprudência do TEDH (Dá Mesquita, 2011, pp. 651-652).

§ 2 A regra geral de intransmissibilidade probatória referida no § 1 implica a proibição de valoração das declarações que não estejam abrangidas por regra especial que derrogue aquela, efeito estabelecido na norma do art. 355.º/1 do qual também decorre o sancionamento (proibição de prova) de decisão judicial que no julgamento dos factos viole aquela regra geral e valore declaração processual pré-constituída que não seja subsumível a nenhuma das normas do art. 357.º/1 (§§ 1 a 25 do comentário ao art. 355.º).

§ 3 A proibição de valoração de prova processual pré-constituída reporta-se a inferências no julgamento do facto (mas o tribunal pode formar juízos, nomeadamente, sobre a legalidade de medida de obtenção da prova a partir daqueles elementos de prova), relativa ao mediador documental, mas que também atinge o depoimento que opere como mediador de declarações processuais que não possam ser adquiridas, por via da remissão do art. 357.º/3 para o art. 356.º/7 (§§ 52 a 57 do comentário ao art. 356.º).

§ 4 O núcleo normativo do preceito comentado reporta-se às regras especiais constantes do art. 357.º/1 que derrogam a regra geral de intransmissibilidade probatória (cf. §§ 1 e 2 e *infra* §§ 6 a 11). O art. 357.º/2 limita-se a proclamar o que já decorre da regra especial sobre confissão em audiência (*infra* § 12).

§ 5 As regras sobre reprodução em audiência de declarações processuais pré-constituídas do arguido suscetíveis de serem examinadas como prova do julgamento ao abrigo do art. 357.º/1 e o sancionamento como nulidade sanável da violação desses procedimentos são os mesmos que se encontram estabelecidos para a reprodução de declarações de assistente, partes civis ou testemunhas, por via da remissão do art. 357.º/3 para o art. 356.º/8 e 9 (cf. §§ 58 a 61 do comentário ao art. 356.º).

II – Regras especiais sobre admissão, assunção e valoração como prova em julgamento de declarações processuais do arguido que não foram produzidas na audiência de julgamento do concreto processo penal

§ 6 Os casos de transmissibilidade de declarações processuais pré-constituídas do arguido estabelecidos no art. 357.º/1 são fundamentados em ponderações político-criminais distintas das que estão na base das que determinam os casos de transmissão probatória de declarações de assistente, partes civis ou testemunhas. No caso do arguido, as soluções legislativas foram conformadas por ponderações axiológicas sobre direitos de defesa, medidas profiláticas relativas à voluntariedade das declarações, orientações sobre a responsabilidade das AJ na interação com arguidos e prerrogativa contra a autoincriminação (sobre o regime que vigorou até 2013, v. DÁ MESQUITA, 2008, pp. 47-50; 2011, pp. 563-582, relativamente ao atual, DÁ MESQUITA, 2014, pp. 138-152).

§ **7** O regime anterior à revisão do art. 357.º/1/*b)*, mantido durante um quarto de século (com uma pequena alteração), constituiu o resultado de um erro histórico, paroquial e desconexo relativamente ao debate em torno da jurisprudência dos *Miranda warnings* que «não compreendia nenhuma hostilidade ao ato de confissão na fase pré-acusatória e à sua utilizabilidade em julgamento, mas, simplesmente, um critério exigente que assegura uma decisão esclarecida do arguido disse no processo» (DÁ MESQUITA, 2008, p. 50). A solução do CPP de 1987, ao invés do que sucedia na generalidade dos Estados democráticos, «salvaguarda[va] um peculiar e abrangente direito ao apagamento do que o arguido» dissera e tinha «como contraponto paradoxal» as escutas telefónicas que, no mesmo sistema processual visavam «essencialmente obter como meios de prova gravações ou comunicações em que o arguido é interveniente ativo mas fala sem consciência das consequências para si do que disse» (*idem, ibidem*). Contudo, a solução de 1987 manteve-se praticamente imune à crítica da doutrina maioritária. Concluído o processo legislativo de 2012/2013, depois da controvérsia inicial em que foi suscitada a questão a constitucionalidade (*v.g.* PAULO DE SOUSA MENDES, 2014; ANDREIA CRUZ, 2013), parece ter passado a merecer acolhimento prevalente a tese que anteriormente subsistia isolada sobre a bondade da rotura empreendida em 2013 [cf., além de DÁ MESQUITA, 2014 (na linha do que sempre se defendeu), SANTOS CABRAL in HENRIQUES GASPAR, 2016, pp. 543-546; SANDRA OLIVEIRA E SILVA, 2018b, p. 54; Ac. RC, 05.05.2021 (MARIA JOSÉ NOGUEIRA)].

§ **8** As dúvidas suscitadas sobre a constitucionalidade do regime instituído em 2013 não tiveram acolhimento na jurisprudência dos tribunais judiciais nem do TC, não se afigurando jurisprudencialmente controvertida a conformidade constitucional da aquisição como prova do julgamento das declarações previstas no art. 357.º/1/*b)*. Controversa apresenta-se, apenas, a questão relativa à dispensa de reprodução das declarações em audiência (analisada no § 9).

§ 9 Questão que suscitou apreciação de constitucionalidade especificada em sede de fiscalização concreta reportou-se à possibilidade de exame e valoração das anteriores declarações, ao abrigo do art. 357.º/1/*b)* sem ter havido reprodução em audiência. O Ac. 770/2020 (JOANA FERNANDES COSTA) concluiu por maioria tangencial que a aludida interpretação dos arts. 355.º/1 e 2, 356.º/9 (*ex vi* art. 357.º/3) e 357.º/1/*b)* é inconstitucional, por violação do artigo 32.º/1 e 5, conjugado com o artigo 18.º/2, CRP. A fundamentação da maioria sustentou-se na crítica do acórdão recorrido pela circunstância de ter tratado nos mesmos termos o exame, sem reprodução em audiência, de declarações de testemunhas e de declarações porque tal via «menospreza a diferença que existe entre a *prova que tem por fonte o arguido* e a *prova testemunhal* (amplamente entendida)». O Ac. considerou que o caso de dispensa de reprodução quando se trate de declarações anteriores do arguido (e não de testemunhas) exige que se escrutine o «o fim tido em vista pela dispensa da sua reprodução ou leitura em audiência de julgamento» que o mesmo alegadamente transporta no caso de a fonte ser o arguido. Segundo a motivação do aresto o fim prosseguido pela não reprodução seria a *celeridade processual*, e o mesmo comprimiria de forma excessiva o direito do arguido a que de forma mais plena lhe fosse «assegurado um contraditório sobre a *prova de que foi fonte*» (no Ac. 125/2022 com o mesmo coletivo do Ac. 770/2020 manteve as posições dos juízes e a maioria de 3.2).

§ 10 A fundamentação e conclusão da maioria de 3-2 na base do Ac. 770/2020 foi criticado numa declaração voto de vencidos de GONÇALO DE ALMEIDA RIBEIRO e JOÃO PEDRO CAUPERS sustentada em quatro argumentos (que se acompanham): «Em primeiro lugar, a liberdade de o arguido se não incriminar não implica nenhum direito a *dispor do que declarou* – incompatível com a valoração, em quaisquer circunstâncias, das declarações por si prestadas antes do julgamento –, mas de um direito a contraditar a prova constituída por essas declarações. Com efeito, o arguido não pode exigir o apagamento do que disse, num exercício esclarecido de liberdade e rodeado de todas as garantias; o que pode, se assim o entender, é *discutir o valor probatório* das declarações que prestou. Em segundo lugar, admitindo-se – como se admite no acórdão, justamente a propósito das declarações livremente prestadas pelo arguido – que os direitos ao silêncio e à não autoincriminação são renunciáveis, não se vê como o próprio direito a que as declarações sejam lidas ou reproduzidas em audiência, que se entende decorrer daquele, não seja igualmente renunciável. Assim, a *faculdade* de o arguido requerer a leitura ou reprodução das declarações – reconhecida na decisão recorrida – cumpre plenamente as exigências inerentes ao seu estatuto constitucional, sem que se justifique nenhuma *imposição do estado de coisas* correspondente ao seu uso efetivo. Em terceiro lugar, a conclusão segundo a qual a admissibilidade constitucional da valoração das declarações como meio de prova reclama a obrigatoriedade da sua leitura ou reprodução em audiência de julgamento contradiz a premissa maior do argumento, qual seja a de que o arguido deve ser tratado como sujeito e não objeto do processo penal, um *sujeito capaz de se autodeterminar* através de decisões informadas e rodeadas de garantias. Sujeitar o arguido à leitura ou reprodução das suas declarações anteriores sem que tenha manifestado a sua vontade nesse sentido ou mesmo *contra a sua vontade expressa* constitui uma agressão à sua dignidade, uma forma – ainda que inspirada pela benevolência – de o tratar como objeto do comportamento estatal. Em quarto lugar, é difícil compreender de que modo a não leitura ou reprodução de declarações prestadas pelo arguido quando este o não requeira possa ofender o *princípio da lealdade*. Quando o julgamento se inicia, o arguido tem a noção perfeita de que essas declarações, uma vez indicadas no despacho de acusação, e desde que prestadas em estrita obediência às exigências legais, constituem meios de prova. Da mesma forma, um documento da sua autoria pode ser valorado ainda que não seja lido em julgamento ou uma escuta telefónica em que tenha intervindo pode ser valorada mesmo que não reproduzida em audiência. Só haveria falta de lealdade se o despacho de acusação não mencionasse o meio de prova em causa. Finalmente, note-se que o juízo de inconstitucionalidade não recai sobre uma norma que admita a valoração das declarações prestadas pelo arguido *sem* que o juiz que preside ao julgamento *o tenha questionado* sobre se pretende que as mesmas sejam lidas ou reproduzidas em audiência. Por outras palavras, não está em causa a questão da admissibilidade constitucional do *consentimento tácito* perante a evidência de que o arguido está na posse de todos os dados e condições para exercer a faculdade que se lhe reconhece de exigir a leitura ou reprodução. O juízo de inconstitucionalidade proferido neste acórdão vai *muito para além disso*: pela sua amplitude, exige-se a leitura ou reprodução *mesmo nos casos* em que o arguido tenha *expressamente renunciado* a tal direito. A recondução desta exigência ao valor eminente da dignidade da pessoa, como sujeito capaz de se autodeterminar através de decisões livres e esclarecidas, parece-nos a quadratura do círculo».

§ 11 A argumentação da declaração de voto dos vencidos no Ac. 770/2020 afigura-se congruente com os valores de contraditório centrados na lealdade do adversarialismo, «na medida em que coloca o eixo das garantias na autonomia do arguido devidamente informado e representado por advogado prestar declarações perante as autoridades judiciárias» (Dá Mesquita, 2015, p. 120). Perspetiva que integra o núcleo axiológico do contraditório enquanto reportado a dimensões de autonomia estratégia das partes, inclusive quanto à prova que pretendem que seja reproduzida na audiência de julgamento, o que compreende direitos potestativos e sem controlo judicial sobre o (não) exercício dos respetivos direitos subjetivos (§§ 42 a 44 do comentário ao art. 356.º), que quanto às testemunhas o TC já reconheceu em vários arestos [Acs. 110/2011 (Vitor Gomes), 367/2014 (José da Cunha Barbosa) e 399/2015 (Maria Lúcia Amaral)] ser fulcral. Em síntese, apesar da autonomia do programa relativo às declarações do arguido (devidamente destacada na fundamentação do Ac. 770/2020), neste segmento a garantia do contraditório *sobre a prova* satisfaz-se com o direito a impor a reprodução das suas declarações em face da sua independência estratégica e não de um ritual de reprodução independente de impulso de qualquer sujeito processual (até porque a produção das declarações constituiu o ato de admissão do meio probatório com vista ao julgamento inerente à sua génese), e com o direito de gerir as suas declarações em audiência, introdução de outros meios e argumentação *sobre as provas*.

§ 12 O art. 357.º/2 estabelece algo que decorreria de forma direta da interpretação do art. 344.º, as declarações processuais do arguido produzidas nas fases preliminares não tendo sido produzidas em julgamento são insuscetíveis de valer como confissão em julgamento.

§ 13 Os elementos probatórios compreendidos nas declarações processuais do arguido que não foram produzidas na audiência de julgamento do concreto processo penal devem ser integrados no material probatório objeto de valoração conformada pelo princípio da livre apreciação ao abrigo do art. 127.º, independentemente de o arguido ter prestado ou não declarações na audiência de julgamento, exceto nos casos em que quanto a declarações prestadas em julgamento opere o procedimento estabelecido no art. 344.º/2.

Paulo Dá Mesquita

Artigo 358.º
Alteração não substancial dos factos descritos na acusação ou na pronúncia

1 – Se no decurso da audiência se verificar uma alteração não substancial dos factos descritos na acusação ou na pronúncia, se a houver, com relevo para a decisão da causa, o presidente, oficiosamente ou a requerimento, comunica a alteração ao arguido e concede--lhe, se ele o requerer, o tempo estritamente necessário para preparação da defesa.

2 – Ressalva-se do disposto no número anterior o caso de a alteração ter derivado de factos alegados pela defesa.

3 – O disposto no n.º 1 é correspondentemente aplicável quando o tribunal alterar a qualificação jurídica dos factos descritos na acusação ou na pronúncia.

Origem do texto: o n.º 1 e o n.º 2 correspondem à redação originária aprovada pelo DL 78/87, sendo que o n.º 3 foi introduzido pela L 59/98, de 25.8.

Jurisprudência vinculante: Assento 2/93, 27.1.1993 (Bernardo Guimarães Fisher de Sá Nogueira); ac. STJ/FJ 4/95, 7.6.1995 (José Henriques Ferreira Vidigal); Assento 3/2000, 15.12.1999 (Bernardo Guimarães Fisher de Sá Nogueira); ac. STJ/FJ 7/2008, 25.6.2008 (António Jorge Fernandes Oliveira Mendes); ac. STJ/FJ 11/2013, 12.6.2013 (António Pires Henriques da Graça); ac. STJ/FJ 1/2015, 20.11.2014 (Artur Rodrigues da Costa); ac. TC 445/97, 25.6.1997 (Bravo Serra)

Sumário do comentário:

I – Razão de ser da norma

a) Considerações gerais

§ 1 Dispõe-se sobre a *alteração não substancial, na fase de julgamento, dos factos que constituem o objeto do processo e respectiva qualificação jurídica.*

Para a fase de instrução rege o art. 303.º/1/2/5, sendo evidente a similitude dos regimes. Do cotejo dessa última norma com o art. 358.º, deduz-se que a diferença reside em que aqui, mas não ali, se prevê a desnecessidade de comunicação ao arguido de alteração que resulte da própria defesa (§§ 31 a 33, art. 303.º); e que inversamente ali, mas não aqui, se prevê a ressalva de aplicação do mecanismo de alteração não substancial se desta resultar a incompetência do tribunal – o que a este respeito decorre: por um lado, de não poder estar abrangida a hipótese de a incompetência territorial por implicação lógica de a alteração aqui em causa ter de se verificar no decurso da própria audiência de julgamento sendo que o início desta constitui termo final da dedução e conhecimento daquele tipo de incompetência [art. 32.º/2/b)]; e, por outro, da circunstância de uma alteração de factos só se acolher ao qualificativo de não substancial dependendo de não implicar a agravação do limite máximo da sanção aplicável (art. 1.º/f), *a contrario sensu*). Sobre o tema desta norma, mas já para a *fase recursiva*, cf. o art. 424.º/3.

b) Exigência da estrutura acusatória do processo penal

§ 2 A regulação da alteração dos factos que constituem o objeto do processo procura responder a duas distintas exigências. Uma *primeira* postulada pela *estrutura acusatória* do processo penal (art. 32.º/5 CRP) que requer: por um lado, que o poder autónomo de investigação do juiz se refira a objeto processual que lhe é *heteronomamente posto* na acusação pública (art. 283.º) ou particular (arts. 284.º e 285.º) ou na pronúncia (art. 308.º/1, 1.ª parte), neste caso se tiver havido instrução – nisto se afirmando o *princípio da acusação*; e, por outro, que o exercício desse poder de investigação e cognição *se contenha nos limites* do objeto antes referido – nisso se resolvendo o *princípio da vinculação temática* [cf. art. 379.º/1/b)]. Aqui vai implicado, entre outros corolários, o de que os factos que constituem o objeto do processo, quer dizer os descritos na peça de imputação, os discutidos na audiência de julgamento e, enfim, descritos na decisão final (sentença ou acórdão), devem, por princípio, manter-se os mesmos – de modo tal que, idealmente, aquela peça surja como premissa de que esta decisão é a conclusão (*princípio da identidade*). A primeira razão de ser desta norma é a de contemplar as hipóteses, e dispor sobre as condições, em que são toleráveis *desvios* a essa identidade factual sem descaraterização da mencionada estrutura acusatória do processo.

c) Preservação do direito de defesa

§ 3 Uma segunda exigência a que a norma vem responder prende-se com as implicações que as flutuações do quadro factual que constitui o objeto do processo, e também da qualificação jurídica dele, têm no direito de defesa do arguido cuja garantia não é compatível com "decisões-surpresa" e antes pressupondo a possibilidade efetiva de *contraditar as imputações* que lhe são dirigidas, *ab initio* ou renovadas, e sustentar a sua posição com o *oferecimento de prova* e/ou *argumentos jurídicos* (art. 32.º/5 CRP). Precisamente, o TEDH faz decorrer do direito previsto no art. 6.º/3/a) CEDH a obrigação de o tribunal informar o arguido não apenas das alterações à "causa" da acusação (quer dizer, dos factos nela vertidos), mas igualmente das alterações da qualificação jurídica deles, e bem assim a de conceder-lhe adequadas condições, nomeadamente temporais, para reagir às alterações do libelo (cf. *Mattocia c. Itália*, de 25.7.2000, § 61, e *Varela Geis c. Espanha*, de 5.6.2013, § 54). A estreita vinculação do regime de alteração do objeto do processo com as garantias de defesa do arguido, nomeadamente com a imperiosa necessidade de obstar decisões-surpresa, há de iluminar a própria definição do que seja uma "alteração".

II – Alteração de factos descritos na acusação ou na pronúncia

a) Consideração geral

§ 4 A lei não define o que sejam "factos" e nem a "alteração" deles, mas apenas um qualificativo dessa "alteração de factos": o ser ela "substancial" [art. 1.º/f)]. Mais: definindo *positivamente* o que qualifica como "substancial" alteração de factos – "aquela que tiver por efeito a imputação ao arguido de um crime diverso ou a agravação dos limites máximos das sanções aplicáveis" (norma cit.) – só em termos residuais, por exclusão, *negativamente*, define a alteração "não substancial" de factos, precisamente aquela que *não* tiver por efeito a imputação ao arguido de um crime diverso ou a agravação dos limites máximos das sanções aplicáveis. A delimitação, aproximada que seja, do que sejam factos relevantes e relevante alteração deles tem, pois, o interesse de permitir uma aproximação mais analítica, por patamares, ao tema da anotação.

b) Os "factos" descritos na acusação ou na pronúncia

§ 5 Os "factos" a que a norma se refere não se reconduzem, naturalmente, ao "facto" seca, geral e abstratamente descrito no preceito incriminador, mas sim ao feixe de factos segregados pela vida e em relação entre si de acordo com certos elementos, *v. g.*, temporais, espaciais, lógicos, cronológicos, subjetivo-motivacionais, que, à luz da respetiva valoração social, devam ser reduzidos a uma certa unidade suscetível de ser, por via subsuntiva, reconduzida a preceito incriminador e, deste modo, legitimar a imposição ao agente de reação penal [cf. art. 1.º/a), 283.º/3/b), 308.º/1 e 368.º/2/a)/b)/c) e 369.º/1]. A noção remete, pois, para dois planos, a saber, o do *acontecimento histórico* e o da *relevância jurídico-penal*, que se têm de considerar em parelha – só os factos assim vistos conformam o objeto do processo e só sobre eles pode, de resto, ser levada a efeito atividade probatória (art. 124.º). O n.º 1 refere, aliás de modo redundante, que os factos (novos) que concretizam a "alteração" devem ter "relevo para a decisão da causa".

c) A "alteração" (dos factos) descritos na acusação ou na pronúncia

§ 6 O vocábulo "alteração" remete para a ideia de mudança, enfim, de variação. Este momento é importante, pois *onde se não divisar uma (verdadeira) "alteração" já não caberá perguntar logicamente pelo qualificativo dela* (ser substancial ou não). Ora, verdadeira "alteração" implica que a variação ou mudança factual que lhe vai pressuposta *se enquadre, contenha, ainda, no quadro histórico-factual* que constitui o objeto do processo e nos termos acima (§ 5) definidos. Quer dizer, o objeto do processo é o *"ambiente" dentro do qual* se pode, ainda, com propriedade, falar de "alteração": esta consiste numa variação, mas numa *variação dos mesmos factos* (cf. Teresa Pizarro Beleza / Frederico Costa Pinto, 2001, p. 39; Idem, 2022, p. 582 ss.; ainda, Jorge de Figueiredo Dias /Susana Aires de Sousa, 2021, p. 14). Factos novos que desbordem os limites referidos já não são "alteração" do objeto processo, mas, antes, o desenhar de um *outro, novo e autónomo, objeto processual*. Assim, se se evidenciar, da prova produzida em audiência, que A, acusado de matar B, deu morte ainda a C ou a D, ou que afinal não foi A, mas F, quem matou B, *não há sequer "alteração" de factos*, mas antes um *novo objecto processual* a ser investigado *ab initio* nos termos gerais.

§ 7 Contra o que não vale esgrimir com o (aparente) lugar paralelo da apensação de processos (arts. 24.º e 25.º), sob argumento de que aí o que se cumula são distintos, autónomos, objetos processuais. É que essa possibilidade pressupõe que *existiu*, e a "alteração" de factos pressupõe que *não existiu*, uma prévia investigação dos factos em causa, numa fase para isso desenhada (o inquérito) e dirigida por uma entidade (o MP) para tanto titulada. De modo que levar à conta de "alteração" factos novos suscetíveis de serem inteiramente investigados autonomamente, sem relação significativa com os que formam o originário objeto do processo, redundaria numa subtração ao MP da dominialidade da direção da investigação criminal (arts. 219.º/1 CRP) – e, no plano processual, mancharia a decisão que a consentisse de *insanavelmente nula* (arts. 119.º/d) e 262.º/2) (cf., nesta direção, Gil moreira dos Santos, 1992, p. 614, Teresa Pizarro Beleza / Frederico Costa Pinto, 2001, p. 38 ss.; Idem, 2022, p. 582 ss.; José Cruz Bucho, 2009, p. 51, n. 29, e Henrique Salinas, 2014, p. 318-323, 326 e 429 e s.; contra, desde que ocorra acordo de MP, assistente e arguido, Inês Ferreira Leite, 2016b, p. 761 e s., n. 6855; no sentido do texto, mesmo diante de acordo, acolhendo-se ao disposto no art. 379.º/1/b), Jorge de Figueiredo Dias /Susana Aires de Sousa, 2021, p. 15).

§ 8 Mesmo variações da matéria factual que se contenham no objeto do processo fixado pela acusação ou pela pronúncia poderão irrelevar *logo enquanto "alteração" de factos*. São as hipóteses de *ausência de prova de parte dos factos que constituem objeto do processo*. Diante da acusação de roubo (art. 210.º/1 CP) indicia-se suficientemente, apenas, ofensa à integridade física; em face de acusação de detenção de estupefaciente para uso pessoal (art. 26.º RJTCE), decai essa destinação do estupefaciente; defronte de imputação de homicídio a pedido (art. 134.º CP), não se indicia o pedido; etc. Se for verdade que todo o regime de alteração de *factos* está intimamente relacionado com a garantia de que o arguido se pode cabalmente defender (*supra*, § 2), então não se pode dizer que nos casos referidos lhe tenha sido negado o direito de se defender dos *factos* suscetíveis de integrarem, por hipótese, os crimes previstos nos arts. 143.º CP, 21.º RJTCE e 131.º CP: quanto a eles "pôde estruturar devidamente a sua defesa, quer no sentido de demonstrar que os mesmos ocorreram quer no sentido de poder avaliar as consequências de os mesmos não ficarem provados" (Henrique Salinas, 2014, p. 363 ss., 363). Não há, pois, "alteração" (de *factos*) que releve, muito embora haja *alteração da qualificação jurídica* dos factos que integravam o objeto do processo e que deve dar azo ao "incidente" pertinente, regulado no n.º 1 (Idem, p. 365 e s.; Teresa Pizarro Beleza / Frederico Costa Pinto, 2001, p. 41; ; Idem, 2022, p. 582 ss.; Fernando Torrão, 2017, p. 114 e n. 5; contra, Inês Ferreira Leite, 2016b, p. 783).

§ 9 Também não parece dever integrar logo a categoria de "alteração de factos", e por decorrência a respetiva indiciação *não* é questão pertinente ao *objeto* do processo, a emergência, na sequência de produção de prova, de factos que não integrando o feixe de acontecimentos que se reconduzem ao crime imputado e descritos na peça de imputação, são, todavia, relevantes para *reforço probatório desses mesmos acontecimentos*. Teresa Pizarro Beleza / Frederico Costa Pinto, 2001, p. 43 e s., exemplificam a hipótese com o caso de testemunho do qual resulte que dois dias antes do homicídio fora visto o arguido, em relação ao qual se suscitava dúvida sobre ter sido ele a desfechar o disparo, a adquirir, num armeiro, uma pistola. Esse facto não faz parte da sequência de acontecimentos que integra a norma de proibição, mas reforça-os do ponto de vista probatório. A sua consideração não configura alteração de factos e, logo, não é substancial ou não.

III – A não substancialidade da alteração dos factos

a) Consideração geral

§ 10 Como se preveniu (§ 4), a lei define apenas, *positivamente*, o que seja alteração substancial de factos [art. 1.º/f)], que é a que "tiver por efeito a imputação ao arguido de um crime diverso ou a agravação dos limites máximos das sanções aplicáveis", de modo que a definição de alteração não substancial de factos apenas se deduz, *pela negativa*, daquela primeira: é *não substancial* a que *não* tiver por efeito a imputação ao arguido de crime diverso ou que *não* dê lugar ao agravamento do limite máximo da sanção aplicável. *Pela positiva*, podemos então definir *alteração não substancial* como aquela em que os factos novos, em conjunto com os que foram imputados ao arguido, sejam subsumíveis ao mesmo crime *e* sempre que não ocorra aumento do limite máximo da pena. Em ambos os casos a alteração pressupõe, logicamente, a relevância da "alteração" como tal e em especial que ela se refira a factos novos que sejam mera variação, desenvolvimento, dos que já constituíam o objeto do processo (*supra* II-C) – e neste particular a alteração substancial e não substancial não diferem, ambas sendo cogitáveis, apenas, por referência ao objeto do processo heteronomamente posto ao juiz pela acusação do MP ou pela pronúncia. Assente este *pressuposto comum*, a linha de separação reside nos referidos e *distintos efeitos*: dela decorrer, ou não, a imputação de crime diverso ou o agravamento das sanções aplicáveis. É porque a substancialidade ou não substancialidade da alteração são conceitos de relação que a sua correta apreensão implica um hermenêutico "ir e vir" entre ambos (*infra*, §§ 11 a 15).

b) O não agravamento dos limites máximos das sanções aplicáveis

§ 11 Do ponto de vista do método de análise de caso, é aconselhável que o primeiro passo seja o de verificar se os novos factos, resultantes da produção de prova, *agravam a moldura abstrata máxima da sanção aplicável ao arguido*, porque sendo assim já não cabe perguntar sobre a mesmidade ou diversidade do crime, matéria mais complexa. Com efeito, muito embora os critérios – "crime diverso" / "agravação dos limites máximos das sanções aplicáveis" – surjam como alternativos ("ou"), certo é que se a verificação da mesmidade do crime não dispensa a verificação do agravamento do limite máximo da sanção, o contrário não é verdadeiro: sempre que ocorre agravamento do limite máximo da sanção ocorre alteração substancial de factos, ainda que o crime não seja diverso. Um crime de homicídio por negligência (art. 137.º/1 CP), por um lado, e um crime de homicídio por negligência grosseira (art. 137.º/2 CP), por outro, não são, talvez, "crime(s) diverso(s)" entre si, mas uma alteração de factos que faça transitar a imputação do primeiro para o segundo implica a agravação do limite máximo da sanção aplicável, pelo que é substancial.

§ **12** Relevando neste plano apenas a moldura *máxima*, já se vê que uma alteração que, respeitando a *circunstância agravante* comum (arts. 75.º e 76.º/1 CP) ou especial (*v. g.*, art. 152.º/2 CP), apenas contenda com a *moldura mínima* não é substancial. Por outro lado, factos novos suscetíveis de modificarem o título de *comparticipação do agente* podem implicar alteração substancial, ou não, conforme os casos: é alteração substancial de factos a que fizer transitar a qualificação do agente respetivo de cúmplice para autor, mas já será não substancial a que o fizer transitar de autor para cúmplice (arts. 26.º e 27.º CP). Do mesmo modo, uma alteração de factos que se projete na modalidade de *imputação subjetiva*: é substancial uma tal que implique a punição não pela moldura do imputado homicídio por negligência (art. 137.º/1 CP), mas antes pela do homicídio por negligência grosseira (art. 137.º/2 CP), mas não substancial a que altere apenas o título de dolo ou de negligência imputados (arts. 14.º e 15.º CP), ou mesmo (ao menos de acordo com o critério da agravação) quando implique o trânsito da negligência para o dolo sempre que o crime seja punível, indiferenciadamente, com a mesma pena (*v. g.*, o crime previsto no art. 292.º/1CP). Quanto às hipóteses de agravação do limite máximo da sanção aplicável em razão de *ausência de prova* de parte dos factos que constituem objeto do processo, cf., *supra*, § 8. Para referência às pessoas coletivas, cf. § 12, art. 303.º

c) A mesmidade do crime

§ **13** Pressuposta verdadeira alteração de factos, quer dizer uma *variação dos mesmos factos* que já constituem o objecto do processo, e não um acervo fáctico suscetível de fundamentar um outro, autónomo, processo (*supra*, §§ 6 e 7) *e*, ainda, pressuposto que os novos factos *não implicam o agravamento das sanções máximas* aplicáveis, mas são apenas suscetíveis de dar lugar a sanção máxima de *igual* ou até *menor* severidade (*supra*, § 11, e Paulo Pinto de Albu-

QUERQUE, 2007, p. 38 e s., n. 7/d), cabe perguntar, enfim, se eles não desfiguram o crime, quer dizer se não constituem "crime diverso". "Crime diverso" não equivale a "tipo de crime diverso" – bem podendo suceder que haja "crime diverso" onde os novos factos, juntamente com os que já constituíam objecto do processo, não se subsumam a outro "tipo legal de crime" e, inversamente, pode ocorrer que a subsunção desse acervo fáctico a outro "tipo legal de crime" não implique estarmos perante "crime diverso": o "crime" para aqui relevante é o crime *concreto*, quer dizer o conjunto de factos segregados pela vida e em relação entre si de acordo com certos elementos polarizadores e suscetíveis de, reduzidos à unidade mediante a valoração das suas incidências naturalísticas e normativas, legitimarem a aplicação de uma sanção.

§ **14** Critério para verificar se os novos factos, somados aos que já integravam o objecto do processo, conformam "crime diverso" será, certamente, o do *bem jurídico* protegido: saber se o novo acervo factual, somado ao antecedente, implica que o bem jurídico menoscabado é já outro. Não custando admitir que o crime será "diverso" se o bem jurídico for outro, ainda se mantendo a mesma a sanção máxima aplicável (vem-se a apurar que A acusado do crime previsto no art. 143.º CP, agiu em estado de inimputabilidade, por embriaguez em que se colocou, nos termos do art. 295.º CP), já não cabe concluir que sempre que o bem jurídico protegido não se altere, por mor da superveniência dos factos novos, o crime permanecerá o "mesmo": quer porque se pode "salvaguardar o mesmo bem jurídico através de diferentes tipos incriminadores, em função, quer das diversas *formas de tutela penal* (...), quer das diversas *declinações da ilicitude criminal*" (ac. TC 711/2019, itálico no original). Assim, se o critério do bem jurídico é importante tópico de passagem na verificação da diversidade ou mesmidade do crime, *não é o único* – importando ainda ponderar qual o alcance que a variação dos concretos factos que constituem o objeto do processo importa nos elementos atinentes ao *agente* do crime e à *conduta*, quer no plano objetivo, quer no subjetivo. É a valoração conjunta destes elementos, por relação aos factos concretos, imputados e supervenientes, que permitirá concluir se se está perante uma mera alteração das circunstâncias do quadro factual ou antes da própria estrutura dele.

§ **15** Assim, não custa admitir que o crime é o "mesmo" se, em se tratando de crime de execução livre, se verifica alteração no modo de execução do facto (X vem acusado de agredir Y com uma bofetada, mas apura-se um pontapé), ou se a alteração apenas se projeta na intensidade de violação do bem jurídico suscetível de relevar na medida concreta da pena (A vem acusado de deter uma, mas indicia-se a detenção de mais outra, arma de fogo, ou o prejuízo patrimonial resultante da burla se mostra mais elevado do que o que consta do libelo) ou, ainda, se tão só se refere ao contexto temporal, espacial ou espácio-temporal da conduta. Mas bulindo a alteração com aspetos estruturais do quadro factual concretamente descrito na acusação ou na pronúncia, embora se mantendo a identidade de bem jurídico protegido, e não se agravando (ou até se mitigando) os limites máximos das sanções aplicáveis, o crime será "diverso": A, maior, é acusado de ter praticado ato sexual com menor de 15 anos abusando da inexperiência deste (art. 173.º/1 CP), mas indicia-se, ao invés, que praticou esse ato mediante pagamento ou outra contrapartida (art. 174.º/1 CP); X, é acusado de ofensa à integridade física punida pelo art. 143.º CP, mas indicia-se, em lugar do dolo, novos factos suscetíveis de reconduzirem a conduta ao crime de ofensa à integridade física negligente (art. 148.º CP); Z é acusado de ter recebido de terceiro coisa que sabia ter sido obtida por furto (art. 231.º/1 CP), mas indicia-se que subtraiu, ele mesmo, essa coisa (art. 203.º/1 CP). Mesmo alterações pertinentes ao contexto temporal, espacial ou espácio-temporal da conduta, não implicando, por princípio, e como se viu, com a mesmidade do crime, podem em certos casos não apenas implicar uma distinta imagem ou valoração dele, como terem um impacto tal na defesa do arguido que terão de ser levadas à conta de alterações substanciais (cf. José Damião da Cunha, 2009, p. 575, Henrique Salinas, 2014, p. 360, e Fernando Torrão, 2017, p. 119 e s.) A respeito das *pessoas coletivas*, cf. § 17, art. 303.º

d) Procedimento

§ 16 É fundamental a destrinça entre alteração substancial e não substancial, conforme implique, ou não, a diversidade do crime ou o agravamento do limite máximo da sanção aplicável, *uma vez que a lei determina distintos cursos de ação implicados na necessidade de diferentes níveis de garantias de defesa.* Pois, como se escreveu no ac. TC 463/2004, as regras que valem para a alteração substancial e não substancial referem-se a distintos estatutos substantivos do arguido em processo penal, de modo que "a comunicação [ao arguido] de que a alteração temática do processo tem a natureza de alteração não substancial quando, em boa verdade, ela tem a natureza de substancial corresponde a dar-lhe conhecimento de um estatuto substantivo diferente relativo à sua posição processual de arguido" o que "não pode deixar de considerar-se como violando o n.º 1 do artigo 32.º da CRP". Daí que não acompanhemos Paulo Pinto de Albuquerque, 2007, p. 892, n. 20, quando, atendo-se ao ac. do STJ de 20.2.2003 (cuja interpretação normativa foi a considerada no acima referido ac. do TC) pretende que o erro consistente na comunicação de uma alteração substancial como se não substancial fosse implica "mera irregularidade, logo sanada" porque, pelo silêncio, os demais sujeitos processuais, implicitamente assentem no prosseguimento dos autos pelos novos factos e crimes": a condenação do arguido por esses novos factos, *nessas condições*, não poderá deixar de ter o efeito previsto no art. 379.º/1/b).

§ 17 No caso de alteração não substancial o incidente pode ser suscitado *oficiosamente* ou mediante *requerimento* que tanto pode provir do MP, do arguido ou defensor, ou do assistente. Importante é que diante de uma alteração de tal natureza impende sobre o juiz presidente o *dever* de suscitar o incidente, o que implica: a) *comunicar* ao defensor os factos que representam alteração não substancial dos que conformam o objeto do processo plasmado na acusação ou no despacho de pronúncia; b) *interrogar,* sempre que possível, o arguido sobre tais factos; c) conceder-lhe "tempo estritamente necessário" para *preparar a defesa.* O regime previsto no n.º 1 está, pois, intimamente relacionado com o direito de o arguido se defender efetivamente da alteração do quadro factual que forma o objeto do processo constante da acusação, pública ou particular, ou da pronúncia, o que de resto é, a mais de exigência constitucional (art. 32.º/1 CRP), implicação do direito a um processo equitativo, tal como postulado no art. 6.º/3 CEDH.

§ 18 A *comunicação* que o juiz faz à defesa, nos termos do n.º 1, respeita a factos (novos) indiciados, mas *não já definitivamente qualificados como provados*. Pressupor assim equivaleria, em termos circulares, a adiantar precisamente aquilo que só se pode demonstrar na sentença ou acórdão e, por isso, tornaria em mera formalidade o momento de defesa do arguido que o preceito regula. Assim, o sentido da comunicação regulada no n.º 1 é o de levar ao conhecimento da defesa *mero projeto ou hipótese de alteração dos factos* constantes da peça de imputação e que poderá, ou não, também diante da defesa apresentada pelo arguido, ser concretizado na sentença ou acórdão (cf. o ac. TC 237/2007 que se refere a um mero "juízo provisório e condicional").

§ 19 Ao contrário do que se dispõe para a instrução (art. 303.º/1), não prevê expressamente o n.º 1 o *interrogatório do arguido* relativamente aos factos que alteram, não substancialmente ainda, os que constam da acusação ou da pronúncia. A omissão não é relevante: o direito do arguido a uma defesa plena implica, evidentemente, o de ser, sempre que possível, ouvido, e pronunciar-se, sobre os factos novos, sem que, todavia, seja a isso obrigado (art. 61.º/1/d) e 343.º/1).

§ **20** O *prazo para o arguido preparar a sua defesa* está funcionalmente orientado a permitir àquele *recolher e indicar meios de prova* que lhe possibilitem uma defesa cabal a respeito da alteração. Sendo manifesto que o incidente previsto no n.º 1 se refere apenas à alteração verificada e comunicada, evidente será que o requerimento probatório que o arguido faça, na sequência, terá de cingir-se a esse limitado objeto, e com a amplitude que o caso demandar, devendo de resto logo justificá-lo pois só desse jeito poderá o juiz cabalmente escrutinar a sua admissibilidade [cf. ac. RG, 26.10.2009 (Nazaré Saraiva)]. O juiz deverá apreciar o requerimento nos termos gerais do art. 340.º, mas devendo tomar a cautela de não o indeferir sob argumento de que os novos factos estão já demonstrados através dos meios de prova que sustentaram o incidente, pois isso redundaria numa violação do direito à prova na dimensão de direito à contraprova.

§ **21** Ao contrário do que se dispõe para a instrução (art. 303.º/1), para o julgamento, no caso de alteração substancial (art. 359.º/4) e, enfim, para o recurso, trate-se de alteração substancial ou não substancial (art. 424.º/3), não se menciona no art. 358.º o limite máximo do prazo funcionalizado ao exercício do direito de defesa, antes se optando por uma fórmula mais vaga e elástica ("o tempo estritamente necessário"). A fixação de um *quantum* de prazo ficará assim contingente de um juízo de razoabilidade sobre as necessidades defensivas por relação com o caso concreto, juízo esse que, naturalmente, não deverá prescindir da prévia consulta da defesa. De toda a maneira, por razões de coerência normativa com o que se dispõe nos arts. 359.º/4 e 424.º/3, esse prazo não deverá ultrapassar os 10 dias.

§ **22** A norma sob comentário ressalva da aplicabilidade do n.º 1 a hipótese de os factos novos, que alteram não substancialmente os que integram o objeto do processo, *derivarem de alegação da própria defesa*. Tal regime justifica-se, evidentemente, pela circunstância de o incidente previsto no n.º 1 ser *teleologicamente* orientado à garantia do direito de defesa do arguido e que, como tal, não faz sentido suscitar incidente para lhe dar a conhecer, e convidá-lo a defender-se, de factos que ele mesmo conhece e de resto alegou. Como factos novos que resultam da alegação da própria defesa deverão contar-se seguramente os que constem da contestação do arguido, dirigida a impugnar acusação, pública ou particular, ou a pronúncia, mas também aqueles que sejam relatados oralmente por ele mesmo em declarações [cf., ac. RP, 12.7.2006 (António Gama)]. Alguns autores, partindo da premissa de que a alteração pode bulir com a pretensão acusatória, propugnam que na hipótese aqui em causa deverá ser estabelecido o contraditório com o MP (ou com o assistente, se for o caso). Assim, Teresa Beleza / Frederico Costa Pinto, 2001, p. 45; Idem, 2022, p. 582 ss.; em termos dubitativos, Henrique Salinas, 2014, p. 453, n. 1598.

§ 23 A consideração, na sentença ou acórdão, de factos que alterem de modo não substancial os constantes da acusação ou da pronúncia, sem ter sido concedida ao arguido côngrua possibilidade de se defender da alteração, nos termos do n.º 1, fulmina de *nulas* aquelas decisões [art. 379.º/1/b)], solução compreensivelmente mais gravosa do que a premeditada para a não observância do mesmo incidente em sede de instrução (cf., § 25, art. 303.º). A nulidade deve ser arguida ou conhecida em recurso, sendo lícito ao tribunal recorrido a reparação dela (art. 379.º/2 e 414.º/4), sendo que quando a mesma consistir em não ter sido feita a comunicação ou em não ter sido deferido prazo de defesa ao arguido, nos termos do n.º 1, deverá, para o efeito, ser determinada a reabertura da audiência.

IV – Alteração da qualificação jurídica dos factos

§ 24 Dispõe o n.º 3 que "[o] disposto no n.º 1 é correspondentemente aplicável quando o tribunal alterar a qualificação jurídica dos factos descritos na acusação ou na pronúncia." Pressuposto de aplicação do preceito é o de que a alteração que nele se refere respeite *exclusivamente à dimensão normativa* do objeto do processo, à qualificação *jurídica* dos factos, pois se a alteração respeitar, *também*, a estes, não tem ele vigência autónoma: aplica-se, diretamente, o n.º 1. A formulação legal procurou dar expressão à síntese avançada pelo TC já em 1995, nos termos da qual "a solução está (…) na compatibilização da liberdade de qualificação jurídica com um mecanismo processual que torne efectivo [o] direito a ser ouvido, face a uma convolação que mantendo os factos descritos na acusação ou pronúncia, naturalisticamente considerados, importe condenação em pena mais grave" (ac. TC 279/1995). Trata-se, de resto, esta exigência de contraditoriedade, como premissa da proibição de decisões-surpresa, de uma que o TEDH, ao abrigo do art. 6.º/3/a CEDH, vem postulando em vários arestos (cf., entre outros, *Pélissier e Sassi c. França*, de 25.3.1999, § 62; *Dallos c. Hungria*, de 1.3.2001, §§ 47-53; *Sipavicius c. Lituânia*, de 21.2.2002, § 30; *Block c. Hungria*, de 25.4.2011, § 24; *Haxhia c. Albânia*, de 8.1.2014, §§ 137 e s.).

§ 25 Assim, em face de uma perspetivada alteração da qualificação jurídica dos factos constantes da acusação ou da pronúncia, está o presidente obrigado a *comunicar* a alteração nos termos do n.º 1. Essa comunicação não pode ser feita em termos de uma abstrata possibilidade de o tribunal atender a uma qualificação jurídico-penal dos factos distinta da que consta da peça de imputação, devendo, antes, *ser precisa nos seus termos* (cf. ac. TEDH, *I. H. c. Áustria*, de 20.7.2006, § 34), de modo a que o arguido se possa orientar convenientemente na sua estratégia defensiva. Para ser efetiva essa defesa, poderá ser necessário que o arguido disponha de algum tempo, que, mediante requerimento, será fixado de acordo, nomeadamente, com a complexidade da questão (*supra*, § 21). Poderá ser-se tentado a concluir que, reportando-se a norma a puras alterações da qualificação jurídica dos factos, não haja, em caso algum, espaço para a *produção de prova*, na sequência da comunicação. No entanto, estando aqui em causa a intangibilidade das garantias de defesa do arguido (art. 32.º/1 CRP), pode suceder que uma abrupta alteração da qualificação jurídica se mostre daninha para a estratégia por ele até aí prosseguida, inclusivamente a respeito da sua iniciativa probatória (cf. Henrique Salinas, 2020, p. 970, e autor que se segue). Assim, seguindo um dos exemplos indicados por Alberto Moreira Mira, 2018, p. 77 ss., esp., p. 382, alguém acusado por um tipo de crime qualificado, público de sua natureza, entretanto qualificado como crime semipúblico, e com moldura menos severa, poderá ter descurado a prova de elementos de facto que, a verificarem-se, poderiam levar à extinção do procedimento criminal.

§ 26 Para a hipótese de ocorrer alteração da qualificação jurídica dos factos constantes da acusação, pública ou particular, ou da pronúncia, sem ter sido concedida ao arguido côngrua possibilidade de se defender, nos termos do n.º 1 *ex vi* do n.º 3, valem as considerações constantes do § 23, *supra*.

Pedro Soares de Albergaria

Artigo 359.º
Alteração substancial dos factos descritos na acusação ou na pronúncia

1 – Uma alteração substancial dos factos descritos na acusação ou na pronúncia não pode ser tomada em conta pelo tribunal para efeito de condenação no processo em curso, nem implica a extinção da instância.

2 – A comunicação da alteração substancial dos factos ao Ministério Público vale como denúncia para que ele proceda pelos novos factos, se estes forem autonomizáveis em relação ao objeto do processo.

3 – Ressalvam-se do disposto nos números anteriores os casos em que o Ministério Público, o arguido e o assistente estiverem de acordo com a continuação do julgamento pelos novos factos, se estes não determinarem a incompetência do tribunal

4 – Nos casos referidos no número anterior, o presidente concede ao arguido, a requerimento deste, prazo para a preparação da defesa não superior a 10 dias, com o consequente adiamento da audiência, se necessário.

Origem do texto: o preceito tem a redação e a configuração resultante da L 48/2007, de 29.8, sendo que o atual n.º 1 tem a redação correspondente ao primeiro segmento do anterior n.º 1, com o acrescento da menção à impossibilidade de extinção da instância. O n.º 2 corresponde ao segundo segmento do anterior n.º 1, com o acrescento da condicionante de os factos novos serem autonomizáveis em relação ao objeto do processo. Por fim, os n.ºs 3 e 4 correspondem aos anteriores n.ºs 2 e 3.

Jurisprudência vinculante: Assento 2/93, 27.1.1993 (Bernardo Guimarães Fisher de Sá Nogueira); ac. STJ/FJ 4/95, 7.6.1995 (José Henriques Ferreira Vidigal); Assento 3/2000, 15.12.1999 (Bernardo Guimarães Fisher de Sá Nogueira); ac. STJ/FJ 7/2008, 25.6.2008 (António Jorge Fernandes Oliveira Mendes); ac. STJ/FJ 11/2013, 12.6.2013 (António Pires Henriques da Graça); ac. STJ/FJ 1/2015, 20.11.2014 (Artur Rodrigues da Costa); ac. TC 445/97, 25.6.1997 (Bravo Serra)

Sumário do comentário:

I – Considerações gerais. Remissão

§ 1 Dispõe-se sobre a *alteração substancial, na fase de julgamento, dos factos que constituem o objeto do processo.* Para a fase de *instrução* rege o art. 303.º/3/4, sendo evidente a similitude dos regimes. Do cotejo dessa última norma com o art. 359.º, deduz-se que a diferença reside em que aqui (n.º 3), mas não ali, se ressalva da impossibilidade de prossecução por factos novos autonomizáveis do objeto do processo a hipótese de MP, arguido e assistente acordarem nela. No comentário ao art. 303.º (§§ 31 e 32) entendemos que a hipótese de acordo prevista no n.º 3 do art. 359.º deve ser aplicável à instrução. Sobre as exigências que ditam o regime aqui em causa, remete-se para comentários sob os §§ 2 e 3, art. 358.º, norma esta que dispõe sobre a alteração não substancial, e sobre alterações da qualificação jurídica, dos factos. Sobre o tema desta norma, mas já para a *fase recursiva*, cf. art. 424.º/3.

II – Alteração de factos descritos na acusação ou na pronúncia. Remissão

§ 2 A respeito dos conceitos de "factos" e de "alteração" de factos, que devem ser tratados como patamar analítico prévio à qualificação da alteração como substancial (ou não), remete-se para os comentários sob os §§ 4 a 9, art. 358.º

III – A substancialidade da alteração. Remissão

§ 3 No que tange aos critérios da substancialidade da alteração de factos e sobre a essencialidade da distinção entre alteração substancial e não substancial, por as respetivas regras se referirem a distintos estatutos substantivos do arguido, remete-se para os comentários sob os §§ 10 a 15, no primeiro caso, e sob o § 16, no segundo, ao art. 358.º

IV – Regime

a) Factos autonomizáveis e factos não autonomizáveis.

§ 4 Verificada uma (a) verdadeira e própria alteração de factos (*supra*, II) *e* (b) pressuposta a substancialidade dessa alteração (*supra*, III), a terceira questão que o tribunal afronta – porque a resposta condiciona o ulterior curso das coisas – é a de (c) saber se esses factos são, ou não, autonomizáveis dos que conformam o objeto do processo, na acusação ou na pronúncia. São autonomizáveis, ou não, os factos novos que, *só por si, desligados dos que constituem o objeto do processo*, são, ou não, respetivamente, *suscetíveis de fundamentar um processo autónomo contra o arguido*. Como exemplo, *não são autonomizáveis* os factos novos que, implicando alteração substancial dos que constituem objeto do processo, tiverem por efeito a imputação ao arguido de um distinto título de comparticipação [diante da imputação do crime a título de cumplicidade (art. 27.º CP) sustentam a autoria (art. 26.º CP)], de um diverso grau de execução do facto [crime consumado ao invés do acusado crime tentado (art. 22.º CP)], de um diferente estado subjetivo [defronte uma imputação a título de negligência (art. 14.º), indiciam um comportamento doloso (art. 14.º CP)], de um diverso crime quando, só por si, forem nesse plano irrelevantes [a orientação da conduta do autor, acusado de ameaça (art. 153.º/1 CP), no sentido de obrigar a vítima a suportar uma certa atividade (art. 154.º/1 CP)], ou quando, respeitando a elementos pertinentes à ilicitude ou à culpa, ou a ambas, agravarem a pena prevista para o tipo fundamental e sempre que não prefigurem, só por si só, um crime [o escalamento (art. 204.º/2/e) e 210.º/2/b) CP], relativamente ao imputado furto (art. 203.º/1 CP) ou roubo (art. 210.º/1 CP), ou a particular indefesa da vítima ou a determinação do agente por ódio religioso [art. 132.º/1/2)/c)/f) CP, em face da acusação por homicídio (art. 131.º CP)], ou ainda quando os factos novos, tal como a parte dos imputados que se indiciaram, não integrem, uns e outros, separadamente, mas juntos integrem, um crime [o caso clássico do arguido acusado de furto (art. 203.º/1 CP), por ter subtraído, em certo contexto espácio-temporal, coisa alheia, apurando-se, porém, que a recebeu em depósito de terceiro, invertendo o título mediante o qual a detinha, fazendo-a sua (art. 205.º/1 CP)].

§ 5 Ainda, como exemplo, são *autonomizáveis* os factos novos que, implicando alteração substancial dos que constituem objeto do processo, e respeitando a elementos pertinentes à ilicitude ou à culpa, ou a ambas, agravarem a pena prevista para o tipo fundamental desde que só por si sejam suscetíveis de integrar crime [assim: a introdução ou permanência ilegítima em habitação (al. f), n.º 1, art. 204.º CP), crime autónomo (art. 191.º CP) a respeito do imputado crime de furto (art. 203.º); o emprego de tortura (art. al. d), n.º 2, art. 132.º CP e al. b), n.º 2, art. 158.º CP), crime autónomo (art. 243.º CP) a respeito do imputado crime de homicídio (art. 131.º CP) ou do acusado crime de sequestro (art. 158.º/1 CP); ou ainda, a ameaça grave (al. a), n.º 1, 2 e 3, art. 160.º CP), crime autónomo (ar. 153.º/1 e 155.º/1 CP) a respeito do imputado crime de tráfico de menor (art. 160.º/2/3 CP)]; ou os factos novos que constituam um crime autónomo e que integrem um outro crime que seja constituído, ainda, por outros elementos que, também autonomamente considerados, integram ilícito criminal [o caso clássico da imputação de furto (art. 203.º/1) a que, pelo acrescer de factos novos suscetíveis de integrarem o crime de ofensa à integridade física (art. 143.º/1 CP) ou de ameaça ou coação (arts. 153.º/1 e 154.º CP), se transmuta no crime, diverso, de roubo (art. 210.º/1 CP)] (todavia, rejeitando esta última solução, Paulo Sousa Mendes, 2009, p. 759 s., e, Idem, 2015, p. 150 s., e Ivo

MIGUEL BARROSO, 2003, p. 81 s.; a favor, HENRIQUE SALINAS, 2004, p. 422, n. 1489, e 423 s., e JOSÉ CRUZ BUCHO, 2009, p. 60); e, enfim, os factos novos que se relacionem com os que constituem o objeto do processo nos termos de um concurso ideal de infrações (o ex. colhido em PAULO SOUSA MENDES, 2009, p. 759, de se indiciar que o acusado de homicídio procedera para encobrir uma violação).

§ **6** A decisão que qualifica os factos novos como autonomizáveis, ou não autonomizáveis, comunicando-os na primeira hipótese ao MP, desconsiderando-os na segunda, é *recorrível* nos termos gerais (art. 399.º), no primeiro caso subindo o recurso imediatamente, em separado e com efeito suspensivo (arts. 406.º/2, 407.º/1 e 408.º/3), no segundo subindo nos próprios autos com o recurso interposto da decisão que puser termo à causa (arts. 406.º/1 e 407.º/3) (cf. PAULO PINTO DE ALBUQUERQUE, 2007, p. 901). Naturalmente, o sujeito que assentir no conhecimento dos factos novos não poderá recorrer por lhe falecer interesse em agir (art. 401.º/1/a)/2, quanto ao MP; 401.º/1/b) – "contra eles proferidas" – quanto ao arguido e assistente; cf. §§ 12 e 13, art. 69.º).

b) Destino, em termos de cognição, dos factos novos

b1) A regra. Impossibilidade de cognição dos factos novos

§ 7 Sejam ou não os factos autonomizáveis (*supra*, IV) e pressuposto reportarem-se a verdadeira *alteração* (*supra*, II) qualificada como *substancial* (*supra*, III), a *regra* é a de que uma tal alteração *não pode implicar*, por determinação expressa do n.º 1, *a extinção da instância*, e *nem mesmo a suspensão dela*, agora por decorrência do inciso "não pode ser tomada em conta (…) no processo em curso" (cf., HENRIQUE SALINAS, 2014, p. 410 ss. e 467 ss.): fica vedado ao tribunal conhecer os factos novos. Assim limitados os poderes cognitivos, eventual condenação não pode considerar esses factos novos (*infra*, § 16), cingindo-se por consequência aos que já conformavam o objeto do processo na acusação ou na pronúncia (n.º 1), e isso mesmo que a alteração resulte de ação da defesa, como p. ex. das declarações do próprio arguido (cf., sobre este ponto, ISABEL ONETO, 2013, p. 174, e PAULO PINTO DE ALBUQUERQUE, 2007, p. 896 e s.). Sem prejuízo da exceção adiante considerada (*infra*, b2), a impossibilidade de cognição dos novos factos: a) é *absoluta* no caso de *factos não autonomizáveis* (*supra*, § 4) – e isto no sentido de que tais factos não mais podem ser conhecidos, quer no processo em curso, *quer noutro que venha a ser instaurado*; b) mostra-se *limitada*, em tratando-se de factos *autonomizáveis* (*supra*, § 5), *ao processo em curso*, podendo eles (se nisso não for implicada violação do *ne bis in idem*) ser investigados pelo MP, e novamente conhecidos por um tribunal, *noutro processo*, na sequência da *denúncia* a que se refere o n.º 2.

§ 8 A comunicação prevenida no n.º 2 não importa entorse à estrutura acusatória, já que com ela o tribunal não ordena ao MP que acuse pelos factos pertinentes. Recebida a comunicação, que vale como denúncia, cabe ao MP "apreciar o seguimento a dar-lhe[s]" [art. 53.º/2/a)] e investigar os factos com inteira autonomia, com respeito pelo dever de objetividade e pelo preceito da legalidade que lhe são legal e constitucionalmente impostos, deduzindo acusação se entender estarem reunidos elementos que a sustentem (arts. 53.º/2/a)/b), 263.º/1 e 283.º/1/2; 2.º e 3.º/2 EMP; 219.º/1 CRP). De resto, essa autonomia do MP, inerente à feição acusatória do processo, é uma das razões pelas quais acompanhamos Henrique Salinas, 2014, pp. 415-417, 476 e 479, quando, ao contrário do que propõe alguma doutrina (cf. Paulo Sousa Mendes, 2015, p. 149), propugna a impropriedade de o tribunal, na comunicação a que se refere o n.º 2, ponderar se a consideração dos factos novos no eventual processo autónomo é suscetível de menoscabar o princípio *ne bis in idem*: caberá ao MP avaliar, por si, diante da comunicação (n.º 2), se o prosseguimento de processo pelos factos autonomizáveis é suscetível, ou não, de implicar a violação daquele princípio, naturalmente abstendo-se de levá-lo por diante na positiva.

§ 9 A doutrina tem discutido se, diante da impossibilidade de serem conhecidos os factos novos para efeito de aumento do limite máximo da pena aplicável ou para imputação de crime diverso – porque isso está vedado pelo n.º 1 – todavia não podem eles ser conhecidos no âmbito da operação de determinação da *medida concreta da pena*, agravando-a neste particular. Propende para esta solução Frederico Isasca, 1995, p. 207 ss. (e também, aparentemente, Jose Damião da Cunha, 2002, 473; igualmente, Tereza Beleza, 1995, p. 103 e Teresa Beleza / Frederico Costa Pinto, 2022, p. 581, n. 16, mas apenas quando se trate de factos não autonomizáveis): uma tal solução não menoscabaria as garantias e direitos de defesa do arguido – porque não implicaria a condenação por crime de diverso ou por crime punível com pena abstracta mais gravosa; porque convocaria o exercício do contraditório, nos termos do n.º 1 do art. 358.º No fundo uma alteração substancial seria tratada "como se" não substancial fosse. Essa solução não é, porém, consensual, contra ela se manifestando, perentoriamente, Henrique Salinas, 2014, pp. 464-466 e 470-472, e Inês Ferreira Leite, 2016b, p. 748 ss.

b2) A exceção. Acordo e competência do tribunal

§ 10 Ao contrário do que prescreve para a fase de instrução (cf. §§ 31 e 32, art. 303), para a de julgamento a lei (n.º 3) exceciona expressamente das hipóteses previstas no n.º 1 e 2 – quer dizer da pura e simples impossibilidade de prossecução do julgamento pelos factos novos que alterem substancialmente os que conformam o objeto do processo, por destes não serem autonomizáveis, *ou* da necessidade de denúncia deles ao MP, se daqueles forem autonomizáveis – o caso (todavia mais teórico do que prático) de (a) MP, arguido e assistente *acordarem* na continuação da audiência de julgamento por factos que alterem substancialmente os consignados na acusação ou na pronúncia *e* (b) desde que daí *não resulte a incompetência* do tribunal (n.º 3). Referimos, em epígrafe, "exceção" (no singular) porque, diante da cumulatividade dos pressupostos requeridos para a prosseguimento do julgamento dos factos novos a exceção é apenas uma.

§ 11 O acordo a que se refere o n.º 3: *a)* não pode extrair-se do *silêncio* do arguido diante de instância do tribunal, sob pena de tal prática se colocar à margem das exigências do processo equitativo que dimanam do art. 32.º/1 CRP (cf. TC 463/2004) – e, de resto, sendo essa hipótese improcedente logo diante dos comandos plasmados nos arts. 218.º e 295.º CC; *b)* terá de ficar *formalizado* na ata de audiência [art. 362.º/1/f)]; c) tem como objeto, apenas, a *continuação do julgamento* pelos factos novos (n.º 3); *d)* os factos novos sobre os quais poderá recair o acordo no sentido de prosseguimento (do julgamento por eles) *não* poderão ser uns tais que configurem um *outro, completamente novo e autónomo, objeto* do processo (cf., *supra* §§ 6 e 7, art. 358.º, e, p. ex., Henrique Salinas, 2014, p. 318 ss., 429 e s., 454, e Jorge de Figueiredo Dias / Susana Aires de Sousa, 2021, p. 15; pugnando pela solução contrária, Inês Ferreira Leite, 2016b, p. 761 s.); *e)* não serve para contornar a manifesta falta de fundamento da peça de imputação, por omissão da descrição de factos pertinentes ao tipo de crime (noutro sentido, António Gama, § 41, art. 1.º), pois a eficácia do acordo *pressupõe, ela mesma*, que os factos constantes da acusação ou da pronúncia integrem um qualquer crime (notar-se-á a que definição de "crime diverso" – art. 1.º/1/f) – postula já um "qualquer" crime) (cf. § 13, art. 303.º) – e, como tal, neste caso, sendo detetado o vício na audiência de julgamento, impor-se-á decisão (de mérito de) absolvição (cf., sobre o ponto, Nuno Brandão, 2018, pp. 329-331) – sendo problemático trazer à colação, nessa hipótese, a doutrina do ac. TC 246/2017, que absolveu do vício de inconstitucionalidade, por violação do art. 29.º/5 CRP, a dedução de uma segunda acusação contra o arguido na sequência de rejeição da primeira, nos termos do art. 311.º/1/2/a)/3 e 283.º, por míngua de um elemento típico.

§ 12 Nem mesmo o acordo do arguido, do MP e do assistente é autorização bastante para o prosseguimento do julgamento pelos factos novos que alteram substancialmente a acusação ou a pronúncia, quando da consideração deles decorrer a *incompetência do tribunal* (n.º 3). Não se trata aqui, naturalmente, de incompetência territorial, por implicação lógica de a alteração ter de se verificar no decurso da própria audiência de julgamento sendo que o início desta constitui termo final da (oportunidade de) dedução e conhecimento daquele tipo de incompetência [art. 32.º/2/b)]. A menção refere-se, pois, a situações de incompetência material, sendo a hipótese mais frequente, mas não a única cogitável, a de a alteração substancial de factos implicar agravamento do limite máximo da sanção aplicável (§§ 11 e 12, art. 358.º) em termos de o tribunal competente não poder ser o de constituição monocrática mas o de estrutura colegial. A doutrina tem defendido que, nestes casos, se deverá determinar a remessa dos autos para o tribunal competente (assim, p. ex., HENRIQUE SALINAS, 2014, p. 455, PAULO PINTO DE ALBUQUERQUE, pp. 890, n. 14, e 895, n. 4, OLIVEIRA MENDES in: HENRIQUES GASPAR ET. AL., 2014, p. 1132).

§ 13 A nosso ver é duvidoso que seja esse o sentido da ressalva na parte final do n.º 3, sentido que casa mal com a letra e com o modo como se articulam os elementos da norma. A *previsão* desta é constituída por *dois elementos cumulativos*: um positivo, que consiste em o MP, o arguido e o assistente *estarem de acordo* a respeito da continuação do julgamento pelos factos novos que alteram substancialmente a acusação ou a pronúncia; *e* um negativo, que se traduz em a consideração dos mencionados factos *não determinar a incompetência* do tribunal. Verificados estes dois pressupostos, segue a *estatuição*: o julgamento continua pelos factos novos; inverificando-se apenas um deles (que seja), decorre, ao invés da remessa dos autos para o tribunal competente, a impossibilidade de continuação do julgamento pelos factos novos no processo em curso, dando-se as consequências acima previstas nos §§ 7 e 8, conforme os casos. No fundo, a incompetência do tribunal faz irrelevar o acordo e tudo se passa como se o mesmo não existisse – solução que, criticável que seja, não apenas é a que melhor apoio tem no teor literal do preceito, mas igualmente na razão de ser dele, que é a de, no balanceamento entre economia e celeridade processual, fazer pender o fiel da solução legal para a última (neste sentido parece ir INÊS FERREIRA LEITE, 2016b, p. 767). Há ainda doutrina que defende que, diante de alteração substancial de factos que implique a incompetência do tribunal, pode o MP, em audiência, limitar a moldura máxima da pena aplicável, nos termos do art. 16.º/3, *ex novo* ou renovando ponderação que tivesse feito na acusação (Paulo Pinto de Albuquerque, 2007, p. 895 e s., e Oliveira Mendes in: Henriques Gaspar *et. al.*, 2014, p. 1132; com dúvidas, Henrique Salinas, 2014, p. 455, n. 1603).

§ **14** A solução que se acabou de descrever – impossibilidade de conhecimento dos factos novos, exceto mediando acordo do arguido, MP e assistente *e* pressuposta a competência do tribunal (§§ 7, 10-13) – aportada pela L 48/2007, de 29.8, e que faz depender a mencionada cognição da verificação de facto de muito remota plausibilidade (acordo do arguido), reduzindo-a a casos verdadeiramente marginais, já várias vezes foi considerada conforme com a CRP (ac. TC 226/2008, 711/2019 e 50/2020), tal como de resto o foi solução diametralmente oposta, prévia à resultante daquele diploma, em termos de poder o tribunal proferir decisão de absolvição da instância quanto aos factos constantes da acusação, comunicando ao MP para que procedesse conjuntamente por eles e pelos factos novos (ac. TC 237/2007): o TC concedeu, sempre, em uma ampla discricionariedade do legislador. Independentemente da questão da conformidade constitucional, afigura-se-nos que tal fórmula se furta a um saudável equilíbrio entre as exigências do princípio da acusação, por um lado, e as do princípio da investigação ou da verdade material, por outro, imoderadamente fazendo pender o fiel da balança para o primeiro – e com isso sancionando uma ideia de justiça (talvez mais célere mas marcadamente) formal, expressa quer na desconsideração de factos autonomizáveis que deviam ser conhecidos no processo por constituírem, ainda e apenas, "variação" dos que conformam o respetivo objeto; quer (com risco de violação do *ne bis in idem*, precavido no art. 29.º/5 CRP) na desconsideração, no processo em curso, de factos só aparentemente autonomizáveis do respetivo objeto e que na sua significação jurídico-material não têm, relativamente a ele, verdadeira autonomia (cf., por todos, para exemplos e crítica, v. Jorge Figueiredo Dias /Susana Aires de Sousa, 2021, p. 18 ss.).

§ **15** Ocorrendo acordo entre MP, arguido e assistente a respeito da continuação do julgamento pelos factos novos, se tal não implicar a incompetência do tribunal, o presidente concede ao arguido, a requerimento deste, prazo não superior a 10 dias para preparação da respetiva defesa (n.º 4). Quantificou-se aqui, tal como para a fase de instrução (ainda que aqui fixando-se prazo mais curto – cf. art. 303.º/1) e para a fase recursiva (art. 424.º/3), mas ao contrário do que sucede em sede de alteração não substancial de factos em julgamento (art. 358.º/1), o prazo máximo para o exercício do direito de defesa. Sobre a vinculação deste mecanismo à preservação do direito de defesa cf. § 3, art. 358.º

c) Vício da decisão que, indevidamente, conhecer os factos novos

§ 16 A consideração, na sentença ou acórdão, de factos que alterem substancialmente os constantes da acusação ou da pronúncia, fora dos casos e condições previstas no art. 359.º, fulmina de *nulas* aquelas decisões [art. 379.º/1/b)].

Pedro Soares de Albergaria

Artigo 360.º
Alegações orais

1 – Finda a produção da prova, o presidente concede a palavra, sucessivamente, ao Ministério Público, aos advogados do assistente e das partes civis e ao defensor, para alegações orais nas quais exponham as conclusões, de facto e de direito, que hajam extraído da prova produzida.

2 – É admissível réplica, a exercer uma só vez, sendo, porém, sempre o defensor, se pedir a palavra, o último a falar, sob pena de nulidade. A réplica deve conter-se dentro dos limites estritamente necessários para a refutação dos argumentos contrários que não tenham sido anteriormente discutidos.

3 – As alegações orais não podem exceder, para cada um dos intervenientes, uma hora e as réplicas vinte minutos; o presidente pode, porém, permitir que continue no uso da palavra aquele que, esgotado o máximo do tempo legalmente consentido, assim fundadamente o requerer com base na complexidade da causa.

4 – Em casos excecionais, o tribunal pode ordenar ou autorizar, por despacho, a suspensão das alegações para produção de meios de prova supervenientes quando tal se revelar indispensável para a boa decisão da causa; o despacho fixa o tempo concedido para aquele efeito.

Origem do texto: o preceito mantém a redação originária do DL 78/87, de 17.02.

Sumário do comentário:

I – Considerações genéricas

§ 1 A finalidade deste dispositivo legal é permitir a todos os sujeitos processuais que participam na audiência de discussão e julgamento, que finda a produção da prova, cada um deles tenha a oportunidade de se pronunciar sobre o que extraíram desta, com interesse para a decisão da causa.

§ 2 Com efeito, é através das alegações orais, que sucessivamente pela ordem indicada no n.º 1 desta norma (respetivamente, em primeiro lugar a acusação, representada pelo MP e, depois, também, se existirem, auxiliada pelos advogados dos assistentes, em segundo lugar os advogados das partes cíveis, se houver pedido cível de indemnização – primeiro do advogado do demandante civil, seguido do advogado do demandado civil – e, por último, o defensor oficioso do arguido ou o respetivo advogado constituído, que assegura a sua defesa), cada sujeito processual se vai pronunciar oralmente (quando o Juiz Presidente do Coletivo ou o Juiz titular do processo, no caso de se tratar de juiz singular, que preside ao julgamento, lhe der a palavra), expondo as conclusões (orais) quer relativas à matéria de facto, quer relativas à matéria de direito que, na sua perspetiva, retirou de toda a prova produzida e discutida em julgamento.

§ **3** Esta é, em regra, dentro da tramitação normal e regular da fase do julgamento do processo, uma das últimas oportunidades, em 1.ª instância, que os diferentes representantes dos sujeitos processuais tem de, no âmbito da imediação própria da audiência do julgamento, estando em contato direto com a entidade julgadora, contribuir e participar na decisão final (sentença/acórdão) que irá ser proferida naquele processo (com a argumentação que apresentam nas alegações orais, procurando convencer que a solução de facto e de direito que estão a apresentar é a mais conforme com toda a prova que foi produzida, objeto de discussão no julgamento, que pode ser validamente apreciada e valorada, por não ser proibida).

§ **4** Importa lembrar, por um lado que, a discussão da causa tem por objeto os factos alegados pela acusação (havendo instrução, serão os indicados no despacho de pronúncia), pela defesa e os que resultarem da prova produzida em audiência, bem como todas as soluções jurídicas pertinentes (art. 339.º/4) e, por outro lado, constitui objeto (específico) da prova, todos os factos juridicamente relevantes para a existência ou inexistência do crime, a punibilidade ou não punibilidade do arguido e a determinação da pena ou da medida de segurança aplicáveis; havendo pedido cível serão, ainda, objeto da prova todos os factos relevantes para a determinação da responsabilidade civil (art. 124.º).

§ **5** Daí que, por um lado, quer o MP, com o eventual (na medida em que exista) auxílio do advogado do assistente, quer por outro lado (se os houver), o advogado do demandante civil e, o advogado do demandado civil e, por último, o defensor ou advogado do arguido, vão apresentar as respetivas posições oralmente, pretendendo cada um deles convencer o juiz do julgamento, para que decida no sentido que apontam e, para o efeito, terão de colocar-se, como diria Alberto dos Reis, 1948/53, vol. IV, p. 535, "em posição semelhante à do julgador".

§ **6** A ordem pela qual o juiz que preside à audiência concede a palavra não é arbitrária, nem pode ser alterada, ou seja, tem de ser respeitada porque observa as regras processuais, considerando toda a filosofia que é a própria do processo penal, pelo que deverá ser ouvida em primeiro lugar a acusação e quem a representa, ou seja, o MP, bem como os advogados dos assistentes se estiverem presentes, de seguida os advogados dos demandantes civis se existirem, depois os advogados dos demandados civis e, a final, os defensores oficiosos ou advogados da defesa.

§ 7 A discussão que se segue, a qual apenas é encerrada com as últimas declarações do arguido (art. 361.º/2), se for bem aproveitada pelos respetivos intervenientes (MP e respetivos Advogados intervenientes acima indicados), pode contribuir, de forma decisiva, para a tomada de decisão (prolação de sentença/acórdão), pelo tribunal, não só no que se relaciona com a matéria de facto, como com a matéria de direito, nomeadamente, quando estão em causa questões complexas ou que admitem diferentes interpretações.

II – Procedimentos e prazos de duração das alegações

§ 8 Como bem diz Germano Marques da Silva, Tomo III, 1994, p. 263, "As alegações não são meio de prova, mas uma síntese conclusiva da prova produzida. (…) Produzida a prova perante os juízes e em contraditório, as alegações têm uma função de recapitulação e de síntese, ganhando geralmente em clareza e persuasão quando sintéticas e incisivas."

§ 9 A regra geral é de apenas serem produzidas alegações orais, que não podem exceder uma hora por cada interveniente. O que sucede, em regra, na maior parte dos processos, é que apenas a acusação e a defesa, através dos seus representantes (MP e defensor ou advogado da defesa) produzem alegações orais, não excedendo cada um deles o prazo concedido legalmente.

§ 10 Não raras vezes, a acusação e a defesa limitam-se a pedir justiça, o que em geral acontece atenta a simplicidade do processo e, por o caso concreto, considerando a situação do arguido, não exigir uma chamada de atenção para particulares aspetos que não sejam já conhecidos pelo tribunal.

§ 11 No entanto, o legislador previu ainda a *réplica* (que é uma forma particular de alegação oral), para que possam ser contrariados argumentos que não tiverem sido discutidos ou apresentados nas alegações orais proferidas anteriormente. Como se estabelece no n.º 2, a réplica "deve conter-se dentro dos limites estritamente necessários para a refutação dos argumentos contrários que não tenham sido anteriormente discutidos."

§ **12** A réplica apenas pode ser usada uma vez, seguindo a mesma ordem (ou seja, MP, advogado dos assistentes, advogados dos demandantes civis, advogados dos demandados civis e defensor ou advogado do arguido) e não pode exceder 20 minutos por cada interveniente.

§ **13** Pode-se discutir se quando estiver em causa a réplica no que respeita apenas a matéria civil, os advogados que intervêm na ação penal (que representam a acusação e a defesa), também terão direito a réplica; responderemos afirmativamente, uma vez que a ação cível é conexa com a ação penal, razão pela qual, em princípio, deve-lhes ser dada a palavra, para se o entenderem, fazerem uso da réplica, mas cingida à matéria nova, que ainda não fora discutida. A mesma oportunidade de réplica deverá ser dada igualmente ao MP, desde que tenha sido trazida matéria nova útil à ação penal.

§ **14** Com base na *complexidade da causa*, pode o interveniente que está no uso da palavra, nos termos do n.º 3, requerer a quem preside à audiência de julgamento, que continue as alegações ou a réplica, mesmo que esgotado o máximo de tempo legalmente consentido.

§ **15** A complexidade da causa que justifica o pedido de prorrogação do uso da palavra de quem a esgotou, para efeitos de alegações orais, incluindo da réplica, não tem que necessariamente coincidir com o conceito de "excecional complexidade" contido no art. 215.º/3, ainda que os critérios nesta norma contidos possam orientar a encontrar a definição do que deve ser entendido como "complexidade da causa" para efeitos do art. 360.º/3.

§ **16** Como diz Paulo Pinto de Albuquerque, 2011, p. 940, "não é exigível que o processo tenha sido formalmente declarado como processo de especial complexidade, mas, tendo-o sido, o alargamento do prazo é automático." De resto, como esclarece o mesmo Autor "Sendo deferido o requerimento de alargamento dos prazos apresentado por um sujeito, ele beneficia todos os demais."

§ **17** Assim, "complexidade da causa" para efeitos do art. 360.º/3 terá de ser analisada caso a caso, tendo em atenção o que foi alegado pelo respetivo interveniente para fundamentar o respetivo requerimento, ponderando o grau de dificuldade do respetivo processo, seja nomeadamente pelo número de intervenientes (arguidos, ofendidos, partes civis) em causa, seja pelo número de crimes imputados, pela variedade de provas a analisar, pelas temáticas ou particulares questões que se suscitam.

§ 18 Deve ficar a constar da ata a menção do respetivo requerimento, da pronúncia de ter sido dada a palavra para efeitos de contraditório e se foi ou não exercido, bem como a prolação da decisão de quem preside ao julgamento, sendo que havendo condenação em custas (por exemplo, em caso de indeferimento por ser requerimento manifestamente dilatório) deveria ficar mesmo tal decisão a constar da ata (pelo menos quanto à condenação em custas), para a final não haver esquecimento para efeitos de contagem das custas (v. comentários aos arts. 362.º e 364.º).

§ 19 Quando usam da palavra os respetivos intervenientes, nas suas alegações tem de adotar conduta conforme o disposto no art. 326.º, sob pena de (se afastarem do respeito devido ao tribunal – art.326.º/*a*; procurarem, manifesta e abusivamente, protelar ou embaraçar o decurso normal dos trabalhos – art. 326.º/*b*; usarem de expressões injuriosas ou difamatórias ou desnecessariamente violentas ou agressivas – art. 326.º/*c*; ou fizerem, ou incitarem a que sejam feitos, comentários ou explanações sobre assuntos alheios ao processo e que de modo algum sirvam para esclarecê-lo – art. 326.º/*d*) serem advertidos com urbanidade pelo presidente do tribunal; e se, depois de advertidos, continuarem, pode aquele retirar-lhes a palavra, sendo aplicável neste caso o disposto na lei do processo civil (ver, ainda, o Comentário Judiciário ao art. 85.º, tomo I; no mesmo sentido PAULO PINTO DE ALBUQUERQUE, 2011, p. 940).

§ 20 Em geral as alegações (incluindo réplica) são ouvidas em silêncio, sem interrupções, exigindo-se respeito de todos os intervenientes e presentes na audiência. Ainda que incumba a quem preside ao julgamento, dirigir e moderar a discussão (art. 323.º/g), são excecionais as interrupções, as quais apenas poderão ocorrer por motivos justificados (por exemplo, para impor a disciplina na audiência, porque há público a fazer barulho).

§ 21 Também é comum e positivo, hoje em dia, face à posição e atribuições do MP, que obedece em todas as intervenções processuais a critérios de estrita objetividade (art. 53.º), ver-se aquele Magistrado, mesmo estando a representar a acusação, porque não se fez prova do crime ter sido cometido por aquele arguido, a pedir a sua absolvição ou, por exemplo, em caso de condenação, a pronunciar-se sobre a medida concreta da pena mais adequada a aplicar, nomeadamente, em casos limites, pugnando pela suspensão da pena de prisão por ser mais adequada ao caso concreto, dado o esforço no sentido da reintegração social que o arguido está a fazer. No sentido de o MP ter essa obrigação de se pronunciar expressamente e, se não o fizer, até cometer uma irregularidade que deve ser logo arguida, ver PAULO PINTO DE ALBUQUERQUE, 2011, p. 940.

III – Casos excecionais de suspensão das alegações

§ **22** Por vezes sucede, que durante as alegações orais, os intervenientes colocam questões que impõem a produção de meios de prova supervenientes indispensáveis para a boa decisão da causa. Normalmente o que acontece é que, quando expõem a sua argumentação, os Advogados nas alegações por vezes suscitam dúvidas e interrogações ao julgador que apenas podem ser dirimidas através de prova que ainda não foi produzida.

§ **23** Quando se justifica essa produção de prova superveniente, a mesma tanto pode ser requerida pelos sujeitos processuais interessados em dirimir as questões suscitadas, como pode ser ordenada oficiosamente (pelo tribunal coletivo ou pelo tribunal singular que preside ao julgamento).

§ **24** Para decidir sobre a admissão da produção da prova superveniente, como bem diz Paulo Pinto de Albuquerque, 2011, p. 941, releva o critério «da sua "indispensabilidade" para a descoberta da verdade e boa decisão da causa (ver, sobre este critério, a anotação ao artigo 340.º)».

§ **25** Deve ficar a constar da ata a menção do respetivo requerimento (se o houver), da pronúncia de ter sido dada a palavra para efeitos de contraditório, bem como a prolação da decisão de quem preside ao julgamento, sobre a suspensão das alegações para a produção de meios de prova supervenientes, sendo que havendo condenação em custas (por exemplo, em caso de indeferimento por ser requerimento manifestamente dilatório) deveria ficar mesmo a constar da ata a respetiva decisão (pelo menos no que se refere à concreta condenação em custas), para a final não ser esquecida a respetiva contagem das custas (v. comentários aos arts. 362.º e 364.º).

§ **26** Havendo despacho a suspender as alegações para produção de meios de prova supervenientes, nos termos do n.º 4, ter-se-á ainda que fixar o tempo concedido para aquele efeito. *O interesse* que o legislador teve *de fixar um determinado "período de tempo" para a produção de meios de prova supervenientes* foi precisamente o de não arrastar desnecessariamente a audiência de julgamento (e, portanto, imprimir uma certa celeridade), para não haver um período demasiadamente longo de suspensão das alegações já iniciadas, atenta por um lado a importância destas e, por outro lado, considerando a fase final em que se encontra audiência e discussão da causa.

§ 27 O recurso do despacho que indeferir requerimento de produção de provas supervenientes formulado ao abrigo do n.º 4, sobe nos próprios autos, com o recurso que vier a ser interposto da decisão final (ver arts. 406.º/1 e 407.º/3 e Paulo Pinto de Albuquerque, 2011, p. 941).

IV – Incumprimento e consequências

§ 28 A violação da ordem pela qual o juiz que preside ao julgamento dá a palavra (n.º1) constitui irregularidade (art. 123.º), que se não for arguida fica sanada. No caso de se tratar do defensor ou advogado do arguido constitui nulidade, que não sendo arguida, fica sanada (ver n.º 2).

§ 29 De qualquer modo, não deverá admitir-se o acordo dos diferentes intervenientes para, por exemplo, alterarem a ordem prevista no n.º 1, designadamente, por conveniência de um deles que precisa de sair mais cedo. Com efeito, aquela ordem foi estabelecida em obediência ao formalismo processual e aos princípios que orientam o processo penal, pelo que não é para ser violada, sequer por acordo dos interessados.

§ 30 Qual a consequência da omissão da concessão da palavra para alegações, finda a produção de prova? Defende Oliveira Mendes, 2016, p. 1090, que "constitui mera irregularidade, que só determinará a invalidade quando arguida no próprio acto – artigos 118.º, n.ºs, 1 e 2 e 123.º, n.º 1 (no mesmo sentido, ac. TRC 21.11.1990, CJ 1990, tomo 5, p. 86). Em sentido contrário, Maia Gonçalves, 1987, p. 828, e Paulo Pinto de Albuquerque, 2011, p. 941, sustentando ambos que se trata de nulidade prevista no art. 120.º/2/*d*, por constituir a omissão de formalidade essencial para a descoberta da verdade. Discordando Oliveira Mendes, 2016, p. 1090, contra argumenta, invocando que não se trata de "formalidade essencial para a descoberta da verdade, tanto mais que nada obriga a que os sujeitos processuais façam alegações orais, sendo certo que no uso da palavra para esse efeito podem aqueles limitar-se a pedir justiça, o que muitas vezes se verifica.".

§ 31 Sendo o defensor ou advogado do arguido o último a falar, à sua réplica já ninguém mais pode replicar, uma vez que não pode haver uma segunda réplica, como bem diz Luís Osório, 5.º vol., p. 300.

Maria do Carmo Silva Dias

Artigo 361.º
Últimas declarações do arguido e encerramento da discussão

1 – Findas as alegações, o presidente pergunta ao arguido se tem mais alguma coisa a alegar em sua defesa, ouvindo-o em tudo o que declarar a bem dela.

2 – Em seguida o presidente declara encerrada a discussão, sem prejuízo do disposto no artigo 371.º, e o tribunal retira-se para deliberar.

Origem do texto: o preceito mantém a redação originária do DL 78/87, de 17.02.

Sumário do comentário:
I – Considerações gerais (§§ 1 a 3)
II – Últimas declarações do arguido (§§ 4 a 12)
III – Declaração de encerramento da discussão, sem prejuízo de reabertura da audiência para a determinação da sanção (§§ 13 a 15)
IV – Incumprimento e consequências (§§ 16 a 21)

I – Considerações gerais

§ 1 As últimas declarações do arguido em regra precedem a declaração de encerramento da discussão – sem prejuízo do disposto no art. 371.º (reabertura da audiência para a determinação da sanção) – e, portanto, correspondem à última palavra do arguido antes do julgador (tribunal coletivo ou tribunal singular, consoante a natureza do processo em causa) se retirar para decidir.

§ 2 Destinam-se as últimas declarações à oportunidade que é dada ao arguido para dizer mais alguma coisa em sua defesa, findas as alegações e, consequentemente, igualmente finda a produção de prova, sendo ouvido pelo julgador em tudo o que disser a bem dela. Ou seja, nesse aspeto, este momento é mais uma expressão do direito de defesa, que tem particulares caraterísticas (uma vez que o julgador apenas pode ouvir o arguido em tudo o que o mesmo declarar a bem da defesa).

§ 3 Não serve, por isso, esse momento das últimas declarações para o julgador tirar dúvidas sobre o objeto do processo. Se tiver dúvidas a esclarecer com o arguido, deve tirá-las antes de dar a palavra para alegações, observando o contraditório, isto é, dando a oportunidade à acusação e à defesa de se pronunciarem, produzindo outras provas se necessário e seguindo a tramitação normal do processo e da audiência (assim, também, Germano Marques da Silva, tomo III, 1994, p. 247: "Não é raro na prática, já depois das alegações o tribunal se dirija ao arguido, interrogando-o sobre questões concretas do objecto do processo. Parece-nos ser prática incorrecta, pelo menos, se após esse interrogatório, não for novamente facultada à acusação e á defesa a possibilidade de completar ou corrigir as alegações antes proferidas.").

II – Últimas declarações do arguido

§ **4** Findas as alegações, quem preside ao julgamento tem que dar a palavra ao arguido para prestar as últimas declarações, independentemente de anteriormente as ter ou não prestado e, mesmo de ter antes afirmado que se remete ao silêncio.

§ **5** Trata-se de um direito que o arguido tem de prestar as últimas declarações (o que se integra no âmbito das garantias da sua defesa), desde que elas se refiram ao objeto do processo (art. 343.º/1).

§ **6** Repare-se que a lei é clara (n.º 1, parte final) no sentido de que nestas últimas declarações que o arguido prestar, o juiz que preside ao julgamento ouve-o "em tudo o que declarar a bem dela".

§ **7** Estas últimas declarações prestadas pelo arguido são sempre apreciadas livremente pelo tribunal, nos termos do art. 127.º

§ **8** Por vezes sucede que os arguidos, inicialmente, após serem identificados, remetem-se ao silêncio, salvaguardando a possibilidade de posteriormente (consoante a prova que vier a ser produzida) prestarem declarações. Obviamente que esse comportamento do arguido, tem significado diferente, nomeadamente, em termos de valoração das declarações por ele prestadas, por exemplo, quando se traduz numa confissão feita depois da prova produzida (que como é evidente, quando a prova produzida vem confirmar a acusação, não tem o mesmo valor que quando a confissão é feita no início da audiência, antes da prova produzida).

§ **9** De qualquer modo, o momento processual das últimas declarações do arguido não foi inicialmente concebido para o mesmo, por exemplo, confessar os factos (ainda que o possa fazer, nesse último momento). Se tal suceder, então terá que ser ouvido o arguido normalmente, ser dada a palavra à acusação e à defesa, produzir-se provas se for o caso, haver novas alegações e dar de novo a última palavra ao arguido, para depois poder ser declarada encerrada a discussão, sem prejuízo do disposto no art. 371.º, e o tribunal retirar-se para deliberar (ou seja, nesse caso, o processo volta a retroceder à fase anterior às alegações).

§ 10 Portanto, não se pode confundir o momento das últimas declarações, que ocorre findas as alegações, em que o juiz que preside ao julgamento, ouve o arguido em tudo o que declarar a bem dela, com as demais declarações que o mesmo prestar (art. 343.º/1) antes das alegações. E, isso independentemente de, face à redação dada pela L 94/2021 ao n.º 1 do art. 344.º, o arguido ainda nesse momento em que presta as últimas declarações poder confessar os factos que lhe são imputados.

§ 11 Por isso, também, é boa prática, que quando se interroga o arguido sobre as suas condições pessoais e profissionais, tal ocorra antes das alegações (até de preferência no momento das primeiras declarações em audiência) para que sendo necessário prestar provas, as mesmas possam ser prestadas com tempo, ainda que muitas vezes essa matéria só a final da prova produzida é que se pode aferir da sua utilidade ou não para a decisão da causa (art.124.º).

§ 12 Se tudo for devidamente esclarecido antes das alegações (nomeadamente se há dúvidas a esclarecer com o arguido, que se dispõe a fazê-lo, mas sempre observando o contraditório e tendo em atenção, se for o caso, o disposto no art. 340.º), também se ganha em termos de celeridade (encurtando o tempo de duração do processo) e a audiência segue o seu formalismo normal, não sendo desvirtuada a finalidade das últimas declarações do arguido (assim melhor se compreendendo porque é que a lei refere expressamente na parte final do n.º 1 que o arguido é ouvido "em tudo o que declarar a bem dela", a bem da sua defesa).

III – Declaração de encerramento da discussão, sem prejuízo de reabertura da audiência para a determinação da sanção

§ 13 Prestadas as últimas declarações pelo arguido, o Magistrado Judicial que preside ao julgamento declara encerrada a discussão, sem prejuízo do disposto no art. 371.º (isto é, sem prejuízo da reabertura da audiência para a determinação da sanção), e o tribunal retira-se para deliberar.

§ 14 A *reabertura da audiência para a determinação da sanção nos termos do art. 371.º* é um dos casos em que após ser encerrada a discussão a mesma pode ser reaberta. Sendo um caso previsto no âmbito da tramitação "normal" da audiência, não é, todavia, único, pois outras situações ocorrem em que se procede à reabertura (aplicando esta norma com as devidas adaptações), nomeadamente, para a produção de mais provas, para dirimir dúvidas que surgiram ao tribunal quando delibera sobre a questão da culpabilidade.

§ 15 Com efeito, por vezes, nos processos, quando já está designada a leitura da sentença/acórdão, surgem conclusões por ordem verbal (que hoje também podem ser feitas no Citius pelo próprio Magistrado) com despachos a ordenar a reabertura da audiência (uma vez que havia sido declarada encerrada a discussão), para a produção de mais provas, que são indicadas em concreto, para esclarecer dúvidas que são enunciadas (individualizadas), para se perceber o motivo pela qual se alterou a tramitação normal do processo e, portanto, a leitura do acórdão/sentença foi alterada e substituída pelo prosseguimento da audiência com produção de prova complementar; obviamente que quando assim se procede, a audiência "volta atrás", à fase de produção de provas e, por isso, depois de finda novamente a produção de provas, segue-se a fase das alegações e, findas estas, é dada a palavra ao arguido para as últimas declarações e, em seguida, é de novo declarada encerrada a discussão e o tribunal retira-se para deliberar, sendo que em geral o que acontece é designar dia para a leitura do acórdão/sentença.

IV – Incumprimento e consequências

§ 16 *Se não for dada a palavra ao arguido para prestar as últimas declarações* (n.º1) *qual a consequência*? A norma não estabelece qualquer sanção para a violação ou para a sua inobservância, sendo que nos termos art. 118.º/2, nos casos em que a lei não cominar a nulidade, o ato ilegal é irregular.

§ 17 Coloca-se a questão de saber se a violação dessa norma traduz apenas a inobservância de um ritual ou determinado momento processual ou/e se está também em causa a violação de uma garantia ou direito de defesa, uma vez que se trata da última oportunidade do arguido, em audiência, de ser ouvido a bem da sua defesa.

§ 18 Maia Gonçalves, 1987, p. 425, defende que a omissão desse momento processual, não dando a palavra para as últimas declarações constitui uma irregularidade sujeita ao regime do art. 123.º, a qual deve ser arguida pelo arguido, sob pena de ficar sanada.

§ **19** Por sua vez, Paulo Pinto de Albuquerque, 2011, p. 941, sustenta que "A omissão da concessão da palavra ao arguido no final da audiência constitui uma nulidade sanável, prevista no artigo 120.º, n.º 2, al.ª d), pois esta constitui uma formalidade obrigatória e essencial para a descoberta da verdade, na medida em que concretiza o princípio da audição prévia (Claus Roxin/ Hans Achenbach, 2006:184)."

§ **20** Já Oliveira Mendes, 2016, p. 1092, segue a posição de Maia Gonçalves, defendendo que "A omissão de concessão da palavra ao arguido para declarações constitui mera irregularidade, que só determinará a invalidade quando arguida no próprio acto – artigos 118.º, n.ºs 1 e 2 e 123.º, n.º 1." Discorda da posição de Paulo Pinto de Albuquerque, argumentando "que o arguido no início da produção de prova é informado pelo juiz presidente de que tem o direito a prestar declarações em qualquer momento da audiência – n.º 1 do artigo 343.º"

§ **21** Qual a consequência de antes de se retirar para deliberar, o *tribunal omitir a declaração de estar encerrada a discussão* (n.º 2)? Trata-se de uma irregularidade (artigos 118.º, n.ºs, 1 e 2 e 123.º, n.º 1), que fica sanada se não for arguida no ato.

Maria do Carmo Silva Dias

CAPÍTULO IV
Da documentação da audiência

Artigo 362.º
Ata

1 – A ata da audiência contém:

a) O lugar, a data e a hora de abertura e de encerramento da audiência e das sessões que a compuseram;

b) O nome dos juízes, dos jurados e do representante do Ministério Público;

c) A identificação do arguido, do defensor, do assistente, das partes civis e dos respetivos advogados;

d) A identificação das testemunhas, dos peritos, dos consultores técnicos e dos intérpretes e a indicação de todas as provas produzidas ou examinadas em audiência;

e) A decisão de exclusão ou restrição da publicidade, nos termos do artigo 321.º;

f) Os requerimentos, decisões e quaisquer outras indicações que, por força da lei, dela devam constar;

g) A assinatura do presidente e do funcionário de justiça que a lavrar.

2 – O presidente pode ordenar que a transcrição dos requerimentos e protestos verbais seja feita somente depois da sentença, se os considerar dilatórios.

Origem do texto: O preceito foi remodelado com a L 59/98, de 25.08, passando então as anteriores alíneas a) a f) a integrar o n.º 1, mantendo a redação originária quanto às alíneas a), b), c) e g) [apesar desta última corresponder à anterior alínea f)] e sendo alterada a versão da alínea d) (que foi completada, acrescentando-se "*e a indicação de todas as provas produzidas ou examinadas em audiência*"), aditado o teor da alínea e), reformulada a alínea f) (acrescentando-se a referência, que anteriormente não existia, aos "*requerimentos*") e sendo aditado o teor do n.º 2.

Sumário do comentário:

I – Considerações gerais

§ 1 Uma das forma de documentar, ou melhor, registar por escrito, o que se passou de essencial no decurso da audiência, de forma que se pretende segura e fiável, é através da ata; aliás, o "auto", quando relacionado com a audiência denomina-se ata (art. 99.º/1/2), sendo um instrumento que se destina a fazer fé quanto aos termos em que se desenrolaram os atos processuais a cuja documentação a lei obrigar e aos quais tiver assistido quem o redige, bem como a recolher as declarações, requerimentos, promoções e atos decisórios orais que tiverem ocorrido perante aquele.

§ **2** Como a tramitação do processo ocorre obrigatoriamente no Citius, atualmente a ata relativa à audiência é apenas assinada eletronicamente pelo Magistrado Judicial que a ela preside, naquela plataforma informática (por o sistema não permitir outra assinatura), o que evidencia o desfasamento atual do disposto no art. 362.º/1/g, que ao menos merecia nessa parte ser atualizado, como adiante melhor se verá (enquanto que, quando o processo era tramitado fisicamente, a ata era assinada quer pelo Magistrado Judicial que presidia ao ato, quer pelo Ministério Público, que estava presente na audiência de julgamento e, finalmente, pelo funcionário judicial que elaborava a respetiva ata).

§ **3** Uma vez que na ata se vai descrever tudo o que passou durante a respetiva diligência (neste caso, durante aquela concreta audiência de julgamento ou respetiva sessão de julgamento), dir-se-ia que a omissão de qualquer formalidade significava, em princípio, que a mesma não foi realizada. No entanto, dizemos em princípio porque, como hoje em dia os julgamentos são todos gravados (cf. também art. 364.º), pode acontecer que não haja omissão de formalidade (por exemplo, verificado o condicionalismo previsto no art. 134.º/1, CPP, o Juiz fez a advertência da testemunha de que pode recusar a depor-se – tal como se verifica da audição da gravação –, a qual, porém, não ficou a constar da ata, nem sequer na identificação da testemunha a relação que tinha com o arguido que justificava aquela advertência), mas antes irregularidade na elaboração da ata (portanto, nesse caso, a conclusão a retirar é que essa deficiente elaboração da ata não tem implicações a nível da valoração daquele meio de prova que, por exemplo, o recorrente pretende desvalorizar, invocando o teor daquela ata deficientemente elaborada e alegando que a dita testemunha não foi advertida nos termos do art. 134.º/2, CPP).

§ **4** Diferente é a situação defendida pela jurisprudência no sentido da ata ser um documento autêntico, fazendo prova plena (art. 371.º/1, CC) do que se passou (e de que foi só isso que se passou), salvo se for arguida de falsa (cf. art. 372.º CC e ac. STJ de 28.10.1998, proferido no processo n.º 786/98, citado por Oliveira Mendes, 2016, p. 1093). Assim, também no ac. RG, 11.05.2017 (Lina Castro Baptista), se assinala que «As Atas de audiência de julgamento ou de qualquer diligência judicial são documentos públicos, qualificáveis como documentos autênticos, por força das disposições legais dos art. 369.º e ss. do C.Civil. Estes, tal como decorre do disposto no art. 371.º do C.Civil, fazem prova plena dos factos que referem como praticados pela autoridade ou oficial público respetivo, assim como dos factos que nele são atestados com base nas perceções da entidade documentadora. Sequencialmente, o art. 372.º do Código Civil veio determinar que o documento autêntico é falso quando *"(...) nele se atesta como tendo sido objeto da perceção da autoridade ou oficial público qualquer facto que na realidade se não verificou, ou como tendo sido praticado pela entidade responsável qualquer ato que não realidade não foi."*(n.º 2), sendo que a respetiva força probatória apenas pode ser ilidida com base na sua falsidade (n.º 1).» Ainda que hoje em dia, perante a gravação da audiência (que é praticamente integral), deve-se interpretar essa qualificação da ata como documento autêntico, no sentido de se conformar e refletir o que está na gravação da audiência, nos seus pontos essenciais. Por exp. se na ata não consta, por lapso, que a testemunha A, que prestou declarações, foi previamente advertida nos termos do art. 134, n.º 2, do CPP e ouvida a gravação do julgamento, verifica-se que essa advertência foi feita, deverá ser feita a correção desse lapso da ata, pois, na realidade o formalismo legal foi cumprido e não se pode invocar que haja qualquer proibição de valoração daquela prova (não se trata, pois, nessa hipótese de caso de falsidade da ata, porque hoje em dia, existe a obrigatoriedade de gravação da audiência e, por isso, há a possibilidade de conferir o que nela se passou).

§ **5** No caso da audiência, como diz Luís Osório, 5.º vol., p. 250, "O fim da ata é demonstrar a regularidade do julgamento e, por vezes, servir para de novo serem apreciados os factos." Acrescenta, mais à frente, citando Florian, que "a ata é destinada a documentar a história do julgamento." Portanto, dela deve constar tudo o que na audiência tiver ocorrido que (como salienta) seja "de interesse futuro para a causa", o que desde logo compreende tudo o que se relaciona com "a regularidade" da audiência e com o que possa "servir para um novo julgamento, quando este é admissível."

§ **6** Se a audiência de julgamento se prolongar ao longo de várias sessões, lavrar-se-ão várias atas, embora se deva entender que interrupções, designadamente para almoço, não implicam a realização de nova ata, ou seja, se o julgamento é feito durante um dia, com duas sessões (uma de manhã e outra de tarde), nada impedirá que tudo seja devidamente descrito numa só ata relativa a esse dia (no entanto, na prática judiciária, por vezes, também se vê, que há quem lavre uma ata por cada sessão e, portanto, nesse caso, elaboram 2 atas, uma para o período da manhã até à interrupção para o almoço e outra para o período da tarde, depois do almoço).

II – Conteúdo da ata

§ **7** Nos termos do n.º 1 do art. 362.º a ata da audiência contém determinados elementos, a saber: a) o lugar, a data, e a hora de abertura e de encerramento da audiência e das sessões que a compuseram; b) o nome dos juízes, dos jurados e do representante do Ministério Público; c) a identificação do arguido, do defensor, do assistente, das partes civis e dos respetivos advogados; d) a identificação das testemunhas, dos peritos, dos consultores técnicos e dos intérpretes e a indicação de todas as provas produzidas ou examinadas em audiência; e) a decisão de exclusão ou restrição da publicidade, nos termos do artigo 321.º; f) os requerimentos, decisões e quaisquer outras indicações que, por força da lei, dela devam constar; g) a assinatura do presidente e do funcionário de justiça que a lavrar.

§ 8 A preocupação foi fazer constar da Ata os elementos necessários que permitissem que a mesma viesse a cumprir a sua função e finalidade acima indicadas e que, assim, lhe conferem a dignidade que lhe é reconhecida. Por isso, nela se identificam todos os intervenientes (quer os que compõem o tribunal, seja singular, coletivo ou de júri, bem como o representante do Ministério Público e, ainda, os sujeitos processuais participantes e os Ilustres Advogados que os representam – funcionário que a elabora, quer os que participam na audiência no âmbito da produção de provas ou quando necessário, quando prestam colaboração ao tribunal ou aos diferentes sujeitos processuais, como sucede, por exemplo, com os peritos, consultores técnicos, interpretes), bem como é indicado o lugar, a data e a hora de todas as sessões e/ou audiência desde o seu início até ao seu encerramento, a decisão da exclusão ou restrição da publicidade, a identificação de todas as provas ali produzidas e examinadas (nomeadamente testemunhal e documental, as quais devem ser descriminadas) e a referência aos requerimentos, decisões e quaisquer outras indicações que, por força da lei, devam constar (por exemplo, protesto de advogado, nos termos do art. 80.º do EOA, que vale, para todos os efeitos, como arguição de nulidade nos termos da lei), sendo depois, conferida a sua conformidade com o que se passou na audiência, para, logo de seguida, ser assinada (na plataforma Citius que em geral funciona regularmente) eletronicamente pelo Magistrado Judicial que preside ao ato/audiência (sessão) em causa.

§ 9 Se há atraso, em relação à hora designada para a realização da audiência, deve constar da ata, a hora exata do seu início e o motivo do atraso (sendo que, se for por causa do tribunal, por exemplo, por ter estado ocupado noutra diligência, deve ser identificado, o respetivo processo, para que futuramente, se necessário, possa ser sindicado esse atraso e verificado se é justificado). Só depois é que é declarada aberta a audiência.

§ **10** Também a hora do encerramento da audiência ou sessão deve constar com exatidão da ata e, se necessário, justificado o motivo da hora em que o mesmo ocorreu. Se o julgamento tem de prosseguir, previamente deve ser designada a data ou datas das sessões seguintes, que devem ser sempre o mais próximo possível (uma vez que é pressuposto, desde logo dos princípios da continuidade, da imediação e da oralidade, que o julgamento sofra o mínimo de interrupções, o que apenas trará benefícios, não só para a descoberta da verdade, mas também depois para o julgador, poder melhor apreciar todas as provas produzidas em julgamento, um vez que é facilitada essa operação, quando não passa muito tempo desde o início até ao final do julgamento).

§ **11** Relembre-se que *o adiamento*, nos termos do art. 328.º/6, *não pode exceder 30 dias, mas se não for possível retomar a audiência neste prazo*, por impedimento do tribunal ou por impedimento dos defensores constituídos em consequência de outro serviço judicial já marcado de natureza urgente e com prioridade sobre a audiência em curso, *deve o respetivo motivo ficar consignado em ata*, identificando-se expressamente a diligência e o processo a que respeita.

§ **12** Enquanto os juízes (que compõem o Coletivo ou o Juiz singular consoante o tipo de processo em causa) tem de ser os mesmos ao longo de todo o julgamento (embora sem prejuízo das exceções previstas no art. 328.º-A), o que se relaciona com o princípio da plenitude da assistência dos juízes, que também vigora quando se trata de julgamento com tribunal de júri (sendo para o efeito ainda selecionados os jurados efetivos e os jurados suplentes, que igualmente assistem a todo o julgamento), já o representante do MP pode variar (embora seja de toda a conveniência que seja o mesmo que acompanhe todo o julgamento para poder melhor sustentar a acusação nessa fase e, na do recurso, se necessário), bem como os Ilustres Advogados, apesar de poderem substabelecer, o que sempre deve constar da ata (de todo o modo, é igualmente conveniente que o mesmo Advogado acompanhe a totalidade ou ao menos a parte essencial do julgamento para melhor defender os interesses dos respetivos clientes/sujeitos do processo). Os respetivos intervenientes devem ser devidamente identificados em ata, em cada sessão.

§ **13** Na ata também se faz referência às pessoas que deveriam estar presentes e estão faltosas, devendo distinguir-se as que estão devidamente convocadas e não justificaram a falta, sendo sancionadas nos termos do art. 116.º, daquelas que não tendo sido devidamente convocadas, não podem ser sancionadas, mas importando saber da manutenção do interesse em ouvi-las e diligências a realizar, sendo que, para esse efeito, o Juiz que dirige o ato, terá de dar a palavra a quem as arrolou, isto é, aos respetivos interessados que ofereceram aquela pessoa (*v.g.* testemunha), para depois decidir o que deverá fazer.

§ **14** Quanto à decisão de exclusão ou restrição de publicidade que deve constar da ata, coloca-se essencialmente relativamente ao julgamento de determinada espécie de crimes (por exemplo, crimes contra a liberdade e autodeterminação sexual, tráfico de pessoas e crimes contra a violência doméstica), em que importa proteger a dignidade, a intimidade e a vida privada das pessoas (remete-se aqui para o Comentário Judiciário, tomo I, anotação ao art. 87.º).

§ **15** Se for proferido algum despacho, por exemplo, de separação de processos, por um dos arguidos ser declarado contumaz, prosseguindo os autos com o julgamento imediato dos restantes presentes, ainda que o seu teor fique gravado digitalmente, deve constar essa referência da ata, para se perceber o que se passou quanto a esse arguido declarado contumaz, que irá ser oportuna e autonomamente julgado.

§ **16** As questões prévias ou incidentais suscetíveis de obstar à apreciação do mérito da causa acerca das quais não tenha ainda havido decisão, bem como as decisões sobre nulidades arguidas, *podem ser objeto de decisão proferida oralmente, com transcrição na ata* (art. 338.º/2).

§ **17** A identificação das pessoas que são ouvidas em audiência de julgamento (arguido, assistente, partes civis, peritos, consultores técnicos, testemunhas, intérpretes) deve ser feita nos moldes prescritos na lei, ou seja, devem ser identificados pelo nome, estado civil, profissão, morada, relação que tem com o arguido, assistente, partes civis e mesmo com outras testemunhas, o que tudo também se relaciona com a sindicância do seu interesse no desfecho da causa, permitindo de alguma forma melhor aferir da credibilidade das suas declarações ou depoimento.

§ **18** Aliás, conforme dispõe o art. 138.º/3, "A inquirição das testemunhas deve incidir, primeiramente, sobre os elementos necessários à identificação da testemunha, sobre as suas relações de parentesco e de interesse com o arguido, o ofendido, o assistente, as partes civis e com outras testemunhas, bem como sobre quaisquer circunstâncias relevantes para avaliação da credibilidade do depoimento. Seguidamente, se for obrigada a juramento, deve prestá-lo, após o que depõe nos termos e dentro dos limites legais." (cf. também arts. 348.º/3 e 91.º).

§ 19 Embora não fique na ata o teor do depoimento da testemunha ou das declarações de qualquer outro participante processual, v.g. arguido, assistente, parte cível, perito ou consultor técnico (as quais são registadas através do sistema integrado de gravação digital, disponível na aplicação informática Citius, sendo indicado na ata o início e o termo da gravação/registo), já o que se relaciona com a sua identificação, com a prestação de juramento ou a sua recusa (art. 91.º/4 CPP) e respetivas consequências em caso, por exemplo, de falsidade de depoimento ou de declaração – com extração de certidão para efeitos de procedimento criminal, face ao disposto nos arts. 359.º (falsidade de declaração ou depoimento) ou 360.º (falsidade de testemunho, perícia, interpretação ou tradução) do CP –, bem como eventuais advertências, ficam a constar da ata.

§ 20 Igualmente, o recurso ao disposto no art. 138.º/4 ("Quando for conveniente, podem ser mostradas às testemunhas quaisquer peças do processo, documentos que a ele respeitem, instrumentos com que o crime foi cometido ou quaisquer outros objetos apreendidos.") deve ficar a constar da ata. Esta norma aplica-se igualmente quando se tratar do arguido, do assistente ou das partes civis (ver arts. 140.º/2 e 145.º/3) ou, mesmo, por exemplo, do perito ou do consultor técnico.

§ 21 Por sua vez, se a testemunha apresentar algum objeto ou documento que puder servir a prova, faz-se menção da sua apresentação na ata e junta-se ao processo ou guarda-se devidamente (art. 138.º/5), no cofre se necessário.

§ 22 O arguido é identificado de acordo com o previsto no n.º 1 do art. 342.º (sendo normalmente conferida a identificação que forneceu quando prestou TIR, devendo ter-se em atenção igualmente o disposto no art. 141.º/3), sendo advertido nos moldes indicados no seu n.º 2 e, caso não preste declarações, deve constar esta referência na ata; no caso contrário, deve mencionar-se que prestou declarações, as quais sendo confessórias, impõem (além da referência ao início e termo da gravação digital integrada e disponível no Citius) a observância pelo juiz que preside à audiência do disposto no art. 344.º (salvo verificando-se as respetivas exceções), o que igualmente deve constar da ata.

§ 23 Respondendo vários co-arguidos, no caso de audição em separado, deve resultar da ata que foi seguido o procedimento indicado no art. 343.º/4. Igualmente, se houver afastamento do arguido durante a prestação de declarações (art. 352.º/1), deve resultar da ata que foi cumprido o disposto no art. 332.º/7, por lhe ser correspondentemente aplicável conforme dispõe o art. 352.º/2.

§ **24** No caso do assistente este é identificado e, havendo relação de parentesco próxima com o arguido, nomeadamente verificando-se o condicionalismo previsto no n.º 1 do art. 134.º, deverá ser advertido nos termos do n.º 2 do mesmo dispositivo legal, podendo, na nossa perspetiva, tal como já defendemos [ac. RP, 30.01.2013 (MARIA DO CARMO SILVA DIAS)], recusar-se a prestar declarações. Prestando declarações deve ficar a constar essa referência, bem como a menção relativa ao início e termo da gravação digital integrada e disponível no Citius.

§ **25** No caso de um dos participantes (por exemplo, o assistente) assumir duas qualidades no processo (ser, também, por exemplo, demandante civil), deve fazer-se essa referência em ata, devendo ser advertido nos termos do art. 145.º/2, de modo a ficar bem ciente de que (embora as suas declarações não sejam precedidas de juramento, como estabelece o art. 145.º/4) fica sujeito ao dever de verdade e a responsabilidade penal pela sua violação, advertência essa que igualmente deve constar da ata. Agora, quando o assistente é também arguido (o que sucede, por vezes, quando há queixa e contra-queixa), há que distinguir as duas posições que assume e quando é interrogado, não esquecendo que, enquanto arguido, nem sequer é obrigado a prestar declarações (art. 343.º/1).

§ **26** Desde que se verifiquem os respetivos pressupostos, as testemunhas, no processo penal, podem gozar das prerrogativas de inquirição previstas no processo civil (art. 503.º CPC), por aplicação do disposto no art. 4.º CPP, devendo, nesse caso, fazer-se menção na ata. Também, quando se encontrarem impossibilitados de comparecer em audiência, por fundadas razões, pode quem preside ao julgamento ordenar (oficiosamente ou a requerimento) que o assistente, a parte civil, a testemunha, o perito, ou o consultor técnico, seja ouvido no lugar em que se encontrar, no dia e hora que lhe for comunicado (art. 319.º), o que deverá constar da respetiva ata (tanto mais que, a tomada de declarações processa-se com observância das formalidades estabelecidas para a audiência, salvo no que respeita à publicidade, o que pressupõe, desde logo, a elaboração da respetiva ata, nem que seja apenas relativa aquele ato).

§ **27** Quando a testemunha se faz acompanhar de Advogado (art. 132.º/4), deve este ser identificado em ata.

§ **28** Igualmente se houver acareação (a qual tem lugar oficiosamente ou a requerimento, segundo o art. 146.º/3) a mesma deve constar da ata, fazendo-se referência às pessoas que nela intervieram ou participaram (uma vez que, nos termos do n.º 1 do art. 146.º, é admissível acareação entre co-arguidos, entre o arguido e o assistente, entre testemunhas ou entre estas, o arguido e o assistente sempre que houver contradição entre as suas declarações e a diligência se afigurar útil à descoberta da verdade, podendo ainda ser correspondentemente aplicável às partes civis – segundo o n.º 2 da mesma norma). Deverá resultar, isto é, depreender-se do teor da ata, que foi cumprido o formalismo indicado no art. 146.º/4 (que estabelece que "A entidade que presidir à diligência, após reproduzir as declarações, pede às pessoas acareadas que as confirmem ou modifiquem e, quando necessário, que contestem as das outras pessoas, formulando-lhes em seguida as perguntas que entender convenientes para o esclarecimento da verdade.").

§ 29 No caso do interveniente/participante (arguido, assistente, parte civil, testemunha, perito ou consultor técnico) ser ouvido por videoconferência ou teleconferência (cf. art. 350.º/3 para os peritos dos estabelecimentos, laboratórios ou serviços oficiais) ou por outro meio de audição que permita a comunicação, por meio visual e sonoro, em tempo real, isso mesmo deverá constar da ata, inclusive quanto ao particular meio utilizado, devendo igualmente fazer-se menção ao início e ao termo da gravação digital, integrada e disponível no Citius, das respetivas declarações que dessa forma forem prestadas. E, isso, quer essa audição ocorra presencialmente noutro tribunal (art. 318.º/1 a 5), quer ocorra no estrangeiro, seja em tribunal ao abrigo de instrumentos internacionais ou europeus, seja em casa (ver art. 318.º/8).

§ 30 Sendo juntos aos autos documentos, por exemplo, requisitados pelo tribunal (*v.g.* relatório social, certificado de registo criminal), que ainda não tivessem sido notificados aos sujeitos do processo neles interessados (*v.g.* arguido, assistente), deve em Ata aproveitar-se para se lhes dar conhecimento, fornecendo-lhes cópia dos mesmos, o que lhes permitirá exercer o contraditório.

§ 31 Se for feita inspeção ao local ou exame ao local (art. 354.º) – o que pode suceder, *v.g.* em casos de homicídios negligentes ou mesmo dolosos – inclusive com registo fotográfico ou com a presença de participantes processuais (que deve constar da própria ata) ou se for feita a reconstituição do facto, por exemplo, igualmente deve constar da ata, inclusive quanto ao procedimento seguido, para depois melhor se poder sindicar se foi ou não observado o formalismo legal.

§ **32** Se o tribunal considerar necessária a produção de meios de prova não constantes da acusação, da pronúncia ou da contestação, dá disso conhecimento, com a antecedência possível, aos sujeitos processuais e fá-lo constar da ata (art. 340.º/2).

§ **33** Por sua vez, os requerimentos formulados em audiência, devem ser dirigidos ao tribunal e ser oportunos, isto é, ter interesse para a descoberta da verdade e boa decisão da causa. Nessa perspetiva, percebe-se que a ata contenha igualmente "os requerimentos, decisões e quaisquer outras indicações que, por força da lei, dela devam constar" (art. 362.º/1/*f*), mesmo que se defenda que, nos termos do art. 364.º/2/3, já não é obrigatório transcrever *o teor* nomeadamente dos requerimentos, respostas, decisões (ainda que, na nossa perspetiva, para facilitar a contagem das custas ou de outras quantias em dívida ao Estado, essas decisões que contivessem condenações em custas ou o pagamento de qualquer quantitativo ao Estado, por exemplo, no caso do art. 116.º/1, devessem ser transcritas em ata).

§ **34** Também as decisões relativas à disciplina da audiência e à direção dos trabalhos, que em geral são tomadas sem formalidades, podem ser ditadas para a ata e precedidas de audição contraditória, conforme determina o art. 322.º/2, se o presidente entender que isso não põe em causa a tempestividade e a eficácia das medidas a tomar (ver, ainda, o Comentário Judiciário ao art. 85.º, tomo I).

§ **35** Se for requerida a reprodução ou leitura de declarações ou de depoimentos prestados anteriormente, em sede de inquérito ou em sede de instrução ou no âmbito da realização de atos urgentes (art. 356.º), deve igualmente fazer-se menção na ata ao formalismo seguido nesse âmbito, para se poder sindicar se foi observado o procedimento legal. Aliás, a permissão de uma leitura, visualização ou audição e a sua justificação legal ficam a constar da ata, sob pena de nulidade (art. 356.º/9).

§ **36** Também quando se trata da reprodução ou leitura permitidas de declarações do arguido (art. 357.º), como resulta, de resto, do n.º 3 do mesmo art. 357.º, deve ficar a constar da ata, sob pena de nulidade.

§ **37** Sendo dilatórios e sem interesse para a decisão da causa, qualquer sujeito do processo deve abster-se de apresentar requerimentos ao tribunal, tendo em atenção que todos os participantes na audiência devem colaborar para uma boa administração da justiça.

§ **38** Segundo o disposto no art. 362.º/1/*g*, a ata de audiência contém a assinatura do presidente e do funcionário de justiça que a lavrar. No entanto, sendo a ata integrada no Citius, sendo assinada pelo Magistrado Judicial que preside à audiência, já não pode ser assinada eletronicamente pelo funcionário. Ora, o legislador deveria ter o cuidado de igualmente atualizar esta norma tendo em atenção que também deu preferência aos processos eletrónicos e, portanto, terá de adaptar as normas legais do CPP a essa nova realidade processual a que aderiu (uma vez que não faz sentido continuarem a coexistir o processo físico com o processo eletrónico, quando também se exige a desmaterialização, tanto mais que depois há uma certa tendência para haver desconformidades entre um e outro, o que acaba por dar mais trabalho, por sobrar a desconfiança de poderem existir peças ou atos essenciais juntos ao processo físico, fora das situações previstas na lei, que não foram digitalizados e, portanto, não se encontram igualmente no processo eletrónico).

III – Transcrição de requerimentos e protestos verbais depois da sentença

§ **39** Não podendo os requerimentos formulados em audiência funcionar como uma forma de protelar o andamento do processo, como diz Luís Osório, 5.º vol., p. 255, "*o juiz pode ordenar que a transcrição se faça somente depois da sentença. Esta ordem está condicionada ao facto de se entender que com o requerimento ou protesto se tem por fim protelar o andamento da causa.*"

§ **40** É o Juiz Presidente da audiência e não os demais juízes, no caso de coletivo ou de tribunal de júri que pode ordenar e, portanto, decidir sobre a transcrição dos requerimentos e protestos verbais que são dilatórios (fazendo o respetivo juízo e fundamentando a sua decisão para se perceber o raciocínio feito, o que deve constar da ata), ordenando que a mesma transcrição seja feita depois da sentença (art. 362.º/2).

IV – Incumprimento e consequências

§ **41** A falta da ata deve considerar-se que constitui nulidade (art. 120.º/2/*d*), tanto mais que também a ausência de referência a alguns elementos que dela devem constar em casos particulares (como sucede v.g. nos casos previstos no art. 356.º/9 e no art. 357.º/3), constitui nulidade. Por isso, deve ser arguida em tempo, sob pena de ficar sanada. Defendendo tratar-se de nulidade (art. 120.º/2/*d*), ac. STJ, 18.05.1994 (Silva Reis) e também Paulo Pinto de Albuquerque, 2011, p. 942, mas sustentando que a falta da ata constitui antes a inexistência de um ato processual obrigatório, GERMANO MARQUES DA SILVA, 1994, p. 278.

§ **42** No entanto, por vezes ocorrem lapsos de escrita, que podem e devem ser corrigidos, nos termos gerais, embora se deva dar conhecimento aos sujeitos processuais quando tal suceda, para que não se gerem equívocos.

§ **43** Se a ata for arguida de falsa haverá que investigar em inquérito a instaurar a existência de eventual crime de falsificação de documento. Enquanto não for arguida a sua falsidade, a ata faz prova plena do que se passou na audiência de julgamento, nos termos acima assinalados (refletindo o que está na gravação da audiência, que é obrigatória).

§ **44** É ao juiz que preside à audiência que incumbe controlar se a ata relata com rigor o que se passou durante a respetiva sessão de julgamento (assim, também PAULO PINTO DE ALBUQUERQUE, 2011, p. 942).

§ **45** Como se diz no ac. STJ, 5.01.1995, CJ (STJ), T1, p.168, "se na ata do julgamento se consignou que estiveram presentes á leitura da sentença todos os juízes que compunham o tribunal coletivo, quando na verdade apenas esteve presente o presidente, foi cometida uma falsidade", que, porém, apenas constitui mera "irregularidade, de pronto mandada sanar e sanada, nos termos do artigo 123.°, n.° 2, do CPP, com a repetição da leitura apenas pelo presidente e feitura da nova ata concordante com esse facto. De resto, a falsidade da primeira ata não teve nem podia ter qualquer influência na decisão da causa (pois a discussão, deliberação e votação já haviam terminado), pelo que bem fez o M.° Juiz ao não dar seguimento ao incidente, de harmonia com os artigos 370.°, n.° 1 e 363.°, al. b) do Cód. Proc. Civil, ex vi do art. 4.° do CPP."

MARIA DO CARMO SILVA DIAS

Artigo 363.º
Documentação de declarações orais

As declarações prestadas oralmente na audiência são sempre documentadas na ata, sob pena de nulidade.

Origem do texto: o preceito tem a redação da L 48/2007, de 29.08, a qual alargou a versão originária do DL 78/87, que circunscrevia a documentação na ata apenas "quando o tribunal puder dispor de meios estenotípicos, ou estenográficos, ou de outros meios técnicos idóneos a assegurar a reprodução integral daquelas, bem como nos casos em que a lei expressamente o impuser."

Jurisprudência vinculante: Ac. STJ/FJ 13/2014 , 3.07.2014 (Isabel Celeste Alves Pais Martins) que veio revogar a anterior Jurisprudência 5/2002, 27.06.2002 (Luís Flores Ribeiro).

Sumário do comentário:
I – Considerações gerais (§§ 1 a 24)
II – Procedimento (§§ 25 a 30)
III – Incumprimento e consequências (§§ 31 a 47)

I – Considerações gerais

§ 1 Integrado no título II ("Da audiência"), do Livro VII ("*Do julgamento*") do CPP, temos o capítulo IV, com a epígrafe "*Da documentação da audiência*", constituído por 3 artigos, sendo o primeiro relativo à "ata" (art. 362.º), o segundo relativo à "documentação de declarações orais" (art. 363.º) e o terceiro sobre a "forma de documentação" (art. 364.º).

§ 2 A importância da documentação das declarações prestadas oralmente em audiência relaciona-se essencialmente com a possibilidade de haver, em sede de recurso da sentença ou do acórdão, impugnação da matéria de facto, nos termos do art. 412.º/3/4 (isto é, invocação do "erro de julgamento").

§ 3 A documentação, por meio de gravação não retira, nem interfere, com o princípio da oralidade que (ao lado do princípio da imediação) caracteriza a audiência de julgamento.

§ 4 Ou seja, o princípio da oralidade que, em termos genéricos, significa que as declarações dos participantes processuais nos atos processuais para os quais são convocados são prestadas oralmente, não é posto em causa pelo facto dessas mesmas declarações orais ficarem documentadas/registadas (de acordo, aliás, com o disposto nos arts. 99.º a 101.º), o que sucede para efeitos de controlo dessa prova e posterior recurso, nos casos permitidos por lei.

§ **5** De qualquer modo, o legislador ao fixar a obrigatoriedade da documentação das declarações prestadas oralmente em audiência, mostra que pretende assegurar aos sujeitos do processo o seu direito ao recurso, nos casos permitidos por lei.

§ **6** E, de facto, incumbe ao Estado de direito, que se afirma democrático e pluralista (art. 2.º CRP), garantir o registo/documentação das declarações prestadas oralmente em audiência, por se tratar de ato processual de interesse público e, ao mesmo tempo, ser uma forma de permitir o acesso a um processo justo e equitativo. De resto, sempre era uma questão de transparência na boa administração da justiça.

§ **7** Hoje em dia, após a 4.ª revolução industrial, com os avanços da tecnologia, da robótica e da própria inteligência artificial (IA), importa ter em atenção a sua influência no Direito e nos tribunais, mesmo a nível da administração da justiça, sem prejuízo da necessária salvaguarda dos direitos fundamentais.

§ **8** O que tudo leva a equacionar até que ponto devemos fazer uso da IA e da robótica nos tribunais, melhor dizendo, como podemos utilizar a IA para retirar vantagens e tornar mais eficiente o processo penal, mas sem despersonalizar a justiça [sobre esta temática, Hugo Luz Santos, 2022, p. 59 e ss., alertando, entre outros problemas, para os perigos que se vão colocar face à forma tradicional e clássica como o nosso Direito, nomeadamente, o processo penal, foram concebidos, interrogando-se o Autor, como é assinalado por Maria do Carmo Silva Dias, no seu prefácio, se estarão os Tribunais e o processo penal preparados para receber no seu meio a IA ou se será, eventualmente, "a morte do (atual) direito penal do bem jurídico e o nascimento de um (futuro) direito penal de segurança máxima, ancorado nas possibilidades ilimitadas da inteligência artificial, colimado, em última análise, à limitação (também ela máxima) do núcleo essencial dos direitos fundamentais sociais dos arguidos".]

§ **9** É claro que nunca a utilização da IA poderia colocar em causa direitos fundamentais, nomeadamente a proteção da privacidade e dos dados pessoais (bem como o armazenamento e a governação destes mesmos dados pessoais), nem tão pouco eliminar o necessário interface com o juiz, quando tal se justificasse ou fosse necessário.

§ 10 Hoje em dia a "sociedade de informação", ainda para mais nesta era de pandemias, em que se busca o distanciamento social em diversos setores (*v.g.* na justiça) está a dar lugar a uma "sociedade algorítmica", que se afirma com sistemas cada vez mais inteligentes, autónomos e dinâmicos, que se contrapõem aos tradicionais, automáticos e estáticos, que vão sendo abandonados.

§ 11 Sabemos de antemão que não podemos deixar que a IA e a utilização dos algoritmos levem ao desrespeito dos direitos humanos, seja sob que forma for. A utilização dos algoritmos preditivos, podendo ser uma tentação, designadamente em determinadas áreas (*v.g.* a nível da determinação da sanção na sentença penal), desde logo pela variedade da casuística, não podem substituir o juiz, mesmo quando este, indevidamente, não fundamentar de forma objetiva e percetível a sua decisão (v., entre outros, ANABELA RODRIGUES, 2020, p. 266 e ANDRÉ TEIXEIRA DOS SANTOS, 2022, p. 307).

§ 12 De resto, convém ter presente que os próprios algoritmos não são neutros, podendo através deles estar a tentar entrar-se numa nova era, caracterizada pela busca do chamado "transhumanismo". Corre-se até o risco de, qualquer dia, poder-se querer criar um juiz robot ou um *cyborg*-juiz, com o intuito de melhorar o juiz humano, atribuindo supostamente "melhores" atributos (despojando-o de "fraquezas humanas" e, assim, também retirando-lhe humanismo ou despersonalizando-o e descaracterizando-o) ao juiz robot do que ao juiz humano (esquecendo que o juiz robot é feito pelos humanos segundo um padrão pré-escolhido e, para já ainda não "nascem" de máquinas, que ainda não são autónomas e independentes e só por si dotadas da sua própria IA). Ou então, podemos correr o risco de querer, a bem da Justiça (ou de uma determinada Justiça que alguns identificam como sendo a "melhor ou boa", por contraposição à que consideram como "má justiça"), pretender colocar "chip's" com IA no cérebro de alguns juízes humanos (usar tecnologias *onlive*) para corrigir erros e falhas estruturais notadas em anteriores casos por si resolvidos ou até para os orientar, sendo essa possivelmente uma das formas de resolver, também, o problema sempre latente da falta de magistrados, que se tornará mais gravoso com o envelhecimento da população (e até dos próprios magistrados).

§ 13 Ora, se os homens erram (o que igualmente pode acontecer excecionalmente com os juízes), também (como adverte Norbert Wiener, citado por FERNANDO H. LLANO ALONSO, 2021, p. 205) as máquinas com IA "podem ser expostas ao erro" ou a falhas na sua tecnologia, com consequências imprevisíveis e gravíssimas. Isto significa que mesmo utilizando a IA é sempre necessária a supervisão humana, tanto mais que não podem ser colocados em risco os direitos humanos e a sociedade em que vivemos, para além de ter de haver a imprescindível segurança jurídica (o que está aliado com a ideia de responsabilidade dos sistemas de IA).

§ 14 Mas, é preciso saber como "utilizar a IA em benefício dos direitos humanos e, em consequência, garantir a dignidade humana através da IA (a IA para as pessoas)" e não deixar que aconteça o contrário (ou seja, a humanidade não pode ficar na dependência da IA, o mesmo é dizer não pode ficar sujeita ao poder de decisão das máquinas com IA).Por isso, a ilusão de que a máquina com IA pode substituir decisões humanas, porque vão ser melhores, mais eficientes e eficazes, se acabar por ser feito de forma generalizada, acrítica e sem controlo, em todas as áreas, o que acaba por acontecer é que as mesmas máquinas podem vir a dominar a humanidade, pondo em causa o seu futuro. A este propósito é curiosa a interrogação que coloca Fernando H. Llano Alonso, 2021, pp. 214 e ss., sobre se estariam ou não os humanos dispostos (e eram ainda capazes) de renunciar às facilidades que as máquinas com IA proporcionam na sua vida para, se necessário, poderem ser independentes e livres ou estando a sua vida completamente dependente da IA, já não eram capazes de desligar as máquinas com IA porque isso implicaria o próprio suicídio da humanidade?

§ 15 Veja-se, Fernando H. Llano Alonso, 2021, p. 206, quando cita Vernor Vinge sobre a "singularidade tecnológica é previsível e inevitável" e recorda as previsões sobre "o futuro esplendoroso das novas tecnologias, da IA e do uso da *Big Data"*, destacando o vaticínio do eng. da Google Raymond Kurzweil que chegou a conjeturar "que em 2030 uma máquina passaria o test de Turing e alcançaria o nível AGI (siglas em inglês de Inteligência Artificial Geral), igualando com o nível da inteligência humana e, em 2045, a ASI (siglas em inglês de Super Inteligência Artificial) combinada com as tecnologias NBCI (acrónimo de 4 tecnologias emergentes por excelência: Nanotecnologia, Biotecnologia, Tecnologias de Informação e Ciência Cognitiva) conseguiria situar-se em um ponto sem retorno, em que superaria a inteligência humana, teria consciência e lograria realizar objetivos que agora se consideram ideais e utópicos e inalcançáveis para a humanidade, tais como: a erradicação da fome, da pobreza, da guerra e incluindo a imortalidade."

§ 16 Ainda que se possa falar em aplicar a IA em algumas áreas do Direito e nos tribunais, isso não pode significar ausência de magistrados ou de funcionários, mesmo que parte do trabalho burocrático ou repetitivo de ambos pudesse ser substituído (como já é, de forma elementar e sem recurso à IA) por programas informatizados de apoio elaborados para o efeito, designadamente quando se recorre à plataforma informática *Citius* e ao sistema de gravação (o que não é nada de extraordinário, embora haja sempre resistentes, entre os Magistrados essencialmente dos Tribunais Superiores, a tudo o que é novo, normalmente em consequência da ignorância e do medo).

§ **17** Mas, se é difícil implementar, entre os Magistrados dos Tribunais Superiores, a utilização da plataforma *Citius* (devendo ser eliminado o disposto no art. 19.º/3 da Portaria 280/2013, de 26.08, por hoje em dia já não fazer sentido, atentos os avanços tecnológicos, particularmente na área dos tribunais, onde todos os Magistrados dispõem de pc e de acesso ao *Citius*), incluindo a gravação das audiências para conhecimento do recurso, o que já era obrigatória desde a entrada em vigor da L 27/2015, de 14.04 (visto o disposto no art. 423.º/5, que estabelece serem "subsidiariamente aplicáveis as disposições relativas à audiência de julgamento em 1.ª instância", o que inclui a aplicação subsidiária do disposto nos arts. 363.º e 364.º), o que sucederia se houvesse o recurso à IA? Teria o legislador que ressalvar a sua aplicação aos tribunais superiores, prevendo que estes não iriam fazer uso ou não saberiam como e o resultado seria a paralisação da justiça na fase dos recursos?

§ **18** A generalidade dos tribunais superiores não conseguiu encarar com normalidade a gravação, através de plataforma informática (no sistema *Citius*), das audiências para conhecimento do recurso (mesmo apenas com alegações orais e, portanto, sem produção de provas), quando passou a ser obrigatória com a entrada em vigor da L 27/2015, de 14.04 (dizemos a generalidade porque, havia exceções, como era o caso da Relação do Porto, a qual procedia a essa gravação), apesar de ser um contributo para a clareza do sistema processual e traduzir-se em mais um direito integrado num processo justo e equitativo.

§ **19** E, repare-se que nos tribunais superiores onde não procediam às gravações das audiências para conhecimento do recurso, para além das salas não disporem dos meios próprios para os funcionários se ligarem ao *Citius* e procederem à gravação, também os mesmos funcionários não dispunham de outros meios, designadamente estenográficos ou estenotípicos ou outros meios tecnológicos idóneos para assegurar a reprodução do que se passava naqueles atos processuais, visto o disposto no art. 364.º/2, após a alteração introduzida pela L 27/2015.

§ 20 E, se é certo que, *desde a entrada em vigor da L 27/2015, de 14.04* (passou a prever-se, como se refere na Proposta de Lei n.º 263/XII/4 do Gov. que esteve na sua origem, "*o alargamento da gravação da audiência a todos os atos nela praticados, incluindo os requerimentos, promoções e despachos*", sendo, "*uma harmonização com o novo Código de Processo Civil, pois esta solução reflete o que se encontra atualmente previsto no n.º 1 do artigo 155.º daquele Código*"), a 1.ª instância, em regra, passou a proceder à gravação integral dos julgamentos, como se manteve a resistência dos tribunais superiores, o legislador, por certo, teve necessidade de assegurar esse objetivo passado, que não estava a ser integralmente cumprido, o qual faz parte das garantias de um Estado de direito e democrático, que permite o acesso a um processo justo e, assim, com a reforma introduzida pela L 94/2021, veio melhorar esse seu objetivo anterior, alterando o art. 364.º/1, reafirmando (de forma mais clara) que a audiência de julgamento é sempre gravada (através de registo áudio ou audiovisual) sob pena de nulidade.

§ 21 Claro que, se houvesse mais cuidado, o legislador teria reformulado os arts. 363.º e 364.º ou eventualmente revogado o art. 363.º, porque ambos são complementares entre si (embora, particularmente com a L 94/2021 e alteração introduzida ao art. 364.º/1, tornasse desnecessário o art. 363.º, que podia bem ser revogado, tal como o n.º 2 do art. 364.º, na medida em que o seu n.º 1, já supõe a obrigatoriedade da gravação integral da audiência de julgamento; no entanto, como há sempre céticos ou acabam por surgir dúvidas, poderia o n.º 2 ser reformulado ou então ser integrado no art. 363.º, ainda que se exigisse a tal reformulação e complementaridade, para se harmonizar com o art. 364.º).

§ 22 Com efeito, importa ter presente que o disposto no art. 363.º não pode ser lido isoladamente. E talvez, por isso, as instâncias superiores tenham caído no erro de pensarem que as audiências para conhecimento de recurso só tem de ser gravadas quando houver produção de prova oral, ficando-se pela leitura do art. 363.º e, olvidando as alterações que ocorreram (a partir de 2015) no art. 364.º, erro que pode perdurar se continuarem a ler isoladamente o art. 363.º

§ 23 Ou seja, a interpretação feita por tribunais superiores, após a alteração introduzida ao art. 364.º pela L 27/2015, de que a obrigatoriedade do registo aludido no art. 363.º reporta-se apenas a declarações prestadas oralmente em audiência e, portanto, à produção da prova produzida oralmente em audiência (*v.g.* declarações do arguido, do assistente, da parte cível, do perito, do consultor técnico e depoimento da testemunha) e, já não, por exemplo, às alegações orais, esbarra com o disposto no art. 364.º/2, que também importa ter presente.

§ 24 O legislador não foi tão cuidadoso como era habitual, *quando com a L 27/2015*, ao alargar o objeto do registo áudio ou audiovisual, além das declarações prestadas oralmente em audiência, para passar a abranger "*as informações, os esclarecimentos, os requerimentos e as promoções, bem como as respetivas respostas, os despachos e as alegações orais*", foi inserir essa alteração no art. 364.º/2, em vez de o fazer no art. 363.º, norma esta que, em princípio, até em termos sistemáticos (considerando as normas que integravam o capítulo IV relativo à documentação da audiência), estaria mais vocacionada para indicar qual era o objeto do registo/gravação da audiência de julgamento.

II –Procedimento

§ 25 A forma da documentação das declarações prestadas oralmente em audiência está regulamentada no art. 364.º, remetendo-se aqui para o respetivo comentário. Repare-se que, ao contrário do disposto no art. 100.º (que admite a possibilidade do auto ser redigido por súmula), na audiência, conforme o art. 363.º, trata-se antes da documentação obrigatória das próprias declarações prestadas oralmente (o que é compreensível atenta a finalidade de permitir, em sede de recurso, o conhecimento da impugnação da decisão da matéria de facto, visto que não era possível se fosse feita através de súmulas). Por isso, como diz Paulo Pinto de Albuquerque, 2011, p. 943, tratando-se de "garantir a reprodução integral das declarações", não se admite que se dite para a ata uma síntese ou um resumo das declarações orais, mesmo que seja feita por um juiz.

§ 26 No entanto, podemos aqui lembrar que, quando a documentação ou registo das declarações prestadas oralmente em audiência passou a ser obrigatória, como consta do art. 363.º, que é uma norma geral que vale para todo o tipo de processos, isto é, para o processo comum (seja da competência do tribunal singular ou da competência do tribunal coletivo ou mesmo de júri), para o processo abreviado e para o processo sumário, em regra, usou-se a gravação, inicialmente através de gravadores clássicos, com cassetes, depois passou a usar-se CD's e, posteriormente tem sido registada através do sistema integrado de gravação digital, disponível na aplicação informática *Citius*, que é mais fiável e acessível aos interessados, inclusive quando há recurso da decisão da matéria de facto, ao Tribunal da Relação.

§ **27** A regra geral contida no art. 363.º, da obrigatoriedade da documentação das declarações prestadas oralmente em audiência, não prevê exceções, pelo que não é admissível (sequer por acordo de todos os intervenientes) afastar a imposição desse registo (assim, também, Paulo Pinto de Albuquerque, 2011, p. 943).

§ **28** Os tribunais superiores, quando funcionam como tribunais de 1.ª instância (nos casos indicados, *v.g.* no art. 11.º/3/*a*/4/*a* e no art.12.º/3/*a*), estão igualmente sujeitos à aplicação direta das regras da obrigatoriedade da documentação da audiência previstas nos arts. 363.º e 364.º

§ **29** Na prática diária dos tribunais da 1.ª instância (a qual tem sido seguida, não só por ser mais fácil por causa do sistema de gravação integrado na plataforma informática *Citius* disponível em todas as salas de audiência dos tribunais de 1.ª instância do país, mas também porque mais conforme com o espírito do legislador e, por ser uma garantia para os sujeitos processuais que resulta de uma interpretação conjugada do art. 363.º com o art. 364.º), desde a L 27/2015 passou a proceder-se à gravação integral do julgamento, tanto mais que, em termos de ata, nesse aspeto, havia que observar o disposto no art. 364.º, consignando o início e o termo de cada um dos atos objeto de registo áudio ou audiovisual (sendo que, no domínio da L 27/2015, a referência a essa menção em ata constava do art. 364.º/3 e, a partir da alteração introduzida pela L 94/2021, passou a constar do art. 364.º/1, sendo revogado o n.º 3). Note-se que, segundo o art. 364.º/2, "Além das declarações prestadas oralmente em audiência, são objeto de registo áudio ou audiovisual as informações, os esclarecimentos, os requerimentos e as promoções, bem como as respetivas respostas, os despachos e as alegações orais."

§ **30** Ora, se é certo que é obrigatório o registo áudio ou audiovisual dos atos aludidos no art. 364.º/2, a verdade é que, antes da entrada em vigor da L 94/2021 (que veio estabelecer a mesma sanção da nulidade, de forma coerente com o estabelecido no art. 363.º), a inobservância desse registo (isto é, caso não fosse feito o registo áudio ou audiovisual das informações, dos esclarecimentos, dos requerimentos e das promoções, bem como das respetivas respostas, dos despachos e das alegações orais), era estar-se perante uma mera irregularidade, sujeita à arguição prevista no art. 123.º, já que outro vício não estava então previsto no art. 364.º (nem podia qualificar-se como nulidade prevista no art. 363.º, sob pena de, nessa parte, estar a fazer-se uma interpretação extensiva não permitida), o que significava um tratamento diferenciado injustificado (em relação ao estabelecido no art. 363.º). Porém, essa divergência foi eliminada com a L 94/2021, quando estabeleceu igualmente a sanção da nulidade para a inobservância do registo obrigatório aludido no art. 364.º/1/2.

III –Incumprimento e consequências

§ 31 A falta de documentação a que se refere o art. 363.º impede o recurso em matéria de facto, o qual podendo ser prescindível pelos sujeitos do processo, não o deve ser (como, aliás, se sustentou na exposição de motivos da Proposta de Lei n.º 109/X, que deu origem à Lei n.º 48/2007) e, muito menos de forma antecipada, nomeadamente, porque o tribunal falhou, por não ter registado as declarações prestadas oralmente na audiência ou porque o recorrente não deu conta atempadamente daquele vício/falta ocorrida.

§ 32 Claro que sempre se pode contra-argumentar que incumbe ao sujeito processual estar atento e verificar se existe documentação das declarações prestadas oralmente em audiência, sob pena de, se não o fizer, o vício ocorrido poder vir a ficar sanado por não ser arguido em tempo, por incúria sua (como sucede com todos os vícios que são sanáveis, quando não arguidos em tempo).

§ 33 E, daí decorre, também, para os sujeitos processuais um dever de vigilância sobre a conduta e atuação dos próprios tribunais, assim igualmente verificando se está a ser observado o formalismo legal.

§ 34 Aliás, sendo o direito ao recurso um direito disponível, percebe-se melhor que já no domínio da redação anterior do art. 363.º (portanto redação originária, anterior à L 48/2007), se tivesse entendido que a omissão da documentação, mesmo sendo obrigatória, era uma irregularidade que ficava sanada se não fosse arguida atempadamente e que não era do conhecimento oficioso (diferente seria se, estivesse em curso diligência processual e se o tribunal desse conta de ter sido interrompida a gravação de determinado depoimento, caso em que então poderia ordenar oficiosamente a reparação e, portanto, ordenava a repetição da gravação em falta; mas isso é diferente de ordenar posteriormente e, de forma oficiosa, a reparação do vício, o que já não pode ser, atenta a natureza do vício aqui em causa).

§ 35 Por isso, antes da atual redação, foi *fixada jurisprudência 5/2002*, 27.06.2002 (Luís Flores Ribeiro), *que entretanto foi revogado* pelo ac. STJ/FJ 13/2014, 3.07.2014 (Isabel Celeste Alves Pais Martins), tendo em atenção a versão do art. 363.º na redação então vigente (que não previa a nulidade, como passou a suceder após a alteração ocorrida com a L 48/2007), no seguinte sentido: "A não documentação das declarações prestadas oralmente na audiência de julgamento, contra o disposto no artigo 363.º do Código de Processo Penal, constitui irregularidade, sujeita ao regime estabelecido no artigo 123.º do mesmo diploma legal, pelo que, uma vez sanada, o tribunal já dela não pode conhecer."

§ **36** Claro que também se colocava a questão de saber como contar o prazo de arguição do vício, quando a documentação era omissa ou, por exemplo, estava feita de tal forma, que não era percetível (ou quando havia deficiências no registo da gravação da prova produzida oralmente porque, nomeadamente, existia em simultâneo um ruído constante e permanente que assumia primazia no som da gravação), não sendo o defeito da cópia da gravação que era fornecida ao sujeito processual ou não sendo percetível no sistema informático onde estava registada a gravação, apesar de facultado aos sujeitos processuais.

§ **37** Note-se que quando essas deficiências de gravação sejam de tal forma graves que tornem impercetível o respetivo conteúdo, devem equivaler a falta absoluta de documentação dessa parte das declarações do arguido e/ou dos depoimentos de testemunhas prestados que estejam em causa (correspondentes, por exemplo, a uma sessão de julgamento ou a parte dela), desde logo por impossibilitarem o Tribunal da Relação de conhecer do erro de julgamento quanto à matéria de facto que o respetivo sujeito processual pretende invocar em sede de recurso, ao abrigo do art. 412.º. No entanto, coloca-se sempre a questão do prazo de arguição desse vício, até tendo em conta o prazo de interposição de recurso que é de 30 dias (art. 411.º) e visto o disposto no art. 412.º/4 (um dos ónus que o recorrente tem de cumprir quando pretende impugnar a decisão sobre a matéria de facto), ainda que se pudesse defender que poderia apresentar o recurso no último dia e, portanto, só nessa altura é que dava conta daquela deficiência essencial da gravação, que a tornava equivalente à sua omissão.

§ **38** Mesmo tendo o recorrente acesso, no final de cada sessão de julgamento, ao registo da gravação, nomeadamente ao que seja absolutamente deficiente, poder-se-ia suscitar a questão de saber se teria ou não a obrigação de logo o ir ouvir (para verificar se existia falha da gravação) ou se antes poderia (ou até deveria) confiar, pelo menos até à data em que fosse proferida a decisão final, caso lhe viesse a ser desfavorável (uma vez que só então se poderia defender que se justificaria a sua audição para efeitos de recurso com fundamento em erro de julgamento), que a respetiva gravação ou registo sonoro (realizado pelo próprio tribunal) estivesse em boas condições e, portanto, fosse audível e percetível [ac. RC, 1.07.2008 (Ribeiro Martins)].

§ 39 Nessa perspetiva, compreende-se os que defendem que, só a final, caso a sentença lhe viesse a ser desfavorável, é que se justificaria que o sujeito processual fosse ouvir a prova gravada anteriormente fornecida ou que lhe fosse acessível, caso pretendesse recorrer, invocando erro de julgamento.

§ 40 Mas, claro, também se poderia sempre sustentar que o prazo de arguição do vício da nulidade resultante da apontada deficiência da gravação equivalente a omissão da documentação da prova oral teria de começar a ser contado desde a data em que tinha acesso à documentação das declarações prestadas em julgamento.

§ 41 Obviamente que o facto de qualquer sujeito processual poder requerer, em cada sessão, cópia da gravação (a qual lhe deverá ser entregue no prazo máximo de 48 horas, segundo o art. 101.º/4), não significa que fique impedido de atuar de outro modo, *v.g.* fazendo apenas tal pedido (em relação a todas ou a algumas das sessões de julgamento) posteriormente, mesmo depois da leitura da sentença ou acórdão e antes de terminar o prazo de interposição de recurso.

§ 42 De qualquer modo, desde que à data em que a audiência de julgamento foi realizada já estivesse em vigor a versão da L 48/2007 do art. 363.º (redação essa que fez caducar a jurisprudência fixada no acórdão do STJ 5/2002) aquele vício da deficiente gravação que, sendo de tal modo grave, se pode considerar equivalente à falta de documentação, integrará tão só nulidade e estará dependente de arguição.

§ 43 Por outro lado, dir-se-á que também incumbe ao funcionário do tribunal averiguar se o respetivo registo de gravação no sistema informático está ou não a funcionar corretamente e, por isso, deveria compreender-se que o sujeito processual pudesse arguir a nulidade da falta de documentação no prazo de interposição de recurso [Dec. Sumária RP, de 11.04.2012, n.º 275/09.0TAMCN.P1 (Maria do Carmo Silva Dias)].

§ 44 A deficiência de registo da prova oral produzida em julgamento apenas acarreta a repetição das declarações em falta, não afetando o valor do ato do julgamento (isto porque a falta ou as deficiências da gravação, traduzindo-se "em ato exterior" ao julgamento, apenas respeitam "a documentação do que aí se passa", não se repercutindo, por isso, no julgamento).

§ **45** De todo o modo, como acima já foi referido, *o Ac. STJ/FJ 13/2014* , 3.07.2014 (Isabel Celeste Alves Pais Martins), veio fixar a seguinte jurisprudência: *A nulidade prevista no artigo 363.º do Código de Processo Penal deve ser arguida perante o tribunal da 1.ª instância, em requerimento autónomo, no prazo geral de 10 dias, a contar da data da sessão da audiência em que tiver ocorrido a omissão da documentação ou a deficiente documentação das declarações orais, acrescido do período de tempo que mediar entre o requerimento da cópia da gravação, acompanhado do necessário suporte técnico, e a efetiva satisfação desse pedido pelo funcionário, nos termos do n.º 3 do artigo 101.º do mesmo diploma, sob pena de dever considerar-se sanada.* Essa interpretação "foi julgada não inconstitucional, pelos acs. TC 118/2017 e 291/2017, por não se considerar tratar-se de um ónus excessivo" ou desproporcionado, tendo-se entendido que servia os "interesses de economia processual, eficiência e, em geral, de racionalidade na utilização dos recursos dos tribunais." (v. também comentário de Tiago Caiado Milheiro ao art. 101.º, Tomo I).

§ **46** Se, porém, as deficiências da gravação, ainda que parcialmente, não impedem que o Tribunal da Relação conheça do erro de julgamento invocado em sede de recurso, não se pode concluir que as mesmas correspondam a falta ou omissão de documentação.

§ **47** Diferente é a situação da gravação de outras diligências de prova que não as da audiência, por exemplo, declarações orais prestadas em fase de instrução, às quais se aplica o disposto no art. 296.º. Nesse caso (art. 296.º) a omissão da documentação, integra irregularidade, sujeita ao regime previsto no art. 123.º, não lhe sendo aplicável o disposto no art. 363.º que é privativo da fase da audiência [assim, também, Ac. do RL, 12.05.2015 (Artur Vargues)].

Maria do Carmo Silva Dias

Artigo 364.º
Forma da documentação

1 – A audiência de julgamento é sempre gravada através de registo áudio ou audiovisual, sob pena de nulidade, devendo ser consignados na ata o início e o termo de cada um dos atos enunciados no número seguinte.

2 – Além das declarações prestadas oralmente em audiência, são objeto do registo áudio ou audiovisual as informações, os esclarecimentos, os requerimentos e as promoções, bem como as respetivas respostas, os despachos e as alegações orais.

3 – (revogado)

4 – A secretaria procede à transcrição de requerimentos e respetivas respostas, despachos e decisões que o juiz, oficiosamente ou a requerimento, determine, por despacho irrecorrível.

5 – A transcrição é feita no prazo de cinco dias, a contar do respetivo ato; o prazo para arguir qualquer desconformidade da transcrição é de cinco dias, a contar da notificação da sua incorporação nos autos.

6 – É correspondentemente aplicável o disposto no artigo 101.º

Origem do texto: o preceito já sofreu várias alterações, inclusive a nível da *epígrafe*. Na versão originária do DL 78/87, a epígrafe era "audiência perante tribunal singular", sendo que com a alteração introduzida pela L 59/98 passou a ser "audiência perante tribunal singular ou na ausência do arguido" e, só desde a reforma da L 48/2007 é que passou a designar-se "Forma da documentação". Quanto ao *texto do n.º 1, a sua versão originária* (que era a seguinte: "As declarações prestadas oralmente em audiência que decorrer perante tribunal singular são documentadas na acta sempre que, até ao início das declarações do arguido previstas no artigo 343.º, o Ministério Público, o defensor ou o advogado do assistente declararem que não prescindem da documentação. A declaração fica a constar da acta e aproveita aos restantes sujeitos processuais.") foi alterada pela L 59/98 (prevendo-se que não havia lugar à documentação das declarações prestadas oralmente em audiência perante tribunal singular se, até ao início das declarações do arguido previstas no artigo 343.º, o MP, o defensor ou o advogado do assistente declararem unanimemente para a ata que prescindem da documentação), pela L 48/2007 (que passou antes a referir-se à forma de documentação, já com a nova epígrafe, nos seguintes termos: "A documentação das declarações prestadas oralmente na audiência é efectuada, em regra, através de gravação magnetofónica ou audiovisual, sem prejuízo da utilização de meios estenográficos ou estenotípicos, ou de outros meios técnicos idóneos a assegurar a reprodução integral daquelas. É correspondentemente aplicável o disposto nos n.ºs 2 e 3 do artigo 101.º"), pela L 20/2013 (que passou a prever que a documentação das declarações prestadas oralmente em audiência fosse feita por regra por registo áudio ou audiovisual, só podendo ser utilizados outros meios – designadamente estenográficos ou estenotípicos, ou qualquer outro meio técnico idóneo a assegurar a reprodução integral daquelas – quando aqueles meios não estiverem disponíveis), e pela L 94/2021, de 21.12 (que entrou em vigor 90 dias após a sua publicação), a qual revogou o n.º 3, aditando o texto dessa norma ao n.º 1, que alterou, conferindo-lhe a redação que apresenta na sua versão atual; por sua vez, o *texto do n.º 2, na versão originária*, que se referia à correspondente aplicação do n.º 1 às partes civis, no tocante ao pedido de indemnização civil, desapareceu, isto é, foi revogado desde a reforma introduzida pela L 48/2007; já o *texto do n.º 3, na sua versão originária* (que era a seguinte: "Se não estiverem à disposição do tribunal meios técnicos idóneos à reprodução integral das declarações, o juiz dita para a acta o que resultar das declarações prestadas. É correspondentemente aplicável o disposto no artigo 100.°, n.°s 2 e 3.") com a L 59/98 foi renumerado e passou a ser o n.° 4, sendo eliminado, isto é, revogado, com a reforma introduzida pela L 48/2007 (o que se compreende porque não se admitem súmulas ou resumos das declarações, mesmo feitas pelo juiz, pois, o que se pretende é a reprodução integral das próprias declarações prestadas oralmente na audiência de julgamento, o que se justifica para efeitos do conhecimento do recurso da decisão sobre a matéria de facto); com a L 59/98 foi introduzido um novo texto no n.° 3 (uma vez que o n.° 3 original passou a n.° 4) que se relacionava com as audiências realizadas na ausência do arguido, nos termos do artigo 334.°, n.° 3, caso em que as declarações prestadas oralmente eram sempre documentadas (daí a mudança de epígrafe acima referida), o qual foi alterado pelo DL 320-C/2000, quanto à remissão para o artigo relativo ao julgamento na ausência do arguido (em vez de ser nos termos do artigo 334.°, n.° 3 passou a ser nos termos do artigo 333.°, n.°s 1 ou 4). *Considerando a versão atual do art. 364.°*, verifica-se que, desde a L 48/2007, com a nova epígrafe, foi restruturado o seu texto, sendo o n.° 1, como já se disse, resultado da alteração introduzida pela L 94/2021, de 21.12 (que entrou em vigor 90 dias após a sua publicação); o n.° 2 correspondendo à versão da L 27/2015 (sendo alargado o objeto do registo áudio ou audiovisual, que além das declarações prestadas oralmente em audiência, passou a abranger "as informações, os esclarecimentos, os requerimentos e as promoções, bem como as respetivas respostas, os despachos e as alegações orais"); o n.° 3 (que correspondia à versão da L 27/2015 e, no essencial coincidia com o n.° 2 na versão da L 48/2007, embora fizesse referência à "gravação magnetofónica ou audiovidual" e, desde a L 20/2013, passasse a referir-se ao "registo áudio ou audiovisual"), foi revogado pela L 94/2021; os n.° 4 e n.° 5, correspondem à versão da L 27/2015 (e reportam-se a casos de transcrição determinados pelo juiz e termos em que a mesma é feita pela secretaria); e o n.° 6, na versão da L 27/2015 corresponde ao n.° 3 na versão da L 20/2013.

Jurisprudência vinculante: Ac. STJ/FJ 13/2014 , 3.07.2014 (Isabel Celeste Alves Pais Martins)

Sumário do comentário:
I – Considerações gerais (§§ 1 a 19)
II – Formalidades (§§ 20 a 24)
III – Transcrições ((§§ 25 a 35)
IV – Incumprimento e consequências (§§ 36 a 40)

I – Considerações gerais

§ 1 O art. 364.°, que regula a "forma de documentação", insere-se no capítulo IV ("*Da documentação da audiência*"), do título II ("*Da audiência*"), do Livro VII ("*Do julgamento*") do CPP.

§ 2 Resulta das alterações que esta norma tem vindo a sofrer, particularmente a partir da reforma introduzida pela L 48/2007, em que passou a ter uma nova estruturação mais conforme com a sua atual epígrafe e com a finalidade da própria documentação da audiência (permitir o recurso a nível da decisão proferida sobre a matéria de facto pela 1.ª instância, isto é, permitir o conhecimento do erro de julgamento pelo Tribunal da Relação, desde que cumpridos os ónus previstos no art. 412.º/3/4), que houve uma evolução positiva na prática diária dos tribunais, passando a gravar-se todas as audiências de julgamento através dos meios disponíveis, o que desde que é possível, sucede através do sistema de gravação integrado na plataforma informática *Citius* (apesar de, por vezes, haver avarias temporárias do *Citius*, que perturbam os trabalhos e levam a que haja alguns adiamentos, por não haver outros meios idóneos que permitam a reprodução integral das declarações orais ou demais atos que devem ser registados nos termos dos arts. 363.º e 364.º/1/2).

§ **3** Na exposição de motivos da Proposta de Lei n.º 263/XII do Governo, que deu origem à Lei n.º 27/2015 (que introduziu alterações aos n.º 2, n.º 3, n.º 4, n.º 5 e n.º 6 – embora este n.º 6 seja resultado da renumeração do anterior n.º 3 – do art. 364.º) invocou-se a "*coerência global do sistema*", *propondo-se "a adoção, no processo penal, de normas idênticas àquelas que foram introduzidas nos n.ºs 3 e 4 do artigo 606.º do novo Código de Processo Civil, aprovado pela Lei n.º 41/2013*, de 26 de junho. Com efeito, sendo hoje em dia obrigatória a documentação da prova, sob pena de nulidade (artigo 363.º do Código de Processo Penal), considera-se que está assegurada por essa via, não só a sindicância da decisão sobre a matéria de facto pelo Tribunal da Relação, como também a fidelidade por parte do Tribunal de 1.ª Instância à prova produzida em audiência, porquanto este poderá colmatar os naturais limites da memória humana e das próprias notas pessoais tomadas sobre a produção de prova, recorrendo à audição ou visualização das respetivas gravações magnetofónicas ou audiovisuais."

§ **4** Foi o contexto tecnológico atual que levou igualmente a entender-se, na mesma Proposta de Lei, além do mais, *alargar a "gravação da audiência a todos os atos que nela sejam praticados, incluindo os requerimentos, as promoções e os despachos, em ordem à máxima agilização e eficiência da audiência. Trata-se, aliás, também de uma harmonização com o novo Código de Processo Civil, pois esta solução reflete o que se encontra atualmente previsto no n.º 1 do artigo 155.º daquele Código*."

§ **5** No âmbito da discussão da Proposta de Lei, aqueles que se pronunciaram sobre as alterações a introduzir ao art. 364.º, concordaram, em geral, com as mesmas, por ser positiva a harmonização com o novo CPC (nomeadamente com o seu art. 155.º), salientando a Ordem dos Advogados "*que em nada poderá prejudicar os sujeitos processuais, nem tão pouco põe em causa, minimamente, a tramitação processual, e, bem pelo contrário, permite que a oralidade seja uma cada vez maior realidade processual sem que se perca o ato praticado*" e propondo a alteração do n.º 1 "*no sentido de impedir a realização da audiência se o registo áudio ou audiovisual não estiverem disponíveis, em caso algum se permitindo a utilização de outros meios técnicos menos eficazes. Só assim ficarão devidamente salvaguardadas as garantias de defesa dos arguidos que, de outra forma, não veem devidamente protegido o respectivo direito a um recurso sobre a matéria de facto, o mesmo se aplicando, com as devidas adaptações, ao Ministério Público, ao assistente e às partes civis.*"

§ 6 No parecer da PGR de 6.01.2015, onde também se manifestou concordância pelas alterações propostas, destacou-se que "a disponibilização de meios técnicos e tecnológicos poderia, desde há muito, ter sido aproveitada para proceder à gravação total do decurso da audiência, designadamente dos actos agora previstos na Proposta, os quais continuam, em regra, a ser apenas ditados para a acta, com os inerentes atrasos no decurso da audiência", chamando-se à atenção para "a necessidade de se garantirem recursos, técnicos e humanos, suficientes e de qualidade que permitam fazer face ao acréscimo de gravações e de transcrições que poderá resultar da alteração em causa."

§ 7 E, de facto, *com a L 27/2015, o alargamento dos atos sujeitos a documentação* (além das declarações prestadas oralmente em audiência, as informações, os esclarecimentos, os requerimentos e as promoções, bem como as respetivas respostas, os despachos e as alegações orais), *através de registo áudio ou audiovisual, que constam do art. 364.º/2, apontam praticamente para a gravação integral do julgamento* (excluídas *v.g.* as suspensões, interrupções e pausas que se justifiquem), *o que torna, além de mais fidedigna, mais célere a sua realização, mesmo quando há incidentes, com requerimentos, respostas e despachos a proferir oralmente* (abandonando-se as práticas demoradas e antiquadas, de ter de se esperar que o funcionário conseguisse escrever tudo o que era ditado por cada interveniente, o que nem sempre era fácil – às vezes por dificuldade de entendimento ou de audição até das palavras utilizadas e da forma como se escreviam – para além de depois se gastar mais tempo com a transcrição desses apontamentos para a ata, que tinham de ser previamente conferidos pelos Magistrados, para aferir da sua conformidade com tudo o que fora ditado).

§ **8** *Por uma questão de melhor sistematização processual, diremos que a norma contida no art. 364.º/1/2 deveria antes integrar o art. 363.º, sendo ambos reformulados, assim evitando-se incoerências e, erros de interpretação, uma vez que ambas as normas têm de ser lidas de forma complementar.* Com efeito, se houvesse mais cuidado, o legislador teria ou eventualmente revogado o art. 363.º ou reformulado os arts. 363.º e 364.º, porque ambos são complementares entre si (embora, a alteração introduzida ao art. 364.º/1 pela L 94/2021 tornasse desnecessário o art. 363.º, que podia bem ser revogado, tal como o n.º 2 do art. 364.º, na medida em que o seu n.º 1, já supõe a obrigatoriedade da gravação integral da audiência de julgamento, no entanto, como há sempre céticos ou acabam por surgir dúvidas, poderia o n.º 2 ser reformulado ou então ser integrado no art. 363.º, ainda que se exigisse a tal reformulação e complementaridade, para se harmonizar com o art. 364.º).

§ **9** Acrescente-se que, após a L 27/2015, havia uma incoerência a nível do tipo de sanção, entre o estabelecido no art. 363.º e o disposto no art. 364.º/2, na medida em que havendo incumprimento da documentação num caso e noutro as sanções eram distintas, tratamento diferenciado que era injustificado (com efeito, a consequência do incumprimento da documentação no caso do art. 363.º é a nulidade, sujeita ao regime previsto nos arts.120.º a 122.º e, no caso do incumprimento da documentação prevista no art. 364.º/2 a consequência é a irregularidade sujeita ao regime previsto no art. 123.º) e que apenas foi eliminado com a nova redação que foi dada ao art. 364.º/1 pela L 94/2021, de 21 .12 (que entrou em vigor 90 dias após a sua publicação).

§ **10** A obrigatoriedade da documentação é muito positiva, uma vez que os tribunais da 1.ª instância já dispõem dos meios tecnológicos para o efeito (inclusive estando integrado na plataforma informática do *Citius*, um sistema de gravação áudio, que é muito mais fiável e acessível), tendo por razões de economia processual e de celeridade levado a que, essa regra, tivesse sido estendida a outros atos em diferentes fases processuais, como sucede, por exemplo, com o primeiro interrogatório judicial de arguido detido, com previsão expressa no art. 141.º/7 (sendo correspondentemente aplicável o disposto no art. 101.º) e com as diligências de prova em ato de instrução, conforme previsto no art. 296.º.

§ **11** Para além de, com essa regra da documentação, ser garantida igualmente a fidelidade dos atos que sejam gravados, tornar-se mais transparente a administração da justiça, podendo verificar-se se são cumpridas todas as regras e princípios processuais aplicáveis ao respetivo ato sujeito a registo (o que é mais uma expressão do Estado de direito democrático em que nos inserimos).

§ 12 Como já se adiantou na anotação ao artigo 363.º, a generalidade dos tribunais superiores não conseguiu encarar com normalidade a gravação, através de plataforma informática (no sistema *Citius*), das audiências para conhecimento do recurso (mesmo apenas com alegações orais e, portanto, sem produção de provas), por aplicação do disposto no art. 423.º/5 (e subsidiariamente do disposto no art. 364.º/2), quando passou a ser obrigatória com a entrada em vigor da L 27/2015, de 14.04 (dizemos a generalidade porque, havia exceções, como era o caso da Relação do Porto, a qual procedia a essa gravação), apesar de ser um contributo para a clareza do sistema processual e traduzir-se em mais um direito integrado num processo justo e equitativo.

§ 13 Note-se que, nos tribunais superiores onde não procediam às gravações das audiências para conhecimento do recurso, para além das salas não disporem dos meios próprios para os funcionários se ligarem ao *Citius* e procederem à gravação, também os mesmos funcionários não dispunham de outros meios, designadamente estenográficos ou estenotípicos ou de outros meios tecnológicos idóneos para assegurar a reprodução do que se passava naqueles atos processuais, visto o disposto no art. 364.º/2, após a alteração introduzida pela L 27/2015.

§ 14 E, se é certo que, *desde a entrada em vigor da L 27/2015, de 14.04, a 1.ª instância em geral passou a proceder à gravação integral dos julgamentos, como se manteve a resistência dos tribunais superiores, o legislador, por certo, teve necessidade de assegurar esse objetivo passado, que não estava a ser integralmente cumprido, o qual faz parte das garantias de um Estado de direito e democrático, que permite o acesso a um processo justo e, assim, com a reforma introduzida pela L 94/2021, veio melhorar esse seu objetivo anterior, alterando o art. 364.º/1,* reafirmando (de forma mais clara) que a audiência de julgamento é sempre gravada (através de registo áudio ou audiovisual) sob pena de nulidade.

§ 15 Claro que, o legislador não foi tão cuidadoso como era habitual, *quando com a L 27/2015*, ao alargar o objeto do registo áudio ou audiovisual, além das declarações prestadas oralmente em audiência, para passar a abranger "*as informações, os esclarecimentos, os requerimentos e as promoções, bem como as respetivas respostas, os despachos e as alegações orais*", foi inserir essa alteração no art. 364.º/2, em vez de o fazer no art. 363.º, norma esta que, em princípio, até em termos sistemáticos (considerando as normas que integravam o capitulo IV relativo à documentação da audiência), estaria mais vocacionada para indicar qual era o objeto do registo/gravação da audiência de julgamento.

§ 16 De qualquer modo, *a versão do art. 364.º/1, na redação da L 94/2021, de 21.12 (que entrou em vigor 90 dias após a sua publicação), vem renovar, por um lado, a mensagem da obrigatoriedade da gravação integral, através de registo áudio ou audiovisual, da audiência de julgamento e, por outro lado, sancionar a inobservância desse formalismo com a nulidade, assim harmonizando o seu regime com o já previsto no art. 363.º*

§ 17 Resultando da norma em apreço (art. 364.º/1) que o legislador pretende a gravação integral da audiência de julgamento, isso significa que a mesma terá de ser feita desde o seu início até ao encerramento (excluindo-se, logicamente, as suspensões, interrupções e pausas justificadas, para evitar momentos vazios de gravação).

§ 18 Acrescente-se que esta nova versão conferida pela L 94/2021, que acompanha a prática dos tribunais, igualmente elimina a referência, que existia no art. 364.º/1, à possibilidade de utilização de "outros meios, designadamente estenográficos ou estenotípicos, ou qualquer outro meio técnico idóneo a assegurar a reprodução integral" das declarações prestadas oralmente, quando o registo áudio ou audiovisual não estiver disponível.

§ 19 E, compreende-se essa eliminação porque, na prática, ao menos para já não existem nos tribunais outros meios idóneos capazes de substituir a gravação disponível no *Citius* e, o que normalmente sucedia, quando a indisponibilidade do *Citius* se prolongava e não era possível reparar em tempo útil, era o adiamento.

II – Formalidades

§ 20 Quanto à forma como é feita a documentação da audiência, vemos que o legislador deu preferência, e, acabou por impor -com a reforma aprovada pela L 94/2021, de 21.12-, *o registo áudio ou audiovisual, como estabelece o art. 364.º/1, por ser o mais fiável e seguro* (não admitindo outro meio em alternativa).

§ **21** Essa opção é justificada não só por os tribunais já disporem nas salas de audiência de aparelhagem que lhes permite aceder à plataforma informática *Citius* e ao respetivo sistema de gravação (devendo os Tribunais Superiores, que ainda não estão preparados para o efeito, fazer o mesmo), o que torna tudo mais célere e mais eficiente, como também porque não existem outros meios idóneos capazes de substituir aquele que é viabilizado pelo *Citius*.

§ **22** Essa opção foi também assumida na prática judiciária pela 1.ª instância desde a entrada em vigor da L 27/2015, chegando a haver alguns julgamentos que, por vezes, são adiados quando o sistema de gravação integrado na plataforma informática do *Citius* está avariado e se prevê haver dificuldades no seu funcionamento por longo período de tempo (com efeito, a avaria tanto pode suceder por um curto período de tempo, como durante uma manhã ou um dia, tudo dependendo da natureza ou causa do não funcionamento do sistema, assim, levando ou não ao adiamento da audiência, por não haver outros meios alternativos).

§ **23** A preocupação é sempre a de assegurar a reprodução fiel e exata dos atos a documentar. De resto, tem de se dar satisfação na ata ao também estipulado no art. 364.º/1, isto é, consignar o início e o termo de cada um dos atos que nela são documentados, enunciados no n.º 2. Ora, sem a gravação específica que permita consignar esses momentos não se pode dar satisfação ao estabelecido nessa norma.

§ **24** Aliás, repare-se que o próprio art. 364.º/6, estabelece que "É correspondentemente aplicável o disposto no artigo 101.º", o que vem reforçar a ideia de que o registo áudio ou audiovisual é o que satisfaz as maiores exigências com vista a assegurar a fidedignidade.

III – Transcrições

§ **25** Na audiência, *a documentação/gravação é feita através da utilização do registo áudio ou audiovisual, a qual dispensa a transcrição, salvo quando o juiz a determinar, por despacho irrecorrível,* nos termos do art. 364.º/4.

§ **26** Com efeito, o legislador pressupõe que o registo áudio ou audiovisual pela sua fidedignidade dispensa em geral a transcrição; no entanto, admite exceções a essa regra, precisamente quando o juiz, por despacho irrecorrível, oficiosamente ou a requerimento, determinar a transcrição de requerimentos e respetivas respostas, despachos e decisões. Cremos que serão casos excecionais e pontuais (que devem ser ponderados com bom senso e de forma equilibrada), os que irão justificar a determinação da transcrição.

§ 27 Dir-se-á, que face ao estabelecido no art. 364.º/4, apesar do despacho do juiz ser irrecorrível, deve ser fundamentado, para ser percetível para os sujeitos processuais interessados no mesmo, designadamente, quando é indeferido um requerimento a pedir determinada transcrição.

§ 28 Face ao teor da mesma norma não há fundamento legal para o juiz determinar a transcrição de declarações orais prestadas, por exemplo, por uma testemunha, na audiência. Esse tipo de transcrição, a ser feita, incumbirá ao respetivo sujeito processual, por exemplo, em sede de motivação de recurso (não devendo, contudo, constar nas conclusões de recurso, transcrições de declarações prestadas oralmente por intervenientes no julgamento, como por vezes se vê, por tal desvirtuar o sentido e a definição das conclusões de recurso que, como sabido, são deduzidas por artigos, destinando-se ao recorrente resumir as razões do pedido – cf. art. 412.º/1).

§ 29 Assim, se um sujeito processual pretende fazer transcrição de um depoimento ou declaração prestado oralmente em audiência, resta-lhe requerer cópia do respetivo registo áudio ou audiovisual, nos termos do art. 101.º/4, a qual lhe será entregue no prazo máximo de 48 horas.

§ 30 Quando há lugar à transcrição determinada pelo juiz (de requerimentos e respetivas respostas, despachos e decisões) esta é feita no prazo de 5 dias, a contar do respetivo ato, conforme estabelece o art. 364.º/5.

§ 31 Claro que se o despacho do juiz a determinar a transcrição não for proferido no ato da audiência, mas posteriormente, o prazo de 5 dias para a secretaria proceder à transcrição conta-se desde a data do respetivo despacho do juiz (que para este efeito deve ser considerado como um ato processual), que assim o determine.

§ 32 O prazo para arguir qualquer desconformidade entre o que consta da transcrição e o que consta do registo áudio ou audiovisual é igualmente de 5 dias, a contar da notificação da sua incorporação nos autos. Ou seja, o legislador exige que haja notificação da incorporação nos autos (isto é, hoje incorporação no sistema informático *Citius*, uma vez que o processo penal é tramitado eletronicamente no *Citius*) da transcrição, sendo a contagem do prazo para arguir desconformidades feita desde a notificação dessa incorporação.

§ **33** Também por força do n.º 6 do art. 364.º é correspondentemente aplicável o disposto no art. 101.º (registo e transcrição). A transcrição feita nos termos do art. 364.º não carece de qualquer declaração de conformidade do magistrado, como sucede, por exemplo, no caso do art. 101.º/2, quando são usados meios estenográficos, estenotípicos ou outros meios técnicos diferentes da escrita comum.

§ **34** Note-se que, nos termos do art. 101.º/5, em caso de recurso, quando for absolutamente indispensável para a boa decisão da causa, o relator no Tribunal Superior, por despacho fundamentado, pode solicitar ao tribunal recorrido a transcrição de toda ou parte da sentença. Ou seja, ainda que o juiz não tenha determinado nos termos do art. 364.º/4, a transcrição da sentença, pode depois, havendo recurso, no tribunal superior, o respetivo relator, solicitar à 1.ª instância a transcrição da sentença ou parte dela, o que será feito de forma excecional, quando não puder ser ultrapassada de outra forma (trata-se de uma faculdade que apenas deve ser usada excecionalmente, quando for absolutamente indispensável para a boa decisão da causa).

§ **35** O problema maior no Tribunal da Relação coloca-se com as sentenças que são proferidas oralmente (por exemplo, nos processos sumários e abreviados), ficando a constar da ata apenas o dispositivo que é ditado, e depois há recurso, casos em que, o Relator do recurso tem o trabalho acrescido de, quando está a ouvir o registo áudio ter ele próprio de transcrever a sentença, tarefa que não deveria ser sua, mas da secretaria, a menos que informaticamente fossem adotados e usados programas que (existindo) fizessem automaticamente a correspondente transcrição escrita do respetivo registo áudio ou audiovisual. Isto significa, que é necessária uma maior evolução tecnológica, para se evitarem tais trabalhos de transcrição (quer para os funcionários, quer para os magistrados dos tribunais superiores).

IV – Incumprimento e consequências

§ **36** Se não forem gravadas partes dos atos obrigatórios da audiência e não for arguida em prazo a ausência do respetivo registo áudio ou audiovisual, apesar de cometida a respetiva nulidade, ficará sanada tal omissão (arts. 363.º, 364.º/1/2, 120.º a 122.º).

§ 37 Quando for indeferido requerimento a pedir a transcrição, uma vez que o despacho é irrecorrível, a única solução que resta ao respetivo sujeito processual é pedir cópia do registo áudio ou audiovisual da parte que lhe interessa e, à sua custa e pelos seus próprios meios ou recorrendo a empresas especializadas, proceder à pretendida transcrição.

§ 38 Se a secretaria não cumprir o prazo de 5 dias para efetuar a transcrição aludido na 1.ª parte do art. 364.º/5, comete uma irregularidade, que apenas é suprida quando proceder à transcrição em falta. Claro que deve ser chamada à atenção, pelos meios adequados, para cumprir o prazo, se o exceder.

§ 39 Tal como sucede com a interpretação feita em relação à nulidade prevista no art. 363.º, a partir do momento que o legislador passou a cominar com a sanção da nulidade a inobservância do regime previsto no art. 364.º/1, ter-se-á de concluir que será aplicável, com as devidas adaptações, a interpretação feita no ac. STJ/FJ 13/2014 , 3.07.2014 (Isabel Celeste Alves Pais Martins), que fixou a seguinte jurisprudência: *A nulidade prevista no artigo 363.º do Código de Processo Penal deve ser arguida perante o tribunal da 1.ª instância, em requerimento autónomo, no prazo geral de 10 dias, a contar da data da sessão da audiência em que tiver ocorrido a omissão da documentação ou a deficiente documentação das declarações orais, acrescido do período de tempo que mediar entre o requerimento da cópia da gravação, acompanhado do necessário suporte técnico, e a efetiva satisfação desse pedido pelo funcionário, nos termos do n.º 3 do artigo 101.º do mesmo diploma, sob pena de dever considerar-se sanada.*

§ 40 Essa interpretação "foi julgada não inconstitucional, pelos acs. TC 118/2017 e 291/2017, por não se considerar tratar-se de um ónus excessivo" ou desproporcionado, tendo-se entendido que servia os "interesses de economia processual, eficiência e, em geral, de racionalidade na utilização dos recursos dos tribunais." (v. também comentário de Tiago Caiado Milheiro ao art. 101.º, Tomo I).

Maria do Carmo Silva Dias

TÍTULO III
Da sentença

ARTIGO 365.º
Deliberação e votação

1 – Salvo em caso de absoluta impossibilidade, declarada em despacho, a deliberação segue-se ao encerramento da discussão.

2 – Na deliberação participam todos os juízes e jurados que constituem o tribunal, sob a direção do presidente.

3 – Cada juiz e cada jurado enunciam as razões da sua opinião, indicando, sempre que possível, os meios de prova que serviram para formar a sua convicção, e votam sobre cada uma das questões, independentemente do sentido do voto que tenham expresso sobre outras. Não é admissível a abstenção.

4 – O presidente recolhe os votos, começando pelo juiz com menor antiguidade de serviço, e vota em último lugar. No tribunal do júri votam primeiro os jurados, por ordem crescente de idade.

5 – As deliberações são tomadas por maioria simples de votos.

Origem do texto: corresponde à redação originária aprovada pelo DL 78/87.

Sumário do comentário:

I – Considerações gerais – caraterização *sumária* do sistema *de césure* mitigada adotado pelo CPP

§ 1 Das disposições dos artigos 365.º/1, 368.º e 369.º, sobre o momento e objeto da deliberação e votação pelo tribunal de julgamento sobre a Questão da culpabilidade e da Determinação da sanção, e do art. 371.º, sobre os termos da eventual reabertura da audiência para a determinação da sanção, resulta ter o CPP/87 optado, desde a sua versão originária, por um modelo de *césure* mitigada, que se carateriza, por um lado, pela separação completa entre o julgamento (deliberação e votação) relativo à Questão da culpabilidade e o julgamento relativo à determinação da sanção; por outro lado, pela separação tendencial entre a instrução e discussão em audiência relativas à Questão da culpabilidade e da determinação da sanção.

§ **2** Com efeito, diferentemente da estrutura absolutamente unitária do julgamento adotada pelo CPP/29 e do modelo de *césure* total ou radical, que implicaria, nos seus postulados teóricos, a previsão de duas fases distintas para a audiência de julgamento, a primeira das quais teria exclusivamente por objeto a averiguação da culpa e a segunda, dedicada à determinação da sanção, apenas teria lugar após o trânsito em julgado da primeira decisão (FIGUEIREDO DIAS, 1981, pp 279 a 291), o CPP/87 optou por uma forma mitigada de cisão do Julgamento, cuja cabal caraterização resulta da articulação das normas referidas no anterior parágrafo com as demais disposições relativas ao julgamento, máxime as concernentes à produção de prova.

§ **3** Sistema de *césure* mitigada, que no figurino gizado na law *in books* assenta, entre nós, na previsão de um momento próprio do processo para a determinação da sanção, a ter lugar necessariamente depois de terminada a produção de prova, a discussão da causa (art. 361.º) e a deliberação e votação relativas à *questão da culpabilidade* (arts. 365.º e 368.º), que constitui, assim, *pressuposto necessário da determinação da sanção,* a realizar nos termos dos artigos 369.º a 371.º – v. comentários *infra.*

II – A decisão final caso não haja lugar à aplicação de pena ou medida de segurança

§ **4** Assim, terminada a deliberação e votação sobre as diversas questões em que se desdobra a *questão da culpabilidade,* o tribunal concluirá se da factualidade julgada provada e do direito substantivo aplicável resulta dever ser aplicada pena ou medida de segurança ao arguido e enquanto na hipótese afirmativa o tribunal passará à fase preliminar da deliberação sobre a determinação da sanção a que se reportam os arts. 369.º e 371.º, como referido, se a conclusão do tribunal for no sentido negativo, não se iniciará sequer o procedimento preliminar para determinação da sanção a que se reporta o art. 369.º/1 (v. *infra*).

§ **5** Significa isto, de novo no figurino da *law in books*, que independentemente de se encontrarem juntos ao processo os elementos documentais a que se reporta o art. 369.º/1, ou outros, caso o tribunal delibere, nos termos do art. 365.º e 368.º, absolver o arguido, por não caber aplicar-lhe pena ou medida de segurança, não haverá lugar a produção de prova, nem à discussão e apreciação da prova documental junta aos autos ou outra, bem como a deliberação sobre factos que relevem apenas em matéria de determinação da sanção.

§ **6** Passa-se de imediato à elaboração da sentença absolutória que, deste modo, não conterá sequer enumeração de factos provados e não provados que apenas relevassem para efeitos de futura e eventual determinação da sanção (v. arts. 374.º a 376.º), encontrando-se aqui a nota mais caraterística do sistema de *césure mitigada* acolhido no CPP, pois o sistema legal não impede que possa produzir-se toda a prova relevante para a determinação da sanção juntamente com a prova relativa *à questão da culpabilidade* (cf. art. 369.º/1 e 2), mas faz depender a discussão e deliberação sobre a determinação da sanção, bem como eventual produção de prova especificamente com esse fim, da prévia decisão de aplicar ao arguido pena ou medida de segurança.

§ **7** Deste modo, o sistema legal permite, nas hipóteses de absolvição, maior celeridade e economia do processo em 1.ª instância, e, sobretudo, o resguardo de aspetos da vida pessoal e familiar do arguido, bem como da sua personalidade (v. *infra* comentário ao art. 371.º), pois os factos respetivos não serão objeto da discussão da causa nem constarão da sentença no caso de absolvição, quando tal não for necessário para a questão da culpabilidade, como é próprio de processo justo e equitativo que preserve os direitos de personalidade do arguido e assuma plenamente o princípio da presunção de inocência, que pode mesmo ter sido declarada na absolvição.

§ **8** No entanto, não é este o procedimento seguido frequentemente na *praxis judiciária*, por acordo tácito do tribunal, MP e defensores, prosseguindo a audiência com produção de prova relativa à determinação da sanção, a que se segue deliberação do tribunal sobre os factos provados e não provados que possam relevar para a determinação da sanção, mesmo quando a sentença é absolutória, de modo que o tribunal de recurso disponha de todos os elementos de facto para proceder à determinação da sanção no caso de o Tribunal da Relação substituir decisão absolutória recorrida por decisão condenatória, frustrando-se, assim, boa parte das finalidades inerentes ao modelo legal de cisão mitigada entre a fase do julgamento dedicada à questão da culpabilidade e fase relativa à determinação da sanção (v. comentários ao art. 371.º e §§ 11 e 12 do comentário ao art. 160.º, Tomo II).

§ **9** Note-se que apesar de o AFJ/STJ 4/2016 (ISABEL PAIS MARTINS) ter decidido que «*Em julgamento de recurso interposto de decisão absolutória da 1.ª* *instância, se a relação concluir pela condenação do arguido deve proceder a determinação da espécie e medida da pena, nos termos das disposições conjugadas dos artigos 374.º, n.º 3, alínea b), 368.º, 369.º, 371.º, 379.º, n.º 1, alíneas a) e c), primeiro segmento, 424.º, n.º 2, e 425.º, n.º 4, todos do Código de Processo Penal.*», não se afirma naquele acórdão – nem dele resulta – que a decisão absolutória de 1.ª instância deva incluir a matéria de facto destinada à determinação da sanção em caso de absolvição do arguido. Antes pelo contrário, conforme destaca a declaração de voto do conselheiro PEREIRA MADEIRA que, porém, considera dever o tribunal de 1.ª instância apurar todos os factos relevantes para determinação da sanção mesmo em caso de absolvição, embora, em nosso ver, sem razão, pelas razões que procurámos expor em ANTÓNIO JOÃO LATAS, 2016, a que acrescem as considerações presentes no voto de vencido do conselheiro NUNO GOMES DA SILVA, que secundamos inteiramente, dada a sua conformidade com o modelo de *césure* mitigada adotado no CPP/87.

III – Enquadramento do preceito. O n.º 1

§ 10 O art. 365.º, com que se inicia o título III, dedicado à *sentença*, do Livro do Julgamento (VII), regula, com os arts. 366.º e 367.º, o procedimento geral a seguir na deliberação e votação do tribunal de julgamento, tomando paradigmaticamente por referência o julgamento realizado por tribunal colegial (tribunal coletivo ou do júri) mas dispondo igualmente sobre o momento em que se realiza a deliberação do tribunal singular. O objeto, variável, da deliberação, pressuposto por este preceito, é regulado essencialmente nos artigos 368.º e 369.º

§ 11 Ao referir-se à deliberação, sem mais, o n.º 1 reporta-se à tomada de decisão que se segue à audiência de julgamento, quer esta seja realizada por tribunal singular, quer por tribunal colegial, determinando que aquela deve ter lugar logo após o encerramento da discussão da causa relativa à questão da culpabilidade, a que se reporta o art. 361.º, salvo caso de absoluta impossibilidade, a declarar por despacho.

§ 12 A regra da "deliberação e votação" imediatas que constitui corolário do princípio da continuidade e concentração da audiência de julgamento, explica-se pelas vantagens advenientes da *frescura* da discussão em audiência e da prova aí produzida, tanto em matéria de facto como de direito, independentemente de o registo áudio ou audiovisual das declarações prestadas e demais incidências da audiência de julgamento, nos termos do art. 364.º, atenuar a relevância da memória viva do sucedido em audiência ao permitir *reconstituir* a prova produzida e a discussão em matéria de facto e de direito.

§ **13** Constituindo a "deliberação e votação" um procedimento interno do tribunal, sem a intervenção dos demais sujeitos processuais, na prática judiciária o momento da deliberação que não se siga imediatamente ao encerramento da discussão, é concertado entre os membros do tribunal de forma a poderem deliberar em momento tão próximo quanto possível do encerramento da discussão, sem que tenha lugar a prolação de despacho na generalidade dos casos.

§ **14** Em todo o caso, a satisfação *material* da regra da deliberação imediata e o seu controlo externo, resultam suficientemente assegurados pela regra de leitura da sentença logo após o encerramento da discussão da causa, conforme decorre do art. 372.º/3, e do prazo de 10 dias estabelecido no art. 373.º/1 para a elaboração e leitura da sentença nos casos especialmente complexos, sendo certo que a natureza ordenadora destes prazos (ajustada aos fins públicos em causa e às limitações impostas pela realidade judiciária), permite que o tribunal adeque a deliberação do tribunal, bem como a subsequente elaboração e leitura da sentença, às exigências dos processos mais complexos.

IV – Regras privativas do julgamento por tribunal colegial – n.ºs 2 a 5

§ **15** O n.º 2 consagra a regra da participação ampla de todos os juízes e jurados no procedimento deliberativo, sem qualquer diferenciação ou limitação, nomeadamente para os membros não profissionais do tribunal de júri, relativamente ao qual o art. 2.º/3 do DL 387-A/87 (que estabelece as regras sobre a constituição do tribunal, capacidade para ser jurado, seleção dos jurados e estatuto do jurado), dispõe unitariamente que *o júri intervém na decisão das questões da culpabilidade e da determinação da sanção*

a) Procedimento deliberativo – discussão e votação

§ **16** A direção da deliberação cabe ao juiz presidente do tribunal colegial (n.º 2), estabelecendo o n.º 3, 1.ª parte, que os juízes e jurados emitem, igualitariamente, a *sua opinião* sobre cada uma das questões que integram o objeto da deliberação, acompanhada das *razões dessa mesma opinião,* que incluirão, *sempre que possível,* a indicação dos *meios de prova que serviram para formar a sua convicção,* o que se reporta, naturalmente, à matéria de facto, sendo certo que é suposto que os membros de tribunal colegial tiveram acesso a todos os meios de prova, de natureza pessoal, documental ou real, com relevância para a decisão das questões enumeradas pelo presidente nos termos do art. 368.º, prevendo mesmo o art. 314.º que o presidente do tribunal coletivo ordene que o processo vá com vista aos restantes juízes, sem prejuízo do acesso aos autos aquando da discussão da causa ou da deliberação e votação.

§ **17** A dispensa dos juízes e jurados de indicarem as razões da sua opinião quando tal não seja possível, pretenderão deixar claro que não se trata de uma verdadeira imposição e, em todo o caso, abranger as situações de susbtituição de juiz falecido ou impossibilitado a que reporta o art. 328.º-A.

§ **18** As normas previstas no n.ºs 2, 3, 4 e 5 são de ordem geral, aplicando-se tanto à deliberação e votação sobre a Questão da culpabilidade como da *Determinação da sanção*, sem prejuízo das regras especiais previstas nos n.ºs 2 e 3 do art. 368.º e nos três números do art. 369.º, que regula pormenorizadamente a deliberação e votação em matéria de *determinação da sanção.*

§ **19** O texto legal não sujeita a regras expressas o desenvolvimento da discussão que antecede a votação, optando-se, assim, por deixá-la à dinâmica do tribunal colegial, com participação igualitária de todos os seus membros, sob direção do respetivo presidente (n.º 2), decorrendo a apresentação de opiniões pela forma consensualizada entre os membros do tribunal e, em todo o caso, de acordo com as orientações de quem dirige a deliberação, de forma a assegurar a troca de opiniões e argumentos que o caso proporcione.

§ **20** Dá-se assim corpo à possibilidade de reflexão e *discussão* conjuntas concretamente exigidas pela complexidade das questões e pela diferença de perspetivas que eventualmente se apresentem à discussão no seio do tribunal colegial, conforme espelhado na prática judiciária, sendo certo que ao não regular genericamente os termos da discussão no seio do tribunal colegial, o art. 365.º permite que esta possa assumir amplitude variável, podendo mesmo reduzir-se ao mínimo quando a simplicidade das questões ou o consenso que se forme entre os juízes e jurados o permita.

§ **21** Não vemos, pois, que as referências a *"deliberação e votação"* na epígrafe do art. 365.º e nos arts 366.º/1, 367.º – epígrafe e n.º 1 –, 368.º/1 e 3 e 369.º/1 e 3, tenham sentido diferente das expressões *"discussão e votação"* usadas nos arts. 470.º e 471.º CPP/29 para o julgamento do processo de querela com intervenção do tribunal coletivo, sem *rasto* que pudesse explicar que no

CPP/87 se adotasse genericamente para o tribunal colegial (aplicável à deliberação nos Tribunais da Relação e no STJ, *ex vi* art. 424.º/2), o procedimento *sem discussão* antes previsto no art. 505.º CPP/29 apenas para o julgamento com intervenção do júri. Assim, porém, GERMANO/2000, p. 287, para quem o art. 365.º proíbe a discussão prévia à votação, com os argumentos ali expostos.

§ **22** Ponto é que a reunião do tribunal colegial – sob a direção do seu presidente –, assegure a todos e cada um dos seus membros, de forma eticamente irrepreensível, o poder/dever de expressar e discutir livremente a sua opinião e respetivos fundamentos, de modo que a votação final expresse consistentemente decisão do órgão colegial, formada e emitida sobre cada uma das questões – v. Compromisso Ético dos Juízes Portugueses, ASJP, Coimbra Editora, 2009, particularmente o princípio da integridade, que tem ali o seguinte enunciado: *A integridade profissional, social e pessoal dos juízes é garantia de decisões justas e imparciais e de confiança pública na qualidade do sistema de justiça.*

§ **23** Conforme é entendimento comum (v., por todos, MANUEL SIMAS SANTOS / MANUEL LEAL HENRIQUES, 2000, p. 494) a indicação das razões da opinião de cada um dos membros do tribunal, incluindo os meios de prova que terão servido para formar a convicção de cada um deles, tem o propósito de habilitar o relator do acórdão (o juiz presidente ou o juiz mais antigo dos que fizerem vencimento – art. 372.º/1) a fundamentar a decisão de facto e de direito, nos termos do art. 374.º/2, complementando, assim, os seus próprios elementos quando for necessário.

b) A votação

§ **24** O preceito estabelece, em geral, a ordem de votação e qual o tipo de maioria exigido. O n.º 3 consagra o dever dos juízes e jurados votarem sobre todas e cada uma das questões, mesmo que dos votos anteriormente expressos pudesse resultar, em termos lógicos, o sentido da votação sobre a questão em causa, seja ela de facto ou de direito. O preceito proíbe a abstenção, impondo aos juízes e jurados que tomem posição expressa sobre cada uma das questões a decidir autonomamente.

§ **25** O n.º 4 começa por estabelecer a ordem de votação dos membros do tribunal coletivo, ao determinar que o primeiro a votar é o juiz adjunto com menor antiguidade, e que o presidente vota depois de recolher os votos de ambos os adjuntos. A votação do tribunal do júri começa pelos jurados, sendo o mais novo deles o primeiro a votar e seguindo-se os restantes por ordem crescente de idade até ao mais velho, após o que votam os membros do tribunal coletivo pela ordem respetiva. Também neste caso é o presidente do tribunal quem recolhe os votos, sendo sempre o último a votar. O sentido comummente atribuído a estas regras é o de assegurar a independência dos mais jovens, de quem tem categoria inferior ou é menos experiente – Roxin, 2000, p. 418.

§ 26 As deliberações são tomadas por maioria simples de votos, o que vale sobretudo para o tribunal de júri que é constituído pelos três juízes que constituem o tribunal coletivo e por quatro jurados (art. 1.º DL 387-A/87, de 29 de dezembro), independentemente de a decisão ser contrária à posição do arguido no processo.

V – Interrupção da deliberação e reabertura da audiência para produção de prova relativa à *questão da culpabilidade*

§ 27 Apesar de o art. 371.º prever e regular com detalhe a reabertura da audiência para produção de prova suplementar com vista à determinação da sanção, o CPP nada diz quando, após o encerramento da discussão da causa nos termos do art. 361.º, máxime aquando da deliberação por tribunal colegial, mas também pelo tribunal singular, se suscite a necessidade de produzir, completar ou repetir provas, relativamente a alguma das questões a que se refere o art. 368.º

§ 28 Sempre temos entendido, porém, com o que cremos ser a prática judiciária corrente, que o tribunal não pode deixar de reabrir a audiência de julgamento em qualquer dessas hipóteses, dado o peso que tem entre nós o princípio da investigação ou da verdade material paradigmaticamente imposto ao tribunal de julgamento no art. 340.º – no mesmo sentido, os comentários de Paulo dá Mesquita ao art. 340.º e Maria do Carmo Silva Dias nos §§ 14 e 15 do comentário ao art. 361.º

§ 29 Nessas hipóteses de reabertura da audiência para o esclarecimento de dúvidas ou produção de prova suplementar, relativamente à *questão da culpabilidade*, o tribunal, depois de produzida a prova a que houver lugar, deve assegurar que os sujeitos processuais possam proferir alegações e que o arguido possa completar ou alterar as declarações que tenha prestado, na medida do necessário para que seja cumprido o contraditório e outros direitos de defesa do arguido.

António Latas

Artigo 366.º
Secretário

1 – À deliberação e votação pode assistir o secretário ou o funcionário de justiça que o presidente designar.

2 – O secretário presta ao tribunal todo o auxílio e colaboração de que este necessitar durante o processo de deliberação e votação, nomeadamente, tomando nota, sempre que o presidente o entender, das razões e dos meios de prova indicados por cada membro do tribunal e do resultado da votação de cada uma das questões a considerar.

3 – As notas tomadas pelo secretário são destruídas logo que a sentença for elaborada.

Origem do texto: corresponde à redação originária aprovada pelo DL 78/87.

Sumário do comentário:
Considerações gerais (§§1 a 4)

Considerações gerais

§ 1 O n.º 1 consagra exceção à regra da presença exclusiva dos juízes e jurados intervenientes implicitamente consagrada no n.º 2, ao permitir a presença do secretário judicial ou outro funcionário de justiça designado pelo presidente do tribunal para exercer as funções mencionadas no n.º 2, ou seja, assegurar-lhe a prestação de todo o auxílio e colaboração de que necessite durante o procedimento de deliberação e votação.

§ 2 O auxílio e colaboração são os exigidos pelas necessidades concretas do tribunal, colegial ou singular, pois a lei não distingue, tal como definido pelo juiz presidente, limitando-se o n.º 2 a exemplificar com a tomada de notas sobre as razões das opiniões dos juízes adjuntos e jurados e os meios de prova por eles eventualmente indicados, com o que não deixa o preceito de sublinhar a importância que atribui ao registo destes dados pelo juiz presidente de tribunal sempre que o considere necessário para a elaboração da sentença, quer seja ele a fazê-lo, quer a elaboração fique eventualmente a cargo do juiz que fizer vencimento.

§ 3 Em todo o caso e apesar de a norma não condicionar a apreciação discricionária do juiz presidente, será sobretudo nos processos de maior dimensão e complexidade que se colocará a necessidade de recurso à colaboração de oficial de justiça para os fins aqui previstos, que o juiz presidente pode sempre limitar a algumas das sessões deliberativas.

§ **4** O sentido da destruição das notas imposta pelo n.º 3 será o de prevenir o conhecimento das mesmas por terceiros, ainda que inadvertidamente, garantindo assim o segredo da deliberação e votação a que se reporta o artigo seguinte, pelo que vale para qualquer forma de registo utilizada.

ANTÓNIO LATAS

Artigo 367.º
Segredo da deliberação e votação

1 – Os participantes no ato de deliberação e votação referido nos artigos anteriores não podem revelar nada do que durante ela se tiver passado e se relacionar com a causa, nem exprimir a sua opinião sobre a deliberação tomada, salvo o disposto no n.º 2 do artigo 372.º

2 – A violação do disposto no número anterior é punível com a sanção prevista no artigo 371.º do Código Penal, sem prejuízo da responsabilidade disciplinar a que possa dar lugar.

Origem do texto: corresponde à redação originária aprovada pelo DL 78/87, com a alterações introduzidas pelos DL 317/95 e L 48/2007. O DL 317/95 atualizou a anterior referência do n.º 2 ao art. 491.º CP (Revelação de segredo de justiça), substituindo-a pelo art. 371.º CP, que passou a punir a Violação de segredo de justiça em termos que se mantêm. Por sua vez, a L 48/2007 alterou o n.º1, acrescentando-lhe a parte final, «salvo o disposto no n.º 2 do artigo 372.º».

Sumário do comentário:
I – O n.º 1 – âmbito do segredo (§§ 1, 2)
II – Voto de vencido – remissão (§§ 3, 4)
III – Tutela penal do segredo (§§ 5 a 8)

I – O n.º 1 – âmbito do segredo

§ 1 Constituindo a norma inaugural da *Sentença* enquanto subfase do Julgamento, o n.º 1 afirma o princípio do segredo da *deliberação e votação* do tribunal, que precede a elaboração da decisão judicial que conhece, a final, do objeto do processo, pondo-lhe termo (art. 97.º), sujeitando todos os que tomem parte na deliberação e votação ou que a elas assistam, ao dever de nada revelar do que se passe durante o *procedimento de deliberação* que se relacione com a causa e proibindo-os de exprimir qualquer opinião sobre qualquer aspeto da deliberação que tiver sido tomada, ressalvando-se apenas o direito dos juízes – não reconhecido aos jurados – a proferir *voto de vencido*, nos termos do art. 372.º/2.

§ 2 Embora a norma se refira, paradigmaticamente, ao segredo da deliberação e votação de tribunal colegial que precede a elaboração de acórdão, a mesma abrange igualmente a tomada de decisão por tribunal singular, quer porque a lei não distingue, quer porque não se vê razão para que a tutela penal não abranja declarações do secretário que colabore com tribunal singular na tomada de decisão (*v.g.* em processo de maior dimensão ou complexidade – *supra* § 2 do comentário ao art. 365.º e §2 do comentário ao art. 366.º), nomeadamente tomando notas e auxiliando o juiz na organização dos diversos meios de prova durante o respetivo processo decisório.

II – O voto de vencido – remissão

§ 3 O voto de vencido, a que se reporta o art. 372.º/2, não era admitido em primeira instância desde a versão originária do CPP mas passou a estar previsto em matéria de direito com alteração introduzida ao art. 372.º/2 pela L 59/98, sem que, porém, tal alteração tivesse sido acompanhada de alteração a este n.º 1, que manteve a sua redação. Só após alargamento do voto de vencido à decisão sobre a matéria de facto com a L 48/2007, que modificou a redação do n.º 2 do art. 372.º, veio a ser introduzida pela mesma lei a ressalva da parte final deste n.º 1 – sobre a matéria do voto de vencido e seus limites, v. §§ 8 a 18 do comentário de MOURAZ LOPES ao art. 372.º

§ 4 Ao dispor que «*... se algum dos juízes assinar vencido, declara com precisão os motivos do seu voto.*», o art. 372.º/2 abrange tanto a declaração do juiz que votou vencido relativamente a algumas das questões de facto e de direito sobre as quais o tribunal deliberou, como a declaração de juiz que tenha acompanhado a votação dos seus pares, mas que *assine vencido* quanto a aspeto determinado da fundamentação de alguma daquelas questões que, pela sua relevância, entende dever explicitar. Fora do *voto de vencido*, é comum ver-se ainda a assinatura de algum dos juízes (nomeadamente do presidente de tribunal coletivo ou presidente da secção nos tribunais superiores) ser acompanhada de declaração, *prater legem*, em que explica as razões de ter alterado posicionamento jurídico anterior, tal como é costume fazer-se em decisão singular.

III – Tutela penal do segredo

§ 5 O n.º 2 prevê um crime de mão própria, ao estabelecer a responsabilidade penal pela revelação *do que durante ela se tiver passado e se relacionar com a causa ou por exprimirem a sua opinião sobre a deliberação tomada,* apenas *dos que participem na deliberação ou a ela assistam*, abarcando, do ponto de vista subjetivo, os juízes do tribunal coletivo, incluindo os que integram o tribunal do júri, os jurados e o funcionário judicial que participe no ato da deliberação de tribunal colegial, aqui se contando os casos em que, eventualmente, o secretário foi chamado a colaborar com o tribunal singular na organização do respetivo processo decisório (supra §2), sem prejuízo da responsabilidade disciplinar a que magistrados e funcionários possam estar sujeitos no caso concreto.

§ 6 A sujeição dos magistrados, jurados e oficiais de justiça a responsabilidade penal pela violação do segredo da deliberação e votação do tribunal – em regra colegial, mas também singular (relativamente a oficial de justiça) –, que precede a prolação da decisão final (acórdão ou sentença penal), constitui uma especificidade daquela proteção no âmbito dos Crimes contra a realização da justiça (arts. 359.º a 386.º, CP) e, em especial, da Proteção do segredo de justiça (art. 371.º CP), constituindo o n.º 2 cláusula de extensão da tipicidade face ao art. 371.º CP ao punir a *emissão de opinião sobre a deliberação tomada* por quem nela participou ou a ela assistiu nos mesmos termos em que é punida *a divulgação do que se passou no ato da deliberação,* vedado ao público em geral.

§ **7** A permissão de emissão de opinião sobre a deliberação pelos juízes do tribunal colegial através de *voto de vencido* em matéria de facto ou de direito, não abrange os jurados (art. 372.º/2), pelo que será típica a conduta de jurado que faça acompanhar a assinatura do acórdão de declaração em que emita opinião (ou *revele factos*) sobre a deliberação tomada, sem prejuízo de o poder fazer a coberto de invocação de inconstitucionalidade da norma que restringe a declaração de voto aos juízes do tribunal coletivo.

§ **8** A proteção do segredo da deliberação visará assegurar a coesão e autoridade da decisão, na medida em que o conhecimento – quase inevitavelmente parcial e descontextualizado -de alguns aspetos do processo decisório, pode afetar a força conformadora da decisão judicial, mas também na medida em que a divulgação indevida pode pôr em causa o interesse público na plena e livre participação de todos os membros do tribunal (incluindo os jurados) na decisão, sem terem que temer a revelação de discordâncias, dúvidas ou hesitações manifestadas, fora do quadro das declarações de voto legalmente previstas.

António Latas

Artigo 368.º
Questão da culpabilidade

1 – O tribunal começa por decidir separadamente as questões prévias ou incidentais sobre as quais ainda não tiver recaído decisão.

2 – Em seguida, se a apreciação do mérito não tiver ficado prejudicada, o presidente enumera discriminada e especificamente e submete a deliberação e votação os factos alegados pela acusação e pela defesa e, bem assim, os que resultarem da discussão da causa, relevantes para as questões de saber:

a) Se se verificaram os elementos constitutivos do tipo de crime;

b) Se o arguido praticou o crime ou nele participou;

c) Se o arguido actuou com culpa;

d) Se se verificou alguma causa que exclua a ilicitude ou a culpa;

e) Se se verificaram quaisquer outros pressupostos de que a lei faça depender a punibilidade do agente ou a aplicação a este de uma medida de segurança;

f) Se se verificaram os pressupostos de que depende o arbitramento da indemnização civil.

3 – Em seguida, o presidente enumera discriminadamente e submete a deliberação e votação todas as questões de direito suscitadas pelos factos referidos no número anterior.

Origem do texto: corresponde à redação originária aprovada pelo DL 78/87.

Jurisprudência vinculante: ac. STJ/FJ 4/2016 (Costa Pereira).

Sumário do comentário:

I – Considerações genéricas

§ 1 Este art. 368.º reporta-se à primeira das duas categorias consideradas pelo CPP/87 para efeitos de deliberação e votação, relativamente às diversas questões que cabe ao tribunal apreciar na decisão final a proferir após o encerramento da discussão da causa, agrupando em cada uma delas as questões que unifica sob a designação comum da respetiva epígrafe: *Questão da culpabilidade* (art. 368.º) e *Questão da determinação da sanção* (art. 369.º).

§ 2 Deve falar-se, pois, com propriedade, num conceito processual de *questão da culpabilidade,* que engloba todas as questões que se referem às diversas matérias da responsabilidade criminal e da responsabilidade civil conexa com a criminal, enumeradas nos números e alíneas do art. 368.°, incluindo as questões prévias e incidentais de natureza processual e substantiva com elas relacionadas, sobre as quais não tenha recaído decisão.

II – Questões prévias ou incidentais – o n.º 1

§ **3** Ao dispor que o tribunal começa por decidir separadamente as questões prévias ou incidentais ainda não conhecidas, o n.º 1 reporta-se às questões a que se referem os arts. 311.º e 338.º (para cujos comentários se remete), ou seja, as questões que obstem à apreciação do mérito da causa, começando por decidir da sua competência caso a questão se coloque e prosseguindo pela ordem de precedência resultante do respetivo efeito na questão de mérito.

a) A votação

§ **4** Na falta de norma especial, a deliberação sobre as questões prévias ou incidentais é tomada por maioria simples de votos, de acordo com a regra geral do art. 365.º/5. No entanto, uma vez que não se refere à enumeração e votação discriminada das questões prévias ou incidentais, contrariamente aos n.ºs 2 e 3, o n.º 1 abre-se à sua votação *global* ou pelo resultado, a que se refere PINTO DE ALBUQUERQUE, 2011, p. 948, quando se coloque a hipótese de verificação de mais que uma daquelas *questões* e os juízes se encontrem divididos. Assim, inspirando-nos no exemplo deste último autor, se um juiz vota pela prescrição do procedimento criminal, outro vota pela verificação do caso julgado, sem que qualquer deles vote pela hipótese *alternativa*, e outro ainda vota pela inexistência de qualquer obstáculo à apreciação de mérito, a votação *separada* das questões da prescrição e do caso julgado, levariam a que se conhecesse de mérito, podendo o arguido vir a ser condenado apesar de dois dos três juízes entenderem existir obstáculo (embora diferente) à apreciação de mérito, o que seria injusto.

§ **5** O tribunal não começará por conhecer de questão que em abstrato se configure como prévia ou incidental relativamente à apreciação de mérito se no caso concreto não poder conhecer dela de imediato, em virtude de a sua apreciação depender de decisão a proferir em matéria de facto e mesmo de eventual qualificação jurídica que se lhe siga, como sucederá, paradigmaticamente, com a prova de factos relevantes para a prescrição do crime ou de outra causa de extinção da responsabilidade criminal. Nessas hipóteses, o tribunal não pode deixar de começar por deliberar sobre a matéria de facto de que dependa a decisão da questão prévia, com a amplitude que o caso imponha, podendo mesmo mostrar-se adequada, como sucede com alguma frequência na prática judiciária, a apreciação da *questão prévia ou* incidental só depois de decisão sobre a totalidade da matéria de facto a apreciar e de qualificação jurídico-penal, ainda que parcial, desses mesmos factos.

§ **6** A ordem subjacente à sequência estabelecida a título indicativo pelo art. 368.º para a apreciação e decisão das diversas questões relacionadas com a questão da culpabilidade é, pois, a ordem que resulta das regras da precedência lógica e da prejudicialidade, de acordo com as quais, nos termos do art. 608.º/2 CPC, *ex vi* art. 4.º, na sentença «O juiz deve resolver todas as questões .... excetuadas aquelas cuja decisão esteja prejudicada pela solução dada a outras...», tendo presentes o princípio da economia processual, a disciplina substantiva dos institutos envolvidos na decisão da *questão da culpabilidade* e a estrutura e requisitos da sentença previstos no art. 374.º

§ **7** Dado que a parte final do n.º 1 ressalva as questões sobre as quais ainda não tiver recaído decisão importa lembrar aqui especialmente o ac. STJ/FJ 2/9, 16.05.1995 (Costa Pereira), segundo o qual "*A decisão judicial genérica transitada e proferida ao abrigo do artigo 311.º, n.º 1, do Código de Processo Penal, sobre a legitimidade do Ministério Público, não tem o valor de caso julgado formal, podendo até à decisão final ser dela tomado conhecimento*", entendimento que continua a ser pacificamente seguido.

b) A deliberação pelo tribunal do júri

§ **8** Pode ler-se em Pinto de Albuquerque, 2007, p. 71 (também em 2011, p. 947) e no ac. RC, 18.5.2011(Orlando Gonçalves), que os jurados só intervêm sobre as questões da culpabilidade e da determinação da sanção, mas não decidem sobre as questões prévias ou incidentais nem das questões civis conexas com a responsabilidade criminal, as quais seriam decididas apenas pelos juízes que integram o tribunal coletivo.

§ **9** Aquela conclusão assentaria nos termos literais do art. 2.º/3 RJ («*O júri intervém na decisão das questões da culpabilidade e da determinação da sanção*»), pois conforme pode ler-se no citado ac RC, de 18.5.2011, « *As questões prévias ou incidentais, a que se alude no próprio art.368.º, n.º 1 do C.P.P., porque não se integram propriamente nas questões da culpabilidade e da determi-*

nação da sanção, não compete ao Tribunal do Júri, conhecer delas». Também Robalo Cordeiro, 1995, p.312, apesar de começar por referir em face do n.º 2 que «Os membros do tribunal (juízes e jurados) intervêm, aparentemente sem qualquer exclusão nem restrições, na apreciação e votação de todas as matérias que constituem objeto de deliberação», contrapõe em nota (104) que, «... *porém, a Proposta de Lei sobre o regime do júri veio posteriormente consignar, no art. 2.º-3, que o "júri intervém na decisão das questões da culpabilidade e da determinação da sanção*", com o que parece atribuir a esta norma valor de argumento contra a leitura do art. 365.º/2 que deixou em texto e que nos parece ser a correta.

§ **10** Na verdade, afigura-se-nos não haver razão para fazer decorrer do art. 2.º/3 RJ que os jurados intervêm apenas em parte das questões a decidir pelo tribunal do júri, pois tal conclusão não tem fundamento bastante na letra daquele preceito do RJ, nem corresponde ao figurino legal do tribunal do júri entre nós. Em primeiro lugar, o plural, gramaticalmente adequado, com que o art. 2.º/3 RJ se refere às *questões* da culpabilidade e da determinação da sanção, não permite concluir que o preceito se refira às questões substantivas da culpabilidade e não à *Questão da culpabilidade,* que tem o sentido processualmente assumido na epígrafe do art. 368.º, em contraponto com a epígrafe do art. 369.º (*supra* §§1 e 2), tanto mais que o RJ, sendo do mesmo ano (1987) é posterior à versão originária do CPP (que se mantém), pelo que o art. 2.º/3 RJ dificilmente deixaria de ter em conta ser esta a epígrafe do art. 368.º e que neste preceito se incluem outras questões para além das questões substantivas relativas à responsabilidade penal.

§ **11** Em segundo lugar, o tribunal do júri não é um tribunal bifurcado, assente na repartição de competências entre os juízes profissionais e os jurados, mas antes um verdadeiro *tribunal misto*, constituído por juízes profissionais e pelos jurados, que conhece indiferenciada e unitariamente tanto de questões de facto como de direito, na linha do modelo alemão de tribunal de escabinos (Paulo Dá Mesquita, 2010, p. 202).

§ **12** Assim, as referências unitárias do art. 368.º ao *tribunal* reportam-se indistintamente ao julgamento pelo tribunal singular, coletivo ou do júri, sem repartição de competências no *interior* dos tribunais de composição colegial, cabendo ao tribunal de júri decidir unitariamente das questões prévias ou incidentais e das questões civis conexas com as criminais, nos mesmos termos em que lhe cabe deliberar e votar sobre as demais questões de direito, nomeadamente todas as relativas à determinação da responsabilidade penal do arguido e à determinação da sanção, independentemente da sua maior ou menor complexidade técnico jurídica.

III – Procedimento para a decisão em matéria de facto – o n.º 2

§ 13 O n.º 2 estabelece o procedimento a seguir internamente pelo tribunal na decisão da matéria de facto, quando da decisão de questão prévia ou incidental não tiver resultado prejudicada a decisão de mérito, nomeadamente por não ter sido possível decidir sobre causa de extinção da responsabilidade criminal ou outra que dependa de decisão prévia sobre a matéria de facto provada (*supra* §§4 e 5).

§ 14 O n.º 2, referindo-se aos factos que integram a discussão da causa pela respetiva fonte formal, ou seja, aos factos alegados pela acusação, pela defesa e os resultantes da discussão da causa, sendo estes os factos que foram levados à discussão através de prova produzida em audiência apesar de não constarem daqueles articulados (art. 339.º/4), faz recair sobre o presidente do tribunal o dever procedimental de enumerar, de forma discriminada e especificada, os factos que, de entre aqueles, sejam relevantes para a decisão das diversas questões em que se desdobra a responsabilidade penal do arguido e a responsabilidade civil conexa com a criminal, do arguido ou outros demandados, de forma a que o tribunal delibere sobre eles por maioria simples de votos (art.365.º/3).

§ 15 Nem todo o conteúdo da acusação ou pronúncia, ou da contestação, relevará para a decisão sobre as diversas questões enumeradas nas alíneas do n.º 2, designadamente quando se trate de meras alegações genéricas ou conclusivas, mas o tribunal deve deixar clara na sentença a razão para não deliberar sobre o conteúdo daqueles articulados que considere irrelevante, para que aquela omissão não se confunda com omissão de deliberação sobre factos relevantes para a decisão da causa que tenham sido alegados na acusação ou na contestação (ou que tenham resultado da discussão da causa). Omissão que pode gerar o vício de insuficiência da matéria de facto provada para a decisão (*insuficiência para a decisão da matéria de facto provada*, na formulação legal) a que se reporta o art. 410.º/2, tal como a falta de enumeração de factos (entre os provados ou não provados) sobre os quais o tribunal tenha deliberado gera a nulidade de sentença prevista no art. 379.º/1 a).

§ 16 A enumeração dos factos referida no n.º 2 não significa que o presidente deva fazer uma lista de todos os factos pertinentes, como se elaborasse quesitos, pois os factos relevantes encontrar-se-ão descritos na acusação (ou pronúncia) ou na contestação e apenas quanto aos factos que possam resultar da discussão da causa e que, portanto, não tenham sido alegados em qualquer dos articulados, se imporá a formulação do respetivo enunciado pelo juiz presidente, o que sempre se impõe previamente nos casos a que respeitam os arts. 358.º e 359.º

§ **17** Diferentemente se passavam as coisas na vigência do CPP/29 que, nos julgamentos com tribunal coletivo ou com intervenção do júri, previa a organização e leitura de quesitos em matéria de facto, que podiam ser objeto de reclamação, após o que o tribunal recolhia para deliberar, procedendo então à discussão e votação da matéria de facto, de forma a responder especificadamente a cada um dos quesitos sem qualquer declaração ou fundamentação. À decisão em matéria de facto, segue-se então a decisão em matéria de direito.

§ **18** Sucede frequentemente na prática judiciária que só no momento da deliberação, iniciada após o encerramento da discussão com a consequente interrupção da audiência para posterior deliberação e leitura da decisão final (art. 361.º/2), é que o tribunal (colegial ou singular) se dá conta de que podem ter resultado da discussão da causa factos relevantes para a decisão de alguma das questões enumeradas nas diversas alíneas do n.º 2, que não tivessem sido alegados nos articulados. Só então é reaberta a audiência para que seja dado cumprimento ao disposto nos arts. 358.º ou 359.º, com o que se reabre a discussão da causa com eventual produção de prova, prolação de alegações e tomada de (novas) declarações finais ao arguido que entenda prestá-las, em termos idênticos aos verificados quando o tribunal careça de reabrir a audiência para que se produza prova sobre os factos anteriormente considerados (*supra* comentários §§ 24 a 26 ao art. 365.º).

§ **19** Terminada a deliberação e votação relativamente aos factos, o presidente deve enumerar discriminadamente as diversas questões de direito que aqueles suscitem, nomeadamente à luz da discriminação legal do n.º2, e submetê-las a discussão (v. §§ 15 e 16 do comentário ao art. 365.º) e votação, decidindo por maioria simples de votos cada uma delas (art. 365.º/5).

ANTÓNIO LATAS

Artigo 369.º
Questão da determinação da sanção

1 – Se, das deliberações e votações realizadas nos termos do artigo anterior, resultar que ao arguido deve ser aplicada uma pena ou uma medida de segurança, o presidente lê ou manda ler toda a documentação existente nos autos relativa aos antecedentes criminais do arguido, à perícia sobre a sua personalidade e ao relatório social.

2 – Em seguida, o presidente pergunta se o tribunal considera necessária produção de prova suplementar para determinação da espécie e da medida da sanção a aplicar. Se a resposta for negativa, ou após a produção da prova nos termos do artigo 371.º, o tribunal delibera e vota sobre a espécie e a medida da sanção a aplicar.

3 – Se, na deliberação e votação a que se refere a parte final do número anterior, se manifestarem mais de duas opiniões, os votos favoráveis à sanção de maior gravidade somam-se aos favoráveis à sanção de gravidade imediatamente inferior, até se obter maioria.

Origem do texto: corresponde à redação originária aprovada pelo DL 78/87.

Sumário do comentário:

I – Determinação da sanção – a decisão preliminar entre duas vias alternativas (§§ 1 a 5)

II – Alegações sobre a determinação da sanção (§§ 6 a 8)

III – Procedimento comum de deliberação e votação para determinação da sanção (§§ 9 a 13)

a) O n.º 3 (§§ 14 a 17)

I – Determinação da sanção – a decisão preliminar entre duas vias alternativas

§ 1 Os n.ºs 1 e 2 acolhem um verdadeiro pressuposto da deliberação sobre a determinação da espécie e medida da sanção (v. §4 do comentário ao art. 365.º), ao estabelecerem que (só) depois de a deliberação sobre a *Questão da culpabilidade* concluir pela aplicação de pena ou medida de segurança, o tribunal deve debruçar-se sobre a determinação da sanção, começando por decidir, preliminarmente, qual a modalidade de determinação concreta da sanção a seguir no caso concreto: (a) decisão imediata com base nos elementos juntos aos autos ou (b) decisão após reabertura da audiência nos termos do art. 371.º

§ 2 Para a tomada daquela decisão preliminar, dispõe o n.º 1 que o presidente deve ler ou mandar ler (ao funcionário que eventualmente o coadjuve – art. 366.º) os elementos documentais que enumera, ou seja, documentação relativa aos antecedentes criminais, à perícia sobre a personalidade e ao relatório social, os quais poderão ter sido juntos ao processo em momento anterior à audiência de discussão e julgamento, ou no decurso desta, quer para efeitos de determinação da sanção (v. art. 283/3/b) e h) e 370.º/1), quer ainda com vista a decisão sobre medida de coação (art. 213.º/4) e, ainda, no que respeita à perícia sobre a personalidade, a decisão sobre a culpa do agente (v. art. 160.º/1 e comentários respetivos).

§ **3** A menção, inédita, do n.º 1 à leitura pelo presidente dos elementos documentais juntos aos autos com relevância para a determinação da sanção, visará assegurar que todos os membros do tribunal colegial tomem conhecimento do conteúdo dos documentos antes da decisão, o que poderá revelar-se particularmente relevante no julgamento pelo tribunal do júri, mas também nas hipóteses de julgamento pelo tribunal coletivo em que o processo não vá com vista aos restantes juízes (art. 314.º e comentário respetivo).

§ **4** Pode ainda o tribunal atender neste momento a outros meios de prova que tenham sido produzidos na fase anterior da audiência, nomeadamente para decisão *da questão da culpabilidade ou aplicação de medida de caução ou de garantia patrimonial,* como será o caso de prova testemunhal (v. art. 128.º/2) ou de perícia sobre o estado psíquico do arguido para efeitos de decisão sobre a inimputabilidade, uma vez que a lei não estabelece qualquer proibição de valoração daquela prova para efeitos de determinação da sanção, não obstante o modelo de *césure* mitigada adotado e a restrição à produção de prova testemunhal constante do citado art. 128.º/2 – v. Pinto de Albuquerque/2007 p. 348, que qualifica como mera irregularidade a violação daquele art. 128.º/2 e comentário de Luís Lemos Triunfante àquele mesmo art. 128.º, Tomo II.

§ **5** Depois de lidos aqueles elementos documentais ou ponderados outros eventualmente juntos aos autos ou produzidos em audiência, o presidente colhe a resposta do tribunal sobre a suficiência dos elementos já disponíveis, para a escolha e medida da pena ou da medida de segurança, mediante deliberação e votação por maioria simples, nos termos do art. 365.º/5. Na hipótese de resposta negativa sobre a suficiência da prova disponível, terá lugar a reabertura de audiência nos termos do art. 371.º (v. *infra*) e na hipótese de resposta positiva o n.º 2 refere apenas que o tribunal delibera e vota sobre a sanção a aplicar (v. *infra*).

II – Alegações sobre a determinação da sanção

§ **6** A lei não prevê neste art. 369.º que os sujeitos processuais profiram alegações quando o tribunal delibere imediatamente sobre a determinação da sanção, assim como não prevê *expressamente* no art. 371.º a reabertura da audiência para alegações quando não considere necessária prova suplementar, sendo certo que na *law in books* a discussão da causa antes encerrada (art. 361.º) terá versado apenas sobre a questão da culpabilidade, ainda que na prática seja comum a alegação versar também sobre a determinação da sanção.

§ **7** Assim, tendo em conta a relevância das alegações sobre todo o objeto da audiência, em que o art. 339.º/4 inclui a matéria da determinação da sanção, como não poderia deixar de ser, prevendo mesmo o art. 360.º/4 a suspensão das alegações para que possam abarcar meios de prova a produzir supervenientemente, o tribunal deve assegurar que os sujeitos processuais possam alegar sobre a matéria da determinação da sanção, se ainda não o tiverem feito, sob pena de irregularidade a reparar nos termos do art. 123.º

§ **8** Assim, o tribunal sempre pode reabrir a audiência para que os sujeitos processuais possam alegar sobre a determinação da sanção quando não o tenham feito anteriormente, quer a partir de interpretação dos termos do art. 371.º, quer nos termos do art. 4.º e do art. 340.º, à luz do qual entendemos poder o tribunal reabrir a audiência para produção de prova relativa à questão da culpabilidade mesmo depois de formalmente encerrada a discussão (v. *supra* § 26 do comentário ao art. 365.º).

III – Procedimento comum de deliberação e votação para determinação da sanção

§ **9** Quer o tribunal tenha considerado suficientes os elementos juntos aos autos, quer tenha determinado e concluído a reabertura de audiência, o procedimento subsequente a seguir é igual em ambos casos: o tribunal, seguindo as regras genericamente previstas nos artigos 365.º a 367.º e ainda no n.º 3, delibera e vota sobre a sanção a aplicar no caso concreto.

§ **10** Não obstante a potencial abrangência da sua epígrafe e contrariamente à opção seguida no art. 368.º relativamente à *questão da culpabilidade*, o art. 369.º não enumera as diferentes operações em que pode desdobrar-se o procedimento deliberativo a seguir pelo tribunal na *determinação da espécie e da medida da sanção a aplicar*; não obstante a diversidade e complexidade das questões a decidir, em contraste com a legislação penal e processual penal anterior ao atual CPP.

§ **11** Em todo o caso, o n.º 2 refere-se a deliberação e votação sobre a *espécie e medida da sanção a aplicar*, o que, em articulação com a regra geral do art.

365.º/3, implicará deliberação e votação autónomas sobre as diversas questões suscitadas pelo regime substantivo a que se reportam os capítulos IV a VIII do CP que, no momento da aplicação da pena ou medida de segurança, possam implicar a *escolha entre mais que uma espécie de pena*, seja ela principal, acessória, de substituição ou relativamente indeterminada, tanto no *confronto* entre elas, como nos casos em que a espécie de pena se abra a novas opções no caso concreto (*v.g.* as diferentes penas de substituição aplicáveis a pessoas singulares ou coletivas), mas também a escolha entre mais que uma medida de segurança – *v.g.* medida de internamento de inimputável (art. 90.º CP) *versus* medida substitutiva de suspensão da execução do internamento (art. 99.º CP).

§ **12** O tribunal deve, ainda, deliberar e votar autonomamente sobre os diversos aspetos da decisão final que, em sede de determinação da sanção, respeitam *à quantificação da sanção* (quer respeite ao tempo de pena principal ou acessória ou de medida de segurança – *v.g.* arts 99.º e 100.º, CP – quer ao *quantum* de pena pecuniária), incluindo a decisão de questões que se refletem sobre a moldura abstrata, pelas quais começará a deliberação, como seja a verificação dos pressupostos da atenuação especial da pena *ope judicis* e da reincidência, na medida em que dependem de ponderação do tribunal em cada caso concreto.

§ **13** Assim, ilustrativamente, o tribunal deliberará e votará autonomamente sobre a pena principal eventualmente aplicável em alternativa, a medida concreta da pena principal escolhida, a sua substituição por pena de substituição aplicável ou se opta pela prisão efetiva, deliberando em seguida sobre a modalidade de cumprimento da prisão efetiva ou a sobre qual a pena de substituição a aplicar, se for esta a opção, respetiva medida e modalidades legalmente aplicáveis, bem como sobre pena acessória eventualmente aplicável, sem prejuízo da agilização do procedimento que não ponha em causa a regra do art. 365.º/2, segundo a qual o voto sobre cada uma das questões não deve ser determinado pelo voto expresso sobre outras.

a) O n.º3

§ **14** As deliberações são tomadas por maioria simples de votos pela forma estabelecida no art. 365.º, mas caso se manifestem mais de duas opiniões o n.º 3 consagra regra especial sobre a deliberação e votação nessas hipóteses, ao determinar que os votos favoráveis à sanção de maior gravidade somam-se aos votos favoráveis à sanção de gravidade imediatamente inferior, até se obter maioria, o que vale para qualquer das questões em que se desdobra a determinação da sanção, independentemente do sentido do voto que tenham expresso sobre outras, o que implica que cada uma das questões deve ser votada autonomamente – v. art. 365.º/3 e respetivos comentários.

§ 15 Assim, por exemplo, se relativamente à medida concreta da pena principal de multa um dos três juízes do tribunal coletivo votou pela aplicação de 4 meses de multa, outro dos juízes por 3 meses e outro ainda pela aplicação de 3 meses e 15 dias, a medida da pena deliberada pelo tribunal coletivo é de 3 meses e 15 dias de multa: o voto do juiz que se pronunciou pela sanção de maior gravidade (4 meses) somou-se ao voto da sanção de gravidade imediatamente inferior, formando-se assim maioria de dois votos relativamente à pena de 3 meses e 15 dias de prisão, contra um voto na pena de 3 meses. Votando de seguida quanto ao montante diário de multa vale a mesma regra, podendo suceder que o montante diário votado por maioria não corresponda ao voto do juiz que antes votara na medida da pena de multa aplicada (3 meses e 15 dias).

§ 16 Na falta de critério expresso, parece dever entender-se ser mais grave a sanção que limite mais intensamente a liberdade do arguido, considerando-se que pena pecuniária é sempre menos grave que pena privativa da liberdade independentemente do respetivo montante daquela e da modalidade de cumprimento desta.

§ 17 Porém, na medida em que o CPP não gradua ou hierarquiza as diversas penas, para efeitos do n.º 3, tal como não enumera quais as diversas questões a decidir autonomamente em sede de determinação da sanção, nem a ordem da respetiva deliberação e votação, vale a respeito de todas elas o que resulta da lei substantiva (v., parcialmente, *supra* §§11 a 13), podendo formar-se posições diferentes entre os membros do tribunal, caso em que este deve deliberar e votar previamente quais as questões a decidir autonomamente e qual a ordem respetiva, deliberando subsequentemente em conformidade com o entendimento consensual ou maioritariamente adotado a tal respeito.

ANTÓNIO LATAS

Artigo 370.º
Relatório social

1 – O tribunal pode em qualquer altura do julgamento, logo que, em função da prova para o efeito produzida em audiência, o considerar necessário à correta determinação da sanção que eventualmente possa vir a ser aplicada, solicitar a elaboração de relatório social ou de informação dos serviços de reinserção social, ou a respetiva atualização quando aqueles já constarem do processo.

2 – No caso de arguido menor, se o relatório social ou a informação dos serviços de reinserção social não se mostrar ainda junta ao processo, deve a respetiva junção ocorrer no prazo de 30 dias, salvo se, fundamentadamente, se justificar a respetiva dispensa face às circunstâncias do caso e desde que seja compatível com o superior interesse do menor.

3 – Independentemente de solicitação, os serviços de reinserção social podem enviar ao tribunal, quando o acompanhamento do arguido o aconselhar, o relatório social ou a respetiva atualização.

4 – A leitura em audiência do relatório social ou da informação dos serviços de reinserção social só é permitida a requerimento, nos termos e para os efeitos previstos no artigo seguinte.

5 – É correspondentemente aplicável o disposto no artigo 355.º

Origem do texto: a primitiva redação do art. 370.º é a da versão originária do DL 78/87, que tinha quatro números, correspondentes, em parte, aos atuais n.º 1 a 4, faltando-lhe, pois, norma correspondente ao n.º 5 atual. A 1.ª alteração foi introduzida pelo DL 317/95, de 28 de novembro, passando o n.º 2 a dispor que a solicitação de relatório pelo tribunal, a que se referia o n.º 1, era obrigatória quando a pena eventualmente a aplicar ao menor de 21 anos fosse de prisão efetiva superior a três anos e não apenas de prisão efetiva como anteriormente. A 2.ª alteração, introduzida pela L 59/98, revogou o n.º 2 da versão anterior que previa a obrigatoriedade de solicitação do relatório nos casos nele previstos, e, mantendo quatro números, atualizou a numeração de modo que o anterior n.º 3 passou a ser o n.º 2, o anterior n.º 4 passou a n.º 3 e introduziu nova norma no n.º 4, com o conteúdo do atual n.º 5 (remissão para o artigo 355.º). Concomitantemente, modificou a redação dos n.ºs 1 e da norma que passara para o n.º 3 (anterior n.º 4) , acrescentando ao relatório social a "informação dos serviços de reinserção social", e fazendo depender a solicitação de ambos, no n.º 1, "Da prova para o efeito produzida em audiência"; A 3.ª alteração, resultante da L 48/2007, após a declaração de retificação n.º 105/2007, de 09 de novembro, modificou a norma que antes constava do n.º 3 e que passara para o n.º 2, deixando a iniciativa dos serviços oficiais de reinserção social ali referida de depender de o arguido se encontrar preso preventivamente; A 4.ª alteração, introduzida pela L 33/2019, de 22 de maio, deu origem ao atual n.º 2, cujo texto corresponde ao n.º 2 da versão originária com significativas alterações de conteúdo, passando o n.º 2 da anterior redação a ser agora o n.º 3, o anterior n.º 3 a ser o atual n.º 4 e o anterior n.º 4 a ser o atual n.º 5.

Sumário do comentário:

I – Breves considerações de ordem geral e remissão para os comentários ao art. 1.º als. g) e h) (§§ 1, 2)

II – Os diversos números do preceito (§§ 3 a 20)

I – Breves considerações de ordem geral e remissão para os comentários ao art. 1.º als g) e h)

§ 1 Não obstante a epígrafe, o preceito reporta-se tanto ao "Relatório social" como à "Informação dos serviços de reinserção social", cujas definições legais se encontram, respetivamente, nas alíneas g) e h) do art. 1.º, remetendo-se para os exaustivos comentários de António Gama (§§ 46 a 72, Tomo I) em tudo o que respeita aos respetivos conceitos legais, finalidades processuais, caraterização genérica, princípios reguladores, natureza jurídica, mas também sobre diversas questões relativas ao Julgamento/determinação da sanção, valor probatório e consequências processuais da sua omissão; v. ainda os §§ 41 e 59 do comentário de João Conde Correia ao art. 283.º, Tomo III.

§ 2 Este art. 370.º contém referências aos termos em que, na fase de julgamento, o relatório social e a informação dos serviços de reinserção social, podem, em geral, ser solicitados pelo tribunal ou apresentados por aqueles mesmos serviços (n.º 1) ou devem sê-lo relativamente a arguidos menores (n.º 2), e dispõe ainda sobre a iniciativa dos serviços de reinserção neste domínio (n.º 3), a leitura do *relatório* ou da *informação* em audiência (n.º 4) e a valoração probatória daqueles elementos documentais (n.º 5).

II – Os diversos números do preceito

a) O n.º 1

§ 3 Desde a sua versão originária que o n.º 1 atribui ao tribunal o poder/dever de solicitar a elaboração de relatório social ou de informação dos serviços sociais, bem como a sua atualização quando aqueles já constarem do processo, sempre que os considere necessários para a determinação da sanção, *em qualquer altura do julgamento*. Porém, com a L 59/98 o n.º 1 passou a dispor que aquela solicitação (apenas) pode ter lugar quando o tribunal a considere necessária para a determinação da sanção *em função da prova produzida em audiência para aquele efeito,* com o que terá pretendido evitar a solicitação prematura de *instrumentos* aos serviços de reinserção social que viessem a revelar-se inúteis, obtendo pertinentes ganhos de economia.

§ **4** A referência do n.º 1 à *produção de prova para efeito de determinação da sanção*, remete-nos, na *law in books*, para o momento da reabertura da audiência nos termos do art. 371.º ou, em todo o caso, de acordo com a *law in action*, para momento da audiência em que o tribunal, face à prova produzida, considere muito provável a aplicação de pena ou medida de segurança ao arguido e subsequente necessidade do relatório ou informação social para a determinação da sanção, o que sempre implica não dever aquela solicitação ter lugar, por regra, em momento anterior ao início da audiência, nomeadamente aquando dos atos preliminares a que se reportam os arts. 312.º e 313.º (versão introduzida pela L 94/2021), deste modo se salvaguardando os direitos de personalidade do arguido e o resguardo da sua privacidade, que apenas podem ser sacrificados às necessidades impostas pela determinação da sanção.

§ **5** Em todo o caso, procurando a concordância prática entre os interesses do processo na determinação da sanção, o interesse do arguido em preservar a sua privacidade e vida pessoal e os valores da economia e celeridade, processuais, e tendo em conta a natureza ordenadora da norma do n.º 1 relativamente ao momento da solicitação do relatório ou informação aos serviços de reinserção social, o tribunal não está impedido de solicitar a elaboração de relatório ou *informação* em momento anterior do processo em certos casos, máxime quando o arguido é menor – n.º 2 e art. 283.º/3/ h) ou quando o número de arguidos o aconselhe, nomeadamente do ponto de vista da capacidade de resposta dos serviços de reinserção social. Em todos os casos se impõe o respeito pelo contraditório genericamente imposto no art. 327.º/2.

b) O n.º 2 – arguido menor

§ **6** Desde a sua versão originária (1987) e até à revogação do n.º 2 pela L 59/98, era obrigatória a junção ao processo de relatório social quando o arguido tivesse menos de 21 anos à data da prática do facto e fosse de admitir a aplicação de pena ou medida de segurança privativas da liberdade, com certa gravidade, ou de medida alternativa à prisão que exigisse o acompanhamento por técnico social.

§ **7** Com a L 59/98 deixou de ser obrigatória a solicitação de relatório social em qualquer caso e só com a nova redação do n.º 2 agora introduzida pela L

33/2019, que transpôs para o nosso ordenamento a Diretiva (UE) 2016/800, do Parlamento Europeu e do Conselho, *relativa a garantias processuais para os menores suspeitos ou arguidos em processo penal*, voltou a estabelecer-se regra especial para arguido menor. Exige-se agora, em regra, a solicitação de relatório social ou informação dos serviços sociais, sempre que o arguido seja menor (independentemente da pena ou medida de segurança aplicável), exceto se aquela solicitação for dispensável em função das circunstâncias do caso ou do *superior interesse do menor*

§ 8 A redação atual do n.º 2, que não condiciona a solicitação de relatório social ou de informação dos serviços sociais em função da natureza ou gravidade do crime imputado ao arguido menor (contrariamente à experiência legislativa anterior) e que optou pela alternativa menos abrangente deixada pela Diretiva (UE) 2016/800 (v. *infra* § 10), convoca a ponderação do tribunal sobre a proporcionalidade daquela solicitação, afastando-se de automatismos normativos. O tribunal deixará de solicitar o relatório ou informação, social, sempre que no caso concreto se revele escasso o interesse daqueles instrumentos para a determinação da sanção ou quando o superior interesse do menor no resguardo da sua privacidade e vida pessoal se mostre de tal forma ponderoso no caso concreto, que se justifique prescindir-se dos mesmos, não obstante o interesse que previsivelmente pudessem ter para a determinação da sanção.

§ 9 Quando não for caso de dispensa, o tribunal deve solicitar a elaboração de relatório ou de informação social, bem como a sua atualização, nos termos gerais do n.º 1, no caso de o instrumento respetivo se encontrar junto ao processo, o que tenderá a ser regra, visto que a L 33/2019 introduziu no art. 283.º/3 a norma agora constante da sua al. h), que torna obrigatória a indicação na acusação do relatório social ou de informação dos serviços de reinserção social, quando o arguido for menor, salvo quando tal for prescindível em função do superior interesse do menor.

b.1.) A idade do menor

§ 10 A lei refere-se apenas a *arguido menor,* com o que se reportará apenas aos arguidos maiores de 16 e menores de 18 anos, aquando da realização da audiência de julgamento (tal como o art. 283.º/3 h) se referirá ao momento da dedução de acusação). Com efeito, o atual n.º 2 nada mais diz a respeito da idade do menor, apesar de o art. 370.º – na sua versão originária e na versão do DL 317/95 (*supra* § 4 e *origem do texto*) –, mencionar expressamente o *menor* *de 21 anos à data da prática dos factos* e de a Diretiva (UE) 2016/800 incentivar expressamente os Estados-Membros, nas considerações preliminares (11) e (12), a ampliar as suas disposições a menores que tenham atingido 18 anos de idade depois de instaurado o processo e até que a pessoa em causa atinja 21 anos de idade, o que não terá merecido a adesão do legislador português.

§ 11 O prazo de 30 dias a que se refere o n.º 2 é meramente ordenador para o tribunal, que pode fixar prazo maior ou menor, de acordo com as necessidades concretas do caso e as possibilidades de resposta daqueles serviços.

c) O n.º 3

§ 12 Desde a sua versão originária até à alteração introduzida pela L 48/2007, a norma do atual n.º 3, que se encontrava no n.º 2 até à L 33/2019, previa a possibilidade de envio ou atualização do relatório social por iniciativa dos serviços de reinserção social quando o arguido se encontrasse preso preventivamente. Com a L 48/2007, após a retificação 105/2007, aquela iniciativa dos serviços sociais passou a poder ter lugar em qualquer outra situação em que *o acompanhamento do arguido o aconselhar*. A iniciativa dos serviços de reinserção social, devendo pautar-se pelas exigências do princípio da intervenção mínima, que norteia a sua atividade, pode, no entanto, ser muito relevante, quando o acompanhamento do arguido num determinado processo, *v.g.* a propósito de suspensão da execução de pena de prisão, com ou sem regime de prova, ou de suspensão provisória do processo, aconselha à elaboração de relatório social para juntar a outro processo, nomeadamente para efeitos de determinação da sanção – (V. António Gama, §§ 53 e 57 do comentário ao art. 1.º).

d) O n.º 4 – âmbito e razão de ser da norma e procedimento a seguir

§ 13 Este n.º 4 estabelece que a leitura do relatório social e da informação social em audiência apenas é permitida nos termos e para os efeitos previstos no art. 371.º, o que significa que aquela leitura apenas pode ter lugar com vista à determinação da sanção em audiência reaberta para esse efeito, não sendo admitida aquando da discussão da *questão da culpabilidade*.

§ 14 Por outro lado, o n.º 4 exige – desde a versão originária do CPP/87 para o relatório e que também para a *informação dos serviços sociais* com a L 59/98 –, que a leitura destes instrumentos seja necessariamente antecedida de requerimento e de decisão ponderada do tribunal sobre ele, com o que se visará proteger a dignidade do arguido, acautelando o seu interesse em que se mantenham reservados os dados relativos à sua caraterização social, inserção familiar ou afetiva, hábitos relevantes, situação económico-profissional, competências pessoais ou caraterísticas de personalidade, que constem do relatório social e, tendencialmente em termos mais restritivos, da *informação social* – v. abordagem mais desenvolvida sobre o teor e relevância do relatório social na determinação da sanção em António João Latas, 2010, especialmente pp. 82-88.

§ 15 O requerimento pode ser apresentado pelo sujeito processual que tiver interesse na leitura do relatório em audiência, para efeitos de determinação da sanção, ou seja, em princípio o MP ou o arguido, a quem o preceito não dispensa de requerimento, deixando-se exclusivamente ao tribunal a decisão sobre a leitura e respetiva amplitude no caso concreto.

§ 16 Após apresentação do requerimento e assegurado o direito ao contraditório dos outros interessados (art. 327.º), o tribunal deve decidir se autoriza a leitura depois de ponderados os interesses em causa no caso concreto: por um lado o interesse da leitura para a sujeição do parecer do técnico de reinserção social corporizado no respetivo relatório ou informação a um contraditório mais alargado no caso concreto (V. ponto n.º 64 do art. 2.º da Lei de Autorização Legislativa -L 43/86 de 26 de setembro), por outro, o interesse na preservação da dignidade do arguido na proteção dos dados pessoais em causa

e) O n.º 5

§ 17 A remissão do atual n.º 5 para o art. 355.º foi introduzida pela L 59/98, dela resultando apenas o que já devia entender-se anteriormente (V. Maia Gonçalves, 1998, p. 652, que refere: «*Introdução do dispositivo do n.º4 [atual n.º5] ... não representou qualquer inovação, visto que o art. 355.º já devia ser correspondentemente aplicável*»), sendo certo que o n.º 4 atual consta do preceito desde a sua versão originária.

§ 18 Tal remissão apenas pode compreender-se na medida em que se pretenda evitar dúvidas de que, apesar de o relatório social e a informação social poderem ser sujeitos a mais amplo contraditório na audiência reaberta através da sua leitura, nos termos do n.º 4, a valoração destes documentos processuais, não depende dessa mesma leitura.

§ 19 Com efeito, não pode deixar de entender-se que o relatório social e a informação social valem para a formação da convicção do tribunal, depois de os demais sujeitos processuais terem tido oportunidade de se pronunciar sobre eles (art. 327.º/2), independentemente da sua leitura em audiência, pois isso mesmo é o que se verificará necessariamente, em matéria de determinação da sanção, se a deliberação do tribunal tiver lugar sem reabertura da audiência nos termos dos n.ºs 1 e 2 do art. 369.º (V. supra). Careceria, pois, de sentido exigir-se a sua leitura em audiência para poderem ser valorados só pelo facto de aquela ter sido reaberta, tanto mais que o n.º 4 pressupõe que a sua leitura possa não ser sequer requerida ou que, sendo-o, possa ser indeferida.

§ 20 Em todo o caso, não só o n.º 4 não permite chegar a conclusão diferente se estiver em causa a relevância probatória do relatório social ou da informação social para a questão da culpabilidade, como a remissão expressa do n.º 5 para o art. 355.º, sempre tem o sentido de ser exigível o exame, pelos membros do tribunal, de prova processual pré-constituída, para satisfação do princípio da imediação que aí está em causa, mas sem que tal exame tenha que realizar-se em audiência perante as *partes*, conforme desenvolvidamente exposto por Paulo Dá Mesquita em comentário ao art. 355.º. A leitura do relatório social ou da informação social pelos membros do tribunal satisfaz, pois, o princípio da imediação, que está em causa no art. 355.º, podendo os mesmos ser valoráveis pelo tribunal, mesmo para efeitos da decisão sobre a questão da culpabilidade, independentemente da sua leitura em audiência.

António Latas

ARTIGO 371.º
Reabertura da audiência para a determinação da sanção

1 – Tornando-se necessária produção de prova suplementar, nos termos do n.º 2 do artigo 369.º, o tribunal volta à sala de audiência e declara esta reaberta.

2 – Em seguida procede-se à produção da prova necessária, ouvindo sempre que possível o perito criminológico, o técnico de reinserção social e quaisquer pessoas que possam depor com relevo sobre a personalidade e as condições de vida do arguido.

3 – Os interrogatórios são feitos sempre pelo presidente, podendo, findos eles, os outros juízes, os jurados, o Ministério Público, o defensor e o advogado do assistente sugerir quaisquer pedidos de esclarecimento ou perguntas úteis à decisão.

4 – Finda a produção da prova suplementar, o Ministério Público, o advogado do assistente e o defensor podem alegar conclusivamente até um máximo de vinte minutos cada um.

5 – A produção de prova suplementar decorre com exclusão da publicidade, salvo se o presidente, por despacho, entender que da publicidade não pode resultar ofensa à dignidade do arguido.

Origem do texto: corresponde à redação originária aprovada pelo DL 78/87.

Sumário do comentário:

I – Considerações gerais – reabertura da audiência: pressupostos, finalidades e caraterização geral (§§ 1 a 7)

II – Reinício e objeto da audiência reaberta (§§ 8, 9)

III – Regras da audiência reaberta para determinação da sanção (§§ 10 a 13)

I – Considerações gerais – reabertura da audiência: pressupostos, finalidades e caraterização geral

§ 1 São pressupostos da reabertura da audiência aqui regulada, a deliberação prévia do tribunal no sentido da aplicação ao arguido de pena ou medida de segurança e da necessidade de produção de outras provas para além das que se encontram juntas ao processo (art. 369.º).

§ 2 A reabertura da audiência constitui, pois, o meio próprio de *produção* de prova suplementar necessária para determinação da sanção, quer esta se traduza na produção de novas provas, quer na repetição de provas anteriormente prestadas, constituindo ainda meio adequado de o tribunal *poder dispor* de discussão oral e contraditória entre sujeitos e intervenientes processuais, relativamente às diversas operações substantivas de determinação da sanção, nomeadamente quando esteja em causa escolha de pena de substituição e respetivas modalidades, as quais têm progressivamente aumentando em número e complexidade.

§ **3** Com efeito, ao prever a reabertura de audiência para determinação da sanção, o art. 371.º constituiu-se como preceito emblemático da relevância que o CPP/82 veio atribuir ao conhecimento da personalidade do arguido e da sua inserção social e profissional, para além dos seus antecedentes criminais e de outros aspetos da sua história pessoal, bem demonstrativa do *espírito de intrínseca modernidade inerente àquele Código* (v. José António Barreiros, 1995, p. 285), em que sobreleva o papel reservado pelo CP e depois pelo CPP/87, à ressocialização do arguido expressamente afirmada como uma das finalidades das penas na redação dada ao art. 40.º pela L 59/98.

§ **4** Por outro lado, embora o art. 369.º permita a determinação da sanção apenas com base nos elementos documentais juntos aos autos, o que será suficiente nos casos mais simples e lineares, o recurso sistemático a essa alternativa faz correr o risco sério de desvalorização gradual da imediação e da participação dos diferentes sujeitos processuais na decisão judicial de determinação da sanção, acabando o relatório social por se constituir em prova documental que o tribunal se limita a ler e transcrever, em vez de ser assumido como meio técnico capaz de levar à discussão em audiência matéria factual relevante para a ponderação do tribunal sobre a determinação da sanção no caso concreto, para além de conhecimento especializado e experimentado sobre tais matérias – v. criticamente, § § 11 e 12 do comentário ao art. 160.º

§ **5** Assim, cabe aos sujeitos processuais – com natural destaque para o tribunal, a quem compete a decisão, mas também aos demais, que podem requerer ou sugerir a reabertura da audiência – , *ponderar* seriamente se os fins públicos inerentes às finalidades das penas, não serão mais bem prosseguidos com a reabertura da audiência para determinação da sanção depois de ser conhecida a decisão do tribunal sobre a culpabilidade.

§ **6** Com efeito, a reabertura da audiência depois de decidida a culpa, poderá propiciar maior interesse e disponibilidade da defesa na instrução da determinação da sanção e, por essa via, intervenção do técnico de reinserção social mais dinâmica e focada no caso concreto, tudo permitindo ir mais longe no conhecimento da pessoa do arguido e das suas circunstâncias, mas também obter mais e melhor informação sobre a adequação ao caso concreto das diversas sanções e respetivas alternativas, operações de importância crescente no âmbito da pequena e média criminalidade, face à maior complexidade das situações a julgar e dos instrumentos sancionatórios disponíveis, que assumem especial relevância, *inter alia*, no caso de arguidos jovens ou de vítimas especialmente vulneráveis, como se verifica nos julgamentos por crime de violência doméstica.

§ 7 Maior participação do arguido no concreto processo de decisão, acompanhada de presença mais visível e intervenção mais interativa da parte do tribunal no momento da determinação da sanção, podem ainda contribuir para maior eficácia na futura execução da sanção e na efetiva ressocialização do arguido, a propósito da qual pode dizer-se que não obstante a insatisfação que sempre vai gerando não pode ter-se a mesma por substituída enquanto finalidade das penas. Ponto é, que maior aposta na reabertura da audiência não se transforme em formalismo repetitivo e vazio de sentido, que associe os conaturais custos de economia e celeridade à frustração das suas reais finalidades.

II – Reinício e objeto da audiência reaberta

§ **8** Em face do n.º 1 e tendo presente que a deliberação a que se reporta o art. 369.º não dá origem a qualquer comunicação ou outro ato processual especialmente previsto, no caso de o tribunal se decidir pela produção de prova suplementar (ou por alegações sobre a determinação da sanção, – v. *supra* § 7 do comentário ao art. 369.º), nos termos do n.º 1 o tribunal limita-se a voltar à sala e a declarar reaberta a audiência que declarara encerrada nos termos do art. 361.º (que ressalva expressamente o disposto neste art. 371.º).

§ **9** No entanto, o tribunal deve convocar com antecedência a prova suplementar de natureza pessoal a que se reporta o n.º 2, seja ela constituída pelo técnico social, as testemunhas a ser ouvidas sobre a personalidade e caráter do arguido às suas condições pessoais e conduta anterior, nos termos do art. 128.º/2, para o dia e hora da reabertura da audiência, o que pode ter lugar logo que se torne muito provável para o tribunal a condenação do arguido e a reabertura da audiência, de modo a não sacrificar injustificadamente o interesse num julgamento célere.

III – Regras da audiência reaberta para determinação da sanção

§ **10** Na hora e dia da reabertura da audiência procede-se à audição das pessoas mencionadas no n.º 2 pela ordem aí indicada ou outra que o tribunal entenda mais adequada (v. art. 323.º), estabelecendo o n.º 3 que os interrogatórios são sempre feitos pelo juiz presidente (do tribunal coletivo ou do júri), sem prejuízo dos pedidos de esclarecimento ou de perguntas sugeridas pelos outros juízes, os jurados, MP, defensor ou advogado do assistente.

§ **11** Finda a produção da prova suplementar, têm lugar alegações orais sobre as matérias da determinação da sanção, a proferir pelo MP, o advogado do assistente e o defensor, por esta ordem, tal como expressamente previsto no art. 360.º/1 para as alegações relativas às questões da culpabilidade, de modo que o defensor do arguido possa alegar por último. O preceito não prevê direito a réplica, nem período suplementar para além dos vinte minutos previstos, pelo que as alegações ter-se-ão necessariamente por concluídas depois daquele tempo.

§ **12** O n.º 5 acolhe para a audiência reaberta a regra da exclusão da publicidade, inversa à regra geral da publicidade da audiência, o que se justifica por uma dupla ordem de razões. Por um lado, o fundamento da exclusão da publicidade expressamente mencionado no preceito (prevenir ofensa à dignidade do arguido, que se presume), entronca nas razões que, genericamente, fundamentam o afastamento casuístico da regra da publicidade na audiência – v. arts. 87.º e 321.º e respetivos comentários; por outro, a exclusão da publicidade pode ser afastada mediante despacho do presidente, quando considere que não pode resultar ofensa à dignidade do arguido no caso concreto, o que permite a salvaguarda do princípio da publicidade quando, em concreto, não se justifique o seu sacrifício. Com efeito, pode o presidente, por sua iniciativa ou a requerimento, manter a publicidade da audiência por despacho, que deve ser fundamentado, nos termos do art. 97.º/1/b e 5, e está sujeito a recurso nos termos do art. 399.º

§ **13** Na medida em que a reabertura da audiência para determinação da sanção constitui mera fase eventual da audiência de julgamento, são-lhe aplicáveis os princípios e normas gerais que a regulam, em tudo o que não contrarie as regras especialmente previstas neste art. 371.º

António Latas

Artigo 371.º-A
Abertura da audiência para aplicação retroativa de lei penal mais favorável

Se, após o trânsito em julgado da condenação mas antes de ter cessado a execução da pena, entrar em vigor lei penal mais favorável, o condenado pode requerer a reabertura da audiência para que lhe seja aplicado o novo regime.

Origem do texto: O preceito foi aditado pela L 48/2007, de 29.08.

Jurisprudência vinculante: ac. STJ/FJ 15/2009, de 21.10.2009 (António Jorge Fernando de Oliveira Mendes).

Sumário do comentário:
I – Considerações gerais (§§ 1 a 8)
II – Pressupostos e procedimento (§§ 9 a 30)
III – Incumprimento e consequências (§§ 31 a 33)

I – Considerações gerais

§ **1** A reabertura da audiência prevista no art. 371.º-A tem uma finalidade particular, que não se confunde, por exemplo, com a reabertura da audiência para a determinação da sanção prevista no art. 371.º, uma vez que, como a própria epígrafe indica, destina-se a viabilizar a aplicação retroativa de lei penal mais favorável.

§ **2** Com este mecanismo (art. 371.º-A) visou o legislador, após trânsito em julgado da condenação, mas antes de ter cessado a execução da pena, viabilizar a abertura da audiência, para que o condenado pudesse por qualquer forma beneficiar (e não ser eventualmente prejudicado) com a entrada em vigor de lei penal mais favorável, tendo em vista o disposto no art. 2.º/4, CP e no art. 29.º/4, CRP.

§ **3** Na verdade, o que sucede, por vezes, quando é publicada uma lei penal posterior mais favorável é que é necessário averiguar determinados factos que não foram anteriormente apurados, por serem desnecessários na altura em que foi feito o julgamento e, daí a importância e relevância da realização de uma audiência, que não seria possível se não houvesse norma que a autorizasse, dado os efeitos e natureza do trânsito em julgado da sentença condenatória anterior.

§ **4** No entanto, importa conhecer os limites desta nova audiência efetuada ao abrigo do art. 371.º-A, uma vez que sendo admissível a produção de prova, não são ilimitados os poderes de cognição do tribunal que vai ponderar sobre a aplicação retroativa de lei penal mais favorável.

§ **5** Isto para dizer que, na nova audiência apenas vai estar em discussão a matéria pertinente relativa à aplicação retroativa de lei penal mais favorável (portanto, a discussão vai girar a nível das consequências que decorrem da alteração que foi introduzida pela lei penal mais favorável, que normalmente estão relacionadas *v.g.* com a sanção/pena).

§ **6** De qualquer modo, importa apurar qual o âmbito da nova lei penal mais favorável, para saber até que ponto a reabertura da audiência só vai envolver questões relacionadas com a sanção ou se podem também estar em causa a averiguação de factos relativos à culpabilidade (por exemplo, quando a nova lei penal mais favorável, altera, substituindo, um dos elementos do tipo, que não é inteiramente coincidente com o anterior, isto é, com o vigente à data da sentença condenatória).

§ **7** Aliás, constava da Proposta de Lei n.º 109/X, que esteve na base da introdução do art. 371.º-A, que se prescrevia "a reabertura de audiência para aplicar novo regime mais favorável ao condenado sempre que a lei penal mais favorável não tenha determinado a cessação da execução da pena (artigo 271 .º-A). Esta solução é preferível à utilização espúria do recurso extraordinário de revisão ou à subversão dos critérios de competência funcional (que resultaria da atribuição de competência para julgar segundo a nova lei ao tribunal de execução de penas)."

§ **8** Diferente é a situação em que uma lei posterior descriminaliza ou elimina do número de infrações um determinado facto; nesse caso, não é necessário a realização de audiência uma vez que, por aplicação do disposto no art. 2.º/2 CP, se tiver havido condenação por esse facto, ainda que transitada em julgado, cessam a sua execução e os seus efeitos penais.

II – Pressupostos e procedimento

§ **9** Ora, como resulta do art. 371.º-A, são os seguintes os pressupostos para a abertura da audiência aludida nesta norma: i) haver uma condenação transitada em julgado; ii) ainda não ter cessado a execução da pena aplicada; iii) ter entrado entretanto em vigor uma lei penal mais favorável; iv) que seja requerido pelo condenado a reabertura da audiência para que lhe seja aplicado o novo regime.

§ **10** Na síntese de Paulo Pinto de Albuquerque, 2011, p. 954, "não é admissível a reabertura da audiência: a. depois do trânsito em julgado de sentença absolutória que aplica medida de segurança (contra, Maria João Antunes, 2008, c:339); b. antes do trânsito em julgado de sentença condenatória (também, assim, acórdão do TRL, de 16.10.2007, processo 5585/07-5, seguido por Maria João Antunes, 2008, c: 340); c. quando a lei velha já admitia a faculdade da lei nova e ela não foi aplicada *in casu*, como sucede, por exemplo, se no momento da condenação a pena aplicada já admitia suspensão, mas esta não foi aplicada (acórdão do TRG, de 10.12.2007, processo 2361/07-1); d. quando a lei nova aplicável é *in casu* mais desfavorável, como sucede por exemplo quando se pretende substituir a pena de 8 meses de prisão, resultante da revogação da suspensão da sua execução, pelo cumprimento dessa pena em regime de permanência na habitação (acórdão do TRP, de 7.01.2009, *in* CJ XXXIV, 1, 238)."

§ **11** A apresentação do requerimento não está sujeito a qualquer formalismo especial (embora dele deve constar o pretendido, designadamente, a finalidade da reabertura de audiência, para se perceber o seu alcance) e, apesar de poder ser subscrito pelo próprio condenado ao abrigo do art. 98.º/1, sendo colocadas questões de direito, terá de ser subscrito por advogado, nomeadamente pelo defensor oficioso, quando não houver mandatário constituído.

§ **12** Também o requerimento do arguido/condenado não está sujeito a prazo fixo, embora tenha como limite, por um lado, a entrada em vigor de uma lei penal mais favorável e, por outro lado, que ainda não tenha cessado a execução da pena pelo condenado (o que significa que a condenação já transitou em julgado).

§ **13** O requerimento junto ao processo está sujeita a apreciação pelo juiz, dentro do prazo legal, devendo o mesmo verificar do preenchimento dos pressupostos aludidos no art. 371.º-A e, concluindo afirmativamente designará data para a reabertura da audiência e, caso conclua negativamente, deverá justificar/fundamentar o indeferimento, para se for o caso, a sua decisão ser passível de impugnação/reação por parte dos interessados diretamente por ela afetados (desde logo pelo condenado ou pelo Ministério Público visto o disposto respetivamente no art. 401.º/1/*b*/*a*). Dependendo das particulares circunstâncias de alguns casos, poderá ser útil (para uma melhor decisão), previamente observar o contraditório em relação ao MP e/ou ao assistente.

§ **14** Sendo caso de designar data para reabertura de audiência, a mesma deverá ser indicada para o dia mais próximo possível uma vez que está em causa a aplicação de lei penal mais favorável, o que necessariamente se relaciona com direitos fundamentais do arguido, tanto mais que ainda está em curso a execução de uma pena.

§ **15** A audiência aludida no art. 371.º-A tem de ser gravada, observando-se o formalismo do processo comum, sob pena de nulidade (arts. 363.º e 364.º), sendo documentado o que se passou em ata (art. 362.º).

§ **16** De todo o modo, a reabertura aludida no art. 371.º-A pode ter lugar em forma de processo diferente da comum, uma vez que é seu pressuposto que o condenado ainda não tenha cessado a execução da pena que lhe foi imposta por sentença transitada em julgado (o que pode ter acontecido, por exemplo, em processo sumário ou em processo abreviado e, nada impedindo que também abranja o processo sumaríssimo, face ao disposto no art. 397.º) e que tenha entrado em vigor uma lei penal mais favorável, havendo requerimento do condenado para o efeito.

§ **17** Sendo realizada a audiência a decisão que vier a ser proferida assume a forma de uma sentença ou de um acórdão, conforme for proferida respetivamente pelo tribunal singular ou pelo tribunal colegial (art. 97.º/1/*a*/2).

§ **18** O juiz ou juízes que vão participar *na audiência* a que se refere o art. 371.º-A não tem que ser os mesmos que participaram na audiência anterior, que deu causa à sentença condenatória; por sua vez, o facto do juiz ou juízes terem participado na audiência anterior também não é causa de impedimento para participarem na reabertura da audiência, que equivale a uma nova audiência, aludida no art. 371.º-A.

§ **19** O mecanismo processual previsto no art. 371.º-A, ainda que não seja perfeito, permite melhor executar a norma (aplicação da lei penal mais favorável) que se extrai do art. 29.º/ 4, CRP e que também encontra assento no art. 2.º/4 CP.

§ **20** Apesar do art. 371.º-A se traduzir numa reabertura da audiência, mesmo não estabelecendo o legislador o formalismo a seguir, sempre se poderá sustentar que, a eventual necessidade de articulação de novos factos, pode levar a que o tribunal oficiosamente (portanto, independentemente do contributo do arguido ou dos demais sujeitos processuais) produza prova suplementar, podendo para o efeito recorrer complementarmente ao procedimento previsto no art. 371.º, quando em causa estiver a aplicação retroativa de lei penal mais favorável que, por exemplo antes (à data em que foi proferida a decisão condenatória transitada) não estava prevista na lei, mas que, posteriormente, a lei passou a prever e a admitir.

§ **21** De todo o modo, essa nova audiência (à semelhança do que sucede quando a nova lei penal já entrou em vigor no momento em que é proferida a decisão condenatória e, portanto, em que, na sequência da audiência de julgamento, foi nessa decisão ponderada a sucessão de leis), onde são necessariamente garantidos os direitos de defesa do arguido, bem como o princípio da contrariedade (contraditório), vai permitir ao tribunal equacionar se a nova lei penal contém regime mais favorável ao condenado, quando a sentença condenatória já transitou em julgado, mas ainda não cessou a execução da pena aplicada.

§ **22** Com efeito, se a reforma penal não tiver introduzido alterações no tipo legal dos crimes em questão, nem *v.g.* quanto a causas de justificação ou de não punibilidade, o que ficou fixado na sentença anterior transitada em julgado, a nível da declaração de culpa (ver questões apontadas no art. 368.º/2) é definitivo (não pode ser alterado na nova decisão/sentença a proferir na sequência da reabertura da audiência para efeitos do art. 371.º-A) para qualquer tribunal (sem prejuízo, obviamente, dos pressupostos que justifiquem o recurso de revisão).

§ **23** Não é pelo facto de o tribunal que procede à reabertura de audiência prevista no art. 371.º-A poder ter composição diversa do que proferiu a decisão condenatória (anterior) transitada em julgado que terá de haver uma "repetição da prova", como se se tratasse "de um verdadeiro novo julgamento", tal como defende Paulo Pinto de Albuquerque, 2007, pp. 939 e 940, quando sustenta que a reabertura da audiência prevista no art. 371.º-A é um "verdadeiro novo julgamento em que o Tribunal procede a uma nova valoração dos factos da acusação ou da pronúncia (...)", concluindo pela inconstitucionalidade dos "novos artigos 2, n.º 4, *in fine*, do CP e 371-A do CPP".

§ **24** Entretanto, o Tribunal Constitucional também se pronunciou, nomeadamente, nos Acórdãos n.ºs.164/2008, 265/2008, 201/2010 e 489/2011, pela *não inconstitucionalidade da norma constante do artigo 371.º-A "quando interpretada no sentido de permitir a reabertura de audiência para aplicação de* *nova lei penal que aumenta o limite máximo da pena concreta a considerar, para efeitos de suspensão de execução de pena privativa da liberdade."*

§ **25** Mesmo que não sejam produzidos novos meios de prova e que nada mais se venha a apurar, sempre a realização da audiência (ainda que se destine à apreciação de determinada questão concreta, no caso, a possibilidade de aplicação de uma pena de substituição) é a que oferece maiores garantias de defesa ao arguido e lhe permite contribuir (ainda que a apresentação do seu ponto de vista se limite a mera argumentação jurídica) para a decisão que vier a ser proferida. Daí a opção do legislador quando impôs a realização desse ato processual, independentemente de vir ou não a ser produzida nova prova.

§ **26** Assim, ao prever aqui a reabertura de audiência o legislador ordinário encontrou o mecanismo adequado a limitar os efeitos do trânsito em julgado de uma sentença condenatória, reconhecendo que o princípio da aplicação da lei penal mais favorável deve prevalecer sobre o princípio da salvaguarda do caso julgado penal.

§ **27** Aliás, a audiência é o "lugar" de eleição para o arguido, enquanto sujeito processual, poder exercer os seus direitos de defesa, incluindo o contraditório (art. 32.°/1 CRP) e, também, poder contribuir, participando de forma constitutiva, "na declaração do direito ao caso concreto".

§ **28** O também chamado "*direito de audiência*" (a exercer, neste caso, em audiência), dá a oportunidade, quer à acusação, quer à defesa, de apresentarem as suas "razões" sobre determinada questão concreta, assegurando, também, o acesso a um processo equitativo. O que, de resto, está de acordo não só com o art. 20.°/4 CRP, como com o disposto no art. 6.°/1 CEDH, quando estabelece que "qualquer pessoa tem direito a que a sua causa seja examinada equitativa e publicamente, num prazo razoável por um tribunal independente e imparcial, estabelecido pela lei (...)".

§ **29** Aliás, também o Ac. STJ/FJ 15/2009, de 21.10.2009 (António Jorge Fernando de Oliveira Mendes) fixou a seguinte jurisprudência: *«A aplicação do n.° 5 do artigo 50.° do Código Penal, na redacção da Lei n.° 59/2007, de 4 de Setembro, a condenado em pena de suspensão da execução da prisão, por sentença transitada em julgado antes da entrada em vigor daquele diploma legal, opera-se através de reabertura da audiência, a requerimento do condenado, nos termos do artigo 371.° -A do Código de Processo Penal.»*

§ 30 Nesse acórdão, o STJ acabou por concluir que a única solução compatível com o princípio *non bis in idem*, nas suas duas vertentes era a de que "Só o pedido do condenado e a garantia de que a declaração do direito será feita com a sua participação e a dos demais sujeitos processuais, sob contraditório pleno, asseguram, em absoluto, por um lado, o direito do arguido ao julgamento único, a não modificação arbitrária da sentença e a certeza de que a lei posterior só será aplicada se lhe for indiscutivelmente mais favorável, por outro lado, o direito dos demais sujeitos processuais e da comunidade à estabilidade do decidido em sentença com trânsito em julgado, enquanto meio de tutela dos bens jurídicos e de defesa da ordem jurídica, através da garantia de participação na decisão de aplicação da lei nova de conteúdo mais favorável ao condenado."

III – Incumprimento e consequências

§ 31 Se o requerimento a pedir a reabertura da audiência ao abrigo do art. 371.º-A for apresentado pelo MP ou por um co-arguido absolvido terá de ser indeferido, porque quem tem legitimidade para o mesmo é o arguido/condenado.

§ 32 No caso do requerimento ser apresentado antes do trânsito em julgado da sentença condenatória, também tem de ser indeferido; o mesmo se passa (isto é, tem de ser indeferido) se o requerimento for apresentado depois de ter cessado a execução da pena.

§ 33 Se no momento em que foi proferida a sentença, a pena de prisão de 3 anos aplicada ao arguido podia ser suspensa e não foi, o facto da lei nova ter alargado a possibilidade da suspensão das penas de prisão para 5 anos, não altera os contornos legais do caso e, daí que, nessas circunstâncias, não haja um regime penal mais favorável. Como se diz no ac. RG, 10.12.2007 (Fernando Monterroso), com a reabertura da audiência prevista no art. 371.º-A do CPP, nas circunstâncias acima apontadas "o legislador não visou, a pretexto da entrada em vigor de Lei Nova, dar ao arguido a oportunidade de um segundo julgamento, onde possam ser colmatadas deficiências do primeiro ou considerados novos factos."

Maria do Carmo Silva Dias

Artigo 372.º
Elaboração e assinatura da sentença

1 – Concluída a deliberação e votação, o presidente ou, se este ficar vencido, o juiz mais antigo dos que fizerem vencimento, elaboram a sentença de acordo com as posições que tiverem feito vencimento.

2 – Em seguida, a sentença é assinada por todos os juízes e pelos jurados e, se algum dos juízes assinar vencido, declara com precisão os motivos do seu voto.

3 – Regressado o tribunal à sala de audiência, a sentença é lida publicamente pelo presidente ou por outro dos juízes. A leitura do relatório pode ser omitida. A leitura da fundamentação ou, se esta for muito extensa, de uma sua súmula, bem como do dispositivo, é obrigatória, sob pena de nulidade.

4- A leitura da sentença equivale à sua notificação aos sujeitos processuais que deverem considerar-se presentes na audiência.

5 – Logo após a leitura da sentença, o presidente procede ao seu depósito na secretaria. O secretário apõe a data, subscreve a declaração de depósito e entrega cópia aos sujeitos processuais que o solicitem.

Origem do texto: corresponde à redação originária aprovada pelo DL 78/87 com as alterações introduzidas pelas L 59/2008 de 25.08 e L 48/2007, de 29.08.

Sumário do comentário:

I – Considerações gerais

§ 1 Estão em causa neste artigo duas dimensões essenciais do processo de decisão judicial no processo penal português, nomeadamente a deliberação do tribunal e a leitura da sentença, ainda que a epígrafe do artigo se refira apenas à elaboração e assinatura da sentença. Sobre a leitura cf. também o artigo seguinte.

§ 2 A elaboração da sentença ou acórdão segue-se imediatamente à deliberação e votação, no caso de tribunal de júri ou coletivo, ou ao encerramento da audiência, no caso de tribunal singular. Sobre a deliberação e votação cf. comentário ao art. 365.º Ainda que sejam momentos processuais distintos, com autonomia estabelecida em cada um dos atos processuais, há uma correlação clara entre o dever de decidir e o dever de elaborar a sentença de acordo com o que foi decidido.

§ 3 Importa atentar na diferenciação entre o processo de elaboração e decisão de uma sentença e de um acórdão. No primeiro caso, em que se constata uma sobreposição entre o juiz deliberante e o juiz justificante é difícil efetuar uma distinção «física» nos dois momentos. Todo o ato de decisão judicial, embora vinculado a um procedimento rigoroso, é efetuado por um juiz que, num momento seguinte, irá (ele próprio) fundamentar as suas opções eletivas. No segundo caso, no processo de construção da decisão no âmbito do tribunal colegial, para além do ato decisional ser coletivo e, por isso, existir um relator de uma decisão coletiva, pode verificar-se uma não sobreposição de identidade entre o juiz que delibera minoritariamente e o juiz que escreve e elabora a sentença, nomeadamente a fundamentação. Neste caso o juiz que elabora a sentença não pode utilizar argumentos diversos dos que prevaleceram no momento da decisão (Lopes, 2019, p. 162).

II – Procedimento na sentença e no acordão

§ 4 Na elaboração da sentença ou acordão, de acordo com a diferenciação referida no § 3, é preciso, por isso anotar algumas particularidades decorrentes desse modo diferente de decidir e, consequentemente na estrutrura e elaboração da decisão.

§ 5 A elaboração da sentença cabe ao juiz presidente. No caso de tribunal singular será sempre o juiz que efectuou o julgamento e no caso do tribunal colectivo o juiz presidente do mesmo. Neste último, caso o juiz presidente esteja em dicscordância com os restantes membros do coletivo, quer relativamente à decisão relativa à matéria de facto, quer em relação às questões jurídicas, a elaboração da sentença caberá o juiz mais antigo. A antiguidade dos juizes está fixada na lista publicada anualmente pelo CSM.

§ 6 Assim no modo singular, o juiz, elabora a sentença de acordo com a «sua» deliberação, individual e interiormente efectuada, mas sustentada nas provas produzidas e livremente valoradas, seguindo os critérios estruturantes fixados no arts. 127.º e 374.º/1. Sendo a sentença o reflexo da deliberação individual não deixa, no entanto de ser um processso que é racionalmente elaborado de acordo com um procedimento publicamente validado (na audiência) e contraditoriamente construído. Não se admite, assim, a elaboração de uma sentença fundada apenas em provas valoradas sem qualquer justificação ou por via de relações empáticas do juiz com a fonte de prova, maxime de uma testemunha. Todo o processo de produção de prova é gravado e, por isso, suscetível de reapreciação.

§ 7 No modo colegial, o juiz relator, na elaboração do acórdão e concretamente na sua fundamentação tem que elaborar a decisão de acordo com a posição, maioritária, que fez vencimento e que ocorreu no ato da deliberação (cf. comentário art. 365.º). Nesse sentido a fundamentação só deve transcrever a argumentação que prevaleceu na discussão colegial que levou à fixação dos factos provados, dos não provados e da qualificação jurídica que o coletivo unânime ou maioritariamente decidiu.

III – Voto de vencido

§ 8 Na versão originária do CPP, como no CPP/29, não era permitido o voto de vencido nas decisões proferidas em primeira instância. O legislador evoluiu, num primeiro momento, com a L 59/98 para a admissibilidade do voto de vencido em matéria de direito. Num segundo momento, com as alterações introduzidas pela L 48/2007, que consubstanciaram duas alterações significativas ao regime inicialmente vigente, nomeadamente no art. 372.º/2, foi eliminada a restrição do voto de vencido apenas quanto à matéria de direito do juiz que numa decisão coletiva votasse vencido e no art. 367.º/1, excecionado o segredo da deliberação, quando efetuada por juízes, nos casos em que haja voto de vencido.

§ 9 Ainda que admissível o voto de vencido de algum dos juízes, o modelo de segredo de deliberação continua a ser estruturalmente aquele que vincula o processo deliberativo (cf. comentário ao art. 367.º). Neste modelo não é admissível a revelação do modo como se procedeu à deliberação através da exteriorização de opiniões expressas na deliberação, convergentes ou divergentes sobre as questões que a conformam, sem prejuízo de ser expresso de modo preciso e conciso o voto de vencido de um dos juízes que compõem o coletivo (no mesmo sentido em relação aos modelos de exteriorização de opiniões dissidentes, MEALHA, 2019, p. 520). O modelo sustenta-se na compreensão de que a entidade tribunal deve funcionar exatamente como um órgão que existe para além dos seus membros. A afirmação da impessoalidade da decisão como matriz fundamental impõe que o tribunal ao proferir uma sentença deve assegurar a força vinculativa da sua decisão impedindo a divulgação do modo de decisão interna.

§ 10 Dum ponto de vista epistemológico, uma decisão colegial permite a reflexão coletiva através do confronto de pontos de vista divergentes e mesmo contrários, que melhor conduzem a uma solução objetiva, razoável ou equitativa. Nesse sentido ainda que esteja em causa uma decisão não unânime, não está em causa a eficácia da decisão proferida através de um processo maioritario, que, independentemente dos termos em que assentou, não perde em nenhum momento a força jurídica, por mais opiniões dissidentes que a acompanhem. No entanto é um facto que uma decisão onde não se conheçam opiniões dissidentes no seu processo deliberativo transmite uma maior força vinculativa aos seus destinatários do que uma decisão onde são conhecidas opiniões dissidentes.

§ 11 A admissibilidade do voto de vencido apenas conforma a exteriorização do processo de decisão traduzido na possibilidade de expor a existência e o conteúdo de algumas posições decisórias ou argumentativas individualmente sustentadas por cada juiz ou elemento do tribunal que o compõe. Trata-se, com a sua admissibilidade de transmitir, de forma transparente a constatação que no processo colegial de decisão jurisdicional os juízes (todos os juízes) são, efetivamente, independentes. É, ainda, a afirmação do princípio da independência dos tribunais e dos juízes que está em causa (Mealha, ainda que de alguma forma crítica a este argumento, 2019, p. 515).

§ 12 O voto de vencido pode comportar duas dimensões. Por um lado, a *dissentig opinion,* que é uma declaração de voto apresentada por um dos juízes do tribunal coletivo discordando da solução, de facto e de direito, que fez vencimento. Por outro lado, a *concurring opinion* que é uma declaração de voto apresentada por um juiz que, concordando com a decisão, discorda da fundamentação apresentada na decisão maioritária. Neste último caso, em regra só funciona quando está em causa uma divergência jurídica.

§ 13 É hoje possível, inequivocamente, a existência de voto de vencido em relação aos factos e em relação à fundamentação jurídica.

§ 14 A justificação sobre as razões da alteração que estiveram na origem da afirmação generalizada do voto de vencido em matéria de facto e de direito assenta exclusivamente nas exigências de maior «transparência» da realização da justiça» (cf. Pereira, 2006, ata n.º 26) e na garantia da dimensão interna da independência dos juízes (cf. Exposição de motivos da Proposta de L 109/X). Sobre o histórico, Lopes, 2019, p. 286.

§ 15 A eliminação da restrição legal do voto de vencido à matéria de direito apenas se aplica aos juízes e não aos jurados. Estes continuam, nos termos da lei, a estar completamente sujeitos ao segredo de deliberação estabelecido no art. 367.º/1. No que respeita aos jurados, a garantia da sua independência no ato de julgar fica assim perfeitamente salvaguardada (defendendo a inconstitucionalidade desta restrição, «por violar a igualdade de armas entre os diferentes membros do Tribunal de júri», Albuquerque, 2009, p. 935 e Mendes, 2021, p. 1136).

§ **16** O segredo da deliberação continua a ser o princípio geral normativamente fixado. A elaboração do voto de vencido, possibilitando a exteriorização de uma posição minoritária devidamente fundamentada deve evitar a revelação do modo como se procedeu à deliberação. Uma utilização pouco ponderada deste mecanismo não deixa de consubstanciar alguns riscos de fragilização da decisão. Mesmo em situações onde apenas a questão de direito é objeto de opinião dissidente, a utilização razoável da publicitação da dissidência é uma das condições que permite contrariar as opiniões críticas ao sistema do voto de vencido, nomeadamente o efeito desgastante que podem provocar a nível da legitimação da decisão perante o auditório a que se destina.

§ **17** Na concretização do voto de vencido devem ser ponderados todos os princípios que estão na sua origem e, sobretudo, deve atentar-se sempre nas suas consequências nomeadamente, a consciência plena dos riscos de fragilização e mesmo fragmentação que a mesma envolve. Por outro lado, a sua concretização, não pode colocar em causa regra fundamental do segredo da deliberação.

§ **18** A elaboração de um voto de vencido consubstancia uma declaração que se insere na sentença, absolutamente clara, precisa e suficientemente justificada (*declara com precisão os motivos do seu voto*) de modo que a contraposição dos argumentos referentes à decisão maioritária, relativos à fundamentação de facto e à fundamentação jurídica, se apresente por si só justificada. O voto não pode configurar um outro acórdão ou uma resposta argumentativa extensa à narrativa exposta no acórdão. O voto deve conformar, de forma concisa a discordância do juiz vencido sendo absolutamente delimitado às razões essenciais dessa discordância, não podendo ir além disso. A declaração de voto de vencido tem de se conter na delimitação precisa da lei, nomeadamente os requisitos essenciais referidos no art. 362.º Como se refere no ac. STJ 20.02.2008 (Pires da Graça), «excedendo-se essa delimitação, excede-se o objeto, e o sentido dos motivos do voto», podendo esse excesso ser tutelado pelo segredo da deliberação e votação. Ou seja, quando se vai além da expressão precisa dos motivos que sustentam o voto de vencido pode estar-se perante uma situação de violação de segredo, conduta passível de configurar um crime previsto e punível no art. 371.º CP.

IV – Leitura da sentença

§ **19** A publicitação da sentença é, sem restrições, uma exigência do processo penal democrático e, no que respeita ao sistema português, uma exigência constitucionalmente vinculada. Trata-se de um princípio cuja tradução na própria lei está exaustivamente estabelecida, desde logo quando se exige sempre que a leitura pública da decisão (arts. 86.º/7 e 372.º/ 3) seja efetuada na sala de audiência por um juiz (não necessariamente o juiz presidente).

§ **20** A publicitação obrigatória e integral do dispositivo da sentença permite dar a conhecer a «informação» concisa referente ao *ratio* da decisão do tribunal. Foi ou não foi condenado o arguido; se foi, qual a pena que foi aplicada pelo tribunal e quais as consequências. Ao exigir-se a publicitação obrigatória da fundamentação (ou pelo menos de uma súmula desta) está a sublinhar-se a necessidade da importância do dever do tribunal referir desde logo o «porquê» dessa decisão, as razões em que assentou a sua decisão para que o destinatário, «técnico» ou «universal», o apreenda imediatamente.

§ **21** A leitura da sentença penal está estabelecida nos sistemas processuais italiano e germânico. No primeiro, nos arts. 544.º e 555.º, é efetuada uma concisa exposição dos motivos de facto e de direito onde se funda a sentença, através da leitura pelo presidente ou por um juiz do coletivo, podendo a motivação ser substituída por uma exposição recapitulativa. No segundo, de acordo com o § 268 StPO, o presidente procede também à leitura do dispositivo e expõe oralmente os motivos essenciais que estão na base da sentença. Vale por dizer que ainda que algumas diferenças pontuais se constatem, é a relevância do ato da leitura que está em causa, como no sistema nacional.

§ **22** No ato da leitura da sentença o tribunal lê, obrigatoriamente, o dispositivo bem como, a fundamentação ou, se esta for muito extensa, uma súmula podendo, no entanto, prescindir-se da leitura do relatório, equivalendo a leitura da sentença à notificação dos sujeitos processuais.

§ **23** A leitura da súmula, quando se entenda que não deve ser lida integralmente a sentença, traduz a concretização do princípio fundamental da publicidade da sentença.

§ **24** No caso de acórdãos, a sua leitura não tem que ser efetuada pelo presidente, na medida em que estando já tomada a deliberação coletiva e assinado o acórdão, a sua transmissão pública pela leitura pode ser efetuada por qualquer dos juízes [acs. STJ, 10.05.1995 (Pedro Marçal), RL, 4.05.2021 (Nuno Coelho)] ou, se for extensa, eventualmente por vários dos juízes.

§ 25 A não leitura da sentença ou do acórdão, ainda que por súmula, comporta uma nulidade insanável, atentas as razões essenciais, de natureza constitucional, mas igualmente de natureza estrutural do processo penal, que estabelecem a publicidade da audiência e sobretudo da leitura da decisão. Trata-se, como se referiu, de um momento absolutamente legitimador da intervenção dos Tribunais no exercício da função jurisdicional. Recorde-seque para além da dimensão principialista, o CPP no art. 87.º/5, expressamente refere que a exclusão da publicidade do processo penal não abrange *em caso algum* a leitura da sentença [no mesmo sentido ac. RL 27.05.2009 (Telo Lucas)]. Entendendo que não se trata de uma nulidade dependente de arguição, Mendes, 2021, p. 1137.

V – Notificação e depósito

§ 26 A importância da leitura, para além da publicitação da sentença, decorre igualmente do facto de se considerarem notificados, com a leitura (ou a sua súmula) todos os sujeitos processuais presentes na audiência os que se devam considerar presentes, ainda que o não estejam.

§ 27 Imediatamente após a leitura da sentença deverá a mesma, no seu formato integral, ser depositada na secretaria, pelo relator, ficando ao dispor na íntegra, para todos os sujeitos processuais e qualquer destinatário que requeira. Trata-se, ainda, de garantir efetivamente a total publicidade da sentença na medida em que esta fica, de facto, disponível (no mesmo sentido Ribeiro, 2020, p.830). O não cumprimento desta formalidade comporta uma irregularidade processual. O secretário coloca a data e subscreve uma declaração de depósito e entrega cópia aos sujeitos processuais que o solicitem.

§ 28 A importância do depósito da sentença, nomeadamente o momento em que é efetuado é fundamental para decidir, eventualmente, para efeitos da contagem do prazo de recurso. Existindo dúvidas entre a data da leitura e do depósito, para efeitos da contagem do prazo de recurso, deve ser este último o momento relevante para início do prazo.

José Mouraz Lopes

Artigo 373.º
Leitura da sentença

1 – Quando, atenta a especial complexidade da causa, não for possível proceder imediatamente à elaboração da sentença, o presidente fixa publicamente a data dentro dos 10 dias seguintes para a leitura da sentença.

2 – Na data fixada procede-se publicamente à leitura da sentença e ao seu depósito na secretaria, nos termos do artigo anterior.

3 – O arguido que não estiver presente considera-se notificado da sentença depois de esta ter sido lida perante o defensor nomeado ou constituído.

Origem do texto: corresponde à redação originária aprovada pelo DL 78/87 com as alterações introduzidas pelas L 59/98, de 25.08 (alterou a epígrafe e o número 3).

Sumário do comentário:
I – Considerações gerais (§1)
II – Momento (§2)
III – Leitura pública (§§3 a 5)
IV – Notificação (§6)

I – Considerações gerais

§ 1 A elaboração e a leitura da sentença devem seguir-se ao momento da deliberação, seguindo o que aqui foi decidido, em coletivo ou em júri ou apenas e só pelo juiz singular, de acordo com os arts. 374.º, 375.º e 376.º A importância da publicidade das sentença decorre da sua razão de ser: assumir a justiça e as razões da decisão judicial públicas, legitimando assim a intervenção dos tribunais como órgaos de soberania que atuam e agem «em nome do povo». O modelo histórico de sentença penal sustentou-se sempre na sua forma pública. As sentenças são e sempre foram públicas sendo, por isso, a sua leitura, um ato essencial que conforma ou equivale à sua notificação a todos os sujeitos processuais.

II – Momento

§ 2 Como se referiu a elaboração e leitura da sentença devem seguir-se ao ato de deliberação. Quando não for possível proceder imediatamente à elaboração da sentença, atenta a especial complexidade da causa, após a deliberação, fixa-se o prazo para a sua leitura, que deve ocorrer dentro nos dez dias seguintes. Trata-se de um prazo meramente ordenatório. Não sendo cumprido este prazo está em causa apenas uma irregularidade (no mesmo sentido Mendes, in Gaspar et Al, 2021, p. 1139).

III – Leitura pública

§ 3 A leitura da sentença será sempre lida em audiência pública de julgamento. Trata-se de uma das expressões ou refrações diretas do princípio da publicidade do processo penal que não pode sequer ser afastada por decisão do Tribunal, nos termos do cf. 87.º/5 (Tomo I, Comentário ao art. 87.º, §§ 45 a 47). Como se referiu a leitura equiva à notificação da sentença (MARQUES DA SILVA, 1994, p. 286).

§ 4 Comporta uma nulidade insanável a não leitura da sentença ou do acórdão [acs. RL, 22.01.2009 (EDUARDO MARTINS), RG, 9.03.2009 (TELO LUCAS)]. Referindo constituir apenas uma nulidade dependente de arguição a não leitura pública da sentença MENDES, in GASPAR et Al, 2021, p. 1139. Cf anotação ao artigo anterior.

§ 5 Não conforma uma situação de obrigatoriedade de leitura pública da sentença, a situação de notificação da mesma (ou do acórdão) às partes, decorrente de reformulação ordenada por Tribunal superior, após recurso da decisão inicialmente proferida e lida, sem que tenha sido reaberta a audiência de julgamento [no mesmo sentido ac. RG, 9.3.2009 (CRUZ BUCHO)].

IV – Notificação

§ 6 O arguido pode não estar presente no ato da leitura da sentença, devendo, nessa circunstância ser representando pelo mandatário constituido ou eventualmente um defensor nomeado. Conforme se refere no ac. TC 498/2008 o que fundamentalmente está em causa, para assegurar as garantias de defesa, «é ponderar a disponibilidade ou não, pelo interessado, de uma oportunidade real de tomar conhecimento, em tempo oportuno, da sentença condenatória contra si proferida». Nesse sentido é importante sublinhar o teor decisório do referido Ac. quando decide «não julgar inconstitucionais as normas dos artigos 373.º, n.º 3, e 113.º, n.º 9, do Código de Processo Penal, quando interpretadas no sentido de que tendo estado o arguido presente na primeira audiência de julgamento, onde tomou conhecimento da data da realização da segunda, na qual, na sua ausência e na presença do primitivo defensor, foi designado dia para a leitura da sentença, deve considerar-se que a sentença foi notificada ao arguido no dia da sua leitura, na pessoa do defensor então nomeado».

JOSÉ MOURAZ LOPE

Artigo 374.º
Sentença

1 – A sentença começa por um relatório, que contém:

a) As indicações tendentes à identificação do arguido

b) As indicações tendentes à identificação do assistente e das partes civis;

c) A indicação do crime ou dos crimes imputados ao arguido, segundo a acusação, ou pronúncia, se a havido;

d) A indicação sumária das conclusões contidas na contestação, se tiver sido apresentada.

2 – Ao relatório segue-se a fundamentação, que consta na enumeração dos factos provados e não provados, bem como uma exposição tanto possível completa, ainda que concisa, dos motivos, de facto e de direito, que fundamentam a decisão, com indicação e exame crítico das provas que serviram para formar a convicção do tribunal.

3 – A sentença termina pelo dispositivo que contém:

a) As disposições legais aplicáveis

b) A decisão condenatória ou absolutória;

c) A indicação do destino a dar a animais, coisas ou objetos relacionados com o crime, com expressa menção das disposições legais aplicadas;

d) A ordem de remessa de boletins ao registo criminal;

e) A data e as assinaturas dos membros do tribunal.

4 – A sentença observa o disposto neste Código e no Regulamento das Custas Processuais em matéria de custas.

Origem do texto: corresponde à redação originária aprovada pelo DL 78/87 com as alterações introduzidas pelas L 59/98, de 25/08, que alterou o n.º 2, DL 34/2008, de 26/02, [substituindo, no número 4, a expressão «código das Custas Judiciais» por «Regulamento das Custas Processuais»], L 30/2007, de 30/05, que alterou o n.º 3 alínea c) e L 39/2020, [acrescentado «com expressa menção das disposições legais aplicada»] de 18/08, que alterou novamente o n.º 3 alínea c) acrescentando a referência aos animais.

Jurispudência vinculante: Ac. STJ/FJ 10/96, 19.11.1996 (Mariano Pereira).

Sumário do comentário:

I – Considerações gerais (§§1 a 5)
II – Relatório (§§ 6 a 10)
III – Fundamentação
- **a)** Princípios gerais (§§11 a 15)
- **b)** Finalidades (§§ 16 a 18)
- **c)** Suficiência, coerência, razoabilidade (§§ 19 a 22)
- **d)** Concisão (§§ 23 a 26)
- **e)** Factos e direito (§§ 27 a 29)
- **f)** Fundamentação de facto (§§ 30 a 33)
- **g)** Exame critico das provas (§§ 34 a 38)
- **h)** Imediação e fundamentação (§§ 39 e 40)

I – Considerações gerais

§ **1** O artigo em anotação conforma a estrutura normativa da sentença no processo penal, concretamente no processo comum, numa dimensão completamente diferente do regime normativo estabelecido no CPP/29. A sentença é o acto decisório dos juizes que conheçam a final do objeto do processo, quando proferida pelo tribunal singular conforme refere o art. 97.º/1, ou acórdão quando proferido pelo tribunal colectivo ou de júri, (art. 97.º/2).

§ **2** O regime estabelecido no artigo conformou um corte radical com a estutura da sentença penal vigente no CPP/29, na medida em que a fundamentação tornou-se parte integrante da sentença e da própria pronúncia jurisdicional (Lopes, 2019, p. 211 e Cunha, 2002, p. 568). No CPP/29 estabelecia-se uma divisão formal sustentada na resposta aos quesitos que envolviam a matéria de facto e só num segundo momento se seguia a elaboração da sentença. Permitia-se assim, uma divisão dogmática – e sobretudo jurisprudencial – que sustentava a não imposição da fundamentação da matéria de facto, nomeadamente na motivação das respostas aos quesitos (sobre o regime e os seus críticos Lopes, 2019, p. 209). Tratou-se de conformar no CPP o principio constitucional da fundamentação das decisões. Nesse sentido a sentença só se visualiza como ato processual na medida em que a sua dimensão decisória abranja a fundamentação, sendo que omitindo-a, a sentença é nula.

§ **3** O esquema formal adotado assenta essencialmente numa estrutura formal – relatório fundamentação e dispositivo – semelhante a outros modos processuais de sentença e, sobretudo, responde à compatibilização com os princípios fundamentais sustentados no quadro jurídico que vem sendo densificado pelo TEDH.

§ **4** Posteriormente o modelo adotado no CPP estendeu-se ao processo civil, com a reforma de 2013 (L 41/2013, de 26 de junho) onde se estabeleceu uma estrutura semelhante de sentença no art. 607.º CPC, eliminando-se um momento processual exclusivamente reservado para a pronúncia do juiz sobre a matéria de facto, passando a ser a sentença o ato processual único onde o juiz, após encerrar a audiência final, declara os factos provados e os que julga não provados, por referência à prova produzida e aos demais elementos dos autos (Geraldes, Pimenta, Sousa, 2020, p. 741).

§ **5** Nos processos especiais, nomeadamente no processo sumário e abreviado, a sentença tem um regime próprio introduzido no Código pela L 26/2010 (art. 389.º -A e 391.º-F). Até então o regime estrutural da sentença era idêntico em todos os processsos, ainda que a sentença pudesse ser proferida verbalmente e ditada para a acta, nos processos especiais. No processo sumaríssimo, a «sentença» consiste num despacho judicial com estrutura diferente em função das especificades do próprio processo, conforme decorre do art. 397.º.

II –Relatório

§ **6** O relatório é a «fotografia» do processo ou, por outras palavras, a identificação no documento único que consubstancia a sentença, da síntese sobre o que está em causa. Trata-se da identificação dos sujeitos processuais envolvidos, do objeto jurídico do processo (crime ou crimes imputados na acusação ou na pronúncia) e a indicação sumária das conclusões da ou das contestações. A dinâmica sintética do relatório é essencial para que se entenda, de forma clara, o que está em causa. Não deve, por isso, inserir-se no relatório o conjunto de argumentação enunciada por cada uma das partes, ainda que de forma resumida. Na estrutura narrativa da sentença o relatório vale como «porta de entrada» para identificar quem e o que está em causa.

§ **7** Sobre a indicação sumária das conclusões importa referir que, ainda que isso comporte algum trabalho de síntese do juiz relator, é inequívoco que o legislador não quis que se referissem no relatório todas as conclusões, muitas vezes elaboradas de forma acrítica, exaustiva e repetitiva por parte dos arguidos. A «indicação sumária» a que se refere o artigo é exatamente para que seja concretizada a sua finalidade de identificação concisa sobre o que está em causa. Não é um repositório acrítico de todas as conclusões que constam nas contestações. Não vale, aqui, o princípio do esgotamento de todas as questões suscitadas que valem nas conclusões do recurso estabelecidas no art. 412.º.

§ 8 Ainda que o artigo não o refira, o relatório, na sequência da sua finalidade, deve referir igualmente a existência e identificação, se for o caso, dos demandados cíveis bem como uma sumária referência aos montantes pedidos (Mendes, Gaspar et al, 2021, p. 1143).

§ 9 Não se afigura necessário efetuar outra referência no relatório a qualquer descrição narrativa de despachos proferidos durante o processo, a não ser que, eventualmente, se tenha de conhecer na sentença de questões prévias, com relevância essencial que, por isso, devam ser mencionadas ou outras questões prévias que tenham ocorrido, sempre com relevância na economia do processo e que tenham sido decididas ou importe decidir.

§ 10 A omissão do relatório, ainda que configure uma irregularidade, não comporta a nulidade da sentença (art. 379.º/1/a).

III – Fundamentação

a) Princípios gerais

§ 11 O número 2 do artigo comporta matéria nuclear no domínio da sentença, envolvendo a fundamentação das decisões como elemento fundamental do princípio da jurisdição, em que se concretiza o «dever de dar as razões» pelas quais se decidiu, após a produção da prova em audiência de julgamento, de determinada forma.

§ 12 O princípio da fundamentação das sentenças assume dimensão constitucional no art. 205.º CRP. Após a revisão constitucional de 1982 (posteriormente densificada com a revisão de 1997) a fundamentação das decisões é uma imposição constitucional inequívoca que se traduz num dever constitucional a que estão sujeitos os órgãos jurisdicionais. A fundamentação é parte integrante de todas as sentenças e da própria pronúncia jurisdicional. Por isso a sentença só se visualiza como ato processual na medida que abranja a fundamentação. O patamar mínimo da fundamentação deixado ao legislador está estabelecido na Constituição, quer de um ponto de vista negativo para todas as decisões que ultrapassem as decisões de mero expediente dos tribunais (cf. ac. TC 680/98), quer de um ponto de vista positivo, ao relegar apenas «a forma» da fundamentação para a lei. Não há sentença sem fundamentação (sobre toda a evolução histórico constitucional do princípio da fundamentação, LOPES, 2019, pp 71-88).

§13 A consagração constitucional do princípio da fundamentação das decisões judiciais é uma garantia do processo judicial, no sentido de um procedimento justo e adequado de acesso ao direito e de realização do direito.

§14 O âmbito do princípio constitucional da fundamentação das decisões, com refração direta na sentença penal, tem como seus corolários a *generalidade*, a *indisponibilidade*, a *completude*, a *publicidade* e o *duplo grau de jurisdição*. No que respeita *à generalidade*, com exceção das decisões de mero expediente, que não está sujeita a fundamentação, todas as sentenças proferidas em processo penal são fundamentadas, independentemente da existência ou não de controlo jurisdicional através do recurso. Quanto à *indisponibilidade*, nenhum dos sujeitos processuais, como destinatários da norma constitucional, pode abdicar da fundamentação (no mesmo sentido, CUNHA, 2002, p. 571 e, já anteriormente ao CPP/87, CORREIA, 1961. p 184). Isto não impede que se admitam mecanismos de simplificação processual das sentenças que possibilitem a existência de processos de fundamentação diversificados (cf. comentário art. 387.º-A). Quanto à *completude*, importa referir que a fundamentação tem que ter um conteúdo que exprima a justificação do que é decidido, não faltando nenhum elemento que o deva constituir. Todas as questões suscitadas perante o tribunal no âmbito do procedimento e que são objeto de tratamento jurisdicional têm que ser refletidas na decisão. Trata-se de garantir o tratamento completo («esgotado») dos aspetos fundamentais tratados na decisão, relativos à matéria de facto e às questões jurídicas que, por isso, têm que ser todos justificados [ac. STJ 23.05.2018 (GABRIEL CATARINO)]. A sentença tem que ser auto-suficiente (ANDRÉZ-IBANEZ, 2006. p. 43). Não está em causa a quantidade da fundamentação mas sim se a fundamentação existe e se é efetuada de forma suficiente para que os seus objetivos possam ser alcançados. Quando à *publicidade* está em causa a disponibilidade pública das razões do que se decidiu judicialmente, que permite configurar a racionalidade da decisão judicial como núcleo fundamental da legitimação democrática da atividade jurisdicional. Com *o duplo grau de jurisdição* como valor constitucional, o que está em causa é o apelo ao *como* reapreciar o mérito da decisão de primeira instância conferindo uma dimensão efetiva e real ao recurso, de facto e de direito. Como refere DAMIÃO DA CUNHA, «o que o tribunal de recurso pode conhecer é, exatamente, aquilo que juridicamente é imposto que o tribunal *a quo* dê a conhecer, por via da fundamentação da sentença» (Cunha, 2002, p. 578). A dimensão constitucional do princípio da fundamentação das decisões permite que o direito ao recurso, como mecanismo de garantia, consubstancie uma efetiva reapreciação dos factos e do direito por uma instância superior, sindicando-se real e efetivamente os motivos que sustentam a decisão expressos na fundamentação.

§ 15 Com o CPP/87, nomeadamente a inserção do artigo em anotação no código, conformou-se uma alteração ao paradigma da decisão no processo penal português que vinha sendo seguido, assim se cumprindo, integralmente, o princípio constitucional (sobre a evolução histórica, Lopes, 2019, p. 193 – 207).

b) Finalidades

§ 16 Efetivar a fundamentação das decisões comporta a concretização normativa das suas finalidades, assim se cumprindo o referido «dever de dar razões» pelas quais se decidiu de determinada maneira. São duas as finalidades subjacentes à fundamentação das sentenças: endo e exprocessual.

§ 17 Através da função endoprocessual visa-se essencialmente permitir ao juiz a verificação e controlo crítico da lógica da decisão, permitir às partes o recurso da decisão com perfeito conhecimento da situação e, ainda, colocar o tribunal de recurso em posição de exprimir, em termos mais seguros, um juízo concordante ou divergente (garantia de impugnação e hétero-controlo, garantia de defesa, concretizando os limites da decisão, mecanismo de autocontrolo dos juízes e dos tribunais).

§ 18 Através da função extraprocessual, pretende-se tornar possível um controlo externo sobre a fundamentação factual, lógica e jurídica da decisão, garantindo a transparência do processo e da decisão, fazendo emergir o carácter legitimador do órgão que a profere, implicando igualmente a prestação de contas e a responsabilização dos juízes.

c) Suficiência, coerência, razoabilidade

§ 19 Inexistindo critérios estrita e normativamente estabelecidos, a elaboração da fundamentação, de acordo com o n.º 2 do artigo («*enumeração dos factos provados e não provados, bem como uma exposição tanto possível completa, ainda que concisa, dos motivos, de facto e de direito, que fundamen-*

tam a decisão, com indicação e exame critico das provas») impõe critérios de racionalidade evidenciados numa estrutura tríptica: suficiência, coerência e razoabilidade.

§ 20 A *suficiência* da fundamentação é a medida mínima da completude, que evita os excessos. Neste sentido estando em causa garantir a explicitação completa, percetível e clara dos aspetos essenciais tratados na decisão, os mesmos têm que ser justificados na totalidade de modo a que as finalidades da fundamentação sejam concretizadas. A «medida» dessa fundamentação está na fundamentação suficiente, isto é, na exigência imposta ao juiz para concretizar as opções efetuadas no contexto da decisão, de modo a que essa justificação seja compreendida por quem é destinatário da sentença. A justificação, não podendo deixar de tratar todas as questões suscitadas na decisão, pode concretizar-se, por um lado, de uma forma não exaustiva e, por outro lado, também de forma diferenciada levando em consideração quer os vários tipos de procedimento, quer a dimensão do conflito subjacente à decisão.

§ 21 Na fundamentação *coerente* está em causa a sentença como um todo, nomeadamente a articulação das dimensões fácticas e justificativas. Todo o processo argumentativo utilizado pelo juiz na construção do processo de justificação que consubstancia a fundamentação deve ser coerente entre si, não permitindo qualquer elemento contraditório. Traduz-se na concatenação dos vários argumentos utilizados e na ausência de contradições lógicas entre eles de modo a que cada argumento em concreto não contradiga o outro e o modo como ambos são utilizados. Trata-se de um requisito fundamental para tornar racionalmente aceitável a fundamentação das decisões na medida em que é exigível tanto quando se decide sobre os factos (coerência narrativa), como na argumentação da escolha da norma que se aplica a um caso (coerência normativa). A exigência de coerência comporta também uma dimensão de compatibilidade entre os vários e diferenciados argumentos que vão sendo expostos. A rede de argumentação e os seus fundamentos tem que ser harmónica e totalmente coerente.

§ 22 No que respeita à fundamentação *razoável*, está em causa o equilíbrio entre a complexidade, a clareza e a racionalidade da fundamentação. Alerta-se, criticamente, para algum hiperracionalismo, que decorre de alguma jurisprudência, evidenciado nas fundamentações «pedantemente exatas», que não considerando a subjetividade, são, por isso, irreais, não devendo, por isso ser dessa forma elaboradas.

d) Concisão

§ **23** O princípio da «concisão» é a ideia chave na economia argumentativa que condiciona toda a racionalidade na fundamentação (desenvolvidamente, Lopes, 2019, p. 259). No sistema italiano vigora o mesmo princípio, da «concisa exposizione», previsto no art. 546.º/e CPPit. O número 2 do artigo é claro, nesse sentido. O que está em causa é um modelo de economia argumentativa onde o que deve ser dito, para explicitação do juízo decisório, deve sê-lo de uma forma não exaustiva, mas antes sintética e breve, não utilizando mais argumentos do que os necessários para dizer o que é essencial. A explicitação de todo o processo argumentativo utilizado na fixação dos factos provados tem que ser de perceção inequívoca. Pela concisão determina-se o sentido da *suficiência* e *razoabilidade* da fundamentação e da sua compatibilização com os requisitos constitucionais que condicionam a fundamentação das sentenças.

§ **24** A concisão é uma exigência que decorre da própria finalidade extraprocessual da fundamentação, a qual exige que a sua concretização se processe de modo a que as sentenças possam ser efetivamente compreensíveis, não apenas para os seus destinatários diretos mas também pelos cidadãos. Importa sublinhar, neste tópico, as patologias mais comuns que decorrem de uma fundamentação que não se conforme àqueles princípios, nomeadamente que não respeite a concisão, que contrarie as regras de produção e valoração da prova ou que não efetue uma valoração crítica da prova. A título exemplificativo, sublinha-se que a fundamentação não consiste numa descrição dos depoimentos probatórios prestados, como se fosse uma «assentada» (Albuquerque, 2014 p. 968 e acs. TC 102/99 e 27/07). Trata-se, antes de concretizar uma análise crítica e indicativa dos meios de prova que foram utilizados, sempre de forma concisa e sumária.

§ **25** Trata-se, para alguma doutrina, na concisão, de não ser incompleto nem breve. O que está em causa é, no modo de fundamentação, não ser superabundante na descrição que se faz das razões porque se decide, sem exibição de doutrina, sem divagações e sem repetições inúteis (Siracusano, 1958, p. 278). Deve, por isso, a fundamentação ser clara, objetiva e discriminada [ac. STJ, 26.06.2019 (Fonseca Ramos)].

§ **26** A exposição concisa dos motivos de facto e direito que fundam a decisão não pode permitir elementos que identifiquem ou deixem transparecer o sentido de voto dos intervenientes no processo de decisão do tribunal, sejam membros do coletivo ou jurados (MOREIRA DOS SANTOS, 1987, p 346). Recorde-se que o art. 367.º é claro na consagração do segredo da deliberação.

e) Factos e direito

§ **27** A fundamentação da sentença deve apreciar-se na dupla dimensão dos factos e do direito assumindo-se os factos como uma dimensão de reconstrução de acontecimentos valorados e o direito como conclusão da relevância jurídica desses acontecimentos. Ainda que possam surgir dificuldades na distinção entre «facto» e «direito», há uma dimensão prática essencial na construção da narrativa judicial que impõe que se efetue essa distinção, «ainda que [as questões de facto e de direito] estejam intimamente conectadas» (TARUFFO, 2005, p. 240). O facto e o direito devem ser, por isso, concebidos como distintos ou pelo menos como distinguíveis.

§ **28** Trabalhar o facto de um ponto de vista jurisdicional comporta sempre um efeito jurídico vinculante. Os factos não existem por si e para si mesmos mas sim em função das suas consequências jurídicas. Veja-se, o caso da situação de interpretação de uma regra de aquisição de prova e a sua implicação no que pode ser considerado um facto provado ou não.

§ **29** No âmbito da teoria da prova, os factos consubstanciam os «eventos» em torno dos quais é possível articular um discurso de verdade ou falsidade sobre um determinado enunciado empírico. Por isso, «o facto é o "objeto" da prova ou a sua finalidade fundamental (TARUFFO, 2005, p. 89). Quando se fala de «factos» verdadeiros ou falsos, no âmbito do processo, é aos «enunciados» de factos que se aplicam aquelas qualificações.

f) Fundamentação de facto

§ **30** A fundamentação da decisão da matéria de facto obriga o juiz a justificar as suas próprias escolhas sobre quais os factos provados e não provados, de modo a evitar qualquer arbitrariedade no processo de decisão sobre as provas que os sustentam (TARUFFO, 2005, p. 436, HUNNERFELD, 1992, p. 81).

§ **31** Está em causa a demonstração, na sentença, dos factos provados e não provados efetuada pelo tribunal na audiência de julgamento, obedecendo ao princípio da livre apreciação da prova e a todos os princípios ordenadores do processo penal nomeadamente, o princípio da presunção da inocência, o princípio da imediação e o princípio da oralidade. Por isso importa concatenar a norma com o art 127.º e com todo o conjunto normativo referente à prova. Aquele princípio funciona, aliás, para a fundamentação com uma dupla função de ordenação e como um limite (concordante, igualmente, CUNHA, 2002, p. 566).

§ 32 A identificação dos factos provados e não provados é indicada numericamente, um a um (MENDES, in GASPAR et al, 2021. p. 1144), em função dos factos que constam na acusação, na(s) contestação(ões) ou por via de factos que sejam objeto de conhecimento oficioso pelo tribunal, decorrentes da discussão e apurados na audiência. Igualmente têm que ser indicados os factos provados e não provados que constem do pedido de indemnização cível e da eventual contestação.

§ 33 No processo de fundamentação, a indicação das provas em que se sustenta a decisão (as razões da decisão) deve ser expressamente referida na sentença. Todas as provas que sustentam os factos concretos indicados. Não se trata, no entanto, de expôr o conteúdo das declarações arguidos, testemunhas ou outros depoentes (ac. TC 27/07).

g) Exame crítico das provas

§ 34 Após a reforma de 1998 do CPP exige-se, inequivocamente, na fundamentação e como seu elemento essencial, a explicitação do *exame crítico das provas,* que serviram para fundar a convicção do Tribunal, na sentença. Não basta a exposição simples dos factos e a alusão genérica e vaga sobre a indicação dos meios de provas produzidas e pelas quais se decidiu de determinada forma. Através do exame critico, afasta-se qualquer possibilidade de arbítrio no domínio da valoração da prova decorrente de uma atuação dominada apenas pelas impressões ou afastada do sentido determinado de um conjunto de regras que devem condicionar a valoração.

§ 35 No exame crítico está em causa uma valoração das provas produzidas e utilizadas, quer singularmente, para cada facto, quer globalmente, em função da sua articulação com o modo como foram produzidas e de acordo com princípios fundamentais que subjazem à produção da prova (provas válidas, inválidas, presunção de inocência, dúvida razoável, imediação, livre apreciação). Trata-se de evidenciar a razão de ciência revelada ou extraída das provas, [ac. STJ, 5.03.2016 (HENRIQUES GASPAR)] ou, por outras palavras, a razão das opções tomadas pelo tribunal sobre cada uma das provas produzidas.

§ 36 Toda a prova produzida é avaliada em relação a cada uma das questões de facto a que diz respeito, impondo-se uma apreciação analítica, de modo a que o resultado de cada meio probatório tenha de ser considerado o momento [da sua apresentação e valoração] na sua individualidade como se fosse único (cf. Comentário artigo 365.º). Por isso é exigido ao tribunal não só que efetue essa valoração das provas, através do seu exame crítico, como a mesma seja reproduzida, sempre de forma concisa, na sentença.

§ 37 Nesse sentido a credibilidade de uma testemunha, (ou a falta dela), a dúvida sobre a relevância de um documento, a não valoração de uma eventual confissão, a interpretação de uma determinada «escuta telefónica», são exemplos de exame crítico que em cada caso concreto pode ser efetuado e que deve ter o seu reflexo na fundamentação.

§ 38 Na valoração das provas e no seu exame são utilizadas máximas de experiência (cf. Comentário, artigo 127.º, Tomo II, §§ 8 a 11). Quando tal acontecer, as razões para a sua utilização exigem que, na fundamentação, tal seja objeto de referência expressa, de modo a que a adaptabilidade da regra de experiência ao caso concreto possa ser entendida sem quaisquer dúvidas. A justificação da sua utilização (no caso concreto) é fundamental em sede de reapreciação da sentença (Comentário, artigo 127.º, Tomo II, §11).

h) Imediação e fundamentação

§39 No processo probatório de construção da decisão são atendíveis momentos não racionalizáveis e, portanto, insuscetíveis de serem objeto de fundamentação objetivamente explícita. Trata-se de momentos sustentados em regra na imediação, que assume um papel fundamental e insubstituível no modo como se adquire a prova em julgamento.

§ 40 Existem outros momentos aparentemente irracionais, mas que o não são efetivamente, tendo por isso e pela relevância que podem assumir, que ser necessariamente justificados. Um sorriso ou um esgar que insinuem uma hesitação no depoimento de uma testemunha, podendo constituir a pedra de toque para um momento de valoração de uma prova, caso se revelem fundamentais ou essenciais, no caso concreto, em determinadas e excecionais circunstâncias, podem, por isso, na fundamentação da sentença, ser objeto de justificação.

i) Fundamentação jurídica

§ **41** O número 2, quando se refere à fundamentação, explícita igualmente a necessidade do tribunal efetuar uma exposição «dos motivos de direito que fundamentem a decisão». Está em causa, nesta parte a «fundamentação de direito» concebida como a conclusão com relevância jurídica do acontecimento factual reconduzida a uma norma incriminadora.

§ **42** Na fundamentação jurídica está em causa a exposição dos critérios interpretativos onde o juiz se escuda para aplicar a lei (Lopes, 2019).

§ **43** A subsunção dos factos ao direito e concretamente no que respeita ao tipo criminal deve ser efetuada de modo conciso, sem entrar em divagações, citações abundantes e desnecessária de doutrina, porque redundantes para a economia da decisão.

§ **44** Na fundamentação jurídica assume especial relevo a escolha e medida da pena aplicável. Quer uma quer outra são essenciais para que se compreendam as razões concretas que levaram o tribunal a decidir sobre aquela pena concreta. Devem ser concisamente fundamentadas (cf. Comentário artigo 375.º).

j) Os *obicter dicta*

§ **45** Os *obicter dicta* são argumentos utilizados pelos juízes que pretendem ilustrar, através de argumentos analógicos, o argumento principal que suporta a *ratio decidendi* na qual sustentam a decisão e que claramente vão para além desta. A sua função é em regra solidificar ou consolidar a argumentação jurídica utilizada na *ratio decidendi,* assumindo assim uma função puramente persuasiva, sendo estranhos à própria decisão (Taruffo, 1986, p. 449 e Cordopati, 1990, p.192).

§ **46** Tendo em conta o princípio da concisão, expressamente referido no artigo, a utilização de *obicter dita* na sentença penal será em regra dispensável (Lopes, 2019, p. 259) apenas sendo admissível nas situações em que se exija um esforço persuasivo ou um esclarecimento adicional.

k) Fundamentação por remissão

§ **47** A fundamentação por remissão consiste na elaboração da justificação de uma determinada decisão através do reenvio para a justificação de um ato ou decisão distintos do que está ser examinado, através do qual se pretende inferir o conteúdo justificativo da decisão *sub judice*. Trata-se de uma fundamentação sustentada em raciocínios de reenvio que deve traduzir sempre o conteúdo claro da justificação da decisão que se está a fundamentar e não outra. Pode ser admitida em determinadas circunstâncias, (SANTOS 1996, p. 630; BARREIROS, 2009, p 79) tendo, no entanto em atenção que a mesma exige a verificação da identidade das questões a fundamentar e o modo de as motivar (LOPES, 2019, p. 266). Assim é possível, por exemplo no caso de um acórdão proferido em recurso que remete a fundamentação para decisão anterior (ALBUQUERQUE, 2014. p. 969).

§ 48 Não há qualquer impossibilidade constitucional de fundamentar as decisões por remissão (acs. TC 223/98, 189/99, 147/2000, 396/2003 e 391/2015).

§ 49 São necessários alguns cuidados na concretização da remissão, nomeadamente quando estão em causa acórdãos dos tribunais superiores. A existência de uma pluralidade de reenvios pode fazer perder o sentido da decisão que se pretende fundamentar, pondo em causa a própria auto-suficiência da decisão. Neste sentido, é possível a remissão para os factos que constam na acusação «desde que a mesma seja especificadas e direcionada a um conjunto definido delimitado e estabilizado de factos concretos, concatenados e relevantes num determinado momento [ac. STJ, 15.04.2021 (ANTÓNIO GAMA)]. A decisão reenviante deve assim estar precisamente identificada e sobretudo adequadamente fundamentada de modo que o reenvio efetuado seja explícito (LOPES, 2019, p. 270). Neste sentido, o ac. TC 147/00 alude ao que seria a eventual inconstitucionalidade de uma norma que permitisse, pela remissão, que «a acessibilidade dos fundamentos se tornasse labiríntica, ou particularmente complexa».

l) Casos difíceis

§ 50 Em determinadas circunstâncias, nomeadamente em casos complexos, dogmaticamente identificados como casos «difíceis» ou mesmo «trágicos», torna-se relevante, para que não fiquem dúvidas sobre a decisão (como se decidiu) que a fundamentação, ainda que concisa, seja mais exigente. Só assim se poderá assegurar as finalidades da fundamentação, máxime a concretização do duplo grau de jurisdição.

§ 51 A questão dogmática do que são os casos difíceis perpassa num primeiro momento pela dimensão constitucional mas também se estende aos demais ramos do direito. Estamos na presença de um caso difícil quando existe incerteza na forma de o resolver. «Quando um determinado litígio não se pode subsumir claramente numa norma jurídica, estabelecida previamente por alguma instituição, o juiz tem o dever discricionário de decidir o caso num ou noutro sentido» Dworkin, 1984, p. 146; desenvolvidamente Lopes, 2019, p 351 e ss).

§ 52 Interessa reter que no que respeita à matéria da sentença penal e da sua fundamentação a incerteza da decisão tanto pode ser constatável nos pressupostos de facto como na sua qualificação jurídica nomeadamente, nos problemas de prova e na interpretação da norma aplicável. A natureza conflitual do processo penal suscita, por regra, a constatação de uma divergência essencial sobre os acontecimentos (fácticos e jurídicos) que sustentam o objeto de processo. A dinâmica do processo penal sustenta-se na afirmação de que existe sempre a possibilidade de se verificarem «pelo menos duas hipóteses sobre cada facto que, no entanto, podem ser mais numerosas nomeadamente quando se trata de factos complexos» (Taruffo, 1997, p. 318). A existência ou não de dúvidas na fixação probatória dos factos será tanto maior quanto mais difícil for o caso. Nessa medida quanto mais profunda for a divergência entre os intervenientes sobre a hipótese acusatória e os seus fundamentos, maior e mais ampla será a necessidade de justificar a escolha tomada no processo de decisão do juiz e, por isso, sedimentar a fundamentação de modo a que os seus destinatários não fiquem com dúvidas sobre as razões pelas quais de decidiu.

m) Nulidade

§ 53 A omissão da fundamentação comporta a nulidade da sentença (art. 379.º/1/a – cf. comentário ao artigo). A fundamentação deficiente não se confunde com a falta de fundamentação – «não equivale a uma apreciação sem a devida profundidade, nem a uma abordagem simplista» das questões suscitadas» [ac. STJ, 13.12.2018 (Carlos Almeida)].

IV – Dispositivo

a) Considerações gerais

§ 54 O dipositivo conforma a terceiro requisito estrutural da sentença, que deve conter as disposições legais aplicáveis, a decisão condenatória ou absolutória, a indicação do destino a dar a coisas, animais ou objetos relacionados com o crime, com expressa menção das disposições legais aplicáveis, a ordem de remessa de boletins ao registo criminal, a data e as assinaturas dos membros do tribunal. Deve conter igualmente a decisão quanto a custas.

b) Disposições aplicáveis

§ 55 Quanto às disposições legais aplicáveis, trata-se, em primeiro lugar dos tipos de crimes pelos quais o arguido foi absolvido e/ou condenado. Em segundo lugar as sanções criminais concretas aplicadas, nomeadamente a pena aplicada a cada crime e a pena aplicada no caso de cúmulo jurídico. Caso tenha ocorrido a aplicação de um perdão ou amnistia também deve ser indicada a disposição legal que foi aplicada.

c) Pedido cível

§ 56 Também no dispositivo deve constar a decisão sobre o pedido cível, caso tenha sido formulado.

d) Registo criminal

§ 57 Quanto ao registo criminal importa referir que está em causa neste, a concretização do princípio da recolha, tratamento e conservação de extratos de decisões judiciais e dos demais elementos a elas respeitantes sujeitos a inscrição no registo criminal e no registo de contumazes, promovendo a identificação dos titulares dessa informação, a fim de permitir o conhecimento dos antecedentes criminais das pessoas condenadas e das decisões de contumácia vigentes (L 37/2015, de 05.5). Constitui por isso um instrumento indispensável ao funcionamento do sistema de justiça penal seja no plano substantivo, seja no âmbito processual [ac. STJ, 7.7.2016 (Francisco Caetano)]. Questão, no entanto, pertinente, é a de saber se fora dos casos em que o Tribunal decida não transpor a decisão para o registo criminal, se esta matéria deveria obrigatoriamente ser ordenada pelo Tribunal (neste sentido, já Robalo Cordeiro, 1989, p. 314).

§ 58 A L 37/2015, de 05.05 estabelece o regime jurídico da identificação criminal e transpõe para a ordem jurídica interna a Decisão-Quadro 2009/315/JAI, do Conselho, de 26 de fevereiro de 2009, relativa à organização e ao conteúdo do intercâmbio de informações extraídas do registo criminal entre os Estados membros.

§ 59 O Tribunal pode entender (ou ser requerido nesse sentido) que não obstante a condenação, podem não ser fixadas no registo criminal determinadas decisões aplicadas a pessoas singulares – art. 13.º/1 L 37/2015, de 05.05: "*Sem prejuízo do disposto na Lei n.º 113/2009, de 17 de setembro, com respeito aos crimes previstos no artigo 152.º, no artigo 152.º-A e no capítulo V do título I do livro II do Código Penal, os tribunais que condenem pessoa singular em pena de prisão até 1 ano ou em pena não privativa da liberdade podem determinar na sentença ou em despacho posterior, se o arguido não tiver sofrido condenação anterior por crime da mesma natureza e sempre que das circunstâncias que acompanharam o crime não se puder induzir perigo de prática de novos crimes, a não transcrição da respetiva sentença nos certificados a que se referem os n.ºs 5 e 6 do artigo 10.º*". Face aos princípios que sustentam a existência e razão do registo criminal, trata-se, nesta circunstância, de uma decisão excecional, sustentada em determinados requisitos e que deve ser fundamentada [*inexistência de perigo da prática de novos factos*, (...) satisfeita com base nas "*circunstâncias que acompanharam a prática do crime* – ac. RP, 13.01.2021 (Mota Ribeiro)]. Igualmente na ponderação a efetuar-se não devem ser omitidos os princípios da necessidade, subsidiariedade e proporcionalidade que, face ao caso concreto sejam evidenciados em função da situação [cf. ac. RG, 22.05.2017 (Ausenda Gonçalves)].

§ **60** Face aos princípios que estão subjacente à existência e exigência do registo criminal (e naturalmente das decisões que nele devem constar) na decisão do juiz a proferir nos termos do art. 13.º citado, a juízo de prognose a fazer não se confunde (nem é coincidente) com o juízo de prognose relativo à aplicação da decisão sobre a suspensão de execução da pena de prisão [acs. RP, 5.04.2006 (Jorge França), RP, 12.06.2019 (Ermelinda Carneiro) e RG, 22.03.2021, (Armando Azevedo)].

§ **61** A não transcrição no registo criminal não se aplica a condenações efetuadas a pessoas coletivas. Não apenas a lei assim o estabelece como também as razões substantivas que estão em causa comportam tal afirmação [acs. RG, 6.02.2017 (Miguel Lopes) e RL, 13.01.2021 (Adelina Oliveira)].

e) Destino de coisas, animais, objetos e recolha de ADN

§ **62** Deve ser indicado destino a dar a coisas, animais ou objetos relacionados com o crime, com expressa menção das disposições legais aplicáveis e a ordem para recolha da amostra com vista a obtenção de ADN nos termos da L 5/2008.

§ **63** Também no dipositivo deve ser referida todo o conjunto de decisões referentes a outras questões de natureza processual decorrentes da sentença como as decisões sobre medidas de coação já tomadas ou a tomar (cf. Comentário artigos 375.º e 376.º).

f) Irregularidades do dispositivo

§ **64** A omissão do dispositivo, ainda que configure uma irregularidade, não comporta a nulidade da sentença (art. 379.º/1/a). No entanto deve referir-se que a leitura do dispositivo é sempre obrigatória, conforme decorre do art. 372.º/3, sob pena de nulidade.

V – Custas

§ **65** A sentença deve conter a condenação (ou não condenação) de custas que tenha que ser aplicada, englobando-se igualmente a decisão de custas quanto ao pedido cível.

VI – Linguagem da sentença

§ **66** A relevância da linguagem a utilizar na elaboração do discurso jurídico, seja nas sentenças seja noutros documentos de natureza jurídica, é uma preocupação dogmática essencial. Ainda que a linguagem de uma lei, de uma decisão judicial, de um contrato ou da doutrina possam ser diferentes, do ponto de vista formal e substancial, atendendo aos fins que prosseguem, têm de ser persuasivas, tendo em conta as suas finalidades. O discurso jurídico, obedecendo a cânones e terminologias próprias, não pode omitir a necessidade da linguagem a utilizar nas sentenças dever ser clara, concisa e direta, evitando termos e expressões que sejam difíceis de compreender (Lopes, 2020, p. 22).

§ **67** Conforme se refere na Opinião n.º 7, do Conselho Consultivo dos Juízes Europeus, «a linguagem utilizada pelos tribunais nas suas decisões e julgamentos não é somente uma potente ferramenta ao serviço dos tribunais para desempenharem o papel educativo que têm mas constitui, também, natural e diretamente a "lei na prática"». Neste sentido a questão da linguagem utilizada no sistema jurídico e concretamente nas decisões judiciais, comporta uma abordagem relevante, em termos de perceção, comunicação e transparência do próprio sistema de justiça.

§ 68 A questão primeira a reter comporta a necessidade de ser entendido que as sentenças são documentos elaborados por uma autoridade judiciária, independente e imparcial, devendo por isso evitar-se, na sua elaboração, manifestações de «rasgos individuais ou de personalidade» (no mesmo sentido SEÑA, p. 54) que possam pôr em causa ou mesmo contaminar essa matriz de independência e imparcialidade que levou à decisão. Na elaboração das sentenças as palavras não podem ser usadas com «liberdade literárias» (SEÑA, p. 62). Trata-se, na sentença, de um texto revestido de autoridade e que por isso não deve deixar dúvidas acerca de quais as razões jurídicas e fácticas que a fundamentam (*Ibidem*, p. 62).

§ 69 A matéria da linguagem a utilizar nos atos processuais tem hoje, no ordenamento jurídico nacional, um inciso claro, nomeadamente o artigo 9.º-A CPC. Aí se estabelece que «*o tribunal deve, em todos os seus atos, e em particular nas citações, notificações e outras comunicações dirigidas diretamente às partes e a outras pessoas singulares e coletivas, utilizar preferencialmente linguagem simples e clara*». Inexistindo norma semelhante no CPP, deve o mesmo normativo ser de aplicar ao processo penal e, consequentemente às sentenças, tendo em conta o disposto no art. 4.º

§ 70 A sentença deve ser escrita com uma linguagem clara, compreensível e juridicamente irrepreensível de modo a ser compreendida pelos destinatários (sujeitos processuais e cidadãos em geral). Ainda que, no caso dos sujeitos processuais, dela possam discordar e utilizar os mecanismos de recurso. Os conceitos jurídicos devem, se necessário, ser clarificados para que possam ser efetivamente entendidos e compreendidos. Para uma visão, no direito comparado, sobre as técnicas de redação da sentença (MEALHA, 2020, p. 37).

§ 71 Na elaboração escrita da sentença (e do acórdão) deve utilizar-se uma linguagem que permita funcionar como um fio condutor que favorece tanto a fundamentação como a decisão, sublinhando-se, nesta parte, a dimensão narrativa implícita na decisão. A articulação factual que deve constar nas decisões deve obedecer a uma lógica que permita a perceção linear da questão factual em causa. No entanto, porque é a objetividade e o rigor que é imposta à atividade do juiz e à utilização que faz das palavras na elaboração da sentença, a autocontenção no modo de utilização da linguagem jurídica é, assim, um tópico essencial. Assim há que evitar juízos de valor sustentados em posições individuais que possam colidir com a dimensão de valores ou princípios com dimensão constitucional.

§ **72** Ao juiz deve exigir-se, igualmente uma especial atenção à capacidade de síntese. Neste sentido há que relevar e escrever o que é efetivamente essencial, eliminando o acessório, nomeadamente a adjetivação e a redundância. Deve controlar-se o excesso de linguagem e a prolixidade, nomeadamente evitando a utilização de jargão e eliminando fórmulas e rituais desnecessários, quase sempre vazias de conteúdo. As frases a utilizar devem ser de preferência curtas, com uma estrutura simples de sujeito, verbo e predicado, de modo a todo o sentido da mesma ser inteligível pelos destinatários (Seña, p. 55).

José Mouraz Lopes

ARTIGO 375.º
Sentença condenatória

1 – A sentença condenatória especifica os fundamentos que presidiram à escolha e à medida da sanção aplicada, indicando, nomeadamente, se for caso disso, o início e o regime do seu cumprimento, outros deveres que ao condenado sejam impostos e a sua duração, bem como o plano individual de readaptação social.

2 – Após a leitura da sentença condenatória, o presidente, quando o julgar conveniente, dirige ao arguido breve alocução, exortando-o a corrigir-se.

3 – Para efeito do disposto neste Código, considera-se também sentença condenatória a que tiver decretado dispensa da pena.

4 – Sempre que necessário, o tribunal procede ao reexame da situação do arguido, sujeitando-o às medidas de coação admissíveis e adequadas às exigências cautelares que o caso requer.

Origem do texto: corresponde à redação originária aprovada pelo DL 78/87 com as alterações introduzidas pelas DL 317/95, de 28/11, que eliminou a referência à isenção de pena e L 59/98, de 25/08 que aditou o número 4.

Sumário do comentário:

I – Considerações gerais

§ 1 O presente artigo especifica os requisitos essenciais para o caso da sentença conformar uma decisão condenatória, para além dos requisitos a que se refere o artigo anterior. Trata-se, ainda, de uma dimensão da fundamentação da sentença, no caso apenas quando a mesma é condenatória.

II – Sentença condenatória

§ 2 Estamos em presença de uma sentença condenatória quando se concretiza a imputação de um crime a um arguido e, em consequência lhe é aplicada uma sanção. Igualmente, conforme decorre do art. 376.º/3, nos casos em que ocorrer a declaração de inimputabilidade do autor do crime e a este for aplicada medida de segurança, se está em presença de uma sentença condenatória, aplicando-se nestas circunstâncias, o dispositivo a que se refere este artigo.

§ **3** O número 3 é expresso em considerar como sentença condenatória igualmente a situação em que, verificada a prática do crime, através da prova dos factos ilicitos e da culpa, seja decretada a dispensa de pena.

III – Fundamentação da pena

§ **4** Na sequência do princípio da fundamentação e dos requisitos a que deve obedecer estabelecidos no art. 374.º concretiza-se, inequivocamente, neste artigo o princípio da fundamentação da escolha e medida concreta das sanções aplicadas, sejam a pena, a medida de segurança ou as sanções acessórias, impondo que o tribunal (e o relator) refira expressamente os fundamentos pelos quais escolheu determinada sanção e o seu *quantum*. Só assim se concretiza, efectivamente o dever de fundamentação em todas as suas dimensões (cf. Comentário ao artigo 374.º), nomeadamente a possibilidade controlo judicial em sede de recurso (acs. TC 219/89, 322/93 e 577/98). Escolha e medida da penas consubstanciam epistemologicamente «funções» diferenciadas [STJ, 27.06.2012 (Maia Costa)] que devem, ambas, ser fundamentadas.

§ **5** A norma em causa, no que respeita à escolha da pena, deriva dos arts. 70.º CP, em conjugação com os arts. 45.º/1, 50.º/1/4, 58.º/1, 60.º, todos do CP os quais, como princípio, estabelecem o princípio da aplicação de penas não privativas de liberdade, sempre que verificados os pressupostos da sua aplicação, esta ultima realize de forma adequada e suficiente as finalidades previstas no artigo 40.º/1 CP – «a aplicação de penas e de medidas de segurança visa a proteção de bens juridícos e a reintegração do agente na sociedade». Por via dessa imposição normativa, é absolutamente relevante o facto do tribunal ter que na sentença fundamentar a não aplicação da pena não privativa de liberdade, quando dê preferência à pena privativa de liberdade (Antunes, 2007, p. 52).

§ **6** No caso das penas de substituição deve atender-se que a sua aplicação consubstancia um poder dever devendo, por isso, quando não aplicadas, ser fundamentada especificamente a sua não aplicação, em função de razões concretas, no caso em que esteja em causa a possibilidade de aplicação [acs. STJ, 21.06.2007 (Rodrigues da Costa), RE, 25.03.2010 (Fernando Condesso), RC, 10.12.2014 (Orlando Gonçalves)].

§ 7 No que respeita à medida concreta o artigo concretiza, especificamente, o inciso estabelecido no art. 71.º/3 CP que estabelece expressamente que «na sentença são expressamente referidos os fundamentos da medida da pena», devidamente estabelecidos nos números anteriores do mesmo artigo, individualmente apreciados. Nesse sentido, quando estão em causa vários arguidos imputados, ainda que agrupados por critérios criminológicos ou outros que sejam apreciados, qualquer que seja for a forma do crime em causa, terá sempre que ser apreciada e fundamentada para cada um, a pena concreta aplicada, sob pena de nulidade [ac. STJ, 11.7.2019 (Helena Moniz)].

§ 8 É inequívoca a necessidade de fundamentar a pena concreta aplicada em cúmulo juridico que não pode reconduzir-se à «vacuidade de fórmulas genéricas, tabelares e conclusivas, desprovidas das razões do facto concreto» [ac. STJ, 1.10.2014 (Raúl Borges)]. Deverá seguir-se um critério racional de modo a que se identifiquem concretamente, quais as razões sustentadas nos factos (que consubstanciam a dimensão do tipos do crime e da personalidade do agente) que levam, no caso à aplicação daquela (concreta) pena, de modo a que se fique a saber o como e o porquê da dimensão punitiva.

IV – Cumprimento da pena

§ 9 No número 1 do artigo estabelece-se a referência, *se for caso* disso à indicação do início e regime do cumprimento da pena, além de *outros deveres que ao condenado sejam impostos e a sua duração, bem como o plano individual de readaptação social.* Trata-se, aqui de um dispositivo orientado, em primeira linha, para a pena de prisão aplicada, quer se trate da pena de prisão efetiva, quer da pena de prisão suspensa, sujeita quer ao regime de prova ou apenas condicionada à pratica (ou omissão) de deperminados deveres imputados.

§ 10 Como é claro, no inciso, trata-se, nesta situação, de uma indicação não obrigatória que dependerá sempre do caso e situação concreta que for entendido pelo tribunal.

V – Plano individual de readaptação social

§ 11 O plano individual de readaptação é o instrumento processual que conforma o mecanismo de socialização subjacente à aplicação da pena, «revestindo o carácter de testemunho da estratégia (e da táctica) que o tribunal entende dever ser seguida com o fim de lograr a socialização do delinquente» (Figuei-

REDO DIAS, 1993, pp. 399 e 403). Aí serão incluídos os deveres, regras de conduta ou outras obrigações impostas.

§ 12 Como parece razoável e decorria da versão inicial do art. 492.º, a elaboração do PIR dificilmente é possível de ser concretizada quando da proferição da sentença (recorde-se que o artigo citado expressamente referia que o que o PIR constará da sentença sempre que o tribunal se encontra habilitado, nesse momento a organizá-lo»). A imposição que consta no artigo, agora em comentário, não pode deixar de ter o mesmo sentido, ou seja, impõe que o tribunal solicite, sempre que possível atempadamente o PIR, que, por isso, sempre que tal acontecer, deve constar na sentença (ALBUQUERQUE, 2009, p. 1239).

§13 A indicação e o conteúdo do PIR devem estar sustentada nos factos provados na sentença, nomeadamente numa eventual condenação em regime de prova e ser com ela conexa [nesse sentido, ac. RC, 29.10.2014 (FERNANDO CHAVES)].

VI – Alocução final

§14 Apenas quando, no caso concreto, o presidente o entender por conveniente, nos casos de condenação, ainda que seja decretada a dispensa de pena pode dirigir-se ao arguido e exortá-lo a corrigir-se. Trata-se, em primeiro lugar de um poder facultativo do juiz presidente (ainda que, deva, no caso de tribunal colectivo, ponderar a sua concretização com o colectivo). Em segundo lugar só deve ser concretizada se for necessária, em função da situação concreta, ou seja se for entendido que é util, face à personalidade do arguido.

§15 Trata-se de uma norma historicamente datada, já estabelecida no CPP/29 e com origem anteriormente, nomeadamente na Nova Reforma Judiciária (OSÓRIO, 1934, p. 243). Sobre a evolução histórica BUCHO, 2010, p. 2. A dimensão algo paternalista da alocução pode suscitar algumas dúvidas quer sobre a sua constitucionalidade, à face do principio da presunção de inocência, quer sobre a sua eficácia. Recorde-se que, no momento em que é proferida, a sentença não transitou, ainda, em julgado, por um lado e por outro lado os fundamentos da pena já se encontram na decisão. A conformação constitucional da alocução pressuporá, por isso que quando da sua proferição, o juiz advirta previamente o arguido sobre a possibilidade da decisão vir a ser modificada.

§ 16 A alocução não pode assumir o carácter de uma admoestação nem com esta se pode confundir conforme decorre do art. 497.º/3. Aqui, na admoestação, está em causa uma pena. Na alocução o que está em causa é apenas e só uma exortação a proferir pelo juiz em função de determinada situação concreta.

§ 17 Quando proferida, a alocução final deverá seguir a linha narrativa exposta na sentença quanto aos fundamentos que levaram à condenação e à aplicação da pena. Quando decidir proferir a alocução, o juiz deve, como acertadamente refere Bucho, 2010, p. 8 «sempre, de forma prudente e criteriosa, procurar evitar que as suas palavras possam ser entendidas como manifestação de um qualquer sentimento de parcialidade».

§ 18 No caso da sentença absolutória não é permitido a concretização de qualquer alocução ao arguido (Silva, 1994, III vol, p. 287). Questão diferente será a explicitação, genérica, de determinada decisão concreta que por via das suas particularidades deve ser efetuada sempre em função da fundamentação da sentença, de modo a tornar absolutamente clara a posição do Tribunal, quando isso se imponha em função a relevância social da decisão. Não poderá nunca ser ultrapassado o sentido da decisão. E mesmo neste caso a eventual explicitação da decisão não pode consubstanciar uma qualquer afirmação direcionada especificamente ao arguido, passível de pôr em causa o juízo de absolvição efetuada.

VII – Dispensa de pena

§ 19 Quando for opção do Tribunal, aplicar a dispensa de pena ao arguido condenado, a sentença é ainda de natureza condenatória. Recorde-se que a dispensa de pena está prevista no art. 74.º CP, obedecendo aos requisitos aí estabelecidos, sendo, nessas circunstâncias o arguido declarado culpado.

§ 20 Nesta situação pode, sempre com as condicionantes referidas no § 18, ser efetuada a alocução final (em sentido contrário Bucho, 2010, p.10).

VIII – Reexame da situação processual

§ 21 Ocorrendo uma situação de sentença condenatória, nos termos referidos, e se assim for necessário em função das situações concretas, o tribunal na sentença procede ao reexame da situação processual do arguido (sobre os pressupostos de aplicação das medidas de coação cf. Tomo II, comentário artigos 192.º e ss). Está em causa, nessa situação, uma apreciação das circunstâncias que atenuem ou agravem a situação cautelar que até esse momento existia, fundada num despacho judicial antecedente. Trata-se de uma decisão que fazendo parte da sentença, tem, no entanto, alguma autonomia.

§ 22 O juízo de necessidade e adequação (e também proporcionalidade) sustenta-se nesta fase na factualidade estabelecida na sentença máxime nos factos provados que levaram o juízo de condenação, ainda que naturalmente não tenha transitado em julgado. É na sentença e nos factos juridicamente relevantes que nela constam, bem como nas provas que os sustentam que incide o juízo indiciário que possibilita a aplicação de medidas de coação [ac. RC, 13.01.2010 (MOURAZ LOPES).

JOSÉ MOURAZ LOPES

Artigo 376.º
Sentença absolutória

1 – A sentença absolutória declara a extinção de qualquer medida de coação e ordena a imediata libertação do arguido preso preventivamente, salvo se ele dever continuar preso por outro motivo ou sofrer medida de segurança de internamento

2 – A sentença absolutória condena o assistente em custas, nos termos previstos neste Código e no Regulamento das Custas Processuais.

3 – Se o crime tiver sido cometido por inimputável, a sentença é absolutória; mas se nela for aplicada medida de segurança, vale como sentença condenatória para efeitos do disposto no n.º 1 do artigo anterior e de recurso do arguido.

Origem do texto: corresponde à redação originária aprovada pelo DL 78/87, com as alterações introduzidas pelas L 59/98 de 25.08 e DL 34/2008, de 26.2, referente ao n.º 2 (agora Regulamento das Custas Processuais).

Sumário do comentário:

I – Considerações gerais (§1)
II – Sentença absolutória (§§2 a 4)
III – Extinção das medidas de coação (§§5, 6)
IV – Assistente (§7)
V – Arguido inimputável (§§8 a 11)
VI – Outros efeitos (§12)

I – Considerações gerais

§ 1 O presente artigo especifica requisitos essenciais e particulares para o caso da sentença conformar uma decisão absolutória, para além dos requisitos a que se refere o art. 374.º. Trata-se, ainda, de uma dimensão da fundamentação da sentença, no caso referenciada à sentença absolutória.

II – Sentença absolutória

§ 2 Estamos em presença de uma sentença absolutória quando o tribunal se pronuncia sobre o objecto do processo, apreciando o mérito da acusação ou da pronuncia que o concretiza, absolve o arguido imputado. No art. 530.º CPPit refere-se expressamente como *sentenza di assoluzione*, quando o facto não existe, o arguido não o cometeu, o facto não constitui uma infração ou não está previsto na lei como infracção ou se a infracção foi cometida por uma pessoa que não é imputável ou não é punível por outro motivo. Igualmente ocorre uma situação de absolvição quando não existem provas ou sejam insuficientes ou contraditórias, de que o facto existe, que o acusado o cometeu, que o facto constitui uma infração ou que a infração foi cometida por uma pessoa imputável. Também ocorre uma sentença de absolvição se o facto foi cometido através de uma causa de justificação ou de uma causa de exclusão da culpa ou se tiverem ocorrido dúvidas sobre o mesmo. Ainda que no CPP não estejam pormenorizadas aqueles normativos, trata-se de situações que no nosso ordenamento jurídico envolvem, de igual forma uma absolvição e a consequente pronúncia de sentença absolutória.

§ **3** A sentença que absolve um arguido com base no principio *in dubio pro reo* é uma sentença absolutória, porque conheceu do mérito da acusação ou da pronúncia [ac. STJ, 21.10.2010 (Alberto Sobrinho)].

§**4** Não constitui uma sentença absolutória quando existe uma decisão de extinção do procedimento por motivos processuais ou de doutra natureza como é o caso de amnistia ou óbito, situações em que não há um conhecimento de mérito. No caso italiano a norma do art. 529.º estabelece a *sentenza di non doversi procedere* para aqueles casos, sendo que esta sentença (decisão de não processar) nunca adquire a autoridade do caso julgado e é de natureza puramente processual.

III – Extinção das medidas de coação

§ **5** A sentença absolutória declara a extinção de qualquer medida de coação aplicada no processo (com exceção do TIR) e ordena a imediata libertação do arguido, caso esteja detido preventivamente à ordem do processo onde foi proferida a decisão absolutória. No caso da medida de prisão preventiva, trata-se de uma libertação imediata, não necessitando, por isso de ser ponderada a questão do caso julgado da decisão.

§ **6** O arguido poderá ficar detido à ordem de outro processo. Ressalva-se, ainda a situação de no processo, ser declarado inimputável e aplicada a medida de segurança de internamento.

IV – Assistente

§ **7** O n.º 2 ao estabelecer que independentemente da absolvição, se tiver sido admitido e houver assistente no processo, o mesmo será condenado nas custas, deve ser interpretado de acordo com o estabelecido no art. 517.º.

V – Arguido inimputável

§ 8 O número 3 estabelece, expressamente, que a sentença é absolutória se o arguido for declarado pelo tribunal inimputável (como no caso da situação italiana).

§ 9 Ainda que seja aplicada uma medida de segurança ao inimputável, a sentença é absolutória. No entanto vale como como condenatória para efeitos do n.º 1 do art. 375.º e ainda para efeitos de recurso. Ou seja, toda a matéria que envolve a fundamentação da sentença e da medida de segurança aplicada tem que constar na sentença. Só assim se poderá concretizar o direito ao recurso. Igualmente será uma sentença condenatória se essa medida de segurança for suspensa na sua execução (Mendes, Gaspar et al, 2021, p. 1152).

§ 10 Sendo a sentença absolutória não é possível, neste caso, efetuar a alocução a que se alude no artigo anterior (no mesmo sentido Bucho, 2010, p. 6).

§ 11 Nesta situação ainda que seja aplicada medida de segurança, o arguido declarado inimputável não é sujeito a condenação de custas.

IV – Outros efeitos

§ 12 A sentença, ainda que absolutória, pode determinar a perda de objetos e instrumentos do crime, nos termos do art. 109.º CP. Pode ainda, nos termos do art. 377.º implicar a condenação em indemnização cível [ac. RL, 18.09.2019 (Nuno Coelho); Comentário artigo 377.º). Pode além disso na sentença absolutória declarar-se a falsidade de qualquer documento (cf. Tomo II, Comentário ao artigo 170.º). Trata-se, por isso de situações em que o Tribunal deve efetuar quer na fundamentação, se for o caso, quer no dispositivo, essas decisões, referindo-as expressamente.

José Mouraz Lopes

Artigo 377.º
Decisão sobre o pedido de indemnização cível

1 – A sentença, ainda que absolutória, condena o arguido em indemnização civil sempre que o pedido respetivo vier a revelar-se fundado, sem prejuízo do disposto no n.º 3 do artigo 82.º

2 – Se o responsável civil tiver intervindo no processo penal, a condenação em indemnização civil é proferida contra ele ou contra ele e o arguido solidariamente, sempre que a sua responsabilidade vier a ser reconhecida.

3 – Havendo condenação no que respeita ao pedido de indemnização civil, é o demandado condenado a pagar as custas suportadas pelo demandante nesta qualidade e, caso cumule, na qualidade de assistente.

4 – Havendo absolvição no que respeita ao pedido de indemnização civil, é o demandante condenado em custas nos termos previstos no Regulamento das Custas Processuais.

Origem do texto: corresponde à redação originária aprovada pelo DL 78/87 com as alterações introduzidas pelas L 59/9, de 25/8 e DL 34/2008, de 26/2.

Jurisprudência vinculante: acs STJ/FJ 7/99, 27.06.1999 (Costa Pereira) e STJ/FJ 3/2002, 17.01.2002 (Lourenço Martins).

Sumário do comentário:

I – Considerações gerais (§§1, 2)
II – Remessa para os tribunais cíveis (§§ 3, 4)
III – Âmbito de aplicação (§§5, 6)
IV – Custas (§7)

I – Considerações gerais

§ 1 A norma em apreciação concretiza, no que respeita à sentença, todo o enquadramento jurídico envolvendo a formulação e decisão do pedido de indemnização civil em processo penal, ou seja, quando fundado na pática de um crime, fundado no princípio da adesão. Tanto os princípios, como o procedimento estão previstos nos arts. 71.º a 84.º – Cf. Luís Triunfante, Tomo I.

§2 Historicamente o CPP/29, no seu artigo 29.º, já estabelecia aquele naquele normativo o referido princípio da adesão. Mas, em norma específica e inovadora, podia o juiz condenar o réu em indemnização civil sem pedido expresso do ofendido, nos termos do artigo 34.º CPP/29. Posteriormente, o art. 12.º do Dec. 605/75, de 3.11, veio permitir mesmo em caso de absolvição, essa condenação conformando assim uma perspetiva de tutela dos interesses da vítima de crime.

II – Remessa para os tribunais cíveis

§ 3 Funcionando no processo penal o princípio da adesão (cf. art. 71.º, Luís Triunfante, Tomo I, anotação ao citado artigo) quer o arguido quer as pessoas com responsabilidade meramente civil que tenham intervindo no processo podem e devem ser condenadas no respetivo pedido formulado pelo demandante/lesado, ainda que o arguido seja absolvido do (s) crime(s) imputado (s). Só assim não será se, conforme decorre do art. 82.º/3 o tribunal considere remeter as partes para os tribunais civis (Cf. infra § 4).

§ 4 A remessa do conhecimento do pedido cível para os tribunais civis, pode ser efetuada a requerimento ou oficiosamente em qualquer fase do processo (sobre os requisitos para essa remessa cf. Luís Triunfante, Tomo I, art. 82.º). Ou seja, na sentença, trata-se de uma decisão do tribunal tomada em função da sua análise prudencial da situação fáctica que está em causa e que decorre da análise após a produção da prova em julgamento em relação ao(s) crime (s) em causa e aos fundamentos do pedido cível que lhe estão adstritos.

III – Âmbito de aplicação

§ 5 A sentença proferida no processo penal, ainda que absolutória do crime imputado, se verificados os pressupostos que consubstanciam a procedência do pedido de indemnização efetuado, com os requisitos e nas condições referidas nos artigos citados, deve condenar o arguido na indemnização civil. Só assim acontece se existirem no processo todos os elementos indispensáveis e suficientes para o tribunal proferir uma sentença, na parte cível, nomeadamente os factos integrantes do objeto do processo na sua vertente estritamente penal e simultaneamente constitutivos da causa de pedir do pedido de indemnização civil [cf. acs. STJ, 3.07.1992 (Sá Ferreira), RL, 18.09.2019 (Nuno Coelho)]. Será importante salientar que no fundamento do princípio da adesão estão em causa a prática de um (concreto) crime e de crimes abstratamente configurados.

§ 6 Além das situações em que é apreciado e conhecido o objeto do processo constante da acusação ou pronúncia e o tribunal, por via disso, absolve ou condena o arguido, podem ocorrer situações de absolvição do crime ou extinção do procedimento, por funcionamento de questões diversas, como é o caso da prescrição, amnistia, aplicação da lei no tempo ou o falecimento do arguido/demandado. Tal não comporta necessariamente o fim do processo. Em tais situações, o tribunal tem que conhecer, se tiver sido deduzido, o pedido de indemnização e, em conformidade com a prova produzida, condenar ou absolver o demandado ou interveniente ou os seus sucessores, devidamente habilitados. Sobre o caso específico da morte do arguido ou demandado em fase posterior à marcação de julgamento [acs. RC, 24.02.2016 (Maria José Nogueira), RG 14.10.2019 (Paulo Serafim)].

IV – Custas

§7 Quando o responsável civil intervier, a condenação em custas que envolva o pedido de indemnização civil é proferida contra ele ou contra ele e o arguido, solidariamente, em função das circunstâncias.

José Mouraz Lopes

Artigo 378.º
Publicação da sentença absolutória

1 – Quando o considerar justificado, o tribunal ordena no dispositivo a publicação integral ou por extrato da sentença absolutória em jornal indicado pelo arguido, desde que este o requeira até ao encerramento da audiência e haja assistente constituído no processo.

2 – As despesas correm a cargo do assistente e valem como custas.

Origem do texto: corresponde à redação originária aprovada pelo DL 78/87.

Sumário do comentário:

I – Considerações gerais (§§ 1, 2)
II – Requisitos (§§ 3 a 8)
III – Despesas (§§5, 6)

I – Considerações gerais

§ 1 Está em causa, na publicitação, através da publicação em meio de comunicação social da sentença absolutória, a eventual reparação decorrente de uma acusação deduzida, que tenha terminado em absolvição, que tenha, por via das suas consequências, posto em causa a integridade do arguido. A amplificação pública da decisão de absolvição, nesta situação tem apenas como função repôr de alguma forma a situação pré existente à acusação a que o arguido foi sujeita perante a opinião pública. Trata-se de um procedimento que já era permitido no CPP/29 (art. 454.º, §2), essencialmente com os mesmos requisitos, ainda que a norma se inserisse em artigo que estabelecia, também, a publicação de sentença condenatória.

§ 2 Não pode, no entanto, confundir-se *a ratio* da publicação da sentença absolutória, aqui em causa, com a publicação da sentença condenatória, como sanção acessória, em determinados tipos de crime, maxime nos casos do art. 189.º CP, no domínio do DL 28/84 (crimes económicos – art. 19.º) e L 2/99 (art. 34.º – lei de imprensa). Sublinha-se que em todos estes casos se está em presença de uma decisão condenatória, situação que não ocorre nos caso da absolvição, em causa neste artigo.

II – Requisitos

§ 3 Exatamente porque as razões para a publicitação da sentença absolutória estão fundadas numa dimensão reparadora, deve ser impulsionada por quem se sentiu de alguma forma lesado pela intervenção, porventura afoita, de um sujeito processual, no caso o assistente. São, assim, exigidos três requisitos que devem possibilitar a admissibilidade da publicação: (i) requerimento do arguido, indicando concretamente qual o jornal em que pretende ver a publicação; (ii) tempestivamente efectuado até ao encerramento da audiência; (iii) constituição de assistente no processo (no mesmo sentido Mendes, Gaspar et Al, 2021, p. 1155).

§ **4** Ainda que verificados os requisitos referidos, o juizo decisório sobre a publicitação depende da decisão do tribunal (colectivo ou singular) em função da situação concreta que sustenta o pedido.

§ **5** As razões justificativas, ainda que possam ser diversas em função dos casos concretos, fundam-se essencialmente no facto da acusação efetuada, eventualmente acompanhada pelo assistente, que terminou numa absolvição, ter eventualmente causado repercussão com dimensão pública na vida pessoal, social, profissional ou familiar do arguido. Devem ser ponderadas, concretamente, o(s) tipo(s) de crime em causa e as razões que levaram à absolvição

§ **6** O coarguido que tenha sido absolvido, ainda que outros coarguidos existam e tenham sido condenados, pode solicitar a publicitação.

§ **7** A decisão do juiz ou do coletivo é incluida na sentença, no dispositivo. No entanto, trata-se de uma decisão, que tem de ser fundamentada e pode ser objecto de recurso.

§ **8** Na decisão o tribunal deve pronunciar-se sobre a publicação integral da sentença absolutória ou apenas sobre um extracto da mesma que concretamente identifique as razões da absolvição do requerente.

III – Despesas

§ **9** A publicitação da sentença pode implicar despesas e nesse caso as mesmas são da responsabilidade do assistente ou dos assistentes, se forem vários.

José Mouraz Lopes

Artigo 379.º
Nulidade da sentença

1 – É nula a sentença:

a) Que não contiver as menções referidas no n.º 2 e na alínea b) do n.º 3 do artigo 374.º ou, em processo sumário ou abreviado, não contiver a decisão condenatória ou absolutória ou as menções referidas nas alíneas a) a d) do n.º 1 do artigo 389.º-A e 391.º-F;

b) Que condenar por factos diversos dos descritos na acusação ou na pronúncia, se a houver, fora dos casos e das condições previstos nos artigos 358.º e 359.º;

c) Quando o tribunal deixe de pronunciar-se sobre questões que devesse apreciar ou conheça de questões de que não podia tomar conhecimento.

2 – As nulidades da sentença devem ser arguidas ou conhecidas em recurso, devendo o tribunal supri-las, aplicando-se, com as necessárias adaptações, o disposto no n.º 4 do artigo 414.º

3 – Se, em consequência de nulidade de sentença conhecida em recurso, tiver de ser proferida nova decisão no tribunal recorrido, o recurso que desta venha a ser interposto é sempre distribuído ao mesmo relator, exceto em caso de impossibilidade.

Origem do texto: corresponde à redação originária aprovada pelo DL 78/87 com as alterações introduzidas pelas L 59/9, de 25/8, que aditou a alínea c) do n.º 1, pela L 26/2010, de 30/8 que aditou as referências aos processos sumário e abreviado e pela L 20/2013, de 21/2 que alterou o n.º 2 e aditou o n.º 3.

Jurisprudência vinculante: ac. STJ/FJ 9/92, 6.5.1992 (Lucena e Vale), ac. STJ/FJ 1/94, 2.12.1993 (Coelho Ventura)

Sumário do comentário:

I – Considerações gerais

§ 1 O regime das nulidades estabelecido nesta norma é um dos vários regimes especiais que estabelecem consequências para atos processuais próprios no CPP, para além do regime regra das nulidades estabelecido nos artigos 119.º e 120.º.

Nesse sentido aplica-se exclusivamente ao ato processual sentença ou acórdão, conforme decorre do art. 97.º/1/a e 2, abrangendo as formas de processo comum, sumário e abreviado. Não se aplica ao regime da nulidade da decisão proferida em processo sumaríssimo cujo regime está estabelecido no art. 397.º

§ 2 A razão de ser da norma pode sustentar-se na consagração de um regime de invalidade específico da sentença, tendo em conta que estão em causa as questões nucleares do ato decisório, nomeadamente a omissão da fundamentação e do dispositivo na sentença ou acórdão. São essas situações/patologias, nomeadamente a sua natureza jurisdicional estrutural, face a outros regimes de vícios de atos e respetivas consequências identificados no CPP, que estão na base da estrutura autónoma fixada para a nulidade. Recorde-se que a sentença é o ato decisório que conhece a final o objeto do processo.

§ 3 As alterações legislativas ocorridas ao longo do tempo ao artigo não evitaram a fragilidade legislativa consequente à opção tomada pelo legislador, no que respeita à matéria de invalidades processuais, que levaram à proferição de dois acordãos de fixação de jurisprudência relevantes sobre matérias envolvendo a essência das questões em causa na norma. Assim, o ac STJ/FJ n.º 9/92, 6.05.1992 (LUCENA e VALE), estabeleceu que «não é insanável a nulidade da alínea a) do artigo 379.º do Código de Processo penal, consistente na falta de indicação na sentença penal, das provas que serviram para formar a convicção do tribunal, ordenada pelo artigo 374.º n.º 2, parte final, do mesmo código, por isso não lhe sendo aplicável a disciplina do corpo do artigo 119.º daquele diploma legal». Por seu lado o ac STJ/FJ 1/94, 2.12.1993 (COELHO VENTURA), publicado no DR I Série, refere o seguinte: «As nulidades da sentença enumeradas de forma taxativa nas alíneas a) e b) do artigo 379.º do CPP não têm de ser arguidas, necessariamente, nos termos estabelecidos na alínea a) do n.º 3 do artigo 120.º do mesmo diploma processual, podendo sê-lo, ainda, em motivação de recurso para o tribunal superior». Definitivamente, trata-se, no regime da nulidade de sentença, de uma causa autónoma de nulidades que como tal deve ser tratada, sem reporte ao estabelecido nos art. 119.º e 120.º [no mesmo sentido SILVA, p. 283; ac. STJ, 22.04.2020 (NUNO GONÇALVES)].

II – Causas

a) Generalidades

§ 4 Não deve confundir-se o regime da nulidade estabelecido neste artigo com dimensões que comportam as causas de nulidade, nomeadamente a discordância que envolva a razão de decisão ou a sua fundamentação, situação que comporta eventuais e autónomos fundamentos de recurso. Neste artigo e no regime que o conforma estão apenas em causa a nulidade decorrente dos fundamentos especificamente estabelecidos na norma.

b) Omissão da fundamentação

§ 5 Na primeira parte do número 1 da norma estão em causa as situações a que se refere o art. 374.º/2 e 3/b, nomeadamente quando «faltarem» na sentença os requisitos estabelecidos naqueles números e alínea. No caso do n.º 2 está em causa a omissão da fundamentação da sentença, ou seja, a «enumeração dos factos provados e não provados, bem como uma exposição tanto possível completa, ainda que concisa, dos motivos, de facto e de direito, que fundamentam a decisão, com indicação e exame crítico das provas que serviram para formar a convicção do tribunal».

§ 6 Sobre a ausência de fundamentação a norma estabelece que a nulidade ocorre, inequivocamente, quando a sentença não contenha (i) a enumeração dos factos provados e não provados, (ii) a exposição tanto possível completa, ainda que concisa, dos motivos, de facto e de direito, que fundamentam a decisão, com indicação e exame crítico das provas. A omissão integral de qualquer destes elementos estruturais da sentença torna a mesma nula. Ainda que algum deles (factos provados, factos não provados e motivação) esteja na sentença, individualizadamente, a omissão de qualquer um, fulmina a sentença de nulidade. O regime especifico da nulidade da sentença, por falta de fundamentação decorre, igualmente do Código de Processo Penal italiano, nomeadamente no seu art. 125.º, evidenciando-se, por isso, em ambos os regimes a natureza estrutural da fundamentação da sentença.

§ 7 Nesta dimensão da nulidade está em causa a garantia «negativa» da consagração do dever de fundamentação expresso nos dois artigos estruturantes, 127.º e 374.º/2, que abrangem toda a exigente consagração daquele dever nomeadamente estabelecendo de forma inequívoca o que decorre do âmbito constitucional. Na medida em que a fundamentação é parte integrante da sentença e da própria pronúncia jurisdicional, toda a sentença que não seja fundamentada é nula (Lopes, 2019 p. 210 e Cunha, 2002 p. 568). Concretamente a exigência que sejam indicados os elementos fundamentais e decisivos para a formação da convicção do Tribunal, explicitando-se o juízo decisório e as provas em que este se baseou (Lopes, 2019, p. 159, ac TC 27/2007 e cf. comentário ao art. 374.º). Não está em causa nesta situação, porque não é necessário ao conteúdo da fundamentação a especificação do conteúdo dos depoimentos dos arguidos e das testemunhas. Essa circunstância não pode só por si, «considerar-se violador da exigência de fundamentação das decisões judiciais ou, mediatamente, das garantias de defesa do arguido, incluindo o seu direito ao recurso (ac. TC 27/2007).

§ **8** Na ausência de fundamentação está em causa a omissão absoluta dos dois «ítens» referidos no §6. Não comporta a ocorrência e verificação da mesma a fundamentação insuficiente ou em desacordo com a argumentação expendida pelo sujeito processual que dela discorda. A fundamentação deficiente não se confunde com a falta de fundamentação [ac. STJ, 13.12.2018 (Carlos Almeida)].

§ **9** A omissão da indicação dos factos provados e não provados tem como referência a factualidade imputada na acusação ou na pronúncia bem como no pedido de indemnização cível e nas contestações bem como os factos dados como provados que resultem do conhecimento oficioso do Tribunal que tenham sido adquiridos ao abrigo do art. 340.º

§ **10** Na situação que envolve a falta de indicação e exame crítico das provas está em causa a referência expressa à exigência da valoração das provas produzidas e utilizadas, quer singularmente, para cada facto, quer globalmente, em função da sua articulação com o modo como foram produzidas e de acordo com princípios fundamentais que subjazem à produção da prova (cf. comentário ao art. 374.º).

§ **11** No caso da falta de motivação fáctico-conclusiva e jurídica da decisão, qualquer que seja, condenatória ou absolutória está em causa a inexistência da exposição dos critérios interpretativos onde o juiz se escuda para aplicar a lei, através da subsunção dos factos ao direito, incluindo a fundamentação jurídica relativa à escolha e medida da pena ou medida de segurança aplicada. Veja-se o caso da omissão de fundamentação das razões que sustentam e fundam a aplicação de uma pena [ac. STJ, 10.09.2016 (Matos)] ou no caso de um cúmulo jurídico de penas [ac. STJ 14.09.2016 (Santos Cabral)].

c) Omissão do dispositivo

§ **12** Na al. b) do n.º 3 do art. 374.º está em causa a parte nuclear do dispositivo. Na omissão do dispositivo, como causa de nulidade, está em causa, apenas, a omissão de uma das suas componentes, qual seja a existência da decisão condenatória ou absolutória, que nele deve constar (cf. comentário art. 374.º). Trata-se da componente do dispositivo que fixa a essência da decisão e consequentemente o caso julgado. Nesse sentido a sua omissão só pode conformar uma nulidade. Trata-se, também aqui da fixação de um regime específico de nulidade semelhante ao vigente no Código de Processo Penal italiano, conforme decorre do seu artigo 546, 3. A omissão dos restantes elementos que devem constar do dispositivo comporta apenas uma irregularidade.

d) Processos sumário e abreviado

§ 13 No caso das sentenças proferidas nos processos sumário e abreviado o regime da nulidade específico está de acordo com a especificidade do regime normativo estabelecido nos artigos 389.º-A e 391.º-F que conforma e estabelece um regime especial da sentença naqueles processos (cf. comentário aos artigos citados).

§ 14 Na primeira parte (omissão da decisão condenatória ou absolutória), está em causa a omissão do dispositivo que, naqueles processos e nas respetivas sentenças, escritas ou orais, é de imposição obrigatória, sendo, no caso da sentença oral sempre escrito e ditado para a ata. Por isso a sua omissão comporta inequivocamente uma nulidade da sentença.

§ 15 As menções referidas nas alíneas a) a d) do n.º 1 do artigo 389.º-A e 391.º-F dizem respeito à fundamentação das sentenças naqueles processos. Trata-se, no entanto, de menções que em tais processos, em regra, são expressas oralmente, fora dos casos em que a sentença é obrigatoriamente escrita (quando for aplicada uma pena privativa de liberdade ou quando se as circunstâncias do caso o tornarem necessário). Em todas as situações a sua omissão constituirá sempre uma nulidade.

e) Condenação por factos diversos

§ 16 Nesta situação está apenas em causa a condenação que envolva a existência de factos diversos daqueles que constavam na acusação ou pronúncia. Ainda que a norma tenha que ser compatibilizada, na sua interpretação com o regime previsto nos arts. 358.º e 359.º não se confunde com o mesmo. Aqui, está em causa apenas uma das causas, típicas, de nulidade da sentença. Por isso, só quando estão em causa alteração de factos (factos diversos) se aplica o normativo (no mesmo sentido ANTUNES, 2017, p. 189). Igualmente ac. RL, 22.11.2012 (ABRUNHOSA CARVALHO). Em sentido contrário, ac. RC, 22.02.2017 (INÁCIO MONTEIRO). Sublinhe-se que não deve ser confundido o regime específico na alteração da qualificação dos factos e da alteração da qualificação jurídica e todas as suas «patologias» com o regime especifico e taxativo da nulidade da sentença estabelecido neste artigo.

§ **17** O regime normativo estabelecido sobre a possibilidade de julgar, no mesmo processo, factos diversos daqueles que constavam na acusação ou na pronúncia está estabelecido no artigo 358.º e 359.º (cf. comentário aos artigos). A possibilidade de julgar e por isso levar à sentença factos diversos, deve estar enquadrada naquele regime que, no entanto, se assume evidenciador de inúmeros problemas e fragilidades (cf, por todos, FIGUEIREDO DIAS/SOUSA, 2021, p. 187).

§ **18** Como decorrência daquele regime, a sentença que inclua factos que não alteram os factos que constam na acusação ou na pronúncia, mas acrescentam outro(s) acontecimento(s) ou factos aos referidos atos é nula. Esta situação abrange inclusivamente a inclusão de factos novos que tenham surgido e tenham tido o acordo do arguido e do assistente. A existência de acordo não permite superar a falta de processo investigatório que o sustente, na medida em que tal possibilidade viola o princípio do acusatório (CRUZ BUCHO, 2009, p. 51 e FIGUEIREDO DIAS/SOUSA, 2021 p. 184).

§ **19** Não se aplica este regime quando estão em causa alterações da qualificação jurídica levadas a termo pelo tribunal, fora do regime referido no art. 358.º/1 e 3. O regime dos factos não se confunde, estruturalmente, com a sua qualificação jurídica e, nessa medida, a questão da alteração da qualificação jurídica dos factos, mesmo efetuada na sentença não pode confundir-se, no seu regime, com a alteração de factos, única que está em causa neste artigo (no mesmo sentido, ainda que não se referia à questão específica da nulidade da sentença, NUNO BRANDÃO, 2021, p. 140).

f) Omissão e excesso de pronúncia

§ **20** Quanto ao fundamento ou causa de nulidade, omissão de pronúncia sobre questões que devesse apreciar ou conheça de questões de que não podia tomar conhecimento, trata-se de um fundamento que está igualmente previsto no CPC (art. 615.º/1/d). Todas as questões suscitadas pelos sujeitos processuais nas peças processuais (acusação, contestação/contestações) têm que ser objeto de pronúncia pelo Tribunal na sentença. Igualmente todas as questões que sejam do conhecimento oficioso do tribunal. Por outro lado, não pode conhecer-se de matéria sobre a qual está além do objeto do processo (excesso de pronúncia).

§ 21 São inúmeras as situações/questões que podem evidenciar-se, passíveis de conformarem omissões de pronúncia. Como exemplo, (Mota Ribeiro, 2020, p. 62) podem identificar-se o não conhecimento (i) de algum dos crimes imputados ao arguido na acusação ou na pronúncia; (ii) do pedido de indemnização cível; (iii) de aplicação de perdão ou amnistia; (iv) da prescrição já ocorrida à data da sentença; (v) da aplicação de pena acessória; (vi) da aplicação das penas de substituição; (vii) da aplicação do regime penal aplicável a jovens delinquentes; (viii) não suspensão da execução da pena de prisão, imposta a cada um dos arguidos em medida superior a 5 anos de prisão.

§ 22 Deve ter-se presente que não de trata de apreciar e decidir sobre argumentos diferentes em relação à (s) mesma(s) questão (ões) apresentada (s) pelos vários sujeitos processuais. O conhecimento e pronúncia obrigatória não é sobreponível nem se confunde com a tomada de posição pelo tribunal na sentença de todos os argumentos suscitados a propósito de uma questão. O que está em causa é o conhecimento e decisão sobre questões e não sobre argumentos invocados. No mesmo sentido Mendes, 2021, p. 1157. A questão a tratar equivale a um problema concreto a resolver pelo tribunal e sobre o qual há que decidir.

§ 23 Quanto ao excesso de pronúncia, o mesmo ocorre quando o Tribunal conheceu de questão (e não argumento) de que não lhe era lícito conhecer. Em relação à matéria do pedido de indemnização cível trata-se de questão que não oferece qualquer dúvida, ou seja, ocorre quando houve uma condenação para além do que fora pedido pelo sujeito com legitimidade para o formular.

§ 24 No caso de recursos, não pode conhecer-se de matéria sobre a qual está além do objeto de recurso (excesso de pronúncia). Trata-se do conhecimento e decisão de questões que foram apreciadas e que não estavam compreendidas no objeto do recurso [ac. STJ 20.10.2010 (Pires da Graça)].

III – Regime da arguição

§ 25 As nulidades da sentença, por via da sua natureza especifica em relação ao regime geral das nulidades, devem ser conhecidas oficiosamente pelo Tribunal de recurso, se constatadas, ainda que possam ser invocadas por qualquer dos sujeitos processuais. Estão em causa omissões essenciais e estruturais da sentença que por isso não podem deixar de ser apreciadas, quando ocorram. No mesmo sentido MADEIRA, 2021, p. 1158, sublinhando que «nem podia ser de outra forma, sob pena de o tribunal de recurso, na ausência de arguição, ter de confirmar sentenças sem qualquer fundamentação, violadoras do princípio do acusatório e sem qualquer dispositivo».

§ **26** Deve sublinhar-se que a alteração legislativa decorrente da L 20/2013, que levou à introdução do n.º 3 implicou a caducidade da interpretação efetuada pelo Assento n.º 9/92, 6.5.1992 (LUCENA e VALE) ao dizer que "não é insanável a nulidade da alínea a) do artigo 379.º do Código de Processo Penal de 1987, consistente na falta de indicação, na sentença penal, das provas que serviram para formar a convicção do tribunal, ordenada pelo artigo 374.º, n.º 2, parte final, do mesmo Código, por isso não lhe sendo aplicável a disciplina do corpo do artigo 119.º daquele diploma legal", tendo em conta que à data da prolação daquele assento, inexistia tal norma.

IV – Suprimento das nulidades

§ **27** O n.º 2 do artigo, por via da remissão que efetua para o artigo 414.º/4 permite que o tribunal recorrido em caso de nulidade da sentença *supra* as situações que a originam. Trata-se de um mecanismo atribuído ao juiz que admite o recurso no sentido de apreciar no próprio despacho em que isso ocorra as questões suscitadas ou por ele detetadas oficiosamente, numa clara consequência do princípio da celeridade processual, sem que seja posto em causa qualquer outro princípio fundamental (defendendo a inconstitucionalidade desta possibilidade normativa, ALBUQUERQUE, 2009. p. 962). Sobre esta decisão que conforma uma «reparação» da sentença não há recurso.

V – Renovação da decisão

§ **28** O recurso que vier a ser interposto da nova decisão proferida após conhecimento da nulidade em recurso é distribuído ao mesmo relator. Trata-se de uma alteração introduzida pela L 20/2013 sustentada apenas em razão de celeridade processual, decorrente essencialmente do facto do relator já ter um conhecimento do caso, por via da primeira decisão que ordenou a reelaboração da sentença. Só assim não será se o juiz relator tiver cessado funções no Tribunal em causa, situação em que terá que ocorrer uma nova distribuição.

JOSÉ MOURAZ LOPES

Artigo 380.º
Correção da sentença

1 – O tribunal procede, oficiosamente ou a requerimento, à correção da sentença quando:

a) Fora dos casos previstos no artigo anterior, não tiver sido observado ou não tiver sido integralmente observado o disposto no artigo 374.º;

b) A sentença contiver erro, lapso, obscuridade ou ambiguidade cuja eliminação não importe modificação essencial.

2 – Se já tiver subido recurso da sentença, a correção é feita, quando possível, pelo tribunal competente para conhecer do recurso.

3 – O disposto nos números anteriores é correspondentemente aplicável aos restantes atos decisórios previstos no artigo 97.º

Origem do texto: corresponde à redação originária aprovada pelo DL 78/87 com as alterações introduzidas pela L 59/9, de 25/8 e pelo DL 34/2008, de 26/2.

Sumário do comentário:

I – Considerações gerais (§§ 1 a 3)
II – Requisitos (§§ 4 a 10)
III – Prazo (§§ 11, 12)
IV – Aplicação a outros atos (§13 a 15)
V – Consequência (§ 16)

I – Considerações gerais

§ 1 Está em causa neste artigo a possibilidade de se corrigirem lapsos, obscuridades, erros que não sejam essenciais na estrutura normativa da sentença e que sejam detectados por si ou mesmo por outros sujeitos processuais. O regime em causa não se confunde com os erros susceptiveis de fundar o direito ao recurso. Norma semelhante está estabelecida no Código de Processo Penal italiano (artigos 547.º e 130.º). Estão em causa, apenas vícios da sentença que constituem meras irregularidades que sejam suscetíveis de correção, não determinando a invalidade da mesma.

§ 2 Pretende-se com o procedimento evitar o prolongamento do processo decorrente da abertura de uma nova fase processual de recurso que pode ser evitada, quando estão em causa apenas as «patologias» leves (não essenciais) que possam ocorrer e que sejam tempestivamente detetadas. São, assim, razões de celeridade processual que justificam o procedimento. Nomeadamente na situação em que essa possibilidade é dada ao juiz relator da sentença, antes da fase do recurso. Razões que aliás foram sedimentadas no ac. TC 403/2013 quando expressamente invoca o facto de com o dispositivo se procurou «pôr termo à utilização abusiva dos incidentes pós-decisórios como forma de dilatar no tempo o desfecho dos processos em tribunal». Na fase de recurso, mantendo-se essas razões, é ainda possibilitado ao Tribunal de recurso efetuar essa correção, nos termos do n.º 2.

§ **3** Porque o poder jurisdicional do juiz que elabora a sentença se esgota exatamente no momento em que a profere, este incidente não pode envolver qualquer alteração da mesma que colida com esse «esgotamento» do poder judicial. Esse é sempre o seu limite.

II – Requisitos

§ **4** Os requisitos que permitem o funcionamento do procedimento de correção da sentença implicam duas situações: (i) não se estar perante uma situação de nulidade da sentença a que se refere o artigo anterior não tendo, no entanto, sido cumprido o disposto no artigo 374.º; (ii) a ocorrência de erro, lapso, obscuridade ou ambiguidade cuja eliminação não implique modificação essencial do decidido.

§ **5** Quanto à primeira situação trata-se de erros que têm a ver essencialmente com a estrutura da decisão que não colidam com as situações que comportam a sua nulidade, expressamente tipificadas no artigo 379.º (cf. comentário ao artigo anterior). Por isso, em regra, são apenas insuficiências, erros, lapsos ou pequenas divergências que não ponham em causa a estrutura essencial da sentença. Trata-se de «patologias» que abrangem toda a estrutura da sentença, nomeadamente o relatório, a fundamentação e o dispositivo.

§ **6** Quanto à situação de ocorrência de erro, lapso, obscuridade ou ambiguidade cuja eliminação não implique modificação essencial estão em causa duas situações com alguma diferenciação. Nos dois primeiros casos, (erros ou lapso) trata-se de desacertos, enganos, inexatidões ou mesmo falhas pontuais, que podem constar do ato decisório. Em regra, ocorrem por enganos ou descuidos no processo de elaboração da sentença ou acórdão. Trata-se, por exemplo, de erros de escrita ou de cálculo que podem ocorrer quer no relatório, (em regra envolvendo o nome ou identificação dos sujeitos processuais), nos factos provados ou não provados, na fundamentação jurídica ou mesmo no dispositivo.

§ **7** No segundo caso, obscuridade ou ambiguidade, trata-se de eventuais omissões ou disfunções no processo de elaboração que comportam uma situação de alguma incerteza nas questões objeto da decisão ou mesmo opacidade, maior ou menor, do seu conteúdo, que não permita compreender, com certeza, todo o seu alcance. Trata-se, no entanto de disfunções que não ponham em causa a essência da decisão.

§ 8 A correção da sentença é efetuada a pedido de qualquer dos sujeitos processuais ou oficiosamente por parte do magistrado (juiz ou Ministério Público) que subscreveu a decisão.

§ 9 A correção da sentença é efetuada por quem inicialmente a subscreveu. No caso de acórdão, a correção, quando não seja conhecida em recurso, será subscrita por todos os membros do coletivo.

§ 10 Nos casos em que os lapsos ou erros são detetados pelo Tribunal de recurso, a correção é, sempre que possível, por este efetuada (n.º 2). Exclui-se, entre outros, o caso da falta da data e/ou da assinatura da sentença. Nestes casos ainda que conhecida pelo Tribunal de recurso, o suprimento da falta terá que ser efetuado pela primeira instância.

III – Prazo

§ 11 O prazo para requerer a correção da sentença é o prazo geral de dez dias a que se refere o art. 105.º/1.

§ 12 O prazo em causa e o momento de conhecer o vício, não colide com a questão do prazo para interposição de recurso da sentença ou do ato objeto do pedido de correção. Por isso, o prazo para interposição do recurso começa e continua a correr a partir do termo inicial previsto no referido art. 411.º/1, mesmo quando o arguido, ao abrigo do disposto no art. 380.º/1/b, tenha requerido a correção da sentença [neste sentido, ac STJ, 22.4.2020 (Nuno Gonçalves) e acs. TC 403/2013 e 253/2014; em sentido contrário Paulo Pinto de Albuquerque, 2011, em anotação ao artigo 380.º].

IV – Aplicação a outros atos

§ 13 Para além da sentença o regime estabelecido no artigo estende-se aos atos decisórios, tanto dos juízes como do Ministério Público, referidos expressamente no artigo 97.º

§ 14 Assim, no que respeita aos atos dos juízes, estão abrangidos não apenas as sentenças, como os acórdãos, de qualquer tribunal, nomeadamente os proferidos em sede de recurso [ac. STJ, 21.10.2021 (António Gama)], bem como os despachos que conheçam de questões interlocutórias ou quando puserem termo ao processo.

§ 15 No que respeita aos atos decisórios proferidos pelo Ministério Público (despachos) estão em causa todos os despachos que não sejam de mero expediente, máxime os despachos de acusação, arquivamento, suspensão provisória, entre outros.

V – Consequência

§ 16 Ainda que a norma o não refira, a consequência da decisão que corrija os erros lapsos ou inexatidões comporta um complemento da sentença e é parte integrante da mesma.

José Mouraz Lopes

LIVRO VIII

Dos processos especiais

TÍTULO I
Do processo sumário

Artigo 381.º
Quando tem lugar

1 – São julgados em processo sumário os detidos em flagrante delito, nos termos dos artigos 255.º e 256.º, por crime punível com pena de prisão cujo limite máximo não seja superior a 5 anos, mesmo em caso de concurso de infrações:

a) Quando à detenção tiver procedido qualquer autoridade judiciária ou entidade policial; ou

b) Quando a detenção tiver sido efetuada por outra pessoa e, num prazo que não exceda duas horas, o detido tenha sido entregue a uma autoridade judiciária ou entidade policial, tendo esta redigido auto sumário da entrega.

2 – São ainda julgados em processo sumário, nos termos do número anterior, os detidos em flagrante delito por crime punível com pena de prisão de limite máximo superior a 5 anos, mesmo em caso de concurso de infrações, quando o Ministério Público, na acusação, entender que não deve ser aplicada, em concreto, pena de prisão superior a 5 anos.

Origem do texto: Corresponde à redação originária, aprovada pelo DL 78/87, com as alterações introduzidas pela L 59/98, de 25.08; pela L 48/2007, de 29.08 (na redação da Ret. 100-A/2007, de 26.10); pela L 20/2013, de 21.02; e pela L 1/2016, de 25.02. A primeira alterou a redação do n.º 1, parte final, suprimindo a referência ao prazo máximo (de 48 horas) para o início da audiência, eliminou a impossibilidade de julgar em processo sumário os arguidos que ao tempo do facto ainda não tivessem completado 18 anos e introduziu a possibilidade de julgar em processo sumário os detidos em flagrante delito por crime punível com pena de prisão de limite máximo superior a 3 anos, mesmo em caso de concurso de infrações, quando o MP, na acusação, entendesse que não deveria ser aplicada, em concreto, pena de prisão superior àquele limite; A segunda elevou de 3 para 5 anos o limite máximo da pena aplicável em processo sumário (n.ºs 1 e 2) e autonomizou os casos de detenção não efetuada por autoridade judiciária ou entidade policial sujeita a requisitos adicionais (n.º 1/*b*); A terceira, ressalvadas as exceções consagradas no n.º 2, alargou o âmbito objetivo do processo sumário a todos os crimes, independentemente da pena aplicável; a quarta repôs a redação que tinha sido consagrada pela L 48/2007, eliminado esta possibilidade de julgar em processo sumário crimes punidos com pena de prisão superior a 5 anos.

Jurisprudência vinculante: ac. TC 174/2014, 18.02.2014 (Carlos Fernandes Cadilha); ac. STJ/FJ, 8/2014, 14.05.2014 (António Jorge Fernandes de Oliveira Mendes).

Sumário do comentário:

I – Generalidades

§ **1** O livro VIII deste Código é dedicado aos processos especiais (sumário, abreviado e sumaríssimo). Embora o processo comum, rodeado de todas as garantias processuais (Rui Soares Pereira/David Silva Ramalho, 2015, pp. 824/5), seja a regra, existem outras formas menos solenes, mas ainda assim viáveis, de realização da justiça penal no quadro de um Estado de direito. No caso do processo sumário e do processo abreviado (arts. 391.º-A e ss.), está, essencialmente, em causa a supressão ou a redução das fases iniciais do processo (inquérito e, eventualmente, instrução); no caso do sumaríssimo (arts. 392.º e ss.), está em causa a fase da audiência de discussão e julgamento, substituída pela aceitação da pena proposta pelo MP. De fora deste elenco exaustivo, ficam o arquivamento em caso de dispensa de pena (art. 280.º) e a suspensão provisória do processo (arts. 281.º, 282.º e 307.º, n.º 2), que são meras soluções alternativas à acusação (*supra,* §§ 6 e 7 da anotação ao art. 280.º), que podem ser aplicadas, mesmo, em processo sumário (art. 384.º) ou abreviado (art. 391.º-B/4) e que não conduzem à comprovação da culpa do arguido e à consequente condenação numa pena ou numa medida de segurança (para as injunções e regras de conduta, Maria João Antunes, 2016, p. 90; ac. TC 67/2006). Igualmente de fora fica a mediação penal, inaplicável em caso de processo sumário ou de processo sumaríssimo (art. 2.º/3/*e* RM) e, também ela, em bom rigor, apenas uma solução alternativa à acusação.

§ **2** Todos estes processos especiais têm hoje subjacente a fronteira entre a pequena/média criminalidade e a grande criminalidade (*infra,* §§ 31 e 40) e obedecem à mesma lógica processual penal: *maximização da eficácia, otimização politico-criminal e alívio da justiça* (Paulo Dá Mesquita, 1996, p. 102; António Henriques Gaspar, 1991, p. 362; Peter Hünerfeld, 1978, p. 28). Daí que, procurando lograr esses objetivos, as formas especiais do processo prevaleçam sobre a forma comum, constituindo invalidade sanável a utilização da forma comum em detrimento de uma forma especial (art. 120.º/2/*a;* PAULO SOUSA MENDES, 2013, p. 99; FREDERICO DE LACERDA DA COSTA PINTO, 1998, p. 41). Preenchidos os respetivos pressupostos legais, cessa o dever de utilizar o processo comum e emerge o dever de utilizar o processo especial que seja aplicável.

§ **3** A preferência pelos processos especiais resulta ainda da aplicabilidade do processo abreviado nos casos em que o processo sumário não seja possível (arts. 384.º/4 e 391.º-A/3/*a*; PAULO SOUSA MENDES, 2013, p. 99). O legislador procura manter as formas especiais, mesmo que para isso tenha que alargar os respetivos prazos (art. 384.º/4). O processo comum deverá ser o último recurso. Só poderá ser utilizado se os mecanismos alternativos à acusação não puderem ser empregues (*supra,* arts. 280.º e 281.º e arts. 3.º e ss. RM) e se os processos especiais também forem inaplicáveis.

§ **4** Na base do processo sumário, estão, sobretudo, razões de celeridade processual (FREDERICO DE LACERDA DA COSTA PINTO, 1998, p. 51; para uma súmula dessas razões, ac. TC 409/2010). Convocando a Exposição de Motivos da Proposta de Lei n.º 77/XII, que esteve na base das alterações introduzidas pela L 20/3013, «uma justiça célere que contribui para o sentimento de justiça e para o apaziguamento social será garantida pela possibilidade de submeter os arguidos a julgamento imediato em caso de flagrante». De facto, «é bom para os interesses do Estado que os processos criminais sejam instruídos em tempo côngruo» (JOSÉ DE FARIA COSTA, 2002, p. 22): a comunidade dificilmente compreenderá que, apesar de detido em flagrante delito, o arguido não seja, de imediato, sujeito a julgamento, assim libertando tempo e meios para os restantes processos. O processo sumário é, igualmente, bom para a vítima, que anseia pela rápida punição do agressor e pela reparação dos danos sofridos. Fazê-la esperar mais do que o necessário poderá conduzir à sua estigmatização ou aumentar a vitimização secundária (*supra,* § 12, da anotação ao art. 276.º). Finalmente, o arguido também tem o direito de ser julgado no mais curto prazo compatível com as garantias de defesa (art. 32.º/2 CRP; ALEXANDRE DE SOUSA PINHEIRO/PAULO SARAGOÇA DA MATTA, 1995, pp. 160/1). Tanto mais que a simples qualidade de arguido arrasta prejuízos sociais, pessoais, profissionais, económicos e familiares que tendem a agravar-se com o passar do tempo (*supra,* § 9 da anotação ao art. 276.º).

§ 5 A celeridade processual subjacente ao processo sumário contribui para aqueles objetivos de maximização da eficácia, de otimização político-criminal e de alívio da justiça que estão subjacentes ao tratamento diversificado da pequena/média criminalidade mas não implica a perda das imprescindíveis e inalienáveis garantias processuais (António Henriques Gaspar, 1991, p. 363). Elas não podem ser completamente imoladas em benefício exclusivo da mera eficácia processual.

§ 6 As raízes do processo sumário mergulham profundamente na bruma da história (Moris Ploscowe, 1935, p. 441), mas, entre nós, o binómio flagrante delito/pequena criminalidade só foi estabelecido com o Decreto n.º 2, de 29.03.1890 (nas Ordenações, o sumário era independente da gravidade da pena e não dependia da detenção em flagrante delito), sendo depois alargado e regulado por vários diplomas legais, até se fixar com o CPP/29 (Luís Osório, 1933, p. 548; para esse alargamento, Paulo Pinto de Albuquerque, 2003, p. 432). Durante muito tempo, o processo sumário foi, assim, a forma de introduzir em juízo e julgar aqueles que fossem detidos em flagrante delito por infrações a que correspondesse processo correcional ou de transgressão (art. 556.º CPP/29).

§ 7 Uma primeira aproximação, ainda de prévia definição conceitual, revela que o processo sumário era, todavia, um estranho ser bifronte (João Conde Correia, 2014, p. 220). Ao lado do processo sumário «imediato» (arts. 558.º CPP/29), o legislador criou a possibilidade do seu adiamento para a realização de algum exame ou outras diligências que o juiz considerasse essenciais para a descoberta da verdade ou para a inquirição de testemunhas faltosas, julgadas indispensáveis pela acusação (art. 558.º/§ 1 CPP/29). O *veredictum* não tinha que ser imediato, podendo ser retardado pelo juiz em prol da descoberta da verdade (para as semelhanças entre o processo sumário no CPP/29 e no Código atual, por exemplo, José António Mouraz Lopes, 2011, p. 408).

§ 8 A possibilidade excecional de adiar o julgamento sumário foi, contudo, recentemente alargada, descaracterizando, ainda mais, um procedimento que devia consubstanciar uma reação imediata ao flagrante delito. Na base desta opção, esteve o relatório complementar da monitorização da reforma penal, elaborado pelo Centro de Estudos Sociais, da Faculdade de Economia, da Universidade de Coimbra, que propunha «o alargamento da possibilidade do início da audiência até quinze dias após a detenção em flagrante delito (não ficando o arguido detido), sempre que o MP considerasse necessário empreender diligências probatórias essenciais para fundamentar a acusação» (p. 35). Com efeito, concretizando este propósito, a L 26/2010, de 30.08, criou a possibilidade do MP procrastinar o início da audiência para um momento posterior (na altura, até 15 dias após a detenção: arts. 382.º/4 e 387.º/2/*b*/*c*), criando um hiato temporal significativo entre a apresentação do detido e o início da audiência, destinado à realização das diligências de prova essenciais à descoberta da verdade (para estas alterações, Luís de Lemos Triunfante, 2011, pp. 353 e ss.; Helena Leitão, 2011, pp. 379 e ss.).

§ **9** Para além dos procedimentos, cristalizados, depurados e interiorizados por uma *praxis* jurídica centenária, desenvolveu-se, então, outra realidade normativa, de fronteiras, contornos e consequências ainda pouco claras e definidas (João Conde Correia, 2014, p. 220). O julgamento imediato da pequena e da média criminalidade, efetuado apenas na sequência da detenção em flagrante delito, foi complementado por um julgamento, igualmente denominado sumário, mas realizado já algum tempo depois [atualmente, a audiência pode ter lugar 20 dias após a detenção (art. 387.º/2/*c*) e ser, ainda, adiada pelo prazo máximo de 20 dias para a realização de diligências de prova imprescindíveis à descoberta da verdade (arts. 387.º/7 390.º/1/*b*)] e na sequência de um incontornável esforço probatório prévio [que inclui a aplicação de medidas de coação ou, mesmo, de garantia patrimonial (art. 382.º/3)]. À sujeição a julgamento e ao *veredictum* quase imediato pode opor-se uma introdução em juízos e uma decisão proferida bastante tempo depois.

§ **10** Estas duas realidades normativas (e as suas diversas metamorfoses), apesar de agregadas sob a mesma designação legal, constituem afinal arquétipos práticos e dogmáticos autónomos (João Conde Correia, 2014, p. 221). Poder introduzir logo o facto em juízo, sem quaisquer dilações, suprimindo o inquérito e a instrução, é muito diferente de esperar algum tempo e, sobretudo, de realizar diligências probatórias prévias («inquérito» sumário). Neste caso, estamos, aliás, muito mais próximos da lógica do processo abreviado do que da lógica do processo sumário «clássico»: também aí, face à evidência ou à simplicidade da prova (*maxime* a resultante de flagrante delito, que não foi possível submeter a julgamento em processo sumário – art. 391.º-A/3/*a*) se dispensam ou abreviam as fases preliminares do processo (quando muito haverá, agora, «inquérito sumário», nos termos do art. 391.º-A/1) e se parte logo para a audiência (Anabela Miranda Rodrigues, 1998, p. 249; *infra*, § 3 da anotação ao art. § 391.º-A). O flagrante delito não permite o julgamento imediato, mas, ainda assim, pode dispensar o inútil (perante a normal atualidade e visibilidade ou evidência probatória resultante do flagrante delito) decurso das fases preliminares do processo, contribuindo para a desejável celeridade processual (IDEM, p. 248; JOSÉ LUÍS LOPES DA MOTA, 1998, p. 173). Num processo de estrutura acusatória, o inquérito destina-se apenas a legitimar a acusação (*supra,* § 3 da anotação ao art. 283.º) sendo, por isso mesmo, quando ela puder ser legitimada doutra forma, dispensável.

§ 11 Com a miscigenação destas duas realidades práticas (uma coisa é o processo sumário, outra coisa, bem diferente, o processo abreviado), o legislador criou um mecanismo processual ambivalente, difícil de interpretar e de apreender: as suas variações tornam difícil compreender esta estranha lógica unificadora e encontrar critérios interpretativos uniformes (JOÃO CONDE CORREIA, 2014, p. 222). O poder político preferiu, assim, o caráter simbólico de uma pretensa reação penal imediata ao rigor dos princípios (como diz a já referida Exposição de Motivos da Proposta de Lei n.º 77/XII, uma justiça célere contribui «para o sentimento de justiça e o apaziguamento social»). O flagrante delito passou a legitimar a restrição ou, mesmo, a supressão de garantias processuais, independentemente da qualidade do flagrante delito e do caráter imediato ou diferido do julgamento (sobre a legitimação da sujeição imediata a julgamento das situações de flagrante delito, cfr., por todos, FREDERICO DE LACERDA DA COSTA PINTO, 1998, p. 51; PEDRO SOARES ALBERGARIA, 2008, pp. 467 e ss. ou LUÍS OSÓRIO, 1933, p. 549).

§ 12 A confusão incompreensível destes dois arquétipos (reintroduzindo o inquérito no processo sumário) não é inócua do ponto de vista prático (JOÃO CONDE CORREIA, 2014, p. 223). A escolha deste rito processual, de capacidade muito limitada, não resolve aqueles casos em que não tenha sido possível realizar, em tempo útil, as diligências necessárias à dedução de acusação em processo sumário. Se no prazo inicial de vinte dias [arts. 383.º/5 e 387.º/2/*c*)] não for possível recolher indícios que – a manterem-se em julgamento – determinem a aplicação de uma pena ou de uma medida de segurança ao arguido (art. 283.º/2; *supra,* § 10 da respetiva anotação), o MP não pode prosseguir com ele, na expetativa de que o resultado da diligência (inquirição, perícia, etc.) confirme a sua suspeita inicial. Por mais dignidade que tenha o flagrante delito, ninguém poderá ser submetido a um juízo com base numa simples possibilidade teórica. Nestes casos, resta-lhe, portanto, a esperança muito limitada do processo abreviado [se estiverem reunidos os seus pressupostos; na generalidade dos casos não estão: é o caso dos crimes punidos com pena de prisão de máximo superior a 5 anos (art. 391.º A/1 e 2), sempre que o MP entenda que deve ser aplicada, em concreto, pena de prisão superior àquele limite ou, por força das molduras penais abstratas, nem sequer possa influir no mesmo] ou, então, o calvário interminável do processo comum.

§ **13** Uma leitura literal e isolada das normas relativas ao processo sumário poderá sugerir que a mera existência de um flagrante delito será suficiente para introduzir os factos em juízo, podendo o MP protestar juntar quaisquer provas adicionais (art. 389.º/3). No entanto, esta lógica é inadmissível, contrariando a postura institucional do MP (que obedece em todas as suas intervenções processuais a critérios de estrita objetividade – art. 53.º/1) e a própria lógica do processo sumário, cujo âmbito objetivo foi (como iremos ver, *infra,* § 27) alargado à custa da sua fiabilidade probatória (João Conde Correia, 2014, p. 223). O início da audiência é diferido até ao limite máximo de vinte dias (arts. 382.º/5, 387.º/2/*c*), justamente para permitir que o MP recolha, previamente, os indícios indispensáveis à sua decisão de acusar ou não. Se no final daquele prazo, os indícios ainda não estiverem recolhidos, frustra-se a possibilidade do sumário e o processo deve seguir o curso normal. Este regime legal será, portanto, ineficaz se as entidades encarregadas de fazer essas diligências (*maxime* as perícias) não responderem, como é costume, em tempo útil. A possibilidade de realização destas diligências está, todavia, limitada à necessidade de comprovar o crime inerente ao flagrante delito, não podendo – como veremos, *infra,* § 22– extravasar esse objeto processual e incluir outros delitos em estrita conexão com ele, mas que não foram detetados em flagrante (Idem, p. 237).

§ **14** O processo sumário é uma exceção à regra geral, segundo a qual a *notitia criminis* dá sempre lugar à abertura de inquérito (art. 262.º/2): está em causa, justamente, uma das exceções estabelecidas (Ana Margarida Lima, 2005, p. 53; *supra,* § 7 da anotação ao art. 262.º). A legalidade da promoção e da prossecução processual (art. 219.º/1 CRP), subjacente à abertura obrigatória de inquérito (Maria João Antunes, 2016, p. 78) também é cumprida com a imediata introdução dos factos em juízo ou a utilização, igualmente imediata, das soluções alternativas à acusação. Com o flagrante delito, em vez do dever de iniciar o inquérito, surge – reunidos os demais requisitos legais – o dever de promover, imediatamente, o processo sumário (arquivando em caso de dispensa de pena, suspendendo provisoriamente o processo ou acusando).

II – Pressupostos do processo sumário

§ **15** A realização do julgamento em processo sumário depende da verificação de determinados pressupostos que legitimam, por um lado, a imediata introdução dos factos em juízo e, por outro lado, a redução das garantias processuais subjacentes ao mesmo. Sem estes pressupostos formais mínimos, num processo penal totalmente legalizado (art. 2.º), ele não pode realizar-se validamente: na falta dos seus requisitos, aplica-se subsidiariamente, sob pena de invalidade insanável [art. 119.º/*f*); ac. RL, 16.01.1990 (Costa Figueirinhas); RP, 07.03.2001 (Marques Pereira); na doutrina Oliveira Mendes, 2016, p. 1148; Paulo Pinto de Albuquerque, 2007, p. 953], a forma de processo comum (Rui Soares Pereira/David Silva Ramalho, 2015, p. 825). Em cada caso concreto, importará, pois, verificar a sua existência: *id est* se o arguido foi detido, em flagrante delito, por crime punível com pena de prisão não superior a 5 anos ou que, apesar de abstratamente exceder este limite, não deve, *in casu,* ser superior, se a detenção foi efetuada por autoridade judiciária, por entidade policial ou por outra pessoa, se os prazos para a realização do julgamento em processo sumário podem ser mantidos, se o tribunal coletivo é incompetente e se o procedimento não revela excecional complexidade.

§ **16** Embora a lei não estabeleça qualquer distinção, considerando nulidade insanável o emprego da forma de processos sumário «fora dos casos previstos na lei» (art. 119.º/*f*), a doutrina (Paulo Pinto Albuquerque, 2007, pp. 963/4; Oliveira Mendes, 2016, p. 1158) e a jurisprudência [ac. RP, 17.11.2010 (Maria Dolores da Silva e Sousa); ac. RG, 22.11.2010 (Paulo Fernandes da Silva); ac. RE, 30.06.2015 (Maria Isabel Duarte)] consideram, contudo, que apenas o cumprimento dos requisitos estabelecidos nesta norma está sujeito a tal sanção processual. A violação dos restantes requisitos, *maxime* dos prazos estabelecidos para a realização do processo sumário será uma simples irregularidade (art. 123.º). As meras regras de marcação da audiência (art. 387.º) serão diferentes dos pressupostos do processo sumário, previstos neste art. Tanto mais que, atenta a libertação do arguido (art. 385.º), em muitos casos, já nem sequer estará em causa a apreciação judicial da validade da sua detenção (art. 28.º/1 CRP).

a) Detenção

§ **17** O primeiro pressuposto do julgamento em processo sumário é a detenção do arguido, de modo a poder ser, de imediato, submetido a julgamento. Se o arguido não puder ser detido no local, ou depois de perseguido com êxito (Par./PGR n.º 111/1990, de 6.12.1990), ou de ser encontrado com objetos, ou sinais que mostrem claramente que acabou de cometer o crime ou de nele participar (art. 256.º/2), ainda que a prova seja esmagadora, o julgamento em processo sumário não se poderá realizar. A possibilidade de adiar o início da audiência para a realização de diligências essenciais à descoberta da verdade não tem aqui correspondente: não é possível adiar o início da audiência para deter o arguido e, assim, assegurar a sua comparência [ac. RC, 01.04.1981 (Cláudio César

Gama Vieira), CJ, 1981, II, p. 60]. De modo que se poderá concluir que, para além da evidência probatória (ainda que incompleta e carecida de esclarecimentos complementares), está, também, em causa uma reação oficial, imediata, à detenção: a comunidade dificilmente compreenderia a inação das autoridades. Como confessou o legislador (*supra,* § 4), uma justiça célere contribui para o apaziguamento social. Quanto mais depressa for o julgamento, mais depressa estarão reunidas condições para o restabelecimento da paz jurídica violada pela prática do crime.

§ 18 A detenção só será processualmente válida e, logo, suscetível de desencadear o julgamento em processo sumário, quando respeitar os requisitos previstos nos arts. 255.º e 256.º (Oliveira Mendes, 2016, p. 1147). Por isso mesmo, no caso de crimes particulares, uma vez que não há lugar à detenção em flagrante delito, mas apenas à identificação do seu autor (art. 255.º/4), será impossível proceder ao julgamento em processo sumário (M. Simas Santos/M. Leal Henriques, 2000, p. 623; só não será assim em caso de concurso entre crimes particulares e crimes públicos ou semipúblicos que legitimem a detenção: *infra,* § 8 da anotação ao art. 388.º e § 17 da anotação ao art. 389.º). Da mesma forma, no caso de crimes cujo procedimento dependa de queixa, a detenção e a, consequente, possibilidade de realização do julgamento em processo sumário, só se mantém quando, em ato a ela seguido, o titular do direito respetivo o exercer (art. 255.º/3; Frederico de Lacerda da Costa Pinto, 1998, pp. 64/5). Finalmente, também o julgamento em processo sumário de pessoa coletiva será, pela impossibilidade de a deter, inviável (Nuno Castro Luís, 2005, p. 98; Paulo Pinto de Albuquerque, 2007, p. 954; Jorge dos Reis Bravo, 2008, pp. 342 e ss.; Mário Pedro Meireles, 2008, p. 137; Maria João Antunes, 2020, p. 40; Teresa Quintela de Brito, 2021, pp. 501/513; contra, admitindo o julgamento em certos casos, Mmpdjp, 2009, p. 968; Fernando Gama Lobo, 2015, p. 751), devendo o processo penal relativo à pessoa coletiva prosseguir depois do julgamento em processo sumário da pessoa singular (Maria João Antunes, 2020, p. 40).

§ 19 A conexão de processos, por estar em causa a responsabilidade cumulativa do agente do crime detido em flagrante delito e da pessoa coletiva, ou da entidade equiparada, a quem o mesmo crime é imputado (art. 24.º/1/*f*) é, aqui, inaplicável, uma vez que falta um dos pressupostos do julgamento em processo sumário: a detenção do arguido pessoa coletiva ou da entidade equiparada (João Conde Correia, 2021, p. 558). Nada impedirá, todavia, que atenta a evidência probatória resultante do flagrante delito, o legislador possa prever, expressamente, essa possibilidade, permitindo o julgamento sumário das pessoas coletivas ou das entidades equiparadas no caso de detenção da pessoa singular. Perder esta oportunidade significa duplicar os custos e, mesmo, correr o risco de contradições indesejáveis (art. 449.º/1/*c*).

§ **20** Uma detenção ilegal [*v.g.* porque não há flagrante delito ou porque os factos não constituem crime (Frederico de Lacerda da Costa Pinto, 1998, p. 49) ou porque, embora constituam crime, não são punidos com pena de prisão (José Lobo Moutinho, 2017, p. 471)] jamais poderá determinar o julgamento em processo sumário, devendo o arguido, ser, de imediato, restituído à liberdade. Para além das consequências penais e disciplinares que poderá desencadear, será processualmente irrelevante e, logo, incapaz de desencadear este rito processual.

§ **21** A detenção de uma parte dos agentes que comparticipam na prática do facto e a fuga dos restantes não impede o julgamento daqueles que tenham sido capturados em processo sumário (no CPP/29, Luís Osório, 1933, p. 552). Embora os processos sejam conexos, uma vez que o mesmo crime foi cometido por vários agentes em comparticipação (art. 24.º/1/*c*), nada impede a sua separação, nomeadamente se o julgamento conjunto prejudicar interesses do arguido (art. 30.º/1/*a*/*c*), puser em causa a pretensão punitiva estadual ou prejudicar interesses do ofendido ou do lesado (art. 30.º/1/*b*). A celeridade processual sobrepõe-se à realização de um único julgamento. A detenção de todos eles não é um pressuposto imprescindível do processo sumário (assim, para os casos em que existam pessoas coletivas ou entidades equiparadas arguidas, Maria João Antunes, 2020, p. 40).

b) Em flagrante delito

§ **22** Para que possa legitimar a imediata introdução dos factos juízo, sem o crivo prévio das fases preliminares do processo (inquérito e, eventualmente, instrução), a detenção terá que ocorrer em flagrante delito (João Conde Correia, 2014, p. 224): por mais evidentes que sejam os indícios, a detenção fora de flagrante delito não desencadeia esta forma especial de processo. Só a especial capacidade para demonstrar o facto, que o flagrante delito consubstancia, dispensa – na sequência da nossa longa tradição jurídica – a ulterior investigação dos factos e a sujeição, quase imediata, do arguido a julgamento. Na ótica do legislador (em alguns casos, porventura, demasiado otimista: Frederico de Lacerda da Costa Pinto, 2013, p. 186), já existem indícios suficientes para, a manterem-se naquele, sujeitar o arguido a uma pena ou a uma medida de segurança, dispensando, portanto, as fases preliminares do processo penal [PEDRO SOARES ALBERGARIA, 2008, p. 468; FREDERICO DE LACERDA DA COSTA PINTO, 1998, p. 51; LUÍS OSÓRIO, 1933, p. 549; ac. STJ/FJ, 8/2014, 14.05.2014 (ANTÓNIO JORGE FERNANDES DE OLIVEIRA MENDES)]. A possibilidade de submeter um inocente a julgamento (*supra*, § 8 da anotação ao art. 283.º) é, nestes casos, despicienda.

§ 23 A provável facilidade probatória decorrente da visibilidade ou evidência do flagrante delito é transversal a toda a criminalidade. Ela não varia conforme a maior ou menor gravidade do crime em causa, mas de acordo com as suas qualidades intrínsecas. O valor gnoseológico de uma situação processual de flagrante delito em sentido próprio, de um caso de quase flagrante delito, ou de um flagrante delito presumido não é idêntico (para estas categorias, FREDERICO DE LACERDA DA COSTA PINTO, 1998, pp. 48 e ss.). Da mesma forma, a credibilidade de um flagrante delito presenciado por uma autoridade judiciária ou por uma entidade policial é diversa da fiabilidade de um flagrante delito testemunhado por um simples particular (JOÃO CONDE CORREIA, 2014, p. 225).

§ 24 Apesar destas oscilações dentro de cada tipo de flagrante delito, a probabilidade de condenação futura é sempre muito elevada, tornando praticamente inútil as fases preliminares do processo penal. «O *quid proprium* do flagrante delito consiste (justamente) na *atualidade* e *evidência probatória*» (GERMANO MARQUES DA SILVA, 1993, p. 184; FREDERICO DE LACERDA DA COSTA PINTO, 1998, p. 48; interpolado nosso). A detenção em flagrante delito de homicídio, efetuada por autoridade judiciária, não será (em princípio) menos credível do que a detenção em flagrante delito de condução sem habilitação legal, efetuada pela mesma entidade. Compreende-se, por isso mesmo, que a supressão ou a redução da investigação ao mínimo tanto possa ocorrer na pequena e média criminalidade, como na grande e grave criminalidade. Ressalvando as referidas oscilações endógenas, inerentes ao valor probatório dos vários tipos de flagrante delito, a visibilidade ou a evidência dos factos é a mesma em ambos os casos. Se já há indícios suficientes para justificar a sujeição do arguido a julgamento, ninguém compreenderá o calcorrear inútil das fases preliminares do processo. Tanto mais que «a Constituição não estabelece qualquer direito dos cidadãos a não serem submetidos a julgamento sem que previamente tenha havido uma completa e exaustiva verificação da existência de razões que indiciem a sua presumível condenação» (ac. TC 31/87, depois inúmeras vezes citado pelo mesmo tribunal). Por isso mesmo, não é, ainda, de excluir, insistimos, «que, em determinadas circunstâncias (designadamente, ligadas à proximidade dos factos ou à menor gravidade das penas a aplicar), possa aceitar-se a dispensa de uma fase processual autónoma para comprovação da acusação por um magistrado judicial (como será o caso das formas de processos sumário e sumaríssimo)» (ac. TC 54/2000).

§ **25** Para além da visibilidade ou da evidência da prova, o flagrante delito pressupõe, ainda, a sua atualidade (Cavaleiro Ferreira, 1981, p. 389; Frederico de Lacerda da Costa Pinto, 1998, p. 48; José Lobo Moutinho, 2000, p. 117). Só é admissível a detenção do arguido e subsequentes trâmites processuais quando o crime ainda está a ocorrer, acabou de ocorrer ou se presume ter ocorrido. Apenas a constatação da infração legitima as autoridades a ripostar. A comunidade espera que elas tomem as medidas necessárias à punição do infrator (uma justiça que não reagisse, prontamente, seria uma justiça incompreensível). Já se o crime é visível ou evidente, mas não é atual, não há flagrante delito, nem podem ser desencadeadas as consequências processuais dele decorrentes (*v.g.* o julgamento em processo sumário). A reação já não pode ser instantânea. Em síntese: só a atualidade, aliada à visibilidade ou evidência probatória, justificam a introdução imediata em juízo. A atualidade carece de uma resposta também atual [para ter algum efeito pedagógico, retomando o pensamento de Cesar Beccaria (1998, p. 102) as consequências penais da conduta devem ser céleres]; a visibilidade ou evidência probatória dispensam as fases prévias do processo (João Conde Correia, 2014, p. 227).

§ **26** O Código consagra um conceito amplo de flagrante delito, que inclui: os casos em que o crime está a ser cometido (art. 256.º/1/1.ª parte), denominados flagrante delito em sentido próprio; as hipóteses em que o crime acabou de ser cometido (art. 256.º/1/parte final), designadas quase flagrante delito; e, finalmente, as situações em que o agente é, logo após o crime («ou seja – conforme refere o Par./PGR n.º 111/1990, de 06.12.1990 – em tempo razoavelmente curto que não permita a alteração da situação indiciária baseada em sinais ou objetos reveladores de o haver perpetrado ou nele haver participado») perseguido por qualquer pessoa ou encontrado com objetos ou sinais que mostram, claramente, que acabou de o cometer ou de nele participar, consideradas como presunção de flagrante delito [art. 256.º/ 2; ac. RG, 29.04.2019 (António Teixeira)]. Por isso mesmo, pela diversidade das situações que inclui e graus de certeza probatória que convoca, segundo alguma doutrina, poderia justificar-se a restrição da detenção aos casos de flagrante delito em sentido próprio «isto porque a forma sumária de processo não deve ser usada em casos que não tenham consistência probatória, o que apenas se verifica quando a própria entidade que realiza a detenção (polícia ou autoridade judiciária) tenha visto a execução do crime» (Frederico de Lacerda da Costa Pinto, 1998, p. 53; Teresa Pizarro Beleza, 1995, p. 56). Não foi essa, todavia, a opção do legislador, que permite o julgamento em todos os tipos de flagrante e, como iremos ver, independentemente de quem proceder à detenção.

§ **27** O objeto do julgamento em processo sumário deverá corresponder ao objeto do flagrante delito, não podendo ser alargado a outros factos, mesmo que constem do auto de notícia e estejam conexionados com aquele e, até, já estejam também suficientemente indiciados (embora possam ser evidentes, eles não são atuais). A possibilidade de realizar diligências probatórias prévias não pode ser utilizada para este efeito [João Conde Correia, 2014, p. 237; ac. RE, 10.03.1992 (Polípio Flor), BMJ, 1992, 415, p. 750]. O que não impede que sejam esgotadas todas as consequências jurídicas do facto, ainda que *per si*, isoladamente, ele não pudesse desencadear uma detenção em flagrante delito [ac. RE 07.05.2013 (Sérgio Corvacho)].

§ **28** Para que a conexão possa, assim, operar em processo sumário deverão estar preenchidos os respetivos pressupostos (arts. 24.º e ss.), mas também as exigências legais do próprio julgamento em processo sumário relativas a cada um dos processos em conexão (arts. 381.º e ss.): desde que reunidos todos esses requisitos (ou seja, todas as condições de validade do processo sumário e da conexão), nada parece impedir o julgamento de um arguido, detido em flagrante delito, pela prática de vários crimes ou de vários arguidos, detidos em flagrante delito, pela prática de um ou de vários crimes, num único processo (*supra,* § 29 da anotação ao art. 24.º).

§ **29** Também no caso de crimes cuja execução se prolonga no tempo (*v.g.* violência doméstica, tráfico ilícito de estupefacientes) a detenção em flagrante delito apenas legitima a sujeição do arguido a julgamento pelos factos verificados *in ipsa perpetratione facinoris*. De modo que, para evitar a indesejável consunção da ação penal (*ne bis in idem*) relativamente aos restantes factos, deverá ser evitado o julgamento em processo sumário [ac. RC, 15.05.2019 (Luís Teixeira), ac. STJ 06.06.2018 (Manuel Augusto Matos); na doutrina, por exemplo, Henrique Salina, 2014, p. 561 e ss.]. O julgamento precipitado dessa parcela impede o conhecimento posterior dos restantes factos.

c) Pena de prisão não superior a 5 anos

§ **30** Nos casos raros em que o crime não é punível com pena de prisão (*v.g.* art. 366.º/2 CP) não é admissível a detenção do arguido (*supra,* § 4 da anotação ao art. 255.º; José Lobo Moutinho, 2017, p. 471) e, em consequência, também não é admissível o julgamento em processo sumário. O mesmo decorre desta norma, que pressupõe, igualmente, a prática de um crime punível com pena de prisão (n.º 1): se apenas estiver em causa uma pena de multa não há sumário.

§ **31** A validade do julgamento em processo sumário pressupõe, ainda, que a pena de prisão aplicável ao arguido não seja de máximo superior a 5 anos (n.º 1; Rui Soares Pereira/David Silva Ramalho, 2015, pp. 828/9) ou que, ainda que aquela pena abstrata seja superior, mesmo em caso de concurso de infrações, o MP entenda, na acusação, que ela não deve ser, em concreto, aplicada, assim reduzindo – à semelhança do processo comum (art. 16.º/3) – o limite máximo da pena aplicável (n.º 2). O mecanismo sumário (tal como está atualmente configurado) dirige-se apenas à pequena e à média criminalidade (Paulo Sousa Mendes, 2013, p. 54; Luís de Lemos Triunfante, 2011, p. 354; Paulo Dá Mesquita, 1996, pp. 107/8). A grande criminalidade, que arrisca as consequências mais graves, está excluída. O que ajuda a compreender e a aceitar a redução do formalismo processual, em especial no decurso da audiência (*infra*, § 9 da anotação ao art. 386.º).

§ **32** Não é, assim, hoje, admissível, ressalvada esta última possibilidade (n.º 2), a sujeição a processo sumário de arguidos suscetíveis de serem condenados em pena de prisão superior a 5 anos. Com efeito, o TC declarou a inconstitucionalidade, com força obrigatória geral, do n.º 1, desta norma (na redação introduzida pela L 20/2013, de 21.02), «na interpretação segundo a qual o processo sumário (…) é aplicável a crimes cuja pena máxima abstratamente aplicável é superior a cinco anos de prisão», por violação do art. 32.º/1 e 2, da Constituição (ac. n.º 174/2014), assim, conduzindo à reposição da solução anterior (L 1/2016, de 25.02). Isto não significa que o legislador não possa consagrar soluções legais dirigidas nesse sentido. Deverá, todavia, fazê-lo com respeito pelas garantias imprescindíveis a um julgamento justo (Beatriz Seabra de Brito, 2014, p. 278), *maxime* a intervenção do Tribunal Coletivo (*infra*, § 40). Se forem ressalvadas as devidas garantias processuais, nada impedirá (com os necessários ajustamentos na organização judiciária) a supressão das fases preliminares do processo penal e a imediata introdução dos factos em juízo.

§ **33** Ao contrário do regime geral (art. 16.º/3), onde, quando seja superveniente o conhecimento do concurso, o requerimento do MP pode ser posterior, o legislador refere-se aqui apenas à acusação. Como o processo é remetido logo para julgamento, o legislador entendeu que é esse o momento próprio para que o MP fixe o limite máximo da pena de prisão aplicável. O conhecimento posterior de crimes em concurso será irrelevante.

§ **34** Atento o critério fixado pelo legislador, também não podem ser julgados em processo sumário os crimes que, apesar de serem punidos com uma pena de máximo superior a 5 anos (auxílio de funcionário – art. 350.º/1 CP e motim de presos – art. 354.º do mesmo diploma legal) excecionalmente são da competência do juiz singular (art. 16.º/2/*a*). Embora o legislador entenda que a prova está facilitada, uma vez que, normalmente, o juiz poderá contar com o contributo probatório de pessoas que exercem funções públicas (art. 2.º/2/58 LAL; contra esta ideia Germano Marques da Silva, 1994, p. 152; Jorge de Figueiredo Dias/Nuno Brandão, 2015, p. 44) e, por isso, atribua ao tribunal singular competência para o seu julgamento, se o MP não usar da faculdade prevista no n.º 2, não será possível submeter estes factos a processo sumário. Solução processual que, atendendo às razões que justificam a sua submissão a julgamento em processo singular, poderiam ser repensadas.

d) Efetuada por autoridade judiciária, entidade policial ou outra pessoa

§ **35** Na versão original do Código, a detenção em flagrante delito deveria ser efetuada por autoridade judiciária (art. 1.º/*b*) ou entidade policial. Pelas funções que desempenham, o legislador entendeu que apenas nesses casos se estaria perante uma evidência probatória merecedora de credibilidade suficiente para se poder prescindir das fases preliminares do processo e para sujeitar o arguido imediatamente a julgamento [Henrique Salinas, 2005, p. 95; ac. RL, 12.06.1996 (Santos Carvalho)]: «o legislador vinculava a credibilidade da evidência probatória que justificava o julgamento na forma sumária (também) à credibilidade de quem efetuava a detenção e verificava o delito em flagrante» (Pedro Soares Albergaria, 2008, pp. 468/9). Pelo contrário, quando «*era* um particular quem *procedia* à detenção em flagrante delito, não *existia* uma evidência probatória com credibilidade suficiente que *justificasse* o julgamento imediato do detido» (Henrique Salinas, 2005, p. 95; os tempos verbais em itálico foram por nós alterados).

§ **36** Em 2007, reagindo a divergências anteriores [Paulo Dá Mesquita, 1996, pp. 106/7 e Raquel Barradas de Freitas, 2002, pp. 512 e ss.; ac. RP, 07.03.2001 (Marques Pereira) ou ac. RC, 15.03.2006 (Orlando Gonçalves)], o legislador alargou este regime, de modo que atualmente, a detenção em flagrante delito poderá ser efetuada por qualquer pessoa, sendo, porém, necessário, para que se possa desencadear validamente o processo sumário, que o detido seja entregue a uma autoridade judiciária ou entidade policial num prazo que não exceda duas horas e que esta rediga auto sumário da entrega (L 48/2007). Desta forma, o regime tornou-se mais eficiente, mas menos garantista, na medida em que a especial qualidade de quem detinha era, insistimos, «um importante elemento do vetor garantia» (Pedro Soares Albergaria, 2008, p. 469). A credibilidade de quem detém não é irrelevante. Mesmo assim, tratando-se apenas da introdução antecipada dos factos em juízo, onde depois a sua fiabilidade será, devidamente, aferida, nada obsta a esta solução.

e) Cumprimento dos prazos estabelecidos

§ **37** Para que se possa proceder ao julgamento em processo sumário é, ainda, necessário, como iremos ver (*infra*, §§ 6 e ss. da anotação ao art. 387), que sejam cumpridos os prazos estabelecidos para o efeito. A apresentação tardia ao MP (art. 382.º/1) ou a introdução tardia dos factos em juízo (art. 387.º/1/2/*b*/*c*) impossibilitam o julgamento em processo sumário. A reação oficial deixa de ser quase imediata, passando a ter tratamento abreviado ou, mesmo, comum. Com o passar do tempo perdeu-se (na lógica do legislador) a atualidade que justifica o julgamento sumário. De todo o modo, segundo a doutrina e a jurisprudência, a sanção para o inadimplemento deste pressuposto não é hoje – como já vimos (*supra*, § 16) – tão grave como inicialmente.

§ **38** Os prazos previstos nesta norma e no art. 387.º não são aplicáveis ao processo cujo julgamento se realizou sob a forma sumária e relativamente ao qual foi decretado o reenvio quanto a uma parte do objeto do processo [ac. RP, 02.02.2005 (David Pinto Monteiro); ac. RC, 17.11. 2010 (Paulo Guerra); ac. RC, 18.05.2016 (Maria Pilar de Oliveira)]. Solução jurisprudencial que, mais uma vez, revela que está, sobretudo, em causa a supressão das fases processuais preliminares e que a legitimidade resultante dessa introdução precoce em juízo não se perde com o mero decurso do tempo. Não faria sequer sentido que um facto validamente submetido a julgamento em processo sumário tivesse depois, fruto de outras vicissitudes processuais, que ser submetido a inquérito e, eventualmente, a instrução, por forma a legitimar uma nova sujeição, total ou parcial, a julgamento.

§ **39** De modo que seria possível construir outras soluções adjetivas mais consentâneas com a celeridade processual. Excetuando os arguidos detidos, que devem ser apresentados ao juiz no prazo máximo de 48 horas, nada deveria impedir o aproveitamento da efetiva visibilidade e evidência probatória resultante do flagrante delito. A violação dos restantes prazos, necessários para impedir demoras injustificadas, jamais deveria influir retroativamente sobre a validade da introdução imediata dos factos em juízo. Remeter os processos para outra forma processual (como continua a constar do art. 390.º/1/*b*) será sempre somar tempo ao tempo já decorrido e contribuir desnecessariamente para a morosidade processual. A comunidade (representada pelo MP) e o próprio arguido não podem ser prejudicados pelos erros ou pelas insuficiências de outros.

f) Procedimento sem excecional complexidade

§ **40** Para que o processo sumário possa ser utilizado com êxito, o procedimento não deverá revelar excecional complexidade, nomeadamente devido ao número de arguidos ou ofendidos ou ao caráter altamente organizado do crime (art. 390.º/1/*c*): não faz sentido que o MP promova o julgamento imediato quando o juiz puder, depois, devido à excecional complexidade do caso, remeter-lhe os autos para tramitação sob outra forma processual mais garantista. Um dos pressupostos deste rito adjetivo, colegitimador da redução ao mínimo dos termos e dos atos do julgamento (art. 386.º/2), é a simplicidade do próprio procedimento. Apenas os casos mais simples podem ser submetidos a julgamento sumário. A celeridade não é compatível com a excecional complexidade do procedimento.

g) Incompetência do Tribunal Coletivo

§ **41** Segundo a doutrina (Teresa Pizarro Beleza, 1995, p. 56; Frederico de Lacerda da Costa Pinto, 1998, p. 64; Paulo Pinto de Albuquerque, 2007, p. 954; Oliveira Mendes, 2016, p. 1147), embora não esteja *expressis verbis* previsto na lei, é ainda necessário que o crime em causa não deva ser julgado pelo tribunal coletivo (art. 14.º). Sem prejuízo, é claro, do disposto no n.º 2, que permite ao MP, mesmo em caso de concurso de crimes, sujeitar a julgamento sumário factos que, em princípio, seriam da competência daquele tribunal. O *veredictum* do TC (ac. 174/2014), apesar de ter sido formulado noutro contexto legal, acaba por reforçar este entendimento. Se os factos devem ser julgados em coletivo (art. 14.º) ou se o MP não usar daquela faculdade (n.º 2), o sumário, realizado perante o juiz singular, será inadmissível. Qualquer tentativa de o introduzir na criminalidade mais grave deverá respeitar essa garantia, fazendo também intervir o tribunal coletivo.

§ **42** Ao contrário do art. 16.º/3, que não permite que o MP remeta para julgamento perante o tribunal singular os crimes dolosos ou agravados pelo resultado, quando for elemento do tipo a morte de uma pessoa (art. 14.º/2/*b*), o n.º 2, desta norma, não contém qualquer limitação, podendo o MP, desde que o limite mínimo não seja de 5 anos (Oliveira Mendes, 2016, p. 1147), usar este mecanismo.

III – Garantias processuais mínimas e processo sumário

§ 43 A celeridade processual, em particular o julgamento em processo sumário, não é, irremediavelmente, incompatível com a outorga de inalienáveis garantias de defesa. A supressão ou a compressão do inquérito, a eliminação da instrução e a simplificação e a desformalização do julgamento podem, em certos casos, ser compreensíveis, constitucionalmente sustentáveis e, até, impostas. De todo o modo, deverá ser encontrado um ponto de equilíbrio, de «concordância prática» entre estas duas realidades processuais, potencialmente, antagónicas. A compressão das garantias processuais penais deve «*apparire ragionevole alla luce di un adeguato bilanciamento idóneo a contemperare l'efficienza del sistema processuale com un'adeguata protezione dei diritti individuali*» (Renzo Orlandi, 2006, p. 564.).

§ 44 O flagrante delito poderá, assim, justificar a supressão ou a redução das fases preliminares do processo, mas dificilmente poderá caucionar a supressão das garantias imprescindíveis a um julgamento justo (*allegro ma non troppo*): jamais poderá funcionar como um sinónimo de condenação inevitável ou como uma espécie de presunção de culpabilidade incompatível com a presunção de inocência (art. 32.º/2 CRP), que dispense algumas formalidades essenciais do próprio julgamento. Uma coisa é a redução de garantias prévias, que suprimem ou abreviam etapas preparatórias do processo, onde, em princípio, nada é decisivo; outra coisa, bem diferente, é a redução das garantias inerentes a um veredito justo, em particular quando estão em causa crimes de extrema gravidade. Como refere o TC «no rigor das coisas, é a fase do julgamento aquela em que a defesa do arguido implica maiores garantias ... e a sua plena operatividade, já que é aí que o arguido se vê confrontado diretamente com a eventualidade de uma condenação» (ac. n.º 459/2000): embora o flagrante delito torne compreensível a amputação das fases iniciais do processo, nada justifica a redução das garantias essenciais a um julgamento justo.

§ 45 Assim, um processo sumário que suprima a garantia de julgamento em processo coletivo será incompatível com a Lei Fundamental: na síntese do TC «é óbvio que o julgamento feito pelo tribunal singular oferece ao arguido menores garantias do que aquele que é feito pelo tribunal coletivo, uma vez que – e antes de mais – aumenta a margem de erro na apreciação dos factos e, assim, a possibilidade de uma decisão menos justa» (ac. n.º 393/89, reiterado no ac. n.º 326/90 e no ac. n.º 428/2013). Já não será assim, insistimos, se apenas estiverem em causa as fases preliminares do processo. De modo que o alargamento do processo sumário à criminalidade mais grave só será possível com a intervenção do tribunal coletivo.

IV – O caráter imperativo do processo sumário

§ **46** Reunidos os respetivos pressupostos legais, o MP deverá promover as correspondentes soluções alternativas (art. 384.º) ou, quando isso não for possível (*supra,* § 8 da anotação ao art. 281.º), o julgamento do detido em processo sumário [ac. RL 21.06.2011 (Neto de Moura)]. Ele não pode, por uma qualquer razão (*v.g.* de oportunidade), violando os direitos do arguido, da vítima e da própria comunidade à justiça num prazo razoável (arts. 20.º/4 e 32.º/2 CRP), remeter o expediente para inquérito (Alexandre de Sousa Pinheiro/Paulo Saragoça da Matta, 1995, pp. 160/1; Germano Marques da Silva, 2014, p. 396). Se o fizer, o ato será inválido, podendo os seus efeitos precários ser anulados, mediante arguição do interessado [art. 120.º/2/*a*; na doutrina, Rui Soares Pereira/David Silva Ramalho, 2015, pp. 824/5; João Conde Correia, 2014, p. 252, Mmpdjp, 2009, p. 967, Paulo Pinto de Albuquerque, 2007, p. 953; contra ac. RP, 18.09.2013 (Maria dos Prazeres Silva)]. A arguição desta invalidade pouco impacto terá, porém, sobre o *iter* processual. Sem prejuízo de outros efeitos (avaliação do mérito, infrações disciplinares), como, geralmente, já estarão esgotados os prazos perentórios previstos para o início do sumário, a anulação do processado, dificilmente, terá consequências adjetivas (*infra*, § 44 da anotação ao art. 382.º).

§ **47** Isto não significa que (violando o disposto no art. 219.º/1 CRP) o processo sumário seja automático, devendo a mera detenção dar sempre lugar ao julgamento do caso em processo sumário [ac. RP, 18.09.2013 (Maria dos Prazeres Silva)]. Também aqui, o MP só poderá promover o julgamento se já tiver reunido indícios suficientes da prática do crime e puder produzi-los em julgamento. Se, *ab initio*, é evidente que jamais poderão ser cumpridos os prazos previstos para o início da audiência (arts. 387.º/1/2 e 390.º/1/*b*) ou o procedimento é de excecional complexidade, devido, nomeadamente, ao número de arguidos ou de ofendidos ou ao caráter altamente organizado do crime (art. 390.º/1/*c*), a promoção imperativa do processo será incompreensível: um ato inútil, que desencadeia mais prejuízos dos que benefícios. Neste caso, apesar de tudo, não estão ainda reunidos os pressupostos do julgamento sumário, não devendo o mesmo ser desencadeado, nem podendo a sua omissão ser censurada. Continua na disponibilidade do MP o poder/dever de introduzir ou não, de imediato, o facto em juízo (Helena Leitão, 2008, p. 341).

§ **48** Com efeito, o julgamento em processo sumário não deverá menosprezar outros importantes interesses públicos. A introdução direta dos factos em juízo não pode fazer perigar ou fragilizar o *ius puniendi* estadual: o flagrante delito, em especial quando seja efetuado por meros particulares ou esteja em causa uma simples presunção (art. 256.º/2), não é uma garantia absoluta da condenação, podendo o seu valor probatório ser abalado e, até, destruído (Cavaleiro Ferreira, 1981, p. 389) e, em consequência disso mesmo, o arguido ser absolvido. Em certos casos, será, portanto, necessário recolher outros indícios, tornando-se inviável o julgamento em processo sumário: o julgamento sumário deverá dar, então, lugar ao inquérito obrigatório (art. 262.º/2).

§ **49** O mesmo poderá acontecer quanto os factos subjacentes ao flagrante delito representem apenas uma pequena parcela atual de uma conduta mais ampla do arguido. O «pedaço de vida» em causa é, muitas vezes, mais complexo, não podendo ser todo abrangido pelo julgamento sumário. Apenas os factos objeto do flagrante delito podem ser considerados, não podendo ser incluídos outros, mesmo que constem do auto de notícia, que estejam conexionados com aqueles e, até, já suficientemente indiciados [ac. RE, 10.03.1992 (Polípio Flor), BMJ, 1992, 415, p. 750]. Julgar, precipitadamente, pequenas parcelas daquela conduta global (*v.g.* pedaços do crime de violência doméstica ou do crime de tráfico de menor gravidade) poderá, assim, prejudicar a economia processual (gerando repetições inúteis), desencadear contradições inconciliáveis (art. 449.º/1/*c*), perturbar a avaliação conjunta dos factos e da personalidade do agente (art. 77.º/1 CP) e, sobretudo, *violar o ne bis in idem* (art. 29.º/5; João Conde Correia, 2014, p. 238).

§ **50** Também a restituição do arguido ao *status* patrimonial anterior à prática do crime (uma vertente imprescindível da decisão final: art.19.º DOPOPC 20-22) poderá obviar ao julgamento imediato: apesar de permitir a aplicação de medidas de garantia patrimonial (arts. 227.º, 228.º e 382.º/3), o julgamento em processo sumário é incompatível com a liquidação do património incongruente (art. 8.º LCCO) ou, até, com a simples identificação da vantagem patrimonial decorrente da prática do crime (art. 111.º CP). Devido à impossibilidade de separar a questão penal da questão patrimonial, uma decisão imediata, sem a inclusão desta indispensável dimensão do *ius puniendi*, seria incongruente, punindo o crime, mas permitindo a conservação das suas vantagens ou, numa fórmula plebeia, demonstrando que «o crime compensa» (João Conde Correia, 2014, pp. 238/9).

§ 51 Todos estes relevantes interesses públicos devem ser devidamente ponderados no momento decisivo da introdução dos factos em juízo. O risco é muito grande: o exercício *do ius puniendi* estadual não pode ser hipotecado aos interesses de uma justiça penal demasiado rápida. A perturbação social decorrente de uma absolvição, motivada por uma prematura remessa para julgamento, não será despicienda. Nesse caso, o julgamento antecipado, em vez de contribuir para o desejável restaurar da paz jurídica (ou para o apaziguamento social de que fala o nosso legislador), só poderá concorrer para a prejudicar. Ao dano do crime, juntar-se-á o clamor da absolvição inesperada, descredibilizando a justiça, induzindo insegurança, instigando sentimentos de revolta e, até, de *vindicta privata* (João Conde Correia, 2014, pp. 239/40). Enfim: «celeridade processual não pode ser sinónimo de não fazer justiça» (Anabela Miranda Rodrigues, 1998, p. 242). Também aqui, afinal, o MP exerce a ação penal orientado pelo princípio da legalidade (art. 219.º/ CRP).

V – Natureza urgente do processo sumário

§ 52 O processo sumário tem, até à sentença em primeira instância, natureza urgente, correndo mesmo em férias judiciais, ao sábado, feriados consecutivos ao fim de semana ou fora das horas de expediente (arts. 103.º/2/*d* e 104.º/2; Fernando Gama Lobo, 2015, p. 752; Paulo Pinto de Albuquerque, 2007, p. 965). Como refere o TC, «é geralmente reconhecida a importância extrema do fator tempo na reparação das ofensas cometidas no âmbito da pequena criminalidade, pois que uma grande distanciação temporal entre o momento da prática do facto e o do julgamento comporta graves inconvenientes, não só para os ofendidos como para os próprios agentes e para a coletividade em geral, diluindo, quando não anulando, os efeitos da prevenção geral e especial, comuns a toda e qualquer infração criminal»: o interesse público determina, portanto, o carácter urgente do processo (ac. n.º 409/2010).

§ 53 De tal forma que, para além de correr em férias judiciais, ao sábado, feriados consecutivos ao fim de semana ou fora das horas de expediente, também os exames, relatórios periciais e documentos que se destinem à sua instrução revestem, para as entidades a quem são requisitados, caráter urgente, devendo o MP, ou juiz, requisitá-los ou insistir pelo seu envio, consoante os casos, com essa menção (art. 387.º/8; *infra* § 3 da respetiva anotação). O caráter urgente do procedimento não vincula apenas os participantes processuais, abrangendo entidades externas ao processo.

§ **54** Mesmo assim, revelando mais uma vez que está, essencialmente, em causa a aceleração das fases iniciais do processo, a sua natureza urgente só se mantém até à sentença em primeira instância (art. 103.º/2/*d*). Depois disso, o rito retoma o seu curso normal, incluindo prazos de recurso porventura demasiado longos (são agora o triplo do inicialmente previsto: art. 411.º/1). Um processo onde a simplicidade é a norma devia ter prazos mais curtos: só para recorrer o arguido, o MP ou o assistente gozam de um prazo superior ao da fase preliminar do processo sumário.

VI – Os riscos de uma justiça penal simbólica

§ **55** O crescente alargamento do processo sumário parece ser fruto de uma política criminal simbólica, que trata de punir, rapidamente, alguns casos exemplares, no intuito de conseguir melhorar a imagem global do sistema, fomentando sentimentos de intimidação e de segurança. Em vez de resolver os graves problemas que afetam a justiça penal, trata-se de uma resposta ineficaz, que deixa quase tudo na mesma: a esmagadora maioria dos processos penais continuará a ser resolvida num prazo, irrazoavelmente, muito longo. Em suma, este alargamento progressivo *per si* não fez nada do que pode e deve ser feito: sem perder um nível ideal de garantias, criar condições mínimas para acelerar toda a justiça penal (João Conde Correia, 2013, p. 253).

§ **56** Sem prejuízo de também aqui se poder acelerar um pouco, *maxime* em sede de recurso (*supra*, § 54) o grande problema da morosidade da justiça penal portuguesa situa-se noutro tipo de processos e carece de outras respostas muito mais imaginativas e consistentes. O mero alargamento do sumário não é suficiente para lograr a desejável celeridade de toda a justiça penal nacional (João Conde Correia, 2014, p. 254).

§ **57** Este alargamento progressivo do processo sumário conduziu a uma indesejável desarticulação entre o processo abreviado e o processo sumário e à redução do âmbito de aplicação daquele (João Conde Correia, 2014, p. 240), sendo os ganhos de celeridade (conseguidos à custas das garantias) afinal, somadas as duas formas processuais especiais, pouco significativos. Os benefícios decorrentes do alargamento do sumário são, quase integralmente, consumidos pelos custos emergentes da redução do processo abreviado.

João Conde Correia

Artigo 382.º
Apresentação ao Ministério Público e a julgamento

1 – A autoridade judiciária, se não for o Ministério Público, ou a entidade policial que tiverem procedido à detenção ou a quem tenha sido efetuada a entrega do detido apresentam-no imediatamente, ou no mais curto prazo possível, sem exceder as 48 horas, ao Ministério Público junto do tribunal competente para julgamento, que assegura a nomeação de defensor ao arguido.

2 – Se o arguido não exercer o direito ao prazo para preparação da sua defesa, o Ministério Público, depois de, se o julgar conveniente, o interrogar sumariamente, apresenta-o imediatamente, ou no mais curto prazo possível, ao tribunal competente para julgamento, exceto nos casos previstos no n.º 4 e nos casos previstos nos n.ºs 1 e 2 do artigo 384.º

3 – Se o arguido tiver exercido o direito ao prazo para a preparação da sua defesa, o Ministério Público pode interrogá-lo nos termos do artigo 143.º, para efeitos de validação da detenção e libertação do arguido, sujeitando-o, se for caso disso, a termo de identidade e residência, ou apresenta-o ao juiz de instrução para efeitos de aplicação de medida de coação ou de garantia patrimonial, sem prejuízo da aplicação do processo sumário.

4 – Se tiver razões para crer que a audiência de julgamento não se pode iniciar nos prazos previstos no n.º 1 e na alínea a) do n.º 2 do artigo 387.º, designadamente por considerar necessárias diligências de prova essenciais à descoberta da verdade, o Ministério Público profere despacho em que ordena de imediato a realização das diligências em falta, sendo correspondentemente aplicável o disposto no número anterior.

5 – Nos casos previstos nos n.ºs 3 e 4, o Ministério Público notifica o arguido e as testemunhas para comparecerem, decorrido o prazo solicitado pelo arguido para a preparação da sua defesa, ou o prazo necessário às diligências de prova essenciais à descoberta da verdade, em data compreendida até ao limite máximo de 20 dias após a detenção, para apresentação a julgamento em processo sumário.

6 – O arguido que não se encontre sujeito a prisão preventiva é notificado com a advertência de que o julgamento se realizará mesmo que não compareça, sendo representado por defensor para todos os efeitos legais.

Origem do texto: Corresponde à redação originária, aprovada pelo DL 78/87, com as alterações introduzidas pela L 59/98, de 25.08; pela L 48/2007, de 29.08 (Rect. 105/2007, de 9.11); pela L 26/2010, de 30.08; e pela L 20/2013, de 21.02. A primeira alterou o n.º 3, passando a referir que, na impossibilidade de cumprir os prazos de julgamento em processo sumário, o MP determina a tramitação sob outra forma processual em vez da forma comum, como acontecia até aí; a L 48/2007, alterou o n.º 1, passando a incluir a referência à autoridade judiciária ou à entidade policial a quem o detido tenha sido entregue, alterou a redação do n.º 2, mas manteve o seu conteúdo normativo intacto e reformulou o n.º 3 que passou a incluir a possibilidade de sujeitar o arguido a termo de identidade e residência ou de o apresentar ao juiz para efeitos de aplicação de medida de coação ou de garantia patrimonial; a L 26/2010, aditou um novo n.º 4, prevendo que o MP, se considerar necessárias diligências de prova essenciais à descoberta da verdade, possa notificar o arguido e as testemunhas para comparecerem numa data compreendida nos 15 dias posteriores à detenção para apresentação a julgamento em processo sumário, advertindo o arguido de que aquele se realizará, mesmo que não compareça, sendo representado por defensor; finalmente, a L 20/2013 alterou o n.º 1 fixando o prazo máximo de 48 horas para entrega do detido ao MP e determinou que este assegure a nomeação de defensor ao arguido, modificou o n.º 2, subordinando a apresentação imediata a julgamento ao não exercício de prazo para preparação da defesa, à desnecessidade de diligências essenciais à descoberta da verdade e à impossibilidade de arquivamento em caso de dispensa de pena ou de suspensão provisória do processo, alterou o n.º 3, regulando o exercício do direito ao prazo para preparação da defesa, alterou o n.º 4 regulando a procrastinação da introdução dos factos em juízo para realização de diligências essenciais à descoberta da verdade e introduziu o n.º 5 (notificação do arguido e testemunhas da data do julgamento) e o n.º 6 (notificação da possibilidade da realização do julgamento na ausência do arguido).

Sumário do comentário:

I – Generalidades

§ 1 Este art., correspondente ao antigo art. 558.º do CPP/29, regula a apresentação do detido ao MP, para, eventual, sujeição a julgamento em processo sumário e, sobretudo, os termos da sua efetiva realização posterior. Em causa está, portanto, quer a apresentação preliminar ao MP, quer, se for o caso, a posterior apresentação para julgamento. Daí que a epígrafe «apresentação ao MP e a julgamento» resuma, fielmente, o duplo conteúdo normativo do art., que, em síntese, de certa forma, condensa as fases preliminares do processo penal sumário: embora não exista inquérito, ele pressupõe, necessariamente, a atividade adjetiva prévia aqui refletida [sobre estas fases, ac. RL, 21.12.2010 (Carlos Almeida) ou acs. TC 7/2012 e 83/2015; na doutrina António Henriques Gaspar, 1991, p. 368, Ana Margarida Lima, 2005, p. 53; Paulo de Sousa Mendes, 2013, p. 101], praticada com vista à introdução ou não dos factos em juízo. Apenas os atos de caráter policial (*v.g.* arts. 243.º, 255.º/2, 383.º e 385.º), decorrentes do flagrante ou da entrega do detido, embora já tenham caráter processual, estão, compreensivelmente, regulados noutras normas. Não se pode confundir a atividade policial prévia realizada por iniciativa própria no âmbito dos seus poderes, com a subsequente atividade processual do MP.

§ **2** A apresentação ao MP e a julgamento é, assim, o segundo passo para a efetiva realização da audiência em processo sumário. Depois da detenção do arguido em flagrante delito e dos procedimentos burocráticos que lhe estão associados (arts. 243.º, 255.º/2, 383.º e 385.º), o detentor deverá apresentar o detido ao MP junto do tribunal competente para a sua efetivação. Só depois disso, podem ser desencadeados os procedimentos necessários à realização do julgamento. O procedimento transita da fase «policial» para a fase «judiciária», viabilizando – se for o caso – a introdução imediata dos factos em juízo e a, consequente, sujeição do arguido a julgamento em processo sumário. Num primeiro momento, está, pois, em causa, apenas, a apresentação do detido em flagrante delito a quem tem competência para exercer a ação penal (art. 219.º/1 CRP). O MP continua a ser do *dominus* desta acelerada fase preliminar (Ana Margarida Lima, 2005, p. 53).

§ **3** Estes procedimentos, prévios à utilização de mecanismos alternativos à acusação, à sujeição do arguido à audiência de discussão e de julgamento ou à remessa do expediente para inquérito, incluindo os procedimentos policiais, já são verdadeiros atos processuais penais. Por isso mesmo, a sujeição a interrogatório sumário [art. 64.º/1/*b*: ac. RP, 11.09.2019 (Maria Dolores da Silva e Sousa)], a decisão de exercer ou não o direito a prazo para preparação da defesa por certos arguidos (art. 64.º/1/a/*d*) ou mesmo outras diligências destinadas à sujeição ou não do arguido a julgamento em processo sumário deverão ser realizadas com assistência de defensor. Só ele poderá garantir que as suas declarações ou decisões são fruto legítimo da autonomia pessoal e, verdadeiramente, livres e esclarecidas. De modo que o MP, caso não tenha sido constituído antes, deverá assegurar, de imediato, a nomeação de defensor ao arguido. O mesmo deverá acontecer depois com o juiz, se, apesar de tudo, isso ainda não tiver acontecido (art. 313.º/1/*c*).

§ **4** Sendo os procedimentos policiais prévios à apresentação do detido em flagrante delito ao MP, em bom rigor, a sua inserção sistemática deveria proceder esta norma, assim respeitando a sequência lógica e cronológica de todo o processo sumário: as notificações (art. 383.º) e a libertação do arguido (art. 385.º) ocorrem antes da apresentação ao MP e, se for o caso, a julgamento sumário (ou à aplicação das respetivas soluções alternativas). Um legislador mais atento à realidade processual e menos zeloso da história do preceito irá, certamente, inverter esta ordem, em benefício da compreensibilidade do mecanismo e, logo, da segurança jurídica.

II – Apresentação ao MP

§ **5** Num processo de estrutura acusatória (32.º/5 CRP), a introdução dos factos em juízo, ainda que seja feita na sequência de um flagrante delito e, logo, sem o usual inquérito, só poderá ser efetuada pelo MP (art. 219.º/1 CRP): a apresentação direta do arguido a julgamento, para além de violar estes preceitos constitucionais, constitui causa de invalidade insanável (art. 119.º/*b*). Compreende-se, por isso mesmo, que, ao contrário do art. 558.º CPP/29, o arguido detido seja agora apresentado ao MP junto do tribunal competente para o seu julgamento (n.º 1 e art. 53.º/2/*a*). Ele é quem deverá decidir se introduz ou não os factos em juízo (Oliveira Mendes, 2016, p. 1150), devendo, para o efeito, convocar os mesmos critérios do processo comum (pressupostos processuais, indícios suficientes, punibilidade da conduta, etc.), obviamente acrescidos dos requisitos do processo sumário. Também aqui o raciocínio será semelhante: caso não estejam reunidas condições para que em julgamento seja aplicada uma pena ou uma medida de segurança, o MP deverá *tout court* arquivar o expediente (*v.g.* porque, afinal, os factos que determinaram a detenção não constituem crime ou porque ofendido não deseja procedimento criminal), remete-lo para inquérito (*v.g.* porque afinal é necessário fazer diligências de prova incompatíveis com a manutenção da forma sumária), ou promover a ação penal, nas suas diversas modalidades.

§ **6** A detenção em flagrante delito e a consequente apresentação ao MP não determina, necessariamente, mesmo que existam indícios, a efetiva submissão do arguido a julgamento em processo sumário. Desde logo, porque, como acabámos de referir, podem não estar reunidos todos os pressupostos de realização do julgamento em processo sumário [*v.g.* porque a pena abstratamente aplicável é superior a 5 anos de prisão (*supra*, §§ 30 e ss. da anotação ao art. 381.º), porque os prazos para apresentação ao MP não foram cumpridos (*supra*, §§ 37 a 39 da anotação ao art. 381.º), porque o procedimento revela excecional complexidade, devido, nomeadamente ao número de arguidos ou de ofendidos ou ao caráter altamente organizado do crime (*infra*, §§ 15 da anotação ao art. 390.º). Depois, porque ainda que estejam reunidos todos os pressupostos do julgamento sumário, ele só poderá realizar-se se não for possível determinar o arquivamento em caso de dispensa de pena ou a suspensão provisória do processo (art. 384.º). As soluções alternativas à acusação têm aqui integral aplicação (*infra*, § 12 e ss.), obstando, igualmente, a esse julgamento.

§ **7** A semelhança entre esta fase preliminar e o inquérito não significa que o assistente possa aqui exercer os poderes processuais de que ele goza em sede de inquérito, nomeadamente os poderes de conformação do objeto do processo, referidos no art. 69.º/2/*a*. A constituição como assistente é, em regra, solicitada no início da audiência (art. 388.º), pelo que só a partir daí podem ser exercidos os respetivos direitos de intervenção processual (*infra*, §§ 5 e ss. da anotação ao art. 388.º) e, mesmo quando ela é anterior, não obstante as semelhanças, esta fase não se confunde com o inquérito, que o flagrante delito, justamente, dispensa. Tudo isto sem prejuízo de aí lhe ser reconhecido o poder de sugerir logo diligências com utilidade para a descoberta da verdade.

§ **8** Ainda que tenha sido o MP a proceder à detenção em flagrante delito, apesar do caráter uno e indivisível desta magistratura (ac. TC 305/2011), o detido deverá ser apresentado ao magistrado do MP junto do tribunal competente para julgamento ou, quando seja o mesmo magistrado, a quem o substitua (art. 81.º EMP). O mesmo magistrado não deverá proceder à detenção, à promoção do processo (acusação) e à sua efetiva sustentação em julgamento sumário (art. 53.º/2/*c*). Enquanto espectador privilegiado dos factos subjacentes ao flagrante delito, ele deverá ser testemunha, estando, assim, impedido de exercer funções nesse processo (art. 39.º/1/*d* e 54.º/1; no mesmo sentido, ALEXANDRE SOARES PINHEIRO/PAULO SARAGOÇA DA MATTA, 1995, p. 164).

§ **9** Esta apresentação do detido ao MP deve ser automática (sem necessidade de um qualquer requerimento: PEDRO MIGUEL FREITAS, 2019, p. 810) e deve ter lugar no prazo máximo de 48 horas (n.º 1), imposto pela Constituição (art. 28.º/1) para validação da prisão sem culpa formada (art. 143.º): ele não pode estar, por muito tempo, privado da sua liberdade, por mera via administrativa, especialmente policial (J.J. GOMES CANOTILHO/VITAL MOREIRA, 1984, p. 203; PEDRO MIGUEL FREITAS, 2019, pp. 809 e ss.). É certo que, nalguns casos, o detido é libertado e notificado para comparecer perante o MP (art. 385.º). No entanto, mesmo nestes casos, justifica-se a manutenção de um prazo de apresentação muito curto. Só em casos execionais, quando houver interposição de um ou mais dias não úteis no referido prazo (art. 387.º/2/*a*) poderá a apresentação ser posterior. A reação ao flagrante delito deve ser o mais célere que seja possível: à atualidade da prova deve corresponder a atualidade da resposta oficial, assim criando condições ideais para o restabelecimento da paz jurídica violada com o crime.

§ **10** A apresentação imediata ao MP só será possível nos dias úteis, aos sábados, feriados que recaiam em segunda-feira e no 2.º dia feriado, em caso de feriados consecutivos (art. 36.º/2 LOSJ e 55.º/1 RLOSJ) e durante o horário de expediente (art. 103.º/1). Os tribunais não podem estar sempre disponíveis. Por isso mesmo, a fim de obviar às consequências nefastas da manutenção de detenções injustificadas, o detido poderá ser libertado (*supra*, §§ 5 a 7 da anotação ao art. 385.º) e notificado para se apresentar no dia e hora designados (até ao limite do 5.º dia posterior à detenção quando houver interposição de um ou mais dias úteis: art. 387.º/2/*a*). Não havendo a possibilidade de um julgamento imediato, a manutenção da detenção seria, sobretudo nos casos menos graves, uma solução processual desproporcionada à pena que, previsivelmente, irá ser aplicada.

§ 11 Atenta a inexistência de inquérito, esta fase preliminar do processo sumário, ainda que legalmente pouco desenvolvida, assume uma importância crucial: num processo de estrutura acusatória (art. 32.º/5 CRP), o MP só poderá submeter a julgamento (ou a medidas equivalentes) aqueles que, atentos os indícios já recolhidos (*v.g.* os resultantes do flagrante delito), poderão, razoavelmente, ser condenados numa pena ou numa medida de segurança (art. 283.º/2). O MP atua como o primeiro filtro dos ímpetos dos OPC. A detenção policial para julgamento em processo sumário não significa, necessariamente, sequer, que tenha sido cometido um crime (flagrante delito putativo), competindo ao MP, enquanto autoridade judiciária, fazer uma primeira avaliação da sua validade: a sua posição e atribuições processuais são, aqui, exatamente as mesmas (art. 53.º).

a) Soluções alternativas à acusação

§ 12 Mesmo que os pressupostos do processo sumário estejam preenchidos, à semelhança do processo comum (como já referimos *supra,* § 6), o MP só poderá promover o julgamento imediato do arguido se não for possível arquivar em caso de dispensa de pena (art. 280.º) ou suspender provisoriamente o processo (art. 281.º). A lógica é aqui a mesma do processo comum, não sendo o diferente tratamento processual suficiente para afastar estes mecanismos (*supra*, § 11 da anotação ao art. 280.º). Perante o dever de arquivar em caso de dispensa de pena ou de suspender provisoriamente o processo, cessa o dever de acusar (*supra,* §§ 2 e ss. da anotação ao art. 280.º e §§ 2.º e ss. da anotação ao art. 281.º). Como iremos ver (*infra,* §§ 4 e ss. da anotação ao art. 384.º), a realização do julgamento, ainda que em processo sumário, não se justifica. Antes de promover o julgamento em processo sumário, o MP deverá, portanto, ponderar sempre estas soluções processuais alternativas (*infra*, § 30).

§ **13** Ao contrário do arquivamento em caso de dispensa de pena (art. 280.º) e da suspensão provisória do processo (art. 281.º), a mediação penal é aqui inadmissível (art. 2.º/3/*e* RM). O MP não pode enviar o expediente para mediação penal em detrimento da realização do julgamento em processo sumário. O legislador entendeu que, nesse caso, a celeridade se sobrepõe ao consenso (André Lamas Leite, 2008, p. 67; Cláudia Cruz Santos, 2014, pp. 682/3). Remeter o expediente para mediação penal seria renunciar à possibilidade de conseguir uma decisão rápida: pela sua própria natureza, este mecanismo carece de tempo (o processo de mediação pode durar até três meses prorrogáveis por mais dois – art 5.º/1/2 RM), parecendo ser incompatível com uma solução célere. Alcançar um acordo entre as partes mediadas nem sempre será rápido. Mesmo assim, *de iure condendo,* à semelhança do processo abreviado (*infra,* § 2 da anotação ao art. 391.º-B), nada parece afastar esta possibilidade adjetiva. Antes pelo contrário, seria mais uma forma de lograr o consenso, enquanto objetivo fundamental consagrado logo no preâmbulo do Código (*infra,* § 3 da anotação ao art. 384.º).

§ **14** Para aplicação destas soluções alternativas à acusação (art. 384.º), o MP goza da possibilidade de interrogar sumariamente o arguido [n.º 2 e 384.º/2; para esse interrogatório ac. RP, 11.09.2019 (Maria Dolores da Silva e Sousa)], ainda que este não esteja detido. Sem essa possibilidade formal mínima, será difícil determinar o arquivamento em caso de dispensa de pena e impossível recolher o consentimento ou mesmo apurar, devidamente, o grau de culpa do arguido, indispensáveis à suspensão provisória do processo (*supra,* §§ 24 a 29 da anotação ao art. 281.º e *infra,* §§ 12 e ss. da anotação ao art. 384.º).

§ **15** Este interrogatório, apesar da sua importância processual, não é obrigatório [no mesmo sentido, mas para o processo abreviado, ac. RP, 01.10.2014 (Donas Botto); ac. RL, 06.07.2021 (Cid Geraldo); preconizando uma solução dual, *infra,* § 9 da anotação ao art. 391.º-A]. Ao contrário do inquérito (art. 272.º/1; ac. TC 72/2012) trata-se, aqui (como iremos ver *infra,* § 33 e, ainda, § 15 da anotação ao art. 384.º), de uma mera faculdade, que o MP pode ou não exercer, não tendo a sua omissão qualquer consequência sobre a validade processual subsequente: nada impede que o MP determine o prosseguimento do processo sem a realização prévia dessa formalidade, *maxime* que ele obtenha aquele consentimento por outra via, que seja processualmente admissível.

III – Apresentação a julgamento

§ **16** Se o MP, por considerar verificados os respetivos pressupostos legais e por ser impossível utilizar uma daquelas soluções alternativas à acusação, decidir sujeitar o arguido a julgamento em processo sumário, será necessário verificar se ele exerceu ou não o seu direito a prazo para preparação da defesa (n.º 2) e se já foram realizadas as diligências de prova indispensáveis à descoberta da verdade (n.º 3). A sequência adjetiva posterior varia de acordo com estas duas vicissitudes processuais. Qualquer uma delas, consubstanciando interesses diversos, porventura até inconciliáveis, poderá fazer retardar o julgamento. Para acautelar esses interesses, ele poderá não ser imediato.

§ 17 A primeira situação, criada em benefício do arguido, consiste numa estranha antecipação do prazo para preparação da defesa, concedido *ab initio*, pelo próprio MP (e não por um terceiro, independente e imparcial), muitas vezes, ainda antes de qualquer imputação formal. O lema do legislador parece ser: defende-te agora que, oportunamente, saberás aquilo de que és acusado (JOÃO CONDE CORREIA, 2014, p. 233). Esta antecipação (justificada com a necessidade de permitir a fixação de medidas de coação mais graves que o simples termo de identidade e residência) poderá prejudicar o princípio do contraditório (art. 32.º/5 CRP). Em bom rigor, a defesa só é possível depois da efetiva comunicação dos factos e do direito aplicável ao arguido. Ninguém se pode defender daquilo que não conhece completamente. Na velha síntese do TC, só «através da narração dos factos e da indicação das disposições legais aplicáveis, na acusação ou na pronúncia (...), é fornecido ao arguido um modelo determinado de subsunção constituído por aqueles factos entendidos como correspondendo a um específico crime. Tal modelo serve de referência à fase do julgamento – destinando-se esta, aliás, à sua comprovação – e é em função dele que o arguido organiza a respetiva defesa». Em suma, «o conhecimento pelo arguido desse modelo, tornando previsível a medida em que os seus direitos podem ser atingidos naquele processo, constitui (...) um imprescindível ponto de referência na estratégia de defesa, funcionando, assim, como importante garantia de exercício desta» (ac. 279/1995).

§ 18 Daí que, repondo o equilíbrio processual e demonstrando a inutilidade daquele prazo inicial, se, como acontece geralmente [ac. RC, 21.10.2009 (JORGE MIRANDA JACOB)], o MP completar, por despacho proferido antes da apresentação a julgamento, a factualidade típica constante do auto de notícia (art. 389.º/2), a audiência possa ser adiada, a requerimento do arguido, com vista ao exercício do contraditório, por um prazo máximo de dez dias [art. 387.º/6; JOÃO CONDE CORREIA, 2014, p. 235; ac. RE, 2.05.2017 (MARTINS SIMÃO)]. Àquele prazo inicial, concedido pelo MP, poderá suceder este prazo subsequente, judicialmente arbitrado. À semelhança das alterações dos factos descritos na acusação ou na pronúncia (358.º/1 e 359.º/4) ou da mera alteração da respetiva qualificação jurídica (art. 358.º/4), também aqui poderá ser concedido um novo prazo para preparação da defesa. Antecipar o contraditório é, na esmagadora generalidade dos casos, afinal inútil.

§ 19 A segunda situação, estabelecida em benefício da acusação, pressupõe a necessidade de realizar diligências de prova indispensáveis à descoberta da verdade: apesar da sua visibilidade e da sua evidência probatória, há casos em que o flagrante delito não é bastante para legitimar a introdução, imediata, dos factos em juízo, sendo preciso invocar elementos probatórios adicionais. Os indícios existentes ainda não são suficientes para, a manter-se em julgamento, determinarem a aplicação de uma pena ou de uma medida de segurança ao arguido (art. 283.º/2). Em causa, estão, sobretudo, diligências relativas às consequências do ilícito (*v.g,* perícias médico legais para averiguar a extensão das lesões sofridas pela vítima, exames aos estupefacientes detidos para consumo ou aos produtos contrafeitos transacionados). Sem elas, aquele valor probatório acrescido não é suficiente e o detido não poderá ser submetido a julgamento.

§ 20 A realização de diligências suplementares poderá demonstrar que afinal, apesar de todas as expetativas, não há flagrante delito. Se o produto detido para consumo não é estupefaciente (art. 40.º RJTCE), se o documento é verdadeiro (art. 256.º CP) ou se as mercadorias não estão contrafeitas (art. 23.º RIASP), o arguido não cometeu nenhum crime, pelo que nem sequer devia ter sido detido. Em causa, está um flagrante delito putativo, devendo o arguido, se privado da sua liberdade, ser imediatamente libertado e o expediente arquivado. Como já se referiu, o flagrante delito não é garantia absoluta da condenação: a absolvição não é impossível.

§ 21 Para a apresentação diferida a julgamento em processo sumário não basta a realização de uma qualquer diligência indispensável à descoberta da verdade: é, ainda, indispensável que ela não permita a apresentação imediata ao poder judicial. Apenas nos casos em que essas diligências inviabilizem o julgamento subsequente será admissível o seu adiamento. Está em causa uma exceção ao regime da imediata sujeição a julgamento, legitimada apenas por essa necessidade probatória adicional. Assim, quando, não obstante os atos a realizar, ainda for possível apresentar o detido em tempo útil, a procrastinação não se justifica. Entre o flagrante delito e o *veredictum* não deverá haver dilações indevidas, não devendo esta possibilidade ser utilizada para adiar o julgamento que, por um qualquer motivo, não se quer realizar de imediato.

§ **22** As diligências probatórias efetuadas pelo MP antes da submissão do detido em flagrante delito a julgamento em processos sumário têm natureza urgente. Para além da natureza urgente do próprio processo sumário (art. 103.º/2/*d*), o legislador determinou que os exames, relatórios periciais e documentos que se destinem a instruir o processo sumário revestem, para as entidades a quem são requisitados caráter urgente (ar. 387.º/8). Só assim, será, muitas vezes, possível realizá-lo em tempo útil.

§ **23** O poder de ordenar a realização destas diligências é uma emanação da estrutura acusatória do processo e do exercício da ação penal orientado pelo princípio da legalidade (ac. TC 83/2015): as funções de promoção processual confiadas ao MP (art. 219.º/1 CRP) incluem o poder/dever de oferecer as provas idóneas à sustentação da acusação em juízo (arts. 53.º/2/*c*; 283.º/3/*d*/*e*/*f*/*g*). Tal como no inquérito, nada impede, pois, que ele possa aqui determinar certas diligências prévias essenciais à decisão sobre a introdução dos factos em juízo. O tribunal mantém, depois, intactos todos os seus poderes de investigação autónoma dos factos sujeitos a julgamento (Maria João Antunes, 2016, p. 164). À semelhança do processo comum, apenas está em causa a recolha de indícios suficientes para legitimar a sujeição do arguido a julgamento.

§ **24** As diligências em falta são ordenadas pelo MP, não prevendo a lei que o JI possa praticar (art. 268.º), ordenar ou autorizar (art. 269.º) quaisquer atos, para além da fixação de medidas de coação (n.º 3) ou da concordância ao arquivamento em caso de dispensa de pena ou à suspensão provisória do processo (art. 384.º). A necessidade de outras intervenções do juiz das liberdades será sintoma da excecional complexidade (art. 390.º/1/*c*) e, logo, da impossibilidade de utilizar o processo sumário. Não havendo inquérito nem instrução, a intervenção do JI é, ressalvados os excecionais casos previstos na lei, inadmissível. A possibilidade de realizar estas diligências mínimas jamais se poderá confundir com um verdadeiro inquérito, sob pena de se concluir que, afinal, o flagrante delito não é causa legítima da introdução imediata dos factos em juízo.

§ **25** Para além da dedução de acusação, o resultado destas diligências pode conduzir à realização de novas diligências incompatíveis com a manutenção da forma sumária ou, mesmo, ao arquivamento liminar do expediente: se as lesões provocadas pelo arguido ainda não estão curadas, devendo ser efetuada nova perícia médico-legal à vítima, o julgamento não poderá ter logo lugar. Da mesma forma, se a substância detida para consumo ou a coisa transacionada, apesar de todas as legítimas expetativas, não é ilícita nenhuma responsabilidade criminal poderá ser imputada ao arguido e, logo, ele não deve sequer ser sujeito a julgamento. Não obstante a sua evidência, o flagrante delito não é, repetimos, sinónimo de uma condenação imediata ou sequer de uma condenação. A notificação do arguido e das testemunhas do dia para apresentação a julgamento não significa, assim, que ele venha a realizar-se. Só nessa altura, mediante os resultados dessas diligências, o MP decidirá se apresenta ou não o arguido a julgamento. A própria norma (n.º 5) refere a data da «apresentação a julgamento em processo sumário» e não a data da realização do julgamento, que, aliás, pode também ser substituído pelas medidas alternativas à acusação (art. 384.º).

§ 26 A possibilidade de determinar as «diligências de prova essenciais à descoberta da verdade», não significa uma antecipação da produção da prova válida em julgamento, sem contraditório e à revelia do poder judicial. Com efeito, os poderes aqui conferidos ao MP não regulam os trâmites posteriores à introdução do facto em juízo, nem limitam as competências do tribunal, designadamente os seus poderes de investigação oficiosa (art. 340.º/1). Estas diligências ainda integram aquela fase preliminar que, embora não seja um verdadeiro inquérito, «comunga material e funcionalmente das mesmas características das diligências de investigação» que, em regra, nele são realizadas pelo MP (ac. TC 83/2015). Tal como no processo comum, as provas assim obtidas devem, depois, ser produzidas ou analisadas em audiência (art. 355.º) e aí devidamente contraditadas, sob o controlo de um juiz em pleno gozo dos seus poderes probatórios.

§ 27 Confiar ao MP o agendamento da data de apresentação do arguido a julgamento em processo sumário não interfere com o poder judicial, nem se confunde nem dispensa o ato judicial de designação do momento de início da audiência, necessariamente precedido da verificação dos pressupostos legais para a sua realização (saneamento do processo: art. 311.º). O MP não se substitui ao juiz no agendamento da audiência, limitando-se a requerer que o arguido seja julgado sob essa forma especial de processo e a apresentá-lo (bem como as testemunhas disponíveis) para esse efeito (ac. TC 83/2015). A efetiva realização do julgamento dependerá da verificação judicial dos pressupostos do processo sumário e da própria disponibilidade do juiz (*v.g.* se não houver juiz ou quem o substitua, o sumário não se realiza).

§ 28 Nada impede que a apresentação a julgamento em processo sumário seja retardada pelo exercício do direito ao prazo para preparar a defesa e pela necessidade simultânea da realização de diligências necessárias para a descoberta da verdade. As duas causas de adiamento, embora consubstanciem interesses diferentes ou até antagónicos, podem concorrer num determinado caso concreto. Ao adiamento para preparação da defesa do arguido, junta-se o, simultâneo, adiamento para preparação da acusação.

§ 29 A apresentação do detido ao tribunal competente para julgamento (n.º 2) não significa que ele venha, efetivamente, a ter lugar, podendo o juiz reenviar o processo ao MP por inadmissibilidade legal do processo sumário (art. 390.º/1/*a*) ou rejeitar a acusação por ser manifestamente infundada [art. 311.º/2/*a;* Paulo Pinto de Albuquerque, 2007, p. 962; ac. RP, 27.11.2002 (António Gama)] e podendo o arguido solicitar o seu adiamento caso a factualidade constante do auto de notícia tenha sido completada por despacho do MP (arts. 387.º/6 e 389.º/2). Em todos estes casos, ainda que por diferentes razões e com diferentes soluções, o julgamento não se realiza ou, afinal, não se realiza logo. Como já referimos (*supra*, § 1, da anotação ao art. 381.º), o processo sumário carateriza-se sobretudo pela dispensa das fases preliminares do processo, mantendo-se o julgamento – enquanto expoente máximo das garantias de defesa – quase inalterado. Daí que o juiz conserve todos os seus poderes, *maxime* os de saneamento (art. 311.º) e condução do processo.

§ 30 Como já referimos (*supra,* §§ 12 e ss.), o MP só deverá promover a imediata sujeição do arguido a julgamento em processo sumário, se não puder arquivar em caso de dispensa de pena (art. 280.º) ou suspender provisoriamente o processo (art. 281.º). Para além dos princípios gerais, também a redação do preceito é agora clara. Reunidos os pressupostos legais da exceção, cessa o dever de acusar e emerge o dever de arquivar ou de suspender. Mesmo em caso de flagrante delito, as soluções alternativas à acusação (art. 384.º) têm prioridade, prevalecendo sobre ela. Afinal, também nestes casos especiais é possível obter o desejável consenso rapidamente.

§ 31 Ao invés das soluções alternativas à acusação (*expressis verbis* previstas pelo legislador – art. 384.º), o Código não prevê aqui a possibilidade adjetiva de utilizar o processo sumaríssimo. Pelo contrário, devido a esse silêncio, à especial celeridade deste rito processual e à ausência de regulação em caso de discordância judicial (art. 384.º/3), a letra da lei parece excluir essa possibilidade (mesmo assim, para a sua aplicabilidade, demonstrando que, apesar de tudo, os mecanismos não são incompatíveis, Hugo Cruz Santos, 2018, pp. 201 e ss.). Do mesmo modo, como já referimos, também está excluída a mediação penal (*supra,* § 13). Em ambos os casos, ainda que seja difícil compreender a opção, o legislador parece optar pela celeridade em detrimento do consenso e esquecer que ele não é, insistimos, necessariamente inimigo ou incompatível com aquela.

a) Julgamento imediato

§ 32 Se o arguido não exercer o direito ao prazo para preparação da sua defesa, o MP, depois de, se o julgar conveniente, o interrogar sumariamente, apresenta-o imediatamente, ou no mais curto prazo possível, ao tribunal competente para julgamento (n.º 2), assim exercendo a ação penal. Neste caso, o processo sumário acaba por funcionar na sua plenitude, permitindo uma decisão célere: à detenção em flagrante delito e à apresentação ao MP sucede (se, como já referimos, nada impedir o julgamento) o *veredictum*, imediatamente executável, caso o arguido e os demais sujeitos processuais prescindam dos respetivos prazos de recurso. De modo que esta solução consubstancia o arquétipo ideal de processo sumário. À atualidade da prova junta-se a atualidade do julgamento, gerando as condições indispensáveis ao restabelecimento da paz jurídica violada pelo crime.

§ 33 A possibilidade de interrogar sumariamente o arguido é uma garantia de defesa do detido em flagrante delito, permitindo aquilatar do seu consentimento à suspensão provisória do processo (*infra*, §§ 12 e ss. da anotação ao art. 384.º), mas também detetar eventuais causas de isenção da responsabilidade ou de extinção do procedimento criminal. Ao contrário do inquérito, onde o interrogatório é obrigatório (art. 272.º), trata-se (*supra*, § 15), como a lei refere expressamente, de uma mera possibilidade (*supra*, § 13 da anotação ao art. 272.º), que o MP deverá usar, sobretudo, para evitar a injusta e desnecessária sujeição do arguido a julgamento. Atenta a visibilidade e a evidência probatória resultante do flagrante delito, dificilmente se poderá conceber este interrogatório como um meio de prova, necessário para legitimar a introdução dos factos em juízo e para sustentar a acusação em julgamento (art. 357.º/1/*b*): é, antes, uma oportunidade para contrariar os indícios aparentemente resultantes do flagrante delito. Atento o seu caráter facultativo, a desconsideração desta possibilidade legal jamais poderá constituir, assim, causa de invalidade processual.

b) Julgamento diferido

§ 34 Se o arguido exercer o direito ao prazo para preparação da sua defesa ou se o MP entender que não estão reunidas as condições legais para um julgamento imediato (*rectius* porque é necessário realizar diligências de prova essenciais à descoberta da verdade), o julgamento será diferido para momento posterior (art. 387.º/2/*c*). Nesse caso, o MP notifica o arguido e as testemunhas para comparecerem, decorrido o prazo solicitado pelo arguido para a preparação da sua defesa, ou o prazo necessário à realização das diligências de prova essenciais à descoberta da verdade, em data compreendida até ao limite máximo de 20 dias após a detenção, para apresentação a julgamento. A reação penal não é, portanto, imediata, mediando algum tempo entre a detenção em flagrante delito e a decisão de introduzir ou não os factos em juízo e pressupõe algum esforço investigatório prévio, aproximando o processo sumário da lógica do processo abreviado (art. 391.º-A/1).

§ 35 O prazo para preparação de defesa (não superior a 15 dias: art. 383.º/2; Marco Carvalho Gonçalves, 2020, p. 307) não deverá ser reduzido, limitando--se o MP a notificar o arguido e as testemunhas para comparecerem decorrido o prazo requerido. Não está na disponibilidade do MP decidir se o prazo solicitado, desde que compreendido nos respetivos limites legais, é, *in casu,* excessivo para preparação da defesa e pode ser reduzido [contra, aceitando que o MP poderá reduzir esse prazo, ac. RL, 9.01.2019 (Conceição Gonçalves)]. A defesa é que sabe qual é o prazo necessário ao exercício dos seus direitos. A possibilidade de reduzir esse prazo é incompatível com a posição jurídico-processual do MP: apesar do seu estatuto ímpar (art. 53.º) ele está demasiadamente comprometido com a prossecução do *ius puniendi* estadual para poder tomar essa decisão

§ 36 O prazo normal para preparação da defesa em processo sumário (15 dias: art. 383.º/2) é inferior ao prazo normal para contestação em processo comum (20 dias: art. 315.º/2) e não poderá ser prorrogado, até ao limite máximo de 30 dias, por excecional complexidade do caso (art. 107.º/6). A simplicidade do procedimento é um dos pressupostos do processo sumário (art. 390.º/1/*c*), legitima aquele prazo reduzido e é incompatível com essa possibilidade excecional. A necessidade de um prazo para preparação da defesa superior será, certamente, um indício claro da complexidade da causa e, logo, da impossibilidade do julgamento em processo sumário.

§ 37 O arguido que não se encontre sujeito a prisão preventiva (art. 201.º), podendo portanto deslocar-se ao tribunal, é notificado com a advertência de que o julgamento se realizará mesmo que não compareça, sendo representado por defensor para todos os efeitos legais [ac. RP, 28.11.2018 (Élia São Pedro)]: a realização do julgamento na sua ausência, sem o cumprimento prévio desse formalismo legal, é causa de invalidade, podendo os efeitos processuais precários, que esse ato eventualmente tenha produzido, ser destruídos através do mecanismo da nulidade insanável [art. 119.º/*c*); acs. RC, 10.07.2014 (Belmiro Andrade); RP, 12.11.2014 (Ernesto Nascimento); RE, 28.01.2010 (João Luís Nunes) CJ, 2010, 1, p. 249]. Esta notificação é, contudo, uma duplicação desnecessária da notificação prevista no art. 385.º/1/*a*, sendo agora feita por determinação do MP.

§ **38** Nos casos em que, seja pelo exercício do direito ao prazo para preparação da defesa (n.º 3), seja pela necessidade de realizar diligências indispensáveis à descoberta da verdade (n.º 4), o início do julgamento seja procrastinado para um momento posterior, o MP pode interrogar o arguido (art. 143.º), para efeitos de validação da detenção e libertação do mesmo, sujeitando-o, se for caso disso, a termo de identidade e residência. Em causa estão, como a própria norma indica, apenas os arguidos detidos, a validação da respetiva detenção e a sua libertação. Os arguidos que já tenham sido libertados (art. 385.º) não carecem desta garantia de defesa adicional. O adiamento da sua apresentação a julgamento sumário (ou a opção por outra qualquer forma de tramitação processual) implicará sempre, salvo se lhe vier a ser aplicada prisão preventiva (art. 202.º) ou obrigação de permanência na habitação (art. 201.º), a libertação do arguido detido.

§ **39** Existindo perigo de fuga, perigo para a aquisição, conservação ou veracidade da prova ou perigo de continuação da atividade criminosa ou de perturbação grave da ordem e da tranquilidade públicas (art. 204.º) ou risco de incumprimento das obrigações pecuniárias decorrentes da sentença (art. 227.º), o MP deverá (n.º 3) equacionar a fixação de medidas de coação (arts. 196.º e ss.) ou de garantia patrimonial (arts. 227.º e 228.º). Para esse efeito, se for esse o caso, deverá – tal como no inquérito – apresentar o detido ao JI (n.º 3), assim promovendo, nos termos gerais (art. 194.º) a fixação das pertinentes medidas de coação ou de garantia patrimonial. O que abrange os arguidos detidos, designadamente por se verificar alguma das circunstâncias previstas no art. 204.º (art. 385.º/1/*b*), mas também, caso exista uma divergência de entendimentos entre os OPC e o MP, os arguidos não detidos.

§ **40** Embora o lexema «designadamente» aponte para um elenco exemplificativo e não para a taxatividade das causas de adiamento e a intenção do legislador tenha sido a de alargar, ao máximo, o julgamento em processos sumário, aproveitando a atualidade e a evidência probatória resultante do flagrante delito (à custa do processo abreviado), o julgamento do arguido detido em flagrante delito só poderá ser diferido para um momento posterior em virtude do exercício do direito ao prazo para preparação da defesa (n.º 3) ou da necessidade de realização de diligências de prova essenciais para a descoberta da verdade (n.º 4). A lei não consagra nenhum outro motivo [*v.g.* a conveniência de serviço: ac. RL, 16.11.2011 (NETO DE MOURA)] justificativo do adiamento (*infra,* § 6, da anotação ao art. 387.º).

§ **41** Nos casos em que o julgamento em processo sumário não ocorra de imediato (art. 387.º/2/*b*/*c*), poderá ser necessário proceder à tomada de declarações para memória futura (art. 320.º/1) ou a quaisquer outros atos urgentes ou cuja demora possa acarretar perigo para a aquisição ou conservação da prova. A celeridade do processo sumário não anula esta necessidade, provocada pelo alargamento legislativo da dilação entre a detenção e o julgamento, à custa do processo abreviado, onde estas necessidades probatórias estão melhor acauteladas: inquérito sumário (art. 391.º-A/1).

IV – Consequências da violação deste formalismo

§ **42** A violação do formalismo previsto nesta norma poderá ter consequências diversas. Se o arguido detido não for entregue ao MP no prazo máximo de 48 horas, a detenção será ilegal e o sumário estará comprometido. A sua realização posterior será causa de invalidade, podendo os efeitos precários produzidos ser destruídos através da figura das irregularidades (art. 123.º; *supra,* § 16 da anotação ao art. 381.º). O mesmo acontecerá se, apesar de tempestivamente apresentado ao MP competente, forem depois violados os prazos para a introdução do facto em juízo. Já os efeitos processuais precários resultantes da realização do julgamento na ausência do arguido, sem que este tenha sido notificado nos termos do n.º 6, podem ser destruídos (como vimos *supra,* § 37) através dos mecanismos da nulidade insanável (art. 119.º/*c*).

§ **43** A introdução dos factos em juízo, sem prévia realização das diligências de prova essenciais à descoberta da verdade, poderá (sem prejuízo da possibilidade de serem depois realizadas em julgamento – art. 340.º) ter consequências nefastas. Desde logo, poderá provocar a injusta e inútil sujeição do detido a julgamento, nomeadamente nos casos em que tais diligências venham depois a demonstrar que, contra as expetativas iniciais, o arguido não cometeu nenhum facto ilícito (*v.g.* afinal o produto detido para consumo não era estupefaciente ou os produtos alimentícios não eram anormais). Depois, poderá provocar uma alteração substancial dos factos descritos na acusação [*v.g.* porque em vez de uma ofensa à integridade física simples (art. 143.º CP) está em causa uma ofensa à integridade física grave (art. 144.º CP)]. É, assim, essencial que, tal como no inquérito, apesar do flagrante delito, o MP só apresente o arguido para julgamento depois de realizar todas as diligências indispensáveis à descoberta da verdade.

§ **44** Se (apesar de estarem reunidos os respetivos requisitos legais) o MP remeter o expediente para inquérito, em vez de promover o devido julgamento em processo sumário ou as respetivas soluções alternativas (art. 384.º), o ato será (como já referimos: *supra,* § 45 da anotação ao art. 381.º) inválido [art. 120.º/2/a, Rui Soares Pereira/David Silva Ramalho, 2015, pp. 824/5; João Conde Correia, 2014, p. 252; Mmpdjp, 2009, p. 967, Paulo Pinto de Albuquerque, 2007, p. 953; contra ac. RP, 18.09.2013 (Maria dos Prazeres Silva)]. Todavia, a declaração desta invalidade dificilmente terá algum impacto sobre a marcha processual subsequente: sempre que os prazos para o início do julgamento em processo sumário estejam ultrapassados, não será possível repor a legalidade processual.

§ **45** As invalidades dependentes de arguição, referidas no art. 120.º e cometidas em processo sumário, devem ser arguidas no início da audiência (art. 120.º/3/*d*). Não será, todavia, assim no caso da «omissão posterior de diligências que pudessem reputar-se essências para a descoberta da verdade» (art. 120.º/2/*d*), que, obviamente, não podem estar sujeitas a este prazo, devendo ser arguidas antes que a audiência termine, uma vez que se trata de vícios relativos a atos a que o interessado assiste (art. 120.º/3/*a*). Não será também assim no caso das invalidades da sentença (*v.g.* art. 389.º-A/3) que, pela própria natureza das coisas, só poderá ser arguida depois (art. 410.º/3).

§ **46** Apesar do silêncio do legislador, exceto se os interessados tiverem assistido ao ato ou sido notificados para qualquer termo no processo, o mesmo regime deverá ser aplicável às irregularidades cometidas antes do início da audiência de discussão e julgamento (art. 123.º).

João Conde Correia

Artigo 383.º
Notificações

1 – A autoridade judiciária ou a entidade policial que tiverem procedido à detenção notificam verbalmente, no próprio ato, as testemunhas presentes, em número não superior a sete, e o ofendido para comparecerem perante o Ministério Público junto do tribunal competente para o julgamento.

2 – No mesmo ato, o arguido é notificado de que tem direito a prazo não superior a 15 dias para apresentar a sua defesa, o que deve comunicar ao Ministério Público junto do tribunal competente para o julgamento e de que pode apresentar até sete testemunhas, sendo estas verbalmente notificadas caso se achem presentes.

Origem do texto: Corresponde à redação originária, aprovada pelo DL 78/87, com as alterações introduzidas pela L 26/2010, de 30.08 e pela L 20/2013, de 21.02. Com primeira as testemunhas, passaram a ser notificadas para comparecer no MP junto do tribunal competente para o julgamento e não na própria audiência (n.º 1); com a segunda o legislador alargou o número máximo de testemunhas notificadas de 5 para 7, tornou a notificação do ofendido obrigatória, independentemente da sua presença em julgamento ser ou não ser útil (n.º 1) e determinou que o arguido seja, igualmente, notificado de que tem um prazo não superior a 15 dias para apresentar a sua defesa, o que deverá comunicar ao MP junto do tribunal competente para o julgamento.

Sumário do comentário:

I – Generalidades

§ 1 Fruto das sucessivas alterações introduzidas no processo sumário, esta norma (correspondente ao art. 557.º do CPP/29 e ao art. 48.º do DL 35007 de 13.10.1945), carece de atualização linguística: onde se refere que «a autoridade judiciária ou a entidade policial que tiverem procedido à detenção notificam» deveria dizer-se, como, aliás, referia aquele velho art., que a autoridade judiciária ou a entidade policial que tiverem procedido à detenção, ou a quem o detido tiver sido entregue, notificam. Com efeito, como já se referiu (*supra*, § 35 da anotação ao art. 381.º), a L 48/2007 estendeu o processo sumário àqueles que tenham sido detidos por outras pessoas e, num prazo que não exceda duas horas, entregues a uma autoridade judiciária ou entidade policial, que redige auto sumário da entrega (art. 381.º/1/*b*). Não está, portanto, só em causa a detenção efetuada por aquelas autoridades ou entidades, mas a eventual sujeição a processo sumário de todos aqueles que sejam detidos, ainda que por meros particulares. Também, nesses casos, será necessário assegurar condições para o sucesso da audiência, só podendo isso ser feito pela entidade oficial a quem o detido foi, depois, entregue.

§ **2** As notificações são uma parte restrita do auto de notícia (art. 243.º) ou do auto sumário de entrega (art. 255.º/5). Para além dos elementos que esses documentos, em regra, devem conter (art. 243.º) e, se for caso disso, do registo da queixa crime apresentada pelo titular dos interesses que a lei especialmente quis proteger com a incriminação (art. 113.º/1 CP e art. 255.º/3; Costa Pimenta, 1991, p. 764), acrescem as obrigações de notificação consagradas nesta norma (M. Simas Santos/M. Leal Henriques, 2000, p. 627). O bom cumprimento de todas estas formalidades prévias, bem como, se for o caso, das referidas no art. 385.º/2/*a*/*b* é essencial ao sucesso posterior do processo sumário.

§ **3** As notificações verbais previstas nesta norma constituem um caso especial de notificação por contato pessoal (art. 113.º/1/*a*), devendo o auto de notícia ou o auto sumário de entrega reportar essa mesma notificação. Dessa forma será possível provar que foi efetuada (Luís Osório, 1933, p. 555; Costa Pimenta, 1991, p.764) e extrair daí as devidas consequências legais (*v.g.* consequências da falta do arguido à audiência).

§ **4** Estes atos preliminares, embora realizados antes da instauração de um qualquer processo, são praticados para sujeição do visado a julgamento em processo sumário ou a qualquer outra solução adjetiva admissível (*supra*, 5 e ss. da anotação ao art. 382.º) e, logo, já são verdadeiros atos processuais penais (para este conceito, Par./PGR n.º 23/94, de 24.09.1994 ou Manuel da Costa Andrade/Paulo Pinto de Albuquerque, 2021, p. 739). Em bom rigor, eles «substituem» o inquérito, assumindo, assim, grande relevância quer para a proteção dos interesses da comunidade, quer para a proteção dos interesses das vítimas, quer, ainda, para a proteção dos direitos do próprio arguido.

II –Notificações

§ **5** Com as notificações verbais aqui referidas, o legislador procura criar condições para a eventual realização da audiência em processo sumário, ou seja, procura «abreviar o mais possível o julgamento» (Luís Osório, 1933, p. 554). De nada valeria fixar prazos perentórios para o seu início, se a audiência tivesse depois de ser adiada por falta dos intervenientes necessários à descoberta da verdade. Em causa está um ato cautelar, da iniciativa própria da autoridade judiciária, ou da entidade policial (sobre a natureza jurídica desses atos, Paulo Dá Mesquita, 2003, pp. 121 e ss.), que se destina não a preservar a prova (arts. 55.º/2 e 249.º/1), mas a assegurar a possibilidade da sua futura produção tempestiva, em sede de audiência de discussão e julgamento. Estamos, portanto, por isso mesmo, perante atos praticados ainda antes da existência do próprio processo penal e que o podem, depois, vir ou não a integrar: não compete ao detentor (e, muitas vezes, nem sequer estará na sua capacidade técnica) definir o destino subsequente do processo.

§ **6** Com efeito, a notificação cautelar das testemunhas, do ofendido ou, eventualmente, do próprio arguido (art. 385.º/2) não significa que o julgamento em processo sumário venha, de facto, a acontecer. Não obstante essa notificação, competirá ao MP verificar, depois, se todos os pressupostos do processo sumário estão ou não preenchidos (Helena Leitão, 2008, p. 341). Só ele, enquanto titular da ação penal (art. 219.º/1 CRP), poderá tomar essa decisão. Isso mesmo resulta, claramente, do art. 385.º/2, segundo o qual o MP deverá – conforme as circunstâncias do caso concreto – sujeitar o arguido a julgamento em processo sumário ou a primeiro interrogatório judicial de arguido detido e decorre, também, dos princípios gerais. Ainda que, por um eventual lapso, o expediente lhe tenha sido remetido para julgamento em processo sumário, o MP conserva intactas todas as suas possibilidades: arquivamento limitar (*v.g.* por irrelevância jurídico-criminal da conduta); instauração de inquérito (com interrogatório judicial ou não do detido: arts. 141.º e 143.º) e julgamento em processo sumário. Ele continua a ser o *dominus* desta fase preliminar (Ana Margarida Lima, 2005, p. 53).

a) Das testemunhas/ofendido

§ 7 O número um consagra notificações relacionadas com o exercício do poder punitivo estadual. Tal como acontece no processo comum (art. 283.º/3/*e*), o número máximo de testemunhas indicáveis é limitado: atenta a menor gravidade da criminalidade em questão e à normal simplicidade da causa só são aqui admissíveis sete testemunhas. Mesmo assim, embora este número máximo de testemunhas, de acusação ou de defesa, seja em geral, mais do que suficiente, nada obsta a que o MP (art. 283.º/7) ou o tribunal (art. 340.º), *ex oficio* ou a pedido, proceda à inquirição de outras testemunhas que se afigurem necessárias à descoberta da verdade (Mmpdj, 2009, p. 974). Para esse efeito, o auto de notícia ou o auto sumário de entrega devem, para além das testemunhas notificadas, sempre que possível, identificar todos os presentes. O que permite depois saber quem estava, efetivamente, presente no local e aferir a autenticidade da prova. De todo o modo, como é evidente, só as testemunhas presentes serão notificadas: outras testemunhas que, apesar de terem presenciado os factos, se tenham ausentado não estão aqui incluídas.

§ 8 O alargamento do número máximo de testemunhas admissíveis, ainda que, como acabámos de ver, seja possível, poderá ser, todavia, normalmente, um sintoma claro da excecional complexidade do procedimento (para este conceito, §§ 41 e ss. da anotação ao art. 215.º) e, logo, da inadmissibilidade legal do próprio processo sumário (art. 390.º/1/*c*). Nesses casos, em vez do julgamento imediato, deverá proceder-se a inquérito: a necessidade de inquirir tantas testemunhas suscitará fundadas dúvidas sobre a própria evidência probatória resultante do alegado flagrante delito.

§ 9 Os autores do auto de notícia, enquanto testemunhas qualificadas do flagrante delito, estão incluídos naquele número máximo. A especial força probatória atribuída ao auto de notícia (art. 169.º) não dispensa a inquirição do seu autor ou autores (*supra,* §§ 7 a 9 da anotação ao art. 169.º e § 19 da anotação ao art. 243.º). O auto de notícia não prova a culpabilidade do agente (ac. TC 38/86), sendo as declarações de quem o redige imprescindíveis. Doutra forma, será, aliás, impossível contraditar a versão ali consagrada (art. 32.º/5 CRP).

§ 10 A limitação do número de testemunhas elegíveis coloca o problema da sua escolha, que deverá ser, apenas, orientada por critérios de conhecimento. Quaisquer outros critérios (*v.g.* conveniência, relacionamento com a vítima ou com o arguido, capacidade de expressão) são inadmissíveis. Quanto maior for o grau de conhecimento do flagrante, maior será o relevo espetável do depoimento em sede de audiência. Ter presenciado o crime ou ter perseguido ou encontrado o arguido com objetos ou sinais que mostrem claramente que acabou de o cometer ou de nele participar são indícios seguros da importância do depoimento.

§ 11 O ofendido, para além de ter sido autonomizado no corpo desta norma (n.º 1), poderá, se estiverem reunidos os respetivos pressupostos legais, constituir-se como assistente ou, ainda, intervir como parte civil (art. 388.º). Daí que, apesar de poder ser uma testemunha privilegiada, ele não deva ser incluído naquele número (Mmpdjp, 2009, p. 974). A conjunção utilizada pelo legislador («e o ofendido») não deixa margem para outra interpretação. Às sete testemunhas notificadas pode acrescer o ofendido.

b) Do arguido

§ 12 O número dois consagra notificações relacionadas com o exercício dos direitos de defesa: testemunhas e prazo para preparação da defesa. A supressão das fases preliminares do processo penal (inquérito e instrução) determina um especial dever de informação do arguido por forma a que ele se possa defender cabalmente. Aquela supressão não significa uma amputação irreversível dos direitos de defesa, mas implica esta notificação adicional.

§ 13 Havendo vários arguidos, detidos em flagrante delito, cada um deles poderá indicar sete testemunhas. O número de testemunhas que o arguido pode arrolar não pode depender da circunstância furtuita de ter sido ou não detido isoladamente ou em conjunto com outros arguidos. Tanto mais que as defesas podem não ser sequer compatíveis entre si.

§ 14 As testemunhas indicadas pelo arguido (igualmente sete) só são notificadas se estiverem presentes: se isso não se verificar deverá ser o arguido a providenciar pela sua presença em julgamento (o art. 48.º do DL 35007, de 13.10.1945, já dispunha que o arguido devia apresentar as suas testemunhas na audiência). Atento o lapso de tempo que, em geral, medeia entre a detenção e o julgamento, será, normalmente, impossível proceder doutra forma. As instâncias formais de controlo não têm meios para, entretanto, proceder à sua identificação e à sua notificação.

§ 15 Embora a norma refira que o arguido só poderá apresentar até sete testemunhas, se elas forem depor apenas sobre factos relativos à sua personalidade e ao seu caráter, bem como às suas condições pessoais e à sua conduta anterior, este limite deverá ser reduzido a cinco: não há nenhuma razão para não aplicar aqui a norma do processo comum (art. 283.º/2/*d*). Pelo contrário, admitir sete testemunhas relativas a tais factos, seria permitir no processo sumário aquilo que não se permitiu no processo comum, onde os riscos de ser condenado numa pena mais grave são significativamente muito maiores.

§ 16 Para além das notificações *stricto senso* e dos demais deveres inerentes à constituição como arguido (art. 61.º/4), o detido é, ainda, informado de que tem direito a prazo não superior a 15 dias para apresentar a sua defesa (incluindo a indicação de testemunhas, mas também de documentos ou de quaisquer outras provas admissíveis), que deve comunicar ao MP junto do tribunal competente para o julgamento. À informação dos direitos e deveres consagrados no art. 61.º acresce, neste caso, a notificação do direito a prazo não superior a 15 dias para preparação da defesa. Atentas as particularidades do processo sumário (julgamento quase imediato) não basta informar o arguido dos seus direitos de defesa, sendo necessário alertá-lo para o prazo disponível para o efeito: o arguido tem de saber que o início do julgamento pode ser adiado para preparação da sua defesa.

III – Violação do formalismo

§ 17 A omissão deste formalismo não preclude o julgamento do detido em processo sumário, constituindo, no dizer de Costa Pimenta (1991, p. 765), meras irregularidades processuais penais (art. 123.º). De todo o modo, o MP deverá, antes de introduzir os autos em juízo, notificar o arguido de que poderá apresentar testemunhas e informá-lo do prazo disponível para preparação da sua defesa.

§ 18 A omissão de testemunhas da ocorrência por parte do agente da autoridade que determinou a captura e lavrou respetivo auto de notícia ou o auto de entrega sumária não viola as garantias de defesa consagradas na Constituição (art. 32.º), mas implica «um eventual enfraquecimento probatório das comprovações materiais dele constantes» (ac. TC 38/86), que o MP deverá corrigir depois, antes da efetiva apresentação ao juiz (art. 382.º/4).

João Conde Correia

Artigo 384.º
Arquivamento ou suspensão do processo

1 – Nos casos em que se verifiquem os pressupostos a que aludem os artigos 280.º e 281.º, o Ministério Público, oficiosamente ou mediante requerimento do arguido ou do assistente, determina, com a concordância do juiz de instrução, respetivamente, o arquivamento ou a suspensão provisória do processo.

2 – Para os efeitos do disposto no número anterior, o Ministério Público pode interrogar o arguido nos termos do artigo 143.º, para efeitos de validação da detenção e libertação do arguido, sujeitando-o, se for caso disso, a termo de identidade e residência, devendo o juiz de instrução pronunciar-se no prazo máximo de 48 horas sobre a proposta de arquivamento ou suspensão.

3 – Se não for obtida a concordância do juiz de instrução, é correspondentemente aplicável o disposto nos n.ºs 5 e 6 do artigo 382.º, salvo se o arguido não tiver exercido o direito a prazo para apresentação da sua defesa, caso em que será notificado para comparecer no prazo máximo de 15 dias após a detenção.

4 – Nos casos previstos no n.º 4 do artigo 282.º, o Ministério Público deduz acusação para julgamento em processo abreviado no prazo de 90 dias a contar da verificação do incumprimento ou da condenação.

Origem do texto: Corresponde à redação originária, aprovada pelo DL 78/87, com as alterações introduzidas pela L 26/2010, de 30.08 e pela L 20/2013, de 21.02. A primeira alterou a redação do n.º 1 e acrescentou os n.ºs 2 (realização do julgamento em processo sumário nos casos de discordância do JI) e 3 (aplicabilidade do processo abreviado nos casos de revogação da suspensão provisória do processo). A segunda voltou a alterar a redação do n.º 1; fixou os procedimentos prévios à suspensão e o prazo intervenção do JI (n.º 2), reformulou os procedimentos em caso de discordância judicial (n.º 3) e manteve aplicabilidade do processo abreviado nos casos de revogação da suspensão provisória do processo (n.º 4).

Jurisprudência vinculante: ac. STJ/FJ, 16/2009, 18.11.2009 (José António Henriques dos Santos Cabral); ac. STJ/FJ 4/2017, 27.04.2017 (Souto de Moura).

Sumário do comentário:

I – Generalidades (§§ 1 a 3)

II – Arquivamento/suspensão (§§ 4 a 32)

- **a)** Interrogatório do arguido (§§ 12 a 16)
- **b)** Juiz competente (§§ 17 a 27)
- **c)** Consequências da discordância judicial (§§ 28 a 30)
- **d)** Impugnações (§§ 31, 32)

III –Revogação da suspensão (§§ 33 a 41)

- **a)** Prazo para a dedução da acusação (§ 42)

I –Generalidades

§ **1** A detenção do arguido em flagrante delito e a possibilidade de o submeter, imediatamente, a julgamento em processo sumário não inviabiliza as soluções alternativas à acusação, podendo, caso estejam reunidos os respetivos pressupostos legais, o processo ser arquivado em caso de dispensa de pena (art. 280.º) ou suspenso provisoriamente (art. 281.º). Com efeito, as exigências de celeridade e de eficácia da justiça penal não podem sobrepor-se a estas novas formas de realização da justiça, *maxime* à justiça consensual (João Conde Correia, 2012, pp. 142/3). Como se afirma no preâmbulo deste Código, «a busca do consenso, da participação e da reafirmação estabilizadora das normas, assente na reconciliação, vale como um imperativo ético-jurídico e, por isso mesmo, a tentativa do consenso deve ser levada tão longe quanto seja possível». Na elucidativa fórmula de Manuel da Costa Andrade «o *Processo Sumário* não assume significado específico do ponto de vista dos tópicos do *consenso* e da *oportunidade*. Neste aspeto, ele não se distingue do *Processo comum*, a cuja estrutura, no essencial, obedece – descontadas as particularidades impostas pela sua índole de processo acelerado» (1991, p. 319).

§ **2** A existência de condições ideais para lograr uma justiça imediata (flagrante delito) não deve, assim, sacrificar estes mecanismos (*supra*, § 11 da anotação ao art. 280.º): deve, antes, ser utilizada para os fomentar. Tal como legitima o julgamento em processo sumário, o flagrante delito também legitima o arquivamento em caso de dispensa de pena ou a suspensão provisória do processo. Mesmo sem inquérito, é possível lograr esses objetivos. Nem o arguido, nem a vítima, nem, tão pouco, a própria comunidade podem ser prejudicados pela detenção em flagrante delito e pelos efeitos processuais excecionais que ela desencadeia, ficando, só por isso, privados destes mecanismos processuais suplementares. O consenso também pode ser obtido de forma rápida e célere. Se não for assim, a aplicação das soluções alternativas à acusação dependerá do mero acaso. Contra o princípio da igualdade (art. 13.º CRP), em casos abstratamente iguais, elas serão ou não utilizadas consoante se realize ou não o julgamento em processo sumário (João Conde Correia, 2012, p. 143).

§ **3** A vontade de levar o consenso «tão longe quanto seja possível» não abrange, contudo, a mediação penal, expressamente excluída quando seja aplicável o processo sumário (art. 2.º/3/*e* RM). Na perspetiva simplista do legislador (que nunca apostou, verdadeiramente, nesta nova solução processual), a mediação penal será incompatível com a celeridade e, logo, incompatível com um rito adjetivo que tem nela a sua principal *rasion d'être*. De todo o modo, considerando que o processo sumário consiste, essencialmente, na supressão das fases preliminares do processo e que ele não inviabiliza soluções análogas, igualmente baseadas no consenso *inter pares* (suspensão provisória do processo), nada parece impedir, também aqui [tal como, aliás, acontece no processo abreviado (*infra*, § 2 da anotação ao art. 391.º-B)], este mecanismo processual inovador, em alguns aspetos muito semelhante àquela (ANDRÉ LAMAS LEITE, 2008, p. 89). Mesmo em caso de detenção em flagrante delito, a via consensual é sempre preferível à via conflitual. Por isso mesmo, também, o processo sumaríssimo devia ser aqui expressamente admissível (*supra*, § 31 da anotação ao art. 382.º).

II – Arquivamento/suspensão

§ **4** Sem prejuízo das particularidades decorrentes do flagrante delito e da consequente tramitação acelerada, o arquivamento em caso de dispensa de pena (art. 280.º) ou a suspensão provisória do processo (arts. 281.º e 282.º) obedecem, na íntegra, aos requisitos homólogos fixados para a sua aplicação durante o inquérito. É, portanto, aqui aplicável tudo aquilo que ali foi dito [nomeadamente no que respeita àqueles requisitos formais (*supra*, §§ 12 e ss. da anotação ao art. 280.º e §§ 9 e ss. da anotação ao art. 281.º) e às respetivas considerações materiais], que não seja contrariado por este regime especial. Também aqui, atentas as especificidades do caso concreto, «sempre que as exigências de prevenção não justifiquem os custos do prosseguimento formal típico para os propósitos político-criminais da intervenção mínima, da não-estigmatização do agente, do consenso e da economia processual» (ac. TC n.º 235/2010), o julgamento não se justifica, impondo-se a utilização das soluções alternativas à acusação. O consenso, insistimos, pode ser, igualmente, obtido de forma célere.

§ **5** Assim, reunidos os respetivos pressupostos formais, também em processo sumário cessa o dever de acusar e emerge o dever de arquivar em caso de dispensa de pena ou de suspender provisoriamente (sobre estes deveres, *supra*, § 3 e § 1 da anotação aos arts. 280.º e 281.º, respetivamente). As soluções alternativas à acusação devem ser transversais a todo o nosso processo penal, independentemente da forma processual utilizada: sumária, abreviada ou comum.

§ **6** Para além das normas legais que não sejam incompatíveis com o regime especial estabelecido nesse art., também a jurisprudência fixada, relativa à interpretação daquelas normas, tem aqui, igualmente, integral aplicação. Na medida em que elas sejam aplicáveis, também essa jurisprudência será. É o caso do ac. STJ/FJ, 16/2009, 18.11.2009 (José António Henriques dos Santos Cabral) relativo à impugnação (art. 281.º/7) do despacho judicial de concordância ou de discordância judicial à suspensão provisória do processo (*infra,* § 31). É, também, o caso do ac. STJ/FJ 4/2017, 27.04.2017 (Souto de Moura) relativo ao caráter irrepetível (art. 282.º/4) das injunções e das regras de conduta cumpridas antes do prosseguimento do processo (*infra,* § 40), por inadimplemento do acordado ou por condenação por crime da mesma natureza. Seria incompreensível que o intérprete pudesse variar a sua interpretação, apesar de não estarem em causa as particularidades do processo sumário.

§ 7 O arquivamento em caso de dispensa de pena ou a suspensão provisória do processo podem ser desencadeados, oficiosamente, pelo MP ou a pedido do arguido [ac. RP, 12.02.2014 (Élia São Pedro)], do assistente (conjuntamente com, ou depois de, requerimento solicitando a sua constituição como tal) ou da própria vítima. Embora a letra da lei a omita, nada impede que estes mecanismos sejam desencadeados por iniciativa da vítima, ainda que não esteja em causa um crime de violência doméstica não agravado pelo resultado (art. 281.º/8): a legitimidade para os requerer não se confunde com a legitimidade para os aceitar (*supra,* §§ 30 e ss. da anotação ao art. 281.º). Em todos estes casos, se o MP concordar, os autos serão, portanto, remetidos ao JI para recolha do seu consentimento ao arquivamento ou à suspensão. Já se o MP discordar será deduzida acusação em processo sumário.

§ 8 A suspensão provisória do processo sumário não tem de durar um tempo compatível com a manutenção da forma sumária, em caso de inadimplemento das injunções e/ou das regras de conduta e, consequente, prosseguimento do processo: elas não têm de ser de cumprimento imediato ou instantâneo (sobre os diversos tipos de injunções, *supra,* § 2 da anotação ao art. 282.º). A decisão final consensual sobreleva as exigências formais daquele. A tentativa de lograr o consenso, ainda que depois ele venha a frustrar-se, é muito mais importante do que a possibilidade de manter a forma sumária. Isso mesmo resulta agora, claramente, do disposto no n.º 4, que impõe, nos casos previstos no art. 282.º/4, a acusação em processo abreviado, devendo ela ser deduzida no prazo de 90 dias a contar da verificação do incumprimento ou da condenação e não (como seria normal) do flagrante delito ou da queixa. Em vez da regra geral (art. 391.º-B/2/*a*/*b*), segue-se uma regra especial, de modo a permitir que a suspensão se prolongue, sem que o flagrante delito perca a sua força legitimadora da introdução imediata dos factos em juízo.

§ **9** Com a fixação de prazos perentórios para a introdução dos factos em juízo (art. 382.º/2/5 e 387.º/2) e para a realização da audiência de discussão e julgamento (art. 387.º/6/7), o legislador procura ciar condições para a celeridade da justiça penal, *maxime* nos casos em que o arguido continua detido (art. 28.º/2 CRP). A violação destes prazos não enfraquece a força probatória especial decorrente do flagrante delito, nada impedindo a criação de soluções legais que, não obstante o decurso do tempo, mantenham esse rito especial. À semelhança do processo comum, o insucesso desta suspensão deveria determinar o retomar do processo sumário. Tanto mais que, neste caso, a continuação do processo é consequência do incumprimento das injunções e/ou das regras de conduta consensualizadas com o arguido e, por isso mesmo, lhe é imputável.

§ **10** Nada impedirá, assim, que, apesar da forma sumária, a suspensão provisória do processo possa durar até 2 anos ou mesmo, em casos especiais, até 5 anos (art. 282.º/1/5). Os prazos máximos de suspensão provisória do processo não sofrem qualquer limitação em virtude da forma sumária do procedimento, mantendo o flagrante delito aquela força legitimadora da introdução dos factos em juízo, sem o crivo prévio do inquérito obrigatório (art. 262.º/2) e, quando requerida (art. 287.º), da instrução (n.º 4). Embora o legislador só remeta agora (a redação anterior era preferível), expressamente, para o art. 282.º/4 (n.º 4), também os preceitos relativos à duração da suspensão provisória do processo (art. 281.º/1/5), ao arquivamento (art. 282.º/2) e à impossibilidade de reabertura em caso de cumprimento das injunções e regras de conduta (art. 282.º/3) são aplicáveis (art. 4.º).

§ **11** Mais complexa será a questão de saber se o prazo de prescrição do procedimento criminal corre ou não enquanto o processo estiver suspenso provisoriamente (art. 282.º/1). Com efeito, ao contrário da versão original, a lei não remete, agora, para o art. 282.º. Por isso, se se considerar que estamos perante um regime especial de suspensão provisória do processo, poderá dizer-se que a suspensão do prazo de prescrição do procedimento criminal viola o princípio da legalidade criminal, constitucionalmente consagrado (art. 29.º CRP), enquanto princípio-garantia direta e imediatamente aplicável aos cidadãos (ac. TC 183/2008). Já não será porém, assim, se se sustentar que aqui se aplica o regime geral. Caso em que a norma perde toda a sua utilidade: o MP sempre poderá registar o expediente como inquérito e proceder depois à suspensão provisória do processo nos termos gerais.

a) Interrogatório do arguido

§ 12 O arquivamento em caso de dispensa de pena (art. 280.º) e, sobretudo, a suspensão provisória do processo (art. 281.º) pressupõem a realização de algumas diligências prévias, destinadas a aquilatar dos seus requisitos matriciais. Com efeito, em ambos os casos, estas medidas adjetivas assentam em determinados pressupostos, que dificilmente constarão do auto de notícia (art. 243.º) e, muito menos, do auto sumário de entrega (art. 255.º/2). Para além da narração dos factos que constituem crime, do dia, da hora e do local e das circunstâncias em que ele foi cometido, da identificação dos agentes e dos ofendidos, bem como dos meios de prova conhecidos (art. 243.º/2), é aqui, por exemplo, necessário apurar a eventual reparação do dano (*supra*, §§ 13 e 17 da anotação ao art. 280.º) ou a ausência de condenação ou de suspensão provisória anterior por crime da mesma natureza (*supra*, §§ 34 a 36 da anotação ao art. 281.º). Daí que, mesmo em processo sumário, seja necessário realizar diligências prévias à decisão de arquivar ou de suspender.

§ 13 O poder de interrogar o arguido (n.º 2), para efeitos de validação da sua detenção e libertação e, se for o caso, sujeição a termo de identidade e residência, aqui outorgado ao MP (art. 143.º) é mais um exemplo de uma inserção sistemática questionável: essa possibilidade tem caráter geral, não sendo uma faculdade exclusiva do arquivamento em caso de dispensa de pena ou da suspensão provisória do processo. Em todos os casos de detenção em flagrante delito, o MP tem o dever de a validar ou não e de sujeitar ou não o arguido a termo de identidade e residência. Ainda antes da intervenção do juiz das liberdades (art. 28.º/1 CRP), compete ao próprio MP sindicar a legalidade da detenção, por forma a reduzir a privação da liberdade ao mínimo necessário no processo penal de um Estado de direito.

§ 14 Mais do que validar a detenção e, se for o caso, sujeitar o arguido a termo de identidade e residência, o seu interrogatório pelo MP (art. 143.º) servirá, por isso mesmo, sobretudo, para recolher o seu consentimento à suspensão provisória do processo e às injunções e regras de conduta que lhe estão associadas. Embora não exista nenhuma exigência formal relativa à recolha da concordância do arguido, podendo a mesma, por exemplo, resultar implicitamente do requerimento de suspensão provisória do processo por si mesmo formulado, a verdade é que este ato será a melhor forma de a concretizar. A sua estrutura permite a discussão conjunta do caso, facilitando a obtenção da decisão mais acertada para o mesmo. Dificilmente se poderá encontrar melhor forma de comunicação entre o MP e o arguido.

§ 15 Ainda assim, apesar das suas potencialidades, ao contrário do inquérito (art. 272.º/1; ac. TC 72/2012), o interrogatório do arguido não é obrigatório, ficando na disponibilidade do MP a sua realização [assim, para o processo abreviado, ac. RL 06.07.2021 (Cid Geraldo); *supra*, §§ 15 e 33 da anotação ao art. 382.º]. O processo sumário centra-se no julgamento e nas garantias que lhe estão inerentes, perdendo as fases anteriores, por força do flagrante delito, a sua relevância processual. Ele é suficiente para legitimar a imediata sujeição a julgamento, não se podendo reintroduzir por via interpretativa, aquilo que o legislador quis afastar por via legislativa. O arguido poderá exercer, em pleno, os seus direitos de defesa em julgamento.

§ 16 Caso o próprio MP proceda a este interrogatório, o arguido deverá ser obrigatoriamente assistido por defensor (art. 64.º/1/*b*). Já se o interrogatório for realizado por funcionário, o arguido deverá ser assistido por defensor se ainda estiver privado da sua liberdade (arts. 64.º/1/*a* e 144.º/3) ou existir qualquer outra causa de obrigatoriedade (art. 64.º/1/*d*) ou, caso assim não seja e já tenha sido restituído à liberdade, se solicitar a sua assistência (art. 144.º/4). Em todos estes casos, a ausência do defensor, será causa de invalidade insanável [art. 119.º/*c*; para a segunda situação, RP, 11.09.2019 (Maria Dolores da Silva e Sousa)]. O consentimento assim prestado pode ser sempre anulado.

b) Juiz competente

§ 17 O legislador consagrou, logo em 1987, na versão original do Código, a possibilidade de aplicar em processo sumário o disposto nos arts. 280.º, 281.º e 282.º, remetendo para o julgador a tarefa de melhor concretizar os termos dessa utilização: cabia-lhe proceder às aplicações necessárias à sua implementação prática. Do ponto de vista legal, o importante era permitir a solução material. Em síntese, o legislador preocupou-se mais com o resultado (consenso) do que com a forma. Utilizando esta ampla margem criadora, a *praxis* quotidiana foi cristalizando três procedimentos típicos, com vista à suspensão. Numa primeira variante, o MP promovia o arquivamento ou a suspensão provisória do processo e o juiz competente para o julgamento determinava-as; numa segunda variante, o arguido ou o assistente/vítima, até ao início da audiência de discussão e julgamento, requeriam o arquivamento ou a suspensão e o juiz, recolhido o consenso do MP, decretava-os; por último, numa terceira variante, o próprio juiz de julgamento tomava a iniciativa e, uma vez recolhido o acordo dos restantes sujeitos processuais, envolvidos arquivava em caso de dispensa de pena ou suspendia o processo (João Conde Correia, 2012, pp. 143/4; contra esta última possibilidade, Ana Margarida Lima, 2005, pp. 52 e ss.).

§ **18** O único fator específico de perturbação deste quadro legal muito generoso (para além, é claro, da frequente discordância judicial ao arquivamento em caso de dispensa de pena ou à suspensão provisória do processo promovidos pelo MP, por pretensas razões de prevenção ou por alegada insuficiência das injunções e regras de conduta propostas, respetivamente) resultou de divergências sobre o juiz competente para o efeito: o JI [Ana Margarida Lima, 2005, pp. 52 e ss.; ac. RG, 19.01.2009 (Cruz Bucho)] ou o juiz de julgamento [João Conde Correia, 2012, pp. 142 e ss.; ac. RL, 19.06.2007, CJ, 2007, III, p. 139 (João Sousa Cardoso); ac. RP, 18.03.2009 (Maria do Carmo Silva Dias)]. No entanto, apesar do dissenso inicial, o conflito acabou por ser superado em benefício do consenso e da justiça. A querela formal inútil foi rapidamente substituída pela desejável justiça material. Os procedimentos foram-se afinando e sedimentando, tornando-se numa forma usual de redução célere do conflito penal, com benefícios evidentes para todos.

§ **19** A reforma de 2010 (L 26/2010), em vez de ser uma intervenção cirúrgica (como, então, se anunciou politicamente) alterou profundamente estas soluções alternativas à acusação, colocando em causa o sucesso das medidas. A carga burocrática que agora as rodeia e que torna mais difícil, moroso e caro arquivar em caso de dispensa de pena ou suspender provisoriamente do que acusar, é um travão à sua utilização e, logo, uma derrota para a justiça consensual. Perdeu-se o efeito acelerador e economizador que este processo especial de arquivamento ou de suspensão provisória significava. Em lugar de simplificar, o legislador complicou, introduzindo um fator de perturbação adicional (JI). Aquilo que devia ser simples, barato, rápido e eficaz, tornou-se, afinal, num processo complexo, caro, lento e ineficaz (João Conde Correia, 2012, p. 143; Vinício Ribeiro, 2011, p. 1102; Cruz Bucho, 2010, p. 103).

§ **20** Com efeito, numa estranha solução processual (de reintrodução do inquérito e do respetivo juiz das liberdades) passou a competir ao JI concordar ou discordar do arquivamento em caso de dispensa de pena e da suspensão provisória do processo sumário. Com esta inesperada opção, que torna a norma quase inútil, o legislador tornou os procedimentos muito mais lentos (em vez de uma decisão quase imediata, o arguido tem agora de esperar dias, ou até semanas, pelo *veredictum*) e desvalorizou o juiz de julgamento considerado incompetente para concordar ou discordar com estas soluções processuais. Em vez de se suspender o próprio sumário, regressámos à lógica do inquérito e do juiz que aí pratica ou sindica os atos relativos às liberdades dos arguidos/visados. De modo que a suspensão provisória do processo (e o arquivamento em caso de dispensa de pena) sumário apenas divergem das soluções aplicadas no inquérito (arts. 280.º a 282.º) na dispensa da investigação inicial e na possibilidade (em caso de incumprimentos das injunções e regras de conduta impostas) de utilizar o processo abreviado, ainda que os prazos previstos para o efeito já tenham expirado (n.º 4; *infra*, §§ 28 e 29 da anotação ao art. 391.º-B).

§ **21** A polémica escolha do JI terá querido evitar que – no caso de eventual inviabilização do arquivamento em caso de dispensa de pena ou da suspensão provisória do processo – o juiz ficasse impedido de realizar o julgamento subsequente (art. 40.º/*e*), assim, dificultando (por indesejáveis motivos formais) a realização da justiça sumária: a avaliação da hipótese acusatória efetuada pelo juiz para desencadear (a requerimento ou oficiosamente) o arquivamento em caso de dispensa de pena ou a suspensão provisória do processo, permitiria que o arguido – caso estes mecanismos viessem a frustrar-se – suscitasse «as mais fundadas dúvidas sobre a garantia de imparcialidade do tribunal que o iria, então, julgar» (*supra*, § 13 da anotação ao art. 40.º). No raciocínio demasiado simplista do legislador, a intervenção de um terceiro (retirando ao juiz um instrumento de controlo do *input* processual) preveniria este inconveniente, contribuindo para a celeridade e para a eficácia da justiça penal. Só que, bem vistas as coisas, esta solução, cria problemas ainda maiores do que aqueles que pretendia colmatar. Os ganhos obtidos não superam os custos do novo regime.

§ **22** Na verdade, com esta escolha, o legislador desprezou as virtualidades da audiência de discussão e julgamento, enquanto momento de comunicação entre os sujeitos processuais e de facilitação do consenso, privou o arguido da possibilidade de controlar judicialmente uma acusação precipitada, deduzida em vez do devido arquivamento em caso de dispensa de pena ou da suspensão provisória do processo, equiparou estes casos de arquivamento e de suspensão especiais ao regime geral, tornando a norma dispensável (o MP sempre poderá remeter o expediente para inquérito e proceder aí ao arquivamento ou à suspensão) e reforçou a fase preliminar do processo, reintroduzindo a lógica do inquérito onde ele é dispensável. O flagrante delito legitima a introdução imediata dos factos em juízo.

§ 23 Ainda assim, segundo o TC «como quer se classifique esta fase do procedimento, enquanto o MP não promover o julgamento em processo sumário, não pode dizer-se que a causa já estava afeta a um determinado tribunal, de modo a que corresponda a um discurso jurídico razoável convocar os princípios constitucionais relativos à organização e independência dos tribunais e a garantia inerente ao princípio do juiz natural pelo facto de o juiz chamado a intervir não ser o juiz que seria competente para o julgamento. Na verdade, para que tivesse sentido colocar uma questão de violação da independência dos tribunais ou de subtração da causa ao juiz designado por lei, seria, antes do mais, necessário que a pretensão punitiva já tivesse sido transmitida pelo MP ao juiz do tribunal competente para julgamento em processo sumário, de tal modo que viesse a ser privado desse concreto poder judicativo ou da inerente autonomia decisória por virtude da atribuição da competência em causa a um outro juiz. A circunstância de o processo ter dado entrada nos serviços administrativos do tribunal de pequena instância criminal – sejam eles da secretaria do MP ou na secretaria judicial desse tribunal – é, para este efeito, irrelevante. Poderá gerar dificuldades burocráticas quanto à competência para o processamento, mas não passa disso mesmo, de uma questão organizatória dos serviços de secretaria. Se o feito não chega a ser introduzido em juízo, não há risco de desconsideração da competência ou da independência do juiz respetivo» (ac. TC 7/2012; ac. 74/2012).

§ 24 E não se diga que confiar ao juiz de julgamento a possibilidade de suspender provisoriamente o processo significaria um ataque à estrutura acusatória do processo penal (art. 32.º/5 CRP) e que as atribuições do poder judicial (art. 202.º/1/2) não incluem o arquivamento em caso de dispensa de pena ou a suspensão provisória do processo (Ana Margarida Lima, 2005, pp. 54 e ss.): uma coisa é a aplicação destes mecanismos em sede de inquérito; outra coisa, bem diferente, a sua aplicação em sede de audiência de discussão e julgamento (§ 153a StPO). Desde que o processo já tenha sido introduzido em juízo nada impede que seja o juiz de julgamento a determinar o arquivamento ou a suspensão. Só antes disso, o papel estará reservado ao MP. O mecanismo será viável desde que o poder de arquivar em caso de dispensa de pena ou de suspender provisoriamente seja atribuído ao *dominus* da respetiva fase processual penal ou seja, neste caso, ao juiz.

§ 25 Atenta a natureza urgente do processo sumário (art. 103.º/2/*d*), o JI deve pronunciar-se no prazo máximo de 48 horas sobre a proposta de arquivamento em caso de dispensa de pena ou de suspensão provisória do processo (n.º 2): o legislador criou, pois, um prazo especial, menor que o prazo processual geral (art. 105.º/1), mas, ainda assim, maior que o prazo previsto para o JI decidir as questões que lhe são colocadas (art. 268.º/4). Solução legal que, atenta a referida natureza urgente do processo sumário (art. 103.º/2/*d*) é, manifestamente, incongruente. O prazo especial (fixando, sobretudo, para, em caso de insucesso destes mecanismos ainda permitir a manutenção da forma sumária do procedimento) é, afinal, o dobro do prazo normalmente aplicável ao JI.

§ 26 A alteração do elemento gramatical, consignando *expressis verbis* a intervenção do JI (n.º 1) abrange apenas o processo sumário, continuando o processo abreviado a referir que «é correspondentemente aplicável em processo abreviado o disposto nos artigos 280.º a 282.º». O legislador não teve o cuidado de uniformizar as duas normas, criando espaço para interpretações divergentes, assim potenciando a insegurança jurídica (sobre esta suspensão especial, *infra*, §§ 4 e ss. da anotação ao art. 391.º-B).

§ 27 O arquivamento em caso de dispensa de pena e a suspensão provisória do processo sumário, apesar da inusitada intervenção do JI em vez do juiz de julgamento, devem manter a sua autonomia, não podendo confundir-se com os mecanismos homólogos decretados em inquérito. Para além dos requisitos previstos nos arts. 280.º e 281.º, obedecem ainda aos requisitos previstos no art. 381.º.

c) Consequências da discordância judicial

§ 28 Se o JI discordar do arquivamento em caso de dispensa de pena (art. 280.º) ou da suspensão provisória do processo (art. 281.º), o MP deverá designar data para apresentação do arguido a julgamento em processo sumário, assim fazendo prosseguir o processo. Para o efeito, o MP deverá notificar o arguido e as testemunhas para comparecerem decorrido o prazo solicitado pelo arguido para preparação da sua defesa ou o prazo necessário para realização das diligências de prova essenciais à descoberta da verdade, até ao limite máximo de 20 dias após a detenção. Atividade burocrática que – se não for bem sucedida – pode comprometer o julgamento e seria dispensável caso a lógica do julgador tivesse sido outra, mais compatível com um verdadeiro procedimento sumário (integralmente confiado ao juiz de julgamento), legitimado pela evidência probatória emergente do flagrante delito. A discordância judicial à suspensão provisória do processo significa, muitas vezes, a impossibilidade de prosseguir com o sumário e o consequente atraso na realização da justiça.

§ 29 A notificação da data da realização da audiência de discussão e julgamento ao arguido, subsequente à discordância judicial à suspensão provisória do processo deverá conter a advertência da possibilidade da sua realização na sua ausência, em caso de não comparência, sendo representado pelo defensor para todos os efeitos legais. Atenta a sequência processual, a eventual notificação inicial (art. 385.º/2/*a*) perdeu a sua atualidade, devendo ser substituída por outra que dê conhecimento dessa possibilidade, para que o arguido – devidamente esclarecido – possa decidir se comparece ou se falta à audiência.

§ 30 Embora seja correspondentemente aplicável o disposto no art. 382.º/5, o MP não pode (depois de uma tentativa frustrada de suspensão ou de arquivamento) procrastinar a data da apresentação do arguido a julgamento para realizar diligências de prova essenciais à descoberta da verdade. O arquivamento em caso de dispensa de pena (*supra,* § 19 da anotação do art. 280.º) e a suspensão provisória do processo (*supra,* § 10 da anotação ao art. 281.º), ainda que em processo sumário, pressupõem a existência de indícios suficientes. Assim, não se concebe que, inviabilizado o arquivamento em caso de dispensa de pena ou a suspensão provisória do processo por mera discordância judicial, o MP venha, afinal, reconhecer a insuficiência dos indícios (*supra,* § 37 da anotação ao art. 282.º) e, em consequência, a determinar, agora, a realização de diligências de investigação suplementares.

d) Impugnações

§ 31 Tal como como no regime geral (*supra,* § 53 da anotação ao art. 281.º), a discordância judicial à suspensão provisória do processo efetuada pelo MP não é (normalmente) passível de recurso [ac. STJ/FJ, 16/2009, 18.11.2009 (José António Henriques dos Santos Cabral)]. O âmbito da impossibilidade de recorrer é exatamente o mesmo. Para além do regime geral, se estiver em causa a suspensão do próprio procedimento sumário (e não uma suspensão em quase tudo igual à do inquérito), sempre seria ainda aplicável a irrecorribilidade geral deste rito adjetivo: salvo casos excecionais (Paulo Pinto de Albuquerque, 2007, p. 967) só é aqui admissível recurso da sentença ou do despacho que puser termo ao processo (art. 391.º/1).

§ 32 A possibilidade de requerer a abertura de instrução (*supra,* § 39 da anotação ao art. 280.º, § 54 da anotação ao art. 281.º e §§ 14 e ss. da anotação ao art. 287.º) para sindicar o despacho do MP, que acusou em vez de (como devia) arquivar em caso de dispensa de pena ou de suspender provisoriamente, é, aqui, inaplicável, uma vez que em processo sumário não existe instrução (art. 286.º/3). Ao contrário do regime geral, o arguido será, neste caso, inelutavelmente submetido a julgamento, gerando uma gritante desigualdade processual (art. 13.º CRP), que nem a desejável celeridade justifica. O arguido, o assistente e a vítima já não podem suscitar perante o juiz de julgamento (como, repondo a igualdade processual, acontecia no início) a aplicação *in extremis* destes mecanismos.

III – Revogação da suspensão

§ 33 Se o arguido não cumprir as injunções e as regras de conduta ou se durante o prazo de suspensão provisória do processo cometer crime da mesma natureza, pelo qual venha a ser condenado (sobre o incumprimento, *supra,* anotação ao art. 282.º), o MP deduz acusação para julgamento em processo abreviado (arts. 391.º-A e ss.), no prazo de 90 dias a contar da verificação desse incumprimento ou dessa condenação. O incumprimento das obrigações subjacentes à suspensão provisória do processo (art. 282.º/4) não inviabiliza a continuação do processo e o aproveitamento da força legitimadora desencadeada pelo flagrante delito.

§ 34 Em vez de optar pela manutenção da forma sumária (como acontece no caso da suspensão provisória em processo abreviado: art. 391.º-B) e de formular regras para a designação da audiência de discussão e julgamento, ignorando que a força legitimadora do flagrante delito não é menor com o passar do tempo, o legislador optou pelo processo abreviado (arts. 391.º-A e ss.), somando tempo ao tempo já decorrido. Um simples incumprimento processual do arguido acaba por determinar uma alteração da forma processual utilizável, ficando, assim, a comunidade à mercê daquele: está na sua disponibilidade atrasar o *veredictum*. Em vez de uma verdadeira suspensão provisória do processo sumário e do consequente prosseguimento do rito adjetivo no caso de incumprimento, como, aliás, acontece no processo abreviado (art. 391.º-B/4), está em causa a lógica do inquérito, desnecessariamente, insistimos, reintroduzida pelo legislador.

§ 35 O prazo de 90 dias previsto para dedução de acusação, subsequente ao inadimplemento das injunções e regras de conduta ou à condenação por crime da mesma natureza, é igual ao prazo previsto no processo abreviado, mas conta-se a partir da verificação do incumprimento ou da condenação e não a partir da aquisição da notícia do crime ou da apresentação de queixa (art. 391.º-B/2/*a*/*b*) como ali acontece. Solução legal que, mais uma vez, confirma a sobrevivência da força probatória do flagrante delito e a consequente dispensa do inquérito, enquanto fase de legitimação da introdução dos factos em juízo.

§ 36 Este prazo conta-se a partir da verificação do incumprimento ou da condenação (*supra,* § 31 da anotação ao art. 282.º). Relevante deverá ser, em nosso entender, o despacho que (uma vez cumprido o devido contraditório) verificar o incumprimento ou a condenação e, em consequência, determinar o prosseguimento do processo. O seu prosseguimento pressupõe a comprovação do caráter culposo do inadimplemento (*supra,* §§ 15 e ss. da anotação ao art. 282.º) «um funcionamento automático da revogação violaria o princípio da culpa e, numa perspetiva mais ampla, onde ele radica, a própria dignidade da pessoa humana, erigida em esteio basilar de todo o sistema jurídico» [André Lamas Leite, 2008, pp. 289/90; ac. RG, 28.01.2019 (Mário Silva); RC, 18.10.2017 (Inácio Monteiro); *supra,* § 38 da anotação ao art. 282.º].

§ 37 Em caso de condenação pela prática de crime da mesma natureza, o prazo de 90 dias não se conta a partir do trânsito em julgado dessa condenação [ac. RL,14.06.2012 (Carlos Benido)]. Também aqui deverá estar em causa o momento em que o MP decide que a manutenção da suspensão provisória não é viável e, em consequência, prossegue com o processo. A mera condenação não implica, automaticamente, o prosseguimento do processo (*supra,* § 31 da anotação ao art. 282.º).

§ 38 Só o prosseguimento do processo em consequência de condenação por crime da mesma natureza ou do inadimplemento das injunções e/ou das regras de conduta subjacentes à suspensão provisória do processo acordada nos termos deste art. goza deste prazo especial. A continuação do processo, decorrente de suspensão decretada no inquérito (arts. 281.º e 282.º) não beneficia deste prazo, só podendo culminar num julgamento em processo abreviado se estiverem reunidos os respetivos requisitos gerais: indícios simples e evidentes (art. 391.º-A/1) e não terem passado mais de 90 dias desde a aquisição da notícia de crime público (art. 391.º-B/2/*a*) ou da apresentação de queixa nos restantes casos (art. 391.º-B/2/*b*). O que, na prática, inviabiliza esta solução.

§ 39 Nos casos em que as injunções ou regras de conduta sejam de cumprimento imediato ou instantâneo, se, porventura, a verificação do incumprimento ainda permitir a manutenção da forma sumária, nada parece impedir esta solução. Desde que ainda seja possível iniciar a audiência de discussão e julgamento nos apertados prazos perentórios fixados na lei, nada obstará à utilização deste rito processual alternativo. Retomar o processo suspenso é, aliás, como a própria norma indica, a consequência natural do incumprimento das injunções e/ou regras de conduta impostas.

§ **40** Se o processo continuar por incumprimento das injunções e/ou das regras de conduta ou por condenação em crime da mesma natureza, as prestações entretanto efetuadas não podem ser repetidas: vale aqui a regra geral [art. 282.º/4; ac. STJ/FJ 4/2017, 27.04.2017 (SOUTO DE MOURA)]. A natureza especial do procedimento não afasta a interpretação fixada para esta norma legal, que, aliás, é aqui, diretamente, aplicável (n.º 4). Não há neste caso qualquer violação do *ne bis in idem* (art. 29.º/5 CRP). O arguido sabe, desde o início, que esse é uma consequência do prosseguimento do processo.

§ **41** O despacho de arquivamento em caso de dispensa de pena desencadeia (*supra,* § 40 da anotação ao art. 280.º) o efeito consuntivo do *ius puniendi* estadual: *ne bis in idem*. Não há nenhuma especificidade, resultante do caráter sumário do procedimento, obedecendo o arquivamento a todos os requisitos gerais (art. 280.º) e desencadeando as mesmas consequências jurídicas: excetuando a situação em que seja admissível um recurso extraordinário de revisão (art. 449.º/2), não há qualquer possibilidade de continuação do processo. O mesmo acontece nos casos de arquivamento por cumprimento das injunções e regras de conduta subjacentes à suspensão provisória do processo (*supra,* §§ 10 e ss. da anotação ao art. 282.º).

a) Prazo para a dedução da acusação

§ **42** O prazo de 90 dias para – na sequência do insucesso da suspensão provisória do processo sumário – deduzir acusação em processo abreviado é inútil, prejudicando a celeridade processual. A continuação do processo suspenso, ainda que sob uma nova forma processual (n.º 4) não deve implicar a realização de novas diligências: os indícios que legitimaram a suspensão provisória sumária (flagrante delito) também justificarão a acusação em processo abreviado (art. 391.º-A/3/*a*). Se eles já eram suficientes para suspender também serão suficientes para acusar. À revogação deve seguir-se a acusação. O processo deve prosseguir com a verificação do incumprimento ou da condenação. Quaisquer diligências realizadas neste momento significam apenas que a decisão inicial de suspender foi precipitada, porque o flagrante delito não era afinal base suficiente para o efeito. O legislador parece ter querido salvaguardar alguma analogia com o prazo geral para deduzir acusação em processo abreviado (art. 391.º-B/2), esquecendo, insistimos, que nada impediria a continuação do processo como sumário (*supra,* § 34) e que este prazo é desnecessário.

JOÃO CONDE CORREIA

Artigo 385.º
Libertação do arguido

1 – Se a apresentação ao juiz não tiver lugar em ato seguido à detenção em flagrante delito, o arguido só continua detido se houver razões para crer que:

a) Não se apresentará voluntariamente perante a autoridade judiciária na data e hora que lhe forem fixadas;

b) Quando se verificar em concreto alguma das circunstâncias previstas no artigo 204.º que apenas a manutenção da detenção permita acautelar; ou

c) Se tal se mostrar imprescindível para a proteção da vítima.

2 – No caso de libertação nos termos do número anterior, o órgão de polícia criminal sujeita o arguido a termo de identidade e residência e notifica-o para comparecer perante o Ministério Público, no dia e hora que forem designados, para ser submetido:

a) A audiência de julgamento em processo sumário, com a advertência de que esta se realizará, mesmo que não compareça, sendo representado por defensor; ou

b) A primeiro interrogatório judicial e eventual aplicação de medida de coação ou de garantia patrimonial.

3 – Em qualquer caso, sempre que a autoridade de polícia criminal tiver fundadas razões para crer que o arguido não poderá ser apresentado no prazo a que alude o n.º 1 do artigo 382.º, procede à imediata libertação do arguido, sujeitando-o a termo de identidade e residência e fazendo relatório fundamentado da ocorrência, o qual transmite, de imediato e conjuntamente com o auto, ao Ministério Público.

Origem do texto: Tendo na sua base o antigo art. 387.º, esta norma foi introduzida pela L 48/2007, de 29.08 (que relegou a norma anterior para o atual art. 386.º) e alterada pela L 26/2010, de 30.08, que acrescentou, no n.º 1, que o arguido continuará detido quando se verificar em concreto alguma das circunstâncias previstas no artigo 204.º, que apenas a manutenção da detenção permita acautelar ou quando tal se mostrar imprescindível para a proteção da vítima. A L n.º 20/2013, de 21.02; e a L 1/2016, de 25.02 não introduziram qualquer modificação relevante.

Sumário do comentário:

I –Generalidades (§§ 1 a 4)

II –Libertação do arguido (§§ 5 a 7)

III –Manutenção da detenção (§§ 8 a 25)

- **a)** Perigo de não apresentação (§§ 16, 17)
- **b)** Perigo de fuga, perigo para a prova ou perigo continuação da atividade criminosa ou de perturbação da ordem e da tranquilidade públicas (§§ 18 a 23)
- **c)** Proteção da vítima (§§ 24, 25)

IV – Libertação do arguido (§§ 26 a 35)

- **a)** Julgamento em processo sumário (§§ 29, 30)
- **b)** Primeiro interrogatório judicial (§§ 31 a 35)

V – Impossibilidade de apresentação (§§ 36 a 39)

VI –Consequências da violação deste formalismo (§§ 40, 41)

I – Generalidades

§ 1 A redação desta norma (n.º 1), com antecedentes no art. 560.º/§ 1 CPP/29 e com algum paralelo no direito comparado (*v.g.* 127 StPO), foi introduzida em 2007, para melhor tutela da liberdade individual (*infra*, §§ 5 e ss.): não sendo possível uma reação imediata, o detido deverá – salvo circunstâncias excecionais – ser restituído à liberdade. Apesar da linearidade e da bondade deste regime, o elemento gramatical do preceito (n.º 1) tem um problema de redação: uma leitura literal permite concluir que a libertação só é possível quando o detido não possa ser apresentado ao juiz em ato seguido à detenção. No entanto, a verdade é que o que está em causa é a impossibilidade de apresentação imediata do detido ao MP, para que este exerça ou não a ação penal (art. 219.º/1 CRP). O detido não é apresentado pelo OPC ao juiz, carecendo essa apresentação da intervenção prévia do MP, que a pode ou não concretizar. Em vez de se referir à impossibilidade de apresentação imediata ao juiz, o legislador devia, pois, referir-se à impossibilidade de apresentação imediata ao MP.

§ 2 E não se diga que o legislador utilizou esta fórmula para permitir aos OPC, mas também ao MP, a libertação do arguido detido que não seja imediatamente apresentado ao juiz. De facto, os restantes números (2 e 3) revelam que apenas estão em causa os OPC: são eles quem, neste caso, deve decidir se o arguido fica (ou não) em liberdade, quer mediante notificação para se apresentar (n.º 2), quer por impossibilidade de apresentação tempestiva (n.º 3; José Luís Lopes da Mota, 1998, p. 176). Tanto mais que, quando o preceito foi introduzido, o MP já dispunha de uma norma especial que lhe impunha a libertação do arguido, quando a audiência não pudesse iniciar-se no prazo máximo de 48 horas (art. 382.º/4). A libertação daqueles que estejam desnecessariamente privados da sua liberdade deve ser imediata, de modo a reduzi-la ao mínimo indispensável à garantia de outros direitos (n.ºs 2 e 3 e art. 261.º/1). Só nos casos em que isso não suceda e aquela apresentação continue a ser impossível, competirá ao MP proceder à libertação do detido (arts. 143.º/3, 261.º/1 e 382.º/3).

§ 3 Nos casos pouco frequentes em que a detenção em flagrante delito seja efetuada pelo MP ou pelo juiz e seja impossível proceder *motu proprio* à sua apresentação ao MP competente, em ato seguido à detenção, competir-lhes-á proceder a esta ponderação. Eles estão na mesma posição dos OPC, libertando ou mantendo o arguido detido, conforme as circunstâncias particulares de cada caso concreto. A libertação imediata ou a manutenção da privação da liberdade não pode depender da qualidade de quem detém. O procedimento deverá ser aqui exatamente o mesmo. Seria estranho que os OPC pudessem proceder à libertação do detido e as autoridades judiciárias (art. 1.º/*b*), a quem compete depois sindicar a privação da liberdade, não o pudessem fazer.

§ **4** Apesar de praticados ainda antes da instauração de um qualquer processo, a detenção em flagrante delito, a libertação do detido (n.º 1), a sua sujeição a TIR (n.º 2), a sua notificação para julgamento em processo sumário ou para primeiro interrogatório judicial de arguido detido (n.º 2) e o relatório de ocorrência em caso de libertação por incumprimento do prazo de apresentação (n.º 3) são verdadeiros atos processuais penais, que obedecem aos requisitos, formais e materiais, previstos neste Código (*supra,* § 3 da anotação ao art. 382.º). A omissão de tais requisitos provocará a sua invalidade (art. 118.º e ss.), tornando possível a destruição dos efeitos processuais precários que, apesar de tudo, esses atos defeituosos tenham produzido. Todos os princípios processuais (*v.g. in dubio pro reo*) são, assim, correspondentemente, aqui, aplicáveis.

II – Libertação do arguido

§ **5** O direito à liberdade, neste caso, «a liberdade de movimentos, ou seja, direito de não ser detido, aprisionado, ou de qualquer modo fisicamente confinado a um determinado espaço, ou impedido de se movimentar» (J.J. Gomes Canotilho/Vital Moreira, 1984, p. 198) é «uma exigência intrínseca do princípio da dignidade da pessoa humana sobre o qual a Lei Fundamental baseia a República Portuguesa e o Estado de direito democrático que esta é» (ac. TC 161/2005) com larga tradição (art. 29.º da Magna Carta de 1297) e consagração legal, quer a nível nacional (art. 27.º CRP), quer a nível internacional (art. 5.º CEDH; art. 52.º CDFUE; art. 9.º PIDCP; para esta proteção, Pedro Miguel Freitas, 2019, pp. 777 e ss.). Com efeito, está em causa um dos valores fundamentais da pessoa humana ou, dito de outra forma, a «pedra angular da vida social» (ac. TC 1166/96; José Lobo Moutinho, 2010, p. 637), que, em regra, só pode ser retirada por via judicial (art. 27.º/2 CRP). Sem essa garantia fundamental, tudo seria muito diferente.

§ **6** Ainda assim, este direito fundamental (art. 27.º CRP) não é absoluto, podendo ser restringido nos casos previstos na lei, *maxime* em flagrante delito (art. 27.º/3/*a* CRP). O direito à liberdade não foi outorgado para, sob a sua proteção, se cometerem crimes. De forma que quem for surpreendido *in flagrantis* pode ser detido. A sociedade não compreenderia, sequer, que aqueles que são detetados a cometer ou a acabar de cometer um crime ou que sejam logo após a sua prática perseguidos ou encontrados com objetos ou sinais que mostrem claramente que acabaram de o cometer ou de nele participar (art. 256.º) não fossem, de imediato, detidos e entregues às autoridades competentes. A atualidade e a visibilidade do flagrante delito (Frederico de Lacerda da Costa Pinto, 1998, p. 48; João Conde Correia, 2014, pp. 224 e ss.) demandam uma resposta também imediata. Uma justiça incapaz de reagir será uma justiça amorfa, que dificilmente poderá cumprir as funções para as quais foi idealizada. Na insuperável fórmula de Cesar Baccaria: «quanto mais perto do delito esteja a pena mais justa e útil ela será» (1998, p. 202).

§ 7 O flagrante delito é, assim, uma exceção a esta faceta particular da liberdade individual (art. 27.º/3/*a* CRP), justificada quer como forma de pôr termo à conduta ilícita, quer como forma de evitar a destruição da prova, quer, ainda, como forma de assegurar a sujeição imediata do detido ao devido procedimento judicial (Vittorio Grevi, 1976, p. 89). Qualquer pessoa poderá/deverá, nesses casos, urgentes e excecionais, proceder à privação da liberdade, sem intervenção judicial. Em causa está uma forma adequada, necessária e proporcional à salvaguarda de outros direitos ou princípios constitucionais (art. 18.º/2: ac. TC 161/2005; Plácido Conde Fernandes, 2008, p. 181), *maxime* uma justiça eficaz. Aqueles que cometem crimes em flagrante delito podem ver a sua liberdade restringida.

III – Manutenção da detenção

§ 8 Mesmo assim, ainda que o flagrante delito legitime a imediata privação da liberdade (art. 27.º/3/*a* CRP), ela nem sempre se mantém. Nos casos em que a apresentação ao MP não tiver lugar em ato seguido à detenção em flagrante delito, o arguido só continua detido quando existir *periculum libertatis, id est* quando existirem razões para crer que não se apresentará voluntariamente perante a autoridade judiciária na data e hora que lhe forem fixadas; quando, em concreto, existir fuga ou perigo de fuga, perigo de perturbação do decurso do inquérito ou da instrução do processo e, nomeadamente, perigo para a aquisição, conservação ou veracidade da prova ou perigo, em razão da natureza e das circunstâncias do crime ou da personalidade do arguido, de que este continue a atividade criminosa ou perturbe gravemente a ordem e a tranquilidade públicas, que apenas possam ser acautelados pela sua detenção, ou, finalmente, quando tal se mostrar imprescindível para a proteção da vítima.

§ 9 Na verdade, nos casos em que a apresentação ao MP não é imediata e não há qualquer *periculum libertatis*, manter a detenção seria uma solução adjetiva desproporcionada. Há outras formas, menos lesivas para a liberdade individual igualmente adequadas a garantir o mesmo resultado prático: a obtenção célere de um *veredictum*. A generosidade dos pressupostos de detenção em flagrante delito (incluindo os casos de simples presunção da flagrante delito e a detenção por particulares) e a consequente simplificação da agressão à liberdade individual é compensada por estes mecanismos de redução da sua privação ao mínimo indispensável à realização daquelas necessidades (*supra*, § 7). Mesmo que surpreendido em flagrante delito, o arguido só continuará detido nos casos excecionais em que isso seja estritamente adequado, necessário e proporcional à concretização de uma finalidade processual imediata. A regra geral é, agora, a sua libertação.

§ 10 Com efeito, em vez de misturar finalidades processuais cautelares com finalidades punitivas, como acontecia no velho rito de natureza inquisitória (*in dubio contra libertatum*: Vittorio Grevi, 1976, p. 4), o código desenvolve agora o princípio constitucional do *favor libertatis,* considerando a detenção uma necessidade do próprio processo penal. A privação da liberdade está sujeita ao princípio da *ultima ratio* (*supra*, § 5 da anotação ao art. 261.º). Ainda que o flagrante delito constitua uma exceção à inviolabilidade da liberdade individual (art. 27.º/3/*a* CRP), a detenção só se consuma e mantém efetivamente, caso exista um *periculum libertatis*. Ao instante inicial da detenção em flagrante delito sucede, o momento subsequente da ponderação da sua manutenção, que, não sendo possível a sua apresentação imediata, só se consuma nos casos especialmente previstos na lei.

§ 11 Na verdade, os factos que legitimam a manutenção da detenção, apesar da impossibilidade da apresentação imediata do detido ao MP, estão taxativamente enumeradas na lei não podendo, para o efeito, ser invocadas outros motivos (na jurisprudência do TEDH, ver o caso S.V. e A. v. Dinamarca [GC], n.ºs 35553/12, 36678/12 e 36711/12, § 73, 22.10.2018; para outra jurisprudência, Pedro Miguel Freitas, 2019, p. 789). O intérprete não poderá complementar estas situações com outras (*v.g.* garantir a própria segurança do detido; neste sentido, para as medidas de coação, Elisabete C. Sousa, 2021, pp. 130 e ss.), ainda que, igualmente, graves, violando a legalidade processual (art. 2.º) e, sobretudo, inviabilizando a imediata libertação do arguido (n.º 1). A restrição da liberdade individual deve limitar-se ao mínimo, só podendo manter-se nos casos excecionais, expressamente previstos na lei (art. 18.º/2 CRP). Como o próprio elemento gramatical indica, «o arguido só continua detido» se, pelo menos, se verificar uma daquelas circunstâncias. De tal modo que, sendo impossível a sua apresentação imediata ao MP, a liberdade será a regra geral e a manutenção da detenção a exceção.

§ **12** As razões justificativas da manutenção da detenção devem resultar da situação concreta. Um simples perigo abstrato, resultante, por exemplo, da gravidade da pena abstratamente aplicável ao crime cometido será insuficiente (Montserrat de Hoyos Sancho, 1998, p. 169; ver, contudo, *infra*, § 25). É necessário que as circunstâncias do caso concreto, globalmente consideradas, conjugadas com as regras da experiência comum, permitam, razoavelmente, concluir que, se libertado, o arguido irá tentar subtrair-se à ação da justiça, interferir com a prova ou continuar a atividade criminosa (Plácido Conde Fernandes, 2008, p 186; Münchhalffen/Gatzweiler, 2002, p. 152; Kleinknecht/Meyer-Goβner, 1999, p. 470). De forma que, quando essas condições estiverem verificadas, a libertação do arguido é inadmissível e a restrição da sua liberdade deverá manter-se.

§ **13** A possibilidade de libertar o arguido ou de o manter detido é, neste caso, como a letra da própria lei expressamente indica, exclusiva das situações de detenção em flagrante delito. Os casos de detenção fora de flagrante delito (art. 257.º) já pressupõem um juízo prévio sobre a adequação, necessidade e proporcionalidade da medida, que os OPC não devem, depois, à revelia de quem o efetuou, rever. Nessa hipótese (que, no processo sumário, obviamente não se coloca) resta-lhes executar o mandado, sendo essa reavaliação feita, posteriormente, pela entidade que o emitiu ou pela autoridade judiciária, *maxime* o JI (art. 261.º/1). Só nos casos de flagrante delito, devia à sua imprevisibilidade, será necessário fazer logo essa avaliação suplementar.

§ **14** As circunstâncias que permitem a manutenção da detenção do arguido que não possa ser, de imediato, apresentado ao MP, são alternativas e têm o mesmo valor processual. A verificação de qualquer uma delas justifica *per si*, sem qualquer diferenciação, a privação da liberdade do arguido até à sua efetiva apresentação, sendo bastante para a legitimar (para as medidas de coação, Elisabete C. Sousa, 2021, p. 56). É claro que a cumulação de circunstâncias reforça o *periculum libertatis*, tornando a decisão de manutenção da detenção muito mais fácil. Contudo, a mera presença isolada de uma daquelas circunstâncias, desde que devidamente indiciada, já será – insistimos – suficiente para manter a privação da liberdade.

§ 15 As razões justificativas da manutenção da detenção, à semelhança das razões justificativas da aplicação de uma medida de coação (*supra*, art. 204.º) têm na sua génese apenas razões de índole processual (Vittorio Grevi, 1976, pp. 51 e ss.; Alexandra Vilela, 2000, pp. 113 e ss.). Não está em causa nenhuma antecipação da sanção que, previsivelmente, venha a ser imposta ao arguido. Apesar da visibilidade e da evidência probatória, resultante do flagrante delito, será incompatível com a presunção de inocência (art. 32.º/2 CRP) manter a detenção como forma de o penalizar antecipadamente: isso só será possível mediante sentença transitada em julgado (art. 27.º/2 CRP). O flagrante delito não é, como já referimos (*supra,* § 43 da anotação ao art. 381.º), sinónimo da uma condenação inevitável, podendo, ainda assim, o arguido ser absolvido.

a) Perigo de não apresentação

§ 16 O perigo de não apresentação voluntária é o primeiro fator da impossibilidade de libertar o arguido detido em flagrante delito. A detenção visa, aqui, assegurar a comparência do arguido em julgamento (ou as respetivas soluções alternativas) em processo sumário e a possibilidade de o realizar na sua presença, como forma de garantir um efetivo contraditório, mas também outros interesses públicos, como a imediação e a descoberta da verdade: para além de ser uma garantia de defesa, a presença do arguido é um dever (arts. 61.º/1/*a*/6/*a* e 332.º/1, na doutrina, por todos Maria João Antunes, 2016, p. 191 ou 1998, pp. 215 e ss. e na jurisprudência ac. TC 394/89), porventura mais acentuado em processo sumário, atenta a ausência das fases anteriores ao julgamento. A ausência do arguido à audiência de discussão e julgamento deve ser excecional (Maria João Antunes, 1998, p. 227).

§ 17 Uma vez que o detido pode ser sempre julgado na ausência (n.º 2/*a*), o perigo de não apresentação é relativo: o tribunal não fica totalmente impossibilitado de tomar uma decisão. Daí que esse perigo de não apresentação para julgamento não deva ser hipervalorizado. Já não será, todavia, assim, quando estiver em causa o perigo de não apresentação para eventual interrogatório judicial de arguido detido (n.º 2/*b* e art. 141.º) e eventual fixação de medidas de coação *maxime* a prisão preventiva (art. 202.º). A fuga do arguido poderá, nestes casos, inviabilizar, a execução de tais medidas, justificando, assim, a efetiva manutenção da privação da sua liberdade.

b) Perigo de fuga, perigo para a prova ou perigo continuação da atividade criminosa ou de perturbação da ordem e da tranquilidade públicas

§ 18 A impossibilidade de libertação imediata do arguido detido em flagrante delito por perigo de fuga não se destina só a assegurar a apresentação voluntária perante a autoridade judiciária na data e hora que lhe forem fixadas: está em causa a própria possibilidade de executar a pena que lhe venha a ser aplicada. Às exigências cautelares instrumentais, necessárias para garantir a presença do arguido durante o processo, juntam-se as exigências cautelares finais, imprescindíveis para garantir a execução do *veredictum* (Vittorio Grevi, 1976, pp. 51 e ss.). Situação que, quando devidamente indiciada, será sinal inequívoco da necessidade de aplicar uma medida de coação adequada e da impossibilidade de libertação imediata do detido.

§ 19 O perigo de fuga não coincide, assim, integralmente com o perigo de não apresentação. Por um lado, porque o arguido pode não se apresentar voluntariamente na data designada e, ainda assim, não fugir, continuando disponível para cumprir a sanção que, a final, lhe venha a ser aplicada. Havendo perigo de fuga, haverá também perigo de não apresentação, mas esta não implica necessariamente, aquele. Por outro lado, porque as consequências da fuga (*v.g.* impossibilidade de executar o *veredictum*) são mais graves, impondo a fixação de medidas de coação suscetíveis de desmotivar/evitar a sua concretização. De modo que, em vez de uma indesejável duplicação normativa, o preceito regula duas realidades que, na prática, se podem ou não sobrepor, mas são, efetivamente, distintas.

§ 20 Tentar sair do local logo após o cometimento do crime ou ser detido na sequência de perseguição não consubstancia, *per si,* perigo de fuga. Para além dessa reação inicial, porventura intuitiva, são necessárias outras circunstâncias, objetivas e subjetivas, como, por exemplo, carência de laços pessoais ou familiares, ausência de trabalho, inexistência de residência fixa (Elisabete C. Sousa, 2021, p. 72) ou de ligações a Portugal, capacidade para se movimentar facilmente ou para viver na clandestinidade, para que se possa dizer que há perigo de fuga. Normalmente, será necessária a conjugação de vários indícios. Tanto mais que «a intenção de fuga é a mais bem guardada das intenções e os preparativos para a fuga os mais secretos de todos os preparativos» [ac. RL, 10.01.2007 (Ricardo Silva)].

§ **21** O perigo para a prova será, atenta a evidência e a visibilidade probatória do flagrante delito e, sobretudo, a especial qualidade do detentor, em geral diminuto: normalmente nada mais haverá para investigar e para recolher. Daí que seja dispensado o inquérito e admitida a introdução direta dos factos em juízo. Mesmo assim, em particular nos casos em que a detenção tenha sido efetuada por particulares (art. 255.º/1/*b*), esse perigo poderá ser considerável (*id est*: suscetível de influir sobre o próprio resultado final da audiência, mediante a intimidação, o suborno ou a eliminação das testemunhas: ELISABETE C. SOUSA, 2021, p. 78), pelo que se poderá justificar a manutenção excecional da detenção. Sempre que isso resulte das circunstâncias disponíveis os OPC que tiverem procedido à detenção ou a quem o detido tiver sido entregue, devem mantê-lo detido.

§ **22** A impossibilidade de libertação imediata do arguido detido em flagrante delito por perigo de continuação da atividade criminosa não deverá exceder a necessidade cautelar de impedir a continuação criminosa, transformando-se numa medida de segurança alheia ao processo onde é aplicada (*supra,* § 26 da anotação ao art. 204.º). Em causa não poderão estar, como já referimos (*supra,* § 15) finalidades de natureza extra processual, ou de verdadeira antecipação da pena (VITTORIO GREVI, 1976, pp. 51 e ss.; ALEXANDRA VILELA, 2000, pp. 113 e ss.; EDUARDO MAIA COSTA, 2002, pp. 74/5), incompatíveis com a presunção de inocência. O perigo de continuação da atividade criminosa releva para a manutenção do arguido «quando ligado à finalidade processual de restabelecimento da paz jurídica comunitária posta em causa com a prática do crime, finalidade que se evidenciará, de forma autónoma e particular, em razão da natureza e das circunstâncias concretas do crime ou da personalidade do arguido» (MARIA JOÃO ANTUNES, 2003, p. 1254; ac. TC 396/2003).

§ **23** A perturbação da ordem e da tranquilidade públicas é outro facto que inviabiliza a imediata libertação do detido desde que, também aqui, tal como no parágrafo anterior, esteja em causa uma necessidade processual concreta (*maxime,* mais uma vez, o restabelecimento da paz jurídica violada com a prática do crime detetado em flagrante) e não uma mera preocupação abstrata de combate ao crime cometido pelo detido. Jamais poderá estar em causa a mera antecipação da punição, incompatível com a Lei fundamental (ELISABETE C. SOUSA, 2021, p. 123). Exige-se, assim, que, em razão da natureza e das circunstâncias do crime ou da personalidade do arguido, seja previsível que, se imediatamente restituído à liberdade, ele venha a perturbar a ordem e a tranquilidade públicas [VÍTOR SÉRGIO SEQUINHO DOS SANTOS, 2008, p. 131; ac. RE, 13.11.2012

(ANA BARATA BRITO); ac. RL, 12.02.2019 (ARTUR VARGUES); *supra,* § 35 da anotação ao art. 204.º].

c) Proteção da vítima

§ 24 A liberdade do arguido poderá, finalmente, ser restringida para proteção da vítima (art. 67.º-A). Enquanto titular dos interesses que a lei especialmente quis proteger com a incriminação ela poderá carecer de tutela processual provisória urgente. Com efeito, a vítima tem direito à proteção (art. 67.º-A/4, art. 15 LEV e art. 27.º-A/1 RJVD), podendo ela, se devidamente indiciada, ser assegurada mediante a manutenção da privação da liberdade do arguido até à sua apresentação ao MP (*supra,* § 29 da anotação ao art. 67.º-A). O Estado deve, tanto quanto seja possível, garantir a tutela dos seus direitos e, se isso for necessário, havendo *fumus commissi delicti* e *periculum in mora,* essa tutela poderá mesmo ser antecipada.

§ 25 A proteção da vítima é tão importante que, nos casos de violência doméstica, a detenção efetuada em flagrante delito mantém-se até à apresentação do detido a julgamento em processos sumário (art. 381.º) ou a primeiro interrogatório judicial de arguido detido (art. 143.º) para eventual aplicação de medida de coação ou de garantia patrimonial (art. 30.º/1 RJVD). Nestes casos, pelo risco que normalmente consubstanciam, o legislador sobrepôs a proteção da vítima a qualquer pretensão do arguido, relativa à imediata conservação da sua liberdade. Um processo penal incapaz de proteger a vítima seria um processo incompreensível e inaceitável para comunidade. Mesmo assim, apesar da bondade destes argumentos, pelo seu caráter automático, a solução pode ser questionada do ponto de vista constitucional (*supra,* § 12).

IV – Libertação do arguido

§ 26 O arguido detido em flagrante delito e depois libertado deverá ser sujeito a termo de identidade e residência e notificado para comparecer perante o MP, no dia e hora que forem designados, para ser submetido a audiência de discussão e julgamento em processo sumário, com a advertência de que esta se realizará, mesmo que não compareça, sendo representado por defensor ou a primeiro interrogatório judicial e eventual aplicação de medida de coação ou de garantia patrimonial. Significa isto, atentas estas duas possibilidades, que esta norma tem caráter geral (as críticas de PLÁCIDO CONDE FERNANDES, 2008, p. 182, estão hoje ultrapassadas), podendo ser um procedimento prévio ao julgamento do arguido em processo sumário (arts. 381.º e ss.; aí se incluindo, obviamente, as formas de diversão aplicáveis) ou ao primeiro interrogatório judicial do mesmo (art. 141.º). De modo que, em bom rigor, a sua inserção sistemática devia ser outra. À semelhança do art. 261.º/1, deverá ser um procedimento subsequente a qualquer detenção em flagrante delito e não uma norma própria do processo sumário.

§ **27** A notificação policial para apresentação no MP a fim de ser submetido a julgamento em processo sumário ou a primeiro interrogatório judicial de arguido detido não vincula o MP, podendo este optar por uma destas duas possibilidades, caso estejam reunidos os respetivos pressupostos legais, ou por outra solução legal adjetiva: suspensão provisória do processo (art. 281.º), arquivamento em caso de dispensa de pena (art. 280.º), remessa do expediente para inquérito (art. 262.º), arquivamento liminar (art. 277.º), etc. Apesar desta notificação, a ação penal continua a ser exercida pelo MP (art. 219.º/1 CRP), competindo-lhe decidir, de acordo com as circunstâncias próprias de cada situação, qual a melhor solução processual para o caso concreto. De forma que, também aqui, podemos dizer que ele é, afinal, o *dominus* desta fase processual (substitutiva do inquérito) prévia à introdução em juízo (Ana Margarida Lima, 2005, p. 53).

§ **28** A sujeição do arguido a TIR (art. 196.º), para além de ser um pressuposto especial da libertação (n.º 2), sempre seria também uma imposição das regras gerais (art. 58.º/1/*c* e 196.º/1). A detenção implica a constituição obrigatória como arguido e a constituição como arguido implica a sujeição a TIR. De modo que esta norma acaba por ser redundante, repetindo, desnecessariamente, aquilo que – repetimos – já resultaria das regras gerais.

a) Julgamento em processo sumário

§ **29** A libertação do arguido detido *in ipsa perpetratione facinoris* pressupõe a sua notificação para comparecer perante o MP para ser submetido a julgamento em processo sumário (n.º 2/*a*), com a advertência de que este se realizará, mesmo que ele não compareça, deste modo se minimizando os riscos decorrentes da sua libertação (a restituição à liberdade não significa a cessação do processo penal). O arguido é, assim, de imediato, informado dos procedimentos subsequentes, podendo decidir, no exercício pleno da sua autonomia pessoal, mediante a ponderação dos custos e benefícios, qual a conduta processual a tomar.

§ **30** A realização do julgamento em processo sumário na ausência do arguido, apesar de não ter sido advertido de que a audiência se realizaria, mesmo que não comparecesse, constituiu causa de invalidade insanável, podendo o processado ser destruído através dos mecanismos da nulidade [art. 119.º/*c*; *supra*, §§ 34 e ss. da respetiva anotação; ac. RC, 10.07.2014 (Belmiro Andrade)]. Para que esse julgamento possa acontecer, é necessário que o arguido tenha sido notificado dessa mesma possibilidade. Só então se poderá dizer que ele renunciou ao direito de estar presente, legitimando a realização do julgamento apesar da sua ausência.

b) Primeiro interrogatório judicial

§ **31** O arguido libertado, após detenção em flagrante delito, poderá, ainda, ser notificado para comparecer perante o MP, no dia e hora que forem designados, para ser submetido a primeiro interrogatório judicial (art. 141.º) e, eventual, aplicação de medida de coação ou de garantia patrimonial (n.º 2/*b*). Não está apenas em causa a sua sujeição imediata, ou quase imediata, a julgamento sumário (ou às correspondentes soluções alternativas), mas, como já referimos, uma norma de caráter geral, que regula as consequências da detenção em flagrante delito: julgamento ou primeiro interrogatório judicial.

§ **32** A realização do primeiro interrogatório judicial de arguido detido tem lugar nos casos em que não seja possível proceder ao julgamento em processo sumário (art. 141.º/1), seja porque a pena abstratamente aplicável é superior a 5 anos de prisão (art. 381.º/1) e o MP entende que deverá ser aplicada pena superior àquele limite (art. 381.º/2), seja porque devem ser realizadas diligências incompatíveis com a realização do julgamento em processo sumário (art. 390.º/1/*b*), seja porque o procedimento revela excecional complexidade devido, nomeadamente ao número de arguidos ou de ofendidos ou ao caráter altamente organizado do crime (art. 390.º/1/*c*). Em todos estes casos, o julgamento em processo sumário dá lugar ao mero interrogatório do arguido.

§ **33** O elemento gramatical desta norma (notificação para ser submetido a julgamento ou a primeiro interrogatório judicial) inculca a ideia falsa de que estas duas soluções processuais são alternativas. No entanto, a verdade é que, hoje, com a eventual dilação entre a detenção em flagrante delito e o posterior início da audiência e a consequente necessidade de, neste ínterim, fixar medidas de coação ao arguido, também nesses casos poderá haver um primeiro interrogatório judicial (art. 382.º/3), que antecede a efetiva realização do julgamento sumário. Nessas situações, em vez de alternativos, estes dois atos processuais penais são afinal cumulativos.

§ **34** Para além do primeiro interrogatório judicial de arguido detido (art. 141.º), nos casos mais simples, quando, para além do TIR, não for necessário fixar uma medida de coação ou de garantia patrimonial, o MP poderá sempre proceder a interrogatório não judicial de arguido detido (art. 143.º). Se a situação processual não carece de medidas mais gravosas, a intervenção judicial não se justifica (*de minimis non curat praetor*): o arguido só deverá ser apresentado ao JI quando, na perspetiva do MP, for necessário fixar outras medidas de coação ou de garantia patrimonial da exclusiva competência daquele.

§ **35** É o que acontece nos casos em que seja admissível a suspensão provisória do processo, podendo o MP (como já referimos *supra,* §§ 12 e ss. da anotação ao art. 384.º) proceder a interrogatório não judicial de arguido detido (art. 143.º). Diligência que serve para recolher a sua concordância à suspensão provisória do processo (art. 281.º/1/*a*) mas também para aquilatar da ausência de um grau de culpa elevado.

V – Impossibilidade de apresentação

§ **36** Em qualquer caso, sempre que a autoridade de polícia criminal tiver fundadas razões para crer que o arguido não poderá ser apresentado no prazo máximo de 48 horas procede à sua imediata libertação, sujeitando-o a TIR e fazendo relatório fundamentado da ocorrência (n.º 3), o qual transmite, de imediato e conjuntamente com o auto, ao MP. Deste modo, o legislador processual penal concretiza um preceito constitucional (art. 28.º/1 CRP: «a detenção será submetida, no prazo máximo de quarenta e oito horas, a apreciação judicial, para restituição à liberdade ou imposição de medida de coação adequada»), criando condições práticas para reduzir ao mínimo restrições injustificadas ou desnecessárias à liberdade individual.

§ **37** Com efeito, «a apresentação do detido, no prazo de quarenta e oito horas, à autoridade judicial competente visa, na própria economia da nossa Lei Fundamental, que os riscos de uma privação ilegal de liberdade sejam reduzidos ao mínimo possível e tem por funcionalidade constitucional, segundo decorre do próprio texto do n.º 1 do art. 28.º da CRP, a obtenção de um juízo judicial sobre a legalidade/ilegalidade da detenção e a definição da situação processual futura do arguido. Isso mesmo acentua o preceito, logo no seu início, ao dizer que a apresentação é para "restituição à liberdade ou imposição de medida de coação adequada"» (ac. TC 607/2003).

§ **38** Se libertarem o detido, por impossibilidade de apresentação ao MP em tempo útil, os OPC devem (tal como nos casos em que a detenção foi efetuada por erro sobre a pessoa ou fora dos casos em que é legalmente admissível ou a medida se tornou desnecessária – art. 261.º/2) elaborar um relatório fundamentado, que deve ser transmitido, de imediato, juntamente com o auto, ao MP. Este relatório (que, apesar da divergência linguística deverá ser igual àquele) permite conhecer e sindicar as razões da impossibilidade da apresentação e, se for o caso, desencadear os competentes procedimentos disciplinares. O inadimplemento deste prazo deverá ser sempre devidamente analisado e ponderado, seja para corrigir eventuais estrangulamentos operacionais, seja para melhorar comportamentos individuais.

§ **39** A impossibilidade de apresentação imediata ao MP competente é uma situação objetiva (*v.g.* porque o flagrante ocorreu fora do horário de expediente dos tribunais ou em dia em que estão encerrados), que não deverá ser manipulada em ordem a libertar um arguido que deveria ser imediatamente apresentado para julgamento ou primeiro interrogatório, a manter detido um arguido que deveria ser imediatamente libertado, a manter condições de operacionalidade mínimas ou mesmo a satisfazer a conveniência pessoal do detentor. À semelhança das circunstâncias que determinam a manutenção da detenção, também as circunstâncias que consubstanciam a impossibilidade de apresentação imediata, embora nem sempre resultem da lei, devem ser concretizados por factos objetivos, mesmo no caso em que os OPC conservam uma certa margem de apreciação (*v.g.* necessidade de realizar entretanto diligências de prova complementares).

VI – Consequências da violação deste mecanismo

§ **40** O incumprimento da obrigação de libertar o arguido e a manutenção injustificada da sua detenção até à apresentação ao MP, dificilmente poderá ser remediado em tempo útil. Nos casos extremos em que já esteja ultrapassado o prazo máximo de 48 horas para apresentação ao juiz (art. 28.º/1 CRP), deverá ser utilizado o *habeas corpus* (art. 31.º/1 CRP e 220.º/1/*a*). Ainda que, porventura, a detenção em flagrante delito tenha sido legal, o simples decurso do prazo para a apresentação a um juiz faz resvalar a privação da liberdade para o abuso de poder (art. 31.º/1 CRP; *supra,* § 20 da anotação ao art. 220.º).

§ 41 A libertação do detido em flagrante delito, apesar de existirem razões justificativas da manutenção da privação da sua liberdade não tem quaisquer consequências sobre a validade processual. Está em causa um mero *error in iudicando*, capaz de comprometer o normal desenvolvimento do processo: a decisão, embora errada do ponto de vista jurídico, respeita o respetivo formalismo legal.

João Conde Correia

Artigo 386.º
Princípios gerais do julgamento

1 – O julgamento em processo sumário regula-se pelas disposições deste Código relativas ao julgamento em processo comum, com as modificações constantes deste título.

2 – Os atos e termos do julgamento são reduzidos ao mínimo indispensável ao conhecimento e boa decisão da causa.

Origem do texto: Corresponde ao art. 385.º da redação originária, aprovada pelo DL 78/87, com as alterações introduzidas pela L 48/2007, de 29.08 e pela L 26/2010, de 30.08. A L 48/2007 para além de renumerar o art. (passou a ser o art. 386.º), em vez dos arts. seguintes, tornou aplicáveis todas as disposições legais previstas neste título; a L 26/2010, que permitia o julgamento em processo sumário de crimes puníveis com pena de prisão superior a 5 anos, tornou aplicáveis, em vez das disposições do processo singular, as disposições do processo comum.

Sumário do comentário:

I – Generalidades (§§ 1 a 8)
II – Especificidades do julgamento sumário (§§ 9 a 17)
III – Redução ao mínimo dos termos do julgamento (§§ 18, 21)
IV – Consequências da violação deste formalismo (§§ 22 a 26)

I – Generalidades

§ 1 O processo sumário carateriza-se, sobretudo, por uma aceleração das fases preliminares do processo penal [atenta a atualidade e a evidência da prova resultante do flagrante delito, se for o caso, o MP introduz, imediatamente, os factos em juízo, não havendo lugar às fases de inquérito (art. 262.º/2) ou de instrução (art. 286.º/3; Paulo Pinto de Albuquerque, 2007, p. 961; José Mouraz Lopes, 2011, pp. 406 e ss.; João Conde Correia, 2014, pp. 224 e ss.) e pela redução dos atos e dos termos do julgamento ao mínimo. Mesmo assim, apesar desta exuberância probatória, a redução dos atos e dos termos do julgamento ao mínimo indispensável ao conhecimento e à boa decisão da causa não pode coartar os direitos e as garantias de defesa (Oliveira Mendes, 2016, p. 1156) do arguido e demais intervenientes processuais (*v.g.* terceiros nos termos do art. 347.º-A). Daí que o julgamento seja regulado pelas disposições deste código, relativas ao julgamento em processo comum, com as modificações constantes deste título.

§ 2 Na verdade, não podemos esquecer que, segundo o TC, a fase do julgamento é «aquela em que a defesa do arguido implica maiores garantias ... e a sua plena operatividade, já que é aí que o arguido se vê confrontado diretamente com a eventualidade de uma condenação» (ac. TC n.º 459/2000). Se as fases de inquérito e de instrução, destinadas a legitimar a sujeição do arguido a julgamento podem, devido à evidência e atualidade probatória do flagrante delito ser suprimidas (*supra,* §§ 1 e ss. da anotação ao art. 381.º), o mesmo já não pode acontecer com o julgamento. No essencial, a tramitação é, portanto, aqui a do processo comum (*v.g.* saneamento do processo, disciplina e publicidade da audiência, regime de faltas, produção de prova, leitura de declarações, alteração dos factos). Os direitos de defesa, *maxime* o contraditório, não podem ser coartados (ac. TC n.º 594/2020). Apesar de sumário, o julgamento deverá conservar todas as regras imprescindíveis a um julgamento equitativo (art. 6.º/1 CEDH; sobre as sua linhas gerais, Paulo de Sousa Mendes, 2019, pp. 1058 e ss.).

§ 3 Esta norma, sem paralelo no CPP/29 (apenas o n.º 2 foi inspirado no art. 554.º, relativo ao processo de transgressão), tem, pois, um intuito garantista, definindo (por remissão) as formalidades aplicáveis nos casos em que as normas específicas do processo sumário sejam insuficientes, assim cumprindo as exigências de legalidade do procedimento inscritas logo no art. 2.º. Os «casos omissos» na regulação específica do processo sumário (título I, do Livro III) não são verdadeiras lacunas, a preencher, por analogia, nos termos do art. 4.º, sendo antes diretamente aplicáveis, quando necessário com as devidas adaptações (n.º 2), os preceitos relativos ao processo comum. De modo que a regulamentação do processo sumário acaba por estar espalhada por quase todo o Código e que a analogia só será aqui admissível na medida em que seja necessária no processo comum. Só nos casos omissos em ambos os regimes, poderá ser utilizada.

§ 4 A utilização desta técnica remissiva contribui para a clareza, simplificação e economia legislativa e, logo, para a segurança jurídica (*leges non sunt multiplincaandae sine necessitate*). Em vez de repetir as disposições comuns, correndo o risco de se contradizer ou de se contrariar, o legislador optou por acentuar apenas as diferenças, assim, reforçando a sua valia. A técnica inversa diluiria as disposições especiais na amálgama das disposições gerais, tornando-as menos percetíveis para o aplicador, assim potenciando a indesejável e sempre perniciosa insegurança jurídica.

§ 5 A opção pelas regras do processo comum, em vez das regras do processo abreviado (arts. 391.º-A e ss.), previsivelmente mais próximas do processo sumário, tem na sua base razões históricas e dogmáticas. O processo abreviado apenas surgiu em 1998 (L 59/98), enquanto que o processo sumário, apesar das mutações que, entretanto, sofreu, é uma velha tradição jurídica (*supra,* § 6 da anotação ao art. 381.º). Daí que – numa verdadeira inversão lógica – seja o processo abreviado a remeter para os formalismos próprios do processo sumário (arts. 391.º-F, 391.º-G; apesar da remissão genérica para o processo comum, consagrada no art. 391.º-E/1) e não o contrário. O legislador não podia remeter para aquilo que, então, ainda não existia. Depois porque, sendo o processo comum aquele onde estão previstas todas as garantias, será lógico que o legislador a ele recorra subsidiariamente.

§ 6 Na versão original, o legislador remetia para as disposições relativas ao julgamento em processo singular. Em 2010, com a introdução da possibilidade de julgamento em processo sumário de crimes puníveis com pena de prisão superior a 5 anos (L 26/2010), o legislador alterou esta norma passando a remeter para o processo comum. Remissão que se manteve, mesmo após a abolição legal dessa possibilidade (L 1/2016). Não estão apenas em causa as regras aplicáveis ao juiz singular, mas todas as normas do processo comum, que sejam, ainda que com as devidas adaptações, aplicáveis ao processo sumário (de fora ficam, como é evidente, as normas relativas ao tribunal coletivo ou de júri).

§ 7 Esta remissão para o processo comum não incluiu, obviamente, as regras relativas à instrução (arts. 286.º e ss.) ou ao inquérito (arts. 262.º e ss.). Em processo sumário não há inquérito (sem prejuízo da realização excecional de diligências reputadas essenciais para a descoberta da verdade: art. 382.º/4; *supra*, §§ 19 e ss. da respetiva anotação), nem fase de instrução (art. 286.º/3), nem, tão pouco, qualquer possibilidade de intervenção hierárquica (art. 288.º). O despacho final proferido pelo MP, introduzindo diretamente os factos em juízo, só é controlado (a pedido ou *ex officio*) pelo juiz (art. 311.º). O arguido não tem como evitar a sua sujeição, ainda que injusta, a julgamento (ou às respetivas medidas alternativas: art. 384.º) e o assistente não tem como estender o objeto do processo a outros factos, que constituam uma alteração substancial daqueles que são descritos na acusação pública.

§ 8 Não havendo inquérito, o processo sumário não está sujeito a segredo de justiça (art. 86.º/2). Isso não significa, todavia, que o juiz não possa/deva excluir ou restringir a publicidade. Não obstante o caráter sumário do processo, a regra geral é, quando for o caso, aqui, igualmente, aplicável (art. 321.º).

II – Especificidades do julgamento sumário

§ 9 Atenta a mera leitura da norma, parece claro que, em regra, serão aplicáveis as disposições relativas ao julgamento em processo comum singular e que só, excecionalmente, quando tal estiver previsto na lei, serão aplicáveis as regras específicas do processo sumário. Na verdade, «a estrutura da audiência de julgamento não sofre qualquer desvio significativo em relação ao modelo de julgamento que sustenta o processo comum, identificado na apresentação de uma acusação e na sua validação ou não validação jurisdicional, justificadamente sustentada na prova previamente recolhida e apresentada na acusação» (José Mouraz Lopes, 2011, p. 406). São, portanto, aplicáveis todas as normas do processo comum que não sejam incompatíveis com o processo sumário, independentemente do local deste Código onde estiverem plasmadas (Livro VII ou outros livros). O julgamento sumário segue, assim, o formalismo do processo comum, afastando-se do mesmo apenas nos casos expressamente previstos na lei.

§ **10** Os princípios da oralidade, da imediação (Paulo Pinto de Albuquerque, 2007, p. 969) e da concentração, essenciais para a construção de um processo justo, têm aqui plena aplicabilidade, sendo até acentuados pelas especificidades do processo sumário (arts. 387.º/3/4/6/7, 388.º, 389.º/1/2/4/6, 389.º-A/1; sobre estes princípios, Maria João Antunes, 2016, pp. 178 e ss.). Não admira, por isso mesmo, que a acusação possa ser substituída pela leitura do auto de notícia (art. 389.º/1), que a constituição como assistente (art. 388.º) ou a dedução de pedido de indemnização civil e a sua contestação possam ser requeridas verbalmente (arts. 388.º e 389.º/4), que a própria sentença seja proferida oralmente (art. 389.º-A/1) ou, já noutra vertente, que as alegações sejam comprimidas (art. 389.º/6) ou que os demais atos e termos do julgamento sejam reduzidos ao mínimo indispensável ao conhecimento e boa decisão da causa (n.º 2).

§ **11** As normas especiais consagradas neste título respeitam ao julgamento *stricto senso*, mas sobretudo aos atos preliminares [início e adiamento da audiência (art. 387.º), constituição como assistente e dedução de pedido de indemnização civil (art. 388.º), dedução da acusação (art. 389.º)], à própria sentença (art. 389.º-A) e, ainda, à sua impugnação (art. 391.º). Em bom rigor, como não poderia deixar de ser (ac. TC 459/2000), o julgamento e as garantias de defesa que o caracterizam, insistimos, poucas alterações expressas registam: supressão das exposições introdutórias (art. 389.º/5) e redução das alegações (art. 389.º/6). De modo que, ao contrário do art. 391.º-E, o conceito de julgamento aqui utilizado pelo legislador corresponde ao livro VIII do Código e que a tramitação especial vai para além do julgamento (*v.g.* regras relativas à acusação).

§ **12** Com efeito, ao contrário da redação original, que apenas salvaguardava a modificações constantes dos arts. seguintes, o legislador remete, agora, repetimos, para as normas relativas ao processo comum (n.º 1). De modo que há uma indesejável divergência entre a epígrafe («princípios gerais do julgamento») e o conteúdo da norma, que regula muito mais do que isso. Em causa estão os princípios gerais de todo o julgamento em processo sumário (em sentido amplo).

§ 13 A supressão das exposições introdutórias (art. 339.º) é o primeiro exemplo positivado da redução dos atos e dos termos do julgamento em processo sumário. A leitura do auto de notícia, da acusação pública ou particular, do pedido de indemnização civil ou da contestação (*supra,* §§ 5 e ss. da anotação ao art. 389.º) são suficientes para esclarecer os factos que cada sujeito processual pretende vir a demonstrar (art. 339.º/3). Atenta a normal simplicidade do processo sumário (art. 390.º/1/*c*) não haverá aqui, em geral, necessidade de mais explicações, concentrando-se a audiência no essencial: a determinação do facto e a correspondente aplicação do direito.

§ 14 O segundo exemplo positivado da redução dos atos e dos termos do julgamento ao mínimo indispensável ao conhecimento e à boa decisão da causa são as alegações orais. Em vez de poderem durar uma hora por cada interveniente e da possibilidade de eles replicarem por 20 minutos (art. 360.º/3), são reduzidas a meia hora (art. 389.º/6) e não admitem qualquer resposta («a palavra é concedida uma só vez»). Mais uma vez, a normal simplicidade do processo sumário e a evidência probatória, normalmente, emergente do flagrante delito justificam esta compressão. Sem prejuízo, é claro, da sua superação, em casos excecionais (*infra*, § 24 da anotação ao art. 389.º).

§ 15 A sentença conta, igualmente, com regras especiais (art. 389.º-A), que se afastam do processo comum (arts. 365.º e ss.) e que procuram concretizar os objetivos de uma justiça célere e simplificada: atentas as especificidades do processo sumário, o *veredictum*, não obstante a sua importância capital enquanto ato que culmina o processo, é oral (*infra*, §§ 1 e ss. da anotação ao art. 389.º-A). Uma vez que ele assenta «num modo específico e facilitado de determinação da verdade dos factos ocorridos», a sua estruturação e fundamentação aceita formas diferenciadas (José Mouraz Lopes, 2011, p. 407).

§ 16 A última especialidade expressa do julgamento em processo sumário é a irrecorribilidade da generalidade das decisões: só é admissível recurso da sentença ou do despacho que puser termo ao processo (art. 391.º/1). Para além da supressão das fases de inquérito e instrução e da celeridade, concentração e simplificação da audiência de discussão e julgamento, o legislador procura restringir o recurso, em termos que podem ser considerados pouco compatíveis com a Lei fundamental (art. 32.º/1: Oliveira Mendes, 2016, p. 1169). Em vez de compensar aquela supressão de garantias, o legislador comprime o próprio direito ao recurso. Daí que, malgrado a letra da lei, nos termos gerais, outras decisões devam também poder ser impugnadas (Paulo Pinto de Albuquerque, 2007, p. 971; Fernando Gama Lobo, 2015, p. 776).

§ **17** Apesar desta remissão geral para o processo comum, há atos processuais «comuns» que são aqui inaplicáveis. Desde logo, todas as regras relativas ao julgamento em tribunal coletivo ou em tribunal de júri (*v.g.* arts. 314.º, 328.º-A/2, 365.º ou 372.º). Não tendo eles intervenção no processo sumário, também as respetivas normas são aqui inaplicáveis. O mesmo acontece com outros mecanismos processuais, igualmente incompatíveis com o processo sumário, como o regime da contumácia (arts. 335.º a 337.º): o julgamento realiza-se, normalmente, na presença do arguido detido ou, se ele tiver sido libertado, mesmo na sua ausência (arts. 382.º/6 e 385.º/2/*a*).

III – Redução ao mínimo dos termos do julgamento

§ **18** As regras do julgamento em processo comum, embora aplicáveis aos casos em que não exista uma norma exclusiva do processo sumário, podem sofrer transformações, atenta a natureza deste rito especial: os atos e termos do julgamento são reduzidos ao mínimo indispensável ao conhecimento e boa decisão da causa (n.º 2). Não está sempre em questão a aplicação integrar das normas «comuns», mas a sua adaptação – por redução – ás finalidades do julgamento em processo sumário. Mesmo quando são aplicáveis a sua implementação prática poderá passar por um processo de adaptação, que é uma das modificações constantes deste título (n.º 1, parte final).

§ **19** Assim, por um lado, «como decorrência desse critério geral, as especificidades do regime processual consignadas nos [arts. 382.º e ss.] do CPP refletem algumas limitações quanto à possibilidade de adiamento da audiência de julgamento, ao uso dos meios de prova e aos prazos em que a prova poderá ser realizada, e ainda em matéria de recursos, além de que preconizam o abandono do ritualismo de certos atos processuais em benefício de uma maior acentuação do caráter de oralidade» (acs. TC 428/2013 e 174/2014). E, por outro lado, para além destas especificidades, todos os atos e termos do processo sumário podem ser reduzidos (n.º 2).

§ **20** A redução ao mínimo dos atos e termos do julgamento não tem, assim, de estar devidamente positivada na lei (n.º 1, parte final). É, pelo contrário, insistimos, um princípio geral válido para todos os atos ou termos que possam ser reduzidos (acs. TC 428/2013, 174/2014). Ainda que o legislador seja omisso, nada impede que o intérprete, numa abordagem casuísta, que salvaguarde o núcleo essencial do preceito, reduza aqueles atos e termos, àquilo que é essencial à descoberta da verdade e à boa decisão da causa.

§ **21** Embora o legislador se refira à redução dos atos e dos termos do julgamento ao mínimo indispensável ao conhecimento e à boa decisão da causa, esta operação jamais poderá aniquilar o núcleo essencial das garantias de defesa. Na verdade, «as exigências de celeridade processual não podem (...) deixar de ser articuladas com as garantias de defesa, sendo que a Constituição (...) valora especialmente a proteção das garantias de defesa em detrimento da rapidez processual» (acs. TC 428/2013 e 174/2014). Tanto mais que «os casos de flagrante delito não conduzem, só por si, à existência de provas simples e evidentes, que aliviem as exigências probatórias da acusação e, muito menos, da defesa, que terá, mais das vezes, maior dificuldade em infirmar a factualidade que lhe é imputada e carecerá de acrescidas instâncias e diligências» (ac. TC 469/2013).

IV – Consequências da violação deste formalismo

§ **22** Com exceção da nulidade da sentença, que não tenha sido documentada nos termos dos arts. 363.º e 364.º (art. 389.º-A/3), as regras específicas do processo sumário não mencionam nenhum mecanismo de destruição dos atos processuais penais praticados à sua revelia. Não há aqui mais nenhuma especificidade. A invalidade resultante da violação destes preceitos especiais poderá, assim, ser arguida/conhecida através das regras gerais, relativas à nulidade insanável [art. 119.º: ac. RC, 26.09.2012 (Luís Teixeira); ac. RC, 10.07.2014 (Belmiro Andrade); ac. RP, 17.11.2010 (Maria Dolores da Silva e Sousa)] ou à nulidade dependente de arguição [art. 120.º: ac. RE, 22.01.2013 (Ana Bacelar Cruz)] ou, na falta destas (art. 118.º/1), à mera irregularidade (art. 123.º; como é normal num processo de estrutura acusatória, a prevenção da invalidade processual está confiada aos diversos sujeitos processuais).

§ **23** Com efeito, a remessa para as disposições deste código, relativas ao julgamento em processo comum, inclui as normas relativas à destruição dos efeitos precários produzidos pelos atos processuais penais inválidos (art. 118.º e ss.), nomeadamente as normas relativas ao tipo de invalidade em causa (arts.

119.º, 120.º e 123.º), à sua sanação (art. 121.º) e aos seus efeitos processuais (art. 122.º). Nesse caso, não obstante o silêncio do legislador, as consequências da violação das disposições processuais penais aplicáveis são, como não podia deixar de ser, as mesmas do processo comum. O sistema de invalidades e os mecanismos de reposição da legalidade processual são importantes garantias de defesa dos direitos adjetivos do arguido e demais sujeitos processuais (*supra*, § 6 da anotação ao art. 118.º) que não podem ser aqui jamais suprimidos.

§ **24** São, por isso mesmo, aqui correspondentemente aplicáveis, quando necessário com as devidas adaptações, por exemplo, as normas relativas à nulidade resultante da utilização de língua estrangeira (art. 92.º/1), à falta de promoção do processo pelo MP (art. 119.º/*b*), à falta do arguido devidamente notificado (art. 119.º/*c*), à falta do seu defensor (art. 119.º/*d*), ao conhecimento das nulidades anteriores (art. 311.º/1 e 338.º/1), à nulidade do despacho que designa dia para a audiência (art. 313.º/1), à nulidade por falta de publicidade da mesma (art. 321.º/1), à nulidade por falta do MP ou do defensor (art. 330.º/1), à nulidade decorrente da falta de relato resumida ao arguido, que se ausentou, daquilo que se passou na sua ausência (art. 332.º/7 e 343.º/4), à nulidade provocada por não ter sido perguntado ao arguido, que pretende confessar, se o faz de livre vontade e fora de qualquer coação e se se propõe fazer uma confissão integral e sem reservas (art. 344.º/1), à nulidade emergente da violação do direito do defensor do arguido ser sempre o último a alegar (art. 360.º/2), à nulidade provocada pela falta de documentação de declarações orais (art. 363.º), à nulidade da sentença (art. 379.º).

§ **25** Já a nulidade decorrente da não consignação em ata da permissão de uma leitura, visualização ou audição e da sua justificação legal (art. 356.º/9) ou da falta de leitura da fundamentação da decisão (ou da sua súmula), bem como do dispositivo (art. 372.º/3 e 389.º-A) são, em princípio, aqui inaplicáveis: apesar da imensa criatividade da vida real, não será fácil encontrar uma situação que aqui seja enquadrável (será, porventura, apesar de não haver inquérito, por exemplo, o caso da leitura de declarações prestadas pelo arguido, nos termos dos arts. 382.º/3 e 384.º/2).

§ **26** Se em vez de aplicar as normas específicas do processo sumário, o julgador utilizar os procedimentos do processo comum, trocando uma norma adjetiva menos garantista por uma norma adjetiva mais garantista, o valor dos atos processuais praticados não é afetado (art. 123.º/2), sendo, desse ponto de vista, irrelevante. A violação do direito a uma decisão célere (arts. 20.º/4 e 32.º/2 CRP) não tem consequências sobre a validade processual (*supra*, §§ 7 e ss. da anotação ao art. 276.º).

João Conde Correia

Artigo 387.º
Audiência

1 – O início da audiência de julgamento em processo sumário tem lugar no prazo máximo de quarenta e oito horas após a detenção, sem prejuízo do disposto no número seguinte.

2 – O início da audiência também pode ter lugar:

a) Até ao limite do 5.º dia posterior à detenção, quando houver interposição de um ou mais dias não úteis no prazo previsto no número anterior, nos casos previstos no n.º 1 do artigo 385.º;

b) Até ao limite do 15.º dia posterior à detenção, nos casos previstos no n.º 3 do artigo 384.º;

c) Até ao limite de 20 dias após a detenção, sempre que o arguido tiver requerido prazo para preparação da sua defesa ou o Ministério Público julgar necessária a realização de diligências essenciais à descoberta da verdade.

3 – Se faltarem testemunhas de que o Ministério Público, o assistente ou o arguido não prescindam, a audiência não é adiada, sendo inquiridas as testemunhas presentes pela ordem indicada nas alíneas b) e c) do artigo 341.º, sem prejuízo da possibilidade de alterar o rol apresentado.

4 – As testemunhas que não se encontrem notificadas nos termos do n.º 5 do artigo 382.º ou do artigo 383.º são sempre a apresentar e a sua falta não pode dar lugar ao adiamento da audiência, exceto se o juiz, oficiosamente ou a requerimento, considerar o seu depoimento indispensável para a descoberta da verdade e para a boa decisão da causa, caso em que ordenará a sua imediata notificação.

5 – Em caso de impossibilidade de o juiz titular iniciar a audiência nos prazos previstos nos n.ºs 1 e 2, deve intervir o juiz substituto.

6 – Nos casos previstos no n.º 2 do artigo 389.º, a audiência pode ser adiada, a requerimento do arguido, com vista ao exercício do contraditório, pelo prazo máximo de 10 dias, sem prejuízo de se proceder à tomada de declarações ao arguido e à inquirição do assistente, da parte civil, dos peritos e das testemunhas presentes.

7 – A audiência pode, ainda, ser adiada, pelo prazo máximo de 20 dias, para obter a comparência de testemunhas devidamente notificadas ou para a junção de exames, relatórios periciais ou documentos, cujo depoimento ou junção o juiz considere imprescindíveis para a boa decisão da causa.

8 – Os exames, relatórios periciais e documentos que se destinem a instruir processo sumário revestem, para as entidades a quem são requisitados, carácter urgente, devendo o Ministério Público ou juiz requisitá-las ou insistir pelo seu envio, consoante os casos, com essa menção.

9 – (Revogado.)

10 – (Revogado.)

Origem do texto: Corresponde à redação original do art. 386.º, aprovada pelo DL 78/87, com as alterações introduzidas pela L 59/98, de 25.08, pelo DL 320-C/2000, de 15.12, pela L 48/2007, de 29.08 (Ret. 105/2007, de 09.11), pela L 26/2010, de 30.08, pela L 20/2013, de 21.02 e pela L 1/2016, de 25.02. A L 159/98 alargou para 30 dias o prazo máximo para realização da audiência em processo sumário (n.º 1) e determinou que o arguido fosse advertido da continuação da audiência, na sua ausência, em caso de não comparência (n.º 2); o DL 320-C/2000 determinou que se faltassem testemunhas a audiência prosseguia, sem prejuízo das alterações ao rol, sendo o depoimento documentado (n.º 3); a L 48/2007 alterou a epígrafe, renumerou (passou, então, a ser o atual art. 387.º) e reformulou todo o art., fixando o prazo máximo de 48 horas para o início do julgamento (n.º 1), especificou as causas de adiamento da audiência (n.º 2), a sua realização na ausência do arguido (n.º 3) e o seu adiamento por falta de testemunhas (n.º 4); a L n.º 26/2010 retocou a redação do n.º 1 e alargou os casos de adiamento (n.º 2); a L n.º 20/2013, reformulou os prazos previstos para o início da audiência (n.º 2), regulou a situação das testemunhas não notificadas (n.º 4), previu os casos de impossibilidade de intervenção do juiz titular (n.º 5), permitiu o adiamento da audiência com vista ao exercício do contraditório (n.º 6), possibilitou o adiamento para obeter a comparência de testemunha notificada ou a junção de exames, relatórios periciais ou documentos (n.º 7), tornou urgentes os exames, relatórios periciais e documentos que se destinem a instruir o processo (n.º 8), criou um prazo máximo para a produção de prova (n.º 9), elevou esse prazo nos casos em que fosse aplicável pena de prisão de limite máximo superior a 5 anos (n.º 10); e a L n.º 1/2016 revogou os n.ºs 9 e 10 da versão anterior.

Jurisprudência vinculante: ac. STJ/FJ 2/2004, 21.04.2004 (Luís Flores Ribeiro).

Sumário do comentário:

I – Generalidades

§ 1 Esta norma, com antecedentes no CPP/29 (art. 558.º), regula, essencialmente, o início e o adiamento da audiência de discussão e julgamento. Em causa está a necessidade de garantir a celeridade processual: à atualidade do flagrante delito deve juntar-se a atualidade da decisão (João Conde Correia, 2014, p. 227), sobretudo, como é o caso, na pequena e na média criminalidade (ac. TC 409/2010). Repetindo as palavras de Cesar Beccaria: «quanto mais perto do delito esteja a pena mais justa e útil ela será» (1998, p. 102). Daí que a audiência deva iniciar-se em determinados prazos perentórios (n.ºs 1 e 2) e que só possa ser adiada em certas circunstâncias previstas na lei (n.ºs 3, 4, 5, 6 e 7). Quer num caso, quer no outro, só os eventos devidamente enunciados pelo legislador podem desencadear essas consequências processuais atípicas (art. 2.º).

§ 2 A atual epígrafe deste art. (audiência) não reproduz bem o conteúdo da norma. Em vez de se referir ao decurso da audiência (*v.g.* aos atos introdutórios, à produção de prova ou à sua documentação), o legislador regula apenas o seu início e o seu adiamento. A epígrafe original (adiamento da audiência), apesar de também já não corresponder integralmente à letra da lei, era assim mais fiel à *mens legislatoris*. Aquilo que está realmente em causa é, insistimos, o início e a continuação da audiência nos prazos fixados na lei. De modo que, potenciando a segurança jurídica, o legislador devia usar uma expressão mais consentânea com essa realidade. A epígrafe deve refletir a matéria regulada, tornando mais simples a sua apreensão.

§ 3 Para além destas regras, relativas ao início e ao adiamento da audiência, este art. atribui caráter urgente aos exames, relatórios periciais e documentos que se destinem a instruir processo sumário (n.º 8), consagrando uma norma geral, de efeitos extraprocessuais (ou seja dirigida para o exterior do processo), cuja inserção sistemática devia ser outra: uma norma relativa a todos os processos urgentes. Não faz sentido que, apenas neste caso, as entidades requeridas devam responder com urgência. A fim de assegurar uma justiça célere, a resposta deverá ser a mesma em todos os casos de urgência. Por outro lado, a eficácia da norma é duvidosa. O tempo da resposta depende mais da existência de meios do que de normas jurídicas que imponham a sua prioridade.

§ 4 No processo sumário não há, como se viu, instrução, sendo os autos remetidos diretamente para julgamento (art. 382.º). Para além de legitimar a ausência de inquérito, o flagrante delito também legitima a ausência daquela: «a Constituição não estabelece qualquer direito dos cidadãos a não serem submetidos a julgamento sem que previamente tenha havido uma completa e exaustiva verificação da existência de razões que indiciem a sua presumível condenação» (ac. TC 31/87, depois inúmeras vezes citado pelo mesmo tribunal). De modo «que, em determinadas circunstâncias (designadamente, ligadas à proximidade dos factos ou à menor gravidade das penas a aplicar), possa aceitar-se a dispensa de uma fase processual autónoma para comprovação da acusação por um magistrado judicial (como será o caso das formas de processos sumário e sumaríssimo)» (ac. TC 54/2000).

§ 5 A audiência em processo sumário é o momento próprio para conhecer das invalidades dependentes de arguição referidas no art. 120.º/2, cometidas anteriormente, assumindo assim uma tarefa de saneamento do processado (art. 120.º/3/*d*). Não havendo inquérito, nem instrução, nem, tão pouco, outros mecanismos prévios de tutela dos direitos dos diversos sujeitos processuais, a audiência de discussão e julgamento, assume uma centralidade reforçada. Nela são tratadas todas as questões que ainda não tenham sido decididas. O mesmo deverá acontecer com a violação anterior de proibições de prova (*v.g.* art. 58.º/6).

II – Início da audiência

§ 6 A audiência de discussão e julgamento em processo sumário deverá, normalmente, iniciar-se em 48 horas, assim, respeitando o arquétipo inicial deste rito adjetivo: uma resposta quase imediata aos detidos em flagrante delito, capaz de repor a paz jurídica violada pelo crime (*supra,* §§ 4 e ss. da anotação ao art. 381.º). Todavia a progressiva descaraterização deste modelo inicial veio permitir o alargamento dos prazos previstos para o início da audiência. De modo que, para além desse prazo geral de 48 horas, é também possível, cumpridos certos requisitos adicionais, realizar o julgamento até ao 5.º dia posterior à detenção, quando houver interposição de um ou mais dias não úteis naquele prazo de 48 horas; até ao 15.º dia posterior à detenção nos casos em que não tenha sido possível obter a concordância judicial à suspensão provisória do processo (art. 384.º) e o arguido não tenha exercido o direito a prazo para apresentar a sua defesa; até ao 20.º dia após a detenção, sempre que o arguido tiver requerido prazo para preparação da sua defesa, ou o MP julgar necessária a realização de diligências essenciais à descoberta da verdade.

§ 7 Desde que realizado nestes prazos, razoavelmente curtos, o julgamento ainda concretiza os objetivos subjacentes ao processo sumário: a rápida (insistimos) reposição da paz jurídica violada com o crime detetado em flagrante delito. «Uma justiça célere contribui para o sentimento de justiça e para o apaziguamento social» (Exposição de Motivos da Proposta de Lei n.º 77/XII, que esteve na base das alterações introduzidas pela L 20/3013). Assim, embora as soluções legais sejam mais parecidas com o processo abreviado do que com o processo sumário clássico [incluindo (n.º 3/*c*, parte final), a possibilidade de realizar diligências de investigação adicionais («inquérito sumário»), ou a intervenção do juiz das liberdades (art. 382.º/3), que o flagrante delito devia, justamente, dispensar], também, nestas situações, é possível realizar uma justiça dita sumária.

§ **8** Os casos em que a audiência de discussão e julgamento em processo sumário pode ser realizada para além das 48 horas são especiais [ac. RL, 16.11.2010 (Vasques Osório)], não podendo o julgador, invocando, por exemplo, o seu impedimento, por participação noutro julgamento, igualmente urgente [ac. RL, 21.06.2011 (Neto de Moura)], a conveniência de serviço ou qualquer outro motivo, introduzir outras situações de adiamento. Não está na disponibilidade dos sujeitos processuais, nomeadamente do juiz, criar outros casos de não realização imediata do julgamento sumário. Em regra, ele deverá ser realizado naquele prazo geral: só excecionalmente, quando reunidos os respetivos pressupostos legais, poderá ter lugar mais tarde. A prática judiciária não deverá alterar as reformas legislativas, frustrando os seus objetivos, mediante a criação de casos adicionais de possível procrastinação do início da audiência.

a) Regra geral

§ **9** Concretizando a norma constitucional [art. 28.º/1; Fernando Gama Lobo, 2015, p. 766; ac. RP, 25.06.2013 (Joaquim Gomes)], a audiência de discussão e julgamento deverá, pois, normalmente (Oliveira Mendes, 2016, p. 1158), iniciar-se no prazo máximo de 48 horas: foi esse o prazo (compatível com os padrões internacionais – *v.g.* art. 5.º/1/*c*/3 CEDH) que o legislador considerou adequado para reduzir ao mínimo as constrições injustificadas à liberdade individual (*supra*, § 1 da anotação ao art. 141.º). O arguido detido em flagrante delito tem o direito fundamental (art. 28.º/1 CRP) de ser apresentado ao juiz, seja para primeiro interrogatório judicial de arguido detido (art. 141.º), seja para julgamento em processo sumário, no prazo máximo de 48 horas (José Lobo Moutinho, 2017, pp. 479/80).

§ **10** Uma vez que a *ratio* da norma constitucional é limitar a privação do direito à liberdade por via administrativa, especialmente por via policial, poderá perguntar-se se, para a validade do julgamento em processo sumário, basta que o arguido seja apresentado ao juiz no prazo máximo de 48 horas (assim, para o primeiro interrogatório, acs. TC 565/2003, 135/2005 e 589/2006; caso Gaspar c. Portugal, n.º 3155/15, §§ 44 e ss., 28.11.2017) ou se é também necessário que o julgamento se realize naquele prazo máximo (no primeiro sentido, Fernando Gama Lobo, 2015, pp. 766/7)? O elemento gramatical é semelhante em ambos os casos, acolhendo ambas as interpretações. No entanto, considerando que os mecanismos são alternativos [se não libertar o detido em flagrante delito, o MP deverá apresentá-lo para primeiro interrogatório judicial de arguido detido (art. 141.º) ou para julgamento em processo sumário], a interpretação deve ser a mesma em ambos os casos. Tanto mais que o julgamento em processo sumário não é, apenas, a fase formal da audiência, iniciando-se antes dela, com a entrada e distribuição do expediente como processo sumário.

§ 11 A audiência de discussão e julgamento do arguido detido em flagrante delito não tem assim de ocorrer, integralmente, neste prazo máximo de 48 horas, sendo suficiente, à semelhança do primeiro interrogatório judicial de arguido detido (art. 141.º), o seu início tempestivo. Deverá, todavia, ser realizada de forma a assegurar a menor compressão possível dos direitos fundamentais (*maxime* a liberdade individual – art. 27.º CRP), devendo a intervenção do juiz ser vista como uma garantia de que essa compressão se situa dentro dos apertados limites do razoável (acs. TC 565/2003; 135/2005; 589/2006). A privação da liberdade não deverá manter-se para além daquilo que, atentas as circunstâncias do caso concreto, seja aceitável. De modo que, salvo se tiver sido decretada prisão preventiva ou obrigação de permanência na habitação (art. 382.º/3), se a audiência for adiada (n.ºs 6/7), o arguido deverá ser libertado.

§ 12 Se o arguido não tiver sido libertado, pelos OPC (art. 385.º) ou pelo MP (383.º/2), nem tiver sido sujeito a prisão preventiva ou obrigação de permanência na habitação (arts. 382.º/3 e 5), o julgamento deverá iniciar-se, impreterivelmente, neste prazo máximo de 48 horas (art. 28.º/1, CRP; Vinício Ribeiro, 2011, p. 1107). Nesse caso, não é admissível qualquer diferimento do início da termos do n.º dois: o julgamento consubstancia a alternativa ao interrogatório judicial de arguido detido (art. 141.º), devendo ser iniciado nas mesmas 48 horas impostas pela Constituição. Ele não pode ser, sem decisão judicial, privado da sua liberdade por um período de tempo superior.

b) Casos especiais

§ 13 Para além da regra geral (48 horas), há quatro casos específicos em que (sem prejuízo da realização de atos urgentes – art. 320.º/1) o julgamento se pode iniciar depois. É, desde logo, o que acontece quando houver interposição de um ou mais dias não úteis no prazo de 48 horas e o arguido tiver sido libertado (art. 385.º). Hipótese legal em que o início da audiência poderá, agora, ser procrastinado até ao 5.º dia posterior à detenção (n.º 2/*a*). Desta forma, com a L 48/2007, o legislador consagrou na letra da lei a jurisprudência fixada pelo STJ, segundo a qual, nesses casos, o início da audiência deveria ocorrer no 1.º dia útil seguinte àquele em que o arguido tivesse sido detido, ainda que para além das 48 horas, mantendo-se, pois, a forma de processo sumário (neste sentido,

Oliveira Mendes, 2016, p. 1158). Aquele prazo legal não é fundamental para se manter a forma de processo sumário a não ser que se verifique a manutenção da detenção do arguido [ac. STJ/FJ 2/2004, 21.04.2004 (Luís Flores Ribeiro)].

§ **14** A possibilidade de retardar o início da audiência em processo sumário até ao 5.º dia posterior à detenção não significa que, respeitando esse limite, se possa escolher o dia mais conveniente para a realização do julgamento, devendo o arguido ser apresentado no primeiro dia útil (Oliveira Mendes, 2016, p. 1158; contra Paulo Pinto de Albuquerque, 2007, p. 965). A norma serve para resolver os casos em que há a interposição de um ou mais dias não úteis, não podendo ser utilizada para retardar uma audiência que se quer o mais imediata possível. Em causa está um simples alargamento do prazo máximo de 48 horas, motivado pela interposição de dia em que os tribunais estão encerrados, devendo o *dies ad quem* ser transposto para o primeiro dia útil seguinte (art. 104.º/1 e art. 138.º/2 CPC).

§ **15** Atenta a atual letra da lei, não é necessário um despacho judicial, proferido nas 48 horas seguintes à detenção em flagrante delito (Paulo Pinto de Albuquerque, 2007, p. 964), para que se possa apresentar o arguido a julgamento em processo sumário até ao 5.º dia posterior àquela [ac. RP, 15.05.2013 (Artur Oliveira); ac. RP, 29.05.2013 (Fátima Furtado); ac. RP, 25.06.2013 (Joaquim Gomes)]. Esta exigência seria, aliás, uma *contraditio in adjecto*: se é possível proferir esse despacho também deverá ser possível (salvo, é claro, em circunstâncias excecionais) proceder ao julgamento e, logo, não deverá haver nenhum adiamento. A impossibilidade de intervenção judicial (por encerramento dos tribunais) é que justifica a possibilidade do adiamento.

§ **16** O segundo caso de realização tardia do julgamento ocorre nas situações em que não tenha sido possível obter a concordância judicial à suspensão provisória do processo (art. 384.º) e o arguido não tenha exercido o direito a prazo para apresentar a sua defesa (Oliveira Mendes, 2016, p. 1158). O início da audiência poderá ser, então, diferido até ao prazo máximo de 15 dias após a sua detenção (n.º 2/*b*). Deste modo, o legislador procura conciliar a suspensão provisória do processo fracassada por discordância judicial com o julgamento sumário. O insucesso da suspensão não inviabiliza o julgamento, que poderia ser, ainda mais célere, caso o julgador não tivesse introduzido aqui a intervenção do JI, em detrimento da primária intervenção do juiz de julgamento (*supra*, §§ 17 e ss. da anotação ao art. 384.º) e da verdadeira suspensão provisória do processo sumário.

§ **17** Para que este diferimento da audiência de discussão e julgamento seja possível são necessários dois requisitos formais: a discordância judicial à suspensão provisória do processo; e que o arguido não tenha exercido o direito a prazo para preparação da sua defesa. Dado que o arguido concordou com a suspensão provisória do processo (*supra*, §§ 12 e ss. da anotação ao art. 384.º) e, como tal, dificilmente terá exercido o seu direito a prazo para preparação de defesa, o segundo requisito estará sempre, em princípio, preenchido. Apenas nos casos em que por não ter sido concretizada a suspensão provisória do processo, o arguido queira (e possa) depois exercer ou beneficiar daquele direito, se poderá questionar qual o prazo máximo para o início do julgamento: até ao limite do 15.º dia posterior à detenção (n.º 2/*b*); ou até ao limite de 20 dias após a detenção (n.º 2/*c*).

§ **18** O início da audiência de discussão e julgamento pode, ainda, ser adiado, até ao limite máximo de 20 dias após a detenção, sempre que o arguido tiver requerido prazo para preparação da sua defesa (n.º 2/*c*). Está, assim, em causa a supremacia dos direitos de defesa sobre a celeridade processual (art. 32.º/2 CRP; Alexandre de Sousa Pinheiro/Paulo Saragoça da Matta, 1995, p. 160). *Allegro ma non troppo.* Apesar da usual evidência da prova resultante do flagrante delito, os direitos de defesa do arguido não podem ser completamente postergados. De forma que lhe é concedido um prazo igual ao da contestação (315.º/1) para preparar a sua defesa (Paulo Pinto de Albuquerque, 2007, p. 969). Atenta a menor gravidade destas situações e, sobretudo, a incompatibilidade do processo sumário com casos de excecional complexidade (art. 390.º/1/*c*), o alargamento do prazo para contestação, *per si* perfeitamente razoável (arts. 107.º/6 e 315.º), é, aqui, inadmissível.

§ **19** Por último, o início da audiência de discussão e julgamento pode, ainda, ser, excecionalmente, adiado, até ao referido limite máximo de 20 dias após a detenção, sempre que o MP julgar necessária a realização de diligências essenciais à descoberta da verdade (n.º 2/*c*). Em vez das inalienáveis garantias de defesa do arguido, está, agora, em causa a salvaguarda do *ius puniedi* estadual (João Conde Correia, 2014, pp. 236 e ss.). Também ele não pode ser postergado: «celeridade não pode ser sinónimo de não fazer justiça» (Anabela Miranda Rodrigues, 1998, p. 242). A realização de diligências indispensáveis à descoberta da verdade, embora (como já referimos) mais próximas da lógica do processo abreviado (art. 391.º-A/1) do que de um verdadeiro julgamento sumário, é, por isso mesmo, igualmente suficiente para determinar o diferimento do início da audiência.

§ **20** A necessidade do MP realizar diligências essenciais à descoberta da verdade (art. 382.º/4 e n.º 2/*c*) deverá ser objetiva: deverá resultar do próprio processo. Esta possibilidade não pode ser utilizada para adiar uma audiência de discussão e julgamento que, por um qualquer motivo subjetivo, não se pode ou não se quer fazer no momento certo, assim colocando em causa o direito do arguido, da vítima e da própria comunidade a um julgamento imediato (*supra*, § 4 da anotação ao art. 381.º): apenas quando esteja em causa a descoberta da verdade se poderá, insistimos, utilizar esta faculdade.

§ **21** Sem prejuízo de poderem requerer diligências de prova, mesmo antes da audiência de discussão e julgamento em processo sumário, o assistente e as partes civis não podem adiá-la até àquele limite máximo de 20 dias (n.º 2/*c*). Nessa fase preliminar, ainda que já se tenham constituído como assistentes (*infra*, § 7 da anotação ao art. 388.º) ou deduzido o seu pedido de indemnização civil (*infra*, § 11 da anotação ao mesmo art.), apenas gozam do direito de requerer outras diligências, competindo ao MP decidir se devem ou não ser realizadas e o prazo necessário para o efeito. Sem prejuízo de aceitar essas sugestões, só uma decisão do MP poderá dar origem a este adiamento.

§ **22** Se este prazo de 20 dias terminar em dia em que os tribunais estiverem encerrados, o julgamento em processo sumário deverá ter lugar no primeiro dia útil seguinte (art. 104.º/1 e 138.º/2 CPC). Na verdade, uma vez que «nos dias em que os tribunais estão encerrados não é possível praticar atos, na ausência desta norma (processual civil), os sujeitos processuais que vissem o seu prazo terminar nestes dias teriam de praticar o ato até ao dia anterior, o que configuraria uma redução de facto do prazo prescrito na lei. Tal solução comportaria uma violação das legítimas expectativas dos sujeitos processuais» [ac. RP, 16.12.2020 (Maria Dolores Silva e Sousa); interpolado nosso]: não havendo arguidos privados da sua liberdade, deverá ser, assim, aplicada esta regra, passando o prazo para o primeiro dia útil seguinte.

§ **23** O adiamento da audiência, pelo prazo máximo de 10 dias, com vista ao integral exercício do contraditório, nos casos em que o MP complete, por despacho proferido antes da apresentação a julgamento, a fatualidade constante do auto de notícia não é mais um caso excecional de adiamento do início da audiência de discussão e julgamento em processo sumário (n.º 6). Como a parte final da própria norma indica, o «adiamento» a requerimento do arguido só ocorre depois do início da audiência e é efetuado sem prejuízo de se proceder à tomada de declarações ao arguido e à inquirição do assistente, da parte civil, dos peritos e das testemunhas presentes. Mais do que um adiamento, está em causa uma verdadeira interrupção especial da audiência (art. 328.º).

§ 24 O adiamento da audiência, pelo prazo máximo de 20 dias, para obter a comparência de testemunhas devidamente notificadas ou para a junção de exames, relatórios periciais ou documentos, cujo depoimento ou junção o juiz considere imprescindíveis para a boa decisão da causa (n.º 7) não é, igualmente, mais um caso excecional de adiamento do início da audiência de discussão e julgamento (n.º 2). O que está, aqui, em causa é, mais uma vez, como no caso anterior, a interrupção especial (art. 328.º) de uma audiência já iniciada, nos termos do n.º 1 ou do n.º 2.

III – Natureza dos prazos

§ 25 Os prazos perentórios previstos nesta norma (n.ºs 1 e 2) para o início da audiência regulam o seu começo, não o seu termo [Paulo Pinto de Albuquerque, 2007, p. 965; ac. RL, 11.09.2018 (Simões de Carvalho)]: o legislador fixou apenas (por razões de índole constitucional) um limite máximo para o seu início. O termo do julgamento pode acontecer depois de expirados estes prazos. A L 1/2016 revogou os n.ºs 9 e 10 da versão anterior, pelo que, atualmente, em bom rigor, não há um prazo máximo para a realização do julgamento em processo sumário (o mesmo acontece no processo abreviado). A descoberta da verdade material não deverá ser circunscrita por prazos processuais perentórios. Em vez de potenciar a celeridade processual, essa solução acabaria, aliás, por a prejudicar, somando tempo ao tempo já despendido. A introdução precoce dos factos em juízo, legitimada pelo flagrante delito, não deve ser questionada, apenas porque depois este durou tempo demais: a evidência probatória daquele não se esfuma assim tão rapidamente (arts. 384.º/4 e 391.º-B/1). A invalidade de um ato processual penal posterior não deverá provocar a invalidade de um ato processual anterior, praticado por outra entidade e em conformidade com o respetivo modelo legal. Só a aceleração processual (arts. 108.º e 109.º) poderá resolver este problema.

§ 26 Tanto mais que o legislador não consignou nenhum prazo para a designação da data para inquirição de testemunhas de que o MP, o assistente ou o arguido não prescindam (n.º 4) ou que o juiz, *ex officio* ou a pedido considere indispensáveis para a descoberta da verdade e para a boa decisão da causa (n.º 5) e que a jurisprudência tem sustentando (*infra,* § 29) que, em casos de reenvio (art. 426.º), se mantém a forma sumária. O problema não está na precoce introdução dos factos em juízo, mas na excessiva duração do mesmo. Voltar para trás [como poderá sugerir uma leitura apresada do art. 390.º/1/*c*)] não é – insistimos – a melhor solução.

§ 27 A inexistência de um prazo máximo para a conclusão do processo sumário não significa, contudo, que o juiz possa escolher uma data qualquer, sem nenhum limite temporal, para a inquirição das testemunhas de que o MP, o assistente ou o arguido não prescindam (n.º 4) ou que ele próprio considere indispensáveis para a descoberta da verdade e para a boa decisão da causa. O *veredictum* deverá ser proferido logo que seja, humanamente, possível. Tanto mais que o processo sumário é urgente (art. 103.º/2/*d*) e, por isso mesmo, os seus atos (*maxime* a inquirição dessas testemunhas) deverá ter preferência sobre o serviço que seja, igualmente, urgente.

§ 28 Os prazos processuais previstos para o início da audiência (n.ºs 1 e 2) confirmam, assim, os prazos homólogos previstos para o MP introduzir os factos em juízo: arts. 382.º/2 e 5 e 384.º/3. De nada valeria fixar certos prazos para a apresentação do detido em flagrante delito ao MP (art. 382.º/1) e para este requerer o julgamento em processo sumário (arts. 382.º/2 e 5 e 384.º/3), se, depois, o juiz pudesse iniciá-lo de acordo com a sua conveniência pessoal. Em causa está a substituição do prazo geral de dois meses, previsto no processo comum para o início da audiência de discussão e julgamento (art. 321.º/2), assim assegurando que ela é realizada de imediato.

§ 29 Estes prazos não são aplicáveis ao julgamento realizado na sequência de ter sido decretado o reenvio quanto a uma parte do objeto do processo sumário validamente realizado [ac. RP, 02.02.2005 (David Pinto Monteiro); ac. RC, 17.11. 2010 (Paulo Guerra); ac. RL, 15.01.2013 (Nuno Coelho)]. Solução processual que, mais uma vez, demonstra que as especificidades do processo sumário estão concentradas nas fases preliminares do processo penal (inquérito e instrução), dispensando-se a sua realização: o flagrante delito é suficiente para legitimar a introdução precoce dos factos em juízo (João Conde Correia, 2014, p. 224). As vicissitudes processuais posteriores não devem invalidar esta legitimidade, não sendo expetável que o inquérito ou a instrução subsequentes venham a revelar outros indícios, para além daqueles que já resultam do auto de notícia (art. 243.º) ou de entrega (art. 255.º/2). A sua realização só serve para atrasar o processo e a respetiva decisão.

§ 30 Daí que, *de iure condendo*, também a revogação da suspensão provisória do processo sumário deveria dar origem à simples continuação do processo (art. 282.º/4): o processo deveria continuar com a realização do julgamento (*supra,* § 34 da anotação ao art. 384.º). Impor a acusação em processo abreviado (art. 384.º/4), em vez da continuação do próprio sumário suspenso, é uma solução burocrática, contrária à lógica da suspensão e à celeridade processual, que nada acrescenta em termos de garantias processuais.

§ 31 Para que o processo mantenha a forma sumária, a audiência poderá ser realizada mesmo fora do horário normal de funcionamento da secretaria judicial (art. 103.º/2/*d;* Paulo Pinto de Albuquerque, 2007, p. 965; Fernando Gama Lobo, 2015, p. 752). Enquanto processo urgente, o sumário poderá ser tramitado a qualquer momento (*supra,* §§ 22 e ss. da anotação ao art. 103.º). Como reconhece o TC, «é geralmente reconhecida a importância extrema do fator tempo na reparação das ofensas cometidas no âmbito da pequena criminalidade, pois que uma grande distanciação temporal entre o momento da prática do facto e o do julgamento comporta graves inconvenientes, não só para os ofendidos como para os próprios agentes e para a coletividade em geral, diluindo, quando não anulando, os efeitos da prevenção geral e especial, comuns a toda e qualquer infração criminal» (TC 409/2010). Mesmo assim, o julgamento em processo sumário não prevalece sobre outro serviço urgente já agendado [ac. RL, 21.06.2011 (Neto de Moura)].

IV – Adiamento da audiência

§ 32 A fim de imprimir celeridade ao processo sumário e de conseguir uma resposta atual ao flagrante delito (ac. TC 409/2010), não basta fixar curtos prazos para o início da audiência de discussão e julgamento: é também indispensável que ela não possa ser, facilmente, adiada, procrastinando o *veredictum.* Será insuficiente permitir a introdução precoce dos factos em juízo, com renúncia à consolidação dos indícios já recolhidos, se, depois, o julgador, com a conivência dos restantes sujeitos processuais, *maxime* o aplauso do arguido, puder adiar *ad eternum* a efetiva realização do julgamento. Não podemos esquecer que a cultura judiciária vigente tem inviabilizado julgamentos sumários por motivos alheios à lógica processual [ac. RL, 21.06.2011 (Neto de Moura)]. Os casos de adiamento estão, por isso mesmo, igualmente, previstos na lei, de modo a assegurar a desejável celeridade do julgamento.

§ 33 Embora o legislador utilize o vocábulo «adiamento», em bom rigor, não é isso que está em causa. Como já referimos (*supra,* §§ 23 e 24), em todos estes casos (mesmo que o «adiamento» seja pedido pelo próprio arguido – n.º

6), a audiência deverá ser iniciada (nos termos do n.º 1) e produzida toda a prova disponível, sendo, depois, interrompida para realização destas diligências adicionais (Oliveira Mendes, 2016, p. 1158; Fernando Gama Lobo, 2015, p. 769). Significa isto que aos prazos do n.º 1 não podemos adicionar os restantes prazos (n.ºs 6 e 7), podendo o julgamento, de facto, começar apenas 40 dias depois da detenção em flagrante delito. Isso seria criar um hiato demasiado grande entre o flagrante delito e o efetivo início do julgamento prejudicial para o restabelecimento da paz jurídica violada pela prática do crime.

§ **34** Nos casos em que o MP complete a factualidade constante do auto de notícia, mediante despacho proferido antes da apresentação a julgamento (art. 389.º/2), a audiência pode ser adiada, a requerimento do arguido, com vista ao exercício do contraditório, pelo prazo máximo de 10 dias, sem prejuízo de se proceder à tomada de declarações ao mesmo e à inquirição do assistente, das partes civis, dos peritos e das testemunhas presentes (n.º 6). Ainda que se trate do simples acrescento do elemento subjetivo [ac. RE, 02.05.2017 (Martins Simão)], este aditamento aos factos constantes do auto de notícia, considerados insuficientes pelo MP, consubstancia uma espécie de alteração dos factos descritos no auto de notícia ou no auto de entrega, beneficiando de um regime análogo (art. 359.º/4). O arguido pode carecer de um prazo adicional para preparar a sua defesa.

§ **35** O pedido de adiamento da audiência, baseado na efetiva adição de novos factos (art. 389.º/2) não pode ser indeferido por falta de fundamento legal [ac. RE, 02.05.2017 (Martins Simão)]. Desde que (de facto) tenham sido feitos aditamentos, o arguido goza do direito ao adiamento da audiência, com vista à preparação da sua defesa. Ele é que sabe se pode, ou não, defender-se de imediato, sendo ilegítima qualquer interferência externa nesse direito.

a) Falta de testemunhas ou outras provas

§ **36** A exuberância probatória do flagrante delito só será real se em julgamento puderem (sem quaisquer limitações) ser produzidas todas as provas existentes. Mesmo assim, a falta de testemunhas de que o MP, o assistente ou o arguido não prescindam, não determina o adiamento da audiência: sem prejuízo da possibilidade de alterar o rol apresentado (n.º 3), são inquiridas as testemunhas presentes, começando pelas indicadas pelo MP, pelo assistente e pelo lesado e terminando pelas indicadas pelo arguido e pelo responsável civil (art. 341.º/*b* e *c*) e, se necessário, será então designada nova data para inquirição dos faltosos (*infra*, § 40). Solução que, apesar de expressamente explicitada na letra da lei, é semelhante à do processo comum (art. 331.º/1), fazendo igualmente apelo à concentração e à continuidade da audiência, corolários lógicos da oralidade e da imediação (*supra*, § 4 da anotação ao art. 331.º), mas também à celeridade própria do processo sumário.

§ 37 As testemunhas que não tenham sido notificadas (arts. 382.º/5 e 382.º) são sempre a apresentar e a sua falta não pode dar lugar ao adiamento da audiência, exceto se o juiz, oficiosamente ou a requerimento, considerar o seu depoimento indispensável para a descoberta da verdade e para a boa decisão da causa, caso em que ordenará a sua imediata notificação (n.º 4). O regime adjetivo deverá, todavia, ser aqui o mesmo: são imediatamente produzidas as provas disponíveis (n.º 3) e, depois, designada data para a inquirição das testemunhas julgadas indispensáveis.

§ 38 A audiência de discussão e julgamento em processo sumário, devidamente iniciada nos termos do n.º 1, ou n.º 2 (*supra*, §§ 11 e ss.), pode, ainda, ser «adiada», pelo prazo máximo de 20 dias, para obter a comparência de testemunhas devidamente notificadas, cujo depoimento o juiz considere imprescindível para a boa decisão da causa (n.º 7). Os seus poderes de investigação complementar (oficiosa ou a pedido) dos factos que lhe foram submetidos, não têm aqui qualquer limitação (Oliveira Mendes, 2016, p. 1159). Com efeito, em última análise, compete ao juiz investigar autonomamente o facto, «mesmo para além das contribuições da acusação e da defesa, criando (...) as bases necessárias à sua decisão» (Jorge de Figueiredo Dias, 1988-9, p. 107; Maria João Antunes, 2016, p. 164). A desejável celeridade processual não pode impedir o cabal esclarecimento judicial do facto, gerando uma verdade formal: o art. 340.º é aqui, igualmente, aplicável.

§ 39 Para além da falta de testemunhas, também a falta de exames, relatórios periciais ou documentos [*v.g.* o certificado de registo criminal: ac. RG, 22.11.2010 (Cruz Bucho); ac. RE, 20.12.2011 (Maria Filomena Soares)] que o juiz considere imprescindíveis para a boa decisão da causa (n.º 7) poderá determinar a designação de nova data para a continuação da audiência. Qualquer meio de prova válido, necessário à descoberta da verdade, será suficiente para o efeito. Mais uma vez, apesar da letra da lei, não está, porém, em causa um verdadeiro adiamento, mas uma interrupção e continuação da audiência em data posterior (Oliveira Mendes, 2016, p. 1158), motivada pela necessidade do cabal esclarecimento dos factos submetidos a julgamento. A descoberta da verdade deverá prevalecer sobre a celeridade processual.

§ **40** A designação de nova data para continuação da audiência, por falta de testemunhas (n.ºs 4 e 7) ou por falta de exames, relatórios periciais ou documentos (n.º 8) tanto pode ser determinada *ex officio* pelo juiz, como provocada pelos restantes sujeitos processuais [Oliveira Mendes, 2016, p. 1159; ac. RE, 12.09.2017 (Carlos Jorge Berguete)]. Nada impede (como já referimos) que, nos termos gerais (arts. 340.º e 386.º/1), também aqui os restantes sujeitos processuais sugiram ao juiz a realização das diligências de prova que entendam necessárias à descoberta da verdade. Afinal, malgrado a eliminação das fases iniciais, a audiência em processo sumário (enquanto momento fundamental do processo: ac. TC 459/2000) deverá salvaguardar todas as garantias inerentes à boa decisão da causa e, até, compensar aquela supressão inicial.

§ **41** A remessa dos autos ao MP para tramitação sob outra forma processual (art. 390.º/*b*, *infra*, §§ 11 e ss. da respetiva anotação) por não ter sido possível realizar as diligências de prova indispensáveis à descoberta da verdade no prazo máximo estabelecido nesta norma (2/*c*) é uma solução processual equivoca. Em causa está apenas a impossibilidade de realizar as diligências prévias à introdução do facto em juízo (art. 382.º/4/5) e, logo, uma verdadeira impossibilidade de realização do julgamento em processo sumário (que, em bom rigor, o MP nem sequer deverá desencadear) e não um reenvio. Os casos em que depois de devidamente iniciado o julgamento em processo sumário (nos termos dos n.ºs 1 e 2) se demora tempo demais (que consubstanciariam um verdadeiro reenvio) não estão incluídos nesta solução. Como já vimos, não há nenhum prazo perentório para a conclusão do julgamento em processo sumário (*supra*, § 25) e essa solução processual seria contraproducente.

b) Falta dos sujeitos processuais

§ **42** A falta dos sujeitos processuais também poderá ser um obstáculo à imediata realização do julgamento em processo sumário. Procurando superar esta dificuldade prática, nos casos em que o juiz titular estiver impossibilitado de iniciar a audiência nos prazos previstos na lei, deve intervir o juiz substituto [n.º 5; ac. RL, 21.06.2011 (Neto de Moura)]. Ao contrário das regras gerais, previstas para o adiamento da audiência nos casos de falta ou de impossibilidade do juiz titular (*supra*, § 4 da anotação ao art. 330.º), o legislador optou aqui por outra solução: a substituição imediata do juiz impossibilitado, a realizar nos termos do art. 86.º LOSJ. Só desse modo, será possível proceder ao julgamento imediato. O adiamento, incompatível com a desejável celeridade processual (OLIVEIRA MENDES, 2016, p. 1159), não é, aqui, uma solução válida.

§ **43** A impossibilidade de proceder ao julgamento em processo sumário pode resultar da mera falta do juiz titular (*v.g.* por doença) ou de qualquer outra impossibilidade, *v.g.* está a realizar outro julgamento urgente [ac. RL, 21.06.2011 (NETO DE MOURA)], está impedido (art. 39.º). O conceito usado pelo legislador (impossibilidade) é muito amplo, abrangendo todos os casos em que, por um qualquer motivo relevante, o juiz não pode proceder, em tempo útil, ao julgamento em processo sumário: com esta cláusula geral, o legislador abrange todos os casos de impossibilidade, gerando condições para a efetiva realização do julgamento.

§ **44** O tratamento processual deverá ser semelhante nos casos em que falta o MP: independentemente de igual silêncio desta norma, também a falta ou o impedimento do magistrado do MP competente deverá dar lugar à sua substituição. Mesmo em processo sumário, o julgamento não poderá ter lugar a sua ausência (*supra,* §§ 32 e 33 da anotação ao art. 119.º e §§ 8 e ss. da anotação ao art. 330.º), devendo o juiz, seguindo o regime geral (arts. 386.º/1 e 330.º/1), proceder à sua substituição (art. 81.º/1 EMP e art. 86.º/4 LOSJ). Não há nenhuma razão para estabelecer aqui um tratamento diversificado. Sem MP não pode haver julgamento.

§ **45** A falta do arguido devidamente notificado para o ato e das consequências processuais da sua falta [ac. RP, 12.11.2014 (ERNESTO NASCIMENTO); ac. RP 09.11.2016 (JOÃO MALDONADO)], não obstante o silêncio desta norma, também não dá origem ao adiamento da audiência, que se realiza, sendo ele representado, para todos os efeitos legais, pelo defensor (arts. 382/6 e 385.º/2/*a*). Está na sua disponibilidade comparecer, ou não, ao julgamento, não podendo, todavia, invocar, depois, a sua ausência voluntária, para anular o *veredictum*. A audiência pode ter lugar na sua ausência [art. 32.º/6 CRP; ainda assim, defendendo que esta solução não se aplica nos casos em que há efetiva impossibilidade de comparecer, ac. RE, 22.01.2013 (ANA BACELAR CRUZ)]. Aliás, o arguido pode, também aqui, requerer ou consentir que a audiência tenha lugar na sua ausência (art. 334.º/2).

§ **46** As faltas do assistente e das partes civis, à semelhança do regime geral (art. 331.º/1), aqui aplicável (art. 386.º/1; OLIVEIRA MENDES, 2016, p. 1159), não dão lugar ao adiamento da audiência, que se realiza, sendo eles representados, para todos os efeitos legais, pelos respetivos advogados constituídos (art. 331.º/1). Se o juiz, oficiosamente ou a requerimento decidir que a sua presença é indispensável à boa decisão da causa e não for previsível obter o seu comparecimento com a simples interrupção da audiência, serão produzidas as provas disponíveis e designada nova data para a sua audição (art. 331.º/2).

V – Consequências da violação deste formalismo

§ **47** A violação dos prazos máximos para o início da audiência de discussão e julgamento em processo sumário não constitui hoje (ao contrário da solução original) causa de invalidade insanável, por utilização de um processo especial fora dos casos previstos na lei (*supra*, § 16 da anotação ao art. 381.º). Em causa está agora uma simples regra de marcação da audiência de discussão e julgamento em processo sumário e não um requisito matricial do mesmo [Paulo Pinto de Albuquerque, 2007, pp. 963/4; Oliveira Mendes, 2016, p. 1158; ac. RP, 17.11.2010 (Maria Dolores da Silva e Sousa); RG, 22.11.2010 (Paulo Fernandes da Silva)].

§ **48** A violação das normas relativas ao adiamento da audiência só poderá ser, igualmente, corrigida através do mecanismo processual da irregularidade (art. 123.º): atento o princípio da taxatividade das nulidades processuais (art. 118.º), a eventual invalidade resultante da violação destas disposições, deverá ser arguida no próprio ato ou se os interessados a este não tiverem assistido nos três dias seguintes a contar daquele em que tiverem sido notificados para qualquer termo no processo, ou tiverem intervindo em algum ato nele praticado.

§ **49** A consagração de certos prazos perentórios para o início da audiência de discussão e julgamento (ou para aplicação das respetivas soluções alternativas) torna a arguição da invalidade decorrente da utilização de outra forma processual (inquérito) inútil. O decurso desses prazos torna inviável o reconhecimento oficial de que se deve ter utilizado antes o processo sumário (*supra*, § 45 da anotação ao art. 381.º e § 44 da anotação ao art. 382.º).

João Conde Correia

Artigo 388.º
Assistente e partes civis

Em processo sumário, as pessoas com legitimidade para tal podem constituir-se assistentes ou intervir como partes civis se assim o solicitarem, mesmo que só verbalmente, no início da audiência.

Origem do texto: corresponde à redação originária, aprovada pelo DL 78/87. Apesar de elencar este artigo entre as normas alteradas, a L 26/2010, de 30.08, manteve a sua redação inalterada.

Sumário do comentário:
I – Generalidades (§§ 1 a 4)
II – Constituição como assistente (§§ 5 a 10)
III – Partes civis (§§ 11 a 16)

I – Generalidades

§ **1** A sujeição do arguido a julgamento em processo sumário, caraterizada essencialmente pela supressão das fases preliminares do processo (inquérito e instrução), não poderá afetar o núcleo essencial dos direitos do assistente e das partes civis. A defesa, em julgamento, dos seus legítimos interesses deverá estar devidamente preservada. Só assim se poderá garantir o acesso ao direito e aos tribunais (art. 20.º/1 CRP). Por isso mesmo, o legislador reafirmou nesta norma, sem paralelo no CPP/29, os seus poderes de intervenção processual. A celeridade da justiça não é incompatível com a salvaguarda dos seus direitos. Como já vimos (*supra*, § 4 da anotação ao art. 381.º), também a vítima anseia pela rápida punição do agressor e pela reparação dos danos sofridos de modo que fazê-la esperar mais do que o necessário poderá ser uma fonte de estigmatização ou de vitimização secundária: dificilmente se poderá encontrar alguém com mais interesse na rápida realização da justiça.

§ **2** Apesar da supressão daquelas fases processuais, o legislador assegura, assim, a participação do assistente e das partes civis. O caráter subsidiário das disposições relativas ao julgamento em processo comum (art. 386.º/1; Mmpdjp, 2009, p. 980; Fernando Gama Lobo, 2015, p. 762) não seria suficiente para o efeito: sem estas normas, atentas as especificidades do processo sumário, seria difícil assegurar os direitos daqueles. A impossibilidade de intervir no inquérito (art. 69.º/2/*a*), de, oportunamente, deduzir acusação, assim introduzindo outros factos em juízo (art. 284.º), de deduzir acusação particular moldando o objeto do processo (art. 285.º), de requerer a abertura de instrução (art. 287.º/1/*b*) ou de deduzir pedido de indemnização civil (art. 77.º/2; *supra,* § 10 da anotação ao art. 72.º) poderia conduzir à conclusão da incompatibilidade do processo sumário com todas estas figuras adjetivas. Só a sua consagração legal expressa impede o perigo do seu afastamento jurisprudencial.

§ **3** O requerimento para constituição como assistente ou o pedido de indemnização civil podem ser formulados por escrito ou mesmo verbalmente, devendo, nesse caso, em regra, constar do registo áudio ou audiovisual da audiência de discussão e julgamento (art. 364.º/2/4), não sendo, assim, necessário proceder à sua transcrição (art. 98.º/3, *supra,* § 12 da respetiva anotação): o código já perfilha igual solução para a acusação, a contestação, o pedido de indemnização civil e sua contestação, quando verbalmente apresentados (art. 389.º/4).

§ **4** O despacho que indefere a constituição do titular dos interesses que a lei especialmente quis proteger com a incriminação como assistente é recorrível. O titular dos interesses que a lei especialmente quis proteger com a incriminação e as partes civis devem poder participar na declaração do direito no caso concreto, mormente acusado por factos que não importem uma alteração substancial dos factos já imputados pelo MP (art. 284.º) ou por crimes particulares (art. 285.º) e formulando (art. 77.º) ou contestando (art. 78.º) o pedido de indemnização civil. Só se dessa forma, se assegura o direito de intervenção processual do assistente (art. 32.º/7 CRP) e o direito de acesso aos tribunais (art. 20.º/1 CRP), que a celeridade, embora possa comprimir, não poderá jamais aniquilar. De forma que, malgrado o teor do art. 391.º, deverá ser admissível recurso (Paulo Pinto de Albuquerque, 2007, p. 967) da decisão que indefere a constituição como assistente ou a participação das partes civis (art. 407.º/2/*g*). A definição do direito, sem a participação constitutiva daqueles, por errado indeferimento da participação como assistente ou como parte civil, é inadmissível.

II – Constituição como assistente

§ **5** No que concerne à participação do titular dos interesses que a lei especialmente quis proteger com a incriminação, esta norma limita-se a permitir que a sua constituição como assistente tenha lugar até ao início da audiência. Em vez do regime geral (até 5 dias antes do início da audiência de julgamento: art. 68.º/3/*a*; M. Simas Santos/M. Leal Henriques, 2000, p. 634), que, por razões óbvias, não poderia ser aqui respeitado, um regime especial adequado às particularidades temporais do processo sumário. Dessa forma, opera-se a desejável concordância prática entre a necessária celeridade processual e a salvaguarda dos direitos individuais, *maxime* de «participação constitutiva na declaração do direito do caso» (Maria João Antunes, 2016, p. 52).

§ 6 Isto não significa que, nos termos do regime geral, o titular dos interesses que a lei especialmente quis proteger com a incriminação, não possa requerer a sua constituição como assistente depois, no prazo de interposição de recuso da sentença (art. 68.º/3/c). Apesar de já não poder colaborar na declaração do direito no caso concreto, participando ativamente na audiência de discussão e julgamento (Maria João Antunes, 2016, p. 52; Damião da Cunha, 2018, pp. 80 e ss.), o legislador permitiu esta intervenção *in extremis*, aqui também admissível, com vista a reagir às decisões finais que lhe sejam desfavoráveis (*supra*, § 59 da anotação ao art. 68.º).

§ 7 Embora a constituição como assistente possa ser requerida até ao início da audiência de discussão e julgamento em processo sumário, nada impede que ela tenha lugar antes, durante a fase preliminar do processo sumário. A norma fixa um regime especial, alargando o momento próprio para a constituição como assistente, mas não altera o seu *dies a quo*. Só dessa forma, será, aliás, possível requerer (art. 384.º/1) ou impedir uma eventual tentativa de suspensão provisória do processo pelo MP. Com a notificação para comparecer perante o MP junto do tribunal competente para o julgamento (art. 383.º/1), também ele pode começar a preparar a sua intervenção processual, designadamente requerendo a sua constituição como assistente e, se assim o entender, a suspensão provisória do processo (art. 384.º/1).

§ 8 Uma vez que em processo sumário não há inquérito, nem instrução, o assistente não goza aqui (sem prejuízo de poder sugerir a realização de diligências: *supra*, § 7 da anotação ao art. 382) dos poderes de conformação processual que ali lhe são reconhecidos, nomeadamente intervir nessas fases processuais (art. 69.º/2/a). Restam-lhe, assim, os poderes de intervenção na audiência (art. 389.º/5), acusando por factos que não constituam uma alteração substancial dos factos já imputados pelo MP (art. 284.º) ou por factos que constituam crime particular cometidos em concurso com os factos que desencadeiam o sumário (art. 285.º: Paulo Pinto de Albuquerque, 2007, p. 967; *supra*, § 18 da anotação ao art. 381.º e *infra*, § 17 da anotação ao art. 389), oferecendo as provas e requerendo as diligências que se afigurem necessárias ou de interpor recurso das decisões que o afetem, mesmo que o MP não o tenha feito (art. 69.º/2/*e*).

§ **9** A amputação dos poderes do assistente é particularmente visível na impossibilidade de requerer a abertura da instrução (art. 286.º/3) ou a intervenção hierárquica (art. 278.º), por forma a submeter a julgamento em processo sumário factos que o MP não incluiu na sua própria acusação e que constituam uma alteração substancial daqueles que aí foram, devidamente, mencionados (*infra,* § 18 da anotação ao art. 389.º). Deste modo, sem prejuízo daquilo que venha, depois, a acontecer no decurso da audiência de discussão e julgamento (art. 359.º), restará a possibilidade de, se eles forem autonomizáveis, os denunciar novamente, desencadeando nova ação penal.

§ **10** A possibilidade de requerer a constituição como assistente, antes do início da audiência, coloca a questão de saber quem deverá ser o juiz competente para decidir esse mesmo pedido: o JI ou o juiz de julgamento? A primeira solução (JI) é coerente com a sua intervenção para aplicação de medidas de coação ou de garantia patrimonial (art. 382.º/3), mas significa a reintrodução da lógica do inquérito, que o flagrante delito, justamente, permite afastar; a segunda reconhece que o flagrante delito permite ultrapassar as fases preliminares do processo e introduzir imediatamente os factos em juízo.

III – Partes civis

§ **11** As partes civis (demandante ou demandado) podem intervir, igualmente, desde que assim o requeiram, mesmo que verbalmente, no início da audiência. Remeter a reparação do dano para o processo civil (art. 72.º/2/*h*) será desperdiçar uma oportunidade soberana para fazer justiça integral e criar condições para a eventual contradição de julgados (art. 449.º/1/*c*). A sociedade dificilmente compreenderá que a condenação não seja acompanhada pela compensação dos danos civis causados à vítima. Afinal, a reparação é, seguramente, uma parte importante do *veredictum.*

§ **12** O julgamento em processo sumário é uma das exceções ao princípio da adesão, permitindo a dedução de pedido de indeminização civil em separado perante o tribunal civil (art. 72.º/1/*h*). O lesado poderá não estar preparado para formular, de imediato, o seu pedido, quer por impossibilidade prática (José da Costa Pimenta, 1991, p. 241), quer por desconhecimento da extensão integral dos danos, quer por dificuldades na prova dos mesmos, quer, ainda, por qualquer outro motivo. Está, assim, na sua disponibilidade soberana decidir, se formula logo a sua pretensão indemnizatória, aproveitando o julgamento penal ou se espera para mais tarde. A celeridade da justiça criminal não o pode prejudicar.

§ **13** Mesmo que não tenha sido deduzido pedido de indemnização civil, nada impede que o tribunal, depois de assegurar o contraditório (art. 82.º-A/2), arbitre uma quantia a título de reparação dos prejuízos causados, sempre que particulares exigências de proteção da vítima o imponham (art. 82.º-A/1; Oliveira Mendes, 2016, p. 1161; Mmpdjp, 2009, p. 985). A regra geral tem aqui plena aplicação. O caráter sumário do processo não impede a reparação especial do dano. As razões dessa reparação são as mesmas do processo comum.

§ **14** A impossibilidade de cumprir os prazos previstos para a contestação do pedido de indemnização civil (art. 78.º) não obsta à possibilidade da intervenção das partes civis no processo penal. Se o prazo para contestar a acusação pode ser reduzido, também o prazo para contestar o pedido de indemnização civil poderá ser encurtado. As garantias de defesa de um processo de natureza civil não são mais importantes que as garantias de defesa de um processo de índole criminal.

§ **15** Nos casos em que, para além do arguido, exista uma pessoa com responsabilidade meramente civil (art. 73.º) será muito difícil lograr a sua comparência em tempo útil à realização do julgamento. Tanto mais que se é compreensível que o arguido detido em flagrante delito tenha que se defender de imediato, já não se dirá o mesmo do mero responsável civil, que necessita de tempo para preparar a sua defesa.

§ **16** A especial complexidade resultante da intervenção das partes civis não é motivo suficiente para o reenvio para outra forma processual (art. 390.º). Em tais casos, o juiz deverá antes, oficiosamente ou a requerimento, remeter as partes civis para os tribunais civis, se as questões suscitadas pelo pedido de indemnização civil inviabilizarem uma decisão rigorosa ou forem suscetíveis de gerar incidentes que retardem intoleravelmente o processo penal (art. 82.º/3). A questão criminal deverá, assim, continuar em sumário, cessando apenas a obrigação de conhecer conjuntamente ambas as questões.

João Conde Correia

Artigo 389.º
Tramitação

1 – O Ministério Público pode substituir a apresentação da acusação pela leitura do auto de notícia da autoridade que tiver procedido à detenção.

2 – Caso seja insuficiente, a factualidade constante do auto de notícia pode ser completada por despacho do Ministério Público proferido antes da apresentação a julgamento, sendo tal despacho igualmente lido em audiência.

3 – Nos casos em que tiver considerado necessária a realização de diligências, o Ministério Público, se não apresentar acusação, deve juntar requerimento donde conste, consoante o caso, a indicação das testemunhas a apresentar, ou a descrição de qualquer outra prova que junte, ou protesta juntar, neste último caso com indicação da entidade encarregue do exame, ou perícia, ou a quem foi requisitado o documento.

4 – A acusação, a contestação, o pedido de indemnização e a sua contestação, quando verbalmente apresentados, são documentados na ata, nos termos dos artigos 363.º e 364.º

5 – A apresentação da acusação e da contestação substituem as exposições introdutórias referidas no artigo 339.º

6 – Finda a produção de prova, a palavra é concedida por uma só vez, ao Ministério Público, aos representantes dos assistentes e das partes civis e ao defensor pelo prazo máximo de 30 minutos.

Origem do texto: Corresponde à redação originária, aprovada pelo DL 78/87, com as alterações introduzidas pela L 59/98, de 25.08, pelo DL 320-C/2000, de 15.12 (Rect. 9-F/2001, de 31.03), pela L 48/2007, de 29.08 (Rect. 105/2007, de 09.11), pela L 26/2010, de 30.08, pela L 20/2013, de 21.02 e pela Lei L/2016, de 25.02. A L 59/98, alterou o n.º 1 passando a dizer que o MP ausente seria substituído pelo substituto legal em vez de, como até aí, pessoa idónea; o DL 320-C/2000 alterou o n.º 7, passando a prever que, em vez de ser obrigatoriamente proferida e ditada para a ata, a sentença podia ser verbalmente proferida e ditada para a ata. A L 48/2007 suprimiu o n.º 2 que previa o dever de informar, sob pena de nulidade, da possibilidade de requerer a documentação dos atos de audiência (ficando essa documentação sujeita ao regime geral) e voltou a impor a obrigatoriedade de proferir de imediato a sentença, ditando-a para a ata (n.º 6). A L 26/2010 passou a prever *expressis verbis* que, quando verbalmente apresentados, a acusação, a contestação, o pedido de indemnização e a sua contestação, são documentados na ata, nos termos dos artigos 363.º e 364.º. A L 20/2013 suprimiu o anterior n.º 1 (regime de substituição do MP), remetendo a matéria para o regime geral e impôs ao MP a apresentação de acusação no caso de crimes (ou de concurso de crimes) punidos com pena de prisão de máximo superior a 5 anos (n.º 1), regulou os casos em que tenha sido considerado necessária a realização de diligências (n.º 3) e revogou o n.º 6 (obrigação de ditar, de imediato, a sentença, que passou para o art. 389.ºA/1). Lei L/2016 fixou a redação atual, eliminando a obrigação de deduzir acusação no caso de crimes (ou concurso de crimes) punidos com pena de prisão de máximo superior a 5 anos. Refletindo a grande estabilidade do processo sumário da redação original pouco resta.

Jurisprudência vinculante: ac. STJ/FJ 7/2008, 25.06.2008 (António Jorge Fernandes de Oliveira Mendes); e ac. STJ/FJ 1/2015, 20.11.2014 (Artur Rodrigues da Costa).

Sumário do comentário:

I – Generalidades

§ 1 Esta norma, inspirada nos arts. 558.º e 559.º do CPP/29, consagra (sob a epígrafe trâmites) algumas especificidades do julgamento em processo sumário, assim completando o programa normativo enunciado no art. 386.º. Para além de suprimir as fases de inquérito e de instrução, o legislador aligeirou algumas formalidades relativas à dedução de acusação (art. 283.º), à contestação (art. 315.º), ao pedido de indemnização civil (art. 77.º) e à sua contestação (art. 78.º), eliminou as exposições introdutórias (art. 339.º) e reduziu as alegações do MP, do representante do assistente e das partes civis e do defensor (art. 360.º). Com estas especificidades, sem aniquilar nenhuma garantia de defesa, o legislador espera contribuir para a celeridade e para a eficácia da justiça penal. Uma justiça simplificada não é, necessariamente, uma justiça pior.

§ 2 Refletindo a grande instabilidade normativa do processo sumário, esta norma dificilmente reflete, hoje, a sua epígrafe: tramitação. Em vez de tratar dos trâmites do processo sumário, agora espalhados por outras normas (*v.g.* arts. 387.º ou 389.º-A) estão em causa, como já iremos ver, sobretudo as especificidades da acusação (n.ºs 1 a 3), que podem ser aligeiradas em processo sumário. Existem, portanto, outros trâmites inseridos noutros preceitos, incluídos neste título ou mesmo (como o próprio legislador reconhece no art. 386.º/1) fora dele, aplicáveis ao processo sumário.

§ 3 A remessa da generalidade da tramitação em processo sumário para as normas que regem o processo comum (art. 386.º/1) é uma técnica legislativa louvável, que evita duplicações inúteis: o legislador limita-se a assinalar as diferenças, sendo o resto normalmente igual ao processo comum. Não podemos esquecer que a fase do julgamento é «aquela em que a defesa do arguido implica maiores garantias ... e a sua plena operatividade, já que é aí que o arguido se vê confrontado diretamente com a eventualidade de uma condenação» (ac. TC 459/2000). Daí que, no essencial, a tramitação seja (insistimos) a mesma do processo comum (*v.g.* saneamento do processo, disciplina e publicidade da audiência, produção de prova, leitura de declarações, alteração dos factos). Os direitos de defesa, *maxime* o contraditório, não podem ser aqui coartados (ac. TC 594/2020).

II –Acusação em processo sumário

§ **4** Num processo de estrutura acusatória (art. 32.º/5 CRP), a acusação assume, certamente, um lugar central: introduz os factos em juízo, desencadeando um pronunciamento judicial (art. 219.º/1 CRP); informa o arguido sobre os factos que lhe são imputados, permitindo o exercício do contraditório (art. 32.º/5 CRP); e fixa o objeto do processo (*supra,* § 2 da anotação ao art. 283.º). Compreende-se, por isso mesmo, atento este lugar central que, seja qual for a forma de processo, o legislador lhe preste especial atenção, definindo regras mínimas para a sua validade processual. Sem uma acusação válida, capaz de cumprir plenamente estas funções, jamais poderá haver um processo sumário válido (*ne procedat iudex ex officio*).

a) Substituição da acusação

§ **5** Ainda assim, a desejável celeridade do processo sumário e a menor gravidade dos crimes em que pode ser utilizado (punidos com pena de prisão até 5 anos: art. 381.º/1/2) justificam que, em vez de elaborar uma acusação *ex novo,* o MP substitua a sua apresentação pela simples leitura do auto de notícia. Também ele, se bem elaborado (art. 243.º/1), deverá conter os factos que fundamentam a aplicação ao arguido de uma pena ou de uma medida de segurança, incluindo, se possível, o lugar, o tempo e a motivação da sua prática, o grau de participação que o agente neles teve e quaisquer circunstâncias relevantes para a determinação da sanção que lhe deve ser aplicada (art. 283.º/3). Em vez de repetir, porventura *ipsis verbis*, o teor do auto de notícia, o MP poderá optar pela sua leitura, assim poupando tempo e meios.

§ **6** Embora a letra da lei (n.º 1) se refira apenas ao «auto de notícia de autoridade que tiver procedido à detenção», nada parece impedir que o mesmo suceda nos casos em que a detenção é efetuada por outra pessoa e entregue àquela autoridade (art. 255.º/2). O alargamento do processo sumário (protagonizado pela L 48/2007) aos casos em que a detenção é efetuada por outra pessoa e o detido, depois, entregue a uma autoridade judiciária ou entidade policial (art. 381.º/1/*b*) não foi acompanhado pela devida atualização deste preceito (Paulo

Pinto de Albuquerque, 2007, pp. 968/9; Mmpdjp, 2009, p. 987; Oliveira Mendes, 2016, p. 1162). Mais do que a qualidade de quem detém, importam as qualidades intrínsecas do auto: caráter fidedigno e exaustivo dos factos relatados. Caraterísticas que o MP, obviamente, deverá ponderar, no momento decisivo de deduzir acusação (total ou parcial) ou remeter para o auto. A possibilidade de o fazer não deverá depender de quem o lavra, mas do seu efetivo valor. Aliás, no processo abreviado, a acusação poderá ser feita por remissão para a própria denúncia (art. 391.º-B/1).

§ 7 Esta possibilidade de substituição da acusação pela leitura do auto de notícia pressupõe, todavia, que ele contenha todos os requisitos imprescindíveis à validade jurídica de uma acusação, *maxime* a identificação do arguido, os factos que fundamentam que lhe seja aplicada uma pena ou uma medida de segurança, incluindo as circunstâncias relevantes para a atenuação especial ou para a dispensa da pena, e, ainda, a respetiva qualificação jurídica [art. 283.º/2/*b*/*c*/*d*; ac. RL, 07.06.2011 (Jorge Gonçalves)]: o auto de notícia deve conter os elementos constantes do art. 283.º (*supra*, §§ 14 e ss. da respetiva anotação). Quando isso não acontece, como normalmente sucede na *praxis* jurídica quotidiana [Mmpdjp, 2009, p. 987; Fernando Gama Lobo, 2015, pp. 771/2; Oliveira Mendes, 2016, p. 1162; ac. RC, 21.10.2009 (Jorge Miranda Jacob)], o MP poderá completar, por despacho proferido antes da apresentação a julgamento, os elementos em falta, assim suprindo aquelas deficiências. A acusação resultará, então, da soma destes dois documentos.

§ 8 O legislador não definiu quando é que a factualidade constante do auto de notícia pode ser considerada insuficiente. De todo o modo, estando em causa a acusação, parece claro que o auto será insuficiente quando os factos descritos não fundamentarem a aplicação de uma pena ou de uma medida de segurança ao arguido (art. 283/3/*b*). O que tanto pode suceder, porque, apesar de terem acontecido, os factos não foram mencionados no auto (omissão na elaboração do auto), como porque não aconteceram. Caso em que não poderá haver julgamento e o expediente deverá ser arquivado (a conduta não é jurídico-criminalmente relevante). Apenas na primeira situação será, por isso mesmo, lícito completar o auto de notícia, submetendo a julgamento factos que, por lapso, dele não constam, mas deviam constar. Como em qualquer acusação, os factos que o MP adita têm de estar suficientemente indiciados.

§ 9 Os factos que fundamentam a aplicação de uma pena ao arguido incluem o elemento subjetivo do tipo legal de crime [ac. RL, 07.06.2011 (Jorge Gonçalves); RC, 21.10.2009 (Jorge Miranda Jacob)]: também eles são imprescindíveis à validade jurídica da acusação [o ac. STJ/FJ 1/2015, 20.11.2014 (Artur Rodrigues da Costa) tem aqui igual validade]. De modo que se não constarem do auto de notícia [os agentes autuantes nem sequer estão obrigados a fazer essa menção: ac. RL, 13.10.2011 (Agostinho Torres)] nem do despacho proferido pelo MP antes da apresentação a julgamento a acusação será inválida, devendo ser rejeitada pelo juiz não só por a mesma ser nula (art. 283/3/*b*), mas também por ser manifestamente infundada (art. 311.º/2/*a*/3/*b*): não contem a narração dos factos.

§ 10 Ainda que o legislador só fale da insuficiência da factualidade constante do auto de notícia, a faculdade de o completar também abrange a qualificação jurídica dos factos descritos na acusação, igualmente imprescindível à validade jurídica da mesma (art. 283.º/3/*c*). A remissão completa para o auto de notícia só poderá ser bem sucedida se ele contiver, pelo menos, estes dois elementos: factos que fundamentarem a aplicação de uma pena ou medida de segurança ao arguido e a respetiva qualificação jurídica, aí se incluindo, também, eventuais sanções acessórias [ac. STJ/FJ 7/2008, 25.06.2008 (António Jorge Fernandes de Oliveira Mendes)].

§ 11 A possibilidade de substituir a acusação pela leitura do auto de notícia pressupõe que este seja efetivamente lido em audiência, assim propiciando o cabal exercício dos direitos de defesa e delimitando o verdadeiro objeto do processo. De modo que a realização da audiência de discussão e julgamento sem a necessária promoção do processo penal pelo MP (consubstanciada nessa simples leitura do auto de notícia) constitui um ato processual inválido, cujos efeitos precários podem ser destruídos mediante o mecanismo da nulidade insanável [art. 119.º/*b*; ac. RL, 20.10.2016 (Cristina Branco)].

§ 12 Apesar da possibilidade de substituir a acusação pela leitura do auto de notícia, uma vez que ele raramente contem todos os «factos que fundamentam a aplicação ao arguido de uma pena ou de uma medida de segurança, incluindo, se possível, o lugar, o tempo e a motivação da sua prática, o grau de participação que o agente neles teve e quaisquer circunstâncias relevantes para a determinação da sanção que lhe deve ser aplicada» (art. 283.º/3/*b*) e que, normalmente, incluem detalhes sem qualquer interesse ou mesmo desnecessários, melhor será, quase sempre, deduzir uma acusação nova (para o abreviado, Mmpdjp, 2009, p. 997), de modo a sanear o objeto do processo, expurgando-o de matérias irrelevantes. Dada a simplicidade normal dos casos submetidos a julgamento em processo sumário, a dedução de uma acusação não constituirá um ónus desproporcionado para o MP e concorrerá para a celeridade do próprio julgamento (art. 339.º/4).

§ 13 Nos casos em que tiver considerado necessária a realização de diligências e não apresentar acusação, o MP deve juntar requerimento donde conste, consoante o caso, a indicação das testemunhas a apresentar, ou a descrição de qualquer outra prova que junte, ou protesta juntar, neste último caso com indicação da entidade encarregue do exame, ou perícia, ou a quem foi requisitado o documento (n.º 3). Uma vez que essas provas não constam do auto de notícia, só dessa forma, o arguido poderá ter conhecimento das mesmas e começar a preparar a sua defesa. Em causa está, pois, um sucedâneo do art. 283.º/3/*d*/*e*/*f*/*g*: a inexistência de uma acusação *stricto senso* (art. 283.º) não significa o incumprimento destes deveres essenciais ao exercício do contraditório (*supra,* § 37 da anotação ao art. 283.º).

§ 14 A «autoridade que tiver procedido à detenção» (n.º 1) inclui as «autoridades judiciárias» (art. 1.º/*b*), as «autoridades de polícia criminal» (art. 1.º/*d*), mas também qualquer entidade policial (MMPDJP, 2009, p. 987) que tenha procedido à detenção ou a quem o detido tenha sido entregue. Não estão em causa apenas aquelas autoridades, legalmente definidas no art. 1.º, mas quaisquer outras autoridades com competência para proceder à detenção ou para receber o detido. Não há nenhuma razão para restringir a possibilidade de recurso apenas aos autos de notícia elaborados por certas autoridades, restritamente definidas. Tanto mais que o MP poderá colmatar as suas falhas e que no processo abreviado o legislador não consagrou qualquer restrição da possibilidade de remissão para ele (art. 391.º-B/1).

§ 15 A possibilidade de substituir a acusação pela leitura do auto de notícia não significa, com é evidente, que o MP possa introduzir os factos em juízo automaticamente, sem um qualquer despacho ordenando a remessa do expediente à distribuição como processo sumário. A oralidade que carateriza esta forma processual ainda não dispensa esta formalidade. É sempre imprescindível que o MP requeira o julgamento imediato. O juiz deverá saber aquilo que lhe é pedido (*ne procedat iudex ex officio*): uma das funções imprescindíveis de uma acusação válida é, justamente, a promoção do processo penal para a fase subsequente.

§ 16 O despacho que promove o julgamento em processo sumário, ainda que por mera remissão para o auto de notícia (n.º 1), deverá (se essa for a situação) conter as razões pelas quais o MP entende que embora o crime seja punível com pena de prisão de limite máximo superior a 5 anos, mesmo em caso de concurso de crimes, não deverá, em concreto, ser aplicada pena de prisão superior àquele limite legal (art. 381.º/2). Se não for assim, se o MP não usar esta faculdade legal, o juiz singular será incompetente em razão da matéria (art. 13.º/2/*b*) e o julgamento não poderá realizar-se em processo sumário (*supra,* §§ 30 e ss. da anotação ao art. 381.º). É, por isso mesmo, aqui, correspondentemente, aplicável tudo aquilo que foi escrito a propósito da faculdade homóloga, consagrada, para o processo comum, no art. 16.º/3 (*supra*, §§ 15 e ss. da respetiva anotação).

b) Acusação do assistente

§ **17** Ao contrário do processo comum, que pode ser desencadeado pelo assistente (art. 285.º), o processo sumário só pode ser promovido pelo MP (MMPDJP, 2009, p. 986). Há aqui um verdadeiro monopólio no exercício da ação penal sumária. De forma que o assistente apenas poderá acusar por factos que não constituam uma alteração substancial dos factos já imputados pelo MP (art. 284.º) ou por factos que constituam crime particular cometido em concurso com os factos que desencadeiam o sumário (art. 285.º; PAULO PINTO DE ALBUQUERQUE, 2009, p. 967). Isoladamente, os crimes particulares não podem ser submetidos a processo sumário (*supra,* § 18 da anotação ao art. 381.º e § 8 da anotação ao art. 388.º).

§ **18** O assistente não pode tentar a inclusão de factos que constituam uma alteração substancial dos factos descritos na acusação do MP no objeto do processo submetido a julgamento. A acusação particular não serve para esse efeito (art. 284.º/1) e em processo sumário não há instrução (art. 286.º/3). Assim, sem prejuízo daquilo que acontecer em audiência de discussão e julgamento (art. 359.º), restará a possibilidade de, se eles forem autonomizáveis, os denunciar novamente.

III – Outras especialidades

§ **19** A acusação, a contestação, o pedido de indemnização civil e a sua contestação, quando verbalmente apresentados, são documentados na ata, nos termos dos arts. 363.º e 364.º, não sendo, assim, necessário proceder à sua transcrição (art. 98.º/3, *supra,* § 12 da respetiva anotação). Apenas aqueles atos que o juiz, oficiosamente, ou a pedido mande transcrever serão reduzidos a escrito (art. 364.º/4). O mesmo acontece, como já vimos (art. 388.º), com o requerimento para constituição como assistente. No processo sumário, o princípio da oralidade assume uma dimensão especial (M. Simas Santos/M. Leal Henriques, 2000, p. 636), não havendo necessidade de reduzir a escrito aquilo que fica oralmente documentado.

§ **20** A apresentação da acusação e da contestação substituem as exposições introdutórias referidas no art. 339.º. Devido à atualidade e a visibilidade do caso não são necessárias maiores explicações. O mesmo acontece, apesar do silêncio da lei, com a apresentação de pedido de indemnização civil (art. 388.º). A realização oral destes requerimentos corresponde àquelas exposições introdutórias, que, assim, carecem de utilidade adicional. Mais uma vez, o princípio da oralidade tem aqui uma expressão particularmente significativa (M. Simas Santos/M. Leal Henriques, 2000, p. 636).

§ **21** Embora a letra da lei só se refira à apresentação da acusação e da contestação, deverá entender-se que também a sua formulação verbal (n.ºs 1 e 4) substitui as exposições introdutórias. Não há nenhuma razão para discriminar esta situação. Em ambos os casos, quer a acusação ou a contestação tenham sido apresentadas por escrito, quer a acusação seja substituída pela leitura do auto de notícia (n.º 1), ou a contestação verbalmente formulada, não há lugar às exposições introdutórias. O que interessa é esse ato que materialmente as substitui. Tanto mais que o próprio n.º 4 se refere à apresentação verbal da acusação e da contestação. De todo o modo, por ser equívoca, a letra da lei deveria ser clarificada.

§ **22** A apresentação de pedido de indemnização civil e de contestação ao mesmo, apesar de não serem mencionadas nesta norma, também devem substituir as exposições introdutórias (art. 339.º/2). A situação é análoga à acusação e à contestação, merecendo igual tratamento adjetivo. Aliás, uma vez que estão em causa interesses meramente civis, a solução é aqui ainda mais compreensível. Se aquelas garantias podem ser restringidas também estas podem ser limitadas.

§ **23** A apresentação da acusação e da contestação não substitui a exposição sucinta do objeto do processo a cargo do juiz (art. 339.º/1). Atento o princípio da publicidade (art. 86.º/1), qualquer processo deverá iniciar-se, com uma exposição, ainda que mínima, do objeto do processo. Mesmo que os sujeitos processuais já estejam familiarizados com ele, poderá haver outros interessados no seu conhecimento.

§ 24 Finda a produção de prova, a palavra é concedida por uma só vez, ao MP, aos representantes dos assistentes e das partes civis e ao defensor pelo prazo máximo de 30 minutos. Atenta a visibilidade e a evidência probatória, que o flagrante delito normalmente consubstancia, e a menor gravidade dos factos julgados em processo sumário (não poderá ser aplicada uma pena de prisão superior a 5 anos) nada obsta a esta redução. Sendo que, em casos excecionais, devidamente justificados, nada impedirá que estes limites legais sejam ultrapassados (art. 360.º/3 e, por analogia, art. 391.º-E/2). Apenas as réplicas estão afastadas. Também aqui a lógica será a da redução das alegações ao mínimo indispensável ao conhecimento e boa decisão da causa (art. 386.º/2).

IV – Consequências da violação deste formalismo

§ 25 A preterição destas formalidades processuais mínimas em benefício das formalidades mais garantistas do processo comum não desencadeia qualquer consequência processual. Por exemplo, fazer exposições introdutórias ou replicar as alegações são aqui atos irregulares, que, todavia, não afetam o valor do ato processual penal praticado (art. 123.º/2). De facto, embora elas possam, desnecessariamente, pôr em causa a celeridade processual, o ato efetivamente praticado confere mais garantias aos intervenientes. Tudo isto sem prejuízo de se repercutirem na avaliação do mérito de quem admite tais atos.

§ 26 Pelo contrário, a completa supressão do ato (*v.g.* falta de acusação ou de oportunidade para alegar) constitui causa de invalidade [arts. 119.º/1/*b* (*supra*, § 11) e 120.º/2/*d*, respetivamente]. Sem essas garantias processuais mínimas, o julgamento não é válido, podendo ser anulado.

§ 27 A nulidade dos atos inválidos praticados durante a audiência de discussão e julgamento, ao contrário dos vícios cometidos anteriormente (que têm que ser arguidos logo no seu início: art. 120.º/3/*d*) deve ser invocada durante a mesma (art. 120.º/3/*a*). Só não será assim, se estiver em causa um vício insanável (art. 119.º), que, ainda, poderá ser invocado em sede de recurso (art. 410.º/3). O mesmo acontece com a violação de uma proibição de valoração, que também poderá ser conhecida em sede de recurso ordinário ou, mesmo, eventualmente, extraordinário (art. 449.º/1/*e*).

João Conde Correia

Artigo 389.º-A
Sentença

1- A sentença é logo proferida oralmente e contém:

a) A indicação sumária dos factos provados e não provados, que pode ser feita por remissão para a acusação e contestação, com indicação e exame crítico sucintos das provas;

b) A exposição concisa dos motivos de facto e de direito que fundamentam a decisão;

c) Em caso de condenação, os fundamentos sucintos que presidiram à escolha e medida da sanção aplicada;

d) O dispositivo, nos termos previstos nas alíneas a) a d) do n.º 3 do artigo 374.º

2 – O dispositivo é sempre ditado para a ata.

3 – A sentença é, sob pena de nulidade, documentada nos termos dos artigos 363.º e 364.º

4 – É sempre entregue cópia da gravação ao arguido, ao assistente e ao Ministério Público no prazo de 48 horas, salvo se aqueles expressamente declararem prescindir da entrega, sem prejuízo de qualquer sujeito processual a poder requerer nos termos do n.º 4 do artigo 101.º

5 – Se for aplicada pena privativa da liberdade ou, excecionalmente, se as circunstâncias do caso o tornarem necessário, o juiz, logo após a discussão, elabora a sentença por escrito e procede à sua leitura

Origem do texto: artigo introduzido pela L 26/2010, de 30.08, alterado, no número 4, pela L 20/2013, de 21.02.

Sumário do comentário:

I – Considerações gerais (§§ 1 a 5)
II – Princípio da oralidade (§§ 6 a 10)
III – Requisitos (§§ 11 a 17)
IV – Linguagem da decisão (§§ 18, 19)
V – Nulidade por falta de documentação (§ 20)
VI – Cópia da gravação (§§ 21, 22)
VI – Sentença escrita (§§ 23 a 27)
VII – Nulidade da sentença (§ 28)
VIII – Aplicação subsidiária (§ 29)

I – Considerações gerais

§ 1 O artigo em anotação, introduzido apenas em 2010 pela L 26/2010, decorre da proposta de lei n.º 12/XI, apresentada pelo Governo onde se sublinhava que, nesta matéria, se tratava de regular de forma inovadora um novo modelo de sentença, nomeadamente a sentença oral simplificada nos processos sumário e abreviado. A proposta de lei foi objeto de algumas modificações, por via de propostas legislativas apresentadas pelos vários grupos parlamentares e aprovada com votos a favor do PS e a abstenção do PSD, do CDS/PP, do BE e do PCP (aprofundadamente, Lopes, 2019, p. 455 e Bucho, 2010, p. 114).

§ 2 Pretendeu-se, com a introdução desta nova norma, assumir o princípio de que, também na sentença, nos processos especiais, deve tratar-se processualmente de forma diferente o que estruturalmente não é igual. Ou seja, normativizar no domínio da sentença, o princípio da diferenciação, sustentado, fundamentalmente, nas exigências de celeridade processual que devem imprimir-se aos processos especiais, legitimados, eles mesmos, em mecanismos de aquisição de prova diferenciados em relação ao processo comum, nomeadamente o flagrante delito ou a existência de provas evidentes (sobre os modelos de diferenciação, nos processos especiais, Lopes, 2019, p. 380 e ss). Por isso foram introduzidos no código o artigo agora em anotação e o artigo 391.º-F, que estabelece a aplicação da mesma estrutura de sentença ao processo abreviado, independentemente das razões diversas que justificam e estão na origem dos dois tipos de processos.

§ 3 A especificidade que legitima a existência dos processos especiais encontra-se no momento de apuramento e validação dos factos decorrentes da situação de flagrante delito (para o processo sumário) ou da evidência das provas recolhidas (para o processo abreviado) que, pelo facto de consubstanciarem uma prova reforçada sobre a factualidade, traduzem um menor juízo de incerteza na determinação da verdade. Por isso, o figurino da sentença final exigido para estes processos, porque se sustenta num modo específico e facilitado de determinação da verdade dos factos ocorridos, justifica formas diferenciadas de estruturação da sentença nomeadamente através de formas sumárias de fundamentação, onde se inclui a sentença oral (Lopes, 2019, 406 e 407).

§ 4 O estabelecimento de sentenças orais tem sustento normativo no direito comparado. Assim, em Espanha, no âmbito do processo abreviado, a sentença é proferida oralmente após a finalização da audiência sem prejuízo da sua ulterior documentação, contrariamente ao que era até então uma mera possibilidade dada ao juiz. A sentença oralmente produzida pode tornar-se imediatamente definitiva se todas as partes do processo expressarem a opinião de não recorrer. Na Holanda, admite-se como forma de simplificação processual, as chamadas sentenças «tête-queue». Trata-se de sentenças que consistem na pronúncia do dispositivo e na indicação sintética das fontes de prova em que se sustentou a deliberação. Só em caso de recurso será elaborada uma sentença completa de modo a permitir o seu controlo (desenvolvidamente, Lopes, 2019. p. 419 e ss).

§ 5 As sentenças orais assentam igualmente na afirmação cada vez mais relevante do pressuposto da emergência da celeridade processual que subjazem aos dois processos especiais em causa, sem pôr em causa os direitos de defesa.

II – Princípio da oralidade

§ 6 A consagração da sentença oral comporta o alargamento do princípio da oralidade, como princípio estrutural do processo penal, à fase sentencial. O princípio da oralidade, como um dos princípios estruturantes do processo penal é assumido como condicionante de toda a fase de julgamento, nomeadamente na própria sentença, no caso dos processos especiais sumário e abreviado. Há nesta parte uma inversão do paradigma vigente nesta fase processual, ainda que limitada ao âmbito dos processos especiais.

§ 7 Daqui deve retirar-se a imposição inequívoca de que a sentença, no processo sumário e abreviado, por regra, é uma sentença oral e não uma sentença escrita. Por isso o número 1 do artigo estabelece de forma inequívoca que a sentença é «logo proferida oralmente».

§ 8 A dimensão da oralidade deve igualmente refletir-se na linguagem utilizada na sentença. Será, assim, um momento importante para evitar todo um estilo utilizado usualmente nas sentenças escritas, sustentado numa dimensão prolixa, excessivamente pesada, opaca e densificada por abundantes citações doutrinais. Ao contrário, a sentença oral deve ser narrativamente escorreita, linear, simples, clara e percetível pelos seus destinatários.

§ 9 A relevância jurídica da dimensão da sentença oral, como como ato processual autónomo sujeito a um regime normativo próprio, está expressa, pelo lado negativo, na afirmação normativa referida no art. 379.º/1/a, a propósito da exigência dos requisitos e estrutura da sentença, sob pena de nulidade.

§ 10 O princípio da oralidade, na fase sentencial, não vigora quanto ao dispositivo da sentença, sendo sempre escrito e ditado para a ata.

III – Requisitos

§ 11 O estabelecimento dos requisitos que a sentença deve conter, na sua fundamentação, não omite a compreensão que o regime simplificado da sentença oral comporta, tendo em conta as exigências de celeridade, naturalmente sem prejuízo de assegurados todos os direitos de defesa. Está em causa, nas als. a) a c) a concretização do princípio da fundamentação das decisões a que se refere o art. 205.º, da CRP. A sentença oral é sempre uma sentença fundamentada, na medida em que não dispensa as razões que o tribunal tem que dar sobre as suas opções decisórias fundadas nas provas. Por isso os três itens formalmente exigidos nas alíneas a) a c) do número 1. Fora destes casos, outros requisitos não serão assim essenciais. Veja-se, por exemplo a inexigibilidade do relatório ou da identificação total do arguido, que já consta no processo [neste último caso e sentido, ac. RP, 17.10.2021 (Vaz Carreto)].

§ 12 Ainda que de forma oral, o tribunal tem que efetuar em primeiro lugar uma indicação sumária dos factos provados, garantia fundamental que permite dar a conhecer o objeto do processo [al. a)]. Sublinha-se a questão da enunciação sumária dos factos, provados e não provados, que se deve limitar «ao nível do estritamente necessário» (Bucho, 2010, p. 118).

§ 13 A indicação dos factos provados pode ser efetuada por remissão para a acusação e para a contestação. Na fundamentação por remissão, está em causa a «elaboração da justificação de uma determinada decisão através do reenvio para a justificação de um ato ou decisão distintos do que está ser examinado, através do qual se pretende inferir o conteúdo justificativo da decisão *sub judice*» (desenvolvidamente, Lopes, 2019, p. 266). A remissão deve ser efetuada garantindo sempre que a sentença seja compreendida por parte dos destinatários, tanto os destinatários diretos – os sujeitos processuais – como os cidadãos em geral, nomeadamente referindo todas as questões que foram objeto da decisão. Devem também evitar-se situações como a «remissão» de «remissão», evitando pluralidade de reenvios que ponham em causa a auto-suficiência da decisão sendo, aliás, inconstitucional uma norma que permitisse, pela remissão, que a «acessibilidade dos fundamentos se tornasse labiríntica» (cf. ac. TC 147/2000). A remissão para a factualidade envolve igualmente o eventual pedido de indemnização cível e a contestação que sobre ele for efetuada (Albuquerque, 2011, p. 1009).

§ 14 O tribunal tem sempre que indicar quais as provas em que se sustentou para dar como provados os factos e efetuar um exame crítico das mesmas. Esse um princípio essencial da estrutura da fundamentação das decisões (aprofundadamente, cf. comentário ao art. 374.º).

§ 15 A fundamentação deve ser concisa. Esta dimensão é um elemento essencial da fundamentação, assumido expressamente pelo legislador. Por isso a concisão conforma uma ideia «chave» de economia argumentativa na racionalidade da fundamentação. A concisão assume-se como um elemento identificador do carácter racional da fundamentação no sistema decisional português. Deve ser concretizado e objeto de especial nota no domínio das sentenças no âmbito dos processos especiais e, por isso, ser objeto de especial atenção pelos juízes quando elaboram as decisões (sobre a concisão, cf. Lopes, 2019, p. 259 e comentário ao art. 374.º). Ser conciso é ser sintético e breve, sem amputar o essencial da fundamentação, não utilizando mais argumentos do que os absolutamente necessários para explicar as razões do decidido. Por outro lado, nas sentenças orais é essencial concretizar a compreensibilidade do que foi decidido e como se decidiu, razão essencial da fundamentação das decisões.

§ 16 A fundamentação aplica-se quando a decisão consubstanciar uma condenação e for aplicada uma pena. A aplicação de uma pena implica que o tribunal fundamente também oralmente a escolha e a medida da pena que aplica, tendo por critério as normas estabelecidas nos arts. 40.º, 70.º e 71.º CP. O tribunal tem que dizer (e não ditar ou escrever) as razões que o levaram a escolher determinada pena e, se for o caso da sanção acessória, bem como as razões que justificam a medida concreta a que se chegou

§ 17 Na estrutura da sentença o «dispositivo» contém exatamente os termos que constam no art. 374.º/3/a) a e), ou seja, o que está determinado para a sentença escrita. O dispositivo tem sempre que ser ditado para a ata ou ser escrito imediatamente pelo juiz.

IV – Linguagem da decisão

§ 18 A sentença oral deve ser proferida através de uma linguagem compreensível, tendo em conta os seus objetivos de celeridade, mas também de legitimação e compreensibilidade, de modo a ser percebida pelo destinatário, nomeadamente o cidadão. O discurso jurídico, ainda que obedeça a cânones e terminologias próprias, não pode omitir a necessidade da linguagem a utilizar nas sentenças, mas sobretudo nas sentenças orais oral dever ser simples, clara, concisa e direta, evitando termos e expressões que sejam difíceis de compreender (Lopes, 2020, p. 22). Os conceitos jurídicos devem, se necessário, ser clarificados para que possam ser efetivamente entendidos e compreendidos. Nas sentenças orais, que não deixam de assumir uma dimensão narrativa, a linguagem utilizada deve funcionar como um fio condutor que favorece tanto o dispositivo (a decisão), como a fundamentação que o sustenta. Para uma visão, no direito comparado, sobre as técnicas de redação da sentença (Mealha, 2020, p. 37)

§ 19 Na proferição da decisão importa, por isso, controlar o excesso de linguagem e a prolixidade, nomeadamente evitando a utilização de jargão e eliminando fórmulas e rituais desnecessários, quase sempre vazias de conteúdo. A utilização da oralidade no domínio da decisão exige que se utilize um discurso suficientemente explícito, claro, sintético e compreensível, não permitindo que se suscite qualquer dúvida sobre o que foi decidido e igualmente sobre as razões que sustentam a decisão (como se decidiu). Só assim se consegue atingir alguns dos objetivos essenciais das sentenças, nomeadamente a transparência a acessibilidade do cidadão à justiça (no mesmo sentido Mealha, 2020, p. 41).

V – Nulidade por falta de documentação

§ 20 A afirmação inequívoca de que a sentença oral é sempre documentada, nos termos dos arts. 363.º e 364.º impõe que a sentença oral fique sempre integralmente registada no sistema de gravação (áudio e vídeo) do Tribunal, sob pena de nulidade. Trata-se de uma nulidade especifica que não se confunde com o regime de nulidade das sentenças a que se alude no art. 379.º/1.

VI – Cópia da gravação

§ 21 O número 4 estabelece a obrigatoriedade de entrega de cópia da gravação ao arguido e ao assistente, no prazo de 48 horas (Crítico, por «dilatar excessivamente o recurso no caso de o defensor não ser encontrado» Bucho, 2010, p. 122). A não entrega da cópia constitui uma mera irregularidade [ac. RP, 28.11.2018 (Élia São Pedro)].

§ 22 Após a alteração introduzida pela L 20/2013, ficou claro a inexigibilidade da transcrição da sentença oral (cf. Milheiro, Tomo I, comentário ao art. 101.º, §14) para efeitos de recurso. Poderá, em determinadas circunstâncias, solicitar-se essa transcrição, sempre devidamente fundamentada. Antes da referida L, seria sempre ao Tribunal que caberia a transcrição da sentença [ac. RP, 30.05.2012 (Mouraz Lopes)].

VII – Sentença escrita

§ 23 O legislador estabeleceu duas exceções ao regime da sentença oral no âmbito dos processos abreviado e sumário, salientando assim o caráter obrigatório da sentença oral nestes processos (neste sentido, ALBUQUERQUE, 2011, p. 1009). Uma, imperativa e outra facultativa. No primeiro caso a sentença é obrigatoriamente elaborada de forma escrita quando for aplicada uma pena privativa de liberdade [sublinhando esta excecionalidade das situações da sentença escrita, ac. RC, 8.07.2015 (VASQUES OSÓRIO)]. No segundo caso, quando se as circunstâncias do caso o tornarem necessário.

§ **24** A aplicação de uma pena privativa de liberdade e a sua concretização/execução comporta a necessidade de considerar, no programa de execução subsequente todo o condicionalismo que o tribunal ponderou, nomeadamente, algumas das razões que sustentam o processo justificativo que consubstancia a fundamentação e que levaram à aplicação dessa pena concreta. Estão em causa questões como exigência de ressocialização, nomeadamente a nível do tempo e condições de cumprimento da pena ou circunstâncias pessoais ou conjunturais que o tribunal entenda necessário explicar na fundamentação em concreto da pena de prisão aplicada. Recorde-se que na sentença condenatória o tribunal pode indicar o início e o regime de cumprimento da pena e «outros deveres que ao condenado sejam impostos e a sua duração, bem como o plano de readaptação social» (cf. comentário art. 375.º).

§ **25** A aplicação de uma pena de prisão ainda que executada em regime de permanência na habitação, nos termos do art. 43.º CP, impõe igualmente a elaboração da sentença escrita. Não obstante a suspensão da execução da pena de prisão conformar uma pena autónoma em relação à pena de prisão efetiva, justifica-se que a aplicação de uma pena de prisão suspensa na sua execução comporte a elaboração de sentença escrita, tendo em conta a possibilidade da mesma puder a vir a ser revogada e, por isso executada a prisão [acs. RL, 23.04.2013 (ALDA CASIMIRO); RL, 24.05.2018 (CLÁUDIO XIMENES); em sentido contrário, ac. RG, 8.04.2013 (ANTÓNIO CONDESSO)].

§ **26** Na dimensão facultativa está em causa essencialmente o critério efetuado pelo juiz do caso no sentido de assegurar razões de natureza extraprocessual subjacentes à finalidade da fundamentação, nomeadamente a relevância social de uma decisão ou o impacto que a mesma possa ter em qualquer dos auditórios a que se destina. Como exemplo, veja-se a situação que exige maior rigor e ponderação no processo de decisão, pela complexidade do processo e do crime [ac. RP, 10.01.2018 (DOLORES SILVA)].

§ 27 Fora do caso da dimensão obrigatória da sentença escrita, a decisão do tribunal de concretizar a fundamentação da sentença por escrito é soberana e insuscetível de ser sindicada por recurso.

VIII – Nulidade da sentença

§ 28 O regime da sentença oral estabelece um regime de nulidade da sentença especificamente referido no art. 379.° (cf. Comentário ao artigo), que não se confunde com a nulidade a que se refere o número 3 (§ 16). Assim, quando a sentença oral não contiver as menções referidas nas alíneas a) a d) a sentença é nula [ac. RG, 22.04.2013 (FERNANDO MONTERROSO)].

IX – Aplicação subsidiária

§ 29 Este regime aplica-se igualmente à sentença a proferir no processo abreviado (art. 391.° F). Não parece legalmente possível aplicar, ainda que subsidiariamente, este regime especial da sentença prevista para os processos especiais sumário e abreviado ao processo comum, ainda que em tribunal singular (contra, sustentando essa aplicação, por via da aplicação dos princípios da imediação, oralidade e continuidade da audiência, ALBUQUERQUE, 2011, p. 1010). Trata-se de um regime normativo especifica e intencionalmente adotado pelo legislador apenas para os processos especiais.

JOSÉ MOURAZ LOPES

Artigo 390.º
Reenvio para outra forma de processo

1- O tribunal só remete os autos ao Ministério Público para tramitação sob outra forma processual quando:

a) Se verificar a inadmissibilidade legal do processo sumário;

b) Não tenham podido, por razões devidamente justificadas, realizar-se, no prazo máximo previsto no artigo 387.º, as diligências de prova necessárias à descoberta da verdade; ou

c) O procedimento se revelar de excecional complexidade, devido, nomeadamente, ao número de arguidos ou de ofendidos ou ao caráter altamente organizado do crime.

2 – Se, depois de recebidos os autos, o Ministério Público deduzir acusação em processo comum com intervenção do tribunal singular, em processo abreviado, ou requerer a aplicação de pena ou medida de segurança não privativas da liberdade em processo sumaríssimo, a competência para o respetivo conhecimento mantém-se no tribunal competente para o julgamento sob a forma sumária.

Origem do texto: O preceito sofreu várias alterações desde a versão originária do DL 78/87. Com efeito, a alteração introduzida pela L 59/98 veio por um lado reduzir os fundamentos de reenvio e, por outro lado, simplificar o procedimento do reenvio que, então, ainda era apenas previsto para a forma comum; por sua vez, a L 48/2007, de 29.08, já alterou a epígrafe da norma, voltou a ampliar os fundamentos de reenvio – sendo as previstas nas alíneas b) e c) correspondentes às atuais previstas nas alíneas b) e c) do n.º 1 e a prevista na alínea a) semelhante, mas ainda não igual, à prevista atualmente na alínea a) do n.º 1- e admitiu que o procedimento de reenvio fosse para tramitação sob outra forma processual (que não só a forma comum); a alteração resultante da L 52/2008, de 28.08, veio trazer a nova configuração que o artigo apresenta atualmente, com dois números e, também, veio regulamentar, de forma mais sistematizada e alargada, as opções/ soluções ao dispor do MP, depois de receber os autos reenviados pelo juiz; já a L 26/2010 alterou o n.º 2, a nível da competência para o conhecimento do processo reenviado pelo MP, sendo essa a versão atual; a L 20/2013, de 21.02 deu nova redação às alíneas a), b) e c) do n.º 1 (quanto aos fundamentos do reenvio), sendo que apenas o fundamento previsto na referida alínea a) é o da versão atual, mas o das alíneas b) e c) foram novamente alterados pela L 1/2016, de 25.02 (sendo essa a versão atual), acabando por repristinar a redação da L 48/2007. As alterações sucessivas relacionaram-se com o alargamento ou a melhor concretização dos fundamentos do reenvio em processo sumário e com os procedimentos do reenvio.

Jurisprudência vinculante: Ac. STJ/FJ 8/2014, de 14.05.2014 (António Jorge Fernandes de Oliveira Mendes), DR I de 12.06.2014.

Sumário do comentário:

I Considerações gerais (§§ 1 a 5)

II – Reenvio pelo juiz para outra forma de processo: fundamentos (§§ 6 a 20)

III –Competência para conhecer do processo reenviado pelo MP (§§ 21 a 25)

IV – Incumprimento e consequências (§§ 26 a 31)

I – Considerações gerais

§ 1 Esta possibilidade de "*reenvio para outra forma de processo*", prevista no art. 390.º, veio permitir que o juiz do julgamento pudesse sindicar, de forma mais ampla, a adequação da forma de processo sumário ao caso concreto submetido à sua apreciação, assim garantindo que a tramitação célere e simplificada que carateriza esta forma de processo especial não prejudique a realização e a administração da justiça.

§ 2 Os fundamentos que no processo sumário permitem o reenvio para outra forma de processo também mostram que este processo especial foi configurado para combater mais rápida e eficazmente a pequena e média criminalidade.

§ 3 Também a sua tramitação mais simplificada e célere, para além do recurso prévio à fase do julgamento, a soluções de consenso, conduz ao descongestionamento dos tribunais, o que se repercute na eficiência da administração da justiça e está associado a critérios de celeridade e de justiça material (pois o processo é resolvido em curto prazo, conseguindo-se ao mesmo tempo a reintegração do arguido na sociedade), combinados com critérios economicistas, porque ligados à produtividade e rentabilidade (v. Maria do Carmo Silva Dias, 2021, p. 19 e Hugo Luz Santos, 2021, p. 60 e ss.).

§ 4 Com este mecanismo do reenvio (que sempre existiu no processo sumário) ficou assegurado o acesso a um processo justo e equitativo, bem como garantidos todos os direitos de defesa.

§ 5 Convém lembrar que, as sucessivas reformas tiveram como objetivo imprimir celeridade e obter a simplificação processual (*v.g.* a nível do encurtamento de prazos e de simplificação de alguns procedimentos), designadamente a nível da tramitação (arts. 388.º e 389.º), da audiência (art. 387.º), na sentença (art. 389.º-A) e a nível da recorribilidade (art. 391.º).

II – Reenvio pelo juiz para outra forma de processo: fundamentos

§ 6 Os *fundamentos de reenvio para outra forma de processo são os indicados nas três diferentes alíneas do n.º 1 do art. 390.º, a saber:* a) verificar-se inadmissibilidade legal do processo sumário; b) não tenham podido, por razões devidamente justificadas, realizar-se, no prazo máximo previsto no art. 387.º, as diligências de prova necessárias à descoberta da verdade; c) o procedimento revelar-se de excecional complexidade, devido, nomeadamente, ao número de arguidos ou ofendidos ou ao caráter altamente organizado do crime.

§ 7 Para verificar se está ou não preenchido o fundamento previsto no art. 390.º/1/*a*, o tribunal vai ter que analisar o processo, particularmente a acusação (ou o auto de notícia da autoridade que tiver procedido à detenção, quando a acusação for substituída pela sua leitura nos termos do art. 389.º/1 ou ainda, caso seja insuficiente, a factualidade constante do auto de notícia, com o complemento do despacho do MP aludido no art. 389.º/2) que é submetida à sua apreciação (e que delimita o objeto do processo) para verificar se é ou não admissível a acusação sob a forma de processo sumário.

§ 8 *Para o efeito, terá de verificar se ocorrem ou não os pressupostos do processo sumário, que estão definidos nos arts. 381.º e 382.º*, desde logo: a) se o arguido foi detido, em flagrante delito, por crime punível com pena de prisão cujo limite máximo não seja superior a 5 anos ou que apesar de abstratamente exceder este limite (por exemplo, em caso de concurso de infrações), não deva, no caso ser aplicada, em concreto, pena de prisão superior a 5 anos (art. 381.º/1/*a*/2); b) que a detenção seja efetuada por autoridade judiciária ou por entidade policial ou por outra pessoa, observando o formalismo legal previsto nos arts 255.º e 256.º e 381.º/1/*a*/*b*/2; c) que os prazos para a realização do julgamento em processo sumário possam ser observados (art. 382.º); d) incompetência do tribunal coletivo, sem prejuízo do disposto no art. 381.º/2 (v. comentários de João Conde Correia aos arts. 381.º e 382.º).

§ 9 Claro que a regra geral será o processo ser remetido para processo sumário quando se verificam os seus pressupostos; de qualquer modo, quando são remetidos os autos, vindos do Ministério Público, com acusação para julgamento em processo sumário, o tribunal deve analisar se se verificam os seus pressupostos e se é competente, em razão da matéria, para aquele julgamento (por exp. no Porto e em Lisboa a competência material para julgar as causas a que corresponda a forma de processo abreviado, sumário e sumaríssimo pertence ao Juízo de Pequena Criminalidade e não ao Juízo local Criminal – art. 130.º/4/*a*, LOSJ).

§ 10 Faltando um dos pressupostos legais da admissibilidade do processo sumário, verifica-se fundamento para o seu reenvio para o MP, o que terá de ser declarado pelo juiz competente para o efeito, por despacho fundamentado.

§ **11** Por sua vez, o fundamento previsto no art. 390.º/1/*b*, relaciona-se com a falta de realização, por razões devidamente justificadas, de diligências de prova necessárias à descoberta da verdade, isto é, necessárias à realização da justiça material do caso concreto, dentro do prazo máximo (20 dias) previsto no art. 387.º, mais concretamente previsto no art. 387.º/2/*c* (ver o comentário de Conde Correia ao art. 387.º).

§ **12** Ou seja, o legislador, apesar da celeridade que quis imprimir ao processo sumário, não deixou de salvaguardar, dando a primazia que deve merecer à justiça material (finalidade principal da administração da justiça num Estado de direito), razão pela qual, neste caso em que esteja em causa a descoberta da verdade, por faltar ainda realizar diligências de prova essenciais, por razões devidamente justificadas, no prazo máximo previsto no art. 387.º, permitiu o reenvio.

§ **13** Não distinguiu o legislador se essas diligências de prova necessárias para a descoberta da verdade que não tenham podido realizar-se, por razões devidamente justificadas, haviam sido requeridas pelo MP ou pelo arguido ou pelo assistente ou pelas partes civis ou se haviam sido determinadas por iniciativa do próprio juiz. Isso significa que o que releva, para este efeito, é mesmo a natureza e essencialidade/necessidade das diligências de prova em falta para a descoberta da verdade, e não quem as requereu.

§ **14** Quando a norma se refere, às diligências de prova necessárias à descoberta da verdade que "não tenham podido, por razões devidamente justificadas, realizar-se" mostra que o legislador se preocupou em que existam motivos válidos, objetivamente compreensíveis para o cidadão médio, que mostrem que há razoabilidade (que há justificação) para o facto de não terem podido ser realizadas no caso concreto aquelas diligências de prova (que, afinal, até eram necessárias à descoberta da verdade).

§ **15** Outro motivo de reenvio é o do "procedimento revelar-se de excecional complexidade, devido, nomeadamente, ao número de arguidos ou ofendidos ou ao caráter altamente organizado do crime "(art. 390.º/1/*c*), o que se compreende até por haver alguma incompatibilidade entre a celeridade e simplificação que caracteriza o processo sumário e a complexidade e inerente dificuldade que irá em regra envolver o julgamento do procedimento que se revele de excecional complexidade.

§ **16** Repare-se que a fórmula usada para, a caracterização do procedimento como de excecional complexidade é idêntica à que consta do art. 215.º/3. O legislador indica, de forma exemplificativa (e não taxativa) alguns critérios (*v.g.* *"número de arguidos"* ou *"número de ofendidos"* ou o *"caráter altamente organizado do crime"*) que ajudam a melhor delimitar a figura do "procedimento de excecional complexidade".

§ **17** A opção pela indicação exemplificativa desses critérios (e não outros) revela que o legislador teve em atenção o quotidiano dos tribunais da 1.ª instância, apercebendo-se que muitas vezes a excecional complexidade pode dever-se (para além da gravidade do crime em investigação), ao *"número de arguidos ou de ofendidos"* ou ao *"caráter altamente organizado do crime."*.

§ **18** Haverá que fazer uma análise de cada caso concreto e, olhando para a imagem global do caso submetido a apreciação, ponderando todas as circunstâncias relevantes que permitam a formulação de um juízo de prognose antecipado e prudente que habilite o juiz a decidir sobre se é caso ou não de declarar a "excecional complexidade" do processo. Importa não esquecer que o processo penal, não podendo ser instrumentalizado ou subvertido, terá que ser justo e equitativo, decidido em prazo razoável (prazo adequado para cumprir eficazmente os seus objetivos, visto desde logo o disposto no art. 6.º/1 CEDH), o que significa que terão de ser combatidos os abusos (excessos) quer do poder estadual, quer da defesa ou de qualquer outro sujeito processual.

§ **19** A decisão do juiz não é meramente formal, antes "materialmente jurisdicional", traduzindo uma forma de "administrar a justiça" (tarefa dos tribunais – art. 202.º/1/2 CRP) e, nessa medida, impõe-se ao juiz avaliar, em cada caso concreto submetido à sua apreciação, até que ponto o respetivo procedimento assume objetivamente aquela excecional complexidade que justifique o reenvio para outra forma de processo.

§ **20** Quando se verificar qualquer dos fundamentos legais previstos no art. 390.º/1 (que são sempre casos excecionais), o juiz assim o terá de declarar, em despacho fundamentado e, no final, só remete os autos ao Ministério Público para tramitação sob outra forma processual.

III –Competência para conhecer do processo reenviado pelo MP

§ **21** Recebido o processo reenviado pelo juiz ao abrigo do art. 390.º/1, para tramitação sob outra forma processual, o MP é que decide o procedimento a seguir. E, entre as soluções previstas no n.º 2 da mesma norma, aparecem a possibilidade de deduzir a acusação em processo comum, com intervenção de tribunal singular ou a possibilidade de deduzir a acusação em processo abreviado ou a possibilidade de, em processo sumaríssimo, requerer a aplicação de pena ou medida de segurança não privativa de liberdade.

§ **22** O legislador (na mesma norma, isto é, no art. 390.º/2) também indica que a competência para o respetivo conhecimento, do processo reenviado pelo MP, mantém-se no tribunal competente para o julgamento sob a forma sumária.

§ **23** Simplesmente o legislador esqueceu-se de atualizar esta norma tendo em atenção as alterações introduzidas e mantidas na Lei da Organização do Sistema Judiciário. É que, nem sempre o tribunal competente para o julgamento sob a forma sumária é também o competente para o julgamento na forma comum. Por exp. no Porto e em Lisboa, a competência material para julgar as causas a que corresponda a forma de processo abreviado, sumário e sumaríssimo pertence ao Juízo de Pequena Criminalidade e não ao Juízo local Criminal (art. 130.º/4/*a*, LOSJ), não tendo aquele (JPC) competência para julgar processos sob a forma comum, mesmo com intervenção de tribunal singular (o que também já sucedia anteriormente, como resultava do art. art. 102.º/1 LOTJ).

§ **24** Portanto, neste particular aspeto, ou seja quanto à competência do tribunal/juízo que recebe o processo reenviado pelo MP, ao abrigo do art. 390.º/2, esta norma tem de ser interpretada tendo em atenção o regime especial contido na LOSJ (que define a competência material do próprio juízo/tribunal), que prevalece e conforma aquela norma do CPP. Caso contrário, não haveria fundamento/justificação razoável para impedir que, em Lisboa e no Porto, o JPC tivesse uma competência material própria e particular (definida na LOSJ) e, assim, estaria habilitado a fazer julgamentos de processos comuns e, por seu turno, também em Lisboa e no Porto, o JLC poderia fazer julgamentos de processos abreviados, sumários e aplicar penas ou medidas de segurança não privativas de liberdade em processos sumaríssimos (ou seja, apenas onde existe JPC, como sucede em Lisboa e no Porto, é que se pode colocar a questão da nulidade insanável prevista no art. 119.º/*e*, caso o MP ali requeira que seja feito o julgamento de processo comum, o mesmo se passando no JLC de Lisboa e do Porto, caso o MP requeira o julgamento de processos abreviados e sumários ou a aplicação de penas ou medidas de segurança não privativas de liberdade em processos sumaríssimos).

§ 25 De resto, cremos que não há qualquer obstáculo a que, se o MP assim o entender, usar de outras soluções não previstas no art. 390.º/2, como é o caso dos mecanismos de consenso, também alternativos da acusação (se ainda os não utilizou), por exemplo, da suspensão provisória do processo (arts. 281.º e 282.º CPP) ou arquivamento em caso de dispensa da pena (art. 280.º CPP).

IV – Incumprimento e consequências

§ 26 A decisão de reenvio prevista no art. 390.º/1 não é recorrível conforme jurisprudência fixada no ac. STJ/FJ 8/2014, 14.05.2014 (António Jorge Fernandes de Oliveira Mendes), que não perdeu atualidade (apesar de sucessivas reformas do processo penal entretanto publicadas), no seguinte sentido: «*Em processo sumário é irrecorrível o despacho de reenvio para outra forma de processo*».

§ 27 Nesse acórdão n.º 8/2014 defendeu-se que *despacho que põe termo ao processo* "é o que põe fim ao procedimento, sendo que o despacho de reenvio, conhecendo uma questão interlocutória, se limita a determinar que o procedimento passe a ser tramitado sob outra forma processual, ou seja, não visa a finalização do procedimento, antes a regulação da sua tramitação."

§ 28 E, acrescenta-se, mais à frente: "Sendo certo que a decisão de reenvio para outra forma de processo não tem por consequência o arquivamento ou o encerramento do processo, antes a alteração da forma processual, temos por seguro que tal decisão não cai na previsão do n.º 1 do artigo 391.º, ou seja, não é recorrível, conclusão esta que em nada colide com o facto de em 2007 o legislador ter suprimido a disposição que expressamente vedava o recurso do despacho de reenvio, visto que tal disposição era manifestamente redundante. Aliás, como bem salienta o Exmo. Procurador-Geral Adjunto no seu parecer, aquando da revisão do Código de Processo Penal de 2010, tanto o CDS (no projecto de lei n.º 173/XI) como o SMMP (no parecer sobre o projecto de proposta de lei para alteração do Código de Processo Penal), apresentaram propostas de alteração da redacção do artigo 391.º, visando a recorribilidade do despacho de reenvio para outra forma de processo, recurso esse com efeito suspensivo, no entanto, tais propostas foram rejeitadas, como resulta do Relatório da Discussão e Votação na Especialidade (DAR, II-A, de 24 de Julho de 2010), o que revela claramente que o legislador quis manter a irrecorribilidade do despacho de reenvio."

§ **29** No caso do MP reenviar o processo para Tribunal/juízo que não tem competência para a forma de processo requerida (por exemplo, requer processo comum, tribunal singular, ao Juízo de Pequena Criminalidade de Lisboa, que tinha sido o anteriormente competente para o julgamento da forma abreviada, mas que reenviara ao MP por inadmissibilidade do processo abreviado), o juiz terá de declarar a incompetência em razão da matéria do respetivo juízo, visto o disposto no art. 130.º/4/*a*, LOSJ e por haver uma nulidade insanável (art. 119.º/*e*), remetendo os autos ao tribunal competente.

§ **30** Mesmo que discorde do reenvio determinado pelo juiz (designadamente, porque este até cometeu um lapso e errou quando determinou o reenvio), o MP não pode voltar a reenviar os autos para julgamento em processo sumário.

§ **31** A sobrecarga de agenda do tribunal não é motivo de reenvio, como se pode perceber da leitura dos fundamentos previstos no art. 391.º. No rigor dos princípios, se um juiz está com a agenda sobrecarregada e não pode iniciar a audiência de julgamento do processo sumário dentro dos prazos legais (arts. 381.º e 382.º) deverá então o julgamento ser feito pelo substituto legal [*v.g.* ac. RL, 21.06.2011 (Neto de Moura), proc. n.º 146/10.7PTCLD.L1-5].

Maria do Carmo Silva Dias

Artigo 391.º
Recorribilidade

1 – Em processo sumário só é admissível recurso da sentença ou de despacho que puser termo ao processo.

2 – Exceto no caso previsto no n.º 4 do artigo 389.º-A, o prazo para interposição do recurso conta-se a partir da entrega da cópia da gravação da sentença.

Origem do texto: O preceito tem a redação da L 26/2010, de 30.08, passando a englobar dois números, correspondendo o n.º 1 ao texto do original do DL 78/87 e o n.º 2 a texto que anteriormente não existia e foi acrescentado por causa da devida articulação com outras alterações introduzidas pela mesma reforma de 2010, uma vez que, no processo sumário – tal como no abreviado, por força do art. 391-F – passou a sentença em regra (portanto ressalvadas as situações previstas no art. 389.º-A/5) a ser proferida oralmente, nos termos do art. 389.º-A/1/2/3, sendo documentada nos termos dos arts. 363.º e 364.º, ditado o dispositivo para a ata e sendo sempre entregue cópia da gravação ao arguido, ao assistente e ao Ministério Público no prazo de 48 horas, salvo se aqueles expressamente declarassem prescindir da entrega, sem prejuízo de qualquer sujeito processual a poder requerer nos termos do n.º 4 do artigo 101.º

Jurisprudência vinculante: ac. STJ/FJ 8/2014, 14.05.2014 (António Jorge Fernandes de Oliveira Mendes).

Sumário do comentário:

I – Considerações gerais

§ 1 Trata-se de uma norma especial sobre os casos em que é admissível recurso em processo sumário (também aplicável ao processo abreviado, por força do disposto no art. 391.º-G), visando também aqui o legislador garantir o direito ao recurso, assegurar todos os direitos de defesa (art. 32.º/1, CRP), assim como o acesso a um processo justo e equitativo (art. 20.º/1/4 CRP).

§ 2 Importa ter presente que com a reforma introduzida pela L 26/2010, o Governo pretendeu alterar particularmente o regime "dos processos especiais, sumário e abreviado", visando (como salientou na exposição de motivos da Proposta de Lei 12/XI/1) "promover a celeridade e simplificação da justiça", para "diferenciar o tratamento processual da pequena e média criminalidade, deixando para a forma processual mais solene apenas os casos de criminalidade grave ou complexa."

§ **3** Claro que o legislador ao aqui inverter a regra geral da admissibilidade do recurso (art. 399.º), uma vez que acaba por restringir ou limitar os casos de admissibilidade de recurso, tem em particular atenção que está perante uma forma de processo especial (processo sumário ou processo abreviado) que é por natureza urgente (art. 103.º/2/*d*) e assume um cariz célere, devendo, por isso, ser concluído com rapidez.

§ **4** Nesta perspetiva, o legislador dando um particular relevo ao tipo de processo especial aqui em causa, que pretende que tenha uma tramitação simplificada e que seja concluído com celeridade (ainda que sem comprometer os direitos de defesa e o acesso a um processo justo e equitativo), apenas admite a possibilidade de recurso em casos excecionais, mas essenciais no processo, que são precisamente (desde logo) a sentença ou o despacho que puser termo ao processo.

§ **5** Portanto, ainda que a redação da norma não seja perfeita (como também assinalam Oliveira Mendes, 2016, p. 1170 e Paulo Pinto de Albuquerque, 2011, p. 1011) e não contemple todos os casos que se podem configurar de admissibilidade de recurso em processo sumário (e, também, em processo abreviado), haverá que preencher a falta de regulamentação particular com o recurso às demais normas previstas neste código.

II – Casos de admissibilidade de recurso

§ **6** Nos termos do n.º 1 do art. 391.º, em processo sumário só é admissível recurso da sentença (seja ela proferida oralmente, nos termos do art. 389.º-A/1/2/3 ou por escrito, sendo depois lida, como sucede nos casos excecionais previstos no art. 389.º-A/5) ou de despacho que puser termo à causa.

§ **7** Não se colocam dúvidas sobre a definição de "*sentença*", estando a sua natureza claramente definida na lei e não havendo dificuldades na sua classificação e na distinção em relação a outro tipo de decisões finais.

§ **8** Por sua vez, a noção de "*despacho que puser termo à causa*" suscitou algumas dificuldades de interpretação, nomeadamente, quando aí se pretendeu incluir o despacho de reenvio para outra forma de processo (art. 390.º).

§ **9** De qualquer forma, segundo o art. 97.º/1/*a*/*b*, "Os atos decisórios dos juízes tomam a forma de *sentenças*, quando conhecerem a final do objeto do processo" e, tomam a forma de "*despachos*, quando conhecerem de qualquer questão interlocutória ou quando puserem termo ao processo fora do caso previsto na alínca anterior."

§ **10** O ac. STJ/FJ 8/2014, 14.05.2014 (António Jorge Fernandes de Oliveira Mendes), que não perdeu atualidade, apesar de sucessivas reformas do processo penal entretanto publicadas, fixou a seguinte jurisprudência: « *Em processo sumário é irrecorrível o despacho de reenvio para outra forma de processo*».

§ **11** Nesse acórdão n.º 8/2014 defendeu-se que *despacho que põe termo ao processo* "é o que põe fim ao procedimento, sendo que o despacho de reenvio, conhecendo uma questão interlocutória, se limita a determinar que o procedimento passe a ser tramitado sob outra forma processual, ou seja, não visa a finalização do procedimento, antes a regulação da sua tramitação."

§ **12** E, acrescenta-se, mais à frente: "Decisão que põe fim ou termo ao processo é, pois, a sentença, a qual conhece a final do objecto do processo e, em regra, conhece da relação substantiva ou mérito da causa, bem como a que, proferida antes da sentença, tem como consequência o arquivamento ou o encerramento do processo. Neste preciso sentido, a propósito do sentido da expressão *despacho que tiver posto fim ao processo*, constante do n.º 2 do artigo 449.º, dispositivo que regula os fundamentos e a admissibilidade do recurso extraordinário de revisão de sentença, se tem pronunciado, de forma pacífica e constante, este Supremo Tribunal. Sendo certo que a decisão de reenvio para outra forma de processo não tem por consequência o arquivamento ou o encerramento do processo, antes a alteração da forma processual, temos por seguro que tal decisão não cai na previsão do n.º 1 do artigo 391.º, ou seja, não é recorrível, conclusão esta que em nada colide com o facto de em 2007 o legislador ter suprimido a disposição que expressamente vedava o recurso do despacho de reenvio, visto que tal disposição era manifestamente redundante. Aliás, como bem salienta o Exmo. Procurador-Geral Adjunto no seu parecer, aquando da revisão do Código de Processo Penal de 2010, tanto o CDS (no projecto de lei n.º 173/XI) como o SMMP (no parecer sobre o projecto de proposta de lei para alteração do Código de Processo Penal), apresentaram propostas de alteração da redacção do artigo 391.º, visando a recorribilidade do despacho de reenvio para outra forma de processo, recurso esse com efeito suspensivo, no entanto, tais propostas foram rejeitadas, como resulta do Relatório da Discussão e Votação na Especialidade

(DAR, II-A, de 24 de Julho de 2010), o que revela claramente que o legislador quis manter a irrecorribilidade do despacho de reenvio."

§ **13** De todo o modo, existem casos particulares, de decisões proferidas *antes* da sentença ou do despacho que puser termo ao processo, em que é admissível recurso e que importa compatibilizar para haver unidade do sistema processual penal, encarado como um todo, não criando aparentes incompatibilidades, nem prejudicando as garantias de defesa, incluindo o direito ao recurso ou direitos fundamentais (como aconteceria se fosse vedado o acesso ao recurso, por exemplo, relativo a uma medida de coação a que o arguido estava sujeito, invocando o disposto no art. 391.º e preterindo o disposto no art. 219.º/1 – assim, também, Oliveira Mendes, 2016, p.1169 e Paulo Pinto de Albuquerque, 2011, p. 1011).

§ **14** Igualmente, como acrescenta Paulo Pinto de Albuquerque, 2011, pp. 1011 e 1012, quando esclarece que se impõe fazer "uma interpretação conforme à Constituição" do art. 391.º, deverá ser admissível o recurso, por exemplo, das "decisões que condenem no pagamento de quaisquer quantias antes da sentença, [do] despacho do juiz que não reconhece impedimento contra si deduzido, [da] decisão que recusa legitimidade ao MP para acusar e [do] despacho que indefere o requerimento de submissão do arguido suspeito de anomalia mental à perícia respectiva."

§ **15** Também às decisões proferidas *depois* da sentença ou depois do despacho que puser termo ao processo aplica-se a regra geral da recorribilidade (art. 399.º), desde que não esteja prevista na lei a sua irrecorribilidade (no mesmo sentido, Oliveira Mendes, 2016, p.1169; Paulo Pinto de Albuquerque, 2011, p. 1012, dá como exemplo "o despacho que revoga a suspensão da execução da pena de prisão em processo sumário, porque se trata de despacho que põe termo ao processo", embora, na nossa perspetiva, seja discutível esse entendimento no sentido de que este tipo de decisão, que se relaciona com o incumprimento culposo da pena aplicada em sentença anterior ao condenado, possa ser qualificada como "despacho que põe termo ao processo").

§ **16** Percebe-se tal entendimento uma vez que a regulamentação particular prevista para os processos especiais (no que aqui nos interessa processos sumário ou abreviado) apenas contempla a respetiva tramitação até à prolação da sentença ou de despacho que puser termo ao processo (uma vez que se pretende uma tramitação célere e simplificada e daí, também, a admissibilidade de menor número de casos de recurso, mas sem, contudo, coartar o direito ao recurso e direitos de defesa, bem como demais garantias de acesso ao processo existentes num Estado de direito, que devem ser assegurados a todos os sujeitos processuais); após essa fase final deste processo especial passam a aplicar-se as regras gerais do processo penal comum.

III – Contagem do prazo de interposição do recurso

§ **17** Sendo o prazo de interposição do recurso de 30 dias, que é o geral, previsto no art. 411.º/1, estabelece, contudo, o art. 391.º/2, que "Exceto no caso previsto no n.º 4 do artigo 389.º-A, o prazo para interposição do recurso conta-se a partir da entrega da cópia da gravação da sentença."

§ **18** O legislador nesta norma parece que apenas se preocupou com a contagem do prazo do recurso quando, no processo sumário, a sentença tivesse sido proferida oralmente (a qual tem sempre que ser documentada nos termos dos arts. 363.º e 364.º, sob pena de nulidade, como estabelece o n.º 3 do art. 389.º-A) e, por isso, tivesse sido entregue cópia da gravação da sentença, em conformidade com o estabelecido no n.º 4 do art. 389.º-A.

§ **19** No entanto, a redação da art. 391.º/2 até é equívoca, quando ressalva o caso previsto no n.º 4 do art. 389.º-A (norma que ordena que seja sempre entregue cópia da gravação ao arguido, ao assistente e ao Ministério Público no prazo de 48 horas, salvo se aqueles expressamente declararem prescindir da entrega, sem prejuízo de qualquer sujeito processual a poder requerer nos termos do n.º 4 do artigo 101.º) e, ao mesmo tempo, estabelece que o prazo se conta a partir da entrega da cópia da gravação da sentença (é que só existe cópia da gravação da sentença precisamente quando ela é proferida oralmente, por força do estabelecido no n.º 3 do art. 389.º-A).

§ **20** Fazendo uma interpretação harmonizada do art. 391.º/2, diremos que sempre que a sentença for proferida oralmente, caso em que é gravada (n.º 3 do art. 389.º-A, sob pena de nulidade), o prazo da interposição do recurso conta-se a partir da entrega da cópia da sua gravação (devendo ser certificado eletronicamente no processo a data da entrega da cópia da gravação). Essa entrega da cópia da gravação da sentença tanto pode ocorrer no prazo de 48 horas após ser proferida oralmente a sentença, quando o arguido, o assistente e o MP declararem não prescindir da sua entrega, como quando declararem prescindir dessa entrega, então apenas é contado desde a data da entrega da cópia da gravação ao sujeito processual que a requerer nos termos do art. 101.º/4.

§ **21** No caso de sentença escrita (casos previstos no n.º 5 do art. 389.º-A), que necessariamente tem de ser lida (situação não prevista no art. 391.º/2), então a contagem do prazo de recurso dessa sentença far-se-á nos termos gerais previstos no art. 411.º/1/*b*, isto é, desde o respetivo depósito na secretaria, sendo que hoje em dia, em interpretação atualista, estando a sentença assinada eletronicamente e inserida no Citius, deverá a contagem ser feita desde que esteja disponível para os sujeitos processuais, mesmo que o depósito seja feito com atraso e, portanto, posteriormente.

§ **22** Tratando-se de despacho escrito que puser termo ao processo que, portanto, evita a prolação de uma sentença (situação também não prevista no art. 391.º/2), a contagem do prazo de recurso faz-se nos termos gerais previstos no art. 411.º/1/*a*, isto é, desde a notificação dessa decisão.

§ **23** No caso desse despacho que puser termo ao processo ser proferido oralmente em ata (situação também não prevista no art. 391.º/2), a contagem do prazo de recurso faz-se nos termos gerais previstos no art. 411.º/1/*c*, isto é, o prazo conta-se a partir da data em que tiver sido proferida, se o interessado estiver ou dever considerar-se presente.

IV – Incumprimento e consequências

§ **24** No caso de não ser admitido o recurso (por exemplo, por ter sido considerado que foi interposto fora de tempo ou por no caso concreto se ter interpretado que aquele tipo de decisão não admitia recurso) cabe reclamação para o Presidente do Tribunal da Relação que seria competente para o conhecer, sendo tramitado nos termos indicados no art. 405.º

§ **25** O mesmo se passa, isto é, cabe reclamação, seguindo a mesma tramitação, no caso, por exemplo, de ser retido o recurso que devia subir imediatamente.

§ **26** Também o facto de ser admitido recurso pela 1.ª instância, não vincula o tribunal superior, como decorre do art. 414.º/3, o mesmo se passando quanto ao efeito que lhe tiver sido atribuído pela 1.ª instância, que igualmente não é vinculativo para o tribunal superior.

§ **27** A consequência de uma errada contagem do prazo de interposição de recurso pode levar à sua extemporaneidade (claro que tudo depende das particularidades de cada caso concreto) e, portanto, ser motivo da sua não admissão (art. 414.º/2).

Maria do Carmo Silva Dias

TÍTULO II
Do processo abreviado

Artigo 391.º-A
Quando tem lugar

1 – Em caso de crime punível com pena de multa ou com pena de prisão não superior a 5 anos, havendo provas simples e evidentes de que resultem indícios suficientes de se ter verificado o crime e de quem foi o seu agente, o Ministério Público, em face do auto de notícia ou após realizar inquérito sumário, deduz acusação para julgamento em processo abreviado.

2 – São ainda julgados em processo abreviado, nos termos do número anterior, os crimes puníveis com pena de prisão de limite máximo superior a 5 anos, mesmo em caso de concurso de infrações, quando o Ministério Público, na acusação, entender que não deve ser aplicada, em concreto, pena de prisão superior a 5 anos.

3 – Para efeitos do disposto no n.º 1, considera-se que há provas simples e evidentes quando:

a) O agente tenha sido detido em flagrante delito e o julgamento não puder efetuar-se sob a forma de processo sumário;

b) A prova for essencialmente documental e possa ser recolhida no prazo previsto para a dedução da acusação; ou

c) A prova assentar em testemunhas presenciais com versão uniforme dos factos.

Origem do texto: preceito introduzido pela L 59/98, de 25.08, com alterações introduzidas pela L 48/2007, de 29.08, e pela L 26/2010, de 30.08. A L 48/2007 alterou a redação do n.º 1 (o segmento final do texto de 1998 era o seguinte «[...] pode deduzir acusação para julgamento em processo abreviado, se não tiverem decorrido mais de 90 dias desde a data em que o crime foi cometido») e do n.º 2 (na redação anterior a fórmula empregue era mais sintética. «é correspondentemente aplicável o disposto no artigo 16.º, n.º 3») e introduziu o n.º 3. A L 26/2010, apenas, alterou a redação do corpo do n.º 3 eliminando o advérbio "nomeadamente" que estava no final da frase.

Sumário do comentário:

I – Considerações gerais (§ 1)

II – Pressupostos da dedução de acusação em processo abreviado (§ 2)

III – Sistema dual de *procedimentos para acusação* em processo abreviado (§§ 3 a 8)

IV – A questão da obrigatoriedade de interrogatório de arguido nos *procedimentos para acusação* em processo abreviado (§ 9)

I – Considerações gerais

§ 1 O preceito comentado regula os pressupostos do exercício da ação penal sob a forma especial de processo abreviado e os *procedimentos para acusação* em processo abreviado.

II – Pressupostos da dedução de acusação em processo abreviado

§ 2 O impulso de processo abreviado é da competência do MP e depende de se verificarem pressupostos:

a) Gerais para dedução de acusação, nomeadamente, um juízo do órgão do MP competente para a ação penal no sentido da existência de «indícios suficientes de se ter verificado crime e de quem foi o seu agente» (art. 283.º/1) e de que as soluções de diversão (arquivamento em caso de dispensa da pena ou suspensão provisória do processo, arts. 280.º e 281.º) são legalmente inadmissíveis ou inadequadas ao caso concreto;

b) Especiais para acusação em processo abreviado:

b.1) Exigência de direito substantivo reportada ao teto da pena, 5 anos de prisão, que pode decorrer:

b.1.i) Da moldura abstrata máxima do crime ou concurso de crimes; ou

b.1.ii) De, apesar da punibilidade abstrata «com pena de prisão de limite máximo superior a 5 anos», o MP «na acusação, entender que não deve ser aplicada, em concreto, pena de prisão superior a 5 anos»;

b.2) Fundamento processual e probatório designado como «provas simples e evidentes» que tem de corresponder a uma das seguintes situações:

b.2.i) Detenção em flagrante delito e inviabilidade de julgamento sob a forma de processo sumário;

b.2.ii) Prova «essencialmente documental» recolhida no prazo de 6 meses (art. 276.º/1); ou

b.2.iii) Prova que *assente* «em testemunhas presenciais com versão uniforme dos factos».

III – Sistema dual de *procedimentos para acusação* em processo abreviado

§ 3 O *procedimento para acusação* constitui um conceito abrangente relativo à atividade estadual posterior à notícia do crime e preparatória da decisão sobre a ação penal. Como regra geral, o *procedimento para acusação* deve ser desenvolvido no inquérito, mas podem ser estabelecidas exceções na lei processual de dispensa da «abertura de inquérito» (art. 262.º/2). As duas exceções previstas na lei processual são (a) as acusações em processo sumário e (b) uma das modalidades as acusações em processo abreviado com base no auto de notícia.

Os dois casos de dispensa de inquérito são indissociáveis das operações valorativas do MP sobre notícia do crime e abertura de inquérito (cf. nos comentários da presente obra, os §§ 19 e 20 do art. 53.º, § 6 do art. 248.º, §§ 2 a 8 do art. 262.º e §§ 11, 12, 14 a 16 do art. 270.º).

§ 4 No contexto mais vasto das operações valorativas referidas na parte final do § anterior existem duas alternativas de *procedimento para acusação* em processo abreviado: (1.ª) acusação «em face do auto de notícia» com dispensa de inquérito (§§ 5 e 6); (2.ª) acusação após realização de «inquérito sumário» (§§ 7 e 8).

§ 5 O *procedimento para acusação* em processo abreviado pode compreender a dispensa a abertura de inquérito desde que preenchidos dois requisitos cumulativos:

a) A notícia do crime foi transmitida ao MP através de auto de notícia que respeita os requisitos legais estabelecidos no art. 243.º/1;
b) O MP «em face do auto de notícia» conclui que estão reunidos os pressupostos para dedução de acusação em processo abreviado.

§ 6 A acusação em processo abreviado em que o processo avança para a fase judicial sem fase de inquérito prévia tem dois requisitos jurídicos centrais: (a) crime de denúncia obrigatória nos termos do art. 242.º; (b) crime presenciado por AJ, OPC ou outra entidade policial que elabora e remete ao MP no mais curto prazo auto de notícia de acordo com o disposto no art. 243.º.

§ 7 Relativamente à acusação em processo abreviado precedida de *inquérito sumário*, os pressupostos são apenas os gerais e especiais da acusação em processo abreviado analisados acima (§ 2). Em termos de tramitação processual o *inquérito sumário* não é uma alternativa à fase de inquérito. Consequentemente, se «em face de auto de notícia» o MP não dispensar o inquérito (deduzindo acusação em processo sumário ou em processo abreviado em face do auto de notícia), a notícia do crime impõe a obrigatória autuação como inquérito (ainda que perspetivando eventual acusação sob a forma de abreviado, o que pode determinar procedimentos burocráticos específicos ao nível dos serviços do MP).

§ 8 O *inquérito sumário*, tal como os outros inquéritos processuais penais dirigidos pelo MP, como complexo de atos tem apenas a função endoprocessual de determinar a decisão de mérito do MP sobre a ação penal. Pelo que, independentemente da perspetiva de uma eventual acusação em processo abreviado, a abertura de inquérito reporta-se a uma fase indisponível do processo penal na qual têm de ser praticados todos os atos funcionalmente conexos com a preparação ou a decisão sobre o exercício da ação penal — *o conjunto de diligências que visam investigar a existência de um crime, determinar os seus agentes e a responsabilidade deles e descobrir e recolher as provas, em ordem à decisão sobre a acusação* (art. 262.º/1).

IV – A questão da obrigatoriedade de interrogatório de arguido nos *procedimentos para acusação* em processo abreviado

§ 9 As diferenças entre as duas alternativas de procedimento prévio à acusação repercutem-se, também, na obrigatoriedade de prévio interrogatório do arguido como ato do inquérito ao abrigo do artigo 272.º/1. Sendo a obrigatoriedade de interrogatório derivada de valores relativos à tutela da posição do arguido na fase de inquérito, entende-se que:

a) O interrogatório de arguido antes do exercício da ação penal constitui uma mera faculdade do MP quando deduz acusação «em face do auto de notícia» dispensando, ao abrigo da lei, a realização de inquérito;

b) A falta de interrogatório como arguido da pessoa acusada em processo abreviado após inquérito (ainda que *sumário*) constitui omissão de ato obrigatório do inquérito como complexo de atos conformado pela função endoprocessual de determinar a decisão de mérito do MP sobre a ação penal, sendo essa omissão sancionada como nulidade sanável (arts. 120.º/1/*d)* e 272.º/1) — sobre a conexão teleológica entre o obrigatório interrogatório de arguido e o juízo positivo de indícios suficientes relativos a esse agente, cf. comentários aos arts. 57.º (§ 2), 58.º (§§ 10, 12 e 21), 120.º (§ 21) e 272.º (§§ 4-14, 19-20).

Paulo Dá Mesquita

Artigo 391.º-B

Acusação, arquivamento e suspensão do processo

1 – A acusação do Ministério Público deve conter os elementos a que se refere o n.º 3 do artigo 283.º A identificação do arguido e a narração dos factos podem ser efetuadas, no todo ou em parte, por remissão para o auto de notícia ou para a denúncia.

2 – Sem prejuízo do disposto no n.º 4 do artigo 384.º, a acusação é deduzida no prazo de 90 dias a contar da:

a) Aquisição da notícia do crime, nos termos do disposto no artigo 241.º, tratando-se de crime público; ou

b) Apresentação de queixa, nos restantes casos.

3 – Se o procedimento depender de acusação particular, a acusação do Ministério Público tem lugar depois de deduzida acusação nos termos do artigo 285.º

4 – É correspondentemente aplicável em processo abreviado o disposto nos artigos 280.º a 282.º

Origem do texto: Foi introduzido pela L 58/98, de 25.08 e alterado pela L 48/2007, de 29.08, pela L 26/2010, de 30.08 e pela L 20/2013, de 21.02. A primeira esclareceu que a acusação é deduzida no prazo de 90 dias a contar da aquisição da notícia do crime, nos termos do disposto no artigo 241.º, tratando-se de crime público ou da apresentação de queixa, nos restantes casos (n.º 2) e que é correspondentemente aplicável em processo abreviado o disposto nos artigos 280.º a 282.º. A segunda estabeleceu que a acusação também pode ser feita por remissão para a denúncia (n.º 1) e que, em caso de incumprimento das injunções e/ou das regras de conduta fixadas em suspensão provisória do processo decretada em processo sumário (art. 384.º) ou de condenação pelo cometimento de crime da mesma natureza (art. 282.º/4), ela poderá ser deduzida no prazo de 90 dias a contar desse incumprimento ou dessa condenação (n.º 2). A terceira limitou-se a atualizar a remissão para o art. 384.º/4, correspondente ao anterior 384.º/3.

Jurisprudência vinculante: ac. STJ/FJ 1/2000, 16.12.1999 (João Henrique Martins Ramires); ac. STJ/FJ 7/2008, 25.6.2008 (António Jorge Fernandes de Oliveira Mendes); ac. STJ/FJ 16/2009, 18.11.2009 (José António Henriques dos Santos Cabral); ac. STJ/FJ 1/2015, 20.11.2014 (Artur Rodrigues da Costa); e ac. STJ/FJ 4/2017, 27.4.2017 (Souto de Moura).

Sumário do comentário:

I – Generalidades (§§ 1 a 3)

II – Arquivamento/suspensão do processo (§§ 4 a 13)

III – Acusação (§§ 14 a 32)

- **a)** Do assistente (§§ 22 a 24)
- **b)** Prazos (§§ 25 a 30)
- **c)** Prova (§§ 31, 32)

IV – Tramitação subsequente à acusação (§ 33)

V – Consequências da violação deste formalismo (§§ 34 a 39)

I – Generalidades

§ **1** O processo abreviado, à semelhança do processo sumário (arts. 381.º e ss.), caracterizado, essencialmente, pela redução ou pela supressão das suas fases iniciais (inquérito e instrução), consagra regras especiais relativas à acusação (art. 283.º), ao arquivamento em caso de dispensa de pena (art. 280.º) e à suspensão provisória do processo (arts. 281.º e 282.º): simplificar os procedimentos e assegurar que estes mecanismos alternativos à acusação têm aqui igual aplicação são os propósitos políticos do legislador. Num processo penal baseado na ideia de intervenção mínima (art. 18.º/2 CRP), mesmo que estejam reunidos todos os pressupostos de um processo especial, são, igualmente, aplicáveis os mecanismos processuais alternativos à acusação que, *in casu*, sejam suficientes (Pedro Soares Albergaria, 2008, p. 487) para satisfazer as respetivas exigências preventivas.

§ **2** Esta norma condensa, assim, as normas contidas nos arts. 276.º a 285.º relativas ao encerramento do inquérito. Apesar da abolição do inquérito ou da instrução, se do auto de notícia ou das diligências sumárias realizadas resultarem indícios simples e evidentes da verificação de crime e de quem foi o seu agente, o MP, poderá, com as devidas adaptações, nos prazos aqui estabelecidos (art. 276.º: reduzidos a 90 dias), remeter o processo para mediação penal (art. 2.º RM), proferir despacho de arquivamento em caso de dispensa de pena (art. 280.º), despacho de suspensão provisória do processo (art. 281.º) ou despacho de acusação (art. 283.º), porventura em processo sumaríssimo (arts. 392.º e ss.). Apenas as normas relativas ao arquivamento (art. 277.º), à intervenção hierárquica (art. 278.º) e à reabertura do inquérito (art. 279.º) não têm aqui qualquer correspondência: os casos de insuficiência dos indícios já existentes, em vez do arquivamento, dão origem ao respetivo inquérito (art. 262.º/2; os indícios existentes não chegam para acusar em abreviado mas constituem uma *notitia criminis*), sendo, obviamente, aqueles mecanismos, aqui, impensáveis.

§ **3** A epígrafe da norma, sem paralelo no Código anterior, embora gramaticalmente correta, pode induzir em erro. Segundo a lógica processual, deveria ser: «arquivamento, suspensão e acusação». O mesmo se diga relativamente à ordem do próprio art. que deveria regular em primeiro lugar a admissibilidade do arquivamento em caso de dispensa de pena (art. 280.º) e a suspensão provisória do processo (art. 281.º), referindo-se à acusação (art. 283.º) em último lugar. Ela é sempre o derradeiro recurso ao dispor do MP. Mesmo em processo abreviado, o MP só pode acusar se não puder arquivar em caso de dispensa de pena ou suspender provisoriamente (*supra,* § 9 da anotação ao art. 283.º). Tal como acontece no processo sumário (arts. 381.º e ss.), a epígrafe e o corpo do art. deviam, pois, seguir essa sequência lógica, aproximando a lei da realidade prática.

II – Arquivamento/suspensão do processo

§ **4** Malgrado a supressão do inquérito e da instrução, é correspondentemente aplicável em processo abreviado o disposto nos arts. 280.º a 282.º. À semelhança do processo sumário (*supra*, §§ 4 e ss. da anotação ao art. 384.º), também nestes casos, o arquivamento em caso de dispensa de pena (art. 280.º) e a suspensão provisória do processo (art. 281.º) devem ser utilizados «sempre que as exigências de prevenção não justifiquem os custos do prosseguimento formal típico para os propósitos político-criminais da intervenção mínima, da não-estigmatização do agente, do consenso e da economia processual» (ac. TC n.º 235/2010). A celeridade não é inimiga do consenso. Também aqui, reunidos os pressupostos do arquivamento em caso de dispensa de pena ou da suspensão provisória do processo, cessa o dever de acusar e emerge o dever de arquivar ou de suspender (*supra,* § 3 da anotação ao art. 280.º, § 1 da anotação ao art. 281.º e § 9 da anotação ao art. 283.º).

§ **5** Atenta a redação da norma, parece claro que está em causa o arquivamento ou a suspensão provisória do próprio processo abreviado: o MP deverá promover o arquivamento em caso de dispensa de pena ou a suspensão provisória do processo em processo abreviado. De outra forma, a norma perde qualquer utilidade prática, pois, não obstante a natureza simples e evidente dos indícios, reunidos pressupostos do arquivamento em caso de dispensa de pena ou de suspensão provisória do processo, cessa, insistimos, o dever de acusar e emerge o dever de arquivar ou de suspender: o MP sempre deveria remeter o expediente para inquérito e proceder aí ao devido arquivamento ou suspensão. Competente para o arquivamento ou a suspensão será, portanto, o juiz do processo e não o juiz das liberdades [Oliveira Mendes, 2016, p. 1176; João Conde Correia, 2012, p. 147; Mmpdjp, 2009, p. 996; ac. RP, 18.03.2009 (Maria do Carmo Silva Dias)], que, não havendo aqui um verdadeiro inquérito ou uma instrução, nem sequer tem competência material para intervir (art. 17.º).

§ **6** Sendo (nos termos desta própria norma) aplicável em processo abreviado o disposto nos arts. 280.º e 281.º nada impede, também, que o arquivamento ou a suspensão sejam ainda suscitadas pelo arguido após a dedução da acusação pelo MP (assim permitindo um controlo judicial da decisão de acusar em vez de arquivar ou de suspender; *supra,* § 22 da anotação ao art. 384.º) ou, até, *ex officio,* pelo juiz de julgamento. Tal como acontece com o art. 307.º/2, a norma só ganha sentido depois da acusação em processo abreviado. Até aí o MP sempre poderia (insistimos) arquivar ou suspender nos termos gerais (arts. 280.º e 281.º), não se podendo, em bom rigor, sequer, falar de processo abreviado.

§ 7 Para além do arquivamento em caso de dispensa de pena ou da suspensão provisória do processo, também a mediação penal é, aqui, uma solução adjetiva admissível (André Lamas Leite, 2008, p. 67). Ao invés do processo sumário (arts. 381.º e ss.) e do processo sumaríssimo (arts. 392.º e ss.), que são incompatíveis com ela (art. 2.º/3/*e* RM; para a razão dessas exclusões e a sua refutação no caso do processo sumaríssimo, Cláudia Cruz Santos, 2014, pp. 682/3), o legislador não excluiu, aqui, o processo abreviado. Assim, reunidos os respetivos pressupostos legais, nada impedirá a sua utilização, deste modo privilegiando a justiça consensual em detrimento da justiça adversarial. É certo que o MP deverá remeter o processo para mediação penal «em qualquer momento do inquérito» (art. 3.º/1 RM; André Lamas Leite, 2008, pp. 69 e ss.) e que, em processo abreviado haverá, quando muito, um «inquérito sumário» (art. 391.º-A/1). No entanto, mesmo assim, nada impedirá a sua utilização. O prazo de 90 dias previsto para exercer a ação penal é suficiente para que se possa tentar a conciliação entre as partes e, caso esta se venha a revelar afinal impossível, para que, ainda assim, seja desencadeado o processo abreviado. O consenso não é, repetimos, de modo algum, incompatível com a celeridade.

§ **8** Os prazos da suspensão do processo em processo abreviado são os prazos gerais (art. 282.º/1/5). Desde que a suspensão (enquanto ato equivalente à acusação) seja concretizada em 90 dias (*infra,* §§ 25 e ss.) nada impede a imposição de um daqueles prazos máximos (contra Pedro Soares Albergaria, 2008, p. 487) e, na prática, também nada deverá impedir, que, em caso de incumprimento das injunções e/ou das regras de conduta ou de condenação pela prática de crime da mesma natureza, o processo prossiga como processo abreviado. O caráter simples e evidente dos indícios que legitimam esta solução, sem o crivo prévio do inquérito e, mesmo, da instrução, não se perde com o insucesso da suspensão, devendo o processo suspenso ser retomado com a realização do julgamento em processo abreviado. Uma vez que as suas garantias são semelhantes às do julgamento em processo comum, a remessa dos autos para inquérito não tem qualquer valor acrescentado, *maxime* no que respeita aos direitos do arguido ou dos demais intervenientes processuais. Ao contrário do processo sumário (art. 384.º/4), não está, portanto, prevista qualquer remessa para outra forma processual. Solução adjetiva que preserva a simplicidade e a evidência da prova (art. 391.º-A). Aquilo que legitimou a suspensão provisória em processo abreviado também justifica, insistimos, o julgamento abreviado. Não se compreenderia que o processo tivesse que voltar ao início apenas porque o arguido não cumpriu as injunções e regra de conduta acordadas. Verificado o incumprimento da suspensão, o processo prossegue nos termos inicialmente acordados.

§ **9** A remissão para as normas gerais inclui, assim, os prazos previstos para a duração máxima da suspensão provisória do processo (art. 282.º/1/5): as especificidades do processo abreviado, que não incluem, agora, nenhum prazo limite para a realização do julgamento, não afastam esse regime geral. A redução dos prazos de duração máxima da suspensão provisória do processo abreviado ao prazo de 90 dias significaria, aliás, na prática, muitas vezes, a exclusão da possibilidade de suspensão, por incompatibilidade com as exigências de prevenção que no caso se fazem sentir: seria, geralmente, impossível cumprir tais exigências em tão curto lapso de tempo. Acresce que, em caso de insucesso da suspensão, o processo abreviado prossegue (art. 282.º/4), não se confundindo essa «acusação subsequente» com a acusação (ou ato análogo) que lhe dá início.

§ **10** Com efeito, embora a lei não o diga expressamente, o prazo de 90 dias previsto para a dedução de acusação em processo abreviado vale igualmente para o arquivamento em caso de dispensa de pena (art. 280.º) ou para a suspensão provisória do processo (art. 281.º). Enquanto mecanismos alternativos à acusação, também estas soluções processuais devem ser concretizadas no mesmo lapso temporal, dando, efetivamente, início ao processo abreviado. Aquilo que acontecer depois já não está sujeito aos mesmos prazos, não devendo um ato processual posterior retirar validade a um ato processual anterior praticado, por outro sujeito processual, em total conformidade com o respetivo modelo legal (*supra*, § 11 da anotação ao art. 122.º).

§ **11** Sendo correspondentemente aplicável o disposto nos arts. 280.º a 282.º, também a jurisprudência fixada relativa aos mesmos é aplicável. É o caso do ac. STJ/FJ 16/2009, 18.11.2009 (José António Henriques dos Santos Cabral) relativo à impugnação (art. 281.º/6) do despacho judicial de concordância ou de discordância judicial à suspensão provisória do processo e do ac. STJ/FJ 4/2017, 27.4.2017 (Souto de Moura), relativo ao caráter irrepetível das injunções e das regras de conduta cumpridas antes do prosseguimento do processo por inadimplemento do acordado ou por condenação por crime da mesma natureza. No primeiro caso, acrescem ainda as regras especiais sobre a recorribilidade em processo abreviado (art. 391.º-G).

§ **12** Embora o interrogatório do arguido não seja nunca obrigatório em processo abreviado [ac. RP, 01.10.2014 (Donas Botto); ac. RL, 06.07.2021 (Cid Geraldo)], ver, porém, *supra*, § 9 da anotação ao art. 391.º-A], à semelhança do processo sumário (*supra*, §§ 14 e ss. da anotação ao art. 384.º), também aqui, mesmo que não exista sequer inquérito sumário, o MP poderá proceder ao mesmo, com vista a melhor aquilatar da possibilidade da suspensão provisória do processo ou, até, de outras soluções processuais penais alternativas (*v.g.* a mediação penal). A discussão conjunta do caso facilita a obtenção da decisão mais acertada. Não será fácil encontrar melhor forma de comunicação entre o juiz, o MP, o assistente e o arguido.

§ **13** Ao contrário do processo sumário, (art. 384.º/2; *supra,* § 25 da respetiva anotação), o juiz não tem aqui nenhum prazo específico para decidir do arquivamento ou da suspensão provisória, devendo valer o prazo geral (art. 105.º/1/2), previsto para os processos urgentes (art. 103.º/2/*d*).

III – Acusação

§ **14** A acusação (e as soluções alternativas à acusação) em processo abreviado pressupõe que o crime não seja punível com pena de prisão superior a 5 anos (art. 391.º-A/1/2) e a existência de provas simples e evidentes de que resultem indícios suficientes de se ter verificado crime e de quem foi o seu agente (art. 391.º-A/1). Por isso mesmo, a fronteira entre a irrelevância jurídico-penal da conduta (e o consequente arquivamento) e a dedução de uma acusação é, aqui, a mesma do processo comum: indícios suficientes (*supra,* §§ 8 e ss. da anotação ao art. 283.º). A única diferença reside no caráter simples e evidente desses mesmos indícios. Assim, ainda que eles sejam elementares, o MP não poderá utilizar o processo abreviado se eles não forem também evidentes e ainda que eles sejam avassaladores, o MP não poderá utilizá-lo, se eles forem complexos. Para além de suficientes, os indícios têm, numa exigência acrescida, que ser simples e evidentes.

§ **15** A acusação do MP, ao contrário do processo sumário (*supra,* § 5 da anotação ao art. 389.º), é, obrigatoriamente, formulada por escrito (Mmpdjp, 2009, p. 996) e deve conter os elementos a que se refere art. 283.º/3. A identificação do arguido e a narração dos factos podem, porém, ser efetuadas, no todo ou em parte, por remissão para o auto de notícia ou para a denúncia. Desde que estes contenham aqueles elementos essenciais, nada impede a utilização desta técnica. O auto de notícia ou a queixa deverão, assim, ter uma redação compatível com estas exigências [Fernando Gama Lobo, 2015, p. 782; para o auto de notícia, ac. RL, 18.07.2005 (João Carrola)], nomeadamente ao nível do elemento subjetivo [ac. STJ/FJ 1/2015, 20.11.2014 (Artur Rodrigues da Costa), que os agentes autuantes nem sequer têm que fazer constar daquele auto: ac. RL, 13.10.2011 (Agostinho Torres)]. Se não for assim, a remissão não poderá ser completa e o MP deverá acrescentar tais elementos, imprescindíveis à validade jurídica da acusação.

§ 16 Não obstante esta possibilidade legal, considerando (como acabámos de ver) que os autos de notícia ou mesmo as denúncias raramente incorporam todos os «factos que fundamentam a aplicação ao arguido de uma pena ou de uma medida de segurança, incluindo, se possível, o lugar, o tempo e a motivação da sua prática, o grau de participação que o agente neles teve e quaisquer circunstâncias relevantes para a determinação da sanção que lhe deve ser aplicada» (art. 283.º/3/*b*), incluindo as circunstâncias relevantes para a atenuação especial ou para a dispensa da pena (art. 283.º/3/*c*) e que, geralmente, contêm pormenores irrelevantes ou supérfluos, a melhor técnica será, quase sempre, a dedução de uma acusação formulada *ex novo* (Mmpdjp, 2009, p. 997), assim, fazendo um verdadeiro saneamento prévio do objeto do processo. Atenta a simplicidade usual destes casos, isso nem sequer será um grande ónus e contribuirá para a simplificação do julgamento (art. 339.º/4).

§ 17 A acusação deverá, também aqui, esgotar todo o objeto do processo, aí se incluindo todas as consequências jurídicas do crime [ac. STJ/FJ 7/2008, 25.6.2008 (António Jorge Fernandes de Oliveira Mendes)]: excetuando aquelas especificidades, as exigências são, aqui, como não podia deixar de ser, atenta a estrutura acusatória do processo penal (art. 32.º/5 CRP), as mesmas do processo comum. Ela deve conter – insistimos – como a própria lei indica, os requisitos imprescindíveis à sua validade jurídica (*supra*, §§ 14 e ss. da anotação ao art. 283.º). Daí que esta jurisprudência, embora fixada noutro contexto, seja também aqui aplicável. Salvo aquelas possibilidades de remissão, a natureza abreviada do procedimento não alivia as exigências formais subjacentes à dedução de uma acusação válida, capaz de garantir o sucesso das fases processuais subsequentes. O caráter especial do processo não desonera o MP do cumprimento das obrigações subjacentes ao princípio do acusatório (art. 32.º/5 CRP).

§ **18** Entre as consequências jurídicas do crime destaca-se a questão patrimonial [perda dos instrumentos, produtos e vantagens (arts. 109.º e ss. CP) e do património incongruente (art. 7.º LCCO)], enquanto dimensão essencial do *veredictum* (art. 19.º DOPOPC 20-22). De modo que, tendo sido identificado um património incongruente, ou seja, sinais de «enriquecimento ilícito» ou «ilegítimo», tornando-se necessário fazer uma investigação patrimonial e financeira, dificilmente será possível promover a ação penal em processo abreviado. Ainda que a liquidação possa ser efetuada até ao 30.º dia anterior ao início da audiência de discussão e julgamento (art. 8.º/2 LCCO), em regra, não haverá tempo suficiente. A necessidade de realizar uma investigação patrimonial e financeira será, assim, um sintoma claro da inexistência de provas simples e evidentes. Aliás, alguns dos crimes suscetíveis de desencadear o mecanismo, (art. 1.º LCCO), ainda que existam indícios simples e evidentes, não podem, pelas suas molduras penais abstratas, ser julgados em processo abreviado.

§ **19** Se o procedimento depender de acusação particular, a acusação do MP tem lugar depois de deduzida acusação particular nos termos do art. 285.º (n.º 3). À semelhança do processo comum, o MP apenas poderá acusar pelos mesmos factos ou por outros que não importem uma alteração substancial dos factos aí constantes (*supra,* § 15 da anotação ao art. 285.º) e deverá, obviamente, fazê-lo depois da acusação particular: só nesse momento, conhecendo o libelo do assistente, estará em condições de a poder elaborar. A inversão da lógica processual normal opera, porém, apenas nesses casos singulares.

§ **20** De facto, em caso de concurso entre crimes públicos/crimes semipúblicos e crimes particulares, o MP deverá exercer a ação penal (arquivando ou deduzindo acusação pelos crimes para os quais tem competência exclusiva) notificando, só depois, o assistente para, querendo, deduzir acusação (arts. 284.º e 285.º). Também aqui (*supra,* § 64 da anotação ao art. 283.º) a ordem das acusações é imperativa, surgindo a do assistente necessariamente depois da acusação pública e ficando condicionada por esta (art. 284.º/1/2/*a*). Daí que, se numa inversão desta lógica processual, o MP aderir à acusação do assistente deverá ser aplicável a jurisprudência fixada no ac. STJ/FJ 1/2000, 16.12.1999 (João Henrique Martins Ramires) e os efeitos adjetivos que tais atos tenham, apesar de tudo, produzido ser destruídos (art. 119.º/*b*).

§ **21** A possibilidade de deduzir acusação em processo abreviado não preclude – estando reunidos os seus pressupostos formais e materiais – a possibilidade de utilizar o processo sumaríssimo (arts. 392.º e ss.). Os dois ritos processuais são perfeitamente compatíveis (já não parece ser assim, por mera inépcia do legislador, no caso do processo sumário: *supra*, § 31 da anotação ao art. 382.º). Caso o sumaríssimo seja rejeitado pelo juiz (art. 395.º/1) ou por oposição do arguido (art. 398.º/1), o processo será reenviado «para outra forma que lhe caiba» (art. 398.º/1), aí se incluindo, obviamente, se, ainda, estiverem preenchidos os respetivos requisitos legais, o processo abreviado.

a) Acusação do assistente

§ 22 A natureza particular do crime (ou dos crimes) imputado ao arguido não impede a utilização do processo abreviado. O assistente goza neste caso de poderes de promoção processual (n.º 3) semelhantes aos do processo comum. Nesta parte, ele tem o poder de delimitar o objeto do processo (*supra*, §§ 1 e ss. da anotação ao art. 285.º). Está na sua disponibilidade deduzir, ou não, acusação particular, podendo, apenas, ser condenado em custas, por abstenção injustificada em acusar, caso existam indícios suficientes e estejam reunidos os demais requisitos legais (art. 515.º/1/*d*).

§ 23 Embora este art. apenas se refira à acusação pública (art. 283.º) e à acusação particular (art. 285.º) deverá entender-se que o assistente também poderá acusar, nos termos do art. 284.º, acusando pelos factos acusados pelo MP, por parte deles ou por outros que não importem uma alteração substancial daqueles. A celeridade do processo não é incompatível, tal como acontece no processo sumário (arts. 388.º e 389.º/4), com a preservação deste direito processual (*supra*, § 8 da anotação ao art. 388.º). A colaboração do assistente na declaração do direito no caso concreto (Maria João Antunes, 2016, p. 51), apesar de não ser imprescindível (*supra*, § 7 da anotação ao art. 384.º), não deve ser coartada, assim se assegurando os seus direitos de participação processual (art. 32.º/7 CRP). De todo o modo, a verdade é que, não sendo o assistente notificado da acusação pública (*infra*, § 33), nem podendo deduzir a acusação no início da audiência (art. 389.º/4) dificilmente poderá exercer este direito.

§ 24 Uma vez que em processo abreviado não há instrução (art. 286.º/3) e que a acusação pelo assistente não serve para esse efeito (art. 284.º/1), ele não pode forçar a inclusão de factos que constituam uma alteração substancial dos factos descritos, na acusação, pelo MP no objeto do processo submetido a julgamento abreviado (art. 287.º/1/*b*). Nesses casos, sem prejuízo das vicissitudes da audiência de discussão e julgamento (art. 359.º), resta-lhe, se eles forem autonomizáveis, a possibilidade de os denunciar, novamente, ao MP para que este proceda a novo inquérito.

a) Prazos

§ 25 Tratando-se de crime público, a acusação é deduzida no prazo de 90 dias a contar da aquisição da notícia do crime, nos termos do disposto no art. 241.º; *id est*, a partir do momento em que, por conhecimento próprio ou por intermédio dos OPC (ou por qualquer outra forma admissível), toma conhecimento de factos suscetíveis de integrar um qualquer ilícito jurídico-criminal de natureza pública. O legislador entendeu que este prazo (correspondente a metade do prazo normal de inquérito em caso de arguidos privados da sua liberdade: art. 276.º/1) será suficiente para, se necessário, realizar inquérito sumário (art. 391.º-A/1), assim completando os indícios *ab initio* existentes. Um prazo superior será, certamente, sinónimo de falta de simplicidade ou de evidência da prova e, logo, de impossibilidade de usar o processo abreviado. Diligências muito morosas (como, por exemplo, uma complexa investigação patrimonial e financeira; *supra,* § 18) são incompatíveis com o processo abreviado (já não seria um verdadeiro inquérito sumário).

§ 26 A *notitia criminis*, enquanto momento a partir do qual se conta este prazo, é um mero *fumus commissi delicti* (Patrícia Naré Agostinho, 2020, p. 62), sendo as diligências posteriores, necessárias para concretizar essa suspeita, irrelevantes para o computo do mesmo: por exemplo, a contraprova por análise ao sangue, ainda que obrigatória, quando requerida pelo denunciado, já não se integra na notícia do crime, configurando, antes, uma diligência probatória posterior, tendente a confirmar ou a infirmar o conteúdo do auto de notícia, *per si* suficiente para dar início àquele prazo. De modo que não se pode dizer que só com esta diligência probatória suplementar o MP tem efetiva notícia do crime [ac. RL, 07.04.2010 (Sérgio Corvacho)].

§ 27 Tratando-se de crime particular ou de crime semipúblico, a acusação é deduzida no prazo de 90 dias a contar da apresentação de queixa. Só a partir desse momento, ainda que tenha tido conhecimento prévio dos factos, o MP poderá, legitimamente, desencadear a ação penal (arts. 48.º e ss.) e, logo, utilizar este rito processual simplificado. O que, atentos os prazos para o exercício do direito de queixa (art. 115.º CP), pode remeter o julgamento para um momento muito posterior ao da prática do facto, revelando que o que está em causa é a simplicidade e a evidência da prova e não, como, inicialmente, se previa, a sua frescura (Paulo Pinto de Albuquerque, 2007, p. 975; Pedro Soares Albergaria, 2008, p. 480; Fernando Gama Lobo, 2015, p. 782). O caráter simples e evidente dos indícios reduz a possibilidade de submissão de um inocente a julgamento a limites ainda razoáveis.

§ 28 Excecionalmente, em caso de incumprimento das injunções e/ou das regras de conduta ou de condenação pelo cometimento de crime da mesma natureza e, consequente, revogação da suspensão provisória do processo decretada em processo sumário (art. 282.º/4), a acusação poderá ser deduzida no prazo de 90 dias a contar desse incumprimento ou dessa condenação (384.º/4; na doutrina, Oliveira Mendes, 2016, p. 1176). A simplicidade e a evidência probatória [nesses casos decorrentes de um flagrante delito (art. 391.º-A/3/*a*)] não se perdem com o decurso do tempo. Ainda que já tenha decorrido algum tempo continua a ser razoável sujeitar o arguido a julgamento, sem o crivo prévio do inquérito e, eventualmente, da instrução. Aquilo que legitimou a sujeição do arguido a suspensão provisória em processo sumário (flagrante delito) também legitima (não obstante a dilação, entretanto, ocorrida) a sua sujeição a julgamento em processo abreviado. A possibilidade da injusta sujeição de um inocente a julgamento continua a ser aqui, razoavelmente, diminuta, sendo a solução processual, em face dos interesses que consubstancia, assim, aceitável.

§ 29 Só a continuação do processo na sequência de condenação por crime da mesma natureza ou do incumprimento das injunções e/ou das regras de conduta impostas em suspensão provisória do processo decretada nos termos do art. 384.º beneficia deste prazo especial. O prosseguimento do processo suspenso nos termos gerais (arts. 281.º e 282.º) não goza deste prazo alargado, apenas podendo originar um julgamento em processo abreviado, quando estiverem reunidos os restantes pressupostos legais: existência de indícios simples e evidentes (art. 391.º-A/1) e que não tenham passado mais de 90 dias desde a aquisição da notícia do crime (art. 391.º-B/2/*a*) ou da apresentação da queixa (art. 391.º-B/2/*b*). De modo que, em termos práticos, isso dificilmente acontecerá.

§ 30 A existência de três termos *ad quem* para contar o prazo de 90 dias para a dedução da acusação em processo abreviado, suscita a questão de saber como proceder nos casos em que no mesmo processo coexistam crimes públicos com crimes semipúblicos e particulares (Paulo Pinto de Albuquerque, 2007, p. 976; Fernando Gama Lobo, 2015, p. 782). Inexistindo uma norma que permita aproveitar o prazo mais longo (art. 113.º/10/14; Marco Carvalho Gonçalves, 2020, p. 342), o MP deverá deduzir a acusação no prazo mais curto (art. 2.º), não podendo prevalecer-se do concurso entre crimes públicos, semipúblicos e particulares para procrastinar a devida acusação por um crime público (Fernando Gama Lobo, 2015, p. 782).

c) Prova

§ 31 Ao contrário do processo comum (art. 283.º/3/*e*) e do processo sumário (art. 383.º/1), o legislador não fixou o número máximo de testemunhas que podem ser indicadas. No entanto, considerando que as provas devem ser simples e evidentes (art. 391.º-A/1), nenhum destes limites parece ser, aqui, aplicável. Desde logo (ainda que, nos casos omissos, ao julgamento em processo abreviado sejam aplicáveis as regras do processo comum: art. 391.º-E/1) deve ficar arredada a possibilidade de alargar o número máximo de testemunhas previsto no art. 283.º/7: essa possibilidade é sinónimo de complexidade e não de simplicidade ou evidência. Depois deverá, igualmente, ser arredada qualquer tentativa de aplicar o número máximo de testemunhas previsto para o processo sumário. Essa norma especial (art. 383.º/1) não é aqui aplicável.

§ 32 De facto, nos casos em que o agente tenha sido detido em flagrante delito e não tenha sido possível julgá-lo em processo sumário (art. 391.º-A/3/*a*), porque aquele número limite de testemunhas (7) pode ser, justamente a causa dessa impossibilidade; nos casos em que a prova é essencialmente documental (art. 391.º-A/3/*b*), porque aquele número é excessivo; nos casos em que a prova assenta em testemunhas presenciais com visão uniforme dos factos (art. 391.º-A/3/*c*), porque aquele número pode ser, outra vez, insuficiente. Estão, portanto, em causa três situações processuais diferentes, com exigências probatórias distintas, que desaconselham a fixação de um número máximo de testemunhas uniforme. Em suma, mais do que um número predeterminado de testemunhas está em causa o caráter simples e evidente da prova.

IV – Tramitação subsequente à acusação

§ 33 Uma vez promovida a ação penal em processo abreviado, os autos são remetidos para julgamento (à semelhança do que também sucede com o processo sumário) sem haver qualquer notificação nos termos do regime geral [arts. 283.º/5, 277.º/3 e 113.º/9; assim, ac. RP, 06.03.2013 (Maria do Carmo Silva Dias); Fernando Gama Lobo, 2015, p. 783; contra Mmpdjp, 2009, pp. 997/8]. As normas iniciais que previam essa notificação e a eventual realização de um debate instrutório (art. 391.º-C) foram eliminadas (L 48/2007, de 29.08) em prol da celeridade processual. Eventuais nulidades da acusação, para além de poderem ser conhecidas oficiosamente (art. 311.º/3), podem ser sempre invocadas pelo arguido, no início da audiência (art. 120.º/3/*d*).

V – Consequências da violação deste formalismo

§ **34** A falta dos elementos referidos no art. 283.º (ainda que por remissão, no caso da identificação do arguido ou da descrição dos factos) constitui causa de invalidade (*supra,* § 59 e ss. da anotação ao art. 283.º). A remissão é para os elementos imprescindíveis a uma acusação válida, mas também para as consequências jurídico-processuais da sua falha. Seja qual for a forma processual, a acusação cumpre sempre as mesmas funções e tem subjacente determinados requisitos mínimos (*v.g.* identificação do acusado, descrição dos factos) imprescindíveis à sua validade jurídico-processual.

§ **35** O prazo previsto para a dedução de acusação em processo abreviado é um prazo meramente ordenador da tempestividade do ato, não configurando a sua violação uma causa de invalidade insanável [ac. RP, 05.05.2010 (Joaquim Gomes); ac. RL, 18.05.2010 (José Adriano); ac. RE, de 21.06.2011 (Martinho Cardoso); na doutrina Cruz Bucho, 2010, p. 129; Vinício Ribeiro, 2011, p. 1129; Oliveira Mendes, 2016, p. 1176; contra ac. RL, de 07.04.2010 (Sérgio Corvacho); Pedro Soares Albergaria, 2008, p. 485]: o referido prazo não é um pressuposto essencial do processo abreviado. Está agora em causa a simplicidade e a evidência da prova e não, como inicialmente, a sua frescura (Paulo Pinto de Albuquerque, 2007, p. 975; Pedro Soares Albergaria, 2008, p. 480; Fernando Gama Lobo, 2015, p. 782).

§ **36** A violação da ordem das acusações, aderindo o MP à acusação formulada pelo assistente relativa a crimes de natureza pública ou semipúblico, constitui causa de invalidade insanável, devendo os efeitos processuais penais que tais atos inválidos tenham, apesar de tudo, produzido ser destruídos [art. 119.º/*b;* ac. STJ/FJ 1/2000, 16.12.1999 (João Henrique Martins Ramires)]. Apesar do caráter especial do processo abreviado, aplica-se aqui a regra geral.

§ **37** Se o MP acusar em processo abreviado em vez de – como devia – promover o arquivamento em caso de dispensa de pena (art. 280.º) ou a suspensão provisória do processo (art. 281.º), o arguido ou o assistente poderão (ao contrário da mediação penal, que só pode ser desencadeada pelo MP durante o inquérito – arts. 3.º e ss. RM) requerer ao juiz o arquivamento ou a suspensão, assim permitindo o controlo judicial da bondade de uma acusação precipitada (*supra*, § 22 da anotação ao art. 384.º). Nada impede que antes do efetivo início da audiência de discussão e de julgamento essa questão seja suscitada e que esse momento, oral e contraditório, seja utilizado para, se for esse o caso, se encontrar a solução consensual mais adequada para o caso concreto.

§ 38 As invalidades dependentes de arguição, cometidas na fase preliminar do processo abreviado, devem ser invocadas no início da audiência (art. 120.º/3/*d*). Não será, contudo, assim no caso da «omissão posterior de diligências que pudessem reputar-se essências para a descoberta da verdade» (art. 120.º/2/*d*), que, obviamente, não podem estar sujeitas a este prazo processual, devendo ser arguidas antes que a audiência termine, pois estão em causa vícios referentes a atos a que o interessado assiste (art. 120.º/3/*a*). Não será, igualmente, assim no caso das invalidades da própria sentença (*v.g.* art. 389.º-A/3) que, como é evidente, só poderão ser arguidos depois.

§ 39 Não obstante o silêncio do legislador, exceto nos casos em que tenham assistido ao ato ou sido notificados para qualquer termo no processo (art. 123.º/1), o mesmo regime deverá ser aplicável às irregularidades cometidas antes do início da audiência de discussão e julgamento (art. 123.º). A audiência é o momento central do processo, devendo todas estas questões ser aí resolvidas.

João Conde Correia

Artigo 391.º-C
Saneamento do processo

1 – Recebidos os autos, o juiz conhece das questões a que se refere o artigo 311.º.

2 – Se não rejeitar a acusação, o juiz designa dia para audiência, com precedência sobre os julgamentos em processo comum, sem prejuízo da prioridade a conferir aos processos urgentes.

Origem do texto: corresponde à redação originária aprovada pela L 59/98, de 25.08 (aditado pelo art. 2.º da L 59/98 – Diário da República n.º 195/1998, Série I-A de 1998-08-25, em vigor a partir de 1999-01-01. Foi alterado pelo art. 1.º L 48/2007 – Diário da República n.º 166/2007, Série I de 2007-08-29, em vigor a partir de 2007-09-15.

Sumário do comentário:

I – Interpretação da norma

§ 1 A norma regula sobre o saneamento processual no âmbito do processo especial abreviado, em todo semelhante ao disposto no art. 311.º. Tratando-se de um processo mais rápido, dinâmico e eficaz, está essencialmente pensado para os processos de pequena e média criminalidade.

II – Elemento histórico e *ratio legis*

§ 2 A norma foi introduzida pela L 59/98, de 25.08, e conforme resulta da tramitação patente nos arts. 391.º-A a 391.º-E, a mesma deverá ser reduzida ao mínimo indispensável, procurando imprimir celeridade e precedência sobre os processos submetidos à tramitação comum. A norma veio a ser alterada pelo art. 1.º da L 48/2007 – DR 166/2007, Série I de 2007-08-29, em vigor a partir de 2007-09-15.

III – Âmbito de aplicação

§ 3 O n.º 1 estabelece um regime idêntico ao saneamento processual contido no art. 311.º, pelo que o juiz de julgamento pode: *i)* pronunciar-se sobre as nulidades e outras questões prévias ou incidentais que obstem à apreciação do mérito da causa, que possam ser logo conhecidas (n.º 1 do art. 311.º); *ii)* por não haver instrução no processo abreviado, rejeitar a acusação (alíneas a) e b) do n.º 2 e 3 do art. 311.º).

§ 4 O n.º 2 contém a tramitação a adotar no caso de não ser rejeitada a acusação, ou seja, estabelece que: i) é designada data para audiência; ii) com precedência sobre os julgamentos em processo comum, sem prejuízo da prioridade a conferir aos processos urgentes. Note-se que os julgamentos dos processos abreviados prevalecem sobre os processos de natureza comum, e sobre os processos urgentes deverá ser respeitada a escala a que se refere o n.º 2 do art. 103.º, onde o processo abreviado se insere (alínea c). Nessa medida, e com razoabilidade, os atos processuais relativos a arguidos detidos ou presos, ou indispensáveis à garantia da liberdade das pessoas devem prevalecer sobre os processos abreviados.

§ 5 Sendo o processo abreviado considerado um processo urgente (arts. 103.º/2/c e 104.º/2), a designação de dia para audiência é feita com precedência sobre os julgamentos em processo comum – n.º 2 do art. 391.º – C. Esta alteração visa, sobretudo, imprimir a esta fase processual a mesma celeridade que na fase antecedente. Com efeito, verificava-se, na prática, que o processo abreviado era tratado como o processo comum de tal forma que, se até à acusação era imprimida ao processo a celeridade pretendida pelo legislador, o mesmo não sucedia na fase de julgamento.

§ 6 Deduzida a acusação nos termos do art. 391.º-B e notificada ao arguido, os autos devem avançar para julgamento, seguindo-se a fase do saneamento processual. Atenta a celeridade que é imposta à tramitação dos processos sumário e abreviado, o legislador entendeu suprimir a fase de instrução e por consequência o debate instrutório, conferindo ao juiz de julgamento o poder de rejeitar a acusação manifestamente infundada. Assim, e tal como refere PAULO PINTO DE ALBUQUERQUE, 2011, p. 1018, o juiz não pode sindicar a existência de indícios suficientes e, por maioria de razão, não pode sindicar a existência de provas simples e evidentes do crime.

§ 7 A L 48/2007, de 29.08 eliminou a possibilidade de o arguido requerer a abertura de instrução (ainda que restrita ao debate instrutório), seguindo agora o processo, após a dedução de acusação para julgamento, nos termos do art. 311.º (o debate instrutório estava previsto no art. 391.º-C do CPP). Na altura, PAULO PINTO DE ALBUQUERQUE, sustentava que o processo abreviado, na medida em que não previa a fase instrutória, seria inconstitucional, na medida em que a supressão da instrução implicava que a acusação fosse submetida a julgamento sem que o arguido tenha tido a possibilidade de submeter a um juiz o controlo da falta de pressupostos legais do processo abreviado, incluindo os indícios suficientes de culpa. A questão veio a ser apreciada pelo TC, no ac. 158/2000, a propósito da limitação da instrução a um debate instrutório no processo abreviado, tendo aquele tribunal decidido o seguinte: nos termos do n.º 3 do artigo 80.º da L 28/82, de 15.11, interpretar o artigo 391.º- C, na redação que lhe foi dada pela L 59/98, de 25.08, em conjugação com o n.º 3 do artigo 308.º do mesmo Código, no sentido de que, se o juiz verificar a falta de pressupostos legais do processo abreviado, deve proferir despacho de não pronúncia. Assim, apenas não se concluiu pela inconstitucionalidade em virtude de existir, então, uma decisão de um juiz sobre o mérito da acusação, no âmbito do debate instrutório então previsto.

§ 8 Quanto ao conceito de provas simples e evidentes, há que atender ao ac. RP, 11.04.2018, (LÍGIA FIGUEIREDO), segundo o qual: *"I – Não se pode ter como verificado o pressuposto processual relativo à aplicação do processo abreviado relativamente à existência de provas simples e evidentes, quando tendo presente os depoimentos das 7 testemunhas, o lapso temporal de 5 anos e a circunstância de os factos terem ocorrido, grande parte no interior da casa de morada de família, e inclusive no quarto e na cama do casal, quando não existem testemunhas presenciais, para além da ofendida, em relação a todos factos concretos imputados ao arguido, não transmitindo, por isso, uma visão uniforme dos acontecimentos. II – Como tal, o uso da forma de processo abreviado não era admissível e a sua utilização integra a nulidade insanável da alínea f) do artigo 119.º do CPP, que torna inválida a acusação e os actos posteriores, designadamente o julgamento e a sentença, mantendo-se as medidas de coação aplicadas ao arguido. III – A tal não obsta o facto de no despacho que recebeu a acusação se ter declarado inexistirem nulidades, exceções ou questões prévias, dado, por um lado, a sua forma genérica e, por outro, a circunstância de o mesmo ser irrecorrível."*

§ 9 O juiz não pode controlar a legalidade da qualificação jurídica dos factos constantes da acusação do MP. Com efeito, a determinação concreta da competência realizado pelo MP com base no art.391.º-A/2 não pode ser sindicada e, nessa medida, a qualificação jurídica dos factos está subtraída à apreciação preliminar e saneadora do juiz de julgamento.

§ 10 Após a dedução de acusação pública, em processo sumário, a qual foi rejeitada, por não conter a narração de todos os elementos típicos do crime imputado, o MP pode deduzir uma nova acusação, desta feita para julgamento em processo abreviado, suprindo as omissões da primeira peça processual [ac. RC, 13.01.2021 (HELENA BOLIEIRO)]. O mesmo sucede com a rejeição da acusação em processo abreviado, podendo o MP deduzir uma nova acusação, desta feita para julgamento em processo comum, suprindo as omissões da primeira peça processual.

LUÍS LEMOS TRIUNFANTE

Artigo 391.º-D
Reenvio para outra forma de processo

1 – O tribunal só remete os autos ao Ministério Público para tramitação sob outra forma processual quando se verificar a inadmissibilidade, no caso, do processo abreviado.

2 – Se, depois de recebidos os autos, o Ministério Público deduzir acusação em processo comum com intervenção do tribunal singular ou requerer a aplicação de pena ou medida de segurança não privativas da liberdade em processo sumaríssimo, a competência para o respetivo conhecimento mantém-se no tribunal competente para o julgamento na forma abreviada.

Origem do texto: O texto e a epígrafe do preceito foi introduzido pela L 26/2010, de 30.08, prevendo apenas um fundamento (inadmissibilidade, no caso, do processo abreviado) para o juiz do julgamento remeter os autos para o Ministério Público. Na redação da L 48/2007, de 29.08, o artigo 391.º-D tinha a epígrafe "audiência", dispondo: "A audiência de julgamento em processo abreviado tem início no prazo de 90 dias a contar da dedução da acusação."

Sumário do comentário:
I – Considerações gerais (§§ 1 a 7)
II – Reenvio pelo juiz para outra forma de processo (§§ 8 a 14)
III –Competência para conhecer do processo reenviado pelo MP (§§ 15 a 22)
IV – Incumprimento e consequências (§§ 23 a 28)

I – Considerações gerais

§ 1 Esta possibilidade de "*reenvio para outra forma de processo*", prevista no art. 391.º-D, apenas introduzida em 2010 (pela L 26/2010), veio permitir que o juiz do julgamento pudesse sindicar se estavam ou não preenchidos os pressupostos para utilização da forma de processo abreviado.

§ 2 Convém ter presente que o processo abreviado tendo sido introduzido pela L 59/98, de 25.08, foi destinado a combater mais eficazmente a pequena e média criminalidade, tendo sido configurado inicialmente à semelhança do processo comum, embora tivesse alguns pontos diferenciados deste (por se tratar de um processo especial, com uma tramitação que se pretendia simplificada e célere), que ao longo das sucessivas reformas dele se foi distanciando, precisamente para acelerar a tramitação e conclusão dos autos (fosse através de mecanismos de consenso e de diversão ou, frustrados estes, através das soluções clássicas, isto é, por meio de julgamento e sentença).

§ 3 O recurso e aplicação de soluções de consenso, também no processo abreviado, conduz ao descongestionamento dos tribunais, o que se repercute na eficiência da administração da justiça e está associado a critérios de celeridade e de justiça material (pois o processo é resolvido em curto prazo, conseguindo-se ao mesmo tempo a reintegração do arguido na sociedade), combinados com critérios economicistas, porque ligados à produtividade e rentabilidade (v. MARIA DO CARMO SILVA DIAS, 2021, p. 19 e HUGO LUZ SANTOS, 2021, p. 60 e ss.).

§ 4 A previsão no processo abreviado de uma possível fase de inquérito sumário (que, não sendo obrigatório e, atenta a natureza do processo abreviado, nada tem a ver com o inquérito que precede o processo comum), seguido depois da dedução de acusação, ainda o aproxima do processo comum, apesar de a L 48/2007 ter eliminado a anterior previsão de uma eventual fase de instrução requerida pelo arguido (prevista no art. 391-C, na redação anterior à L 48/2007) ainda que reduzida a um debate instrutório, onde o JI iria concluir (perante os indícios existentes nos autos) pela pronúncia ou não pronúncia do arguido.

§ 5 Porém, com a eliminação da instrução requerida pelo arguido (ainda que esta fosse limitada ao debate instrutório), como bem alertava PAULO PINTO DE ALBUQUERQUE, 2007, pp. 977 e 988, a partir da reforma introduzida pela L 48/2007, de 29.08, havia uma inconstitucionalidade por violação do art. 32.º/3 CRP, tanto mais que o processo sumário, onde também não havia instrução, era compatível com a Constituição, por ter uma garantia que funcionava em alternativa à instrução, que era a "possibilidade do reenvio para o processo comum pelo juiz do julgamento", garantia essa que (acrescentava o mesmo Autor) "não existe no processo abreviado".

§ 6 Portanto, fez todo o sentido a introdução desta norma (art. 391.º-D) pela L 26/2010, de 30.08, não só por evitar a inconstitucionalidade que existia, como por ser mais um passo no sentido de assegurar o acesso a um processo justo e equitativo, bem como de garantir todos os direitos de defesa.

§ 7 Convém lembrar que, como as sucessivas reformas tiveram como objetivo imprimir celeridade e obter a simplificação processual (*v.g.* a nível do encurtamento de prazos e de simplificação de alguns procedimentos), foi-se assistindo a uma aproximação da tramitação do processo abreviado à do processo sumário, particularmente na fase de julgamento (art. 391.ºE), na sentença (art. 391.º-F) e a nível da recorribilidade (art. 391.º-G).

II – Reenvio pelo juiz para outra forma de processo

§ **8** O tribunal vai ter que analisar o processo, particularmente a acusação que é submetida à sua apreciação (e que delimita o objeto do processo) para verificar se é ou não admissível a acusação sob a forma de processo abreviado.

§ **9** Para o efeito, terá de verificar se ocorrem ou não os pressupostos do processo abreviado, que estão definidos no art. 391.º-A, a saber: a) se o crime é punível com pena de multa ou com pena de prisão não superior a 5 anos (n.º 1) ou se é caso em que os crimes são puníveis com pena de prisão de limite máximo superior a 5 anos, mesmo em caso de concurso de infrações, quando o Ministério Público, na acusação, entender que não deve ser aplicada, em concreto, pena de prisão superior a 5 anos (n.º 2); b) se há provas simples e evidentes (tal como definidas no n.º 3) de que resultem indícios suficientes de se ter verificado o crime e de quem foi o seu agente.

§ **10** Claro que a regra geral será a acusação ser deduzida para julgamento em processo abreviado quando se verificarem os pressupostos desta forma de processo especial; quando recebe os autos com acusação para julgamento em processo abreviado, o tribunal deve analisar se estão preenchidos os seus pressupostos e se é competente, em razão da matéria, para aquele julgamento (por exp. no Porto e em Lisboa a competência material para julgar as causas a que corresponda a forma de processo abreviado, sumário e sumaríssimo pertence ao Juízo de Pequena Criminalidade e não ao Juízo local Criminal – art. 130.º/4/*a*, LOSJ).

§ **11** De qualquer modo, deixando de haver instrução, com a introdução desta norma na referida reforma de 2010 (o legislador corrigiu a crítica feita por Paulo Pinto de Albuquerque, 2011, p. 1019, da inconstitucionalidade que passou a existir no processo abreviado com a L 48/2007, desde que eliminou a instrução, por ter deixado de ser possível o juiz sindicar os indícios da acusação) ficou assegurado o princípio da reserva da função jurisdicional (art. 202.º/1 CRP), isto é, está garantido o controlo pelo juiz do julgamento dos pressupostos do processo abreviado, ficando o mesmo com a possibilidade de, se for o caso, determinar o reenvio para outra forma de processo, que anteriormente apenas existia nas restantes formas de processos especiais, isto é, no processo sumário (art. 390.º) e no processo sumaríssimo (art. 395.º/1).

§ **12** Ao contrário do que se passa no processo sumário (art. 390.º), no processo abreviado apenas se prevê uma causa ou fundamento de reenvio para outra forma de processo, que é precisamente, como consta do n.º 1, "quando se verificar a inadmissibilidade, no caso, do processo abreviado".

§ 13 Quando se verificar esse fundamento legal, o juiz assim o terá de declarar, em despacho fundamentado e, no final, só remete os autos ao Ministério Público para tramitação sob outra forma processual.

§ 14 Como fundamento de reenvio do processo, que igualmente enquadra na figura da inadmissibilidade do processo abreviado, PAULO PINTO DE ALBUQUERQUE, 2011, p. 1019, indica (além da "inexistência dos respetivos pressupostos especiais") a inexistência dos "pressupostos processuais gerais (ver a anotação ao artigo 277.º) ou na necessidade de resolução de questões prejudiciais que requeiram a suspensão do processo (artigo 7.º, n.º 2)."

III – Competência para conhecer do processo reenviado pelo MP

§ 15 Recebido o processo reenviado pelo juiz ao abrigo do art. 391.º-D/1, para tramitação sob outra forma processual, o MP é que decide o procedimento a seguir. E, entre as soluções previstas no n.º 2 da mesma norma, aparecem a possibilidade de deduzir a acusação em processo comum, com intervenção de tribunal singular ou a possibilidade de, em processo sumaríssimo, requerer a aplicação de pena ou medida de segurança não privativa de liberdade.

§ 16 Em ambos os casos, o legislador (na mesma norma) também indica que a competência para o respetivo conhecimento mantém-se no tribunal competente para o julgamento na forma abreviada.

§ 17 Esta norma deve ser lida em conformidade com a Lei da Organização do Sistema Judiciário. É que, nem sempre o tribunal competente para o julgamento na forma abreviada é também o competente para o julgamento na forma comum. Como acima já se viu, por exp. no Porto e em Lisboa, a competência material para julgar as causas a que corresponda a forma de processo abreviado, sumário e sumaríssimo pertence ao Juízo de Pequena Criminalidade e não ao Juízo local Criminal (art. 130.º/4/*a*, LOSJ), não tendo aquele (JPC) competência para julgar processos sob a forma comum, mesmo com intervenção de tribunal singular.

§ 18 Portanto, neste particular aspeto, ou seja quanto à competência do tribunal/juízo que recebe o processo reenviado pelo MP, ao abrigo do art. 391.º-

D/2, esta norma tem de ser interpretada tendo em atenção o regime especial contido na LOSJ (que define a competência material do próprio juízo/tribunal), que orienta a interpretação daquela norma do CPP.

§ 19 Claro que já ao abrigo do art. 102.º/1 LOTJ competia aos JPC preparar e julgar as causas a que correspondia a forma de processo sumário, abreviado e sumaríssimo, norma essa que corresponde ao atual art. 130.º/4/*a*, LOSJ. Ainda por causa do princípio do juiz natural e da consequente proibição do desaforamento de processos (art. 23.º LOTJ, que corresponde ao atual art. 39.º LOSJ), quando se suscitaram questões de conflito de competência, particularmente em virtude da falta de cumprimento do prazo de 90 dias previsto no art. 391.º-D, na redação da L 48/2007, de 29.08 (tendo depois sido alterada a sua redação pela L 26/2010), na altura, quando o JPIC considerava verificar-se a nulidade insanável prevista no art. 119.º/f, quando ultrapassado aquele prazo de 90 dias, declarando a nulidade do processado a partir da acusação, caso em que o MP ordenava que os autos passavam a seguir para julgamento em processo comum, a maior parte da jurisprudência do TRL decidiu (ainda que argumentando com o caso julgado) que a competência passava a ser dos juízes criminais [ver, por todos, decisão sumária RL 6.10.2008 (Nuno Gomes da Silva) e jurisprudência aí citada].

§ 20 Aliás, já no ac. do TC n.º 162/2009 (Mário Torres) decidiu-se "Não julgar inconstitucional o critério normativo, extraído dos artigos 119.º, alínea *f)*, e 391.º-D do Código de Processo Penal, na redacção da Lei n.º 48/2007, de 29 de Agosto, segundo a qual a inviabilidade da realização do julgamento em processo abreviado no prazo de 90 dias a contar da dedução da acusação constitui uma nulidade insanável, conducente à alteração da forma de processo abreviado para a forma de processo comum, com a consequente remessa dos autos, para julgamento, do Tribunal de Pequena Instância Criminal para o Tribunal Criminal."

§ 21 E, como se acrescenta no mesmo ac. do TC n.º 162/2009, "A alteração do foro competente para o julgamento foi consequência, pois, da aplicação das regras gerais e abstractas definidoras da competência funcional dos diversos tribunais criminais que integram a organização judiciária portuguesa, e não de uma qualquer determinação discricionária de um tribunal para julgar este processo, pelo que não se mostra violada a proibição contida no artigo 32.º, n.º 9, da CRP."

§ **22** De resto, cremos que não há qualquer obstáculo a que, se o MP assim o entender, usar de outras soluções não previstas no art. 391.º-D/2, como é o caso dos mecanismos de consenso, também alternativos da acusação (se ainda os não utilizou), por exemplo, da suspensão provisória do processo (arts. 281.º e 282.º CPP) ou arquivamento em caso de dispensa da pena (art. 280.º CPP).

IV – Incumprimento e consequências

§ **23** A decisão de reenvio prevista no art. 391-D/1 não é recorrível pelos mesmos motivos que não é a decisão de reenvio prevista no art. 390.º/1, para o processo sumário, conforme jurisprudência fixada no ac. STJ/FJ 8/2014, 14.05.2014 (António Jorge Fernandes de Oliveira Mendes), que não perdeu atualidade (apesar de sucessivas reformas do processo penal entretanto publicadas), no seguinte sentido: «*Em processo sumário é irrecorrível o despacho de reenvio para outra forma de processo*».

§ **24** Nesse acórdão n.º 8/2014 defendeu-se que *despacho que põe termo ao processo* "é o que põe fim ao procedimento, sendo que o despacho de reenvio, conhecendo uma questão interlocutória, se limita a determinar que o procedimento passe a ser tramitado sob outra forma processual, ou seja, não visa a finalização do procedimento, antes a regulação da sua tramitação."

§ **25** E, acrescenta-se, mais à frente: "Sendo certo que a decisão de reenvio para outra forma de processo não tem por consequência o arquivamento ou o encerramento do processo, antes a alteração da forma processual, temos por seguro que tal decisão não cai na previsão do n.º 1 do artigo 391.º, ou seja, não é recorrível, conclusão esta que em nada colide com o facto de em 2007 o legislador ter suprimido a disposição que expressamente vedava o recurso do despacho de reenvio, visto que tal disposição era manifestamente redundante. Aliás, como bem salienta o Exmo. Procurador-Geral Adjunto no seu parecer, aquando da revisão do Código de Processo Penal de 2010, tanto o CDS (no projecto de lei n.º 173/XI) como o SMMP (no parecer sobre o projecto de proposta de lei para alteração do Código de Processo Penal), apresentaram propostas de alteração da redacção do artigo 391.º, visando a recorribilidade do despacho de reenvio para outra forma de processo, recurso esse com efeito suspensivo, no entanto, tais propostas foram rejeitadas, como resulta do Relatório da Discussão e Votação na Especialidade (DAR, II-A, de 24 de Julho de 2010), o que revela claramente que o legislador quis manter a irrecorribilidade do despacho de reenvio."

§ **26** No caso do MP reenviar o processo para Tribunal/juízo que não tem competência para a forma de processo requerida (por exemplo, requer processo comum, tribunal singular, ao Juízo de Pequena Criminalidade de Lisboa, que tinha sido o anteriormente competente para o julgamento da forma abreviada, mas que reenviara ao MP por inadmissibilidade do processo abreviado), o juiz terá de declarar a incompetência em razão da matéria do respetivo juízo, atento o disposto no art. 130.º/4/*a*, LOSJ (o que constitui nulidade insanável por força do disposto no art. 119.º/*e*) e remeter o processo ao juízo competente.

§ **27** Mesmo que discorde do reenvio determinado pelo juiz (designadamente, porque este até cometeu um lapso e errou quando determinou o reenvio), o MP não pode voltar a reenviar os autos para julgamento em processo abreviado.

§ **28** Como é lógico, face aos seus pressupostos, está afastada a possibilidade do MP reenviar para outra forma de processo especial que não seja a sumaríssima (não pode reenviar para o processo sumário por não se verificarem os pressupostos aludidos no art. 381.º e, como acima foi dito, não pode repetir a forma do processo abreviado).

MARIA DO CARMO SILVA DIAS

Artigo 391.º-E
Julgamento

1 – O julgamento regula-se pelas disposições relativas ao julgamento em processo comum, com as alterações previstas neste artigo.

2 – Finda a produção da prova, é concedida a palavra ao Ministério Público, aos representantes do assistente e das partes civis e ao defensor, os quais podem usar dela por um máximo de trinta minutos, prorrogáveis se necessário e assim for requerido. É admitida réplica por um máximo de dez minutos.

Origem do texto: O preceito foi aditado pela L 59/98, de 25.08, visto que foi nessa altura que foi introduzido no CPP a forma do processo abreviado. Inicialmente o preceito era composto por 4 números. O n.º 1 mantém-se com a redação originária da L 59/98; e, o atual n.º 2 corresponde ao n.º 3 da versão originária, tendo sido renumerado com a L 48/2007, de 29.08. No entanto, o texto originário do n.º 2 (que se relacionava com aviso feito pelo tribunal, no início da audiência, sob pena de nulidade, a quem tiver legitimidade para recorrer da sentença de que podia requerer a documentação dos atos de audiência), foi revogado pela L 48/2007; e, por sua vez, a redação originária do n.º 4 (que dispunha que "a sentença pode ser proferida verbalmente e ditada para a ata"), veio a sofrer alteração com o DL 320-C/2000, de 15.12, retificado pela Retificação 9-F/2001, de 31.03 (passando nessa altura o texto do n.º 4 a ser que "a sentença é logo proferida verbalmente e ditada para a ata", sendo renumerado para n.º 3 na versão da L 48/2007), acabando com a L 26/2010, de 30.08, por ser revogado esse texto e a ser disciplinada essa matéria autonomamente no art. 391.º-F (sentença).

Jurisprudência vinculante: Ac. STJ/FJ 13/2014 , 3.07.2014 (Isabel Celeste Alves Pais Martins) que veio revogar a anterior Jurisprudência 5/2002, 27.06.2002 (Luís Flores Ribeiro).

Sumário do comentário:

I – Considerações gerais (§§ 1 a 5)
II – O julgamento no processo abreviado: regras gerais e regras particulares (§§ 6 a 24)
III – Incumprimento e consequências (§§ 25 a 33)

I – Considerações gerais

§ 1 O julgamento, que é uma fase essencial em qualquer forma de processo, em que ao arguido devem ser asseguradas todos os direitos de defesa, tem de ser realizado com o máximo de garantias admissíveis, o que é alcançado aplicando-se as disposições/regras relativas ao julgamento em processo comum, ressalvando-se aquelas que são privativas do julgamento em processo abreviado.

§ 2 O processo comum é, como sabido, a forma de processo que oferece maiores garantias e, nessa medida, sendo aplicável ao processo especial abreviado, garante aos sujeitos processuais o acesso a um processo justo e equitativo (art. 20.º/4 CRP).

§ 3 Temos de ter presente que o Estado, como titular do *ius puniendi*, quer que «os culpados de actos criminosos sejam punidos», mas também «está interessado em garantir aos indivíduos a sua liberdade contra o perigo de injustiças» (v., neste sentido ac. TC 578/98, onde citando Eduardo Correia, acrescenta: o Estado está, por isso, «interessado, desde logo, em defender [os indivíduos] "contra agressões excessivas da actividade encarregada de realizar a justiça penal"»).

§ 4 Ora, prevendo o processo abreviado na sua globalidade uma tramitação mais célere e simplificada em relação ao processo comum, compreende-se que o legislador tenha imprimido maior celeridade, após a produção de prova, isto é, na fase das alegações e de eventual réplica no processo especial, encurtando tempos de intervenção oral.

§ 5 Com efeito, comparando com o processo comum (visto o disposto no art. 360.º) o facto de ser encurtado e menos complexo o procedimento relativo às "alegações orais", particularmente, o tempo de intervenção oral na fase das alegações e de eventual réplica, no processo especial abreviado (embora seja um procedimento mais garantístico do que no processo sumário, como se verifica confrontando o disposto no art. 389.º/6), não prejudica que seja assegurada a descoberta da verdade e a realização da justiça material.

II – O julgamento no processo abreviado: regras gerais e regras particulares

§ 6 O julgamento do processo abreviado até ao final da produção da prova regula-se pelas disposições relativas ao julgamento em processo comum, o que significa que lhe são aplicáveis as normas previstas nos arts. 321.º até 364.º, com exceção do art. 360.º (alegações orais), face ao regime especial contido no n.º 2 do art. 391.º-E.

§ 7 Na verdade, o legislador quis imprimir celeridade ao processo abreviado na fase das alegações orais e, por isso, previu um desvio, isto é, a aplicação de um regime particular mais célere (art. 391.º-E/2) do que o regime geral aplicável (ao mesmo processo especial) previsto no processo comum (art. 360.º).

§ 8 Isto significa que, nessa fase das alegações orais – que incluem a replica, no caso de a ela haver lugar – quer o Ministério Público, quer cada um dos

Advogados intervenientes terão de ser mais sintéticos na apresentação dos seus argumentos, isto é, terão de resumir melhor, quando vão expor perante o juiz (singular) que presidiu ao julgamento, as conclusões (orais) relativas à matéria de facto e relativas à matéria de direito que, na sua perspetiva, retiraram de toda a prova produzida e discutida em julgamento.

§ **9** Ainda assim, a norma (art. 391.º-E/2) prevê a possibilidade de as alegações orais serem prorrogadas, se assim, for requerido e se for necessário (o que fica ao prudente critério do juiz que preside à audiência, que tem a perceção do que se passou na audiência e da importância e pertinência do requerido prolongamento das alegações), por novo prazo máximo de trinta minutos.

§ **10** Cremos que a prorrogação não deve ser dada por mais do que uma vez e igualmente não deve ultrapassar os trinta minutos, sob pena de se subverter a intenção do legislador de acelerar este tipo de procedimento especial, após a produção de prova, sem prejudicar o acesso a um processo justo e todas as garantias a assegurar aos intervenientes no processo (como sucede no caso de não haver prorrogação, tendo em atenção as finalidades e natureza do processo abreviado).

§ **11** A redução do tempo para as alegações orais consagrada nesta norma é adequada considerando o tipo de processo especial aqui em causa, bem como o tipo (pequena e média) de criminalidade objeto de julgamento no processo abreviado e simplificação de provas em causa (apenas havendo "provas simples e evidentes de que resultem indícios suficientes de se ter verificado o crime e de quem foi o seu agente", conforme dispõe o art. 391.º-A/1), que justificam a opção por esta forma de processo especial.

§ **12** Também os princípios gerais subjacentes ao julgamento, como sejam os da oralidade, imediação, concentração da prova, contraditoriedade, publicidade (ainda que esta admita exceções) são aplicáveis em audiência, sendo corolários do acesso a um processo justo e equitativo.

§ **13** E, toda a audiência tem de ser gravada, observando-se os formalismos do processo comum, sob pena de nulidade (arts. 363.º e 364.º), e documentado o que se passou em ata (art. 362.º), embora com as devidas adaptações nomeadamente ao processo abreviado (que não admite intervenção de jurados, nem de tribunal coletivo, sendo a ata assinada eletronicamente na plataforma Citius pelo Juiz singular que é o Juiz Presidente, não admitindo o sistema informático para já, também, a assinatura eletrónica do funcionário) e à tramitação no *Citius* (Portaria n.º 170/2017, de 25.05).

§ **14** Ou seja, como acima já se viu, tornou-se irrelevante que tivesse sido revogado com a L 48/2007 o texto originário do n.º 2 deste mesmo preceito legal (que se relacionava com aviso feito pelo tribunal, no início da audiência, sob pena de nulidade, a quem tiver legitimidade para recorrer da sentença de que podia requerer a documentação dos atos de audiência), a partir do momento em que à audiência de julgamento em processo abreviado se passou a aplicar até ao final da produção da prova as disposições relativas ao julgamento em processo comum e, portanto, também (entre outras e no que aqui agora interessa) as normas previstas nos arts. 363 e 364.º.

§ **15** Naturalmente que se tem de ter presente que o julgamento no processo especial abreviado é feito com juiz singular, pelo que não lhe são aplicáveis as regras/disposições destinadas ou dirigidas à intervenção do Tribunal Coletivo ou do Tribunal de Júri.

§ **16** O importante é que o julgamento seja feito com todas as garantias, sendo assegurado aos sujeitos processuais todos os direitos que o processo comum lhes concede para poderem defender os respetivos interesses no âmbito de um processo justo e equitativo.

§ **17** E, repare-se que, o processo abreviado até é mais próximo na sua estrutura do processo comum, ainda que seja mais simplificado do que este em vários fases, sendo adequado e próprio que a remissão, a nível do julgamento (art. 391.º-E/1, com ressalva do regime particular contido no n.º 2 a nível das alegações orais, incluindo da eventual réplica), tivesse sido feita para as normas do processo comum, enquanto que, por exemplo, relativamente à sentença (art.391.º-F) e à recorribilidade (art.391.º-G), já o legislador tivesse remetido para as normas correspondentes do processo sumário.

§ **18** Na verdade, a regra geral é no processo abreviado aplicarem-se subsidiariamente e com as devidas adaptações (para que não haja contradições com o espírito desta forma de processo especial) as normas do processo comum, nomeadamente quando não houver regime particular previsto na lei (art. 391.º-E/2) e quando também não lhe for aplicável, por força de norma legal que assim o declare (*v.g.* arts. 391.º-F e 391.º-G), norma distinta, como sucede com a aplicação de determinadas disposições do processo sumário.

§ **19** Basta pensar, por exemplo, no caso da intervenção de assistente (art. 68.º), de ser deduzido pedido cível (arts. 71.º a 77.º), de haver um aditamento de rol de testemunhas (art. 316.º), casos em que se aplicam as regras gerais do processo comum.

§ **20** Portanto, uma das principais novidades do processo abreviado que deve ser preservada, atenta a finalidade do legislador quando criou esta forma de processo especial, é precisamente salvaguardar a celeridade desta forma processual, embora sempre sem prejuízo de garantir a realização da justiça material eficiente e eficaz, o que pressupõe a salvaguarda das garantias de defesa.

§ **21** O *processo abreviado é uma reação processual penal contra a pequena e média criminalidade, com a qual se pretende igualmente obter*, como é destacado por vários autores (como se refere na proposta de lei n.º 157/VII que deu origem à L 59/98), "*três ordens de objectivos: maximização da eficácia, optimização político-criminal e alívio da justiça*".

§ **22** De qualquer modo, do regime do processo abreviado resulta, em síntese, que são (como se diz na proposta de lei n.º 157/VII que deu origem à L 59/98) "os casos de prova indiciária sólida e inequívoca que fundamenta, face ao auto de notícia ou perante um inquérito rápido, a imediata sujeição do facto ao juiz, concentrando-se, desta forma, o essencial do processo na sua fase crucial, que é o julgamento."

§ **23** Não esquecer que, tal como no processo sumário, *todos os atos relativos ao processo abreviado até à sentença em primeira instância, são urgentes*, tal como resulta do art. 103.º/2/*a*, o que mostra bem a aceleração processual que o legislador lhe quis imprimir, sem ao mesmo tempo deixar de salvaguardar o acesso a um processo justo e equitativo, assegurando os direitos e garantias a todos os sujeitos processuais intervenientes.

§ **24** Ainda que se compreenda que o legislador tenha alterado a norma que previa a fixação de um prazo para o início da audiência de julgamento em processo abreviado (o que sucedeu com a alteração introduzida pela L 26/2010 ao art. 391.º-D, que modificou a redação anterior introduzida pela L 48/2007, que então regulava a audiência, e que estabelecia o início da audiência "no prazo de 90 dias a contar da dedução da acusação"), a verdade é que ainda assim, aquele prazo imprimia um maior ritmo e aceleração ao julgamento, ainda que se prolongasse por várias sessões, uma vez que, para além do mais, na altura também não podia haver um prolongamento excessivo entre cada sessão (o qual não podia ser superior a 30 dias) sob pena de perder eficácia a produção de prova até então realizada (art. 328.°/6).

III – Incumprimento e consequências

§ 25 Se ocorrer uma irregularidade a nível do que consta da ata (por exemplo, consta o nome de um diferente juiz ou, como por vezes acontece, o nome próprio do juiz está correto mas aparece com os apelidos errados, v.g. com os apelidos do MP), estar-se-á perante um lapso de escrita suscetível de correção.

§ 26 No caso de haver omissão de documentação/gravação de declarações prestadas oralmente em audiência, verificar-se-á a nulidade prevista no art. 363.°, aplicável no processo abreviado por força do art. 391.°-E/1.

§ 27 É também aqui aplicável o ac. STJ/FJ 13/2014, 3.07.2014 (ISABEL CELESTE ALVES PAIS MARTINS), de 3.07.2014 – que revogou a *jurisprudência 5/2002*, 27.06.2002 (LUÍS FLORES RIBEIRO)-, que *veio fixar a seguinte jurisprudência: A nulidade prevista no artigo 363.° do Código de Processo Penal deve ser arguida perante o tribunal da 1.ª instância, em requerimento autónomo, no prazo geral de 10 dias, a contar da data da sessão da audiência em que tiver ocorrido a omissão da documentação ou a deficiente documentação das declarações orais, acrescido do período de tempo que mediar entre o requerimento da cópia da gravação, acompanhado do necessário suporte técnico, e a efetiva satisfação desse pedido pelo funcionário, nos termos do n.° 3 do artigo 101.° do mesmo diploma, sob pena de dever considerar-se sanada.*

§ 28 Essa interpretação consagrada no ac. STJ/FJ 13/2014, 3.07.2014 "foi julgada não inconstitucional, pelos acs. TC 118/2017 e 291/2017, por não se considerar tratar-se de um ónus excessivo" ou desproporcionado, tendo-se entendido que servia os "interesses de economia processual, eficiência e, em geral, de *racionalidade* na utilização dos recursos dos tribunais." (v. também comentário de TIAGO CAIADO MILHEIRO ao art. 101.°, Tomo I).

§ 29 Se, porém, as deficiências da gravação, ainda que parcialmente, não impedem que o Tribunal da Relação conheça do erro de julgamento invocado em sede de recurso, não se pode concluir que as mesmas correspondam a falta ou omissão de documentação.

§ 30 De igual forma, se houver violação do disposto no art. 364.º/1, ou seja, se houver partes da audiência de julgamento que não forem gravadas através de registo áudio ou audiovisual, verifica-se nulidade, à qual deve ser aplicada a mesma interpretação do ac. STJ/FJ 13/2014 (v. a propósito o comentário feito ao art. 364.º).

§ 31 Aplicam-se as regras gerais do processo comum verificando-se violação ou inobservância das disposições da lei do processo penal (art. 118.º a 123.º): assim, só é determinada a nulidade do acto quando esta for expressamente cominada na lei (art. 118.º/1); nos casos em que a lei não cominar a nulidade, o acto ilegal é irregular (art. 118.º/2). De qualquer forma, o estabelecido nos arts. 118.º a 123.º não prejudicam as normas do CPP relativas a proibições de prova (art. 118.º/3).

§ 32 Assim, se o julgamento for feito à porta fechada sem haver qualquer motivo para isso e, obviamente, sem haver qualquer despacho a excluir ou a restringir a publicidade, ocorre uma nulidade insanável prevista no art. 321.º/1, que tem por consequência a inutilização daquele acto, isto é, fica sem efeito ou não produz qualquer efeito aquele julgamento, que terá de ser repetido.

§ 33 Já se for ultrapassado o prazo máximo de 10 minutos para a réplica previsto no art. 391.º-E/2, mesmo que o juiz não chame à atenção o respetivo prevaricador (seja o MP ou o respetivo advogado) para concluir a sua intervenção oral, verifica-se uma irregularidade (já que aquela disposição legal não comina aquele ato ilegal com a nulidade), que só se consegue por cobro com a intervenção do juiz.

MARIA DO CARMO SILVA DIAS

Artigo 391.º-F
Sentença

É correspondentemente aplicável à sentença o disposto no artigo 389.º-A.

Origem do texto: artigo introduzido pela L 26/2010, de 30.08

Sumário do comentário:

I – Aplicação subsidiária (§ 1)
II – Considerações específicas (§§ 2 e 3)
III – Sentença escrita (§§ 4, 5)

I – Aplicação subsidiária

§ 1 O regime sentencial aplicado ao processo abreviado é exatamente o mesmo, por vontade expressa do legislador, ao aplicável ao processo sumário (art. 389.º-A), por remissão direta. Sublinha-se que a aplicação deste regime da sentença oral apenas se aplica aos processos sumário e abreviado e não ao processo comum (cf. comentário ao art. 389.º-A, § 23).

II – Considerações específicas

§ 2 A especificidade que legitima a existência do processo abreviado encontra-se no momento de apuramento e validação dos factos decorrentes da evidência das provas recolhidas que, pelo facto de consubstanciarem uma prova reforçada sobre a factualidade, traduzem um menor juízo de incerteza na determinação da verdade. Por isso, também aqui, como no processo sumário, justifica-se o figurino da sentença final sustentado em formas sumárias de fundamentação, concretamente a fundamentação oral.

§ 3 Trata-se, no modelo de processo abreviado, de um modelo de prova facilitado [provas simples e evidentes, conforme se refere no art. 391.º-A/3], que reduz a incerteza e a complexidade, nomeadamente na valoração da prova e no seu reflexo na fundamentação.

III – Sentença escrita

§ 4 A opção pela prolação de uma sentença escrita, no processo abreviado, para além dos requisitos estabelecidos no art. 389.º- A (cf. comentário ao artigo) pode justificar-se por via do número de crimes que estejam em causa e, por via disso ser necessário ao juiz realizar operações de determinação do cúmulo jurídico de penas [cf. RP, 24.03.2021 (Jorge Langweg)].

§ 5 Sobre outras questões, cf. comentário ao artigo 389.º-A.

José Mouraz Lopes

Artigo 391.º-G
Recorribilidade

É correspondentemente aplicável ao processo abreviado o disposto no artigo 391.º

Origem do texto: O texto deste preceito foi renumerado para art. 391.º-G pela L 26/2010, de 30.08 (correspondendo ao anterior art. 391.º-F, que foi aditado pela L 48/2007, de 29.08), justificando-se a remissão para o art. 391.º (recorribilidade) pelas afinidades entre ambos (apesar do n.º 1 do art. 391.º corresponder ao texto originário do DL 78/87, o certo é que só a partir da L 48/2007, é que foram encontradas afinidades com o anterior art. 391.º-F, que corresponde ao atual art. 391.º-G) . Acrescente-se que, a reforma de 2010 introduziu uma nova redação ao art. 391.º, o qual passou a englobar dois números, correspondendo o n.º 1 ao texto original do DL 78/87 e o n.º 2 a texto que anteriormente não existia e foi acrescentado por causa da devida articulação com outras alterações introduzidas pela L 26/2010, uma vez que, no processo sumário – tal como no abreviado, por força do atual art. 391.º-F – passou a sentença em regra (portanto ressalvadas as situações previstas no art. 389.º-A/5) a ser proferida oralmente, nos termos do art. 389.º-A/1/2/3, sendo documentada nos termos dos arts. 363.º e 364.º, ditado o dispositivo para a ata e sendo sempre entregue cópia da gravação ao arguido, ao assistente e ao Ministério Público no prazo de 48 horas, salvo se aqueles expressamente declarassem prescindir da entrega, sem prejuízo de qualquer sujeito processual a poder requerer nos termos do n.º 4 do artigo 101.º.

Jurisprudência vinculante: ac. STJ/FJ 8/2014, 14.05.2014 (António Jorge Fernandes de Oliveira Mendes).

Sumário do comentário:

I – Considerações gerais (§§ 1 a 5)
II – Casos de admissibilidade de recurso (§§ 6 a 16)
III – Contagem do prazo de interposição do recurso (§§ 17 a 23)
IV – Incumprimento e consequências (§§ 24 a 27)

I – Considerações gerais

§ 1 A norma especial sobre os casos em que é admissível recurso em processo sumário (prevista no art. 391.º) é correspondentemente aplicável ao processo abreviado, por o legislador ter entendido que havia afinidades entre ambos os processos especiais. Por isso, remetendo-se aqui para o que já foi dito em comentário ao art. 391.º, mas sem deixar de se repetir, salienta-se que também neste âmbito se visou garantir o direito ao recurso, assegurar todos os direitos de defesa (art. 32.º/1, CRP), assim como o acesso a um processo justo e equitativo (art. 20.º/1/4 CRP).

§ 2 Importa ter presente que com a reforma introduzida pela L 26/2010, o Governo pretendeu alterar particularmente o regime "dos processos especiais, sumário e abreviado", visando (como salientou na exposição de motivos da Proposta de Lei 12/XI/1) "promover a celeridade e simplificação da justiça", para "diferenciar o tratamento processual da pequena e média criminalidade, deixando para a forma processual mais solene apenas os casos de criminalidade grave ou complexa."

§ **3** Claro que o legislador ao aqui inverter a regra geral da admissibilidade do recurso (art. 399.º), uma vez que acaba por restringir ou limitar os casos de admissibilidade de recurso, tem em particular atenção que está perante uma forma de processo especial (processo sumário ou processo abreviado) que é por natureza urgente (art. 103.º/2/*d*) e assume um cariz célere, devendo, por isso, ser concluído com rapidez.

§ **4** Nesta perspetiva, o legislador dando um particular relevo ao tipo de processo especial aqui em causa, que pretende que tenha uma tramitação simplificada e que seja concluído com celeridade (ainda que sem comprometer os direitos de defesa e o acesso a um processo justo e equitativo), apenas admite a possibilidade de recurso em casos excecionais, mas essenciais no processo, que são precisamente (desde logo) a sentença ou o despacho que puser termo ao processo.

§ **5** Portanto, ainda que a redação do art. 391.º para o qual remete não seja perfeita (como também assinalam Oliveira Mendes, 2016, p. 1170 e Paulo Pinto de Albuquerque, 2011, p. 1011) e não contemple todos os casos que se podem configurar de admissibilidade de recurso quer no processo sumário, quer no processo abreviado, haverá que preencher a falta de regulamentação particular com o recurso às demais normas previstas neste código.

II – Casos de admissibilidade de recurso

§ **6** Nos termos do n.º 1 do art. 391.º, tendo em atenção o disposto no art. 391.º-G, diremos que em processo abreviado só é admissível recurso da sentença (seja ela proferida oralmente, nos termos do art. 389.º-A/1/2/3 ou por escrito, sendo depois lida, como sucede nos casos excecionais previstos no art. 389.º-A/5, tudo por força da remissão prevista no art. 391.º-F) ou de despacho que puser termo à causa.

§ **7** Não se colocam dúvidas sobre a definição de "*sentença*", estando a sua natureza claramente definida na lei e não havendo dificuldades na sua classificação e na distinção em relação a outro tipo de decisões finais.

§ **8** Por sua vez, a noção de "*despacho que puser termo à causa*" suscitou algumas dificuldades de interpretação, nomeadamente, quando aí se pretendeu incluir o despacho de reenvio para outra forma de processo (v.g. arts. 390.º e 391.º-D).

§ **9** De qualquer forma, segundo o art. 97.º/1/*a*/*b*, "Os atos decisórios dos juízes tomam a forma de *sentenças*, quando conhecerem a final do objeto do processo" e, tomam a forma de "*despachos*, quando conhecerem de qualquer questão interlocutória ou quando puserem termo ao processo fora do caso previsto na alínea anterior."

§ **10** O ac. STJ/FJ 8/2014, 14.05.2014 (António Jorge Fernandes de Oliveira Mendes), que não perdeu atualidade, apesar de sucessivas reformas do processo penal entretanto publicadas (sendo correspondentemente aplicável ao processo abreviado), fixou a seguinte jurisprudência: «*Em processo sumário é irrecorrível o despacho de reenvio para outra forma de processo*».

§ **11** Nesse acórdão n.º 8/2014 defendeu-se que *despacho que põe termo ao processo* "é o que põe fim ao procedimento, sendo que o despacho de reenvio, conhecendo uma questão interlocutória, se limita a determinar que o procedimento passe a ser tramitado sob outra forma processual, ou seja, não visa a finalização do procedimento, antes a regulação da sua tramitação."

§ **12** E, acrescenta-se, mais à frente: "Decisão que põe fim ou termo ao processo é, pois, a sentença, a qual conhece a final do objecto do processo e, em regra, conhece da relação substantiva ou mérito da causa, bem como a que, proferida antes da sentença, tem como consequência o arquivamento ou o encerramento do processo. Neste preciso sentido, a propósito do sentido da expressão *despacho que tiver posto fim ao processo*, constante do n.º 2 do artigo 449.º, dispositivo que regula os fundamentos e a admissibilidade do recurso extraordinário de revisão de sentença, se tem pronunciado, de forma pacífica e constante, este Supremo Tribunal. Sendo certo que a decisão de reenvio para outra forma de processo não tem por consequência o arquivamento ou o encerramento do processo, antes a alteração da forma processual, temos por seguro que tal decisão não cai na previsão do n.º 1 do artigo 391.º, ou seja, não é recorrível, conclusão esta que em nada colide com o facto de em 2007 o legislador ter suprimido a disposição que expressamente vedava o recurso do despacho de reenvio, visto que tal disposição era manifestamente redundante. Aliás, como bem salienta o Exmo. Procurador-Geral Adjunto no seu parecer, aquando da revisão do Código de Processo Penal de 2010, tanto o CDS (no projecto de lei n.º 173/XI) como o SMMP (no parecer sobre o projecto de proposta de lei para alteração do Código de Processo Penal), apresentaram propostas de alteração da redacção do artigo 391.º, visando a recorribilidade do despacho de reenvio para outra forma de processo, recurso esse com efeito suspensivo, no entanto, tais propostas foram rejeitadas, como resulta do Relatório da Discussão e Votação na Especialidade (DAR, II-A, de 24 de Julho de 2010), o que revela claramente que o legislador quis manter a irrecorribilidade do despacho de reenvio."

§ **13** De todo o modo, existem casos particulares, de decisões proferidas *antes* da sentença ou do despacho que puser termo ao processo, em que é admissível recurso e que importa compatibilizar para haver unidade do sistema processual penal, encarado como um todo, não criando aparentes incompatibilidades, nem prejudicando as garantias de defesa, incluindo o direito ao recurso ou direitos fundamentais (como aconteceria se fosse vedado o acesso ao recurso, por exemplo, relativo a uma medida de coação a que o arguido estava sujeito, invocando o disposto no art. 391.º e preterindo o disposto no art. 219.º/1 – assim, também, Oliveira Mendes, 2016, p.1169 e Paulo Pinto de Albuquerque, 2011, p. 1011).

§ **14** Igualmente, como acrescenta Paulo Pinto de Albuquerque, 2011, pp. 1011 e 1012, quando esclarece que se impõe fazer "uma interpretação conforme à Constituição" do art. 391.º (que é correspondentemente aplicável ao processo abreviado por força do art. 391.º-G) deverá ser admissível o recurso, por exemplo, das "decisões que condenem no pagamento de quaisquer quantias antes da sentença, [do] despacho do juiz que não reconhece impedimento contra si deduzido, [da] decisão que recusa legitimidade ao MP para acusar e [do] despacho que indefere o requerimento de submissão do arguido suspeito de anomalia mental à perícia respectiva."

§ **15** Também às decisões proferidas *depois* da sentença ou depois do despacho que puser termo ao processo aplica-se a regra geral da recorribilidade (art. 399.º), desde que não esteja prevista na lei a sua irrecorribilidade (no mesmo sentido, Oliveira Mendes, 2016, p.1169; Paulo Pinto de Albuquerque, 2011, p. 1012, dá como exemplo "o despacho que revoga a suspensão da execução da pena de prisão em processo sumário, porque se trata de despacho que põe termo ao processo", embora, na nossa perspetiva, seja discutível esse entendimento no sentido de que este tipo de decisão, que se relaciona com o incumprimento culposo da pena aplicada em sentença anterior ao condenado, possa ser qualificada como "despacho que põe termo ao processo").

§ 16 Percebe-se tal entendimento uma vez que a regulamentação particular prevista para os processos especiais (no que aqui nos interessa processos sumário ou abreviado) apenas contempla a respetiva tramitação até à prolação da sentença ou de despacho que puser termo ao processo (uma vez que se pretende uma tramitação célere e simplificada e daí, também, a admissibilidade de menor número de casos de recurso, mas sem, contudo, coartar o direito ao recurso e direitos de defesa, bem como demais garantias de acesso ao processo existentes num Estado de direito, que devem ser assegurados a todos os sujeitos processuais); após essa fase final deste processo especial passam a aplicar-se as regras gerais do processo penal comum.

III – Contagem do prazo de interposição do recurso

§ 17 Sendo o prazo de interposição do recurso de 30 dias, que é o geral, previsto no art. 411.º/1, estabelece, contudo, o art. 391.º/2 (aplicável ao processo abreviado por força do art. 391.º-G) que "Exceto no caso previsto no n.º 4 do artigo 389.º-A, o prazo para interposição do recurso conta-se a partir da entrega da cópia da gravação da sentença."

§ 18 O legislador nesta norma parece que apenas se preocupou com a contagem do prazo do recurso quando, no processo sumário ou no processo abreviado, a sentença tivesse sido proferida oralmente (a qual tem sempre que ser documentada nos termos dos arts. 363.º e 364.º, sob pena de nulidade, como estabelece o n.º 3 do art. 389.º-A, aplicável ao processo abreviado por força do art. 391.º-F) e, por isso, tivesse sido entregue cópia da gravação da sentença, em conformidade com o estabelecido no n.º 4 do art. 389.º-A.

§ 19 No entanto, a redação da art. 391.º/2 até é equívoca, quando ressalva o caso previsto no n.º 4 do art. 389.º-A (norma que ordena que seja sempre entregue cópia da gravação ao arguido, ao assistente e ao Ministério Público no prazo de 48 horas, salvo se aqueles expressamente declararem prescindir da entrega, sem prejuízo de qualquer sujeito processual a poder requerer nos termos do n.º 4 do artigo 101.º) e, ao mesmo tempo, estabelece que o prazo se conta a partir da entrega da cópia da gravação da sentença (é que só existe cópia da gravação da sentença precisamente quando ela é proferida oralmente, por força do estabelecido no n.º 3 do art. 389.º-A).

§ **20** Fazendo uma interpretação harmonizada do art. 391.º/2 (e visto igualmente as remissões dos arts. 391.º-F e 391.º-G), diremos que sempre que a sentença for proferida oralmente, caso em que é gravada (n.º 3 do art. 389.º-A, sob pena de nulidade), o prazo da interposição do recurso conta-se a partir da entrega da cópia da sua gravação (devendo ser certificado eletronicamente no processo a data da entrega da cópia da gravação). Essa entrega da cópia da gravação da sentença tanto pode ocorrer no prazo de 48 horas após ser proferida oralmente a sentença, quando o arguido, o assistente e o MP declararem não prescindir da sua entrega, como quando declararem prescindir dessa entrega, então apenas é contado desde a data da entrega da cópia da gravação ao sujeito processual que a requerer nos termos do art. 101.º/4.

§ **21** No caso de sentença escrita (casos previstos no n.º 5 do art. 389.º-A), que necessariamente tem de ser lida (situação não prevista no art. 391.º/2), então a contagem do prazo de recurso dessa sentença far-se-á nos termos gerais previstos no art. 411.º/1/*b*, isto é, desde o respetivo depósito na secretaria, sendo que hoje em dia, em interpretação atualista, estando a sentença assinada eletronicamente e inserida no Citius, deverá a contagem ser feita desde que esteja disponível para os sujeitos processuais, mesmo que o depósito seja feito com atraso e, portanto, posteriormente.

§ **22** Tratando-se de despacho escrito que puser termo ao processo que, portanto, evita a prolação de uma sentença (situação também não prevista no art. 391.º/2), a contagem do prazo de recurso faz-se nos termos gerais previstos no art. 411.º/1/*a*, isto é, desde a notificação dessa decisão.

§ **23** No caso desse despacho que puser termo ao processo ser proferido oralmente em ata (situação também não prevista no art. 391.º/2), a contagem do prazo de recurso faz-se nos termos gerais previstos no art. 411.º/1/*c*, isto é, o prazo conta-se a partir da data em que tiver sido proferida, se o interessado estiver ou dever considerar-se presente.

IV – Incumprimento e consequências

§ **24** No caso de não ser admitido o recurso (por exemplo, por ter sido considerado que foi interposto fora de tempo ou por no caso concreto se ter interpretado que aquele tipo de decisão não admitia recurso) cabe reclamação para o Presidente do Tribunal da Relação que seria competente para o conhecer, sendo tramitado nos termos indicados no art. 405.º

§ **25** O mesmo se passa, isto é, cabe reclamação, seguindo a mesma tramitação, no caso, por exemplo, de ser retido o recurso que devia subir imediatamente.

§ **26** Também o facto de ser admitido recurso pela 1.ª instância, não vincula o tribunal superior, como decorre do art. 414.º/3, o mesmo se passando quanto ao efeito que lhe tiver sido atribuído pela 1.ª instância, que igualmente não é vinculativo para o tribunal superior.

§ **27** A consequência de uma errada contagem do prazo de interposição de recurso pode levar à sua extemporaneidade (claro que tudo depende das particularidades de cada caso concreto) e, portanto, ser motivo da sua não admissão (art. 414.º/2).

MARIA DO CARMO SILVA DIAS

TÍTULO III
Do processo sumaríssimo

Artigo 392.º
Quando tem lugar

1 – Em caso de crime punível com pena de prisão não superior a 5 anos ou só com pena de multa, o Ministério Público, por iniciativa do arguido ou depois de o ter ouvido e quando entender que ao caso deve ser concretamente aplicada pena ou medida de segurança não privativas da liberdade, requer ao tribunal que a aplicação tenha lugar em processo sumaríssimo.

2 – Se o procedimento depender de acusação particular, o requerimento previsto no número anterior depende da concordância do assistente.

3 – O disposto nos números anteriores é correspondentemente aplicável no processo contra pessoa coletiva ou entidade equiparada.

Origem do texto: o n.º 1 resulta das alterações sucessivamente introduzidas no texto original, aprovado pelo DL 78/87, de 17.2, pela L 59/98, de 25.8, e pela L 48/2007, de 29.8. Assim, onde no texto original se limitava a aplicação do processo sumaríssimo aos crimes puníveis com prisão não superior a seis meses ou com multa, a L 59/98, de 25.8, e, depois, a L 48/2007, de 29.8, vieram a consentir a aplicação de tal forma especial a crimes puníveis com pena de prisão não superior a três anos ou pena de multa e pena de prisão não superior a cinco anos ou pena de multa, respetivamente; onde no texto original as reações penais concretamente aplicáveis se cingiam à pena de multa ou medida de segurança "não detentiva", a L 59/98, de 25.8, veio a consentir a aplicação concreta de qualquer pena ou medida de segurança não privativas da liberdade; finalmente, a L 48/2007, de 29.8, veio reconhecer ao arguido legitimidade para tomar iniciativa, ou em qualquer caso o direito a ser ouvido, a respeito da aplicação de sanção em processo sumaríssimo. O n.º 2 foi introduzido pela L 59/98, de 25.8, que passou a permitir a aplicação, ainda que condicionada, do processo sumaríssimo em caso de crime particular, o que era vedado pelo n.º 1 do preceito na redação original da 78/87, de 17.2. Enfim, o n.º 3 foi introduzido pela L 94/2021, de 21.12.

Sumário do comentário:

I – Considerações gerais

§ **1** O processo sumaríssimo, regulado no Livro VIII do CPP como subtipo de "processo especial", afirma-se assim, logicamente, diante da forma "comum" regulada nos arts. 262.º a 380.º Em face deste rito mais solene, tendencialmente mais garantístico e, também por isso, mais moroso, os processos especiais colocam o acento tónico na preocupação de celeridade que, todavia, não pode ser levada ao ponto de menoscabar o núcleo essencial das garantias de defesa. Se todos os ritos processuais (comum e especiais) se devem conformar com o comando constitucional de celeridade compatível com aquelas garantias (art. 32.º/2 CRP), pode-se dizer que nos processos especiais uma maior simplificação e relativa desformalização, que são penhor do almejado acréscimo de *celeridade*, são como que "compensadas" pela *garantia* de que ao arguido não será aplicada sanção acima de certa gravidade abstrata (requisito comum a todas as formas especiais – cf. arts. 381.º/1, 391.º-A/1/2 e 392.º/1) ou de certa espécie concreta (art. 392.º/1), e pela necessária verificação de determinadas circunstâncias, sejam elas a frescura da prova [art. 381.º/a)], a simplicidade e evidência dela (art. 391.º-A/1) ou, enfim, como sucede no processo sumaríssimo, a exigência de consenso (*rectior*: a ausência de dissenso) a respeito da sanção proposta (art.º 397.º/1). Em não se verificando essas garantias, mas sendo usada forma de processo especial, incluindo a sumaríssima, ocorre *nulidade insanável*, nos termos gerais do art. 119.º/f), e precisamente porque ao arguido foi negada a tramitação sob a forma – a comum – mais garantística.

§ **2** Como seria de esperar, ante a complementaridade entre direito e processo penal, o processo sumaríssimo concorre para a realização do programa político-criminal substantivo. Desde logo, ao potenciar a presteza da decisão contribui para a reposição da confiança da comunidade na norma penal protetora do bem jurídico ofendido (art. 40.º/1 CP); depois, poupando o arguido à exposição em audiência pública, e ainda, pela via do consenso, comprometendo-o com a decisão de imposição da sanção, dá voz às exigências de socialização ou, pelo menos, de não dessocialização dele (art. 40.º/1 CP). Por sobre isto, orientado exclusivamente à aplicação de penas ou medidas de segurança não privativas da liberdade, precisamente as mais comuns na resposta à pequena e média criminalidade, afeiçoa-se ao princípio da preferência por aquelas (art. 70.º CP). Trata-se, pois, de rito processual que surge como refração do *princípio da intervenção mínima* em matéria penal que se deduz do n.º 2 do art. 18.º CRP (assim, Fernando Torrão, 1999, p. 47) – consideração que o intérprete deve ter presente como pano de fundo de atuação do instituto.

§ 3 Com efeito, acompanhamos aquele autor quando refere (Fernando Torrão, 1999, p. 49) que a *margem de manobra do MP* – condicionada ainda pelo princípio da preferência pelas reações penais não detentivas (art. 70.º CP) – se refere essencialmente ao momento em que o magistrado respetivo *escolhe* a sanção mais adequada ao caso concreto. Ultrapassado este patamar, convencendo-se que a sanção adequada é uma não privativa da liberdade (colocando entre parênteses a questão de saber se é aplicável "qualquer" sanção dessa natureza – cf., *infra*, §§ 9-14) e (acrescentamos) verificando que o paradeiro do arguido é conhecido e que não há qualquer sinal evidente de que rejeite a aplicação consensual da sanção, então o magistrado em causa fica *vinculado* a requerer a aplicação dela na forma sumaríssima, porque só uma tal conclusão é conforme com o mencionado *princípio da intervenção mínima*. De resto, não será outra a razão pela qual a lei comina com *nulidade sanável* o uso da forma comum quando estiverem reunidos os pressupostos de tramitação sob forma especial, incluindo, naturalmente, a forma sumaríssima [art. 120.º/2/f)]. Aqui, os escolhos resultarão mais das dificuldades prático-concretas da verificação dos pressupostos dessa nulidade do que a propósito da aceitação teórica dela.

§ 4 O processo sumaríssimo, como as demais formas especiais, não prevê, a respeito das fases preliminares, a da instrução (art. 286.º/3) e distingue-se daquelas por não comportar, na fase de julgamento, a audiência respetiva (arts. 397.º e 398.º). Já *não se pode dizer que o processo sumaríssimo não comporta uma fase inquérito*, nomeadamente por "maioria de razão" a respeito do processo abreviado [neste sentido, ac. RP 19.5.2004 (Manuel Braz)], do que resultaria que o nosso CPP consagraria um rito que prescindiria das duas fases processuais preliminares (inquérito e instrução) e uma parte da fase de julgamento (a audiência). Importante é considerar que as "razões" legitimadoras do processo abreviado (e do sumário) e do processo sumaríssimo são muito distintas: ali, a simplicidade e evidência da prova; aqui, o consenso sobre a sanção. O que pode suceder é que estejam reunidas as condições para tramitação sob a forma abreviada (simplicidade e evidência da prova) e deva, todavia, seguir-se a forma sumaríssima – pois não se disputará que, verificados os pressupostos de ambas as formas, a opção terá de recair na última, precisamente em razão do *princípio da intervenção mínima* (*supra*, §§ 2 e 3). Nestes casos *haverá inquérito, ainda que reduzido à sua expressão mínima*, nomeadamente destinado à audição do arguido, à recolha dos elementos com relevo para a escolha e medida da sanção (art. 392.º/1), ou para quantificação de reparação a título de danos (art. 393.º/2) que caiba propor.

§ **5** Em face da estreiteza do âmbito de aplicação do processo sumaríssimo, que resultou não apenas dos limites que originariamente (em 1987) a condicionaram, mas igualmente do fenómeno de hipertrofização do direito penal substantivo, o legislador respondeu: *a)* com a *sucessiva ampliação das possibilidades de aplicação do instituto a terrenos da fenomenologia criminal que antes lhe estavam vedados* – de crimes puníveis com pena de prisão até seis meses (1987), passando por crimes puníveis com pena de prisão até três anos (1998) e chegando aos ameaçados com pena de prisão até cinco anos (2007); *b)* com o *alargamento da tipologia de penas aplicáveis* – das reações penais concretas limitadas à multa e à medida de segurança "não detentiva" (1987), passou a consentir, aparentemente, a aplicação de qualquer pena ou medida de segurança não privativas da liberdade (1998); *c)* com *a alteração do modelo de consenso, substituindo o da aceitação (1987) pelo da não oposição* (1998; cf. art. 397.º/1); *d)* com a *sucessiva limitação dos poderes do juiz a respeito da sindicância do requerimento do MP*: primeiro (1998) vedando a possibilidade de escrutínio da suficiente indiciação dos factos imputados (possível no âmbito do art. 394.º/2, na redação de 1987); depois, advertindo que a recusa da sanção proposta só deverá ocorrer onde for "manifesta" a sua insusceptibilidade de cumprir os fins das penas [2007; art. 395.º/1/c)]; *e)* enfim, formalmente *reconhecendo também ao arguido a iniciativa na matéria* e sinalizando espaços de interação direta entre ele e o MP (2007; art. 392.º/1).

II – Pressupostos de aplicação do processo sumaríssimo

a) De natureza substantiva

a.1) Limitação a crimes puníveis com pena de prisão não superior a 5 anos ou só com multa

§ **6** Primeiro pressuposto de aplicação do processo sumaríssimo é o de que os factos integrem *crime punível com pena de prisão não superior a cinco anos ou com pena de multa* (art. 392.º/1). A respeito da última, a redação originária (1987) fazia menção não apenas aos crimes punidos com multa, mas ainda àqueles punidos com *multa complementar* à prisão, sendo que na redação resultante da L 59/98, de 25.8, deixou-se de fazer referência à última. Com isto não se pretendeu que a aplicação do processo sumaríssimo ficasse vedada em tratando-se de crime punível com prisão *e* com multa. A omissão compreende-se, apenas, à luz de uma Revisão que teve lugar em altura em que já ocorrera alteração da técnica legislativa conforme programa político-criminal no sentido de expurgar o ordenamento jurídico de crimes puníveis, simultaneamente, com prisão e multa (cf. PEDRO SOARES DE ALBERGARIA, 2006/7, p. 15 s.). Onde subsistam ilícitos assim punidos nada obsta à aplicação do processo sumaríssimo.

§ 7 A limitação da aplicação do processo sumaríssimo a crimes puníveis com pena de *prisão máxima de cinco anos*, *quantum* este fixado na Revisão de 2007, visou alinhar aquele mecanismo adjetivo com o reajuste penal substantivo em matéria de penas de substituição, cuja aplicação tem, igualmente, aquele teto máximo (cf. art. 50.º/1 CP). Tal limite inclui a hipótese de concurso de crimes, a determinar nos termos gerais dos arts. 30.º/1 e 77.º CP, mas já não o uso do mecanismo de determinação concreta da competência previsto no art. 16.º/3 (assim, Dir./PGR 1/2016, de 25.2.2016). Outra direção segue JÚLIO BARBOSA E SILVA, 2013, p. 143 ss., e HUGO LUZ DOS SANTOS, 2018, p. 32, autor aquele que argumenta basicamente postulando que no silêncio da lei se aplicam as "regras processuais penais gerais", *in casu* o art. 16.º/2.

§ 8 Todavia, a "regra" em matéria de competência é a de que esta resulta diretamente da lei, não sendo a sua determinação mediada por qualquer ponderação concreta pelo MP – e o art. 16.º/3 constitui, precisamente, "desvio" a tal regra, não sendo porventura outra a razão pela qual o legislador se viu compelido a dispor expressamente sobre o ponto a respeito dos processos sumário (art. 381.º/2) e abreviado (art. 391.º-A/2), quedando silente a respeito do processo sumaríssimo. Ademais, enquanto o mecanismo em causa foi introduzido, no processo sumário, com a L 59/98, de 25.8, mantendo-se nas redações aportadas pelas Leis 48/2007, de 29.8, e 1/2016, de 25.2, e estando previsto para o processo abreviado logo com a criação dessa forma processual naquele primeiro diploma, mantendo-se nas redações introduzidas pelas Leis 26/2010, de 30.8, e 1/2016, de 25.2, as alterações operadas no art. 392.º pelas Leis 59/98, de 25.8, 48/2007, de 29.8 e 94/2021, de 21.12, deixaram sempre intocado tal preceito no que tange à não previsão da aplicação do mecanismo de determinação concreta da competência. E, por fim, enquanto no art. 16.º/3 está em causa levar o caso a julgamento, mas perante tribunal distinto daquele que, em princípio, devia intervir, no processo sumaríssimo ocorre o oposto: não levar o caso a julgamento. Não há, pois, lacuna.

a.2) Limitação a penas ou medidas de segurança não privativas da liberdade

§ 9 Na densificação desta limitação, reside, porventura, o grosso da discussão em redor do perímetro normativo de aplicação da forma sumaríssima: quer a respeito da *natureza* das penas de substituição aplicáveis (§§ 9-11), quer a respeito do *catálogo* de penas aplicáveis (§§ 12-14). A primeira questão não se pode cindir do desmesurado alargamento de âmbito de aplicação do processo sumaríssimo e da sucessiva debilitação da função de controlo do juiz, metamorfose esta que se consumou em 2007, conforme miudamente se descreveu (§ 5). Em termos enxutos, trata-se hoje de um processo integralmente escrito; aplicável a crimes puníveis com pena de prisão até 5 anos; no qual o juiz não pode sindicar a suficiência indiciária dos factos imputados; em que o juiz só está autorizado a declinar a aplicação da sanção onde ela se mostrar "manifestamente" desconforme com os fins das penas; e, enfim, em que o consentimento do arguido se reconduz, por retas contas, a ausência de dissentimento. Um tal figurino, que já nada tem que ver com o modelo original, revela-se sensivelmente debilitador de garantias de defesa, com evidente potencial para afetar, especialmente, arguidos com menor capacidade de ação, teria de comportar um qualquer corretor.

§ 10 Terá sido esse quadro a reclamar, não por acaso logo em 2007, como imperativo de (re)equilíbrio entre exigências de celeridade (que iluminam de modo singular os processos especiais) e garantias processuais (art. 32.º/2 CRP), a consagração, no art. 353.º CP, da menção à pena aplicável em processo sumaríssimo, menção esta que, se bem vemos, terá vindo sinalizar que o não cumprimento da pena de substituição aplicada em processo sumaríssimo, não dá azo ao cumprimento da pena principal, mas antes à prática do mencionado ilícito. Tosando as palavras: se até 2007 era discutível se as penas de substituição aplicadas em processo sumaríssimo o eram *qua tale* ou antes a *título principal*, com a nova redação do art. 353.º CP o fiel da balança hermenêutica parece inclinar-se para a última hipótese. Ao contrário de outros segmentos desse preceito, que se destinam (apenas) a evitar lacuna de punibilidade sempre que pela própria natureza das penas aplicadas quedasse impune o incumprimento delas, o inciso "a título de pena aplicada em processo sumaríssimo" (note-se: *sem distinção alguma do tipo de pena*, sendo que as penas acessórias *já têm previsão autónoma* na referida norma) terá vindo cumprir a mais dessa função, aqueloutra, garantística, de assegurar que o dito incumprimento *não* dê azo a cumprimento de pena privativa da liberdade. A desconsideração desse "instrumento corretor", tarde ou cedo fará equacionar se, ao menos nas suas manifestações práticas mais extremadas, o regime consumado com a Reforma de 2007 não comprimirá, desproporcionalmente, as garantias de defesa do arguido em aras da celeridade e eficiência (art. 18.º e 32.º/1/2 CRP).

§ 11 A interpretação para que hoje nos inclinamos – afastando-nos de posicionamento anterior – essencialmente corresponde à seminalmente propugnada, e miudamente explicada, por Sónia Fidalgo, 2008, p. 302-310 e 317 ss. [também, implicitamente, Maria João Antunes, 2008, p. 10; e, em *obiter dictum*, o STJ 22.10.2020 (Helena Moniz)] e tem sido energicamente criticada por doutrina e jurisprudência [cf. Hugo Luz dos Santos, 2018, p. 35 e s, n. 36; J. P. Ribeiro de Albuquerque, 2008, p. 19; Voto de vencido (Manuel Braz) no mencionado ac. STJ; ac. RC, 10.7.2014 (Isabel Silva), onde a afirmação ocorreu a propósito da rejeição de requerimento para aplicação de pena suspensa em processo sumaríssimo; ac. RC, 3.10.2012 (Olga Maurício), em que posição é defendida no âmbito de processo em que fora rejeitado o cumprimento de prisão substituída por multa; Dir./PGR 1/2016, de 25.2.2016 (Cap. IV)]. Um dos argumentos é o de que, a fazer caminho, o condenado poderia escolher entre cumprir a pena que aceitou e a assinalada ao crime de violação de imposições, proibições ou interdições, porventura menos severa (nem sempre referindo que também pode suceder o oposto). Todavia, estabelecido que a interpretação correta do mencionado preceito da lei penal é a de que o incumprimento de pena aplicada em processo sumaríssimo faz o arguido incorrer no crime previsto no art. 353.º CP, e compreendida a razão de ser dessa solução (§§ 9 e 10), interpretação na qual concorrem, cremos, os elementos literal e teleológico, o mencionado argumento (ainda pertinente, entre outros cogitáveis) posta-se já não no plano da interpretação da lei que é, mas antes no da que devia ser – matéria que não é pertinente ao ofício do aplicador, mas antes ao do autor da lei.

§ 12 Estabelecido este critério, não há razões para, agora a respeito do *catálogo* de reações penais convocáveis, não serem efetivamente aplicadas, em processo sumaríssimo, a generalidade das *penas não privativas da liberdade*. Desde a pena de multa como pena principal (cujo incumprimento e impossibilidade de execução patrimonial dará azo, aqui sim, como modo de constranger ao pagamento, a cumprimento da prisão subsidiária, nos termos do art. 49.º CP), passando pela multa (art. 45.º CP), proibição do exercício de função ou atividade (art. 46.º CP) e até à suspensão de execução de pena de prisão (art. 50.º) aplicadas (como penas de substituição) a título principal. Igualmente a respeito de *medidas de segurança*, são aplicáveis a interdição de actividades (art. 100.º CP) ou a cassação do título ou interdição de concessão do título de condução de veículo com motor (art. 101.º CP). No que tange às *pessoas coletivas ou equiparadas*, que o legislador pela L 94/2021, de 21.12, quis inequivocamente abarcar como sujeitos passivos do processo sumaríssimo (n.º 3) (contra, pouco antes da publicação daquele diploma, sob argumento de tal rito processual ser "estruturalmente incompatível" com as pessoas coletivas, cf. Teresa Quintela de Brito, 2021, pp. 502 e 513), são aplicáveis (pressupostos os crimes previstos no art. 11.º/2 CP ou em legislação especial), além das penas principais de multa (art. 90.º-A/1 CP) e de admoestação (art. 7.º/1/a) RIASP), as penas de substituição de admoestação (art.º 90.º-C CP), a caução de boa conduta (art. 90.º-D CP) ou a vigilância judiciária (art. 90.º-E CP). A lei não afasta, facialmente, a pena (principal) de dissolução (art. 90.º-F CP), mas queda duvidoso, para dizer o menos, que pena com tal severidade, e cuja aplicação está contingente da verificação de pressupostos muito exigentes, seja convocável em processo sumaríssimo. Quanto a *penas acessórias*, como as previstas nos arts. 66.º e ss. e 90.º-A/2 CP, sendo a sua aplicação prática corrente nos tribunais (as aplicáveis a pessoas singulares), o seu cabimento no processo sumaríssimo é controverso, opondo-se-lhes, Anabela Miranda Rodrigues, 1996, p. 539, n. 38, e Paulo Pinto de Albuquerque, 2007, p. 982, e admitindo-as, Oliveira Mendes *in*: Henriques Gaspar et. al., 2014, p. 1233, Hugo Luz dos Santos, 2018, p. 33, n. 36, José Mouraz Lopes/Tiago Caiado Milheiro, 2021, p. 413, n. 162, e Dir./PGR 1/2016, de 25.2.2016 (Cap. IV, 4, 4.5).

§ 13 Dúvida mantemos a respeito à pena de prestação de trabalho a favor da comunidade (art. 58.º CP). Não, obviamente, por estar afastada pelos critérios antecedentes (§§ 9-11), mas antes pela sua própria e peculiar configuração substantiva: a sua aplicação só é legítima lá onde ocorra *aceitação* do condenado (art. 58.º/5 CP) – e o processo sumaríssimo basta-se com a *não oposição*. Não cremos que a objeção releve de "exagerada pureza linguística" (Sónia Fidalgo, 2008, p. 309), pois a substituição, pelo legislador, do modelo de aceitação pelo de não oposição, em rigor a substituição de um modelo de consenso por um de ausência de dissenso, não tem significado meramente formal-linguístico, sendo antes prenhe de implicações materiais e político-criminais, à cabeça o indisfarçável aligeiramento das condições de assentimento do arguido, aligeiramento esse obviamente orientado a favorecer a aplicação do processo sumaríssimo – quer dizer, a própria alteração de modelo é razão bastante para se concluir que não se trata de mero capricho linguístico. Sendo, numa palavra, questão de legalidade, em rigor caberá ao legislador adaptar a lei penal substantiva à nova redação do art. 396.º/1/c) e 397.º/1; ou, inversamente, no processo sumaríssimo incluir cláusula de expressa equivalência entre aceitação e não oposição, onde a lei penal ainda exija a primeira.

§ 14 Objeção similar se pode erguer a respeito da admoestação, cujo conteúdo se resolve em solene censura oral, *em audiência* (art. 60.º/4 CP), sendo que o processo sumaríssimo é hoje integralmente *escrito*. No entanto, aqui admitimos que a objeção pode ser ultrapassada diante da cisão entre o momento da condenação e o da execução da pena, podendo a efetivação da admoestação ocorrer após o despacho a que se refere o art. 397.º [André Teixeira dos Santos, 2005, p. 166 e s., Sónia Fidalgo, 2008, p. 310, e Dir./PGR 1/2016, de 25.2.2016 (Cap. IV)]. Ainda que tal solução não pareça a mais conforme com o espírito que presidiu ao modelo de processo sumaríssimo saído da Reforma de 1998 – que consagrou um modelo rigorosamente escrito – não cremos que a objeção tenha a mesma força que aquela que se pode erguer à aplicação da pena de prestação de trabalho a favor da comunidade. A ser correta esta interpretação há-de valer igualmente para a admoestação aplicável a pessoa coletiva (art. 90.º-C/2 CP).

§ 15 Se a posição referida nos §§ 9-11 for acertada, parece, então, em coerência, que com a definitiva verificação judicial do incumprimento da pena de substituição aplicada a título principal (*v. g.*, uma pena de suspensão de execução da pena de prisão) ocorrerá a (atípica) extinção da mesma, com comunicação do facto ao MP, a título de denúncia, para que proceda pelo crime previsto pelo art. 353.º CP. E por outro lado, uma tal pena, a ser levada a operação de concurso de penas, manterá a sua distinta natureza (art. 77.º/3 CP, com as devidas adaptações): a pena de prisão suspensa X, aplicada (em processo sumaríssimo) não como pena de substituição *qua tale* mas a título principal, manterá autonomia relativamente às penas de prisão Y e Z, estas juridicamente cumuláveis entre si.

b) De natureza processual

b.1) Possibilidade de iniciativa, e necessidade de audição, do arguido

§ 16 A aplicação de sanção em processo sumaríssimo tanto pode provir da atuação oficiosa do MP como, expressamente desde 2007, de iniciativa do arguido (§ 5), que em qualquer caso terá de ser ouvido (art. 392.º/1). Notar-se-á que, não obstante o poder de iniciativa do arguido, cabe sempre ao MP sancioná-la ou não, já que apenas neste reside a legitimidade para propor a sanção em processo sumaríssimo, mesmo em se tratando de crime cujo procedimento dependa de acusação particular (art. 392.º/2). Em qualquer caso, parece evidente que quis o legislador criar um espaço de interação *vis-à-vis* entre a autoridade judiciária competente para requerer a aplicação de sanção em processo sumaríssimo e o sujeito processual a quem a proposta constante desse requerimento, por último, se dirige. Breve, quis, pela criação do dito espaço, *favorecer a aplicação do rito processual simplificado*, que prescinde, nas fases preliminares, da instrução (art. 286.º/3) e, nas ulteriores, da audiência de julgamento (art. 397.º/1). A audição cabe ao magistrado do MP, mas cremos que poderá ser delegada, mediante orientações daquele, em OPC.

§ 17 Dependendo a aplicação da sanção em processo sumaríssimo, proposta pelo MP (art. 392.º/1), da *não oposição* do arguido (art. 397.º/1), na sequência de notificação dele por *contato pessoal* (art. 396.º/2), a audição em causa pressuporá já um convencimento do MP, ao menos *prima facie*, no sentido de o caso ser elegível para processamento na forma em causa, de modo que estará *funcionalmente orientada*: *a)* ao esclarecimento do arguido sobre as caraterísticas do processo sumaríssimo e sobre a natureza das reações penais cabíveis; *b)* a garantir ao MP de que é conhecido o paradeiro daquele; *c)* a averiguar da concreta capacidade judiciária do arguido (essencial numa forma processual em que o assentimento para aplicação de sanção se basta com o silêncio do arguido; sobre aquele pressuposto processual, Pedro Soares de Albergaria, 2007, p. 173 ss.; Idem, 2020, p. 31 ss.; e Sandra Oliveira e Silva, 2020, p. 491 ss.); *d)* ao convencimento, do magistrado do MP, de que o arguido, pela sua atitude, não enjeita, de modo expresso ou implícito, mas em qualquer caso concludente, a aplicação da sanção na dita forma processual; *e)* à recolha de elementos que relevem para escolha e determinação da sanção a propor; e *f)* a apurar a recetividade do arguido relativamente ao pagamento de quantia a título de reparação de danos (não raro a oposição à sanção penal é mais determinada por velada oposição à reparação do que à sanção penal). No fundo, a audição visa não apenas favorecer a aplicação do rito sumaríssimo, como evitar o uso dele quando se patentear que será inconsequente.

§ 18 Trata-se assim de uma audição que se distingue do interrogatório previsto no art. 272.º/1, que se prefigura como um típico "momento de defesa" do arguido. Naturalmente, nada obsta a que o interrogatório previsto na última citada norma e a audição prescrita no art. 392.º/1 se fundam num único ato, a levar a efeito pelo MP no termo do inquérito. Todavia, a distinta funcionalidade e teleologia que subjaz à audição prevista no art. 392.º/1 implica que a mesma se deva levar a efeito, mesmo tendo sido efetuado o interrogatório previsto no art. 272.º/1, sempre que não tenha nessa altura o MP representado a possibilidade de divertir o caso para a forma sumaríssima e por essa razão não tenha ali indagado sobre os elementos necessários a tomar, conscienciosamente, essa decisão (*supra*, § 17). Neste caso, evidentemente, impõe-se que designe data para audição do arguido nos termos e para os efeitos do art. 392.º/1.

§ 19 Colocarmos aqui a audição do arguido como requisito ou "pressuposto" do requerimento para aplicação de sanção no rito sumaríssimo não implica que a omissão dessa audição implique a rejeição do requerimento nos termos do art. 395.º/1/a) – quer dizer, não se trará, em rigor, de um pressuposto, digamos, "constitutivo", de recurso a essa forma de processo, em termos de a sua falta determinar uma cortante inadmissibilidade legal do procedimento. Não nos parece que a teleologia da audição (*supra*, §§ 17 e 18) demande uma tal solução (que, de resto, iria para além do vício implicado na omissão do interrogatório previsto no art. 272.º/1); e, por outra banda, parece-nos a melhor leitura no confronto com o n.º 2 do art. 392.º, que faz (verdadeiramente) "depende[r]" da concordância do assistente o requerimento para aplicação de sanção em processo sumaríssimo em caso de procedimento que esteja contingente de acusação particular (*infra*, §§ 21 ss.).

§ 20 Nestes termos, tratando-se a audição do arguido de ato obrigatório, desde que não seja dele a iniciativa de aplicação de sanção na forma sumaríssima (cf. a disjuntiva "ou", constante do n.º 1), a sua omissão constitui *nulidade sanável*, nos termos gerais do art. 120.º/2/d). De modo que se o MP não proceder à falada audição (art. 392.º/1), nem havendo razão para o juiz rejeitar o requerimento (art. 395.º) – razão que não pode ser, como vimos, a omissão da audição – o arguido, notificado (art. 396.º), pode limitar-se (se não tiver razões de princípio para se opor à própria aplicação da sanção na forma sumaríssima) a arguir a mencionada nulidade, com as consequências inerentes, previstas no art. 122.º Cremos que, por aplicação do disposto no art. 120.º/3/c), com as necessárias adaptações, a nulidade deve ser arguida nos cinco dias posteriores à notificação do despacho a que se refere o art. 396.º

b.2) Necessária concordância do assistente nos crimes particulares

§ 21 Até à Reforma operada pela L 59/98, de 25.8, a lei expressamente vedava a intervenção do assistente no processo sumaríssimo (art. 393.º/1, na redação originária) e não consentia a aplicação dele em tratando-se de procedimento que dependesse de acusação particular (art. 392.º/, na redação original). Com a mencionada Reforma, a lei passou a prever a possibilidade de aplicação de sanção mediante requerimento a isso destinado, em processo sumaríssimo, no âmbito de procedimento dependente de acusação particular (art. 50.º; e art. 117.º CP), neste caso verdadeiramente condicionando tal possibilidade à obtenção, pelo MP, da concordância do assistente (n.º 2). Trata-se de um mecanismo que, em paralelismo com o que confere direito de oposição ao arguido (arts.

396.º/4 e 398.º), visa prevenir, a respeito do assistente, o chamado "roubo do conflito" (sobre o ponto, MANUEL DA COSTA ANDRADE, 1989, pp. 331 e 336 ss.). Todavia, a solução torna a possibilidade de aplicação de pena na forma sumaríssima, em se tratando de procedimento dependente de acusação particular, praticamente quimérica, como JORGE DE FIGUEIREDO DIAS, 1999, p. 432, logo advertiu e a prática confirma.

§ **22** É pressuposto de atuação da norma (n.º 2) que a pessoa com a legitimidade para tanto se tenha já constituído como assistente, de acordo com as regras gerais sobre o ponto (arts. 68.º/2 e 246.º/4) – porque não sendo esse o caso, tendo sido feita a advertência a que se refere o art. 246.º/4, o despacho será o de arquivamento por inadmissibilidade legal do procedimento (art. 277.º/1). Por outra banda, ainda havendo assistente constituído, reunidos os demais pressupostos processuais e nem sendo aparentes questões prévias ou incidentais que prejudiquem o conhecimento do mérito, sendo, todavia, insuficientes os indícios da prática do crime (particular), naturalmente, ao invés de colher a concordância do assistente para requerimento de aplicação de sanção em processo sumaríssimo, o MP cumprirá antes o disposto no art. 285.º/1, logo dando nota de que não foram recolhidos, em suficiência, os falados indícios (n.º 2, art. 285.º) – e tudo, a partir daí, se tramitará na forma comum, sem especialidades.

§ **23** A obtenção dessa concordância deverá ser precedida de audição do assistente, que terá por fito, dentro das margens de legalidade e objetividade em que se move o MP, chegar a consenso sobre a sanção propor e eventual quantia a título de reparação de danos a requerer. A discordância do assistente, não importa se sobre a sanção ou sobre o "quantum" a título de reparação, impede o MP de formular o requerimento, sendo que a impossibilidade de a obter equivale à falta dela e a mesma não se pode deduzir do silêncio do assistente diante de proposta do MP, de acordo com os princípios gerais de direito (arts. 218.º e 295.º CC). Ficará formalmente documentada no inquérito [Dir./PGR 1/2016, de 25.2.2016 (Cap. II)].

§ **24** Antes de autorizar requerimento para aplicação de sanção em processo sumaríssimo relativamente a crimes particulares (quer dizer, antes de 1998), o legislador sinalizava ao MP o dever de, em termos prévios ao requerimento (naturalmente, então, exclusivamente referido a crimes públicos ou semipúblicos), ouvir o assistente ou a pessoa com legitimidade para se constituir como tal (art. 393.º/1, na redação originária) – dever que silenciou na redação saída da Reforma de 1998. Todavia, atendendo ao efeito de pacificação intersubjetiva a que, de modo singular, almeja esta forma processual, nem por isso deverá o MP avançar com o requerimento para aplicação de sanção em processo sumaríssimo desconsiderando a audição do assistente (ou da pessoa com legitimidade para se constituir como tal) e assim a sua posição processual, a sua perspetiva a respeito da sanção e/ou da reparação por danos. Simplesmente, a posição que o assistente tomar, podendo influenciar, não condiciona a decisão do MP, sempre podendo o assistente prevalecer-se dos meios comuns [art. 72.º/h)] a respeito da reparação, disso devendo ser advertido [cf. Dir./PGR 1/2016, de 25.2.2016 (Cap. II)].

§ **25** A concordância do assistente relativamente ao "se" e ao conteúdo do requerimento, postulada no n.º 2 do art. 392.º, atendendo aos termos literalmente perentórios com que é formulada e bem assim à teleologia que lhe subjaz, condiciona verdadeiramente a legalidade do recurso à forma sumaríssima. De jeito que a sua falta implicará a rejeição do requerimento, por legalmente inadmissível, nos termos do art. 395.º/1/a). Este parece ser um dos casos em que não se segue a regra, prevista no n.º 1 do art. 395.º, nos termos da qual o juiz "reenvia o processo para outra forma que lhe caiba", já que o problema último é o de falecer legitimidade ao MP – na forma sumaríssima (a concordância prevista no n.º 2 mais não visa do que "emprestar" ao MP uma legitimidade que não radica nele) como noutra qualquer. Aqui, se bem vemos, o processo deve verdadeiramente regressar ao MP que ou colhe a concordância em falta, neste caso não havendo razão que obste à repetição do requerimento; ou não a colhe e estará obrigado, então, a cumprir o que se dispõe no art. 285.º/1 – sem que agora possa dizer que não vislumbra indícios suficientes (n.º 2 do art. 285.º) onde antes os viu.

§ **26** Naturalmente, esse poder de o assistente pura e simplesmente obliterar o uso da forma sumaríssima a respeito de crimes cujo procedimento depende de acusação particular não existe em tratando-se de crimes cujo procedimento depende apenas de queixa, ou mesmo dela independe. Todavia, pode suceder que, em caso de procedimento por crime semipúblico ou público, o MP lance mão do requerimento para aplicação do processo sumaríssimo relativamente a certos factos, arquivando o inquérito relativamente a outros. Conferir alguma margem de consideração aos interesses (e função) do assistente em tais hipóteses importa o seguinte: se os factos – considerados no requerimento para aplicação de sanção em processo sumaríssimo e aqueles sobre os quais recaiu despacho de arquivamento – forem autónomos entre si, o assistente poderá reagir requerendo separação dos processos, nos termos do art. 30.º/1b), e, simultaneamente, a abertura da instrução quanto aos factos sobre os quais recaiu o despacho de arquivamento, já que neste caso não se trata de requerê-la em processo sumaríssimo, o que a lei não consente (art. 286.º/3), mas na forma comum; inversamente, se se tratar de factos cuja autonomização é inviável, restará ao assistente, talvez, arguir perante o JI a nulidade a que se refere o art. 119.º/f), arguição que a proceder implicará a invalidação do requerimento para aplicação de sanção em processo sumaríssimo e os atos dele dependentes (na direção do aqui propugnado, Luís Silva Pereira, 1999, p. 149, 150 e 153 e n. 23 e 24; na sua esteira, André Teixeira dos Santos, 2005, p. 172 ss.).

§ 27 A L 94/2021, de 21.12, veio a dispor (n.º 3) que o n.º 2 (norma esta que para o caso de o procedimento depender de acusação particular dispõe que o requerimento para aplicação de sanção em processo sumaríssimo depende da concordância do assistente) "é correspondentemente aplicável no processo *contra* pessoa coletiva ou entidade equiparada" (itálico nosso). O vocábulo "contra" parece circunscrever a norma às hipóteses em que a pessoa coletiva é *agente* de um crime particular. Não apenas essa hipótese é marginal ou praticamente académica, diante do catálogo constante do art. 11.º/2 CP, como ainda que não o fosse sempre se teria de perguntar a razão pela qual em procedimento dependente de acusação particular contra pessoa coletiva havia o assistente de ficar dispensado de dar a sua concordância ao rito sumaríssimo; ou se o sentido dela (na remissão para o n.º 2) é o de abranger as hipóteses, mais comuns (*v. g.*, os furtos formigueiro em grandes superfícies), em que a pessoa coletiva figura como *assistente* em crime cujo procedimento é contingente de acusação particular, então igualmente ficaria por esclarecer a razão pela qual, na ausência da remissão, seria irrelevante a concordância dela a respeito do requerimento do MP. Entre a possibilidade quimérica de atuação (visando a pessoa coletiva como arguido) e a redundância (vendo-a como assistente) é difícil detetar o sentido da alteração. Talvez seja apenas o de sinalizar sem margem para dúvida que o processo sumaríssimo é aplicável a pessoas coletivas responsáveis por algum dos crimes previstos no art. 11.º/2 CP, como se deduz da remissão para o n.º 1 (sendo excrescente a remissão para o n.º 2).

Pedro Soares de Albergaria

ARTIGO 393.º
Partes civis

1 – Não é permitida, em processo sumaríssimo, a intervenção de partes civis, sem prejuízo do número seguinte.

2 – Até ao momento da apresentação do requerimento do Ministério Público referido no artigo anterior, pode o lesado manifestar a intenção de obter a reparação dos danos sofridos, caso em que aquele requerimento deverá conter a indicação a que alude a alínea b) do n.º 2 do artigo 394.º

Origem do texto: a atual redação do artigo é a que resulta da L 26/2010, de 30.8.

§ 1 A proibição de intervenção de partes civis no processo sumaríssimo é uma constante desde a redação originária do CPP, aportada pelo DL 78/87, de 17.2, sendo apenas mitigada com a Reforma operada pela L 48/2007, de 29.8, que abriu a possibilidade de arbitramento de quantia a título de reparação de danos, patrimoniais e/ou morais, nos termos do art. 82.º-A. A L 26/2010, de 30.8, veio acrescentar a faculdade de o lesado manifestar a intenção de obter a dita reparação até ao momento de apresentação, pelo MP, do requerimento para aplicação de sanção no rito sumaríssimo. É pacífico que a reparação só pode ser imposta ao arguido e não a responsáveis meramente civis, cuja intervenção está vedada (PAULO PINTO DE ALBUQUERQUE, 2011, p. 1025; OLIVEIRA MENDES in: HENRIQUES GASPAR ET AL, 2014, p. 1235; HUGO LUZ DOS SANTOS, 2018, p. 171).

§ 2 O MP, devendo ponderar a pretensão do lesado, não está obrigado a segui-la, quer no "se" quer no "quanto". O que sucede é que se a desatender pode o lesado procurar ressarcimento em separado, nos termos gerais do art. 77.º/1/h), do que deverá ser informado [Dir./PGR 1/2016, de 25.2.2016 (Cap. V, 4)] – tal como o pode fazer se simplesmente não tiver manifestado a pretensão prevista no n.º 2. Mas se o procedimento respeitar a crime particular, desintonia entre o assistente e o MP a respeito do arbitramento ou do seu "quantum" prejudica o recurso ao próprio processo sumaríssimo (art. 392.º/2 e § 23, art. 392.º).

§ 3 A pretensão do lesado, e por decorrência o requerimento do MP, terão de se conformar com os pressupostos do art. 82.º-A. Concretamente aquela só tem cabimento, na forma sumaríssima, onde forem materializadas, factualmente atualizadas no requerimento, "particulares exigências de proteção da vítima". No entanto, contrariamente ao que se decidiu no ac. RL, 26.6.2020 (VASCO FREITAS), não cremos que a omissão de densificação dessas exigências implique rejeição do processo sumaríssimo por legalmente inadmissível, nos termos do art. 395.º/1/a), pois a reparação oficiosa não é, ela mesma, requisito de atuação do processo sumaríssimo. Em tais casos, e por razões de legalidade, afigura-se-nos que o juiz, no momento de proferir o despacho a que se refere o art. 395.º, deverá indeferir o pedido de reparação, mas não a sanção penal proposta, se com ela concordar: nem o lesado fica em pior situação do que aquela em que estaria fosse o pedido formulado em qualquer outra forma processual (sempre seria infundamentado), nem fica impedido de formular o pedido em separado, nos termos gerais do art. 72.º/1/h). Esta é, de resto, a solução que faz jus à natureza meramente civil da reparação (no sentido de que é esta a natureza da reparação em causa, cf. Sónia Fidalgo, 2008, p. 316).

§ 4 Onde o processo sumaríssimo seja requerido a respeito de crime de violência doméstica, deixando entre parênteses a questão de saber se está talhado para esse tipo de criminalidade, lei especial (art. 2.º/1/a) e 21.º/2 RJVD) dispensa a alegação e demonstração de "particulares exigências de proteção da vítima", que são legalmente presumidas [cf., entre muitos, ac. RL, 9.10.2018 (Margarida Bacelar)]. O mesmo se diga a respeito de vítimas "especialmente vulneráveis", de acordo com o disposto nos arts. 16.º/2 LEV e 67.º-A/1/b). Apenas a oposição da vítima, nos termos dos mencionados preceitos, impede o MP de requerer o arbitramento.

§ 5 A limitação da reparação aos casos previstos no art. 82.º-A, que pressupõe "particulares exigências de proteção da vítima", afasta a possibilidade, todavia postulada pela Dir./PGR 1/2016, de 25.2.2016 (Cap. V, 1), de o MP requerer reparação civil relativamente a "entidade a quem deva representação", quer porque não se cogita que tais entidades possam ser credoras de "particulares exigências de proteção", quer porque "vítima" é, por definição, "pessoa singular" [art. 67.º-A/a)/i)] – tal orientação desborda, pois, a previsão legal (notando a incongruência, Hugo Luz dos Santos, 2018, pp. 177-179).

Pedro Soares de Albergaria

Artigo 394.º
Requerimento

1 – O requerimento do Ministério Público é escrito e contém as indicações tendentes à identificação do arguido, a descrição dos factos imputados e a menção das disposições legais violadas, a prova existente e o enunciado sumário das razões pelas quais entende que ao caso não deve concretamente ser aplicada pena de prisão.

2 – O requerimento termina com a indicação precisa pelo Ministério Público:

a) Das sanções concretamente propostas;

b) Da quantia exata a atribuir a título de reparação, nos termos do disposto no artigo 82.º-A, quando este deva ser aplicado.

Origem do texto: a redação do n.º 1 é a que foi introduzida pela L 59/98, de 25.8, que apenas alterou a rdação originária na parte em que eliminou a menção à "medida de segurança de internamento"; o n.º 2 tem a redação resultante da L 48/2007, de 29.8.

§ 1 O requerimento para aplicação de sanção em processo sumaríssimo é um modo, ainda, de exercício da ação penal. Daqui decorre que o recurso a esta forma processual pressuponha a *suficiente indiciação*, nos termos gerais (art. 282.º/2), dos factos com relevância criminal, não podendo ser utilizada como caminho para suprir a insuficiência dos resultados probatórios do inquérito, porventura confiando-se em que o arguido trocará qualquer aligeiramento daqueles resultados pela sua não exposição em audiência e por eventual amenização da pena. Portanto, diante da não verificação do parâmetro da suficiência de indícios, impõe-se, em razão dos princípios da legalidade e da presunção da inocência, o arquivamento, nos termos do art. 277.º/2. De contrário, em face da conclusão pela suficiência indiciária, é o arguido quem, com a eventual não oposição ao requerimento (art. 397.º/1), conferirá adicional fiabilidade àquele juízo de indiciação suficiente, legitimando, assim, pressupõe-se, a aplicação da sanção (quedando saber se essa solução, tudo colocando nas mãos do MP e do arguido, arredando o juiz, é constitucionalmente conforme, cf. § 5, art. 395.º, e § 1, art. 397.º). Sobre a definição de "indícios suficientes", cf., João Conde Correia, §§ 8-13, art. 283.º, e Pedro Soares de Albergaria, §§ 8 e 9, art. 308.º

§ 2 A leitura do n.º 1 inculca logo que os requisitos exigidos para o requerimento para aplicação de sanção em processo sumaríssimo se assimilam aos da acusação (art. 283.º/3): indicações tendentes à identificação do arguido; descrição dos factos imputados; menção das disposições legais violadas; indicação da prova existente (sobre a densificação destas exigências, remete-se para João

Conde Correia, §§ 15-40, art. 283.º, na parte aplicável). Isto é assim não apenas porque o requerimento constitui, materialmente, uma acusação (§ 1), mas ainda porque, rejeitado pelo juiz ou sendo objeto de oposição do arguido, ele *vale, formalmente, "em qualquer caso", como acusação* (art. 395.º/3 e 398.º/1). Como a acusação terá, pois, de ser *autossuficiente*, como se deduz da imposição de rejeição dele no caso de se mostrar "manifestamente infundado" [art. 395.º/1/b)], nos mesmos termos que se dispõe para a acusação (art. 311.º/3): quando não contenha identificação do arguido; quando não contenha a narração dos factos, as disposições legais aplicáveis ou as provas que o fundamentam; quando os factos não constituírem crime.

§ 3 Uma vez que no requerimento do MP em processo sumaríssimo, ao contrário do que sucede na acusação, está em causa a proposta de uma concreta sanção (não privativa da liberdade), dispõe ainda o n.º 1 que o MP deve enunciar sumariamente as "razões pelas quais entende que ao caso não deve concretamente ser aplicada pena de prisão". A formulação desse requisito pela negativa não é feliz, uma vez que parece requerer do MP esforço fundamentador para *afastar* sanção privativa da liberdade, o que casa mal com a regra substantiva que manda dar preferência às sanções não privativas da liberdade (art. 70.º CP). Evidentemente, sanções privativas e não privativas da liberdade são conceitos de relação, de modo que quando houver lugar a umas não há lugar para as outras. Mas por isso mesmo, numa leitura coerente com o falado art. 70.º CP, o esforço que deve ser exigido do MP é o da articulação de factos, e o da sumária enunciação de razões jurídicas, mediante os quais se justifica a imposição sanção *não* privativa da liberdade – como de resto resulta do n.º 1 do art. 392.º ("quando entender que ao caso deve ser concretamente aplicada pena ou medida de segurança não privativas da liberdade"). Concretizado este esforço, afastada está, sem mais, a aplicabilidade de sanção privativa da liberdade.

§ 4 O requerimento culmina com a indicação, pelo MP, das sanções propostas e da quantia a atribuir a título de reparação, quando for o caso (n.º 2). Em tudo, o legislador cuidou de exigir a máxima precisão, como resulta dos termos da lei ("indicação precisa", "sanções concretamente propostas", "quantia exacta"). Sendo a sanção proposta, e não outra (salvo o disposto no art. 395.º/2), e sendo a quantia proposta, e não outra, as sujeitas ao escrutínio do arguido, mister é que ele saiba precisamente com o que pode contar, para cabalmente formar o seu juízo. De resto, falhando o MP na concretização da sanção deverá o juiz rejeitar o requerimento por legalmente inadmissível o procedimento (art.

395.º/1/a); cf. § 395.º). Se por acaso passasse o crivo do juiz e o do arguido sanção não concretizada (por exemplo, indicação de dias de multa sem quantificação de taxa diária), despacho judicial que procedesse à aplicação de uma tal "pena" (art. 397.º/1) seria inexequível [art. 468.º/a)].

Pedro Soares de Albergaria

Artigo 395.º
Rejeição do requerimento

1 – O juiz rejeita o requerimento e envia o processo para outra forma que lhe caiba:

a) Quando for legalmente inadmissível o procedimento;

b) Quando o requerimento for manifestamente infundado, nos termos do disposto no n.º 3 do artigo 311.º;

c) Quando entender que a sanção proposta é manifestamente insuscetível de realizar de forma adequada e suficiente as finalidades da punição;

2 – No caso previsto na alínea c) do número anterior, o juiz pode, em alternativa ao reenvio do processo para outra forma, fixar sanção diferente, na sua espécie ou medida, da proposta pelo Ministério Público, com a concordância deste e do arguido.

3 – Se o juiz reenviar o processo para outra forma, o requerimento do Ministério Público equivale, em todos os casos, à acusação.

4 – Do despacho a que se refere o n.º 1 não há recurso.

Origem do texto: a redação dos n.ºs 1 a 3 é a que foi introduzida pela L 48/2007, de 29.8., sendo que o n.º 4 tem a redação da L 59/98, de 25.8.

Sumário do comentário:

I – Os fundamentos da rejeição do requerimento

a) Considerações gerais

§ 1 Sucedendo formulação de caráter aberto – "[h]avendo motivos para rejeitar o requerimento do Ministério Público, o tribunal profere despacho de reenvio para outra forma processual" (art. 394.º/3, na redação de 1987) –, em 1998, ainda que com alterações em 2007 (respetivamente, L 59/98, de 25.8, e L 48/2007, de 29.8), o legislador fixou, nas três alíneas do n.º 1, de modo taxativo, os fundamentos que, verificados, legitimam o juiz a rejeitar o requerimento para aplicação de sanção na forma sumaríssima. Ao contrário do que resulta dos termos literais do n.º 1, nem sempre à rejeição se associa o reenvio do processo para outra forma, só se atualizando esse efeito nos casos em que o processo deva prosseguir. Do mesmo modo, e pela mesma ordem de razões, a inadmissibilidade de recurso (n.º 4) terá de ser restritivamente interpretada como cingida às hipóteses tipicamente previstas na norma, em que à rejeição se segue a remessa para outra forma processual (*infra*, III).

b) A inadmissibilidade legal do procedimento

§ 2 A interpretação da alínea a), quando conjugada com o teor do n.º 1, levaria direito à conclusão de que se cura aí, apenas, da específica inadmissibilidade legal do procedimento sumaríssimo: em princípio só uma tal leitura seria congruente com a determinação de reenvio para outra forma, pois faltando pressuposto ou verificado impedimento processual geral, breve, constatando-se razões para concluir pela inviabilidade do processo independentemente da forma que se lhe atribuísse, não cabe, por implicação lógica, remetê-lo para forma distinta da sumaríssima. Mas não é assim: à uma, porque o momento da apreciação do requerimento tem, por força, de ser o momento de saneamento do processo, não apenas com verificação dos pressupostos especiais da forma sumaríssima, mas igualmente com o escrutínio dos pressupostos processuais gerais; depois, porque precisamente na al. b) se prevê uma causa de rejeição que não deve implicar o reenvio do processo para outra forma processual: valendo o requerimento rejeitado por manifestamente infundado como acusação (n.º 3) sempre se trataria de acusação manifestamente infundada, insuscetível de, por si só, poder sustentar o prosseguimento do processo sob outra forma.

§ 3 Sendo assim as coisas, diante do requerimento a atitude metodologicamente correta do juiz será a de começar por verificar os pressupostos processuais gerais, sejam eles relativos ao tribunal (jurisdição e competência), aos demais sujeitos processuais (como a legitimidade, aqui incluindo com relevo prático, o exercício do direito de queixa e sua tempestividade, a personalidade e capacidade e capacidade judiciária do arguido) ou à pretensão punitiva estadual (decesso do arguido, prescrição, amnistia, proibição de violação do *ne bis in idem*) e, depois, os específicos da forma sumaríssima, de entre outros: provir o requerimento do MP (art. 392.º/1); proceder-se por crime punível com pena não superior a 5 anos de prisão (art. 392.º/1); a sanção aplicável não ser privativa da liberdade (art. 392.º/1); dependendo o procedimento de acusação particular, ter o MP obtido a concordância do assistente (art. 392.º/2); concretização da sanção proposta [art. 394.º/2/a) e § 4, art. 394.º].

§ 4 Mas já não será razão para indeferir o requerimento, por legalmente inadmissível, o discordar o juiz da quantia proposta a título de reparação (a escrutinar apenas pelo arguido) e nem mesmo, cremos, a circunstância de não virem invocadas "particulares exigências de proteção da vítima" (art. 394.º/2/b) e 82.º-A) – mas em sentido contrário o ac. RL, 26.6.2020 (VASCO FREITAS) – ou a não quantificação exata do valor a atribuir a título de reparação [art. 394.º/2/b)]. Todavia, nestas duas últimas hipóteses (mas não na primeira), razões de legalidade deverão impor a rejeição (apenas) do pedido de reparação, com remessa do lesado para os meios comuns, nos termos do art. 72.º/1/h), solução que nos parece a mais equilibrada tendo em vista a natureza meramente civil da reparação (no sentido de que é esta a natureza dela, cf. SÓNIA FIDALGO, 2008, p. 316), a mais de ser a que favorece a forma sumaríssima e a teleologia a que está orientada.

c) A manifesta falta de fundamento do requerimento

§ 5 Em 1998 (L 59/98, de 25.8), o legislador limitou as possibilidades de rejeição do requerimento àquelas que valem para acusação manifestamente infundada, tal como resulta da expressa remissão para o art. 311.º/3 – apenas quando o requerimento: não contenha a identificação do arguido, a narração dos factos, as disposições legais ou as provas que o fundamentam, ou ainda quando os factos descritos não constituírem crime. Remetendo-se, para densificação dessas previsões, para os comentários ao art. 311.º/3, importa reter, como especialmente relevante, a circunstância de se ter rompido com o poder, originariamente reconhecido ao juiz, de rejeitar o requerimento por concluir pela insuficiência indiciária dele (cf. art. 394.º/3, na redação de 1987 – cf. *supra* § 1). Assim, o processo sumaríssimo afastou-se, também aqui, dos modelos que o inspiraram, seja o processo de ordem penal alemão (§ 408 (2) StPO), seja o decreto penal de condenação italiano (arts. 459, 3, e 129 CPPIt). Uma tal orientação, nominalmente ditada por reforço da "acusatoriedade", parece efetivamente ter sido consequencialisticamente orientada a beneficiar a aplicação da forma sumaríssima. Mas é muito de duvidar que ao vedar ao juiz a verificação dos indícios suficientes da prática do facto a norma se possa dizer em linha com os princípios de culpa e da verdade material (cf., implicitamente, NUNO BRANDÃO, 2015, p. 177 e s.); ou, ainda, se de caminho lida como impossibilitando o juiz de sindicar a legalidade da prova em que se sustenta o requerimento (sendo que o caráter abreviado dos processos por ordem penal não exceciona o valor cogente do princípio da legalidade da prova, conforme adverte THOMAS WEIGEND, 2021, p. 247 ss.) não beliscará normas como as constantes dos art. 32.º/8 e 34.º CRP."

§ **6** Diante de rejeição de requerimento manifestamente infundado, tal como definido pelo art. 311.º/3, por remissão da al. b) do n.º 1, rejeição essa à qual não se deverá associar o efeito de remessa para outra forma processual, pois que a verificação da falta manifesta de fundamentação em rigor coloca termo ao processo (o requerimento manifestamente infundado nunca poderia valer como acusação não manifestamente infundada noutra forma processual), o MP poderá tomar um de dois caminhos: ou recorrer nos termos gerais do art. 399.º (*infra*, § 15); ou repetir o requerimento expurgando-o dos vícios verificados, nada obstando a que o faça, logo porque sempre o poderia fazer defronte de acusação manifestamente infundada na forma comum (cf. TC 246/2017 que absolveu do vício de inconstitucionalidade, por violação do art. 29.º/5 CRP, a dedução de uma segunda acusação contra o arguido na sequência de rejeição da primeira, nos termos do art. 311.º/1/2/a)/3 e 283.º, por míngua de um elemento típico).

d) A discordância do juiz a respeito da sanção proposta

§ **7** Outro fundamento de rejeição do requerimento ocorre quando o juiz discorda da sanção proposta pelo MP (al. c), n.º 1). Uma primeira observação, óbvia, é a de que a apreciação da adequação e suficiência da sanção tendo por horizonte as finalidades da punição pressupõe já a admissibilidade legal do procedimento (al. a), n.º 1) e a sua suficiente fundamentação (al. b), n.º 1) – em especial importa sublinhar que a discordância da sanção não se confunde com a impossibilidade legal de ser aplicada no rito sumaríssimo, pois quando assim for do que se trata é da cortante inadmissibilidade legal do procedimento (al. a), n.º 1 e art. 392.º/1). O que se cura é de, à luz dos critérios gerais constantes dos arts. 40.º, 70.º e 71.º CP, ajuizar, em face do próprio requerimento, sem recurso a elementos externos ao mesmo, se a reação penal proposta, abstratamente cabível em processo sumaríssimo, é concretamente adequada e suficiente à satisfação dos fins visados com a aplicação de penas e medidas de segurança. Novidade da Reforma operada pela L 48/2007, de 29.8, foi a de condicionar a rejeição à "manifesta" insusceptibilidade de a proposta servir os mencionados fins. A alteração terá o sentido de sinalizar que só é legitima a rejeição lá onde dos termos do próprio requerimento resultar evidente, ostensivo, que a reação penal não é adequada ou não é suficiente à satisfação daqueles fins.

§ **8** Ainda em termos de favorecimento do processo sumaríssimo, logo em 1998, com a Reforma operada pela L 59/98, de 25.8, consagrou-se a possibilidade de o juiz, ao invés de rejeitar o requerimento, por discordar da sanção proposta, contrapropor, ele mesmo, distinta sanção, na sua espécie ou medida, condicionada à concordância do MP. Em primeiro lugar, a expressa conexão do n.º 2 com a al. c) do n.º 1 inculca que essa possibilidade só deverá ser acionada lá onde o juiz conclua ser "manifesto" que a sanção proposta pelo MP não serve os fins das penas – de contrário, deverá o juiz dar o seu acordo; depois, não custa admitir que a rejeição, sem contraproposta, só deva ocorrer onde se afigure logo irremediável a falta de sintonia sobre a sanção, *v. g.*, quando se trate de desacordo sobre a natureza dela (*v. g.*, considerar o juiz que só sanção privativa da liberdade é adequada), o que naturalmente deverá ficar plasmado na decisão de rejeição (a este respeito, alguma doutrina vê no n.º 2 um poder-dever do juiz, cf. Hugo Luz dos Santos, 2018, p. 102). Com a Reforma operada pela L 48/2007, de 29.8, o n.º 2 foi alterado apenas para se acrescentar que a viabilidade do novo juízo punitivo constante da contraproposta do juiz deve ficar condicionada, também, à concordância do arguido. Revela-se, esta, uma exigência de difícil compreensão porque, mediante concordância do MP, o arguido será notificado com as garantias do art. 396.º, podendo opor-se à sanção proposta pelo juiz.

§ 9 A L 48/2007, de 29.8, alterou o art. 40.º, ficando consignado na respetiva al. e) que em caso de recusa da forma sumaríssima por discordância da sanção proposta o juiz fica impedido de intervir no julgamento sequente à remessa para outra forma processual, nos termos do art. 395.º/1/c). Embora o art. 40.º não o preveja, afigura-se-nos que interpretação desse preceito e do n.º 2 do art. 395.º conforme o art. 32.º/5 CRP deverá implicar que o juiz que contraproponha sanção, nos termos do n.º 2 do art. 395.º, acaso não seja ela aceite, e tendo em conta o grau de comprometimento dele com a questão, ficará igualmente impedido de presidir ao julgamento que se siga, na sequência de remessa do processo para outra forma (cf., também, Paulo Pinto de Albuquerque, 2011, p. 1027; não sendo esse o objeto do aresto, parece que também é esta a inclinação do TC, que se deduz da fundamentação do ac. 444/2012, nomeadamente do seu ponto 8.º). Para a hipótese do juiz que meramente não rejeita a sanção proposta pelo MP, mas que é chamado a julgar o feito em face de remessa do processo para outra forma por oposição do arguido, cf. comentário ao art. 398.º

II – O reenvio para outra forma processual

§ 10 Questão que, em face do n.º 1, tem suscitado a intervenção das relações é a de saber qual o sentido do "reenvio" a que se refere a norma: se diretamente para a forma processual tida por adequada (comum ou especial abreviada), mediante determinação do juiz e sem mediação do MP; se para o MP, por determinação do juiz, que escolherá a forma cabível ao caso – sendo esmagadora a pronúncia no segundo sentido, tanto a respeito da interpretação desta norma [ac. RL, 20.1.2009 (José Adriano)], como, com mais frequência, a propósito do disposto no n.º 1 do art. 398.º [acs. RP, 14.2.2007 (Joaquim Gomes); RP, 12.3.2008 (Ernesto Nascimento); RP, 17.12.2008 (Coelho Vieira); RP, 17.12.2008 (Olga Maurício); RP, 4.2.2009 (Luís Teixeira); RP, 15.7.2009 (Isabel Pais Martins); RP, 13.1.2010 (Maria Deolinda Dionísio); na doutrina, Oliveira Mendes: in: Henriques Gaspar et. al., 2014, p. 1242; Paulo Pinto de Albuquerque, 2011, p. 1031; Hugo Luz dos Santos, 2018, p. 103 ss.; no primeiro sentido recenseamos apenas José P. Ribeiro de Albuquerque, 2008, p. 20, n. 20].

§ **11** Tese contrária à que faz curso tem por si o argumento literal: não apenas no sentido de que o n.º 1 não faz menção à devolução do processo ao MP, mas antes ao seu reenvio para outra forma que lhe caiba – portanto um reenvio que não tem um tom material (de devolução dos autos), mas antes de conformação normativa da forma processual; mas também no de que tal leitura cobra mais força quando confrontada com as normas que correspondentemente regem para o processo sumário (art. 390.º/1) e para o processo abreviado (art. 391.º-D/1), que estas expressamente referem a devolução dos autos ao MP. Sobre isto, a distinção de regimes não se afigura caprichosa ou arbitrária, ou relevante de mera insuficiência de expressão do legislador ao não mencionar, no n.º 1, a devolução dos autos ao MP: é que o requerimento para aplicação de sanção em processo sumaríssimo equivale "em todos os casos" à acusação (art. 395.º/3 e 398.º), em razão do que tem de ser autossuficiente, como se nota da prática sobreposição dele à acusação a respeito dos respetivos requisitos formais (art. 394.º/1) – o mesmo não se passa, ou não se passa por força, com o processo sumário, cuja acusação pode ser substituída pelo auto de notícia (art. 389.º/1), e com o processo abreviado, cuja acusação pode ser elaborada por remissão para o auto de notícia ou para a denúncia (art. 391.º-B/1).

§ **12** Argumento que reputamos sensível a respeito da tese praticamente uniforme (§ 10), é o constante do ac. RP, 12.3.2008 (Ernesto Nascimento), e replicado no ac. RP, 17.12.2008 (Coelho Vieira), nos termos do qual podendo o reenvio operar para a forma abreviada tal pressuporia que o juiz avaliasse positivamente a simplicidade e evidência da prova indicada pelo MP (art. 391.º-A/1/3), o que seria incompatível com a função do juiz de julgamento, por comprometido ficar com essa avaliação positiva. O ponto está em que muito embora a simplicidade e evidência da prova em matéria indiciária se configure como um pressuposto processual, implicando, diz-se, um mero "juízo sobre a idoneidade da prova para sustentar a tese da acusação" e não um juízo sobre o "bem fundado da tese da acusação" (ANABELA MIRANDA RODRIGUES, 1998, p. 145), certo é que, reconhecer-se-á de boa mente, a capilaridade entre os dois juízos é evidente sendo de delimitação prática difícil (cf. GONÇALO VEIGA DE MACEDO / PEDRO ALFARO VELEZ, 2003, pp. 138-140). Para quem entenda que uma tal apreciação positiva da simplicidade e evidência da prova em termos indiciários macula a imparcialidade do juiz a respeito do julgamento que se seguir, dois caminhos se abrem: ou seguir a posição mais ou menos uniforme e devolver os autos ao MP (é a solução do CPPIt., art. 459.º/3), sem pronúncia sobre a forma de processo a seguir; ou uma interpretação dos arts. 395.º/1 (e 398.º/1) e 40.º/e) em conformidade com o 32.º/5 CRP: o juiz que remeta o processo para a forma abreviada, por entender estar verificado o pressuposto processual da simplicidade e evidência da prova em termos de indícios, (também) fica impedido de presidir ao julgamento subsequente.

§ 13 Em qualquer caso, quer dizer reclame ou não o reenvio a que se refere o n.º 1 a mediação do MP (a última posição que ainda tem por si razões de celeridade: nem por se gorar a sujeição do processo à forma sumaríssima deve ele seguir ritmo mais lento do que se *ab initio* seguisse a forma comum), então cumprirá ainda aos serviços, do MP ou a secretaria judicial, caso o reenvio ocorra para a forma comum, notificar o arguido do requerimento do MP, agora valendo como acusação (art. 395.º/3), para, querendo, exercer o direito de requerer a abertura da instrução (arts. 287.º ss.), por aplicação analógica (art. 10.º/1 CC) do n.º 2 do art. 398.º Não nos parece que a lei postule em lado algum regra inflexível de que essa notificação tenha que ser concretizada pelo MP (cf. o lugar paralelo do art. 336.º/3), manifestamente não dependendo da entidade que determina a notificação (MP ou juiz) a garantia de efetivação do direito de requerer a abertura da instrução.

III – (In)admissibilidade de recurso

§ 14 O n.º 4 dispõe que rejeitado o requerimento e reenviado o processo para outra forma que lhe caiba, o despacho judicial que o determinar é irrecorrível: é um dos casos de irrecorribilidade previstos no art. 399.º, parte final. O regime é compreensível, pois se se gorou o consentimento que é pressuposto nodal da conclusão do procedimento sob a forma sumaríssima e, todavia, o processo prossegue sob outra forma, então nenhuma das pretensões dos sujeitos processuais sai beliscada: o MP, já exerceu a pretensão punitiva, pois o requerimento vale "em todos os casos" como acusação (art. 395.º/3); ao assistente não serão subtraídas as faculdades que possa exercer na sequência de uma acusação; e ao arguido sempre assistirão as garantias correspondentes à forma processual "conflitual" escolhida. A inadmissibilidade de recurso assenta, pois, na cumulatividade dos pressupostos assentes no n.º 1: rejeição do requerimento *e* reenvio do processo para outra forma que lhe caiba.

§ 15 Mas, por implicação lógica, o reenvio para outra forma processual (e, por decorrência, a inadmissibilidade de recurso) só ocorre nos casos em que o processo deva prosseguir. Pode suceder, e sucede frequentemente, que a decisão de rejeição se fundamenta em circunstâncias tais em que do que se trata é, digamo-lo assim, da própria inviabilidade do processo (*v. g.*, prescrição do procedimento, ausência de queixa, dependendo o procedimento dela, manifesta falta de fundamentação do requerimento, etc.), pelo que o reenvio do processo para outra forma é, nesses casos, vazio de sentido: a decisão põe termo ao processo em curso e como tal é recorrível nos termos gerais do art. 399.º [acs. RE, 31.5.2011 (Carlos Berguete Coelho), RE, 29.1.2013 (Gilberto Cunha), RP, 11.4.2019 (Maria Luísa Arantes), RL, 24.6.2020 (Margarida Ramos de Almeida); Paulo Pinto de Albuquerque, 2011, p. 1028]. De jeito enxuto: a menção de irrecorribilidade prevista no n.º 4 carece de interpretação restritiva, pois onde termina a razão de ser da lei também termina o alcance dela.

Pedro Soares de Albergaria

Artigo 396.º
Notificação e oposição do arguido

1 – O juiz, se não rejeitar o requerimento nos termos do artigo anterior:

a) Nomeia defensor ao arguido que não tenha advogado constituído ou defensor nomeado; e

b) Ordena a notificação ao arguido do requerimento do Ministério Público e, sendo caso disso, do despacho a que se refere o n.º 2 do artigo anterior, para, querendo, se opor no prazo de 15 dias.

2 – A notificação a que se refere o número anterior é feita por contacto pessoal, nos termos da alínea a) do n.º 1 do artigo 113.º, e deve conter obrigatoriamente:

a) A informação do direito de o arguido se opor à sanção e da forma de o fazer;

b) A indicação do prazo para a oposição e do seu termo final;

c) O esclarecimento dos efeitos da oposição e da não oposição a que se refere o artigo seguinte.

3 – O requerimento é igualmente notificado ao defensor.

4 – A oposição pode ser deduzida por simples declaração.

Origem do texto: a redação do preceito é a que resultou da L 59/98, de 25.8.

Sumário do comentário:

I – Considerações gerais (§ 1)
II – A nomeação de defensor (§ 2)
III – A notificação do arguido (§ 3)
IV – A declaração de oposição (§§ 4 a 6)

I – Considerações gerais

§ 1 Ultrapassado o patamar de saneamento e de apreciação da sanção proposta e sua adequação e suficiência à satisfação das finalidades da punição (art. 395.º), o processo segue para recolha do consentimento (em rigor: para verificação do não dissentimento) do arguido. A substituição, em 1998, do modelo de aceitação pelo modelo da não oposição implicou cuidados acrescidos a respeito da notificação ao arguido da proposta de sanção. Porque por detrás do silêncio se podem acolher múltiplas causas mais ou menos insondáveis, nomeadamente as amparadas em deficiente capacidade de ação dos menos favorecidos, o legislador visa garantir que a não oposição surja como genuína expressão da vontade do arguido. Para isso providenciou no sentido de: *a)* que fosse assegurada a *assistência técnica* ao arguido (n.º 1/a) e n.º 3); *b)* que a proposta do MP, não rejeitada pelo juiz, ou a contraproposta deste, não enjeitada pelo primeiro, fosse levada ao conhecimento do arguido mediante *contacto pessoal* com ele (n.º 2); *c)* que essa notificação fosse acompanhada de *toda a informação necessária a* *uma correta orientação* do arguido a respeito do tempo, modo e consequência do seu agir diante da proposta de sanção (n.ºs 2 e 4); *d)* assinalar ao arguido um *razoável lapso de tempo* para reflexão e aconselhamento com o defensor [n.º 1/b)]; *e) aligeirar* os termos mediante os quais o arguido se pode opor à proposta (n.º 4).

II – A nomeação de defensor

§ **2** Num quadro em que o arguido, mediante o mero remeter-se ao silêncio, legitima a aplicação de uma sanção, renunciando às garantias inerentes às formas processuais "conflituais", e ao contraditório que lhes inere, a assistência técnica mostra-se superlativamente relevante, bem se podendo dizer que é do escrupuloso cumprimento dos deveres de aconselhamento por banda do defensor que depende a atualização da ideia de consenso postulada na forma sumaríssima, tal como legalmente desenhada. É dos esclarecimentos que prestar a respeito dos efeitos da oposição ou não oposição à proposta do MP, dos conselhos que dê a respeito do curso de ação que melhor serve os seus interesses, que dependerá, por último, a escolha esclarecida e informada por banda do arguido. Não é outra a razão da obrigatoriedade de nomeação de defensor, postulada no n.º 1/a) (um dos casos a que se refere a al. h) do n.º 1 do art. 64.º), obrigatoriedade que vale tanto para a pessoa natural como para a pessoa coletiva. De nada valeria a nomeação de defensor se ele não fosse, a mais do arguido, notificado do requerimento do MP (n.º 3 e art. 113.º/11/12): é mediante tal notificação que não apenas fica a conhecer o teor da proposta, como é a partir daí que consultará os autos a fim de verificar a solidez dela e providenciará pelo aconselhamento ao arguido.

III – A notificação do arguido

§ **3** A notificação, já se viu, é obrigatoriamente concretizada por *contacto pessoal* com o notificando (n.º 2 e n.º 1, al. a), art. 113.º), sendo esta, no figurino do processo sumaríssimo, garantia de defesa do arguido (art. 32.º/1 CRP), pelo que é para este efeito irrelevante que aquele tenha já prestado TIR (cf. PAULO PINTO DE ALBUQUERQUE, 2011, p. 1028). As diligências para efetivação da notificação nos termos referidos devem ser as razoáveis, em termos de tempo e meios empregues, por princípio não devendo cingir-se à mera verificação de que o arguido não se encontra na sua residência, para que se siga sem mais o disposto no art. 398.º [cf. ac. RE, 7.5.2019 (ANTÓNIO JOÃO LATAS)] – de resto é o que resulta do art. 113.º/1/a) ("contacto pessoal com o notificando e no lugar em que este for encontrado”). Evidentemente, a impossibilidade de localizar o arguido (ou, por identidade de razões, a sua recusa em receber a notificação), e, por conseguinte, de notificá-lo por contacto pessoal, equivale à oposição dele à proposta do MP: fica inviabilizado o consenso, de modo que o processo é remetido para outra forma que lhe caiba [acs. RG, 6.9.2004 (MARIA AUGUSTA), RP, 1.7.2015 (HORÁCIO CORREIA PINTO), RL, 13.3.2018 (VIEIRA LAMIM)]. Em termos de *conteúdo* a notificação deverá contemplar toda a informação prevista nas alíneas do n.º 2: condicionalismos *formais* e *temporais* da declaração de oposição e bem assim as *consequências* (da falta) dela.

IV – A declaração de oposição

§ 4 A declaração de oposição pode ser levada ao conhecimento do tribunal por qualquer meio, por escrito ou oralmente, no primeiro caso mediante correio epistolar ou eletrónico, por telecópia ou entrega presencial de escrito na secretaria, no segundo por contacto telefónico ou presencialmente na secretaria, hipóteses últimas em que o oficial de justiça lavrará nos autos cota com o teor da declaração e suas circunstâncias de tempo. A respeito de condicionalismos temporais, a oposição deve ser apresentada no prazo de 15 dias a contar, nos termos gerais (arts. 279.º e 296.º CC), a partir da notificação do requerimento ao arguido. Temos por duvidosa a posição de PAULO PINTO DE ALBUQUERQUE, 2011, p. 1029, quando afasta aqui a aplicação do disposto na segunda parte do n.º 10 do art. 113.º, que dispõe sobre a contagem do “prazo para a prática do ato processual subsequente (...) a partir da data da notificação efetuada em último lugar”, conforme respeite ao arguido (a concretizar nos termos do n.º 2) ou ao defensor (a concretizar nos termos do art. 113.º/12/13). É que se o requerimento do MP em processo sumaríssimo equivale funcionalmente a uma acusação (cf. arts. 394.º/1, 395.º/3 e 398.º), então as garantias que justificam a solução do n.º 10 do art. 113.º a respeito da notificação da acusação valerão, por identidade de razões, para a notificação do requerimento para aplicação de sanção em processo sumaríssimo. Vale como data de apresentação da oposição a da efetivação do registo postal, tratando-se de remessa por correio, ou a da expedição, tratando-se de telecópia ou correio eletrónico (art. 144.º/7/b)/c)/d) CPC *ex vi* do art. 4.º).

§ 5 Quanto ao conteúdo, a oposição, para ser eficaz, não carece de qualquer fundamentação e pode ser total ou parcial, neste caso do ponto de vista objetivo ou subjetivo: ali, limitada a alguns dos crimes (não importa se por o arguido não reconhecer a sua subsistência ou por não aceitar a sanção que lhes é assinalada) ou tão só à reparação; aqui, apresentada apenas por algum ou alguns dos coarguidos. Na primeira hipótese, e desde que postulada a autonomia da parte que se aceita por relação com a parte que se rejeita (tendo por horizonte os critérios consignados no n.º 2 do art. 403.º, cf. Paulo Pinto de Albuquerque, 2011, p. 1029; contra, Oliveira Mendes in: Henriques Gaspar et al. 2014, p. 1239, e MMPDJP, 2009, p. 1013), o processo prosseguirá para julgamento noutra forma processual (art. 398.º/1) na parte rejeitada ou, verificando-se a oposição tão só a respeito da reparação, poderá esta ser exigida em separado, nos termos gerais [art. 72.º/1/h)]; na segunda, o processo seguirá para julgamento, noutra forma processual (art. 398.º/1), apenas relativamente aos arguidos oponentes (cf. Pedro Soares de Albergaria, 2004, p. 76; André Teixeira dos Santos, 2005, p. 182; Paulo Pinto de Albuquerque, 2011, p. 1029; Oliveira Mendes in: Henriques Gaspar et al. 2014, p. 1239), mas a oposição poderá aproveitar aos não oponentes por aplicação analógica do disposto no art. 402.º/2, exceto se se fundar em motivos estritamente pessoais (assim, Paulo Pinto de Albuquerque, 2011, p. 1029). Não é, todavia, admissível a aposição de condições para a aceitação, hipótese em que tudo se passará como se de oposição se tratasse.

§ 6 A decisão sobre a oposição radica no arguido, mas não tem de ser exercida pessoalmente por ele (ou pelo representante legal dele, sendo pessoa coletiva), bem podendo sê-lo apenas pelo defensor, por não se tratar de ato que a lei reserve pessoalmente àquele [art. 63.º/1; cf. Paulo Pinto de Albuquerque, 2011, p. 201; Maria do Carmo Silva Dias, § 9, art. 63.º; RC 23.5.2012 (Paulo Guerra); noutra direção, MMPDJP, 2009, p. 1012]. Por ser de presumir, por inerente à relação de representação, que o defensor age em sintonia com a decisão do arguido, irrelevará a declaração daquele sempre que for aparente o desencontro dela com a posição do arguido. Assim, e p. ex., quando o defensor deduz a oposição mencionando que o faz por não ter logrado contactar o arguido, que, todavia, foi regularmente notificado e se quedou silente diante da notificação [cf. RP 14.12.2011 (Maria Dolores da Silva e Sousa)], o juiz não pode deixar de tirar consequências dessa passividade. Distinta é a hipótese em que a declaração transmitida ao tribunal surge com um sentido insoluvelmente dúbio. Em tal caso, deverá ser levada à conta de oposição, se mais não for porque a remessa para outra forma processual abre ao arguido garantias de defesa que não lhe assistem no rito sumaríssimo.

Pedro Soares de Albergaria

Artigo 397.º
Decisão

1 – Quando o arguido não se opuser ao requerimento, o juiz, por despacho, procede à aplicação da sanção e à condenação no pagamento da taxa de justiça.

2 – O despacho a que se refere o número anterior vale como sentença condenatória e não admite recurso ordinário.

3 – É nulo o despacho que aplique pena diferente da proposta ou fixada nos termos do disposto no n.º 2 do artigo 394.º e no n.º 2 do artigo 395.º

Origem do texto: a epígrafe e redação do preceito são os que resultaram da L 59/98, de 25.8, que todavia dispôs (n.º 1) que a taxa de justiça era reduzida a um terço e que (n.º 2) o despacho transitava de imediato. O DL 34/2008, de 26.2, por sua vez, eliminou o segmento do n.º 1 que dispunha sobre a redução da taxa de justiça e a L 20/2013, de 21.2, eliminou, no n.º 2, a menção de trânsito imediato da decisão substituindo-a pela de não admissibilidade de recurso ordinário.

Sumário do comentário:

I – O modelo de não oposição (§ 1)
II – O despacho que aplica a sanção (§ 2)
III – Os efeitos da decisão que aplica a sanção (§§ 3,4)
IV – (Ir)recorribilidade do despacho que aplica a sanção (§ 5)
V – A nulidade do despacho que aplica sanção (§ 6)

I – O modelo de não oposição

§ 1 O modelo da não oposição, consagrado pela L 59/98, de 25.8, inspirar-se-á certamente no processo por ordem penal alemão (§ 411 (1) StPO) e no procedimento por decreto italiano (art. 461.º/5. CPPIt.). Para algum autor, como é o caso de Fernando Torrão (1999, p. 50), a solução portuguesa pressuporá, diante da cogência do princípio de que não há pena sem culpa, a *confissão* desta, solução que, ao menos à margem de outras objeções (§§ 9 e 10, art. 392.º), se furtaria a um juízo de inconstitucionalidade (art. 32.º/1 CRP) na precisa medida em que, opondo-se, o arguido é julgado em figurino processual no âmbito do qual fruirá de plenas garantias de defesa. Todavia, ao invés do que se passa naqueles falados ordenamentos jurídico-processuais penais, alemão e italiano, o português (art. 395.º/1) foi ao ponto (cremos que sendo nisto singular, no plano comparado) de *vedar ao juiz o escrutínio da suficiência dos indícios que legitimam o requerimento do MP ou até mesmo, numa possível e mais extremada interpretação, o escrutínio da legalidade da prova que o sustenta* (*supra*, art. 395.º, § 5). Com isto, ao invés de uma confissão, a solução nacional aproxima-se mais, pressupondo-a, de uma mera aceitação da sanção, ao estilo da *plea of nolo contendere* ou *non vult* do ordenamento jurídico norteamericano (cf. a

Rule 11 (a)(3) e (b)(3) das *Fed. R. Crim. Procedure*, que não estende a necessidade de o juiz apurar a "base factual" da *plea of guilty* à *plea of nolo contedere*), com as fortes reservas que tal instituto convoca em sede de compatibilização com o princípio de que não há pena sem culpa (Felipe da Costa De-Lorenzi, 2021, pp. 227 e 231).

II – O despacho que aplica a sanção

§ **2** A aplicação da sanção opera por despacho e não por sentença (n.º 1), sendo aquele equiparado a esta a respeito dos seus efeitos (n.º 2) mas já não dos requisitos formais e de fundamentação. Por um lado, não cabe ao juiz escrutinar a prova que sustenta a imputação, o que de resto lhe é vedado em todas as etapas da forma sumaríssima [cf. art. 395.º/1/b)]; por outro, no momento de prolatar a decisão a que se refere o art. 397.º já ele concluiu pela adequação da sanção às finalidades da punição [cf. art. 395.º/1/c)], juízo que integra, sendo dela pressuposto, a decisão a proferir nos termos do art. 397.º De modo que a função dele é a de verificar os pressupostos da decisão pelo consenso, cabendo-lhe *averiguar a regularidade da notificação* a que se refere o art. 396.º e *avaliar o sentido da posição do arguido em face da mesma*. Defronte disto o despacho a que se refere o n.º 1 pautar-se-á pela concisão, limitando-se à identificação do arguido, à remissão para a matéria de facto constante do requerimento do MP, e respectiva qualificação jurídica, à condenação na sanção, eventualmente na quantia devida a título de reparação por danos e no pagamento da taxa de justiça (art. 8.º/9 e tabela III anexa ao RCP). Esta feição homologatória do despacho não prejudica o dever de, patenteando-se a falta de pressuposto positivo (*v. g.*, queixa), ou sendo aparente pressuposto negativo (*v. g.*, prescrição), da punição, o juiz retirar as pertinentes conclusões (José Mouraz Lopes, 2011, pp. 401 e 406).

III – Os efeitos da decisão que aplica a sanção

§ **3** De acordo com o n.º 2 o despacho que aplica sanção em processo sumaríssimo não sendo uma sentença vale como tal – em especial produz os efeitos próprios do caso julgado material, não mais podendo o arguido ser perseguido pelos factos objecto do mencionado despacho (art. 29.º/5 CRP; um pleno efeito *ne bis in idem* em formas processuais funcionalmente análogas à sumaríssima é, porém, questionado em ordenamentos estrangeiros, como informa Inês Ferreira Leite, 2016b, p. 559, n. 6169). Já se discute, negando-se nuns casos (André Teixeira dos Santos, 2005, p. 179), duvidando-se noutros (José Damião da Cunha,

2002, p. 462 e s.), se a equiparação legalmente prevista abrange o efeito *em geral* reconhecido à sentença condenatória penal na jurisdição cível (art. 623.º CPC), efeito aquele que se traduz numa presunção *iuris tantum* quanto à existência dos factos que integram os pressupostos da punição, os elementos do tipo legal e as formas do crime – *iuris tantum*, note-se, quanto a terceiros (art. 623.º CPC), já que quanto ao réu ex-arguido "argumento de maioria de razão" lhe vedará o pôr em crise os factos em causa [cf., STJ 13.1.2010 (Pinto Hespanhol); este último aspeto é, todavia, discutível, como se colhe em Rui Pinto, 2013, p. 87 ss.].

§ **4** A doutrina assenta o mencionado efeito – da eficácia extraprocessual dos factos apurados no processo penal – "na ideia de que o processo penal oferece garantias superiores àquelas preconizadas no processo civil" e, por essa via, a solução legal (ínsita no art. 623.º CPC) é proclive a "preveni[r] (...) a contraditoriedade teórica entre os juízos com fins e objectos processuais distintos" (Maria José Capelo / Nuno Brandão, 2017, p. 31). Sendo certo que no processo sumaríssimo ocorre, precisamente, uma certa "transação" de garantias por consenso, sendo a mais disso verdade que a lei nacional não consagrou limitação análoga à que se dispõe no art. 460.º/5 CPPIt. (que prescreve que o decreto penal de condenação, tornando-se exequível, não tem eficácia de caso julgado na jurisdição cível e administrativa), não se pode olvidar a natureza da não oposição que, especialmente diante da proibição de o juiz escrutinar a base indiciária em que assenta o requerimento do MP (*supra*, art. 395.º), se resolve em mera aceitação da sanção (*supra*, § 1). Não parece, dizemo-lo hoje, que num tal quadro se possa atribuir à decisão proferida em processo sumaríssimo a eficácia geralmente reconhecida às decisões penais no processo civil, já que a *razão* que subjaz à mesma não se atualiza no figurino do processo sumaríssimo resultante da Reforma de 1998.

IV – (Ir)recorribilidade do despacho que aplica a sanção

§ **5** Fruto do consenso entre os sujeitos processuais intervenientes, compreende-se que a decisão de aplicação da sanção em processo sumaríssimo não comporte recurso ordinário (n.º 2), sendo, pois, um dos casos previstos na parte final do art. 399.º e na al. g) do n.º 1 do art. 400.º Todavia, não apenas a restrição da menção de irrecorribilidade ao recurso ordinário (n.º 2, 2.ª parte), como a equiparação à sentença do despacho que aplica a sanção em processo sumaríssimo (n.º 2, 1.ª parte), como, definitivamente, a equiparação à sentença de "despacho que tiver posto fim ao processo" (art. 449.º/2), tudo aponta para que o despacho que aplica a sanção em processo sumaríssimo seja suscetível de recurso extraordinário de revisão *pro reo* (assim, André Teixeira dos Santos, 2005, p. 183, e João Conde Correia, 2010, pp. 23, 60-62, 449, n. 844, 624 e s.), quedando porém duvidosos os limites, precisamente em face do caráter consensual da sanção aplicada (cf. João Conde Correia, 2010, p. 449, n. 844, e p. 625).

V – A nulidade do despacho que aplica sanção

§ 6 Dispor que o despacho não comporta recurso ordinário não equivale ao trânsito imediato dele. A decisão será notificada ao MP, ao arguido e seu defensor, ao assistente, havendo-o, e respetivo mandatário e só transitará exaurido o prazo para arguição de nulidades (Paulo Pinto de Albuquerque, 2021, p. 1030, Rui Soares Pereira / David Silva Ramalho, 2015, p. 837, n. 59, e Hugo Luz dos Santos, 2018, p. 148 ss.). A lei tacha de nulo o despacho que aplique "pena" diferente da proposta pelo MP ou da fixada na decorrência de contraproposta do juiz (n.º 3), o que pode ser considerado afloramento do princípio da lealdade processual (Hugo Luz dos Santos, 2018, p. 152 e s.). Trata-se de nulidade sanável, tal como outras cogitáveis, como é o caso de no despacho o juiz se pronunciar sobre questão de que não pudesse conhecer ou não se pronunciar sobre questão que devesse apreciar (p. ex., omitir pronúncia sobre o requerido pedido de arbitramento de quantia reparadora), com a diferença de que, ao contrário do que sucede a respeito das nulidades da sentença (art. 379.º/2), a arguição, em 10 dias, é decidida pelo juiz que proferiu o despacho, precisamente porque este não consente recurso ordinário. Do despacho que conhecer a nulidade é que já cabe recurso, nos termos gerais dos arts. 399.º, 407.º/2/b) e 408.º, este *a contrario sensu*. Igualmente poderá o despacho ser corrigido pelo juiz, nomeadamente quando contenha erro, lapso, obscuridade ou ambiguidade cuja eliminação não importe essencial modificação dele (arts. 380.º/b)/3 e 97.º/1/b), parte final).

Pedro Soares de Albergaria

Artigo 398.º
Prosseguimento do processo

1 – Se o arguido deduzir oposição, o juiz ordena o reenvio do processo para outra forma que lhe caiba, equivalendo à acusação, em todos os casos, o requerimento do Ministério Público formulado nos termos do artigo 394.º.

2 – Ordenado o reenvio, o arguido é notificado da acusação, bem como para requerer, no caso de o processo seguir a forma comum, a abertura de instrução.

Origem do texto: O n.º 1 tem a rdeção da L 59/98, de 25.8, alterada pela L 48/2007, de 29.8, que passou a possibilitar o renvio para qualquer outra forma processual e não apenas para a forma comum e dispôs que no caso de reenvio o requerimento equivale à acusação "em todos os casos"; o n.º 2 tem a redação aportada pela L 48/2007, de 29.8.

Sumário do comentário:

I – Oposição e reenvio. Remissão

§ 1 Quanto ao conteúdo da declaração de oposição, incluindo os casos em que ela se dirige apenas a algumas das imputações ou é deduzida apenas por alguns dos arguidos, meios mediante os quais pode operar, seus condicionalismos temporais e legitimidade para comunicação dela aos autos, cf. §§ 4-6, art. 396.º Sobre o sentido do reenvio do processo para outra forma que lhe caiba e problemas interpretativos que a injunção suscita, cf. §§ 10-13, art. 395.º

§ 2 Reenviado o processo para outra forma que lhe caiba, o requerimento do MP, formulado nos termos o art. 394.º, equivale "em todos os casos" à acusação, incluindo quando se trate de crime cujo procedimento dependa, a mais de queixa, de acusação particular: no momento processual a que respeita o preceito já o requerimento (a "acusação") foi sujeito ao crivo do juiz, não se mostrando manifestamente infundado nos termos do art. 311.º/3 *ex vi* do art. 395.º/1/b) (cf. §§ 5 e 6, art. 395.º). Remetido o processo para outra forma processual, o arguido gozará da plenitude das garantias inerentes, incluindo a implicada na faculdade de requerer a abertura da instrução (arts. 287.º ss.), acaso o processo siga a forma comum. Daí o teor do n.º 2.

II – Reformatio *in pejus*

§ 3 Não é isento de dúvida se, e em que medida, no julgamento que se siga ao reenvio prescrito na norma esteja o tribunal limitado pela proibição de *reformatio in pejus* (entre nós, contra esse efeito, cf. André Teixeira dos Santos, 2005, p. 182, n. 128, e Paulo Pinto de Albuquerque, 2011, p. 1032; a favor, sem limitações, Hugo Luz dos Santos, 2018, p. 130 ss.). Certo é que a nossa lei não contém expressa limitação à valia do princípio sequente à oposição do arguido, ao contrário do que dispuseram as leis germânica (§ 411 (4) StPO) e transalpina (art. 464.º/4 CPPIt.). Ademais, admitindo que a eficácia limitadora da atividade jurisdicional dele decorrente não se circunscreve aos recursos, antes sendo princípio geral do processo penal (cf. José Damião da Cunha, 2002, 277, e Mara Lopes, 2010, p. 986 ss.), inclinamo-nos, também aqui, para a cogência dele, ainda que *limitada* aos casos em que no julgamento não se patenteiem circunstâncias agravantes das já desenhadas no requerimento do MP (cf. Pedro Soares de Albergaria, 2004, p. 78 e s.; Idem, 2008, p. 493 ss.; esta é a posição de Claus Roxin, 2000, p. 554, mesmo diante do § 411 (4) StPO). O argumento histórico igualmente concorre no sentido que reputamos mais adequado: precisamente a revogada redação originária do preceito prescrevia que "[s]e o processo for reenviado para outra forma processual, o requerimento do Ministério Público perde eficácia e o Ministério Público não se encontra vinculado pelo que naquele requerimento houver proposto".

III – Impedimento do juiz de julgamento

§ 4 A lei dispõe que o juiz que no momento processual adequado [art. 395.º/1/C)] *rejeita* o rito sumaríssimo por discordar da sanção proposta do MP fica impedido intervir no julgamento (e, com a L 94/2021, de 21.12) e também na instrução que se lhe siga [art. 40.º1/e)/2], mas nada dispõe sobre o juiz que *recebe* o requerimento por concordar com a sanção, opondo-se o arguido nos termos do art. 398.º Confrontado com a questão de saber se é conforme com a CRP a interpretação dos arts. 40.º, 43.º/2 e 398.º nos termos da qual o juiz que tenha concordado com a sanção proposta pelo MP, não aceite pelo arguido, não fica impedido de intervir no julgamento subsequente, o TC respondeu afirmativamente, por considerar ser "flagrante" a diferença entre "julgar uma sanção adequada e não julgá-la manifestamente inadequada", sendo que no primeiro caso se trata de "juízo que repousa nos factos descritos no requerimento, sem averiguar a sua realidade, e numa análise jurídica de primeira aparência", apenas significando que "a aplicação daquela sanção não constitui um erro palmar (manifesto) face aos fins das penas" (TC 444/2012, esp. p. 14).

IV – Recurso

§ 5 Ao contrário do que sucede a respeito do reenvio previsto no art. 395.º (n.º 4, art. 395.º), aqui a lei não veda o recurso do despacho que determinar o reenvio para outra forma processual, do que decorre que tal despacho é recorrível, atendendo o que se dispõe no art. 399.º

PEDRO SOARES DE ALBERGARIA

BIBLIOGRAFIA CONSULTADA

AGÊNCIA DOS DIREITOS FUNDAMENTAIS DA UNIÃO EUROPEIA / TRIBUNAL EUROPEU DOS DIREITOS HUMANOS / CONSELHO DA EUROPA

2016: "Manual de legislação europeia sobre o acesso à justiça", https://www.echr.coe.int/Documents/Handbook_access_justice_POR.pdf

AGOSTINHO, PATRÍCIA NARÉ

2014: *Intrusões Corporais em Processo Penal*, Coimbra: Coimbra Editora

2020: "Notícia do crime ou notícia de crime o caso particular das «denúncias» anónimas", *RCEJ*, 1, p. 55 ss.

ALBERGARIA, PEDRO SOARES DE

2004: "Considerações sobre o processo sumaríssimo em processo penal", *Maia Jurídica*, II, 1, p. 67 ss.

2006/7: "Processo sumaríssimo: Lembranças de um instituto esquecido", *Direito e Cidadania*, 8, 25/26, p. 9 ss.

2007: "Anomalia psíquica e capacidade do arguido para estar em juízo", *Julgar*, 1, p. 173 ss.

2008: "Os processos especiais na Revisão de 2007 do Código de Processo Penal", *RPCC*, 18, 4, p. 465 ss.

2020: "Incapacidade do arguido para, em razão de anomalia psíquica, providenciar pela sua defesa", *In*: AA.VV., MARIA JOÃO ANTUNES (coord.), *Anomalia Psíquica e Direito – Colóquio Comemorativo dos 20 anos da entrada em vigor da Lei de Saúde Mental*, Coimbra: Institvto Ivridico, p. 31 ss.

2022: "Liberdade de expressão e processo judicial (à luz da jurisprudência do TEDH)", *Julgar*, 47, p. 187 ss.

ALBUQUERQUE, JOSÉ RIBEIRO DE

2008: "Consenso, aceleração e simplificação como instrumentos de gestão processual. Soluções de diversão, oportunidade e consenso como formas «divertidas», informais e oportunas de inquietação. O processo sumaríssimo e a suspensão provisória do processo", https://www.pgdlisboa.pt/novidades/files/gestao_inquerito_albuquerque.pdf

ALBUQUERQUE, PAULO PINTO DE

2003: *A reforma da justiça criminal em Portugal e na Europa*, Coimbra: Coimbra Editora

2007: *Comentário do Código de Processo Penal à luz da Constituição da República e da Convenção Europeia dos Direitos do Homem*, 1.ª ed., Lisboa: UCE
2008: 2007: *Comentário do Código de Processo Penal à luz da Constituição da República e da Convenção Europeia dos Direitos do Homem*, 2.ª ed., Lisboa: UCE
2011: *Comentário do Código de Processo Penal à luz da Constituição da República e da Convenção Europeia dos Direitos do Homem*, 4.ª ed., Lisboa: UCE

Alcácer Guirao, Rafael
2012: "El silencio de los coimputados", *Diário La Ley*, 33, 7827, p. 1 ss., in: https://www.academia.edu/24131093/El_silencio_de_los_coimputados

Andrade, Manuel da Costa
1989: "Consenso e oportunidade (reflexões a propósito da suspensão provisória do processo e do processo sumaríssimo)", AA.VV., *Jornadas de Direito Processual Penal – O Novo Código de Processo Penal*, Coimbra: Almedina, p. 317 ss.
1991: "Consenso e oportunidade (reflexões a propósito da suspensão provisória do processo e do processo sumaríssimo)", AA.VV., *Jornadas de Direito Processual Penal: O novo Código de Processo Penal,* Coimbra: Almedina, p. 319 ss.
1992: *Sobre as proibições de prova em processo penal*, Coimbra: Coimbra Editora
2009: *"Bruscamente no Verão Passado", a reforma do Código de Processo Penal. Observações críticas sobre uma Lei que podia e devia ter sido diferente*, Coimbra: Coimbra Editora
2010: "Consulta", *in*: Gil Moreira dos Santos, *Apitos Desafinados. Escute, olhe e pasme. Nótulas jurídicas à volta de uma "cantata de apitos desafinados"*, Lisboa: SÓ-Editores e Livreiros, p. 235 ss.
2014: "Nemo tenetur se ipsum accusare e direito tributário: ou a insustentável indolência de um acórdão (n.º 340/2013) do Tribunal Constitucional", *RLJ*, 144, 3998, p. 121 ss.

Andrade, Manuel da Costa /Paulo Pinto de Albuquerque,
2021: "A reforma da organização interna do Ministério Público e o processo penal", *in*: AA.VV, Paulo Pinto de Albuquerque/Rui Cardoso/Sónia Moura (org.), *Corrupção em Portugal: Avaliação legislativa e propostas de reforma*, Lisboa: UCE, p. 705 ss.

André, Adélio Pereira
1987: "Processo penal, justiça criminal e garantias fundamentais*", RMP. Cadernos,* 2, p. 19 ss.

Andrés Ibáñez, Perfecto
2006: "La argumentación probatória y su expressión en la sentencia", in: Perfecto Andrès Ibañez / Robert Alexy, *Jueces y Ponderación Argumentativa*, Ciudad de México: Universidad Nacional Autónoma de México, p. 19 ss.

2020: "En matéria de prueba: sobre algunos cuestionables tópicos jurisprudenciales", *QF*, 1, p. 75 ss.

ANTUNES, MARIA JOÃO
1992: "Direito ao silêncio e leitura, em audiência, das declarações do arguido", *SJ*, 4 p. 25 ss.
1998: "A falta do arguido à audiência de julgamento e a revisão do Código de Processo Penal", *RPCC*, 8, 2, p. 215 ss.
2003: "O segredo de justiça e o direito de defesa do arguido sujeito a medida de coacção", AA.VV., MANUEL DA COSTA ANDRADE *ET AL.*, *Liber Discipulorum para Jorge de Figueiredo Dias*, Coimbra: Coimbra Editora, p. 1237 ss.
2008: "Alterações ao Sistema Sancionatório", *RCEJ*, 8 (especial), p. 7 ss.
2016: *Direito Processual Penal*, Coimbra: Almedina
2018: "Privatização das investigações e compliance criminal", *RPCC*, 28, 1, p. 119 ss.
2019: "A posição processual da pessoa coletiva constituída arguida", *Julgar*, 38, p. 17 ss.
2020: *Processo penal e pessoa coletiva arguida*, Coimbra: Almedina
2021: *Processo Penal e Pessoa Coletiva Arguida*, Coimbra: Almedina

ASSOCIAÇÃO SINDICAL DOS JUÍZES PORTUGUESES
2009: *Compromisso Ético dos Juízes Portugueses. Princípios para a Qualidade e Responsabilidade*, Coimbra: Coimbra Editora

BARROSO, IVO MIGUEL
2003: *Estudos sobre o objecto do processo no Processo Penal*, Lisboa: Vislis

BARTOLE, SERGIO / DE SENA, PASQUALE / ZGREBELSKY, VLADIMIRO
2012: *Commentario Breve alla Convenzione Europea per Salvaguardia dei Diritto dell'Uomo e delle Libertà Fondamentali*, Pádua: CEDAM

BARREIROS, JOSÉ ANTÓNIO
1995: "O julgamento no Novo Código de Processo Penal", AA.VV., *Jornadas de Direito Processual Penal – O Novo Código de Processo Penal*, Coimbra: Almedina, p. 271 ss.
2014: "Presença e ausência do arguido no julgamento penal", *Jurismat. Revista Jurídica do Instituto Superior Manuel Teixeira Gomes*, 4, p. 79 ss.

BARRETO, IRENEU CABRAL
2015: *A Convenção Europeia dos Direitos do Homem*, 5.ª ed., Coimbra: Almedina

BECCARIA, CESARE
1998: *Dos Delitos e das Penas*, Lisboa: FCG (tradução de JOSÉ DE FARIA COSTA)

BELEZA, TERESA PIZARRO

1995: "O objecto do processos penal: o conceito e o regime de alteração substancial de factos do Código de Processo Penal de 1987", *Apontamentos de Direito Processual Penal (aulas teóricas dadas ao 5.º ano, turma de dia 1994/1995)*, Vol. III, Lisboa: AAFDL, p. 87 ss.

1998: "«Tão amigos que nós éramos»: o valor probatório do depoimento do co-arguido no Processo Penal português", *RMP*, 19, 74, p. 39 ss.

BELEZA, TERESA PIZARRO/PINTO, FREDERICO DE LACERDA DA COSTA

2001: *Direito Processual Penal I – Objecto do processo, liberdade de qualificação jurídica e caso julgado (Texto introdutório)*, Lisboa

2022: "Alteração de factos e vinculação temática em processo penal", *in*: *Prof. Doutor Augusto Silva Dias – In Memoriam*, Vol. II, Lisboa: AAFL Editora, p. 573 ss.

BENTHAM, JEREMY

1827: *Rationale of Judicial Evidence, Specially Applied to English Practice*, ed. John Stuart Mill (*The Works of Jeremy Bentham, ed.* John Bowring, Edimburgo: William Tait, Vs. VI e VII)

BRANDÃO, NUNO

2015: "Acordos sobre a sentença penal: Problemas e vias de solução", *Julgar*, 25, p. 161 ss.

2016: "Era uma vez o princípio da concentração temporal? Notas sobre a revisão do artigo 328.º do CPP", *Julgar*, 28, p. 107 ss.

2018: "O controlo judicial da decisão administrativa condenatória manifestamente infundada no processo contra-ordenacional", *BFD*, 94, 1, p. 309 ss.

2021: "A alteração da qualificação jurídica dos factos no saneamento do processo penal", *CLR*, V, 3, p. 135 ss.

BRAVO, JORGE DOS REIS

2008: *Direito Penal dos Entes Colectivos – Ensaio sobre a Punibilidade de Pessoas Colectivas e Entidades Equiparadas*, Coimbra: Coimbra Editora

BRITO, ANA MARIA

2014: "O Juiz na audiência de discussão e julgamento penal", *RCEJ*, 1, p. 105 ss.

BRITO, BEATRIZ SEABRA DE

2014: "Um processo sumário desassossegado: da reforma de 2013 à reconfiguração do regime legal em face do acórdão n.º 174/2014 do Tribunal Constitucional", *RPCC*, 24, 2, p. 277 ss.

BRITO, TERESA QUINTELA DE

2021: "Processo contra pessoas coletivas: algumas propostas de adaptação (urgente) do Código de Processo Penal Português", in: AA.VV., PAULO PINTO DE ALBUQUERQUE/RUI CARDOSO/SÓNIA MOURA (orgs.) *Corrupção em Portugal: Avaliação legislativa e propostas de reforma*, Lisboa: UCE, p. 477 ss.

BUCHO, JOSÉ MANUEL SAPORITI MACHADO DA CRUZ

2009: "Alteração substancial dos factos em processo penal", *Julgar*, 9, p. 43 ss.

2010: *A Revisão de 2010 do Código de Processo Penal Português*. https://www.trg.pt/gallery/7.%20cruzbucho_revisaocpp2010.pdf (último acesso em 04.08.2021)

2010a: "Breve Alocução – Intervenção no 8.º Aniversário do Tribunal da Relação de Guimarães", https://www.trg.pt/gallery/5.1.%20Cruzbucho_brevealocucao.pdf

2018: "A Transposição da Diretiva 2014/42/EU. Notas à Lei n.º 30/2017, de 30 de Maio (aspetos processuais penais)", *in*: AA.VV, MARIA RAQUEL DESTERRO FERREIRA/ELINA LOPES CARDOSO/JOÃO CONDE CORREIA (coord.), *O Novo Regime de Recuperação de Ativos à Luz da Diretiva 2014/42/EU e da lei que a transpôs*, Lisboa: INCM, p. 185 ss.

BUSETTO, M. L.

2020: "Artículo 192", *in*: AA.VV., GIULIO ILLUMINATI/LIVIA GIULIANI (dir.), *Commentario Breve al Codice di Procedura Penale*, 3.ª ed., Milão: Wolters Kluwer/Cedam, p. 774 ss.

CANOTILHO, JOSÉ JOAQUIM GOMES / MOREIRA, VITAL

1993: *Constituição da República Portuguesa Anotada*, 3.ª ed. Coimbra: Coimbra Editora

1984: *Constituição da República Portuguesa Anotada*, Vol. I, Coimbra: Coimbra Editora

CAPELO, MARIA JOSÉ / BRANDÃO, NUNO

2017: "A eficácia probatória das sentenças penais e das decisões finais contra-ordenacionais no âmbito do processo civil", *RLJ*, 147, 4006, p. 25 ss.

CARACENI, LINA

2007: *Poteri d'ufficio in materia probatória e imparzialità del giudice penale*, Milão, Giuffrè Editore

CASIRAGHI, ROBERTA

2012: "La chiamata di correo: Riflessioni in merito alla mutual corroboration", *in*: https://archiviodpc.dirittopenaleuomo.org/upload/1352321861CASIRAGHI%202012a.pdf

CASTRO, LUÍS NUNO

2005: "Implicações processuais penais da responsabilidade das pessoas colectivas", *Politeia*, II, 2, p. 77 ss.

CHURRO, BÁRBARA

2020: *Julgamento na ausência: contributo para uma revisão do regime do Código de Processo Penal à luz da Directiva (EU) 2016/343*, Coimbra: Almedina

COCO, ROSITA DEL

2004: *Disponibilità della prova penale e accordi tra le parti*, Milão: Giuffrè

COPPETTA, M. G.

2020: "Artículo 494", *in*: AA.VV., GIULIO ILLUMINATI/LIVIA GIULIANI (dir.), *Commentario Breve al Codice di Procedura Penale*, 3.ª ed., Milão: Wolters Kluwer/ Cedam, p. 2443 ss

2021: "Separação de processos: é possível diminuir um elefante", *RPCC*, 31, 3 (no prelo)

CORDERO, FRANCO

2012: *Procedura penale*, 9.ª ed., Milão: Giuffrè Editore

CORDEIRO, ROBALO

1991: "Audiência de julgamento", AA.VV., *Jornadas de Direito Processual Penal: O novo Código de Processo Penal,* Coimbra: Almedina, p. 291 ss.

CORDOPATI, FRANCESCO,

1990: "La ratio decidendi", *Riv.DP*, XLV, 1, p. 148 ss.

CORREIA, EDUARDO

1956: *Processo Criminal* (segundo as lições ao curso de 1954-55), Coimbra: Almedina

1961: "Parecer da Faculdade de Direito da Universidade de Coimbra sobre o artigo 653.º do projecto, em 1.ª revisão ministerial, de alteração do código de processo civil", *FDUC*, XXXVII, 1961, p. 182 ss.

1963: *Direito Criminal*, Vol. I, Coimbra: Almedina

1967: "Les preuves en droit pénal portugais", *RDES*, XV, 1-2, p. 1 ss.

1977: "Breves reflexões sobre a necessidade de reforma do Código de Processo Penal, relativamente a réus presentes, ausentes e contumazes", *RLJ*, 110, p. 99 ss., 131 s., 162 s., 178 s., 195 e 210 s.

CORREIA, JOÃO CONDE

1999: *Contributo para a análise da inexistência e das nulidades processuais penais*, Coimbra: Coimbra Editora (Studia Ivridica)

2010: *O "Mito do Caso Julgado" e a revisão propter nova*, Coimbra: Coimbra Editora

2012: *Bloqueio Judicial à suspensão provisória do processo*, Porto: UCE

2014: "Os processos sumários e o caráter simbólico de uma justiça dita imediata", AA.VV., André Lamas Leite (org.), *As alterações de 2013 aos Códigos Penal e de processo penal: uma reforma "cirúrgica"?* Coimbra: Coimbra Editora, p. 217 ss.

2021: "Separação de processos: é possível diminuir um elefante", *RPCC*, 31, 3, p. 543 ss.

Costa, eduardo maia

1992: "A defesa e o defensor no processo penal", *RMP,* 49, p. 85 ss.

2002: "A presunção de inocência do arguido na fase de inquérito", *RMP,* 92, p. 65 ss.

Costa, Joana

2011: "O princípio *nemo tenetur* na Jurisprudência do Tribunal Europeu dos Direitos do Homem", *RMP*, 128, p. 117 ss.

Costa, José de Faria

2002: "O Direito Penal e o Tempo (algumas reflexões dentro do nosso tempo e em redor da prescrição)", *BFDUC,* t. 75, p. 22 ss.

Cruz, Pedro

2020: "Manual de instruções para pessoas que vão a tribunal e não estão habituadas a ir", https://sicnoticias.pt/opiniao/2020-10-20-Manual-de-instrucoes-para-pessoas-que-vao-a-tribunal-e-nao-estao-habituadas-a-ir

Cunha, josé António Rodrigues da

2017: A colaboração do arguido com a justiça – a confissão e o arrependimento no sistema penal português", *Julgar*, 32, p. 52 ss.

Cunha, José Damião da

1993: *O Ministério Público e os órgãos de polícia criminal no novo Código de Processo Penal,* Porto: UCP.

1995: "Algumas reflexões sobre o estatuto do assistente e seu representante no direito processual penal português", *RPCC*, 5, 2, p. 153 ss.

2002: *O caso julgado parcial: questão da culpabilidade e questão da sanção num processo de estrutura acusatória,* Porto: PUC

2009: "*Ne bis in idem* e exercício da ação penal", AA.VV., Mário Ferreira Monte (dir.), *Que futuro para o direito processual penal? Simpósio em Homenagem a Jorge de Figueiredo Dias, por ocasião dos 20 anos do Código de Processo penal Português*, Coimbra: Coimbra Editora, p. 553 ss.

2018: "Algumas considerações sobre o atual regime de recursos em processo penal", *RPCC*, 28, 1, p. 63 s.

DAMAŠKA, MIRJAN
2020: *Evaluation of Evidence – Pre-Modern and Modern Approaches*, Cambridge: Cambridge Univ. Press

DE-LORENZI, FELIPE DA COSTA
2021: *Justiça negociada e fundamentos do direito penal – Pressupostos e limites materiais para os acordos sobre a sentença*, São Paulo: Marcial Pons

DIAS, AUGUSTO SILVA / RAMOS, VÂNIA COSTA
2009: O direito à não auto-inculpação (nem tenetur se ipsum accusare) no processo penal e contra-ordenacional português, Coimbra: Coimbra Editora

DIAS, JORGE DE FIGUEIREDO
1974: *Direito Processual Penal* (reimp. 2004), Coimbra: Coimbra Editora
1976: "A Nova Constituição e o Processo Penal", *ROA*, 36, pp. 99 ss.
1981: *Direito Processual Penal*, Vol. I, Coimbra: Coimbra Editora
1988-9: *Direito processual penal*, lições coligidas por MARIA JOÃO ANTUNES, assistente da Faculdade de Direito de Coimbra, polic.
1999: "Parecer", *Código de Processo Penal*, Vol. II, t. I, Lisboa: Assembleia da República, p. 427 ss.

DIAS, JORGE DE FIGUEIREDO/ANDRADE MANUEL DA COSTA/PINTO, FREDERICO DE LACERDA DA COSTA
2009: *Supervisão, Direito ao Silêncio e Legalidade da Prova*, Coimbra: Almedina

DIAS, JORGE DE FIGUEIREDO / BRANDÃO, NUNO
2015: *Sujeitos Processuais Penais: O Tribunal* [Texto de apoio ao estudo da unidade curricular de Direito e Processo Penal do Mestrado em Ciências jurídico-Forenses da Faculdade de Direito da Universidade de Coimbra (2015/2016)]: Coimbra
2020: *Sujeitos Processuais Penais: O Arguido e o Defensor* [Texto de apoio ao estudo da unidade curricular de Direito e Processo Penal do Mestrado em Ciências Jurídico-Forenses da Faculdade de Direito da Universidade de Coimbra (2020/2021)]: Coimbra
2022: *Direito Processual Penal. Os sujeitos Processuais* (no prelo)

DIAS, JORGE DE FIGUEIREDO/RODRIGUES, ANABELA MIRANDA
1995: "Segredo de deliberação e votação em processo penal – proibição de declaração de voto (Despacho proferido no Inquérito n.º 4/93 da Procuradoria-Geral Distrital de Lisboa)", *RPCC*, 5, 3-4, p. 501 ss.

DIAS, JORGE DE FIGUEIREDO / SOUSA, SUSANA AIRES DE
2021: "O objecto da audiência no processo penal português", no prelo

DIAS, MARIA DO CARMO SILVA
2005: "Particularidades da prova em processo penal. Algumas questões ligadas à prova pericial", *RCEJ*, 3, p. 169 ss.
2021: "Prefácio", *in*: HUGO LUZ DOS SANTOS, *Os mecanismos de Consenso no Processo Penal Português – Por um novo paradigma de maximização da justiça consensual (MJC) perpassado pelo axioma da celeridade processual e da economia processual*, 1.ª ed., Lisboa: Rei dos Livros, p. 19 ss.
2022: "Prefácio", *in*: HUGO LUZ DOS SANTOS, *Inteligência Artificial e Processo Penal*, Braga: Nova Causa, p. 19 ss.

DOMINIONI, ORESTE
1986: "La valutazione delle dichiarazioni dei pentiti", *RIDPP*, 41, 4, p. 741 ss.

DWORKIN, RONALD
1984: *Los Derechos en Serio*, Madrid: Ariel

FERNANDES, FERNANDO
2001: *O processo penal como instrumento de política criminal*, Coimbra: Almedina

FERNANDES, PLÁCIDO CONDE
2008: "Detenção: novo processo novos problemas", *RCEJ*, 9 (especial), p.173 ss.

FERREIRA, CAVALEIRO
1955: *Curso de Processo Penal*, Vol. I, Lisboa: Gomes & Rodrigues, Ld.ª
1956: *Curso de Processo Penal*, Vol. II, Lisboa: Gomes & Rodrigues, Ld.ª
1981: *Curso de Processo Penal*, Vol. II, Lisboa: Universidade Católica
1986: *Curso de Processo Penal* (2 Vs.), Lisboa: Danúbio

FERREIRA, JOANA FILIPA CERQUEIRA
2014: *Experiências em Tribunal e Representações sobre a Justiça: o Caso das Testemunhas*: Univ. Minho – Instituto de Ciências Sociais, https://repositorium.sdum.uminho.pt/bitstream/1822/33215/1/Joana%20Filipa%20Cerqueira%20Ferreira.pdf

FIDALGO, SÓNIA
2008: "O processo sumaríssimo na Revisão do Código de Processo Penal", *RCEJ*, 9 (especial), p. 297 ss.
2020: "A utilização de inteligência artificial no âmbito da prova digital – direitos fundamentais (ainda mais) em perigo", *in:* ANABELA MIRANDA RODRIGUES (coord.), *A inteligência artificial no direito penal*, Coimbra: Almedina, p. 129 ss.

FREITAS, PEDRO MIGUEL
2016: "Admissibilidade e valor probatório das declarações do coarguido no ordenamento jurídico português: entre o contraditório e o silêncio", *in*: AA. VV., MÁRIO FERREIRA MONTE ET. AL (coord.), *Direito na Lusofonia – Diálogos cons-*

titucionais no espaço lusófono, I, Braga: Escola de Direito da Universidade do Minho, p. 313 ss.

2019: "Fundamentos da privação da liberdade" *in:* AA.VV., Paulo Pinto de Albuquerque (org.), *Comentário da Convenção Europeia dos Direitos Humanos e dos Protocolos Adicionais*, Vol. I, Lisboa: UCE, p. 777 ss.

Freitas, Raquel Barradas de,

2002: "Detenção em flagrante delito e processo sumário: pressupostos e implicações – Acórdão da Relação do Porto de 7 de março de 2001", *RPCC*, 12, 3, p. 499 ss.

Gascón Abellán, Marina

2005: "Sobre la posibilidad de formular estándares de prueba objetivos", *Doxa*, 28, p. 127 ss.

Gaspar, António Henriques

1991: "Processos Especiais", AA.VV., *Jornadas de Direito Processual Penal: O novo Código de Processo Penal,* Coimbra: Almedina, p. 361 ss.

Gaspar, António Henriques/Cabral, José António Henriques dos Santos/Costa, Eduardo Maia/Mendes, Jorge de Oliveira/Madeira, António Pereira/Graça, António Pires Henriques

2014: *Código de Processo Penal Comentado*, Coimbra: Almedina

2016: *Código de Processo Penal Comentado*, 2.ª ed., Coimbra: Almedina

2021: *Código de Processo Penal Comentado*, 3.ª ed., Coimbra: Almedina

Geraldes, António Santos Abrantes/Pimenta, Paulo/ Sousa, Luís Filipe Pires de

2019: *Código de Processo Civil Anotado, Vol. I, Parte Geral e Processo de Declaração, artigos 1.º a 702.º*, Coimbra: Almedina

Godinho, Inês

2008: "Pessoas colectivas e processo penal: alguns apontamentos de uma tentativa impossível", *G-RED*, 12, 2 e 13, 1, p. 49 ss.´

2017: "Considerações a propósito do princípio do contraditório no processo penal português", *RFDCP,* 2, 10, p. 95 ss.

Gomes, Ana Santos

2021: "Gente que sabe estar (no tribunal)", *Deco – Proteste,* Março/Abril, www.deco.proteste.pt

Gomes, Vânia Andrea Oliveira

2016: *Atuação da Psicologia no Direito: reflexões sobre o artigo 328.º do CPP*, https://repositorium.sdum.uminho.pt/bitstream/1822/44561/1/V%C3%A2nia%20Andrea%20Oliveira%20Gomes.pdf

GONÇALVES, MANUEL MAIA
1979: *Código de Processo Penal Anotado*, 3.ª ed., Coimbra: Almedina
1987: *Código de Processo Penal Anotado*, Coimbra: Almedina
1988: *Código de Processo Penal Anotado*, 2.ª ed., Coimbra: Almedina
1990: *Código de Processo Penal Anotado*, 3.ª ed., Coimbra: Almedina
1998: *Código de Processo Penal Anotado*, 9.ª ed., Coimbra: Almedina
2001: *Código de Processo Penal Anotado*, 12.ª ed., Coimbra: Almedina
2002: *Código de Processo Penal Anotado*, 13.ª ed., Coimbra: Almedina

GONÇALVES, MARCO CARVALHO
2020: *Prazos processuais*, 2.ª ed., Coimbra: Almedina

GREVI, VITTORIO
1976: *Libertà personale dell'imputato e costituzione*, Milão: Giuffrè Editore

HOYOS SANCHO, MONTSERRAT DE
1998: *La detención por delito*, Pamplona: Aranzadi

HÜNERFELD, PETER
1978: "A pequena criminalidade e o processo penal", *RDE*, 4, p. 25 ss.
1992: «Le droit allemand», *Rev.IDP*, 63, 1992, p. 57 ss.

ISASCA, FREDERICO
1995: *Alteração substancial dos factos e sua relevância no processo penal português*, Coimbra: Almedina

JACOBS / WHITE / OVEY
2017: *The European Convention on Human Rights*, 7.ª ed., Oxford: OUP

KLEINKNECHT/MEYER-GOßNER
1999: *Strafprozeßordenung*, Munique: Verlag C. H. Beck

LATAS, ANTÓNIO JOÃO
2006: "Processo penal e prova pericial", AA.VV., *Psicologia forense*, Coimbra: Almedina, p. 73 ss.
2010: "Personalidade e factores relevantes para a decisão penal", *Ousar integrar: Revista de Reinserção social e Prova*, 3, 5, p. 75 ss.
2016: "O AFJ 4/2016 e a determinação da pena nos casos em que foi revogada a sentença absolutória proferida pelo tribunal recorrido, que não apurou e fixou factos relativos à vida pessoal e personalidade do arguido" *in*: http://www.tre.mj.pt/docs/ESTUDOS%20-%20MAT%20CRIMINAL/AFJ%204-2016.pdf

LEITÃO, HELENA

2008: "Processos especiais: os processos sumário e abreviado no Código de Processo Penal (após a revisão operada pela Lei n.º 48/2007, de 29 de agosto)", *RCEJ*, 9 (especial), p. 337 ss.

2011: "O processo Sumário à luz das últimas alterações introduzidas pela Lei n.º 26/2010, de 30 de agosto", *in*: AA.VV. *As Alterações de 2010 ao Código Penal e ao Código de Processo Penal*, Coimbra: Coimbra Editora, p. 379 ss.

LEITE, ANDRÉ LAMAS

2008: *A mediação penal de adultos: um novo paradigma de justiça? Análise critica da Lei n.º 21/2007, de 12 de junho*, Coimbra: Coimbra Editora

LEITE, INÊS FERREIRA

2016a: *Ne (idem) bis in idem – Proibição de dupla punição e de duplo julgamento: contributos para a racionalidade do poder punitivo público*, Vol. I, Lisboa: AAFDL

2016b: *Ne (idem) bis in idem – Proibição de dupla punição e de duplo julgamento: contributos para a racionalidade do poder punitivo público*, Vol. II, Lisboa: AAFDL

LIMA, ANA MARGARIDA

2005: "A suspensão provisória do processo no processo sumário", *Maia Jurídica*, 1, p. 47 ss.

LLANO ALONSO, FERNANDO H.

2021: "De máquinas y hombres. Tres cuestiones ético-jurídicas sobre la Inteligencia Artificial", *in*: AA.VV., *Inteligencia Artificial y Derecho. El jurista ante los retos de la era digital*, Navarra: Aranzadi, p. 201 ss.

LOBO, FERNANDO GAMA

2015: *Código de Processo Penal Anotado*, Coimbra: Almedina

LOPES, JOSÉ MOURAZ

2011: *A fundamentação da sentença no sistema penal Português: legitimar, diferenciar, simplificar*, Coimbra: Almedina

2019: *A fundamentação da sentença no sistema penal Português: legitimar, diferenciar, simplificar*, reimp., Coimbra: Almedina

2020: "Estrutura e conteúdo das decisões judiciais- Experiências" *in*: AA.VV., A *Estrutura e conteúdo das decisões judiciais*, ebook, Lisboa: CEJ, p. 19 ss.

LOPES, JOSÉ MOURAZ / MILHEIRO, TIAGO CAIADO

2021: *Crimes Sexuais – Análise substantiva e processual*, 3.ª ed., Coimbra: Almedina

Lopes, Mara

2010: "O princípio da proibição da reformatio in pejus como limite aos poderes cognitivos e decisórios do tribunal: sentido e verdadeiro alcance", *in*: AA.VV., Manuel da Costa Andrade et al. (org.) *Estudos em Homenagem ao Professor Doutor Jorge de Figueiredo Dias*, Vol. III, Coimbra: Coimbra Editora, p. 949 ss.

Loureiro, Flávia Noversa

2020: "A insustentável ausência de normas processuais penais para pessoas coletivas", AA.VV., José Lobo Moutinho *et al.* (Coord.), *Homenagem ao Professor Doutor Germano Marques da Silva*, Vol. II, Lisboa: UCE

Luhmann, Niklas

1983: *Legitimation durch Verfahren*, Francoforte: Suhrkamp

Luís, Nuno Castro

2005: "Implicações processuais penais da responsabilidade das pessoas coletivas", *Politeia,* 2, p. 77 ss.

Macedo, Gonçalo Veiga de / Velez, Pedro Alfaro

2003: "O saneamento no processo abreviado: conteúdo e limites – Acórdão da relação de lisboa de 28 de Setembro de 2000", *RPCC*, 13, 1, p. 123 ss.

Machado, E. M. Machado / Raposo, Vera L. C.

2009: "O direito à não-autoincriminação e as pessoas colectivas empresariais", *RBDFJ*, 3, 8, p. 13 ss.

Magalhães, José Maria Barbosa de

1940: *Estudos sobre o novo Código de Processo Civil*, Lisboa: Moraes

Magalhães, Tiago Manuel Coelho

2016: *«Nemo Tenetur Se Ipsum Accusare» e o Ente Colectivo em Processo Penal*, Coimbra: FDUC, https://eg.uc.pt/bitstream/10316/42041/2/Tiago%20Magalh%C3%A3es.pdf

Malem Seña, Jorge

2006: "El Lenguage de las sentencia ", *Revista Mexicana de Justicia*, 7, p. 47 ss.

Mariano, João Cura

2018: "A Perda de Bens de Terceiros Relacionados com o Crime", *in*: AA.VV., Maria Raquel Desterro Ferreira/Elina Lopes Cardoso/João Conde Correia (coord.), *O Novo Regime de Recuperação de Ativos à Luz da Diretiva 2014/42/UE e da Lei que a Transpôs*, Lisboa: INCM, p. 137 ss.

MARTINS, JOANA BOAVENTURA
2014: *Da valoração das declarações de arguido prestadas em fase anterior ao julgamento – Contributo para uma mudança de paradigma*, Coimbra: Coimbra Editora

MATOS, JOSÉ IGREJA / LOPES, JOSÉ MOURAZ / MENDES, LUÍS AZEVEDO / COELHO, NUNO
2015: *Manual de Gestão Judicial*, Coimbra: Almedina

MAUGERI, ANNA MARIA
2017: "La Tutela della Proprietà nella C.E.D.U. e la Giurisprudenza della Corte Europea in Tema di Confisca", *in*: AA.VV., MARIANGELA MONTAGNA (a cura di), *Sequestro e Confisca*, Turim: G. Giappichelli, 2017, p. 3 ss.

MAXIMIANO, ANTÓNIO HENRIQUE RODRIGUES
1990: "Ministério Público e processo penal", *RMP*, 41, p. 73 ss.

MEALHA, ESPERANÇA
2019: "Opiniões dissidentes: transparência *versus* autoridade das decisões judiciais?", *Estudos em Homenagem ao Conselheiro Presidente Joaquim de Sousa Ribeiro*, Vol. II, Coimbra: Almedina, p. 505 ss.
2020: "Notas sobre a adoção de regras formais para a redação das decisões judiciais», *in*: AA.VV., A *Estrutura e conteúdo das decisões judiciais*, ebook, Lisboa: CEJ, p. 33 ss.

MEIRELES, MÁRIO PEDRO
2008: "Responsabilidade penal das pessoas colectivas ou entidades equiparadas na recente alteração ao Código Penal ditada pela Lei 59/2007, de 4 de Setembro: Algumas notas", *Julgar*, 5, p. 121 ss.

MENDES, JOÃO DE CASTRO
1961: *Do conceito de prova em processo civil*, Lisboa: Ed. Ática

MENDES, JORGE DE OLIVEIRA
2016: *Código de Processo Penal Comentado*, Coimbra: Almedina

MENDES, PAULO DE SOUSA
2009: "O regime da alteração substancial de factos no processo penal", AA.VV., MÁRIO FERREIRA MONTE ET. AL. (coord.), *Que futuro para o direito processual penal? – Simpósio em Homenagem a Jorge de Figueiredo Dias, por ocasião dos 20 anos do Código de Processo Penal Português*, Coimbra: Coimbra Editora, p. 755 ss.
2013: *Lições de Direito Processual Penal*, Coimbra: Almedina

2014: "A questão do aproveitamento probatório das declarações processuais do arguido anteriores ao julgamento", *in*: AA.VV., ARMANDO MARQUES GUEDES *ET AL.* (org.), *Estudos em Homenagem ao Prof. Doutor José Lebre de Freitas*, Vol. 2, Coimbra: Coimbra Editora, p. 1363 ss.

2015: *Lições de Direito Processual Penal*, 3.ª reimp., Coimbra: Almedina

2019: "Processo equitativo e público", *in*: AA.VV., PAULO PINTO DE ALBUQUERQUE (org.), *Comentário da Convenção Europeia dos Direitos Humanos e dos Protocolos Adicionais*, Lisboa: Universidade Católica, Vol. II, p. 1058 ss.

MENEZES, SOFIA SARAIVA DE

2013: "O direito ao silêncio: a verdade por trás do mito", *in*: AA.VV., TERESA PIZARRO BELEZA/FREDERICO DE LACERDA DA COSTA PINTO (coord.), *Prova Criminal e Direito de Defesa*, Coimbra: Almedina, p. 117 ss.

MESQUITA, PAULO DÁ

1996: "Os processos especiais no Código de Processo Penal português – respostas processuais à pequena e média criminalidade", *RMP*, 68, p. 101 ss.

2003: *Direção do inquérito penal e garantia judiciária*, Coimbra: Coimbra Editora

2008: "Algumas notas sobre garantia judiciária, investigação, o que o arguido disse e a prova do crime na reforma de 2007 do Código de Processo Penal", *A reforma do sistema penal de 2007 – Garantias e eficácia*, Coimbra: Coimbra Editora, p. 35 ss.

2010: *Processo penal, prova e sistema judiciário*, Coimbra: Coimbra Editora

2011: *A prova do crime e o que se disse antes do julgamento – Estudo sobre a prova no processo penal português, à luz do sistema norte-americano*, Coimbra: Coimbra Editora

2014: "A utilizabilidade probatória no julgamento das declarações processuais anteriores do arguido e a revisão de 2013 do Código de Processo Penal", *in*: AA.VV., ANDRÉ LAMAS LEITE (org.), *As alterações de 2013 aos Códigos Penal e de Processo Penal: Uma reforma «cirúrgica»?*, Coimbra: Coimbra Editora, pp. 133 ss.

2015: "Alguns sinais sobre tendências atuais do processo penal português — Convergências metodológicas sobre o contraditório, a prova, a imediação e a confiança nos juízes", *Julgar*, 24, p. 109 ss.

2019: "Direitos do acusado", *in*: AA.VV., PAULO PINTO DE ALBUQUERQUE (org.) *Comentário da Convenção Europeia dos Direitos Humanos e dos Protocolos Adicionais*, Vol. III, Lisboa: UCE, p. 100 ss.

2020: "Valor supralegal do *processo leal* na admissão no julgamento penal de prova pessoal sem qualquer contraditório na respetiva produção", *in*: JOSÉ LOBO MOUTINHO *ET AL.* (coord.), *Homenagem ao Professor Doutor Germano Marques da Silva*, Vol. III, Lisboa: UCE, p. 2310 ss.

MILHEIRO, TIAGO
2012: "Breve excurso pela prova na prática jurisprudencial nacional", *Julgar*, 18, p. 27 ss.

MINISTÉRIO DA JUSTIÇA
2021: "Uma justiça mais próxima do cidadão", https://justicamaisproxima.justica.gov.pt/sobre-o-plano/

MIRA, ALBERTO ANTÓNIO MOREIRA
2018: "Alteração substancial, não substancial e da qualificação jurídica, na fase de julgamento, no tribunal de primeira instância e no tribunal da relação", AA.VV., *Estudos em Comemoração dos 100 Anos do Tribunal da Relação de Coimbra*, Coimbra: Almedina, p. 361 ss.

MIRANDA, JORGE / MEDEIROS, RUI
2005: *Constituição Portuguesa Anotada,* t. I, Coimbra: Coimbra Editora

MMPDJP – MAGISTRADOS DO MINISTÉRIO PÚBLICO DO DISTRITO JUDICIAL DO PORTO
2009: *Código de Processo Penal: comentários e notas práticas,* Coimbra: Coimbra Editora

MONIZ, HELENA
2015: "Neurociências e Direito Penal: novos e velhos problemas", *RJLB*, 1, 2, p. 911 ss.

MONTE, MÁRIO FERREIRA
2022: "«Buracos negros» no processo penal? O exemplo da regulação processual da perda de bens de terceiro e em caso de não condenação penal", AA.VV., CATARINA ABEGÃO ALVES *ET AL.* (org.), *Prof. Doutor Augusto Silva Dias – In Memoriam*, Vol. II, Lisboa: AAFDL, p. 437 ss.

MOTA, JOSÉ LUÍS LOPES DA
1998: "*A Revisão do Código de Processo Penal*", *RPCC*, 8, 2, p. 163 ss.

MOUTINHO, JOSÉ LOBO
2000: *Arguido e imputado no processo penal português*, Lisboa: UCE
2010: "Artigo 27.º", AA.VV., JORGE MIRANDA/RUI MEDEIROS (coord.), *Constituição Portuguesa Anotada,* t. I, Coimbra: Coimbra Editora, p. 633 ss.
2017: "Artigo 27.º", AA.VV., JORGE MIRANDA/RUI MEDEIROS (coord.), *Constituição Portuguesa Anotada,* t. I, Lisboa: UCE, p. 461 ss.

MÜNCHHALFFEN/GATZWEILER
2002: *Das Recht der Untersuchungshaft*, Munique: Verlag C.H. Beck

NUNES, DUARTE RODRIGUES
2020: "*Compliance*, investigações internas e *nemo tenetur se ipsum accusare*", AA.VV., MARIA FERNANDA PALMA ET AL. (org.), *Livro em Memória do Professor Doutor João Curado Neves*, p. 465 ss.

ONETO, ISABEL
2013: "As declarações do arguido e a estrutura acusatória do processo penal português", *Revista de Direito da Universidade Lusófona do Porto*, 2, 2, p. 165 ss.

ORLANDI, RENZO,
2006: "Procedimenti speciali", *in*: GIOVANNI CONSO/VITTORIO GREVI, *Compendio di procedura penale*, Terza Edizione, Pádua: Cedam

OSÓRIO, LUÍS
1932: *Comentário ao Código de Processo Penal Português*, Vol. V, Coimbra: Coimbra Editora
1932/33: *Comentário ao Código de Processo Penal Português*, Vol. III, Coimbra: Coimbra Editora
1933: *Comentário ao Código de Processo Penal Português*, Vol. V, Coimbra: Coimbra Editora

PAOLO, GABRIELLA DI
2002: *La testimonianza de relato nel processo penale*, Trento: Dipartimento di Scienze Giuridiche dell'Università di Trento
2004: "Testimonianza indireta", *Digesto delle Discipline Penalistiche — Aggiornamento* (ed. A. Gaito), t. II, Turim: UTET, p. 1673 ss.

PENA, SÉRGIO
2018: "A prova por declarações de coarguido colaborador e o direito premial no crime de corrupção", *in*: *Estudos Projeto Ethos – Corrupção e Criminalidade Económico-financeira*, Lisboa: PGR, p. 81 ss.

PEREIRA, FREDERICO VALDEZ
2014: *Iniciativa probatório de ofício e o direito ao juiz imparcial no processo penal*, Porto Alegre: Livraria do Advogado Editora

PEREIRA, LUÍS SILVA
1999: "Os processos especiais do Código de Processo Penal após a revisão de 1998", *RMP*, 20, 77, p. 139 ss.

PEREIRA, RUI SOARES/RAMALHO, DAVID SILVA

2015: "Os processos especiais no direito processual penal português", *O Direito*, 147, IV, p. 823 ss.

PIMENTA, JOSÉ DA COSTA

1989: *Introdução ao processo penal*, Coimbra: Almedina

1991: *Código de processo penal anotado,* Lisboa: Rei dos Livros

PINHEIRO, ALEXANDRE DE SOUSA/MATTA, PAULO SARAGOÇA DA,

1995: "Algumas notas sobre o Processo penal na forma sumária", *RMP*, 63, p. 159 ss.

PINTO, FREDERICO DE LACERDA DA COSTA PINTO

1998: *Direito Processual Penal*, Lisboa: AAFDL

2009: "Parecer", in: JORGE DE FIGUEIREDO DIAS / MANUEL DA COSTA ANDRADE / FREDERICO DE LACERDA DA COSTA PINTO, *Supervisão, Direito ao Silêncio e Legalidade da Prova*, Coimbra: Almedina, p. 63 ss.

2013: "Razões e Finalidades na Revisão de 2013 do Código de Processo Penal", *Themis*, ano XIII, 24/25, p. 181 ss.

2017/2018: *Direito Processual Penal* (ano letivo 2017/2018, 4.º ano – 1.º semestre), FDUNL, https://ae.fd.unl.pt/wp-content/uploads/2019/10/Direito-Processual-Penal-Anonimo.pdf

PINTO, RUI

2013: "Valor extraprocessual da prova penal na demanda cível. Algumas linhas gerais de solução", *in*: Rui Pinto (coord.), *Colectânea de Estudos de Processo Civil*, Coimbra: Coimbra editora, p. 69 ss.

PLOSCOWE, MORRIS

1935: "The Development of Present-Day Criminal Procedures in Europe and America", *HLRev.*, v. 48, p. 433 ss.

RAMALHO, DAVID SILVA

2017: *Métodos Ocultos de Investigação Criminal em Ambiente Digital*, Coimbra: Almedina

RAMÍREZ ORTIZ, JOSÉ LUIS

2020: El testimonio único de la víctima en el processo penal desde la perspectiva de género", *Qf*, 1, 2020, p. 201 ss.

RAMOS, VÂNIA COSTA

2006: "Corpus Juris 2000: imposição ao arguido de entrega de documentos para prova e nemo tenetur se ipsum accusare", *RMP*, 27, 108, p. 125 ss.

2007: "Corpus Juris 2000: imposição ao arguido de entrega de documentos para prova e nemo tenetur se ipsum accusare", *RMP*, 28, 109, p. 57 ss.

REIS, JOSÉ ALBERTO DOS
1929: *Breve estudo sobre a reforma do processo civil e comercial*, Coimbra: Coimbra Editora
1948/53: *Código de Processo Civil Anotado*, Vol. IV, Coimbra: Coimbra Editora (reimp. 1981)

RIBEIRO, FRANCISCO MOTA
2019: "Vícios das sentenças e vícios dos julgamentos" *in*: *Processo e Decisão Penal* – Textos, e-book, Lisboa: CEJ

RIBEIRO, VINÍCIO A. P.
2011: *Código de Processo Penal: Notas e comentários*, Coimbra: Coimbra Editora
2020: *Código de Processo Penal: Notas e Comentários*, Lisboa: Quid Juris

RODRIGUES, ANABELA MIRANDA
1996: "Os processos sumário e sumaríssimo ou a celeridade e o consenso no Código de Processo Penal", *RPCC*, 6, 4, p. 525 ss.
1998: "A celeridade no processo penal – Uma visão de direito comparado", *RPCC*, 8, 2, p. 233 ss.
2003: "Celeridade e eficácia – Uma opção político-criminal", *in:* AA.VV., *Estudos em Homenagem ao Professor Doutor Jorge Ribeiro de Faria*, Coimbra: Coimbra Editora, p. 39 ss.
2020: "Medida da pena de prisão – desafios na era da inteligência artificial", *RLJ*, 149, 4021, p. 258 ss.

RODRIGUES, ANABELA MIRANDA/SOUSA, SUSANA AIRES DE
2021: "Algoritmos em contexto empresarial: vantagens e desafios à luz do direito penal", *Julgar*, 45, p. 193 ss.

RODRIGUES, HÉLIO RIGOR
2018: "O Confisco das Vantagens do Crime: Entre os Direitos dos Homens e os Deveres dos Estados: A Jurisprudência do Tribunal Europeu dos Direitos do Homem em Matéria de Confisco", *in*: AA.VV., MARIA RAQUEL DESTERRO FERREIRA/ELINA LOPES CARDOSO/JOÃO CONDE CORREIA (coords.), *O Novo Regime de Recuperação de Ativos à Luz da Diretiva 2014/42/EU e da Lei que a Transpôs*, Lisboa: INCM, p. 39 ss.

ROXIN, CLAUS
2000: *Derecho procesal penal*, Buenos Aires: Editores del Puerto

SÁ, LILIANA

2006: "O dever de cooperação do contribuinte versus o direito à não auto-incriminação", *RMP*, 27, 107, p. 121 ss.

SALINAS, HENRIQUE

2005: "Breve nota sobre o conceito de detenção em flagrante delito por entidade policial enquanto pressuposto do processo sumário", *in*: AA.VV., *I Congresso de processo penal*, Coimbra: Almedina, p. 91 e ss.

2014: *Os limites objectivos do* ne bis in idem *e a estrutura acusatória do Processo Penal Português*, Lisboa: UCE

2020: "A Alteração da qualificação jurídica dos factos no Processo Penal", AA.VV., JOSÉ LOBO MOUTINHO *ET AL.* (coord.), *Homenagem ao Professor Doutor Germano Marques da Silva,* Vol. II, Lisboa: UCE, p. 955 ss.

SÁNCHEZ YLLERA, IGNACIO

2006: "Dudas razonables: la declaración de los coimputados", *RXG*, 50, p. 13 ss.

SANTIAGO, RODRIGO

1994: "Reflexões sobre as declarações do arguido como meio de prova no Código de Processo Penal", *RPCC*, 4, 1, p. 27 ss.

SANTOS, ANDRÉ TEIXEIRA DOS

2005: "Do Processo Sumaríssimo: uma idílica solução de consenso ou uma verdade produzida?", *O Direito*, 137, 1, p. 137 ss.

2021: "Justiça preditiva. Um oráculo anunciado ou uma ferramenta do futuro?", *RPCC*, 31, 2, p. 299 ss.

SANTOS, CLÁUDIA CRUZ

2014: *A Justiça Restaurativa: um modelo de reação ao crime diferente da justiça penal: porquê, para quê e como*, Coimbra: Coimbra Editora

SANTOS, GIL MOREIRA DOS

1992: "A estabilidade objectiva da lide em processo penal", *RPCC*, 2, 4, p. 593 ss.

2014: *Princípios e prática processual*, Coimbra: Coimbra Editora

SANTOS, HUGO LUZ DOS

2018: *Processo Especial Sumaríssimo – notas práticas e comentários*, Braga: Nova Causa

2021: *Os mecanismos de Consenso no Processo Penal Português – Por um novo paradigma de maximização da justiça consensual (MJC) perpassado pelo axioma da celeridade processual e da economia processual*, 1.ª ed., Lisboa: Rei dos Livros

2022: *Inteligência Artificial e Processo Penal*, Braga: Nova Causa

Santos, Manuel Simas / Henriques, Manuel Leal
2000: *Código de Processo Penal Anotado*,Vol. II, 2.ª ed., Lisboa: Rei dos Livros
2004: *Código de Processo Penal anotado*, Vol. II, 2.ª ed., Lisboa: Rei dos Livros
2008: *Código de Processo Penal Anotado*, Vol. I, 3.ª edição, Lisboa: Rei dos Livros

Santos, Vítor Sérgio Sequinho dos
2008, «Medidas de coação», *RCEJ*, 2008, 9 (especial), p. 117 ss.

Schabas, William A.
2017: *The European Convention on Human Rights – A Commentary*, Oxford: OUP

Schlüchter, Ellen
1999: *Derecho processal penal*, Valencia: Tirant lo Blanch

Seiça, António Alberto Medina
1999: *O conhecimento probatório do co-arguido*, Coimbra: Coimbra Editora
2002: "Legalidade da prova e reconhecimentos «atípicos» em processo penal", *in*: Manuel da Costa Andrade *et al.* (org.), *Liber discipulorum para Jorge de Figueiredo Dias*, Coimbra: Coimbra Editora, p. 1387 ss.

Silva, Germano Marques
1990: *Do Processo Penal Preliminar*, Lisboa: Edição do Autor
1993: *Curso de Processo Penal*, Vol. II, Lisboa: Verbo
1994: *Curso de Processo Penal*, Vol. III, Lisboa: Verbo
2000: *Curso de Processo Penal*, Vol. III, 2.ª ed., Lisboa: Verbo
2002: *Curso de Processo Penal*, Vol. II, 3.ª ed., Lisboa: Verbo
2009: "Questões processuais na responsabilidade cumulativa das empresas e seus gestores", *in*: AA.VV., Mário Ferreira Monte *et al.* (dir.), *Que futuro para o direito processual penal? Simpósio em Homenagem a Jorge de Figueiredo Dias por ocasião dos 20 anos do Código de Processo Penal português*, Coimbra: Coimbra Editora, p. 789 ss.
2012: *Direito Processual Penal Português*, Vol. II, Lisboa: UCE
2014: *Direito Processual Penal Português: do procedimento (marcha do processo)*, Lisboa: UCE
2015: *Direito Processual Penal Português*, Vol. III, Lisboa: UCE
2020: "Declarações de coarguido. Erosão do contraditório. Comentário de jurisprudência", *in*: *Temas de direito (textos dispersos de Direito Penal, mas não só)*, Lisboa: UCE, p. 87 ss.

2021: "Estatuto do arguido. Processo contra pessoas coletivas", in: AA.VV., PAULO PINTO DE ALBUQUERQUE *ET AL*. (org.), *Corrupção em Portugal – Avaliação legislativa e proposta de reforma*, Lisboa: UCE, p. 465 ss.

SILVA, JÚLIO BARBOSA E
2013: "Dores de crescimento – algumas dúvidas à volta do processo especial sumaríssimo e contributos para uma clarificação prática", *RMP*, 133, p. 137 ss.

SILVA, SANDRA OLIVEIRA E
2011: "Salas vazias e declarações anónimas». Notas sobre a proteção de testemunhas e o processo equitativo no julgamento da criminalidade organizada", *RCEJ*, 16, p. 285 ss.
2016: "A liberdade contra a autoincriminação no processo penal: breves considerações em torno do princípio nemo tenetur se ipsum accusare", *RMPRS*, 80, 2016, p. 111 ss.
2018: *O Arguido como Meio de Prova contra si mesmo – Considerações em torno do princípio nemo tenetur se ipsum accusare*, Coimbra: Almedina
2018b: "A centralidade do julgamento na economia do processo", *RPCC*, 28, 1, p. 43 ss.
2019: *O Arguido como Meio de Prova contra si mesmo – Considerações em torno do princípio nemo tenetur se ipsum accusare*, reimp., Coimbra: Almedina
2020: "Saúde Mental e Processo Penal: A Tutela do Arguido Portador de Anomalia Psíquica", AA.VV., MARIA FERNANDA PALMA ET AL. (org.), *Livro em Memória do Professor Doutor João Curado Neves*, Lisboa: AAFDL, p. 485 ss.

SIRACUSANO, DELFINO
1958: "I provvedimenti penale e le motivazioni implícita, per relatione e sommaria", *RIDPP*, 1 p. 336 ss.

SOARES, MANUEL
2017: "Proibição de desfavorecimento do arguido em consequência do silêncio em julgamento – A questão controversa das ilações probatórias desfavoráveis", *Julgar*, 32, p. 13 ss.

SOUSA, ELISABETE C.
2021: *Os Requisitos Gerais de Aplicação das Medidas de Coação: em especial, os perigos de continuação da atividade criminosa e da perturbação grave da ordem e tranquilidade públicas*, Coimbra: Almedina

SOUSA, JOÃO CASTRO E
1985: *A tramitação do processo penal,* Coimbra: Coimbra Editora

SOUSA, LUÍS FILIPE PIRES DE,
2021: "Julgamento presencial *versus* julgamento com telepresença. A pandemia e o futuro", *Julgar*, 4, p. 21 ss.

SOUSA, SUSANA AIRES DE
2003: "Agent provocateur e meios enganosos de prova. Algumas reflexões", AA.VV., *Liber Discipulorum para Jorge de Figueiredo Dias*, Coimbra: Coimbra Editora, p. 1207 ss.

STAMP, FRAUKE
1998: *Die Warhheit im Strafverfahren*, Baden-Baden: Nomos

TARUFFO, MICHELE,
2005: *La Prueba de los Hechos*, 2.ª ed., Madrid: Editorial Trotta
2007: "Narrativas judiciales", *RD*, XX,1, p. 231 ss.

TEIXEIRA, PAULO DUARTE
2017: "A (R)evolução Silenciosa do Sistema Penal Português", *Julgar*, 33, p. 175 ss.

THAYER, JAMES BRADLEY
1898: *A Preliminary Treatise on Evidence at the Common Law*, Boston (MA): Little, Brown & Co.

TONINI, PAOLO
2018: *Manuale di Procedura Penale*, 12.ª ed., Milão: Giuffrè Editore

TORRÃO, FERNANDO
1999: "Processo sumaríssimo: uma pespectiva político-criminal", *Lusíada – Revista de Ciência e Cultura*, 1-2, p. 45 ss.
2017: "Alteração substancial dos factos por imputação de crime menos grave, estratégia processual do arguido e «caso julgado de consenso»", *Investigação Criminal*, 11, p. 110 ss.

TRECHSEL, STEFAN
2005: *Human Rights in Criminal Proceedings*, Oxford: Oxford Uni. Press

TRIUNFANTE, LUÍS DE LEMOS,
2011: "Lei n.º 26/2010, de 30 de Agosto – alterações ao processo sumário consequências práticas na realidade judiciária", in: AA.VV., *As Alterações de 2010 ao Código Penal e ao Código de Processo Penal*, Coimbra: Coimbra Editora, p. 353 e ss.

TURNER, JENIA IONTCHEVA /WEIGEND, THOMAS

2019: "The Purposes and Functions of Exclusionary Rules: A Comparative Overview" *in*: AAVV, SABINE GLESS/THOMAS RICHTER (ed.), *Do Exclusionary Rules Ensure a Fair Trial? A Comparative Perspective on Evidentiary Rules*, Springer, p. 255 ss.

UNIDADE DE MISSÃO PARA A REFORMA PENAL

2005-2007: Actas da Unidade de Missão para a Reforma Penal, polic.

VALENTE, MANUEL MONTEIRO GUEDES

2020: *Cadeia de custódia da prova*, 2.ª ed., Coimbra: Almedina

VARELA, ANTUNES/BELEZA, J. MIGUEL/NOVOA, SAMPAIO E

1985: *Manual de processo civil,* Coimbra: Coimbra Editora

VAZ, ALEXANDRE MÁRIO PESSOA

1976: *Poderes e deveres do juiz na conciliação judicial*, Coimbra: Coimbra Editora

VILALONGA, JOSÉ MANUEL

2004: "Direito de recurso em processo penal", *in*: AA.VV., MARIA FERNANDA PALMA (coord.), *Jornadas de Direito Processual Penal e Direitos Fundamentais*, Coimbra: Almedina, p. 367 ss.

VILELA, ALEXANDRA

2000: *Considerações Acerca da Presunção de Inocência em Direito Processual Penal,* Coimbra: Coimbra Editora

WEIGEND, THOMAS

2021: "Exclusion without trial? Exclusion of evidence and abbreviated procedures", *RBDPP*, 7, 1, p. 247 ss.